François-Marie Voltaire

Das Zeitalter Ludwigs XIV.

François-Marie Voltaire

Das Zeitalter Ludwigs XIV.

Neubearbeitung der Übersetzung
von Robert Habs

xenomoi

Berlin 2015

Impressum

François-Marie Voltaire
Das Zeitalter Ludwigs XIV.

ISBN 978-3-942106-30-6

Die Deutsche Nationalbibliothek verzeichnet diese Publikation in der Deutschen Nationalbibliographie.
Detailliertere bibliogaphische Daten sind im Internet über http://dnb.d-nb.de abrufbar.

Lektorat: Andreas Muche
Satz in Garamond 10.0 Pt.

Satz, Coverentwurf und Produktion:
xenomoi Verlag e.K., Heinersdorfer Str. 16, D - 12209 Berlin
Tel.: 030 - 755 11 712 ▪ www.xenomoi.de ▪ info@xenomoi.de

Deckelabbildung:
Porträt Ludwigs XIV. von Hyacinthe Rigaud, 1701

Titelgestaltung: Wolfgang Sohst

Zu dieser Ausgabe

Der Text dieses Buches basiert auf der Übersetzung der französischen Erstveröffentlichung des Originals durch Robert Habs, erschienen bei Philipp Reclam jun. 1887 (2 Bd.). Diese Übersetzung wurde durchgehend grammatikalisch und orthographisch modernisiert, ferner wurden heute nicht mehr verwendete Fremd- oder Lehnworte durch üblichere Ausdrücke ersetzt.

Im Anhang des Habs'schen Textes hatte der Übersetzer den Fußnoten Voltaires eigene Anmerkungen hinzugefügt. Um die Lesbarkeit des Buches zu erhöhen, sind in dieser Ausgabe die Übersetzer-Anmerkungen in den Fußnotenapparat Voltaires eingearbeitet. Die jeweilige Übersetzer-Fußnote ist durch eckige Klammern, also „[...]", gekennzeichnet.

François-Marie Voltaire

Das Zeitalter Ludwigs XIV.

Inhaltsverzeichnis

1. Kapitel. Einleitung ... 5
2. Kapitel. Die Staaten Europas vor Ludwig XIV. ... 9
3. Kapitel. Ludwigs XIV. Minderjährigkeit · Siege der Franzosen unter dem Großen Condé, damals noch Herzog von Enghien ... 23
4. Kapitel. Bürgerkrieg ... 30
5. Kapitel. Fortsetzung des Bürgerkriegs bis zum Ende der Empörung im Jahre 1654 ... 46
6. Kapitel. Frankreichs Zustand bis zum Tod Kardinal Mazarins im Jahre 1661 ... 56
7. Kapitel. Ludwig XIV. regiert selbständig · Er zwingt den spanischen Zweig des Hauses Österreich, ihm überall den Vorrang einzuräumen, und den römischen Hof, ihm Genugtuung zu leisten · Er kauft Dünkirchen · Er unterstützt den Kaiser, Portugal und die Generalstaaten mit Truppen und macht sein Reich blühend und gefürchtet ... 77
8. Kapitel. Die Eroberung Flanderns ... 86
9. Kapitel. Die Eroberung der Freigrafschaft Burgund · Der Friede zu Aachen ... 90
10. Kapitel. Schöpfungen und Prachtliebe Ludwigs XIV. · Seltsame Begebenheit in Portugal · Kasimir in Frankreich · Der Hilfszug nach Kreta · Die Eroberung Hollands ... 96
11. Kapitel. Die Räumung Hollands · Die zweite Eroberung der Freigrafschaft Burgund ... 114
12. Kapitel. Gelungener Feldzug und Tod des Marschalls von Turenne · Letzte Schlacht des Großen Condé bei Senef ... 121
13. Kapitel. Vom Tod Turennes bis zum Frieden zu Nimwegen im Jahre 1678 ... 130
14. Kapitel. Die Einnahme Straßburgs · Das Bombardement von Algier · Die Unterwerfung Genuas · Siamesische

	Gesandtschaft · Widerstand gegen den Papst in Rom · Der Streit um das Kurfürstentum Köln	140
15. Kapitel.	König Jakob wird von seinem Schwiegersohn, Wilhelm III., entthront und von Ludwig XIV. beschützt	151
16. Kapitel.	Vorgänge auf dem Kontinent während der Eroberung Englands, Schottlands und Irlands durch Wilhelm III. bis zum Jahre 1697 · Abermalige Verheerung der Pfalz · Siege der Marschälle von Catinat und von Luxemburg	163
17. Kapitel.	Der Vertrag mit Savoyen · Die Heirat des Herzogs von Burgund · Der Friede von Rijswijk · Die Lage Frankreichs und Europas · Tod und Testament König Karls II. von Spanien	178
18. Kapitel.	Denkwürdiger Krieg um die Erbfolge in der spanischen Monarchie · Das Verhalten der Minister und der Generäle bis zum Jahre 1703	202
19. Kapitel.	Verlust der Schlacht bei Blindheim oder Höchstädt und seine Folgen	221
20. Kapitel.	Verluste in Spanien · Verlust der Schlachten bei Ramillies und bei Turin und deren Folgen	229
21. Kapitel.	Weitere Mißerfolge Frankreichs und Spaniens · Ludwig XIV. lässt durch seinen Premierminister um Frieden bitten · Verlust der Schlacht bei Malplaquet	238
22. Kapitel.	Ludwig XIV. setzt seine Friedensgesuche und den Verteidigungskrieg fort · Der Herzog von Vendôme festigt den König von Spanien auf dem Thron	258
23. Kapitel.	Der Sieg des Marschalls von Villars bei Denain · Verbesserter Stand der Angelegenheiten · Allgemeiner Friede	268
24. Kapitel.	Europa vom Frieden zu Utrecht bis zum Tod Ludwigs XIV.	279
25. Kapitel.	Einzelheiten und Anekdoten aus der Zeit Ludwigs XIV.	283
26. Kapitel.	Fortsetzung der Einzelheiten und Anekdoten	308
27. Kapitel.	Fortsetzung der Einzelheiten und Anekdoten	326
28. Kapitel.	Fortsetzung der Anekdoten	342
29. Kapitel.	Innere Verwaltung · Justiz · Handel · Polizei · Gesetze · Kriegswesen · Marine usw.	360

30. Kapitel. Finanzangelegenheiten und Verordnungen ... 381
31. Kapitel. Die Wissenschaften ... 395
32. Kapitel. Die schönen Künste ... 401
33. Kapitel. Die Künste (Fortsetzung) ... 417
34. Kapitel. Die schönen Künste im übrigen Europa zur Zeit Ludwigs XIV. ... 421
35. Kapitel. Geistliche Angelegenheiten · Denkwürdige Streitigkeiten ... 428
36. Kapitel. Der Calvinismus zur Zeit Ludwigs XIV. ... 440
37. Kapitel. Über den Jansenismus ... 463
38. Kapitel. Über den Quietismus ... 489
39. Kapitel. Streitigkeiten über die religiösen Bräuche der Chinesen · Einfluss dieser Streitigkeiten auf die Unterdrückung des Christentums in China ... 503

Anhang

Ausführliches Verzeichnis der Kinder Ludwigs XIV., der zeitgenössischen Prinzen und Prinzessinnen des Hauses Frankreich, der zeitgenössischen Souveräne, der Marschälle von Frankreich, der Minister und der meisten Schriftsteller und Künstler, die in diesem Zeitalter lebten Kinder und Enkel Ludwigs XIV. ... 512

Prinzen und Prinzessinnen von Geblüt, die im Zeitalter Ludwigs XIV. lebten ... 515

Zeitgenössische Souveräne ... 518

Marschälle von Frankreich, die unter Ludwig XIV. starben oder unter ihm gedient haben ... 524

Großadmiräle und Generäle der Galeeren, Staatsminister und andere führende Personen unter der Regierung Ludwigs XIV. ... 532

Verzeichnis der meisten französischen Schriftsteller, die im Zeitalter Ludwigs XIV. auftraten, als Beitrag zur Literaturgeschichte jener Zeit ... 541

Berühmte Künstler ... 658

Nachwort des Übersetzers ... 668

Erstes Kapitel

Einleitung

Es ist nicht meine Absicht, bloß das Leben Ludwigs XIV. zu beschreiben – ich habe einen größeren Gegenstand im Auge: Ich will versuchen, der Nachwelt nicht die Taten eines einzelnen Mannes, sondern das Wesen der Menschen im aufgeklärtesten aller bisherigen Zeitalter zu schildern.

Jedes Jahrhundert hat Helden und Staatsmänner hervorgebracht, jedes Volk hat Revolutionen durchgemacht, und für den, der sich bloß Tatsachen ins Gedächtnis prägen will, sind die Geschichten der einzelnen Völker sämtlich von nahezu gleichem Wert. Der Denker jedoch und der – freilich noch seltenere – Mann von Geschmack unterscheiden nur vier Zeitalter in der Geschichte der Welt. Diese vier glücklichen Weltalter sind jene Jahrhunderte, in denen die Künste vervollkommnet wurden und die als Epochen der Größe des Menschengeistes Vorbilder für die Nachwelt sind.

Das erste dieser Zeitalter, die den wahren Ruhm zum unzertrennlichen Begleiter haben, ist die Epoche Philipps und Alexanders von Mazedonien oder auch die der Perikles, Demosthenes, Aristoteles, Platon, Apelles, Phidias und Praxiteles. Aber diese Ehre blieb auf die Grenzen Griechenlands beschränkt; der Rest der damals bekannten Erde war barbarisch.

Das zweite ist das Zeitalter von Cäsar und Augustus, das noch durch die Namen Lukrez, Cicero, Livius, Virgil, Horaz, Ovid, Varro und Vitruv gekennzeichnet wird.

Das dritte ist jener Zeitabschnitt, der auf die Eroberung Konstantinopels durch Mohammed II. folgte. Der Leser mag sich erinnern, dass man damals in Italien das, was die europäischen Fürsten hätten tun sollen, von einer Familie einfacher Bürger durchführen sah. Die Medici beriefen die Gelehrten, die von den Türken aus Griechenland vertrieben worden waren, nach Florenz. Es war das die Zeit des Glanzes für Italien. Die schönen Künste waren bereits zu neuem Leben erwacht, und die Italiener beehrten sie mit dem Namen Tugend, wie die alten Griechen sie durch den Ausdruck Weisheit ausgezeichnet hatten. Alles strebte der Vervollkommnung zu.

Diese Künste, die immer von Griechenland aus nach Italien verpflanzt worden waren, befanden sich dort auf einem günstigen Boden, auf dem sie unverzüglich gediehen und Früchte trugen.

Auch Frankreich, England, Deutschland und Spanien versuchten ihrerseits diese Früchte zu ziehen, aber entweder entwickelten sich diese überhaupt nicht, oder sie arteten allzu schnell aus.

Franz I. unterstützte Gelehrte, die aber eben nichts weiter als gelehrt waren. Er hatte Architekten, aber weder einen Michelangelo noch einen Palladio. Vergebens versuchte er Malerschulen zu gründen – die italienischen Maler, die er berief, zogen keine französischen Schüler; einige Epigramme und einige schlüpfrige Erzählungen machten unsere ganze Poesie aus. Rabelais war zurzeit von Heinrich II. unser einziges modisches Prosawerk.

Kurzum, die Italiener allein hatten alles – ausgenommen die Musik, die noch nicht entwickelt, und die Experimentalphilosophie, die allenthalben in gleichem Maß unbekannt war, bis endlich Galilei sie kennen lehrte.

Das vierte Zeitalter ist nun jenes, das man nach Ludwig XIV. benennt, und vielleicht ist es von allen vieren dasjenige, das der Vollkommenheit am nächsten steht. Durch die Entdeckungen seiner drei Vorgänger bereichert, hat es in mancher Hinsicht mehr geleistet als jene drei zusammen. Die Künste sind nicht weiter gediehen als unter den Mediceern, den Cäsaren und den Mazedoniern, aber die menschliche Vernunft im Allgemeinen hat sich vervollkommnet. Die wahre Philosophie ist erst in dieser Epoche bekannt geworden, und man darf in Wahrheit behaupten, dass sich in dem Zeitraum zwischen den letzten Jahren des Kardinals von Richelieu bis zu den ersten Jahren nach dem Tod Ludwigs XIV. in unseren Künsten, unseren Ansichten, unseren Sitten und unserer Regierung eine Umwälzung vollzogen hat, die als ein ewiges Denkmal der wahrhaften Größe unseres Vaterlandes dastehen wird. Und dieser segensreiche Einfluss ist nicht auf Frankreich beschränkt geblieben – er verbreitete sich nach England und machte dort den Wetteifer rege, dessen dieses geistreiche, unternehmende Volk damals bedurfte; er brachte den Geschmack nach Deutschland und die Wissenschaften nach Russland; er hat sogar dem dahinsiechenden Italien neues Leben eingehaucht, und Europa verdankt seinen Anstand und seinen geselligen Sinn dem Hof Ludwigs XIV.

Man darf nicht etwa meinen, dass es in jenen vier Zeitaltern keine Unglücksfälle und Verbrechen gegeben hätte. Die Vollkommenheit der von friedlichen Bürgern gepflegten Künste hindert nicht, dass die Fürsten bisweilen ehrgeizig, die Völker aufsässig, die Priester und Mönche unruhig und schurkisch sind. In Bezug auf die menschliche Bosheit sind alle Zeitalter gleich, durch großartige Talente aber zeichnen sich meines Wissens nur diese vier aus.

Vor dem Zeitalter, das ich nach Ludwig XIV. benenne und das ungefähr mit der Gründung der französischen Akademie beginnt, bezeichneten die Italiener alle Ultramontanisten als Barbaren. Es steht nicht zu leugnen, dass die Franzosen diesen Schimpfnamen in gewisser Hinsicht verdienten. Ihre Väter verbanden die romantische Galanterie der Mauren mit der altfränkischen Rohheit. Sie besaßen nahezu keine einzige der angenehmen Künste – ein Beweis dafür, dass auch die nützlichen bei ihnen vernachlässigt wurden, denn sobald man das Notwendige zur Vollkommenheit gebracht hat, gelangt man bald zum Angenehmen und zum Schönen. Es kann auch nicht wundernehmen, dass die Malerei, die Bildhauerei, die Dichtkunst, die Beredsamkeit und die Philosophie unbekannt waren bei einem Volk, das keine Flotte besaß, obschon es am Atlantischen und am Mittelländischen Meer Häfen hatte, und das kaum einige unvollkommene Fabriken im Land zählte, obschon es den Luxus über die Maßen liebte.

Die Juden, die Genueser, die Venezianer, die Portugiesen, die Flamen, die Holländer und die Engländer besorgten nacheinander den Handel Frankreichs, das nicht einmal dessen Prinzipien kannte. Ludwig XIII. besaß bei seiner Thronbesteigung kein einziges Schiff. Paris zählte keine vierhunderttausend Einwohner und besaß nicht vier schöne Gebäude. Die übrigen Städte des Königreichs glichen jenen Flecken, wie man sie jenseits der Loire findet. Der gesamte Adel lebte auf dem Land in gräbenumzogenen Burgen und bedrückte die Ackerbauern. Die Landstraßen waren nahezu unwegsam, die Städte ohne Polizeiwesen, der Staat ohne Geld und die Regierung beinahe immer ohne Kredit und ohne Ansehen bei den fremden Nationen.

Wie man sich nicht verhehlen darf, hatte Frankreich seit dem Verfall des Hauses Karls des Großen immer mehr oder weniger an diesen Gebrechen gesiecht, weil ihm beinahe nie eine gute Regierung beschieden gewesen war.

Die Macht eines Staates hat zur Voraussetzung, dass entweder das Volk eine auf den Gesetzen beruhende Freiheit besitzt oder dass die Autorität des Landesherrn über jeden Widerstand erhaben ist. In Frankreich aber waren die Völker bis zu Philipp August Sklaven, die Adeligen waren bis zu Ludwig XI. Tyrannen, und die Könige, ständig mit der Verteidigung ihrer Autorität gegen ihre Vasallen beschäftigt, hatten weder die Zeit, an das Glück ihrer Untertanen zu denken, noch die Macht, dieses Glück zu begründen.

Ludwig XI. tat viel für die königliche Macht, aber nichts für das Wohl und den Ruhm der Nation. Franz I. rief den Handel, die Schifffahrt, die Künste und die Wissenschaften ins Leben, er hatte jedoch nicht das Glück, sie Wurzeln schlagen zu sehen, und sie verschwanden wieder mit ihm. Heinrich der Große stand im Begriff, Frankreich dem Elend und der Barbarei zu entreißen, in die dreißig Jahre inneren Zwistes es zurückgeschleudert hatten, als er in seiner Hauptstadt inmitten des Volkes, dessen Glück er zu begründen begann, meuchlings ermordet wurde. Der Kardinal von Richelieu, mit der Demütigung des Hauses Österreich, des Calvinismus und der Großen beschäftigt, erfreute sich keiner hinlänglich friedlichen Machtfülle, um die Nation zu reformieren, doch machte er wenigstens den Anfang zu diesem segensreichen Werk.

Das Genie der Franzosen war also neun Jahrhunderte lang inmitten der inneren Zwiste und Bürgerkriege, während man weder Gesetze noch feste Bräuche hatte und während die immer noch unbeholfene Sprache sich über je zwei Jahrhunderten hinweg gründlich veränderte, beinahe unausgesetzt durch eine veraltete Regierungsform eingeschnürt und eingezwängt. Der zuchtlose Adel kannte nur Krieg und Müßiggang; die Geistlichkeit lebte in Liederlichkeit und Unwissenheit, und das erwerbslose Volk verkam in seinem Elend.

Weder an den großen Entdeckungen noch an den bewundernswürdigen Erfindungen der übrigen Völker hatten die Franzosen Anteil – nicht ihnen verdankt die Menschheit die Buchdruckerkunst, das Pulver, die Spiegel, das Fernrohr, den Proportionszirkel, die Luftpumpe und das wahre Weltsystem. Während Spanier und Portugiesen im Westen und Osten der bekannten Erde neue Welten entdeckten, hielten sie Turniere ab. Karl V. verschwendete bereits in Europa die Schätze Mexikos, bevor noch etliche Untertanen Franz' I. das wilde, unwirtliche Kanada entdeckt hatten. Aber eben aus dem Wenigen, das die Franzosen zu Anfang des 16. Jahrhunderts leisteten, sieht man, wessen sie fähig sind, sobald sie unter guter Leitung stehen.

Ich will nun zeigen, was sie unter Ludwig XIV. waren.

Man darf nicht erwarten, hier mehr als in der Darstellung der früheren Zeitalter eingehende Angaben über die Kriege und die Belagerung von Städten zu finden, die mit den Waffen genommen und zurückerobert, durch Verträge abgetreten und zurückgegeben wurden. Tausend Umstände, die für die Zeitgenossen von Interesse sind, verlieren sich in den Augen der Nachwelt und verschwinden, um bloß jene großen Begebenheiten hervortreten zu lassen, die über das Schicksal der Staaten entschieden. Nicht alles Geschehene ist der Aufzeichnung wert. Ich werde mich in der vorliegenden Geschichte nur an das halten, was die Beachtung aller Zeiten verdient, was den Charakter und die Sitten der Menschen zu kennzeichnen geeignet ist, was zur Belehrung zu dienen und was Liebe zur Tugend, zu den Künsten und zum Vaterland zu erwecken vermag.

Der Leser weiß bereits, in welchem Zustand Frankreich und die übrigen Staaten Europas sich zurzeit vor der Geburt Ludwigs XIV. befanden. Hier nun werde ich die großen politischen und militärischen Begebenheiten seiner Regierung beschreiben. Die innere Verwaltung des Reichs, die für die Völker von ungleich größerer Wichtigkeit ist, wird besonders behandelt werden. Das Privatleben Ludwigs XIV. und die Vorgänge an seinem Hof werden eine ausführliche Darstellung finden. Andere Abschnitte werden den Wissenschaften, den Künsten, den Fortschritten des menschlichen Geistes in jenem Zeitalter gewidmet werden. Schließlich wird auch von der Kirche die Rede sein, die seit so vielen Jahrhunderten mit der Regierung – gegen die sie bald als Freundin, bald als Feindin auftritt – aufs engste verbunden ist und die sich ihrer Bestimmung, Moral zu lehren, zum Trotz nur zu häufig der Politik und den menschlichen Leidenschaften überlässt.

Zweites Kapitel

Die Staaten Europas vor Ludwig XIV.

Schon seit langem durfte man das christliche Europa – Russland ausgenommen – für eine Art von großer Republik ansehen, die in mehrere teils rein monarchische, teils konstitutionelle, teils aristokratische, teils demokratische Staaten zerfiel, die jedoch alle miteinander harmonierten, alle – wenn auch in verschiedene Sekten zersplittert – dieselbe religiöse Grundlage hatten und sich alle zu denselben völkerrechtlichen und politischen Grundsätzen bekannten, die den übrigen Erdteilen noch fremd waren. Diesen Grundsätzen nach machen die europäischen Völker ihre Kriegsgefangenen nicht zu Sklaven, achten sie die Gesandten ihrer Feinde, gestehen sie einmütig gewissen Fürsten – wie dem Kaiser, den Königen und anderen, geringeren Potentaten – den Vorrang und gewisse Vorrechte zu; besonders aber stimmen sie in der klugen Politik überein, dass sie soviel wie möglich ein Gleichgewicht an Macht unter sich erhalten, indem sie ständig – sogar mitten im Krieg – das Mittel der Verhandlung anwenden und einer beim anderen Gesandte oder weniger ehrenwerte Spione unterhält, die alle Höfe von den Plänen eines einzigen in Kenntnis zu setzen, ganz Europa mit einem Schlag in Aufregung zu bringen und die Schwächeren vor den Einfällen zu bewahren vermögen, zu denen der Stärkere stets bereit zu sein pflegt.

Seit Karl V. neigte sich die Waage zugunsten des Hauses Österreich. Dieses mächtige Haus besaß um 1630 Spanien, Portugal und die Schätze Amerikas; die Niederlande, Mailand, das Königreich Neapel, Böhmen, Ungarn und sogar Deutschland waren sozusagen sein Erbgut geworden, und wenn alle diese Staaten unter ein einziges Oberhaupt aus jenem Haus gekommen wären, so steht zu glauben, dass schließlich ganz Europa ihm untertan geworden sein würde.

Deutschland. – Das Kaiserreich Deutschland ist der mächtigste Nachbar, den Frankreich hat. Es ist von größerem Umfang und, wenn auch vielleicht weniger reich an Geld, so doch fruchtbarer an kräftigen und arbeitsamen Menschen. Das deutsche Volk wird noch heute nahezu in derselben Weise regiert wie Frankreich unter den ersten Kapetingern, die die bisweilen herzlich schlecht respektierten Oberhäupter mehrerer großer und einer bedeutenden Anzahl kleiner Vasallen waren. Heute bilden sechzig unabhängige sogenannte freie Reichsstädte, ungefähr ebenso viele weltliche Landesherren, nahe an vierzig geistliche Fürsten – die teils Äbte, teils Bischöfe sind –, neun Kurfürsten – unter denen sich zur Zeit vier Könige befinden – und endlich der Kaiser – das Oberhaupt aller dieser Potentaten – den großen germanischen Staatskörper, den das deutsche Phlegma bis zum heutigen Tag mit beinahe ebenso viel Ruhe und Ordnung am Leben erhalten hat, wie die französische Regierung früher Unruhe und Verwirrung zeigte.

Jedes Glied des Reichs hat seine Rechte, seine Privilegien und seine Pflichten, und die schwierige Kenntnis dieser zahllosen und oft streitigen Gesetze bildet das, was man in Deutschland Studium des Staatsrechts nennt, dessentwegen das germanische Volk so berühmt ist.

Der Kaiser als solcher würde in Wirklichkeit kaum mächtiger und reicher sein als etwa ein Doge von Venedig. Wie bekannt, lässt das in Städte und Herrschaften zerfallende Deutschland dem Oberhaupt aller dieser Staatswesen nur den mit den größten Ehren verknüpften Vorrang, gewährt ihm aber weder Krongüter noch Geld und folglich auch keine Macht; in seiner Eigenschaft als Kaiser besitzt er nicht ein einziges Dorf. Indessen war diese häufig ebenso leere wie hohe Würde doch in den Händen der Österreicher ein so wirksames Werkzeug geworden, dass man oft befürchtete, sie müssten diese Republik von Fürsten in eine absolute Monarchie verwandeln. Zwei Parteien teilten damals und teilen noch heute das christliche Europa – und besonders Deutschland – in zwei entgegengesetzte Lager. Die eine dieser beiden Parteien ist die katholische, die mehr oder weniger dem Papst Folge leistet, die andere ist die Partei der Feinde der geistlichen und weltlichen Herrschaft des Papstes und der katholischen Prälaten. Die Anhänger dieser letzteren Partei bezeichnen wir mit dem gemeinsamen Namen Protestanten, obgleich sie in Lutheraner, Calvinisten und andere Sekten zerfallen, die sich gegenseitig ebenso hassen, wie sie Rom verabscheuen.

In Deutschland hängen Sachsen, ein Teil von Brandenburg, die Pfalz, ein Teil Böhmens und Ungarns, die Staaten des Hauses Braunschweig, Württemberg und Hessen dem lutherischen, sogenannten evangelischen Bekenntnis an. Auch sämtliche freie Reichsstädte haben sich zu dieser Sekte geschlagen, da der Protestantismus für Völker, die auf ihre Freiheit bedacht sind, angemessener erschien als die katholische Religion. Die unter die stärkeren Lutheraner verstreuten Calvinisten sind nur geringfügig. Der Rest des Reichs besteht aus den Katholiken, die, da sie das Haus Österreich an ihrer Spitze hatten, zweifelsohne die mächtigste Partei waren.

Nicht bloß Deutschland, sondern, wie ich glaube, alle christlichen Staaten bluteten noch aus den Wunden, die unzählige Religionskriege – dieser den Christen eigentümliche Wahnsinn, der den Heiden unbekannt und eine unglückselige Folge des unter allen Ständen verbreiteten Hangs zum Dogmatisieren war – ihnen geschlagen hatten. Es gibt in der Tat wenige Kontroverspunkte, die keinen Bürgerkrieg entzündet haben, und die fremden Völker – vielleicht sogar schon unsere Nachkommen – werden eines Tages kaum begreifen können, wie unsere Väter sich so viele Jahre lang gegenseitig erwürgen konnten, während sie unablässig Geduld und Nachsicht predigten.

Ich habe bereits gezeigt[1], dass Ferdinand II. nahe daran war, die deutsche Aristokratie in eine absolute Monarchie umzuwandeln, und dass er Gefahr lief, von Gustav Adolf entthront zu werden. Sein Sohn Fer-

1 Im ›Versuch über die Sitten und den Charakter der Nationen‹, Kapitel 178.

dinand III., der seine Politik erbte und gleich seinem Vater den Krieg von seinem Kabinett aus führte, regierte während der Minderjährigkeit Ludwigs XIV.

Deutschland war damals noch nicht so blühend, wie es seitdem geworden ist. Der Luxus war dort völlig unbekannt, und die Bequemlichkeiten des Lebens waren selbst bei den größten Herren noch äußerst selten; sie wurden erst um 1686 durch die französischen Flüchtlinge eingeführt, die ihre Industriezweige nach Deutschland verpflanzten. Es fehlte diesem fruchtbaren und bevölkerten Land an Handelsverkehr und an Geld. Die Sittenstrenge und die Unbeholfenheit, die den Deutschen eigentümlich sind, beraubten sie jener Genüsse und jener angenehmen Künste, die der italienische Witz schon seit so langen Jahren pflegte und die die französische Betriebsamkeit damals zu vervollkommnen begann. Zu Hause reich, waren die Deutschen in fremdem Land arm, und diese Armut in Verbindung mit der Schwierigkeit, so viele verschiedene Völker binnen kurzer Zeit unter demselben Feldzeichen zusammenzubringen, machte es ihnen damals wie noch heute nahezu unmöglich, den Krieg in Feindesland zu tragen und dort längere Zeit zu unterhalten. Daher haben auch die Franzosen die deutschen Kaiser beinahe immer im Reich selbst bekriegt. Die Verschiedenheit in der Regierung und im Wesen der beiden Völker scheint die Franzosen zum Angriff, die Deutschen aber zur Verteidigung geschickter zu machen.

Spanien. – Das vom älteren Zweig des Hauses Österreich regierte Spanien hatte nach dem Tod Karls V. mehr Schrecken eingeflößt als die deutsche Nation. Die Könige von Spanien waren weit unumschränkter und reicher; die Minen von Mexiko und von Potosi schienen ihnen genug Schätze zu liefern, um die Freiheit ganz Europas einzuhandeln. Der Leser kennt bereits jenen Plan zur Alleinherrschaft oder vielmehr zur umfassenden Hegemonie über unseren christlichen Erdteil, der von Karl V. entworfen und von Philipp II. festgehalten wurde.

Unter Philipp III. war die Größe Spaniens nur noch ein markloser Körper, der mehr Ruf als Kraft besaß.

Philipp IV., der Erbe der Schwachheit seines Vaters, verlor Portugal infolge seiner Nachlässigkeit, das Roussillon infolge der Schwäche seiner Waffen und Katalonien infolge des Missbrauchs der Gewalt. Dergleichen Könige konnten in ihren Kriegen gegen Frankreich nicht lange glücklich sein. Wenn sie infolge der Uneinigkeit und der Fehler ihrer Feinde wirklich einige Vorteile errangen, ging deren Frucht immer wieder infolge ihrer Unfähigkeit verloren; zudem herrschten sie über Völker, denen ihre

Privilegien ein Recht zum Ungehorsam gaben: Die Kastilier hatten das Vorrecht, dass sie nicht außerhalb ihrer Heimat zu kämpfen brauchten, die Aragonier stritten unablässig mit dem Staatsrat um ihre Freiheit, und die Katalanen, die ihre Könige für ihre Feinde ansahen, erlaubten diesen nicht einmal, in ihrer Provinz Soldaten auszuheben.

Dessen ungeachtet aber warf Spanien im Verein mit Deutschland ein schweres Gewicht in die europäische Waagschale.

Portugal. – Portugal wurde damals wieder zu einem Königreich. Herzog Johann von Braganza, ein Fürst, der für schwach galt, hatte diese Provinz einem König entrissen, der noch schwächer war als er. Die Portugiesen befassten sich aus Not mit dem Handel, den die Spanier aus Stolz vernachlässigten; auch hatten sie sich vor kurzem–im Jahre 1641– mit Frankreich und Holland gegen Spanien verbunden. Diese Empörung Portugals war vorteilhafter für Frankreich, als die bedeutendsten Siege es hätten sein können. Das französische Ministerium zog aus diesem Ereignis, zu dem es nicht das Geringste beigetragen hatte, ohne Mühe den größten Vorteil, den man einem Feind gegenüber haben kann, nämlich den, ihn von einer unversöhnlichen Macht angegriffen zu sehen.

Portugal, das das spanische Joch abschüttelte, seinen Handel ausdehnte und seine Macht vermehrte, erinnert hier unwillkürlich an Holland, das sich derselben Vorteile auf ganz verschiedene Weise erfreute.

Holland. – Der kleine Staat der sieben Vereinigten Provinzen, ein grasreiches, aber getreidearmes, ungesundes und beinahe vom Meer überschwemmtes Land, war seit ungefähr einem halben Jahrhundert ein auf Erden beinahe einziges Beispiel von dem, was die Liebe zur Freiheit und unermüdliche Arbeit vermögen. Dieses arme, wenig zahlreiche Volk, das weit weniger kriegsgeübt war als die schlechtesten spanischen Truppen und damals in Europa noch nicht für voll genommen wurde, widerstand allen Streitkräften seines Gebieters und Tyrannen Philipp II., vereitelte die Pläne verschiedener Fürsten, die ihm helfen wollten, um es zu unterjochen, und begründete eine Macht, die wir sogar der Macht Spaniens haben das Gleichgewicht halten sehen. Zuerst hatte die Verzweiflung, die die Tyrannei erzeugt, ihm die Waffen in die Hand gegeben, dann hatte die Freiheit seinen Mut gestählt, und die Prinzen aus dem Hause Oranien hatten aus den friedlichen Bürgern ausgezeichnete Soldaten gemacht. Und kaum waren seine Gebieter besiegt, als es eine Regierungsform einführte, die so viel wie möglich die Gleichheit erhält, dieses natürlichste unter allen Rechten des Menschen.

Vom Zeitpunkt seiner Gründung an war dieser eigentümliche Staat innig mit Frankreich verbunden – das Interesse vereinigte beide, sie hatten die gleichen Feinde. Heinrich der Große und Ludwig XIII. waren seine Verbündeten und seine Beschützer gewesen.

England. – Das weit mächtigere England trachtete begierig nach der Herrschaft über die Meere und behauptete, das Gleichgewicht in Europa zu erhalten. Anstatt jedoch die Last dieses Amtes tragen zu können, fühlte Karl I., der seit 1625 regierte, bereits das Zepter seinen Händen entschlüpfen. Er hatte seine Macht in England von den Gesetzen unabhängig machen und in Schottland die Religion verändern wollen. Zum Verzicht auf seine Pläne zu hartnäckig und zu deren Ausführung zu schwach; ein guter Gatte, guter Vater, guter Gebieter und ehrenhafter Mann, aber ein schlecht beratener Monarch, verwickelte er sich in einen Bürgerkrieg, durch den er, wie bereits erwähnt, infolge einer beinahe unerhörten Revolution den Thron und das Leben auf dem Schafott verlor.

Dieser Bürgerkrieg, der während Ludwigs XIV. Minderjährigkeit begann, hinderte England für einige Zeit, sich der Interessen seiner Nachbarn anzunehmen. Es verlor mit seinem Wohlstand auch seine Bedeutung, sein Handel erlitt eine Unterbrechung, und die übrigen Nationen hielten es für begraben unter seinen Trümmern bis zu dem Tag, wo es plötzlich furchtbarer wurde denn je unter jenem Cromwell, der es mit der Bibel in der einen, mit dem Schwert in der anderen Hand und mit der Maske der Religion vor dem Gesicht unterjochte, der aber auch während seiner Regierung alle Verbrechen eines Usurpators mit den Eigenschaften eines großen Fürsten verhüllte.

Rom. – Jenes Gleichgewicht, das England zwischen den Königen zu erhalten sich schmeichelte, versuchte der römische Hof durch seine Politik zu erhalten. Italien zerfiel damals wie heute in mehrere Herrschaften. Das Gebiet, das der Papst besitzt, ist groß genug, um ihn als Fürsten zu achten, aber zu klein, um ihn fürchten zu müssen. Die natürliche Beschaffenheit der Regierung ist nicht dazu angetan, sein Land zu bevölkern, das zudem wenig Geld und wenig Handelsverkehr besitzt. Seine stets ein wenig mit weltlicher verbundene geistliche Autorität ist bei der halben Christenheit vernichtet und verabscheut, und wenn er bei der anderen Hälfte als Vater gilt, so hat er dort Kinder, die ihm bisweilen mit Recht und mit Erfolg Widerstand leisten. In Frankreich gilt der Grundsatz, dass er für eine geheiligte, aber gefährliche Person anzusehen sei, der man die Füße küssen und bisweilen die Hände binden muss. Noch heute sieht man in allen katholischen Ländern die Spuren der Schritte, die einst der römische Hof der Weltmonarchie entgegengetan hat. Alle katholischen Fürsten senden bei ihrer Thronbesteigung an den Papst Gesandtschaften, die man Obedienzen nennt, und jede Krone hat in Rom einen Kardinal, der den Namen Protektor führt. Der Papst erteilt Bestätigungsbullen über alle Bistümer und gebraucht in diesen Bullen Redewendungen, als ob er jene Würden aus alleiniger Machtvollkommenheit verleihe. Alle italienischen, spanischen und flämischen Bischöfe nennen sich deshalb Bischöfe »aus göttlicher und des Heiligen Stuhles Zulassung«.

Um 1682 verwarfen viele französische Prälaten diese den ersten Jahrhunderten durchaus unbekannte Formel, und noch neuerdings, im Jahre 1754, war ein Bischof – Stuart Fitzjames, Bischof von Soissons – mutig genug, sie in einem Erlass zu unterdrücken, der wert ist, auf die Nachwelt zu kommen. In diesem Erlass – oder vielmehr in dieser einzig dastehenden Unterweisung – ist nämlich ausdrücklich ausgesprochen, was bisher noch kein Papst zu erklären gewagt hat, dass nämlich alle Menschen, und sogar die Ungläubigen, unsere Brüder sind.

Schließlich hat der Papst in allen katholischen Ländern Vorrechte behalten, die ihm sicher nicht zuteil werden würden, wenn nicht die Zeit sie ihm gegeben hätte. Er hat in jedem Reich eine nicht geringe Anzahl von Pfründen zu vergeben, und von den durch die Kirchenräte vergebenen Pfründen empfängt er die Einkünfte des ersten Jahres als Steuer.

Die Mönche, deren Oberhäupter in Rom ihren Wohnsitz haben, sind ebenfalls unmittelbare, über alle Länder verbreitete Untertanen des Papstes. Die Gewohnheit, die alles macht und Ursache ist, dass die Welt eben sowohl durch Missbräuche wie durch Gesetze regiert wird, hat den Fürsten nicht immer erlaubt, eine Gefahr völlig zu beseitigen, die zudem mit Dingen im Zusammenhang steht, die für heilig angesehen werden. Einem anderen als seinem Landesherrn den Eid des Gehorsams zu leisten, ist bei einem Laien ein Verbrechen der beleidigten Majestät – im Kloster ist es eine religiöse Handlung. Die Schwierigkeit, festzustellen, bis zu welchem Punkt jenem fremden Gebieter Gehorsam zu leisten ist, die Leichtigkeit der Verführung, das Vergnügen, sich einem natürlichen Joch zu entziehen, um sich ein selbstgewähltes aufzubürden, der Hang zum Aufruhr und die unglücklichen Zeiten haben nur zu oft ganze Mönchsorden dazu gebracht, dem römischen Hof gegen ihr Vaterland zu Diensten zu sein.

Der Geist der Aufklärung, der nun seit einem Jahrhundert in Frankreich herrscht und sich über beinahe alle Stände verbreitet hat, war das beste Mittel gegen diesen Missbrauch. Die guten Bücher, die über diesen Gegenstand geschrieben wurden, sind wahrhafte, den Königen und den Völkern erwiesene Dienste, und eine der großen Veränderungen, die sich unter Ludwig XIV. auf diesem Weg in unseren Sitten vollzogen, besteht eben darin, dass die Mönche jetzt allesamt überzeugt zu sein anfangen, dass sie in erster Linie Untertanen des Königs und erst in zweiter Linie Diener des Papstes sind. Die Gerichtsbarkeit, dieses wesentliche Kennzeichen der Oberhoheit, ist dem Papst noch verblieben; sogar Frankreich lässt es trotz aller Freiheiten der gallischen Kirche geschehen, dass man in geistlichen Angelegenheiten an den Papst als höchsten Richter appelliert.

Will man eine Ehe lösen, seine Base oder Nichte heiraten, sich von seinen Gelübden entbinden lassen, so wendet man sich nicht an seinen Bischof, sondern ebenfalls nach Rom. Dort gibt es einen Tarif über den Preis der Gnadengaben, und die Privatpersonen aller Länder kaufen dort Dispense zu jedem Preis.

Diese Vorrechte, die von vielen Personen als eine Folge der gröbsten Missbräuche, von anderen aber als Überreste der heiligsten Rechte angesehen werden, werden jederzeit mit vollendetem Geschick behauptet. Rom erhält sein Ansehen und seinen Einfluss mit derselben Klugheit, mit der einst die römische Republik die Hälfte der bekannten Welt eroberte.

Nie verstand es ein Hof besser, sich nach den Menschen und nach den Umständen zu richten. Die Päpste sind beinahe immer in den Staatsgeschäften ergraute Italiener ohne Leidenschaften, die sie verblenden könnten, und ihr Rat besteht aus Kardinälen, die ihnen gleichen und alle von demselben Geist beseelt sind. Dieser Rat erteilt Befehle bis nach China und Amerika hin, und bisweilen konnte von ihm gesagt werden, was einst ein Fremder vom römischen Senat sagte: »Ich habe eine Versammlung von Königen gesehen.«

Die meisten unserer Schriftsteller haben sich mit Recht gegen die Anmaßung und den Ehrgeiz dieses Hofs aufgelehnt, keiner hat jedoch dessen Klugheit genügend Gerechtigkeit widerfahren lassen. Ich weiß nicht, ob eine andere Nation so viele ständig bestrittene Vorrechte so lange Zeit in Europa behauptet haben würde. Jeder andere Hof hätte sie durch seinen Hochmut oder seine Feigheit, durch seine Langsamkeit oder sein Ungestüm eingebüßt – Rom aber hat alles behauptet, was zu behaupten menschenmöglich war, indem es beinahe stets Festigkeit und Nachgiebigkeit zur rechten Zeit zu zeigen wusste. Unter Karl V. zeigte es sich kriechend, Heinrich III. von Frankreich gegenüber furchtbar;

gegen Heinrich IV. war es abwechselnd freundlich oder feindlich, gegen Ludwig XIV. trat es zu der Zeit, als er zu fürchten war, als offener Gegner auf, und den Kaisern gegenüber, denen es mehr misstraute als dem türkischen Sultan, zeigte es sich häufig als geheimer Feind.

Einige wenige Rechte, viele Ansprüche, Klugheit und Geduld – das ist alles, was dem römischen Hof heute von jener ehemaligen Macht geblieben ist, die sechs Jahrhunderte früher das Reich und Europa der Tiara zu unterwerfen versuchte.

Neapel ist ein noch heute bestehendes Denkmal des von den Päpsten mit so viel Geschick und Größe errungenen Rechts, Königreiche zu schaffen und zu vergeben. Der König von Spanien, der Besitzer jenes Staates, ließ jedoch dem römischen Hof nur die Ehre und die Gefahr, einen allzu mächtigen Vasallen zu haben.

Übrigens erfreute sich der Kirchenstaat eines segensreichen Friedens, der nur durch den kleinen Krieg zwischen den Kardinälen Barberini, den Neffen Urbans VIII., und dem Herzog von Parma gestört worden war.

Das übrige Italien. – Die übrigen Staaten Italiens gehorchten verschiedenen Interessen. Venedig fürchtete die Türken und den Kaiser. Es vermochte kaum seine Besitzungen auf dem festen Land vor den Ansprüchen Deutschlands und gegen die Einfälle des Sultans zu schützen. Die Stadt war nicht mehr jene stolze Venetia, die Herrin des Welthandels, die hundertfünfzig Jahre zuvor die Eifersucht der Könige erregt hatte. Die Umsicht ihrer Regierung war noch dieselbe, aber die Vernichtung ihres Handels beraubte sie nahezu ihrer ganzen Kraft. Einerseits infolge seiner Lage uneinnehmbar, war Venedig andererseits infolge seiner Schwäche nicht imstande, Eroberungen zu machen.

Florenz erfreute sich unter der Herrschaft der Medici des Friedens und des Wohlstands; die Wissenschaften, die Künste und die Geselligkeit, die die Medici ins Leben gerufen hatten, blühten noch immer. Toskana war damals in Italien, was Athen in Griechenland gewesen war.

Das durch einen Bürgerkrieg und durch französische und spanische Truppen verheerte Savoyen hatte sich endlich völlig zugunsten Frankreichs geeinigt und trug in Italien zur Schwächung der österreichischen Macht bei.

Die Schweizer behaupteten – wie noch heute – ihre Freiheit, ohne Versuche zur Unterdrückung anderer zu machen. Sie verkauften ihre Truppen an ihre reicheren Nachbarn. Sie waren arm, sie kannten weder die Wissenschaften noch die Künste und Gewerbe, die der Luxus erzeugt hat, aber sie waren verständig und glücklich.

Die nordischen Staaten. – Die Staaten des nördlichen Europa – Polen, Schweden, Dänemark und Russland – waren gleich den übrigen Mächten ständig auf der Hut oder im Krieg gegeneinander. In Polen fanden sich – wie noch heute – die Sitten und Regierungsformen der Goten und Franken: ein Wahlkönig, ein Adel, der an dessen Macht Anteil hatte, eine leibeigene Bevölkerung, eine schwache Infanterie und eine aus Edelleuten bestehende Reiterei, dabei keine festen Städte und beinahe gar kein Handel. Dieses Volk wurde bald von den Schweden oder den Moskowitern, bald von den Türken angegriffen.

Die Schweden, ein Volk, das infolge seiner Verfassung, die sogar den Bauern den Zutritt zur Ständeversammlung vergönnt, freier, damals aber gegen seine Könige unterwürfiger war als die Polen, waren beinahe überall siegreich.

Dänemark, früher von Schweden gefürchtet, war es damals von niemandem mehr; seine wirkliche Größe begann erst unter seinen beiden Königen Friedrich III. und Friedrich IV.

Russland war noch barbarisch.

Die Türkei. – Die Türken waren damals nicht mehr, was sie unter Selim, Mohammed und Süleiman gewesen waren. Weibische Verweichlichung herrschte im Serail, ohne die Grausamkeit daraus zu verbannen; die Sultane waren gleichzeitig die unumschränktesten Gebieter in ihrem Serail und die am wenigsten ihres Throns und ihres Lebens sicheren Fürsten. Osman und Ibrahim waren durch die seidene Schnur umgekommen, und Mustapha war zweimal abgesetzt worden. Schon durch diese Vorgänge erschüttert, wurde das türkische Reich auch noch von den Persern angegriffen. Als aber die Perser es aufatmen ließen und die Serail-Revolutionen vorüber waren, wurde dieser Staat der Christenheit von neuem furchtbar. Von der Mündung des Dnjepr bis zum venezianischen Gebiet fielen Russland, Ungarn, Griechenland und der Archipel der Reihe nach den türkischen Waffen zur Beute, und vom Jahre 1644 ab unterhielten sie unausgesetzt den Krieg auf Kreta, der den Christen so verderblich wurde. –

Das war die Lage der hauptsächlichsten Nationen Europas zur Zeit des Todes des französischen Königs Ludwig XIII.

Die Lage Frankreichs. – Im Bund mit Schweden, Holland, Savoyen und Portugal, unterhielt Frankreich gegen Deutschland und Spanien einen für beide Teile höchst kostspieligen und für das Haus Österreich verhängnisvollen Krieg, bei dem es die Segenswünsche der übrigen, nicht beteiligten Völker auf seiner Seite hatte. Dieser Krieg glich allen denen, wie sie seit so vielen Jahrhunderten zwischen den christlichen Fürsten geführt werden. Kriege, in denen man Millionen Menschen opfert und ganze Provinzen verheert, um schließlich einige kleine Grenzstädte zu erhalten, deren Besitz selten die Kosten der Eroberung aufwiegt.

Die Generäle Ludwigs XIII. hatten das Roussillon eingenommen, und die Katalonier hatten sich Frankreich als dem Schild der von ihnen gegen ihre Könige verfochtenen Freiheit ergeben; aber die Erfolge hatten den Feind nicht gehindert, im Jahre 1637 Corbie zu erobern und bis nach Pontoise vorzudringen. Die Furcht hatte die Hälfte der Einwohner aus Paris vertrieben, und der Kardinal von Richelieu war inmitten seiner großartigen Entwürfe zur Verminderung der österreichischen Macht darauf angewiesen gewesen, jedes herrschaftliche Haus in Paris zur Stellung eines Dieners einzuschätzen, der in den Krieg ziehen und die Feinde von den Toren der Hauptstadt zurückzutreiben helfen sollte.

Die Franzosen hatten also den Spaniern und den Deutschen viel Schaden zugefügt und ihrerseits nicht weniger erlitten.

Frankreichs Streitkräfte nach dem Tod Ludwigs XIII. und die Sitten jener Zeit. – Die Kriege hatten bedeutende Heerführer hervorgebracht, wie z.B. einen Gustav Adolf, einen Wallenstein, einen Herzog von Weimar, Piccolomini, Johann von Werth, den Marschall von Guébriant, die Prinzen von Oranien, den Grafen von Harcourt. Nicht weniger hatten sich einzelne Staatsminister ausgezeichnet: der Kanzler Oxenstierna, der Herzog Graf von Olivares, besonders aber der Kardinal von Richelieu hatten die Aufmerksamkeit Europas auf sich gezogen. Bisher hat noch jedes Jahrhundert berühmte Staatsmänner und Feldherren gehabt. Die Politik und der Krieg scheinen unglücklicherweise die beiden Beschäftigungen zu sein, die der Natur des Menschen am meisten entsprechen: Er muss entweder verhandeln oder sich schlagen. Der Glücklichste gilt als der Größte, und das Publikum schreibt häufig alle Erfolge, die das Glück zuwege brachte, dem Verdienst zu.

Der Krieg wurde damals noch nicht in der Weise geführt wie zur Zeit Ludwigs XIV. Die Heere waren nicht so zahlreich wie jetzt – seit der Belagerung von Metz durch Karl V. hatte kein General fünfzigtausend Mann unter seinem Befehl gehabt. Die Städte wurden mit weniger Geschützen belagert und verteidigt; die Befestigungskunst steckte noch in den Kinderschuhen; die Piken und Musketen waren noch im Gebrauch, und man bediente sich noch häufig des Degens, der heute unnütz geworden ist. Von den alten völkerrechtlichen Gesetzen bestand noch der Brauch, den Krieg durch einen Herold zu erklären. Ludwig XIII. war der letzte, der diese Sitte beachtete: er sandte 1635 einen Wappenherold nach Brüssel, um den Spaniern den Krieg zu erklären.

Wie man weiß, war damals nichts normaler, als Priester Armeen befehligen zu sehen. Der Kardinal-Infant, der Kardinal von Savoyen, Richelieu, La Balette, der Erzbischof von Bordeaux, Sourdis, der Kommandant der spanischen Reiterei, Kardinal Theodor Trivulcius – sie alle hatten den Kürass angelegt und persönlich am Krieg teilgenommen; ein Bischof von Mende war sogar wiederholt Armee-Intendant gewesen. Die Päpste bedrohten diese kriegslüsternen Priester bisweilen mit der Exkommunikation. Als Papst Urban VIII. gegen Frankreich aufgebracht war, ließ er dem Kardinal von La Valette sagen, er würde ihn seiner Würde entkleiden, wenn er nicht die Waffen niederlege; als er sich aber mit Frankreich ausgesöhnt hatte, spendete er ihm seinen Segen.

Die Gesandten, die nicht weniger Diener des Friedens sind als die Geistlichen, hegten kein Bedenken, in den Heeren der verbündeten Mächte, zu denen sie geschickt waren, Kriegsdienste zu tun. So befehligte z.B. Charnacé, der Gesandte Frankreichs in Holland, dort im Jahre 1637 ein Regiment, und der Gesandte von Estrades wurde sogar noch später Oberst in holländischen Diensten.

Frankreich hatte im ganzen nur ungefähr achtzigtausend Mann auf den Beinen. Die Marine, die seit Jahrhunderten vernichtet, dann durch den Kardinal von Richelieu wieder etwas instand gesetzt worden war, wurde unter Mazarin völlig zugrunde gerichtet. Ludwig XIII. hatte nur etwa fünfundvierzig Millionen wirklich regelmäßiger Einkünfte, aber die Mark Silber galt sechsundzwanzig Livre, und jene fünfundvierzig Millionen entsprachen mithin fünfundachtzig Millionen nach unserem heutigen Geld, wo der Wert der Mark geprägten Silbers auf neunundvierzigeinhalb Livre, der des feinen Silbers auf vierundfünfzig Livre und siebzehn Sou gestiegen ist – ein Wert, der im Interesse des Publikums und der Gerechtigkeit niemals verändert werden sollte.

Der Handel, der heute allgemein verbreitet ist, befand sich damals in wenigen Händen. Die Verwaltung und das Polizeiwesen waren vollständig vernachlässigt – ein sicherer Beweis der wenig glücklichen Regierung. Der Kardinal von Richelieu, mit seiner Größe beschäftigt, von der die des Staates abhing, hatte Frankreich nach außen furchtbar gemacht, ohne es jedoch im Innern blühend machen zu können. Die Landstraßen wurden weder ausgebessert noch bewacht und daher von Räubern unsicher gemacht. Die engen, schlecht gepflasterten und mit ekelhaftem Schmutz bedeckten Straßen von Paris wimmelten von Spitzbuben; aus den Registern des Parlaments geht hervor, dass die Scharwache der Stadt nur aus fünfundvierzig Mann bestand, die schlecht besoldet wurden und nicht einmal Dienst taten.

Seit dem Tod Franz' II. war Frankreich ständig entweder durch Bürgerkriege zerrissen oder durch Parteiungen beunruhigt worden; nie hatte man friedlich und freiwillig das Joch getragen. Die großen Herren waren in Verschwörungen großgezogen: Es war dies damals die Kunst des Hofes, die später darin bestand, dem Gebieter zu gefallen.

Dieser Geist der Zwietracht und der Parteiung war vom Hof aus bis in die kleinsten Städte gedrungen und beherrschte alle Körperschaften des Reichs: Man machte sich alles streitig, weil für nichts eine feste Bestimmung bestand. Sogar die Kirchspiele von Paris gerieten einander in die Haare: die Prozessionen schlugen sich für die Ehre ihrer Fahnen, und oft genug sah man die Domherren von Notre-Dame im Handgemenge mit denen von La Sainte-Chapelle. Auch das Parlament und die Rentkammer hatten sich an dem Tag, an dem Ludwig XIII. sein Reich unter die Obhut der Jungfrau Maria stellte, in der Kirche Notre-Dame um den Vortritt geschlagen.

Beinahe alle Körperschaften im Königreich waren bewaffnet, und beinahe alle Privatpersonen huldigten der Raserei des Zweikampfs. Diese vormals von den Königen selbst gutgeheißene und in den Charakter der Nation übergegangene Barbarei trug ebenso sehr wie die inneren und die auswärtigen Kriege zur Entvölkerung des Landes bei. Es ist nicht zuviel behauptet, wenn man sagt, dass im Laufe von zwanzig Jahren, von denen zehn durch den Krieg ausgefüllt wurden, mehr französische Edelleute durch die Hände von Franzosen als durch die Hände der Feinde starben.

Über die Weise, in der die Wissenschaften und die Künste gepflegt wurden, werde ich hier nichts Näheres mitteilen – man wird diesen Abschnitt unserer Kulturgeschichte an seiner Stelle behandelt finden. Hier will ich nur bemerken, dass die französische Nation in Unwissenheit versenkt lag – sogar die nicht ausgenommen, die nicht zum Volk zu gehören glauben.

Man zog Astrologen zu Rate und glaubte an ihre Aussprüche. Alle Memoiren aus jener Zeit, von der Geschichte des Präsidenten de Thou an, sind mit Wahrsagungen angefüllt; sogar der bedächtige und rauhe Herzog von Sully teilt in allem Ernst die Prophezeiungen mit, die Heinrich IV. gemacht wurden. Dieser Aberglaube, das untrüglichste Kennzeichen der Unwissenheit, stand in solchem Ansehen, dass man im Augenblick der Geburt Ludwigs XIV. einen Astrologen nahe beim Zimmer Annas von Österreich verborgen hielt.

Kaum glaublich, aber von einem sehr unterrichteten Autor der damaligen Zeit, dem Abbé Vittorio Siri, verbürgt, ist der Umstand, dass Ludwig XIII. von Kindesbeinen an den Beinamen »der Gerechte« führte, weil er unter dem Zeichen der Waage geboren war.

Dieselbe Schwachheit, die das widersinnige Wahngebilde der Sterndeuterei zu Ansehen brachte, erzeugte auch den Glauben an Besessenheit und Zauberei. Man machte eine religiöse Angelegenheit aus dieser Sache: Überall sah man Priester, die Teufel austrieben, und die Gerichtshöfe, die aus Beamten bestanden, die aufgeklärter hätten sein sollen als die Menge, waren ständig beschäftigt, Zauberer zu richten. Immer wird man dem Gedächtnis des Kardinals von Richelieu den Tod jenes berüchtigten Pfarrers von London, Urbain Grandier, zum Vorwurf machen, der von einer Kommission des Staatsrats als Zauberer zum Feuertod verurteilt wurde – man ist entrüstet, dass der Minister und die Richter so schwach waren, an die Teufel von London zu glauben, oder dass sie die Härte besaßen, einen Unschuldigen zum Scheiterhaufen zu schicken. Die späteste Nachwelt wird mit Erstaunen daran denken, dass die Marschallin d'Ancre auf dem Greve-Platz als Hexe verbrannt wurde.

Noch heute findet man in einer Abschrift einiger Register des Châtelet Angaben über einen im Jahre 1610 anhängig gemachten Prozess, dessen Gegenstand ein Pferd war, das der geschickte Besitzer ungefähr in derselben Weise abgerichtet hatte, von der man heute auf den Jahrmärkten so viele Beispiele sieht – man wollte den Herrn samt dem Pferd verbrennen!

Dies dürfte genügen, um im Allgemeinen die Sitten und den Charakter des Jahrhunderts zu kennzeichnen, das dem Zeitalter Ludwigs XIV. voranging.

Der Mangel an Aufklärung bei allen Ständen des Staates erzeugte bei den ehrenwertesten Personen abergläubische Bräuche, die die Religion entehrten. Die Calvinisten warfen den vernünftigen Kultus der Katholiken mit den Missbräuchen zusammen, zu denen jene gottesdienstlichen Bräuche verwendet wurden, und wurden dadurch in ihrem Hass gegen unsere Kirche noch mehr bestärkt: Sie setzten dem volkstümlichen, oft mit Ausschweifungen verknüpften Aberglauben ungeschliffene Strenge und rauhe Sitten entgegen, wie sie beinahe allen Reformatoren eigentümlich sind. Auf diese Weise zerriss und erniedrigte der Parteigeist das französische Reich. Der gesellige Geist aber, der diese Nation heutzutage so berühmt und liebenswürdig macht, war damals noch völlig unbekannt. Es gab keine Häuser, in denen sich die Leute von Verdienst zum gegenseitigen Austausch ihrer Kenntnisse zusammenfanden, keine Akademie, kein regelmäßiges Theater – kurzum, die Sitten, die Gesetze, die Künste, die Gesellschaft, die Religion, der Krieg und der Friede zeigten nicht die geringste Ähnlichkeit mit dem, was man später im Zeitalter Ludwigs XIV. sah.

Drittes Kapitel

Ludwigs XIV. Minderjährigkeit · Siege der Franzosen unter dem grossen Condé, damals noch Herzog von Enghien

Der Kardinal von Richelieu und Ludwig XIII. waren gestorben, der eine bewundert und gehasst, der andere bereits vergessen. Sie hatten den damals höchst widerspenstigen Franzosen Abneigung gegen den bloßen Namen des Ministers und wenig Achtung für den Thron hinterlassen. Ludwig XIII. setzte durch sein Testament einen Regentschaftsrat ein. Dieser Monarch, der zu seinen Lebzeiten wenig Gehorsam gefunden hatte, schmeichelte sich mit der Hoffnung, nach seinem Tod mehr zu finden; der erste Schritt seiner Witwe – Anna von Österreich – bestand jedoch darin, dass sie den Letzten Willen ihres Gatten durch einen Beschluss des Parlaments von Paris für null und nichtig erklären ließ. Diese Körperschaft, die lange dem Hof feind gewesen war und unter Ludwig XIII. kaum das Recht gewahrt hatte, dem König Vorstellungen zu machen, kassierte jetzt dessen Testament mit derselben Leichtigkeit, mit der sie über die Sache eines einfachen Bürgers ihr Urteil gesprochen haben würde.[2] Anna von Österreich wandte sich gerade an diese Genossenschaft, um die unumschränkte Regentschaft zu erhalten, weil Marie von Medicis sich nach dem Tod Heinrichs IV. des gleichen Tribunals bedient hatte; Marie von Medicis aber hatte dieses Beispiel gegeben, weil jeder andere Weg langwierig und unsicher gewesen sein würde, weil das von ihren Garden umringte Parlament sich ihrem Willen nicht wider-

2 Riancourt behauptet in seiner ‚Geschichte Ludwigs XIV.‹, dass das Testament Ludwigs XIII. im Parlament anerkannt wurde. Dieser Schriftsteller wurde dadurch getäuscht, dass Ludwig XIII. in der Tat die Königin zur Regentin erklärt hatte, was bestätigt wurde – aber er hatte ihre Autorität beschränkt, und diese Bestimmung wurde umgestoßen.

setzen konnte und weil ein vom Parlament und von den Pairs erlassener Beschluss ein unbestreitbares Recht zu gewährleisten schien.

Die Sitte, der gemäß den Müttern der Könige die Regentschaft zusteht, war also damals für die Franzosen ein nahezu ebenso fundamentales Gesetz wie jenes andere, das die Frauen der Krone beraubt. Da das Pariser Parlament zweimal diese Frage entschieden, d.h. durch Dekrete allein dieses Recht der Mütter anerkannt hatte, so schien es in Wirklichkeit die Regentschaft verliehen zu haben. Es sah sich daher nicht ohne einige Wahrscheinlichkeit als Vormund der Könige an, und jeder einzelne Rat glaubte ein Teil der höchsten Gewalt zu sein. Durch den gleichen Parlamentsbeschluss erhielt Gaston, Herzog von Orléans, der jugendliche Oheim des Königs, den leeren Titel eines Generalleutnants des Königsreichs unter der absoluten Regentin.

Anna von Österreich war zunächst genötigt, den Krieg gegen ihren Bruder, Philipp IV. von Spanien, den sie innig liebte, fortzusetzen. Es ist schwer, mit Bestimmtheit anzugeben, aus welchem Grund und zu welchem Zweck dieser Krieg eigentlich geführt wurde. Man verlangte von Spanien nichts – nicht einmal Navarra, das das Erbgut der französischen Könige hätte sein sollen –, man schlug sich schon seit dem Jahre 1635, weil der Kardinal von Richelieu es gewollt hatte, und es steht zu glauben, dass er es gewollt hatte, um sich unentbehrlich zu machen. Er hatte sich mit Schweden und mit dem Herzog Bernhard von Sachsen-Weimar – einem jener Heerführer, die die Italiener Condottieri nannten, d.h. die ihre Truppen vermieteten – gegen den Kaiser verbündet. Er griff auch den österreichisch-spanischen Zweig in jenen zehn Provinzen an, die wir im allgemeinen als Flandern bezeichnen, und hatte dieses Flandern, das man gar nicht eroberte, bereits mit den Holländern, unseren damaligen Bundesgenossen, geteilt.

Am lebhaftesten wütete der Krieg auf der Seite nach Flandern zu. Die Spanier rückten in der Stärke von sechsundzwanzigtausend Mann unter der Führung eines alten, erfahrenen Generals namens Don Francisco de Mello aus dem Hennegau vor und verheerten die Grenzstriche der Champagne. Sie griffen Rocroi an und glaubten binnen kurzem bis zu den Toren von Paris zu gelangen, wie es ihnen acht Jahre zuvor gelungen war. Der Tod Ludwigs XIII. und die Minderjährigkeit des Thronerben erhöhten noch ihre Hoffnungen, und als sie sahen, dass man ihnen nur eine an Zahl geringere Armee unter dem Kommando eines Jünglings von einundzwanzig Jahren entgegenstellte, verwandelte sich die Hoffnung in Gewissheit. Dieser unerfahrene Jüngling, den sie verachteten, war der damalige Herzog von Enghien, Louis von Bourbon, der später unter dem Namen »Der Große Condé« bekannt wurde. Die meisten großen Heerführer sind es stufenweise geworden – dieser Prinz aber war ein geborener Feldherr, die Kriegskunst schien bei ihm ein natürlicher Instinkt zu sein. In Europa hatten nur er und der Schwede Torstenson mit zwanzig Jahren das Genie besessen, das die Erfahrung zu entbehren vermag.[3]

Der Herzog von Enghien hatte gleichzeitig mit der Nachricht vom Tod Ludwigs XIII. den Befehl erhalten, keine Schlacht zu wagen, und der Marschall von L'Hospital, den man ihm als Führer und Ratgeber beigegeben hatte, unterstützte diesen furchtsamen Befehl durch seine Behutsamkeit. Der Prinz glaubte aber weder dem Marschall noch dem Hof. Er vertraute seinen Plan nur dem Generalmajor Gassion an, der würdig war, von ihm zu Rate gezogen zu werden, und beide zwangen den Marschall, die Schlacht für notwendig anzusehen.

19. Mai 1643. – Es wird berichtet, dass der Prinz, nachdem er am Vorabend der Schlacht alles geordnet hatte, in einen so tiefen Schlaf verfiel, dass man ihn zum Kampf wecken musste – dasselbe wird auch von Alexander erzählt. Es ist durchaus natürlich, dass ein junger Mensch infolge der Anstrengungen, die die Anordnungen für einen so wichtigen Tag erfordern, schließlich vor Erschöpfung fest einschläft, und ebenso natürlich ist es, dass ein geborenes Kriegsgenie, da es kaltblütig und ohne Unruhe handelt, dem Körper genug Ruhe zum Schlafen lässt. Der Prinz gewann die Schlacht aus eigener Kraft, durch einen Scharfblick, der gleichzeitig die Gefahr und das Mittel dagegen erkannte, und durch kaltblütige Hurtigkeit, die ihn zur rechten Zeit an alle gefährdeten Punkte führte. Er selbst griff mit der Reiterei die bis dahin unbesiegbare spanische Infanterie an, die ebenso fest und eng geschlossen stand wie die gefürchtete Phalanx der Alten, sich aber überdies mit einer Gewandtheit, die der Phalanx abging, auseinandertat und dem Feuer von acht-

3 Torstenson war 1624 Page des Königs Gustav Adolf. Im Begriff, eine Abteilung Litauer in Livland anzugreifen, schickte der König, da er keinen Adjutanten bei der Hand hatte, Torstenson mit seinen Befehlen an einen höheren Offizier, um aus einer Bewegung Vorteil zu ziehen, die er den Feind machen sah. Torstenson sprengte davon und kehrte zurück.
Inzwischen aber hatte der Feind seine Marschrichtung geändert, und der König war über den eben erteilten Befehl in Verzweiflung. »Sire«, bemerkte da Torstensen, »verzeihen Sie mir: als ich den Feind eine andere Bewegung machen sah, habe ich auch einen anderen Befehl gegeben.«
Der König erwiderte kein Wort, am Abend aber, als der Page bei Tafel aufwartete, ließ er ihn an seiner Seite Platz nehmen und ernannte ihn zum Fähnrich bei der Garde. Vierzehn Tage später gab er ihm eine Kompanie, dann ein Regiment. Torstenson wurde einer der größten Feldherrn Europas.

zehn Geschützen Raum gab, die in ihrer Mitte aufgestellt waren. Der Prinz schloss sie ein und machte drei Angriffe auf sie. Kaum aber war er Sieger, als er dem Gemetzel Einhalt gebot. Die spanischen Offiziere warfen sich ihm zu Füßen, um bei ihm vor der Wut der siegreichen Soldateska Schutz zu finden – der Herzog von Enghien bemühte sich ebenso sehr, sie zu schützen, wie er sich bemüht hatte, sie zu besiegen.

Der alte Graf von Fuentes, der diese spanische Infanterie befehligt hatte, starb, von zahllosen Stichen durchbohrt, auf dem Schlachtfeld. Als Condé von seinem Tod erfuhr, bemerkte er, er würde wie jener den Tod gesucht haben, wenn er nicht gesiegt hätte.

Die Achtung, die man in Europa vor den spanischen Armeen hegte, wandte sich nun den französischen Heeren zu, die seit hundert Jahren keine so bedeutende Schlacht gewonnen hatten, denn der blutige Tag von Marignano, den Franz I. eher gegen die Schweizer behauptet als gewonnen hatte, war ebenso sehr das Werk der deutschen Schwarzen Banden wie der französischen Truppen gewesen. Die Tage von Pavia und von Saint-Quentin waren für den Waffenruhm Frankreichs verderblich gewesen. Heinrich IV. hatte unglücklicherweise nur über sein eigenes Volk bedeutende Siege erfochten. Unter Ludwig XIII. hatte der Marschall von Guébriant zwar hin und wieder kleine Erfolge errungen, die aber durch ebensolche Verluste immer wieder aufgewogen wurden. Wahrhaft große Schlachten, die Staaten erschüttern und sich für immer dem Gedächtnis der Menschheit einprägen, waren zu jener Zeit nur von Gustav Adolf geschlagen worden.

Der Tag von Rocroi wurde der Ausgangspunkt des Rufs der französischen Waffen und des Ruhms des Prinzen Condé. Er verstand zu siegen und den Sieg zu benützen. Seine Briefe bestimmten den Hof, die Belagerung von Thionville zu beschließen, die der Kardinal von Richelieu nicht zu unternehmen gewagt hatte, und bei der Rückkunft seiner Kuriere war schon alles zu diesem Zug vorbereitet.

Der Prinz von Condé zog quer durch Feindesland, täuschte die Wachsamkeit des Generals Beck und nahm schließlich Thionville ein (8. August 1643). Von Thionville zog er in Eilmärschen vor Cirq und machte sich zum Herrn dieser Stadt. Dann zwang er die Deutschen zum Rückzug über den Rhein, ging nach ihnen über den Strom und begann die Verluste und Niederlagen wettzumachen, die die Franzosen nach dem Tod des Marschalls von Guébriant an den Grenzen erlitten hatten. Er fand Freiburg genommen und den General Merci mit einer der seinen an Zahl überlegenen Armee unter den Mauern der Stadt. Condé hatte unter seinen Befehlen zwei Marschälle von Frankreich: Gramont und jenen Turenne, der erst wenige Monate vorher zum Marschall ernannt worden war, nach dem er mit Erfolg in Piemont gegen die Spanier gedient hatte – er legte damals den Grundstein zu dem großen Ruf, zu dem er später gelangte. Der Prinz griff mit seinen beiden Generälen das Lager Mercis an, der sich auf zwei Anhöhen verschanzt hatte (31. August 1644). Der Kampf begann dreimal an drei verschiedenen Tagen. Man erzählte, dass der Herzog von Enghien seinen Kommandostab in die feindlichen Verschanzungen warf und sich mit dem Degen in der Faust an die Spitze des Regimentes Conti stellte, um ihn zurückzuholen. Vielleicht war eine solche Verwegenheit vonnöten, um die Truppen zu einem so schwierigen Angriff zu führen.

Diese mehr blutige als entscheidende Schlacht bei Freiburg war der zweite Sieg des Prinzen: Merci hob vier Tage später das Lager auf und zog sich zurück. Die Übergabe von Philippsburg und von Mainz war der Beweis und die Frucht des Sieges.

Der Herzog von Enghien kehrte nun nach Paris zurück, erfreute sich des Beifalls der Menge und forderte vom Hof Belohnungen. Sein Heer überließ er dem Marschall Prinzen von Turenne.

So tüchtig aber dieser General auch war – er wurde bei Mariendal geschlagen (April 1644). Der Prinz kehrte eiligst zur Armee zurück, übernahm das Kommando wieder und vereinte die Ehre, Turenne abermals unter seinem Befehl zu haben, mit dem Ruhm, seine Niederlage wettzumachen. Er griff Merci in der Ebene von Nördlingen an und errang dort einen vollständigen Sieg (August 1645). Zwar geriet der Marschall von Gramont in Gefangenschaft, aber auch General Glen, der unter Merci kommandierte, wurde zum Gefangenen gemacht, und Merci selbst fiel in der Schlacht. Dieser General, der als einer der größten Feldherren galt, wurde in der Nähe des Schlachtfeldes begraben, und auf sein Grabmal setzte man die Inschrift: »Sta, viator, heroem calcas.« (Stehe still, Wanderer, du trittst auf einen Helden.)

Diese Schlacht setzte dem Ruhm Condés die Krone auf und begründete den Ruf Turennes, der die Ehre hatte, nachdrücklich zu einem Sieg beizutragen, durch den er gedemütigt werden konnte. Vielleicht war er nie so groß wie an diesem Tag, wo er auf solche Weise dem diente, dessen Überwinder er später wurde.

Der Name des Herzogs von Enghien verdunkelte damals alle anderen Namen. Er belagerte nun Dünkirchen angesichts der spanischen Armee und war der erste, der diesen Platz an Frankreich brachte (7. Oktober 1646).

Aber diese Dienste und diese Erfolge, die bei Hof weniger Dankbarkeit als Argwohn erregten, machten ihn dem Ministerium ebenso furchtbar wie den Feinden. Man entriss ihn daher dem Schauplatz seiner Eroberungen und seines Ruhms und schickte ihn mit schlecht besoldeten und schlecht ausgebildeten Truppen nach Katalonien. Dort belagerte er Lerida, war aber genötigt, die Belagerung wieder aufzuheben. In einigen Schriften beschuldigt man ihn der Prahlerei, weil er die Laufgräben mit Musik eröffnet hatte – man wusste nicht, dass das in Spanien Sitte war.

Bald zwang jedoch der bedenkliche Stand der Angelegenheiten in Flandern den Hof, Condé zurückzurufen.[4] Erzherzog Leopold, der Bruder des Kaisers Ferdinand III., belagerte Lens im Artois. Condé, wieder an der Spitze der Truppen, die stets unter ihm siegreich gewesen waren, führte sein Heer geradewegs auf den Erzherzog los. Zum dritten Mal lieferte er eine Schlacht, bei der er bezüglich der Truppenzahl im Nachteil war. Er sprach zu seinen Soldaten nur die Worte: »Kameraden, denkt an Rocroi, Freiburg und Nördlingen!«

10. August 1648. – Er machte persönlich dem Marschall von Gramont Luft, der mit dem linken Flügel zurückwich, und nahm den General Beck gefangen. Der Erzherzog und der Graf von Fuensaldagne retteten sich nur mit Mühe. Die Kaiserlichen und die Spanier, aus denen das Heer zusammengesetzt war, wurden zersprengt und verloren mehr als hundert Fahnen sowie achtunddreißig Geschütze, was damals eine sehr beträchtliche Anzahl war. Man machte fünftausend Gefangene und tötete dreitausend Mann; der Rest desertierte, und der Erzherzog sah sich ohne Heer.

Diejenigen, denen wirklich an Belehrung gelegen ist, werden nicht übersehen, dass die Franzosen seit der Gründung der Monarchie noch nie so viele und in Anbetracht der Führung und des Mutes so glorreiche Schlachten nacheinander gewonnen hatten.

Juli 1644. – Während der Prinz von Condé auf solche Weise seine Jünglingsjahre nach Siegen zählte und auch der Herzog von Orléans durch die Einnahme von Gravelines (November1644), Courtrai und Mardik den Ruf eines Sohnes Heinrichs IV. und die Ehre Frankreichs aufrechterhielt, hatte der Vicomte von Turenne Landau genommen, die Spanier aus Trier vertrieben und den Kurfürsten wieder in seine Rechte eingesetzt.

November 1647. – Im Verein mit den Schweden gewann er dann die Schlachten bei Lavingen und bei Sommerhausen und zwang den Herzog

4 Sein Vater war im Jahre 1644 gestorben.

von Bayern, noch in einem Alter von beinahe achtzig Jahren aus seinen Staaten zu flüchten. Der Graf von Harcourt nahm Balaguer und schlug die Spanier: Sie verloren in Italien Portolongone (1645). Zwanzig französische Kriegsschiffe und zwanzig Galeeren, die nahezu die gesamte, von Richelieu wieder instand gesetzte Marine ausmachten, schlugen die spanische Flotte an der Küste von Italien (1646).

Das war noch nicht alles: Die Franzosen waren auch in Lothringen eingefallen, und Karl IV., ein kriegerischer, aber veränderlicher, unbedachtsamer und unglücklicher Fürst, sah sich gleichzeitig von Frankreich seines Landes beraubt und von den Spaniern in Gefangenschaft gehalten (Mai 1644). Überdies brachten die Verbündeten Frankreichs die österreichische Macht auch im Süden und im Norden ins Gedränge. Der portugiesische General Herzog von Albuquerque gewann gegen Spanien die Schlacht bei Badajoz (März 1645), Torstenson schlug die Kaiserlichen am Berg Tabor, und der Prinz von Oranien fiel an der Spitze der Holländer in Brabant ein. Auf allen Seiten geschlagen, sah der König von Spanien das Roussillon und Katalonien in den Händen der Franzosen. Neapel befand sich im Aufstand gegen ihn und hatte sich dem Herzog von Guise übergeben, dem letzten Prinzen dieses Zweiges einer Familie, die so reich an berühmten und gefährlichen Männern gewesen war. Dieser Prinz, der nur als kühner Abenteurer galt, weil er kein Glück hatte, hatte wenigstens den Ruhm, allein in einer kleinen Barke der spanischen Flotte zum Trotz zu landen und ohne anderen Beistand, als seinen Mut Neapel zu verteidigen.

In Anbetracht all diesen Unglücks, das über das Haus Österreich hereinbrach, und der von den Franzosen errungenen und durch die Erfolge ihrer Verbündeten vervollständigten zahlreichen Siege hätte man meinen sollen, dass Wien und Madrid nur den Augenblick erwarteten, wo sie ihre Tore zu öffnen haben, und dass der Kaiser und der König von Spanien binnen kurzem nahezu ohne Länder sein würden. Aber diese fünf glorreichen Jahre, während derer sich kaum einige unbedeutende Unfälle ereignet hatten, hatten nur wenige wirkliche Vorteile, viel Blutvergießen, aber keine Umwälzung zur Folge. Wenn eine solche zu fürchten war, so war sie es einzig und allein für Frankreich: Inmitten seines anscheinenden Gedeihens war es seinem Untergang nahe.

VIERTES KAPITEL

Bürgerkrieg

Die Königin Anna von Österreich hatte als absolute Regentin den Kardinal Mazarin zum Gebieter Frankreichs und zu ihrem eigenen gemacht. Mazarin hatte jene Gewalt über sie, die ein geschickter Mann über eine Frau haben musste, die schwach genug war, um sich beherrschen zu lassen, aber auch fest genug, um an der einmal getroffenen Wahl festzuhalten. In einigen Memoiren aus jener Zeit liest man, dass die Königin dem Kardinal erst dann ihr Vertrauen schenkte, als ein Versuch mit Potier, dem Bischof von Beauvais, den sie zunächst zu ihrem Minister gewählt hatte, fehlgeschlagen war. Dieser Bischof wird als ein unfähiger Mensch geschildert. Es steht zu glauben, dass er das war und dass die Königin sich seiner nur eine Zeitlang wie eines Strohmanns bediente, um nicht die Nation gleich von vornherein durch die Erwählung eines zweiten Kardinals – und noch dazu eines Fremden – stutzig zu machen. Keinesfalls aber darf man glauben, dass Potier sein vorübergehendes Ministeramt mit der Erklärung an die Holländer angetreten habe, sie müssten katholisch werden, wenn sie mit Frankreich im Bündnis bleiben wollten – er hätte dann den Schweden denselben Vorschlag machen müssen. Beinahe alle Geschichtsschreiber teilen diese Ungereimtheit mit, weil sie sie in den Memoiren der Höflinge und der Frondeurs gelesen haben. In diesen Memoiren finden sich jedoch nur zu viele Züge, die entweder durch die Parteileidenschaft entstellt oder auf im Volk umlaufende Gerüchte hin aufgenommen worden sind – das Kindische aber darf nicht angeführt und das Ungereimte nicht geglaubt werden. Sehr wahrscheinlich war Mazarin schon seit langem und sogar schon zu Lebzeiten Ludwigs XIII. in Gedanken von der Königin zum Minister bestimmt: Die Memoiren La Portes, des ersten Kammerdieners der Königin, lassen keinen Zweifel darüber. Die Untergebenen wissen als Augenzeugen der vertraulichen Vorgänge am Hof Dinge, die die Parlamente und sogar die Parteihäupter nicht erfahren oder doch nur vermuten.

Mazarin machte zunächst mit Mäßigkeit von seiner Macht Gebrauch. Man müsste lange Zeit mit einem Minister verkehrt haben, um den Charakter dieses Mannes zu schildern, um zu bestimmen, welcher Grad von Mut oder Feigheit seinem Geist innewohnte und bis zu welchem Punkt er umsichtig oder schurkisch war. Anstatt daher enträtseln zu wollen, was Mazarin war, werde ich einfach berichten, was er tat. Am Anfang seiner Größe erkünstelte er ebenso viel Einfachheit und Bescheidenheit wie Richelieu Pracht und Stolz entfaltet hatte. Anstatt eine Leibwache anzunehmen und mit königlichem Prunk einherzuschreiten, begnügte er sich anfangs mit der bescheidensten Begleitung. Überall, wo sein Vorgänger einen unbeugsamen Stolz zur Schau getragen hatte, ließ er Leutseligkeit und sogar Nachgiebigkeit hervortreten. Die Königin wollte ihr Regententum und ihre Person beim Hof und beim Volk beliebt machen – und es gelang ihr. Gaston, Herzog von Orléans, der Bruder Ludwigs XIII., und der Prinz von Condé leisteten ihrer Macht Vorschub und wetteiferten miteinander im Dienst zum Wohl des Staats.

Um den Krieg gegen Spanien und gegen den Kaiser zu bezahlen, waren Steuern erforderlich; seit dem Tod Heinrichs IV. aber wurden die Finanzen in Frankreich ebenso schlecht verwaltet wie in Spanien und in Deutschland. Die Regie war ein Chaos, die Unwissenheit entsetzlich, und die Dieberei stand in vollster Blüte; doch erstreckte sich diese Dieberei nicht auf so beträchtliche Summen wie heutzutage. Der Staat hatte achtmal weniger Schulden, denn man brauchte keine Heere von zweihunderttausend Mann zu besolden, keine unermesslichen Subsidien zu zahlen und keinen Seekrieg durchzuführen. Die Staatseinkünfte beliefen sich während der ersten Jahre der Regentschaft auf ungefähr fünfundsiebzig Millionen Livre damaligen Geldes; das hätte hingereicht, wenn das Ministerium sparsam gewesen wäre. Aber schon in den Jahren 1646 und 1647 wurden neue Hilfsquellen erforderlich.

Der Oberintendant war damals ein Bauer aus der Gegend von Siena namens Particelli Emeri, dessen Charakter noch niedriger war als seine Herkunft und dessen Üppigkeit und Ausschweifungen die Nation mit Entrüstung erfüllten. Dieser Mensch nun ersann überaus lästige und lächerliche Hilfsmittel. Er schuf Holzwellenkontrolleur-, Heubewerter- und Weinausrufer-Ratsstellen und verkaufte Adelsbriefe. Die auf dem Stadthaus von Paris ruhende Rente betrug damals nur ungefähr elf Millionen Livre. Man kürzte nun die Renteninhaber um einige Vierteljahresbeträge des Zinses, man erhöhte die Eingangszölle, man schuf einige neue Bittschriftmeisterstellen und behielt den Beamten etwa achtzigtausend Taler von ihrer Besoldung ein.

Man kann sich leicht vorstellen, wie gewaltig die Gemüter gegen die beiden Italiener in Harnisch gerieten, die beide ohne jedes Vermögen nach Frankreich gekommen waren, sich dort bereichert hatten und den

Tadlern so viele Blößen gaben. Das Pariser Parlament, die Bittschriftmeister, die übrigen Gerichtshöfe und die Renteninhaber empörten sich. Vergebens setzte Mazarin seinen Vertrauten Emeri ab und verbannte ihn auf eines seiner Landgüter – man war entrüstet, dass dieser Mensch überhaupt Güter in Frankreich besaß, und man begann den Kardinal zu verabscheuen, obschon er gerade damals das große Werk des Friedens in Münster zum Abschluss brachte – denn es ist wohl zu beachten, dass jener berühmte Vertrag und die Barrikaden in ein und dasselbe Jahr (1648) fallen.

Der Bürgerkrieg begann also in Paris, wie er in London begonnen hatte – wegen einer Handvoll Geld.

1647. – Das Parlament von Paris, dem das Recht zur Prüfung der Steueredikte zustand, widersetzte sich den neuen Edikten mit großer Lebhaftigkeit, und durch den Widerstand, durch den es das Ministerium ermüdete, gewann es das Vertrauen des Volks.

Man begann nicht sogleich mit offenem Aufstand: Die Geister erhitzten und ereiferten sich nur allmählich. Das Volk mag ohne Verzug zu den Waffen greifen und sich einen Führer wählen, wie das in Neapel geschehen war – obrigkeitliche Personen jedoch und Staatsmänner verfahren mit größerer Überlegung und beginnen mit der Beachtung der schicklichen Formen, soweit der Parteigeist dies zulässt.

Kardinal Mazarin war der Meinung gewesen, er würde durch eine geschickt zustande gebrachte Spaltung unter den Beamten allen Unruhen vorbeugen können; aber man setzte der Arglist starre Unbeugsamkeit entgegen. Er kürzte den höheren Gerichtskammern vier Jahre ihres Gehalts und erließ ihnen zur Entschädigung die Paulette, d.h. enthob sie der Bezahlung jener Steuer, die Paulet unter Heinrich IV. eingeführt hatte, um sich das Eigentumsrecht an den Beamtenstellen zu sichern. Jene Gehaltskürzung geschah nicht aus Knausrigkeit, sondern der Kardinal überwies den Betrag dem Parlament, das er durch diese Gunst zu entwaffnen dachte. Das Parlament wies jedoch dieses Gnadengeschenk zurück, weil es sich nicht dem Vorwurf aussetzen wollte, als ziehe es seinen eigenen Vorteil dem Interesse der übrigen Körperschaften vor, und sprach ungeachtet jenes Anerbietens durch einen sogenannten »arrêt d'union« sein Einverständnis und seine Zusammengehörigkeit mit den übrigen Gerichtshöfen aus. Mazarin, der das Französische nie besonders gut aussprechen konnte, behauptete, jener »arrêt d'ognon« wäre ein Eingriff in die Rechte der Krone, und ließ ihn durch den Staatsrat für nichtig erklären.

Das eine Wort »ognon« aber machte ihn lächerlich, und da man denen, die man verachtet, niemals weicht, so wurde das Parlament nur noch verwegener. Es forderte nun unverhohlen die Entlassung sämtlicher Finanzintendanten, die vom Volke als Blutsauger angesehen wurden, und die gänzliche Abschaffung dieses neuen Amtes, dass unter Ludwig XIII. ohne Rücksicht auf die üblichen Formen eingeführt worden war; diese Forderung musste dem Volk ebenso gefallen, wie den Hof erzürnen. Ferner verlangte es, dass den alten Gesetzen gemäß kein Bürger ins Gefängnis gesetzt würde, ohne dass seine natürlichen Richter innerhalb von vierundzwanzig Stunden davon Kenntnis erhielten – und nichts schien gerechter.

14. Mai 1648. – Das Parlament ging noch weiter: es schaffte durch ein Dekret die Intendanten ab und gebot den Staatsanwälten seines Amtsbezirks, die Untersuchung gegen sie zu eröffnen.

So bedrohte also der Hass gegen den Minister in Verbindung mit der Liebe zum Gemeinwohl den Hof mit einer Revolution. Die Königin gab nach. Sie erbot sich, die Intendanten zu entlassen, und bat nur, ihr drei zu vergönnen. Das Gesuch wurde abgewiesen.

20. August 1648. – Während diese Wirren begannen, errang der Prinz von Condé den berühmten Sieg bei Lens, der seinem Ruhm die Krone aufsetzte. »Das wird das Parlament ordentlich verärgern!« rief der damals erst zehnjährige König aus. Dieser Ausruf ließ hinlänglich erkennen, dass der Hof damals das Parlament von Paris nur für eine Gesellschaft von Rebellen ansah. Der Kardinal und seine Höflinge gaben ihm gar keinen anderen Namen mehr. Je mehr aber die Parlamentsmitglieder sich beklagten, dass sie als Rebellen behandelt würden, umso widerspenstiger wurden sie auch.

Die Königin und der Kardinal beschlossen nun, drei der hartnäckigsten Beamten des Parlaments – nämlich den sogenannten »président à mortier«, Novion Blancménil, den Vorsitzenden einer Untersuchungskammer Charton und den ehemaligen Kanzleirat der Parlamentskammer Broussel – entführen zu lassen. Diese Männer waren keine Parteiführer, aber sie waren die Werkzeuge jener Führer. Charton, ein sehr beschränkter Kopf, war unter dem Spitznamen »Präsident Das-sage-ich« bekannt, weil er seine Reden stets mit diesen Worten eröffnete und schloss. Broussel hatte keine anderen Vorzüge als seine weißen Haare, seinen Hass gegen den Minister und den Ruf, dass er stets seine Stimme gegen den Hof erhob, um was es sich auch immer handeln möge. Bei seinen Kollegen stand er in geringem Ansehen, das Volk aber vergötterte ihn.

Anstatt nun aber die drei ohne alles Aufsehen in der Stille der Nacht einzusperren, glaubte der Kardinal das Volk einzuschüchtern, indem er sie am hellen Tag verhaften ließ, während in Notre-Dame das Tedeum für den Sieg bei Lens gesungen wurde und die Schweizer der Ratskammer dreiundsiebzig dem Feind abgenommene Fahnen in die Kirche trugen. Gerade dieser Umstand aber verursachte die Zerrüttung des Reichs. Charton entwischte; Blancménil wurde ohne Mühe gefangengenommen – nicht so jedoch Broussel. Eine alte Dienstmagd, die zusah, wie ihr Herr vom Leutnant der Leibwache, Comminges, in eine Kutsche gepackt wurde, brachte ganz allein das Volk in Bewegung. Man umringte die Kutsche und zertrümmerte sie. Die *Gardes françaises* leisteten bewaffneten Beistand, und der Gefangene wurde auf dem Weg nach Sedan fortgeführt.

Anstatt nun aber das Volk einzuschüchtern, erzürnte diese Entführung es und machte es kühn. Man schloss die Läden, spannte die starken Ketten, die sich damals an den Ecken der Hauptstraßen befanden, über den Weg, errichtete einige Barrikaden, und vierhunderttausend Stimmen schrien: »Freiheit und Broussel!«

Es ist schwierig, alle vom Kardinal von Retz, von Frau von Motteville, vom Generaladvokaten Talon und so vielen anderen berichteten Einzelheiten miteinander in Einklang zu bringen – doch stimmen alle jene Berichterstatter in den Hauptpunkten überein. Während der Nacht, die auf den Auflauf folgte, ließ die Königin zum Schutz des königlichen Hauses etwa zweitausend Mann Truppen, die einige Stunden von der Stadt lagern, nach Paris kommen. Der Kanzler Séguier war unter Vorantritt eines Leutnants und mehrerer Trabanten bereits auf dem Weg zum Parlament, um alle Dekrete desselben für nichtig zu erklären und sogar, wie man sagt, die ganze Körperschaft ihres Amtes zu entsetzen. In der gleichen Nacht hatten sich aber auch die Aufrührer bei dem unter dem Namen Kardinal von Retz so berühmten Koadjutor von Paris versammelt, und es war alles vorbereitet, um die Stadt unter Waffen zu bringen.

Das Volk hält die Kutsche des Kanzlers an und stürzt sie um – nur mit Mühe kann er samt seiner Tochter, der Herzogin von Sully, die ihn wider seinen Willen hatte begleiten wollen, flüchten und sich, übel zugerichtet, vom Pöbel bedrängt und insultiert, in das Hôtel de Luynes zurückziehen (26. August 1648). Dort holt ihn der Oberrichter von Paris in seiner Kutsche ab und führt ihn unter Bedeckung von zwei Kompanien Schweizer und einer Rotte Gendarmen zum Palais-Royal. Das Volk schießt auf den Zug – einige von den Soldaten werden getötet, und die Herzogin von Sully wird am Arm verwundet. Zweihundert Barrikaden sind im Nu errichtet, und man schiebt einzelne bis auf hundert Schritt vom Palais-Royal vor. Die Soldaten weichen zurück, nachdem sie einige von ihren Kameraden haben fallen sehen und sehen untätig dem Treiben der Bürger zu. Das gesamte Parlament begibt sich durch die Barrikaden, die sich vor ihm auftun, zu Fuß zur Königin und fordert seine gefangengesetzten Mitglieder zurück. Die Königin ist genötigt, die Gefangenen freizugeben, und muntert eben dadurch die Aufrührer zu neuen Ausschreitungen auf.

Der Kardinal von Retz rühmte sich, an diesem Tag, der der »Barrikadentag« genannt wurde und der zweite dieser Art war, Paris ganz allein unter die Waffen gebracht zu haben. Dieser eigentümliche Mann war der erste Bischof in Frankreich, der einen Bürgerkrieg ins Leben rief, ohne die Religion zum Vorwand zu nehmen. Er hat sich selbst in seinen Memoiren geschildert, die mit einer Hoheit, einem genialen Schwung und einer Ungleichmäßigkeit geschrieben sind, die ein Bild von seinem Verhalten geben. Er war ein Mensch, der im Schoß der Wollust – noch siech von den schmählichen Folgen, die sie nach sich zieht – dem Volk predigte und dessen abgöttische Verehrung gewann. Er lebte und schwärmte für Aufruhr und Komplotte. Schon im Alter von dreiundzwanzig Jahren war er die Seele einer Verschwörung gegen das Leben Richelieus gewesen; er war der Anstifter des Barrikadentags, er drängte das Parlament zur Kabale und das Volk zur Empörung. Seine ungemeine Eitelkeit bewog ihn, verwegene Verbrechen zu dem einzigen Zweck zu unternehmen, dass man von ihm rede. Dieselbe Eitelkeit veranlasste ihn auch dazu, unzählige Male die Behauptung zu wiederholen: »Ich stamme aus einem Florentiner Haus, das ebenso alt ist wie die Häuser der größten Fürsten« – er, dessen Vorfahren Kaufleute gewesen waren wie so viele seiner Landsleute!

Auffällig erscheint der Umstand, dass das Parlament auf sein Betreiben die Fahne des Aufruhrs gegen den Hof entfaltete, bevor es noch der Unterstützung irgendeines Prinzen sicher war.

Diese Körperschaft wurde schon seit langem vom Hof und vom Volk mit sehr verschiedenen Augen angesehen. Nach der Behauptung sämtlicher Minister und des Hofs war das Parlament von Paris nur ein Gerichtshof, der zur Entscheidung der Streitigkeiten der Bürger eingesetzt worden war; es verdankte dieses Vorrecht einzig und allein dem Willen der Könige. Vor den übrigen Parlamenten des Königreichs hatte es nur den Vorzug des Alters und der ausgedehnteren Gerichtsbarkeit.

Das Gericht für die Pairs war es nur deshalb, weil der Hof in Paris residierte. Zur Einreichung von Vorstellungen an den König hatte es nicht mehr Recht als die übrigen Körperschaften – und selbst dieses Recht war eine reine Gnade. Es war auf jene Parlamente gefolgt, die einst die französische Nation repräsentierten, aber es hatte von jenen ehemaligen Versammlungen nur den Namen, und der unantastbare Beweis dafür lag darin, dass die Generalstaaten an die Stelle der Versammlungen der Nation gesetzt worden waren, denn das Parlament von Paris gleicht den von den ersten französischen Königen gehaltenen Parlamenten ebenso wenig, wie ein Konsul von Smyrna oder Aleppo einem römischen Konsul gleicht.

Die bloße Namensgleichheit gab nun den Vorwand her für die ehrgeizigen Ansprüche einer Gesellschaft von Rechtsgelehrten, die, weil sie ihre Ämter gekauft hatten, die Stelle der Eroberer Galliens und der Inhaber der Lehngüter der Krone einzunehmen meinten. Jene Körperschaft hatte jederzeit die Gewalt Missbraucht, die ein oberster Gerichtshof, der ständig in der Hauptstadt seinen Sitz hat, sich unvermeidlicherweise anmaßt. Sie hatte gewagt, ein Dekret gegen Karl VII. zu erlassen und ihn aus dem Königreich zu verbannen; sie hatte einen Kriminalprozess gegen Heinrich III. angestrengt;[5] sie hatte sich zu jeder Zeit nach Kräften ihren Landesherren widersetzt, und jetzt, während der Minderjährigkeit Ludwigs XIV., unter der mildesten aller Regierungen und der nachsichtigsten aller Königinnen, wollte es seinen König bekriegen – gerade wie jenes englische Parlament, das damals seinen Fürsten gefangen hielt und ihm den Kopf abschlagen ließ. Das waren die Reden und die Gedanken des Kabinetts.

Die Bürger von Paris dagegen und der gesamte Anhang des Gerichtsbeamtenstandes erblickten im Parlament eine erhabene Körperschaft, die mit achtenswerter Redlichkeit des Rechts gewaltet hatte, die nur das Wohl des Staates liebte – und zwar unter Gefahr ihres eigenen Wohls –, deren Ehrgeiz sich auf den Ruhm beschränkte, der Herrschsucht der Günstlinge Schranken zu setzen, und die gleichmäßigen Schritts zwischen dem König und dem Volk ihres Weges ging. Und ohne den Ursprung seiner Rechte und seiner Macht zu prüfen, schrieb man dem Parlament die heiligsten Rechte und die unbestreitbarste Gewalt zu: Wenn man es die Rechte des Volks gegen verabscheute Minister vertreten sah, nannte man es den Vater des Staats und machte wenig Unterschied zwischen dem Recht, das die Krone den Königen verleiht, und jenem, das

5 Siehe ›Geschichte des Parlaments‹, Kapitel 30.

dem Parlament die Macht gab, dem Willen der Könige einen Zügel anzulegen.

Zwischen diesen beiden völlig entgegengesetzten Ansichten die richtige Mitte zu finden, war unmöglich, denn kurz und gut – es gab damals kein anderes allgemein anerkanntes Gesetz als das der Zeit und der Gelegenheit. Unter einer kräftigen Regierung war das Parlament nichts – es war aber alles unter einem schwachen König, und man konnte darauf den Ausspruch Guémenés deuten, der, als die Körperschaft sich unter Ludwig XIII. beklagte, dass die Abgeordneten des Adels den Vortritt gehabt hätten, ihr erwiderte: »Meine Herrn, Sie werden sich schon während der Minderjährigkeit schadlos halten.«

Ich will hier nicht alles wiederholen, was über jene Unruhen geschrieben worden ist, und nicht ganze Bücher kopieren, um zahllose Einzelheiten aufzufrischen, die damals kostbar und wichtig waren, heute aber nahezu vergessen sind. Dagegen muss ich aber wenigstens das mitteilen, was den Charakter der Nation kennzeichnet – und zwar weniger das, was alle Bürgerkriege miteinander gemein haben, als vielmehr das, was den Krieg der Fronde besonders auszeichnet.

Da zwei ausschließlich zur Erhaltung des Friedens eingesetzte Mächte – ein Erzbischof und ein Parlament von Paris – die Unruhen begonnen hatten, so hielt das Volk alle seine Ausschreitungen für gerechtfertigt. Die Königin konnte nicht öffentlich erscheinen, ohne Beleidigungen zu erfahren; man nannte sie nicht anders als Madame Anna, und wenn man irgendeinen Titel hinzufügte, so war es ein Schimpfwort. Das Volk machte ihr voll Mut den Vorwurf, dass sie den Staat ihrer Freundschaft für Mazarin opfere, und was das Unerträglichste war: Sie vernahm von allen Seiten jene Lieder und Gassenhauer, die Denkmäler des Witzes und der Bosheit, die den Zweifel, den man an ihrer Züchtigkeit zu hegen vorgab, verewigen zu sollen schienen. Frau von Motteville erzählt mit ihrer edlen, aufrichtigen Naivität, dass »diese Unverschämtheiten die Königin mit Abscheu erfüllten und dass die getäuschten Pariser ihr leid taten«.

Sie flüchtete mit ihren Kindern, ihrem Minister, mit dem Herzog von Orléans, dem Bruder Ludwigs XIII., und mit dem Großen Condé selbst aus Paris und begab sich nach Saint-Germain, wo beinahe der ganze Hof auf Stroh schlafen musste; man war genötigt, bei den Wucherern die Krondiamanten zu verpfänden. Es fehlte dem König nicht selten am Notwendigsten. Seine Kammerpagen wurden verabschiedet, weil man sie nicht mehr speisen konnte. Um dieselbe Zeit sah sich die Tante Ludwigs XIV., die Tochter Heinrichs des Großen und Gemahlin des Königs von England, die sich nach Paris geflüchtet hatte, dort in die äußerste Not versetzt, und ihre Tochter, die spätere Gattin des Bruders Ludwigs XIV., blieb im Bett, weil sie nichts zum Heizen ihres Zimmers besaß, ohne dass das zorntrunkene Volk von Paris auch nur auf das Unglück so vieler erlauchter Personen achtgegeben hätte.

Anna von Österreich, deren Geist, Anmut und Herzensgüte so sehr gerühmt wurden, war in Frankreich beinahe immer nur unglücklich gewesen. Lange Zeit von ihrem Gatten als Verbrecherin behandelt und vom Kardinal von Richelieu verfolgt, hatte sie erleben müssen, dass ihre Papiere in Le Val-de-Grace beschlagnahmt wurden, und war genötigt gewesen, vor versammeltem Rat ein Schriftstück zu unterzeichnen, in dem sie sich für strafbar und schuldig gegenüber dem König, ihrem Gatten, erklärte. Als sie mit Ludwig XIV. niederkam, wollte dieser selbe Gatte sie nie umarmen, wie das Sitte war, und dieser neue Schimpf erschütterte ihre Gesundheit in solchem Grad, dass ihr Leben in Gefahr geriet. Während ihrer Regentschaft endlich sah sie sich – nachdem sie alle, die ihre Güte in Anspruch genommen hatten, mit Gnadenbeweisen überhäuft hatte – von einem wankelmütigen und wütenden Volk aus der Hauptstadt vertrieben. Sie und ihre Schwägerin, die Königin von England, gaben beide ein denkwürdiges Beispiel vom Wechsel des Glücks, den gekrönte Häupter erdulden können, und ihre Schwiegermutter, Marie von Medicis, war noch unglücklicher gewesen. Mit Tränen in den Augen drängte die Königin den Prinzen von Condé, dass er dem König als Beschützer dienen möge. Der Sieger von Rocroi, Freiburg, Lens und Nördlingen konnte diese früheren Dienste nicht durch eine Weigerung Lügen strafen – die Ehre, einen Hof, den er für undankbar ansah, gegen die Fronde zu verteidigen, die sich um seine Unterstützung bemühte, schmeichelte seinem Stolz. Das Parlament hatte also den Großen Condé zu bekämpfen und wagte es, den Kampf aufzunehmen.

Der Prinz von Conti, der Bruder des Großen Condé, der ebenso neidisch auf seinen nächsten Verwandten wie unfähig zum Wettkampf mit ihm war, ferner der Herzog von Longueville, der Herzog von Beaufort, der Herzog von Bouillon – alle vom unruhigen Geist des Koadjutors beseelt und nach Neuerungen lüstern – boten in der Hoffnung, das Gebäude ihrer Größe auf den Trümmern des Staates errichten und die blinden Leidenschaften des Parlaments für ihre Privatzwecke ausnutzen zu können, diesem ihre Dienste an. In der Parlamentskammer wurden nun Generäle für eine Armee ernannt, die noch gar nicht vorhanden war. Jeder besteuerte sich selbst, damit Truppen ausgehoben werden könnten. Es waren zwanzig Räte vorhanden, die Stellen bekleideten, die der Kardinal von Richelieu erst neu geschaffen hatte. Ihre Kollegen aber schienen infolge einer Engherzigkeit, für die jede Genossenschaft zugänglich ist, in ihnen das Andenken Richelieus zu verfolgen: Sie behandelten diese Räte mit Verachtung und sahen sie nicht für Mitglieder des Parlaments an, bis diese Armen jeder fünfzehntausend Livre zu den Kriegskosten gaben und auf diese Weise die Duldsamkeit ihrer Kollegen erkauften.

Die Parlamentskammer, das Untersuchungsgericht, die Beschwerdekammer, die Rentkammer und das Steuergericht, die alle ein lautes Geschrei über die schwachen und unerlässlichen Steuern, besonders aber über die Erhöhung des Zolltarifs erhoben hatten, der damals nur zweihunderttausend Livre betrug, brachten jetzt, als es sich um die Zerrüttung des Vaterlandes handelte, nahe an zehn Millionen Livre nach unserem heutigen Geld zusammen (15. Februar 1649). Man erließ ein Dekret, durch das die Beschlagnahme sämtlicher Gelder der Anhänger des Hofes angeordnet wurde und brachte auf diese Weise die Summe von 1,2 Millionen Livre nach heutigem Geld auf. Dann wurden laut Parlamentsbeschluss zwölftausend Mann ausgehoben; jedes Haustor in Paris lieferte dazu einen Mann und ein Pferd, und man nannte daher diese Kavallerie die »Torweg-Reiterei«. Der Koadjutor hatte ein Regiment, das das »Regiment von Korinth« genannt wurde, weil der Koadjutor Titularerzbischof von Korinth war.

Ohne die Namen eines Königs von Frankreich, eines Großen Condé, einer Hauptstadt des Reichs usw. würde der Krieg der Fronde ebenso lächerlich gewesen sein wie der der Barberini: man wusste gar nicht, weshalb man unter den Waffen stand. Der Prinz von Condé belagerte hunderttausend Bürger mit achttausend Soldaten. Die Pariser rückten mit Federn und Bändern aufgeputzt ins Feld und gaben den Leuten vom Fach durch ihre Manöver und Schwenkungen zu lachen; sie ergriffen regelmäßig die Flucht, sobald sie auf zweihundert Mann vom königlichen Heer stießen. Alles wurde ins Lächerliche gezogen: Als das Regiment von Korinth von einer kleinen Streifpartei geschlagen worden war, nannte man diesen Unfall die »Premiere der Korinther«. Jene zwanzig Räte, die jeder fünfzehntausend Livre beigesteuert hatten, hatten davon keine weitere Ehre, als dass sie die »Dreihundert« genannt wurden.

Der Herzog von Beaufort-Vendôme, ein Enkel Heinrichs IV., der Abgott des Volkes und das Werkzeug, dessen man sich bediente, um es in Aufruhr zu bringen – ein populärer Prinz, aber ein sehr beschränkter Kopf –, war öffentlich ein Gegenstand des Spotts für den Hof und sogar für die Fronde selbst. Man sprach von ihm immer nur als vom »König der Hallen«. Als er durch eine Kugel eine Kontusion am Arm erlitten hatte, meinte er, es wäre nur eine Konfusion.

Die Herzogin von Nemours erzählt in ihren Memoiren, dass der Prinz von Condé der Königin einen buckligen, vom Scheitel bis zur Zehe gewappneten Zwerg vorstellte mit den Worten: »Sehen Sie, das ist der Generalissimus der Pariser Armee.« Er wollte damit seinen Bruder, den Prinzen von Conti, bezeichnen, der in der Tat bucklig war und den die Pariser zum Oberanführer gewählt hatten. Und doch war derselbe Condé in der Folge der Anführer derselben Truppen! Frau von Nemours fügt noch hinzu, er habe geäußert, dieser ganze Krieg verdiene höchstens in Knittelversen beschrieben zu werden; er nannte ihn auch den »Nachttopf-Krieg«.

Die Pariser Truppen, die aus Paris ausrückten und stets geschlagen wieder heimkamen, wurden mit Gelächter und Hohngeschrei empfangen. Man machte alle diese kleinen Niederlagen einzig durch Lieder und Epigramme wett: Die Schenken und die anderen Orte der Ausschweifung waren die Zelte, in denen unter Scherzen, Gesängen und zügellosester Ausgelassenheit Kriegsrat gehalten wurde. Der Mutwille war so zügellos, dass die hervorragendsten Offiziere der Fronde, als sie eines Nachts dem heiligen Sakrament begegneten, das zu einem Mann getragen wurde, in dem man Mazarin vermutete, die Priester mit flachen Säbelhieben zurücktrieben.

Eines Tages sah man den Koadjutor, den Erzbischof von Paris, im Parlament mit einem Dolch in der Tasche, dessen Griff man sehen konnte, Platz nehmen, und man schrie: »Seht doch das Gebetbuch unseres Erzbischofs!«

An der Porte Saint-Antoine stellte sich in Begleitung eines königlichen Kammerjunkers ein Wappenherold ein, um Friedensvorschläge zu überbringen (1649). Das Parlament wollte ihn nicht empfangen, gewährte aber einem Gesandten des Erzherzogs Leopold, der damals Frankreich bekriegte, Zutritt zur Parlamentskammer.

Während all dieser Wirren versammelte sich der gesamte Adel im Augustinerkloster, ernannte Sachwalter und hielt öffentlich durchaus geregelte Sitzungen ab. Man sollte annehmen, es hätte dort von einer Reform des Staates und einer Versammlung der Generalstaaten die Rede sein müssen, aber es handelte sich nur um ein Tabouret, das die Königin der Frau von Pons bewilligt hatte. Vielleicht gibt es für die Oberflächlichkeit, die man den Franzosen vorwarf, keinen greifbareren Beweis als diesen.

Der Bürgerzwist, durch den damals genau zur selben Zeit England verheert wurde, zeigt die Charaktere der beiden Nationen im hellsten Licht. Die Engländer hatten ihren Bürgerkrieg mit düsterem Eifer und berechneter Wut geführt; sie lieferten blutige Schlachten, alles wurde durch das Schwert entschieden, und für die Besiegten stand das Schafott bereit. Ihr im Kampf gefangengenommener König wurde vor Gericht gestellt, bezüglich des ihm zum Vorwurf gemachten Missbrauchs, den er mit seiner Gewalt getrieben hatte, verhört, zum Tod durch das Beil verurteilt und vor den Augen seines ganzen Volkes mit derselben Ordnung und demselben richterlichen Gepränge hingerichtet (9. Februar 1649), als ob es sich um einen gewöhnlichen Verbrecher gehandelt hätte – ohne dass London während dieser furchtbaren Wirren auch nur einen Augenblick die mit einem Bürgerkrieg verknüpften Schrecken empfunden hätte.

Die Franzosen dagegen stürzten sich mutwillig und mit Lachen in die Empörung. Die Frauen standen an der Spitze des Aufruhrs: die Liebe knüpfte und zerriss das Band des Ränkespiels und der Verschwörungen. Die Herzogin von Longueville verleitete den kaum zum Marschall ernannten Turenne dazu, das Heer, das er für den König kommandierte, zur Empörung anzustacheln.

Es war dies jenes Heer, das der berühmte Herzog von Sachsen-Weimar zusammengestellt hatte. Nach dem Tod des Herzogs wurde es vom Grafen von Erlach befehligt, der aus einer alten Familie im Kanton Bern stammte. Dieser Graf brachte das Heer an Frankreich und verhalf uns auch zum Besitz des Elsass. Der Vicomte von Turenne suchte ihn zu verführen, und dann wäre das Elsass für Ludwig XIV. verloren gewesen – aber der Graf war allen Anerbietungen unzugänglich und erhielt die weimarischen Truppen in der Treue gegen ihren Eid. Er wurde sogar vom Kardinal Mazarin beauftragt, den Vicomte festzunehmen. Dieser große Mann, der damals aus Schwäche eidvergessen war, musste das Heer, das er als General befehligte, als Flüchtling verlassen – und das alles einer Frau zu Gefallen, die sich über seine Liebe lustig machte. Er wurde nun von einem General des Königs von Frankreich zu einem Leutnant des Don Esteban de Gammare, mit dem er bei Rethel vom Marschall du Plessis-Praslin geschlagen wurde.

Man kennt jenes Billet des Marschalls von Hocquincourt an die Herzogin von Montbazon: »Peronne gehört der schönsten der Schönen.«

Man kennt die Verse des Herzogs von La Rochefoucauld für die Herzogin von Longueville, als er im Kampf bei Saint-Antoine einen Musketenschuss erhielt, der ihn für einige Zeit der Sehkraft beraubte:

Um ihr Herz mir zu gewinnen, ihre Augen zu vergnügen,
Hab' ich Könige befehdet, würd' ich Götter selbst bekriegen.

In den Memoiren von Mademoiselle findet man einen Brief ihres Vaters Gaston, Herzogs von Orléans, dessen Aufschrift lautet: »An die hochwohlgeborenen Gräfinnen, Generalmajorinnen im Heer meiner Tochter gegen den Mazarin.«

Der Krieg endete zu wiederholten Malen und begann dann wieder von neuem, und es gab niemand, der nicht die Fahne gewechselt hätte. Nachdem der Prinz von Condé den triumphierenden Hof nach Paris zurückgeführt hatte, gab er sich dem Vergnügen hin, ihn, nachdem er ihn verteidigt hatte, zu verachten; und da er fand, dass die ihm erteilten Belohnungen nicht seinem Ruhm und seinen Diensten entsprachen, war er der erste, der Mazarin ins Lächerliche zog, der Königin trotzte und die Regierung, die er verachtete, mit Spott und Hohn überschüttete. Wie man behauptet, schrieb er an den Kardinal »all' illustrissimo signor Faquino«. Eines Tages sagte er zu ihm: »Adieu, Mars!« Er munterte einen gewissen Marquis de Jarsai auf, der Königin eine Liebeserklärung zu machen, und fand es verkehrt, dass sie wagte, sich dadurch beleidigt zu fühlen. Er verband sich mit dem Prinzen von Conti, seinem Bruder, und mit dem Herzog von Longueville, die von der Partei der Fronde abfielen. Die Verschwörerrotte des Herzogs von Beaufort zu Anfang der Regentschaft hatte man die »Partei der Angesehenen« genannt, die des Prinzen von Condé nannte man die »Partei der kleinen Herren«, weil sie die Herren im Staat sein wollten. Von all jenen Wirren ist keine weitere Spur geblieben als der Ausdruck »kleine Herren«, den man heute von der geckenhaften und schlecht erzogenen Jugend gebraucht, und der Name »Frondeurs«, den man den Tadlern der Regierung gibt.

Auf allen Seiten gebrauchte man ebenso verächtliche wie abscheuliche Mittel. Der spätere Sekretär des Kardinals von Retz, der Rat beim Châtelet Joly, kam auf den Einfall, sich einen Schnitt in den Arm beizubringen und einen Pistolenschuss in seinen Wagen hinein abfeuern zu lassen, um dadurch den Glauben zu erwecken, der Hof habe ihn ermorden lassen wollen.

Um die Partei des Prinzen von Condé und die Frondeurs zu entzweien und sie unversöhnlich gegeneinander zu stimmen, wurden einige

Tage später Flintenschüsse in die Kutschen des Großen Condé abgefeuert und einer von seinen Dienern getötet; man nannte das eine »verstärkte Joliade«.

Wer war der Veranstalter des seltsamen Anschlags? Etwa die Partei des Kardinals Mazarin? Man hatte sie stark im Verdacht. Auch der Kardinal von Retz, der Herzog von Beaufort und der alte Broussel wurden im versammelten Parlament der Tat beschuldigt – sie rechtfertigten sich jedoch.

Alle Parteien stießen abwechselnd zusammen, verhandelten mitsammen und verrieten einander. Jeder Mann von einigem Ansehen, oder wer es sein wollte, strebte danach, sein Glück auf dem Ruin des Gemeinwesens zu begründen, dabei war aber das Gemeinwohl in aller Munde. Gaston war eifersüchtig auf den Ruhm des Großen Condé und auf den Einfluss Mazarins. Condé liebte weder diese beiden, noch achtete er sie. Der Koadjutor des Erzbistums Paris wollte durch die Königin zum Kardinal befördert werden und widmete sich um diese Zeit ihrem Dienst, um jene ausländische Würde zu erlangen, die zwar keine Autorität, aber ein großes Relief verlieh.

Die Macht des Vorurteils war damals so groß, dass auch der Prinz von Conti, der Bruder des Großen Condé, seine Fürstenkrone mit dem roten Hut bèdecken wollte. Und gleichzeitig war das Ränkespiel von solchem Einfluss, dass ein Abbé ohne Herkunft und ohne Verdienst, ein gewisser La Rivière, diesen Hut dem Prinzen streitig machte. Sie erhielten ihn indessen beide nicht – der Prinz nicht, weil er ihn schließlich zu verachten wusste, und der Abbé nicht, weil man sich über seine Anmaßung lustig machte. Der Koadjutor jedoch erlangte ihn, weil er den Prinzen von Condé dem Groll der Königin preisgegeben hatte.

Dieser Groll hatte keinen anderen Grund als kleinliche Zänkereien um persönliche Interessen zwischen dem Großen Condé und Mazarin. Kein Staatsverbrechen konnte dem Prinzen zur Last gelegt werden – dennoch verhaftete man ihn im Louvre (18. Januar 1650), ihn, seinen Bruder Conti und seinen Schwager Longueville, ohne jede Formalität und nur deshalb, weil Mazarin sie fürchtete. Allerdings war dieses Verfahren allen Gesetzen zuwider, aber die Gesetze wurden eben von keiner Partei geachtet.

Um sich der Prinzen zu bemächtigen, bediente der Kardinal sich eines Betrugs, den man politisch nannte: Die Frondeurs wurden beschuldigt, einen Versuch zur Ermordung des Prinzen von Condé gemacht zu haben. Mazarin redete nun diesem ein, dass es sich um die Verhaftung eines der Verschworenen und um eine Täuschung der Frondeurs handle und dass es Sache Seiner Hoheit wäre, den Befehl für die Leute von der Leibwache zu unterzeichnen, dass sie sich im Louvre bereitzuhalten hätten. Condé unterzeichnete daraufhin selbst den Befehl zu seiner Verhaftung.

Dieses Beispiel zeigt besser als jedes andere, dass die Politik häufig im Lügen und die Geschicklichkeit darin besteht, den Lügner zu durchschauen.

Im ›Leben der Herzogin von Longueville‹ steht zu lesen, dass die Königinmutter, während man sich der Prinzen bemächtigte, sich in ihr Betzimmer zurückzog, ihren Sohn, den zwölfjährigen König, niederknien ließ und eifrig mit ihm für den glücklichen Ausgang des Anschlags zu Gott betete. Wenn Mazarin sich so verhalten hätte, wäre es eine schmähliche Heuchelei gewesen; bei Anna von Österreich aber war es nur eine Schwachheit, wie sie bei Frauen gewöhnlich ist. Bei diesen verträgt sich die Frömmigkeit mit der Liebe, mit der Politik und sogar mit der Grausamkeit. Nur die starken Frauen sind über diese Kleinlichkeiten erhaben.

Der Prinz von Condé hätte den Staat beherrschen können, wenn er sich hätte beliebt machen wollen – er begnügte sich jedoch damit, Bewunderung zu erregen. Das Volk von Paris, das für einen beinahe einfältigen Kanzleirat Barrikaden errichtet hatte, zündete daher Freudenfeuer an, als der Verteidiger und Heros Frankreichs zum Donjon von Vincennes geführt wurde.

Wie sehr aber die Ereignisse die Menschen täuschen, zeigt der Umstand, dass die Verhaftung der drei Prinzen, die den Aufruhr beschwichtigen zu sollen schien, ihn vielmehr von neuem in Fluss brachte. Die Mutter des Prinzen von Condé war verbannt worden, blieb aber dem Hof zum Trotz in Paris und reichte beim Parlament ihr Gesuch ein (1649). Seine Frau flüchtete unter tausend Gefahren nach Bordeaux, brachte die Stadt mit Hilfe der Herzöge von La Rochefoucauld und von Bouvillon zum Aufstand und reizte Spanien zum Krieg.

Ganz Frankreich forderte den Großen Condé zurück – wäre er damals erschienen, so wäre der Hof verloren gewesen. Gourville, der durch seine Verwegenheit und Klugheit vom einfachen Kammerdiener des Herzogs von La Rochefoucauld zum angesehenen Mann geworden war, ersann ein sicheres Mittel zur Befreiung der Prinzen, die damals in Vincennes gefangengehalten wurden. Einer der Verschworenen beging jedoch die Dummheit, einem Priester der Fronde zu beichten, und dieser Pfaffe benachrichtigte den Koadjutor, der zu jener Zeit zu den Verfolgern des Großen Condé gehörte. Der Anschlag scheiterte also infolge der Verletzung des Beichtgeheimnisses, die während des Bürgerkriegs etwas ganz Gewöhnliches war.

Aus den Memoiren des Staatsrats Lenet, die sehr bemerkenswert, aber weniger bekannt sind, ersieht man, welche Gewalt die Priester in diesen Zeiten des zügellosen Mutwillens, der Kriegswirren, der Unbilligkeiten und sogar Gottlosigkeiten immer noch über die Geister hatten. Er berichtet, dass der Dechant von La Sainte-Chapelle in Burgund, ein Anhänger des Prinzen von Condé, sich erbot, statt aller weiteren Hilfe alle Prediger auf der Kanzel zugunsten des Prinzen reden und alle Priester im Beichtstuhl im stillen zu seinen Gunsten wirken zu lassen.

Zur noch besseren Kennzeichnung der Sitten jener Zeit fügt er hinzu, dass, als die Frau des Großen Condé nach Bordeaux flüchtete, die Herzöge von La Rochefoucauld und von Bouillon ihr an der Spitze einer Menge junger Edelleute entgegenzogen, die ihr ein »Hoch Condé!« in die Ohren schrien, einen unflätigen Ausdruck für Mazarin hinzufügten und sie aufforderten, ihre Stimme mit den ihren zu vereinen.

13. Februar 1651. – Ein Jahr später zwangen dieselben Frondeurs, die den Großen Condé und die Prinzen der feigen Rache Mazarins preisgegeben hatten, die Königin, die Gefangenen freizulassen und ihren Premierminister aus dem Land zu weisen. Mazarin begab sich selbst nach Le Havre, wo die Gefangenen sich damals befanden, und setzte sie in Freiheit, wurde aber von ihnen nur mit jener Verachtung empfangen, auf die er gefasst sein musste. Er zog sich dann nach Lüttich zurück. Condé zog unter dem Jauchzen des Volkes, das ihn so sehr gehasst hatte, in Paris ein, und seine Anwesenheit erneuerte die Komplotte, die Zwistigkeiten und die Meuchelmorde.

Noch mehrere Jahre blieb das Land in diesem Zustand der Verwirrung und des Aufruhrs. Die Regierung fasste beinahe immer nur halbe und schwache Entschlüsse und schien unterliegen zu müssen; aber die Aufrührer waren untereinander ständig uneins, und das rettete den Hof. Der Koadjutor, bald Condés Freund und bald sein Feind, hetzte einen Teil des Parlaments und des Volkes gegen diesen auf – er wagte es, gleichzeitig der Königin zu dienen, indem er dem Prinzen die Stirn bot, und sie auch zu demütigen, indem er sie zwang, den Kardinal Mazarin zu entfernen, der sich nach Köln zurückzog. Die Königin war infolge eines Widerspruchs, der bei schwachen Regierungen normal ist, genötigt, seine Dienste wie seine Beleidigungen hinzunehmen und ebendiesen Koadjutor, den Urheber des Barrikadentags, der die königliche Familie gezwungen hatte, die Hauptstadt zu verlassen und zu belagern, zum Kardinal zu erheben.

Fünftes Kapitel

Fortsetzung des Bürgerkriegs bis zum Ende der Empörung im Jahre 1654

Der Prinz von Condé entschloss sich endlich zu einem Krieg, den er zur Zeit der Fronde hätte beginnen müssen, wenn er Herr im Staat hätte werden wollen, oder den er gar nicht hätte unternehmen dürfen, wenn er ein loyaler Bürger gewesen wäre. Er verließ Paris, um die Guyenne, das Poitou und das Anjou zum Aufstand zu bringen und die Hilfe der Spanier gegen Frankreich zu erbetteln – jener Spanier, deren schrecklichste Geißel er gewesen war.

Nichts kennzeichnet die Krankheit jener Zeit und die Verwirrung, die damals alle Schritte bestimmte, besser als das, was diesem Prinzen begegnete. Die Königin sandte von Paris einen Kurier mit Anträgen an ihn ab, die ihn zur Rückkehr und zum Frieden bestimmen sollten. Der Kurier täuschte sich und ging anstatt nach Angerville, wo sich der Prinz befand, nach Augerville. Der Brief kam zu spät. Der Prinz äußerte, wenn er ihn früher erhalten hätte, würde er die Friedensvorschläge angenommen haben, da er jetzt aber schon weit genug von Paris entfernt wäre, wäre es nicht mehr der Mühe wert, dahin zurückzukehren. So stürzten also das Versehen eines Kuriers und der reine Eigensinn dieses Prinzen Frankreich von neuem in den Bürgerkrieg.

Dezember 1651. – Kardinal Mazarin, der von seinem Verbannungsort Köln aus den Hof gelenkt hatte, kehrte jetzt in das Land zurück – weniger wie ein Minister, der auf seinen Posten zurückkehrt, denn als ein Herrscher, der wieder von seinen Ländern Besitz ergreift: Er erschien im Geleit einer kleinen Armee von siebentausend Mann, die auf seine Kosten angeworben waren – d.h. mit dem Geld des Königreichs, das er sich anzueignen verstanden hatte.

In einer Kundgebung aus jener Zeit lässt man den König sagen, dass der Kardinal tatsächlich diese Truppen mit seinem eigenen Geld angeworben habe; diese Erklärung widerlegt die Meinung derer, die behauptet haben, dass Mazarin sich bei seinem ersten Abzug aus Frankreich in dürftigen Umständen befunden habe. Er machte den Marschall von

Hocquincourt zum Befehlshaber seiner kleinen Armee, deren sämtliche Offiziere grüne Feldbinden trugen: Grün war die Farbe der Livreen des Kardinals. Jede Partei hatte damals ihre besondere Schärpe: die Partei des Königs weiße, die des Prinzen von Condé isabellfarbene. Es muss wundernehmen, dass Kardinal Mazarin, der sich bis dahin so bescheiden gebärdet hatte, die Kühnheit besaß, ein Heer seine Farben tragen zu lassen, als ob er eine von der seines Gebieters verschiedene Partei hinter sich hätte – aber er konnte seiner Eitelkeit diese Genugtuung nicht versagen. Ganz der gleiche Zug von Eitelkeit hatte einst viel zum Untergang des Marschalls von Aucre beigetragen; dem Kardinal aber glückte diese Kühnheit: die Königin billigte sie, und der bereits großjährige König und sein Bruder kamen ihm entgegen.

Bei der ersten Kunde von seiner Rückkehr hob Gaston von Orléans, der Bruder Ludwigs XIII., der die Entfernung des Kardinals verlangt hatte, in Paris Truppen aus, ohne zu wissen, wozu sie gebraucht werden würden. Das Parlament erneuerte seine Dekrete; es ächtete den Kardinal und setzte einen Preis auf seinen Kopf aus. Zu diesem Zweck musste erst in den Registern nachgesucht werden, welchen Wert der Kopf eines Staatsfeindes habe; man fand da, dass unter Karl IX. durch einen Erlass demjenigen fünfzigtausend Taler versprochen worden waren, der den Admiral Coligny tot oder lebendig anliefern würde, und glaubte nun in allem Ernst genau der Regel gemäß zu verfahren, wenn man denselben Preis für die Ermordung eines Kardinals und Premierministers aussetzte.

Diese Ächtung brachte niemanden in die Versuchung, die fünfzigtausend Taler zu verdienen, die überdies niemals ausbezahlt worden wären. Bei einem anderen Volk und zu einer anderen Zeit würde ein solches Dekret Vollstrecker gefunden haben; unter den damaligen Umständen aber lieferte es nur Stoff zu neuen Spöttereien. Blot und Marigny, zwei Schöngeister, die den Wirrwarr des Aufruhrs mit Scherzen verbrämten, ließen in Paris einen Tarif für die Verteilung der fünfzigtausend Taler anschlagen: soundso viel für die Nase des Kardinals, soundso viel für ein Ohr, soundso viel für ein Auge, soundso viel für den, der ihn zum Eunuchen machen würde, usw. Dieser Witz war die ganze Wirkung der wider die Person des Ministers ergangenen Acht. Dagegen wurden aufgrund eines zweiten Dekrets seine Möbel und seine Bibliothek verkauft. Das daraus gelöste Geld war zur Bezahlung eines Mörders bestimmt, aber es wurde durch die Vertrauensmänner verschleudert wie alles Geld, das damals zusammenkam.

Der Kardinal seinerseits wandte gegen seine Feinde weder Gift noch Dolch an, und der Erbitterung und der Raserei so vieler Parteien und so vieler Hassgefühle ungeachtet, beging man nicht so viele Verbrechen, waren die Parteiführer weniger grausam und die Volksmassen weniger barbarisch als zur Zeit der Ligue – man führte eben diesmal keinen Religionskrieg.

Das gesamte Parlament von Paris war dermaßen von dem Schwindelgeist besessen, der in jener Zeit regierte, dass es, nachdem es feierlich einen Mord befohlen hatte, den man zum Gegenstand des Spottes machte, nunmehr ein Dekret erließ, demgemäß sich mehrere Räte an die Grenze begeben sollten, um gegen die Armee des Kardinals Mazarin – d.h. gegen die königliche Armee – einzuschreiten.

Zwei Räte waren unklug genug, mit einigen Bauern zum Abbrechen der Brücken auszuziehen, über die der Kardinal kommen musste. Der eine von ihnen, mit Namen Bitaut, wurde von den Truppen des Königs gefangengenommen, aber huldvoll wieder entlassen und von allen Parteien verspottet.

6. August 1652. – Inzwischen verbot der großjährige König dem Parlament von Paris die Ausübung seiner Amtstätigkeit und verlegte es nach Pontoise. Vierzehn dem Hof ergebene Mitglieder gehorchten, die übrigen widersetzten sich, und so gab es nun zwei Parlamente, die, um der Verwirrung die Krone aufzusetzen, einander durch ihre Dekrete verdammten wie zur Zeit Heinrichs IV. und Karls VI.

Genau zur selben Zeit, wo diese Körperschaft sich zu den erwähnten äußersten Maßnahmen gegen den Minister des Königs hinreißen ließ, erklärte sie den Prinzen von Condé, der doch einzig und allein gegen diesen Minister die Waffen ergriffen hatte, für einen Majestätsverbrecher. Ferner befahl sie infolge einer geistigen Verkehrtheit, die die früheren Maßnahmen durchaus glaublich machen, dass die neuen Truppen Gastons von Orléans gegen Mazarin marschieren sollten, verbot aber auch gleichzeitig, dass die Gelder zu ihrer Besoldung aus der Staatskasse genommen würden.

Man konnte nichts anderes erwarten von einer Gesellschaft von Beamten, die, aus ihrer Sphäre herausgerissen und weder mit ihren Rechten noch mit ihrer wirklichen Macht, weder mit den politischen Angelegenheiten noch mit dem Krieg vertraut, unter Lärm und Verwirrung zusammenkam und Entschlüsse fasste, an die sie am Tag vorher nicht gedacht hatte und über die sie sich später selbst wunderte.

Das Parlament von Bordeaux diente damals dem Prinzen von Condé; es zeigte jedoch eine etwas gleichmäßigere und einheitlichere Haltung, weil es, da es dem Hof ferner stand, weniger von entgegengesetzten Parteien zerrissen war. Die Aufmerksamkeit von ganz Frankreich wurde jedoch durch wichtigere Gegenstände in Anspruch genommen.

Condé, der sich mit den Spaniern verbunden hatte, stand gegen den König im Feld, während Turenne, der dieselben Spanier, mit denen er bei Rethel geschlagen worden war, verlassen hatte, soeben mit dem Hof Frieden geschlossen hatte und die königliche Armee befehligte. Die Erschöpfung der Finanzen erlaubte keiner von beiden Parteien, große Heere zu halten – aber auch die kleinen entschieden über das Schicksal des Staates. Es gibt Zeiten, wo hunderttausend Mann im Feld kaum zwei Städte erobern können; es gibt aber auch andere Zeiten, wo eine Schlacht zwischen sieben oder achttausend Mann einen Thron umstürzen oder festigen kann.

Im Missgeschick aufgewachsen, zog jetzt Ludwig XIV. mit seiner Mutter, seinem Bruder und dem Kardinal Mazarin von Provinz zu Provinz, wobei er bei weitem nicht so viele Truppen um sich hatte, wie später in Friedenszeiten seine Leibwache allein zählte. Fünf bis sechstausend Mann, die teils von Spanien geschickt, teils von den Anhängern des Prinzen von Condé aufgebracht worden waren, verfolgten ihn im Herzen seines Königreichs.

Der Prinz von Condé eilte inzwischen von Bordeaux nach Montauban, eroberte einige Städte und vermehrte überall seinen Anhang.

Die ganze Hoffnung des Hofes beruhte auf dem Marschall von Turenne. Die königliche Armee stand bei Gien an der Loire, die des Prinzen von Condé einige Stunden davon unter den Befehlen des Herzogs von Nemours und des Herzogs von Beaufort. Die Zwistigkeiten zwischen diesen beiden Generälen wären der Partei des Prinzen beinahe verhängnisvoll geworden. Der Herzog von Beaufort besaß nicht die geringste Befähigung zum Heerführer, der Herzog von Nemours galt zwar als tapferer und liebenswürdiger, aber wenig geschickter General, und beide richteten ihr Heer zugrunde. Die Soldaten wussten, dass der Große Condé hundert Stunden entfernt war, und hielten sich für verloren, als plötzlich eines Nachts ein Kurier bei den Vorposten im Wald von Orléans erschien: die Wachen erkannten in diesem Kurier den Prinzen von Condé selbst, der unter tausend Abenteuern und unter mancherlei Verkleidungen von Agen gekommen war, um sich an die Spitze seiner Armee zu stellen.

Seine Anwesenheit tat viel und diese unvermutete Ankunft noch mehr. Er wusste, dass alles Unerwartete und Unerhoffte die Menschen begeistert, und benützte unverzüglich die Zuversicht und die Kühnheit, die er seinen Truppen eingeflößt hatte. Das große Talent dieses Prinzen im Krieg bestand darin, dass er im Augenblick die kühnsten Entschlüsse fasste und sie mit nicht weniger Umsicht als Schnelligkeit ausführte.

7. April 1652. – Die königliche Armee bestand aus zwei getrennten Korps. Condé warf sich auf jenes, das unter dem Marschall von Hocquincourt bei Bleneau stand, und dieses Korps wurde ebenso schnell zerstreut wie angegriffen, so dass Turenne nicht benachrichtigt werden konnte. Kardinal Mazarin eilte mitten in der Nacht nach Gien und weckte den schlummernden König, um ihm die schlimme Botschaft mitzuteilen. Der kleine Hof war bestürzt; man schlug vor, den König durch die Flucht zu retten und ihn insgeheim nach Bourges zu führen. Der siegreiche Prinz von Condé näherte sich Gien, und Niedergeschlagenheit und Furcht wuchsen: Turenne beruhigte die Gemüter durch seine Festigkeit und rettete den Hof durch seine Geschicklichkeit: er führte mit den wenigen Truppen, die ihm blieben, so geschickte Bewegungen aus und wusste das Terrain und die Zeit so vortrefflich auszunützen, dass er den Prinzen an der Verfolgung seines Sieges hinderte. Es war schwer zu entscheiden, wer in diesem Fall die meiste Ehre eingelegt hatte, ob der siegreiche Condé oder Turenne, der jenem die Frucht seines Sieges entrissen hatte. Zwar zählte man in diesem in Frankreich lange berühmten Gefecht bei Bleneau nur vierhundert Tote, aber dessen ungeachtet stand der Prinz von Condé doch auf dem Punkt, sich der ganzen königlichen Familie zu bemächtigen und seinen Feind, den Kardinal Mazarin, in die Hände zu bekommen. Kaum hatte es je ein kleineres Gefecht, größere Interessen und eine dringendere Gefahr gegeben.

Condé, der sich nicht einbildete, Turenne überfallen zu können, wie er Hocquincourt überfallen hatte, ließ seine Armee nach Paris marschieren; er beeilte sich, sich in dieser Stadt seines Ruhms und der günstigen Stimmung der blinden Volksmassen zu erfreuen. Die Bewunderung, mit der man jenes letzte Gefecht betrachtete, dessen Einzelheiten noch bedeutend ausgeschmückt wurden; der Hass, den man gegen Mazarin hegte, und der Name und die Gegenwart des Großen Condé schienen ihn anfangs zum unumschränkten Herrn der Stadt zu machen. Im Grunde genommen waren jedoch alle Geister uneins: jede Partei zerfiel in Faktionen, wie das bei jeder Empörung geschieht. Der Koadjutor, der zum Kardinal von Retz geworden war und sich anscheinend mit dem Hof, der ihn fürchtete und dem er misstraute, ausgesöhnt hatte, war nicht mehr Herr des Volkes und spielte nicht mehr die erste Rolle. Er beherrschte den Herzog von Orléans und war ein Gegner Condés. Das Parlament schwankte zwischen dem Hof, dem Herzog von Orléans und dem Prinzen – obgleich alle in ihren Deklamationen gegen Mazarin übereinstimmten, verfolgte doch jeder einzelne insgeheim besondere Interessen. Das Volk war ein stürmisches Meer, dessen Wogen von so vielen entgegengesetzten Winden bald hierhin, bald dorthin geschleudert wurden. Man ließ die Reliquien der heiligen Genoveva in Paris herumtragen, um die Vertreibung des Minister-Kardinals vom Himmel zu erlangen, und das Volk zweifelte nicht, dass die Heilige dieses Wunder vollbringen würde, wie sie den Regen gibt. Man stieß nur auf Verhandlungen der Parteiführer, auf Deputationen des Parlaments, auf Versammlungen der Gerichtskammern, in der Stadt auf Aufläufe, außerhalb der Stadt auf Kriegsleute. Der Prinz hatte die Spanier zu Hilfe gerufen. Karl IV., jener aus seinen Staaten vertriebene Herzog von Lothringen, dem von seinem Besitz nur noch ein Heer von achttausend Mann geblieben war, das er alljährlich an den König von Spanien verkaufte, rückte mit diesem Heer in die Gegend von Paris. Kardinal Mazarin bot ihm für seinen Abzug mehr Geld, als der Prinz von Condé ihm für sein Kommen bezahlt hatte. Der Herzog von Lothringen verließ daher baldigst Frankreich, nachdem er es auf seinem Durchzug verheert hatte, und nahm das Geld beider Parteien mit.

Juli 1652. – Condé blieb also mit einer Macht, die täglich abnahm, und mit einer noch schwächeren Armee in Paris. Turenne führte den König und seinen Hof der Hauptstadt zu, und der fünfzehnjährige König sah von der Höhe von Charonne der Schlacht bei Saint-Antoine zu, wo jene beiden Generäle mit so wenigen Truppen so große Dinge leisteten, dass der Ruf beider, der nicht mehr wachsen zu können schien, dennoch eine Vergrößerung erfuhr.

Der Prinz von Condé nahm mit einer kleinen Anzahl von Edelleuten seiner Partei und nur wenigen Soldaten den Angriff der königlichen Armee auf und wies ihn zurück. Der Herzog von Orléans blieb bei seiner Unentschiedenheit über die Partei, zu der er sich schlagen sollte, in seinem Palais Luxembourg. Der Kardinal von Retz saß in seinem erzbischöflichen Palast eingeschlossen. Das Parlament wartete auf den Ausgang der Schlacht, um danach einen Beschluss zu fassen. Die Königin lag weinend in einer Kapelle des Karmeliterklosters auf den Knien. Das Volk, das damals sowohl die Truppen des Königs wie die des Prinzen fürchtete, hatte die Stadttore geschlossen und ließ niemanden hinein oder heraus, während der beste Adel Frankreichs sich im Kampf maß und in der Vorstadt sein Blut vergoss. Ebendort erhielt der wegen seines Mutes wie seines Geistes berühmte Herzog von La Rochefoucauld einen Schuss oberhalb der Augen, der ihn für einige Zeit der Sehkraft beraubte. Dort wurde auch ein Neffe Kardinal Mazarins getötet, und das Volk hielt sich für gerächt. Überall sah man junge Edelleute tot hingestreckt oder verwundet zur Porte Saint-Antoine getragen werden, die sich nicht öffnete.

Endlich ließ jedoch Mademoiselle, die Tochter Gastons von Orléans, indem sie die Partei Condés ergriff, den ihr Vater nicht zu unterstützen wagte, den Verwundeten das Tor öffnen und besaß sogar die Kühnheit, die Kanonen der Bastille auf die Truppen des Königs abschießen zu lassen. Die königliche Armee zog sich zurück, Condé erntete neuen Ruhm, Mademoiselle aber verlor durch diese Gewalttat für immer das Zutrauen des Königs, und Kardinal Mazarin, der ihren glühenden Wunsch kannte, ein gekröntes Haupt zu heiraten, äußerte damals: »Diese Kanonade da hat ihr den Gatten getötet.«

Die meisten unserer Schriftsteller schildern ihren Lesern nur diese Kämpfe und diese Wunder von Mut und Klugheit; wer aber wüsste, welche schmächlichen Federn man spielen lassen, in welches Elend man das Volk stürzen und zu welchen niedrigen Mitteln man greifen musste, der würde den Ruhm der Helden jener Zeit mehr mit Mitleid als mit Bewunderung betrachten. Man mag darüber nach den Zügen urteilen, die Gourville, ein Anhänger des Prinzen, mitteilt. Er erzählt, dass er persönlich, um dem Prinzen Geld zu verschaffen, eine Steuerkasse bestahl und einen Postverwalter in seiner Behausung gefangen nahm, der dann ein Lösegeld bezahlen musste – und er erzählte diese Gewalttaten wie alltägliche Dinge.

Das Pfund Brot kostete damals in Paris vierundzwanzig Sou nach unserem heutigen Geld. Das Volk litt, denn die Almosen reichten nicht aus; in mehreren Provinzen herrschte Hungersnot.

Gibt es etwas Betrübenderes als das, was während dieses Krieges vor Bordeaux vorkam? Ein Edelmann wird von den königlichen Truppen gefangen genommen, und man schlägt ihm den Kopf ab. Zur Vergeltung lässt dann der Herzog von La Rochefoucauld einen Edelmann von der Partei des Königs hängen – und doch gilt dieser Herzog von La Rochefoucauld als Philosoph. All diese Abscheulichkeiten wurden über den großen Interessen der Parteiführer bald vergessen.

Gibt es aber gleichzeitig etwas Lächerlicheres, als den Großen Condé bei einer Prozession den Reliquienkasten der heiligen Genoveva küssen, seinen Rosenkranz daran reiben, diesen dem Volk zeigen und durch diese Posse beweisen zu sehen, dass auch die Helden häufig dem Pöbel opfern?

Anstand und Gebühr wurden weder in Taten noch in Worten beachtet. Omer Talon berichtet, dass er Räte bei der Abstimmung den Premierminister-Kardinal einen Buben nennen hörte. Ein Rat namens Quatresous schrie den Prinzen von Condé vor versammeltem Parlament in grober Weise an.

Man ohrfeigte sich sogar im Heiligtum der Gerechtigkeit: In der Kirche Notre-Dame war es anlässlich eines Platzes, den die Präsidenten der Untersuchungskammer dem Dechant der Parlamentskammer streitig machten, im Jahr 1644 zu Faustschlägen gekommen. Im Jahre 1645 ließ man Frauen aus dem Volk, die das Parlament auf den Knien baten, die Widerrufung der Steueredikte zu bewirken, in die für den königlichen Generalprokurator und den Kronanwalt bestimmten Schranken treten.

Diese mannigfachen Verstöße gegen Gesetz und Ordnung dauerten – zunächst ohne Tumult, dann aber in Begleitung fortwährender Aufstände von einem Ende des Landes bis zum anderen – vom Jahre 1644 bis zum Jahre 1654.

1652. – Selbst der Große Condé vergaß sich so weit, dass er dem Grafen von Rieux, dem Sohn des Herzogs von Elbeuf, im Haus des Herzogs von Orléans eine Ohrfeige gab ; das war sicher kein Mittel, um die Herzen der Pariser von neuem zu gewinnen. Der Graf von Rieux gab dem Sieger von Rocroi, Freiburg, Nördlingen und Lens die Ohrfeige zurück. Dieser eigentümliche Vorfall hatte jedoch keine weiteren Folgen: Monsieur ließ den Sohn des Herzogs von Elbeuf auf einige Tage in die Bastille bringen, und dann wurde nicht mehr davon gesprochen.

Der Streit zwischen dem Herzog von Beaufort und seinem Schwager, dem Herzog von Nemours, war dagegen wesentlich ernsterer Art: sie forderten einander gegenseitig mit vier Sekundanten zum Zweikampf heraus. Der Herzog von Nemours wurde vom Herzog von Beaufort getötet, und der Marquis von Villars mit dem Beinamen Orondate, einer der Sekundanten des Herzogs von Nemours, erstach seinen Gegner Héricourt, den er zuvor noch nie gesehen hatte.

Von Gerechtigkeit war keine Spur. Die Duelle waren häufig, die Veruntreuungen an der Tagesordnung, und die Ausschweifungen wurden bis zur offenbaren Schamlosigkeit getrieben – bei all diesen Ausschweifungen herrschte jedoch immer ein heiterer Mutwille, der sie weniger verderblich machte.

Nach dem blutigen und nutzlosen Gefecht bei Saint-Antoine konnte der König nicht in Paris einziehen, der Prinz von Condé aber auch nicht mehr lange darin verweilen. Ein Aufstand des Pöbels und die Ermordung mehrerer Bürger, für deren Anstifter man ihn hielt, machten ihn dem Volk verhasst; er hatte jedoch noch seinen Anhang im Parlament.

20. Juli 1652. –Diese Körperschaft, die damals durch einen umherirrenden und gewissermaßen aus der Hauptstadt verjagten Hof wenig eingeschüchtert und durch die Kabalen des Herzogs von Orléans und des Prinzen in die Enge getrieben war, erklärte durch ein Dekret den Herzog von Orléans zum Generalstatthalter des Königreichs, obgleich der König bereits großjährig war – es war dies der gleiche Titel, den man zur Zeit der Ligue dem Herzog von Mayenne gegeben hatte. Der Prinz von Condé wurde zum Generalissimus der Heere ernannt.

Die beiden Parlamente von Paris und von Pontoise, die einander durch den Erlass entgegengesetzter Dekrete ihre Autorität streitig machten und sich dadurch schließlich die Verachtung des Volkes zugezogen haben würden, waren darin einig, dass sie die Vertreibung Mazarins forderten – so sehr schien damals der Hass gegen diesen Minister zur wesentlichen Pflicht eines Franzosen zu gehören! Es gab zu jener Zeit keine einzige wirklich starke Partei. Die Hofpartei war ebenso schwach wie die übrigen, allen fehlte es an Geld und an Truppen, die Faktionen vermehrten sich, und die Kämpfe hatten auf jeder Seite nur Leid und Verluste zur Folge gehabt.

12. August 1652. – Der Hof sah sich genötigt, den Kardinal, den alle Welt die Ursache der Unruhen nannte und der doch nur der Vorwand dazu war, zum zweiten Mal zu opfern. Er verließ zum zweiten Mal das Königreich; zum Übermaß der Schmach musste der König sogar eine öffentliche Erklärung erlassen, durch die er seinen Minister mit einem Lob auf seine Dienste und einer Klage über seine Verbannung seines Amtes entsetzte.

Karl I. von England hatte erst vor kurzem seinen Kopf auf dem Schafott verloren, weil er am Anfang der Unruhen dem Parlament das Blut seines Freundes Strafford preisgegeben hatte; Ludwig XIV. dagegen gelangte zum ruhigen Besitz seines Reiches, indem er die Verbannung Mazarins zugab. So hatte also ein und dieselbe Schwäche sehr verschiedene Folgen. Der König von England ermutigte sein Volk, das kriegslüstern war und die Könige hasste, durch die Preisgabe seines Günstlings; Ludwig XIV. aber – oder vielmehr die Königinmutter – entzog einem

Volk, das des Krieges müde war und das Königtum liebte, durch die Entlassung des Kardinals jeden Vorwand zur Empörung.

20. Oktober 1652. – Der Kardinal war kaum nach Bouillon, seinem neuen Zufluchtsort, abgereist, als die Bürger von Paris aus eigenem Antrieb den König durch eine Gesandtschaft bitten ließen, in seine Hauptstadt zurückzukehren. Er hielt nunmehr seinen Einzug, und alles in der Stadt war so ruhig und friedlich, dass man sich nur mit Mühe vorstellen konnte, dass hier noch einige Tage vorher alles in größter Verwirrung gewesen war. Gaston von Orléans, dessen Anschläge immer scheiterten, weil er sie nie durchzuführen verstand, wurde nach Blois verbannt, wo er den Rest seines Lebens in Leid und Reue verbrachte – er war der zweite Sohn Heinrichs des Großen, der ohne besonderen Ruhm aus dem Leben schied. Der ebenso unvorsichtige wie verwegene Kardinal von Retz wurde im Louvre verhaftet, und nachdem er von Gefängnis zu Gefängnis geschleppt worden war, führte er lange Zeit ein Wanderleben, bis er sich schließlich von der Welt zurückzog und in dieser Abgeschiedenheit Tugenden erwarb, zu denen seine Unerschrockenheit während der Wechselfälle seines Geschicks nicht hatte gelangen können.

Einige Räte, die ihre Stellung am meisten Missbraucht hatten, büßten ihr Verhalten in der Verbannung; die übrigen beschränkten sich wieder auf ihre amtlichen Obliegenheiten, und einige wurden durch ein jährliches Geschenk von fünfhundert Talern, das ihnen der Generalprokurator und Oberintendant der Finanzen, Fouquet, unter der Hand zukommen ließ, an ihre Pflicht gefesselt.

In Frankreich von beinahe allen seinen Anhängern verlassen und von den Spaniern schlecht unterstützt, setzte inzwischen der Prinz von Condé an den Grenzen der Champagne den unglücklichen Krieg fort. Es blieben noch einige Aufstände in Bordeaux, aber auch diese wurden bald gestillt.

März 1653. – Diese Ruhe im Reich war die Folge der Verbannung des Kardinals Mazarin. Indessen war er kaum durch den allgemeinen Unwillen der Franzosen und durch eine Kundgebung des Königs vertrieben, als der König ihn zurückkommen ließ; er war erstaunt, allmächtig und in aller Ruhe nach Paris zurückkehren zu können. Ludwig XIV. empfing ihn wie einen Vater, das Volk ihn wie einen Gebieter. Man gab ihm im Stadthaus unter dem Zujauchzen der Bürger ein Festmahl, und er warf Geld unter das Volk. Wie man jedoch sagt, gab er bei aller Freude über eine so glückliche Veränderung seine Verachtung für die Unbeständigkeit oder vielmehr Narrheit der Pariser zu erkennen. Die Parlamentsmitglieder, die auf seinen Kopf als auf den Kopf eines Diebes am Staatseigentum einen Preis gesetzt hatten, strebten jetzt beinahe alle nach der Ehre, ihn um seine Protektion zu bitten, und kurze Zeit darauf verurteilte sogar dieses gleiche Parlament den Prinzen von Condé wegen Ausbleibens an dem zur Verhandlung gegen ihn bestimmten Tag zum Tode – ein Wechsel, der zwar in solchen Zeiten gewöhnlich ist, hier aber umso demütigender war, da man gerade denjenigen durch Dekrete verdammte, an dessen Vergehen man so lange Zeit teilgenommen hatte.

Dann sah man den Kardinal, der eifrig diese Verurteilung Condés betrieb, eine von seinen Nichten mit dem Prinzen von Conti, dem Bruder des Prinzen, verheiraten – ein Beweis, dass die Macht dieses Ministers auf dem Punkt stand, schrankenlos zu werden.

Der König vereinigte die Parlamente von Paris und von Pontoise und verbot die Versammlungen der Kammern. Das Parlament wollte gegen dieses Verbot protestieren, doch man setzte einen der Räte ins Gefängnis, schickte einige andere in die Verbannung, und das Parlament schwieg – es hatte sich bereits alles geändert.

Sechstes Kapitel

Frankreichs Zustand bis zum Tod Kardinal Mazarins im Jahre 1661

Während der Staat auf diese Weise im Innern zerfleischt und zerrüttet worden war, war er auch von außen angegriffen und geschwächt worden. Die Frucht der Siege bei Rocroi, Lens und Nördlingen war völlig verlorengegangen: die wichtige Festung Dünkirchen war von den Spaniern zurückerobert, die Franzosen waren aus Barcelona vertrieben, und Casale in Italien war genommen worden (1651).

Aber trotz der Wirren eines Bürgerkriegs und der Lasten eines Kriegs mit dem Ausland hatte Kardinal Mazarin genug Geschick und Glück gehabt, jenen berühmten Westfälischen Frieden abzuschließen, durch den der Kaiser und das Reich für drei Millionen Livre, zahlbar an den Erzherzog – d.h. für ungefähr sechs Millionen Livre nach heutigem Geld –, dem König und der Krone Frankreichs die Oberhoheit über das Elsass verkauften (1648). Durch diesen Vertrag, der die Grundlage für alle späteren Verträge bildete, wurde für das Haus Bayern ein neues Kurfürstentum geschaffen, wurden die Rechte aller Fürsten und freien Reichsstädte sowie die Privilegien der kleinsten deutschen Edelleute bestätigt, wurde die Macht des Kaisers in enge Grenzen eingeschlossen und wurden schließlich die Franzosen im Verein mit den Schweden die Gesetzgeber für das Deutsche Reich.

Frankreich verdankte diesen Ruhm, wenigstens zum Teil, den schwedischen Waffen. Gustav Adolf hatte mit der Erschütterung des Reichs den Anfang gemacht, und unter der Regierung seiner Tochter Christine hatten seine Generäle seine Eroberungen noch weiter ausgedehnt: als jener Friede geschlossen wurde, stand Wrangel im Begriff, in Österreich einzudringen, und der Graf von Königsmark hatte die eine Hälfte von Prag eingenommen und belagerte die andere. Und diese Schwächung des Kaisers kostete Frankreich kaum mehr als ungefähr jährlich eine Million, die den Schweden ausbezahlt worden war.

Auch erlangte Schweden durch jenen Vertrag noch bedeutendere Vorteile als Frankreich: es erhielt Pommern, eine große Anzahl von Städten und Geld. Außerdem zwang es den Kaiser, römischen Katholiken gehörende Pfründen in die Hände der Lutheraner übergehen zu lassen. Rorn klagte über Gottlosigkeit und behauptete, dass die Sache Gottes verraten wäre; die Protestanten rühmten sich, dass sie das Werk des Friedens durch die Beraubung der Papisten geheiligt hätten – aus allen sprach nur der Eigennutz.

Spanien nahm nicht an diesem Frieden teil, und zwar aus gutem Grund: Da es nämlich Frankreich in einen Bürgerkrieg verwickelt sah, hoffte das spanische Ministerium aus dieser Uneinigkeit Vorteil zu ziehen. Die entlassenen deutschen Truppen wurden zu einer neuen Hilfe für die Spanier: der Kaiser ließ in der Zeit von vier Jahren nach dem Frieden von Münster nahe an dreißigtausend Mann nach Flandern hinübergehen. Das war eine offenkundige Verletzung der geschlossenen Verträge, doch werden deren Bestimmungen ja beinahe niemals anders ausgeführt.

Bei Beginn der Verhandlungen zum Westfälischen Frieden waren die spanischen Minister so klug gewesen, mit Holland einen Separatfrieden zu schließen; die spanische Monarchie war schließlich noch froh, diejenigen nicht mehr zu Feinden zu haben und als selbständig anzuerkennen, die sie so lange als Rebellen behandelt hatte.

Diese Republikaner vermehrten ihre Reichtümer, festigten ihre Größe und sicherten ihre Ruhe, indem sie mit Spanien Frieden schlossen, ohne mit Frankreich zu brechen (1653).

Sie waren so mächtig, dass sie in einem Krieg, den sie einige Zeit später mit England führten, hundert Linienschiffe stellten, und der Sieg blieb häufig unentschieden zwischen Blake, dem englischen, und Tromp, dem holländischen Admiral, die beide das zur See waren, was Condé und Turenne auf dem Land waren. Frankreich konnte zu dieser Zeit nur zehn Schiffe zu fünfzig Kanonen stellen – seine Marine verfiel von Tag zu Tag immer mehr.

Ludwig XIV. war damals, d.h. im Jahre 1653, der absolute Beherrscher eines Königreichs, das noch an den Unruhen litt, die es durchgemacht hatte, das Unordnung in jedem Zweig der Verwaltung zu beklagen hatte, aber auch voller Hilfsquellen war; das zwar zu einem Offensivkrieg keinen Verbündeten außer Savoyen, aber zu gleicher Zeit auch keinen anderen ausländischen Feind mehr hatte als Spanien, das sich damals in einem noch schlechteren Zustand befand als Frankreich. Alle Franzosen, die sich am Bürgerkrieg beteiligt hatten, waren zum Gehorsam zurückgekehrt – ausgenommen der Prinz von Condé und einige seiner Anhänger, von denen einer oder zwei ihm aus Freundschaft oder Hochherzigkeit treu geblieben waren, wie der Graf von Coligny und Bouteville; die anderen aber nur deshalb, weil der Hof ihre Unterwerfung nicht hoch genug bezahlen wollte.

Der zum General der spanischen Armeen gewordene Condé konnte einer Partei, die er selbst durch die Vernichtung ihrer Infanterie bei Rocroi und Lens geschwächt hatte, nicht wieder aufhelfen. Er kämpfte mit neuen Truppen, deren er nicht Herr war, gegen die alten französischen Regimenter, die unter ihm siegen gelernt hatten und von Turenne befehligt wurden.

Es war das Schicksal Turennes und Condés, dass sie stets siegten, sobald sie zusammen an der Spitze der Franzosen kämpften, und stets geschlagen wurden, sobald sie die Spanier kommandierten. Als Turenne vom General des Königs von Frankreich zum Leutnant eines spanischen Generals geworden war, hatte er in der Schlacht bei Rethel kaum die Trümmer der spanischen Armee gerettet; den Prinzen von Condé traf dasselbe Schicksal vor Arras (25. August 1654). Er belagerte diese Stadt in Gemeinschaft mit dem Erzherzog, Turenne belagerte beide in ihrem Lager und durchbrach ihre Linien. Die Truppen des Erzherzogs wurden in die Flucht geschlagen; Condé bot allein mit zwei Regimentern Lothringer und Franzosen allen Anstrengungen der Armee Turennes die Spitze, und während der Erzherzog floh, schlug er den Marschall von Hocquincourt, warf den Marschall von La Ferté zurück und zog sich siegreich zurück, indem er die Flucht der besiegten Spanier deckte. Der König von Spanien schrieb ihm daher auch wörtlich: »Ich habe erfahren, dass alles verloren war und dass Sie alles gerettet haben.«

Es ist schwer anzugeben, wodurch Schlachten gewonnen werden oder verloren gehen; soviel aber steht fest, dass Condé einer der größten Kriegsmänner war, die je gelebt haben, und dass der Erzherzog und sein Kriegsrat an diesem Tag nichts von dem tun wollten, was Condé vorgeschlagen hatte.

Die Rettung von Arras, der Durchbruch durch die feindlichen Linien und die Flucht des Erzherzogs bedeckten Turenne mit Ruhm. Man bemerkte nun aber, dass in dem an das Parlament gerichteten Schreiben[6] über diesen Sieg der Erfolg des ganzen Feldzugs dem Kardinal Mazarin zugeschrieben und der Name Turennes nicht einmal erwähnt wurde. Der Kardinal hatte sich in der Tat mit dem König in der Nähe von Arras befunden, er war sogar in das Lager vor Stenay gekommen, welche Stadt Turenne genommen hatte, bevor er Arras entsetzte, und man hatte in seiner Gegenwart Kriegsrat gehalten. Aufgrund dieser Umstände schrieb er sich nun die Ehre des Sieges zu; diese Eitelkeit aber machte ihn dermaßen lächerlich, dass alle Autorität des Ministeramtes ihn nicht vor dem Spott zu schützen vermochte.

Der König wohnte der Schlacht bei Arras nicht bei, obgleich er es gekonnt hätte. Bei der Belagerung von Stenay hatte er sich in die Laufgräben gewagt; Kardinal Mazarin wollte aber nicht, dass er seine Person, von der die Ruhe des Staates und die Macht des Ministers abzuhängen schienen, noch mehr der Gefahr aussetze.

Mazarin, der absolute Gebieter Frankreichs und des jungen Königs, auf der einen Seite und Don Luis de Haro, der Spanien und Philipp IV. beherrschte, auf der anderen setzten unter dem Namen ihrer Herren diesen mit wenig Nachdruck geführten Krieg fort. Vom Namen Ludwigs XIV. war noch nicht die Rede, und vom König von Spanien hatte man noch nie gesprochen. Es gab damals überhaupt nur ein gekröntes Haupt in Europa, das sich eines persönlichen Ruhms erfreute: nur Christine, die Königin von Schweden, regierte selbständig und erhielt die Ehre des Throns aufrecht, die in den übrigen Staaten entweder außer Acht gelassen oder mit Füßen getreten oder unbekannt war.

Karl II. von England lebte mit seiner Mutter und seinem Bruder als Flüchtling in Frankreich und nährte dort sein Unglück und seine Hoffnungen. Ein einfacher Bürger hatte England, Schottland und Irland unterjocht. Cromwell, dieser der Herrschaft würdige Usurpator, hatte statt des Königstitels den eines Protektors angenommen, weil die Engländer genau wussten, wie weit die Rechte ihrer Könige sich erstrecken durften,

6 Datiert aus Vincennes vom 11. September 1654.

aber keine Kenntnis von den Grenzen der Autorität eines Protektors hatten.

Er festigte seine Macht, indem er sie zur rechten Zeit einzuschränken wusste; er unternahm nichts gegen die Vorrechte, auf die das Volk eifersüchtig war; er führte niemals Kriegsvolk in die Stadt London; er legte keine Steuer auf, über die hätte gemurrt werden können; er beleidigte die Augen nicht durch allzu großen Prunk; er erlaubte sich keine Lustbarkeit; er häufte keine Schätze an, und er sorgte dafür, dass die Gerechtigkeit mit jener unbarmherzigen Unparteilichkeit gehandhabt wurde, die keinen Unterschied zwischen hoch und niedrig macht.

Der Bruder Pantaleon Sãs des portugiesischen Gesandten in England, hatte in dem Glauben, dass sein Übermut straflos bleiben würde, da sein Bruder eine unverletzliche Person war, Londoner Bürger misshandelt und einen von ihnen ermorden lassen, um sich für den Widerstand der übrigen zu rächen. Er wurde zum Galgen verurteilt. Cromwell konnte ihn begnadigen, aber er ließ ihn hinrichten und unterzeichnete dann einen Vertrag mit dem Gesandten.

Der Handel war nie so frei und so blühend, England noch nie so reich gewesen. Seine siegreichen Flotten flößten auf allen Meeren Achtung vor dem englischen Namen ein, während Mazarin, nur auf die Erhaltung seiner Herrschaft und auf seine Bereicherung bedacht, in Frankreich die Justiz, den Handel, die Marine und sogar die Finanzen zugrunde gehen ließ. Als Beherrscher Frankreichs hätte er für das von ihm regierte Land dasselbe tun können, was Cromwell für das seine getan hatte – aber Mazarin war ein Ausländer, und seiner Seele, der die Grausamkeit der Seele Cromwells fehlte, fehlte auch deren Größe.

Alle europäischen Nationen, die unter Jakob I. und Karl I. kein Gewicht auf ein Bündnis mit England gelegt hatten, bewarben sich unter dem Protektor eifrig darum. Sogar Königin Christine, sosehr sie auch die Ermordung Karls I. verabscheute, trat in ein Bündnis mit einem Tyrannen, den sie achtete.

Mazarin und Don Luis de Haro erschöpften um die Wette alle Künste ihrer Politik, um sich mit dem Protektor zu verbünden, der infolgedessen eine Zeitlang die Genugtuung genoss, sich von den beiden mächtigsten Königreichen der Christenheit umschmeichelt zu sehen. Der spanische Minister erbot sich, ihm zur Einnahme von Calais behilflich zu sein, während Mazarin ihm vorschlug, Dünkirchen zu belagern und ihm diese Stadt zu übergeben. Cromwell hatte zwischen dem Schlüssel Frankreichs und dem Schlüssel Flanderns zu wählen. Auch der Prinz von Condé suchte ihn zu gewinnen; er wollte jedoch nicht mit einem Fürsten unterhandeln, der fast nur seinen Namen für sich hatte und der in Frankreich keinen Anhang und bei den Spaniern keinen Einfluss besaß.

Der Protektor entschied sich für Frankreich, jedoch ohne einen ausdrücklichen Vertrag einzugehen und ohne im Voraus die Eroberungen zu teilen – er wollte sein Usurpatortum durch größere Unternehmungen verherrlichen. Seine Absicht war, den Spaniern Mexiko zu entreißen; sie wurden jedoch beizeiten gewarnt. Indessen entrissen ihnen Cromwells Admiräle wenigstens Jamaika (Mai 1655), eine Insel, die die Engländer noch heute besitzen und die ihren Handel in der Neuen Welt sichert. Erst nach dem Zug nach Jamaika unterzeichnete Cromwell den Vertrag mit dem König von Frankreich, ohne dass jedoch Dünkirchens darin gedacht worden wäre.

Bei dieser Gelegenheit stellte sich der Protektor durchaus dem König gleich: er zwang ihn, ihm in seinen Briefen den Brudernamen zu geben (1656), und sein Sekretär unterzeichnete im Original des Vertrags, das in England blieb, vor dem Bevollmächtigten Frankreichs. Als wirklicher Gebieter aber handelte er insofern, als er den König von Frankreich zwang, Karl II. und den Herzog von York, die Enkel Heinrichs IV., denen Frankreich ein Asyl schuldig war, aus seinen Staaten zu verweisen. Mehr konnte man dem Glück allerdings nicht an Ehre opfern.

Während Mazarin diesen Vertrag abschloss, bat Karl II. ihn um die Hand einer seiner Nichten. Der üble Stand seiner Angelegenheiten, der den Fürsten zu diesem Schritt nötigte, zog ihm eine abschlägige Antwort zu; man mutmaßte sogar, der Kardinal habe jene Nichte, deren Hand er dem König von England abschlug, dem Sohn Cromwells zur Ehe geben wollen. So viel ist sicher, dass er, als der Weg zum Thron Karl II. in der Folge nicht mehr völlig verschlossen erschien, auf jenen Heiratsplan zurückkam – nun aber wurde er seinerseits abgewiesen.

Die Mutter der beiden ausgewiesenen Prinzen, Henriette von Frankreich, eine Tochter Heinrichs des Großen, war genötigt, da sie ohne Hilfsquellen in Frankreich zurückblieb, den Kardinal flehentlich zu ersuchen, dass er wenigstens die Auszahlung ihres Leibgedinges bei Cromwell erwirke; von demjenigen, der das Blut ihres Gatten auf dem Schafott vergossen hatte, ihren Unterhalt zu erbitten, war sicher die schmerzlichste aller Demütigungen für sie. Mazarin ließ sich zu einigen schwachen Gesuchen für die Unglückliche herbei und sagte ihr dann, er habe nichts erreicht. Sie verblieb also im Zustand der Armut und hatte überdies den Schmerz der Beschämung, dass sie das Mitleid Cromwells angerufen hatte, während ihre Kinder in den Heeren Condés und Don Juans von Österreich im Kampf gegen Frankreich, das sie im Stich ließ, das Kriegshandwerk erlernten.

Aus Frankreich vertrieben, flüchteten die Kinder Karls I. nach Spanien. Die spanischen Minister erhoben nun bei allen Höfen – und zumeist in Rom – mündlich und schriftlich ein großes Geschrei gegen einen Kardinal, der, wie sie sagten, alle göttlichen und menschlichen Satzungen, die Ehre und die Religion einem Königsmörder opferte und Karl II. und den Herzog von York, die leiblichen Vettern Ludwigs XIV., dem Henker ihres Vaters zu Gefallen aus Frankreich vertrieb. Statt aller Erwiderung auf dieses Geschrei der Spanier veröffentlichte man nur die Anerbietungen, die sie selbst dem Protektor gemacht hatten.

Der Krieg in Flandern dauerte inzwischen mit wechselndem Erfolg fort. Turenne, der mit dem Marschall von La Ferté Valenciennes belagerte, hatte dort dasselbe Missgeschick, das den Prinzen von Condé vor Arras getroffen hatte: Der Prinz durchbrach in Gemeinschaft mit Don Juan von Österreich, der dieser Waffenbruderschaft würdiger war als der Erzherzog, die Linien des Marschalls von La Ferté, nahm den Marschall gefangen und entsetzte Valenciennes. Turenne tat nun, was Condé bei einem ähnlichen Unfall getan hatte (17. Juli 1656): er rettete die geschlagene Armee und bot dem Feind überall die Spitze. Einen Monat später belagerte und eroberte er sogar das Städtchen La Capelle; es war dies vielleicht das erste Mal, dass eine geschlagene Armee eine Belagerung zu unternehmen gewagt hatte.

Dieser vielbewunderte Marsch Turennes, nach dem er La Capelle einnahm, wurde durch einen noch schöneren Zug des Prinzen von Condé in den Schatten gestellt (30. Mai 1658). Turenne hatte kaum die Belagerung von Cambrai begonnen, als Condé mit zweitausend Pferden das Belagerungsheer durchbrach, alles, was sich ihm in den Weg zu stellen versuchte, über den Haufen rannte und sich in die Stadt warf, wo die Bürger ihren Befreier auf den Knien empfingen. So entfalteten diese beiden Männer die Mittel ihres Genies gegeneinander. Man bewunderte ihre Rückzüge wie ihre Siege, ihre Großtaten und sogar ihre Missgriffe, die sie immer wieder wettzumachen verstanden. Ihre Talente geboten abwechselnd dem Vordringen der einen wie der anderen Monarchie Halt, doch war die finanzielle Misswirtschaft in Spanien und in Frankreich ein noch größeres Hindernis für ihre Erfolge.

Das mit Cromwell abgeschlossene Bündnis verlieh schließlich dem französischen Staat ein ausgeprägteres Übergewicht: einerseits vernichtete Admiral Blake bei den Kanarischen Inseln die spanischen Galeonen und beraubte die Spanier der einzigen Schätze, mit deren Hilfe sie den Krieg unterhalten konnten, während andererseits zwanzig englische Schiffe den Hafen von Dünkirchen blockierten und sechstausend geübte Soldaten, die den englischen Revolutionskrieg mitgemacht hatten, die Armee Turennes verstärkten.

Dünkirchen, der wichtigste Platz in Flandern, wurde nunmehr zu Wasser und zu Land belagert. Condé und Don Juan von Österreich zogen ihre sämtlichen Streitkräfte zusammen und eilten zum Entsatz herbei. Europa hielt die Blicke auf dieses Ereignis geheftet. Kardinal Mazarin führte Ludwig XIV. zum Kriegsschauplatz, gestattete ihm aber nicht, diesen zu betreten, obschon der König beinahe zwanzig Jahre alt war. Er hielt sich in Calais auf. Dorthin sandte ihm Cromwell eine prunkvolle Gesandtschaft, an deren Spitze sich sein Schwiegersohn, Lord Falcombridge, befand. Der König schickte dagegen den Herzog von Créqui und Mancini, den Herzog von Nevers und Neffen des Kardinals, mit zweihundert Edelleuten zu ihm. Mancini überreichte dem Protektor ein Schreiben des Kardinals. Dieses Schreiben ist bemerkenswert: Mazarin sagt darin, er bedauere, dass er nicht imstande sei, dem größten Mann der Welt persönlich seine Achtung zu beweisen. So sprach der Kardinal zum Mörder des Schwiegersohns Heinrichs IV. und des Oheims Ludwigs XIV., seines Gebieters.

Inzwischen griff der Marschall von Turenne die spanische oder vielmehr flandrische Armee bei den Dünen an. Dieses Heer wurde von Don Juan von Österreich befehligt, einem Sohn Philipps IV. und einer Schauspielerin, der zwei Jahre später Ludwigs XIV. Schwager wurde. Der Prinz von Condé befand sich zwar bei diesem Heer, hatte aber kein Kommando; daher fiel es auch Turenne nicht schwer, dieses zu besiegen. Die sechstausend Engländer wirkten zum Sieg mit, der vollständig war (14. Juni 1658). Die beiden englischen Prinzen, die später zum Thron gelangten, sahen ihr Unglück an jenem Tag durch die Macht Cromwells noch erhöht.

Das Genie des Großen Condé vermochte nichts gegen die besten Truppen Frankreichs und Englands; das spanische Heer wurde vernichtet, und Dünkirchen ergab sich bald darauf. Der König eilte mit seinem Minister herbei, um die Besatzung ausziehen zu sehen. Der Kardinal ließ Ludwig XIV. weder als König noch als Krieger auftreten. Der junge Fürst hatte kein Geld zur Verteilung an die Soldaten, er wurde kaum bedient und speiste entweder bei Mazarin oder beim Marschall von Turenne, wenn er bei der Armee war. Diese Missachtung der königlichen Würde war aber bei Ludwig XIV. nicht eine Folge der Geringschätzung des äußeren Prunks, sondern eine Folge seiner zerrütteten Angelegenheiten und der Sorgfalt, mit der der Kardinal den Glanz und die Autorität um seine eigene Person vereinte.

Ludwig hielt seinen Einzug in Dünkirchen nur, um die Stadt dem Gesandten Cromwells, Lord Lockhart, zu übergeben. Mazarin versuchte zwar, ob er nicht durch irgendeinen Kunstgriff den Vertrag umgehen und die Übergabe des Platzes verhindern könne, Lockhart aber drohte, und die englische Festigkeit siegte über die italienische Gewandtheit.

Mehrere Personen versichern, dass der Kardinal, der sich bereits den Sieg bei Arras zugeeignet hatte, nun auch Turenne dazu zu bewegen versuchte, dass er ihm die Ehre der Schlacht bei den Dünen überließe. Du Bec-Crépin, Graf von Moret, machte, wie man sagt, dem General von Seiten des Ministers den Antrag, er solle einen Brief schreiben, demzufolge es den Anschein hätte, als ob der Kardinal selbst den ganzen Operationsplan entworfen hätte. Turenne nahm diese Andeutungen mit Verachtung auf und verweigerte ein Bekenntnis, das einen Feldherrn mit Schmach bedeckt und einen Mann der Kirche lächerlich gemacht haben würde. Mazarin, der diese Schwäche gehabt hatte, besaß auch noch die weitere, dass er bis zu seinem Tod mit Turenne entzweit blieb.

Während dieses ersten Triumphes wurde der König in Calais unvermutet krank und war mehrere Tage lang dem Tod nahe; unverzüglich wandten sich sämtliche Höflinge Monsieur, seinem Bruder, zu. Mazarin verschwendete Zuvorkommenheiten, Schmeicheleien und Versprechungen an den Marschall Du Plessis-Praslin, den ehemaligen Hofmeister des jungen Fürsten, und an den Grafen von Guiche, seinen Günstling. In Paris bildete sich ein Komplott, das kühn genug war, gegen den Kardinal nach Calais zu schreiben; dieser traf Maßnahmen zur Flucht aus dem Reich und zur Sicherstellung seiner unermesslichen Schätze. Da heilte ein Quacksalber aus Abbeville den König mittels eines Brechmittels, das die Hofärzte für ein Gift ansahen.[7] Dieser Biedermann setzte sich auf das Bett des Königs und sagte: »Der Bursche ist allerdings recht krank, aber

7 Voltaire hat diese Einzelheit dem bekannten Werk des Präsidenten Hénaut entnommen. Das von dem Versailler Le Roi 1682 veröffentlichte ›Journal de la santé du roi Louis XIV.‹, das die drei Leibärzte des Königs, Vallot, d›Aquin und Fagot, zu Verfassern hat, gedenkt jedoch jenes Scharlatans Du Saussoi mit keiner Silbe. Vallot beschreibt vielmehr die Zusammensetzung und Wirkung des Brech- und Abführmittels, das er und kein anderer dem König reichte und das diesen rettete, mit solcher Genauigkeit, dass die Wahrheit seiner Worte nicht anzuzweifeln ist. Die obige Anekdote dürfte daher nichts anderes sein als eine Erfindung der Feinde Vallots.

er wird nicht daran sterben.« Sobald sich der Zustand des Königs besserte, verbannte der Kardinal alle, die sich gegen ihn verbündet hatten.

13. September 1656. – Wenige Monate später starb Cromwell im Alter von fünfundfünfzig Jahren, inmitten der Entwürfe, die er zur Festigung seiner Macht und zum Ruhm seiner Nation im Busen hegte. Er hatte Holland gedemütigt, Portugal die Bedingungen eines Vertrags vorgeschrieben, Spanien besiegt und Frankreich genötigt, seine Bundesgenossenschaft zu suchen. Noch kurz zuvor hatte er bei der Nachricht, wie hochmütig seine Admiräle sich in Lissabon benommen hätten, die Worte gesprochen: »Ich will, dass die englische Republik ebenso geachtet werde, wie einst die römische geachtet wurde.« Die Ärzte kündigten ihm seinen Tod an. Ich weiß nicht, ob es wahr ist, dass er in diesem Augenblick den Schwärmer und Propheten spielte und dass er ihnen erwidert habe, Gott würde zu seinen Gunsten ein Wunder tun. Nach der Behauptung seines Sekretärs Thurloe sagte er: »Die Natur vermag mehr als die Ärzte.« Das sind nicht Worte eines Propheten, sondern Worte eines höchst vernünftigen Menschen. Möglicherweise wollte er sich auch in der Überzeugung, dass die Ärzte sich täuschen könnten, für den Fall seiner Genesung beim Volk den Ruhm sichern, dass er sein Wiederaufkommen vorhergesagt habe, und dadurch seine Person geachteter und sogar geheiligter machen.

Er wurde wie ein legitimer Monarch begraben und hinterließ in Europa den Ruf eines unerschrockenen, bald fanatischen, bald heuchlerischen Mannes und eines Usurpators, der zu regieren verstanden hatte.

Der Chevalier Temple behauptet, Cromwell habe sich kurz vor seinem Tod mit Spanien gegen Frankreich verbinden und sich mit Hilfe der Spanier Calais verschaffen wollen, wie er aus den Händen der Franzosen Dünkirchen erhalten hatte. Nichts war mehr seinem Charakter und seiner Politik gemäß: indem er auf diese Weise zwei Nationen beraubte, die beide von der seinen in gleichem Maß gehasst wurden, würde er der Abgott des englischen Volkes geworden sein. Der Tod zerstörte seine großen Pläne, seine Tyrannei und die Größe Englands.

Bemerkenswert ist der Umstand, dass der französische Hof aus Anlass des Ablebens Cromwells Trauer anlegte und dass Mademoiselle die einzige war, die dem Andenken des Mörders eines ihr verwandten Königs diese Huldigung nicht erwies.

Wir haben bereits gesehen,[8] dass Richard Cromwell seinem Vater friedlich und ohne Widerspruch im Protektorat folgte, gerade wie ein

8 Im ›Versuch über die Sitten und den Charakter der Nationen‹, Kapitel 181.

Prinz von Wales einem König von England auf den Thron gefolgt sein würde. Richard zeigte, dass das Schicksal der Staaten oft vom Charakter eines einzigen Menschen abhängt. Seine natürliche Anlage war völlig von der Oliver Cromwells verschieden: er besaß die ganze Milde der bürgerlichen Tugenden, aber nichts von jener wilden Unerschrockenheit, die alles ihren Interessen opfert. Er würde im Besitz des Erbteils verblieben sein, das die Anstrengungen seines Vaters ihm erworben hatten, wenn er drei oder vier angesehene Offiziere, die sich seiner Erhebung widersetzten, hätte wollen töten lassen; aber er wollte lieber die Regierung niederlegen, als durch Meuchelmorde die Herrschaft behaupten. Er lebte in dem Land, dessen Souverän er einige Tage gewesen war, als Privatmann und sogar unbeachtet und unbekannt bis zu einem Alter von neunzig Jahren. Nach seiner Abdankung bereiste er Frankreich. Man weiß, wie der Prinz von Conti, der Bruder des Großen Condé, indem er sich in Montpellier, ohne ihn zu kennen, mit ihm unterhielt, zu ihm sagte: »Oliver Cromwell war ein großer Mann; sein Sohn Richard aber ist ein elender Tropf, dass er die Frucht der Verbrechen seines Vaters nicht zu genießen verstanden hat.« Dieser Richard aber lebte glücklich, während sein Vater das Glück nie gekannt hatte.

Einige Zeit zuvor sah Frankreich ein anderes, noch weit denkwürdigeres Beispiel der Geringschätzung einer Krone. Christine, die Königin von Schweden, kam nach Paris. Man bewunderte in ihr eine jugendliche Königin, die mit siebenundzwanzig Jahren auf die Herrschaft, deren sie würdig war, verzichtet hatte, um in Freiheit und Ruhe zu leben. Es ist schmählich für die protestantischen Schriftsteller, dass sie ohne den geringsten Beweis die Behauptung auszustreuen wagten, sie habe die Krone nur deshalb niedergelegt, weil sie sie nicht länger zu behaupten vermochte – sie hatte diesen Plan schon im Alter von zwanzig Jahren gefasst und ihn sieben Jahre reifen lassen.

Dieser so lange überdachte und so weit über die gewöhnlichen Vorstellungen erhabene Entschluss hätte denen, die ihr Leichtfertigkeit und eine unfreiwillige Abdankung nachsagten, den Mund verschließen sollen, da einer dieser beiden Vorwürfe den anderen aufhebt. Aber das Erhabene muss eben immer von den kleinen Geistern angegriffen werden.

Um das wunderbare Gemüt dieser Fürstin kennenzulernen, braucht man nur ihre Briefe zu lesen. In jenem, den sie an Chanut, den ehemaligen französischen Gesandten an ihrem Hof, schrieb, sagt sie: »Ich bin ohne Stolz Besitzerin gewesen und entsage mit Leichtigkeit. Hegen Sie daher meinetwegen keine Furcht: mein Gut steht nicht in der Gewalt des Glücks.«

An den Prinzen von Condé schrieb sie: »Ich halte mich durch Ihre Achtung für ebenso geehrt wie durch die Krone, die ich getragen habe. Wenn Sie, nachdem ich diese niedergelegt habe, mich derselben weniger würdig erachten, so muss ich gestehen, dass die Ruhe, nach der ich mich so sehr gesehnt habe, mich teuer zu stehen kommt; aber dennoch werde ich nie bereuen, dass ich sie um den Preis einer Krone erkauft habe, und nie eine Handlung, die mir schön erschien, durch feige Reue schänden. Sollten Sie aber diese Handlung verdammen, so muss ich zu meiner Entschuldigung sagen, dass ich nie auf die mir vom Glück verliehenen Güter verzichtet haben würde, wenn ich diese für notwendig zu meiner Glückseligkeit erachtet hätte, und dass ich nach der Weltherrschaft gestrebt haben würde, wäre ich so sicher gewesen, dieses Ziel zu erreichen oder zu sterben, wie es der Große Condé sein würde.« Das war die Sinnesart dieser eigentümlichen Person, das war ihr Stil in französischer Sprache, die sie nur selten gesprochen hatte. Sie verstand acht Sprachen. Sie war die Schülerin und Freundin Descartes' gewesen, der in Stockholm in ihrem Palast starb, nachdem er in Frankreich, wo seine Werke der wenigen guten Dinge wegen, die sie enthalten, sogar verboten wurden, keine Pension hatte erhalten können. Sie hatte alle Personen nach Schweden gezogen, die Aufklärung in diesem Land verbreiten konnten. Der Kummer, dass sich unter ihren Untertanen keine derartige Person befand, hatte ihr die Herrschaft über ein Volk verleidet, das rein soldatisch war: Sie war der Ansicht, es sei besser, mit denkenden Leuten zu verkehren, als Menschen ohne Geist und Wissen zu regieren.

Sie hatte alle Künste in einem Klima gepflegt, wo sie damals noch sämtlich unbekannt waren. Sie beabsichtigte, sich in deren Kreis nach Italien zurückzuziehen. Nach Frankreich kam sie nur auf der Durchreise, weil die Künste dort erst im Entstehen begriffen waren; ihr Geschmack gebot ihr, Rom zu ihrem Wohnsitz zu machen. In dieser Absicht hatte sie die lutherische Religion gegen die katholische vertauscht – gleichgültig gegen die eine wie gegen die andere, trug sie kein Bedenken, sich dem äußeren Schein nach den Anschauungen des Volkes anzubequemen, bei dem sie ihr Leben zubringen wollte. Sie hatte ihr Königreich im Jahre 1654 verlassen und sich in Innsbruck öffentlich der Zeremonie der Abschwörung unterzogen. Am französischen Hof gefiel sie, obwohl sich dort keine einzige Frau befand, die ihr an Geist gleichgekommen wäre. Der König sah sie und erwies ihr große Ehren, sprach aber kaum mit ihr; in der Unwissenheit erzogen, war er infolge des ihm angeborenen gesunden Verstandes schüchtern und zurückhaltend.

Die meisten Frauen und Höflinge bemerkten an dieser philosophischen Königin nur den Umstand, dass sie ihr Haar nicht nach französischer Weise trug und dass sie schlecht tanzte. Die Denker verdammten an ihr nur den Mord Monaldeschis, ihres Stallmeisters, den sie auf einer zweiten Reise in Fontainebleau ermorden ließ. Welchen Vergehens dieser auch gegen sie schuldig sein mochte – da sie auf die königliche Würde verzichtet hatte, musste sie Gerechtigkeit fordern, sie aber nicht selbst ausüben. Sie war in diesem Fall nicht eine Königin, die einen Untertanen bestrafte, sondern eine Frau, die einen Liebeshandel mit einem Mord abschloss: Ein Italiener ließ hier auf Befehl einer Schwedin in einem Palast des Königs von Frankreich einen anderen Italiener ermorden. Nur auf dem Weg des Gesetzes darf jemand gerichtet werden: Christine hätte in Schweden kein Recht gehabt, irgendjemanden ermorden zu lassen, und sicher war das, was in Stockholm ein Verbrechen gewesen wäre, auch in Fontainebleau nicht erlaubt.

Diejenigen, die diese Tat zu rechtfertigen versucht haben, verdienen, die Diener ähnlicher Herren zu sein. Dieser Flecken und diese Grausamkeit verunzieren Christines Philosophie, die sie zum Verlassen des Throns bewogen hatte. In England und in allen Ländern, wo die Gesetze herrschen, würde sie bestraft worden sein – in Frankreich aber drückte man gegenüber diesem Angriff auf die königliche Autorität, das Völkerrecht und die Menschlichkeit die Augen zu.[9]

---

9 Ein gewisser La Beaumelle, der das ›Zeitalter Ludwigs XIV.‹ fälschte und mit ebenso anstößigen wie falschen Noten in Frankfurt drucken ließ, sagt bei dieser Gelegenheit, dass Christine berechtigt war, Monaldeschi ermorden zu lassen, weil sie nicht inkognito reiste. Dann fügte er hinzu, dass Peter der Große eines Tages schäumend vor Zorn, weil, wie er mitteilte, einer seiner Generäle ihn belogen hatte, in ein Londoner Kaffeehaus getreten sei und ausgerufen habe, er sei versucht gewesen, den Lügner durch einen Säbelhieb in zwei Stücke zu spalten, worauf ein englischer Kaufmann dem Zaren erklärt hätte, dass man diesenfalls Seine Majestät zum Strang verurteilt haben würde. Ich sehe mich genötigt, hier auf die widersinnige Unverschämtheit einer solchen Fabel aufmerksam zu machen. Kann man sich vorstellen, dass Zar Peter in einem Kaffeehaus erzählt, einer seiner Generäle habe ihn belogen? Spaltet man heutzutage einen Menschen durch einen Säbelhieb in zwei Stücke? Wird ein Kaiser sich einem englischen Kaufmann gegenüber beklagen, dass ein General ihn belogen habe? In welcher Sprache sprach Peter mit dem Kaufmann – er, der kein Englisch verstand? Wie kann jener Notenfabrikant behaupten, dass Christine nach ihrer Abdankung berechtigt war, in Fontainebleau einen Italiener ermorden zu lassen, und statt eines Beweises hinzufügen, dass man Peter den Großen in London gehenkt haben würde? Ich werde gezwungen sein, bisweilen die Ungereimtheiten bei dem genannten Autor hervorzuheben.
[*Anm. des Übersetzers*: Bezüglich der Geschichte darf man eine Erwiderung nicht unter seiner Würde schätzen: Es gibt nur zu viele Leser, die sich durch die Lügen eines schamlosen, unbescheidenen, unwissenden und unverständigen Schriftstellers betören lassen. – Laurent Angliviel de La Beaumelle (1726-73) war keineswegs so ganz der »schamlose, unbescheidene, unwissende und unverständige« Schriftsteller, als den Voltaire ihn bei jeder Gelegenheit per fas et nefas hinzustellen sucht; er hatte

Nach dem Tod Cromwells und der Amtsentsetzung seines Sohnes verfiel England auf ein Jahr lang den Wirren der Anarchie. Karl Gustav, dem Königin Christine das Königreich Schweden verliehen hatte, machte sich im Norden und in Deutschland gefürchtet Kaiser Ferdinand III. war 1657 gestorben; sein siebzehnjähriger Sohn Leopold, der bereits König von Ungarn und Böhmen war, war zu Lebzeiten seines Vaters noch nicht zum römischen Kaiser gewählt worden. Mazarin wollte nun versuchen, Ludwig XIV. die Kaiserkrone zu verschaffen. Dieser Plan war eine Schimäre, denn man hätte die Kurfürsten entweder bezwingen oder bestechen müssen. Frankreich war aber weder stark genug, um das Reich mit Gewalt wegzunehmen, noch reich genug, um es zu kaufen. Daher wurden auch die ersten Eröffnungen, die der Marschall von Gramont und Lyonne in Frankfurt machten, ebenso schnell beiseitegeschoben wie in Vorschlag gebracht: Leopold wurde gewählt. Alles, was die Politik Mazarins zu erreichen vermochte, war der Abschluss eines Bündnisses mit den deutschen Fürsten zur Erhaltung der in Münster geschlossenen Verträge und zur Einschränkung der Autorität des Kaisers über das Reich (August 1658).

Nach außen hin war Frankreich nach der Schlacht bei den Dünen durch seinen Waffenruhm und durch den Zustand, in dem sich die übrigen Staaten befanden, mächtig und stark, im Innern aber litt es: es war in finanzieller Hinsicht erschöpft. Man bedurfte des Friedens.

In den christlichen Monarchien haben die Völker beinahe niemals ein Interesse an den Kriegen ihrer Landesherren. Die Söldnerheere, die auf Befehl eines Ministers angeworben und von einem General befehligt werden, der diesem Minister blindlings gehorcht, machen mehrere kostspielige Feldzüge, ohne dass die Könige, in deren Namen sie kämpfen, die Hoffnung oder auch nur die Absicht hätten, einander ihr ganzes Besitztum zu rauben. Das siegende Volk hat niemals Vorteil von der dem besiegten abgenommenen Beute – es bezahlt alles, es leidet beim Glück seiner Waffen wie beim Unglück, und der Friede ist ihm nach dem größten Sieg beinahe ebenso notwendig, wie wenn die Feinde seine Grenzplätze eingenommen haben.

---

jedoch ein in den Augen des Philosophen durchaus unsühnbares Verbrechen auf dem Gewissen. In einer seiner Erstlingsschriften hatte nämlich La Beaumelle geäußert: »Es hat größere Dichter gegeben als Voltaire, keiner aber ist so großartig belohnt worden.« Daher der Zorn!
La Beaumelles ›Notes sur le siècle de Louis XIV.‹ erschienen 1753 in Frankfurt a. M. in drei Bänden, die weiter unten erwähnten neunbändigen ›Mémoires pour servir à l'histoire de Madame de Maintenon‹ 1755/56 in Amsterdam. Beide Werke brachten ihren Verfasser für einige Zeit in die Bastille.]

Der Kardinal hatte zweierlei zu tun, um sein Ministeramt glücklich zu Ende zu führen: Frieden zu schließen und durch Verheiratung des Königs die Ruhe des Staates zu sichern. Die Kabalen während der Krankheit Ludwigs XIV. hatten ihm offenbart, wie notwendig ein Thronerbe für die Größe des Ministers war; alle diese Erwägungen bestimmten ihn, den König unverzüglich zu verheiraten. Es boten sich zwei Gelegenheiten dar: die Tochter des Königs von Spanien und die Prinzessin von Savoyen. Das Herz des Königs aber war bereits anderweitig gefesselt: er liebte von ganzer Seele das Fräulein Mancini, eine der Nichten des Kardinals, und da er mit einem zärtlichen Herzen und einem festen Willen geboren und zudem leidenschaftlich und unerfahren war, so hätte er sich leicht entschließen können, seine Geliebte zu ehelichen.

Frau von Motteville, die Favoritin der Königinmutter, deren Denkwürdigkeiten sehr wahrheitsgetreu zu sein scheinen, behauptet, dass Mazarin in Versuchung geriet, der Liebe des Königs vollen Spielraum zu lassen und seine Nichte auf den Thron zu setzen. Er hatte bereits eine andere Nichte mit dem Prinzen von Conti und eine dritte mit dem Herzog von Mercceur verheiratet, diejenige aber, die Ludwig XIV. liebte, war vom König von England zur Ehe begehrt worden – das waren Gründe, die seinen Ehrgeiz zu rechtfertigen vermochten. Geschickt wusste er der Königinmutter seine Absicht anzudeuten. »Ich fürchte«, sagte er zu ihr, »dass der König zu sehr danach verlangt, meine Nichte zu heiraten.«

Die Königin, die den Minister kannte, begriff, dass er das wünschte, was er zu befürchten vorgab: sie antwortete ihm daher mit dem Stolz einer Fürstin von österreichischem Geblüt, der Tochter, Frau und Mutter von Königen, und mit der Erbitterung, die seit einiger Zeit ein Minister bei ihr erregte, der sich bestrebte, nicht mehr von ihr abhängig zu sein. »Wenn der König«, sagte sie, »einer so unwürdigen Handlung fähig wäre, würde ich mich mit meinem zweiten Sohn an die Spitze der ganzen Nation stellen gegen den König und gegen Sie.«

Mazarin verzieh diese Antwort, wie man erzählt, der Königin niemals, er fasste jedoch den klugen Entschluss, sich ihre Ansicht zu eigen zu machen:, Er machte sich nun sogar eine Ehre und ein Verdienst daraus, sich der Leidenschaft Ludwigs XIV. zu widersetzen. Sein Ansehen bedurfte keiner Königin aus seinem Haus zur Stütze, ja er fürchtete sogar den Charakter seiner Nichte und glaubte die Macht seines Ministeriums noch mehr zu festigen, wenn er der gefährlichen Ehre einer zu großen Erhöhung seines Hauses aus dem Weg ginge.

Schon im Jahre 1656 hatte er Lyonne nach Spanien geschickt, um über den Frieden zu verhandeln und um die Infantin anzuhalten; Don Luis de Haro aber hatte in der Überzeugung, dass, so schwach Spanien auch war, Frankreich es nicht minder wäre, die Anerbietungen des Kardinals zurückgewiesen. Die Infantin, eine Tochter aus dem ersten Bett, war dem jungen Leopold bestimmt; aus der zweiten Ehe hatte der König von Spanien, Philipp IV., damals nur einen Sohn, dessen ungesunde Kindheit Sorge um sein Leben erweckte. Man wollte daher, dass die Infantin, die einst die Erbin so vieler Länder werden konnte, ihre Rechte dem österreichischen, nicht aber einem feindlichen Haus zubrächte. Als aber Philipp IV. ein zweiter Solin, Don Philipp Prosper, geboren worden und seine Frau abermals schwanger war, erschien es ihm weniger gefährlich, wenn er die Infantin dem König von Frankreich gebe, den Frieden aber machte ihm die Schlacht bei den Dünen unerlässlich. Die Spanier versprachen die Infantin zur Ehe zu geben und verlangten einen Waffenstillstand. Mazarin und Don Luis de Haro begaben sich auf die Fasaneninsel an der spanischfranzösischen Grenze (1659). Obgleich ihre Zusammenkünfte die Verheiratung eines Königs von Frankreich und den allgemeinen Frieden zum Gegenstand hatten, verging doch über ein Monat mit der Beilegung der Schwierigkeiten bezüglich des Vorsitzes und mit der Regelung der Zeremonien. Die Kardinäle behaupteten, den Königen gleich und über den übrigen Fürsten zu stehen; Frankreich beanspruchte mit mehr Recht den Vorrang vor den übrigen Mächten – Don Luis de Haro setzte jedoch eine völlige Gleichheit zwischen Mazarin und sich selbst, zwischen Frankreich und Spanien fest.

Die Verhandlungen dauerten vier Monate. Sowohl Mazarin als auch Don Luis de Haro entwickelten dabei ihre ganze Politik: die des Kardinals bestand in der Verschlagenheit, die des Don Luis in der Kunst des Verschleppens. Dieser gab niemals Versprechungen und jener immer nur zweideutige. Das Genie des italienischen Ministers bestand darin, überrumpeln zu wollen, das des spanischen darin, zu verhüten, dass er überrumpelt werde. Wie man erzählt, sagte er vom Kardinal: »Er hat einen großen Fehler als Politiker: er will fortwährend täuschen.«

Die Wandelbarkeit der irdischen Dinge ist so groß, dass heute von jenem berühmten Pyrenäischen Frieden nicht einmal mehr zwei Artikel in Kraft sind. Der König von Frankreich behielt das Roussillon, das er auch ohne diesen Frieden jederzeit behalten haben würde – was aber Flandern anlangt, so besitzt die spanische Monarchie nichts mehr davon. Frankreich war damals der unentbehrliche Freund Portugals; das ist heute nicht mehr der Fall, alles hat sich geändert. Wenn aber Don Luis de Haro behauptet hatte, Kardinal Mazarin verstehe zu täuschen, so hat man später behauptet, er verstehe die Zukunft vorherzusehen. Schon seit langem plante er die Verbindung der Häuser von Frankreich und von Spanien. Man kennt jenen berühmten Brief von ihm, der während der Verhandlungen zu Münster geschrieben wurde: »Wenn der Allerchristlichste König bei der Verehelichung mit der Infantin die Niederlande und die Freigrafschaft Burgund als Mitgift erhalten könnte, so würden wir nach der Erbfolge in Spanien trachten können, welche Verzichtleistung man die Infantin auch immer tun ließe. Und die Wartezeit würde keine sehr lange sein, da nur das Leben des Erbprinzen, ihres Bruder, sie vom Thron ausschließen könnte.« Dieser Erbprinz war damals Prinz Balthasar, der im Jahre 1649 starb.

Der Kardinal täuschte sich offenbar, wenn er meinte, dass man der Infantin die Niederlande und die Freigrafschaft Burgund zum Heiratsgut geben könnte. Man verhieß ihr keine einzige Stadt zur Mitgift – im Gegenteil gab Frankreich der spanischen Monarchie verschiedene eroberte Städte zurück, wie z.B. Saint-Omer, Ypern, Menin, Oudenarde und andere Plätze, während man einige wenige behielt. Dagegen täuschte der Kardinal sich nicht in dem Glauben, dass die Verzichtleistung der Infantin eines Tages nutzlos sein würde. Diejenigen aber, die ihm jene Vorhersage zur Ehre anrechnen, lassen ihn demnach vorhersehen, dass Prinz Don Balthasar 1649 sterben werde, dass dann die drei Kinder aus der zweiten Ehe Philipps IV. schon in der Wiege weggerafft würden, dass ferner Karl, das fünfte von all diesen Kindern männlichen Geschlechts, ohne Nachkommenschaft aus dem Leben scheiden und dass dieser König aus dem österreichischen Haus eines Tages ein Testament zugunsten eines Enkels Ludwigs XIV. machen würde. Kurz und gut, Kardinal Mazarin sah voraus, was die Verzichtserklärungen zu bedeuten haben würden, falls die männliche Nachkommenschaft Philipps IV. ausstürbe, und mehr als fünfzig Jahre später ist seine Ansicht durch verschiedene eigentümliche Begebenheiten gerechtfertigt worden.

Maria Theresia, die die Städte als Mitgift haben konnte, die Frankreich an Spanien zurückgab, brachte nur fünfhunderttausend Goldtaler ein; den König kostete es schon mehr, um sich zu ihrem Empfang zur Grenze zu begeben. Dessen ungeachtet wurden diese fünfhunderttausend Taler, die nach heutigem Geld 2,5 Millionen Livre ausmachen würden, noch Gegenstand vieler Zänkereien zwischen den beiden Ministern. Frankreich empfing schließlich von der ganzen Summe nur hunderttausend Franc.

Anstatt dass diese Heirat außer dem Frieden noch irgendwelchen augenblicklichen und tatsächlichen Vorteil gebracht hätte, verzichtete die Infantin auch noch auf alle Rechte, die ihr je auf irgendein Land ihres Vaters zustehen könnten, und Ludwig XIV. bestätigte diesen Verzicht auf die feierlichste Weise und ließ ihn später vom Parlament registrieren.

Diese Verzichtserklärungen und die fünfhunderttausend Goldtaler schienen die normalen Klauseln bei den Ehen zwischen den Infantinnen von Spanien und den Königen von Frankreich zu sein. Königin Anna von Österreich, die Tochter Philipps III., war von Ludwig XIII. unter denselben Bedingungen geheiratet worden, und als man Isabella, die Tochter Heinrichs des Großen, Philipp IV. von Spanien gegeben hatte, waren dieser ebenfalls nur fünfhunderttausend Taler ausgesetzt und noch dazu niemals bezahlt worden, so dass also damals mit jenen hohen Heiraten durchaus kein Vorteil verbunden schien: man sah nur Königstöchter an Könige verheiratet werden, wobei sie kaum je ein Hochzeitsgeschenk erhielten.

Der Herzog von Lothringen, Karl IV., über den Frankreich und Spanien sich sehr zu beklagen hatten – oder der sich vielmehr sehr über Frankreich und Spanien zu beklagen hatte –, wurde in den Vertrag mit eingeschlossen, aber nur als unglücklicher Fürst, den man strafte, weil man ihn nicht zu fürchten brauchte. Frankreich gab ihm sein Land zurück, ließ aber Nancy schleifen und verbot ihm, Truppen zu halten. Don Luis de Haro nötigte ferner Kardinal Mazarin, den Prinzen von Condé wieder in Gnaden anzunehmen, und zwar durch die Drohung, man würde ihm die Oberhoheit in Rocroi, Le Châtelet und anderen Städten lassen, die er im Besitz hatte. Frankreich gewann auf diese Weise gleichzeitig jene Städte und den Großen Condé: dieser verlor sein Amt als Oberhofmeister des königlichen Hauses, das später seinem Sohn verliehen wurde, und kehrte nur mit seinem Ruhm zurück.

Karl II., der Titularkönig von England, der damals noch unglücklicher war als der Herzog von Lothringen, kam in die Pyrenäen, wo der Friede verhandelt wurde. Er rief Don Luis de Haro und Mazarin um Beistand an (Juni 1660); offenbar schmeichelte er sich mit der Hoffnung, ihre Könige, seine leiblichen Vettern, würden jetzt endlich, da Cromwell nicht mehr war, gemeinsam eine allen Souveränen gemeinsame Sache zu rächen wagen, aber er konnte nicht einmal eine Zusammenkunft – weder mit Mazarin noch mit Don Luis – erlangen. Lockhart, der Gesandte der englischen Republik, befand sich in Saint-Jean de Luz – auch nach dem Tod des Protektors erzwang er sich immer noch Achtung, und aus Furcht, diesen Engländer zu verletzen, weigerten sich die beiden Minister, Karl II. zu empfangen. Sie hielten seine Wiedereinsetzung für unmöglich, da alle englischen Parteien, obschon unter sich uneins, doch einmütig gegen die Anerkennung eines Königs waren. Beide aber täuschten sich.

Wenige Monate später tat das Glück, was die beiden Minister zu ihrem Ruhm hätten unternehmen können. Karl wurde von den Engländern in seine Staaten zurückberufen, ohne dass ein einziger der europäischen Potentaten sich jemals angeschickt hätte, die Ermordung des Vaters zu verhindern oder zur Wiedereinsetzung des Sohnes beizutragen. Er wurde auf der Ebene bei Dover von zwanzigtausend Bürgern empfangen, die sich vor ihm auf die Knie warfen. Greise, die zur Zahl dieser Bürger gehörten, haben mir erzählt, dass beinahe alle Welt in Tränen ausbrach. Vielleicht hat es nie ein ergreifenderes Schauspiel noch eine plötzlichere Umwälzung gegeben. Dieser Umschwung vollzog sich in weit kürzerer Zeit als der Abschluss des Vertrags in den Pyrenäen, und Karl war bereits im friedlichen Besitz von England, bevor Ludwig XIV. durch einen Stellvertreter vermählt war.

August 1660. – Endlich führte Kardinal Mazarin den König und die neue Königin nach Paris. Ein Vater, der seinen Sohn verheiratet hätte, ohne ihm die Verwaltung seines Vermögens zu übergeben, würde nicht anders verfahren sein als damals Mazarin: er kehrte mächtiger und auf seine Macht wie auf die äußeren Ehren eifersüchtiger denn je zurück. Er forderte und setzte durch, dass das Parlament ihn durch eine Deputation begrüßen ließ. Es war das ohne Beispiel in der Monarchie, aber kein allzu großer Ersatz für das Übel, das das Parlament ihm angetan hatte. Er reichte den Prinzen an drittem Ort nicht mehr die Hand wie früher. Derjenige, der Don Luis de Haro als Gleichgestellten behandelt hatte, wollte den Prinzen von Condé als Untergebenen behandeln. Er zog damals mit königlichem Prunk einher, indem er neben seiner Leibwache noch eine Kompanie Musketiere hielt, die später die zweite Kompanie der Musketiere des Königs bildete. Man hatte nicht mehr freien Zutritt bei ihm. War jemand ein so schlechter Höfling, dass er beim König um eine Gnade anhielt, so war er verloren. Die Königinmutter, die langjährige hartnäckige Verteidigerin Mazarins gegen Frankreich, stand ohne Einfluss da, sobald er ihrer nicht mehr bedurfte. Ihr Sohn, der König, der in blinder Unterwürfigkeit gegen diesen Minister erzogen worden war, konnte das Joch, das sie ihm auferlegt hatte, ebenso wenig abschütteln wie sie selbst. Sie achtete ihr Werk, und Ludwig XIV. wagte zu Mazarins Lebzeiten noch nicht als Herrscher aufzutreten.

Ein Minister ist entschuldbar wegen des Übels, das er anrichtet, sobald das Staatsruder in seinen Händen durch Stürme erschüttert wird; in friedlichen Zeiten aber ist er straffällig für all das Gute, das er nicht vollbringt. Mazarin tat nur sich und – in Hinsicht auf sich – seiner Familie Gutes. Acht Jahre des Genusses einer unumschränkten und ungestörten Macht, von seiner letzten Rückkehr nach Frankreich bis zu seinem Tod, wurden durch keine einzige glorreiche oder nützliche Einrichtung bezeichnet, denn das College des Quatre-Nations war erst die Folge seines Testaments.

Die Finanzen verwaltete er nach Weise des Intendanten eines verschuldeten großen Herrn. Der König verlangte bisweilen Geld von Fouquet, und dieser erwiderte ihm: »Sire, in den Truhen Eurer Majestät ist keins vorhanden, aber der Herr Kardinal wird Ihnen leihen.«

Mazarin besaß, nach heutigem Geld berechnet, ein Vermögen von etwa zweihundert Millionen. Verschiedene Denkwürdigkeiten behaupten, er habe einen Teil davon durch Mittel erworben, die weit unter der Würde seines Amtes waren: Sie berichten, dass er mit den Freibeutern den Ertrag ihrer Kaperfahrten teilte. Dies wurde zwar nie bewiesen, aber die Holländer legten es ihm zur Last, und dem Kardinal von Richelieu würden sie nie dergleichen nachgesagt haben.

Man erzählt, dass er auf dem Sterbebett von Gewissensbissen gequält wurde, obwohl er sich äußerlich ruhig und gefasst zeigte; zumindest war er wegen seiner Güter besorgt und machte sie daher alle dem König zum Geschenk in der Erwartung, dass dieser sie ihm zurückgeben würde (9. März 1661). Er täuschte sich auch nicht: schon nach drei Tagen gab ihm der König die Schenkung zurück. Schließlich starb er, aber nur der König schien ihn zu bedauern, denn dieser Fürst hatte bereits heucheln gelernt. Das Joch begann ihn zu drücken, er sehnte sich nach der Herrschaft – dennoch wollte er schmerzlich berührt erscheinen von einem Todesfall, der ihn in den Besitz seines Throns setzte.

Ludwig XIV. und der Hof legten um den Kardinal Trauer an – eine wenig alltägliche Ehre, die Heinrich IV. dem Gedächtnis Gabrieles von Estrées hatte zuteil werden lassen.

Wir wollen hier nicht untersuchen, ob Kardinal Mazarin ein großer Minister war oder nicht – es ist Sache seiner Taten, zu reden, und Sache der Nachwelt, zu richten. Der große Haufe setzt bisweilen bei denen, die große Reiche mit einigem Erfolg regiert haben, einen wunderbar umfassenden Verstand und ein beinahe göttliches Genie voraus. Aber nicht der größere Scharfblick, sondern der Charakter macht den Staatsmann. Sobald die Menschen nur mit gesundem Verstand begabt sind, sehen beinahe alle ihren Vorteil ein. Ein Bürger von Amsterdam oder Bern ist bezüglich dieses Punktes ebenso scharfsichtig wie Sejan, Ximenes, Buckingham, Richelieu oder Mazarin – aber unser Verfahren und unsere Unternehmungen hängen von der Beschaffenheit unserer Seele und unsere Erfolge vom Glück ab.

Wenn z.B. ein Genie wie Papst Alexander VI. oder sein Sohn Borgia La Rochelle zu erobern gehabt hätte, so würde er die Häupter der Stadt unter den heiligsten Schwüren in sein Lager geladen und sich ihrer entledigt haben. Mazarin würde zwei oder drei Jahre später in die Stadt eingezogen sein, indem er die Bürger gewonnen oder unter sich entzweit hätte. Don Luis de Haro hätte das Unternehmen gar nicht zu planen gewagt. Richelieu baute nach dem Beispiel Alexanders einen Deich ins Meer und drang als Eroberer in La Rochelle ein – aber eine etwas starke Flut oder etwas mehr Eile von Seiten der Engländer hätten die Stadt gerettet und Richelieu zu einem unbesonnenen Wagehals gestempelt.

Man kann den Charakter der Menschen nach ihren Unternehmungen beurteilen. Man darf mit Sicherheit behaupten, dass Richelieu stolz und rachsüchtig, Mazarin aber klug, geschmeidig und habgierig war. Um jedoch zu erfahren, bis zu welchem Grad ein Minister Geist hat, muss man ihn entweder häufig reden hören oder das lesen, was er geschrieben hat. Es geschieht unter den Staatsmännern nicht selten, was man täglich unter den Höflingen geschehen sieht: derjenige, der den umfassendsten Geist besitzt, scheitert, derjenige aber, der mehr Geduld, Stärke, Geschmeidigkeit und Unverdrossenheit des Charakters besitzt, erreicht das Ziel.

Wenn man die Briefe des Kardinals Mazarin und die Denkwürdigkeiten des Kardinals von Retz liest, sieht man ohne Mühe, dass Retz das größere Genie war. Und dennoch war Mazarin allmächtig, und Retz wurde zu Boden getreten. Kurzum, es steht fest, dass zu einem mächtigen Minister oft nur ein mittelmäßiger Geist, gesunder Alltagsverstand und Glück vonnöten ist. Um jedoch ein guter Minister zu sein, muss man als vorherrschende Leidenschaft die Liebe zum Gemeinwohl besitzen. Ein großer Staatsmann ist der, von dem große, dem Vaterland nützliche Denkmäler zurückbleiben.

Das Denkmal, das Kardinal Mazarin unsterblich macht, ist die Erwerbung des Elsass. Er brachte diese Provinz an Frankreich zu einer Zeit, wo Frankreich gegen ihn im Aufruhr war, und erwies dem Land infolge eines seltsamen Verhängnisses mehr Gutes, als er verfolgt wurde, als während er sich ruhig einer unumschränkten Gewalt erfreute.

Siebentes Kapitel

Ludwig XIV. regiert selbständig. Er zwingt den spanischen Zweig des Hauses Österreich, ihm überall den Vorrang einzuräumen und den römischen Hof, ihm Genugtuung zu leisten. Er kauft Dünkirchen. Er unterstützt den Kaiser, Portugal und die Generalstaaten mit Truppen und macht sein Reich blühend und gefürchtet

Nie war ein Hof mehr von Intrigen und Hoffnungen erfüllt als der französische zur Zeit des Ablebens Kardinal Mazarins. Die Frauen, die auf Schönheit Anspruch machten, schmeichelten sich mit der Hoffnung auf die Herrschaft über einen zweiundzwanzigjährigen Fürsten, den die Liebe bereits dazu verführt hatte, seiner Geliebten seine Krone anzubieten. Die jüngeren Höflinge glaubten die Zeit der Günstlinge sich erneuern zu sehen. Jeder Minister hoffte auf die erste Stelle, denn keiner von ihnen dachte daran, dass ein König, der fern von den Staatsgeschäften erzogen worden war, die Bürde der Regierung auf sich zu nehmen wagen würde. Mazarin hatte die Jugendzeit dieses Monarchen soviel wie möglich verlängert – erst seit sehr kurzer Zeit hatte er ihn in den Geschäften unterrichtet, weil der König unterrichtet sein wollte.

Man war so wenig darauf gefasst, von seinem Souverän regiert zu werden, dass keiner von all denen, die bis dahin mit dem Premierminister gearbeitet hatten, den König fragte, wann er sie anhören würde. Sie fragten ihn alle: »An wen sollen wir uns wenden?« Und Ludwig XIV. erwiderte ihnen: »An mich.«

Noch überraschter aber war man, als man sah, dass er ausharrte. Er hatte schon seit einiger Zeit seine Kräfte geprüft und im stillen sein Talent zum Regieren sondiert; nachdem nun sein Entschluss einmal gefasst war, hielt er auch bis zum letzten Augenblick seines Lebens daran fest. Er bestimmte jedem Minister die Grenzen seiner Amtsgewalt, ließ sich von ihnen zu bestimmten Stunden über alles Bericht erstatten, vertraute ihnen, soweit dies für das Ansehen ihres Amtes vonnöten war, und überwachte sie, um einen zu großen Missbrauch dieses Vertrauens zu verhindern.

Frau von Motteville belehrt uns, dass der Ruf Karls II. von England, der damals als selbständiger Herrscher galt, Ludwig XIV. zum Wetteifer anregte. Wenn dies wahr ist, so übertraf er seinen Nebenbuhler bei weitem und verdiente das Lob, das man Karl II. zu Anfang seiner Regierung erteilt hatte, sein ganzes Leben hindurch.

Er begann damit, dass er die durch langjährige Räubereien zerrütteten Finanzen ordnete. Wie die Ordnung bei den Finanzen wurde dann die Manneszucht bei den Truppen wiederhergestellt. Pracht und würdiger Anstand verschönerten seinen Hof. Sogar das Vergnügen wurde glanzvoll und großartig: sämtliche Künste wurden ermutigt und alle zum Ruhm des Königs und Frankreichs verwendet.

Es ist hier nicht der Ort, Ludwig XIV. in seinem Privatleben und im Innern seiner Regierung darzustellen – das wird noch an anderer Stelle im besonderen geschehen; hier genügt die Bemerkung, dass seine Untertanen, die seit Heinrich dem Großen keinen wahren König gesehen hatten und die Herrschaft eines Premierministers verabscheuten, mit Bewunderung und Hoffnung erfüllt wurden, als sie Ludwig XIV. mit zweiundzwanzig Jahren tun sahen, was Heinrich IV. mit fünfzig getan hatte. Wenn Heinrich IV. einen Premierminister gehabt hätte, so wäre er verloren gewesen, weil der Hass gegen eine Privatperson zwanzig mächtige Parteien wieder ins Leben gerufen haben würde. Hätte Ludwig XIII. keinen Premierminister gehabt, so würde dieser Fürst, dessen schwacher und siecher Körper die Seele entnervte, der Last der Geschäfte erlegen sein. Ludwig XIV. konnte ohne Gefahr einen Premierminister haben oder auch nicht haben – von den alten Parteien war keine Spur mehr vorhanden, es gab in Frankreich nur noch einen Gebieter und Untertanen. Er zeigte von vornherein, dass er jeder Art von Ruhm nachtrachtete und ebenso geachtet nach außen wie unumschränkt im Innern sein wollte.

Die alten Könige von Europa machen – was sehr natürlich ist – auf eine völlige Gleichheit unter sich Anspruch. Die Könige von Frankreich haben jedoch stets den Vorrang beansprucht, der dem Alter ihres Geschlechts und ihres Reiches gebührt, und wenn sie den Kaisern den Vortritt gelassen haben, so geschah dies deshalb, weil die Menschen beinahe nie vermessen genug sind, einen althergebrachten Brauch abzuschaffen. Das Haupt des deutschen Staatswesens, der an sich ziemlich machtlose Wahlfürst, hat als Kaiser und Erbe Karls des Großen unstreitig den Vorrang vor allen anderen Souveränen: Die deutsche Reichskanzlei betitelte damals die übrigen Könige nicht einmal als Majestäten. Die Könige von Frankreich konnten den Kaisern den Vorrang streitig machen, da Frankreich das wahre westliche Kaiserreich gegründet hatte, von dem in

Deutschland nur der Name besteht; sie hatten nicht bloß den Vorzug einer erblichen Krone vor einer durch Wahl erteilten Würde, sondern auch den Vorteil für sich, dass sie in ununterbrochener Folge von Fürsten abstammten, die schon jahrhundertelang eine große Monarchie beherrschten, bevor noch eins der Häuser, die heute auf Erden Kronen besitzen, zu irgendwelcher Bedeutung gelangt war. Zum wenigsten wollten sie daher den Vortritt vor den übrigen Mächten Europas haben. Man führte zu ihren Gunsten die Bezeichnung »Allerchristlichster König« ein; aber Spanien setzte diesem Titel den »katholischen König« entgegen, und seit Karl V. einen König von Frankreich in Madrid gefangengehalten hatte, war der spanische Stolz weit davon entfernt, den Vorrang abzutreten. Die Engländer und die Schweden, die heutzutage keinen jener Beinamen führen, anerkennen diesen Vorrang so wenig wie möglich.

Der Streit über diese Ansprüche wurde früher in Rom geführt. Die Päpste, die durch eine Bulle Länder vergaben, glaubten sich umso mehr berechtigt, über den Rang zwischen den Kronen zu entscheiden. Dieser Hof, wo alles nach Zeremonien vor sich geht, war das Tribunal, vor dem diese Eitelkeiten der Größe gerichtet wurden. Frankreich hatte dort stets das Übergewicht gehabt, solange es mächtiger war als Spanien; seit der Regierung Karls V. aber hatte Spanien keine Gelegenheit verabsäumt, um zur Gleichberechtigung zu gelangen. Der Streit blieb unentschieden: Ein Schritt mehr oder weniger bei einer Prozession, ein Stuhl neben einem Altar oder gegenüber der Kanzel eines Predigers waren Triumphe und begründeten Anrechte auf den Vorrang. Die Schimäre des Point d'honneur herrschte damals bezüglich dieses Punktes zwischen den Kronen wie die Duellsucht zwischen den Privatpersonen.

1661. – Beim Einzug eines schwedischen Gesandten in London kam es vor, dass der Graf von Estrades, der Gesandte Frankreichs, und der Baron von Batteville, der Gesandte Spaniens, einander den Vortritt streitig machten. Der mit mehr Geld und einem zahlreicheren Gefolge versehene Spanier hatte den englischen Pöbel gewonnen: er ließ zunächst die Pferde vor den Kutschen der Franzosen töten, und bald ließen die Leute des Grafen von Estrades, verwundet und zerstreut, die Spanier mit blanken Degen wie im Triumph vorüberziehen.

24. März 1662. – Ludwig XIV., von dieser Beleidigung in Kenntnis gesetzt, rief sogleich seinen Gesandten aus Madrid zurück, befahl dem spanischen Botschafter, Frankreich zu verlassen, brach die Verhandlungen ab, die der Grenze wegen noch in Flandern fortdauerten, und ließ König Philipp IV., seinem Schwiegervater, mitteilen, wenn er nicht den

Vorrang der Krone von Frankreich anerkenne und jene Beschimpfung nicht durch eine feierliche Genugtuung ausgleiche, so würde der Krieg von neuem beginnen.

Philipp IV. wollte sein Land nicht wegen des Vortritts eines Gesandten in einen neuen Krieg stürzen; er sandte daher den Grafen Fuentes an den König nach Fontainebleau und ließ dort in Gegenwart aller damals in Frankreich befindlichen ausländischen Botschafter erklären, »dass die spanischen Gesandten in Zukunft nicht mehr mit den französischen in Wettstreit treten« würden. Das reichte zwar nicht zur unumwundenen Anerkennung des Vorrangs des Königs aus, als glaubwürdiges Geständnis der Schwäche Spaniens war es jedoch ausreichend.

Der immer noch stolze spanische Hof sträubte sich lange gegen seine Demütigung, und verschiedene spanische Gesandte haben später ihre alten Ansprüche erneuert: sie erlangten auch in Nimwegen die Gleichstellung. Damals aber erwarb Ludwig XIV. durch seine Festigkeit eine tatsächliche Überlegenheit in Europa, indem er zeigte, wie sehr er zu fürchten war.

Kaum war er mit soviel Ansehen aus diesem kleinen Handel hervorgegangen, als er noch mehr Würde bei einer Gelegenheit zeigte, bei der sein Ruhm weniger ins Spiel zu kommen schien. Die jungen Franzosen hatten während der auf italienischem Boden gegen Spanien geführten Kriege den argwöhnischen und eifersüchtigen Italienern den französischen Nationalcharakter als heftig und ungestüm erscheinen lassen. Italien sah alle Nationen, von denen es überflutet wurde, als Barbaren und die Franzosen als ausgelassener und gefährlicher an als die anderen, weil sie das Vergnügen mit der Geringschätzung, die Verführung und den damit verbundenen Schimpf in alle Häuser brachten. Sie waren überall gefürchtet – besonders aber in Rom.

Der Herzog von Créqui, der Gesandte Frankreichs beim päpstlichen Stuhl, hatte durch sein hochfahrendes Wesen die Entrüstung der Römer erregt. Seine Diener, Leute, die stets die Fehler ihrer Gebieter auf die Spitze zu treiben pflegen, begingen in Rom dieselben Ausschweifungen wie die zügellose Jugend von Paris, die damals eine Ehre darein setzte, allnächtlich die Scharwache anzugreifen, die über die Sicherheit in der Stadt wacht.

20. August 1662. – Einige Lakaien des Herzogs von Créqui ließen es sich einfallen, einer Rotte Korsen – die Korsen sind die Garden des Papstes, die die Handhabung der Justiz unterstützen – mit dem Degen in der Faust zu Leibe zu gehen. Das beleidigte Korps der Korsen rückte daraufhin – insgeheim angestachelt von Don Mario Chigi, dem Bruder

Alexanders VII., der den Herzog von Créqui hasste – vor das Haus des Gesandten und belagerte diesen. Sie schossen auf die Kutsche der Frau des Gesandten, die in diesem Augenblick in den Palast zurückkehrte, töteten einen ihrer Pagen und verwundeten mehrere Bediente.

Der Herzog von Créqui verließ nach diesem Vorfall Rom, indem er die Verwandten des Papstes und den Papst selbst beschuldigte, dass sie jenen Meuchelmord begünstigt hätten. Der Papst verschob in der Überzeugung, dass man den Franzosen gegenüber nur zu temporisieren brauche, um alles in Vergessenheit zu bringen, die Genugtuung so lange als möglich – erst nach vier Monaten ließ er einen Korsen und einen Sbirren hängen und verwies den Gouverneur von Rom, der im Verdacht stand, das Attentat begünstigt zu haben, aus der Stadt. Mit Bestürzung aber vernahm er, dass der König Rom zu belagern drohe, dass er bereits Truppen nach Italien schicke und dass der Marschall du Plessis-Praslin zu deren Befehlshaber ernannt sei.

Der Zwist war zu einem Streit zwischen den Nationen geworden, und der König wollte Achtung für die seine erzwingen. Bevor aber der Papst die verlangte Genugtuung gewährte, rief er die Vermittlung aller katholischen Fürsten an und tat, was er konnte, um sie gegen Ludwig XIV. aufzustacheln. Die Umstände waren jedoch dem Papst nicht günstig: das Deutsche Reich sah sich von den Türken angegriffen, und Spanien war in einen wenig glücklichen Krieg mit Portugal verwickelt.

Der römische Hof erzürnte den König nur, ohne ihm schaden zu können. Das Parlament der Provence zitierte den Papst vor Gericht und ließ die Grafschaft Avignon mit Beschlag belegen. Zu anderen Zeiten würde Rom mit Exkommunikationen auf diese Beleidigungen geantwortet haben, jetzt aber waren das stumpfe und lächerlich gewordene Waffen – der Papst musste nachgeben. Er wurde gezwungen, seinen eigenen Bruder aus Rom zu verbannen, seinen Neffen, den Kardinal Chigi, als *Legaten a latere* [d.h. als persönlicher Gesandter des Papstes] zur Leistung der Genugtuung an den König zu senden, die korsische Garde zu entlassen und in Rom eine Pyramide mit einer Inschrift zu errichten, die die Beleidigung und die dafür geleistete Genugtuung mitteilte. Kardinal Chigi war der erste Legat des römischen Hofs, der ausgeschickt wurde, um Verzeihung zu bitten; früher kamen die Legaten nur, um Gesetze vorzuschreiben und den Zehnten einzufordern. Der König beschränkte sich aber nicht darauf, ein Unrecht durch vergängliche Zeremonien und durch Denkmäler, die ebenso vergänglich sind – denn er erlaubte schon einige Jahre später die Zerstörung der Pyramide –, ausgleichen zu lassen, sondern er zwang den päpstlichen Hof überdies zu dem Versprechen, Castro und Ronciglione dem Herzog von Parma zurückzugeben sowie den Herzog von Modena für seine Rechte auf Commachio zu entschädigen, und er gewann auf diese Weise aus einer Beleidigung die begründete Ehre, der Beschützer der italienischen Fürsten zu sein.

Über der Verteidigung seiner Würde vergaß er aber keineswegs die Vermehrung seiner Macht (27. Oktober 1662). Seine von Colbert trefflich verwalteten Finanzen versetzten ihn in die Lage, Dünkirchen und Mardik dem König von England für fünf Millionen Livre, die Mark zu sechsundzwanzig Livre zehn Sou, abzukaufen. Karl II. lud, verschwenderisch und arm, wie er war, die Schmach auf sich, dass er den Preis des von den Engländern vergossenen Blutes verschacherte. Sein Kanzler Hyde, der beschuldigt wurde, dass er jene Schwäche angeraten oder zugelassen hätte, wurde später vom englischen Parlament, das häufig die Vergehen der Günstlinge straft und bisweilen sogar seine Könige richtet, des Landes verwiesen.

1663. – Ludwig beschäftigte sogleich dreißigtausend Arbeiter mit der Befestigung Dünkirchens auf der Land- wie auf der Seeseite. Man schachtete zwischen der Stadt und der Zitadelle ein Becken aus, das dreißig Kriegsschiffe aufzunehmen vermochte, so dass diese Stadt, nachdem die Engländer sie kaum verkauft hatten, bereits ein Gegenstand des Schreckens für sie wurde.

30. August 1663. – Einige Zeit danach zwang der König den Herzog von Lothringen, ihm die feste Stadt Marsal abzutreten. Der unglückliche Karl IV., ein ziemlich tüchtiger Krieger, aber ein schwacher, unbeständiger und unbedachtsamer Fürst, war vor kurzem einen Vertrag eingegangen, laut dem Lothringen nach seinem Tod an Frankreich fallen sollte, unter der Bedingung, dass der König ihm gestatte, auf den Staat, den er abtrat, eine Million zu erheben, und dass die lothringischen Prinzen von Geblüt als französische Prinzen von Geblüt geachtet werden sollten. Dieser Vertrag, der vergebens vom Pariser Parlament bestätigt worden war, verleitete den Herzog von Lothringen nur zu neuen Unbeständigkeiten, so dass er schließlich nur froh war, Marsal abtreten und sich der Gnade des Königs anheimgeben zu können.

Ludwig vermehrte also sein Reich sogar im Frieden und hielt sich stets zum Krieg bereit, indem er die Grenzen befestigen ließ, die Manneszucht in seinen Heeren festigte, die Anzahl der Truppen vermehrte und häufig Revüen abhielt.

Die Türken waren damals furchtbare Feinde für Europa: Sie griffen gleichzeitig den Kaiser und die Venezianer an. Seit Franz I. gehörte es zur Politik der französischen Könige, die Verbündeten der türkischen Sultane zu sein – nicht bloß der Handelsvorteile wegen, sondern auch, um dem allzu großen Übergewicht des Hauses Österreich vorzubeugen. Ein christlicher König konnte jedoch dem allzu gefährdeten Kaiser seine Hilfe nicht versagen, ferner lag es wohl im Interesse Frankreichs, dass die Türken Ungarn beunruhigten, nicht aber, dass sie es an sich rissen, und schließlich machten seine Verträge mit dem Reich dem König diesen ehrenhaften Schritt zur Pflicht. Er schickte daher sechstausend Mann nach Ungarn unter dem Befehl des Grafen von Coligny, des letzten Sprosses aus dem Haus jenes in unseren Bürgerkriegen so berühmten Coligny, der vielleicht wegen seines Mutes und seiner Tugend ein ebenso großes Lob verdient wie jener Admiral. Die Freundschaft hatte ihn zu einem Anhänger des Großen Condé gemacht, und alle Anerbietungen des Kardinals Mazarin waren nicht imstande gewesen, ihn zum Verrat am Freund zu bewegen. Er führte die Blüte des französischen Adels nach Ungarn; unter anderen auch den jungen La Feuillade, einen unternehmenden, ruhmbegierigen und glücksuchenden Kopf (1664). Diese Franzosen dienten in Ungarn unter dem General Montecuccoli, der damals dem Großwesir Kiuperli oder Kuprogli die Spitze bot und später, im Kampf gegen Frankreich, dem Ruf Turennes die Waage hielt. Bei Sankt Gotthard am Ufer der Raab kam es zwischen den Türken und dem kaiserlichen Heer zu einem blutigen Treffen, in dem die Franzosen Wunder der Tapferkeit verrichteten. Sogar die Deutschen, bei denen sie durchaus nicht beliebt waren, waren genötigt, ihnen Gerechtigkeit widerfahren zu lassen. Man lässt aber den Deutschen selbst keine Gerechtigkeit widerfahren, wenn man, wie das in so vielen Büchern geschehen ist, behauptet, dass die Franzosen allein die Ehre des Sieges hatten.

Während der König aus Rücksicht auf seine Würde den Kaiser offen und unverhohlen gegen die Türken unterstützte, unterstützte er aus Politik im geheimen Portugal gegen Spanien. Kardinal Mazarin hatte durch den Pyrenäischen Frieden in aller Form seine Hand von den Portugiesen abgezogen; der Spanier hatte jedoch stillschweigend mehrere kleine Verstöße gegen jenen Vertrag begangen. Frankreich wagte einen kühnen und entscheidenden Bruch dieses Vertrags: Der Marschall von Schomberg, ein Ausländer und Hugenotte, zog mit viertausend französischen Soldaten, die er mit dem Geld Ludwigs XIV. bezahlte, aber als Söldner des Königs von Portugal ausgab, nach Portugal (17. Juni 1665). Diese viertausend französischen Soldaten trugen im Verein mit den portugiesischen Truppen bei Villaviciosa einen vollständigen Sieg davon, der das Haus Braganza auf dem Thron festigte. Ludwig XIV. galt daher bereits als kriegerischer und politischer Fürst, und Europa fürchtete ihn schon, bevor er selbst einen Krieg geführt hatte.

Aus Politik vermied er daher, seinen Versprechungen zum Trotz, die wenigen Schiffe, die er damals besaß, mit der holländischen Flotte zu vereinen. Er hatte nämlich im Jahre 1667 mit Holland ein Bündnis geschlossen. Diese Republik begann um jene Zeit anlässlich der leeren und wunderlichen Ehre der Flagge und wegen der realen Interessen ihres indischen Handels den Krieg mit England von neuem. Ludwig sah mit Vergnügen diese beiden Seemächte alljährlich Flotten von über hundert Schiffen ins Meer senden und durch die hartnäckigsten Schlachten, die je geliefert wurden, einander aufreiben. Eine dieser Schlachten, deren ganze Frucht nur die Schwächung beider Parteien war, dauerte drei ganze Tage (11., 12. und 13. Juni 1666). In diesen Kämpfen erwarb der Holländer Ruyter den Ruf des größten Kriegshelden, der bis dahin gelebt hatte. Er verbrannte die schönsten Schiffe der Engländer sogar in den Häfen, in einer Entfernung von nur vier Stunden von London. Er machte Holland zur herrschenden Macht auf dem Meer, auf dem bisher immer die Engländer die Gebieter gewesen waren und auf dem Ludwig XIV. noch keine Bedeutung hatte.

Beide Nationen hatten sich einige Zeit die Herrschaft über das Meer geteilt; die Schiffbaukunst und die Verwendung der Schiffe zu Kriegs und Handelsfahrten waren Künste, von denen nur sie eine gründliche Kenntnis hatten. Frankreich hielt sich unter dem Ministerium Richelieus für mächtig zur See, weil es von ungefähr sechzig Rundschiffen, die man in seinen Häfen zählte, etwa dreißig ins Meer stellen konnte, von denen aber nur ein einziges siebzig Kanonen führte. Unter Mazarin kaufte man die wenigen Schiffe, die man hatte, von den Holländern. Es fehlte an Matrosen und Offizieren sowie an Werkstätten zum Bau und zur Ausrüstung der Schiffe. Der König unternahm es, die Trümmer der Marine ausbessern zu lassen und dem Land mit unglaublicher Schnelligkeit alles zu geben, was ihm in dieser Hinsicht mangelte. In den Jahren 1664 und 1665 besaß er jedoch, während die Engländer und die Holländer den Ozean mit nahezu dreihundert großen Kriegsschiffen bedeckten, immer nur erst fünfzehn oder sechzehn Schiffe letzten Ranges, mit denen der Herzog von Beaufort gegen die Piraten der Berberei kreuzte, und als die Generalstaaten Ludwig XIV. drängten, seine Flotte mit der ihren zu vereinen, fand sich im Hafen von Brest nur ein einziger Brander, den abzusenden man sich schämte, den man ihnen aber auf ihre wiederholten Gesuche doch endlich zugehen lassen musste. Es war dies eine Schmach, die auszulöschen Ludwig XIV. die größte Eile zeigte.

Eine wesentlichere und ehrenvollere Hilfe leistete er den Holländern mit seinen Landtruppen: Er sandte ihnen sechstausend Franzosen, um sie gegen den Bischof von Münster, Christoph Bernhard von Galen, zu verteidigen, einen kriegerischen Prälaten und unversöhnlichen Feind, der von den Engländern zur Verwüstung Hollands besoldet wurde. Er ließ sie jedoch diese Hilfe teuer bezahlen und verfuhr gegen sie wie ein Machthaber, der reichen Kaufleuten seinen Schutz verkauft: Colbert stellte den Generalstaaten nicht bloß den Sold für diese Truppen, sondern sogar die Kosten einer Gesandtschaft in Rechnung, die man wegen des Friedensschlusses mit Karl II. nach England geschickt hatte. Nie wurde eine Hilfe auf so unfreundliche Art geleistet und mit weniger Dankbarkeit angenommen.

Nachdem der König auf diese Weise seine Truppen eingeübt und in Ungarn, Holland und Portugal neue Offiziere ausgebildet hatte und nachdem er sich in Rom gerächt und sich Achtung verschafft hatte, sah er keinen Potentaten mehr, den er zu fürchten gehabt hätte. Die Pest, die England verheerte; eine Feuersbrunst, die London einäscherte und mit Unrecht den Katholiken zur Last gelegt wurde; die Verschwendungssucht und die ständige Geldnot Karls II., die für seine Angelegenheiten ebenso verderblich waren wie die Pest und der Brand – dies alles sicherte Frankreich vor jedem Angriff von Seiten der Engländer. Der Kaiser erholte sich kaum von der durch den Krieg gegen die Türken verursachten Erschöpfung; der sterbende Philipp IV. von Spanien, dessen Monarchie ebenso schwach war wie ihr Gebieter – alle diese Umstände machten Ludwig XIV. zum einzigen mächtigen und einzigen gefürchteten Fürsten jener Zeit. Er war jung, reich, des Eifers wie des blinden Gehorsams seiner Diener sicher und ließ die Ungeduld spüren, sich hervorzutun und als Eroberer aufzutreten.

Achtes Kapitel

Die Eroberung Flanderns

Einem König, der sie suchte, bot sich diese Gelegenheit sehr bald. Sein Schwiegervater, Philipp IV. von Spanien, starb. Er hatte von seiner ersten Frau, einer Schwester Ludwigs XIII., jene mit ihrem Vetter Ludwig XIV. vermählte Prinzessin Maria Theresia, durch deren Heirat die spanische Monarchie schließlich an ihren langjährigen Feind, das Haus Bourbon, gefallen ist. Aus seiner zweiten Ehe mit Maria Anna von Österreich war Karl II. entsprossen, ein schwächliches, kränkliches Kind, der Erbe der Krone und einzige Überlebende von drei Kindern männlichen Geschlechts, von denen zwei schon in der Wiege gestorben waren.

Ludwig XIV. behauptete nun, dass Flandern, Brabant und Burgund als Provinzen des Königreichs Spanien nach dem in diesen Provinzen geltenden Recht trotz ihres feierlichen Verzichts darauf seiner Frau zufallen müssten. Wenn die Angelegenheiten der Könige von einem unbeteiligten Tribunal nach dem Völkerrecht entschieden werden könnten, so würde diese Sache jedoch ein wenig zweifelhaft gewesen sein.

Ludwig ließ seine Rechte von seinem Rat und von verschiedenen Theologen prüfen, die sie für unantastbar erklärten; der Rat und der Beichtvater der Witwe Philipps IV. aber fanden diese Rechte durchaus verkehrt. Sie hatte einen schlagenden Grund für sich: die ausdrückliche Bestimmung Karls V. Aber die Bestimmungen Karls V. wurden vom französischen Hof wenig befolgt.

Einer der Vorwände, die der Rat des Königs ins Treffen führte, war der Umstand, dass die seiner Gemahlin zur Mitgift verheißenen fünfhunderttausend Goldtaler nicht bezahlt worden waren – aber man vergaß dabei, dass auch die Mitgift der Tochter Heinrichs IV. nicht bezahlt worden war Zunächst bekämpften sich Frankreich und Spanien durch Schriften, in denen man Bankierrechnungen und Advokatenkniffe auskramte; aber die Staatsräson war höchst eigentümlich: Ludwig XIV. stand im Begriff, ein Kind anzugreifen, dessen Beschützer er nach dem Naturrecht hätte sein müssen, da er die Schwester dieses Kindes geheiratet hatte. Wie konnte er annehmen, dass Kaiser Leopold als Haupt des Hauses Österreich ihn dieses Haus unterdrücken und Flandern an sich reißen lassen würde? Wer sollte glauben, dass der Kaiser und der König von Frankreich in Gedanken bereits den Nachlass des jungen Karl von Österreich, Königs von Spanien, geteilt hatten?

Einige Spuren dieser traurigen Wahrheit findet man bereits in den ›Denkwürdigkeiten des Marquis von Torcy‹, aber sie sind dort noch wenig klar. Schließlich hat jedoch die Zeit dieses Geheimnis enthüllt, das deutlich zeigt, dass bei den Königen die Zweckmäßigkeit und das Recht des Stärkeren die Stelle der Gerechtigkeit vertreten, besonders wenn diese Gerechtigkeit etwas zweifelhaft erscheint. Alle Brüder Karls II. von Spanien waren tot, Karl selbst war von schwacher, ungesunder Körperbeschaffenheit. Ludwig XIV. und Leopold schlossen schon während seiner Kinderzeit den gleichen Teilungsvertrag, den sie später bei seinem Tod miteinander eingingen. Diesem Vertrag gemäß, der gegenwärtig im Louvre aufbewahrt wird, sollte Leopold den König sich schon jetzt in den Besitz Flanderns setzen lassen unter der Bedingung, dass Spanien beim Tod Karls an den Kaiser fallen sollte. Es wird nicht gesagt, ob diese eigentümliche Abmachung Geld kostete – in der Regel bleibt ja dieser Hauptartikel so vieler Verträge geheim.

Leopold hatte gerade erst das Aktenstück unterzeichnet, als er Reue darüber empfand; wenigstens verlangte er, dass kein anderer Hof davon Kenntnis erhielte, dass keine zweite Abschrift – wie es Brauch war – davon angefertigt würde und dass die einzige Urkunde, die darüber existieren sollte, in ein Metallkästchen eingeschlossen würde, zu dem der Kaiser einen Schlüssel haben sollte und der König von Frankreich den anderen. Dieses Kästchen sollte dem Großherzog von Florenz zur Aufbewahrung zugestellt werden. Der Kaiser übergab es zu diesem Zweck dem französischen Gesandten in Wien, und der König sandte sechzehn Mann von seiner Leibwache bis an die Tore dieser Stadt, die den Kurier begleiten sollten, aus Sorge, dass der Kaiser seine Ansicht ändere und die Kassette unterwegs entführen lasse. Diese wurde nach Versailles und nicht nach Florenz gebracht, was zu dem Verdacht berechtigt, dass Leopold Geld erhalten hatte, da er sich nicht zu beschweren wagte. Auf diese Weise ließ also der Kaiser den König von Spanien ausplündern.

Der König, der noch mehr auf seine Streitkräfte als auf seine Gründe rechnete, zog in Flandern gesicherten Siegen entgegen (1667). Er befand sich an der Spitze von fünfunddreißigtausend Mann, ein anderes Korps von achttausend Mann wurde gegen Dünkirchen, ein drittes von viertausend Mann gegen Luxemburg vorgeschickt. Turenne stand unter ihm als General dieses Heeres. Um alle Unkosten zu decken, hatte Colbert die Steuerquellen des Staates vervielfältigt. Louvois, der neue Kriegsminister, hatte ungeheure Zurüstungen zu diesem Feldzug gemacht: Die ganze Grenze entlang waren Magazine jeder Art errichtet worden. Er führte zuerst jene vorteilhafte Methode ein, die bis dahin infolge der Schwäche der Regierung unanwendbar gewesen war, nämlich die Heere aus Magazinen zu erhalten. Welche Belagerung der König unternehmen wollte, wohin er seine Waffen wandte – überall waren die erforderlichen Hilfsmittel bereit, die Quartiere der Truppen bezeichnet, ihre Märsche geregelt. Die Disziplin, die bei der unbeugsamen Strenge des Ministers von Tag zu Tag straffer wurde, fesselte alle Offiziere an ihre Pflicht. Die Anwesenheit des jugendlichen Königs, des Abgotts der Armee, machte ihnen die Beschwerden dieser Pflicht leicht und lieb. Der militärische Rang begann von jener Zeit an ein Recht zu gewähren, das weit mehr galt als das Recht der Geburt: fortan wurden die Dienste und nicht die Ahnen gezählt – was bis dahin unerhört war. Der Offizier von niederer Geburt wurde dadurch ermutigt, ohne dass die von hoher Geburt sich zu beklagen hatten. Das Fußvolk, auf dem die ganze Last des Krieges ruhte, seitdem man die Nutzlosigkeit der Lanzen eingesehen hatte, nahm an den Belohnungen teil, die früher ausschließlich der Reiterei zugefallen waren. Diese neuen Grundsätze in der Leitung erzeugten neuen Mut.

Zwischen einem Heerführer und einem Minister, die beide gleich geschickt und beide eifersüchtig aufeinander waren, ihm aber dennoch beide nur umso besser dienten, von den besten Truppen Europas begleitet und endlich von neuem mit Portugal verbündet, griff der König eine schlecht verteidigte Provinz eines zerrütteten und zerrissenen Reiches an. Er hatte nur seine Schwiegermutter sich gegenüber, eine schwache, von einem Jesuiten beherrschte Frau, deren unglückliche und verachtete Regierung die spanische Monarchie waffenlos dem Feind bloßgab. Der König von Frankreich dagegen hatte alles, was den Spaniern mangelte.

Die Belagerungskunst war bei weitem noch nicht so vollkommen wie heute, weil die Befestigungskunst und die Kunst der Verteidigung noch unbekannter waren als sie. Die Grenzen des spanischen Flandern waren beinahe gänzlich von Befestigungen und Besatzungen entblößt.

Ludwig brauchte sich nur zu zeigen (6. Juli 1667). Er zog in Charleroi ein gerade wie in Paris; Ath und Tournai wurden in zwei Tagen genommen, Furnes, Armentières und Courtrai leisteten gleichfalls keinen längeren Widerstand. Vor Douai stieg er in die Laufgräben hinab, und die Stadt ergab sich am folgenden Tag. Lille, die blühendste und bestbefestigte Stadt jenes Landstrichs, die eine Besatzung von sechstausend Mann hatte, kapitulierte nach elftägiger Belagerung (31. August). Die Spanier konnten dem siegreichen Heer nur achttausend Mann entgegenstellen, und die Nachhut dieser kleinen Armee wurde noch dazu vom damaligen Marquis, späteren Marschall von Créqui zusammengehauen; der Rest zog sich nach Brüssel und nach Mons zurück und ließ den König kampflos siegen.

Bei dem Überfluss, in dem man lebte, und bei der Leichtigkeit, mit der man siegte, glich dieser Feldzug der Reise eines Hoflagers. Während einerseits die Manneszucht straffer und straffer wurde, fanden jetzt andererseits das Wohlleben, der Luxus und die Vergnügungen bei den Heeren Eingang. Die Offiziere verrichteten den militärischen Dienst mit weit größerer Genauigkeit, aber auch mit ausgesuchterer Bequemlichkeit. Der Marschall von Turenne hatte sich im Feld lange Zeit eiserner Teller bedient; der Marquis von Humières war der erste, der sich – bei der Belagerung von Arras im Jahre 1658 – im Laufgraben auf silbernem Geschirr servieren und Ragouts und Zwischenspeisen auftischen ließ. Bei diesem Feldzug von 1667 aber, wo ein prachtliebender junger König inmitten der Beschwerden des Krieges den Prunk und die Pracht seines Hofs zur Schau stellte, suchte jeder eine Ehre im Reichtum und in der Gewähltheit seiner Tafel, seiner Kleidung und seiner Equipagen. Dieser Luxus, das sichere Zeichen des Reichtums eines großen Staates und oft genug die Ursache des Verfalls eines kleinen, war indessen noch sehr gering gegen den, der seitdem Sitte geworden ist. Der König, die Generäle und die Minister begaben sich zu Pferd zur Armee, während heutzutage kein Rittmeister, kein Sekretär eines Befehlshabers diese Reise anders als in einem mit Spiegeln versehenen und auf Federn ruhenden Postwagen zurücklegt, bequemer und ruhiger als damals ein einfacher Besuch in Paris von einem Stadtviertel zum anderen gemacht werden konnte.

Die Weichlichkeit hinderte aber die Offiziere nicht, mit der Sturmhaube auf dem Kopf und dem Küraß auf dem Rücken in die Laufgräben zu steigen. Der König gab das Beispiel dazu: er erschien in dieser Rüstung in den Laufgräben vor Douai und vor Lille. Dieses vorsichtige Verfahren erhielt der Welt mehr als einen großen Mann; später ist es von weniger kräftigen, mutvollen, aber verzärtelten jungen Leuten, die die Anstrengung mehr zu fürchten scheinen als die Gefahr, nur zu sehr vernachlässigt worden.

Die Schnelligkeit dieser Eroberungen erfüllte Brüssel mit Schrecken und Bestürzung: die Bürger begannen bereits ihre bewegliche Habe nach Antwerpen zu bringen. Die Eroberung von ganz Flandern konnte in einem einzigen Feldzug vollendet werden; es fehlte dem König nur an einer hinlänglichen Truppenmenge zum Besetzen der Plätze, die bereit waren, ihm die Tore zu öffnen. Louvois riet ihm, starke Besatzungen in die eroberten Städte zu legen und sie zu befestigen.

Vauban, einer der großen Männer und großen Genies, die in jenem Jahrhundert zum Dienst Ludwigs XIV. auf den Schauplatz traten, wurde mit den Befestigungsarbeiten beauftragt. Er ließ diese nach seiner neuen Methode ausführen, die heute für alle tüchtigen Ingenieure zur Regel geworden ist. Man war erstaunt, die festen Plätze jetzt nur noch mit Werken bekleidet zu sehen, die kaum über die umgebende Fläche emporragten. Die hohen und drohenden Festungswerke waren eben infolge ihrer Höhe nur umso mehr der Gefahr der Zerstörung durch die Artillerie ausgesetzt – je niedriger er sie also anlegte, umso weniger waren sie gefährdet. Nach diesen Prinzipien erbaute er zunächst die Zitadelle von Lille (1668). Bis dahin war das Gouvernement einer Stadt in Frankreich noch nie vom Gouvernement der Festung getrennt worden. Zu dieser Trennung wurde zugunsten Vaubans das erste Beispiel gegeben: er wurde der erste Gouverneur einer Zitadelle. Man mag auch noch beachten, dass der erste von jenen in halberhabener Arbeit ausgeführten Plänen der Plan der Festungswerke von Lille war.

Der König aber beeilte sich nunmehr, sich des Beifalls der Völker, der Schmeicheleien seiner Höflinge und Mätressen und der Feste zu erfreuen, die er seinem Hof gab.

Neuntes Kapitel

Die Eroberung der Freigrafschaft Burgund und der Friede zu Aachen

1668. In Saint-Germain war man durchaus mit Vergnügungen beschäftigt, und man wunderte sich daher nicht wenig, als man mitten im Winter, im Monat Januar, überall Truppen marschieren, auf den Heerstraßen der Champagne hin und her ziehen und in die drei Bistümer einrücken sah. Unter den verschiedensten Vorwänden sammelten sich Artilleriezüge und Munitionskolonnen auf der Straße an, die aus der Champagne nach Burgund hineinführt. Es herrschte in diesem Teil Frankreichs ein Leben und Treiben, dessen Ursache durchaus unbekannt war.

Die Ausländer und die Höflinge – die einen aus Interesse, die anderen aus Neugier – erschöpften sich in Mutmaßungen, Deutschland befand sich in Aufregung, aber der Gegenstand all jener Rüstungen und unregelmäßigen Märsche blieb aller Welt unbekannt. Nie ist bei einer Verschwörung das Geheimnis besser gewahrt worden als bei diesem Anschlag Ludwigs XIV.

Am 2. Februar schließlich brach er mit dem jungen Herzog von Enghien, dem Sohn des Großen Condé, und einigen Hofleuten von Saint-Germain auf – die übrigen Offiziere befanden sich bereits am Sammelplatz der Truppen. Er eilte zu Pferd in starken Tagesmärschen vorwärts und gelangte nach Dijon. Am selben Tag befanden sich, auf zwanzig verschiedenen Straßen zusammengezogen, zwanzigtausend Mann in der Freigrafschaft Burgund, nur wenige Meilen von Besançon entfernt, und an ihrer Spitze zeigte sich der Große Condé, dem sein Freund, der zum Herzog von Luxemburg gewordene und ihm in Glück und Unglück getreue Montmorency-Boutteville, als Generalleutnant zur Seite stand. Luxemburg war ein Schüler Condés in der Kriegskunst, und er nötigte den König, der ihn nicht liebte, durch seine Verdienste, ihn zu verwenden.

Die Intrigen hatten an diesem unerwarteten Unternehmen großen Anteil. Der Prinz von Condé war eifersüchtig als Held, Louvois eifersüchtig als Minister Der Prinz als Gouverneur der Landschaft Burgund, die an die Freigrafschaft grenzt, hatte den Gedanken gefasst, sich mitten im Winter der Freigrafschaft zu bemächtigen, und zwar in kürzerer Zeit, als Turenne im vorhergehenden Sommer zur Eroberung von Französisch-Flandern gebraucht hatte. Er teilte seinen Plan zuerst Louvois mit, der ihn begierig aufnahm, weil er geeignet war, Turenne zu entfernen und überflüssig zu machen und gleichzeitig seinem Gebieter einen Dienst zu leisten.

Die damals ziemlich geldarme, aber höchst fruchtbare und dicht bevölkerte Provinz, die eine Länge von vierzig und eine Breite von zwanzig Stunden hatte, trug den Namen einer freien Grafschaft und war es auch in der Tat: die Könige von Spanien waren eher die Protektoren als die Herren dieser Landschaft. Diese gehörte zwar zum Gouvernement Flandern, war aber nur wenig davon abhängig: Die ganze Verwaltung war zwischen das Parlament und den Gouverneur der Freigrafschaft verteilt, und diese beiden Behörden machten sie einander streitig. Das Volk erfreute sich großer Vorrechte, die vom spanischen Hof, der eine auf ihre Rechte eifersüchtige und Frankreich benachbarte Provinz bei gutem Willen zu erhalten suchte, zu jeder Zeit gewissenhaft geachtet wurden.

Besançon selbst regierte sich nach Art einer freien Reichsstadt. Nie lebte ein Volk unter einer milderen Regierung, und nie besaß es eine größere Anhänglichkeit an seine Souveräne. Diese Liebe zum Haus Österreich hat sich zwei Generationen hindurch erhalten, im Grunde war sie jedoch nichts anderes als die Liebe zur Freiheit. Mit einem Wort, die Freigrafschaft war glücklich, aber arm, und da sie eine Art Republik bildete, hegte sie auch Parteien in ihrem Schoß. Was Pellisson auch sagen mag – man beschränkte sich nicht auf die bloße Anwendung von Gewalt.

Zunächst gewann man einige Bürger durch Geschenke und Aussichten, die man ihnen eröffnete. Unter anderem versicherte man sich der Dienste des Abbé Jean de Vatteville, eines Bruders jenes Vatteville, der durch die dem französischen Gesandten in London angetane Beleidigung den Anlass zur Demütigung des spanischen Zweiges des Hauses Österreich geboten hatte. Dieser Abbé, der zuerst Offizier, dann Kartäusermönch, dann lange Zeit Mohammedaner bei den Türken gewesen und schließlich in den geistlichen Stand getreten war, erhielt das Versprechen, dass er zum Großdechanten ernannt und ihm noch andere Pfründen gewährt werden sollten. Auch einige Beamte und einige Offiziere kaufte man um geringen Preis, und schließlich wurde sogar der Generalgouverneur der Freigrafschaft, der Marquis von Yenne, so zugänglich, dass er nach Beendigung des Krieges vor aller Welt eine beträchtliche Pension und den Grad eines Generalleutnants in Frankreich annahm.

Diese heimlichen Verhandlungen wurden nun fast unmittelbar nach ihrer Einleitung durch ein Heer von zwanzigtausend Mann unterstützt. Besançon, die Hauptstadt der Provinz, wurde vom Prinzen von Condé eingeschlossen, Luxemburg eilt nach Salins, und Besançon und Salins ergeben sich am folgenden Tag. Besançon behielt sich bei der Kapitulation nur den Besitz eines in der Stadt besonders verehrten Schweißtuchs des Herrn vor, was ihm mit größter Bereitwilligkeit zugestanden wurde.

Der König kam in Dijon an. Louvois, der zur Leitung all dieser Truppenbewegungen zur Grenze geeilt war, meldete ihm, dass die beiden Städte belagert und genommen worden seien. Sogleich beeilte sich der König, sich dem Glück zu zeigen, das alles für ihn tat.

Er belagerte nun Dôle in eigener Person; diese Festung galt als stark. Sie hatte als Kommandanten den Grafen von Montrevel, einen ungemein mutigen Mann, der den Spaniern, die er hasste, und dem Parlament, das er verachtete, aus Hochherzigkeit treu blieb. Er hatte nur vierhundert Soldaten und die Bürger zur Verfügung und wagte dennoch, die Stadt zu verteidigen. Die Laufgräben wurden nicht nach den Regeln der Belagerungskunst vorgeschoben – kaum waren sie eröffnet, als eine

Anzahl junger Freiwilliger, die dem König gefolgt waren, die Kontoreskarpe angriffen und sich darauf festsetzten. Der Prinz von Condé, dem Alter und Erfahrung einen kaltblütigen Mut verliehen hatten, ließ sie zur rechten Zeit unterstützen und teilte ihre Gefahr, um sie dieser zu entreißen. Dieser Prinz zeigte sich mit seinem Sohn überall und gab dann dem König von allem Rechenschaft, als ob er ein Offizier wäre, der erst noch sein Glück zu machen hätte.

Der König zeigte in seinem Quartier eher die Würde eines Monarchen inmitten seines Hofs als ein feuriges Ungestüm, das hier nicht vonnöten war. Das ganze Zeremoniell von Saint-Germain wurde in allen seinen Einzelheiten beachtet. Er hielt sein *Petit coucher*, seine großen und seine kleinen Ratssitzungen und hatte einen Audienzsaal in seinem Zelt. Der stolze Prunk des Throns wurde nur insofern beiseite gesetzt, als er seine höheren Offiziere und seine Adjutanten an seiner Tafel speisen ließ. Überhaupt gewahrte man an ihm bei den Kriegsgeschäften nicht den ungestümen Mut Franz' I. und Heinrichs IV., die geflissentlich alle möglichen Gefahren gesucht hatten. Er begnügte sich damit, die Gefahr nicht zu fürchten und die anderen anzufeuern, dass sie sich für ihn mit Begeisterung hineinstürzten.

24. Februar 1668. – Nach viertägiger Belagerung, zwölf Tage nach seiner Abreise von Saint-Germain, zog er in Dôle ein, und so war schließlich binnen weniger als drei Wochen die ganze Freigrafschaft ihm unterworfen. Erstaunt und entrüstet über den geringen Widerstand, schrieb der spanische Staatsrat dem Gouverneur, der König von Frankreich hätte, anstatt in Person zu kommen, nur seine Lakaien zu schicken brauchen, um das Land in Besitz zu nehmen.

Soviel Glück und Anmaßung rüttelten Europa aus seinem Schlummer. Das Reich begann sich zu regen, und der Kaiser fing an, Truppen anzuwerben. Die Schweizer, die Nachbarn der Burgunder, die damals kaum ein anderes Gut ihr eigen nannten als die Freiheit, zitterten für diese; der Rest von Flandern konnte schon im nächsten Frühjahr erobert werden! Die Holländer, für die es stets von Wichtigkeit gewesen war, die Franzosen zu Freunden zu haben, zitterten jetzt bei dem Gedanken, sie zu Nachbarn zu haben. Spanien nahm nun zu ebendiesen Holländern seine Zuflucht, die ihm früher so verächtlich und rebellisch erschienen waren, und wurde jetzt in der Tat von dieser kleinen Nation beschützt.

Holland wurde von Johan de Witt regiert, der im Alter von achtundzwanzig Jahren zum Großpensionär gewählt worden war, einem Mann, der ebenso sehr die Freiheit seines Vaterlands wie seinen persönlichen

Ruhm liebte. Der mäßigen und einfachen Weise seines Landes gemäß, hat er nur einen Lakai und eine Dienerin und ging im Haag zu Fuß, während in den Verhandlungen zwischen den europäischen Staaten sein Name neben denen der mächtigsten Fürsten prangte. Ein unermüdlicher Arbeiter, voll Ordnungssinn, Umsicht und Erfindsamkeit bei den Geschäften, ein vorzüglicher Bürger und großer Politiker, war er doch in der Folge sehr unglücklich.

Er hatte mit dem Chevalier Temple, dem englischen Gesandten im Haag, ein Freundschaftsbündnis geschlossen, wie es zwischen Ministern äußerst selten ist. Temple war ein Philosoph, der die Wissenschaften mit den Staatsgeschäften vereinte, ein gottesfürchtiger Mann – wenngleich der Bischof Burnet ihn des Atheismus beschuldigt hat –, ein Staatsmann mit dem Genie eines weisen Republikaners, der Holland wie sein eigenes Vaterland liebte, weil es frei war, und der auf diese Freiheit ebenso eifersüchtig war wie der Großpensionär selbst.[10] Diese beiden Bürger verbanden sich mit dem Grafen von Dohna, dem schwedischen Gesandten, um der Vergrößerungssucht des Königs von Frankreich einen Riegel vorzuschieben.

Jene Zeit ist durch die Schnelligkeit merkwürdig, mit der die Ereignisse vor sich gingen. Der Teil von Flandern, den man das französische Flandern nennt, war binnen drei Monaten erobert worden – die Freigrafschaft Burgund binnen drei Wochen. Der Vertrag zwischen Holland, England und Schweden zur Erhaltung des europäischen Gleichgewichts und zur Eindämmung des Ehrgeizes Ludwigs XIV. wurde in fünf Tagen abgeschlossen. Der Staatsrat Kaiser Leopolds wagte sich nicht an diesem Anschlag zu beteiligen. Der Kaiser war durch den geheimen Vertrag gebunden, den er mit dem König von Frankreich zum Zweck der Beraubung des jungen Königs von Spanien eingegangen war; er unterstützte insgeheim das Bündnis zwischen England, Schweden und Holland, ergriff jedoch keine offenen Maßnahmen.

Ludwig XIV. war empört darüber, dass ein kleiner Staat wie Holland es sich einfallen ließ, seinen Eroberungen ein Ziel zu setzen und sich zum Schiedsrichter der Könige aufzuwerfen, noch mehr aber darüber, dass es dazu imstande war. Dieses Unterfangen der Vereinigten Provinzen war eine empfindliche Beleidigung für ihn, die er hinnehmen musste, die zu rächen er aber auch von da ab unablässig bedacht war.

10 Man tut gut, bei diesem Lob an die Worte Macaulays im ›Essay an Sir William Temple‹ zu denken: »Temple gehört zu jenen Männern, die die Welt hoch zu rühmen beliebt, ohne Genaueres über sie zu wissen, und die daher bei eingehender Prüfung leichter verlieren als gewinnen.«

So ehrgeizig, mächtig und entrüstet er jedoch auch war, er wandte den Sturm ab, der sich von allen Seiten Europas gegen ihn zu erheben im Begriff stand. Er selbst machte Friedensvorschläge. Frankreich und Spanien wählten Aachen zum Ort, an dem die Verhandlungen abgehalten werden sollten, und den neuen Papst Klemens IX. Rospigliosi als Vermittler.

Um seine Schwäche durch den Schein des Einflusses zu verdecken, suchte der päpstliche Hof durch alle möglichen Mittel zur Ehre des Schiedsrichteramtes zwischen den Kronen zu gelangen. Beim Pyrenäischen Frieden war ihm das nicht gelungen; beim Frieden zu Aachen aber schien er wenigstens diese Ehre zu haben. Es wurde ein Nuntius zu diesem Kongress geschickt, um dort zwischen den Schatten von Bevollmächtigten ein Schatten von Schiedsrichter zu sein. Die Holländer, die bereits ruhmbegierig waren, wollten die Ehre des Abschlusses dessen, was sie begonnen hatten, nicht mit anderen teilen. In der Tat wurden alle Artikel des Vertrags durch Vermittlung ihres Gesandten Van Beuning in Saint-Germain verhandelt. Was dieser insgeheim genehmigt hatte, wurde dann nach Aachen geschickt und dort mit allem Pomp von den zum Kongress versammelten Bevollmächtigten unterzeichnet. Wer hätte wohl dreißig Jahre früher gedacht, dass ein holländischer Bürger Frankreich und Spanien zur Annahme seiner Vermittlung zwingen würde?

Van Beuning, ein Schöffe der Stadt Amsterdam, besaß die Lebhaftigkeit eines Franzosen und den Stolz eines Spaniers. Er gefiel sich darin, bei jeder Gelegenheit den gebieterischen Stolz des Königs zu verletzen, und setzte dem Ton der Überlegenheit, den die französischen Minister anzuschlagen begannen, eine republikanische Unbeugsamkeit entgegen.

»Trauen Sie etwa dem Wort des Königs nicht?« fragte ihn Herr von Lyonne bei einer Zusammenkunft. »Ich weiß nicht, was der König will«, erwiderte Van Beuning; »ich ziehe nur in Betracht, was er kann.«

2. Mai 1668. – Kurzum, am Hof des stolzesten Monarchen der Welt brachte ein Bürgermeister durch seine Autorität einen Frieden zustande, durch den der König genötigt wurde, die Freigrafschaft Burgund zurückzugeben. Die Holländer hätten es lieber gesehen, wenn er Flandern zurückgegeben und sie dadurch von einem so furchtbaren Nachbarn befreit hätte, die übrigen Völker fanden jedoch, dass der König schon durch die Rückgabe der Freigrafschaft genug Mäßigung an den Tag lege. Er gewann indessen mehr, indem er die flandrischen Städte behielt, und öffnete sich dadurch die Tore Hollands, an dessen Vernichtung er dachte, während er ihm nachgab.

Zehntes Kapitel

Schöpfungen und Prachtliebe Ludwigs XIV. · Seltsame Begebenheit in Portugal · Kasimir in Frankreich · Der Hilfszug nach Kreta · Die Eroberung Hollands

Gezwungen, sich für geraume Zeit ruhig zu verhalten, fuhr Ludwig XIV., wie er begonnen hatte, in der Regelung, Festigung und Verschönerung seines Reiches fort. Er zeigte, dass ein absoluter König, der das Gute will, ohne Mühe mit allem zu Rande kommt: Er brauchte nur zu befehlen, und die Erfolge in der Verwaltung traten ebenso schnell zutage wie vorher seine Eroberungen. Die Seehäfen boten einen Bewunderung erregenden Anblick: noch kurz zuvor öde und verfallen, zeigten sie sich jetzt von Werken umkränzt, die ihnen gleichzeitig als Schmuck und zur Verteidigung dienten, mit Schiffen und Matrosen bedeckt und mit beinahe sechzig großen Kriegsfahrzeugen angefüllt, die im Kriegsfall in See stechen konnten. Nach allen Richtungen hin brachen unter dem Schutz seiner Flagge neue Kolonien nach Amerika, nach Ostindien, nach der afrikanischen Küste auf. Inzwischen gewährten in Frankreich und unter seinen Augen gewaltige Bauten durch all die Künste und Handwerke, die die Architektur im Gefolge hat, Tausenden von Menschen Beschäftigung, und an seinem Hof wie in seiner Hauptstadt verschafften die höheren und bedeutsameren Künste dem Land Genüsse und einen Glanz, von dem die früheren Jahrhunderte nicht einmal eine Vorstellung gehabt hatten. Die Wissenschaften blühten, und der gute Geschmack und die Vernunft drangen in die Schulen der Barbarei ein. Alle diese Einzelheiten des Glanzes und des Glücks der Nation werden noch in dieser Geschichte ihre eigentliche Stelle finden – hier handelt es sich nur um die allgemeinen und die militärischen Angelegenheiten.

Portugal bot zu dieser Zeit Europa ein eigentümliches Schauspiel. Dort regierte Don Alfonso, der unwürdige Sohn des glücklichen Don João von Braganza – er war ein rasender Schwachkopf. Seine Gemahlin, eine Tochter des Herzogs von Nemours, die Don Pedro, einen Bruder Alfonsos, liebte, wagte den Vorsatz zu fassen, ihren Gatten zu entthronen und ihren Geliebten zu heiraten; der Stumpfsinn ihres Gatten rechtfertigte die Kühnheit der Königin. Alfonso war von mehr als gewöhnlicher Körperkraft; er hatte von einer öffentlichen Dirne ein Kind und dieses öffentlich anerkannt; schließlich hatte er auch lange Zeit das Lager der Königin geteilt – trotz alledem aber klagte diese ihn des Unvermögens an, und da sie durch ihre Geschicklichkeit im Land das Ansehen erworben hatte, das ihr Gatte durch seine Wutausbrüche eingebüßt hatte, so ließ sie ihn einsperren (November 1667). Bald darauf erhielt sie dann durch eine Bulle von Rom die Genehmigung zur Heirat mit ihrem Schwager.

Es kann nicht wundernehmen, dass Rom diese Bulle gewährte, wohl aber muss man sich wundern, dass allmächtige Personen einer solchen bedürfen. Was Julius II. ohne Bedenken dem König von England, Heinrich VIII., bewilligt hatte, bewilligte Klemens IX. der Gemahlin eines Königs von Portugal. Zu einer gewissen Zeit bewirkt die kleinste Intrige, was zu einer anderen die gewaltigsten Triebfedern nicht vermögen. Es gibt jederzeit zwei Maße und zwei Gewichte für die Rechte der Könige und der Völker, und seitdem die Päpste einen Einfluss auf die Angelegenheiten Europas ausübten, waren diese beiden Maße stets im Vatikan vorhanden gewesen. Man würde nie begreifen, wie zahllose Nationen dem römischen Pontifex eine so seltsame Autorität zugestehen konnten, wenn man nicht wüsste, welche Macht die Gewohnheit hat.

Da jene Begebenheit, die nur eine Umwälzung innerhalb der königlichen Familie, nicht aber im Königreich Portugal war, nichts am Stand der europäischen Angelegenheiten änderte, so verdient sie nur wegen ihrer Seltsamkeit Beachtung.

Bald danach nahm Frankreich einen König auf, der in anderer Weise den Thron verließ. Johann Kasimir von Polen erneuerte das Beispiel, das Christine von Schweden gegeben hatte (September 1668). Des Gewirrs der Regierungsgeschäfte überdrüssig und vom Verlangen nach einem glücklichen Leben erfüllt, wählte er die Abtei von Saint-Germain in Paris, deren Abt er war, zu seinem Zufluchtsort. Paris, das seit einigen Jahren zum Sitz aller Künste geworden war, war ein köstlicher Aufenthaltsort für einen König, der die Annehmlichkeiten der Gesellschaft suchte und die schönen Wissenschaften liebte. Er war Jesuit und Kardinal gewesen, bevor er König wurde, aber gleichermaßen des Königtums wie der Kirche müde, suchte er nur als Privatmann und als Weiser zu leben und wollte in Paris niemals dulden, dass man ihm den Titel Majestät beilege.

Aber eine wichtigere Angelegenheit hielt die Aufmerksamkeit der christlichen Fürsten gefesselt: Die Türken, die zwar nicht mehr so furchtbar wie zur Zeit Mohammeds, Selims und Süleimans, aber immer noch gefährlich genug und durch unsere Zwietracht stark waren, belagerten Kreta, nachdem sie es acht Jahre lang blockiert hatten, nunmehr in aller Form und mit allen Steitkräften ihres Reichs. Man weiß nicht, ob man sich mehr darüber wundern soll, dass die Venezianer sich so lange verteidigt, oder darüber, dass die Könige Europas sie im Stich gelassen hatten.

Die Zeiten haben sich gewaltig geändert. Früher, als das christliche Europa noch barbarisch war, sandte ein Papst oder sogar ein einfacher Mönch Tausende von Christen zum Kampf gegen die Türken in deren Reich – unsere Staaten erschöpften sich an Menschen und an Geld, um das kleine, unfruchtbare Judäa zu erobern. Jetzt aber, wo die Insel Kreta, die als das Bollwerk der Christenheit galt, von sechzigtausend Türken überschwemmt war, sahen die christlichen Fürsten diesem Verlust mit Gleichgültigkeit zu. Einige Galeeren, die Malta und der Papst abgeschickt hatten, waren die einzigen Hilfsmannschaften, die diesen Staat gegen das Osmanische Reich zu verteidigen suchten. Der ebenso ohnmächtige wie einsichtsvolle Senat von Venedig konnte mit seinen Söldnern und jenen schwachen Hilfsvölkern unmöglich dem Großwesir Kiuperli widerstehen, einem tüchtigen Minister und noch tüchtigeren Heerführer, der das ganze türkische Reich beherrschte und nicht bloß bedeutende Truppenmassen, sondern auch tüchtige Ingenieure hatte.

Der König gab ganz ohne Nutzen den übrigen Fürsten das Beispiel zur Unterstützung Kretas. Seine Galeeren und die im Hafen von Toulon neuerbauten Kriegsschiffe führten der Stadt Heraklion unter dem Befehl des Herzogs von Beaufort siebentausend Mann zu. Diese Hilfe war jedoch zu gering einer so großen Gefahr gegenüber, da die französische Hochherzigkeit keinen einzigen Nachahmer fand.

September 1669. – La Feuillade, der einfache französische Edelmann, vollbrachte bei dieser Gelegenheit eine Tat, die nur in den Zeiten der alten Ritter ihresgleichen findet: Er führte, obschon er keineswegs reich war, auf seine Kosten dreihundert französische Edelleute nach Kreta. Hätte irgendeine andere Nation für die Venezianer verhältnismäßig dasselbe getan wie La Feuillade, so steht zu glauben, dass Kreta gerettet worden wäre. Jener Zuzug aber verzögerte den Fall der Stadt Heraklion nur um wenige Tage und erzeugte nur unnützes Blutvergießen. Der Herzog von Beaufort kam bei einem Ausfall ums Leben, und Kiuperli zog schließlich aufgrund eines Vergleichs in die Stadt ein, die nur noch ein Trümmerhaufen war.

Die Türken hatten sich bei dieser Belagerung den Christen sogar in der Kriegskunst überlegen gezeigt. Die größten Kanonen, die bis dahin in Europa aufgetaucht waren, wurden in ihrem Lager gegossen; ebenso legten sie dort beim Bau der Laufgräben die ersten Parallelen an. Wir haben diesen Brauch erst von ihnen angenommen, sie selbst aber hatten ihn von einem italienischen Ingenieur. Sieger wie die damaligen Türken mit ihrer Erfahrung, ihrem Mut, ihrem Reichtum und ihrer unermüdlichen Arbeitskraft, die sie damals auszeichnete, hätten unzweifelhaft in sehr kurzer Zeit Italien erobern und Rom einnehmen müssen, aber die feigherzigen Kaiser, die sie später hatten, ihre schlechten Heerführer und die Gebrechen ihrer Regierungsform haben die Christenheit gerettet.

Wenig berührt von diesen sich in weiter Ferne abspielenden Ereignissen, ließ der König seinen großen Plan, die ganzen Niederlande zu erobern und dabei mit Holland den Anfang zu machen, langsam zur Vollendung reifen. Die Gelegenheit wurde von Tag zu Tag günstiger. Die kleine Republik Holland beherrschte das Meer – auf dem festen Land aber war kein Staat schwächer als sie. Mit Spanien und England im Bündnis und mit Frankreich im Frieden, baute sie mit allzu großer Sicherheit auf die abgeschlossenen Verträge und auf die Vorteile, die ihr ausgedehnter Handel sicherte. So kriegstüchtig und unüberwindlich ihre Marine war, so schlecht verpflegt und harmlos waren ihre Landtruppen. Ihre Reiterei bestand aus Bürgern, die niemals ihre Häuser verließen und den ihnen obliegenden Dienst durch bezahlte Leute aus der Hefe des Volkes verrichten ließen. Das Fußvolk befand sich nahezu in demselben Zustand. Die Offiziere und sogar die Kommandanten der festen Plätze waren Söhne oder Verwandte der Bürgermeister, die in Unerfahrenheit und Untätigkeit aufgewachsen waren und ihre Ämter ungefähr so ansahen, wie die Priester ihre Pfründen ansehen. Der Großpensionär Johan de Witt hatte diesen Missbrauch abstellen wollen, aber er hatte es nicht nachdrücklich genug gewollt, und das war einer der großen Fehler dieses Republikaners.

1670. – Zunächst musste England dem Bündnis mit Holland abspenstig gemacht werden; sobald den Vereinigten Provinzen erst diese Stütze fehlte, schien ihr Untergang unvermeidlich. Es fiel Ludwig XIV. nicht schwer, Karl II. für seine Absichten zu gewinnen. Der englische Monarch war allerdings nicht sehr empfindlich für die Schmach, die seine Regierung und sein Volk erlitten hatten, als seine Schiffe sogar auf der Themse von der holländischen Flotte verbrannt wurden. Er war weder rachsüchtig noch eroberungslustig, aber er wollte ein vergnügtes Leben führen und mit weniger beschränkter Gewalt herrschen: Das war der Punkt, wo er verwundbar war. Ludwig, der damals nur zu fordern brauchte, um Geld zu erhalten, versprach König Karl, der ohne Zustimmung seines Parlaments nichts erhalten konnte, eine bedeutende Summe. Dieses geheime Bündnis zwischen den beiden Königen wurde in Frankreich nur Madame, der Schwester Karls II. und Gemahlin Monsieurs, des einzigen Bruders Ludwigs XIV., sowie Turenne und Louvois anvertraut.

Eine Prinzessin von sechsundzwanzig Jahren war der Bevollmächtigte, der diesen Vertrag mit König Karl zum Abschluss bringen sollte. Zum Vorwand der Überfahrt von Madame nach England diente eine Reise, die der König in die neueroberten Gebiete nach Dünkirchen und nach Lille machen wollte. Pomp und Prunk der alten Könige Asiens kamen der Pracht dieser Reise durchaus nicht gleich. Dreißigtausend Menschen bewegten sich vor oder hinter dem Reisezug des Königs; die einen, um die Besatzungen in den eroberten Landstrichen zu verstärken, die anderen, um an den Festungswerken zu arbeiten, einige schließlich, um die Wege zu bahnen. Der König hatte die Königin, seine Gemahlin, sämtliche Prinzessinnen und die schönsten Frauen des Hofs bei sich. Madame glänzte in deren Mitte und genoss im Innern ihrer Seele das Vergnügen und die Ehre all dieser prunkvollen Zurüstungen, die den Zweck ihrer Reise verdeckten. Dieser Ausflug war ein ununterbrochenes Fest von Saint-Germain bis Lille.

Der König, der die Herzen seiner Untertanen gewinnen und seine Nachbarn blenden wollte, streute überall verschwenderisch seine Gaben aus: Gold und Edelsteine wurden an jeden verschwendet, der nur irgendeinen Vorwand hatte, um mit ihm zu reden. Die Prinzessin Henriette schiffte sich in Calais ein, um ihren Bruder zu besuchen, der ihr bis Canterbury entgegenkam. Durch die Zuneigung zu seiner Schwester und das französische Gold verführt, unterzeichnete Karl alles, was Ludwig XIV. wollte, und traf unter Festen und Vergnügungen die Vorbereitungen zum Verderben Hollands.

Der Tod Madames, die nach ihrer Rückkehr plötzlich an einer schrecklichen Krankheit verschied, erregte unverdienterweise einen hässlichen Verdacht gegen Monsieur, änderte aber nichts an den Abmachungen der beiden Könige. Die Beute, die man der dem Untergang geweihten Republik abzunehmen gedachte, war bereits durch den geheimen Vertrag zwischen dem englischen und dem französischen Hof geteilt, gerade wie man im Jahre 1635 Flandern mit den Holländern geteilt hatte. So wechselte man die Ansichten, die Freunde und die Feinde und wird nicht selten in allen seinen Entwürfen betrogen. Das Gerücht von dem bevorstehenden Unternehmen begann nun zwar sich zu verbreiten, Europa aber nahm es schweigend auf. Der von den ungarischen Aufständen in Anspruch genommene Kaiser, das durch Verhandlungen eingeschläferte Schweden, das immer schwache, immer unentschlossene, immer langsame Spanien – sie alle ließen dem Ehrgeiz Ludwigs XIV. freien Spielraum.

Um das Unglück vollzumachen, war Holland selbst in zwei Parteien geteilt. Die eine bildeten die strengen Republikaner, denen jeder Schatten einer despotischen Autorität als ein den Gesetzen der Menschheit widerstreitendes Unding erschien; die andere bestand aus den gemäßigten Republikanern, die den jungen, später unter dem Namen Wilhelm III. so berühmt gewordenen Prinzen von Oranien in die Würden seiner Vorfahren einsetzen wollten. An der Spitze der strengen Anhänger der Freiheit standen der Großpensionär Johan de Witt und sein Bruder Cornelius, aber die Partei des jungen Prinzen begann das Übergewicht zu gewinnen. So trug die Republik, mehr mit ihren inneren Streitigkeiten als mit ihrer Gefahr beschäftigt, selbst zu ihrem Fall bei.

Ein sonderbarer Brauch, der seit siebenhundert Jahren bei den Christen im Schwange war, gestattete den Priestern, gleichzeitig auch weltliche Herren und Krieger zu sein. Ludwig XIV. besoldete daher den Erzbischof von Köln, Ferdinand von Bayern, und jenen Bernhard von Galen, Bischof von Münster und Abt von Corvey in Westfalen, wie er Karl II. von England besoldete. Er hatte vorher den Holländern gegen diesen Bischof Beistand geleistet, und jetzt bezahlte er ihn, um sie vernichten zu lassen. Galen war ein merkwürdiger Mann, den zu schildern die Geschichtsschreibung nicht versäumen darf. Der Sohn eines Mörders und in dem Gefängnis geboren, in dem sein Vater vierzehn Jahre lang gefangen saß, war er durch allerlei Intrigen und vom Glück unterstützt zur Würde eines Bischofs von Münster gelangt. Kaum zum Bischof gewählt, hatte er die Stadt ihrer Privilegien berauben wollen; sie widersetzte sich diesem Beginnen, er aber belagerte sie und verheerte das Land, das ihn zu seinem Hirten erkoren hatte, mit Feuer und Schwert. Ebenso verfuhr er gegen seine Abtei Corvey. Man betrachtete ihn als einen käuflichen Banditen, der bald von den Holländern Geld empfing, um deren Nachbarn zu bekriegen, bald aber von Frankreich gegen die Republik besoldet wurde.

Schweden griff zwar die Vereinigten Provinzen nicht an, ließ sie aber im Stich, sobald es sie bedroht sah, und trat gegen Zahlung einiger Subsidien wieder in sein früheres Verhältnis zu Frankreich. Alles verband sich zur Vernichtung Hollands.

Eigentümlich und bemerkenswert ist der Umstand, dass von all den Feinden, die über den kleinen Staat herzufallen im Begriff standen, kein einziger einen Vorwand zum Krieg nachweisen konnte. Der ganze Anschlag glich ungefähr der Liga zwischen Ludwig XII., dem König von Spanien und Kaiser Maximilian, die sich zu ihrer Zeit zur Vernichtung der Republik Venedig zusammengetan hatten, weil diese reich und stolz war.

Die bestürzten Generalstaaten schrieben an den König und fragten demütig an, ob die gewaltigen Rüstungen; die er betreibe, wirklich gegen sie, seine alten und treuen Verbündeten, gerichtet seien, wodurch sie ihn beleidigt hätten und schließlich, welche Genugtuung er verlange. Er erwiderte, er würde von seinen Truppen den Gebrauch machen, den seine Würde erfordere, von der er niemandem Rechenschaft schuldig sei. Seine Minister brachten statt jeden Grundes vor, dass der Autor der ›Gazette de Hollande‹ zu unverschämt gewesen wäre und dass man erzähle, Van Beuning habe eine für Ludwig XIV. beleidigende Medaille schlagen lassen.

Es herrschte damals der Geschmack für Sinnbilder in Frankreich. Ludwig XIV. hatte man zum Sinnbild die Sonne mit der Umschrift gegeben: »Nec pluribus impar«. Nun behauptete man, Van Beuning habe sich mit einer Sonne darstellen und darunter die Worte setzen lassen: »In conspectu meo stetit sol«, d.h. »Bei meinem Anblick stand die Sonne still.«[11] Diese Medaille hat in Wahrheit niemals existiert. Doch die Generalstaaten hatten allerdings eine Medaille herstellen lassen, auf der sie alle glorreichen Taten der Republik aufgezählt hatten: Assertis legibus; emendatis sacris; adjutis, defensis, conciliatis regibus; vindicata marium libertate; stabilita orbis Europae quiete, d.h. Festigung der Gesetze; Reinigung der Religion; Unterstützung, Verteidigung und Versöhnung der Könige; Rächung der Freiheit der Meere; Beruhigung Europas.

Sie rühmten sich damit keiner Tat, die sie nicht wirklich vollbracht hatten; indessen ließen sie doch den Stempel zu dieser Medaille zerbrechen, um Ludwig XIV. zu besänftigen.

---

11 Später ist zwar in Holland eine Medaille geschlagen worden, die man für die Van Beunings gehalten hat; sie trägt jedoch kein Datum. Sie stellt einen Kampf dar mit einer Sonne über den Kämpfenden; die Umschrift lautet: »Stetit sol in medio coeli.« Diese Medaille, die Privatpersonen hergestellt haben, ist nur wegen der Schlacht bei Hochstädt im Jahre 1704 anlässlich der beiden Verse

»Alter in egregio nuper certamine Josua
Clamavit: Sta, sol gallice! solque stetit«,

die damals im Umlauf waren, geschlagen worden. Van Beuning hieß aber nicht Josua, sondern Konrad.

Der König von England beschuldigte sie seinerseits, dass ihre Flotte nicht vor einem englischen Boot die Flagge gesenkt habe, und deutete überdies auf ein Gemälde hin, auf dem Cornelius de Witt, der Bruder des Großpensionärs, mit den Attributen eines Siegers dargestellt war: Man erblickte nämlich auf diesem Bild im Hintergrund eroberte und verbrannte Schiffe. Cornelius de Witt, der an den Heldentaten gegen die Engländer in der Tat großen Anteil gehabt hatte, hatte dieses kleine Denkmal seines Ruhms gelitten, doch befand sich das beinahe unbekannte Gemälde in einem Zimmer, das fast nie betreten wurde. Die englischen Minister, die die Beschwerden ihres Gebieters schriftlich darlegten, führten darunter beleidigende Darstellungen, »abusive pictures«, auf. Die Generalstaaten, die stets die Eingaben der Minister ins Französische übertrugen, übersetzten »abusive« durch »fautiv, trompeur« und erwiderten, dass sie nicht wüssten, was »tableaux trompeurs« (trügerische Darstellungen) wären. Sie errieten in der Tat niemals, dass von jenem Porträt eines ihrer Mitbürger die Rede sei und konnten niemals zur Klarheit über diesen Vorwand zum Krieg gelangen.

Alles, was menschlicher Ehrgeiz und menschliche Klugheit zur Vernichtung einer Nation auszurichten vermögen, hatte Ludwig XIV. getan. Es gibt kein Beispiel in der Weltgeschichte, dass ein kleines Unternehmen mit so gewaltigen Zurüstungen in Angriff genommen wurde. Von allen Eroberern, die einen Teil der Erde an sich rissen, hat kein einziger seine Eroberungszüge mit so vielen regelmäßigen Truppen und so viel Geld unternommen, wie Ludwig auf die Unterjochung des kleinen holländischen Staates verwandte. Fünfzig Millionen, die heute siebenundachtzig Millionen ausmachen würden, wurden für diese Rüstungen verwandt. Dreißig Schiffe mit je fünfzig Kanonen stießen zur englischen Flotte, die hundert Segel stark war. Der König und sein Bruder rückten mit 112.000 Mann gegen Maastricht und Charleroi zu an die Grenze von Spanisch-Flandern und Holland. Der Bischof von Münster und der Kurfürst von Köln hatten etwa 20.000 Mann. Die Generäle der Armee des Königs waren Condé und Turenne; unter ihnen kommandierte Luxemburg; Vauban sollte die Belagerungen leiten; Louvois war mit seiner gewöhnlichen Wachsamkeit überall.

Einen imposanten Anblick boten besonders die frisch eingerichteten Abteilungen der königlichen Haustruppen. Man sah da vier Gardekompanien, jede zu dreihundert Edelleuten, unter denen sich viele junge, unbesoldete Adlige befanden, die gleich den übrigen an die Regelmäßigkeit des Dienstes gebunden waren; ferner zweihundert Gardekürassiere, zweihundert Chevaulegers, fünfhundert Musketiere, sämtlich Leute von Adel im Schmuck ihrer Jugend und ihrer Schönheit; sodann zwölf Kompanien schwerer Reiter, die später bis auf sechzehn Kompanien vermehrt wurden, und endlich sogar die Schweizergarde, die diesmal den König ebenfalls begleitete. Alle diese französischen und Schweizer Garderegimenter bezogen vor seinem Haus oder seinem Zelt die Wache. Diese meist mit Gold und Silber bedeckten Truppen waren ein Gegenstand des Schreckens und der Bewunderung für ein Volk, bei dem jeder Prunk unbekannt war.

Die noch strenger gewordene Manneszucht hatte eine neue Ordnung im Heer geschaffen. Es gab zwar noch keine Kavallerie- und Infanterie-Inspektoren, wie sie später eingeführt worden sind, aber zwei Männer, von denen jeder in seiner Art einzig war, versahen deren Obliegenheiten. Martinet brachte damals die Infanterie bezüglich der Kriegszucht auf den Punkt, auf dem sie sich heute befindet, und der Chevalier de Fourilles tat dasselbe bei der Kavallerie. Martinet hatte seit etwa einem Jahr bei einigen Regimentern das Bajonett eingeführt; vor ihm bediente man sich dessen nicht ständig und gleichmäßig. Dieses Äußerste vielleicht, was die Kriegskunst an schrecklichen Mitteln erfunden hat, war bekannt, wurde aber wenig verwendet, weil noch die Piken den Vorrang behaupteten. Er hatte auch kupferne Pontons erdacht, die mit Leichtigkeit auf Wagen transportiert werden konnten. Im Hinblick auf all diese Vorteile führte der König, seines Glücks und seines Ruhmes sicher, einen Geschichtsschreiber mit sich, der seine Siege aufzeichnen sollte: Es war dies Pellisson, von dem noch im Abschnitt über die schönen Künste die Rede sein wird – ein Mann, der eher imstande war, gut zu schreiben, als nicht zu schmeicheln.

Der Fall der Holländer wurde noch durch den Umstand gefördert, dass der Marquis de Louvois durch den insgeheim gewonnenen Grafen von Bentheim einen großen Teil der Kriegsvorräte, die zu ihrer Vernichtung beitragen sollten, bei ihnen hatte ankaufen lassen und auf diese Weise ihre Magazine geleert hatte. Es kann durchaus nicht wundernehmen, dass Kaufleute vor der Kriegserklärung jene Vorräte verkauft hatten – sie, die sogar während des lebhaftesten Krieges ihren Feinden Kriegsmaterial verkaufen –, hatte doch ein Großhändler jenes Landes dem Prinzen Moritz, der ihn wegen eines derartigen Handels tadelte, glattweg zur Antwort gegeben: »Gnädiger Herr, wäre auf dem Seeweg ein vorteilhafter Handel mit der Hölle zu treiben, so würde ich mich der Gefahr aussetzen, meine Segel am Höllenfeuer anzusengen.«

Überraschend aber ist es, wenn man hier und da gedruckt findet, dass der Marquis de Louvois persönlich in einer Verkleidung jene Geschäfte in Holland abgeschlossen habe. Wie kann man sich ein so unzweckmäßiges, gefährliches und nutzloses Wagnis vorstellen? Den Turenne, Condé, Luxemburg und Vauban, den 130.000 Streitern, der großartigen Artillerie und dem Geld, mit dem auch noch die Treue der Festungskommandanten angegriffen wurde, hatte Holland nur einen jungen, körperlich schwachen Prinzen, der bisher weder Kämpfe noch Belagerungen gesehen hatte, und etwa 25.000 Mann schlechter Soldaten entgegenzustellen, die damals die ganze Wehrkraft des Landes ausmachten. Der zweiundzwanzigjährige Prinz Wilhelm von Oranien war erst vor kurzem auf Verlangen der Nation zum Generalkapitän des Landheeres gewählt worden, und der Großpensionär Johan de Witt hatte notgedrungen diese Wahl genehmigt. Der Prinz nährte unter dem äußeren Schein des holländischen Phlegmas einen brennenden Ehrgeiz und eine glühende Ruhmbegierde, die später stets in seinem Verhalten zutage traten, ohne sich je durch Worte zu verraten. Er war von kalter und harter Gemütsart, aber von regem und durchdringendem Verstand. Sein Mut, der sich niemals zurückschrecken ließ, zwang seinen schwachen, siechen Körper zum Ertragen von Beschwerden, die seine Kräfte überstiegen. Er war tapfer, ohne Prahlerei; ehrgeizig, aber ein Feind des Prunks; von der Natur mit einer phlegmatischen Hartnäckigkeit begabt, die ihn zum Kampf gegen die Widerwärtigkeiten befähigte; ein Freund der Geschäfte und des Kriegs; unbekannt mit den Genüssen, die mit der Größe, und sogar mit denen, die mit der Menschlichkeit verknüpft sind – kurzum, beinahe in allen Stücken das Gegenteil von Ludwig XIV.

Zunächst konnte er dem Strom, der sich über sein Vaterland ergoß, keinen Damm entgegensetzen – seine Streitkräfte waren zu unbedeutend, und sogar seine Macht war durch die Generalstaaten beschränkt. Das französische Heer kam mit jähem Ungestüm über Holland hereingestürmt, ohne dass der kleine Staat irgendwelche Unterstützung fand. Der unbedachtsame Herzog von Lothringen, der Truppen hatte anwerben wollen, um sein Geschick mit dem der Republik zu verbinden, sah ganz Lothringen von den französischen Truppen mit derselben Leichtigkeit besetzt werden, mit der man sich Avignons bemächtigt, sobald man mit dem Papst unzufrieden ist.

Inzwischen ließ der König seine Heere gegen den Rhein zu in jene Landstriche einrücken, die an Holland, Köln und Flandern grenzen. Er ließ in allen Dörfern Geld verteilen, um den Schaden zu ersetzen, den seine Truppen etwa anrichteten. Wenn ein Edelmann aus der Umgebung Klage führte, war er sicher, ein Geschenk zu erhalten. Ein Abgesandter des Gouverneurs der Niederlande, der dem König wegen einiger von den Truppen angerichteten Verheerungen Vorstellungen machen sollte, empfing aus den Händen des Königs dessen mit Diamanten besetztes Porträt, das auf über zwölftausend Franc geschätzt wurde. Dieses Verfahren erregte die Bewunderung des Volkes und vermehrte die Furcht vor seiner Macht.

Der König befand sich an der Spitze seiner Haustruppen und seiner besten Soldaten, die zusammen ein Heer von dreißigtausend Mann bildeten, das unter seinem Oberbefehl von Turenne kommandiert wurde. Der Prinz von Condé hatte eine ebenso starke Armee. Die übrigen Korps, die teils von Luxemburg, teils von Chamilly befehligt wurden, bildeten bei Gelegenheit besondere Armeen oder vereinigten sich auch, wenn das Bedürfnis es erforderte. Man begann mit der gleichzeitigen Belagerung von vier Städten, deren Namen nur dieser Begebenheit wegen einen Platz in der Geschichte verdienen: Rheinberg, Orfoy, Wesel und Burick. Sie wurden beinahe ebenso rasch genommen wie eingeschlossen. Rheinberg, das der König in Person belagern wollte, hielt nicht einen Kanonenschuss aus. Um aber seine Einnahme noch mehr zu sichern, trug man Sorge, den Kommandanten des Platzes, einen Iren namens Dossery, zu bestechen, der nicht bloß so niederträchtig war, sich zu verkaufen, sondern auch so unvorsichtig, sich dann nach Maastricht zurückzuziehen, wo der Prinz von Oranien ihn mit dem Tod bestrafen ließ.

12. Juni 1672. – Alle Plätze längs des Rheins und der Ijssel ergaben sich. Einige Gouverneure übersandten die Schlüssel der ihnen anvertrauten Städte, sobald sie nur ein oder zwei französische Geschwader in der Ferne vorüberziehen sahen; verschiedene Offiziere flüchteten sogar aus den Städten, in denen sie in Garnison lagen, bevor noch der Feind ihr Gebiet betreten hatte. Die Bestürzung war allgemein.

Der Prinz von Oranien hatte noch nicht genug Truppen, um sich im Feld zu zeigen. Ganz Holland war darauf gefasst, unter das Joch gehen zu müssen, sobald der König den Rhein überschritten haben würde. Der Prinz von Oranien ließ in aller Eile am jenseitigen Ufer des Flusses Verschanzungen aufwerfen; nachdem diese aber fertig waren, erkannte er, dass er nicht imstande sei, sie zu halten. Es handelte sich nur noch darum, in Erfahrung zu bringen, an welchem Punkt die Franzosen den Fluss zu überschreiten beabsichtigten, und sich dort, wenn es ginge, ihrem Übergang zu widersetzen. In der Tat beabsichtigte der König den Strom auf einer Brücke aus den von Martinet erfundenen Booten zu überschreiten. Da brachten Leute aus der Gegend dem Prinzen von Condé Nachricht, dass infolge der trockenen Jahreszeit bei einem alten Turm, der als Zollbüro diente und »Tollhuys« – d.h. Zollhaus – hieß, eine Furt über einen der Arme des Rheins entstanden sei. Jenes Tollhuys war mit siebzehn Soldaten besetzt.

Der König ließ die Furt durch den Grafen von Guiche untersuchen. Wie Pellisson in seinen Briefen als Augenzeuge versichert und wie die Bewohner jener Gegend mir bestätigt haben, blieb bei Benutzung der Furt nur eine Strecke von etwa zwanzig Schritt mitten in diesem Flussarm zu durchschwimmen. Diese kurze Strecke war von keiner Bedeutung, da mehrere Pferde nebeneinander die Gewalt des schwachen Stromes brachen; der Zugang war bequem. Am jenseitigen Ufer standen nur vier bis fünfhundert Reiter und zwei schwache Infanterieregimenter ohne Kanonen, die von der französischen Artillerie in der Flanke beschossen wurden.

Während die königlichen Haustruppen und die beste Reiterei in einer Stärke von etwa 15.000 Mann ohne jede Gefahr hinübergingen, setzte der Prinz von Condé an ihrer Seite in einem kupfernen Boot über den Strom. Einige holländische Kavalleristen sprengten zwar ins Wasser, als ob sie Widerstand leisten wollten, flohen aber wenige Augenblicke später vor der Menge, die sich ihnen entgegenwälzte. Die Infanterie legte sogleich die Waffen nieder und bat um ihr Leben. Man verlor beim Übergang nur den Grafen von Nogent und einige Reiter, die von der Furt abkamen und ertranken, und ohne die Unbedachtsamkeit des jungen Herzogs von Longueville würde an diesem Tag niemand getötet worden sein. Wie man sagt, feuerte er im Weinrausch einen Pistolenschuss auf die Feinde ab, die auf den Knien um Pardon baten, und schrie ihnen dabei zu: »Kein Quartier für dieses Lumpengesindel!«

Der Schuss tötete einen der holländischen Offiziere. Die holländische Infanterie aber griff voll Verzweiflung wieder zu ihren Waffen und gab eine Salve ab, von der der Herzog von Longueville getötet wurde.

Gleichzeitig sprengte ein Rittmeister namens Ossembroek, der nicht mit den übrigen geflohen war, auf den Prinzen von Condé zu, der sich eben beim Aussteigen aus dem Boot aufs Pferd schwingen wollte, und setzte ihm die Pistole an den Kopf. Der Prinz gab durch eine Bewegung dem Schuss eine andere Richtung, trotzdem aber wurde ihm das Handgelenk zerschmettert. Es war dies die einzige Wunde, die Condé in allen seinen Feldzügen davontrug. Die ergrimmten Franzosen hieben nun die feindliche Infanterie, die nach allen Seiten hin zu fliehen begann, ohne Gnade und Barmherzigkeit nieder. Ludwig XIV. rückte, nachdem er persönlich den ganzen Marsch geleitet hatte, auf einer Schiffbrücke mit der Infanterie über den Strom.

Das war jener Übergang über den Rhein, jene glänzende, einzig dastehende Waffentat, die damals wie eines der gewaltigen Ereignisse gefeiert wurde, die sich für ewig dem Gedächtnis der Menschen einprägen müssen. Der Anstrich von Größe, den der König allen seinen Handlungen gab; die Schnelligkeit, mit der das Glück ihn bei seinen Eroberungen begünstigte; der Glanz seiner Regierung; die Vergötterung, die seine Höflinge ihm zuteil werden ließen; schließlich der Hang des Volkes, und besonders der Pariser, zur Übertreibung, in Verbindung mit der Unkenntnis vom Krieg, wie sie der Müßiggang in den Großstädten erzeugt – das alles hatte zur Folge, dass dieser Übergang über den Rhein in Paris für ein Wunder gehalten wurde, das man noch übertrieb. Man war allgemein der Meinung, die ganze Armee wäre schwimmend über den Strom gesetzt in Gegenwart eines verschanzten Heeres und trotz des Artilleriefeuers einer uneinnehmbaren Festung, des sogenannten Tholus. Allerdings imponierte auch dem Feind nichts mehr als dieser Übergang, und das Unternehmen wäre sehr gefährlich gewesen, wenn er eine Abteilung tüchtiger Truppen am jenseitigen Ufer gehabt hätte.

Sobald der Rhein überschritten war, nahm man Doesburg, Zutphen, Arnheim, Nosenburg, Nimwegen, Shenk, Bemmel, Crèvecoeur usw. Es verging kaum eine Stunde am Tag, in der der König nicht Nachricht von irgendeiner Eroberung erhielt. Ein Offizier namens Mazel schrieb an Turenne: »Wenn Sie mir fünfzig Pferde schicken wollen, werde ich damit zwei oder drei Plätze wegnehmen können.«

20. Juni 1672. –Utrecht schickte seine Schlüssel und kapitulierte mit der ganzen Provinz, die seinen Namen trägt. Ludwig zog in Begleitung seines Großalmosenpflegers, seines Beichtvaters und des Titularbischofs von Utrecht triumphierend in die Stadt ein. Die Hauptkirche wurde feierlich den Katholiken übergeben und der Erzbischof, der nur den Namen seines Erzbistums führte, für einige Zeit in dessen wirklichen Besitz eingesetzt. Die Religion Ludwigs XIV. machte Eroberungen wie seine Waffen: er erwarb dadurch im Geist der Katholiken ein Recht auf Holland.

Die Provinzen Utrecht, Overijssel und Gelderland waren unterworfen; Amsterdam wartete nur noch auf den Augenblick seiner Knechtung oder seines Ruins. Die Juden, die in dieser Stadt wohnten, beeilten sich, Gourville, dem Intendanten und Freund des Prinzen von Condé, zwei Millionen Gulden anzubieten, um sich von der Plünderung loszukaufen. Naarden, die Nachbarstadt Amsterdams, war bereits genommen. Vier marodierende Reiter kamen bis an die Tore von Ijmuiden, das kaum eine Stunde von Amsterdam entfernt liegt und wo sich die Schleusen befinden, durch die das Land unter Wasser gesetzt werden kann. Die Stadtbehörden von Ijmuiden boten, außer sich vor Schreck, jenen vier Reitern ihre Schlüssel an; als sie aber schließlich sahen, dass sich keine Truppen näherten, nahmen sie die Schlüssel wieder zurück und schlossen die Tore. Ein wenig mehr Eilfertigkeit hätte Amsterdam in die Hände des Königs gebracht. War diese Hauptstadt nämlich einmal genommen, so ging nicht bloß die Republik zugrunde, sondern es gab dann auch keine holländische Nation mehr, und bald würde sogar der Boden dieses Landes verschwunden gewesen sein.

Die reichsten und der Freiheit am meisten zugetanen Familien rüsteten sich bereits zur Flucht ans Ende der Welt, d.h. zur Einschiffung nach Batavia. Man stellte ein Verzeichnis aller Schiffe, die diese Reise machen konnten, und eine Berechnung dessen auf, was man einschiffen konnte. Man fand, dass fünfzigtausend Familien in dieses neue Vaterland flüchten könnten. Holland würde dann nur noch am äußersten Ende Ostindiens existiert haben, und jene Provinzen Europas, die ihr Getreide mit den Reichtümern Asiens erkaufen, die nur von ihrem Handel und sozusagen von ihrer Freiheit leben, würden nahezu gänzlich zugrunde gerichtet und entvölkert worden sein. Amsterdam, dieses Warenhaus und Magazin Europas, wo zweihunderttausend Menschen dem Handel und dem Handwerk obliegen, würde in kurzer Zeit ein ungeheurer Morast geworden sein. Sämtliche umliegende Ländereien erfordern ungeheure Kosten und Tausende von Menschen zur Errichtung der Deiche; wahrscheinlich würde es ihnen sodann gleichzeitig an Menschen wie an Geld gemangelt haben, und sie würden schließlich vom Wasser überflutet worden sein und Ludwig XIV. nur den traurigen Ruhm gelassen haben, dass er das bemerkenswerteste und schönste Denkmal menschlichen Fleißes zerstört habe.

Die Not des Staates wurde noch durch den Hader erhöht, wie er bei Unglücklichen, die einander die Schuld am öffentlichen Elend beilegen, nur zu gewöhnlich ist. Der Großpensionär de Witt glaubte die Reste seines Vaterlands nur dadurch retten zu können, dass man den Sieger um Frieden bitte. Bei seiner ebenso republikanischen wie auf sein persönliches Ansehen eifersüchtigen Denkart fürchtete er stets die Erhöhung des Prinzen von Oranien noch mehr als die Eroberungen des Königs von Frankreich: Er hatte diesen Prinzen sogar ein unabänderliches Edikt beschwören lassen, das ihn von der Würde eines Statthalters ausschloss. Die Ehre, die Autorität, der Parteigeist und das Interesse banden de Witt an diesen Eid; er wollte seine Republik lieber von einem siegreichen König unterjocht als von einem Statthalter unterworfen sehen.

Ehrgeiziger als de Witt, seinem Vaterland nicht weniger ergeben, geduldiger im öffentlichen Unglück und alles von der Zeit und seiner unerschütterlichen Beständigkeit erwartend, strebte der Prinz von Oranien seinerseits mit demselben Eifer nach der Statthalterwürde und widersetzte sich dem Frieden. Die Generalstaaten beschlossen, dass man trotz des Prinzen um Frieden bitten wolle, der Prinz selbst aber wurde trotz der beiden de Witt zur Statthalterwürde erhoben.[12]

Nun erschienen im Lager des Königs vier Deputierte, um im Namen einer Republik, die sich noch sechs Monate vorher für die Schiedsrichterin der Könige hielt, seine Barmherzigkeit anzurufen. Diese Deputierten wurden von den Ministern Ludwigs XIV. nicht mit jener französischen Höflichkeit empfangen, die sogar die Härten der Regierung durch die Annehmlichkeiten der Zuvorkommenheit mildert.[13] Der harte und hochfahrende Marquis de Louvois, der eher dazu befähigt war, seinem Gebieter gut zu dienen, als Liebe für ihn zu erwecken, empfing die Bittsteller mit Hochmut und sogar mit beleidigendem Spott: man nötigte sie, mehrere Male zurückzukommen.

Endlich ließ der König ihnen seinen Willen mitteilen. Er verlangte seitens der Republik die Abtretung aller ihrer Besitzungen jenseits des Rheins sowie Nimwegens und mehrerer Städte und Forts inmitten ihres Gebiets; sodann die Zahlung einer Summe von zwanzig Millionen sowie die Befreiung der Franzosen von jedem Zoll auf den Hauptstraßen Hollands, sei es zu Wasser oder zu Land; die Wiedereinführung der katholischen Religion an allen Orten; ferner die jährliche Zusendung einer Gesandtschaft an ihn mit einer goldenen Medaille, auf der eingegraben stehen sollte, dass die Holländer ihre Freiheit Ludwig XIV. verdankten, und endlich außerdem noch die Leistung der Genugtuung, die sie dem König von England und den Fürsten des Reichs schulde, d.h. dem

12 Er wurde Statthalter am 1. Juli 1672. Wie konnte also La Beaumelle in seinen Noten zu der unterschobenen Ausgabe des ›Zeitalters Ludwigs XIV.‹ behaupten, er wäre nur zum Heerführer und zum Admiral ernannt worden?

13 La Beaumelle sagt in seinen Noten: »Diese Höflichkeit ist eine ens rationis.« Wie darf dieser Schriftsteller auf solche Weise Europa Lügen zu strafen wagen?

Kurfürsten von Köln und dem Bischof von Münster, von dem Holland noch immer verheert wurde.

Diese Bedingungen zu einem Frieden, der mehr einer Knechtschaft glich, erschienen unerträglich, und der Übermut des Siegers erweckte bei den Besiegten den Mut der Verzweiflung – man beschloss, mit den Waffen in der Hand zu sterben. Alle Herzen und alle Hoffnungen wandten sich dem Prinzen von Oranien zu. Das wütende Volk wandte seinen Zorn gegen den Großpensionär, der den Frieden verlangt hatte. Mit diesem Volksunwillen verbanden sich die Politik des Prinzen und die Feindschaft seiner Partei. Zunächst machte man einen Mordversuch gegen den Großpensionär Johan de Witt; dann beschuldigte man seinen Bruder Cornelius, dem Prinzen nach dem Leben getrachtet zu haben. Cornelius wurde auf die Folter gespannt. Unter den Martern rezitierte er den Anfang der Horazischen Ode ›Justum et tenacem‹, der ganz seiner Lage und seinem Mut entsprach und hier für die des Lateins Unkundigen folgendermaßen übertragen werden mag:

Des wütenden Meeres Wogender Kampf, Des rasenden Pöbels
Geheul und Gestampf,
Der Fürsten und Herrscher
Tyrannisch Gewüt' Erschüttern nimmer Ein standhaft Gemüt.

Schließlich wurden die beiden Brüder de Witt, von denen der eine den Staat neunzehn Jahre lang mit aller Rechtschaffenheit regiert und der andere ihm mit seinem Degen gedient hatte, vom wütenden Pöbel im Haag niedergemacht (20. August 1672). Man verübte an ihren blutenden Körpern all die Greuel, dessen der Pöbel fähig ist, Greuel, wie sie allen Nationen gemeinsam sind und die die Franzosen am Marschall d'Ancre, am Admiral Coligny usw. verübt hatten, denn der Pöbel ist fast überall derselbe. Man verfolgte auch die Freunde des Großpensionärs. Sogar Ruyter, der Admiral der Republik, der einzige, der mit Erfolg die Waffen für sie führte, sah sich in Amsterdam von Meuchelmördern umgeben.

Inmitten dieser Ausschreitungen und dieses Elends zeigten die Behörden Tugenden, wie sie fast nur in den Republiken zu finden sind. Die Privatpersonen, die im Besitz von Bankbillets waren, drängten sich in Menge zur Amsterdamer Bank: Man befürchtete, dass der Staatsschatz angegriffen worden sei, und jeder beeilte sich, von dem wenigen Geld etwas zu erhalten, das etwa noch vorhanden wäre. Die Behörden ließen nun die Keller öffnen, in denen der Schatz aufbewahrt wird, und man fand ihn in demselben Zustand, in dem er vor sechzig Jahren darin untergebracht worden war: das Silber war sogar noch geschwärzt von dem Feuer, das einige Jahre vorher das Stadthaus verzehrt hatte. Bis dahin waren die Bankbillets jederzeit eingelöst worden, ohne dass man den Schatz berührt hatte; nun aber bezahlte man mit diesem Geld alle, die bezahlt sein wollten. Eine solche Redlichkeit und ein solcher Reichtum mussten umso mehr Bewunderung erregen, da Karl II. von England, um die Holländer bekriegen und die Kosten seiner Vergnügungen bestreiten zu können, nicht zufrieden mit dem Geld Frankreichs, um diese Zeit auch noch seine Untertanen bankrott gemacht hatte. So schmählich es für diesen König war, dass er auf solche Weise das öffentliche Vertrauen täuschte, so ehrenvoll war es für die Behörden von Amsterdam, dass sie zu einer Zeit, wo ein Treubruch in dieser Richtung erlaubt schien, Treu und Glauben hielten.

Mit dieser republikanischen Rechtschaffenheit verbanden sie zudem einen geistigen Mut, der bei Übeln, gegen die es kein Mittel gibt, zu den äußersten Entschlüssen greift. Sie ließen die Deiche durchstechen, die das Wasser des Meeres zurückhalten, und die zahlreichen Landhäuser und Dörfer um Amsterdam sowie die Nachbarstädte Leyden und Delft wurden überschwemmt. Die Bauern murrten jedoch nicht, als sie ihre Herden auf dem Feld ertrinken sahen. Amsterdam glich inmitten der Wasserfläche einer riesigen Festung, die von Kriegsschiffen umgeben war, die Wasser genug hatten, um sich um die Stadt aufzustellen. Die Teuerung in der Stadt war groß; es fehlte besonders an Süßwasser, von dem die Pinte zu sechs Sou verkauft wurde. Aber diese äußerste Not erschien geringer als die Knechtschaft.

Der Beachtung der Nachwelt würdig ist die Tatsache, dass das auf dem festen Land zu Boden getretene Holland, das schon kein Staat mehr war, immer noch auf dem Meer furchtbar blieb – das Meer war das eigentliche Element dieses Volkes.

Während Ludwig XIV. über den Rhein ging und drei Provinzen eroberte, suchte Admiral Ruyter mit ungefähr hundert Kriegsschiffen und über fünfzig Brandern die Flotten der beiden Könige an der englischen Küste auf. Die beiden vereinten Mächte hatten keine stärkere Seemacht aufbringen können als die Republik für sich allein. Die Engländer und die Holländer kämpften wie Nationen, die gewohnt sind, einander die Herrschaft über das Meer streitig zu machen. Der Kampf, der als Schlacht bei Solbaie bezeichnet wird, dauerte einen ganzen Tag lang (7. Juni 1672). Ruyter, der dazu das Zeichen gab, griff das englische Admiralsschiff an, auf dem sich des Königs Bruder, der Herzog von York, befand. Die Ehre dieses Einzelkampfes verblieb Ruyter: Der Herzog von York war genötigt, sich auf ein anderes Schiff zu begeben und trat dem holländischen Admiral nicht mehr gegenüber. Die dreißig französischen Schiffe nahmen am Gefecht wenig teil. Der Ausgang dieses Tages aber war derart, dass die Küsten Hollands fortan in Sicherheit waren.

Nach dieser Schlacht ließ Ruyter trotz der Befürchtungen und des Widerspruchs seiner Landsleute die indische Handelsflotte bei Texel anlegen, indem er so sein Vaterland auf der einen Seite schützte und bereicherte, während es auf der anderen dem Untergang nahe war. Sogar der Handel der Holländer behauptete sich in seiner Blüte: nur ihre Flagge wehte auf dem Indischen Ozean. Als eines Tages ein französischer Konsul dem König von Persien erzählte, dass Ludwig XIV. nahezu ganz Holland erobert hätte, erwiderte der persische Monarch: »Wie ist das möglich, da doch im Hafen von Ormus immer zwanzig holländische Schiffe für ein einziges französisches liegen?«

Der Prinz von Oranien setzte indessen seinen Ehrgeiz darein, ein guter Bürger zu sein: Er bot dem Staat die Einkünfte von seinen Ämtern und sein gesamtes Vermögen zur Verteidigung der Freiheit an; auch ließ er die Straßen, auf denen die Franzosen in den noch übrigen Teil des Landes eindringen konnten, unter Wasser setzen. Vor allem aber rüttelten seine schnell und heimlich geführten Verhandlungen den Kaiser, das Reich, den spanischen Staatsrat und den Gouverneur von Flandern aus ihrem Schlummer auf, ja er machte sogar England zum Frieden geneigt. Kurzum, der König war im Monat Mai in Holland eingerückt, und vom Monat Juli ab begann Europa gegen ihn im Bündnis zu sein.

Monterey, der Gouverneur von Flandern, ließ den Vereinigten Provinzen in der Stille einige Regimenter zu Hilfe marschieren, der Rat Kaiser Leopolds schickte Montecuccoli an der Spitze von nahezu zwanzigtausend Mann, und auch der Kurfürst von Brandenburg, der fünfundzwanzigtausend Mann in seinem Sold hatte, setzte sich in Marsch.

Juli 1672. Jetzt verließ der König die Armee. In einem überschwemmten Land waren keine Eroberungen mehr zu machen, und die Beschützung der eroberten Provinzen wurde schwierig. Ludwig wollte einen sicheren Ruhm; da er ihn aber nicht durch unermüdliche Arbeit erkaufen wollte, verlor er ihn. Zufrieden, dass er in zwei Monaten so viele Städte eingenommen hatte, kehrte er mitten im Sommer nach Saint-Germain zurück und genoss die Freuden des Triumphs, während er Turenne und Luxemburg den Krieg vollenden ließ. Man errichtete Denkmäler zur Erinnerung an seine Eroberung, während die europäischen Mächte damit beschäftigt waren, sie ihm zu entreißen.

Elftes Kapitel

Die Räumung Holland · Die zweite Eroberung der Freigrafschaft Burgund

Ich glaube den Leser daran erinnern zu müssen, dass das vorliegende Werk kein einfacher Bericht über Feldzüge, sondern vielmehr eine Geschichte der Sitten der Menschen ist – es gibt genug Bücher, die mit den Einzelheiten der kriegerischen Vorgänge und dem ganzen Detail der menschlichen Wut und des menschlichen Elends angefüllt sind. Meinem Versuch liegt die Absicht zugrunde, den Grundcharakter jener Umwälzungen zu schildern und die Menge der kleinen Tatsachen beiseite zu schieben, um nur die wirklich bedeutenden und – wenn möglich – den Geist hervortreten zu lassen, der sie herbeigeführt hat.

Frankreich stand damals auf dem Gipfel seines Ruhms: Die Namen seiner Heerführer rissen zur Verehrung hin, seine Minister wurden als den Ratgebern der übrigen Fürsten überlegene Geister angesehen, und Ludwig XIV. war gleichsam der einzige König in Europa. Leopold zeigte sich nicht im Feld, Karl II. von Spanien, der Sohn Philipps IV., war kaum der Kindheit entwachsen, Karl II. von England aber zeigte in seinem Leben keine andere Tätigkeit als die des Genießens.

Alle diese Fürsten und ihre Minister begingen schwere Fehler. England handelte gegen die Grundregeln der Staatsräson, indem es sich mit Frankreich zur Festigung einer Macht verband, deren Demütigung in seinem Interesse lag; der Kaiser, das Reich und der spanische Staatsrat aber taten noch Übleres, da sie sich nicht von vornherein diesem Strom entgegenstemmten. Ludwig selbst beging einen ebenso großen Fehler wie alle anderen, da er die mit solcher Leichtigkeit begonnenen Eroberungen nicht mit genügender Schnelligkeit verfolgte. Condé und Turenne wollten die Mehrzahl der holländischen Festungen geschleift wissen; sie behaupteten, Staaten würden nicht mit Garnisonen, sondern mit Armeen erobert, und während man einen oder zwei feste Plätze für den Fall des Rückzugs festhalte, müsse man mit größter Schnelligkeit zur völligen Eroberung des Landes schreiten. Louvois dagegen wollte alles in Festungen und Besatzungen umgewandelt wissen; dies entsprach der

Eigenart seines Geistes und auch dem Geschmack des Königs. Louvois erhielt dadurch die Verfügung über eine größere Anzahl von Ämtern, er erweiterte den Machtbereich seines Ministeriums und freute sich, den beiden größten Feldherren des Jahrhunderts zu widersprechen. Ludwig glaubte ihm und täuschte sich, wie er später zugab. Er versäumte den Augenblick zur Einnahme der Hauptstadt Hollands; er schwächte sein Heer, indem er es auf zu viele Plätze verteilte, und ließ dem Feind Zeit, wieder zu Atem zu kommen. Die Geschichte der größten Fürsten ist oft eine Darstellung der Missgriffe der Menschen.

Nach der Abreise des Königs änderte sich die Lage der Dinge. Turenne war genötigt, nach Westfalen zu marschieren, um sich den Kaiserlichen entgegenzustellen. Der Gouverneur von Flandern, Monterey, verstärkte, ohne vom furchtsamen spanischen Staatsrat ausdrücklich dazu ermächtigt worden zu sein, die kleine Armee des Prinzen von Oranien um etwa zwölftausend Mann. Der Prinz bot nunmehr den Franzosen bis zum Winter die Spitze, und dass er das Glück im Gleichgewicht erhielt, war schon ein bedeutender Fortschritt.

Endlich kam der Winter; die überschwemmten Gebietsteile Hollands bedeckten sich mit Eis. Da begann Luxemburg, der in Utrecht kommandierte, eine neue Art von Krieg, die den Franzosen bis dahin unbekannt war und Holland in eine neue Gefahr brachte, die ebenso furchtbar war wie die früheren.

Eines Nachts zog er aus den benachbarten Garnisonen etwa zwölftausend Infanteristen zusammen, deren Schuhe mit Eisspitzen versehen wurden; dann stellte er sich an ihre Spitze und marschierte über das Eis auf Leyden und Den Haag zu. Da trat jedoch Tauwetter ein – Den Haag war gerettet; dagegen war sein Heer, inmitten des Wassers ohne Weg und ohne Lebensmittel, dem Untergang nahe. Um nach Utrecht zurückzukommen, musste man auf einem schmalen, kotigen Deich entlangmarschieren, auf dem sich kaum vier Mann nebeneinander hinschleppen konnten. Zu diesem Deich selbst aber konnte man nur gelangen, indem man ein Fort angriff, das ohne Artillerie uneinnehmbar schien. Hätte dieses Fort die Armee nur einen einzigen Tag aufgehalten, so würde diese vor Hunger und Ermüdung umgekommen sein. Luxemburg sah keinen Ausweg, aber das Glück, das Den Haag gerettet hatte, rettete jetzt auch sein Heer durch die Feigheit des Kommandanten jenes Forts, der ohne jeden Grund seinen Posten verließ.

Es treten im Krieg wie im bürgerlichen Leben unzählige Ereignisse ein, die völlig unbegreiflich sind – das eben erwähnte gehört zu der Zahl.

Die ganze Frucht dieses Unternehmens war eine Grausamkeit, die den französischen Namen in diesem Land vollends verhasst machte. Um die Soldaten für ihre Anstrengungen zu entschädigen, wurden ihnen Bodegraven und Zwammerdam, zwei bedeutende, reiche und bevölkerte Flecken etwa von der Größe einer französischen Stadt mittleren Ranges, zur Plünderung überlassen. Die Soldaten zündeten die beiden Städte an und überließen sich beim Schein der Feuersbrunst der Ausschweifung und der Grausamkeit.

Es ist merkwürdig, dass der französische Soldat so grausam ist, während er eine große Anzahl von jenen Offizieren zu Führern hat, die mit Recht für ebenso menschlich wie mutig gelten. Diese Plünderung hinterließ einen so tiefen Eindruck, dass ich noch vierzig Jahre später die holländischen Schulbücher, in denen die Kinder das Lesen erlernten, dieses Begebnis ausführlich berichten und neuen Generationen den Hass gegen die Franzosen einflößen sah.

1673. – Der König brachte inzwischen durch seine Verhandlungen die Kabinette sämtlicher Fürsten in Bewegung. Er gewann den Herzog von Hannover; auch der Kurfürst von Brandenburg schloss bei Beginn des Krieges einen Vertrag, der indessen bald gebrochen wurde – es gab keinen einzigen Hof in Deutschland, an dem Ludwig keine Pensionäre gehabt hätte. Seine Abgesandten schürten in Ungarn den Aufstand dieser Provinz, die vom Wiener Kabinett mit äußerster Strenge behandelt wurde. Dem König von England wurden große Geldsummen zugestellt, damit er trotz des Widerspruchs der ganzen englischen Nation – die darüber entrüstet war, dass sie zur Erhöhung Ludwigs XIV., den sie hätte demütigen wollen, beitragen sollte – den Krieg gegen Holland fortsetze. Europa wurde also gleichzeitig durch die Waffen und die Verhandlungen Ludwigs in Aufregung versetzt. Schließlich konnte er jedoch nicht verhindern, dass der Kaiser, das Reich und Spanien sich mit Holland verbanden und ihm feierlich den Krieg erklärten. Er hatte den Lauf der Dirige derart verändert, dass die Holländer, seine natürlichen Bundesgenossen, die Freunde des Hauses Österreich wurden. Kaiser Leopold leistete ihnen nur langsam Beistand, aber er legte große Feindseligkeit an den Tag. Wie berichtet wird, nahm er auf dem Weg nach Eger, wo er die angeworbenen Truppen besichtigen wollte, das Abendmahl, und nach der Kommunion ergriff er ein Kruzifix und rief Gott zum Zeugen der Gerechtigkeit seiner Sache an. Diese Handlung wäre zur Zeit der Kreuzzüge am Platz gewesen und beeinträchtigte das Glück der französischen Waffen nicht im geringsten.

Zunächst zeigte sich, wie sehr sich die französische Marine bereits vervollkommnet hatte: Anstatt der dreißig Schiffe, die im Jahr zuvor zur englischen Flotte gestoßen waren, stellte man jetzt, die Brander ungezählt, bereits vierzig. Die Offiziere hatten die kunstvollen Manöver der Engländer gelernt, mit denen diese den Manövern der Holländer, ihrer Feinde, entgegengetreten waren. Der Herzog von York, der spätere Jakob II., hatte die Kunst erfunden, durch mannigfache Schwenkungen der Flaggen die Befehle auf dem Meer zu übermitteln. Vor dieser Zeit verstanden es die Franzosen nicht, eine Flotte in Schlachtordnung zu stellen; ihre Erfahrung beschränkte sich auf den Kampf von Schiff zu Schiff, ohne dass sie daran gedacht hätten, mehrere Schiffe sich in Übereinstimmung miteinander bewegen zu lassen und auf dem Meer die Schwenkungen der Landarmeen nachzuahmen, deren getrennte Abteilungen sich gegenseitig unterstützen und Beistand leisten. Sie machten es ungefähr wie die Römer, die in einem Jahr von den Karthagern die Kunst des Seekriegs erlernten und ihren Lehrmeistern gleichkamen.

7., 14. und 21. Juni 1673. – Der Vizeadmiral d'Estrées und sein Leutnant Martel machten der militärischen Geschicklichkeit der französischen Nation in drei aufeinanderfolgenden Seeschlachten Ehre, die im Juni zwischen der holländischen und der vereinigten französisch-englischen Flotte geschlagen wurden. Admiral Ruyter wurde bei diesen drei Gefechten mehr als je bewundert. D'Estrées schrieb an Colbert: »Ich möchte mit meinem Leben den Ruhm erkauft haben, den Ruyter erworben hat.« D'Estrées verdiente, dass Ruyter von ihm dasselbe gesagt hätte. Die Tapferkeit und die Geschicklichkeit waren auf beiden Seiten so gleich, dass der Sieg immer unentschieden blieb.

Nachdem Ludwig durch Colberts Bemühungen aus seinen Franzosen Seeleute gemacht hatte, vervollkommnete er durch den Einfallsreichtum Vaubans auch die Kunst des Landkriegs. Um dieselbe Zeit, in der die drei Seeschlachten geschlagen wurden, begab er sich in Person zur Belagerung von Maastricht; Maastricht war für ihn ein Schlüssel zu den Niederlanden und zu den Vereinigten Provinzen. Die Stadt war sehr fest und wurde von dem beherzten Gouverneur Fariaux, einem geborenen Franzosen, verteidigt, der zuerst in spanische und dann in holländische Dienste getreten war. Die Besatzung bestand aus fünftausend Mann. Vauban, der die Belagerung leitete, bediente sich hier zum erstenmal der von italienischen Ingenieuren im türkischen Dienst vor Kreta erfundenen Parallelen; außerdem errichtete er Sammelplätze in den Laufgräben, um die Truppen in Schlachtordnung stellen und bei einem

Ausfall schneller zusammenziehen zu können. Ludwig zeigte sich bei dieser Belagerung achtsamer und tätiger als je: Er gewöhnte seine Nation, der man bis dahin vorgeworfen hatte, dass sie nur einen stürmischen Mut besitze, den die Anstrengung bald erschöpfe, durch sein Beispiel an Ausdauer bei der Arbeit. Maastricht ergab sich nach acht Tagen (29. Juni 1673).

Um die militärische Disziplin noch mehr zu festigen, gebrauchte er eine Strenge, die sogar etwas zu arg erschien. Der Prinz von Oranien, der jenen reißend schnellen Eroberungen nur Offiziere ohne Ruhmbegierde und Soldaten ohne Mut entgegenstellen konnte, hatte diese durch unbarmherzige Strenge zu tüchtigen Truppen herangebildet, indem er nämlich jeden, der seinen Posten verließ, dem Henker übergab. Der König wandte nun ebenfalls Strafen an, als er zum ersten Mal eine Stadt verlor. Ein sehr braver Offizier namens Du-Pas übergab Naarden an den Prinzen von Oranien (14. September 1673). Zwar hatte er sich nur vier Tage gehalten, aber er übergab die Stadt erst nach einem fünfstündigen Kampf, den er auf schlechten Werken bestanden hatte, und um einen Hauptsturm zu vermeiden, den die kleine und entmutigte Besatzung nicht mehr ausgehalten haben würde. Über diesen ersten Schimpf, der seinen Waffen widerfuhr, entrüstet, ließ der König Du-Pas verurteilen, mit einer Schaufel in der Hand durch Utrecht geschleift zu werden, und ihm den Degen zerbrechen – eine Beschimpfung, die überflüssig ist bei den französischen Offizieren, die für den Ruhm empfänglich genug sind, so dass man sie nicht durch die Furcht vor der Schande zu leiten braucht.[14] Zwar verpflichten die Bestallungsbriefe die Festungskommandanten, drei Stürme auszuhalten – es ist dies jedoch eine der Vorschriften, die niemals ausgeführt werden.

Du-Pas ließ sich ein Jahr später bei Belagerung der kleinen Stadt Grave töten, bei der er freiwillig Dienst tat. Sein Mut und sein Tod mussten wohl einiges Bedauern beim Marquis de Louvois erwecken, der ihn so hart hatte bestrafen lassen. Die fürstliche Gewalt kann einen braven Mann wohl misshandeln, aber sie kann ihn nicht entehren.

Aber die Bemühungen des Königs, das Genie Vaubans, die strenge Wachsamkeit Louvois', die Erfahrung und das Geschick Turennes, die Tätigkeit und Unerschrockenheit Condés – all dies konnte den Fehler nicht ausgleichen, den man dadurch begangen hatte, dass man zu viele Festungen besetzte, das Heer schwächte und Amsterdam nicht einnahm.

14 La Beaumelle behauptet, er sei zu ewigem Gefängnis verurteilt worden. Wie wäre das möglich, da er im folgenden Jahr bei der Belagerung von Grave getötet wurde?

Der Prinz von Condé versuchte vergebens, in das Innere des überschwemmten Holland vorzudringen. Turenne vermochte sich weder der Vereinigung Montecuccolis mit dem Prinzen von Oranien zu widersetzen, noch zu verhindern, dass der Prinz Bonn einnahm. Der Bischof von Münster, der den Generalstaaten den Untergang geschworen hatte, wurde jetzt von den Holländern in seinem eigenen Land angegriffen.

Das englische Parlament zwang seinen König, ernstliche Friedensverhandlungen anzuknüpfen und sich fortan nicht mehr zum bezahlten Werkzeug der Größe Frankreichs herzugeben. Nunmehr mussten die drei holländischen Provinzen mit derselben Schnelligkeit geräumt werden, mit der sie erobert worden waren. Die Räumung vollzog sich indessen nicht, ohne dass man ihnen schwere Kontributionen auferlegt hätte: allein aus der Provinz Utrecht zog der Intendant Robert im Laufe eines Jahres die Summe von 1.668.000 Gulden. Dabei hatte man es mit dieser Räumung eines mit solcher Schnelligkeit eroberten Landes so eilig, dass 28.000 holländische Gefangene gegen einen Taler Lösegeld pro Kopf freigelassen wurden. Der Triumphbogen an der Porte Saint-Denis und die übrigen zur Erinnerung an die Eroberung errichteten Denkmäler waren kaum vollendet, als die Eroberung selbst bereits wieder aufgegeben war. Die Holländer hatten im Verlauf dieser Invasion den Ruhm, dass sie zur See die Herrschaft behaupteten und auf dem Land den Kriegsschauplatz außerhalb der Grenzen ihres Gebietes verlegten. Über Ludwig XIV. herrschte in Europa die Ansicht, dass er mit allzu großer Eilfertigkeit und mit allzu großer Überhebung den Glanz eines flüchtigen Triumphes genossen habe; der ganze Ertrag des Unternehmens bestand darin, dass er einen blutigen Krieg gegen das Reich, Spanien und Holland durchzufechten hatte, dass England und schließlich auch Münster und sogar Köln von ihm abfielen und dass er in den Gebieten, die er erobert und wieder geräumt hatte, mehr Hass als Bewunderung für sich zurückließ.

Der König bot all den Feinden, die er sich gemacht hatte, ohne jeden Bundesgenossen die Stirn. Die Umsicht seiner Regierung und die Stärke seines Staates traten noch weit mehr zutage, als es galt, sich gegen so viele verbündete Mächte und gegen große Heerführer zu verteidigen, als zu der Zeit, wo er unbewehrten Gegnern das französische Flandern, die Freigrafschaft Burgund und die Hälfte von Holland im Flug weggenommen hatte.

Besonders sah man jetzt, welchen Vorteil ein absoluter König bei guter Verwaltung seiner Finanzen vor anderen Fürsten voraushat. Ludwig XIV. lieferte gleichzeitig dem Marschall von Turenne ein Heer von dreiundzwanzigtausend Mann gegen die Kaiserlichen und dem Prinzen von Condé eine Armee von vierzigtausend Mann gegen den Prinzen von Oranien, während eine dritte Truppenabteilung an den Grenzen des Roussillon stand und eine mit Soldaten beladene Flotte die Spanier sogar in Messina mit Krieg überzog. Er selbst brach mit einem Heer auf, um sich zum zweiten Mal der Freigrafschaft Burgund zu bemächtigen. So verteidigte er sich und griff zu gleicher Zeit überall an.

Bei dem neuen Unternehmen gegen die Freigrafschaft zeigte sich die ganze Überlegenheit seiner Regierungsweise von vornherein im hellsten Licht. Es handelte sich darum, die Schweizer – diese ebenso furchtbare wie arme, jederzeit kriegsbereite Nation, die bis zum Übermaß auf ihre Freiheit eifersüchtig und innerhalb ihres Gebietes unüberwindlich war, jetzt aber bereits murrte und aufbrauste, weil sie Ludwig XIV. zum zweiten Mal in ihrer Nachbarschaft sah – auf seine Seite zu ziehen oder wenigstens einzuschläfern. Der Kaiser und Spanien ersuchten die dreizehn Kantone, ihren Truppen den Durchzug zu gestatten, damit sie der Freigrafschaft, die infolge der Nachlässigkeit des spanischen Ministers ohne Verteidigung geblieben war, zu Hilfe eilen könnten; Ludwig dagegen drang in die Schweizer, die Erlaubnis zu diesem Durchzug zu verweigern. Während aber Spanien und das Reich nur Gründe und Bitten vorbrachten, bestimmte Ludwig die Schweizer mit klingender Münze zu dem, was er wollte, und der Durchzug wurde versagt. Ludwig belagerte in Begleitung seines Bruders und des Sohnes des Großen Condé Besançon. Er liebte den Belagerungskrieg und durfte annehmen, dass er sich darauf ebenso verstehe wie Turenne und Condé; so eifersüchtig er aber auch auf seinen Ruhm war, so gestand er doch zu, dass diese beiden großen Männer ihm im offenen Feldkrieg überlegen wären. Überdies belagerte er nie eine Stadt, ohne die moralische Gewissheit zu haben, dass er sie erobern werde. Louvois traf alle Vorbereitungen auf so treffliche Weise, die Truppen waren so vorzüglich ausgerüstet, und Vauban, der fast alle Belagerungen leitete, war ein so großer Meister in der Kunst der Städteeroberung, dass der Ruhm des Königs stets gesichert war. Vauban leitete die Angriffe auf Besançon; die Stadt wurde in neun Tagen genommen (15. Mai 1674), und nach Verlauf von sechs Wochen war die ganze Freigrafschaft dem König unterworfen. Seitdem ist sie bei Frankreich geblieben und scheint diesem für immer eingefügt bleiben zu sollen als Denkmal der Schwäche des österreichischs-spanischen und der Stärke des Ministeriums Ludwigs XIV.

Zwölftes Kapitel

Gelungener Feldzug und Tod des Marschalls von Turenne · Letzte Schlacht des grossen Condé bei Senef

Während der König mit jener Leichtigkeit und jenem Ruhm, der sich damals noch an seinen Glücksstern knüpfte, im Flug die Freigrafschaft Burgund eroberte, entfaltete Turenne, der nur die Grenzen gegen den Rhein hin verteidigte, alle großartigen und bewundernswerten Mittel der Kriegskunst. Die Achtung der Menschen richtet sich nach den bei einem Unternehmen überwundenen Schwierigkeiten, und das ist's, was diesen Feldzug Turennes so berühmt gemacht hat.

Juni 1674. – Er macht zunächst einen weiten Eilmarsch, geht bei Philippsburg über den Rhein, marschiert während der Nacht nach Sinsheim, nimmt die Stadt im Sturm, greift gleichzeitig den kaiserlichen General Caprara und den alten Herzog von Lothringen an – jenen Karl IV., der sein Leben damit zubrachte, sein Land zugrunde zu richten und Truppen anzuwerben, und jetzt sein kleines Heer mit einem Teil des kaiserlichen vereinigt hatte – und schlägt beide in die Flucht. Nachdem er ihn geschlagen hat, verfolgt Turenne den Herzog und wirft bei Ladenburg dessen Reiterei zurück. Dann (Juli) stürzt er sich auf einen anderen General der Kaiserlichen, den Prinzen von Bournonville, der nur auf frische Truppen wartete, um sich den Weg ins Elsass zu erschließen. Turenne kommt jenen Truppen zuvor, greift den Prinzen an und zwingt ihn, das Schlachtfeld zu räumen (Oktober).

Das Reich zieht nun alle seine Streitkräfte gegen ihn zusammen. 70.000 Deutsche stehen im Elsass und halten Breisach und Philippsburg blockiert; Turenne hatte höchstens noch 20.000 Mann (Dezember 1674). Der Prinz von Condé sendet ihm aus Flandern einige Kavallerie zu Hilfe. Nun zieht er bei Thann und Belfort über die schneebedeckten Berge und erscheint plötzlich im Ober-Elsass mitten in den Quartieren der Feinde, die ihn in Lothringen vermuteten und den Feldzug für beendet hielten. Er schlägt die Quartiere, die Widerstand leisten, bei Mühlhausen und nimmt zwei davon vollständig gefangen. Dann marschiert er nach Colmar, wo der Kurfürst von Brandenburg, den man den Großen Kurfürsten nennt und der damals den Oberbefehl über die Reichsarmee hatte, sein Quartier hatte. Er trifft dort in dem Augenblick ein, wo dieser

Fürst und die anderen Generäle sich zur Tafel begeben – sie haben nur noch die Zeit, zu entschlüpfen; das Feld ist mit Flüchtlingen bedeckt.

5. Januar 1675. – Turenne, der nichts getan zu haben glaubte, solange noch etwas zu tun blieb, erwartet bei Türkheim noch einen Teil der feindlichen Infanterie. Die vorteilhafte Stellung, die er gewählt hat, sichert ihm den Sieg: er vernichtet diese Infanterie. Auf diese Weise sieht sich eine Armee von 70.000 Mann beinahe ohne ein einziges bedeutendes Gefecht besiegt und zerstreut, das Elsass verbleibt dem König, und die Generäle des Reichs sind genötigt, über den Rhein zurückzugehen.

Alle diese aufeinanderfolgenden Gefechte und Märsche, die so geschickt geleitet, so geduldig erwogen und mit solcher Schnelligkeit ausgeführt wurden, wurden ebenso von den Feinden wie von den Franzosen bewundert. Der Ruhm Turennes wuchs noch, als man erfuhr, dass er alles, was er in diesem Feldzug getan hatte, dem Hof und den wiederholten im Namen des Königs erteilten Befehlen Louvois' zum Trotz getan hatte. Sich dem allmächtigen Louvois zu widersetzen und die Verantwortung für den Ausgang auf sich zu nehmen, dem Geschrei des Hofs, den Befehlen des Königs und dem Hass des Ministers zum Trotz – das war nicht der geringste Beweis, den Turenne von seinem Mut gab, noch die kleinste Heldentat, die er während dieses Feldzugs vollbrachte.

Man muss zugeben, dass diejenigen, die mehr Menschenliebe als Achtung vor den kriegerischen Heldentaten besitzen, über diesen glorreichen Feldzug seufzten: dieser wurde ebenso berühmt durch das Elend des Volkes wie durch die Taten Turennes. Nach der Schlacht bei Sinsheim verheerte er die Pfalz, eine fruchtbare, mit blühenden Städten und Flecken bedeckte Ebene, mit Feuer und Schwert. Von seinem Schloss in Mannheim aus sah der Kurfürst der Pfalz zwei Städte und fünfundzwanzig Dörfer in Schutt und Asche liegen, und voll Verzweiflung forderte er Turenne in einem Brief voll härtester Vorwürfe zum Zweikampf heraus.[15] Turenne sandte den Brief an den König, der ihm die Annahme

15 Während des Drucks der vorliegenden Ausgabe hat Herr Collini, der Geheimsekretär und Historiograph des zur Zeit regierenden Kurfürsten der Pfalz, die Geschichte von der Herausforderung aus anscheinend sehr triftigen und mit viel Geist und Scharfblick entwickelten Gründen in Zweifel gezogen. Er weist sehr scharfsinnig nach, dass der Kurfürst Karl Ludwig unmöglich jene Briefe schreiben konnte, die Sandras de Courtilz und Ramsay ihm beilegen. In der Tat schreibt mehr als ein Historiker häufig seinen Helden Schriften und Reden eigener Erfindung zu.
Der wirkliche Brief des Kurfürsten Karl Ludwig und die Antwort des Marschalls von Turenne sind nie jemandem zu Gesicht gekommen, nur hat es stets als sicher gegolten, dass der Kurfürst, mit Recht über die Mordbrennereien empört, die Turenne in seinem Land verübte, dem Marschall durch einen Trompeter namens Petit-Jean ein Duell antragen ließ. Ich habe das Haus Bouillon von der Wahrheit dieser Anekdote überzeugt gefunden. Auch der Großprior von Vendôme und der Marschall von

des Cartels verbot, und beantwortete dann die Klagen und die Herausforderung des Kurfürsten nur mit einem unbestimmten, nichtssagenden Kompliment. Allerdings war es die Weise und Gewohnheit Turennes, sich stets ausweichend und zweideutig auszudrücken.

Mit derselben Kaltblütigkeit verbrannte er die Backöfen und einen Teil der Fluren des Elsass, um den Feinden die Beschaffung des Lebensunterhalts unmöglich zu machen, und gestattete dann seiner Reiterei, Lothringen auszuplündern. Dabei wurden so viele Ausschreitungen begangen, dass der Intendant, der seinerseits Lothringen mit der Feder brandschatzte, ihn häufig schriftlich und mündlich zur Verhütung dieser Unordnungen aufforderte. Turenne aber erwiderte kaltblütig: »Ich werde es im Tagesbefehl mitteilen lassen.« Er wollte lieber der Vater der ihm anvertrauten Soldaten heißen als Vater der Völker, die den Gesetzen des Krieges gemäß immer aufgeopfert werden. Alles Schlimme, was er anrichtete, erschien notwendig; sein Ruhm deckte alles zu. Überdies würden die 70.000 Deutschen, denen er das Eindringen in Frankreich verwehrte, dort noch mehr Unheil angerichtet haben, als er in Lothringen, im Elsass und in der Pfalz anrichtete.

Die Stellung Frankreichs war seit Anfang des 6. Jahrhunderts derart, dass es stets im Kriegsfall gleichzeitig gegen Deutschland, Flandern, Spanien und Italien kämpfen musste. Während Turenne die Deutschen aus dem Elsass vertrieb, bot der Prinz von Condé in Flandern dem jungen Prinzen von Oranien die Stirn. Der Feldzug des Marschalls von Turenne war glücklich – der Feldzug des Prinzen von Condé war blutig. Die kleinen Gefechte bei Sinsheim und Türkheim waren entscheidend: die große und berühmte Schlacht bei Senef war nur ein Gemetzel. Der Prinz von Condé, der diese Schlacht zur Zeit der verstohlenen Märsche

---

Villars zweifelten nicht daran, und die Memoiren des Marquis von Beauvau, eines Zeitgenossen, bestätigen sie. Indessen ist es möglich, dass das Duell in dem derben Brief, den der Kurfürst nach seiner eigenen Angabe an den Prinzen Marschall von Turenne schrieb, nicht ausdrücklich in Vorschlag gebracht wurde. Möchte nur auch die Tatsache der zweimaligen Einäscherung der Pfalz zweifelhaft sein! Diese aber steht nur zu fest, und das ist das Wesentliche an der Sache und das, was man dem Andenken Ludwigs XIV. zum Vorwurf macht.

Herr Collini wirft dem Herrn Präsidenten Hénault vor, dass er sich in seinem ›Chronologischen Abriss‹ der Wendung bedient hat: Turenne antwortete auf diese Herausforderung «mit einer Mäßigung, die den Kurfürsten wegen seiner Prahlerei beschämte«. Die Beschämung war auf Seiten dessen, der die Pfalz eingeäschert hatte, bevor man sich im offenen Krieg mit ihr befand, und dass ein mit Recht entrüsteter Fürst sich mit dem Anstifter jener Ausschreitungen schlagen wollte, war durchaus keine Prahlerei. Der Kurfürst war äußerst hitzig, und der ritterliche Geist war noch nicht ganz erloschen. Aus den Briefen Pellissons ersieht man, dass sogar Ludwig XIV. anfragte, ob er sich mit ruhigem Gewissen mit Kaiser Leopold schlagen dürfe.

Turennes im Elsass lieferte, zog nicht den geringsten Nutzen daraus – sei es, dass die örtlichen Verhältnisse ihm weniger günstig waren oder dass seine Maßnahmen weniger der Lage der Umstände entsprachen oder dass er tüchtigere Generäle und bessere Truppen zu bekämpfen hatte. Der Marquis de Feuquières meint, man solle die Schlacht bei Senef nur als Gefecht bezeichnen, weil der Kampf nicht zwischen zwei geordneten Heeren stattfand und weil nicht alle Heeresabteilungen in Tätigkeit kamen; wie es scheint, ist man aber überall damit einverstanden, dass dieser heiße und blutige Tag als Schlacht bezeichnet werde. Der Zusammenprall von dreitausend Mann in Schlachtordnung, wobei alle kleinen Abteilungen zur Verwendung kämen, würde nur ein Gefecht sein; stets entscheidet jedoch die Wichtigkeit über den Namen.

Der Prinz von Condé hatte mit etwa 45.000 Mann das Feld gegen den Prinzen von Oranien zu halten, der, wie man sagt, 60.000 Mann hatte (11. August 1674). Er passte den Augenblick ab, wo die feindliche Armee einen Hohlweg bei Senef in der Nähe von Mons passierte, griff einen Teil der aus Spaniern bestehenden Nachhut an und errang dabei einen bedeutenden Vorteil. Man tadelte den Prinzen von Oranien, dass er beim Zug durch den Hohlweg nicht genug Vorsichtsmaßnahmen getroffen hatte, aber man bewunderte auch die Art und Weise, in der er die Ordnung in seinem Heer wiederherstellte, und billigte es durchaus nicht, dass Condé dann den Kampf gegen die allzugut verschanzten Feinde wieder aufzunehmen versuchte. Man schlug sich dreimal. Die beiden Heerführer ließen bei diesem Durcheinander von Fehlern und großen Taten gleichmäßig ihre Geistesgegenwart und ihre Tapferkeit zutage treten. Unter allen Kämpfen, die der Große Condé lieferte, war dieser derjenige, in dem er sein und seiner Soldaten Leben am meisten aufs Spiel setzte. Drei Pferde wurden ihm unter dem Leib getötet. Nach drei mörderischen Angriffen wollte er noch einen vierten wagen. »Es schien«, sagte ein Offizier, der die Schlacht mitgemacht hatte, »als ob nur noch der Prinz von Condé Lust zum Schlagen hatte.«

Das Eigentümlichste bei diesem Kampf war, dass die Truppen beider Parteien nach dem blutigsten und hartnäckigsten Handgemenge infolge eines panischen Schreckens am Abend plötzlich die Flucht ergriffen. Am folgenden Tag zogen sich die beiden Heere – das eine ebenso geschwächt und besiegt wie das andere – jedes nach seiner Seite zurück; keins behauptete das Schlachtfeld und den Sieg. Die Franzosen hatten an siebentausend Tote und fünftausend Gefangene verloren, und der Verlust der Feinde war ebenso groß. Dieses unnütz vergossene Blut hinderte beide Teile, etwas Bedeutendes zu unternehmen. Da es aber von großer Wichtigkeit ist, dass man den Ruf seiner Waffen mehrt, so belagerte der Prinz von Oranien, um den Glauben zu erwecken, dass er gesiegt habe, die Stadt Oudenaarde. Der Prinz von Condé bewies jedoch, dass er die Schlacht nicht verloren hatte, indem er den Prinzen von Oranien zur unverzüglichen Aufhebung der Belagerung zwang und ihn verfolgte.

Sowohl in Frankreich wie bei den Verbündeten beachtete man die leere Förmlichkeit, dass man Gott für einen Sieg dankte, den man nicht errungen hatte – eine Sitte, die zur Ermutigung der Völker eingeführt wurde, die ja immer getäuscht werden müssen.

Turenne verfolgte in Deutschland mit einer kleinen Armee die Vorteile, die er seinem Genie verdankte. Der Wiener Staatsrat glaubte das Schicksal des Reichs nicht weiter Prinzen anvertrauen zu dürfen, die es so schlecht verteidigt hatten, und stellte daher an die Spitze seiner Heere den General Montecuccoli, denselben, der in der Schlacht bei St. Gotthard die Türken geschlagen hatte, der trotz Turenne und Condé zum Prinzen von Oranien gestoßen war und der nach der Eroberung von drei holländischen Provinzen den Fortschritten Ludwigs XIV. Halt geboten hatte.

Man hat die Bemerkung gemacht, dass die besten Heerführer des Deutschen Reichs nicht selten aus Italien stammen. Trotz seines Verfalls und seiner Dienstbarkeit bringt dieses Land immer noch Männer hervor, die der Welt seine frühere Größe ins Gedächtnis rufen. Nur Montecuccoli war würdig, Turenne entgegengestellt zu werden: beide hatten den Krieg zu einer Kunst erhoben. Vier Monate brachten sie damit zu, einander auf Märschen und in Stellungen, die von den deutschen und den französischen Offizieren höher geschätzt wurden als gewonnene Schlachten, zu folgen und zu beobachten. Jeder von ihnen erriet, was der Gegner durch die Maßnahmen, die er selbst an dessen Stelle ergriffen haben würde, bezwecken wollte – und sie täuschten sich nie. Sie stellten einander Geduld, List und unermüdliche Tätigkeit entgegen. Endlich waren sie zum Schlagen fertig und bereit, ihren Ruf vom Ausgang einer Schlacht beim Dorf Saßbach abhängig zu machen, als Turenne bei der Suche nach einem geeigneten Platz zur Errichtung einer Batterie durch einen Kanonenschuss getötet wurde (27. Juli 1675). Die einzelnen Umstände seines Todes sind allgemein bekannt; wir können jedoch nicht umhin, aus ebendem Grund, aus dem man noch alle Tage ihrer gedenkt, die hervorragendsten Einzelheiten dieser Begebenheit hier wiederzugeben.

Wie mir scheint, kann nicht oft genug daran erinnert werden, dass der Generalleutnant der Artillerie, Saint-Hilaire, dem von derselben Kugel, die Turenne tötete, ein Arm weggerissen wurde, zu seinem Sohn, der weinend neben ihm niederkniete, die Worte sprach: »Nicht um mich – um diesen großen Mann musst du weinen!« Dies sind Worte, die dem Erhabensten an die Seite gestellt werden dürfen, von dem die Geschichte berichtet, und die das würdigste Lob für Turenne sind. Nur selten werden in einer Monarchie, wo jeder mit seinem persönlichen Interesse beschäftigt ist, diejenigen, die dem Vaterland gedient haben, bei ihrem Tod vom Publikum bedauert – Turenne jedoch wurde von den Soldaten und vom Volk beweint. Louvois war der einzige, der ihn nicht beklagte; die öffentliche Meinung beschuldigte ihn sogar – ihn und seinen Bruder, den Erzbischof von Reims –, dass sie sich in ungeziemender Weise über den Verlust dieses großen Mannes gefreut hätten. Es ist bekannt, welche Ehren der König seinem Gedächtnis erweisen ließ und dass er in Saint-Denis beigesetzt wurde wie der Connetable du Guesclin, über den die allgemeine Meinung ihn ebenso weit erhebt, wie das Jahrhundert Turennes über dem Jahrhundert des Connetable steht.

Turenne war im Krieg nicht immer glücklich gewesen – er war bei Mariendal, bei Rethel und Cambrai geschlagen worden. Auch sagte er, dass er Fehler begangen hätte, und er war groß genug, um dies einräumen zu können. Er machte niemals große Eroberungen und lieferte keine jener großen, regelrechten Feldschlachten, die bisweilen eine Nation zur Beherrscherin einer anderen machen. Da er aber seine Niederlagen stets wieder wettgemacht und stets mit wenigen viel geleistet hatte, so galt er als der geschickteste Feldherr Europas zu einer Zeit, wo die Kriegskunst höher entwickelt war denn je. Ebenso bewahrte er – obwohl man ihm seinen Abfall während der Kriege der Fronde zum Vorwurf machte, obwohl er im Alter von nahezu sechzig Jahren, von Liebesleidenschaft verblendet, ein Staatsgeheimnis verraten und obwohl er in der Pfalz Grausamkeiten verübt hatte, die keineswegs unumgänglich notwendig schienen – doch stets den Ruf eines rechtschaffenen, umsichtigen und gemäßigten Mannes, weil die Vorzüge und Talente, die nur ihm eigen waren, die Schwächen und Fehler in Vergessenheit brachten, die er mit so vielen anderen Menschen gemein hatte. Wenn man ihn mit jemandem vergleichen könnte, so dürfte man sagen, dass von allen Heerführern früherer Zeit Gonsalvo von Cordova mit dem Beinamen der »große Kapitän« derjenige war, dem er am meisten glich.

Ein geborener Calvinist, war er im Jahre 1668 zum Katholizismus übergetreten. Kein Protestant und ebenso kein Denker glaubte, dass die Überzeugung allein diesen Glaubenswechsel bei einem Kriegsmann – einem fünfzigjährigen Politiker, der noch Mätressen hatte – zustande gebracht habe. Man weiß, dass Ludwig XIV. ihm bei seiner Ernennung zum Generalfeldmarschall der französischen Heere mit ausdrücklichen Worten, die in den Briefen Pellissons und anderwärts angeführt stehen, gesagt hatte: »Ich wünschte, Sie zwängen mich, noch mehr für Sie zu tun.« Diese Worte vermochten nach der Ansicht der Protestanten mit der Zeit wohl eine Bekehrung zu bewirken. Die Stelle eines Connetable konnte ein ehrgeiziges Gemüt wohl in Versuchung führen – es ist indessen auch möglich, dass jene Bekehrung aufrichtig war; oft genug vereinen sich ja im menschlichen Herzen Politik, Ehrgeiz, Liebesschwächen und religiöse Gefühle. Kurzum, es war sehr wahrscheinlich, dass Turenne nur aus Politik von der Religion seiner Vorfahren abfiel; die Katholiken aber, für die dieser Glaubenswechsel ein Triumph war, wollten den Charakter Turennes keiner Heuchelei für fähig halten.

Die Ereignisse im Elsass unmittelbar nach dem Tod Turennes machten seinen Verlust noch empfindlicher. Montecuccoli, der durch die Geschicklichkeit des französischen Generals drei volle Monate jenseits des Rheins aufgehalten worden war, überschritt den Strom, sobald er erfuhr, dass er Turenne nicht mehr zu fürchten brauchte, und warf sich auf einen Teil des bestürzten Heeres, das nun von Lorges und Baubrun, zwei uneinigen und unentschiedenen Generalleutnants, befehligt wurde. Dieses Heer konnte trotz seiner mutigen Verteidigung nicht verhindern, dass die Kaiserlichen ins Elsass eindrangen, von dem Turenne sie ferngehalten hatte. Es bedurfte eines Führers – nicht bloß der einheitlichen Leitung wegen, sondern auch, um die noch frische Niederlage des Marschalls von Créqui auszugleichen – eines unternehmenden Mannes, der der schönsten und verwegensten Taten fähig, aber auch seinem Vaterland ebenso gefährlich war wie den Feinden.

Créqui war durch seine eigene Schuld bei Saarbrücken geschlagen worden (11. August 1675). Ein Korps von 20.000 Deutschen, das Trier belagerte, hieb seine kleine Armee in Stücke und schlug sie in die Flucht; er selbst entkam mit Mühe. Nun aber warf er sich unter neuen Gefahren nach Trier hinein, das er mit Umsicht hätte entsetzen sollen, und verteidigte die Stadt aufs tapferste; er wollte sich unter den Trümmern des Platzes begraben. Die Bresche war bereits gangbar; er bestand jedoch hartnäckig auf weiterer Gegenwehr. Die Garnison murrte. Der Hauptmann Bois-Jourdain schloss an der Spitze der Meuterer auf der Bresche die Kapitulation ab. Nie wurde eine Feigheit mit größerer Verwegenheit durchgesetzt: Er drohte dem Marschall, ihn zu töten, falls er nicht unterzeichne. Créqui zog sich mit einigen ergebenen Offizieren in eine Kirche zurück: er wollte lieber auf Gnade und Ungnade hin gefangengenommen werden als kapitulieren.[16]

Um die Mannschaften zu ersetzen, die Frankreich bei all diesen Belagerungen und Kämpfen verloren hatte, riet man Ludwig XIV., sich nicht auf Anwerbungen zu beschränken, sondern den gesamten Heerbann aufzubieten. Einem alten, jetzt nicht mehr üblichen Brauch zufolge waren nämlich die Besitzer von Lehnsgütern verpflichtet, im Dienst ihres Lehnsherrn auf eigene Kosten in den Krieg zu ziehen und eine gewisse Anzahl von Tagen unter Waffen zu bleiben. Dieser Dienst machte den größten Teil der Pflichten unserer barbarischen Völkerschaften aus. Heutzutage hat sich alles in Europa geändert: Es gibt keinen Staat mehr, der nicht Soldaten anwürbe, die dann dauernd unter der Fahne erhalten werden und disziplinierte Heere bilden.

Ludwig XIII. hatte einmal den Adel seines Reichs zu den Waffen gerufen – Ludwig XIV. folgte jetzt seinem Beispiel. Das aus den einberufenen Adligen gebildete Korps marschierte unter dem Kommando des damaligen Marquis, späteren Marschalls von Rochefort zunächst an die flandrische und dann an die deutsche Grenze. Aber dieses Korps war weder beträchtlich noch von Nutzen – und konnte es auch nicht sein. Die Edelleute, die den Krieg liebten und imstande waren, gute Dienste zu leisten, standen bereits als Offiziere bei den Heeren; diejenigen, die Altersschwäche oder Unzufriedenheit zu Hause festhielt, folgten dem Ruf nicht – die übrigen aber, die mit der Bebauung ihrer ererbten Güter beschäftigt waren, kamen nur widerwillig in einer Anzahl von ungefähr viertausend Mann zusammen. Nichts sah einer Kriegsschar weniger ähnlich als dieses Aufgebot des Adels. Bei ihrer durchaus ungleichen Bewaffnung und Ausrüstung und bei ihrer völligen Unerfahrenheit und Ungeübtheit konnten und wollten sie keinen regelmäßigen Dienst tun und richteten nur Verwirrung an; man wurde ihrer daher auch für immer überdrüssig. Es war dies in unseren regelrechten Heeren die letzte Spur der ehemaligen Ritterschaft, aus der früher die Armeen bestanden und

16 Reboulet behauptet, der Marquis von Créqui wäre so schwach gewesen, die Kapitulation zu unterzeichnen. Das ist durchaus falsch: Er ließ sich lieber gefangennehmen und hatte dann das Glück, zu entwischen. Man lese die Denkwürdigkeiten jener Zeit und vergleiche den ›Chronologischen Abriss‹ des Präsidenten Hénault: »Bois-Jourdain schloss die Kapitulation wider Wissen des Marschalls ab« usw.

die trotz des der Nation angeborenen Mutes im Krieg niemals etwas Tüchtiges ausrichtete.

August und September 1675. – Turenne war tot, Créqui geschlagen und gefangen, Trier verloren, und Montecuccoli brandschatzte das Elsass. Der König war der Ansicht, dass nur der Prinz von Condé das Vertrauen der Truppen wiederbeleben könne, die der Tod Turennes entmutigt hatte. Condé ließ also den Marschall von Luxemburg in Flandern die Waffenehre Frankreichs aufrechterhalten und eilte ins Elsass, um die Fortschritte Montecuccolis zu hemmen. Soviel Ungestüm er bei Senef gezeigt hatte, soviel Geduld legte er jetzt an den Tag. Sein Genie, das sich in alle Verhältnisse zu schicken wusste, entfaltete jetzt das gleiche Geschick wie Turenne: Nur durch zwei feste Stellungen, die er einnahm, tat er dem Vordringen des deutschen Heeres Einhalt und zwang Montecuccoli, die Belagerungen von Hagenau und Zabern aufzuheben. Nach diesem Feldzug, der weniger glänzend war, aber höher geschätzt wurde als der Senefer Feldzug, erschien der Prinz nicht mehr beim Heer. Er hätte es gern gesehen, wenn man seinem Sohn den Oberbefehl übertragen hätte, und erbot sich, ihm als Ratgeber zur Seite zu stehen – aber der König wollte weder Jünglinge noch Prinzen zu Generälen haben. Selbst des Prinzen von Condé hatte er sich nur mit einigem Widerstreben bedient: die Eifersucht Louvois' gegen Turenne hatte mindestens ebenso viel wie der Name Condés dazu beigetragen, dass der Prinz an die Spitze der Armeen gestellt wurde.

Der Prinz zog sich nach Chantilly zurück und kam nur selten nach Versailles, um seinen Ruf an einem Ort verdunkelt zu sehen, wo der Höfling nur die Gunst des Gebieters schätzt. Den Rest seines Lebens verbrachte er, von der Gicht gequält, im Kreis genialer Männer, an denen Frankreich damals Überfluss hatte und deren Unterhaltung ihn über seine Schmerzen und seine Zurückgezogenheit tröstete. Er war ihrer Unterhaltung durchaus würdig und in keiner der Wissenschaften und Künste fremd, in denen sie sich auszeichneten; auch noch in seiner Einsamkeit wurde er bewundert. Da aber schließlich jenes verzehrende Feuer, das ihn in seiner Jugend zu einem ungestümen und leidenschaftlichen Helden gemacht hatte, die Kräfte seines mehr beweglichen als starken Körpers verbrauchte, wurde er vor der Zeit hinfällig, und da mit seinem Körper auch sein Geist schwächer wurde, blieb während seiner letzten beiden Lebensjahre nichts mehr vom Großen Condé übrig. Er starb im Jahre 1688. Um dieselbe Zeit, zu der Condé den Oberbefehl über die französischen Heere niederlegte, zog sich auch Montecuccoli aus dem Dienst des Kaisers zurück.

Es ist eine weitverbreitete und höchst lächerliche Fabel, dass Montecuccoli nach dem Tod Turennes deshalb vom Kommando zurückgetreten sei, weil er, wie er sich geäußert haben soll, keinen würdigen Gegner mehr hatte. Er hätte damit eine Dummheit ausgesprochen, selbst wenn kein Condé vorhanden gewesen wäre. Anstatt eine solche Dummheit zu sagen, die man ihm zur Ehre anrechnen will, kämpfte er noch in jenem Jahr gegen die Franzosen und drängte sie über den Rhein zurück. Kein Heerführer würde übrigens seinem Gebieter gesagt haben: »Ich will dir nicht mehr dienen, weil deine Feinde zu schwach sind und ich ein viel zu großes Verdienst besitze.«

Dreizehntes Kapitel

Vom Tod Turennes bis zum Frieden zu Nimwegen im Jahre 1678

Nach dem Tod Turennes und dem Rücktritt des Prinzen von Condé setzte der König mit nicht geringerem Vorteil den Krieg gegen Kaiser, Spanien und Holland fort. Er hatte Offiziere, die in der Schule jener beiden großen Männer gebildet waren; er hatte Louvois, der ihm mehr nützte als ein General, weil seine Vorsorge die Generäle in die Lage versetzte, alles zu unternehmen, was sie wollten. Die seit langem sieggewohnten Truppen waren vom selben Geist beseelt, der durch die Anwesenheit eines stets vom Glück begünstigten Königs noch angestachelt wurde.

Im Laufe dieses Krieges eroberte Ludwig XIV. selbst Condé (26. April 1676), Bouchain (17. März 1676), Valenciennes (17. März 1677) und Cambrai (5. April 1677). Man beschuldigte ihn, bei der Belagerung von Bouchain den Kampf mit dem Prinzen von Oranien gescheut zu haben, der sich ihm mit 50.000 Mann näherte, um, wenn möglich, Hilfstruppen in die Stadt zu werfen; ebenso warf man dem Prinzen von Oranien vor, dass er Ludwig XIV. hätte eine Schlacht liefern können und es nicht getan habe. Denn es ist einmal das Schicksal der Könige und der Heerführer, dass man sie tadelt, was sie auch tun oder nicht tun mögen. Aber weder Ludwig XIV. noch der Prinz von Oranien waren tadelnswert. Der Prinz schlug die Schlacht nicht, obwohl er es wollte, weil Monterey, der Gouverneur der Niederlande, der sich bei seinem Heer befand, nicht sein Gouvernement dem ungewissen Ausgang eines entscheidenden Treffens ausgesetzt wissen wollte; dem König aber verblieb der Ruhm des Feldzugs, weil er tat, was er wollte, und im Angesicht des Feindes eine Stadt eroberte.

Was Valenciennes betrifft, so wurde diese Stadt infolge eines jener Vorkommnisse, die den ungestümen Mut der französischen Nation kennzeichnen, im Sturm genommen.

Der König unternahm diese Belagerung in Begleitung seines Bruders und fünf seiner Marschälle: d'Humières, von Schomberg, La Feuillade, Luxemburg und von Lorges. Die Marschälle kommandierten einer nach dem anderen jeder einen Tag; Vauban leitete sämtliche Operationen.

Noch war keines der Außenwerke des Platzes genommen; zunächst waren zwei Halbmonde zu erstürmen. Hinter diesen Halbmonden lag ein mit auswärts gekehrten Palisaden umpfähltes großes Kronwerk mit einem Graben, der von mehreren Traversen durchschnitten wurde, und in diesem Kronwerk ein zweites, ebenfalls von einem Graben umgebenes Werk. Hatte man sich aller dieser Verschanzungen bemächtigt, so musste ein Arm der Schelde überschritten werden, und dann traf man auf ein anderes Werk, die »Pastete« genannt. Hinter der Pastete floß der tiefe und reißende Hauptarm der Schelde, der der Stadtmauer als Graben diente, und hinter der Mauer endlich erhoben sich breite Wälle. Alle diese Werke waren reichlich mit Kanonen besetzt, und die dreitausend Mann starke Besatzung der Stadt rüstete sich zu einem anhaltenden Widerstand.

Der König hielt wegen des Angriffs auf die Außenwerke einen Kriegsrat ab. Es war Sitte, dergleichen Angriffe stets bei Nacht zu machen, um sich unbemerkt dem Feind nähern zu können und Blut zu sparen. Vauban schlug vor, den Angriff am hellen Tag auszuführen. Alle Marschälle stießen einen Schrei der Entrüstung über diesen Vorschlag aus, und Louvois verwarf ihn. Vauban jedoch hielt stand mit der Zuversicht eines Mannes, der seiner Sache sicher ist. »Sie wollen Blut sparen«, sagte er. »Schön; Sie werden aber mehr sparen, wenn der Soldat bei Tag, ohne Verwirrung und ohne Lärm kämpft, wenn er nicht zu fürchten braucht, dass ein Teil von seinen Kameraden auf den anderen schießt, wie das nur zu häufig vorkommt. Es handelt sich darum, den Feind zu überrumpeln, wenn er, von den Beschwerden einer Nachtwache erschöpft, dem Ansturm unserer ausgeruhten Truppen entgegenzutreten hat. Bedenken Sie ferner, dass, wenn es Feiglinge im Heer gibt, die Nacht deren Furchtsamkeit Vorschub leistet, während am Tag das Auge des Führers Mut einflößt und die Menschen über sich selbst erhebt.«

Louvois und fünf Marschällen von Frankreich zum Trotz gab der König den Gründen Vaubans Beifall.

27. März 1677. – Um neun Uhr morgens erstürmen die beiden Kompanien der Musketiere, etwa hundert Grenadiere und je ein Bataillon der Leibwache und vom Regiment Picardie von allen Seiten das große Kronwerk. Sie hatten nur den Auftrag, sich darin festzusetzen, und das war schon viel. Einige Schwarze Musketiere dringen jedoch auf einem Schleichweg in die Innenschanze, die sich im Kronwerk befand, und erobern sie. Gleichzeitig dringen auch an einer anderen Stelle die Grauen Musketiere und hinter ihnen die Bataillone der Leibwache ein; man tötet und verfolgt die Belagerten. Die Musketiere lassen die Zugbrücke nieder, die dieses Werk mit den übrigen verbindet, und folgen dem Feind von Schanze zu Schanze über den kleinen Arm der Schelde und dann auch über den großen. Die Garden rücken in geschlossener Masse nach, und die Musketiere befinden sich bereits in der Stadt, bevor noch der König weiß, dass das zuerst angegriffene Werk genommen ist.

Das war aber noch nicht alles bei diesem Kampf. Aller Wahrscheinlichkeit nach hätten sich die jungen Musketiere, vom Feuer des Erfolgs fortgerissen, blindlings auf die Soldaten und die Bürger, die sich ihnen entgegenstellten, stürzen und dabei ihren Tod finden oder auch die Stadt der Plünderung überliefern müssen. Statt dessen aber stellten sich die jungen Leute unter der Führung eines Fähnrichs namens Moissac hinter einigen Karren in Schlachtordnung auf, und während die nachrückenden Truppen ohne Übereilung ihre Reihen formierten, bemächtigten sich andere Musketiere der umliegenden Häuser, um durch das aus diesen eröffnete Feuer ihre auf der Straße befindlichen Kameraden zu decken. Nun wurden von beiden Seiten Geiseln gestellt, der Rat der Stadt versammelte sich, man schickte eine Deputation an den König – und all das geschah ohne Plünderung, ohne Verwirrung, ohne Ausschreitungen irgendwelcher Art. Der König erklärte die Besatzung für kriegsgefangen und zog in Valenciennes ein, erstaunt darüber, dass er Herr der Stadt war. Die Eigentümlichkeit der Tat veranlasste uns, auf diese Einzelheiten einzugehen.

9. März 1678. – Er erwarb noch den Ruhm, Gent in vier und Ypern in sieben Tagen zu erobern. Das waren also die Erfolge, die er in Person errang. Noch bedeutender aber waren die Erfolge seiner Generäle.

September 1676. – Auf der Seite nach Deutschland hin ließ allerdings der Herzog von Luxemburg zunächst vor seinen Augen Philippsburg erobern, indem er es vergeblich mit einer Armee von 50.000 Mann zu entsetzen suchte. Der Eroberer Philippsburgs war Karl V., der neue Herzog von Lothringen und Erbe seines Onkels Karl IV.; wie dieser war er seines Landes beraubt. Er besaß alle Vorzüge seines unglücklichen Oheims, ohne dessen Fehler zu haben. Lange Zeit befehligte er ruhmvoll die Heere des Deutschen Reichs; aber trotz der Einnahme von Philippsburg und trotzdem er an der Spitze von 60.000 Kämpfern stand, gelang es ihm nie, in sein Land zu kommen. Vergebens setzte er auf seine Fahnen den Wahlspruch: »Aut nunc, aut nunquam!« (Jetzt oder nie!)

Der Marschall von Créqui, der ausgelöst und durch seine Niederlage bei Saarbrücken vorsichtiger geworden war, versperrte ihm unausgesetzt den Weg nach Lothringen hinein. Er schlug ihn in dem kleinen Gefecht bei Kokersberg im Elsass (7. Oktober 1677), neckte und ermüdete ihn durch unaufhörliche Scharmützel, eroberte vor seinen Augen Freiburg (14. November 1677) und schlug einige Zeit später eine Abteilung seiner Armee bei Rheinfeld (Juli 1678). Er überschritt vor seinen Augen die Kinzig, verfolgte ihn nach Offenburg, griff ihn in seinem Versteck an und verbrannte dann, nachdem er unmittelbar darauf das Fort von Kehl mit stürmender Hand genommen hatte, die Rheinbrücke bei Straßburg, durch die diese damals noch freie Stadt oft den kaiserlichen Heeren den Übergang über den Strom ermöglicht hatte. So machte der Marschall von Créqui einen Tag der Tollkühnheit durch eine Reihe von Erfolgen gut, die seiner Umsicht zu danken waren, und vielleicht würde er einen Ruf gleich dem Ruhm Turennes erlangt haben, wenn er länger gelebt hätte.

Nicht glücklicher als der Herzog von Lothringen in Deutschland war der Prinz von Oranien in Flandern. Er musste nicht bloß die Belagerung von Maastricht und Charleroi aufgeben, sondern verlor auch, nachdem er Condé, Bouchain und Valenciennes in die Hände Ludwigs XIV. hatte fallen lassen, gegen Monsieur die Schlacht bei Montcassel, als er Saint-Omer zu entsetzen suchte. Unter Monsieur befehligten die Marschälle von Luxemburg und d'Humières. Man behauptet, dass ein Missgriff des Prinzen von Oranien und eine geschickte Bewegung des Marschalls von Luxemburg die Schlacht entschieden. Monsieur griff mit einer Tapferkeit und einer Geistesgegenwart an, die man von einem verweichlichten Prinzen nicht erwartet hatte. Nie zeigte sich unzweideutiger, dass Mut und Weichlichkeit keineswegs unverträglich miteinander sind: Dieser Prinz, der häufig Frauenkleider anlegte und weibische Gewohnheiten hatte, handelte als Feldherr und Soldat. Sein Bruder, der König, schien auf seinen Ruhm eifersüchtig; er sprach mit Monsieur wenig von seinem Sieg und besuchte nicht einmal das Schlachtfeld, obwohl er sich ganz in dessen Nähe, befand (11. März 1677). Einige Diener Monsieurs, die scharfblickender waren als die anderen, sagten ihm damals vorher, dass er kein Heer wieder kommandieren würde – und sie täuschten sich nicht.

Die Eroberung so vieler Städte und der Gewinn so vieler Schlachten waren nicht die einzigen Vorteile, die Ludwig XIV. in diesem Krieg davontrug. Der Graf von Schomberg und der Marschall von Navailles schlugen die Spanier im Lampourdan am Fuß der Pyrenäen, ja sogar in Sizilien wurden sie angegriffen.

Sizilien ist seit den Tagen der Tyrannen von Syracus, zu deren Zeit es wenigstens etwas in der Welt galt, stets von Fremden unterjocht worden. Es war der Reihe nach den Römern, den Vandalen, den Arabern, den Normannen, den Päpsten, den Franzosen, den Deutschen und den Spaniern untertan; es hasste beinahe immer seine Gebieter, empörte sich gegen sie, ohne je wirklich der Freiheit würdige Anstrengungen zu machen, und erregte ständig Aufstände, um seine Ketten zu wechseln.

Die Behörden von Messina hatten soeben einen Bürgerkrieg gegen ihre Gouverneure entfacht und Frankreich zu Hilfe gerufen. Eine spanische Flotte blockierte den Hafen der Stadt, und die Bewohner befanden sich in größter Hungersnot.

Zunächst durchbrach von französischer Seite der Chevalier de Balbelle mit einigen Fregatten die spanische Flotte und brachte Lebensmittel, Waffen und Soldaten nach Messina. Dann traf der Herzog von Vivonne mit sieben Kriegsschiffen zu sechzig, zwei zu achtzig Kanonen und mehreren Brandern ein. Er schlug die feindliche Flotte (9. Februar 1675) und zog siegreich in Messina ein.

Spanien war genötigt, zur Verteidigung Siziliens die Hilfe der Holländer anzurufen, seiner alten Feinde, die stets als die Herren des Meeres galten. Ruyter kam ihm von Zuydersee her zu Hilfe, fuhr durch den Kanal und stieß mit dreiundzwanzig großen Kriegsschiffen zu der zwanzig Segel starken spanischen Flotte.

Jetzt jedoch besiegten die Franzosen, die zuvor die Flotten der Holländer nicht einmal im Verein mit den Engländern zu schlagen vermocht hatten, ganz allein die vereinigten Holländer und Spanier (8. Januar 1676). Der Herzog von Vivonne, der in Messina zurückbleiben musste, um das bereits mit seinen Verteidigern unzufriedene Volk im Zaum zu halten, ließ die Schlacht durch Duquesne schlagen, den Generalleutnant der Marine, einen ebenso bemerkenswerten Mann wie Ruyter, der wie dieser allein durch sein Verdienst zum Kommando gelangt war, bis dahin aber noch nie eine Flotte befehligt und sich bis zu diesem Augenblick mehr als Freibeuter denn als General ausgezeichnet hatte. Wer jedoch das Genie seiner Kunst und den Geist eines Befehlshabers besitzt, geht schnell und ohne Anstrengung vom Kleinen zum Großen über. Duquesne erwies sich als ein ebenso großer Feldherr zur See wie Ruyter, denn einen wenn auch nur schwachen Vorteil über diesen Holländer erringen hieß zweifelsohne ein großer General sein. Er lieferte den beiden feindlichen Flotten noch eine zweite Schlacht bei Agosta. Ruyter, in der Schlacht verwundet, beschloss an diesem Tag sein glorreiches Leben (12. März 1676). Er war einer der Männer, deren Andenken noch heute in Holland am tiefsten verehrt wird. Er hatte seine Laufbahn als Diener und Schiffsjunge begonnen und war darum nur umso achtenswerter; der Name der Prinzen von Nassau tritt neben dem seinen weit zurück. Der spanische Staatsrat verlieh ihm den Herzogstitel – eine sonderbare und wertlose Würde für einen Republikaner. Das Patent traf erst nach seinem Tod ein, und die Kinder Ruyters, ihres Vaters würdig, schlugen diesen Titel aus, dem in den Monarchien so begehrlich nachgetrachtet wird, der aber keineswegs den Vorzug vor dem Namen eines guten Bürgers verdient.

Ludwig XIV. war hochherzig genug, Bedauern über seinen Tod zu empfinden. Man sagte ihm, dass er von einem gefährlichen Feind befreit sei, er erwiderte aber, man könne »nicht umhin, vom Tod eines großen Mannes schmerzlich berührt zu werden«.

Duquesne, der Ruyter Frankreichs, griff nach dem Tod des holländischen Generals die beiden Flotten zum drittenmal an; er bohrte einige ihrer Schiffe in den Grund, verbrannte mehrere und eroberte einzelne. Der Marschall Herzog von Vivonne hatte zwar den Oberbefehl in dieser Schlacht, nichtsdestoweniger aber war es Duquesne, der den Sieg errang. Europa war erstaunt, dass Frankreich in so kurzer Zeit zu Wasser ebenso furchtbar geworden war wie zu Land; allerdings dienten diese Rüstungen und Siege nur dazu, ganz Europa in Aufregung zu bringen. Der König von England, der den Krieg im Interesse Frankreichs begonnen hatte, war schließlich geneigt, sich mit dem Prinzen von Oranien zu verbünden, der vor kurzem seine Nichte geheiratet hatte. Überdies kostete der in Sizilien errungene Ruhm allzuviel Geld.

Schließlich räumten die Franzosen Messina gerade zu der Zeit, als man glaubte, sie würden sich der ganzen Insel bemächtigen (8. April 1678). Man tadelte Ludwig XIV. sehr, dass er in diesem Krieg Unternehmungen ins Werk gesetzt habe, die er nicht zu Ende führte, und dass er Messina wie Holland nach zwecklosen Siegen wieder habe fahren lassen.

Kein weiteres Unglück zu haben, als dass er nicht alle seine Eroberungen halten konnte, hieß aber immer noch sehr furchtbar sein. Er brachte seine Feinde von einem Ende Europas bis zum anderen ins Gedränge. Der Krieg in Sizilien hatte ihn weit weniger gekostet als das erschöpfte und überall geschlagene Spanien. Er hetzte noch neue Feinde auf das Haus Österreich: Er schürte die Unruhen in Ungarn, und seine Gesandten bei der Pforte drängten den Sultan, Deutschland mit Krieg zu überziehen, obwohl er anstandshalber einige Hilfstruppen gegen die durch seine Politik herbeigerufenen Türken stellen musste. Er allein warf alle seine Feinde nieder, denn Schweden, sein einziger Verbündeter, war im Krieg gegen den Kurfürsten von Brandenburg nicht glücklich. Dieser Kurfürst, der Vater des ersten Königs von Preußen, begann seinem Land eine Bedeutung zu verleihen, die seitdem beträchtlich gewachsen ist; damals nahm er den Schweden Pommern ab.

Es ist bemerkenswert, dass während dieses Krieges beinahe fortwährend Verhandlungen wegen des Friedens stattfanden; zuerst in Köln unter nutzloser Vermittlung Schwedens und dann in Nimwegen unter Vermittlung Englands. Die englische Vermittlung war eine beinahe ebenso leere Zeremonie, wie es die Schiedsrichterschaft des Paptes beim Frieden von Aachen gewesen war. In Wirklichkeit war Ludwig XIV. der einzige Schiedsrichter: Er machte am 9. April 1678 mitten im Lauf seiner Eroberungen seine Vorschläge und gab seinen Feinden bis zum 10. Mai Zeit zu deren Annahme. Den Generalstaaten bewilligte er auf ihr untertäniges Ansuchen eine Frist von sechs Wochen.

Sein Ehrgeiz war jetzt nicht mehr auf Holland gerichtet; diese Republik war glücklich oder geschickt genug gewesen, in einem zu ihrer Vernichtung unternommenen Krieg nur noch als Hilfsmacht aufzutreten – das Reich und Spanien, die anfänglich nur Hilfsmächte gewesen waren, waren jetzt die Hauptbeteiligten geworden.

Der König begünstigte in den von ihm vorgeschlagenen Friedensbedingungen den Handel der Holländer. Er gab ihnen Maastricht zurück und überlieferte den Spaniern einige Städte, die den Vereinigten Provinzen als Schutzmauer dienen sollten, wie z.B. Charleroi, Courtrai, Oudenaarde, Ath, Gent und Limburg. Er behielt jedoch Bouchain, Condé, Ypern, Valenciennes, Cambrai, Maubeuge, Aire, Saint-Omer, Cassel, Charlemont, Popering, Bailleul usw., das heißt einen guten Teil von Flandern. Dazu kam noch die zweimal eroberte Freigrafschaft Burgund. Diese beiden Provinzen waren ein hinlänglich wertvoller Ertrag des Krieges.

Von Deutschland verlangte er nur Philippsburg oder Freiburg und ließ dem Kaiser die Wahl. Er setzte die beiden Brüder Fürstenberg, die der Kaiser ihrer Besitzungen beraubt hatte und von denen einer im Gefängnis schmachtete, wieder in das Bistum Straßburg und in ihre Ländereien ein.

Ebenso trat er offen für Schweden, seinen unglücklichen Bundesgenossen, gegen den König von Dänemark und den Kurfürsten von Brandenburg ein. Er forderte, dass Dänemark alles, was es erobert hatte, an Schweden zurückgebe, dass es die Zölle im Baltischen Meer ermäßige und den Herzog von Holstein wieder in seine Staaten einsetze, sowie dass Brandenburg das eroberte Pommern abtrete und dass alle Bestimmungen des Westfälischen Friedens wieder in Kraft gesetzt würden. Sein Wille war Gesetz von einem Ende Europas bis zum anderen. Vergebens schrieb der Kurfürst von Brandenburg ihm einen höchst untertänigen Brief, nannte ihn, dem Brauch gemäß, gnädiger Herr, beschwor ihn, ihm das Eroberte zu lassen, und versicherte ihn dagegen seiner Ergebenheit und Dienstbeflissenheit. Seine Unterwürfigkeit war ebenso nutzlos wie sein Widerstand, und der Sieger über die Schweden musste alle seine Eroberungen zurückgeben.

Die französischen Gesandten behaupteten jetzt, den Vorrang vor den Kurfürsten zu haben. Vergebens bot der Kurfürst von Brandenburg alle Mittel auf, um in Cleve mit dem damaligen Grafen, späteren Marschall von Estrades, dem Gesandten bei den Generalstaaten, zu verhandeln. Der König wollte niemals zugeben, dass ein Mann, der ihn repräsentierte, einem Kurfürsten nachstehe, und der Graf von Estrades durfte nicht verhandeln.

Karl V. hatte die spanischen Granden mit den Kurfürsten auf eine Stufe gestellt, daher machten auch die französischen Pairs auf den gleichen Rang Anspruch. Wie sehr sich die Zeiten in dieser Beziehung geändert haben, sieht man daran, dass heute auf den deutschen Reichstagen die Gesandten der Kurfürsten ebenso behandelt werden wie die der Könige.

Was Lothringen anlangt, so erbot er sich, Karl V. von neuem einzusetzen; aber er wollte Herr von Nancy und der Heerstraßen des Landes bleiben.

Diese Bedingungen wurden im stolzen Ton eines Eroberers gestellt; sie waren jedoch nicht so übertrieben hart, dass sie seine Feinde hätten zur Verzweiflung bringen und anreizen müssen, sich zu einer letzten Anstrengung gegen ihn zu vereinen. Er sprach als Gebieter zu Europa, handelte aber gleichzeitig als Politiker.

Bei den Zusammenkünften in Nimwegen wusste er Zwietracht zwischen den Verbündeten zu erregen. Die Holländer beeilten sich zuerst, den Frieden zu unterzeichnen – trotz des Prinzen von Oranien, der um jeden Preis den Krieg fortsetzen wollte. Sie meinten, die Spanier wären zu schwach, um ihnen zu helfen, falls sie nicht unterzeichneten.

Als die Spanier sahen, dass die Holländer den Frieden angenommen hatten, bequemten sie sich ebenfalls dazu, weil, wie sie sagten, das Reich nicht genug Anstrengungen für die gemeinsame Sache machte.

Von Holland und Spanien im Stich gelassen, unterzeichneten schließlich auch die Deutschen, wobei sie dem König Freiburg abtraten und den Frieden zu Münster bestätigten.

Es wurde nichts an den von Ludwig XIV. vorgeschriebenen Bedingungen geändert. Vergebens stellten seine Feinde übertriebene Anträge, um ihre Schwäche zu bemänteln – Europa empfing von ihm Gesetze und den Frieden. Nur der Herzog von Lothringen wagte die Annahme eines Vertrags abzulehnen, dessen Bestimmungen ihn allzu gehässig dünkten. Er wollte lieber ein im Reich umherirrender Fürst als ein Souverän ohne Macht und ohne Ansehen in seinem Land sein – er erhoffte sein Glück von der Zeit und seinem Mut.

10. August 1678. – Zur Zeit der Konferenzen in Nimwegen und vier Tage, nachdem die Bevollmächtigten Frankreichs und Hollands den Frieden unterzeichnet hatten, zeigte der Prinz von Oranien Ludwig XIV., welchen gefährlichen Feind er an ihm habe. Der Marschall von Luxemburg, der Mons belagerte, hatte soeben die Nachricht vom Friedensschluss erhalten; er befand sich unbesorgt im Dorf Saint-Denis und aß beim Intendanten der Armee (14. August). Da warf sich der Prinz von Oranien mit all seinen Truppen auf das Lager des Marschalls, nahm es ein und leitete damit einen langen, hartnäckigen und blutigen Kampf ein, von dem er mit Recht einen glänzenden Sieg erhoffte, denn er war nicht nur der Angreifer, was stets ein Vorteil ist, sondern er griff auch Truppen an, die im Vertrauen auf den geschlossenen Frieden lebten. Der Marschall von Luxemburg vermochte nur mit viel Mühe standzuhalten, und wenn bei diesem Kampf irgendein Vorteil erzielt wurde, so war er auf Seiten des Prinzen von Oranien, dessen Infanterie Herrin des Terrains blieb, auf dem sie gekämpft hatte.

Wenn das Blut ihrer Mitmenschen in den Augen der Ehrgeizigen irgendeinen Wert hätte, so würde der Prinz von Oranien dieses Gefecht nicht geliefert haben. Er wusste mit aller Bestimmtheit, dass der Friede geschlossen war; er wusste überdies, dass dieser Friede für sein Land von

Vorteil war– und dennoch setzte er sein und mehrerer tausend anderer Leben zu Beginn eines allgemeinen Friedens aufs Spiel, den er nicht hätte verhindern können, selbst wenn er die Franzosen schlug. Diese ebenso unmenschliche wie große Tat, die damals mehr bewundert als getadelt wurde, hatte keinen neuen Friedensartikel zur Folge und kostete ohne jeden Nutzen zweitausend Franzosen und ebenso vielen Feinden das Leben. Man sah bei diesem Frieden, wie sehr der Ausgang bisweilen den Absichten widerspricht. Holland, gegen das der Krieg einzig und allein unternommen worden war und das hätte vernichtet werden müssen, verlor dabei nichts – im Gegenteil, es gewann eine Schutzmauer –, während die übrigen Mächte, die es vor der Vernichtung behütet hatten, dabei Einbußen erlitten.

Der König stand um diese Zeit auf dem Gipfel der Größe. Seit Beginn seiner Regierung war er siegreich gewesen, und nie hatte er eine Stadt belagert, die er nicht auch erobert hätte. In jeder Hinsicht seinen verbündeten Feinden überlegen, war er sechs Jahre lang der Schrecken Europas, dann sein Gesetzgeber und Friedensstifter gewesen und hatte seine Staaten um die Freigrafschaft Burgund, Dünkirchen und die Hälfte von Flandern vermehrt. Sein größter Vorteil aber bestand darin, dass er der Beherrscher einer damals glücklichen Nation war, die den übrigen Völkern als Vorbild diente. Der Stadtrat von Paris erkannte ihm einige Zeit später feierlich den Namen »der Große« zu und befahl, dass auf allen öffentlichen Denkmälern in Zukunft nur dieser Titel angebracht werden sollte. Schon im Jahre 1673 hatte man einige Medaillen geschlagen, die ihn mit diesem Beinamen belegten, und wenn Europa auch eifersüchtig war, so erhob es doch keinen Einspruch gegen diese Ehrenbezeigungen.

Beim Publikum hat indessen der Name Ludwig XIV. vor der Bezeichnung »der Große« den Vorrang behauptet – der Gebrauch entscheidet über alles. Heinrich, der mit so großem Recht nach seinem Tod den Beinamen der Große erhielt, wird normalerweise Heinrich IV. genannt, und dieser bloße Name sagt genug. Der Prinz von Condé wird stets der Große Condé genannt – nicht bloß seiner Heldentaten, sondern auch der Leichtigkeit wegen, mit der man ihn durch diesen Beinamen von den übrigen Prinzen von Condé unterscheidet. Hätte man ihn Condé der Große genannt, so würde dieser Beiname ihm sicher nicht geblieben sein. Man sagt der große Corneille, um ihn von seinem Bruder zu unterscheiden, aber man sagt weder der große Virgil noch der große Homer, noch der große Tasso. Alexander der Große ist nur noch unter dem Namen Alexander bekannt. Man sagt auch nicht Cäsar der Große. Karl V., dessen Glück weit auffallender war als das Ludwigs XIV., hat nie den Beinamen der Große erhalten. Nur Karl dem Großen ist dieser gleichsam als Eigenname verblieben. Die Titel dienen für die Nachwelt zu nichts: der Name eines Mannes, der Großes vollbracht hat, flößt mehr Achtung ein als alle schmückenden Beiwörter.

Vierzehntes Kapitel

Die Einnahme Strassburgs · Das Bombardement von Algier Die Unterwerfung Genuas · Siamesische Gesandtschaft · Widerstand gegen den Papst in Rom · Der Streit um das Kurfürstentum Köln

Der Ehrgeiz Ludwigs XIV. wurde durch den allgemeinen Frieden nicht im Zaum gehalten. Das Reich, Spanien und Holland verabschiedeten ihre überzähligen Truppen – er dagegen behielt die seinen. Er machte aus dem Frieden eine Zeit der Eroberungen (1680): Er war damals seiner Macht so sicher, dass er in Metz und Breisach[17] Gerichtshöfe einsetzte, um seiner Krone all die Ländereien zusprechen zu lassen, die früher zum Elsass und den drei Bistümern gehört haben mochten, aber schon seit unvordenklicher Zeit an andere Besitzer übergegangen waren. Viele deutsche Souveräne sowie der Kurfürst von der Pfalz, ja sogar der König von Spanien, der in jenen Gebieten einige Vogteien besaß, sowie der König von Schweden in seiner Eigenschaft als Herzog von Zweibrücken wurden vor jene Kammern zitiert, um dem König von Frankreich die Huldigung zu leisten oder die Konfiskation ihrer Besitztümer über sich ergehen zu lassen. Seit der Zeit Karls des Großen hatte man keinen Fürsten so als Herrn und Richter über die Souveräne auftreten und Länder durch Dekrete erobern sehen. Der Kurfürst von der Pfalz und der von Trier wurden der Herrschaften Falkenburg, Germersheim, Veldenz usw.

17 In der Kompilation ›Denkwürdigkeiten der Frau von Maintenon‹ liest man im Band III, S. 23, die Worte: »Die Vereinigungen der Kammern von Metz und von Besançon.« Anfangs glaubten wir, es sei eine Kammer von Besançon mit der von Metz vereinigt worden. Wir haben alle Autoren nachgeschlagen und gefunden, dass nie in Besançon eine Kammer zur Entscheidung darüber bestand, welche benachbarten Ländereien zu Frankreich gehören sollten. Es waren im Jahre 1680 nur der Rat von Breisach und der von Metz beauftragt, die Ländereien, die man für vom Elsass und den drei Bistümern losgerissen ansah, mit Frankreich zu vereinen. Das Parlament von Besançon vereinigte für einige Zeit Mömpelgard (Montbéliard) mit Frankreich.

beraubt. Vergebens führten sie bei dem in Regensburg versammelten Reichstag Klage darüber – das Reich begnügte sich, Protest einzulegen. Es genügte Ludwig XIV. nicht, nach demselben Recht, mit dem die Kaiser sie gehabt hatten, die Oberhoheit in den zehn freien Städten des Elsass auszuüben. Schon wagte man in diesen Städten nicht mehr von Freiheit zu reden. Aber es blieb noch Straßburg, die große und reiche Stadt, die durch die ihr gehörige Brücke über den Rhein die Herrin dieses Stroms war: Sie bildete für sich allein eine machtvolle Republik, die berühmt war wegen ihres Zeughauses, das neunhundert Geschütze enthielt.

Louvois hatte schon seit langem den Plan entworfen, die Stadt in die Hände seines Herrn zu bringen. Das Gold, die Intrige und der Schrecken, die ihm schon die Tore so vieler Städte geöffnet hatten, erschlossen Louvois auch Straßburg: Die Behörden wurden gewonnen. Das Volk war erstaunt und bestürzt, als es plötzlich zwanzigtausend Franzosen vor seinen Mauern erscheinen, die Forts, die die Stadt an der Rheinseite deckten, angegriffen und im Nu genommen sah und die Bürgermeister von Übergabe reden hörten. Die Tränen und die Verzweiflung der Bürger, denen die Freiheit teuer war, verhinderten nicht, dass noch am selben Tag von den Stadtbehörden der Vertrag wegen der Übergabe vorgeschlagen wurde und Louvois von der Stadt Besitz nahm, aus der Vauban mittels der Befestigungen, mit denen er sie umgab, später das stärkste Bollwerk Frankreichs gemacht hat.

Ebensowenig wurde Spanien vom König geschont. Er verlangte die Stadt Alost in den Niederlanden samt ihrem ganzen Gebiet, was die Minister, wie er sagte, unter den Friedensbedingungen aufzuführen vergessen hätten; und als Spanien zögerte, ließ er die Stadt Luxemburg blockieren (1682). Gleichzeitig kaufte er von einem kleinen Fürsten, dem Herzog von Mantua, der zur Bestreitung der Unkosten seiner Vergnügungen sein ganzes Land verschachert haben würde, auch noch die Festung Casale.[18]

Beim Anblick dieser Macht, die sich auf solche Weise nach allen Seiten hin ausdehnte und im Frieden mehr erwarb, als zehn andere Könige, die Vorgänger Ludwigs XIV., durch ihre Kriege erworben hatten, geriet

18 Der Kaufvertrag war in Wirklichkeit bereits am 8. Dezember 1678 in Versailles unterzeichnet worden, der Agent Karl Ferdinands von Mantua, Ercolo Antonio Mattioli, hatte jedoch verräterischerweise anderen Kabinetten davon Mitteilung und so die Besetzung der Festung durch die Franzosen unmöglich gemacht. Mattioli wurde wegen dieses Vertrauensbruchs am 2. Mai 1679 heimlich verhaftet, nach Pignerol geschafft und schließlich auf die Insel Sainte-Marguerite geführt, wo er im April 1694 starb. Noch bis vor kurzem vermutete man in ihm den geheimnisvollen Mann mit der eisernen Maske.

Europa von neuem in Aufregung. Das Reich, Holland und sogar das mit dem König unzufriedene Schweden schlossen einen Vertrag miteinander. Die Engländer drohten, die Spanier wünschten den Krieg, und der Prinz von Oranien setzte alles in Bewegung, um dessen Beginn herbeizuführen, aber keine Macht wagte damals den ersten Streich zu führen.[19]

Überall gefürchtet, war der König nur darauf bedacht, diese Furcht vor seiner Macht noch zu vermehren (1680). Er brachte endlich seine Marine auf eine Höhe, die die Erwartungen der Franzosen und die Befürchtungen Europas überstieg. Er hatte sechzigtausend Matrosen (1681/82), und alle diese rohen Menschen wurden durch Vorschriften, die ebenso streng waren wie die Satzungen der Disziplin bei den Landtruppen, im Gehorsam erhalten. England und Holland, die beiden bisherigen Mächte zur See, hatten weder so viele Seeleute noch eine so gute Disziplin. In den Grenzstädten wurden Kadettenkorps, in den Hafenstädten wurden Seekadettenkompanien errichtet und aus jungen Leuten zusammengesetzt, die unter Lehrern, die vom Staat besoldet wurden, alle ihrem Beruf entsprechenden Fertigkeiten erlernten.

Am Mittelmeer wurde mit ungeheuren Kosten der Hafen von Toulon zur Aufnahme von hundert Kriegsschiffen eingerichtet und mit einem Arsenal und prächtigen Magazinen versehen. Am Atlantischen Ozean entstand mit derselben Großartigkeit der Hafen von Brest. Dünkirchen und Le Havre-de-Grace füllten sich mit Schiffen, und in Rochefort wurde die Natur bezwungen.

Schließlich besaß der König mehr als hundert Linienschiffe, von denen verschiedene hundert und einzelne noch mehr Kanonen führten. Diese Schiffe blieben nicht untätig in den Häfen liegen: unter dem Kommando Duquesnes reinigten seine Geschwader die Meere, die durch die Korsaren von Tripolis und Algier unsicher gemacht wurden. An Algier rächte er sich mit Hilfe einer neuen Kunst, deren Erfindung man jener Achtsamkeit verdankte, mit der er alle Genies seines Zeitalters anzure-

19 Man behauptet, dass damals der Prinz von Oranien, der spätere König von England, öffentlich geäußert habe: »Ich habe seine Freundschaft nicht erlangen können, ich werde seine Achtung verdienen.«Dieses Wort ist von mehreren Personen aufgegriffen worden, und der Abbé von Choisy setzt es in das Jahr 1672. Es mag einige Beachtung verdienen, da es auf die Bündnisse hindeutete, die Wilhelm gegen Ludwig XIV. zustande brachte. Es ist indessen nicht wahr, dass der Prinz von Oranien zur Zeit des Nimwegener Friedens so gesprochen hat, und noch weniger wahr ist, dass Ludwig XIV. ihm geschrieben hatte: »Sie bitten um meine Freundschaft, ich werde sie Ihnen schenken, sobald Sie ihrer würdig sein werden.« So spricht man nur mit seinem Vasallen; man bedient sich aber so beleidigender Ausdrücke nicht gegen einen Fürsten, mit dem man einen Vertrag schließt. Dieser Brief findet sich nur in der Kompilation der ›Denkwürdigkeiten der Frau von Maintenon‹, und wir hören, dass diese Denkwürdigkeiten wegen der vielen Unrichtigkeiten, die sie enthalten, berüchtigt sind.

gen wusste. Diese verderbliche, aber bewundernswürdige Kunst besteht in der Herstellung der Bombardierschiffe, mit denen man Seestädte in Brand zu schießen vermag. Sie war die Erfindung eines jungen Mannes namens Bernard Renaud, gewöhnlich der »kleine Renaud« genannt, der, ohne je auf einem Schiff gedient zu haben, allein infolge seines Genies ein vorzüglicher Seemann war. Colbert, der jedes Verdienst in der Verborgenheit ausfindig zu machen verstand, hatte ihn häufig und sogar bei Anwesenheit des Königs zu den Sitzungen des Marinerats zugezogen.

Infolge der Bemühungen und aufgrund der Kenntnisse Renauds befolgte man schon seit einiger Zeit eine regelrechtere und leichtere Methode beim Schiffsbau. Nun wagte er dem Rat den Vorschlag zu machen, man möge Algier mit einer Flotte bombardieren. Man hatte damals noch keine Vorstellung davon, dass Bombenmörser nicht unbedingt auf festen Boden gestellt zu werden brauchen, und der Vorschlag erregte daher einen wahrhaften Aufruhr. Renaud war jenem Widerspruch und jenen Spöttereien ausgesetzt, auf die jeder Erfinder gefasst sein muss, aber seine Festigkeit und jene Beredsamkeit, die den von ihren Erfindungen lebhaft eingenommenen Männern eigen zu sein pflegt, bestimmten den König, eine Probe mit dieser Neuerung zu gestatten.

Renaud ließ nun fünf Schiffe herstellen, die kleiner, aber im Holz stärker waren als die gewöhnlichen. Sie hatten keine Oberdecke, sondern nur ein falsches Verdeck dicht über dem Kiel, auf dem man gemauerte Hohlräume herstellte und in diesen die Mörser unterbrachte. Mit diesen Schiffen brach er unter dem Kommando des alten Duquesne auf, der mit diesem Unternehmen betraut war, sich aber keinen Erfolg davon versprach. Duquesne wie die Bewohner von Algier waren erstaunt über die Wirkung der Bomben (28. Oktober 1681): Ein Teil der Stadt wurde völlig zerschmettert und eingeäschert. Doch diese Kunst, die sich bald auch zu den übrigen Nationen verbreitete, diente nur zur Vervielfältigung des menschlichen Elends und wurde Frankreich, dem Land ihrer Erfindung, mehr als einmal gefährlich.

Diese in wenigen Jahren durchgeführte Vervollkommnung der Marine war die Frucht der Bemühungen Colberts. Louvois seinerseits ließ mehr als hundert Zitadellen befestigen. Außerdem erbaute man Hüningen, Saarlouis, die Festungswerke von Straßburg, Montroyal usw., und während das Reich auf diese Weise nach außen hin an Stärke gewann, erblickte man im Innern nur Überfluss, Genüsse und blühende Künste. Die Ausländer kamen in Menge herbei, um den Hof Ludwigs XIV. zu bewundern, und sein Name drang zu allen Völkern der Erde.

Noch hervorgehoben wurden sein Ruhm und sein Glück durch die Schwäche der meisten übrigen Könige und das Elend von deren Völkern. Kaiser Leopold hatte damals die aufrührerischen Ungarn und besonders die Türken zu fürchten, die, von den Ungarn herbeigerufen, Deutschland überschwemmten. Die Politik Ludwigs verfolgte die Protestanten in Frankreich, weil er ihnen das Vermögen, ihm zu schaden, nehmen zu müssen glaubte; unter der Hand aber unterstützte er die Protestanten und die ungarischen Aufrührer, weil sie ihm nützlich sein konnten.

Sein Gesandter bei der Pforte hatte vor dem Frieden zu Nimwegen die Rüstung der Türken beschleunigt. Infolge einer wunderlichen Eigentümlichkeit wartete jedoch der Diwan beinahe immer bis zu dem Moment, wo der Kaiser Frieden hatte, um sich gegen ihn zu erklären. Auch diesmal überzog er ihn erst 1682 in Ungarn mit Krieg. Im folgenden Jahr aber drang das türkische Heer in einer angeblichen Stärke von 20.0000 Kämpfern – zu denen noch ungarische Truppen kamen –, da es auf seinem Weg weder auf feste Städte, wie es sie in Frankreich gab, noch auf eine widerstandsfähige Truppenmasse stieß, bis an die Tore von Wien vor, nachdem es alles auf seinem Weg verheert hatte.

Bei der Annäherung der Türken verließ Kaiser Leopold eiligst Wien und zog sich zunächst bis Linz zurück, und als er erfuhr, dass sie Wien eingeschlossen hätten, fasste er keinen anderen Entschluss, als dass er noch weiter – bis nach Passau – zurückging und den Herzog von Lothringen an der Spitze einer kleinen, von den Türken bereits geschwächten Armee das Glück des Reichs verfechten ließ, so gut es eben gehen mochte.[20]

Niemand zweifelte, dass der Großwesir Kara Mustafa, der das türkische Heer befehligte, binnen kurzer Zeit Wien erobern würde. Die schlecht befestigte und von ihrem Gebieter verlassene Stadt wurde zwar von einer Garnison verteidigt, die 16.000 Mann stark sein sollte, aber in Wahrheit nicht über 8.000 Mann lag.

Ludwig XIV. erwartete mit viel Wahrscheinlichkeit, dass Deutschland bei diesem Einfall der Türken, denen es nur ein Oberhaupt entgegenzustellen hatte, dessen Flucht die allgemeine Bestürzung noch vermehrte, genötigt sein würde, seine Zuflucht zum französischen Schutz zu nehmen. An den Grenzen des Reichs hatte er ein Heer stehen, das bereit war, es gegen dieselben Türken zu verteidigen, die er erst durch seine

20 Siehe den ›Versuch über die Sitten und den Charakter der Nationen‹, Kapitel 192, und die ›Reichs-Annalen, Jahrgang 1683.

früheren Verhandlungen selbst herbeigezogen hatte; auf diese Weise konnte er der Beschützer des Deutschen Reichs werden und seinen Sohn zum römischen Kaiser machen.

Anfangs, als die Türken Österreich bedroht hatten, hatte er ein großmütiges Verfahren mit seinen politischen Plänen vereint: Nicht dass er dem Kaiser zum zweitenmal Hilfstruppen gesandt hätte, aber er hatte erklärt, dass er die Niederlande nicht angreifen und somit dem spanischen Zweig des Hauses Österreich die Möglichkeit lassen würde, dem dem Untergang nahen deutschen Zweig zu Hilfe zu eilen. Als Preis für seine Untätigkeit verlangte er, dass man ihn bezüglich mehrerer zweideutiger Punkte des Nimwegener Friedens, besonders aber bezüglich des Gebiets von Alost zufriedenstelle, das man in jenem Vertrag anzuführen vergessen hatte. Im Jahre1682 aber ließ er, ohne die geforderte Genugtuung abzuwarten, die Blockade von Luxemburg aufheben und enthielt sich ein ganzes Jahr lang jeder Feindseligkeit.

Schließlich erreichte jedoch während der Belagerung von Wien diese Großmut ihr Ende. Der spanische Staatsrat erbitterte ihn, anstatt ihn zu besänftigen, und so griff Ludwig XIV. in den Niederlanden wieder zu den Waffen, gerade als Wien dem Fall nahe war; das war Anfang September. Gegen alle Erwartung wurde Wien jedoch entsetzt. Der Übermut des Großwesirs, seine Weichlichkeit, seine brutale Verachtung gegen die Christen, seine Unwissenheit und Langsamkeit stürzten ihn ins Verderben – es bedurfte auch eines Übermaßes an all diesen Fehlern, um Wien vor dem Fall zu bewahren. Der König von Polen, Johann Sobieski, gewann Zeit zum Heranrücken und brauchte sich in Verbindung mit dem Herzog von Lothringen dem ottomanischen Heer nur zu zeigen, um es in die Flucht zu jagen (12. September 1683).

Der Kaiser kehrte in seine Hauptstadt zurück mit dem schmerzlichen Bewusstsein, dass er sie schmählich im Stich gelassen hatte. Er traf gerade in dem Augenblick ein, wo ihr Retter die Kirche verließ, in der man das Tedeum gesungen und der Prediger zum Text die Stelle gewählt hatte: »Es war ein Mann, gesandt von Gott, der hieß Johannes.« Wir haben bereits gesehen,[21] dass Papst Pius V. diese Worte nach dem Sieg bei Lepanto (Oktober 1571) auf Don Juan de Austria angewandt hatte – man weiß ja, dass das, was neu erscheint, häufig nur eine Wiederholung ist.

August 1684. – Kaiser Leopold war gleichzeitig sieggekrönt und gedemütigt. Da der König von Frankreich nun nichts mehr zu schonen

21 Im ›Versuch über die Sitten und den Charakter der Nationen‹, Kapitel 560.

brauchte, ließ er Luxemburg bombardieren, bemächtigte sich der Städte Courtrai und Dixmuiden in Flandern und nahm Trier ein, um dessen Festungswerke zu schleifen – alles, wie man sagte, um den Nimwegener Vertrag seinem Sinn nach zu erfüllen. Die Kaiserlichen und die Spanier verhandelten mit ihm in Regensburg, während er ihre Städte eroberte, und der bereits verletzte Friede zu Nimwegen wurde in einen zwanzigjährigen Waffenstillstand verwandelt, durch den der König im Besitz der Stadt und des Fürstentums Luxemburg blieb, das er soeben erobert hatte.

April 1684. – Noch gefürchteter war er an der Küste Afrikas, wo die Franzosen vor seiner Zeit nur durch die Sklaven bekannt waren, die die Barbaren machten.

Das zweimal bombardierte Algier schickte ihm Gesandte, die um Verzeihung und um Frieden baten. Es gab alle christlichen Gefangenen frei und zahlte auch noch Geld, was für die Korsaren die schwerste Strafe ist.

Tunis und Tripolis unterwarfen sich auf die gleiche Weise. Wir wollen nicht unerwähnt lassen, dass sich, als der Schiffskapitän Damfreville im Namen des Königs von Frankreich alle christlichen Sklaven in Algier befreite, viele Engländer darunter befanden, die, als sie bereits an Bord waren, Damfreville gegenüber behaupteten, sie würden nur aus Achtung vor dem König von England in Freiheit gesetzt. Der französische Kapitän ließ daraufhin die Algerier rufen und erklärte ihnen, indem er die Engländer wieder an Land setzte: »Diese Leute da behaupten, dass sie nur im Namen ihres Königs frei sind. Der meine nimmt sich nicht die Freiheit, ihnen seinen Schutz aufzudrängen – daher gebe ich sie in eure Hände zurück. Es ist eure Sache, zu zeigen, was ihr dem König von England schuldig seid.« Sämtliche Engländer wurden sogleich wieder in Ketten geschlagen. Man erkennt in diesem Zug sowohl den englischen Stolz und die Schwäche der Regierung Karls II. als auch die Achtung der Völker vor Ludwig XIV.

Diese Achtung war so allgemein und so groß, dass man, während er die afrikanischen Völker demütigte, die unter dem Schutz des Großherrn standen, seinem Gesandten bei der Pforte neue Auszeichnungen, wie z.B. die »Ehre des Sofas«, zugestand.

Noch tiefer als Algier demütigte sich vor ihm die Republik Genua. Genua hatte an die Algerier Pulver und Bomben verkauft und baute vier Galeeren für den spanischen Staat. Der König verbot ihm durch seinen Botschafter Saint-Olon, einen seiner Kammerjunker, die Galeeren vom Stapel laufen zu lassen, und drohte mit einer unverzüglichen Züchtigung, wenn es sich nicht seinem Willen füge. Entrüstet über diesen Angriff auf ihre Freiheit und im Vertrauen auf den Beistand Spaniens ließen die Genueser diese Drohung unbeachtet (17. März 1684). Sogleich liefen vierzehn Linienschiffe, zwanzig Galeeren, zehn Bombardierschiffe und mehrere Fregatten aus dem Hafen von Toulon aus. Seignelay, der neue Marineminister, den sein Vater, der berühmte Colbert, schon vor seinem Tod dieses Amt versehen ließ, befand sich persönlich auf dieser Flotte. Nach jedem Ruhm lüstern, stets mit Leib und Seele dem hingegeben, was er unternahm, und ebenso eifrig dem Vergnügen wie der Arbeit ergeben, ohne dass diese darunter litt, wollte dieser ehrgeizige, mutvolle, geistreiche, tatkräftige junge Mann gleichzeitig Kriegsmann und Minister sein. Der alte Duquesne kommandierte die Schiffe, der Herzog von Mortemart die Galeeren, beide aber waren die Höflinge des Staatssekretärs.

Man langt vor Genua an. Die zehn Bombardierschiffe werfen vierzehntausend Bomben in die Stadt und verwandeln einen Teil jener Marmorbauten, die ihr den Namen »prächtiges Genua« verschafft haben, in Schutt und Asche. Vierzehntausend Soldaten werden ausgeschifft, rücken bis an die Tore Genuas und verbrennen die Vorstadt San Pietro d'Arena.

Nun musste man sich demütigen, um dem völligen Untergang vorzubeugen (22. Februar 1685). Der König forderte, dass der Doge und vier der bedeutendsten Senatoren persönlich im Palast von Versailles seine Gnade anriefen, und damit die Genueser nicht etwa den Wert dieser Genugtuung abschwächten und seinem Ruhm irgendwelchen Abbruch täten, verlangte er, dass der Doge, der ihn in Versailles um Verzeihung bitten würde, im Amt bliebe – jenem genuesischen Gesetz zum Trotz, das jeden Dogen, der sich auch nur einen Augenblick aus der Stadt entfernt, seiner Würde entsetzt.

Demgemäß erschienen der Doge Imperiale Lescaro und die Senatoren Lomellino, Garibaldi, Durazzo und Salvago in Versailles, um alles zu tun, was der König von ihnen verlangte. Der Doge sprach im Staatskleid, das Haupt bedeckt mit einer roten Samtmütze, die er häufig abnahm; die Rede und diese Zeichen der Unterwürfigkeit waren von Seignelay diktiert worden. Der König hörte ihn sitzend und mit bedecktem Haupt an, da er aber bei allen Handlungen seines Lebens mit der Würde die Höflichkeit verband, so behandelte er Lescaro und die Senatoren mit ebenso viel Güte wie Gepränge. Die Minister Louvois, Croissy und Seignelay ließen sie mehr Überlegenheit und Stolz fühlen, weshalb auch Lescaro sagte: »Der König raubt unseren Herzen die Freiheit durch die Weise, in der er uns empfängt, seine Minister aber geben sie uns zurück.« Dieser Doge war ein Mann von viel Geist. Man weiß, dass er, als Seignelay ihn fragte, was er in Versailles am bemerkenswertesten fände, zur Antwort gab: »Mich hier zu sehen.«

1684. – Noch weit mehr wurde der ungemeinen Vorliebe des Königs für auffallende Schaustellungen durch die Gesandtschaft geschmeichelt, die er aus Siam empfing, einem Land, wo man bis dahin nichts vom Dasein Frankreichs gewusst hatte. Durch einen jener seltsamen Zufälle, die die Überlegenheit der Europäer über die übrigen Nationen beweisen, war ein Grieche namens Phalk Constance, der Sohn eines kephallenischen Schankwirts, »Barcalon«, das heißt Premierminister oder Großwesir des Königreichs Siam geworden. Dieser Mann hatte die Absicht, seine Macht zu festigen und sich noch höher zu erheben, und er bedurfte dazu ausländischer Hilfe; er hatte sich aber weder den Engländern noch den Holländern anzuvertrauen gewagt, weil diese in Indien allzu gefährliche Nachbarn sind. Nun hatten aber die Franzosen seit kurzem an der Koromandel-Küste Kontore errichtet und den Ruf ihres Königs bis in diese Länder des fernsten Asien verbreitet. Constance hielt Ludwig XIV. für geeignet, sich durch eine Huldigung geschmeichelt zu fühlen, die unerwartet und aus so weiter Ferne käme; die Religion, deren Federn die Politik von Siam bis Paris spielen lassen, diente seinen Absichten ebenfalls. Er sandte daher im Namen seines Gebieters, des Königs von Siam, eine feierliche Gesandtschaft mit kostbaren Geschenken an Ludwig XIV., um ihn wissen zu lassen, dass dieser indische König, entzückt von seinem Ruhm, nur mit dem französischen Volk einen Handelsvertrag schließen wolle und dass er sogar nicht abgeneigt sei, Christ zu werden. Sein geschmeichelter Stolz und seine hintergangene Frömmigkeit bewogen Ludwig XIV., dem König von Siam zwei Gesandte und sechs Jesuiten zu senden, zu denen später noch eine Anzahl Offiziere und achthundert Soldaten kamen. Das durch jene siamesische Gesandtschaft erregte Aufsehen war indessen der ganze Vorteil, den man von diesem Zwischenfall hatte: Vier Jahre später kam Constance als Opfer seines Ehrgeizes ums Leben. Einige der Franzosen, die bei ihm geblieben waren, wurden niedergemetzelt, andere mussten fliehen, und seine Frau wurde, nachdem sie kurz davor gestanden hatte, Königin zu werden, durch den Nachfolger des Königs von Siam zum Dienst in der Küche verurteilt – ein Amt, zu dem sie geboren war.

Jene Ruhmsucht, die Ludwig XIV. dazu trieb, sich in allem vor den übrigen Königen auszuzeichnen, trat auch in dem Stolz zutage, den er gegen den römischen Hof zeigte. Damals nahm Innozenz XI. Odescalchi, der Sohn eines Bankiers aus dem Mailändischen, den Thron der Kirche ein; er war ein tugendhafter Mensch, ein umsichtiger Pontifex, ein unbedeutender Theologe, aber ein mutiger, entschlossener und trefflicher Fürst. Er unterstützte das Reich und Polen mit seinem Geld, die Venezianer mit seinen Galeeren gegen die Türken und verurteilte laut das Verhalten Ludwigs XIV., der mit den Türken gegen die Christen im Bund stand. Man wunderte sich, dass ein Papst so lebhaft die Partei der Kaiser ergriff, die sich doch Könige der Römer nennen und in Rom herrschen würden, wenn sie es könnten. Aber Odescalchi war aus dem österreichischen Gebiet gebürtig und hatte bei den mailändischen Truppen zwei Feldzüge mitgemacht. Die Menschen werden von der Gewohnheit und ihrer Laune regiert: Sein Stolz empörte sich gegen den Übermut Ludwigs XIV., der ihm seinerseits alle Demütigungen widerfahren ließ, die ein König von Frankreich einem Papst antun kann, ohne die Gemeinschaft mit ihm abzubrechen.

Seit langer Zeit bestand in Rom ein Missbrauch, der umso schwerer auszurotten war, weil er sich auf einen *Point d'honneur* stützte, mit dem sich alle katholischen Könige brüsteten. Ihre Gesandten in Rom dehnten nämlich das mit ihren Häusern verbundene Asylrecht auf einen sehr großen Raum aus, der ›Quartier‹ genannt wird, und diese jederzeit aufrechterhaltene Anmaßung machte die Hälfte von Rom zu einer sicheren Zuflucht für alle Verbrechen. Ein anderer Missbrauch war der, dass alles, was unter dem Namen der Gesandten nach Rom eingeführt wurde, keinen Eingangszoll bezahlte. Der Handel litt darunter, und der Fiskus verarmte.

Endlich setzte es Innozenz XI. beim Kaiser, bei den Königen von Spanien und von Polen sowie beim neuen König von England – Jakob II., einem katholischen Fürsten – durch, dass sie auf diese verhassten Rechte verzichteten. Der Nuntius Ranucci schlug Ludwig XIV. vor, gleich den übrigen Fürsten Ruhe und Ordnung in Rom fördern zu helfen. Ludwig aber, der mit dem Papst höchst unzufrieden war, erwiderte, er hätte sich nie nach dem Beispiel anderer gerichtet, vielmehr wäre es seine Sache, als Beispiel zu dienen. Und um dem Papst Trotz zu bieten, schickte er den Marquis de Lavardin als Gesandten nach Rom (November 1685). Lavardin zog trotz der Verbote des Papstes mit vierhundert Seekadetten, vierhundert freiwilligen Offizieren und zweihundert bewaffneten Dienern in Rom ein, nahm von seinem Palast, seinem Quartier und der Ludwigskirche Besitz, stellte Wachen aus und ließ fleißig Runden machen – gerade wie in einer Festung.

Der Papst ist der einzige Souverän, dem man eine derartige Gesandtschaft senden durfte, denn die Überlegenheit, die er sich über die gekrönten Häupter anmaßt, reizt diese ständig, ihn zu demütigen, und die Schwäche seines Staates hat zur Folge, dass eine solche Beleidigung immer straflos bleibt. Alles, was Innozenz XI. tun konnte, bestand darin, dass er gegen den Marquis de Lavardin die abgenützte Waffe der Exkommunikation anwandte – eine Waffe, auf die in Rom selbst nicht mehr Gewicht gelegt wird als anderswo, die man aber wie eine alte Formel immer noch anwendet, gerade wie die päpstlichen Soldaten nur der Form wegen bewaffnet sind. Damals war der Kardinal d'Estrées, ein Mann von Geist, aber ein häufig unglücklicher Unterhändler, mit den Angelegenheiten Frankreichs in Rom betraut. D'Estrées, der zu häufigen Besuchen beim Marquis de Lavardin genötigt war, durfte nach einem solchen nicht zur Audienz beim Papst erscheinen, ohne die Absolution zu empfangen. Vergebens sträubte er sich dagegen – Innozenz XI. bestand hartnäckig darauf, sie ihm zu erteilen, um ständig jene eingebildete Macht durch Anwendung der Zeremonien zu bewahren, auf denen sie beruht.

Mit demselben Stolz, immer aber durch die geheimen Wege der Politik unterstützt, ersuchte Ludwig XIV., Köln einen Kurfürsten aufzudrängen. Da er stets bemüht war, das Reich zu entzweien oder zu bekämpfen, so strebte er danach, dieses Kurfürstentum an den Kardinal von Fürstenberg, Bischof von Straßburg, zu bringen, der sein Geschöpf, ein Opfer seiner Interessen und ein unversöhnlicher Feind des Kaisers war, der ihn während des letzten Krieges als einen an Frankreich verkauften Deutschen hatte einsperren lassen.

Wie alle anderen Kapitel Deutschlands hatte auch das Domkapitel zu Köln das Recht, seinen Bischof zu ernennen, der dadurch gleichzeitig Kurfürst wurde. Der damalige Inhaber dieser Würde war Ferdinand von Bayern, ehemals ein Verbündeter, jetzt aber wie so viele andere Fürsten ein Feind des Königs; er war schwer krank. Das zur rechten Zeit unter die Domherren verteilte Geld des Königs, die Intrigen und Versprechungen hatten zur Folge, dass der Kardinal von Fürstenberg zum Koadjutor gewählt wurde; nach dem Tod Ferdinands von Bayern wurde er durch Stimmenmehrheit zum zweiten Mal gewählt. Nun hat aber der Papst aufgrund des mit Deutschland geschlossenen Konkordats das

Recht, dem Erwählten die Bischofswürde zu übertragen, während der Kaiser ihn als Kurfürsten zu bestätigen hat. Überzeugt, dass es nahezu dasselbe wäre, ob sie Fürstenberg den Kurfürstensitz einnehmen ließen oder Ludwig XIV. darauf setzten, verbanden sich der Kaiser und Innozenz XI., um das Kurfürstentum dem jungen Prinzen von Bayern, einem Bruder des Verstorbenen, zu verleihen.

Der König rächte sich am Papst, indem er Avignon einnahm, und rüstete sich zum Krieg gegen den Kaiser (Oktober 1688). Gleichzeitig beunruhigte er den Kurfürsten von der Pfalz wegen der Rechte von Madame, der zweiten Gemahlin von Monsieur, einer Prinzessin von der Pfalz, die allerdings in ihrem Heiratskontrakt auf jene Rechte verzichtet hatte. Der trotz einer gleichen Verzichtleistung 1667 wegen der Rechte Maria Theresias gegen Spanien geführte Krieg beweist zur Genüge, dass die Verträge nur für die Privatpersonen da sind. Auf solche Weise verstimmte, beraubte oder demütigte der König, auf dem Gipfel seiner Größe, nahezu alle anderen Fürsten – und beinahe alle verbanden sich auch gegen ihn.

Fünfzehntes Kapitel

König Jakob wird von seinem Schwiegersohn, Wilhelm III. entthront und von Ludwig XIV. beschützt

Der Prinz von Oranien, noch ehrgeiziger als Ludwig XIV., hatte große Pläne entworfen, die bei einem Statthalter von Holland schimärisch erscheinen konnten, die er jedoch durch seine Geschicklichkeit und seinen Mut rechtfertigte: Er wollte den König von Frankreich demütigen und den König von England entthronen. Es gelang ihm auch ohne große Mühe, Europa nach und nach zu einem Bündnis gegen Frankreich zu vereinen. Zunächst hatten sich der Kaiser, ein Teil des Reichs, Holland und der Herzog von Lothringen insgeheim in Augsburg verbündet; dann traten Spanien und Savoyen zu diesen Mächten hinzu. Der Papst feuerte alle durch seine Intrigen an, ohne selbst zu den Verbündeten zu gehören; Venedig war ihnen günstig gesinnt, ohne sich offen zu erklären, und alle italienischen Fürsten standen ebenfalls auf ihrer Seite. Im Norden gehörte damals Schweden zur Partei des Kaisers, Dänemark aber war ein Verbündeter, der keinen Nutzen für Frankreich hatte. Über eine halbe Million Protestanten, die vor den Verfolgungen Ludwigs XIV.

flüchteten und ihre Betriebsamkeit wie ihren Hass gegen den König aus Frankreich mit ins Ausland nahmen, waren ebenso viele neue Feinde, die in ganz Europa die schon zum Krieg geneigten Mächte noch mehr aufstachelten. (Auf diese Flucht der Protestanten wird im Abschnitt über die Religion noch näher eingegangen werden.) Der König war auf allen Seiten von Feinden umgeben und hatte nur König Jakob zum Freund.

König Jakob von England, der Nachfolger seines Bruders Karl II., war wie dieser katholisch. Karl hatte aber seine Bekehrung zum Katholizismus gegen Ende seines Lebens nur aus Willfährigkeit gegen seine Mätressen und seinen Bruder zugelassen – in Wirklichkeit hatte er keine andere Religion als einen reinen Deismus. Seine ungemeine Gleichgültigkeit gegen alle Streitigkeiten, die die Menschen entzweien, hatte nicht wenig dazu beigetragen, ihm eine friedliche Regierung in England zu sichern. Jakob dagegen, der der römischen Kirche von Kindheit an aus Überzeugung angehörte, verband mit seinem Glauben den Parteigeist und den Hang zum Eifern. Wäre er ein Mohammedaner oder ein Bekenner der Lehre des Konfuzius gewesen, so würden die Engländer seine Regierung niemals gestört haben; er hatte jedoch den Vorsatz gefasst, in seinem Reich den Katholizismus wiedereinzuführen, der von diesen republikanischen Royalisten als die Religion der Sklaverei mit Abscheu betrachtet wurde.[22] Bisweilen ist es eine leichte Sache, eine Religion in einem Land zur herrschenden zu machen. Konstantin, Chlodwig, Gus-

22 In der Kompilation ›Denkwürdigkeiten der Frau von Maintenon‹ findet man (Bd. III, Kap. 4: ›Vom König und der Königin von England‹) ein seltsames Gewebe von Unrichtigkeiten. Es heißt dort, die Rechtsgelehrten hätten die Frage aufgeworfen: »Hat ein Volk das Recht, sich gegen die Autorität aufzulehnen, die es zum Glauben zwingen will?« Es fand aber gerade das Gegenteil statt: man widersetzte sich in England der Toleranz des Königs für die katholische Kirche und erörterte die Frage, »ob der König die, denen er ein Amt übertrage, des Testeides entheben könne«.
Derselbe Autor behauptet ferner, Innozenz XI. habe dem Prinzen von Oranien 200.000 Dukaten bezahlt, damit er die katholische Religion in England ausrotte. – Weiter berichtet derselbe Autor mit derselben Keckheit, Innozenz habe Tausende von Messen für den glücklichen Ausgang des Unternehmens des Prinzen von Oranien lesen lassen. Es ist bekannt, dass jener Papst die Augsburger Liga begünstigte, niemals aber tat er Schritte, die so lächerlich und seiner Würde so unangemessen gewesen wären. Der spanische Gesandte im Haag dagegen betete öffentlich für den glücklichen Erfolg der holländischen Flotte, wie Herr von Avaux dem König berichtete.
Ferner gibt jener Autor zu verstehen, dass der Graf von Avaux die Mitglieder der Generalstaaten bestach. Er täuscht sich: es war dies der Graf von Estrades; er täuscht sich auch bezüglich der Zeit: das war vierundzwanzig Jahre früher..Man sehe den Brief des Herrn von Estrades an Herrn von Lionne vom 17. September 1665.
Der gleiche Autor wagt auch den Bischof Burnet zu zitieren und lässt ihn, um ein Laster des Prinzen von Oranien zu bezeichnen, sagen, der Prinz habe nur die »Hintertüren« geliebt. In der ganzen Geschichte Burnets findet sich kein Wort, das mit diesem niedrigen und der Geschichte unwürdigen Ausdruck die geringste Ähnlichkeit hätte. Und wenn je irgendein Anekdotenjäger behauptet haben sollte, dass der Bischof Burnet sich im Gespräch ein so unziemliches Wort habe entschlüpfen las-

tav Wasa und die Königin Elisabeth brachten – jeder auf einem anderen Weg – ohne Gefahr eine neue Religion zur Annahme. Zu dergleichen Veränderungen sind indessen zwei Dinge unbedingt notwendig: eine tiefe Politik und glückliche Umstände – beides aber fehlte dem König Jakob.

Er war entrüstet darüber, dass er sehen musste, wie so viele Fürsten in Europa absolute Herrscher waren, wie die Könige von Schweden und von Dänemark es damals wurden und wie auf der ganzen Erde Polen und England die einzigen Länder blieben, in denen die Freiheit der Völker neben dem Königtum bestand. Ludwig XIV. ermunterte ihn, sich in seinem Land zum absoluten Herrscher zu machen, und die Jesuiten bestürmten ihn, ihre Religion und damit ihren Einfluss wiederherzustellen. Er verfuhr von vornherein so, als ob er mit dem, was ihn zu tun gelüstete, bereits zu Rande gekommen wäre, indem er offen einen Nuntius des Papstes sowie Jesuiten und Kapuziner an seinem Hof hielt; indem er sieben anglikanische Bischöfe ins Gefängnis setzte, die Stadt, der er vielmehr neue Vorrechte hätte gewähren sollen, ihrer Privilegien beraubte, Gesetze, die in der Stille hätten untergraben werden müssen, rücksichtslos über den Haufen warf – kurzum, mit so wenig Mäßigung vorging, dass die römischen Kardinäle im Scherz sagten, er müsse »exkommuniziert werden als ein Mensch, der das bisschen Katholizismus, das noch in England vorhanden ist, vollends zugrunde richtet«.

Papst Innozenz XI. erwartete nichts von den Unternehmungen Jakobs und schlug ihm ständig den Kardinalshut ab, den er für seinen Beichtvater, den Jesuiten Petre, verlangte. Dieser Jesuit war ein ungestümer Intrigant, der, verzehrt vom Ehrgeiz, Kardinal und Primas von England zu werden, seinen Gebieter in den Abgrund stieß. Die größten Häupter des Staates verbanden sich insgeheim gegen die Absichten des Königs und schickten Abgeordnete an den Prinzen von Oranien. Der Prinz von Oranien rüstete eine Flotte aus, die vierzehn bis fünfzehntausend Mann aufnehmen sollte.[23] Dieser Prinz war damals nur ein be-

sen, so dürfte doch dieses zweifelhafte Zeugnis nicht vor einer authentischen Geschichte den Vorrang erhalten.

23 Der Verfasser der ›Denkwürdigkeiten der Frau von Maintenon‹ berichtet, der Prinz von Oranien sei, als er sah, dass die Generalstaaten die nötigen Gelder verweigerten, in die Versammlung getreten und habe die Worte gesprochen: »Meine Herren, es wird im nächsten Frühjahr Krieg geben, und ich bitte, diese Vorhersage in das Protokoll aufzunehmen.« Er nennt dabei den Grafen von Avaux als Gewährsmann. Auch behauptet er, dass dieser Gesandte alle Maßnahmen des Prinzen von Oranien durchschaute. – Es ist schwer, mehr Unrichtigkeiten auf ungeschicktere Weise aufeinanderzuhäufen. Die neuntausend Matrosen waren nämlich seit dem Jahre 1687 bereit, und der Graf von Avaux gedenkt der angeblichen Rede des Prinzen mit keiner

rühmter Privatmann, der kaum fünfhunderttausend Gulden Einkünfte hatte; seine Politik war jedoch so glücklich, dass das Geld, die Flotte und die Herzen der Generalstaaten ihm gehörten. Durch sein geschicktes Verhalten war er in Wirklichkeit König in Holland, während Jakob es durch seine Unbesonnenheit in England zu sein aufhörte. Man sprengte anfangs aus, jene Rüstung sei gegen Frankreich bestimmt; das Geheimnis wurde von mehr als zweihundert Personen treulich gewahrt. Barillon, der französische Gesandte in London, ein dem Vergnügen ergebener Mann, der besser über die Intrigen der Mätressen Jakobs als über das Ränkespiel in Europa unterrichtet war, wurde als erster getäuscht. Ludwig XIV. aber ließ sich nicht hintergehen: Er bot seinem Verbündeten Hilfstruppen an, die anfangs voll Zuversicht zurückgewiesen, dann aber, als es zu spät und die Flotte des Prinzen bereits unter Segel gegangen war, dringend erbeten wurden.

Es fehlte Jakob gleichzeitig an allem, besonders aber war er seiner selbst nicht sicher (Oktober 1688). Vergebens schrieb er an Kaiser Leopold, der ihm zur Antwort gab: »Es ist Ihnen nur geschehen, was Wir Ihnen vorhergesagt hatten.« Er rechnete auf die Flotte, aber seine Schiffe ließen die feindlichen ruhig passieren. Aber er konnte sich wenigstens zu Land verteidigen. Er hatte eine Armee von zwanzigtausend Mann, und wenn er sie zum Kampf geführt hätte, ohne ihr Zeit zum Überlegen zu geben, so steht zu glauben, dass sie sich geschlagen haben würde. Er ließ ihr jedoch Zeit, eine Wahl zu treffen. Mehrere höhere Offiziere fielen von ihm ab, darunter der berühmte Churchill, der später Ludwig XIV. ebenso verhängnisvoll wurde wie dem König Jakob und unter dem Namen Herzog von Marlborough unsterblich geworden ist. Er war ein Günstling Jakobs, dessen Geschöpf, der Bruder seiner Mätresse und sein Generalleutnant beim Heer – dennoch verließ er ihn und ging in das Lager des Prinzen von Oranien über. Auch der Prinz von Dänemark, Jakobs Schwiegersohn, und sogar seine eigene Tochter, die Prinzessin Anna, ließen ihn im Stich.

Als er sich so von dem einen seiner Schwiegersöhne angegriffen und bedrängt, von dem anderen verlassen, von seinen Töchtern und seinen nächsten Freunden befehdet und selbst von den Untertanen, die noch seiner Partei angehörten, gehasst sah, verzweifelte er an seinem Glück; er entschloss sich nun ohne Widerstreben zur Flucht, dem letzten Ret-

---

Silbe – er ahnte dessen Absicht erst am 20. Mai 1688; man sehe seinen Brief an den König, der dieses Datum trägt.

tungsmittel eines besiegten Fürsten. Nachdem er dann auf der Flucht vom Volk angehalten, misshandelt und nach London zurückgeführt worden war; nachdem er ruhig in seinem Palast die Befehle des Prinzen von Oranien entgegengenommen hatte; nachdem er gesehen hatte, wie seine Wache ohne Schwertstreich von der des Prinzen abgelöst wurde; nachdem er aus seinem Haus vertrieben und in Rochester gefangen gehalten worden war, benützte er schließlich die ihm gewährte Freiheit, um sein Reich zu verlassen und in Frankreich Asyl zu suchen.

Es war dies die Zeit der wahren Freiheit Englands. Die durch ihr Parlament repräsentierte Nation setzte die bis dahin strittigen Rechte des Königs und des Volkes fest, und nachdem sie dem Prinzen die Bedingungen vorgeschrieben hatte, unter denen er regieren sollte, erhob sie ihn nebst seiner Gattin Marie, der Tochter König Jakobs, auf den Thron. Von diesem Zeitpunkt ab war jener Prinz im größten Teil der Welt nur noch unter dem Namen Wilhelm III. als legitimer König von England und Befreier der Nation bekannt; in Frankreich jedoch galt er nur als der Prinz von Oranien, den Usurpator der Staaten seines Schwiegervaters.

Januar 1689.– Der flüchtige König begab sich mit seiner Gemahlin, der Tochter eines Herzogs von Modena, und dem noch im Kindesalter stehenden Prinzen von Wales nach Frankreich, um den Schutz Ludwigs XIV. anzurufen. Die Königin von England, die vor ihrem Gatten ankam [24], war erstaunt über die Pracht, die den König von Frankreich umgab, über jenen verschwenderischen Prunk, den man in Versailles erblickte, und besonders über die Weise, in der sie empfangen wurde. Der König kam ihr bis nach Chantou entgegen.[25] »Ich erweise Ihnen einen traurigen Dienst, Madame«, redete er sie an; »ich hoffe jedoch, Ihnen bald größere und angenehmere zu leisten.« Es waren dies seine eigenen Worte. Er geleitete sie zum Schloss von Saint-Germain, wo sie dieselbe Pracht und Fülle vorfand, die einer Königin von Frankreich zuteil geworden sein würde: alles, was zur Bequemlichkeit und zum Prunk vonnöten ist, Geschenke jeder Art an Silber, Gold, Geschirr, Kleinodien und Stoffen.

Unter diesen Geschenken befand sich auch eine Börse mit zehntausend Louisdor, die auf ihrem Putztisch lag. Dasselbe Entgegenkommen wurde auch ihrem Gatten erwiesen, der einen Tag nach ihr eintraf: Man wies ihm außer den zahllosen Geschenken, die man ihm machte, 600.000 Franc zum Unterhalt seines Haushalts an. Er hatte die Offiziere

24 Sie wurde unter mannigfachen Gefahren vom berüchtigten Grafen von Lauzun nach Frankreich geführt; vgl. Kapitel 26.

25 Siehe die ›Briefe der Frau von Sévigné‹ und die ›Denkwürdigkeiten der Frau von La Fayette‹.

des Königs und seine Garden zur Verfügung. Dieser Empfang war aber noch wenig im Vergleich zu den Rüstungen, die man machte, um ihn wieder auf den Thron zu setzen. Nie erschien der König so groß – Jakob dagegen erschien nur zu klein. Diejenigen, die am Hof und in der Stadt über den Ruf eines Mannes entscheiden, empfanden wenig Achtung für ihn. Er sah fast nur Jesuiten bei sich; er besuchte auch selbst die Väter in Paris in der Rue Saint-Antoine. Er erklärte ihnen, dass er selbst Jesuit wäre, und das Seltsamste war, dass diese Angabe auf Wahrheit beruhte: er hatte sich als Herzog von York von vier englischen Jesuiten unter gewissen Zeremonien in den Orden aufnehmen lassen. Diese Kläglichkeit bei einem Fürsten in Verbindung mit der Art und Weise, in der er seine Krone verloren hatte, erniedrigte ihn in solchem Grad, dass die Höflinge sich täglich damit unterhielten, Lieder auf ihn zu machen. Aus England vertrieben, wurde er in Frankreich verspottet. Man wusste ihm keinen Dank dafür, dass er Katholik war; sagte doch der Erzbischof von Reims, Louvois' Bruder, vor allen Leuten im Vorzimmer von Saint-Germain: »Er ist ein einfältiger Tropf, der für eine Messe drei Königreiche hingegeben hat.« Von Rom empfing er nur Indulgenzen und Pasquinaden. Kurzum, seine Religion war ihm bei dieser Revolution so wenig von Nutzen, dass, als der Prinz von Oranien, das Haupt der Calvinisten, unter Segel gegangen war, um seinen königlichen Schwiegervater zu entthronen, der Gesandte des Allerchristlichsten Königs im Haag für den glücklichen Ausgang dieses Zuges hatte Messen lesen lassen.

Bei diesen Demütigungen des flüchtigen Königs und der Freigebigkeit Ludwigs XIV. gegen ihn war es ein Schauspiel, das einige Beachtung verdiente, Jakob im kleinen Kloster der Engländerinnen in Paris die Kröpfe berühren zu sehen – sei es, dass die englischen Könige sich dieses seltsame Privileg als Prätendenten auf die Krone Frankreichs angemaßt hatten, sei es, dass diese Zeremonie bei ihnen seit der Zeit Eduards I. üblich ist.

Der König ließ ihn schon nach kurzer Zeit nach Irland übersetzen, wo die Katholiken noch eine Partei bildeten, die ziemlich bedeutend schien; ein Geschwader von dreizehn Schiffen erster Größe lag auf der Reede von Brest zum Transport bereit. Alle Offiziere, die Höflinge und sogar die Priester, die Jakob in Saint-Germain aufgesucht hatten, wurden auf der Reise nach Brest auf Kosten des Königs von Frankreich unterhalten. Der Jesuit Innès, der Rektor des Schottencollege in Paris, war sein Staatssekretär. Ein Gesandter – es war Graf d'Avaux – wurde bei dem entthronten König ernannt und folgte ihm mit großem Pomp. Waffen und Kriegsbedarf jeder Art wurden auf der Flotte eingeschifft und alle möglichen Geräte von den gewöhnlichsten an bis zu den auserlesensten auf die Schiffe gebracht. Der König selbst nahm in Saint-Germain Abschied von ihm; dort überreichte er ihm als letztes Geschenk seinen Brustpanzer und sagte ihm, indem er ihn umarmte: »Das Beste, was ich Ihnen wünschen kann, ist, dass wir uns niemals wiedersehen.«

Kaum war König Jakob mit diesem Reisegerät in Irland gelandet (12. Mai 1689), als ihm weitere dreiundzwanzig große Kriegsschiffe unter dem Befehl Château-Renauds nebst einer großen Anzahl von Transportschiffen folgten. Nachdem es die englische Flotte, die sich ihr entgegenstellte, geschlagen und zerstreut hatte, landete auch dieses Geschwader glücklich und kehrte dann, nachdem es noch auf dem Rückweg sieben holländische Kauffahrteischiffe erwischt hatte, als Besieger Englands und mit der holländischen Beute beladen nach Brest zurück.

Bald darauf lief noch eine dritte Hilfsflotte von Brest, Toulon und Rochefort aus: Die irischen Häfen und der Kanal waren mit französischen Schiffen bedeckt.

Schließlich traf der französische Vizeadmiral Tourville mit zweiundsiebzig großen Schiffen auf eine englisch-holländische Flotte von etwa sechzig Segeln. Man schlug sich zehn Stunden lang. Tourville, Château-Renaud, Estrées und Nemond entwickelten einen Mut und eine Geschicklichkeit, die Frankreich eine Ehre verschafften, an die es bis dahin nicht gewöhnt war. Die Engländer und die Holländer, die bisherigen Beherrscher des Meeres, von denen die Franzosen erst seit so kurzer Zeit geordnete Schlachten zu liefern gelernt hatten, wurden vollständig besiegt. Siebzehn ihrer Schiffe scheiterten, zerschossen und entmastet, an ihren Küsten, wo sie verbrannten; die übrigen zogen sich in die Themse oder zwischen die Sandbänke Hollands zurück (Juli 1690). Die Franzosen kostete dieser Sieg nicht eine einzige Schaluppe. Nun trat das ein, was Ludwig XIV. seit zwanzig Jahren wünschte, was aber so wenig wahrscheinlich erschienen war: Er hatte die Herrschaft auf dem Meer – eine Herrschaft allerdings, die nur von kurzer Dauer war. Die feindlichen Kriegsschiffe verbargen sich vor seiner Flotte. Seignelay, der alles wagte, ließ die Galeeren von Marseille den Atlantischen Ozean befahren, und damals sahen die englischen Küsten zum erstenmal Galeeren. Mit ihrer Hilfe bewerkstelligte man mit großer Leichtigkeit eine Landung bei Teignmouth.

Man verbrannte in dieser Bucht mehr als dreißig Kauffahrteischiffe. [26] Die Freibeuter von Saint-Malo und aus dem neuen Hafen von Dün-

26 Diese Angabe ist zweifelsohne dem pomphaften Bericht entlehnt, den die ›Gazette

kirchen bereicherten sich und den Staat durch unausgesetzte Prisen. Kurzum, zwei Jahre lang kannte man nur noch die französischen Schiffe auf dem Meer.

König Ludwig Jakob aber unterstützte diese Erfolge Ludwigs XIV. in Irland nicht. Er hatte sechstausend Franzosen und fünfzehntausend Iren bei sich, drei Viertel des Landes erklärten sich zu seinen Gunsten, sein Nebenbuhler Wilhelm war abwesend – und dennoch zog er aus keinem dieser Vorteile Nutzen. Sein Glück scheiterte zuerst vor der kleinen Stadt Londonderry: Er bedrängte sie durch eine hartnäckige, aber schlecht geleitete Belagerung vier Monate lang. Die Stadt wurde nur von einem presbyterianischen Priester namens Walker verteidigt. Dieser Prediger hatte sich an die Spitze der Bürgermiliz gestellt. Er führte sie zur Predigt und zum Kampf, er bewog die Einwohner, dem Hunger und dem Tod zu trotzen, und zwang schließlich den König, die Belagerung aufzuheben.

Diesem ersten Missgeschick in Irland folgte bald ein weit größerer Unfall: Wilhelm langte an und marschierte auf ihn los; zwischen beiden befand sich der Boyne River (11. Juli 1690). Wilhelm unternahm es, ihn im Angesicht des Feindes zu überschreiten, obschon er kaum an drei Stellen passierbar war. Die Reiterei setzte schwimmend hinüber, die Infanterie stand bis an die Schultern im Wasser. Am anderen Ufer war noch ein Sumpf zu durchwaten, und dann traf man auf ein steil aufsteigendes Terrain, das einen natürlichen Wall bildete. Wilhelm ließ seine Armee an drei verschiedenen Punkten über den Fluss gehen und begann die Schlacht. Die Iren, die wir in Frankreich und Spanien als treffliche Soldaten kennengelernt haben, haben im eigenen Land immer schlecht gefochten. Es gibt Nationen, von denen eine bestimmt zu sein scheint, von der anderen unterworfen zu werden. Die Engländer sind den Iren jederzeit an Genie, Reichtum und Waffen überlegen gewesen; seit ein einfacher englischer Edelmann es unterjochte, hat Irland nie mehr das englische Joch abzuschütteln vermocht. Die Franzosen kämpften in der Schlacht am Boyne, die Iren aber flohen, und ihr König Jakob, der sich während des Kampfes weder an der Spitze der Franzosen noch an der Spitze der Iren gezeigt hatte, zog sich zuerst zurück. Er hatte bei anderen Gelegenheiten stets viel Tapferkeit bewiesen; es gibt jedoch Gelegenheiten, wo die Niedergeschlagenheit des Geistes den Mut lahmlegt.

de Paris« über jene Landung brachte; in Wirklichkeit wurden nur einige wenige Boote zerstört, die zum Fischfang und zur Küstenschifffahrt dienten. Dagegen wurde Teignmouth, ein Fischerdorf mit etwa vierzig Häusern, ganz à la Turenne geplündert und niedergebrannt.

König Wilhelm, dem vor der Schlacht eine Kanonenkugel die Schulter gestreift hatte, galt in Frankreich für tot; diese falsche Nachricht wurde in Paris mit unziemlicher und schmählicher Freude aufgenommen. Einige untergeordnete Beamte ermunterten die Bürger und das Volk, eine Illumination zu veranstalten; man läutetete die Glocken, in mehreren Stadtteilen wurde eine aus Weidenruten geflochtene Figur, die den Prinzen von Oranien darstellte, auf offener Straße verbrannt – wie man in London den Papst verbrennt – und in der Bastille wurde das Geschütz gelöst – nicht auf Befehl des Königs, sondern infolge des unbesonnenen Diensteifers eines Kommandanten. Auf diese Zeichen der Fröhlichkeit und auf das Wort zahlreicher Schriftsteller hin hielt man diese zügellose Freude beim vermeintlichen Tod eines Feindes für die Wirkung der ungemeinen Furcht, die er eingeflößt hätte.

Alle Berichterstatter über diese Vorkommnisse, Franzosen sowohl wie Fremde, meinten, jene Freudenausbrüche wären das größte Lob für Wilhelm III. Wenn man jedoch die Zeitumstände und den damals herrschenden Geist in Betracht zieht, so findet man, dass keineswegs die Furcht jene Freudenausbrüche erzeugte. Die Bürger und das Volk wissen einen Feind nur zu fürchten, wenn er ihre Stadt bedroht. Anstatt vor dem Namen Wilhelms von Oranien zu erschrecken, waren die Franzosen vielmehr damals so ungerecht, ihn zu verachten: Er war beinahe stets von den französischen Generälen geschlagen worden, und der große Haufe wusste nicht, mit welch wahrem Ruhm sich dieser Prinz sogar bei seinen Niederlagen bedeckt hatte. Wilhelm, der Besieger Jakobs in Irland, schien in den Augen der Franzosen noch immer kein würdiger Gegner Ludwigs XIV. zu sein, den das seinen König abgöttisch verehrende Paris für tatsächlich unüberwindlich hielt. Die Freudenausbrüche waren also nicht das Ergebnis der Furcht, sondern des Hasses. Die meisten Pariser, die unter der Regierung Ludwigs XIV. geboren und für das Joch des Despotismus zugerichtet waren, sahen damals einen König für eine Gottheit und einen Usurpator wie einen Kirchenschänder an. Der gemeine Mann, der Jakob täglich hatte zur Messe gehen sehen, verabscheute den Ketzer Wilhelm. Das Bild eines Schwiegersohns und einer Tochter, die ihren Vater vertrieben hatten, eines Protestanten, der anstelle eines Katholiken auf dem Thron saß –und gar eines Feindes Ludwigs XIV. –, erfüllte die Pariser mit einer Art Wut; die Einsichtsvollen freilich dachten gemäßigter.

Jakob kehrte nach Frankreich zurück, indem er seinen Nebenbuhler in Irland neue Schlachten gewinnen und sich auf dem Thron festigen ließ. Die französischen Flotten waren jetzt damit beschäftigt, die Franzosen, die unnütz ihr Blut vergossen hatten, und die katholischen Familien Irlands – die, da sie in ihrem Vaterland sehr arm waren, in Frankreich von der Großmut des Königs leben wollten – nach Frankreich hinüberzuschaffen.

Man darf annehmen, dass das Glück von Anfang bis Ende wenig Anteil an dieser ganzen Umwälzung gehabt hat – die Charaktere Wilhelms und Jakobs machten alles. Wer die Ursachen der Ereignisse im Verhalten der Menschen zu suchen liebt, wird bemerken, dass König Wilhelm nach seinem Sieg eine Generalamnestie verkünden ließ, während König Jakob, als er nach seiner Niederlage durch die kleine Stadt Galway kam, einige Bürger, die geraten hatten, ihm die Tore zu verschließen, zum Galgen verurteilte. Wer von diesen beiden Männern, die so verschieden verfuhren, schließlich den Sieg behalten musste, war leicht vorherzusehen.

Es blieben Jakob noch verschiedene Städte in Irland; unter anderen auch Limerick, wo über zwölftausend Soldaten lagen. Der König von Frankreich, der unverdrossen das Glück Jakobs verteidigte, ließ noch dreitausend Mann regulärer Truppen nach Limerick schicken und sandte im Übermaß der Großmut alles, dessen eine große Volksmenge und die Soldaten bedürfen. Vierzig Transportschiffe brachten unter Bedeckung von zwölf Kriegsschiffen alle denkbaren Unterstützungen an Menschen, Vorräten und Ausrüstungsgegenständen: Ingenieure, Kanoniere, Bombardiere und zweihundert Maurer; Sättel, Zaumzeug und Decken für mehr als zwanzigtausend Pferde; Kanonen samt den Lafetten, Flinten, Pistolen und Säbel für 26.000 Mann; Lebensmittel, Kleidungsstücke und sogar 26.000 Paar Schuhe. Das belagerte, aber mit allen Hilfsmitteln versehene Limerick hoffte seinen König für seine Verteidigung kämpfen zu sehen – doch Jakob kam nicht. Limerick ergab sich, und die französischen Schiffe begaben sich nochmals an die Küste von Irland, um etwa 20.000 Iren – sowohl Soldaten wie flüchtige Bürger – nach Frankreich hinüberzuschaffen.

Das Merkwürdigste ist, dass Ludwig der Sache nicht überdrüssig wurde. Er führte damals einen schwierigen Krieg gegen beinahe ganz Europa, aber dessen ungeachtet versuchte er nochmals, dem Geschick Jakobs durch ein entscheidendes Unternehmen eine Wendung zu geben und mit 20.000 Mann eine Landung in England zu machen; er rechnete dabei auf die Partei, die Jakob noch in England hatte. Die Truppen waren zwischen Cherbourg und La Hogue zusammengezogen, über dreihundert Transportschiffe lagen in Brest bereit. Tourville wartete auf sie mit vierundvierzig großen Kriegsschiffen an den Küsten der Normandie; d'Estrées kam mit dreißig anderen Schiffen von Toulon.

Wenn es Unfälle gibt, die durch ungeschicktes Verfahren hervorgerufen werden, so gibt es doch auch andere, die nur dem Schicksal zur Last gelegt werden können. Der Wind, der dem Geschwader d'Estrées zuerst günstig war, schlug um – er konnte Tourville nicht erreichen. Dessen vierundvierzig Schiffe wurden nun von der englisch-holländischen Flotte angegriffen, die nahe an hundert Segel stark war (29. Mai 1692). Die Überzahl entschied den Sieg: Nach zehnstündigem Kampf wichen die Franzosen zurück. Russell, der englische Admiral, verfolgte sie zwei Tage. Vierzehn große Schiffe, darunter zwei mit hundertvier Kanonen, scheiterten an der Küste, und um sie nicht vom Feind anzünden zu lassen, steckten die Kapitäne sie selbst in Brand.[27] König Jakob, der vom Gestade aus dem Unglück zugesehen hatte, verlor nun alle Hoffnung.

Es war dies der erste Schlag, der die Macht Ludwigs XIV. auf dem Meer traf. Seignelay, der nach seinem Vater Colbert die Marine vervollkommnet hatte, war gegen Ende des Jahres 1690 gestorben. Sein Nachfolger Pontchartrain, der vom Ersten Präsidenten der Bretagne zum Amt eines Staatssekretärs der Marine befördert worden war, ließ diese nicht zugrunde gehen. Schon ein Jahr nach der Niederlage bei La Hogue besaß Frankreich wieder eine ebenso starke Flotte, wie es sie je gehabt hatte. Tourville befand sich an der Spitze von sechzig Linienschiffen, d'Estrées hatte dreißig Kriegsfahrzeuge – die nicht mitgerechnet, die in den Häfen lagen –, und vier Jahre später (1696) rüstete Ludwig sogar abermals, und zwar noch bedeutender als früher, um Jakob an der Spitze von zwanzigtausend Franzosen nach England zu führen. Diese Flotte aber zeigte sich nur auf dem Meer, da die Maßnahmen der Partei Jakobs in London ebenso übel wie die seines Beschützers in Frankreich gut getroffen waren.

Es blieb nun der Partei des entthronten Königs kein anderes Mittel mehr als Verschwörungen gegen das Leben seines Nebenbuhlers. Aber die, die dergleichen Verschwörungen spannen, endeten fast alle auf dem Schafott, und man darf annehmen, dass Jakob überhaupt nie sein Reich

27 So stellten wenigstens französische Berichte die Sache dar. In Wahrheit wurden zunächst drei französische Schiffe – darunter das Admiralsschiff »Le Soleil Royal« – von den Engländern auf der Reede von Cherbourg durch Brander entzündet, und dann zerstörte Russell dreizehn andere, die in die Bai von La Hogue geflüchtet waren, angesichts Jakobs II., des Marschalls Bellefonds, des Admirals Tourville und des französischen Landheeres am 2. und 3. Juni auf ganz dieselbe Weise.

wiedererlangt haben würde, wenn jene Anschläge auch gelungen wären. Er verbrachte den Rest seiner Tage in Saint-Germain, wo er von den Wohltaten Ludwigs und von einer Pension von 70.000 Livre lebte, die er von seiner Tochter Marie, die ihn entthront hatte, erhielt und die er im geheimen anzunehmen schwach genug war. Er starb in Saint-Germain im Jahre 1700. Einige irische Jesuiten behaupteten, dass an seinem Grab Wunder geschähen,[28] und es war sogar die Rede davon, diesen König, den Rom zu seinen Lebzeiten im Stich gelassen hatte, nach seinem Tod in Rom heiligsprechen zu lassen.

Wenige Fürsten waren unglücklicher als er, wie es denn überhaupt in der Geschichte kein zweites Beispiel eines Hauses gibt, das so anhaltend vom Unglück verfolgt wurde. Der erste unter den schottischen Königen, seinen Ahnen, der den Namen Jakob führte, wurde, nachdem er achtzehn Jahre in England Gefangener gewesen war, samt seiner Frau von seinen Untertanen ermordet. Sein Sohn Jakob II. wurde im Alter von neunundzwanzig Jahren im Kampf gegen die Engländer getötet. Jakob III. wurde eine Zeit lang von seinem Volk ins Gefängnis gesetzt und dann in einer Schlacht von den Aufrührern erschlagen. Jakob IV. kam ebenfalls in einem Kampf, den er verlor, ums Leben. Dessen Enkelin Maria Stuart wurde, nachdem sie aus ihrem Reich vertrieben, nach England geflohen und achtzehn Jahre eingekerkert worden war, von englischen Richtern zum Tod verurteilt und enthauptet. Marias Enkel, Karl I., König von England und Schottland, wurde von den Schotten verkauft, von den Engländern zum Tode verurteilt und starb auf öffentlichem Platz auf dem Schafott.

Sein Sohn Jakob, der siebente und in England der zweite dieses Namens, von dem hier die Rede ist, wurde aus seinen drei Königreichen vertrieben, und um das Unglück vollzumachen, machte man seinem Sohn sogar die Abstammung streitig. Dieser Sohn versuchte den Thron seiner Väter nur zu besteigen, um seine Freunde durch Henkershand umkommen zu lassen, und wir haben den Prinzen Karl Eduard, der vergebens die Tugenden seiner Väter mit dem Mut Johann Sobieskis – seines Ahnherrn mütterlicherseits – vereinte, Heldentaten verrichten und unglaubliches Unglück erdulden sehen. Wenn irgendetwas die Ansicht derer rechtfertigt, die an ein Verhängnis glauben, dem niemand entrinnen kann, so ist es dieses ununterbrochene Unglück, das das Haus Stuart während eines Zeitraums von mehr als drei Jahrhunderten verfolgt hat.

---

28 Man trieb die Lächerlichkeit bis zur Aufstellung der Behauptung, dass seine Reliquien einen Bischof von Autun von der Fistel geheilt hätten.

Sechzehntes Kapitel

Vorgänge auf dem Kontinent während der Eroberung · Englands, Schottlands und Irlands durch Wilhelm III. bis zum Jahr 1697 · Abermalige Verheerung der Pfalz · Siege der Marschälle von Catinat und von Luxemburg

Da wir die Darstellung der englischen Angelegenheiten nicht unterbrechen wollten, kommen wir erst jetzt zu dem, was sich inzwischen auf dem Kontinent zutrug.

Während der König auf obige Weise eine Seemacht schuf, wie sie nie ein Staat großartiger besessen hat, hatte er gleichzeitig den Kaiser und das Reich, Spanien, die beiden Seemächte England und Holland, die jetzt unter ein und demselben Oberhaupt umso furchtbarer geworden waren, Savoyen und beinahe ganz Italien zu bekämpfen. Ein einziger dieser Feinde – wie z.B. die Engländer oder die Spanier – hatte früher ausgereicht, um Frankreich zu verheeren, jetzt aber vermochten alle zusammen nicht einmal in das Land einzudringen. Ludwig XIV. hatte während dieses Krieges beinahe fortwährend fünf Armeen, bisweilen sogar sechs, niemals aber weniger als vier. Die Heere in Deutschland und in Flandern beliefen sich mehr als einmal auf 100.000 Soldaten; deshalb aber waren die Grenzstädte keineswegs von Besatzungen entblößt. Die Marinetruppen eingerechnet, hatte der König 450.000 Mann unter den Waffen. Die in Europa, Asien und Afrika so mächtigen Türken hatten nie eine gleiche Anzahl Truppen gehabt, das Römische Reich aber hatte niemals mehr und überdies niemals gleichzeitig so viele Kriege zu führen. Diejenigen, die Ludwig XIV. tadelten, weil er sich so viele Feinde gemacht hatte, bewunderten ihn andererseits, weil er gleichzeitig Maßnahmen getroffen hatte, um sich ihrer zu erwehren und sogar, um ihnen zuvorzukommen.

Sie hatten sich bisher noch nicht offen erklärt und noch nicht alle vereinigt. Der Prinz von Oranien hatte Texel noch nicht verlassen, um seinen Schwiegervater zu überfallen, und schon standen französische Heere an den Grenzen Hollands und am Rhein. Der König hatte seinen Sohn, den Dauphin, den man »Monseigneur« nannte, einen Prinzen von guten Sitten und bescheidenem Benehmen, der in allem seiner Mutter zu gleichen schien, an der Spitze eines Heeres von 100.000 Mann nach Deutschland geschickt (22. September 1688). Der Dauphin war siebenundzwanzig Jahre alt; es war dies das erste Mal, dass man ihm ein Heer anvertraute, nachdem man sich durch seinen Charakter vergewissert hatte, dass er es nicht missbrauchen würde. Bei seiner Abreise sagte der König öffentlich zu ihm: »Mein Sohn, indem ich Sie entsende, um meine Heere zu kommandieren, gebe ich Ihnen Gelegenheit, Ihr Verdienst der Welt zu offenbaren. Zeigen Sie es dem ganzen Europa, damit man, wenn ich sterbe, nicht gewahr werde, dass der König tot ist.«

Der Prinz hatte einen besonderen Auftrag bei seinem Kommando, gerade als ob er ein einfacher General gewesen wäre, den der König zur Ausführung seiner Befehle gewählt hatte. Sein Vater schrieb ihm: »An meinen Sohn, den Dauphin, meinen Generalleutnant und Kommandanten meiner Heere in Deutschland.«

Alles war im Voraus geordnet und bestimmt, damit dem Sohn Ludwigs XIV., der mit seinem Namen und seiner Gegenwart diesen Kriegszug unterstützte, nicht etwa der Schimpf einer Niederlage zustieße. Der wirkliche Befehlshaber des Heeres war der Marschall von Duras. Boufflers hatte ein Armeekorps diesseits des Rheins, der Marschall von Humières ein anderes bei Koblenz, um den Feind zu beobachten. Heidelberg und Mainz waren bereits genommen, und die Belagerung von Philippsburg, die stets in erster Linie erforderlich ist, wenn Frankreich mit Deutschland Krieg führt, hatte begonnen. Diese Belagerung wurde von Vauban geleitet; alle Einzelheiten aber, die nicht in dessen Fach schlugen, wurden von dem damaligen Generalleutnant Catinat besorgt, einem Mann, der zu allem befähigt und für alle Ämter tauglich war. Monseigneur traf sechs Tage nach Öffnung der Laufgräben ein. Er ahmte das Verhalten seines Vaters nach, indem er sich für jedermann zugänglich sowie freigebig gegen die Soldaten zeigte. Der König genoss die unvermischte Freude, einen Sohn zu haben, der ihn nachahmte, ohne ihn zu verdunkeln, und der sich bei jedermann beliebt machte, ohne bei seinem Vater Furcht zu erwecken.

Philippsburg wurde in neunzehn Tagen genommen (11. November 1688), Mannheim in drei, Frankenthal in zwei. Speyer, Trier, Worms und Oppenheim ergaben sich, sobald die Franzosen vor ihren Toren erschienen (15. November 1688).

Der König hatte beschlossen, sobald diese Städte genommen sein würden, die Pfalz in eine Wüste zu verwandeln. Er beabsichtigte dabei mehr, dem Feind den Aufenthalt in diesem Land unmöglich zu machen, als sich an dem Kurfürsten zu rächen, der kein anderes Verbrechen begangen hatte, als dass er seiner Pflicht nachgekommen war, indem er sich mit dem übrigen Deutschland gegen Frankreich verband.

Februar 1689. – Es erschien also beim Heer ein Befehl Ludwigs, unterzeichnet von Louvois, dass alles in Schutt und Asche verwandelt werden solle. Die französischen Generäle, die nur zu gehorchen hatten, ließen demgemäß den Bürgern jener blühenden und trefflich wiederhergestellten Städte, den Bewohnern der Dörfer und den Besitzern von mehr als fünfzig Schlössern mitten im Winter die Mitteilung machen, dass sie ihre Behausungen verlassen müssten und dass diese durch Feuer und Schwert zerstört werden sollten. Männer, Frauen, Greise und Kinder flohen in wilder Hast. Ein Teil irrte auf den Feldern umher, andere flüchteten in die benachbarten Länder, während die Soldaten, die stets noch über die Befehle der Härte hinausgehen und niemals Milde walten lassen, ihre Heimstätten plünderten und verbrannten. Man begann mit Mannheim und Heidelberg, den Residenzen der Kurfürsten – ihre Paläste wurden zerstört wie die Häuser der Bürger, ihre Gräber von den raubsüchtigen Soldaten, die Schätze darin zu finden glaubten, geöffnet und ihre Asche in die Winde gestreut.

Es war das zweite Mal, dass dieses schöne Land unter Ludwig XIV. verwüstet wurde, aber die Flammen, durch die Turenne zwei Städte und zwanzig Dörfer zerstört hatte, waren nur Funken im Vergleich zu dieser zweiten Feuersbrunst. Europa entsetzte sich darüber, und die Offiziere, die den Befehl vollzogen, schämten sich, dass sie die Werkzeuge einer solchen Härte sein mussten. Man schob die ganze Verantwortung für diese Grausamkeit auf den Marquis de Louvois, der infolge jener Verhärtung des Gemüts, wie ein langes Ministerium sie erzeugt, noch unmenschlicher geworden war. Er hatte zwar diese Ratschläge gegeben, aber Ludwig war der Herr und hätte sie nicht zu befolgen brauchen. Wäre der König Zeuge jenes Schauspiels gewesen, er würde selbst den Flammen Einhalt getan haben. In seinem Palast in Versailles und inmitten rauschender Vergnügungen unterzeichnete er den Befehl zur Verheerung eines ganzen Landes, weil er in diesem Befehl nur ein Zeugnis seiner Macht und des unglücklichen Kriegsrechts erblickte; wäre er der Pfalz näher gewesen, so würde er nur dessen Abscheulichkeit gesehen haben. Die Völker, die bis dahin nur seinen Ehrgeiz getadelt und ihn dabei bewundert hatten, schrien jetzt Wehe über seine Härte und tadelten sogar seine Politik – doch wären die Feinde in seine Staaten eingedrungen wie er in die ihren, so würden sie nunmehr seine Städte ebenfalls eingeäschert haben.

Diese Gefahr stand sehr zu befürchten. Indem Ludwig an die 100.000 Soldaten an die Grenzen seines Landes warf, hatte er Deutschland gelehrt, gleiche Anstrengungen zu machen. Da dieses Land bevölkerter ist als Frankreich, kann es auch stärkere Heere aufstellen. Man wirbt diese schwerer an, bringt sie schwerer zusammen und besoldet sie schwerer, und sie erscheinen daher später im Feld; aber die Disziplin und die Ausdauer machen sie gegen Ende eines Feldzugs ebenso furchtbar, wie es die Franzosen bei dessen Beginn sind. Die Deutschen wurden von Herzog Karl V. von Lothringen befehligt. Dieser Fürst, der durch Ludwig XIV. immer noch seines Landes beraubt war und nicht in dessen Besitz gelangen konnte, hatte dem Kaiser Leopold das Reich erhalten: Er hatte ihn zum Sieger über die Türken und die Ungarn gemacht. Jetzt versuchte er mit dem Kurfürsten von Brandenburg, dem Glück des Königs von Frankreich die Waage zu halten. Er eroberte Bonn und Mainz zurück, zwei Städte, die äußerst schlecht befestigt waren, aber auf eine Weise verteidigt wurden, die als das Muster einer Verteidigung von festen Plätzen galt. Bonn ergab sich erst nach einer dreieinhalbmonatigen Belagerung (12. Oktober 1689), nachdem der Baron von Asfeld, der in der Stadt befehligte, bei einem Hauptsturm tödlich verwundet worden war.

Der spätere Marschall von Frankreich, der Marquis d'Uxelles, einer der erfahrensten und umsichtigsten Menschen, traf zur Verteidigung von Mainz so trefflich ersonnene Anordnungen, dass die Besatzung bei viel Dienst kaum angestrengt wurde. Außer den Anordnungen, die er in der Stadt traf, machte er einundzwanzig Ausfälle, und man tötete dabei fünftausend Feinde; bisweilen machte er sogar zwei Ausfälle am selben Tag. Aus Mangel an Schießbedarf musste er sich nach Verlauf von sieben Wochen schließlich ergeben. Diese Verteidigung verdient einen Platz in der Geschichte – sowohl ihrer selbst wegen als wegen der Weise, in der sie vom Volk aufgenommen wurde. Paris, diese ungeheure Stadt voll müßigen Volks, das über alles urteilen will und bei so vielen Ohren und Zungen nur so wenige Augen hat, sah d'Uxelles für einen furchtsamen Menschen ohne Scharfblick an. Als sich dieser Mann, der mit Recht von allen tüchtigen Offizieren gelobt wurde, nach der Rückkehr aus dem Feldzug im Theater zeigte, wurde er vom Publikum mit Hohngeschrei empfangen. »Mainz! Mainz!« schrie man ihm zu, und er war genötigt, sich zurückzuziehen, nicht ohne mit den Einsichtigen ein Volk zu verachten, das so schlecht das Verdienst zu schätzen versteht, dessen Lob aber dennoch begehrt wird.

Juni 1689.– Ungefähr um dieselbe Zeit wurde Marschall d'Humiéres bei Valcour an der Sambre in den Niederlanden vom Fürsten von Waldeck geschlagen. Dieses Unglück, das seinem Ruf Abbruch tat, verursachte dagegen den französischen Waffen wenig Schaden. Louvois, dessen Geschöpf und Freund er war, war genötigt, ihm das Kommando über jene Armee abzunehmen; er musste ersetzt werden.

Der König wählte seinem Minister zum Trotz – der Luxemburg hasste, wie er Turenne gehasst hatte – den Marschall von Luxemburg. »Ich verspreche Ihnen«, sagte er dem Marschall, »dass ich dafür sorgen werde, dass Louvois beim Recht bleibt. Ich werde ihn zwingen, dem Besten meines Dienstes den Hass zu opfern, den er gegen Sie hegt. Sie werden nur an mich schreiben, und Ihre Briefe werden nicht durch seine Hände gehen.«[29] Luxemburg kommandierte also in Flandern und Catinat in Italien. In Deutschland verteidigte man sich wacker unter dem Marschall von Lorges. In Katalonien errang der Herzog von Noailles einige Vorteile, in Flandern aber unter Luxemburg und in Italien unter Catinat hatte man eine fortlaufende Reihe von Siegen zu verzeichnen; diese beiden Heerführer waren damals die geachtetsten in Europa.

Der Herzog von Luxemburg zeigte in seinem Charakter Ähnlichkeit mit dem Großen Condé, dessen Schüler er war: ein hitziges Temperament, eine schnelle Entschlossenheit, einen richtigen Blick und einen lernbegierigen, aber umherschweifenden und wenig an Ordnung gewöhnten Geist. In die Intrigen der Frauen verstrickt, immer verliebt und bisweilen sogar wiedergeliebt, obschon er missgestaltet war und nicht gerade anmutende Gesichtszüge hatte, besaß er mehr die Eigenschaften eines Helden als eines Weisen.[30]

Catinat besaß eine Emsigkeit und Beweglichkeit des Geistes, die ihn zu allem befähigte, ohne dass er etwas besonders bevorzugte – er wäre ein guter Minister oder Kanzler gewesen, wie er ein guter Feldherr war.[31] Er hatte seine Laufbahn als Advokat begonnen, diesem Beruf aber mit dreiundzwanzig Jahren den Rücken gekehrt, weil er in einer gerechten Sache den Prozess verloren hatte. Er trat nun in das Heer ein und war

29 Siehe ›Denkwürdigkeiten des Marschalls von Luxemburg‹.

30 Siehe die Anekdoten über die ›Brandkammer, Kapitel 26. Er wird heute von den Kriegsleuten als der erste Feldherr betrachtet, der die Kunst verstand, mit großen Heeren zu manövrieren und Schlachten zu schlagen.

31 Aus den ›Briefen der Frau von Maintenon‹ sieht man, dass sie den Marschall von Catinat nicht liebte. Sie erwartet nichts von ihm und nennt seine Bescheidenheit Hochmut. Es scheint, dass die geringe Kenntnis, die diese Dame von den Geschäften und den Menschen hatte, sowie die schlechten Wahlen, die sie infolgedessen traf, in späterer Zeit zu dem Unglück beitrugen, das über Frankreich hereinbrach.

zunächst Fähnrich bei den *Gardes françaises*. Beim Angriff auf die Kontreskarpe von Lille im Jahre 1667 vollbrachte er vor den Augen des Königs eine Tat, die Kopf und Mut erforderte. Der König bemerkte ihn, und das war der Anfang seines Glücks. Stufenweise, ohne jede Kriecherei, stieg er empor, ein Philosoph im Glück wie im Krieg, diesen beiden gefährlichen Klippen für die Mäßigung, frei von jedem Vorurteil, aber auch nicht bestrebt, sich den Anschein zu geben, als ob er sie allzu sehr verachte. Galanterie und Höflingshandwerk waren ihm unbekannt; umso mehr pflegte er die Freundschaft, und ein umso ehrenhafterer Mann war er. Er lebte als ebenso großer Feind des Eigennutzes wie des Prunks, in allem ein Philosoph bei seinem Tod wie in seinem Leben.

Catinat kommandierte damals in Italien. Er hatte Viktor Amadeus, den Herzog von Savoyen, zum Gegner, einen umsichtigen, politischen, wenn auch unglücklichen Fürsten und mutvollen Krieger, der persönlich seine Heere anführte, sich wie ein gemeiner Soldat der Gefahr aussetzte, sich vortrefflich auf jenen Kleinkrieg verstand, der auf einem von Tälern durchschnittenen und bergigen Terrain, wie es sein Land war, geführt wird, dabei tätig, achtsam und ordnungsliebend war, aber leider auch Fehler beging – sowohl als Fürst wie als Feldherr. Wie behauptet wird, beging er einen solchen auch Catinat gegenüber, indem er seinem Heer eine schlechte Aufstellung gab. Der französische General nützte das und errang im Angesicht von Saluzzo bei der Abtei Staffardo, nach der die Schlacht den Namen führt, einen vollständigen Sieg (19. August 1690). Da es auf der einen Seite viele, auf der anderen aber fast gar keine Toten gab, so ist dies ein unwiderleglicher Beweis, dass die geschlagene Armee sich in einer Stellung befand, in der sie unausbleiblich erdrückt werden musste. Das französische Heer hatte nur dreihundert Tote, das vom Herzog von Savoyen befehligte Heer der Verbündeten dagegen viertausend. Nach dieser Schlacht wurde ganz Savoyen mit Ausnahme von Montmelian dem König unterworfen. Catinat drang in Piemont ein, durchbrach die Linien der unweit Susa verschanzten Feinde, eroberte Susa, Villafranca, Monte Albano, das für uneinnehmbar gehaltene Nizza, Veillane und Carmagnola und kehrte schließlich nach Montmelian zurück, dessen er sich nach einer hartnäckigen Belagerung ebenfalls bemächtigte (1691).

Nach so vielen Erfolgen verminderte der Minister die Armee Catinats, während der Herzog von Savoyen die seine verstärkte. Catinat, jetzt weniger stark als der besiegte Feind, hielt sich lange in der Defensive. Nachdem er aber endlich Verstärkungen erhalten hatte, stieg er von den Alpen nach Marsiglia hinab und gewann dort eine zweite Feldschlacht (4.Oktober 1693), die umso glorreicher war, da Prinz Eugen von Savoyen einer der feindlichen Generäle war.

Am anderen Ende Frankreichs, in den Niederlanden, gewann der Marschall von Luxemburg die Schlacht bei Fleurus (30. Juni 1690), und nach dem Zugeständnis aller Offiziere verdankte man diesen Sieg der geistigen Überlegenheit des französischen Heerführers über den Fürsten von Waldeck, den damaligen Führer der Armee der Verbündeten. Achttausend Gefangene, sechstausend Tote, zweihundert Fahnen oder Standarten, die Geschütze, die Bagage und die Flucht des Feindes waren die Zeichen dieses Siegs.

König Wilhelm war soeben nach Besiegung seines Schwiegervaters über das Meer zurückgekommen. Dieses an Auswegen und Hilfsmitteln unerschöpfliche Genie zog mehr Vorteil aus einer Niederlage seiner Partei, als die Franzosen häufig aus ihren Siegen zogen. Er musste zu Intrigen und Verhandlungen greifen, um Geld und Truppen gegen einen König zu erhalten, der nur zu sagen brauchte: »Ich will!« Dessen ungeachtet aber stellte er nach der Niederlage bei Fleurus dem Marschall von Luxemburg ein Heer entgegen, das ebenso stark war wie das französische.

Jedes dieser Heere bestand aus etwa 80.000 Mann; aber Mons war bereits vom Marschall von Luxemburg eingeschlossen (April 1691), während Wilhelm die französischen Truppen noch in ihren Quartieren wähnte. Ludwig XIV. erschien persönlich zu dieser Belagerung und zog neun Tage nach Öffnung der Laufgräben angesichts der feindlichen Armee in die Stadt ein; gleich danach aber kehrte er nach Versailles zurück und überließ es Luxemburg, das Feld zu behaupten. Der Feldzug endete mit dem Kampf bei Leuze (19. September 1691), einem eigentümlichen Gefecht, in dem 28 Schwadronen königlicher Haustruppen und Gardereiterei 75 Schwadronen des feindlichen Heeres über den Haufen warfen.

Der König erschien dann abermals zur Belagerung von Namur, das infolge seiner Lage am Zusammenfluss der Sambre und der Maas und durch seine auf steilen Felsen errichtete Zitadelle die stärkste Festung in den Niederlanden war. Er eroberte die Stadt (Juni 1692) in acht und die Kastelle in zweiundzwanzig Tagen, während der Herzog von Luxemburg König Wilhelm davon abhielt, mit 80.000 Mann über die Méhaigne zu gehen und die Stadt zu entsetzen. Auch nach dieser Eroberung begab sich Ludwig wieder nach Versailles zurück, während Luxemburg abermals den gesamten Streitkräften des Feindes die Spitze bot.

Damals wurde die wegen des dabei entfalteten Geschicks und Mutes berühmte Schlacht bei Steinkirchen geschlagen (3. August 1692). Ein Spion, den der französische General im Lager König Wilhelms hatte, wurde entdeckt und gezwungen, vor seiner Hinrichtung dem Marschall von Luxemburg eine falsche Meldung zu schreiben. Auf diese falsche Nachricht hin ergriff Luxemburg selbstverständlich Maßnahmen, die eine Niederlage zur Folge haben mussten. Seine schlafende Armee wurde am frühen Morgen angegriffen; eine Brigade war bereits in die Flucht geschlagen, bevor noch der General von dem Angriff wusste. Ohne äußerste Schnelligkeit und Tapferkeit war alles verloren.

Um diesmal nicht völlig geschlagen zu werden, reichte es nicht aus, dass man ein großer Feldherr war – man musste auch geübte und zum Zusammenschließen fähige Truppen sowie Stabsoffiziere haben, die nicht bloß imstande waren, der Verwirrung zu steuern, sondern auch den guten Willen dazu hatten, denn ein einziger höherer Offizier, der die Verwirrung hätte nützen wollen, um seinen General eine Niederlage erfahren zu lassen, wäre jetzt dazu imstande gewesen, ohne seinen Ruf bloßzustellen.

Luxemburg war krank – ein unglücklicher Umstand zu einem Zeitpunkt, der eine ungeschwächte Tätigkeit erforderte. Doch die Gefahr gab ihm seine Kräfte wieder. Es waren Wundertaten nötig, um nicht besiegt zu werden – und er vollbrachte sie. Das Terrain wechseln, dem Heer, das keinen Raum zum Schlagen hatte, ein Schlachtfeld schaffen, den völlig in Unordnung geratenen rechten Flügel wieder zu ordnen, dreimal die Truppen wieder zu sammeln und dreimal an der Spitze der königlichen Haustruppen zum Angriff vorzugehen – das alles war das Werk von weniger als zwei Stunden.

Bei seinem Heer befand sich der damalige Herzog von Chartres, Philipp von Orléans, der spätere Regent des Königreichs; ein Prinz von Geblüt, der noch nicht fünfzehn Jahre zählte. Zu einem entscheidenden Schlag war er nicht von Nutzen, aber es ermutigte die Soldaten gewaltig, dass ein königlicher Prinz, noch ein Kind, mit den Haustruppen vorging und, obwohl im Kampf verwundet, den Angriff von neuem mitmachte.

Ein Enkel und ein Großneffe des Großen Condé taten als Generalleutnants Dienst. Der erste war Ludwig von Bourbon, gewöhnlich der »Herr Herzog« genannt; der andere Franz Ludwig, Prinz von Conti. Beide an Mut, Geist, Ehrgeiz und Ruf einander gleich, hatte der Herr Herzog bei seinem strengeren Naturell vielleicht gründlichere, der Prinz von Conti dagegen glänzendere Eigenschaften. Beide von der öffentlichen

Meinung als künftige Befehlshaber der französischen Heere bezeichnet, strebten beide leidenschaftlich nach diesem Ruhm, gelangten aber nie dazu, weil Ludwig, der ihren Ehrgeiz wie ihr Verdienst kannte, sich stets erinnerte, dass einst der Prinz von Condé ihn bekriegt hatte.

Der Prinz von Conti war der erste, der der Verwirrung Einhalt tat, indem er die zersprengten Brigaden wieder sammelte und andere vorrücken ließ; der Herr Herzog tat dasselbe, ohne eine Anregung dazu nötig zu haben. Der Herzog von Vendôme, ein Enkel Heinrichs IV., befand sich ebenfalls als Generalleutnant bei dieser Armee. Er diente seit dem zwölften Jahr, und obgleich er damals bereits vierzig Lenze zählte, hatte er doch noch nie den Oberbefehl über ein Heer gehabt. Bei ihm befand sich sein Bruder, der Großprior.

Alle diese Prinzen mussten sich mit dem Herzog von Choiseul an die Spitze der königlichen Haustruppen stellen, um eine Abteilung Engländer zu vertreiben, die eine vorteilhafte Stellung innehatten, von der der Ausgang der Schlacht abhing. Die Haustruppen und die Engländer waren zu jener Zeit die besten Soldaten der Welt – das Blutbad war daher gewaltig. Schließlich errangen die Franzosen – durch diese Menge von Prinzen und jungen Edelleuten, die in der Umgebung des Generals mitkämpften, ermutigt und begeistert – den Sieg. Das Regiment Champagne vernichtete die englischen Garden des Königs Wilhelm, und als die Engländer geschlagen waren, musste auch die übrige Armee zurückweichen.

Im selben Augenblick langte Boufflers, der spätere Marschall von Frankreich, aus einer Entfernung von mehreren Stunden mit seinen Dragonern auf dem Schlachtfeld an und vollendete den Sieg. König Wilhelm zog sich nach einem Verlust von ungefähr siebentausend Mann mit ebenso viel Ordnung zurück, wie er beim Angriff gezeigt hatte, und hielt – immer besiegt, aber immer zu fürchten – das Feld. Dieser Sieg, den man den jungen Prinzen und der Blüte des französischen Adels verdankte, erregte am Hof, in Paris und in den Provinzen ein Aufsehen, wie es noch keine gewonnene Schlacht getan hatte.

Der Herr Herzog, der Prinz von Conti, die beiden Herren von Vendôme und ihre Freunde fanden bei ihrer Rückkehr alle Wege mit Volksmassen versperrt, die Freude und die Beifallsrufe gingen bis zum Wahnsinn, und die Frauen bemühten sich, die Blicke der Sieger auf sich zu ziehen. Die Männer trugen damals Spitzenkrawatten, deren Anlegung ziemlich viel Zeit und Mühe erforderte. Die Prinzen hatten bei der Eile, mit der sie sich zum Kampf ankleideten, diese Krawatten nachlässig um den Hals geschlungen – die Frauen trugen nun einen Putz nach diesem Muster, den man »Steinkerques« nannte. Alle neuen Schmucksachen waren à la Steinkerque. Ein junger Mann, der diese Schlacht mitgemacht hatte, wurde begierig betrachtet. Das Volk sammelte sich überall um die Prinzen an; man liebte sie umso mehr, je weniger ihre Gunst bei Hof ihrem Ruhm gleichkam.

Bei Steinkirchen verlor man auch den Prinzen von Turenne, einen Neffen des in Deutschland getöteten Helden. Er erweckte bereits die Hoffnung, dass er einst seinem Oheim gleichkommen würde, und seine Liebenswürdigkeit wie sein Witz hatten ihn beim Volk, am Hof und beim Heer beliebt gemacht.

Der General hielt es nicht einmal der Mühe wert, in dem Bericht, den er dem König über die denkwürdige Schlacht erstattete, des Umstands zu gedenken, dass er krank war, als er angegriffen wurde.

Im folgenden Jahr suchte der gleiche General mit denselben Prinzen und denselben bei Steinkirchen überfallenen, aber siegreichen Truppen König Wilhelm durch einen siebenstündigen Marsch zu überrumpeln und erreichte ihn bei Neerwinden. Neerwinden ist ein Dorf an der Gete, einige Stunden von Brüssel. Wilhelm hatte Zeit, sich während der Nacht zu verschanzen und sich kampfbereit zu machen; bei Tagesanbruch wurde er angegriffen (29. Juli 1693). Man traf ihn an der Spitze des Regiments Ruvigny, das ausschließlich aus französischen Edelleuten bestand, die durch die verhängnisvolle Aufhebung des Edikts von Nantes und die Dragonaden gezwungen worden waren, ihr Vaterland zu verlassen und zu hassen. Sie rächten sich an diesem für die Intrigen des Jesuiten La Chaise und für die Grausamkeiten Louvois'. Anfangs warf Wilhelm an der Spitze einer so begeisterten Schar die Schwadronen, die sich ihm entgegenstellten, über den Haufen; schließlich aber stürzte er selbst und kam unter sein getötetes Pferd zu liegen. Er erhob sich jedoch wieder und setzte den Kampf mit der hartnäckigsten Anspannung aller Kräfte fort.

Luxemburg drang zweimal mit dem Degen in der Faust in Neerwinden ein. Der Herzog von Villeroi war der erste, der in die feindlichen Verschanzungen hinabsprang. Das Dorf wurde zweimal genommen und zweimal zurückerobert.

Herzog Philipp von Chartres zeigte sich auch bei Neerwinden als ein würdiger Enkel Heinrichs IV.: Er machte an der Spitze eines Geschwaders den dritten Angriff. Seine Schar wurde jedoch zurückgeworfen, und er sah sich in einer Senke des Bodens, auf allen Seiten von toten oder verwundeten Menschen und Pferden umgeben. Da sprengte ein feindliches Geschwader heran und forderte ihn auf, sich zu ergeben. Man ergriff ihn; er wehrte sich jedoch, verwundete den Offizier, der ihn festhielt, und entledigte sich seiner. In diesem Augenblick kam man ihm zu Hilfe, und er wurde befreit.

Der Prinz von Condé, den man den Herrn Herzog nannte, sowie sein Nebenbuhler, der Prinz von Conti, die sich schon bei Steinkirchen so glänzend ausgezeichnet hatten, kämpften auch bei Neerwinden für ihr Leben wie für ihren Ruhm und waren genötigt, mit eigener Hand Feinde niederzustrecken, was heute, seit das Gewehr in den Schlachten den Ausschlag gibt, von den höheren Offizieren beinahe nie mehr geschieht.

Der Marschall von Luxemburg tat sich mehr als je hervor und setzte mehr als je sein Leben aufs Spiel. Sein Sohn, der Herzog von Montmorency, deckte ihn mit seinem Leib, als man auf ihn schoss, und empfing den für seinen Vater bestimmten Schuss. Schließlich nahmen der General und die Prinzen das Dorf zum dritten Mal, und die Schlacht war gewonnen.

Wenige Kämpfe waren mörderischer – man zählte etwa 20.000 Tote: 12.000 auf Seiten der Verbündeten und 8.000 auf Seiten der Franzosen. Daher wurde auch bei dieser Gelegenheit gesagt, man solle eher das *De profundis* als das *Tedeum* anstimmen.

Wenn irgendetwas imstande war, einen Trost bei den Schrecken des Krieges zu gewähren, so war es das, was der verwundete und in Tirlemont (Tienen) gefangengenommene Graf von Salm sagte. Der Marschall von Luxemburg ließ ihm eine sorgfältige Pflege angedeihen. »Was seid ihr doch für ein Volk!« sagte der Graf. »Kein Feind ist im Kampf mehr zu fürchten, und kein Freund ist nach dem Sieg großmütiger!«

Alle diese Schlachten brachten viel Ruhm, aber wenig große Vorteile ein. Die bei Fleurus, bei Steinkirchen und Neerwinden geschlagenen Verbündeten waren nie vollständig besiegt worden; stets machte König Wilhelm glänzende Rückzüge, und man hätte vierzehn Tage nach einer Schlacht ihm jedesmal eine neue liefern müssen, um Meister des Feldes zu bleiben. Die Kathedrale von Paris war mit feindlichen Fahnen überfüllt; der Prinz von Conti nannte daher den Marschall von Luxemburg den »Tapezierer von Notre-Dame«. Man sprach von nichts als von Siegen. Früher aber hatte Ludwig XIV. die Hälfte von Holland und Flandern und die ganze Freigrafschaft Burgund erobert, ohne eine einzige Schlacht zu liefern, und jetzt konnte man nach den größten Anstrengungen weder die Vereinigten Provinzen angreifen noch Brüssel belagern.

Auch der Marschall von Lorges hatte seinerseits ein hartes Gefecht am Speyerbach gewonnen (1./2. September 1692). Er hatte sogar den alten Herzog von Württemberg gefangengenommen und war in dessen Land eingefallen; nachdem er es aber durch einen Sieg erobert hatte, war er gezwungen worden, es wieder zu verlassen. Monseigneur hatte Heidelberg, das von den Feinden zurückerobert worden war, zum zweitenmal genommen und geplündert, musste sich dann aber auf die Defensive gegen die Kaiserlichen beschränken.

Der Marschall von Catinat konnte weder nach dem Sieg bei Staffardo und der Eroberung von Savoyen die Dauphiné vor einem Einfall des Herzogs von Savoyen behüten noch nach dem Sieg bei Marsiglia die wichtige Stadt Casale retten.

In Spanien gewann der Marschall von Noailles ebenfalls eine Schlacht am Ufer des Ter und nahm Gerona ein (27. Mai 1694) sowie einige andere kleine Städte; er hatte jedoch nur eine schwache Armee und sah sich nach seinem Sieg genötigt, vor Barcelona zurückzugehen. Überall Sieger, aber durch ihre Siege geschwächt, bekämpften die Franzosen in den Verbündeten eine immer wieder von neuem erstehende Hydra.

Es begann jetzt in Frankreich schwer zu werden, Truppen anzuwerben, besonders aber Geld aufzutreiben. Der strenge Winter, der um jene Zeit die Erzeugnisse des Bodens vernichtete, führte eine Hungersnot herbei: Beim Klang des Tedeums und unter den öffentlichen Freudenfesten kam das Volk im Elend um. Jener zuversichtliche und überlegene Geist, die Seele der französischen Truppen, begann bereits ein wenig zu schwinden. Ludwig XIV. hörte auf, an ihrer Spitze zu erscheinen (1691), Louvois war tot, mit seinem Sohn und Nachfolger Barbezieux war man höchst unzufrieden, und schließlich schien der Tod des Marschalls von Luxemburg (Januar 1695), unter dem die Soldaten sich für unüberwindlich hielten, der schnellen Aufeinanderfolge der Siege Frankreichs ein Ende zu machen.

Jetzt fiel auch die Kunst, von den Schiffen aus die Seestädte mit Bomben zu bewerfen, auf das Haupt ihrer Erfinder zurück: Nicht etwa, dass die Höllenmaschine, mit der die Engländer Saint-Malo verbrennen wollten und die ohne jeden Erfolg scheiterte, der Erfindsamkeit der Franzosen ihren Ursprung verdankt hätte, aber es handelte sich um die Kunst, die Bomben mit derselben Sicherheit von einer beweglichen Unterlage wie vom festen Boden aus in die Ferne zu werfen, und diese Kunst war von den Franzosen erfunden worden. Mit ihrer Hilfe wurden Dieppe, Le-Havre-de-Grâce, Dünkirchen, Saint-Malo und Calais von den Flotten der Engländer bombardiert (Juli 1694 und 1695). Dieppe, dem man sich mit größerer Leichtigkeit nähern konnte, war die einzige dieser Städte, die dabei wirklichen Schaden erlitt. Dieser heute infolge seiner regelmäßig gebauten Häuser so angenehme Ort, der seine Verschönerung gerade jenem Unglück verdankt, wurde fast vollständig in Asche gelegt.

In Le-Havre-de-Grâce wurden von den Bomben nur zwanzig Häuser zerschmettert und angezündet, dagegen aber die Hafenbefestigungen völlig zerstört. In dieser Hinsicht sagt die in Holland geschlagene Medaille, von deren angeblicher Unrichtigkeit einige französische Schriftsteller soviel Aufhebens gemacht haben, durchaus die Wahrheit. Die lateinische Umschrift besagt nämlich: »Einäscherung und Zerstörung des Hafens von Havre« usw. Sie sagt also nicht, dass die Stadt von den Flammen verzehrt worden wäre, was falsch gewesen wäre, sondern dass man den Hafen eingeäschert hätte, was durchaus der Wahrheit entsprach.

Einige Zeit danach ging auch das eroberte Namur wieder verloren. Die Franzosen hatten Ludwig XIV. wegen der Eroberung dieser Stadt mit Lobeserhebungen[32], König Wilhelm dagegen, weil er sie mit einem Heer von 80.000 Mann nicht hatte retten können, mit Spöttereien und unziemlichen Satiren überschüttet. Wilhelm bemächtigte sich ihrer auf gleiche Weise, in der er sie hatte erobern sehen. Er griff sie vor den Augen einer Armee an, die noch stärker war als damals die seine; er fand sie mit neuen Befestigungen versehen, die Vauban errichtet hatte, und die französische Besatzung, die die Werke verteidigte, bildete ein ganzes Heer, denn der Marschall von Boufflers hatte sich mit sieben Dragonerregimentern in die Festung geworfen. Namur wurde also von 16.000 Mann verteidigt, während nahe an 100.000 Mann fortwährend zu seinem Entsatz bereitstanden.

Der Marschall von Boufflers war ein Mann von viel Verdienst, ein tätiger und unermüdlicher General und guter Bürger, der nur an das Beste des Dienstes dachte und keine Mühe sparte noch sein Leben schonte. Die ›Denkwürdigkeiten‹ des Marquis de Feuquières machen ihm mehrere Fehler bei der Verteidigung des Platzes und der Zitadelle zum Vorwurf; aber Feuquières wirft ihm auch Fehler vor, die er bei der Verteidigung von Lille, die ihm so viel Ehre machte, begangen haben soll. Diejenigen, die die Geschichte Ludwigs XIV. schrieben, haben nun bezüglich des

32 Man sehe Boileaus ›Ode‹ und Racines ›Historisches Fragment‹. »Die Erfahrung«, sagt Racine, »hatte den Prinzen von Oranien gelehrt, dass es unnütz sei, sich einem Unternehmen zu widersetzen, das der König in Person leitete.«

Krieges den Marquis de Feuquières zum Führer genommen, wie sie bezüglich der Anekdoten dem Abbé von Choisy gefolgt sind. Sie konnten nicht wissen, dass Feuquières, sonst ein vorzüglicher Offizier, der den Krieg sowohl in der Theorie wie in der Praxis kannte, ein ebenso grämlicher wie heller Kopf und der Aristarch, bisweilen sogar der Zoilus der Generäle war: Er entstellt bisweilen sogar die Tatsachen, nur um Fehler tadeln zu können. Er beklagte sich über alle Welt, und alle Welt beklagte sich über ihn. Man sagte scherzweise, er wäre der tapferste Mann in Europa, weil er inmitten von hunderttausend Feinden schliefe. Da seine Befähigung nicht durch den Marschallstab belohnt worden war, wandte er gegen die, die dem Staat dienten, jene Kenntnisse an, die von größter Nützlichkeit gewesen wären, wenn sein Geist ebenso versöhnlich gewesen wäre, wie er durchdringend, unermüdlich und verwegen war.

Dem Marschall von Villeroi warf er noch mehr und wesentlichere Fehler vor als dem Marschall von Boufflers. Villeroi sollte an der Spitze von etwa 80.000 Mann Namur entsetzen. Aber selbst wenn die beiden Marschälle alles getan hätten, was sie tun konnten – und das geschieht nur äußerst selten – so hätte Namur bei der Beschaffenheit des Terrains doch nicht gerettet werden können und sich früher oder später ergeben müssen. Die Ufer der Méhaigne, die früher, mit einem Beobachtungsheer besetzt, das Hilfskorps König Wilhelms aufgehalten hatten, hielten jetzt notwendigerweise auch das des Marschalls von Villeroi auf.

Der Marschall von Boufflers, der Stadtgouverneur Graf von Guiscard, der Kommandant der Infanterie Graf du Châtelet du Lomont sowie sämtliche Offiziere und Soldaten verteidigten die Stadt mit einer Hartnäckigkeit und einer bewundernswürdigen Tapferkeit, die jedoch die Eroberung um keine zwei Tage verzögerte. Wenn eine Stadt von einer überlegenen Armee belagert wird, wenn die Belagerungsarbeiten gut geleistet werden und wenn das Wetter günstig ist, so weiß man ungefähr, binnen welcher Zeit sie genommen sein wird, wie kräftig auch immer die Verteidigung sein mag. König Wilhelm bemächtigte sich also der Stadt und der Zitadelle (September 1695), wenn diese Eroberung ihn auch mehr Zeit kostete als seinerzeit Ludwig XIV.

Während er Namur einbüßte, ließ der König Brüssel bombardieren – eine unnütze Rache, die er für seine von den Engländern in Brand geschossenen Städte am König von Spanien nahm. All das machte diesen Krieg für beide Teile kostspielig und verderblich. Schon seit zwei Jahrhunderten ist es eine der Wirkungen der menschlichen Erfindungskunst und der menschlichen Wut, dass die Verheerungen unserer Kriege sich nicht auf Europa beschränken. Wir erschöpfen uns an Geld und an Menschen, um uns an den äußersten Enden von Asien und Amerika zu vernichten. Die Inder, die wir durch List und Gewalt zur Aufnahme unserer Niederlassungen genötigt, und die Rothäute, deren Kontinent wir mit Blut befleckt und ausgeplündert haben, sehen uns für Feinde der menschlichen Natur an, die aus den entferntesten Winkeln der Welt herbeieilen, um erst sie hinzuwürgen und dann gegenseitig sich selbst zu vernichten.

Die Franzosen besaßen in Ostindien keine weitere Kolonie als Pondichery, das mit ungeheuren Kosten, deren Ertrag sich erst nach mehreren Jahren zeigen konnte, von Colbert angelegt worden war. Die Holländer bemächtigten sich seiner mit Leichtigkeit und richteten den kaum entstandenen Handel Frankreichs in Indien zugrunde.

1695. – Die Engländer zerstörten die französischen Pflanzungen auf Santo Domingo. Ein Freibeuter aus Brest verheerte dagegen die englischen Niederlassungen am Gambia in Afrika, und die Kaper von Saint-Malo verwüsteten das den Engländern gehörende Neufundland an der Ostküste von Nordamerika. Die Insel Jamaika wurde von den französischen Geschwadern angegriffen, die englischen Schiffe erobert, die Küsten ausgeplündert.

Der Geschwaderkapitän Pointis überrumpelte an der Spitze mehrerer königlicher Fahrzeuge und einer Anzahl amerikanischer Kaperschiffe die Stadt Cartagena nicht weit vom Äquator, den Stapelplatz und Lagerort der Schätze, die Spanien aus Mexiko bezieht (Mai 1697). Der Schaden, den er dort verursachte, wurde auf zwanzig Millionen Livre nach unserem Geld geschätzt, der Gewinn auf zehn Millionen.

Von diesen Berechnungen muss stets ein Abzug gemacht werden, von dem ungemeinen Elend aber, das solche ruhmvollen Züge verursachen, braucht man nichts abzuziehen.

Die englischen und holländischen Kauffahrteischiffe waren tagtäglich die Beute der französischen Piraten, besonders aber Duguay-Trouins, eines in seiner Art einzigartigen Mannes, dem nur eine große Flotte fehlte, um den Ruf Draguts oder Barberousses zu erlangen.

Auch Jean Bart machte sich unter den Korsaren einen großen Namen; vom einfachen Matrosen wurde er wie Duguay-Trouin schließlich Geschwaderkapitän. Beider Namen sind noch heute berühmt.

Die Feinde eroberten weniger französische Handelsschiffe, weil es weniger gab. Der Tod Colberts und der Krieg hatten den Handel sehr vermindert.

Das Endergebnis all dieser Kriegszüge zu Lande und zu Wasser war also allgemeines Elend. Diejenigen, die mehr Menschlichkeit als Staatsklugheit besitzen, werden nicht unbemerkt lassen, dass Ludwig XIV. in diesem Krieg gegen seinen Schwager, den König von Spanien, gegen den Kurfürsten von Bayern, dessen Schwester er mit seinem Sohn, dem Dauphin, verheiratet hatte, und gegen den Kurfürsten von der Pfalz kämpfte, dessen Land er verheerte, nachdem er Monsieur, seinen Bruder, mit der Prinzessin von der Pfalz verheiratet hatte. König Jakob wurde von seinem Schwiegersohn und seiner Tochter vom Thron gestoßen. Später sah man sogar den Herzog von Savoyen im Bündnis gegen Frankreich, wo die eine seiner Töchter Dauphine, und gegen Spanien, wo die andere Königin war. Die meisten Kriege zwischen unseren christlichen Fürsten sind eine Art Bürgerkriege.

Der verbrecherischste Anschlag des ganzen Krieges war der einzige, der wirklich vom Glück gekrönt wurde: Wilhelm gelangte sowohl in England wie in Irland stets und vollkommen zum Ziel; anderswo wogen Erfolge und Niederlagen einander auf. Wenn ich jenen Anschlag verbrecherisch nenne, so ziehe ich dabei nicht in Betracht, ob die Nation, nachdem sie das Blut des Vaters vergossen hatte, mit Recht oder Unrecht den Sohn ächtete und ihre Religion und ihre Rechte verteidigte – ich sage nur, dass es, wenn einige Gerechtigkeit auf Erden waltete, nicht der Tochter und dem Schwiegersohn König Jakobs zustand, ihn aus seinem Haus zu vertreiben. Unter Privatpersonen wäre diese Tat entsetzlich; für die Fürsten aber scheint das Interesse der Völker ein anderes Sittengesetz aufzustellen.

Siebzehntes Kapitel

Der Vertrag mit Savoyen · Die Heirat des Herzogs von Burgund · Der Friede von Rijswijk · Die Lage Frankreichs und Europas · Tod und Testament König Karls II. von Spanien

Frankreich behauptete immer noch seine Überlegenheit über alle seine Feinde. Einige davon, wie Savoyen und die Pfalz, hatte es niedergeschmettert; die übrigen bekriegte es an den Grenzen. Es war ein mächtiger, kraftvoller Körper, den ein langer Widerstand ermüdet und zahllose Siege geschwächt hatten, so dass ein bei günstiger Gelegenheit geführter Stoß ihn zum Wanken gebracht haben würde. Wer gleichzeitig mehrere Feinde hat, kann auf die Dauer nur in deren Zwietracht oder im Frieden sein Heil finden; Ludwig XIV. gelangte bald zu beiden.

Herzog Viktor Amadeus von Savoyen war unter allen Fürsten derjenige, der am frühesten zu einem Entschluss kam, als es galt, seine Verbindlichkeiten zugunsten seiner Interessen zu brechen; an ihn wandte sich der französische Hof zuerst. Der spätere Marschall Graf von Tessé, ein geschickter und liebenswürdiger Mann, der das erste Talent eines Unterhändlers besaß, die Kunst zu gefallen, verhandelte anfangs im geheimen in Turin. Der Marschall von Catinat, der zum Friedenschließen ebenso geeignet war wie zum Kriegführen, führte die Verhandlung zu Ende. Es bedurfte gar nicht zweier so geschickter Männer, um den Herzog von Savoyen zur Annahme der ihm gebotenen Vorteile zu bestimmen: Man gab ihm sein Land zurück, zahlte ihm eine Summe Geldes und schlug ihm die Verheiratung seiner Tochter mit dem jungen Herzog von Burgund vor, dem Sohn von Monseigneur und künftigen Erben der französischen Krone (Juli 1696). Binnen kurzem war man einig; der Herzog und Catinat schlossen den Vertrag in der Liebfrauenkirche zu Loretto ab, wohin sie sich unter dem Vorwand einer Pilgerfahrt begaben, wodurch jedoch niemand getäuscht wurde.

Der Papst – damals Innozenz XII. – nahm an diesen Verhandlungen lebhaften Anteil. Er bezweckte dabei, gleichzeitig Italien sowohl von den Einfällen der Franzosen wie von den unaufhörlichen Abgaben zu befreien, die der Kaiser zur Besoldung seiner Heere von ihm forderte. Man verlangte, dass die Kaiserlichen Italien als neutralen Staat betrachten sollten, und der Herzog verpflichtete sich in dem Vertrag, diese Neutralität zu erlangen. Der Kaiser gab ihm anfangs abschlägige Antworten, denn der Wiener Hof kam fast immer nur in der höchsten Not zu einem entscheidenden Beschluss. Nun ließ der Herzog von Savoyen seine Truppen zum französischen Heer stoßen und wurde binnen weniger als Monatsfrist vom Generalissimus des Kaisers zum Generalissimus Ludwigs XIV. Seine elfjährige Tochter wurde nach Frankreich geführt, um den Herzog von Burgund zu heiraten, der damals dreizehn Jahre zählte.

Nach dem Abfall des Herzogs von Savoyen kam es wie beim Frieden zu Nimwegen, dass sich jeder der Verbündeten zu Separatverhandlungen entschloss. Der Kaiser anerkannte zunächst die Neutralität Italiens; dann schlugen die Holländer das Schloss Rijswijk in der Nähe Den Haags als Ort für die Konferenzen über einen allgemeinen Frieden vor. Vier Heere, die der König auf den Beinen hatte, trugen zur Beschleunigung des Friedensschlusses bei: achtzigtausend Mann standen unter Villeroi in Flandern, der Marschall von Choiseul hatte vierzigtausend Mann am Rhein, Catinat ebenso viele in Piemont, und in Katalonien schließlich befehligte der Herzog von Vendôme, der endlich, nachdem er wie ein Glückssoldat alle Grade vom einfachen Leibwächter des Königs an durchlaufen hatte, zur Würde eines Generals gelangt war. Er gewann dort eine Schlacht und eroberte Barcelona (August 1698). Diese neuen Anstrengungen und diese neuen Siege waren die wirksamsten Vermittler. Der römische Hof bot abermals seine Dienste an und wurde wie in Nimwegen abgewiesen – der Vermittler war Karl XI. von Schweden. Endlich wurde der Friede geschlossen (September/Oktober 1697); nicht mehr mit jenem Stolz und unter den vorteilhaften Bedingungen, die die Größe Ludwigs gekennzeichnet hatten, sondern mit einer Leichtigkeit und mit einer Beiseitesetzung seiner Rechte, die ebenso die Franzosen wie die Verbündeten in Erstaunen setzten. Man glaubte lange Zeit, dass dieser Friede durch die tiefste Politik vorbereitet worden sei.

Man behauptete, des Königs Absicht dabei sei gewesen und müsste gewesen sein, nicht die ganze Verlassenschaft der großen spanischen Monarchie an den anderen Zweig des Hauses Österreich fallen zu lassen. Er hoffte, sagt man, dass das Haus Bourbon wenigstens einige Teile jenes Reiches an sich reißen und es eines Tages vielleicht sogar gänzlich erhalten würde. Die authentischen Verzichtleistungen der Gemahlin und der Mutter Ludwigs XIV. schienen nur leere Formeln zu sein, die durch neue Umstände zunichte gemacht werden mussten. In Rücksicht auf diesen Plan, durch den Frankreich oder das Haus Bourbon einen Zuwachs erhalten sollte, war es unerlässlich, Europa gegenüber einige Mäßigung zu zeigen, um nicht die große Anzahl ständig argwöhnischer Mächte stutzig zu machen. Der Friede gab Frankreich Muße, neue Verbündete zu erwerben, seine Finanzen wieder in guten Stand zu bringen, die Mächte zu gewinnen, deren es bedurfte, und frische Truppen im Land heranzubilden. Man musste es sich in der Hoffnung, mehr zu erhalten, schon etwas kosten lassen.

Das waren der allgemeinen Meinung nach die geheimen Gründe des Friedens zu Rijswijk, der allerdings in der Folge dem Enkel Ludwigs XIV. den spanischen Thron verschaffte. Dieser so wahrscheinliche Gedanke entspricht aber keineswegs der Wahrheit – weder Ludwig XIV. noch sein Rat hatten derartige Absichten, obwohl diese sich ihnen von selbst darbieten zu müssen schienen. Es ist dies ein hervorragendes Beispiel jener Verkettung der Ereignisse, die die Menschen, von denen sie geleitet zu werden scheinen, fortreißen und bestimmen. Das augenscheinliche Interesse am Besitz Spaniens oder doch eines Teils dieser Monarchie hatte nicht den geringsten Einfluss auf den Frieden zu Rijswijk, wie der Marquis de Torcy in seinen handschriftlich hinterlassenen ›Denkwürdigkeiten‹ [33] zugesteht. Man schloss Frieden aus Überdruss am Krieg, und dieser Krieg selbst war nahezu ohne Zweck gewesen – wenigstens lag ihm auf Seiten der Verbündeten nur die unbestimmte Absicht zugrunde, den Stolz Ludwigs XIV. zu demütigen, während er bei diesem Monarchen nur die Folge ebendieses Stolzes war, der sich nicht hatte beugen wollen.

König Wilhelm hatte den Kaiser, das Reich, Spanien, Holland und Savoyen in seinen Streit hineingezogen; Ludwig XIV. hatte sich zu tief verwickelt gesehen, um nachzugeben. Der schönste Teil von Europa war verwüstet worden, nur weil der König von Frankreich nach dem Frieden von Nijmegen mit allzu großem Übermut seinen Vorteil ausgenützt hatte – man hatte sich mehr gegen seine Person als gegen Frankreich verbunden. Der König glaubte jetzt den Ruhm, den die Waffen verleihen, hinlänglich gesichert zu haben; er strebte nunmehr nach dem Ruhm der Mäßigung, und die Erschöpfung, die sich in den Finanzen fühlbar machte, erschwerte ihm diese Mäßigung in keiner Weise.

Die politischen Angelegenheiten wurden im Geheimen Rat verhandelt, und dort wurden auch die Beschlüsse gefasst; der damals noch jugendliche Marquis de Torcy war nur mit der Ausführung betraut.

Der ganze Rat aber wollte den Frieden. Besonders der Herzog von Beauvilliers stellte ihm mit Nachdruck das Elend des Volkes dar; Frau von Maintenon wurde davon gerührt, und der König blieb nicht unempfindlich dagegen. Dieses Elend machte einen umso tieferen Eindruck, weil es auf den blühenden Zustand folgte, in den der Minister Colbert das Land versetzt hatte. Die großen Einrichtungen jeder Art hatten ungeheure Summen gekostet, und die durch diese übertriebenen Ausgaben verursachte Zerrüttung wurde nicht durch Sparsamkeit wieder ausgeglichen.

Dieses innere Leiden erregte Erstaunen, weil man es seit dem Beginn der Selbstregierung Ludwigs XIV. niemals gespürt hatte; das sind die Ursachen des Friedens zu Rijswijk.[34] Unzweifelhaft haben dabei tugendhafte Empfindungen eine Rolle gespielt. Diejenigen, die meinen, dass die Könige und ihre Minister ständig und ohne Maß dem Ehrgeiz opfern, täuschen sich nicht weniger als die, die etwa denken sollten, dass sie ständig das Glück der Welt im Auge haben.

33 Jene Memoiren Torcys sind inzwischen gedruckt worden, und sie zeigen, wie außergewöhnlich gut der Verfasser des ›Zeitalters Ludwigs XIV.‹ über alles unterrichtet war, was er mitteilt.

34 »Eines allein aus dem Grund, dem Land Erleichterung zu verschaffen, beschleunigten Friedens.« (›Denkwürdigkeiten‹ des Marquis de Torcy, Bd. I, S. 50 der ersten Ausgabe.)

Der König gab also dem spanischen Zweig des Hauses Österreich alles zurück, was er ihm früher an den Pyrenäen und jetzt während des letzten Krieges in Flandern abgenommen hatte; darunter die Städte Luxemburg, Mons, Ath und Courtrai. Er erkannte den bis dahin als Prinzen von Oranien, als Thronräuber und Tyrannen behandelten König Wilhelm als legitimen König von England an und versprach, seinen Feinden keine Unterstützung zu gewähren. König Jakob, dessen Name im Vertrag nicht genannt wurde, blieb mit dem wertlosen Königstitel und dem Gnadengehalt Ludwigs in Saint-Germain, von wo er, von seinem Beschützer der Notwendigkeit aufgeopfert und von Europa bereits vergessen, nur noch Manifeste in die Welt sandte.

Die von den Kammern in Metz und Breisach[35] erlassenen Urteile gegen so viele Souveräne sowie die bereits vorgenommenen Vereinigungen mit dem Elsass, diese Denkmäler einer gefährlichen Macht und eines gefährlichen Übermuts, wurden rückgängig gemacht und die auf gerichtlichem Weg eingezogenen Gebiete ihren legitimen Besitzern zurückgegeben.

Außer diesen Rückerstattungen gab man dem Kaiser Freiburg, Breisach, Kehl und Philippsburg zurück und verpflichtete sich, die Befestigungen Straßburgs gegen den Rhein hin, das Fort-Louis, Trarbach und den Mont-Royal – Werke, an denen Vauban seine Kunst und der König seine Finanzen erschöpft hatte – zu schleifen.[36] Man war in Europa erstaunt und in Frankreich unzufrieden, dass Ludwig XIV. den Frieden abschloss, gerade so, als ob er besiegt gewesen wäre. Harlay, Crécy und Callières, die diesen Frieden unterzeichnet hatten, wagten sich weder bei Hof noch in der Stadt zu zeigen; man überhäufte sie mit Vorwürfen und Spötteleien, als ob sie auch nur einen einzigen Schritt getan hätten, der nicht vom Ministerium angeordnet worden war. Der Hof Ludwigs XIV. beschuldigte sie, sie hätten die Ehre Frankreichs verraten, und später lobte man sie, dass sie durch jenen Vertrag die Erbnachfolge in der spanischen Monarchie vorbereitet hätten – sie verdienten aber weder jenen Tadel, noch dieses Lob.

35 Der durch seine höchst brauchbare ›Geschichte von Neapel‹ berühmte Giannone sagt, diese Gerichtshöfe hätten in Tournai ihren Sitz gehabt. Er täuschte sich häufig bezüglich der Angelegenheiten, die nicht seine Heimat betreffen. So sagt er z.B., Ludwig XIV. habe in Nimwegen mit Schweden Frieden geschlossen; Schweden aber war damals im Gegenteil Ludwigs Bundesgenosse.

36 Straßburg selbst aber blieb in den Händen der Franzosen. In Deutschland lief daher das Wortspiel um: »Was uns der Friede von Nimwegen nicht weggenommen hat, hat nun der Friede von Rijswijk weggerissen.«

Ferner gab Frankreich durch diesen Friedensvertrag Lothringen dem Haus zurück, dem es seit sieben Jahrhunderten gehörte. Herzog Karl V., die Stütze des Reichs und der Besieger der Türken, war gestorben. Sein Sohn Leopold ergriff nun mit dem Frieden von Rijswijk Besitz von der Oberhoheit, die allerdings ihrer wirklichen Rechte entbehrte, denn es war dem Herzog nicht gestattet, seine Hauptstadt mit Wällen zu umgeben. Ein weit schöneres Recht konnte man ihm jedoch nicht rauben: das Recht, seinen Untertanen Gutes zu tun – ein Recht, von dem nie ein Fürst einen besseren Gebrauch gemacht hat als er.

Es wäre jetzt zu wünschen, dass die fernste Nachwelt erfahre, wie gerade einer der weniger großen Landesherren in Europa derjenige war, der seinem Volk am meisten Gutes erwiesen hat. Er fand Lothringen wüst und verödet – er bevölkerte es wieder, bereicherte es und erhielt ihm den Frieden, während das übrige Europa durch den Krieg verheert wurde. Er besaß die Klugheit, stets mit Frankreich auf gutem Fuß zu stehen und im Reich beliebt zu sein, indem er geschickt und glücklich jene rechte Mitte einzuhalten verstand, die ein machtloser Fürst beinahe nie zwischen zwei großen Mächten zu behaupten vermocht hat. Er verschaffte seinen Untertanen einen Überfluss, den sie seit langem nicht mehr kannten. Sein in das tiefste Elend versunkener Adel wurde allein durch seine Wohltaten wieder in eine behagliche Stellung versetzt. Sah er das Haus eines Edelmanns in Trümmern liegen, so ließ er es auf seine Kosten wieder aufbauen. Er bezahlte die Schulden seiner Edelleute, verheiratete ihre Töchter, machte ihnen Geschenke mit jenem Geschick zum Geben, das noch mehr wert ist als die Gabe selbst, und verband bei seinen Wohltaten die Pracht eines Fürsten mit der Zuvorkommenheit eines Freundes. Künste und Gewerbe wurden in seinem kleinen Land geschätzt und geehrt und schufen einen neuen Umsatz, der den Reichtum der Staaten ausmacht. Sein Hof war nach dem Muster des französischen eingerichtet: Man glaubte beinahe, keine Ortsveränderung vorgenommen zu haben, wenn man von Versailles nach Lunéville kam.

Nach dem Beispiel Ludwigs XIV. unterstützte er die schönen Wissenschaften; er errichtete in Lunéville eine Art Universität ohne Pedantismus, auf der der junge deutsche Adel sich bildete. Man lehrte dort wirkliche Wissenschaften in Schulen, in denen die Naturwissenschaft durch bewundernswürdige Apparate zur Anschauung gebracht wurde. Er suchte die Talente sogar in den Werkstätten und in den Wäldern auf, um sie ans Licht zu ziehen und zu ermutigen. Kurzum, während seiner ganzen Regierungszeit war es seine einzige Sorge, seinem Volk Ruhe, Reichtum,

Wissen und Genuss zu verschaffen. »Ich würde morgen meiner Herrschaft entsagen«, äußerte er, »wenn ich nicht mehr wohltun dürfte.« Daher genoss er auch das Glück, geliebt zu werden, und lange nach seinem Tod sah ich seine Untertanen noch beim Aussprechen seines Namens Tränen vergießen. Er hinterließ bei seinem Ableben den größten Königen sein Beispiel zur Nachfolge und hat nicht wenig dazu beigetragen, seinem Sohn den Weg zum deutschen Kaiserthron zu ebnen.

Zur Zeit, als Ludwig XIV. am Rijswijker Frieden arbeitete, der ihm die Erbfolge in Spanien eintragen sollte, wurde auch der polnische Thron frei. Es war das damals die einzige Königskrone der Welt, die durch Wahl vergeben wurde, und sowohl Polen wie Ausländer konnten sich darum bewerben. Um sie zu erlangen, bedurfte es entweder eines genügend hervorragenden Verdienstes, das durch die Intrigen zum Erlangen der Stimmen zur Genüge unterstützt wurde – wie das z.B. bei Johann Sobieski der Fall war –, oder aber hinreichend großer Schätze, um das Königreich kaufen zu können, das beinahe immer versteigert wurde.

Der damalige Abbé und spätere Kardinal von Polignac besaß das Geschick, die Wähler zugunsten jenes Prinzen von Conti zu stimmen, der durch seine Heldentaten bei Steinkirchen und Neerwinden bekannt war. Der Prinz hatte noch nie ein Heer befehligt und gehörte nicht zum Rat des Königs. Der Herr Herzog besaß ebenso viel Kriegsruhm wie er – Herr von Vendôme besaß sogar noch mehr –, sein Ruf aber verdunkelte damals die Namen der übrigen, weil er mehr als sonst jemand die große Kunst besaß, zu gefallen und sich zur Geltung zu bringen. Polignac, ein Meister in der Überredungskunst, stimmte zunächst die Wähler zu seinen Gunsten und wog durch seine Beredsamkeit und seine Versprechungen den Einfluss des Geldes auf, das Kurfürst August von Sachsen mit vollen Händen ausstreute. Ludwig Franz, Prinz von Conti, wurde von der stärkeren Partei gewählt und vom Primas des Königreichs zum König erklärt (27. Juni 1697).

Zwei Stunden später wurde von einer weit weniger zahlreichen Partei August zum König gewählt; aber er war ein souveräner und mächtiger Fürst und hatte an den polnischen Grenzen Truppen in Bereitschaft, während der Prinz von Conti abwesend, ohne Geld, ohne Truppen, ohne Macht war und nur seinen Namen und den Kardinal von Polignac für sich hatte. Ludwig XIV. musste ihm nun entweder die Annahme der angebotenen Krone untersagen oder aber ihn hinlänglich unterstützen, damit er seinem Rivalen den Rang ablaufen konnte. Man warf dem französischen Ministerium vor, dass es zu viel getan hätte, indem es den

Prinzen von Conti nach Polen abschickte, und zu wenig, da es ihm nur ein schwaches Geschwader und einige Wechselbriefe mitgab, mit denen er auf der Reede von Danzig ankam. Allem Anschein nach verfuhr man mit jener schwächlichen Politik, die eine Sache in Angriff nimmt, um sie wieder aufzugeben. Der Prinz von Conti wurde in Danzig nicht einmal aufgenommen, und seine Wechselbriefe wurden zurückgewiesen; die Intrigen des Papstes und des Kaisers sowie das Geld und die Truppen Sachsens sicherten bereits seinem Rivalen die Krone. Er kam mit dem bloßen Ruhm zurück, dass er gewählt worden war, und Frankreich erlebte die Demütigung, zu sehen, dass es nicht stark genug war, um einen König von Polen einzusetzen.

Dieses Missgeschick des Prinzen von Conti störte den Frieden des Nordens unter den Christen nicht. Bald danach kam auch das südliche Europa durch den Frieden von Rijswijk zur Ruhe; es blieb nur noch der Krieg, den die Türken gegen Deutschland, Russland, Polen und Venedig führten. Trotz ihrer schlechten Leitung und ihrer Zwietracht behaupteten die Christen in diesem Krieg die Oberhand. Die Schlacht bei Zenta (1697), in der Prinz Eugen den Sultan persönlich schlug und die durch den Tod eines Großwesirs sowie von siebzehn Paschas und mehr als zwanzigtausend Türken berühmt ist, dämpfte den ottomanischen Stolz und führte zum Frieden von Karlowitz, in dem sich die Türken zu Zugeständnissen entschließen mussten. Die Venezianer erhielten Morea, die Russen Asow, die Polen Podolien, der Kaiser Siebenbürgen und Ungarn (1699). Die Christenheit war jetzt ruhig und glücklich: man hörte weder von einem Krieg in Asien noch in Afrika; die ganze Erde war während der beiden letzten Jahre des Jahrhunderts in Frieden. Leider war diese Epoche von zu kurzer Dauer.

Bald begann das Unglück der Staatskörper von neuem. Vom Jahre 1700 an wurde der Norden durch die beiden eigentümlichsten Männer beunruhigt, die auf Erden waren: durch den Zaren Peter Alexiowitsch von Russland und den jungen König Karl XII. von Schweden. Der seinem Jahrhundert wie seiner Nation überlegene Zar Peter ist der Reformator oder vielmehr der Gründer des russischen Reichs geworden. Der mutvollere, aber für seine Untertanen weniger ersprießliche Karl XII., der mehr zum Gebieter von Soldaten als von Bürgern geschaffen war, wurde der erste Kriegsheld seiner Zeit, starb aber mit dem Ruf eines unbesonnenen Fürsten. Die Verheerung des Nordens durch einen achtzehnjährigen Krieg verdankte ihren Ursprung der ehrgeizigen Politik des Zaren und der Könige von Dänemark und von Polen, die das

PHILIPP III.

- *Anna Maria*, die ältere Schwester, 1615 vermählt mit Ludwig XIII.
  - *Ludwig XIV.* heiratet 1660 *Maria Theresia*, die ältere Tochter Philipps IV.
    - *Monseigneur*
      - *Herzog von Burgund*
      - *Herzog von Anjou* König von Spanien
      - *Herzog von Berri*
- *Philipp IV.*
  - *Karl II.*
- *Maria Anna*, die jüngere Schwester, 1631vermählt mit Ferdinand III.
  - *Leopold I.* heiratet 1666 *Margareta Theresia*, die jüngere Tochter Philipps IV.
    - *Marie Antoinette Josepha*, vermählt mit dem Kurfürsten Maximilian Emanuel von Bayern
      - *Joseph Ferdinand Leopold von Bayern* im Alter von 4 Jahren zum Erben der gesamten spanischen Monarchie ernannt

jugendliche Alter Karls XII. benützen wollten, um ihm einen Teil seiner Staaten zu entreißen – der sechzehnjährige Karl besiegte jedoch alle drei (1700). Er wurde der Schrecken des Nordens und galt in einem Alter, wo andere Menschen ihre Erziehung noch nicht beendet zu haben pflegen, bereits als großer Mann. Neun Jahre lang war er der furchtbarste und neun weitere Jahre der unglücklichste König der Welt.

Die Wirren im Süden Europas hatten einen anderen Ursprung: Es handelte sich um den Erwerb des Nachlasses des Königs von Spanien, dessen Tod nahte. Die Mächte, die schon im Geist diese ungeheure Erbschaft verzehrten, taten genau dasselbe, was man häufig während der Krankheit eines kinderlosen reichen Greises von Privatpersonen sieht: Seine Frau, seine Verwandten, die Priester und die zur Aufnahme der Testamente verordneten Beamten umdrängen ihn auf allen Seiten, um ihm ein Wort zu ihren Gunsten zu entreißen; Einzelne Erben verständigen sich über die Teilung des Nachlasses, andere rüsten sich zum Streit darum.

Ludwig XIV. und Kaiser Leopold waren beide im selben Grad mit Karl II. verwandt: beide stammten durch ihre Mütter von Philipp III. ab; doch war Ludwig der Sohn der älteren Schwester. Der Dauphin hatte einen noch größeren Vorteil vor den Kindern des Kaisers: Er war nämlich ein Enkel Philipps IV., von dem die Kinder Leopolds nicht abstammten. Alle Rechte der Natur waren also beim Haus Frankreich; ein Blick auf die nachstehende Tafel wird genügen.

Das Kaiserhaus aber gründete seine Ansprüche erstens auf die authentischen, sowohl von Ludwig XIII. wie von Ludwig XIV. bestätigten Verzichtserklärungen auf die Krone von Spanien; sodann auf den Namen Österreich; drittens auf das Blut Maximilians, von dem sowohl Leopold wie Karl II. abstammten; viertens auf die beinahe ununterbrochene Vereinigung der beiden Zweige des Hauses Österreich und den beinahe noch ununterbrocheneren Hass dieser beiden Zweige gegen das Haus Bourbon; fünftens auf die Abneigung, die die spanische Nation damals gegen die französische empfand, und schließlich auf die mannigfachen Mittel einer Politik, die damals die Leitung des spanischen Staatsrats in Händen hatte. Nichts schien damals natürlicher als die dauernde Erhaltung des spanischen Throns beim Haus Österreich; vor dem Frieden von Rijswijk war ganz Europa darauf gefasst. Die Schwäche Karls II. hatte jedoch schon seit dem Jahre 1696 diese Erbfolgeordnung geändert, und der österreichische Name war bereits im Geheimen geopfert worden.

Der König von Spanien hatte einen Großneffen, einen Sohn des Kurfürsten Maximilian Emanuel von Bayern. Die noch lebende Mutter des Königs war die Urgroßmutter dieses jungen Prinzen von Bayern, der damals erst vier Jahre zählte, und obgleich sie selbst als Tochter Ferdinands III. dem Haus Österreich angehörte, bewog sie ihren Sohn, das kaiserliche Haus zu enterben. Sie hegte einen Groll gegen den Wiener Hof und warf nun ihr Augenmerk auf den eben der Wiege entwachsenen bayerischen Prinzen, um ihn zum Beherrscher der spanischen Monarchie und der Neuen Welt zu bestimmen; Karl II., der völlig von ihr beherrscht wurde[37], machte demgemäß im Jahre 1696 ein geheimes Testament zugunsten des Kurprinzen von Bayern. Nachdem Karl inzwischen seine Mutter verloren hatte, wurde er von seiner Gemahlin, Maria Anna von Bayern-Neuburg, beherrscht. Diese bayerische Prinzessin und Schwägerin Kaiser Leopolds war ebenso dem Haus Österreich ergeben, wie die Königinmutter, eine Österreicherin, dem Haus Bayern ergeben gewesen war.

Auf solche Weise wurde bei dieser Angelegenheit, bei der es sich um die größte Monarchie der Welt handelte, ständig der natürliche Lauf der Dinge verkehrt. Maria Anna von Bayern ließ das Testament, das den jungen bayerischen Prinzen zur Erbfolge berief, durch ihren Gatten vernichten, und der König versprach ihr, nur einen Sohn Kaiser Leopolds zu seinem Erben einzusetzen und das Haus Österreich nicht zugrunde zu richten.

So standen die Sachen zur Zeit des Rijswijker Friedens. Die Häuser Frankreich und Österreich fürchteten und beobachteten einander und hatten Europa zu fürchten; die damals mächtigen Staaten England und Holland, in deren Interesse es lag, zwischen den Souveränen das Gleichgewicht zu halten, wollten nicht dulden, dass ein und derselbe Kopf die Krone von Spanien zugleich mit der des Reichs oder der von Frankreich trüge.

Das Seltsamste war, dass auch König Peter II. von Portugal mit Ansprüchen auf den spanischen Thron auftrat. Das war unsinnig: Er konnte sein Recht nur aus dem 15. Jahrhundert von einem Johann I., einem natürlichen Sohn Peters des Rächers, herleiten; dessen ungeachtet aber wurde dieses schimärische Anrecht vom Grafen von Oropeza aus dem Haus Braganza unterstützt. Der Graf war Mitglied des Geheimen Rats; er wagte von jenem Anrecht zu reden, fiel in Ungnade und wurde des Landes verwiesen.

Ludwig XIV. konnte nicht zugeben, dass ein Sohn des Kaisers die Erbschaft erhielt – er konnte sie aber auch nicht für sein Haus fordern.

37 Siehe die „Denkwürdigkeiten des Marquis de Torcy“, Bd. I, S. 15.

Man weiß nicht mit Bestimmtheit, wer zuerst auf den Einfall geriet, schon zu Lebzeiten Karls II. eine verfrühte und unerhörte Teilung der spanischen Monarchie vorzunehmen; aller Wahrscheinlichkeit nach war es der Minister Torcy, denn dieser war es, der dem Grafen von Portland-Bentinck, dem Gesandten Wilhelms III. bei Ludwig XIV., diesen Plan eröffnete.[38]

1696. – König Wilhelm ging lebhaft auf das neue Projekt ein und verfügte im Haag mit dem Grafen von Tallard im Voraus über die spanische Verlassenschaft. Dem jungen Prinzen von Bayern gab man Spanien und Westindien, ohne zu wissen, dass Karl II. ihm bereits früher das Ganze vermacht hatte. Der Dauphin, der Sohn Ludwigs XIV., sollte Neapel, Sizilien und die Provinz Guipuzcoa nebst einigen Städten erhalten. Dem Erzherzog Karl, dem zweiten Sohn des Kaisers Leopold, ließ man nur Mailand, dem Erzherzog Josef aber, dem ältesten Sohn des Kaisers und Erben des Reichs, gar nichts.

Nachdem auf solche Weise das Schicksal eines Teils von Europa und der Hälfte von Amerika geregelt war, versprach Ludwig in diesem Teilungsvertrag, auf die ganze Erbfolge in Spanien zu verzichten, und der Dauphin versprach und unterzeichnete dasselbe. Frankreich glaubte Länder zu gewinnen, England und Holland glaubten die Ruhe eines Teils von Europa zu sichern – ihre Politik war erfolglos. Der sterbende König war entrüstet, als er erfuhr, dass man seine Monarchie zu seinen Lebzeiten zerstückelte. Man erwartete, dass er auf jene Nachricht hin Kaiser Leopold oder einen von dessen Söhnen zu seinem Nachfolger erklären, dass er den Kaiser auf diese Weise für sein Fernbleiben von jener Teilung belohnen und dass die Größe und das Interesse des Hauses Österreich ihm ein Testament diktieren würden. In der Tat machte er ein Testament; zum zweiten Mal aber setzte er den erwähnten Prinzen von Bayern zum alleinigen Erben aller seiner Länder ein (November 1698). Die spanische Nation, die nichts mehr fürchtete als eine Zerstückelung der Monarchie, jubelte dieser Verfügung zu – schien doch der Friede deren Frucht sein zu müssen. Aber auch diese Hoffnung war eitel wie jener Teilungsvertrag: Der zum König bestimmte Prinz von Bayern starb in Brüssel.[39]

---

38 Der Verfasser des „Zeitalters Ludwigs XIV." hatte die meisten von diesen damals ebenso neuen wie interessanten Einzelheiten lange vor dem Erscheinen der „Denkwürdigkeiten des Marquis von Torcy" geschrieben, und diese Denkwürdigkeiten haben schließlich die Wahrheit aller in dieser Geschichte enthaltenen Angaben bestätigt.

39 Die gehässigen Gerüchte, die über den Tod des Kurprinzen von Bayern umgingen, werden heute nur noch von zweifelhaften, unbekannten, schamlosen und unwissenden Schriftstellern wiederholt, die für die Buchhändler arbeiten und sich für Politiker

Man legte diesen schnellen Tod ungerechterweise dem Haus Österreich zur Last, auf die bloße Wahrscheinlichkeit hin, dass der, dem das Verbrechen nützt, es auch begeht. Nun begannen die Intrigen am Hof von Madrid, in Wien, Versailles, London, Rom und im Haag von neuem.

Ludwig XIV., König Wilhelm und die Generalstaaten verfügten in Gedanken nochmals über die spanische Monarchie (März 1700): sie bestimmten dem Erzherzog Karl, dem zweiten Sohn des Kaisers, den Teil, den sie vorher dem kürzlich verstorbenen Kind zugewiesen hatten. Der Sohn Ludwigs XIV. sollte Neapel und Sizilien sowie all das erhalten, was ihm bereits in der ersten Abmachung bestimmt worden war.

Mailand wies man dem Herzog von Lothringen zu, das so oft von Frankreich eroberte und wieder zurückgegebene Lothringen aber sollte jetzt für immer mit diesem Staat vereinigt werden. Dieser Vertrag, der die Politik aller Fürsten zum Zweck seines Umsturzes oder seiner Durchführung in Bewegung brachte, war ebenso unnütz wie der erste. Wie das beinahe immer geschieht, wurde Europa abermals in seiner Erwartung getäuscht.

Der Kaiser, dem man den Vertrag zur Unterzeichnung unterbreitete, wollte nichts davon wissen, weil er die ganze Erbschaft zu erhalten hoffte; der König von Frankreich, der eifrig dessen Unterzeichnung betrieben hatte, wartete mit Unsicherheit auf den Ausgang. Als diese neue Beleidigung am Madrider Hof bekannt wurde, glaubte der König seinem Schmerz erliegen zu müssen, die Königin aber, seine Frau, verfiel in einen so heftigen Zorn, dass sie die Möbel in ihren Gemächern, besonders aber die aus Frankreich bezogenen Spiegel und Zierrate zerschlug – die Leidenschaften sind eben bei allen Ständen dieselben. Diese imaginären Teilungen, diese Intrigen, diese Zänkereien, das alles war ein rein persönliches Interesse. Die spanische Nation wurde für nichts geachtet: man zog sie nicht zu Rate, man fragte sie nicht, welchen König sie haben wollte. Man brachte die Einberufung der Cortes (Landstände) in Vorschlag, aber Karl erbebte schon bei diesem bloßen Namen.

Nunmehr wollte der unglückliche Fürst, der in der Blüte seiner Jahre den Tod nahen sah, seine sämtlichen Staaten dem Erzherzog Karl, dem Neffen seiner Frau und zweiten Sohn Kaiser Leopolds, vermachen.

---

ausgeben. In den angeblichen ›Denkwürdigkeiten der Frau von Maintenon‹ liest man (Bd. V, S. 6) die Worte: »Der Wiener Hof, der jederzeit von den Grundsätzen Machiavellis angesteckt war, steht in dem Verdacht, dass er die Fehler seiner Minister durch seine Giftmischer wiedergutmache.« Diesem Satz nach scheint es, als hielte der Wiener Hof jederzeit Giftmischer in Amt und Würden, gerade wie man Türhüter und Trabanten hält. Es ist eine Pflicht, dergleichen unziemliche Ausdrücke hervorzuheben und so verleumderische Darstellungen zu bekämpfen.

Dem älteren Sohn wagte er sie nicht zu hinterlassen, so sehr beherrschte das System des europäischen Gleichgewichts alle Geister und so sehr war er überzeugt, dass die Befürchtung, Spanien, Mexiko, Peru, die großen Ansiedlungen in Indien, das Reich, Ungarn und die Lombardei in ein und denselben Händen zu sehen, das ganze übrige Europa unter die Waffen bringen würde. Er verlangte, der Kaiser solle jenen zweiten Sohn Karl an der Spitze von zehntausend Mann nach Madrid schicken. Aber weder Frankreich noch England, noch Holland, noch Italien würden das damals geduldet haben – alle wollten die Teilung. Der Kaiser wollte seinen Sohn aber nicht auf Gnade und Ungnade dem spanischen Rat zusenden und konnte doch nicht zehntausend Mann nach Spanien schicken; er wollte bloß Truppen nach Italien marschieren lassen, um sich diesen Teil der Staaten der österreichisch-spanischen Monarchie zu sichern.

So geschah nun wegen der allerwichtigsten Angelegenheit zwischen zwei großen Königen das, was täglich wegen kleiner Interessen zwischen Privatleuten geschieht: Man stritt, und man erhitzte sich. Der deutsche Hochmut verletzte den spanischen Stolz. Die Gräfin von Perlipz, die die Gemahlin des sterbenden Königs beherrschte, entfremdete die Geister, die sie hätte gewinnen sollen, und das Wiener Kabinett stieß diese durch sein hochmütiges Verhalten noch mehr zurück.

Der junge Erzherzog, der später als Karl VI. den Kaiserthron bestieg, belegte die Spanier stets mit einem Schimpfnamen; nun lernte er, wie sehr die Fürsten ihre Worte auf die Waagschale legen müssen. Der mit den Deutschen unzufriedene Gesandte Spaniens in Wien, ein Bischof von Lerida, fing jene Reden auf, verschärfte sie in seinen Berichten noch und schrieb selbst über das Wiener Kabinett noch weit ärgere Dinge, als der Erzherzog von den Spaniern gesagt hatte. »Die Minister Leopolds«, schrieb er, »haben eine Gesinnung, die den kleinen, harten und gewundenen Hörnern der Ziegen meiner Heimat gleicht.« Dieser Brief wurde bekannt. Der Bischof von Lerida wurde abberufen und steigerte durch seine Rückkehr nach Madrid nur noch die Abneigung der Spanier gegen die Deutschen.

So sehr die österreichische Partei den Hof von Madrid verletzte, so sehr wusste der französische Gesandte, der damalige Marquis, spätere Graf von Harcourt, durch seinen großartigen Prunk, seine Geschicklichkeit und die große Kunst zu gefallen, alle Gemüter zu gewinnen. Er wurde zunächst vom Hof sehr schlecht empfangen, ertrug aber alle Unannehmlichkeiten, ohne sich zu beklagen: Drei ganze Monate verflossen, ohne dass er eine Audienz erlangen konnte.[40] Er nützte diese Zeit, um die Geister günstig zu stimmen. Er war es, der zuerst jene Antipathie, die das spanische Volk seit Ferdinand dem Katholischen gegen das französische hegte, in Wohlwollen verwandelte, und seine Umsicht bereitete der Zeit den Weg, wo Frankreich und Spanien die alten Bande wieder anknüpften, durch die sie vor jenem Ferdinand »von Krone zu Krone, von Volk zu Volk, von Mensch zu Mensch« verknüpft gewesen waren. Er brachte den spanischen Hof dazu, das Haus Frankreich zu lieben, die spanischen Minister, nicht mehr vor den Verzichterklärungen Maria Theresias und Annas von Österreich zu erschrecken, und Karl II. selbst, zwischen seinem eigenen und dem Haus Bourbon zu schwanken. So wurde er das erste Triebrad der großartigsten Umwälzung in der Regierung und in den Gemütern – doch diese Veränderung lag noch in weiter Ferne.

Der Kaiser bat und drohte. Der König von Frankreich brachte seine Rechte vor, wagte aber niemals, für einen seiner Enkel die ganze Erbschaft zu fordern – er bemühte sich nur, dem Kranken zu schmeicheln. Die Mauren belagerten Ceuta: Sogleich bot der Marquis von Harcourt dem König Schiffe und Truppen an. Karl wurde sichtlich von diesem Anerbieten gerührt, seine Frau jedoch erschrak: sie befürchtete, ihr Gatte könnte zu erkenntlich sein, und wies die Hilfe trocken zurück.

Noch immer wusste man im Rat in Madrid nicht, welchen Entschluss man fassen sollte, und ungewisser denn je schritt Karl II. dem Grab zu. Der Kaiser rief grollend seinen Gesandten, den Grafen von Harrach, ab, sandte ihn aber bald darauf von neuem nach Madrid zurück, und die Hoffnungen für das Haus Österreich begannen wieder zu steigen. Der König von Spanien schrieb dem Kaiser, er würde den Erzherzog zu seinem Nachfolger wählen. Nun ging aber seinerseits der König von Frankreich zur Drohung über, zog an der spanischen Grenze ein Heer zusammen, und der Marquis von Harcourt wurde von seinem Gesandtschaftsposten abberufen, um dieses Heer zu befehligen. In Madrid blieb, wie der Marquis de Torcy angibt, nur ein Infanterieoffizier zurück, der als

40 Reboulet gibt an, dass der Gesandte von vornherein prächtig empfangen wurde, und macht eine große Lobeserhebung von seiner Livree, seiner schönen, vergoldeten Kutsche und von dem durchaus liebenswürdigen Empfang seitens Seiner Majestät. Der Marquis aber gesteht in seinen Berichten, dass ihm keinerlei Höflichkeitsbezeigungen gemacht wurden und dass er den König nur auf einen Moment in einem düsteren, nur von zwei Wachskerzen erhellten Zimmer zu sehen bekam, aus Furcht, er könnte erkennen, dass der unglückliche Fürst im Sterben läge. Endlich zeigen nun die ›Denkwürdigkeiten des Marquis Torcy‹, dass an allem, was Reboulet, Limiers und die übrigen Geschichtsschreiber über diese wichtige Angelegenheit vorgebracht haben, kein wahres Wort ist.

Gesandtschaftssekretär gedient hatte und nun mit der Leitung der Angelegenheiten betraut wurde. So wankte der sterbende König – abwechselnd bedroht von denen, die Anspruch auf seinen Nachlass erhoben – mit dem Bewusstsein, dass der Tag seines Todes der Tag des Krieges sein und dass seine Länder auseinandergerissen werden würden, trostlos und unentschieden, von Sorgen umringt, seinem Ende entgegen.

Der Erzbischof von Toledo, Kardinal Portocarrero, der Graf von Monterey und andere spanische Granden versuchten in dieser heftigen Krisis ihr Vaterland zu retten: Sie verbanden sich, um der Zerstückelung der Monarchie vorzubeugen. Ihr Hass gegen das deutsche Regiment schärfte die Staatsräson in ihren Geistern und diente dem französischen Hof, ohne dass dieser davon wusste. Sie überredeten Karl II., einen Enkel Ludwigs XIV. einem Prinzen vorzuziehen, der in weiter Ferne weile und außerstande sei, sie zu verteidigen. Dadurch wurden die feierlichen Verzichterklärungen der Gemahlin und der Mutter Ludwigs XIV. auf die spanische Krone keineswegs umgestoßen, da sie nur zu dem Zweck gegeben worden waren, die Erstgeborenen unter ihren Nachkommen an einer Vereinigung beider Königreiche unter ihrer Herrschaft zu hindern, man aber keinen Erstgeborenen wählte – auf diesem Weg wurde vielmehr gleichzeitig den Rechten der Blutsverwandtschaft Genüge getan und die spanische Monarchie ungeteilt erhalten. Der unsichere König ließ Theologen zu Rate ziehen, die der Ansicht seines Rates beipflichteten. Dann schrieb er, so krank er war, eigenhändig an Papst Innozenz XII. und legte ihm die gleiche Frage vor. Der Papst, der in der Schwächung des Hauses Österreich die Freiheit Italiens zu erblicken meinte, schrieb dem König zurück, »die Gesetze Spaniens und das Wohl der Christenheit« erforderten von ihm, dass er »dem Haus Frankreich den Vorzug« gebe. Der Brief des Papstes war vom 16. Juli 1700 datiert. Innozenz XII. behandelte diesen Gewissensfall eines Königs wie eine Staatsangelegenheit, während der König von Spanien aus dieser wichtigen Staatsangelegenheit einen Gewissensfall machte.

Ludwig XIV. wurde durch den Kardinal Janson, der damals in Rom seinen Wohnsitz hatte, von der Entscheidung des Papstes in Kenntnis gesetzt: das war der ganze Anteil, den das Versailler Kabinett an diesem Ereignis hatte.

Sechs Monate waren verflossen, seit man keinen Gesandten mehr in Madrid hatte; das war vielleicht ein Fehler, vielleicht aber war es gerade dieser Fehler, der dem Haus Frankreich die spanische Monarchie verschaffte. Der König von Spanien machte sein drittes Testament (2.

Oktober 1700), das man lange Zeit für das einzige gehalten hat, und vermachte seine sämtlichen Länder dem Herzog von Anjou.[41] Man nützte einen Augenblick, in dem seine Frau nicht bei ihm war, um ihn seine Unterschrift vollziehen zu lassen – das war der Abschluss der ganzen Intrige.

Europa war der Meinung, das Testament Karls II. sei in Versailles diktiert worden; der sterbende König hatte jedoch nur den Vorteil seines Reichs, die Wünsche seiner Untertanen und selbst deren Befürchtungen in Betracht gezogen – denn der König von Frankreich ließ Truppen an die Grenze rücken, um sich einen Teil der Erbschaft zu sichern, während der mit dem Tod ringende König den Entschluss fasste, ihm alles zu geben. Es ist unantastbar wahr, dass der Ruf Ludwigs XIV. und die Vorstellung von seiner Macht die einzigen Unterhändler waren, die jene Umwälzung zustande brachten.

Nachdem er den Sturz seines eigenen Hauses und die Größe des Hauses Bourbon durch seine Unterschrift besiegelt hatte, siechte Karl von Österreich noch einen Monat lang dahin und beschloss endlich im Alter von neununddreißig Jahren das ruhmlose Dasein, das er auf dem Thron geführt hatte (1. November 1700). Vielleicht ist hier zur Kennzeichnung des menschlichen Geistes die Bemerkung nicht überflüssig, dass dieser Monarch einige Monate vor seinem Tod im Escorial die Gräber seines Vaters, seiner Mutter und seiner ersten Frau, Marie Louise von Orléans – deren Vergiftung er, wie man argwöhnte, zugegeben haben sollte[42] –, öffnen ließ und die von den Leichen noch vorhandenen Reste küsste – sei es, dass er darin dem Beispiel einiger früherer Könige von Spanien folgte oder dass er sich an die Schrecken des Todes gewöhnen wollte oder endlich, dass ein heimlicher Aberglaube ihm die Hoffnung eingab, die Öffnung jener Gräber würde die Stunde hinausschieben, wo er selbst in die Gruft gesenkt werden sollte.

Karl II. war von Geburt an ebenso geistig wie körperlich schwach, und diese Schwäche hatte sich auf seine Staaten übertragen; es ist eben das Los der Monarchien, dass ihr Schicksal vom Charakter eines einzigen Menschen abhängt. Die Unwissenheit, in der man ihn erzogen hatte, war so groß, dass er, als die Franzosen Mons belagerten, in allem Ernst

---

41 Einige Denkwürdigkeiten behaupten, Kardinal Portocarrero habe dem sterbenden König die Unterzeichnung des Testaments abgenötigt; sie lassen den Kardinal eine lange Rede halten, um den Monarchen zu diesem Schritt geneigt zu machen – wie man sieht, war jedoch alles schon seit dem Monat Juli vorbereitet und geregelt. Wer könnte übrigens wissen, was der Kardinal dem König unter vier Augen sagte?

42 Siehe die „Anekdoten", Kapitel 26.

glaubte, diese Stadt gehöre dem König von England. Er wusste weder, wo Flandern lag, noch was ihm in Flandern gehörte.[43] Dieser König hinterließ dem Herzog von Anjou, dem Enkel Ludwigs XIV., seine gesamten Staaten, ohne das zu kennen, was er ihm hinterließ.

Sein Testament wurde so geheim gehalten, dass der Gesandte des Kaisers, Graf von Harrach, sich immer noch mit dem Gedanken schmeichelte, dass der Erzherzog zum Nachfolger eingesetzt sei. Er wartete lange Zeit auf den Schluss der großen Kabinettssitzung, die unmittelbar nach dem Ableben des Königs abgehalten wurde – endlich kam der Herzog von Abrantes mit ausgebreiteten Armen auf ihn zu. Der Graf zweifelte in diesem Augenblick nicht mehr, dass der Erzherzog König wäre; der Herzog aber sagte ihm, indem er ihn umarmte: »Vengo a despedirme de la casa de Austria.« (Ich komme, um vom Haus Österreich Abschied zu nehmen.)

Auf solche Weise erhielt das Haus Bourbon nach zweihundertjährigen Kriegen und Verhandlungen um einige Grenzstriche der spanischen Länder durch einen Federzug die ganze Monarchie – ohne Vertrag, ohne Intrigen und sogar, ohne dass es auf diese Erbschaft gehofft hatte. Wir hielten uns für verpflichtet, hier die einfache Wahrheit über eine Tatsache darzulegen, die durch so viele Minister und Geschichtsschreiber, die sich durch ihre Vorurteile und durch den Schein, der beinahe immer trügt, verführen ließen, in Dunkel gehüllt worden ist. Alles, was man in zahllosen Bänden als Wahrheit ausposaunt hat – die Verteilung von Geldsummen durch den Marschall von Harcourt und die Bestechung der spanischen Minister, damit sie jenes Testament unterzeichnen ließen –, gehört zur Klasse der politischen Märchen und der volkstümlichen Irrtümer. Indem er den Enkel eines Königs, der so lange sein Feind gewesen war, zu seinem Erben wählte, dachte der König von Spanien stets an die Folgen, die die Vorstellung von einem allgemeinen Gleichgewicht herbeiführen musste. Der Herzog von Anjou, der Enkel Ludwigs XIV., wurde nur deshalb zur Erbfolge in Spanien berufen, weil er nicht auf die Erbfolge in Frankreich hoffen konnte, und dasselbe Testament, das in Ermangelung jüngerer Sprossen aus dem Haus Ludwigs XIV. den Erzherzog Karl – der später als Karl VI. Kaiser wurde – auf den Thron berief, bestimmte ausdrücklich, dass nie das Deutsche Reich und Spanien unter ein und demselben Herrscher vereinigt werden sollten.

Ludwig XIV. konnte jetzt am Teilungsvertrag festhalten, der ein Gewinn für Frankreich war, oder er konnte das Testament annehmen, das

43 Siehe die „Denkwürdigkeiten des Marquis von Torcy“, Bd. I, S. 13.

ein Vorteil für sein Haus war. Es steht fest, dass dieser Gegenstand in einer außerordentlichen Kabinettssitzung in Erwägung gezogen wurde: Der Kanzler Pontchartrain und der Herzog von Beauvilliers waren der Meinung, man solle sich an den Vertrag halten; sie sahen die Gefahren eines neuen Krieges, der geführt werden musste. Ludwig erkannte diese Gefahren ebenfalls, aber er war gewohnt, sie nicht zu fürchten – er nahm das Testament an (11. November 1700). Als er beim Verlassen des Ratszimmers den Prinzessinnen von Conti und der Frau Herzog begegnete, fragte er lächelnd: »Nun, welchen Entschluss werden Sie denn fassen?« Dann aber fügte er, ohne ihre Antwort abzuwarten, hinzu: »Welchen Entschluss ich auch fasse, so bin ich doch sicher, dass man mich tadeln wird.«[44]

Die Handlungen der Könige finden, sosehr man ihnen auch schmeicheln mag, so viele Kritiker, dass selbst der König von England in seinem Parlament mit Vorwürfen überhäuft und seine Minister verfolgt wurden, weil sie den Teilungsvertrag zustande gebracht hatten. Die Engländer, die sonst vernünftiger denken als irgendein anderes Volk, bei denen aber bisweilen die Wut des Parteigeistes die Vernunft erstickt, lärmten und protestierten gleichzeitig gegen Wilhelm III., der den Vertrag gemacht hatte, und gegen Ludwig XIV., der ihn brach.

Europa schien anfangs in die Starrheit der Überraschung und der Ohnmacht versunken, als es die spanische Monarchie Frankreich unterworfen sah, dessen Rivalin sie dreihundert Jahre lang gewesen war. Ludwig XIV. schien der glücklichste und mächtigste Monarch auf Erden zu sein: In einem Alter von zweiundsechzig Jahren sah er sich von einer zahlreichen Nachkommenschaft umringt, und einer seiner Enkel sollte unter seiner Leitung Spanien, Amerika, die Hälfte von Italien und die Niederlande regieren. Der Kaiser wagte noch nicht Klage zu führen.

Der zweiundfünfzigjährige König Wilhelm war schwach und gebrechlich geworden und schien kein gefährlicher Feind mehr zu sein: Er musste, um Krieg führen zu können, die Zustimmung seines Parlaments

44 Trotz der Verachtung, mit der in Frankreich die angeblichen ›Denkwürdigkeiten der Frau von Maintenon‹ angesehen werden, fühle ich mich verpflichtet, die Ausländer davon zu unterrichten, dass alles, was darin anlässlich jenes Testaments erzählt wird, falsch ist. Der Autor behauptet, als der spanische Gesandte Ludwig XIV. den Letzten Willen Karls II. überbracht habe, habe der König ihm erwidert: »Ich werde sehen.« Sicherlich gab der König keine so befremdende Antwort, denn wie der Marquis de Torcy mitteilt, erhielt der spanische Gesandte erst nach der Kabinettssitzung, in der das Testament angenommen wurde, bei Ludwig XIV. Audienz. – Der damalige Gesandte Frankreichs in Spanien hieß Blécour und nicht Belcour. Was der König den ›Denkwürdigkeiten der Frau von Maintenon‹ zufolge dem Gesandten Castel dos Rios sagte, ist niemals woanders als eben in diesem Roman gesagt worden.

haben, und Ludwig hatte Geld nach England gehen lassen, mit dessen Hilfe er über mehrere Stimmen in jenem Parlament verfügen zu können hoffte. Da Wilhelm und Holland nicht stark genug waren, um sich gegen ihn zu erklären, schrieben sie an Philipp V. als an den legitimen König von Spanien (Februar 1701). Ferner war Ludwig XIV. des Kurfürsten von Bayern sicher, des Vaters jenes jungen Prinzen, der zum König bestimmt, aber gestorben war. Dieser Kurfürst, der im Namen des verstorbenen Königs Karl II. Gouverneur der Niederlande war, sicherte einerseits Philipp V. den Besitz von Flandern und öffnete andererseits in seinem Kurfürstentum für den Fall eines Krieges mit dem Kaiser den französischen Heeren den Weg nach Wien. Der Kurfürst von Köln, ein Bruder des Kurfürsten von Bayern, war ebenso eng mit Frankreich verbunden wie jener, und diese beiden Fürsten schienen Recht zu haben, denn die Partei des Hauses Bourbon war damals die unvergleichlich stärkere. Der Herzog von Savoyen, der bereits Schwiegervater des Herzogs von Burgund war, sollte auch noch Schwiegervater des Königs von Spanien werden und das Kommando über die französischen Heere in Italien erhalten, und man erwartete nicht, dass der Vater der Herzogin von Burgund und der Königin von Spanien je seine beiden Schwiegersöhne bekriegen würde. Der Herzog von Mantua, der bereits durch seinen Minister an Frankreich verkauft worden war, verkaufte sich jetzt selbst und nahm eine französische Besatzung in Mantua auf; der Mailänder erkannte den Enkel Ludwigs XIV. ohne Zögern an. Sogar Portugal, Spaniens natürlicher Feind, vereinigte sich jetzt mit diesem – kurzum, von Gibraltar bis Antwerpen und von der Donau bis Neapel schien alles den Bourbonen zu gehören.

Der König war so stolz auf sein Glück, dass er, als er mit dem Herzog von La Rochefoucauld über die Vorschläge sprach, die der Kaiser ihm damals machte, sich der Ausdrücke bediente: »Sie werden sie noch unverschämter finden, als ich Ihnen bereits gesagt habe.«[45]

September 1701. – Bis zum Grab der unversöhnliche Gegner der Größe Ludwigs XIV., versprach Wilhelm III. dem Kaiser, England und Holland für ihn zu bewaffnen. Auch Dänemark zog er in sein Interesse und unterzeichnete endlich im Haag das bereits angesponnene Bündnis gegen Frankreich. Der König wunderte sich wenig darüber, sondern schien im Vertrauen auf die Spaltungen, die sein Geld im englischen Parlament hervorrufen sollte, und noch mehr auf die vereinten Kräfte Frankreichs und Spaniens, seine Feinde zu verachten.

45 So berichten wenigstens die handschriftlichen „Denkwürdigkeiten des Marquis de Dangeau“; sie sind bisweilen unzuverlässig.

Um diese Zeit starb Jakob II. in Saint-Germain (16. September 1701). Ludwig konnte sehr wohl das gutheißen, was schicklich und politisch zu sein schien, wenn er sich – nachdem er im Vertrag von Rijswijk Wilhelm III. anerkannt hatte – jetzt nicht beeilte, den Prinzen von Wales als König von England, Schottland und Irland anzuerkennen. Ein reines Gefühl der Großmut bewog ihn anfangs, dem Sohn König Jakobs den Trost einer Ehre und eines Titels zu gewähren, den sein unglücklicher Vater bis zu seinem Tod geführt hatte und dessen jener Vertrag ihn nicht beraubte. Alle Stimmen des Rats waren der entgegengesetzten Ansicht; besonders der Herzog von Beauvilliers legte mit eindringlicher Beredsamkeit die Plagen des Krieges dar, den diese gefährliche Großmut zur Folge haben musste. Er war Hofmeister des Herzogs von Burgund und dachte in allem wie der Erzieher dieses Prinzen, der berühmte Erzbischof von Cambrai, der durch seine menschenfreundlichen Regierungsmaximen und durch den Vorzug bekannt ist, den er den Interessen der Völker vor der Größe der Könige einräumte. Der Marquis de Torcy unterstützte das, was der Herzog von Beauvilliers als Bürger gesagt hatte, durch politische Prinzipien: Er legte dar, dass es nicht angebracht sei, die englische Nation durch einen voreiligen Schritt aufzubringen. Ludwig schenkte der einstimmigen Meinung seines Kabinetts Gehör, und es wurde beschlossen, den Sohn Jakobs II. nicht als König anzuerkennen.

Noch am selben Tag sprach jedoch Maria von Modena, die Witwe Jakobs, mit Ludwig XIV. in den Gemächern der Frau von Maintenon. Sie beschwor ihn unter Tränen, nicht ihr, ihrem Sohn und dem Gedächtnis eines Königs, den er beschützt habe, die Schmach anzutun und ihnen einen einfachen Titel zu versagen – das einzige Überbleibsel von soviel Größe –; man habe ihrem Sohn stets die Ehren eines Prinzen von Wales erwiesen, man müsse ihn also auch nach dem Tod seines Vaters als König behandeln; Wilhelm III. könne sich durchaus nicht darüber beschweren, da man ihn die Frucht seiner Thronräuberei genießen lasse. Diese Gründe unterstützte sie noch durch den Hinweis auf den Vorteil für den Ruhm Ludwigs XIV.: Ob er den Sohn Jakobs II. anerkenne oder nicht, die Engländer würden doch gegen Frankreich Partei ergreifen, und er würde nur den Schmerz haben, dass er die Empfindungen der Großmut nutzlosen Rücksichten geopfert habe. Diese Vorstellungen und diese Tränen wurden noch von Frau von Maintenon unterstützt. Der König kam auf sein erstes Gefühl zurück; er gedachte seines Ruhms als Stütze der unterdrückten Könige, und schließlich wurde Jakob III. an demselben Tag anerkannt, an dem im Rat beschlossen worden war, dass er nicht anerkannt werden sollte.

Der Marquis de Torcy hat häufig die Wahrheit dieser befremdenden Anekdote anerkannt. Er hat sie nicht in seine handschriftlichen Denkwürdigkeiten aufgenommen, weil er, wie er sagte, der Ansicht war, es gereiche seinem Gebieter nicht zur Ehre, dass zwei Frauen ihn zur Veränderung eines Entschlusses bewogen, der in seinem Rat gefasst worden war. Einige Engländer[46] haben mir gesagt, dass das Parlament ohne diesen Schritt vielleicht nicht zwischen den Häusern Bourbon und Österreich Partei ergriffen hätte, dass ihm jedoch die Anerkennung eines von ihm geächteten Prinzen als König von England als ein der Nation angetaner Schimpf und als ein Despotismus erschien, den man in Europa ausüben wollte. Die Instruktionen, die die Stadt London bei dieser Gelegenheit ihren Vertretern gab, waren äußerst hart:

»Der König von Frankreich«, hieß es darin, »gibt sich einen Vizekönig, indem er einem sogenannten Prinzen von Wales den Titel unseres Landesherrn verleiht. Unsere Lage würde höchst unglücklich sein, wenn wir nach dem Belieben eines Fürsten regiert werden sollten, der das Schwert, das Feuer und die Galeeren zur Vernichtung der Protestanten seines Landes zur Anwendung gebracht hat. Würde er gegen uns mehr Menschlichkeit zeigen als gegen seine eigenen Untertanen?«

Wilhelm sprach sich im Parlament mit demselben Nachdruck aus. Man erklärte den neuen König Jakob des Hochverrats für schuldig; es wurde eine *Attainder-Bill* gegen ihn erlassen – d.h. er wurde wie sein Großvater zum Tod verurteilt–, und kraft dieser Bill setzte man später einen Preis auf seinen Kopf.

Das war das Los dieser vom Schicksal verfolgten Familie, deren Unglück noch nicht erschöpft war. Man muss gestehen, es hieß das, der Großmut des Königs von Frankreich Barbarei entgegensetzen.

Aller Wahrscheinlichkeit nach würde England sich doch stets gegen Ludwig XIV. erklärt haben, selbst wenn er dem Sohn Jakobs den leeren Königstitel verweigert hätte. Die spanische Monarchie in den Händen

46 Unter anderen Lord Bolingbroke, dessen ›Denkwürdigkeiten‹ inzwischen die Angaben des Verfassers des ›Zeitalters Ludwigs XIV.‹ bestätigt haben; man vergleiche seine Briefe, Bd. II, S. 56. Ebenso denkt auch Herr von Torcy in seinen ›Denkwürdigkeiten‹. Er sagt (S. 164 des ersten Bandes der ersten Ausgabe): »Der Entschluss des Königs, den Prinzen von Wales als König von England anzuerkennen, veränderte die Stimmung eines großen Teils der Nation, der die Erhaltung des Friedens gewünscht hatte« usw. Lord Bolingbroke erklärt in seinen Briefen, dass Ludwig XIV. den Prätendenten »auf ungestümes Drängen weiblicher Personen« anerkannte. Man sieht aus diesen Zeugnissen, mit welcher Sorgfalt der Verfasser des ›Zeitalters Ludwigs XIV.‹ die Wahrheit gesucht und mit welcher Aufrichtigkeit er sie ausgesprochen hat.

seines Enkels – das war ein Umstand, der unvermeidlicherweise die Seemächte gegen ihn unter die Waffen bringen zu müssen schien; einige bestochene Parlamentsmitglieder würden dem Strom der Nation keinen Einhalt getan haben. Es ist schwer zu entscheiden, ob Frau von Maintenon nicht richtiger dachte als das ganze Kabinett und ob Ludwig XIV. nicht recht tat, als er der Hochherzigkeit und Empfindsamkeit seines Gemüts freien Spielraum gab. Kaiser Leopold begann den Krieg zunächst in Italien im Frühjahr des Jahres 1701 – Italien war stets das Land, das für die Interessen der deutschen Kaiser am wertvollsten war. Nach Italien konnten die österreichischen Heere am leichtesten vordringen, indem sie durch Tirol und durch das Venezianische zogen, denn Venedig – obwohl es anscheinend neutral blieb, neigte doch mehr zu Österreich als zu Frankreich. Überdies durch Verträge verpflichtet, den deutschen Truppen freien Durchzug zu gewähren, erfüllte es diese Verträge ohne Zaudern und Bedenken.

Um Ludwig XIV. von Deutschland her anzugreifen, wartete der Kaiser, bis das Deutsche Reich zu seinen Gunsten in Bewegung gebracht wäre. Er hatte Einverständnisse und eine Partei in Spanien; diese Einverständnisse konnten aber keine Frucht tragen, wenn nicht einer der Söhne Leopolds in Spanien erschien, und dieser Sohn konnte nur mit Hilfe der englischen und holländischen Flotten dahin gelangen.

König Wilhelm beschleunigte die Rüstungen. Sein Geist, der in einem kraftlosen und beinahe leblosen Körper tätiger war denn je, brachte alles in Bewegung – weniger, um dem Haus Österreich zu dienen, als um Ludwig XIV. zu demütigen. Er sollte sich zu Anfang des Jahres 1702 an die Spitze der Armee begeben – der Tod vereitelte diesen Plan. Ein Sturz vom Pferd zerrüttete seine bereits geschwächten Organe vollends, und ein leichtes Fieber machte seinem Leben ein Ende (16. März 1702). Er starb, ohne darauf zu antworten, was die englischen Priester, die sein Bett umstanden, ihm über ihren Glauben vortrugen, und verriet keine andere Sorge und Unruhe als die, mit der die Angelegenheiten Europas ihn erfüllten.

Er hinterließ den Ruf eines großen Politikers, obwohl er niemals populär gewesen war, und eines zu fürchtenden Heerführers, obwohl er viele Schlachten verloren hatte. Stets maßvoll in seinem Verhalten und nur am Tag einer Schlacht lebhaft und hitzig, regierte er in England nur deshalb in Ruhe und Frieden, weil er dort nicht unumschränkter Herrscher zu sein verlangte.

Wie bekannt, nannte man ihn den Statthalter der Engländer und den König der Holländer. Er verstand alle europäischen Sprachen, sprach aber, da er weit mehr Überlegung als Einbildungskraft besaß, keine einzige auf gefällige Weise. Sein Charakter war in allem das Gegenstück Ludwigs XIV.: ebenso düster, zurückhaltend, streng, trocken und schweigsam, wie Ludwig umgänglich war. Er hasste die Frauen ebenso sehr, wie Ludwig sie liebte.[47] Ludwig führte den Krieg als König, Wilhelm als Soldat.

Er hatte gegen den Großen Condé und gegen Luxemburg gefochten und hatte bei Senef den Sieg zwischen sich und Condé unentschieden gelassen, seine Niederlagen bei Steinkirchen und Neerwinden aber in kurzer Zeit wieder ausgeglichen. Er war ebenso stolz wie Ludwig XIV.; sein Stolz aber war von jener düsteren, melancholischen Art, die mehr abstößt als Achtung einflößt. Während in Frankreich durch den König die schönen Künste blühten, wurden sie in England, wo man nur noch – dem Charakter des Prinzen entsprechend – eine harte, argwöhnische Politik kannte, hintangesetzt und vernachlässigt.

Wer das Verdienst höher schätzt, sein Vaterland verteidigt zu haben, und den Vorteil höher achtet, ohne jedes natürliche Recht darauf, ein Königreich erworben zu haben; sich, ohne geliebt zu werden, auf dem Thron behauptet und Holland, ohne es zu unterjochen, unumschränkt beherrscht zu haben; die Seele und das Haupt von halb Europa gewesen zu sein, das Genie eines Feldherrn und die Tapferkeit eines Soldaten besessen, nie jemanden der Religion wegen verfolgt und allen menschlichen Aberglauben verachtet zu haben und dabei von einfachen und bescheidenen Sitten gewesen zu sein – der wird ohne Zweifel eher Wilhelm den Beinamen »der Große« zuerkennen als Ludwig XIV. Wer jedoch mehr die Genüsse und den Prunk eines glänzenden Hofs, den Pomp und die Pracht, den den Künsten gewährten Schutz, den Eifer für das Staatswohl, die Leidenschaft für den Ruhm und das Talent zum Herrschen bewundert; wer lebhafter ergriffen wird von der Erhabenheit, mit der Minister und Generäle auf einen Befehl ihres Königs hin Frankreich um ganze Provinzen vergrößerten; wer sich mehr darüber wundert, einen Staat allein so vielen Mächten widerstehen gesehen zu haben; wer einen König von Frankreich, der seinem Enkel Spanien zu verschaffen

47 Man lässt Wilhelm sagen: »Der König von Frankreich sollte mich nicht hassen; ich ahme ihn in vielen Dingen nach, fürchte ihn in einigen und bewundere ihn in allen.« Man zitiert dazu die ›Denkwürdigkeiten des Marquis de Dangeau; ich erinnere mich jedoch nicht, diese Worte darin gelesen zu haben – sie stimmen weder mit dem Charakter noch mit der Ausdrucksweise Wilhelms überein. Sie finden sich auch in keiner englischen Schrift über diesen Fürsten, und Wilhelm kann unmöglich gesagt haben, dass er Ludwig XIV. nachahme – er, der in seinen Sitten, seinen Neigungen und seinem Verhalten im Krieg wie im Frieden genau das Gegenteil jenes Monarchen war.

weiß, höher schätzt als einen Schwiegersohn, der seinen Schwiegervater entthront; wer endlich mehr den Beschützer als den Verfolger Jakobs II. bewundert – der wird Ludwig XIV. den Vorzug geben.

Achtzehntes Kapitel

Denkwürdiger Krieg um die Erbfolge in der spanischen Monarchie · Das Verhalten der Minister und der Generäle bis zum Jahre 1703

Auf Wilhelm III. folgte Prinzessin Anna, eine Tochter König Jakobs und der Tochter des zum Kanzler aufgestiegenen Advokaten Hyde[48], eines der großen Männer Englands. Sie war mit dem Prinzen von Dänemark verheiratet, der nur der Erste ihrer Untertanen war. Sobald sie den Thron bestiegen hatte, ging sie auf alle Maßnahmen König Wilhelms ein, obgleich sie vor aller Welt mit ihm uneins gewesen war; jene Maßnahmen entsprachen den Wünschen der Nation. Anderswo zwingt ein König seine Untertanen, blindlings auf seine Wünsche einzugehen; in London dagegen muss ein König auf die seines Volkes eingehen.

Diese Versuche Englands und Hollands, um nach Möglichkeit Erzherzog Karl, den Sohn des Kaisers, auf den spanischen Thron zu setzen oder doch wenigstens den Bourbonen zu widerstehen, verdienen vielleicht die Beachtung aller Zeiten. Holland sollte für sein Teil 102.000 Mann, teils in den Garnisonen, teils im Feld unterhalten; es fehlte viel, dass die spanische Monarchie unter den damaligen Umständen eine gleiche Anzahl Truppen hätte stellen können. Ein von Kaufleuten bewohnter Landstrich, der noch dreißig Jahre früher binnen zwei Monaten beinahe vollständig unterworfen worden war, vermochte jetzt also mehr als die Gebieter von Spanien, Neapel, Flandern, Mexiko und Peru. England versprach außer seiner Flotte 40.000 Mann. Bei allen Bündnissen ist es Regel, dass man schließlich weit weniger leistet, als man versprochen hat – England dagegen stellte schon im zweiten Jahr 50.000 statt der vertragsmäßigen 40.000 Mann, und gegen Ende des Krieges unterhielt es an den Grenzen Frankreichs, in Spanien, Italien, Irland, Amerika und auf seiner Flotte nahezu 200.000 Mann eigener und verbündeter Truppen und Matrosen – eine nahezu unglaubliche Ausgabe, wenn man

48 Bekannter als Staatsmann unter dem Namen Clarendon; er hat eine ›Geschichte des englischen Bürgerkriegs unter Karl I.‹ und verschiedene andere politische Werke hinterlassen.

bedenkt, dass das eigentliche England nur ein Drittel der Größe Frankreichs hat und dass es nur halb so viel an gemünztem Geld besaß; aber eine Ausgabe, die durchaus wahrscheinlich ist in den Augen derer, die da wissen, was Handel und Kredit vermögen. Die Engländer haben stets die größte Last bei diesem Bündnis getragen, die Holländer verringerten die ihre allmählich; denn alles in allem ist das Reich der Generalstaaten nur eine berühmte Handelsgesellschaft, England aber ist ein fruchtbares Land voller Kaufleute und Krieger.

Der Kaiser sollte 90.000 Mann stellen, abgesehen von den Hilfsvölkern des Reichs und der Verbündeten, die er dem Haus Bourbon abspenstig zu machen hoffte. Inzwischen aber herrschte der Enkel Ludwigs XIV. bereits friedlich in Madrid, und Ludwig stand zu Anfang des Jahrhunderts auf dem Gipfel seiner Macht und seiner Größe. Diejenigen jedoch, die das Triebwerk der europäischen Höfe – besonders aber des französischen – kannten, begannen einen Umsturz zu fürchten. Spanien, das unter den letzten Königen vom Stamm Karls V. geschwächt worden war, war in den ersten Tagen der Herrschaft eines Bourbonen noch mehr entkräftet. Das Haus Österreich zählte in mehr als einer Provinz der Monarchie Anhänger, und Katalonien schien bereit, das neue Joch abzuschütteln und sich Erzherzog Karl anzuvertrauen. Portugal musste sich früher oder später auf die Seite des Hauses Österreich stellen, denn es lag offenbar in seinem Interesse, bei den Spaniern, seinen natürlichen Feinden, einen Bürgerkrieg zu nähren, aus dem Lissabon nur Vorteil ziehen konnte. Der Herzog von Savoyen, der eben erst zum Schwiegervater des Königs von Spanien geworden und durch Verträge wie durch die Bande des Blutes mit den Bourbonen verbunden war, schien bereits mit seinen Schwiegersöhnen unzufrieden zu sein: 50.000 Taler monatlich – eine Summe, die später auf 200.000 Franc erhöht wurde – schienen ihm kein hinreichend großer Vorteil zu sein, um ihn bei ihrer Partei zu halten – er wollte zum wenigsten das mantuanische Montferrat und einen Teil des mailändischen Gebietes haben. Der Stolz, mit dem er von den französischen Generälen und vom Versailler Ministerium behandelt wurde, erweckte mit Recht bei ihm die Befürchtung, er würde von seinen beiden Schwiegersöhnen, die sein Land von allen Seiten umschlossen hielten, bald nicht mehr berücksichtigt werden. Er hatte schon einmal unerwartet die Partei des Reichs mit der Frankreichs vertauscht – es war mithin wahrscheinlich, dass er, da er von Frankreich mit so wenig Schonung behandelt wurde, sich bei erster Gelegenheit von den Bourbonen lossagen würde.

Was den Hof und das Reich Ludwigs XIV. anlangt, so nahmen die scharfblickenden Geister bereits eine Veränderung daran wahr, die gröbere Köpfe erst dann bemerken, wenn der Verfall bereits eingetreten ist. Der König, über sechzig Jahre alt, führte ein zurückgezogenes Leben und vermochte die Menschen nicht mehr so gut zu erkennen wie früher; er sah die Dinge aus einer allzu großen Entfernung und mit weniger aufmerksamen und durch langjähriges Glück geblendeten Augen an.

Frau von Maintenon hatte bei all ihren achtenswerten Eigenschaften doch weder die Kraft noch den Mut, noch die erforderliche geistige Größe, um Ruhm und Glanz eines Staates zu erhalten. Sie trug dazu bei, dass 1699 das Finanzministerium und 1701 das Kriegsministerium ihrem Geschöpf Chamillart übertragen wurden, der mehr Ehrenmann als Minister war und dem König durch sein bescheidenes Auftreten gefallen hatte, als er mit der Verwaltung von Saint-Cyr betraut war. Trotz dieser äußerlichen Bescheidenheit hatte er jedoch das Unglück, sich für stark genug zum Tragen dieser beiden Lasten zu halten, denen Colbert und Louvois kaum gewachsen gewesen waren. Der König, der auf seine eigene Erfahrung baute, glaubte seine Minister mit Glück leiten zu können. Nach dem Tod Louvois' hatte er zu König Jakob geäußert: »Ich habe einen tüchtigen Minister verloren, doch werden darum Ihre und meine Angelegenheiten nicht schlechter gehen.« Als er Barbezieux zum Nachfolger Louvois' im Kriegsministerium wählte, sagte er zu ihm: »Ich habe Ihren Vater ausgebildet; ich werde auch Sie ausbilden.«[49]

Fast das gleiche sagte er zu Chamillart. Ein König, der so lange und mit solchem Glück gewirkt hatte, schien zu einer solchen Rede berechtigt zu sein, aber sein Vertrauen auf seinen Scharfblick trog ihn.

Was die Generäle anlangt, die er verwendete, so waren ihnen häufig durch bestimmte Befehle die Hände gebunden, als wären sie Gesandte, die nicht von ihrer Instruktion abgehen durften. In Gemeinschaft mit Chamillart leitete er vom Gemach der Frau von Maintenon aus die Operationen des Feldzugs. Wollte der Heerführer irgendeinen großen Schlag wagen, so musste er häufig die Erlaubnis dazu durch einen Kurier erbitten, der dann bei seiner Rückkehr entweder die Gelegenheit versäumt oder den General geschlagen fand.

---

49 Siehe die handschriftlichen ›Denkwürdigkeiten des Marquis de Dangeau‹. Ich führe sie in diesem Fall an, weil dieses von ihnen berichtete Vorkommnis häufig vom Marschall von La Feuillade, dem Schwiegersohn des Staatssekretärs Chamillart, bestätigt worden ist. Ludwig XIV. war nur drei Jahre älter als Louvois: beim Tod Mazarins war der König dreiundzwanzig Jahre, Louvois aber zwanzig Jahre alt und bereits seit einigen Jahren Amtsgenosse seines Vaters im Kriegsministerium.

Die militärischen Würden und Belohnungen wurden unter dem Ministerium Chamillarts verschleudert. Man gab allzu vielen jungen Leuten, die kaum die Kinderschuhe ausgetreten hatten, die Erlaubnis, Regimenter zu kaufen, während bei den Feinden ein Regiment der Lohn für zwanzigjährige Dienste war. Dieser Unterschied machte sich in der Folge nur zu bemerklich bei solchen Gelegenheiten, wo ein erfahrener Oberst eine Niederlage hätte verhindern können. Das Ritterkreuz des St.Ludwigs-Ordens, eine 1693 vom König eingeführte Auszeichnung, die der Gegenstand des Wetteifers der Offiziere war, wurde vom Beginn des Ministeriums Chamillart an verkauft: Man konnte es für fünfzig Taler in den Büros des Kriegsministeriums erhalten. Die militärische Disziplin, diese Seele des Dienstes, die von Louvois mit eiserner Strenge aufrechterhalten worden war, lockerte sich auf bedenkliche Weise: Weder die Zahl der Soldaten in den Kompanien noch selbst die Zahl der Offiziere in den Regimentern war vollständig. Diese Unordnung war eine Folge der Leichtigkeit, mit der man sich mit den Kriegskommissaren abfinden konnte, und der Unachtsamkeit des Ministers. Es entsprang daraus ein Nachteil, der unter sonst gleichen Umständen notwendigerweise zum Verlust von Schlachten führen musste, denn um eine ebenso ausgedehnte Front wie der Feind zu erhalten, war man genötigt, den vollzähligen Bataillonen des Feindes unvollständige entgegenzustellen. Die Magazine waren nicht mehr groß genug und wurden nicht mehr zeitig genug gefüllt; die Waffen waren nicht mehr von genügend guter Beschaffenheit. Diejenigen, die diese Mängel der Verwaltung erkannten und wussten, mit welchen Feldherren Frankreich es aufzunehmen haben würde, fürchteten für den Staat Ludwigs XIV., selbst angesichts der anfänglichen Vorteile, die Frankreich einen höheren Aufschwung verhießen denn je.[50]

Der erste Feldherr, der der Überlegenheit Frankreichs die Waage hielt, war ein Franzose – denn man darf den Prinzen Eugen als einen solchen bezeichnen, obwohl er ein Enkel Karl Emanuels von Savoyen war. Sein Vater, der in Frankreich ansässige Generalleutnant der französischen Armeen und Gouverneur der Champagne, Graf von Soissons, hatte Olympia Mancini, eine der Nichten des Kardinals Mazarin, geheiratet.

50 Der Kompilator der ›Denkwürdigkeiten der Frau von Maintenon‹ erzählt, der Oberst des Regiments des Königs, Marquis de Nangis, habe dem König gegen Ende des vorhergehenden Krieges erklärt, man würde die Fahnenflucht seiner Soldaten nur dann verhindern können, wenn man den Deserteuren den Kopf spalte. Man beachte, dass der Marquis und spätere Marschall von Nangis erst im Jahre 1711 Oberst jenes Regiments wurde.

Aus dieser übrigens unglücklichen Ehe stammte der im Oktober 1663 in Paris geborene Prinz, der später Ludwig XIV. so gefährlich, ihm aber in seiner Jugend so wenig bekannt war. Er wurde in Frankreich anfangs der »Chevalier von Carignan« genannt; später legte er den Priesterkragen an, und nun nannte man ihn den »Abbé von Savoyen«. Wie erzählt wird, bat er den König um ein Regiment, musste aber die Kränkung erdulden, dass er unter Vorwürfen abgewiesen wurde. Da er bei Ludwig XIV. nicht zum Ziel gelangen konnte, hatte er im Jahre 1683 beim Kaiser gegen die Türken Dienst genommen.

Im Jahre 1685 begaben sich die beiden Prinzen von Conti zum Kaiser. Der König von Frankreich ließ den beiden Contis sowie allen anderen, die mit ihnen diese Reise unternahmen, den Befehl zugehen, unvermittelt zurückzukehren; der Abbé von Savoyen war der einzige, der nicht gehorchte.[51] Er hatte bereits erklärt, dass er auf Frankreich verzichte.

Als der König dies erfuhr, sagte er zu seinen Höflingen: »Finden Sie nicht, dass ich da einen großen Verlust erleide?« Und die Höflinge versicherten, dass der Abbé von Savoyen stets ein verworrener Kopf, ein zu allem unfähiger Mensch sein würde. Man urteilte dabei nach einigen jugendlichen Ausschreitungen, nach denen man die Menschen nie beurteilen darf.

Prinz Eugen, der am französischen Hof allzu sehr unterschätzt wurde, war mit allen Eigenschaften geboren worden, die im Krieg einen Helden und im Frieden einen großen Mann ausmachen: er war ein gerader, erhabener Geist, der den erforderlichen Mut sowohl beim Heer als auch im Kabinett besaß. Er hat zwar auch Fehler gemacht wie alle Feldherren, aber sie sind unter der Menge seiner großen Taten verschwunden. Er hat

51 Aus den mir zugegangenen Mitteilungen, die aus dem Depot des Ministeriums des Äußeren stammen, geht unzweideutig hervor, dass Prinz Eugen bereits im Jahre 1683 abgereist war und dass der Marquis de La Fare sich in seinen ›Denkwürdigkeiten‹ irrt, wenn er die beiden Prinzen von Conti gleichzeitig mit Eugen abreisen lässt – eine Behauptung, die die Geschichtsschreiber irregeführt hat. – Mehrere junge Herren vom Hof schrieben damals den Prinzen von Conti unziemliche Briefe, in denen sie es an Achtung vor dem König und an Rücksicht für Frau von Maintenon, die damals erst Favoritin war, fehlen ließen. Diese Briefe wurden abgefangen, und die jungen Toren fielen auf einige Zeit in Ungnade.
Der Kompilator der ›Denkwürdigkeiten der Frau von Maintenon‹ ist der einzige, der die Behauptung vorbringt, der Herzog von La Roche-Guyon habe zu seinem Bruder, dem Marquis de Liancourt, gesagt: »Lieber Bruder, wenn man deinen Brief abfängt, verdienst du den Tod.« Erstens verdient man nicht den Tod, weil ein strafbarer Brief abgefangen wird, sondern weil man ihn geschrieben hat; zweitens ist man aber noch nicht des Todes würdig, weil man einige Spöttereien geschrieben hat. Wie es scheint, verdienten doch diese jungen Herren den Tod nicht, da sie alle wieder in Gnaden aufgenommen wurden. All jene angeblichen Aussprüche, die man so leichthin in der Gesellschaft verbreitet und die dann von zweifelhaften Soldschreibern gesammelt werden, verdienen keinen Glauben.

die Größe Ludwigs XIV. und die Macht der Türken erschüttert; er hat das Deutsche Reich regiert; aber sowohl während seiner Siegerlaufbahn wie während seiner Stellung als Minister hat er stets Prunk und Reichtum verachtet. Er hat sogar die Künste und die Wissenschaften gepflegt und sie beschützt, soweit ihm dies am Wiener Hof möglich war. Damals siebenunddreißig Jahre alt, besaß er die Erfahrung, die seine über die Türken errungenen Siege und die von den Kaiserlichen in den letzten Kriegen – wo er gegen Frankreich gedient hatte – begangenen Fehler ihm verliehen hatten.

Er stieg mit 30.000 Mann und völliger Freiheit, sich ihrer nach Belieben zu bedienen, durch das tridentinische auf das venezianische Gebiet herab. Der König von Frankreich verbot dem Marschall von Catinat anfangs, sich dem Durchzug des Prinzen Eugen zu widersetzen – sei es, dass er die Feindseligkeiten nicht zuerst beginnen wollte, was eine schlechte Politik ist, wenn man doch einmal zu den Waffen gegriffen hat; sei es, dass er die Venezianer schonen wollte, die indessen bei weitem ungefährlicher waren als das deutsche Heer.

Dieser Fehler von Seiten des Hofs hatte weitere Fehler von Seiten Catinats zur Folge. Man hat selten Glück, wenn man einem anderen als seinem eigenen Plan folgt; überdies weiß man, wie schwer es ist, einen gewandten Gegner in diesem von Flüssen und Bächen durchschnittenen Land an deren Überschreiten zu hindern. Prinz Eugen vereinte mit der Tiefe seines Plans eine ungemeine Schnelligkeit der Ausführung; außerdem brachte es die Beschaffenheit des Terrains an den Ufern der Etsch mit sich, dass die feindliche Armee gedrängter, die französische mehr ausgedehnt stand. Catinat wollte dem Feind entgegenmarschieren; einige Generalleutnants jedoch machten Schwierigkeiten und verbanden sich gegen ihn, und er war schwach genug, sich nicht Gehorsam zu erzwingen. Dieser schwere Fehler entsprang der Mäßigung seiner Gemütsart. Eugen nahm zunächst die Stellung bei Carpi am Weißen Kanal ein, die von Saint-Fremont verteidigt wurde, der die Befehle des Oberfeldherrn nicht ganz befolgte und sich schlagen ließ. Nach diesem Erfolg war die deutsche Armee Herrin des Landes zwischen Etsch und Adda; sie drang in das Gebiet von Brescia ein, und Catinat ging bis hinter den Oglio zurück. Viele tüchtige Offiziere billigten diesen Rückzug, der sie klug dünkte, und es muss hinzugefügt werden, dass das Ausbleiben des vom Minister versprochenen Kriegsbedarfs ihn unvermeidlich machte; die Höflinge aber – und besonders diejenigen, die an Catinats Stelle den Oberbefehl zu erhalten hofften – stellten ihn als eine Schmach für den französischen Namen hin. Der Marschall von Villeroi versicherte, dass er die Ehre der Nation wiederherstellen würde, und das Selbstvertrauen, mit dem er sprach, sowie die Vorliebe, die der König für ihn hegte, verschafften ihm den Oberbefehl in Italien. Der Marschall von Catinat war also trotz seiner Siege bei Staffordo und Marsiglia genötigt, unter ihm zu dienen.

Als Sohn des Hofmeisters des Königs war der Marschall Herzog von Villeroi mit Ludwig XIV. erzogen worden und besaß stets des Königs ganze Gunst: er war sein Begleiter auf allen Feldzügen und bei jedem Vergnügen gewesen. Villeroi war ein Mann von angenehmem und imponierendem Äußeren, ein Mensch von großer Tapferkeit und ungemeiner Redlichkeit, ein guter Freund, ein offenherziger Gesellschafter, ein in jeder Hinsicht vornehmer Charakter.[52] Seine Feinde aber behaupteten, er wäre als Heerführer mehr mit der Ehre und dem Vergnügen zu kommandieren als mit den Plänen eines großen Feldherrn beschäftigt. Außerdem machten sie ihm ein Festhalten an seinen Meinungen zum Vorwurf, das durch keinen Rat und keine andere Ansicht erschüttert werden könne.

Er kam nach Italien, um dem Marschall von Catinat Befehle zu erteilen und dem Herzog von Savoyen Verdruss zu bereiten. Er ließ fühlen, dass er tatsächlich der Ansicht war, ein Günstling Ludwigs XIV. an der Spitze einer großen Armee stünde hoch über einem Fürsten: Er nannte ihn nicht anders als Herr von Savoyen und behandelte ihn wie einen von Frankreich besoldeten General – nicht wie einen Souverän, den Gebieter der Schranken, die die Natur zwischen Frankreich und Italien errichtet hat. So notwendig die Freundschaft dieses Souveräns war, so wenig wurde sie beachtet. Der Hof glaubte, er würde nur durch die Furcht an Frankreich gefesselt, und ein französisches Heer, das ständig die sechs bis siebentausend piemontesischen Soldaten umzingelt hielte, wäre der beste Bürge für seine Treue. Der Marschall von Villeroi behandelte ihn im gewöhnlichen Verkehr wie seinesgleichen und in militärischer Hin-

52 Der Verfasser, der in seiner Jugend häufig die Ehre hatte, ihn zu sehen, versichert mit Recht, dass dies sein Charakter war. La Beaumelle, der die Marschälle von Villeroi und von Villars und so viele andere in seinen Noten zum ›Zeitalter Ludwigs XIV.‹ beschimpft und beleidigt, spricht vom Marschall von Villeroi in folgenden Ausdrücken (›Denkwürdigkeiten der Frau von Maintenon‹, Bd. III, S. 102): »Der aufgeblasene Villeroi, der die Frauen mit so viel Leichtsinn ergötzte und mit so viel Arroganz zu seinen Leuten sagte: ›Hat man mir Geld in die Taschen gesteckt?‹« Wie kann man, ich sage nicht einem großen Herrn, sondern überhaupt einem gut erzogenen Menschen diese Worte in den Mund legen, die man einstmals einem lächerlichen Geldprotz zuschrieb? Wie kann man von so vielen Menschen des verflossenen Jahrhunderts in einem Ton reden, als ob man sie persönlich gekannt hätte? Und wie kann man mit solcher Vermessenheit solche Unziemlichkeiten, Unrichtigkeiten und Dummheiten schreiben?

sicht wie seinen Untergebenen. Der Herzog von Savoyen führte den leeren Titel eines Generalissimus, der Marschall von Villeroi aber war es, der Tat nach. Zunächst befahl er, den Prinzen Eugen in der Stellung bei Chiari am Oglio anzugreifen (11. September 170I).

Die Stabsoffiziere gaben ihr Urteil dahingehend ab, es wäre aus entscheidenden Gründen – weil nämlich jene Stellung ohne jede Wichtigkeit und deren Verschanzungen unzugänglich waren – gegen alle Regeln der Kriegskunst, hier einen Angriff zu machen, da man nichts gewönne, wenn man den Posten erobere, aber den ganzen Ruhm des Feldzugs verlieren würde, wenn der Angriff misslinge. Villeroi erwiderte dem Herzog von Savoyen, er solle marschieren, und ließ den Marschall von Catinat durch einen Adjutanten den Befehl zugehen, er solle angreifen. Catinat ließ sich den Befehl dreimal wiederholen, dann wandte er sich zu den ihm untergebenen Offizieren mit den Worten: »Vorwärts denn, meine Herren – man muss gehorchen!« Man marschierte also gegen die Verschanzungen vor. Der Herzog von Savoyen kämpfte an der Spitze seiner Truppen wie ein Mann, der völlig mit Frankreich zufrieden war. Catinat suchte den Tod. Er wurde verwundet – aber so schwer die Wunde auch war: Als er sah, dass die Truppen des Königs zurückgeworfen wurden und dass der Marschall von Villeroi keine Befehle erteilte, ordnete er doch den Rückzug. Dann verließ er die Armee und begab sich nach Versailles, um dem König über sein Verhalten Bericht zu erstatten, ohne jedoch über jemanden Klage zu führen.

2. Februar 1702. – Prinz Eugen behauptete seine Überlegenheit über den Marschall von Villeroi. Als dieser endlich eines Tages, mitten im Winter, in Cremona, einer ziemlich festen und mit einer starken Besatzung versehenen Stadt, in aller Ruhe und Sicherheit im Bett lag, wurde er durch das Rollen von Musketensalven geweckt. Er sprang in aller Eile auf und stieg aufs Pferd. Der Marschall wurde auf der Stelle zum Gefangenen gemacht und aus der Stadt geführt, ohne zu wissen, was eigentlich vorging und ohne die Ursache dieses befremdenden Vorfalls erraten zu können. Prinz Eugen befand sich bereits in Cremona; Ein Priester namens Bazzoli, Propst von Sainte-Mariela-Neuve, hatte die deutschen Truppen durch einen Abflusskanal in die Stadt geführt. Vierhundert Soldaten, die durch diese Kloake in das Haus des Priesters gelangt waren, hatten unverzüglich die Wachen an den beiden Toren niedergemacht, die Tore geöffnet und Prinz Eugen mit viertausend Mann in die Stadt gelassen. Das alles war geschehen, bevor der Gouverneur, ein Spanier, eine Ahnung davon hatte und bevor der Marschall erwacht war. Heimlichkeit, Ordnung, Hurtigkeit und alle mögliche Vorsicht hatten den Anschlag vorbereitet. Der spanische Gouverneur erschien zuerst mit einigen Soldaten auf der Straße und wurde durch einen Flintenschuss getötet. Alle höheren Offiziere – mit Ausnahme des Generalleutnants Graf von Révcreator und des Marquis de Praslin – wurden niedergemacht oder gefangengenommen. Der Zufall vereitelte jedoch alle Vorsicht des Prinzen Eugen.

Der Chevalier d'Entragues sollte an jenem Tag eine Revue über das Regiment des Vaisseaux abhalten, dessen Oberst er war, und die Soldaten versammelten sich schon um vier Uhr morgens an dem einen Ende der Stadt, gerade als Prinz Eugen am anderen Ende in diese eindrang. D'Entragues begann nun mit seinen Soldaten durch die Straßen zu marschieren. Er hielt den Deutschen stand, wo er sie traf, und gab der übrigen Besatzung Zeit, um zu Hilfe zu kommen.

Die Offiziere und Soldaten – die einen schlecht bewaffnet, die andern halbnackt – füllten im bunten Durcheinander, ohne Ordnung und Anführer die Straßen und die Plätze. Man schlug sich unter der wildesten Verwirrung, man verschanzte sich von Straße zu Straße, von Platz zu Platz. Zwei irische Regimenter, die zur Besatzung gehörten, setzen schließlich dem Vordringen der Kaiserlichen ein Ende.

Nie war eine Stadt mit so viel Umsicht überrumpelt und mit so viel Tapferkeit verteidigt worden. Die Besatzung war ungefähr fünftausend Mann stark, und Prinz Eugen hatte erst viertausend Mann eingeführt; eine starke Abteilung seines Heeres sollte über die Pobrücke her zu ihm stoßen. Die Maßnahmen waren gut getroffen, ein zweiter Zufall machte sie jedoch ebenfalls zunichte. Jene Brücke über den Po, die durch etwa hundert Franzosen schlecht genug gehütet wurde, sollte sogleich von den deutschen Kürassieren besetzt werden, die in dem Augenblick, wo Prinz Eugen in die Stadt eindrang, den Befehl erhielten, sich ihrer zu bemächtigen. Zu diesem Zweck mussten sie, da sie durch das der Kloake benachbarte südliche Tor eingerückt waren, Cremona unverzüglich durch das Potor am Nordende der Stadt wieder verlassen und auf die Brücke losgehen; aber der Wegweiser, der sie führte, wurde durch einen Schuss aus einem Fenster getötet, sie gerieten in eine falsche Straße und machten somit einen Umweg.

In der Zwischenzeit warfen sich die Iren auf das Potor, hielten die Kürassiere auf und trieben sie zurück. Der Marquis de Praslin nützte diesen Moment und ließ die Brücke abbrechen. Die Hilfe, auf die der Feind wartete, konnte nun nicht eintreffen, und die Stadt war gerettet.

Nachdem er den ganzen Tag über gekämpft hatte, zog sich Prinz Eugen, der ständig Herr des Tores geblieben war, durch das er eingedrungen war, endlich unter Mitnahme des Marschalls von Villeroi und mehrerer gefangener Stabsoffiziere zurück. Der Anschlag auf Cremona, das ihm seine Tätigkeit und Umsicht in Verbindung mit der Nachlässigkeit des Gouverneurs in die Hände gegeben, der Zufall und die Tapferkeit der Franzosen und Iren aber wieder entrissen hatten, war missglückt.

Der Marschall von Villeroi, der bei dieser Gelegenheit das größte Unglück hatte, wurde von den Höflingen in Versailles mit der ganzen Strenge und Bitterkeit verdammt, die sein Günstlingtum und die Erhabenheit seines Charakters erregten, die in den Augen der Hofleute allzu sehr der Eitelkeit zu gleichen schien. Entrüstet darüber, dass man die von ihm getroffene Wahl laut zu tadeln wagte, ließ sich der König, der ihn beklagte, ohne ihn zu verdammen, die Worte entschlüpfen: »Man reißt ihn herunter, weil er mein Günstling ist« – ein Ausdruck, dessen er sich nur dieses einzige Mal in seinem Leben für jemanden bedient hat.[53] Unverzüglich wurde nun der Herzog von Vendôme zum Oberbefehlshaber in Italien ernannt.

Der Herzog von Vendôme, ein Enkel Heinrichs IV., war unerschrocken wie dieser, gutmütig, wohltätig, ein Feind allen Prunks und kannte weder Hass noch Neid, noch Rachsucht. Er war nur gegen die Prinzen stolz – mit allen übrigen stellte er sich auf gleichen Fuß. Er war der einzige General, unter dem nicht die bloße Dienstpflicht und jener rein tierische und mechanische Instinkt der Wut, der der Stimme der Offiziere gehorcht, die Soldaten in den Kampf trieben; sie kämpften für den Herzog von Vendôme und würden ihr Leben hingegeben haben, um ihn einer gefährlichen Lage zu entreißen, in die das Ungestüm seines Genies ihn bisweilen versetzte. Man glaubte nicht von ihm, dass er seine Pläne mit derselben Gründlichkeit überdenke wie Prinz Eugen und dass er es wie dieser verstünde, den Unterhalt der Heere zu sichern. Er vernachlässigte allzu sehr die Einzelheiten, er ließ die militärische Disziplin sich lockern: Die Tafel und der Schlaf nahmen ihm wie seinem Bruder allzu viel Zeit weg. Diese Lässigkeit brachte ihn mehrmals in die Gefahr, gefangengenommen zu werden. Am Tag einer Schlacht aber machte er

53 Siehe die ›Denkwürdigkeiten des Marquis de Dangeau. Man sang damals am Hof, in Paris und beim Heer:

Français, rendez grâce à Bellone,	Danke der Bellona Walten,
Votre bonheur est sans égal:	Frankreich, denn dein Glück ist groß:
Vous avez conservé Crémone	Sieh, Cremona blieb erhalten,
Et perdu votre général.	Und den Marschall bist du los.

alles durch eine Geistesgegenwart und eine Einsicht wett, die durch die Gefahr nur gesteigert wurden, und an solchen Tagen suchte er die Gefahr. Er war, wie man sagte, zum Defensivkrieg weniger, zum Offensivkrieg aber ebenso geeignet wie Prinz Eugen.

Die Unordentlichkeit und Nachlässigkeit, die er bei der Armee einreißen ließ, zeigte er in überraschendem Maß auch in seinem Haushalt und sogar an seiner eigenen Person. Durch den Hass gegen allen Prunk gelangte er schließlich zu einer zynischen Unsauberkeit, die wahrhaft ohne Beispiel ist, und die Uneigennützigkeit, die edelste aller Tugenden, wurde bei ihm zu einem Gebrechen, das ihn durch Zerrüttung seiner Angelegenheiten um mehr Geld brachte, als er zu nützlichen Zwecken ausgegeben haben würde. Es fehlte ihm nicht selten am Notwendigen. Sein Bruder, der Großprior, der unter ihm in Italien kommandierte, besaß ganz die gleichen Fehler; ja er trieb sie sogar noch weiter und glich sie nur durch die gleiche Tapferkeit wieder aus. Man war erstaunt, zwei Heerführer nicht selten erst um vier Uhr nachmittags das Bett verlassen und zwei Prinzen, Enkel Heinrichs IV., in eine Unachtsamkeit bezüglich ihrer Person versunken zu sehen, deren die niedrigsten Menschen sich geschämt haben würden.

Noch staunenswerter ist jene Mischung von Lebhaftigkeit und Trägheit, mit der Vendôme gegen den Prinzen Eugen einen Krieg führte, der in Überlistungen, Überfällen, Flussübergängen, Märschen, kleinen, oft ebenso nutzlosen wie mörderischen Gefechten und blutigen Schlachten bestand, bezüglich derer sich beide Parteien den Sieg zuschrieben. Eine solche Schlacht war die bei Luzara (15. August 1702), derentwegen sowohl in Wien wie in Paris das Tedeum angestimmt wurde. Vendôme war jedes Mal Sieger, sobald er nicht den Prinzen Eugen in Person sich gegenüber hatte; sobald aber dieser ihm gegenüberstand, hatte Frankreich nicht mehr das Übergewicht.

Januar 1703. – Inmitten dieser Kämpfe und der Belagerung zahlloser Schlösser und kleiner Städte gelangten geheime Mitteilungen nach Versailles, dass der Herzog von Savoyen, der Enkel einer Schwester Ludwigs XIII. und Schwiegervater Philipps V., im Begriff stehe, die Bourbonen zu verlassen und um die Unterstützung des Kaisers feilsche. Alles war erstaunt, dass er gleichzeitig seine beiden Schwiegersöhne und sogar, wie man glaubt, seine wahren Interessen preisgab. Aber der Kaiser versprach ihm alles, was seine Schwiegersöhne ihm verweigert hatten: das mantuanische Montferrat, Alessandria, Valenza, das Gebiet zwischen dem Po und dem Tanaro und mehr Geld, als Frankreich ihm zahlte. Dieses Geld sollte von England geliefert werden, denn der Kaiser hatte selbst kaum so viel, um seine Heere zu besolden. England, der reichste unter den verbündeten Staaten, steuerte mehr als diese alle für die gemeinsame Sache bei. Wenn der Herzog von Savoyen sich wenig um die Vorschriften des Völker und des Naturrechts kümmerte, so ist das eine Frage der Moral, die mit dem Verfahren der Fürsten wenig zu tun hat; der Ausgang hat schließlich gezeigt, dass er wenigstens in dem von ihm geschlossenen Vertrag nicht gegen die Vorschriften der Staatsklugheit gefehlt hat. Auch dagegen fehlte er jedoch in einem anderen, höchst wesentlichen Punkt, indem er nämlich seine Truppen auf Gnade und Ungnade den Franzosen preisgab, während er mit dem Kaiser verhandelte; der Herzog von Vendôme ließ diese entwaffnen (10. August 1703). Es waren zwar nur fünftausend Mann, für den Herzog von Savoyen aber war das nicht wenig. Kaum hatte das Haus Bourbon diesen Verbündeten eingebüßt, als es erfuhr, dass auch Portugal sich zu seinem Gegner erklärt hatte: König Peter von Portugal anerkannte Erzherzog Karl als König von Spanien. Das kaiserliche Kabinett zerstückelte zu seinen Gunsten im Namen des Erzherzogs eine Monarchie, in der es noch keine einzige Stadt besaß. Es trat durch einen jener Verträge, die nie zum Vollzug gekommen sind, Vigo, Bayonne, Alcantara, Badajoz, einen Teil von Estremadura und in Amerika alle Länder westlich vom Rio de la Plata an Peter II. ab – kurzum, es teilte das, was es nicht besaß, um in Spanien so viel zu erwerben, als nur möglich wäre.

Der König von Portugal, der Prinz von Hessen-Darmstadt als Gesandter des Erzherzogs und der Almirante von Kastilien, einer seiner Anhänger, ersuchten sogar den Kaiser von Marokko um Beistand. Sie schlossen nicht nur Verträge mit diesem Barbaren ab, um Getreide und Pferde zu erhalten, sondern sie baten auch um Truppen. Der damalige Kaiser von Marokko, Muley Ismael, der kriegerischste und schlaueste Tyrann, der sich damals unter den mohammedanischen Völkerschaften fand, wollte jedoch seine Truppen nur unter Bedingungen senden, die für die Christenheit gefährlich und für den König von Portugal schimpflich waren: Er verlangte einen Sohn dieses Königs als Geisel und verschiedene Städte. Der Vertrag gelangte nicht zum Abschluss; die Christen zerfleischten sich mit ihren eigenen Händen, ohne die Arme der Barbaren zu Hilfe zu nehmen. Diese Unterstützung von Afrika her hatte aber für das Haus Österreich bei weitem nicht den Wert der Unterstützung von Seiten Englands und Hollands.

Churchill, Graf und später Herzog von Marlborough, der im Jahre 1702 zum Befehlshaber der englischen und holländischen Truppen ernannt wurde, war der der Größe Frankreichs verderblichste Mann, der seit mehreren Jahrhunderten aufgetaucht war. Er war keiner jener Generäle, denen ein Minister schriftlich den Plan eines Feldzugs übergibt und die, nachdem sie an der Spitze eines Heeres die Befehle des Kabinetts zur Ausführung gebracht haben, von neuem um die Ehre werben, weitere Dienste leisten zu dürfen. Er beherrschte damals die Königin von England sowohl durch seine Unentbehrlichkeit wie durch den Einfluss, den seine Frau auf diese Fürstin ausübte; er lenkte das Parlament durch seinen und den Einfluss Godolphins, des Großschatzmeisters, dessen Sohn seine Tochter heiratete. Auf diese Weise Herr des Hofs, des Parlaments, des Heeres und der Finanzen, mehr König, als Wilhelm es gewesen war, ein ebenso großer Politiker wie dieser und zudem ein weit größerer Feldherr, tat er mehr, als die Verbündeten zu hoffen wagten. Er hatte vor allen Heerführern seiner Zeit jenen unzerstörbaren Gleichmut inmitten des Tumults und jene geistige Klarheit inmitten der Gefahr voraus, die die Engländer als »cold head« bezeichnen. Vielleicht war es diese Eigenschaft – die erste Gabe, die die Natur den zum Befehlen Geborenen verleiht –, die den Engländern einst auf den Feldern von Poitiers, Crecy und Azincourt eine solche Überlegenheit über die Franzosen verlieh.

Während des Feldzugs ein unermüdlicher Krieger, wurde Marlborough während des Winters ein ebenso tätiger Unterhändler. Er begab sich nach Den Haag und an alle deutschen Höfe; er bewog die Holländer, ihre ganze Kraft zur Demütigung Frankreichs einzusetzen; er schürte den Groll des Kurfürsten von der Pfalz; er schmeichelte dem Stolz des Kurfürsten von Brandenburg, als dieser Fürst den Königstitel annehmen wollte, und präsentierte ihm bei Tafel die Serviette, um sieben bis achttausend Mann Hilfstruppen von ihm zu erhalten. Prinz Eugen seinerseits schloss einen Feldzug nur ab, um sich nach Wien zu begeben und dort selbst die Vorbereitungen zum nächsten zu treffen. Man weiß, um wieviel besser die Armeen versorgt werden, wenn der General zugleich Minister ist. Diese beiden Männer, die bald zusammen, bald getrennt kommandierten, handelten stets im Einverständnis. Sie verhandelten im Haag häufig mit dem Großpensionär Heinsius und dem Staatssekretär Fagel, die die Vereinigten Provinzen mit derselben Einsicht und mit mehr Glück regierten als Barnevelt und De Witt. Sie ließen stets in Übereinstimmung miteinander die Federn von halb Europa gegen das Haus Bourbon spielen, und das französische Ministerium war damals viel zu schwach, um lange diesen vereinten Kräften zu widerstehen. Ihr Feldzugsplan wurde stets zwischen ihnen geheim gehalten, denn sie entwarfen ihre Pläne selbst und vertrauten sie erst im Augenblick der Ausführung denen an, die dabei mitwirken sollten. Chamillart dagegen, der weder Staatsmann noch Feldherr, noch selbst Finanzmann war und trotzdem die Rolle eines Premierministers spielte, erhielt bei seiner Unfähigkeit, selber Entwürfe zu machen, seine Pläne aus den Händen Untergebener, und das Geheimnis war bisweilen schon öffentlich, bevor er selbst genau wusste, was geschehen sollte. Der Marquis de Feuquières macht ihm dies mit Recht zum Vorwurf, und Frau von Maintenon gesteht in ihren Briefen zu, dass dieser Mann, den sie doch selbst gewählt hatte, ein unfähiger Minister war. Dieser Umstand machte eine der Hauptursachen des Unglücks aus, das über Frankreich hereinbrach.

Sobald Marlborough den Oberbefehl über die verbündeten Armeen in Flandern übernommen hatte, zeigte er, dass er das Kriegshandwerk unter Turenne gelernt hatte. Er hatte seine ersten Feldzüge als Freiwilliger unter diesem Feldherrn gemacht, und man nannte ihn damals im Heer nur den »schönen Engländer«, der Vicomte de Turenne aber war der Ansicht gewesen, dass der schöne Engländer eines Tages ein großer Mann werden würde. Marlborough begann damit, dass er niedere und bis dahin unbekannte Offiziere, deren Verdienst er ausfindig zu machen verstand, zu höheren Stellen beförderte, ohne sich dabei an die Stufenfolge der militärischen Grade zu binden, die man in Frankreich als die Listenordnung (*ordre du tableau*) bezeichnet. Er wusste, dass der Wetteifer erlischt, sobald die Beförderungen nur eine Folge des Dienstalters sind, und dass ein Offizier, weil älter, darum nicht immer auch tüchtiger ist. Er bildete also zunächst Männer heran und gewann den Franzosen ohne Kampf Terrain ab (1702). Im ersten Monat machte ihm der holländische General Graf von Athlone das Kommando streitig, schon im zweiten aber war dieser genötigt, es ihm völlig zu überlassen.

Der König von Frankreich hatte seinen Enkel, den Herzog von Burgund, einen weisen und gerechten, zur Beglückung der Menschen geborenen Prinzen, gegen ihn nach Flandern geschickt. Unter diesem jungen Fürsten befehligte der Marschall von Boufflers, ein Mann von unerschöpflichem Mut. Nachdem jedoch der Herzog von Burgund der Einnahme mehrerer Städte beigewohnt hatte und durch die geschickten Märsche des Engländers zum Zurückweichen gezwungen worden war, ging er mitten während des Feldzugs nach Versailles zurück. Boufflers blieb nun der einzige Zeuge der Erfolge Marlboroughs, der Venloo, Roermoude und Lüttich einnahm, ständig vorrückte und nie einen Augenblick seine Überlegenheit verlor (September und Oktober 1702).

Als Marlborough nach diesem siegreichen Feldzug nach London zurückkam, wurden ihm alle Ehrenbezeigungen zuteil, deren man sich in einer Monarchie und in einer Republik erfreuen kann. Die Königin ernannte ihn zum Herzog, und – was noch schmeichelhafter ist – die beiden Häuser des Parlaments sagten ihm ihren Dank und ließen ihn durch Deputierte in seinem eigenen Haus beglückwünschen.

Inzwischen erschien jedoch ein Mann auf dem Schauplatz, der das Glück Frankreichs sichern zu müssen schien. Es war dies der damalige Generalleutnant Marschall Herzog von Villars, ein kühner und zuversichtlicher Offizier, der in einem Alter von zweiundachtzig Jahren noch zum Generalissimus der französischen, spanischen und sardinischen Heere ernannt wurde. Er war durch die Hartnäckigkeit, mit der er stets mehr tat als seine Pflicht, seines Glückes Schmied geworden. Er hatte bisweilen das Missfallen Ludwigs XIV. und – was gefährlicher war – den Unwillen Louvois' erregt, weil er mit derselben Kühnheit, mit der er kämpfte, auch sprach. Man warf ihm vor, dass er keine seiner Tapferkeit würdige Bescheidenheit besitze; endlich aber hatte man eingesehen, dass er einen Geist besitze, der geschaffen war für den Krieg und für die Leitung von Franzosen, und hatte ihn, nachdem er lange vergeblich gewartet hatte, binnen wenigen Jahren zu den ersten militärischen Graden befördert.

Es hat kaum je einen Menschen gegeben, dessen Glück mehr Neidische gemacht hat und weniger hätte machen sollen. Er wurde Marschall von Frankreich, Herzog und Pair und Gouverneur einer Provinz – aber er hat auch den Staat gerettet, und andere, die ihn ins Verderben gestürzt haben oder nur Höflinge waren, haben beinahe die gleichen Belohnungen erhalten. Man hat ihm sogar seinen – wenn auch mittelmäßigen – durch in Feindesland erhobene Kontributionen erworbenen Reichtum, den Lohn für seine Tapferkeit und seine Umsicht, zum Vorwurf gemacht, während jene, die ein zehn Mal größeres Vermögen auf schmähliche Weise erworben, es mit allgemeiner Billigung besessen haben. Er hat sich erst in einem Alter von achtzig Jahren seines Rufs zu erfreuen begonnen, er musste also wohl den ganzen Hof überleben, um seinen Ruhm völlig genießen zu können.

Die Kenntnis des Grundes dieser Ungerechtigkeit der Menschen ist nicht so ganz überflüssig: der Marschall besaß kein Geschick. Er besaß bei aller Rechtschaffenheit und Klugheit weder das Geschick, sich Freunde zu erwerben, noch das Geschick, sich zur Geltung zu bringen, obwohl er von sich selbst sprach, wie die anderen von ihm hätten sprechen sollen.

Eines Tages, als er sich verabschiedete, um den Oberbefehl über das Heer zu übernehmen, sagte er dem König in Gegenwart des ganzen Hofs: »Sire, ich stehe im Begriff, die Feinde Eurer Majestät zu bekämpfen, und lasse Sie hier inmitten der meinen zurück.« Zu den Hofleuten des Herzogs von Orléans, des Regenten von Frankreich, die durch jenen Umsturz des Staates, der unter dem Namen »System« bekannt ist, reich geworden waren, sagte er: »Ich für mein Teil habe immer nur von den Feinden etwas gewonnen.« Derartige Reden, in denen er dieselbe Kühnheit zeigte wie in seinen Taten, demütigten die übrigen Menschen, die schon durch sein Glück zur Genüge gereizt waren, allzu sehr.

Zu Anfang des Krieges gehörte er zu jenen Generalleutnants, die im Elsass einzelne Heeresabteilungen befehligten. Der Prinz von Baden hatte kurz zuvor an der Spitze der kaiserlichen Armee Landau genommen, das vier Monate lang von Mélac verteidigt worden war. Dieser Prinz machte Fortschritte; er hatte den Vorteil der Zahl, des Terrains und eines glücklichen Anfangs des Feldzugs für sich. Sein Heer stand in den Bergen des Breisgaus, die an den Schwarzwald stoßen, und dieses große, waldbedeckte Gebirge trennte die bayerischen und die französischen Truppen. Catinat kommandierte in Straßburg. Seine Bedachtsamkeit hinderte ihn, unter so vielen Nachteilen einen Angriff auf den Prinzen von Baden zu wagen, denn bei dessen Misslingen wäre das französische Heer rettungslos verloren gewesen und hätte das Elsass dem Feind offen gestanden. Villars, der entschlossen war, Marschall von Frankreich zu werden oder unterzugehen, unternahm, was Catinat nicht zu tun wagte. Er erhielt vom Hof die Erlaubnis dazu, marschierte mit seiner an Zahl schwächeren Armee auf die Kaiserlichen los, traf sie bei Friedlingen und lieferte dort die Schlacht, die diesen Namen trägt (14. Oktober 1702).

Die Reiterei schlug sich in der Ebene, die französische Infanterie aber erklomm den Kamm des Gebirges und griff die deutsche Infanterie an, die dort in den Gehölzen verschanzt stand. Ich habe den Marschall von Villars mehrmals erzählen hören, dass, als er nach gewonnener Schlacht an der Spitze seiner Infanterie vorwärts zog, plötzlich eine Stimme schrie: »Wir sind abgeschnitten!« Bei diesen Worten ergriffen alle Regimenter die Flucht. Der Marschall sprengte ihnen nach und schrie: »Vorwärts, Kameraden, der Sieg ist unser! Es lebe der König!«

Die Soldaten erwiderten zitternd: »Es lebe der König!«, begannen aber von neuem zu fliehen. Die größte Mühe, die der General an diesem Tag hatte, bestand im Sammeln der Sieger. Wenn im Augenblick jenes panischen Schreckens zwei feindliche Regimenter erschienen wären, so würden die Franzosen zweifelsohne geschlagen worden sein – so sehr entscheidet oft der Zufall über den Ausgang der Schlachten!

Nachdem er dreitausend Mann, sein Geschütz und das Schlachtfeld verloren hatte; nachdem er zwei Meilen weit durch Wald und Hohlwege verfolgt worden war und während das Fort von Friedlingen zur Bestätigung seiner Niederlage kapitulierte, berichtete der Prinz von Baden nach Wien, dass er gesiegt habe, und ließ ein Tedeum singen, das schimpflicher für ihn war als die verlorene Schlacht.

Die Franzosen aber riefen, nachdem sie sich von ihrem panischen Schrecken erholt hatten, ihren General Villars auf dem Schlachtfeld zum Marschall von Frankreich aus, und der König bestätigte vierzehn Tage später den Titel, den die Soldaten ihm im Vorhinein erteilt hatten.

Der Marschall von Villars stieß nun endlich mit seinen siegreichen Truppen zum Kurfürsten von Bayern (April 1703), der seinerseits ebenfalls Sieger war, Terrain gewonnen und sich der Freien Reichsstadt Regensburg bemächtigt hatte, wo vor kurzem vom versammelten Reichstag sein Untergang beschworen worden war.

Villars war mehr geeignet, dem Staat durch alleinige Befolgung seiner eigenen Pläne zu dienen, als in Übereinstimmung mit einem Fürsten zu handeln. Er führte oder vielmehr drängte den Kurfürsten mit über die Donau; als aber der Fluss überschritten war, reute den Kurfürsten dieser Schritt, denn er sah, dass der geringste Unfall seine Staaten der Willkür des Kaisers preisgeben würde. Der Graf von Styrum stand mit einem Korps von etwa 20.000 Mann im Begriff, zum Hauptheer unter dem Prinzen von Baden zu stoßen.

»Man muss ihnen zuvorkommen«, erklärte der Marschall dem Fürsten. »Wir müssen über Styrum herfallen und auf der Stelle marschieren.«

Der Kurfürst zögerte; er erwiderte, er müsse sich erst mit seinen Generälen und seinen Ministern darüber besprechen.

»Ich bin Ihr Minister und Ihr General«, versetzte Villars. »Brauchen Sie noch einen anderen Ratgeber als mich, wenn es sich darum handelt, eine Schlacht zu liefern?«

Von der Gefahr seiner Staaten in Anspruch genommen, schreckte der Kurfürst noch immer vor dem Wagnis zurück und wurde gegen den Marschall ungehalten.

»Gut«, sagte Villars, »wenn Kurfürstliche Hoheit nicht mit ihren Bayern die Gelegenheit benutzen will, so werde ich mit meinen Franzosen allein fechten.« Und sogleich gab er den Befehl zum Angriff.

Der entrüstete Kurfürst, der in dem Franzosen nur einen verwegenen Wagehals erblickte, war wider seinen Willen zum Kampf genötigt.[54] Man stand auf den Ebenen von Höchstädt bei Donauwörth.

Gleich beim ersten Angriff zeigte sich abermals eine Folge dessen, was der Zufall bei den Schlachten vermag. Die feindliche und die französische Armee ergriffen, von panischem Schrecken gepackt, beide zu gleicher Zeit die Flucht, und der Marschall von Villars sah sich einige Minuten beinahe auf dem Schlachtfeld allein. Er sammelte jedoch seine Truppen wieder, führte sie in den Kampf zurück und errang den Sieg (20. September 1703). Man tötete dreitausend Kaiserliche, nahm viertausend gefangen und eroberte das Geschütz und das Gepäck.

Der Kurfürst nahm Augsburg ein. Der Weg nach Wien stand offen, und im Kabinett des Kaisers wurde bereits die Frage erörtert, ob der Kaiser seine Hauptstadt verlassen solle.

Der Schrecken des Kaisers war zu entschuldigen: er war damals überall geschlagen. Der Herzog von Burgund, der die Marschälle von Tallard und von Vauban unter sich hatte, hatte Alt-Breisach zurückerobert (6. September 1703). Tallard hatte dann nicht bloß Landau zurückgewonnen, sondern auch den Prinzen von Hessen, den späteren König von Schweden, der die Stadt entsetzen wollte, bei Speyer völlig aufs Haupt geschlagen (14. November 1703). Wenn man dem Marquis de Feuquières, diesem in Kriegsangelegenheiten so erfahrenen, aber in seinen Urteilen übermäßig strengen Offizier und Richter, Glauben schenken darf, so gewann der Marschall von Tallard diese Schlacht nur durch einen Fehler und ein Missverständnis. Aber wie dem auch sei, er schrieb vom Schlachtfeld aus an den König: »Sire, Ihre Armee hat mehr Standarten und Fahnen erobert, als sie einfache Soldaten verloren hat.«

---

54 All dies muss sich in den handschriftlich vorhandenen ›Denkwürdigkeiten des Marschalls von Villars‹ finden, denen ich diese Einzelheiten entlehnt habe. Der gedruckte erste Band dieser Denkwürdigkeiten ist unbedingt vom Marschall selbst, die beiden anderen sind von einer fremden und ein wenig verschiedenen Hand geschrieben. Aus den Depeschen des Marschalls ersieht man, wieviel er am bayerischen Hof auszustehen hatte: »Vielleicht wäre es einträglicher, ihm zu gefallen, als ihm gut zu dienen. Seine Leute verfahren auf diese Weise. Die Bayern, die Ausländer, alle, die ihn bestohlen, im Spiel betrogen, dem Kaiser überliefert haben, haben ihr Glück bei ihm gemacht« usw. – Mit den Worten »dem Kaiser überliefert« spielt er auf eine Intrige der Minister des Kurfürsten von Bayern an, die zu der Zeit, wo Frankreich für ihn kämpfte, mit Österreich Frieden machen wollten.

Diese Schlacht war diejenige des ganzen Krieges, bei der das Bajonett die erste Rolle spielte: Infolge ihres Ungestüms hatten die Franzosen einen großen Vorteil, indem sie sich dieser Waffe bedienten. Sie ist seitdem mehr drohend als mörderisch geworden – das Rottenfeuer hat ihr den Vorrang abgewonnen. Die Deutschen und die Engländer nahmen die Gewohnheit an, abteilungsweise mit größerer Ordnung und größerer Schnelligkeit zu feuern als die Franzosen. Die Preußen waren die ersten, die ihre Flinten mit eisernen Ladestöcken luden; der zweite König von Preußen übte sie derart ein, dass sie mit Leichtigkeit sechs Schüsse in der Minute abgeben konnten. Drei Glieder, die gleichzeitig schießen und dann im Laufschritt vorgehen, entscheiden heutzutage das Schicksal der Schlachten. Eine nicht weniger furchtbare Wirkung üben die Feldgeschütze aus: Die Bataillone, die von ihrem Feuer erschüttert werden, warten nicht den Bajonettangriff ab – die Reiterei genügt, um sie vollends zu sprengen. Das Bajonett schreckt also mehr, als es tötet, und der Degen ist für die Infanterie völlig nutzlos geworden: Kraft, Gewandtheit und Mut helfen jetzt einem Kämpfer nicht mehr im Geringsten. Die Bataillone sind große Maschinen geworden, von denen die am besten ausgerüstete notwendigerweise die ihr entgegenstehende zerrüttet. Das war die Ursache, weshalb Prinz Eugen die berühmten Schlachten bei Temesvar und Belgrad gewann, in denen die Türken bei ihrer überlegenen Anzahl aller Wahrscheinlichkeit nach die Oberhand behalten haben würden, wenn dabei das stattgefunden hätte, was man ein Handgemenge nennt. Die Kunst, einander zu vernichten, ist also heute nicht bloß ganz anders, als sie vor der Erfindung des Pulvers, sondern auch als sie vor hundert Jahren war.

Da Frankreichs Glück von vornherein mit solchem Erfolg gegen Deutschland verfochten wurde, so glaubte man, der Marschall von Villars werde es mit jenem Ungestüm, das die deutsche Langsamkeit außer Fassung brachte, noch weiter verfolgen. Aber eben die Gemütsart, die den Marschall zu einem furchtbaren Gegner machte, machte ihn unverträglich mit dem Kurfürsten von Bayern. Der König wollte, dass ein General nur gegen den Feind stolz wäre, und der Kurfürst von Bayern war schlecht genug beraten, um ihn um einen anderen Marschall von Frankreich zu ersuchen.

Villars selbst, der kleinlichen Intrigen eines unruhigen, eigennützigen Hofs, der Unschlüssigkeit des Kurfürsten und der Briefe des ebenso unwissenden wie gegen ihn eingenommenen Staatsministers Chamillart überdrüssig, bat den König um seine Abberufung; es war dies der einzige Lohn, den er von den geschicktesten Kriegsoperationen und einer gewonnenen Schlacht hatte. Chamillart schickte ihn zum Unglück für Frankreich in die Cevennen, um fanatische Bauern niederzuhalten, und entzog so den französischen Heeren den einzigen General, der wie der Herzog von Vendôme imstande war, ihnen einen unüberwindlichen Mut einzuflößen. Von jenen Fanatikern wird noch im Kapitel über die Religion die Rede sein – Ludwig XIV. hatte damals schrecklichere, glücklichere und unversöhnlichere Feinde als die Bewohner der Cevennen.

Neunzehntes Kapitel

Verlust der Schlacht bei Blindheim oder Höchstädt und seine Folgen

Der Herzog von Marlborough war zu Anfang des Jahres 1703 mit derselben Taktik und demselben Glück in die Niederlande zurückgekehrt. Er hatte Bonn genommen – die Residenz des Kurfürsten von Köln –, dann Huy und Limburg zurückerobert und sich des ganzen Unterrheins bemächtigt. Der Marschall von Villeroi hatte nach seiner Rückkehr aus der Gefangenschaft den Oberbefehl in Flandern erhalten, war aber auch gegen Marlborough nicht glücklicher, als er es gegen den Prinzen Eugen gewesen war. Vergebens errang der Marschall von Boufflers mit einer Abteilung des Heeres in dem Gefecht bei Eckeren einen kleinen Vorteil über den holländischen General Obdam – ein Sieg, der keine Fortsetzung hat, ist ohne Wert.

Wenn indessen der englische Feldherr nicht dem Kaiser zu Hilfe zog, so schien das Haus Österreich verloren. Der Kurfürst von Bayern war Herr von Passau, 30.000 Franzosen unter dem Marschall von Marsin, der Villars ersetzt hatte, überschwemmten die Länder jenseits der Donau, Streifpartien wagten sich bis nach Österreich hinein, und Wien wurde einerseits von den Franzosen und Bayern, andererseits vom Fürsten Räköczi an der Spitze der Ungarn bedroht, die für ihre Freiheit kämpften und von Frankreich und der Türkei mit Geld unterstützt wurden. Da eilte Prinz Eugen aus Italien herbei, übernahm den Befehl über die Heere in Deutschland und traf in Heilbronn mit dem Herzog von Marlborough zusammen. Dieser englische General, den nichts in seinem Verfahren hinderte und dem seine Königin und die Holländer völlig freie Hand ließen, marschierte dem Zentrum des Reichs zu Hilfe. Er nahm 10.000 Mann englischer Infanterie und 23 Schwadronen mit sich, zog in Eilmärschen vorwärts und erreichte die Donau bei Donauwörth, den Linien des Kurfürsten von Bayern gegenüber, hinter denen etwa 8.000 Franzosen und ebenso viele Bayern das von ihnen eroberte Gebiet hüteten. Nach zweistündigem Kampf brach Marlborough an der Spitze von drei Bataillonen Engländer durch und warf die Franzosen und die Bayern über den Haufen (2. Juli 1704). Wie erzählt wird, tötete er 6.000 Mann und verlor selbst beinahe ebenso viele – aber die Zahl der Toten ist für einen Feldherrn von geringer Bedeutung, wenn er nur seinen Zweck erreicht. Er nahm Donauwörth, ging über die Donau und brandschatzte Bayern. Der Marschall von Villeroi hatte ihm auf seinen ersten Märschen zu folgen versucht, hatte ihn dann aber plötzlich aus dem Blick verloren und erfuhr erst durch die Nachricht von jenem Sieg bei Donauwörth, wo er war.

Der Marschall von Tallard rückte auf einem anderen Weg mit etwa 30.000 Mann vor, um sich Marlborough entgegenzustellen und sich mit dem Kurfürsten zu vereinigen. Gleichzeitig traf auch Prinz Eugen ein und vereinigte sich mit Marlborough.

Die beiden Heere trafen endlich ziemlich nahe bei demselben Donauwörth und auf denselben Feldern aufeinander, auf denen der Marschall von Villars ein Jahr zuvor den Sieg davongetragen hatte – aber Villars befand sich jetzt in den Cevennen. Ich weiß, dass er nach Empfang eines am Tag vor der Schlacht geschriebenen Briefes vom Heer Tallards, in dem man ihm die Aufstellung der beiden Armeen und den Schlachtplan Tallards mitteilte, an seinen Schwager, den Präsidenten de Maisons, schrieb, wenn der Marschall von Tallard unter Beibehaltung dieser Stellung eine Schlacht liefere, so würde er unfehlbar geschlagen werden. Man zeigte den Brief Ludwig XIV., und er wurde veröffentlicht.

13. August 1704. – Die französische Armee bestand, die Bayern mitgerechnet, aus 92 Bataillonen und 60 Schwadronen, was ungefähr 60.000 Kämpfer ausmachte, da die Reihen nicht vollzählig waren. 64 Bataillone und 152 Schwadronen bildeten die feindliche Armee, die nur etwa 52.000 Mann stark war, denn man macht die Armeen immer zahlreicher, als sie in Wirklichkeit sind. Dieser blutige und entscheidende Tag verdient eine besondere Aufmerksamkeit. Man hat den französischen Generälen sehr viele Fehler vorgehalten, der erste war der, dass sie sich überhaupt in die Notwendigkeit versetzten, die Schlacht annehmen zu müssen, anstatt die feindliche Armee aus Mangel an Fourage zusammenschmelzen zu lassen und dem Marschall von Villeroi Zeit zu geben, über die von Truppen entblößten Niederlande herzufallen oder nach

Deutschland vorzurücken. Man muss jedoch diesem Vorwurf gegenüber in Betracht ziehen, dass die französische Armee bei ihrer größeren Stärke darauf hoffen durfte, das Heer der Verbündeten zu schlagen, und dass der Sieg den Kaiser entthront haben würde. Der Marquis de Feuquières zählt zwölf Hauptfehler auf, die der Kurfürst, Marsin und Tallard vor und nach der Schlacht begingen. Einer der bedenklichsten war der, dass sie keine starke Infanterieabteilung im Zentrum aufgestellt und ihre beiden Armeekorps getrennt hatten. Ich habe aus dem Mund des Marschalls von Villars oft die Bemerkung gehört, dass diese Anordnung geradezu unentschuldbar wäre.

Der Marschall von Tallard befand sich auf dem rechten Flügel, der Kurfürst mit Marsin auf dem linken. Der Marschall von Tallard besaß die ganze Glut und Lebhaftigkeit des französischen Mutes sowie einen tatkräftigen, scharfsichtigen, an Auswegen und Hilfsmitteln erfinderischen Geist. Er war es, der die Teilungsverträge zustande gebracht hatte. Er war auf dem Weg eines Mannes von Herz und Kopf zu Ruhm und Glück gelangt. Die Schlacht bei Speyer hat ihm den Kritiken Feuquières' zum Trotz viel Ehre eingetragen, denn in den Augen des Publikums hat ein siegreicher General niemals Fehler begangen – gerade wie ein geschlagener General immer Unrecht hat, so umsichtig und geschickt sein Verhalten auch gewesen sein mag.

Tallard hatte jedoch ein für einen Feldherrn höchst gefährliches Gebrechen: er sah so schlecht, dass er die Gegenstände in einer Entfernung von zwanzig Schritt nicht mehr unterscheiden konnte. Ferner haben genaue Bekannte von ihm mir erzählt, dass sein ungestümer Mut im Gegensatz zu der kaltblütigen Unerschrockenheit Marlboroughs in der Hitze des Gefechtes Feuer zu fangen pflegte und seinem Geist nicht genug Unbefangenheit und Freiheit ließ. Dieser Fehler entstammte seinem trockenen und glühenden Blut – man weiß ja zur Genüge, dass unser Temperament alle Eigenschaften unserer Seele bestimmt.

Der Marschall von Marsin hatte bis dahin noch nie den Oberbefehl gehabt, und wie man sagt, besaß er bei viel Geist und gesundem Verstand doch mehr die Erfahrung eines tüchtigen Offiziers als eines tüchtigen Feldherrn.

Was den Kurfürsten von Bayern anlangt, so galt er weniger als großer Heerführer denn als tapferer, liebenswürdiger, von seinen Untertanen geliebter Fürst, der mehr Hochherzigkeit als eifrige Tätigkeit entfaltete.

Die Schlacht begann endlich zwischen zwölf und ein Uhr mittags. Marlborough und seine Engländer drangen, nachdem sie einen Bach überschritten hatten, bereits auf die Reiterei Tallards ein. Dieser General hatte sich kurze Zeit zuvor zum linken Flügel begeben, um zu sehen, welche Aufstellung dieser gewonnen hatte; es war also schon ein großer Nachteil, dass die Armee Tallards sich schlagen musste, ohne ihren General an ihrer Spitze zu haben. Die Armee des Kurfürsten und Marsins war von Eugen noch nicht angegriffen. Marlborough fiel den rechten französischen Flügel nahezu eine volle Stunde früher an, ehe Eugen überhaupt auf dem linken, dem Kurfürsten gegenüber, hätte anlangen können.

Sobald der Marschall von Tallard erfuhr, dass sein Flügel von Marlborough angegriffen wurde, sprengte er diesem zu Hilfe – er fand ein wütendes Gefecht im Gange. Die französische Kavallerie hatte sich dreimal gesammelt und war dreimal zurückgetrieben worden. Er eilte zum Dorf Blindheim, wo er 27 Bataillone und 12 Schwadronen aufgestellt hatte; es war dies eine besondere kleine Armee, die ein unausgesetztes Feuer auf die Scharen Marlboroughs unterhielt. Von diesem Dorf aus erteilte er seine Befehle und eilte dann zu der Stelle, wo Marlborough mit seiner Reiterei und einigen zwischen den Schwadronen aufgestellten Bataillonen die französische Kavallerie zurückwarf.

Der Marquis de Feuquières täuscht sich sicher, wenn er berichtet, dass Tallard sich gar nicht an diesem Punkt befand und dass er bei der Rückkehr von Marsins Flügel zu seinem eigenen gefangengenommenen wurde. Alle Berichte stimmen darin überein, und es war zu seinem Unglück nur allzu wahr, dass er sich an jenem Punkt befand: Er wurde dort verwundet, und sein Sohn erhielt an seiner Seite einen tödlichen Schuss. Seine gesamte Kavallerie wurde vor seinen Augen in die Flucht geschlagen. Marlborough brach auf der einen Seite siegreich zwischen den beiden französischen Heeren durch, während seine Oberoffiziere auf der anderen auch zwischen dem Dorf Blindheim und dem Heer Tallards durchbrachen, das auf diese Weise auch von der kleinen Armee, die in Blindheim stand, abgeschnitten wurde.

In dieser furchtbaren Bedrängnis bemühte sich Tallard, einige Schwadronen zu sammeln. Bei seiner Kurzsichtigkeit hielt er jedoch eine feindliche Schwadron für eine französische und wurde von den hessischen Truppen, die im Sold Englands standen, zum Gefangenen gemacht. In dem Augenblick, wo der Marschall gefangengenommen wurde, gewann auch Prinz Eugen, nachdem er dreimal zurückgeschlagen worden war, schließlich die Oberhand. Beim Armeekorps des Marschalls von Tallard war die Niederlage bereits vollständig und alles in wilder Flucht. Die

Bestürzung und die Blindheit auf diesem rechten Flügel waren so groß, dass Offiziere und Soldaten sich in die Donau stürzten, ohne zu wissen, wohin sie eigentlich gingen. Kein Stabsoffizier erteilte Befehle, um den Rückzug zu ordnen; Keiner dachte daran, jene unglücklicherweise in Blindheim eingeschlossenen 27 Bataillone und 12 Schwadronen – die besten Truppen Frankreichs – zu retten oder in den Kampf zu führen.

Der Marschall von Marsin zog sich nun ebenfalls zurück, und der Graf du Bourg, später Marschall von Frankreich, rettete einen kleinen Teil der Infanterie, indem er sich durch die Sümpfe von Höchstädt einen Weg suchte. Aber weder er noch Marsin noch sonst jemand dachte an die kleine Armee in Blindheim, die auf Befehle wartete und keine empfing. Sie bestand aus 11.000 Mann der ältesten Regimenter Frankreichs. Man hat mehrere Beispiele, dass kleinere Armeen als diese Heere von 50.000 Mann geschlagen oder einen glorreichen Rückzug gemacht haben – aber der Ort, an dem man aufgestellt ist, entscheidet alles. Sie konnten nicht aus den engen Gassen eines Dorfes heraus, um sich angesichts einer siegreichen Armee, die sie augenblicklich durch eine ausgedehntere Front sowie durch ihre Artillerie und sogar durch das Geschütz des besiegten Heeres, das bereits in der Gewalt der Sieger war, erdrückt haben würde, von selbst in Schlachtordnung zu stellen. Der Stabsoffizier, der sie kommandieren sollte, der Marquis von Clairambault, ein Sohn des Marschalls von Clairambault, sprengte davon, um beim Marschall von Tallard Befehle einzuholen. Er vernahm, dass der Marschall gefangen war, erblickte überall nur flüchtige Haufen, flüchtete mit ihnen und ertrank in der Donau.

Der Brigadier Sivières, der ebenfalls im Dorf stand, versuchte nun einen kühnen Handstreich. Er rief den Offizieren der Regimenter Artois und Provence zu, ihm zu folgen; mehrere Offiziere – auch von anderen Regimentern – schlossen sich ihm an. Sie warfen sich auf den Feind in derselben Weise, in der man einen Ausfall aus einer Festung macht; nach dem Ausfall muss man aber auch wieder in die Festung zurückkehren. Einen Augenblick später kam einer jener Offiziere namens Desnonville mit Lord Orknay, genannt Hamilton, in das Dorf zurück.

»Ist das ein gefangener Engländer, den Sie uns da bringen?« fragten die Offiziere, indem sie ihn umringten.

»Nein, meine Herren, ich bin selbst Gefangener und komme nur, um Ihnen zu sagen, dass es keine andere Wahl mehr für Sie gibt, als sich gefangenzugeben. Hier ist der Graf von Orknay, der Ihnen die Kapitulation anbietet.«

Die alten Truppen erbebten; das Regiment Navarra zerriss und vergrub seine Fahnen. Schließlich aber musste man sich in das Unabänderliche fügen, und das ganze Heer ergab sich ohne Kampf. Lord Orknay hat mir versichert, dass dieses Korps in seiner beengten Stellung nicht anders handeln konnte. Europa war erstaunt, dass Frankreichs beste Truppen gemeinsam eine solche Schmach erlitten hatten. Man schrieb ihr Unglück der Feigheit zu; einige Jahre später aber haben 14.000 Schweden, die sich auf freiem Feld den Russen auf Gnade und Ungnade gefangengaben, die Franzosen gerechtfertigt. Das war die berühmte Schlacht, die in Frankreich Schlacht bei Höchstädt, in Deutschland Schlacht bei Blindheim und in England Schlacht bei Blenheim heißt. Die Sieger verloren dabei 5.000 Tote und hatten beinahe 8.000 Verwundete, von denen die größere Anzahl auf das Heer des Prinzen Eugen kam. Die französische Armee wurde vollständig aufgerieben: von 60.000 Mann, die so lange siegreich gewesen waren, brachte man nicht mehr als 20.000 wieder zusammen.

Ungefähr 12.000 Tote, 14.000 Gefangene, sämtliches Geschütz, eine Staunen erregende Anzahl von Standarten und Fahnen, die Zelte, das Gepäck, der Anführer des Heeres und 200 höhere Offiziere fielen als Wahrzeichen dieses Tages in die Gewalt des Siegers. Die Flüchtigen zerstreuten sich, und mehr als fünfzig Meilen Landes gingen in weniger als Monatsfrist verloren. Ganz Bayern fiel in die Gewalt des Kaisers und empfand die ganze Strenge der erbitterten österreichischen Regierung sowie die ganze Barbarei und Raubsucht der siegreichen Soldateska. Der Kurfürst traf auf der Flucht nach Brüssel mit seinem Bruder, dem Kurfürsten von Köln, zusammen, der ebenfalls seines Landes beraubt war, und beide umarmten sich unter Tränen. Erstaunen und Bestürzung ergriffen den an das Glück gewöhnten Hof von Versailles. Die Nachricht von der Niederlage traf gerade während der wegen der Geburt eines Urenkels Ludwigs XIV. angestellten Festlichkeiten ein. Niemand wagte dem König die grausame Botschaft mitzuteilen. Endlich musste Frau von Maintenon es auf sich nehmen, ihm zu sagen, dass er nicht mehr unüberwindlich wäre.

Man hat gesagt und geschrieben – und alle Historiker haben es wiederholt –, dass der Kaiser auf der Ebene bei Blindheim ein Denkmal dieser Niederlage mit einer für den König von Frankreich schimpflichen Inschrift errichten ließ – aber dieses Denkmal hat nie existiert.[55] Nur

55 Reboulet versichert, dass Kaiser Leopold eine solche Pyramide errichten ließ. Man glaubte es in Frankreich wirklich, und der Marschall von Villars schickte im Jahre

England hat ein solches zu Ehren des Herzogs von Marlborough errichtet: Die Königin und das Parlament ließen ihm auf seinem bedeutendsten Landgut einen großartigen Palast erbauen, der den Namen Blenheim House führt und in dem die Schlacht auf Gemälden und Tapeten dargestellt ist. Der Dank der beiden Häuser des Parlaments, der Städte und Flecken und der Jubel des gesamten England waren der erste Lohn, den er für seinen Sieg empfing. Das Gedicht des berühmten Addison, ein unvergänglicheres Denkmal als das Blenheim House, wird von dieser kriegerischen und gelehrten Nation zu den ehrenvollsten Belohnungen des Herzogs von Marlborough gerechnet. Der Kaiser machte ihn zum Reichsfürsten, indem er ihm das Fürstentum Mindelheim verlieh, das später mit einem anderen vertauscht wurde. Er ist jedoch nie unter diesem Titel bekannt geworden, da der Name Marlborough der schönste war, den er tragen konnte.

Die versprengte französische Armee ließ den Verbündeten den Weg von der Donau zum Rhein offen. Diese überschritten den Rhein und drangen in das Elsass ein. Prinz Ludwig von Baden, ein wegen seiner trefflich gewählten Lager und seiner Märsche berühmter General, schloss Landau ein, das die Franzosen zurückerobert hatten. Der bereits zum römischen Kaiser erwählte älteste Sohn Leopolds, Joseph, fand sich zu dieser Belagerung ein; Landau wurde genommen und ebenso Trarbach (19. und 23. November 1704).

Die verlorenen hundert Meilen Landes hindern nicht, dass die Grenzen Frankreichs nicht noch in Sicherheit wären; Ludwig XIV. hielt seinen Enkel in Spanien und war in Italien siegreich. Es bedurfte zwar großer Anstrengungen, um in Deutschland dem Herzog von Marlborough zu widerstehen, aber man machte sie: Man sammelte die Trümmer der geschlagenen Armee, zog Truppen aus den Festungen und ließ die Landmiliz marschieren; das Ministerium lieh sich von allen Seiten Geld. Schließlich hatte man wieder ein Heer und rief nun den Marschall von Villars aus den Cevennen zurück, um es zu kommandieren; er kam und stellte sich bei Trier mit seinen geringeren Streitkräften dem engli-

1707 fünfzig Handwerker, um sie zerstören zu lassen – man fand jedoch nichts. Der Fortsetzer des Thoyras, der nur den im Haag erscheinenden Tagblättern nachgeschrieben hat, setzt die Inschrift als sicher voraus und schlägt sogar vor, sie zugunsten der Engländer zu verändern; in Wirklichkeit wurde sie von müßigen, ihrer Religion wegen aus Frankreich vertriebenen Franzosen erfunden. Es war damals – und ist es noch heute – ganz normal, dass man reine Erfindungen oder populäre Gerüchte für unzweifelhafte Wahrheiten ausgab. Früher fehlte es der Geschichte an Denkwürdigkeiten, heute schadet ihr die Menge der Denkschriften; die Wahrheit wird in einem Ozean von Broschüren ersäuft!

schen General gegenüber. Beide Feldherren wollten eine neue Schlacht. Da jedoch der Prinz von Baden seine Truppen nicht zeitig genug zu den Engländern stoßen ließ, hatte Villars wenigstens die Ehre, Marlborough zum Abzug zu zwingen (Mai 1705) – das war damals schon viel. Der Herzog von Marlborough, der den Marschall von Villars genügend achtete, um auch von ihm geachtet werden zu wollen, schrieb ihm beim Abzug: »Erweisen Sie mir die Gerechtigkeit, und glauben Sie mir, dass mein Rückzug durch den Prinzen von Baden verschuldet ist und dass ich Sie noch mehr achte, als ich gegen ihn erzürnt bin.«

Die Franzosen hatten also noch Schutzwälle in Deutschland. Flandern, wo der aus der Gefangenschaft zurückgekehrte Marschall von Villeroi kommandierte, war noch nicht angegriffen worden. In Spanien warteten König Philipp V. und Erzherzog Karl auf die Krone; der erstere hoffte sie durch die Macht seines Großvaters und den guten Willen der Mehrzahl der Spanier zu erlangen, der andere erhoffte sie von der Hilfe der Engländer und der Anhänger, die er in Katalonien und in Aragonien hatte. Der Erzherzog, der später Kaiser wurde, damals aber nur der jüngere Sohn Kaiser Leopolds war und nichts weiter besaß als diesen Titel, war gegen Ende des Jahres 1703 beinahe ohne Gefolge nach London gegangen, um Königin Anna um Unterstützung zu bitten.

Damals zeigte sich die ganze Macht der Engländer. Diese Nation, die dem ganzen Streit durchaus fremd war, lieferte dem österreichischen Prinzen zweihundert Transportschiffe, außer zehn holländischen noch dreißig von ihren eigenen Kriegsschiffen, neuntausend Mann Truppen und das nötige Geld, damit er sich ein Königreich erobern könne. Aber diese Überlegenheit, die die Macht und die erwiesenen Wohltaten ihm verliehen, hinderten den Kaiser nicht, seiner Wohltäterin, der Königin Anna, in seinem vom Erzherzog überreichten Brief den Titel Majestät zu versagen – sie wurde einfach Ew. Durchlaucht[56] betitelt, wie der Stil des Wiener Hofs es vorschrieb, jener Stil, den nur die Gewohnheit rechtfertigen konnte und den, da der Stolz sich der Notwendigkeit beugen musste, die Vernunft inzwischen geändert hat.

56 Reboulet sagt, die deutsche Reichskanzlei gebe den Königen den Titel Ew. Liebden – das ist jedoch der Titel der Kurfürsten.

Zwanzigstes Kapitel

Verluste in Spanien · Verlust der Schlachten bei Ramillies und bei Turin und deren Folgen

Eine der ersten Heldentaten jener englischen Truppen war die Eroberung von Gibraltar, das mit Recht für uneinnehmbar galt. Eine lange Kette steiler Felsen machte jede Annäherung von der Landseite her unmöglich, ein Hafen ist nicht vorhanden, und die langgestreckte, unsichere und stürmische Bucht gibt die Schiffe den Stürmen wie der Artillerie der Festung und des Hafendamms preis. Die bloßen Bürger würden die Stadt gegen tausend Schiffe und hunderttausend Mann verteidigen können – aber eben diese Stärke wurde die Ursache ihrer Eroberung. Die Besatzung bestand aus hundert Mann, und das war hinreichend; sie vernachlässigte jedoch den Dienst, den sie für überflüssig hielt. Der Prinz von Hessen war mit 1.800 Mann auf der Landenge, die sich im Norden hinter der Stadt befindet, ausgeschifft worden, aber auf dieser Seite machte der steil aufsteigende Fels die Stadt unangreifbar. Ebenso vergebens gab die Flotte 15.000 Kanonenschüsse ab. Schließlich näherte sich eine Anzahl Matrosen bei einem ihrer Erholungsspiele unterhalb des Hafendamms, dessen Artillerie sie in den Grund bohren sollte, dem Ufer. Die Artillerie schoss nicht; die Matrosen erkletterten das Bollwerk und bemächtigten sich seiner; die Truppen stürmten herbei, und die uneinnehmbare Stadt musste sich ergeben (4. August 1704). Sie gehört noch heute, wo ich dies schreibe,[57] den Engländern. Spanien, das unter dem Regiment der Prinzessin von Parma, der zweiten Frau Philipps V., wieder eine Macht geworden und in Afrika wie in Italien siegreich gewesen ist, sieht noch immer mit ohnmächtigem Schmerz Gibraltar in den Händen einer nordischen Nation, deren Schiffe noch vor zweihundert Jahren kaum das Mittelmeer befuhren.

Unmittelbar nach der Einnahme von Gibraltar griff die englische Flotte, die das Meer beherrschte, im Angesicht von Malaga den fran-

57 Im Jahre 1740. Der Platz ist auch in den Friedensschlüssen von 1748 und 1763 und endlich, nachdem er eine lange Blockade ausgestanden hat, auch 1783 den Engländern verblieben. Eine aus Spaniern und Franzosen zusammengesetzte Armee schickte sich 1782 unter dem Kommando des Herzogs von Crillon, der eben Menorca erobert hatte, zu einem Angriff auf Gibraltar von der Seeseite her an. Die schwimmenden Batterien, die zur Zerstörung der Festungswerke bestimmt waren, wurden jedoch durch die Glühkugeln des Platzes vernichtet.

zösischen Admiral Graf von Toulouse an. Die Schlacht blieb zwar unentschieden, bildet aber den letzten Glanzpunkt der Macht Ludwigs XIV. Sein natürlicher Sohn, der Graf von Toulouse, befehligte in diesem Kampf als Admiral von Frankreich fünfzig Linienschiffe und achtzig Galeeren – er zog sich glorreich und ohne Verlust zurück. Als aber der König später dreizehn Schiffe absandte, um Gibraltar vom Meer aus anzugreifen, während der Marschall von Tessé es zu Lande belagerte, richtete diese doppelte Verwegenheit sowohl das Heer wie die Flotte zugrunde: ein Teil der Schiffe wurde durch den Sturm vernichtet, ein anderer beim Landen nach bewundernswürdiger Gegenwehr von den Engländern genommen, ein dritter endlich an der spanischen Küste vom Feuer verzehrt (März 1705). Seit diesem Tag zeigte sich keine bedeutende französische Flotte mehr auf dem Atlantischen Ozean oder im Mittelmeer, und die Marine kehrte wie so viele andere glänzende Einrichtungen, die unter ihm ihren Anfang und ihr Ende hatten, nahezu wieder in den Zustand zurück, dem Ludwig XIV. sie entrissen hatte.

Dieselben Engländer, die für sich selbst Gibraltar erobert hatten, eroberten in sechs Wochen das Königreich Valencia sowie Katalonien für den Erzherzog Karl. Barcelona nahmen sie durch einen Zufall, der eine Folge der Verwegenheit der Belagerer war.

Die Engländer standen unter dem Befehl eines der eigentümlichsten Menschen, den dieses an stolzen, mutigen und seltsamen Geistern so fruchtbare Land je hervorgebracht hat. Es war dies der Earl of Peterborough, ein Mann, der in allem jenen Helden glich, mit denen die Einbildungskraft der Spanier so manches Buch bevölkert hat. Er hatte mit fünfzehn Jahren London verlassen, um die Mauren in Afrika zu bekriegen. Mit zwanzig Jahren hatte er mit der Revolution in England den Anfang gemacht und sich zuerst nach Holland zum Prinzen von Oranien begeben; aus Sorge, dass man den Grund seiner Reise erraten könnte, hatte er sich jedoch zunächst nach Amerika eingeschifft und war erst von dort aus auf einem holländischen Schiff nach Den Haag gegangen. Er verlor oder verschenkte sein Vermögen zu wiederholten Malen und gewann es mehrere Male wieder. Den Krieg in Spanien führte er nahezu auf eigene Kosten und erhielt obendrein den Erzherzog und dessen ganzes Haus.

Nun belagerte er mit dem Prinzen von Darmstadt[58] Barcelona. Er schlug diesem einen plötzlichen Angriff auf die Verschanzungen vor,

58 Die Geschichte Reboulets nennt diesen Prinzen »das Haupt der Aufständischen«, als ob er ein gegen Philipp V. im Aufstand begriffener Spanier gewesen wäre.

die das Fort Montjoui und die Stadt deckten. Diese Verschanzungen, auf denen der Prinz den Tod fand, wurden mit dem Degen in der Faust erstürmt. Im Fort platzte eine Bombe auf dem Pulvermagazin und sprengte es in die Luft – das Fort wurde genommen, die Stadt kapitulierte. Der Vizekönig unterhandelte mit Peterborough am Tor der Stadt. Die Artikel waren noch nicht unterzeichnet, als man plötzlich Geschrei und Klagen vernahm.

»Sie verraten uns!« rief der Vizekönig. »Wir kapitulieren in gutem Glauben, und dort dringen Ihre Engländer über die Wälle in die Stadt und plündern, morden und notzüchtigen!«

»Sie irren«, entgegnete Graf Peterborough; »dies müssen Truppen des Prinzen von Darmstadt sein. Es gibt jetzt nur ein Mittel, die Stadt zu retten: Lassen Sie mich auf der Stelle mit meinen Engländern ein. Ich werde alles zur Ruhe und dann hier am Tor die Kapitulation mit Ihnen zum Abschluss bringen.«

Er sprach dies in einem so wahren und aufrichtigen Ton, dass er den Gouverneur angesichts der drohenden Gefahr überzeugte – man ließ ihn ein. Er eilte mit seinen Offizieren davon, traf Deutsche und Katalanen im Verein mit dem Pöbel der Stadt bei der Plünderung der Häuser der vornehmsten Bürger, vertrieb sie und zwang sie, die Beute zurückzulassen. Die Herzogin von Popoli fand er in den Händen der Soldaten, die ihr Gewalt anzutun drohten; er gab sie ihrem Gatten zurück, wandte sich schließlich, nachdem er alles beruhigt hatte, wieder dem Tor zu und unterzeichnete die Kapitulation. Die Spanier waren verwirrt, bei diesen Engländern, die das Volk für unbarmherzige Barbaren gehalten hatte, weil sie Ketzer waren, soviel Großmut und Hochherzigkeit zu finden.

Zum Verlust Barcelonas kam noch die Demütigung eines vergeblichen Versuchs der Zurückeroberung. Philipp V., der den größten Teil Spaniens für sich hatte, hatte doch weder Generäle noch Ingenieure, noch kaum Soldaten – Frankreich musste alles liefern. Der Graf von Toulouse blockierte den Hafen mit fünfundzwanzig Schiffen, dem Rest der französischen Flotte, der Marschall von Tessé schloss mit einunddreißig Schwadronen und siebenunddreißig Bataillonen die Stadt ein. Aber die englische Flotte traf ein; die französische zog sich zurück, der Marschall von Tessé hob eiligst die Belagerung auf, ließ in seinem Lager unermessliche Vorräte zurück, floh und gab 500 Verwundete der Gnade des Earl of Peterborough preis. Alle diese Verluste waren bedeutend; man wusste nicht, ob es Frankreich seinerzeit mehr gekostet hatte, Spanien zu besiegen, als es ihn jetzt kostete, diesen Staat zu unterstützen.

Doch der Enkel Ludwigs XIV. behauptete sich infolge der Zuneigung der Kastilier, die ihren Stolz darin setzten, treu zu sein, und bei der einmal getroffenen Wahl beharrten.

In Italien standen die Angelegenheiten gut: Ludwig XIV. w ar am Herzog von Savoyen gerächt. Der Herzog von Vendôme hatte zuerst ruhmvoll den Prinzen Eugen in der Schlacht bei Cassano an der Adda zurückgeschlagen (16. August 1705); einem blutigen Tag und einem jener unentschiedenen Kämpfe, derentwegen auf beiden Seiten das Tedeum gesungen wird, die aber nur zur Vernichtung von Menschen dienen, ohne einer der beiden Parteien wesentlich zu nützen. Nach der Schlacht bei Cassano hatte er in Abwesenheit des Prinzen Eugen die Schlacht bei Cassinato[59] glänzend gewonnen (19. April 1706), und als der Prinz am Tag nach der Schlacht zurückgekehrt war, hatte er abermals eine Abteilung seines Heeres völlig vernichtet gefunden. Schließlich waren die Verbündeten genötigt, dem Herzog von Vendôme überall das Feld zu räumen; es blieb fast nur noch Turin zu nehmen. Die Stadt sollte eingeschlossen werden, und es schien unmöglich, ihr zu Hilfe zu kommen. In Deutschland bedrängte der Marschall von Villars den Prinzen von Baden. In Flandern kommandierte Villeroi ein Heer von 8.000 Mann und schmeichelte sich mit der Hoffnung, Marlborough gegenüber das Unglück wettzumachen, das ihm bei der Bekämpfung des Prinzen Eugen widerfahren war. Sein allzu großes Vertrauen auf seine persönliche Einsicht war für Frankreich verderblicher denn je.

Der Marschall von Villeroi hatte seine Armee an der Mehaigne gegen die Quellen der Kleinen Gette zu aufgestellt. Das Zentrum befand sich bei Ramillies, einem Dorf, das ebenso berühmt geworden ist wie Höchstädt. Er hätte die Schlacht vermeiden können, und die Stabsoffiziere rieten ihm dazu, aber die blinde Ruhmsucht gewann die Oberhand. Wie behauptet wird, traf er derartige Anordnungen, dass kein einigermaßen erfahrener Offizier nicht den schlimmen Ausgang vorhergesehen hätte: Im Zentrum standen frisch geworbene Truppen, die weder diszipliniert noch vollzählig waren; das Gepäck ließ er zwischen den Reihen des Heeres, und seinen linken Flügel postierte er hinter einen Sumpf, als ob er ihm jedes Eindringen auf den Feind hätte unmöglich machen wollen.[60]

59 Es war ein aus Dänemark gebürtiger Graf von Reventlau, der in der Schlacht bei Cassinato kommandierte; er hatte jedoch ausschließlich kaiserliche Truppen unter sich. – La Beaumelle bemerkt dazu in seinen ›Noten über die Geschichte des Zeitalters Ludwigs XIV.‹, dass »die Dänen anderwärts nicht besser sind als bei sich im eigenen Land«. Man muss gestehen, dass es wirklich etwas Seltenes ist, einen solchen Menschen auf solche Weise alle Nationen beleidigen zu sehen.

60 Siehe die ›Denkwürdigkeiten des Marquis de Feuquières‹.

Marlborough, der alle diese Fehler wahrnahm, ordnete seine Armee in solcher Weise, dass er Vorteile daraus ziehen konnte. Er sah, dass der französische linke Flügel seinen rechten nicht angreifen konnte, und entblößte daher sogleich diesen rechten Flügel, um sich mit überlegener Macht auf Ramillies zu werfen (23. Mai 1706). Generalleutnant von Gassion, der diese Bewegung des Feindes sah, rief sogleich dem Marschall zu: »Sie sind verloren, wenn Sie nicht Ihre Schlachtordnung ändern! Entblößen Sie den linken Flügel, um dem Feind eine gleiche Anzahl entgegenstellen zu können, und lassen Sie Ihre Linien enger zusammenrücken. Wenn Sie noch einen Augenblick warten, ist keine Rettung mehr möglich.«

Verschiedene Offiziere bestätigten diesen heilsamen Rat, aber der Marschall glaubte ihnen nicht. Marlborough griff an. Er hatte Feinde vor sich, die in einer solchen Schlachtordnung standen, wie er selbst sie aufgestellt haben würde, um sie zu besiegen. So sprach damals ganz Frankreich, und die Geschichte ist ja zum Teil nur die Wiedergabe der Ansichten der Menschen. Hätte man aber nicht auch sagen sollen, dass die Truppen der Verbündeten besser diszipliniert waren und dass ihr Vertrauen zu ihren Führern und zu ihren früheren Siegen ihnen mehr Kühnheit einflößte? Gab es nicht auf französischer Seite Regimenter, die nicht ihre Pflicht taten, und bestimmen nicht die Bataillone, die im Feuer am unerschütterlichsten sind, das Schicksal der Staaten?

Das französische Heer widerstand keine halbe Stunde lang. Bei Höchstädt hatte man sich nahezu acht Stunden geschlagen und den Feinden etwa 8.000 Mann getötet; bei Ramillies aber tötete man nur 2.500. Die Niederlage war vollständig: Die Franzosen verloren dabei 20.000 Mann, den Ruhm ihrer Nation und die Hoffnung, wieder die Oberhand zu gewinnen. Durch die Schlacht bei Höchstädt gingen Bayern und Köln verloren, durch die Schlacht bei Ramillies das ganze spanische Flandern. Marlborough zog siegreich in Antwerpen und Brüssel ein; er nahm Ostende, und Menin ergab sich ihm. Voll Verzweiflung wagte der Marschall von Villeroi nicht, dem König diese Niederlage zu berichten; fünf Tage lang hielt er den Boten zurück. Endlich bestätigte er schriftlich die traurige Nachricht, die den französischen Hof bereits in Schrecken und Bestürzung versetzt hatte. Als er sich wieder vor dem König zeigte, sagte der Monarch, anstatt ihm Vorwürfe zu machen: »Herr Marschall, man hat kein Glück mehr in unserem Alter.«

Der König berief unverzüglich den Herzog von Vendôme aus Italien, wo er ihn nicht mehr für nötig hielt, damit er, wenn möglich, das Unglück wiedergutmache. Er erwartete wenigstens – und allem Anschein nach mit Recht –, dass die Einnahme von Turin ihn für so viele Verluste entschädigen würde. Prinz Eugen schien nicht imstande, die Stadt zu entsetzen: Er stand jenseits der Etsch, und dieser diesseits mit einer langen Kette von Verschanzungen versehene Fluss schien den Übergang unmöglich zu machen. Turin wurde von 46 Schwadronen und 100 Bataillonen belagert.

Der Herzog von La Feuillade, der diese Truppen befehligte, war der glänzendste und liebenswürdigste Mann des Königreichs und hatte, obwohl er der Schwiegersohn des Ministers war, doch die öffentliche Meinung für sich. Er war ein Sohn jenes Marschalls von La Feuillade, der die Statue Ludwigs XIV. auf der Place des Victoires errichtete, und besaß ebenso viel Mut, Ehrgeiz und Eifer und zudem auch noch mehr Geist als sein Vater. Als Belohnung für die Einnahme von Turin hoffte er den Marschallstab zu erhalten. Sein Schwiegervater Chamillart, der ihn von Herzen liebte, hatte alles aufgewendet, um den Erfolg des Unternehmens zu sichern – die Einbildungskraft erschrickt vor den Einzelheiten der Zurüstungen zu dieser Belagerung. Den Lesern, denen es nicht vergönnt ist, dergleichen Einzelheiten zu erörtern, wird es vielleicht angenehm sein, hier Angaben über dieses ungeheure, aber nutzlose Belagerungsgerät zu finden. Man hatte 140 Kanonen kommen lassen – und dabei ist zu beachten, dass jedes grobe Geschütz mit völliger Ausrüstung ungefähr 2.000 Taler kostet! Es waren 110.000 Stückkugeln, 106.000 Patronen von einer Größe und 300.000 von einer anderen, 21.000 Bomben, 27.700 Granaten, 15.000 Erdsäcke, 30.000 Schanzgräberwerkzeuge und 200.000 Pfund Pulver vorhanden. Zu dieser Munition kamen noch Blei, Eisen, Weißblech und Seilwerk, der gesamte Bedarf der Minengräber, Schwefel, Salpeter und Handwerkzeug aller Art. Die Kosten dieses Gerätes der Zerstörung würden sicherlich zur Gründung und Erhaltung der stärksten Kolonie ausreichen. Jede Belagerung einer großen Stadt erfordert diese ungeheuren Kosten – aber wenn es sich im eigenen Land um den Wiederaufbau eines zerstörten Dorfes handelt, so wird er verabsäumt.

Voll Eifer und Tätigkeit, für Unternehmungen, die nur Mut erforderten, tüchtiger als irgendjemand, aber untauglich für alle, die Geschick, Überlegung und Zeit benötigen, beschleunigte La Feuillade die Belagerung gegen alle Regeln der Kunst. Der Marschall von Vauban – vielleicht der einzige General, der den Staat mehr liebte als sich selbst hatte sich erboten, die Belagerung als Ingenieur zu leiten und in La Feuillades Armee als Freiwilliger zu dienen. Der Herzog von La Feuillade nahm jedoch das Anerbieten Vaubans als Stolz, der sich unter dem Schein der Bescheidenheit versteckt; er fühlte sich beleidigt, dass der beste Ingenieur Europas ihm Ratschläge erteilen wollte, und schrieb in einem Brief, den ich selbst eingesehen habe: »Ich hoffe Turin à la Cohorn zu nehmen.« Dieser Cohorn war der Vauban der Verbündeten, ein guter Ingenieur und tüchtiger General, der einige von Vauban befestigte Plätze erobert hatte.

Nach einem solchen Brief musste er Turin um jeden Preis nehmen. Da er es aber an der Zitadelle, dem stärksten Punkt, angegriffen und die Stadt nicht einmal völlig umzingelt hatte, so konnten Truppen und Lebensmittel in diese eingeführt werden, und der Herzog von Savoyen konnte sie verlassen. Und je ungestümer die wiederholten fruchtlosen Angriffe des Herzogs von La Feuillade wurden, umso mehr zog sich die Belagerung in die Länge.

Der Herzog von Savoyen verließ die Stadt mit einiger Reiterei, um den Herzog von La Feuillade von der Belagerung abzuziehen.

Dieser ließ sogleich alles im Stich, um dem Fürsten nachzueilen, der bei seiner besseren Kenntnis des Terrains allen Verfolgern entwischte. La Feuillade verfehlte den Herzog, und die Leitung der Belagerung litt darunter.

Beinahe alle Historiker haben versichert, der Herzog von La Feuillade habe Turin gar nicht erobern wollen. Sie behaupten, er hätte der Herzogin von Burgund geschworen, die Residenz ihres Vaters zu schonen, und erzählen, die genannte Prinzessin habe Frau von Maintenon bewogen, alle Maßnahmen ergreifen zu lassen, die jener Stadt zum Heil gereichten. Zwar sind beinahe sämtliche Offiziere jenes Belagerungsheeres lange Zeit dieser Meinung gewesen, nichtsdestoweniger aber war das Ganze nur eines jener im Volk umlaufenden Gerüchte, die den gesunden Verstand der Neuigkeitskrämer in einem bedenklichen Licht zeigen und die Geschichtswerke entehren. Übrigens wäre es ein merkwürdiger Widerspruch gewesen, dass ein und derselbe Feldherr Turin nicht hätte erobern, aber den Herzog von Savoyen hätte gefangen nehmen wollen. Vom 13. Mai bis zum 20. Juni deckte der Herzog von Vendôme am Ufer der Etsch diese Belagerung und versperrte mit siebzig Bataillonen und sechzig Schwadronen dem Prinzen Eugen jeden Übergang.

Es fehlte dem kaiserlichen Heerführer an Geld und Truppen. Die Londoner Kaufleute liehen ihm ungefähr sechs Millionen Livre, und er ließ aus den deutschen Kreisen Truppen kommen. Die Langsamkeit dieses Zuzugs hätte zum Verlust Italiens führen können, aber die Langsamkeit bei der Belagerung von Turin war noch größer. Vendôme war bereits zur Wettmachung der Verluste in Flandern bestimmt worden; bevor er jedoch Italien verließ, duldete er, dass Prinz Eugen die Etsch überschritt, über den Weißen Kanal und endlich sogar über den Po ging – einen Fluss, der breiter und an verschiedenen Stellen schwerer zu überschreiten ist als die Rhône. Der französische General verließ die Ufer des Po erst, nachdem er gesehen hatte, dass Prinz Eugen imstande war, bis nach Turin vorzudringen; er ließ also die Angelegenheiten in Italien in einem höchst bedenklichen Zustand zurück, während sie in Flandern, Deutschland und Spanien völlig verzweifelt schienen.

Der Herzog von Vendôme zog nun um Mons die Trümmer der Armee des Marschalls von Villeroi zusammen, während der Herzog von Orléans, der Neffe Ludwigs XIV., das Kommando über die Truppen Vendômes am Po übernahm. Diese Truppen waren in einer Unordnung, als ob sie geschlagen worden wären. Eugen hatte vor den Augen Vendômes den Po überschritten; jetzt überschritt er vor den Augen des Herzogs von Orléans den Tanaro, nahm Carpi, Correggio und Reggio, wusste den Franzosen einen Marsch zu verbergen und vereinigte sich endlich bei Asti mit dem Herzog von Savoyen. Der Herzog von Orléans konnte seinerseits nichts anderes tun, als sich mit dem Herzog von La Feuillade im Lager vor Turin zu vereinigen; Prinz Eugen folgte ihm eilig.

Man hatte nun zwischen zwei Entschlüssen die Wahl: Man musste entweder den Prinzen Eugen in den Umwallungslinien erwarten, oder man musste ihm entgegenziehen, solange er noch bei Veillano stand. Der Herzog von Orléans versammelte einen Kriegsrat, der außer ihm selbst aus dem Marschall von Marsin – demselben, der die Schlacht bei Höchstädt verloren hatte –, dem Herzog von La Feuillade, Albergoti, SaintFremont und mehreren anderen Generalleutnants bestand. »Meine Herren«, redete der Herzog von Orléans sie an, »wenn wir in unseren Verschanzungen bleiben, verlieren wir die Schlacht. Die Umwallung hat fünf Stunden im Umfang, und wir können nicht alle diese Verschanzungen besetzen. Hier steht das Marineregiment nur zwei Mann tief, dort sind andere Punkte vollständig von Verteidigern entblößt. Die Doria, die durch unser Lager fließt, wird die Truppen hindern, einander schnell zu Hilfe zu kommen. Wenn der Franzose den Angriff abwartet, büßt er den größten seiner Vorteile, nämlich jenes Ungestüm und jene erste Hitze ein, die so häufig den Gewinn der Schlacht entscheiden. Glauben Sie mir, wir müssen dem Feind entgegenmarschieren.« »Wir müssen marschieren, gewiss«, entgegneten sämtliche Generalleutnants. Da zog jedoch der Marschall von Marsin einen Befehl des Königs aus der Tasche, laut dem man im Gefechtsfall seiner Ansicht Folge leisten sollte, und seine Ansicht ging dahin, in den Verschanzungen zu bleiben.

Mit Entrüstung erkannte der Herzog von Orléans, dass man ihn nur als Prinzen von Geblüt, nicht aber als General zum Heer geschickt hatte; aber bei der Notwendigkeit, der Ansicht des Marschalls von Marsin zu folgen, rüstete er sich zu dem unvorteilhaften Kampf. Die Feinde schienen gleichzeitig mehrere Angriffe machen zu wollen; ihre vielfachen Bewegungen erzeugten Unsicherheit im Lager der Franzosen. Der Herzog von Orléans wollte dies, Marsin und La Feuillade etwas anderes, man stritt hin und her und kam zu keinem Entschluss. Schließlich ließ man den Feind die Doria überschreiten. Er rückte in acht Kolonnen zu fünfundzwanzig Mann Tiefe vor, und es war unerlässlich, ihm sofort Bataillone von hinreichender Stärke entgegenzuwerfen.

Albergoti, der entfernt vom Heer auf dem Kapuzinerberg stand, hatte 20.000 Mann unter sich und nur frisch eingestellte Truppen, die ihn nicht anzugreifen wagten, sich gegenüber. Man forderte ihn auf, 12.000 Mann zu senden; er erwiderte, er könne sich nicht bloßgeben, und führte scheinbar triftige Gründe dafür an. Man hörte diese an, und so ging Zeit verloren. Prinz Eugen griff die Verschanzungen an und drang nach zweistündigem Kampf in diese ein (7. September 1706).

Der Herzog von Orléans war verwundet worden und hatte sich zurückgezogen, um sich verbinden zu lassen. Kaum aber befand er sich unter den Händen der Chirurgen, als man ihm mitteilte, dass alles verloren, der Feind im Lager und die Flucht allgemein wäre. Man musste ohne Säumen den Rückzug antreten: Linien und Laufgräben wurden verlassen, die Armee zerstreute sich, und sämtliches Gepäck, der Proviant, die Munition und die Kriegskasse fielen in die Hände des Siegers.

Der am Schenkel verwundete Marschall von Marsin wurde gefangengehommen. Ein Chirurg des Herzogs von Savoyen nahm ihm das Bein ab, der Marschall aber starb wenige Momente nach der Operation. Der englische Gesandte beim Herzog von Savoyen, Chevalier Méthuin, der hochherzigste, freimütigste und redlichste Mann seines Landes, der je zu Gesandtschaften verwendet wurde, hatte stets an der Seite des Herzogs gekämpft. Er hatte der Gefangennahme des Marschalls von Marsin beigewohnt und war Zeuge seiner letzten Augenblicke. Méthuin nun hat mir erzählt, dass Marsin wörtlich ihm gegenüber äußerte: »Glauben Sie wenigstens, mein Herr, dass wir gegen meine Ansicht in unseren Linien gewartet haben.«

Diese Worte schienen mit dem Vorgang im Kriegsrat in völligem Widerspruch zu stehen – und doch enthielten sie die Wahrheit. Marsin hatte nämlich beim Abschied aus Versailles dem König gesagt, dass man auf den Feind losgehen müsse, falls er Turin zu entsetzen versuchen sollte; Chamillart aber, durch die früheren Niederlagen eingeschüchtert, hatte den Beschluss durchgesetzt, dass die Schlacht abgewartet, aber nicht angeboten werden sollte, und dieser in Versailles erteilte Befehl hatte die Zersprengung von 60.000 Mann zur Folge. Die Franzosen hatten zwar nur zweitausend Tote in dieser Schlacht verloren, man weiß jedoch, dass das Gemetzel weniger ausmacht als die Bestürzung.

Die Unmöglichkeit der Subsistenz, die eine Armee auch nach dem Sieg zum Rückzug zwingen würde, trieb die Truppen nach der Niederlage in das Dauphiné zurück. Die Verwirrung war derartig, dass der Graf von Medavi-Grancey, der damals im Mantuanischen stand und die Kaiserlichen unter dem Landgrafen von Hessen, dem späteren König von Schweden, bei Castiglione schlug (9. September 1706), nur einen nutzlosen, wenn auch vollständigen Sieg errang. Man verlor binnen kurzer Zeit Mailand, Mantua, Piemont und das Königreich Neapel.

Einundzwanzigstes Kapitel

Weitere Misserfolge Frankreichs und Spaniens · Ludwig XIV. lässt durch seinen Premierminister um Frieden bitten · Verlust der Schlacht bei Malplaquet

Die Schlacht bei Höchstädt hatte Ludwig XIV. sein stattliches Heer und den ganzen Landstrich von der Donau bis zum Rhein, das Haus Bayern aber seinen gesamten Besitz gekostet. Die Schlacht bei Ramillies hatte den Verlust von ganz Flandern bis zu den Toren von Lille zur Folge gehabt. Die Niederlage bei Turin hatte die Franzosen aus Italien vertrieben, wie ihnen das seit den Tagen Karls des Großen in allen Kriegen widerfahren war. Es blieben aber noch einige Truppen im Mailändischen und das siegreiche kleine Heer unter dem Grafen von Medavi zurück; auch hielt man noch einige Festungen besetzt. Man machte nun dem Kaiser den Vorschlag, ihm alles abzutreten, wenn er jenen Truppen, die sich auf etwa 15.000 Mann beliefen, freien Abzug gewähre. Der Kaiser nahm diese Übereinkunft an, und auch der Herzog von Savoyen gab seine Einwilligung dazu. Auf diese Weise wurde der Kaiser mit einem Federstrich in aller Ruhe zum Herrn Italiens: die Eroberung des Königreichs Neapel mit Sizilien war ihm gesichert, und alles, was bis dahin in Italien als Lehnsgut gegolten hatte, wurde jetzt als unterworfenes Gebiet behandelt. Er schätzte Toskana auf 150.000, Mantua auf 40.000 Pistolen ein, und auch Parma, Modena, Lucca und Genua wurden ungeachtet ihrer Freiheit zu diesen Abgaben herangezogen. Der Kaiser, der sich all dieser Vorteile erfreute, war nicht mehr Leopold, der alte Rivale Ludwigs XIV., der unter dem Anschein der Bescheidenheit den unergründlichsten Ehrgeiz genährt hatte, sondern dessen älterer Sohn Joseph, ein lebhafter, stolzer, ungestümer Fürst, der indessen nicht kriegerischer war als sein Vater. Wenn je ein Kaiser zur Unterjochung Deutschlands und Italiens erschaffen schien, so war es Joseph I. Er beherrschte die Alpen, legte dem Papst Kontributionen auf, ließ im Jahre 1706 aus eigener Machtvollkommenheit die Kurfürsten von Bayern und von Köln in die Reichsacht erklären, beraubte sie ihres Landes, hielt die Kinder des Bayern gefangen und entzog ihnen sogar ihren Namen. Ihrem Vater blieb kein anderer Ausweg, als sein Unglück in Frankreich und in den Niederlanden hinzuschleppen, bis Philipp V. ihm später, im Jahre 1712 das gesamte spanische Flandern abtrat.[61] Hätte er diese Provinz behalten, so hätte er damit eine Stellung gehabt, die besser war als sein Kurfürstenstand und ihn von der Untertänigkeit gegen das Haus Österreich befreit hätte; aber er konnte nur die Städte Luxemburg, Namur und Charleroi sein eigen nennen – das Übrige gehörte den Siegern.

Alles schien jetzt diesen Ludwig XIV. zu bedrohen, der früher ganz Europa bedroht hatte. Der Herzog von Savoyen schien in Frankreich einfallen zu können. England und Schottland vereinigten sich, um nur noch ein einziges Reich zu bilden, oder vielmehr das zu einer englischen Provinz gewordene Schottland erhöhte die Macht seines ehemaligen Nebenbuhlers. Alle Feinde Frankreichs schienen Ende 1706 und Anfang 1707 neue Kräfte zu gewinnen, Frankreich aber schien seinem Untergang nahe zu sein: es wurde von allen Seiten, zu Lande und zu Wasser, bedrängt. Von jenen furchtbaren Flotten, die Ludwig XIV. geschaffen hatte, waren kaum noch fünfunddreißig Schiffe übrig. Gegen Deutschland bildete zwar noch Straßburg die Grenze, aber Landau war gefallen und gab jederzeit das Elsass bloß. Die Provence war von einer Invasion zu Wasser und zu Lande bedroht, und was man in Flandern bereits eingebüßt hatte, ließ für den Rest das gleiche Schicksal fürchten. Noch aber war trotz all dieses Missgeschicks das eigentliche Frankreich nicht

61 In Reboulets Geschichte wird behauptet, dass er die Oberhoheit seit dem Jahre 1700 besessen hätte; damals war er jedoch nur Vizekönig.

angegriffen worden und hatte in diesem unglücklichen Krieg nur erst seine Eroberungen eingebüßt.

Ludwig XIV. bot überall den Feinden die Stirn. Wenngleich überall geschlagen, widerstand, beschützte oder bedrängte er doch noch nach allen Seiten hin; man war jedoch in Spanien ebenso unglücklich wie in Italien, in Deutschland und in Flandern. Wie behauptet wird, war die Belagerung von Barcelona noch schlechter geleitet worden als die von Turin.

Der Graf von Toulouse war nur erschienen, um seine Flotte sogleich wieder nach Toulon zurückzuführen. Das auf die Hälfte zusammengeschmolzene französische Landheer hatte sich, nachdem Barcelona entsetzt und die Belagerung aufgehoben worden war, ohne alle Vorräte nach Navarra zurückgezogen, einem kleinen Königreich, das man für die Spanier behauptete und das unsere Könige infolge eines Herkommens, das unter ihrer Würde zu sein scheint, in ihrem Titel aufführen.

Zu diesen Unglücksfällen kam noch ein anderer, der entscheidend zu sein schien: Die Portugiesen nahmen in Verbindung mit einigen Engländern alle Städte ein, vor denen sie erschienen, und drangen in das vom portugiesischen verschiedene spanische Estremadura vor. Sie standen unter dem Kommando eines zum englischen Pair aufgestiegenen Franzosen, des Earl of Galway,[62] ehemaligen Grafen von Ruvigny, während ein Engländer und Neffe Marlboroughs, der Herzog von Berwick, an der Spitze der spanischen und französischen Truppen stand, die den siegreichen Gegner nicht mehr aufzuhalten vermochten.

Philipp V. befand sich in Ungewissheit über sein Schicksal in Pamplona, während sein Mitbewerber Karl seinen Anhang und seine Streitkräfte in Katalonien vermehrte. Karl war Herr Aragoniens, der Provinz Valencia, Cartagenas und eines Teils der Provinz Granada. Die Engländer hatten Gibraltar für sich behalten, ihm jedoch Menorca, Ibiza und

62 Galway war der älteste Sohn des Marquis de Ruvigny, eines verdienten Beamten, der nach der Aufhebung des Edikts von Nantes mit seiner Familie Frankreich verlassen hatte und als Haupt der Refugiés in Greenwich lebte, wo er 1689 starb, nachdem er viel zur Errichtung der vier Emigrantenregimenter beigetragen hatte, deren eines von seinem jüngeren Sohn, dem Grafen von Caillemot (gefallen in der Schlacht am Boyne), befehligt wurde. Galway hatte während des irischen Feldzugs unter Ginkell, dem späteren Grafen von Athlone, gedient und war wegen seines entscheidenden Eingreifens am Tag von Aghrim (22. Juli 1691) zum Earl of Galway befördert worden. Ein eigentümlicher Zufall fügte es, dass er in der Schlacht bei Neerwinden in französische und Berwick gleichzeitig in englische Gefangenschaft geriet; der letztere wurde unverzüglich gegen den Herzog von Ormond ausgewechselt, Galway aber von denen, die ihn entwaffnet hatten, ohne Umstände wieder freigelassen – seine Landsleute wussten, was seiner als Hochverräter harrte, wenn sie ihn ins Lager geführt hätten.

Alicante übergeben; zudem standen ihm alle Wege bis Madrid offen. Galway zog ohne Schwertstreich in die Stadt ein (26. Juni 1706) und ließ Erzherzog Karl zum König ausrufen. Auch in Toledo wurde er durch ein einfaches Detachement zum Herrscher ausgerufen. Die Lage Philipps V. schien damals so verzweifelt, dass der Marschall von Vauban, der größte Ingenieur und beste Bürger Frankreichs, der stets mit teils nützlichen, teils wenig ausführbaren, immer aber eigentümlichen Plänen umging, dem französischen Hof den Vorschlag machte, Philipp V. als Regenten nach Amerika zu schicken. Der Fürst selbst willigte in jenen Vorschlag ein. Im Fall von dessen Ausführung hätte man ihn mit seinem spanischen Anhang eingeschifft, Spanien wäre den bürgerlichen Parteiungen überlassen worden, der Handel Perus und Mexikos wäre völlig in französische Hände gekommen, und Frankreich hätte in diesem Fehlschlag für die Familie Ludwigs XIV. noch einen bedeutenden Vorteil gefunden. Der Plan wurde in Versailles bereits in Erwägung gezogen, die Standhaftigkeit der Kastilianer und die Fehler der Feinde erhielten jedoch Philipp V. die Krone Spaniens. Die Spanier liebten in Philipp die Wahl, die sie getroffen hatten, und an seiner Frau, der Tochter des Herzogs von Savoyen, die Sorgfalt, mit der diese ihnen zu gefallen strebte, eine über die Schwäche ihres Geschlechts erhabene Unerschrockenheit und ihre tatkräftige Standhaftigkeit im Unglück. Sie zog persönlich von Stadt zu Stadt, um die Gemüter zu gewinnen, den Eifer anzufeuern und die Geschenke entgegenzunehmen, die das Volk ihr zutrug – sie lieferte ihrem Gemahl auf diese Weise innerhalb drei Wochen mehr als 200.000 Taler. Keiner der Großen, die ihr Treue geschworen hatten, wurde zum Verräter. Als Galway den Erzherzog in Madrid zum König ausrufen ließ, rief man: »Es lebe Philipp!«, und in Toledo verjagte das erregte Volk diejenigen, die den Erzherzog als König angekündigt hatten.

Bis dahin hatten die Spanier wenig Anstrengungen gemacht, ihren König zu unterstützen; als sie ihn aber niedergeworfen sahen, rafften sie sich zu wunderbaren Anstrengungen auf und zeigten bei dieser Gelegenheit einen Mut, der vom Mut anderer Völker, die mit großen Kraftäußerungen beginnen, dann aber ermatten, völlig verschieden war. Es ist schwer, einer Nation gegen ihren Willen einen König aufzudrängen. Die Portugiesen, Engländer und Österreicher, die sich in Spanien befanden, wurden jetzt überall angepöbelt und belästigt; es fehlte ihnen an Lebensmitteln; sie begingen Fehler, wie sie in einem fremden Land beinahe immer unvermeidlich sind, und wurden im einzelnen geschlagen. Schließlich zog Philipp V. drei Monate, nachdem er Madrid als Flüchtling verlassen hatte, wieder triumphierend in die Stadt ein und wurde mit ebenso viel Jubel aufgenommen, wie sein Nebenbuhler Kälte und Abneigung gefunden hatte.

Als er sah, dass die Spanier Anstrengungen machten, verdoppelte auch Ludwig XIV. die seinen, und während er durch Aufstellung von Landmilizen für die Sicherheit der Küsten am Atlantik und am Mittelmeer sorgte; während er ein Heer in Flandern und ein zweites bei Straßburg unterhielt; während er ein Armeekorps in Navarra und ein weiteres im Roussillon aufstellte, sandte er auch noch dem Marschall von Berwick neue Truppen nach Kastilien.

Mit diesen Truppen gewann Berwick, von den Spaniern unterstützt, gegen Galway die wichtige Schlacht bei Almansa (25. April 1707). Almansa, eine von den Mauren erbaute Stadt, liegt an der Grenze von Valencia, und diese blühende Provinz war der Preis des Sieges. Weder Philipp V. noch der Erzherzog waren an jenem Tag gegenwärtig, und daher rief der berühmte Earl of Peterborough, in allem ein Sonderling, aus, man wäre »wirklich sehr gutmütig«, dass man sich für sie schlüge. Er schrieb das dem Marschall Tessé, und ich habe es aus seinem eigenen Mund. Er fügte auch noch hinzu, dass nur Sklaven für einen Mann kämpften und dass man einzig für eine Nation kämpfen sollte. Der Herzog von Orléans, der an der Schlacht teilnehmen wollte und in Spanien den Oberbefehl führen sollte, traf erst am folgenden Tag ein. Er nützte aber den Sieg aus: er nahm mehrere Plätze, unter anderen auch Lerida, die Klippe, an der der Große Condé gescheitert war.

Auf der anderen Seite machte inzwischen der Marschall von Villars, der nur deshalb in Frankreich wieder an die Spitze des Heeres gestellt worden war, weil man seiner bedurfte, in Deutschland das Unglück des Tages von Höchstädt wieder gut. Er hatte die Linien von Stollhofen jenseits des Rheins durchbrochen (22. Mai 1707), hatte alle feindlichen Truppen zerstreut, hatte auf fünfzig Meilen in der Runde Kontributionen eingetrieben und war bis zur Donau vorgedrungen. Dieser augenblickliche Erfolg schaffte an der deutschen Grenze Luft, in Italien aber war alles verloren. Das Königreich Neapel, das wehrlos und daran gewöhnt war, den Gebieter zu wechseln, befand sich in der Gewalt der Sieger, und der Papst, der nicht hatte verhindern können, dass die deutschen Truppen durch sein Gebiet zogen, sah zu, ohne dass er sich zu beklagen wagte, wie der Kaiser sich gegen seinen Willen zu seinem Lehnsmann machte. Es ist ein merkwürdiges Beispiel von der Gewalt der herkömmlichen Meinungen und der Macht der Gewohnheit, dass man sich Neapels stets bemächtigen kann, ohne den Papst darum zu fragen, dass man ihm aber nie die Huldigung für dieses Lehen zu verweigern wagt.

Während der Enkel Ludwigs XIV. Neapel verlor, stand der Großvater selbst auf dem Punkt, die Provence und das Dauphiné zu verlieren: Der Herzog von Savoyen und Prinz Eugen waren bereits über den Col di Tenda in diese Provinzen eingedrungen. Jene Grenzen waren nicht wie Flandern und das Elsass verwahrt, der immerwährende Schauplatz des Krieges, der von Festungen starrte, zu deren Anlage die Gefahr getrieben hatte. Am Var waren keine gleichen Schutzwälle vorhanden, gab es keine festen Plätze, die den Feind aufhalten und den Heeren Zeit geben, sich zu sammeln. Diese Grenze ist bis zur Gegenwart herab vernachlässigt worden, ohne dass man vielleicht einen anderen Grund dafür anführen kann, als dass der Mensch nur selten auf alle Punkte gleiche Sorgfalt verwendet. Der König von Frankreich sah mit schmerzlicher Entrüstung, wie der gleiche Herzog von Savoyen, der vor Jahresfrist fast nur noch seine Hauptstadt sein eigen nannte, und Prinz Eugen, der an seinem Hof erzogen worden war, jetzt im Begriff standen, ihm Toulon und Marseille zu entreißen.

Toulon wurde belagert und hart bedrängt (August 1707). Eine englische Flotte, die jetzt völlig das Meer beherrschte, lag vor dem Hafen und bombardierte die Stadt. Ein wenig mehr Eile, Umsicht und Eintracht würden Toulon zu Fall gebracht haben, das wehrlose Marseille hätte nicht widerstehen können, und aller Wahrscheinlichkeit nach musste Frankreich zwei Provinzen einbüßen. Aber das Wahrscheinliche tritt nicht immer ein – man gewann Zeit zur Absendung von Hilfstruppen. Man hatte nämlich, sobald jene Provinzen gefährdet waren, einige Abteilungen vom Heer Villars' weggenommen und opferte so das Übergewicht, das man in Deutschland hatte, um einen Teil Frankreichs zu retten. Der Landstrich, durch den die Feinde vordrangen, ist dürr, unfruchtbar, gebirgig, arm an Lebensmitteln und macht einen Rückzug ungemein schwierig. Auch die Krankheiten, von denen das feindliche Heer geplagt wurde, kämpften für Ludwig XIV. Die Belagerung von Toulon wurde aufgehoben (22. August 1707), und bald war die ganze Provence befreit und das Dauphiné außer Gefahr – so selten hat ein Einfall Erfolg, wenn man nicht bedeutende Einverständnisse im Land selbst besitzt! Karl V. hatte damit Unglück gehabt, und in neuerer Zeit ist den Truppen der Königin von Ungarn der Versuch abermals misslungen.[63]

63 Die Achtung, die man der Wahrheit auch bezüglich der unwesentlichsten Dinge

Indessen kostete dieser Einbruch, soviel er auch die Alliierten gekostet hatte, die Franzosen nicht weniger: er hatte viel Land verwüstet und die Kräfte Frankreichs zersplittert.

Europa war bei der allgemeinen Erschöpfung – und während Frankreich es schon für einen großen Erfolg ansah, dass es einer Invasion entgangen war – nicht darauf gefasst, dass Ludwig XIV. noch Kraft und Hilfsmittel genug haben würde, um trotz des Verfalls seiner Seemacht und trotz der englischen Flotten, die das Meer bedeckten, einen Einfall in Großbritannien zu unternehmen. Dieses Projekt wurde von schottischen Anhängern des Sohnes Jakobs II. vorgeschlagen. Der Erfolg war zwar zweifelhaft, aber Ludwig erblickte schon in dem bloßen Unternehmen einen sicheren Ruhm. Er selbst hat erklärt, dass dieser Beweggrund ihn ebenso sehr bestimmt habe wie das politische Interesse.

Großbritannien im eigenen Land anzugreifen, während man mit solcher Mühe die Last des Krieges trug, der an so vielen anderen Orten wütete, und den Sohn Jakobs II. wenigstens auf den Thron Schottlands zu setzen, während man kaum Philipp V. auf dem spanischen Thron halten konnte – das war allerdings ein großartiger Plan, der bei alledem nicht der Wahrscheinlichkeit des Gelingens entbehrte.

Von den Schotten seufzten alle diejenigen, die sich nicht an den Londoner Hof verkauft hatten, über ihre Abhängigkeit von den Engländern. Ihre heimlichen Wünsche riefen einstimmig den Sprössling ihrer alten Könige zurück, der als Kind von den Thronen Englands, Schottlands und Irlands vertrieben worden war und dem man sogar die legitime Geburt streitig gemacht hatte. Man versprach ihm, dass er dreißigtausend Bewaffnete zum Kampf für sein Recht bereit finden würde, wenn es ihm nur gelänge, mit einigen französischen Hilfstruppen in der Gegend von Edinburg zu landen.

Ludwig XIV., der zur Zeit seines Glücks soviel für den Vater getan hatte, machte jetzt zur Zeit seiner Misserfolge ebenso große Anstrengungen für den Sohn. In Dünkirchen wurden acht Kriegsschiffe und siebzig Transportfahrzeuge in Bereitschaft gesetzt und sechstausend Mann ein-

schuldig ist, nötigt mich abermals, hier die Worte hervorzuheben, die der Kompilator der ›Denkwürdigkeiten der Frau von Maintenon‹ Karl XII., den König von Schweden, zu Marlborough sprechen lässt: »Wenn Toulon genommen wird, werde ich es zurückerobern.« Der englische General befand sich zur Zeit der Belagerung Toulons gar nicht beim König von Schweden. Er sah ihn im April 1707 in Alt-Ranstädt, und die Belagerung wurde erst im August aufgehoben. Überdies mischte sich Karl XII. durchaus nicht in diesen Krieg: Er weigerte sich ständig, die Franzosen zu empfangen, die man an ihn abschickte. Man findet in den ›Denkwürdigkeiten der Frau von Maintenon‹ nur Reden, die nie gehalten wurden und nie gehalten werden konnten, und kann dieses Werk nur für einen schlecht durchdachten Roman ansehen.

geschifft (März 1708). Der Graf von Gacé, später zum Marschall von Matignon ernannt, befehligte die Truppen, der Chevalier Forbin-Janson, einer der größten Seeleute, führte die Flotte. Die Umstände schienen günstig: In Schottland selbst standen nur dreitausend Mann regulärer Truppen, England aber war völlig von Streitkräften entblößt, da seine Soldaten unter dem Herzog von Marlborough in Flandern beschäftigt waren. Man musste jedoch erst nach Schottland hinüberkommen, und die Engländer hatten eine Flotte von nahezu fünfzig Kriegsschiffen auf dem Meer. Das Unternehmen glich völlig dem, das 1744 zugunsten des Enkels Jakobs II. ins Werk gesetzt wurde. Die Engländer beugten ihm vor. Widrige Zufälle verzögerten es, und das englische Ministerium gewann sogar Zeit, zwölf Bataillone aus Flandern zurückkommen zu lassen. In Edinburg wurden die verdächtigsten Männer in Haft genommen.

Als endlich der Prätendent sich an der schottischen Küste gezeigt, aber keins der verabredeten Signale erblickt hatte, blieb dem Chevalier de Forbin nichts anderes übrig, als ihn nach Dünkirchen zurückzuführen. Er rettete damit die Flotte, die ganze Frucht des Unternehmens aber war verloren. Nur Matignon hatte dabei gewonnen: Als er nämlich auf offener See die ihm übergebenen Befehle des Hofs öffnete, fand er darin als Belohnung für das, was er tun wollte, aber nicht tun konnte, den Bestallungsbrief als Marschall von Frankreich.

Einige Geschichtsschreiber[64] haben die Vermutung ausgesprochen, Königin Anna sei mit ihrem Bruder im Einverständnis gewesen. Es ist indessen eine zu große Einfalt, wenn man glaubt, sie habe ihren Mitbewerber aufgefordert, sie zu entthronen. Man hat die Zeiten verwechselt: Man hat geglaubt, dass sie ihn schon damals begünstigt habe, weil sie ihn später im geheimen für ihren Erben ansah. Wer aber kann wünschen, von seinem Nachfolger vertrieben zu werden?

Während sich der Stand der Angelegenheiten Frankreichs von Tag zu Tag verschlechterte, glaubte der König, wenn er seinen Enkel, den Herzog von Burgund, an die Spitze des flandrischen Heeres stelle, so würde die Anwesenheit des voraussichtlichen Erben der Krone den Wetteifer

64 Unter anderen Reboulet (Bd. 2., S. 233). Er gründet seine Mutmaßungen auf die des Chevalier de Forbin. Derjenige, der unter dem Titel ›Denkwürdigkeiten der Frau von Maintenon‹ dem Publikumso viele Lügen aufgetischt hat und 1752 in Frankfurt eine untergeschobene Ausgabe des ›Zeitalters Ludwigs XIV.‹ drucken ließ, fragt in einer seiner Noten, wer die Historiker seien, die behauptet haben, dass Königin Anna mit ihrem Bruder einverstanden gewesen sei. »Das ist eine Schimäre«, sagt er. Man sieht jedoch klar und deutlich, dass es keine Schimäre ist und dass der Verfasser des ›Zeitalters Ludwigs XIV.‹ nur mit den Beweisen in der Hand geschrieben hat – anders darf Geschichte überhaupt nicht geschrieben werden.

beleben, der sich schon allzu sehr zu verlieren begann. Dieser Prinz war fest, unerschrocken, fromm, gerecht und von philosophischer Denkart – er war zur Herrschaft über Philosophen geboren. Von Fénelon, dem Erzbischof von Cambrai, erzogen, liebte er seine Pflichten, liebte er die Menschen und wollte sie beglücken. Obwohl in der Kriegskunst unterrichtet, sah er diese Kunst doch mehr für die Geißel der Menschheit und für eine bedauerliche Notwendigkeit als für eine Quelle des Ruhmes an. Diesen philosophischen Prinzen stellte man nun dem Herzog von Marlborough entgegen und gab ihm den Herzog von Vendôme zur Unterstützung bei. Was aber nur zu häufig vorkommt, geschah auch hier: Der große Heerführer fand nicht genug Gehör, und oft wirkte der Rat des Prinzen den Gründen des Generals entgegen. Infolgedessen bildeten sich zwei Parteien, während es im Heer der Verbündeten nur eine gab ; die der gemeinsamen Sache. Prinz Eugen stand damals am Rhein; jedesmal aber, wenn er mit Marlborough zusammen war, waren beide derselben Ansicht.

Der Herzog von Burgund war dem Gegner an Streitkräften überlegen: Frankreich, das Europa für erschöpft hielt, hatte ihm ein Heer von nahezu 100.000 Mann gestellt, während die Verbündeten damals nur 80.000 Mann hatten. Er hatte auch noch den Vorteil für sich, dass er in einem Land, das so lange zu Spanien gehört hatte, das der holländischen Besatzungen müde war und in dem viele Bürger für Philipp V. gesinnt waren, leicht Verhandlungen anknüpfen konnte. Erzielte Einverständnisse öffneten ihm die Tore von Gent und von Ypern, aber die Kriegstaten machten die Frucht der politischen Taten wieder zunichte. Die Spaltung, die den Kriegsrat unentschieden machte, hatte zur Folge, dass man zuerst auf die Dendre losrückte und zwei Stunden später gegen die Schelde nach Oudenaarde zurückging. Auf diese Weise verlor man Zeit. Man traf bei Oudenaarde auf Marlborough und den Prinzen Eugen, die keinen Augenblick verloren und einig waren, und wurde gegen Oudenaarde zurückgeworfen (1. Juli 1708). Es war dies keine große Schlacht, aber ein unglücklicher Rückzug: die Fehler nahmen überhand, die Regimenter gingen, wohin sie konnten, ohne irgendeinen Befehl zu erhalten, und über viertausend Mann wurden sogar mitten auf dem Marsch einige Meilen vom Schlachtfeld von der feindlichen Armee gefangengenommen.

Das entmutigte Heer zog sich in Unordnung unter die Mauern von Gent, von Tournai und Ypern zurück und ließ den Prinzen Eugen, der nun Herr des Terrains war, ungestört mit einer wenig starken Armee Lille belagern.

Eine so große und feste Stadt wie Lille zu belagern, ohne Herr von Gent zu sein, ohne seine Zufuhr anders als von Ostende beziehen und anders als auf einem schmalen Damm herführen zu können, auf die Gefahr hin, jeden Augenblick überrumpelt zu werden – das war ein Unternehmen, das Europa tollkühn nannte, das jedoch durch die Zwietracht und die Unschlüssigkeit, die in der französischen Armee herrschten, entschuldigt und schließlich durch den Ausgang gerechtfertigt wurde. Die bedeutenden Zufuhren der Verbündeten, die man hätte angreifen können, blieben unbehelligt; deren Begleitmannschaften, die durch eine überlegene Truppenzahl geschlagen werden mussten, blieben siegreich, und das Heer des Herzogs von Burgund, das die noch unvollendeten Verschanzungen des Feindes berennen konnte, machte keinen Angriff auf diese. Lille wurde genommen (23. Oktober 1708), zum großen Erstaunen von ganz Europa, das eher den Herzog von Burgund zur Umzingelung Eugens und Marlboroughs, als diese Generäle zur Belagerung Lilles imstande glaubte. Der Marschall von Boufflers verteidigte die Stadt nahezu vier Monate. Die Einwohner gewöhnten sich derart an den Donner des Geschützes und an all die Schrecken, die im Gefolge einer Belagerung auftreten, dass die Theatervorstellungen in der Stadt ebenso besucht waren wie in Friedenszeiten und dass eine Bombe, die in der Nähe des Schauspielhauses einschlug, die Vorstellung nicht unterbrach. Der Marschall von Boufflers hatte alles so vortrefflich geordnet, dass die Bewohner dieser großen Stadt im Vertrauen auf seine Anstrengungen ohne Sorge und Unruhe waren. Seine Verteidigung erwarb ihm die Achtung der Feinde, die Liebe der Bürger und die Gunst des Königs. Jene Historiker – oder vielmehr jene holländischen Schriftsteller –, die sich bemüht haben, ihn herabzusetzen, hätten sich erinnern sollen, dass man, wenn man der öffentlichen Meinung widerspricht, Augenzeuge – und zwar ein aufgeklärter – gewesen sein muss, um seine Behauptungen zu beweisen.[65]

65 Hierher gehört z.B. das Geschichtswerk, das ein Buchhändler namens Van Düren nach den angeblichen Memoiren eines Staatssekretärs Grafen von... von dem Jesuiten La Motte, der unter dem Namen La Hode als Flüchtling in Holland lebte, verfassen ließ und das von La Martinière fortgesetzt wurde. Die ›Denkwürdigkeiten der Frau von Maintenon‹, die noch reicher an Unrichtigkeiten sind, erzählen (Bd. 4, S. 119), dass die Belagerer Zettel in die Stadt warfen, auf denen die Worte standen: »Beruhigt euch, Franzosen, die Maintenon wird nicht eure Königin werden; wir heben die Belagerung nicht auf!« – »Man muss glauben«, fügt der Verfasser hinzu, »dass Ludwig in der Hitze der Freude, die ihm die Gewissheit eines unerwarteten Sieges gewährte, der Frau von Maintenon den Thron anbot oder versprach.«
Wie kann man in der »Hitze« der Unverschämtheit solche Behauptungen und solche Fischweiberreden auf das Papier werfen? Wie konnte dieser Unsinnige die Frechheit bis zu der Behauptung treiben, dass der Herzog von Burgund aus Furcht, dass Frau

Inzwischen schmolz das Heer, das der Belagerung von Lille zugesehen hatte, immer mehr zusammen; es ließ nacheinander Gent, Brügge und alle seine Stellungen nehmen. Wenige Feldzüge waren so unglücklich wie dieser. Die Offiziere des Herzogs von Vendôme schoben die Schuld für all diese Fehler auf den Rat des Herzogs von Burgund, und dieser Rat schob wieder alle Schuld auf den Herzog von Vendôme.

Die Gemüter wurden durch das Unglück gegeneinander erbittert. Ein Adjutant des Herzogs von Burgund[66] sagte eines Tages zum Herzog von Vendôme: »Da sehen Sie, was es heißt, wenn man niemals zur Messe geht! Sie spüren aber nun auch, wie groß unser Missgeschick ist.«

»Glauben Sie«, erwiderte der Herzog von Vendôme, »dass Marlborough öfter zur Messe geht als ich?«

Die schnellen Erfolge der Verbündeten machten Kaiser Joseph hochmütig: Im Reich unumschränkter Gebieter und im Besitz von Landau, sah er durch die Einnahme von Lille beinahe den Weg nach Paris erschlossen. Eine holländische Streifschar war sogar schon so verwegen gewesen, von Courtrai bis in die Nähe von Versailles vorzudringen, und hatte auf der Brücke bei Sèvres in dem Glauben, den Dauphin, den Vater des Herzogs von Burgund, erwischt zu haben, den Ersten Stallmeister des Königs fortgeschleppt.[67] In Paris herrschten Schrecken und Bestürzung.

Der Kaiser hatte jetzt mindestens ebenso viel Aussicht, seinen Bruder Karl auf den spanischen Thron zu setzen, wie Ludwig XIV., seinen Enkel darauf zu halten. Schon war diese Erbschaft, die die Spanier hatten unteilbar machen wollen, zwischen drei Häupter verteilt: der Kaiser hatte die Lombardei und das Königreich Neapel für sich genommen, und sein Bruder Karl hatte immer noch Katalonien und einen Teil von Aragonien. Joseph zwang jetzt Papst Klemens XI., den Erzherzog als König von Spanien anzuerkennen. Dieser Papst, von dem man sagte,

---

von Maintenon zur Königin erklärt würde, den König, seinen Großvater, verraten und den Prinzen Eugen Lille habe nehmen lassen?

66 Der Marquis von O.

67 Dieser kühne Handstreich wurde von Offizieren ausgeführt, die im Dienst Hollands standen. Beinahe alle waren Franzosen, die die bejammernswerte Aufhebung des Edikts von Nantes gezwungen hatte, sich ein neues Vaterland zu suchen. Sie nahmen die Chaise des Marquis von Beringhen für die des Dauphins, weil sie mit dem französischen Wappen geschmückt war. Nachdem sie den Marquis fortgeschleppt hatten, ließen sie ihn zu Pferd steigen. Da er aber alt und gebrechlich war, waren sie so zuvorkommend, ihm unterwegs einen Postwagen zu verschaffen; das kostete jedoch Zeit. Die Pagen des Königs eilten ihnen nach, der Erste Stallmeister wurde befreit, und seine Entführer wurden nun selbst gefangengenommen. Wenige Minuten später würden sie den Dauphin erwischt haben, der mit nur einem einzigen Begleiter hinter Beringhen kam.

er gleiche dem heiligen Petrus, weil er bejahte, verleugnete, bereute und weinte, hatte nach dem Beispiel seines Vorgängers stets Philipp V. anerkannt und war ein Anhänger des Hauses Bourbon. Der Kaiser bestrafte ihn dafür, indem er viele Lehen – darunter besonders Parma und Placentia –, die bis dahin unter der Oberhoheit der Päpste gestanden hatten, für unabhängig erklärte, verschiedene geistliche Ländereien verheerte und sich der Stadt Comacchio bemächtigte.

Früher würde ein Papst jeden Kaiser exkommuniziert haben, der ihm das kleinste Recht streitig gemacht hätte, und diese Exkommunikation würde den Kaiser vom Thron gestürzt haben. Da aber die Macht der Schlüssel bis beinahe zu dem Punkt herabgedrückt war, bis zu dem sie herabgesetzt werden muss, so hatte sich Klemens XI. auf Betreiben Frankreichs auf die Macht des Schwertes zu stützen gewagt. Er rüstete, bereute es aber bald wieder, denn er sah ein, dass die Römer unter ihrer völlig geistlichen Regierung nicht mehr zur Handhabung des Degens tauglich waren. Er rüstete wieder ab, ließ Comacchio im Gewahrsam des Kaisers und bequemte sich, dem Erzherzog zu schreiben: »An Unseren allerteuersten Sohn, den katholischen König in Spanien.« Eine englische Flotte im Mittelmeer und die deutschen Truppen im Kirchenstaat zwangen ihn jedoch bald zu der Aufschrift: »An Unseren allerteuersten Sohn, den König der Spanier.« Diese päpstliche Billigung, die im Reich ohne jede Bedeutung war, vermochte doch etwas über das spanische Volk, dem man eingeredet hatte, der Erzherzog wäre der Herrschaft unwürdig, weil er von Ketzern beschützt würde, die sich Gibraltars bemächtigt hatten.

Außerhalb des Kontinents blieben von der spanischen Monarchie noch die Inseln Sardinien und Sizilien. Sardinien wurde durch die englische Flotte Kaiser Joseph übergeben, denn die Engländer wollten seinem Bruder, dem Erzherzog, nur Spanien zukommen lassen, und ihre Waffen entschieden damals über die Teilungsverträge (August 1708). Die Eroberung von Sizilien verschoben sie auf eine andere Zeit und zogen es vor, anstatt dem Kaiser neue Länder zu gewinnen, ihre Schiffe zur Jagd auf die amerikanischen Galeonen zu verwenden, von denen sie mehrere eroberten.

Frankreich war ebenso gedemütigt wie Rom und noch gefährdeter: seine Hilfsquellen versiegten, und sein Kredit war vernichtet. Das Volk, das seinen König vergöttert hatte, solange er glücklich war, murrte jetzt gegen den unglücklichen Ludwig XIV.

Steuerpächter, denen das Ministerium in seiner Bedrängnis die Nation für bares Geld verkauft hatte, bereicherten sich durch das öffentliche

Unglück und spotteten dieses Unglücks durch ihren Luxus. Was sie dem Staat geliehen hatten, war ausgegeben, und ohne die kühne Betriebsamkeit einiger Großhändler – besonders derer von Saint-Malo, die nach Peru gingen und von dort dreißig Millionen mitbrachten, die sie zur Hälfte dem Staat liehen – wäre Ludwig XIV. nicht imstande gewesen, seine Truppen zu bezahlen. Der Krieg hatte Frankreich an den Rand des Verderbens gebracht, und Kaufleute retteten es.

Dasselbe war in Spanien der Fall: die Galeonen, die nicht von den Engländern gekapert wurden, dienten zur Verteidigung Philipps. Aber diese Hilfe reichte nur für wenige Monate aus und erleichterte die Truppenwerbungen wenig. Chamillart, zugleich Finanz- und Kriegsminister, legte 1708 die Verwaltung der Finanzen nieder, die er in einer Verwirrung zurückließ, gegen die diese Regierung nichts zu unternehmen vermochte. Im Jahre 1709 trat er auch vom Kriegsministerium zurück, das jetzt ein ebenso schwerer Posten geworden war wie das Finanzministerium. Man legte ihm zahllose Fehler zur Last – das Publikum, das, weil es litt, umso strenger urteilte, bedachte nicht, dass es unglückliche Zeiten gibt, wo die Fehler unvermeidlich sind.[68] Voysin, der nach ihm die militärischen Angelegenheiten leitete, und Desmarets, der die Finanzen verwaltete, waren beide nicht imstande, glücklichere Kriegspläne zu entwerfen und den vernichteten Kredit wiederzubeleben.

Der harte Winter des Jahres 1709 brachte die Nation vollends zur Verzweiflung. Die Olivenbäume, die im Süden Frankreichs eine bedeutende Einnahmequelle bilden, gingen zugrunde, beinahe alle Obstbäume erfroren, und es blieb keine Aussicht auf eine Ernte. Man hatte nur wenige Magazine, und das Getreide, das man mit großen Kosten aus der Levante und aus Afrika beziehen konnte, lief Gefahr, von den feindlichen Flotten abgefangen zu werden, denen man beinahe keine Kriegsschiffe mehr entgegenzustellen hatte. Die durch diesen Winter geschaffene Plage erstreckte sich über ganz Europa, aber die Feinde hatten mehr Hilfsquellen. Besonders die Holländer, die so lange die Handelsfaktoren der Völker waren, hatten genug Vorräte, um die starken Heere der Verbündeten reichlich zu versehen, während die geschwächten und entmutigten französischen Truppen vor Not und Elend zugrunde gehen zu müssen schienen (1709).

Der König verkaufte für 400.000 Franc Goldgeschirr, und die größten Würdenträger schickten ihr Silbergeschirr in die Münze. Einige

68 Das von La Martinière redigierte Geschichtswerk des Exjesuiten La Motte besagt, dass Chamillart im Jahre 1703 vom Finanzministerium entfernt worden sei und dass die öffentliche Meinung den Marschall von Harcourt auf diesen Posten berufen habe. Die Fehler dieses Historikers sind zahllos.

Monate lang wurde in Paris nur Kommissbrot gegessen, und sogar in Versailles nährten sich mehrere Familien mit Haferbrot, wobei Frau von Maintenon mit gutem Beispiel voranging.

Unter diesen traurigen Umständen zögerte Ludwig XIV., der bereits mehrmals den Frieden anzubahnen versucht hatte, nicht länger, jene Holländer, die einst von ihm so sehr misshandelt worden waren, um Gewährung dieses Friedens zu ersuchen.

Die Generalstaaten hatten seit dem Tod König Wilhelms keinen Statthalter mehr, und die holländischen Würdenträger, die bereits ihre Familien als »die patrizischen Familien« bezeichneten, waren ebenso viele Könige. Die vier Kommissare, die Holland zur Armee abgeordnet hatte, behandelten dreißig deutsche Prinzen, die in ihrem Sold standen, mit überlegenem Stolz. »Man lasse Holstein kommen«, sagten sie, oder: »Man sage Hessen, dass er zur Unterredung bei uns erscheine.«[69] In dieser Weise drückten sich Kaufleute aus, die bei ihrer einfachen Kleidung und ihrer mäßigen Lebensweise Gefallen daran fanden, einerseits den deutschen Hochmut zu demütigen, der in ihrem Dienst stand, und andererseits den Stolz eines Königs zu beugen, der einst ihr Überwinder gewesen war. Man hatte sie 1665 um niedrigen Preis ihre Anhänglichkeit an Ludwig XIV. verhandeln, 1672 ihr Unglück ertragen und mit unerschrockenem Mut wettmachen sehen – und nun wollten sie ihr Glück ausnutzen. Sie waren weit davon entfernt, sich darauf zu beschränken, dass sie der Welt durch einfache Zurschaustellung ihrer Überlegenheit zeigten, wie nur die Macht wahre Größe verleihe – sie verlangten vielmehr für ihren Staat die Oberhoheit über zehn Städte in Flandern; darunter über Lille, das bereits in ihren Händen war, und über Tournai, das sich noch nicht in ihrer Gewalt befand. Auf diese Weise suchten die Holländer die Frucht des Krieges an sich zu reißen; nicht bloß auf Kosten Frankreichs, sondern auch auf Kosten Österreichs, für das sie kämpften, gerade wie Venedig früher sein Gebiet auf Kosten aller seiner Nachbarn vergrößert hatte. Der Geist der Republik ist im Grunde ebenso ehrgeizig wie der Geist der Monarchie.

Das zeigte sich einige Monate später klar und deutlich, denn als sich dieses Schattenbild einer Verhandlung verflüchtigt und die Waffen der

69 Der Verfasser weiß das aus dem Mund von zwanzig Personen, die jene obrigkeitlichen Personen in Lille nach der Einnahme dieser Stadt sich auf diese Weise ausdrücken hörten. Es ist indessen auch möglich, dass jene Ausdrücke weniger der Ausfluss groben Stolzes als vielmehr des lakonischen Stils waren, wie er bei den Heeren gebräuchlich ist.

Verbündeten neue Vorteile errungen hatten, ließ der Herzog von Marlborough, der damals England mehr beherrschte als seine Gebieterin und von Holland gewonnen war, 1709 mit den Generalstaaten den berühmten Barrière-Vertrag abschließen, laut dem sie Herren aller Frankreich noch abzunehmender Grenzstädte bleiben, in zwanzig flandrischen Städten auf Kosten dieses Landes sowie in Lüttich, Huy und Bonn das Besatzungsrecht haben und endlich die volle Oberhoheit über Obergeldern erhalten sollten. Dadurch würden sie die tatsächlichen Gebieter über siebzehn Provinzen der Niederlande geworden sein und in Lüttich und Köln das Ruder in die Hand bekommen haben. Auf solche Weise wollten sie sich durch den Ruin ihrer eigenen Bundesgenossen vergrößern. Sie nährten diese hochfliegenden Pläne schon, als der König insgeheim den Präsidenten Rouillé an sie abschickte, der mit ihnen zu verhandeln versuchen sollte.

Dieser Unterhändler besuchte zunächst in Antwerpen zwei Magistratspersonen von Amsterdam, Bruys und Vanderdussen, die im Ton von Siegern mit ihm sprachen und gegenüber dem Boten des stolzesten der Könige die ganze Selbstüberschätzung entfalteten, mit der sie 1672 niedergeschmettert worden waren. Dann verhandelte man in verstellter Weise einige Zeit mit ihm in einem jener Dörfer, die die Generäle Ludwigs XIV. früher mit Feuer und Schwert verwüstet hatten. Als man ihn lange genug zum Narren gehalten hatte, erklärte man ihm schließlich, es sei unerlässlich, dass der König von Frankreich seinen Enkel, den König von Spanien, zwinge, ohne jede Entschädigung den spanischen Thron zu verlassen, und dass der Kurfürst Maximilian II. von Bayern sowie sein Bruder, der Kurfürst von Köln, um Gnade bäten oder dass der Ausgang des Kampfes über die Vertragsbestimmungen entscheiden würde.

Die unheilvollen Berichte des Präsidenten Rouillé trafen Schlag auf Schlag beim Rat zur Zeit des entsetzlichsten Elends ein, in das das Land je in seinen schlimmsten Tagen versenkt gewesen war. Der Winter des Jahres 1709 ließ furchtbare Spuren zurück. Das Volk kam vor Hunger um; die Truppen waren nicht bezahlt; die Not war allgemein, und die Klagen und Sorgen der Leute vermehrten noch das Übel.

Der Rat bestand aus dem Dauphin, seinem Sohn, dem Herzog von Burgund, dem Kanzler Pontchartrain, dem Herzog von Beauvilliers, dem Marquis de Torcy, dem Kriegsminister Chamillart und dem Generalkontrolleur Desmarets. Der Herzog von Beauvilliers war ein so rührendes Bild des Zustands, in dem sich Frankreich befand, dass der Herzog von Burgund Tränen darüber vergoss und die ganze Versammlung sich des Weinens nicht enthalten konnte. Der Kanzler erachtete es für das Beste, um jeden Preis Frieden zu schließen; der Kriegs- und der Finanzminister bekannten, dass sie keinen Ausweg mehr wüssten. »Eine so traurige Szene würde schwer zu schildern sein«, sagt der Marquis de Torcy; »selbst wenn es gestattet wäre, das Geheimnis des Umstands aufzudecken, der das Rührendste dabei war.« Das Geheimnis bestand in nichts anderem als in den bei dieser Gelegenheit vergossenen Tränen.

In dieser Krisis erbot sich der Marquis de Torcy, persönlich den Beleidigungen Trotz zu bieten, die man dem König in der Person des Präsidenten Rouillé zufügte. Aber wie konnte er das zu erlangen hoffen, was die Sieger bereits verweigert hatten? Er musste einzig auf noch härtere Bedingungen gefasst sein.

Die Verbündeten eröffneten bereits den Feldzug; Torcy begab sich unter einem falschen Namen nach Den Haag (22. Mai 1709). Der Großpensionär Heinsius war nicht wenig erstaunt, als man ihm meldete, dass sich der, der bei den Ausländern als Erster Minister Frankreichs galt, in seinem Vorzimmer befinde. Heinsius war früher von König Wilhelm nach Frankreich gesandt worden, um dort dessen Rechte auf das Fürstentum Oranien zu vertreten; er hatte sich damals an Louvois gewandt als den Staatssekretär für das Departement des Dauphiné, an dessen Grenze Oranien liegt. Der Gesandte Wilhelms sprach eifrig nicht bloß für seinen Herrn, sondern auch für die in Oranien ansässigen Reformierten. Sollte man wohl glauben, dass Louvois ihm darauf erwiderte, er würde ihn »in die Bastille setzen lassen«?[70] Eine derartige Äußerung wäre schon gegen einen Untertanen gehässig gewesen, gegen einen fremden Gesandten war sie ein vermessener Verstoß gegen das Völkerrecht. Man kann sich denken, ob sie einen tiefen Eindruck im Herzen des Beamten eines freien Volkes zurückgelassen hatte.

Es gibt wenige Beispiele von soviel Stolz, auf den so viele Demütigungen folgten. Der Marquis de Torcy wandte sich als Bittsteller im Namen Ludwigs XIV. im Haag an den Prinzen Eugen und den Herzog von Marlborough, nachdem er mit Heinsius nur seine Zeit verloren hatte. Alle drei wollten die Fortsetzung des Krieges: Der Prinz fand darin seine Größe und seine Rache; der Herzog seinen Ruhm und ein unermessliches Vermögen, das er nicht weniger liebte als den Ruhm; der Großpensionär aber, der von den beiden anderen regiert wurde, betrachtete sich wie einen Spartaner, der einen König von Persien demütigt.

70 Siehe die ›Denkwürdigkeiten des Marquis de Torcy‹, Bd. 3, S. 2; diese haben alles bestätigt, was hier erzählt wird.

Sie schlugen nicht einen Frieden, sondern einen Waffenstillstand mit völliger Befriedigung für ihre eigenen und keiner für die Verbündeten des Königs zu folgenden Bedingungen vor: Der König sollte sich mit seinen Gegnern einigen, um im Laufe von zwei Monaten seinen eigenen Enkel aus Spanien zu vertreiben; zunächst aber sollte er zur Sicherheit den Holländern für immer zehn Städte in Flandern abtreten, Straßburg und Breisach zurückgeben und auf die Oberhoheit über das Elsass verzichten.

Ludwig XIV. hatte nicht erwartet, als er dem Prinzen Eugen ein Regiment abschlug, als Churchill nur Oberst in englischen Diensten war und als er kaum den Namen von Heinsius kannte, dass diese drei Männer ihm eines Tages derartige Gesetze vorschreiben würden. Vergebens suchte Torcy den Herzog von Marlborough in Versuchung zu führen, indem er ihm vier Millionen anbot – der Herzog, der den Ruhm nicht weniger liebte als das Geld und der infolge der unermesslichen Vorteile, die die Siege ihm brachten, über vier Millionen erhaben war, ließ den französischen Minister den Schmerz über einen schmählichen und nutzlosen Vorschlag kosten. Torcy überbrachte dem König die Befehle seiner Feinde.

Jetzt tat Ludwig XIV., was er noch nie seinen Untertanen gegenüber getan hatte: er rechtfertigte sich vor ihnen. Er richtete an die Gouverneure der Provinzen und die Stadtgemeinden ein Rundschreiben, durch das er – indem er seinem Volk Bericht gab über die Bürde, die er es noch länger tragen zu lassen genötigt war – dessen Entrüstung, Ehrgefühl und sogar Mitleid wachrief.[71] Die Politiker behaupteten, Torcy hätte sich nur deshalb nach Den Haag begeben und sich dort gedemütigt, um das Unrecht auf die Seite der Gegner zu bringen, Ludwig XIV. in den Augen Europas zu rechtfertigen und die Franzosen durch den Groll über die der Nation in seiner Person zugefügte Beleidigung aufzustacheln. Er war jedoch in Wahrheit nur des Friedens wegen dahin gegangen. Man ließ sogar den Präsidenten Rouillé noch einige Tage länger im Haag, um Versuche zur Erlangung weniger harter Bedingungen zu machen; die

71 Der Verfasser der ›Denkwürdigkeiten der Frau von Maintenon‹ sagt (Bd. 5, S.92/93): »Der Herzog von Marlborough und Prinz Eugen gewannen Heinsius« – als ob Heinsius erst noch hätte gewonnen werden müssen! Er legt Ludwig XIV. anstatt der schönen Worte, die dieser im versammelten Rat sprach, den niedrigen und platten Ausspruch in den Mund: »Kommt Zeit, kommt Rat.« Er zitiert den Verfasser des ›Zeitalters Ludwigs XIV.‹ und tadelt ihn, weil er gesagt habe, dass Ludwig XIV. sein Rundschreiben in den Straßen von Paris habe anschlagen lassen. Wir haben sämtliche Ausgaben des ›Jahrhunderts Ludwigs XIV.‹ durchgesehen; es findet sich darin kein Wort von dem, was dieser Mensch anführt – nicht einmal in jener untergeschobenen Ausgabe, die er 1752 in Frankfurt herausgab.

Generalstaaten aber befahlen Rouillé statt aller Antwort, binnen vierundzwanzig Stunden abzureisen.

Ludwig XIV., dem man solche harten Antworten überbrachte, erklärte in der Versammlung des Rates: »Da ich Krieg führen muss, will ich lieber meine Feinde als meine Kinder bekriegen.« Er rüstete sich demnach, um abermals in Flandern das Glück der Waffen zu versuchen. Die Hungersnot, unter der das Land litt, war ein Hilfsmittel für den Krieg: Wem es an Brot fehlte, der wurde Soldat. Zwar blieben infolgedessen viele Äcker brach liegen, aber man hatte ein Heer. Der Marschall von Villars, den man im vorhergehenden Jahr mit einigen Truppen nach Savoyen geschickt hatte, wo er den Eifer der Soldaten wieder angefacht und mehrere kleine Erfolge errungen hatte, wurde jetzt als der Heerführer, auf den der Staat seine Hoffnung setzte, nach Flandern berufen.

Marlborough hatte bereits Tournai genommen, dessen Belagerung Eugen gedeckt hatte, und nun rückten beide Generäle vor, um Mons einzuschließen; der Marschall von Villars zog ihnen entgegen, um sie daran zu hindern. Bei ihm befand sich der Marschall von Boufflers, sein Altersvorgesetzter, der unter ihm zu dienen verlangt hatte. Boufflers liebte den König und das Vaterland wirklich. Er bewies bei dieser Gelegenheit, dass es – dem Lehrsatz eines sehr geistvollen Mannes zum Trotz – in einem monarchischen Staat und besonders unter einem guten Gebieter – Tugenden gibt. Es sind in den Monarchien sicher ebenso viele Tugenden vorhanden wie in den Republiken; mit weniger Enthusiasmus vielleicht, aber mit mehr von dem, was man Ehre nennt.[72]

72 Diese Stelle verdient erläutert zu werden. Der berühmte Verfasser des Werkes ›Geist der Gesetze‹ sagt, die Ehre sei das Prinzip der monarchischen, die Tugend das Prinzip der republikanischen Regierungen. Es sind dies unbestimmte und verworrene Ideen, die man auf eine ebenso unbestimmte Weise angegriffen hat, weil man selten über die Bedeutung der Ausdrücke eins ist und sich daher selten versteht. Ehrgefühl ist das Verlangen, geachtet und geehrt zu werden; es entspringt daraus die Gewohnheit, nie etwas zu tun, worüber man erröten müsste. Tugend ist Erfüllung der Pflichten, ohne Rücksicht auf das Verlangen nach Ehre; daher kommt es, dass die Ehre normal, die Tugend selten ist.

Das Prinzip einer Monarchie oder einer Republik ist nun weder die Ehre noch die Tugend. Eine Monarchie beruht auf der Macht eines einzigen, eine Republik auf der Macht mehrerer, die Macht eines einzigen zu verhindern. Die meisten Monarchien sind durch Heerführer, die Republiken durch versammelte Bürger gegründet worden. Die Ehre ist allen Menschen gemeinsam, die Tugend aber ist unter jeder Regierungsform selten. Die Eigenliebe jedes Mitglieds einer Republik überwacht die Eigenliebe der übrigen; da jeder Herr sein will, ist es keiner, der Ehrgeiz jedes einzelnen ist ein Zügel für die Gesamtheit, und so herrscht Gleichheit.

In einer befestigten Monarchie kann der Ehrgeizige nur emporkommen, indem er dem Herrscher oder denen, die unter dem Herrscher regieren, gefällt. Diese ersten Triebfedern haben weder auf der einen noch auf der anderen Seite mit der Ehre oder der Tugend zu tun – es gibt hier nur das Interesse. Die Tugend ist in jedem Staat eine Frucht der Erziehung und des Charakters. Es heißt im ›Geist der Gesetze‹,

Sobald die Franzosen vorrückten, um sich der Einschließung von Mons zu widersetzen, griffen die Verbündeten sie bei den Gehölzen von Blangies und in der Nähe des Dorfes Malplaquet an (1. September 1709). Die Armee der Verbündeten zählte etwa 80.000, die des Marschalls von Villars ungefähr 70.000 Streiter. Die Franzosen führten achtzig Geschütze mit sich, die Verbündeten hundertvierzig. Der Herzog von Marlborough befehligte den rechten Flügel, auf dem die Engländer und die deutschen Truppen in englischem Sold standen; Prinz Eugen befand sich im Zentrum; Tilly und ein Graf von Nassau mit den Holländern auf dem linken Flügel.

Der Marschall von Villars übernahm die Führung des linken Flügels und überließ den rechten dem Marschall von Boufflers. Er hatte sein Heer in der Eile verschanzt – eine Maßnahme, die sich allem Anschein nach für Truppen schickte, die so lange unglücklich gewesen und jetzt in der Minderzahl waren und zur Hälfte aus neu eingereihten Mannschaften bestanden, und die auch der Lage Frankreichs entsprach, das eine völlige Niederlage an den äußersten Rand des Verderbens gebracht haben würde.

Einige Geschichtsschreiber haben die Aufstellung des Generals getadelt. »Er hätte«, behaupten sie, »eine weite Einsenkung überschreiten sollen, anstatt sie vor sich zu lassen.« Sollten diejenigen, die von ihrem Schreibzimmer aus über das urteilen, was auf einem Schlachtfeld vorgeht, nicht allzu weise sein?

Ich weiß nur, dass der Marschall selbst erzählte, wie die Soldaten, die Brot erhalten hatten, nachdem es ihnen einen ganzen Tag an Lebensmitteln gefehlt hatte, einen Teil davon weggeworfen hätten, um leichter zum Kampf eilen zu können.

Im Laufe mehrerer Jahrhunderte waren nur wenige so heiße und langdauernde Schlachten und keine blutigere vorgekommen. Ich werde von dieser Schlacht nur das berichten, was alle Welt als der Wahrheit entsprechend einräumt.

---

dass in einer Republik mehr Tugend vonnöten sei, in einer Hinsicht ist aber gerade das Gegenteil der Fall: Es bedarf weit mehr Tugend an einem Hof, umso vielen Versuchungen zu widerstehen. Der Herzog von Montausier und der Herzog von Beauvilliers waren Männer von äußerst strenger Tugendhaftigkeit. Der Marschall von Villars verband mildere Sitten mit einer nicht weniger unantastbaren Rechtlichkeit. Der Marquis de Torcy war in einer Stellung, wo die Politik eine gewisse Lockerheit der Moral gestattet, einer der ehrenhaftesten Männer Europas. Die Generalkontrolleure Le Pelletier und Chamillart galten dafür, dass sie weniger tüchtig als tugendhaft wären. Überhaupt muss anerkannt werden, dass Ludwig XIV. während dieses unglücklichen Krieges fast nur von vorwurfsfreien Männern umgeben war – es ist dies eine sehr wahre und sehr wichtige Bemerkung in einer Geschichte, in der die Sitten eine so große Rolle spielen.

Der linke Flügel des Feindes, auf dem die Holländer fochten, wurde nahezu vernichtet und sogar mit dem Bajonett verfolgt. Marlborough auf dem rechten Flügel führte und bekam die furchtbarsten Stöße. Aber der Marschall von Villars entblößte ein wenig sein Zentrum, um sich Marlborough entgegenzustemmen, und nun wurde das Zentrum selbst angegriffen. Die Verschanzungen, die es deckten, wurden genommen; das Leibregiment, das diese Schanzen verteidigte, konnte nicht widerstehen; der Marschall, der vom linken Flügel herbeieilte, wurde verwundet, und die Schlacht ging verloren. Das Schlachtfeld war mit mehr als 30.000 Toten oder Sterbenden bedeckt.

Man schritt über aufeinandergehäufte Leichen, besonders dort, wo die Holländer gestanden hatten. Frankreich verlor an diesem Tag kaum über 8.000 Mann, während die Feinde etwa 21.000 Tote oder Verwundete auf dem Schlachtfeld ließen. Da aber das Zentrum durchbrochen und die beiden Flügel infolgedessen abgeschnitten waren, so waren die, die das meiste Blut vergossen hatten, die Besiegten.

Der Marschall von Boufflers[73] machte, unterstützt vom Prinzen von Tingry-Montmorency, späteren Marschall von Luxemburg, dem Erben des Mutes seiner Ahnen, einen wohlgeordneten Rückzug. Die Armee ging zwischen Le Quesnoy und Valenciennes zurück und nahm mehrere dem Feind abgenommene Fahnen und Standarten mit. Diese Beutestücke trösteten Ludwig XIV., und man zählte die Ehre, dass man das Schlachtfeld so lange streitig gemacht und schließlich nur dieses verloren hatte, für einen Sieg. Der Marschall von Villars versicherte dem König bei seiner Rückkehr an den Hof, dass er ohne seine Wunde den Sieg errungen haben würde. Ich habe diesen Feldherrn völlig davon überzeugt gesehen, habe aber wenige Personen gefunden, die ihm glaubten.

Man muss sich wundern, dass ein Heer, das dem Feind zwei Drittel Menschen mehr getötet, als es selbst verloren hatte, nicht den Versuch

73 In einem Werk mit dem Titel ›Denkwürdigkeiten des Marschalls von Berwick‹ wird erzählt, dass der Marschall von Berwick diesen Rückzug leitete. Auf solche Weise sind nur zu viele Denkwürdigkeiten geschrieben. In denen der Frau von Maintenon von La Beaumelle findet man angegeben (Bd. 5, S. 99), dass die Verbündeten den Marschall von Villars beschuldigten, »sich selbst verwundet zu haben, und dass die Franzosen ihm vorwarfen, er hätte sich zu früh zurückgezogen«. Das sind zwei lächerliche Lügen. Der Marschall hatte unter dem Knie einen Schuss aus einem Karabiner erhalten, der den Knochen zerschmetterte und ihn sein Leben lang zum Hinken zwang. Der König sandte ihm seinen Ersten Wundarzt, Sieur Maréchal, und nur dieser verhinderte, dass man ihm das Bein abnahm. Ich weiß das aus dem Mund des Marschalls und jenes berühmten Chirurgen; alle Offiziere wussten es, und der Herzog von Villars geruht, es mir in seinen Briefen zu bestätigen. Er setzt den unziemlichen und verleumderischen Dummheiten La Beaumelles stumme Verachtung entgegen.

machte, diejenigen, die keinen anderen Vorteil hatten, als dass sie inmitten ihrer Toten ihre Zelte errichten konnten, an der Belagerung von Mons zu hindern. Die Holländer fürchteten auch um dieses Unternehmen: sie zögerten. Aber der Name einer verlorenen Schlacht imponiert den Besiegten und entmutigt sie. Die Menschen tun nie alles, was sie tun können, und der Soldat, dem man sagt, dass er geschlagen worden ist, befürchtet, abermals geschlagen zu werden. Daher wurde Mons belagert und genommen – und immer zum Vorteil der Holländer, die diese Stadt behielten, wie sie Tournai und Lille behalten hatten.

Zweiundzwanzigstes Kapitel

Ludwig XIV. setzt seine Friedensgesuche und den Verteidigungskrieg fort · Der Herzog von Vendôme festigt den König von Spanien auf dem Thron

Die Feinde rückten auf diese Weise nicht bloß Schritt für Schritt vor und brachten auf dieser Seite alle Schutzwälle Frankreichs zu Fall, sondern sie versuchten auch, mit Hilfe des Herzogs von Savoyen die Freigrafschaft Burgund zu überrumpeln und von zwei Seiten in das Herz des Königreichs einzudringen. Glücklicherweise wurde General Merci, der dieses Unternehmen durch einen Einfall in das Oberelsass von Basel her erleichtern sollte, bei der Insel von Neuenburg am Rhein durch den Grafen und späteren Marschall du Bourg aufgehalten (26. August 1709). Ich weiß nicht, infolge welchen eigentümlichen Verhängnisses diejenigen, die den Namen Merci führten, beinahe immer ebenso unglücklich wie geschätzt und geachtet waren. Der Merci, von dem hier die Rede ist, wurde vollständig besiegt, und von Savoyen her wurde nichts mehr unternommen.

Auf der flandrischen Seite aber war deshalb nicht weniger zu befürchten, und das Land befand sich im Inneren in einem so entkräfteten Zustand, dass der König abermals demütig um Frieden bat. Er erbot sich, Erzherzog Karl als König von Spanien anzuerkennen, seinen Enkel seinem Schicksal zu überlassen und nicht mehr zu unterstützen, vier Festungen als Pfand zu geben, Straßburg und Breisach zu räumen, auf die Oberhoheit über das Elsass zu verzichten und nur die Verwaltung zu behalten, alle seine Festungen von Basel bis Philippsburg zu schleifen, den so lange gefürchteten Hafen von Dünkirchen zuzuschütten und dessen Befestigungen abzutragen und schließlich den Generalstaaten Lille, Tournai, Ypern, Menin, Furnes, Condé und Maubeuge zu überlassen. Das waren die Hauptpunkte, die als Grundlage für den erbetenen Frieden dienen sollten.

Die Verbündeten wollten abermals den Triumph einer Erörterung über die demütigen Vorschläge Ludwigs XIV. genießen. Man gestattete seinen Bevollmächtigten Anfang 1710, sich in dem Städtchen Geertruidenberg einzufinden, um dort die Bitten ihres Monarchen vorzutragen. Ludwig wählte den Marschall von Uxelles, einen kalten, schweigsamen Mann von mehr umsichtiger als erhabener und kühner Denkart, sowie den damaligen Abbé, späteren Kardinal von Polignac, einen der beredtesten Schöngeister seines Jahrhunderts, der durch seine Gestalt wie durch sein anmutiges Benehmen imponierte. Geist, Umsicht und Beredsamkeit der Gesandten sind jedoch ohne Wert, wenn der Fürst nicht glücklich ist – die Siege bestimmen über die Verträge! Die Gesandten wurden in Geertruidenberg eher abgeschlossen als zugelassen. Die Deputierten nahmen dort ihre Vorschläge entgegen und überbrachten sie nach Den Haag an den Herzog von Marlborough, den Prinzen Eugen und den Grafen von Zinzendorf, den Gesandten des Kaisers. Und alle diese Vorschläge wurden stets mit Geringschätzung aufgenommen. Man insultierte sie durch beleidigende Pamphlete, die alle von französischen Flüchtlingen verfasst wurden, die heftigere Feinde des Ruhmes Ludwigs XIV. geworden waren als Eugen und Marlborough.

Die französischen Bevollmächtigten erniedrigten sich so weit, dass sie versprachen, der König würde Geld zur Entthronung Philipps V. hergeben – aber man schenkte ihnen kein Gehör. Man verlangte, Ludwig XIV. sollte als Einleitung zum Friedensschluss die Verpflichtung auf sich nehmen, seinen Enkel allein und mit Waffengewalt innerhalb zweier Monate aus Spanien zu vertreiben. Diese widersinnige Härte, die weit beleidigender war als eine Zurückweisung, war eine Folge neuer Siege der Verbündeten.

Während diese nämlich so als Gebieter sprachen, die entrüstet waren über die Größe und den Stolz Ludwigs XIV., die jetzt beide gebrochen am Boden lagen, eroberten sie zunächst Douai. Bald darauf bemächtigten sie sich der Städte Béthune, Aire und Saint-Venant, und Lord Stair schlug vor, Streifscharen bis nach Paris zu schicken.

Beinahe zur selben Zeit trug die Armee des Erzherzogs in Spanien unter dem Kommando Veits von Starhemberg – desjenigen deutschen Generals, der nach dem Prinzen Eugen am berühmtesten war – bei Saragossa einen vollständigen Sieg über das Heer davon, auf das die Partei Philipps V. ihre Hoffnung gesetzt hatte und das vom Marquis von Bay, einem unglücklichen Heerführer, befehligt wurde (20. August 1710).

Man bemerkte abermals, dass die beiden Prinzen, die sich Spanien streitig machten und sich beide in der Nähe ihres Heeres befanden, auch diesmal nicht in der Schlacht anwesend waren. Von allen Fürsten, für die man damals in Europa kämpfte, nahm nur der Herzog von Savoyen persönlich am Krieg teil. Traurigerweise aber erwarb er diesen Ruhm nur im Kampf gegen seine beiden Töchter, von denen er die eine entthronen wollte, um einen Fetzen Land in der Lombardei zu erhalten, dessentwegen Kaiser Joseph bereits Schwierigkeiten machte und den man ihm bei erster Gelegenheit wieder entrissen haben würde.

Jener Kaiser war überall glücklich, aber nirgends gemäßigt in seinem Glück. Er zerstückelte aus eigener Machtvollkommenheit Bayern und vergab die Lehen in diesem Land an seine Verwandten und seine Günstlinge; er beraubte den jungen Herzog von Mirandola in Italien, und die Reichsfürsten unterhielten für ihn am Rhein ein Heer, ohne zu bedenken, dass sie damit an der Festigung einer Macht arbeiteten, die sie fürchteten – so sehr beherrschte die Gemüter noch der alte Hass gegen den Namen Ludwigs XIV., der das erste unter allen Interessen schien!

Josephs Glück verschaffte ihm auch noch den Triumph über die Unzufriedenen in Ungarn. Frankreich hatte den Fürsten Raköczy gegen ihn aufgehetzt, der für seine eigenen und die Rechte seines Landes zu den Waffen gegriffen hatte. Räköczy wurde geschlagen, seine Städte wurden erobert, seine Partei vernichtet. So war Ludwig XIV. im Äußeren und im Innern, zu Wasser und zu Lande, in den öffentlichen Verhandlungen und in den geheimen Intrigen überall gleichmäßig unglücklich.

Ganz Europa glaubte damals, dass Erzherzog Karl, der Bruder des vom Glück begünstigten Joseph, ohne Mitbewerber über Spanien herrschen würde. Europa war dadurch von einer Macht bedroht, die noch gewaltiger war als die Karls V., und es war England, der langjährige Feind des spanischen Zweiges des Hauses Österreich, im Verein mit Holland, dem gegen jenes Haus empörten Sklaven, die sich erschöpften, um jene Macht zu gründen. Philipp V., der nach Madrid geflohen war, verließ diese Stadt zum zweitenmal und zog sich nach Valladolid zurück, während der Erzherzog als Sieger in die Hauptstadt einzog.

Der König von Frankreich konnte seinen Enkel nicht mehr unterstützen. Er war zum Teil zu dem gezwungen, was seine Gegner in Geertruidenberg von ihm verlangten, nämlich die Sache Philipps fallenzulassen, indem er einige in Spanien verbliebene Truppen zu seiner eigenen Verteidigung zurückkommen ließ – vermochte er doch selbst kaum an der Grenze von Savoyen, am Rhein und in Flandern, wo die härtesten Streiche geführt wurden, den Feinden zu widerstehen.

Spanien war noch mehr zu beklagen als Frankreich. Beinahe alle seine Provinzen waren von den Feinden wie von ihren Verteidigern verheert worden, es wurde von Portugal angegriffen, sein Handel lag darnieder, und die Teuerung war allgemein. Diese Teuerung war jedoch den Siegern verderblicher als den Besiegten, weil in einem großen Teil des Landes die Neigung der Bevölkerung den Österreichern alles versagte und alles Philipp V. gab. Dieser Monarch hatte damals weder Truppen noch Generäle von Seiten Frankreichs. Der Herzog von Orléans, durch den sein wankendes Glück ein wenig gefestigt worden war, galt jetzt, anstatt seine Heere noch weiter zu befehligen, als sein Feind.

Es steht fest, dass es trotz der Liebe der Stadt Madrid zu Philipp und trotz der Treue vieler Granden und der ganzen Provinz Kastilien doch eine starke Partei gegen Philipp V. in Spanien gab. Die Katalanen, eine kriegerische und halsstarrige Nation, hielten hartnäckig zu seinem Gegner; die Hälfte von Aragonien war ebenfalls für diesen gewonnen; ein Teil der Bevölkerung aber wartete den Ausgang ab, und ein anderer Hasste mehr den Erzherzog, als er Philipp V. liebte.

Der Herzog von Orléans, ebenfalls Philipp genannt, der zudem mit den spanischen Ministern und der Prinzessin Orsini[74], die den Staat regierte, unzufrieden war, glaubte zu bemerken, dass er das Land, zu dessen Verteidigung er gekommen war, für sich selbst gewinnen könne, und als Ludwig XIV. selbst sich erboten hatte, seinen Enkel fallenzulassen,

74 Anna Marie de La Trémouille, in erster Ehe mit den Prinzen von Chalais, in zweiter mit dem Fürsten Flavio Orsini verheiratet, war der jungen Königin als Beraterin beigegeben worden und übte als solche weitgehend Einfluss auf die Staatsgeschäfte aus. Selbstverständlich schuf diese Stellung ihr zahlreiche Feinde und Widersacher. Ludwig XIV. berief sie daher im Jahre 1705 nach Frankreich zurück, sandte sie aber, nachdem eine längere Unterredung ihm von ihrem Geist und Charakter das beste Bild gegeben hatte, ungesäumt wieder auf ihren Posten, auf dem die Fürstin mit seltenem Opfermut und unerschütterlicher Ergebenheit gegen das spanische Königspaar auch während der Unglückstage von 1709 ausharrte. Den Abschluss des Utrechter Friedens verzögerte sie durch ihr Verlangen nach einem unabhängigen kleinen Fürstentum in den Niederlanden, das sie als Lohn für ihre allerdings niemals gebührend vergoltenen Dienste von Philipp V. beanspruchen zu dürfen glaubte. Ihre Forderung wurde indessen nicht berücksichtigt, und die Heirat Philipps V. mit Elisabeth von Parma, die sie selbst hinter dem Rücken des französischen Hofs angezettelt hatte, führte dann ihren Sturz herbei. Die neue Gemahlin des Königs ließ die sechsundsechzigjährige Fürstin, als diese ihr ihre Aufwartung machen wollte, festnehmen, in einen Postwagen setzen und ohne den geringsten Aufenthalt über die französische Grenze schaffen. Sie starb, wie später ihr ehemaliger Vertrauter Alberoni, in der Verbannung.

und man in Spanien bereits von einer Abdankung sprach, hielt der Herzog von Orléans sich für würdig, den Platz einzunehmen, den Philipp V. verlassen zu müssen schien. Er hatte Rechte auf diese Krone, die das Testament des verstorbenen Königs von Spanien unberücksichtigt gelassen, sein Vater aber durch einen Protest aufrechterhalten hatte.

Er schloss durch seine Agenten ein Bündnis mit einigen spanischen Granden, durch das diese sich verpflichteten, ihn im Fall des Rücktritts Philipps V. auf den Thron zu setzen; auch würde er in diesem Fall viele Spanier bereit gefunden haben, unter die Fahnen eines Fürsten zu treten, der zu kämpfen verstand. Dieses Unternehmen konnte, wenn es gelang, auch den Seemächten nicht missfallen, denn diese hätten dann eine Vereinigung Spaniens und Frankreichs in ein und derselben Hand weniger zu befürchten gehabt, und somit würde es dem Frieden weniger Hindernisse geboten haben. Dieser Plan wurde nun zu Anfang des Jahres 1709 – während sich der Herzog von Orléans in Versailles befand – in Madrid entdeckt, und des Herzogs Agenten wurden in Spanien ins Gefängnis geworfen. Philipp V. verzieh seinem Verwandten nicht, dass er geglaubt hatte, er würde abdanken, und den Gedanken gehegt hatte, sein Nachfolger zu werden. Frankreich schrie auf über den Herzog von Orléans. Monseigneur, der Vater Philipps V., beantragte im Rat, dass dem Schuldigen der Prozess gemacht würde; Ludwig XIV. aber wollte lieber dieses gestaltlose und entschuldbare Projekt in Schweigen begraben, als seinen Neffen zu einer Zeit strafen, wo er seinen Enkel dem Sturz nahe sah.

Zur Zeit der Schlacht bei Saragossa schrieben schließlich der Rat des Königs von Spanien und die meisten Granden, als sie sahen, dass sie Starhemberg – der als zweiter Eugen galt – keinen Feldherrn entgegenzustellen hatten, an Ludwig XIV. und baten ihn um den Herzog von Vendôme. Dieser Prinz, der sich nach Anet zurückgezogen hatte, brach nun nach Spanien auf, und seine Anwesenheit wog eine Armee auf. Der große Ruf, den er in Italien erworben hatte und den der unglückliche flandrische Feldzug nicht hatte vernichten können, erregte die Aufmerksamkeit der Spanier. Seine Leutseligkeit, seine Freigebigkeit, die bis zur Verschwendung ging, seine Offenherzigkeit und seine Liebe zu den Soldaten gewannen ihm die Herzen. Sobald er den Fuß auf spanischen Boden gesetzt hatte, geschah das, was einst Bertrand du Guesclin geschehen war: sein bloßer Name lockte Scharen von Freiwilligen herbei. Er hatte kein Geld – die Stadtgemeinden, die Dorfverbände und die religiösen Genossenschaften gaben es ihm. Eine enthusiastische Stimmung bemächtigte sich der Nation (August 1710).

Die Trümmer des Heeres, die der Schlacht bei Saragossa entronnen waren, sammelten sich unter ihm in Valladolid; alles ereiferte sich, Rekruten zu stellen. Ohne dieser Hitze nur einen Augenblick Zeit zum Verrauchen zu geben, verfolgte der Herzog von Vendôme die Sieger, führte den König nach Madrid zurück, zwang den Feind zum Rückzug nach Portugal hin, folgte ihm, setzte schwimmend über den Tajo, machte in Brihuega Lord Stanhope mit fünftausend Engländern zu Gefangenen, erreichte General Starhemberg und lieferte ihm am folgenden Tag die Schlacht bei Villaviciosa. Vom Feuergeist des Herzogs von Vendôme fortgerissen, stellte sich Philipp V., der unter seinen früheren Generälen nie am Kampf teilgenommen hatte, an die Spitze des rechten Flügels; der Herzog übernahm die Führung des linken und errang einen vollständigen Sieg, so dass dieser Prinz, der erschienen war, als alles verzweifelt stand, innerhalb von vier Monaten alles in die frühere Lage versetzte und die spanische Königskrone für immer auf dem Haupt Philipps befestigte.[75]

Während dieser auffällige Umschwung in Spanien die Verbündeten in Erstaunen setzte, bereitete sich in England eine andere, geräuschlosere, aber nicht weniger entscheidende Umwälzung vor. Eine Deutsche hatte durch ihr verkehrtes Verhalten das Haus Österreich um den ganzen Nachlass Karls V. gebracht und war so die erste treibende Kraft des Krieges gewesen – eine Engländerin führte durch ihre Unbesonnenheiten den Frieden herbei. Sarah Jennings, Herzogin von Marlborough, regierte die Königin Anna, und der Herzog regierte den Staat. Er hatte durch den Lord-Schatzmeister Godolphin, den Schwiegervater einer seiner Töchter, die Finanzen in Händen, während der Staatssekretär Sunderland, sein Schwiegersohn, ihm das Kabinett gefügig machte. Das ganze Haus der Königin, in dem seine Frau befahl, stand zu seinen Befehlen. Er war Herr der Armee, in der er alle Stellen vergab. Wenn auch zwei Parteien, die Whigs und die Tories, England teilten, so taten doch die Whigs, deren Haupt er war, für seine Größe alles, und die Tories waren gezwungen, ihn zu bewundern und zu schweigen. Es ist der Geschichte nicht unwürdig, wenn ich hier hinzufüge, dass der Herzog und die Herzogin die schönsten Personen ihrer Zeit waren und dass dieser Vorzug die Menge immer verführt, wenn er mit Ehrenstellen und mit dem Ruhm vereint erscheint.

75 Wie erzählt wird, sagte der Herzog von Vendôme, als Philipp V. nach der Schlacht kein Bett hatte: „Ich will Ihnen das schönste Lager bereiten, auf dem je ein König geschlafen hat.« Und er ließ ein Polster aus den Fahnen und Standarten herstellen, die man dem Feind abgenommen hatte.

Er hatte im Haag mehr Ansehen als selbst der Großpensionär und hatte auch in Deutschland großen Einfluss. Als Diplomat und Heerführer, dem alles glückte, besaß kein zweiter Privatmann eine so ausgedehnte Macht und einen so weitverbreiteten Ruhm wie er. Diese Macht vermochte er noch durch die Reichtümer zu festigen, die er als Oberbefehlshaber erworben hatte; ich habe seine Witwe sagen hören, dass ihr nach Abfindung von vier Kindern und ohne jedes Geschenk vom Hof noch 70.000 Pfund Einkünfte blieben, was mehr als 1.550.000 Livre nach unserem heutigen Geld ausmacht. Wäre er nicht ebenso sparsam wie groß gewesen, so hätte er sich eine Partei schaffen können, die die Königin Anna nicht würde haben vernichten können. Wäre seine Frau zuvorkommender gewesen, so würde auch die Königin nie ihre Fesseln zerrissen haben – aber der Herzog vermochte nie seinen Hang zum Geld und die Herzogin nie ihre böse Laune zu besiegen. Die Königin hatte sie mit einer Zärtlichkeit geliebt, die bis zur Unterwürfigkeit und zum Verzicht auf allen eigenen Willen ging.

Bei dergleichen Freundschaftsbündnissen finden sich der Überdruss, die Laune, der Hochmut und der Missbrauch der Überlegenheit in der Regel auf Seiten der Herrscher – sie sind es, die das Joch fühlbar machen –, hier aber war es die Herzogin von Marlborough, die es erschwerte. Die Königin bedurfte einer Favoritin und wandte sich ihrer Kammerfrau Lady Masham zu; sogleich kam die Eifersucht der Herzogin zum Ausbruch. Ein Paar Handschuhe von besonderer Form, die sie der Königin verweigerte, eine Schüssel Wasser, die sie in deren Gegenwart wie aus Versehen über Lady Mashams Kleid schüttete, veränderten das Aussehen Europas! Die Gemüter erhitzten sich. Der Bruder der neuen Favoritin bat den Herzog um ein Regiment; der Herzog verweigerte es, die Königin aber gab es ihm. Die Tories nützten diese Lage der Umstände, um die Königin dieser häuslichen Sklaverei zu entreißen, die Macht des Herzogs von Marlborough zu mindern, das Ministerium zu ändern, Frieden zu schließen und, wenn möglich, das Haus Stuart wieder auf den englischen Thron zu bringen.

Wenn der Charakter der Herzogin einigermaßen biegsam gewesen wäre, hätte sie immer noch die Herrschaft behaupten können. Die Königin und sie hatten die Gewohnheit, täglich unter angenommenem Namen aneinander zu schreiben – dieses Geheimnis und diese Vertraulichkeit ließen stets einen Weg zur Versöhnung offen. Aber die Herzogin nützte dieses Mittel nur, um alles zu verderben. Sie schrieb in gebieterischem Ton und sagte in ihrem Brief: »Lassen Sie mir Gerechtigkeit widerfahren, und antworten Sie mir nicht!«

Zwar bereute sie dann diesen mutwilligen Schritt, sie bat um Verzeihung, sie weinte, die Königin aber erwiderte ihr nur: »Sie haben mir befohlen, Ihnen nicht zu antworten, und ich werde Ihnen nicht antworten.«

Nun war der Bruch entschieden: Die Herzogin erschien nicht mehr am Hof, und einige Zeit später entzog man zunächst Sunderland, dem Schwiegersohn Marlboroughs, seine Stellung als Minister, um sodann Godolphin und den Herzog selbst abzusetzen.

In anderen Staaten spricht man bei solchen Anlässen von Ungnade; in England bedeutet es eine Umwälzung in den öffentlichen Angelegenheiten, und diese Umwälzung war noch immer sehr schwer zu bewerkstelligen.

Die Tories hatten jetzt wohl die Königin, nicht aber auch das Land auf ihrer Seite; sie waren daher genötigt, die Religion zu Hilfe zu rufen, von der heutigentags in England fast nur so viel vorhanden ist, wie vonnöten ist, um einen Unterschied zwischen den Parteien zu begründen.

Die Whigs neigten zum Presbyterianismus; es war dies die Partei, die Jakob II. entthront, Karl II. verfolgt und Karl I. hingeschlachtet hatte. Die Tories waren für die bischöfliche Partei, die das Haus Stuart begünstigte und den passiven Gehorsam gegen die Könige einführen wollte, weil die Bischöfe davon mehr Gehorsam gegen ihre eigene Würde erwarteten. Sie bestimmten einen Prediger[76], diese Lehre in der Paulskirche von der Kanzel herab vorzutragen und die Verwaltung Marlboroughs sowie die Partei, die König Wilhelm zur Krone verholfen hatte, in gehässiger Weise darzustellen. Aber die Königin, die diesen Priester begünstigte, war nicht mächtig genug, um zu verhindern, dass er von den Häusern der Lords und der Gemeinen in der Westminster Hall auf drei Jahre seines Amtes enthoben und seine Predigt verbrannt wurde. Noch mehr fühlte sie ihre Schwäche, als sie trotz ihrer heimlichen Vorliebe für ihre Blutsverwandten niemals wagen durfte, denselben den Weg zum Thron wieder zu erschließen, der ihrem Bruder durch die Partei der Whigs versperrt wurde.

Die Schriftsteller, die berichten, Marlborough und seine Partei seien gefallen, sobald die Gunst der Königin sie nicht mehr stützte, kennen

76 Der Marquis de Torcy bezeichnet ihn in seinen ›Denkwürdigkeiten‹ als »ministre prédicant«; das ist jedoch ein Titel, den man nur den Presbyterianern gibt. Harry Sacheverell, von dem hier die Rede ist, war Doktor der Universität Oxford und gehörte der bischöflichen Partei an. Er hatte in der Paulskirche Intoleranz und unbedingten Gehorsam gegen die Könige gepredigt. Diese Lehrsätze wurden vom Parlament verdammt, seine Ausfälle gegen die Partei Marlboroughs aber noch mehr.

England nicht. Die Königin, die von jener Zeit ab den Frieden wollte, wagte nicht einmal, dem Herzog den Oberbefehl über die Armee abzunehmen, und noch im Frühling des Jahres 1711, während er an seinem Hof bereits in Ungnade gefallen war, fuhr Marlborough fort, Frankreich zu bedrängen.

Gegen Ende Januar des genannten Jahres 1711 langte in Versailles ein bis dahin völlig unbekannter Priester an, der Abbé Gauthier, der früher Adjunkt des Hauspredigers des Marschalls von Tallard während dessen Gesandtschaft bei König Wilhelm gewesen war. Er hatte sich seit jener Zeit ständig in London aufgehalten, wo er kein anderes Amt zu versehen hatte, als in der Privatkapelle des Grafen von Gallas, des kaiserlichen Gesandten in England, Messe zu lesen. Der Zufall hatte ihm das Vertrauen eines Lords verschafft, der ein Freund des neuen, dem Herzog von Marlborough feindlichen Ministeriums war.

Dieser Unbekannte nun begab sich eines Tages zum Marquis de Torcy und fragte ihn ohne weitere Umschweife: »Wollen Sie Frieden machen, mein Herr? Ich bringe Ihnen die Mittel dazu, um ihn abzuschließen.«

»Das hieß einen Sterbenden fragen, ob er geheilt sein wolle«, sagt de Torcy.[77]

Man leitete nun heimliche Verhandlungen ein mit dem Großschatzmeister von England, dem Grafen von Oxford, und dem Staatssekretär Saint-John, dem späteren Lord Bolingbroke. Diese beiden Männer hatten kein anderes Interesse, Frankreich den Frieden zu geben, als das Verlangen, dem Herzog den Oberbefehl über die Armeen zu entziehen und ihren Einfluss auf den Trümmern des seinen zu gründen. Der Schritt war gefährlich: Es hieß dies die gemeinsame Sache der Alliierten verraten, alle Verbindlichkeiten brechen und sich ohne jeden Vorwand dem Hass des größten Teils der Nation sowie einer Untersuchung seitens des Parlaments aussetzen, die ihnen leicht hätte den Kopf kosten können. Es ist sehr zweifelhaft, ob ihr Anschlag geglückt wäre, aber ein unvorhergesehenes Ereignis erleichterte das große Werk. Kaiser Joseph I. starb (27. April 1711) und hinterließ die Staaten des Hauses Osterreich, das Deutsche Reich und die Ansprüche auf Spanien und Amerika seinem Bruder Karl, der einige Monate später zum deutschen Kaiser gewählt wurde.[78]

77 Siehe ›Denkwürdigkeiten des Marquis de Torcy‹, Bd. 3, S. 33.

78 Lord Bolingbroke berichtet in seinen ›Briefen‹, dass damals am Hof Ludwigs XIV. bedeutende Kabalen gesponnen wurden; er hegt keinen Zweifel (Bd. 2, S. 144), »dass an jenem Hof merkwürdige Pläne privaten Ehrgeizes geschmiedet wurden«, und schließt dies aus einer Bemerkung, die später die Herzöge von La Feuillade und von

Auf die erste Nachricht von diesem Todesfall begannen sich in England mit Hilfe des neuen Ministeriums die Vorurteile, die so viele Nationen unter den Waffen erhielten, zu zerstreuen. Man hatte verhindern wollen, dass Ludwig XIV. Spanien, Amerika, die Lombardei, das Königreich Neapel und Sizilien unter dem Namen seines Enkels regiere – warum wollte man nun so viele Staaten in die Hand Kaiser Karls VI. geben? Wozu sollte die englische Nation noch weiter ihre Schätze verschwenden? Sie zahlte mehr als Deutschland und Holland zusammen: Die Ausgaben für das laufende Jahr betrugen bereits sieben Millionen Pfund Sterling. Sollte sie sich einer Sache wegen zugrunde richten, die ihr fremd war, und um den Vereinigten Provinzen, ihren Nebenbuhlern im Handel, einen Teil von Frankreich zu verschaffen? Alle diese Gründe, die die Königin ermutigten, öffneten einem großen Teil der Nation die Augen, und als ein neues Parlament einberufen wurde, gewann die Königin die Freiheit, den Frieden in Europa anzubahnen.

Indem sie jedoch insgeheim an dem Friedenswerk arbeitete, konnte sie sich noch immer nicht öffentlich von ihren Verbündeten trennen, und während das Kabinett verhandelte, stand Marlborough immer noch im Feld. Er drang in Flandern ständig vor, durchbrach die Linien, die der Marschall von Villars von Montreuil bis Valenciennes errichtet hatte, eroberte Bouchain und rückte nach Le Quesnoy und von dort gegen Paris vor (September 1711) – man hatte ihm kaum noch einen Schutzwall entgegenzustellen.

In dieser Zeit des Unglücks geschah es, dass der berühmte Duguay-Trouin mit Hilfe seines Mutes und des Geldes einiger Kaufleute – während er noch keinen Rang in der Marine bekleidete – eine kleine Flotte ausrüstete und damit eine der bedeutendsten Städte Brasiliens, Rio de Janeiro, eroberte (September/Oktober 1711). Seine Schiffe kamen mit Schätzen beladen zurück, und die Portugiesen verloren noch weit mehr, als er gewann. Das Übel, das man Brasilien zufügte, erleichterte jedoch die Leiden Frankreichs nicht.

Mortemart bei Tisch zu ihm fallen ließen: »Sie hätten uns vernichten können – warum haben Sie es nicht getan?« Bolingbroke verfällt hier trotz seiner Einsicht und seiner Philosophie in den Fehler einiger Minister, die glauben, dass alles, was man ihnen sagt, auch etwas bedeute. Man kennt den Zustand des französischen Hofes und die Verhältnisse der beiden genannten Herzöge zur Genüge, um zu wissen, dass zur Zeit des Utrechter Friedens weder Absichten noch Parteien, noch Männer vorhanden waren, die imstande gewesen wären, etwas zu unternehmen.

Dreiundzwanzigstes Kapitel

Der Sieg des Marschalls von Villars bei Denain · Verbesserter Stand der Angelegenheiten · Allgemeiner Friede

Heilbringender waren die Verhandlungen, die endlich öffentlich in London eröffnet wurden. Die Königin schickte den Grafen von Strafford als Gesandten nach Holland und ließ dort die Vorschläge Ludwigs XIV. mitteilen; jetzt brauchte man nicht mehr Marlborough um Gnade zu bitten. Der Graf von Strafford nötigte die Holländer, Bevollmächtigte zu ernennen und die Bevollmächtigten Frankreichs zu empfangen.

Drei Privatpersonen widersetzten sich noch immer diesem Frieden: Marlborough, Prinz Eugen und Heinsius beharrten in ihrem Verlangen, Ludwig XIV. völlig niederzuwerfen. Als jedoch der englische Feldherr Ende des Jahres 1711 nach London zurückkehrte, entsetzte man ihn aller seiner Ämter. Er fand ein neues Haus der Gemeinen vor und hatte auch im Oberhaus nicht mehr die Majorität für sich: die Königin hatte durch die Ernennung neuer Pairs die Partei des Herzogs geschwächt und die der Krone verstärkt. Wie Scipio wurde er des Amtsmissbrauchs beschuldigt, zog sich aber auf ungefähr dieselbe Weise wie jener – durch den Hinweis auf seinen Ruhm und seinen Rücktritt von den Geschäften – aus der Verlegenheit. Auch nach seinem Sturz blieb er noch Einflussreich. Prinz Eugen zögerte nicht, sich zur Unterstützung seiner Partei nach London zu begeben; es wurde ihm dort ein Empfang, der seinem Titel und seinem Ruhm entsprach, aber auch eine abschlägige Antwort zuteil, wie man sie auf seine Vorschläge geben musste. Der Hof gewann die Oberhand, der Prinz kehrte daher zurück, um den Krieg allein zu Ende zu führen, und die Hoffnung auf neue Siege ohne jeden Gefährten, der den Ruhm mit ihm teilte, war ein neuer Ansporn für ihn.

Während man in Utrecht zusammenkam und die in Geertruidenberg so sehr misshandelten französischen Gesandten auf gleichem Fuß zu unterhandeln begannen, deckte der Marschall von Villars hinter seinen Linien noch immer Arras und Cambrai. Prinz Eugen nahm Le Quesnoy (4. Juli 1712) und überzog das Land mit einem Heer von etwa 10.0000 Soldaten. Die Holländer hatten eine außerordentliche Anstrengung gemacht und hatten, da sie bisher noch nie all den Verpflichtungen nachgekommen waren, die sie für diesen Krieg übernommen hatten, in diesem

Jahr mehr als ihr Kontingent gestellt. Königin Anna konnte sich noch nicht offen von den Verbündeten lossagen; sie hatte den Herzog von Ormond mit 12.000 Engländern zum Heer Eugens stoßen lassen und besoldete auch noch eine große Anzahl deutscher Truppen. Nachdem Prinz Eugen die Vorstadt von Arras eingeäschert hatte, rückte er auf die französische Armee los und schlug dem Herzog von Ormond eine Schlacht vor; der englische General war jedoch abgeschickt worden, sich nicht zu schlagen. Die besonderen Verhandlungen zwischen England und Frankreich rückten vor, und es wurde zwischen beiden Kronen ein Waffenstillstand vereinbart; als Pfand für die von ihm eingegangenen Verpflichtungen ließ Ludwig XIV. den Engländern Dünkirchen einräumen (19. Juli 1712).

Der Herzog von Ormond zog sich nun gegen Gent zurück. Er versuchte außer den englischen auch noch die Truppen mitzunehmen, die von seiner Königin besoldet wurden, aber nur vier Schwadronen Holsteiner und ein Lütticher Regiment folgten ihm. Die brandenburgischen, pfälzischen, sächsischen, hessischen und dänischen Truppen blieben unter den Fahnen des Prinzen Eugen und wurden von den Holländern bezahlt. Sogar der Kurfürst von Hannover, der Annas Nachfolger werden sollte, ließ seine Truppen wider den Willen der Königin beim Heer der Verbündeten und gab dadurch zu erkennen, dass seine Familie, wenn sie auf die englische Krone hoffte, dabei doch nicht auf die Gunst von Königin Anna rechnete.

Trotz des Abzugs der Engländer war Prinz Eugen der französischen Armee immer noch um 20.000 Mann überlegen; er war es überdies durch seine Stellung, seine wohlgefüllten Magazine und seine langjährigen Siege.

Der Marschall von Villars war nicht imstande, die Belagerung von Landrecies zu verhindern. Frankreich, an Geld und Menschen erschöpft, war bestürzt. Die Verhandlungen in Utrecht, die ein Sieg des Prinzen Eugen nutzlos machen konnte, beruhigten die Gemüter nicht; hatten doch schon beträchtliche Abteilungen des feindlichen Heeres einen Teil der Champagne ausgeplündert und waren bis an die Tore von Reims gedrungen.

Schon herrschte in Versailles derselbe Schrecken wie im übrigen Teil des Königreichs. Der vor Jahresfrist erfolgte Tod des einzigen Sohnes des Königs; das schnelle Ableben des Herzogs und der Herzogin von Burgund sowie ihres älteren Sohnes, die innerhalb weniger Monate verstarben und in ein und derselben Gruft beigesetzt wurden; die schwere

Erkrankung des letzten ihrer Kinder (Februar 1712) – all diese häuslichen Unglücksfälle im Verein mit den auswärtigen und der allgemeinen Not stempelten das Ende der Regierung Ludwigs XIV. zu einer für das Unglück auserwählten Zeit, und man war darauf gefasst, jetzt mehr Not und Elend als früher Glanz und Ruhm zu erleben.

Genau um dieselbe Zeit starb auch noch in Spanien der Herzog von Vendôme (11. Juni 1712). Die Entmutigung, die damals in Frankreich allgemein war und deren ich selbst mich noch erinnere, führte zu der Befürchtung, auch das durch den Herzog gewonnene und behauptete Spanien könnte nun nach seinem Tod wieder verlorengehen. Landrecies konnte sich nicht lange halten; in Versailles wurde daher die Frage erwogen, ob der König sich nach Chambord an der Loire zurückziehen solle. Er äußerte damals zum Marschall von Harcourt, im Falle eines neuen Unglücks würde er den ganzen Adel seines Landes aufrufen, ihn trotz seiner vierundsiebzig Jahre gegen den Feind führen und an seiner Spitze sterben.

Ein Fehler des Prinzen Eugen befreite den König und Frankreich von so vielen Besorgnissen. Man behauptet, seine Linien hätten eine zu große Ausdehnung gehabt, seine Magazine in Marchiennes wären zu entfernt gelegen, und der in Denain zwischen Marchiennes und dem Lager des Prinzen postierte General Albemarle hätte nicht gelegen genug gestanden, um im Fall eines Angriffs unterstützt werden zu können. Wie man mir versicherte, befand sich eine sehr schöne Italienerin, die ich einige Zeit später im Haag sah und die damals vom Prinzen Eugen ausgehalten wurde, in Marchiennes, und diese war Anlass gewesen, dass man diesen Ort zum Depot gewählt hatte. Man lässt jedoch dem Prinzen Eugen nicht Gerechtigkeit widerfahren, wenn man annimmt, dass eine Frau seine strategischen Bestimmungen beeinflusst haben könnte.

Diejenigen, die wissen, dass ein Pfarrer und ein Gerichtsrat von Douai, Le Fèvre d'Orval, auf einem Spaziergang zu jenen Lagerplätzen hin zuerst auf den Gedanken kamen, dass Denain und Marchiennes mit Leichtigkeit angegriffen werden könnten, liefern einen besseren Beweis, durch welche geheimen und schwachen Federn häufig die großen Angelegenheiten dieser Welt geleitet werden. Le Fèvre teilte seine Ansicht dem Intendanten der Provinz mit; dieser setzte den Marschall von Montesquiou davon in Kenntnis, der unter dem Marschall von Villars kommandierte, und der letztere billigte den Plan und führte ihn aus. Dieses Gefecht war für Frankreich in der Tat noch heilbringender als der Friede mit England. Der Marschall von Villars führte den Prinzen Eugen irre:

Eine Abteilung Dragoner rückte gegen das feindliche Lager vor, als ob man sich zum Angriff darauf rüste, und während dann die Dragoner gegen Guise zurückgingen, zog der Marschall mit seinem Heer in fünf Kolonnen nach Denain (24. Juli 1712). Man nahm die Verschanzungen des Generals Albemarle, die von siebzehn Bataillonen verteidigt wurden, mit Sturm. Alles wurde getötet oder gefangengenommen;. Albemarle selbst gab sich mit zwei Prinzen von Nassau, einem Prinzen von Holstein, einem Prinzen von Anhalt und sämtlichen Offizieren kriegsgefangen.

Prinz Eugen traf in aller Eile – aber erst gegen Ende der Schlacht – mit allen Truppen ein, die er hatte zusammenraffen können. Er versuchte eine Brücke zu nehmen, die nach Denain führte und die die Franzosen besetzt hielten, verlor dabei Leute und kehrte schließlich in sein Lager zurück, nachdem er Augenzeuge jener Niederlage gewesen war.

Alle Posten längs der Scarpe in der Richtung auf Marchiennes wurden nun mit Schnelligkeit einer nach dem anderen erobert. Man stieß auf Marchiennes, das von viertausend Mann verteidigt wurde, und betrieb die Belagerung der Stadt mit solchem Nachdruck, dass man nach drei Tagen die Besatzung gefangennahm und sich sämtlicher Kriegsvorräte bemächtigte, die hier von den Feinden aufgestapelt worden waren (30. Juli 1712). Von nun an war die Überlegenheit völlig auf Seiten des Marschalls von Villars.

Der Feind hob nun bestürzt die Belagerung von Landrecies auf und sah Douai, Le Quesnoy und Bouchain wieder in die Hände der Franzosen fallen (September/Oktober 1712). Die Grenzen waren in Sicherheit, und um fünfzig Bataillone vermindert von denen vierzig von der Schlacht bei Denain bis zum Ende des Feldzugs gefangengenommen wurden –, zog sich das Heer Eugens zurück; der hervorragendste Sieg würde keine größeren Vorteile zuwege gebracht haben.

Hätte der Marschall von Villars jene Popularität besessen, wie einige andere Generäle sie gehabt haben, so würde man ihn als den »Wiederhersteller Frankreichs« ausgerufen haben; jetzt aber gestand man kaum zu, welchen Dank man ihm schuldete, und der Neid behauptete trotz der allgemeinen Freude über den unverhofften Sieg die Oberhand.[79]

---

79 Der Marschall von Villars bewohnte in Versailles einen Teil der Gemächer, die Monseigneur gehört hatten, und der König besuchte ihn dort. Der Verfasser der ›Denkwürdigkeiten der Frau von Maintenon‹, der alle Zeiten durcheinanderwirft, berichtet (Bd. 5, S. 119), dass der Marschall von Villars in die Gärten von Marly kam und sich, als der König ihm erklärt hatte, dass er sehr zufrieden mit ihm wäre, mit den Worten zu den Höflingen wandte: »Nun hören Sie es wenigstens, meine Herren!« Dieser Zug würde, bei dieser Gelegenheit berichtet, einem Mann unrecht tun, der

Jeder weitere Erfolg des Marschalls von Villars beschleunigte den Utrechter Frieden. Das Ministerium der Königin Anna, das seinem Vaterland und Europa verantwortlich war, ließ weder die Interessen Englands noch den Vorteil der Verbündeten, noch die öffentliche Sicherheit außer Acht. Es verlangte vor allen Dingen, dass Philipp V., der jetzt Spaniens sicher war, auf seine Anrechte auf die französische Krone verzichte, die er bis dahin beibehalten hatte, und dass ferner sein Bruder, der Herzog von Berry, als mutmaßlicher Erbe Frankreichs nach dem einzigen Urenkel, den Ludwig XIV. noch besaß, ebenso auf die spanische Krone verzichte, im Falle er König von Frankreich würde. Auch vom Herzog von Orléans wurde die gleiche Verzichtserklärung verlangt.

Man hatte aus einem zwölfjährigen Krieg soeben die Erfahrung gewonnen, wie wenig derartige Erklärungen die Menschen binden. Es ist noch kein anerkanntes Gesetz vorhanden, das den Nachkommen die Pflicht auferlegt, das Recht auf die Herrschaft aufzugeben, auf das die Vorfahren verzichtet haben. Dergleichen Verzichtserklärungen sind nur wirksam, wenn das allgemeine Interesse dauernd mit ihnen im Einklang steht. Für den Augenblick beschwichtigten sie jedoch einen zwölfjährigen Sturm, und es lag die Wahrscheinlichkeit nahe, dass eines Tages mehr als eine Nation diese Verzichtserklärungen aufrechterhalten würde, die zur Grundlage des Gleichgewichts und der Ruhe Europas werden mussten.

Dem Herzog von Savoyen gab man durch den Utrechter Vertrag die Insel Sizilien nebst dem Königstitel und auf dem Festland Fenestrelles, Exilles und das Tal von Pragelas; man beraubte also, um sein Gebiet zu vergrößern, das Haus Bourbon.

Die Holländer erhielten eine bedeutende Schutzmauer, wie sie sie immer gewünscht hatten, und wenn man Frankreich zugunsten des Herzogs von Savoyen um etliche Besitzungen kürzte, so nahm man andererseits dem Haus Österreich das Erforderliche zur Befriedigung der Holländer, die auf ihre Kosten die Erhalter und Beherrscher der

---

eben so große Dienste geleistet hatte – man macht nicht in den Augenblicken seines Ruhms und seiner Größe die Höflinge darauf aufmerksam, dass der König zufrieden ist. Diese entstellte Anekdote gehört vielmehr in das Jahr 1711: Der König hatte dem Marschall verboten, den Herzog von Marlborough anzugreifen. Die Engländer eroberten Bouchain; man murrte gegen den Marschall von Villars. Nach diesem Feldzug von 1711 nun war es, dass der König ihm sagte, er wäre zufrieden, und damals konnte es sich für einen Feldherrn schicken, den Vorwürfen der Höflinge durch die Bemerkung Schweigen zu gebieten, dass sein Gebieter mit seinem – wenn auch unglücklichen – Verfahren zufrieden sei. Dieser Umstand ist zwar von geringer Bedeutung, aber auch bei den geringfügigsten Dingen muss Wahrheit herrschen.

stärksten Städte in Flandern werden sollten. Auch die Interessen des holländischen Handels wurden berücksichtigt und die Rechte Portugals festgesetzt.

Dem Kaiser wurde die Oberhoheit über die achteinhalb Provinzen des spanischen Flandern und das einträgliche Eigentumsrecht an den Grenzstädten vorbehalten; außerdem sicherte man ihm das Königreich Neapel mit Sardinien nebst allem, was er in der Lombardei besaß, und die vier Häfen an der toskanischen Küste zu. Der Reichsrat zu Wien sah sich jedoch für allzu tief beleidigt an und wollte diese Bedingungen nicht unterschreiben.

Was England betrifft, so waren sein Ruhm wie seine Interessen in Sicherheit. Es ließ den Hafen von Dünkirchen, den Gegenstand zahlloser Streitigkeiten, demolieren und ausfüllen; Spanien ließ ihm Gibraltar und die Insel Menorca; Frankreich trat ihm die Hudsonbai, die Insel Neufundland und Akadien ab, und überdies wurden ihm für den Handel in Amerika Rechte zugestanden, die man den Franzosen, die Philipp V. auf den Thron gesetzt hatten, nicht gewährte. Zu den für das englische Ministerium ruhmvollen Artikeln muss noch der gezählt werden, dass man Ludwig XIV. die Einwilligung zur Freilassung aller ihrer Religion wegen eingekerkerten französischen Untertanen abnötigte: das hieß Gesetze – aber höchst achtenswerte Gesetze – diktieren!

Schließlich ließ Königin Anna – indem sie ihrem Vaterland die Rechte ihres Blutes und die heimlichen Neigungen ihres Herzens aufopferte – auch noch dem Haus Hannover die Erbfolge zusichern und verbürgen.

Was die Kurfürsten von Bayern und Köln anlangt, so sollte der Herzog von Bayern das Herzogtum Luxemburg und die Grafschaft Namur behalten, bis er und sein Bruder wieder in ihre Kurfürstentümer eingesetzt wären. Spanien hatte nämlich dem Bayern jene beiden Länder als Entschädigung für seine Verluste abgetreten, und die Verbündeten hatten weder Namur noch Luxemburg erobert.

Frankreich, das Dünkirchen demolierte und eine große Anzahl der früher mit den Waffen gewonnenen und ihm durch die Verträge von Nimwegen und Rijswijk zugesicherten flandrischen Städte abtrat, erhielt Lille, Aire, Béthune und Saint-Venant zurück.

Das englische Ministerium schien somit allen Mächten gerecht zu werden. Ihm selbst aber ließen die Whigs keine Gerechtigkeit widerfahren, und die Hälfte der Nation verunglimpfte bald das Andenken der Königin Anna, weil diese das beste Werk getan hatte, das je ein Souverän tun kann: das heißt, so vielen Nationen den Frieden gegeben hatte. Man machte ihr zum Vorwurf, dass sie Frankreich hätte zerstückeln können und es nicht getan habe.[80]

Alle jene Verträge wurden im Laufe des Jahres 1713 einer nach dem anderen unterzeichnet. Nur der Kaiser nahm – sei es infolge des Starrsinns des Prinzen Eugen, sei es infolge einer schlechten Politik des Reichsrats – an keiner jener Verhandlungen teil. Er hätte zweifelsohne Landau und vielleicht auch Straßburg erhalten, wenn er von vornherein auf die Absichten von Königin Anna eingegangen wäre; er setzte jedoch hartnäckig den Krieg fort – und erhielt nichts. Der Marschall von Villars wandte sich, nachdem er den in französischem Besitz verbliebenen Teil Flanderns gesichert hatte, gegen den Rhein, und nachdem er sich der Städte Speyer und Worms sowie der umliegenden Gebiete bemächtigt hatte (20. August 1713), eroberte er dieses gleiche Landau (20. September), das der Kaiser sich durch den Frieden hätte erhalten können. Er durchbrach dann die Linie der Verschanzungen, die Prinz Eugen im Breisgau hatte aufwerfen lassen, schlug in diesen Linien den Marschall Vaubonne und belagerte und eroberte Freiburg (30. Oktober), die Hauptstadt des Breisgaus.

Der Reichsrat zu Wien bat überall dringend um die Hilfsvölker, die die Kreise des Reiches zu stellen versprochen hatten – aber diese Hilfstruppen kamen nicht. Er begriff nun, dass der Kaiser ohne England und Holland nicht gegen Frankreich die Oberhand behalten könne, und entschloss sich zu spät zum Frieden.

Nachdem der Marschall von Villars so den Krieg zum Abschluss gebracht hatte, genoss er noch den Ruhm, auch diesen Frieden in Rastatt mit dem Prinzen Eugen zum Abschluss zu bringen. Es war vielleicht das erstemal, dass man zwei feindliche Feldherren nach Beendigung eines Feldzugs im Namen ihrer Gebieter über den Frieden verhandeln sah; beide verfuhren dabei mit dem ihrem Charakter eigenen Freimut. Ich habe den Marschall von Villars erzählen hören, dass eine seiner ersten Bemerkungen zu Prinz Eugen die Worte gewesen wären: »Wir sind keine Feinde füreinander, mein Herr. Ihre Feinde befinden sich in Wien

80 Königin Anna sandte im August ihren Staatssekretär, den Viscount von Bolingbroke, nach Frankreich, um die Verhandlungen zu Ende zu führen. Der Marquis de Torcy erteilt diesem Gesandten große Lobsprüche und berichtet, dass Ludwig XIV. ihm den gebührenden Empfang zuteil werden ließ. In der Tat wurde er bei Hof als ein Mann empfangen, der kam, den Frieden zu geben, und als er in der Oper erschien, erhob sich das gesamte Publikum ihm zu Ehren. Es ist also eine starke Verleumdung, wenn es in den ›Denkwürdigkeiten der Frau von Maintenon‹ heißt (Bd. 5, S. 115): »Die Verachtung, die Ludwig XIV. gegen Lord Bolingbroke an den Tag legte, beweist durchaus nicht, dass dieser zu seinen Pensionären gehörte.« Es ist lächerlich, einen solchen Menschen so von den größten Männern reden zu hören.

und die meinen in Versailles.« In der Tat hatten beide stets mit Kabalen an ihren Höfen zu kämpfen.

In dem abgeschlossenen Vertrag war weder von den Rechten, die der Kaiser noch immer auf die spanische Monarchie geltend machte, noch von dem leeren Titel eines Katholischen Königs die Rede, den Karl VI. ständig beibehielt, während das Königreich Philipp V. gesichert blieb. Ludwig XIV. behielt Straßburg und Landau, zu dessen Abtretung er sich vorher erboten hatte, Hüningen und Neu Breisach, das er zu schleifen vorgeschlagen hatte, und schließlich auch noch die Oberhoheit über das Elsass, auf die er hatte verzichten wollen. Das Ehrenvollste aber war, dass er die Kurfürsten von Bayern und von Köln wieder in ihre Staaten und ihre Würden einsetzen ließ.

Es ist ein sehr bemerkenswerter Umstand, dass Frankreich in all seinen Verträgen mit den deutschen Kaisern als Beschützer der Rechte der Fürsten und Staaten des Reiches aufgetreten ist. In Münster legte es den Grund zur Freiheit des germanischen Staatswesens und ließ für das Haus Bayern eine achte Kurwürde errichten; im Vertrag von Nimwegen wurden die Bestimmungen des Westfälischen Friedens bestätigt; durch den Vertrag von Rijswijk ließ es dem Kardinal von Fürstenberg alle seine Güter zurückgeben, und durch den Frieden zu Utrecht endlich setzte es zwei Kurfürsten wieder in ihre Stellung ein. Man muss anerkennen, dass Frankreich während der ganzen Verhandlungen, die diesen langen Kampf beendeten, von England Gesetze empfing und sie seinerseits dem Reich auferlegte.

Die historischen Denkwürdigkeiten aus jener Zeit, nach denen so viele Geschichten Ludwigs XIV. zusammengestoppelt worden sind, berichten, dass Prinz Eugen bei Abschluss jener Konferenzen den Herzog von Villars gebeten habe, an seiner Stelle die Knie Ludwigs XIV. zu umfassen und diesem Monarchen die Versicherung der tiefsten Ehrfurcht »eines Untertanen gegen seinen Souverän« zu übermitteln. Erstens ist aber nicht wahr, dass ein Prinz, der Enkel eines Souveräns, deshalb der Untertan eines anderen Fürsten bleibt, weil er in dessen Land geboren wurde, und zweitens ist noch weniger wahr, dass Prinz Eugen, der Verweser des Deutschen Reichs, sich einen Untertanen des Königs von Frankreich nennen konnte.

Inzwischen begann jeder Staat sich in den Besitz seiner neuen Rechte zu setzen. Der Herzog von Savoyen ließ sich in Sizilien huldigen, ohne den Kaiser deshalb zu befragen, der sich vergebens darüber beklagte; Ludwig XIV. ließ seine Truppen in Lille einrücken, und die Holländer bemächtigten sich der Städte an ihrer Grenze, während Flandern ihnen jährlich 1250.000 Gulden bezahlte, um Herr seines Gebiets zu sein. Dann ließ Ludwig XIV. unter den Augen eines englischen Kommissars den Hafen von Dünkirchen zuschütten, die Zitadelle schleifen und alle Festungswerke an der Seeseite zerstören. Die Dünkirchener, die dadurch ihren ganzen Handel zugrunde gehen sahen, schickten Abgeordnete nach London, um die Gnade der Königin Anna anzuflehen. Es war traurig für Ludwig XIV., dass seine Untertanen die Gnade einer Königin von England anrufen mussten; noch trauriger aber war es für diese Untertanen, dass die Königin sich genötigt sah, sie abzuweisen. Einige Zeit später ließ der König den Kanal von Mardick verbreitern und mittels Schleusen einen Hafen herstellen, der, wie man sagte, bereits dem Hafen von Dünkirchen gleichkam. Der englische Gesandte, Lord Stair, beschwerte sich bei Ludwig XIV. heftig darüber. In einem der besten Bücher, die wir haben,[81] wird nun erzählt, Ludwig hätte Lord Stair erwidert: »Herr Gesandter, ich bin stets Herr in meinem eigenen Land und bisweilen auch in den anderen gewesen – rufen Sie mir das nicht ins Gedächtnis!« Ich weiß dagegen bestimmt, dass der König nie eine so wenig schickliche Antwort gab. Er war nie Herr über die Engländer gewesen – im Gegenteil. Er war zwar Herr in seinem Land; hier aber handelte es sich darum, ob er Herr genug war, um einen Vertrag zu umgehen, dem er seine Ruhe und vielleicht einen großen Teil seines Reichs verdankte.[82] Die Klausel des Vertrags, durch die die Zerstörung des Hafens von Dünkirchen und seiner Schleusen ausgesprochen wurde, bestimme nicht, dass kein Hafen in Mardick angelegt werden dürfe. Man hat gewagt, die Behauptung drucken zu lassen, dass Lord Bolingbroke, der jenen Vertrag aufsetzte, durch ein Geschenk von einer Million Livre bestochen, diese Bestimmung absichtlich weggelassen habe. Man findet diese schmähliche Verleumdung in der unter dem Namen La Martinières veröffentlichten ›Geschichte Ludwigs XIV.‹, und sie ist nicht die einzige, die dieses Werk entehrt.

Ludwig XIV. schien berechtigt, sich die Nachlässigkeit der englischen Minister zunutze zu machen und sich an den Wortlaut des Vertrags zu halten; er zog es jedoch vor, dessen Geist einzig zum Besten des Friedens zu erfüllen, und anstatt zu Lord Stair zu sagen, er möge ihn »nicht daran erinnern, dass er einst bei den anderen Herr gewesen« sei, gab er

81 Der ›Chronologische Abriss‹ des Präsidenten Hénault.

82 Lord Stair sprach den König immer nur in Gegenwart des Marquis de Torcy, der erklärt hat, nie eine solch unangemessene Rede gehört zu haben. Jener Ausspruch würde sogar für Ludwig XIV. demütigend gewesen sein, als er dann doch die Arbeiten in Mardick einstellen ließ.

vielmehr dessen Vorstellungen Gehör, obschon er diese zurückweisen konnte. Er ließ im April 1714 die Arbeiten in Mardick einstellen; bald darauf, unter der Regentschaft, wurden die Werke zerstört, und der Vertrag wurde in allen seinen Punkten erfüllt.

Philipp V. befand sich nach dem Frieden von Utrecht und Rastatt noch immer nicht im Besitz von ganz Spanien – er hatte noch Katalonien und die Inseln Mallorca und Ibiza zu unterwerfen. Kaiser Karl VI., der seine Frau in Barcelona zurückgelassen hatte, war nämlich, da er den Krieg in Spanien nicht fortführen konnte und doch weder seine Rechte aufgeben noch den Frieden von Utrecht annehmen wollte, inzwischen mit Königin Anna übereingekommen, dass die Kaiserin und seine Truppen, die in Katalonien überflüssig waren, auf englischen Schiffen fortgeschafft werden sollten. Daraufhin war Katalonien in der Tat geräumt worden, und Starhemberg hatte beim Abzug dem Titel eines Vizekönigs entsagt. Er ließ aber alle Keime eines Bürgerkriegs und die Hoffnung auf schnelle Unterstützung seitens des Kaisers und sogar seitens Englands in Katalonien zurück. Diejenigen, die damals das meiste Ansehen in jener Provinz genossen, schmeichelten sich mit der Hoffnung, dass sie unter fremdem Schutz eine Republik würden errichten können und dass der König von Spanien nicht stark genug sein würde, um sie zu unterwerfen. Sie entwickelten damals jenen Charakter, den Tacitus ihnen vor so vielen Jahrhunderten nachgerühmt hatte, indem er sagte: »Es ist eine unerschrockene Nation, für die das Leben keinen Wert hat, wenn sie es nicht zum Kämpfen verwenden.«

Katalonien ist eines der fruchtbarsten und am glücklichsten gelegenen Länder der Erde. Ebenso von schönen Strömen, Bächen und Quellen bewässert, wie Alt- und Neukastilien davon entblößt sind, bringt es alles für die Notdurft des Menschen Erforderliche und alles seinen Wünschen Schmeichelnde an Bäumen, Halmfrüchten, Obst und Gemüsen jeder Art hervor. Barcelona ist einer der schönsten Häfen in Europa, und das Land liefert alle Erfordernisse des Schiffbaus. Die Gebirge enthalten Marmor-, Jaspis- und Bergkristallbrüche; man findet sogar viele Edelsteine. Eisen-, Blei-, Zinn-, Alaun- und Kupferbergwerke sind in reicher Menge vorhanden, und die Ostküste liefert Korallen – kurzum, Katalonien kann die ganze Welt entbehren, seine Nachbarn aber können Katalonien nicht entbehren.

Anstatt durch den Überfluss und die Genüsse verweichlicht zu werden, sind die Katalanen immer kriegerisch und besonders die Bergstämme hart und blutdürstig geblieben. Trotz ihres Mutes und ihrer ungemeinen Liebe zur Freiheit sind sie jedoch jederzeit unterjocht worden: die Römer, die Goten, die Vandalen und die Sarazenen haben sie unterworfen.

Das Joch der Sarazenen schüttelten sie ab und stellten sich unter den Schutz Karls des Großen. Später kamen sie an das Haus Aragonien und dann an das Haus Österreich.

Unter Philipp IV. ergaben sie sich, vom Premierminister Herzog Grafen von Olivares zum Äußersten getrieben, im Jahre 1640 an Ludwig XIII., wie wir bereits gesehen haben.[83] Ludwig XIII. bestätigte ihre Vorrechte: sie waren mehr Schutzbefohlene als Untertanen.

Im Jahre 1652 kamen sie wieder unter die österreichische Herrschaft, und im Erbfolgekrieg schlugen sie sich zur Partei Erzherzog Karls gegen Philipp V.; ihr hartnäckiger Widerstand ließ erkennen, dass Philipp auch nach dem Abzug seines Mitbewerbers nicht allein ihrer Herr werden würde. Ludwig XIV., der seinem Neffen in den letzten Jahren des Krieges weder Truppen noch Schiffe gegen Erzherzog Karl hatte liefern können, sandte ihm jetzt beides gegen seine empörten Untertanen zu Hilfe: Ein französisches Geschwader blockierte den Hafen von Barcelona, und der Marschall von Berwick belagerte die Stadt zu Lande.

Mehr den abgeschlossenen Verträgen als ihren Interessen gehorchend, kam die Königin von England Barcelona nicht zu Hilfe. Die Engländer waren entrüstet darüber; sie machten sich die nämlichen Vorwürfe, die sich die Römer gemacht hatten, als sie Sagunt hatten zerstören lassen. Der deutsche Kaiser versprach vergeblich Hilfe. Die Belagerten verteidigten sich mit einem Mut, der durch den Fanatismus noch verstärkt wurde: Priester und Mönche griffen zu den Waffen und stellten sich auf die Breschen, als ob es sich um einen Religionskrieg gehandelt hätte. Ein Scheinbild von Freiheit machte sie taub gegen jedes Entgegenkommen von Seiten ihres Gebieters. Mehr als fünfhundert Geistliche fielen während dieser Belagerung mit den Waffen in der Hand – man mag danach beurteilen, ob ihre Reden und ihr Beispiel die Bevölkerung angefeuert hatten.

Sie pflanzten eine schwarze Fahne auf der Bresche auf und schlugen mehr als einen Sturm zurück. Als die Belagerer endlich eingedrungen waren, wehrten sich die Belagerten noch von Straße zu Straße, und als sie sich nach der Eroberung des alten Stadtteils in den neuen zurückgezogen hatten, verlangten sie bei der Kapitulation immer noch die Erhaltung aller ihrer Privilegien; sie erhielten jedoch nur ihr Leben

83 Siehe die ›Abhandlung über die Sitten und den Charakter der Nationen‹, Kapitel 177.

und ihr Eigentum zugesichert (12. September 1714). Die meisten ihrer Privilegien wurden ihnen entzogen; von all den Mönchen aber, die das Volk aufgestachelt und gegen ihren König gefochten hatten, wurden nur sechzig bestraft – man war sogar so nachsichtig, sie nur zu den Galeeren zu verurteilen.

Weit härter war Philipp V. im Laufe des Krieges gegen die kleine Stadt Xativa verfahren: man hatte sie von Grund aus zerstört, um ein Exempel zu statuieren.[84] Wenn man aber auch eine kleine Stadt von geringer Bedeutung der Erde gleichmacht, so schleift man doch keine große, die einen schönen Hafen besitzt und deren Erhaltung dem Staat nützlich ist.

Diese Raserei der Katalanen, von der sie nicht beseelt waren, als sich Karl VI. in ihrer Mitte befand, und von der sie fortgerissen wurden, als sie ohne Beistand waren, war das letzte Aufflackern jener Feuersbrunst, die wegen des Testaments König Karls II. so lange Jahre den schönsten Teil Europas verheert hatte.

Vierundzwanzigstes Kapitel

Europa vom Frieden zu Utrecht bis zum Tod Ludwigs XIV.

Auch diesen langen Krieg wage ich einen Bürgerkrieg zu nennen: Der Herzog von Savoyen stand dabei gegen seine beiden Töchter unter den Waffen; der Prinz von Baudemont, der zur Partei Erzherzog Karls hielt, war in der Lombardei nahe daran gewesen, seinen eigenen Vater gefangen zu nehmen, der sich für Philipp V. erklärt hatte; Spanien war tatsächlich in Parteien gespalten gewesen, und schließlich hatten ganze Regimenter französischer Calvinisten gegen ihr Vaterland gefochten. Überdies hatte der allgemeine Krieg wegen eines Erbfolgestreites unter Verwandten begonnen, und man darf hinzurechnen, dass die Königin von England ihren Bruder, den Ludwig XIV. beschützte, vom Thron ausschloss und dass sie genötigt war, ihn zu ächten.

Wie immer wurden die Hoffnungen und die menschliche Klugheit auch in diesem Krieg betrogen. Karl VI. wurde, nachdem er zweimal in Madrid anerkannt worden war, aus Spanien vertrieben, während Ludwig XIV., der dem Untergang nahe war, durch die unverhofften Zerwürfnisse in England wieder emporkam. Der spanische Staatsrat, der den

84 Xativa wurde 1707 nach der Schlacht bei Almansa zerstört. Auf den Trümmern ließ Philipp V. eine andere Stadt erbauen, die jetzt San Felipo heißt.

Herzog von Anjou nur in der Absicht auf den Thron berufen hatte, damit die Monarchie nicht zerstückelt würde, sah viele Gebiete davon losgerissen: die Lombardei und Flandern[85] verblieben dem Haus Österreich, einen anderen Teil dieser Provinz erhielt das Haus Brandenburg, in einem dritten herrschten die Holländer, und ein vierter schließlich blieb bei Frankreich. Der Nachlass des Hauses Burgund wurde also unter vier Mächte verteilt, und der Staat, der das meiste Anrecht darauf zu haben schien, erhielt kein Dorf davon.

Das für den Kaiser wertlose Sardinien blieb einige Zeit sein Eigentum; ebenso besaß er mehrere Jahre Neapel, dieses große Lehen Roms, das man so oft und so leicht einander aus den Händen gerissen hat. Der Herzog von Savoyen war vier Jahre lang im Besitz von Sizilien, besaß es aber nur, um dem Papst gegenüber das eigentümliche, aber alte Recht zu behaupten, auf dieser Insel selber Papst, d.h. bis auf das Dogma absoluter Herrscher in den geistlichen Angelegenheiten zu sein.

Die Nichtigkeit der Politik trat nach dem Frieden zu Utrecht noch mehr zutage als während des Krieges. Es steht unantastbar fest, dass das neue Ministerium von Königin Anna insgeheim die Wiedereinsetzung des Sohnes Jakobs II. auf den Thron seiner Väter anbahnen wollte. Anna selbst begann infolge der Vorstellungen ihrer Minister der Stimmen des Blutes Gehör zu geben und beabsichtigte, jenem Bruder, auf dessen Kopf sie wider Willen einen Preis hatte setzen müssen, die Nachfolge zuzuwenden.

Gerührt durch die Reden der Lady Masham, ihrer Favoritin, und eingeschüchtert durch die Vorstellungen der zur Partei der Torys gehörenden Prälaten, die sie umgaben, machte sie sich diese Proskription als unnatürlich zum Vorwurf. Ich habe die Herzogin von Marlborough fest überzeugt gefunden, dass die Königin ihren Bruder im geheimen hätte nach England kommen lassen, dass sie ihn umarmt hätte und dass sie ihn, falls er der katholischen Religion hätte abschwören wollen, die in England und bei allen Protestanten für die Mutter der Tyrannei gilt, zu ihrem Nachfolger bestimmt haben würde. Ihre Abneigung gegen das Haus Hannover erhöhte noch ihre Vorliebe für das Blut der Stuarts. Wie man behauptet, rief sie vor ihrem Tod mehrmals aus: »Mein Bruder! Mein teurer Bruder!« Sie starb am Schlag in einem Alter von neunundvierzig Jahren am 12. August 1714.

85 Flandern nennt man allgemein die Provinzen der Niederlande, die dem Haus Österreich gehören, wie man Holland die sieben Vereinigten Provinzen nennt.

Ihre Anhänger wie ihre Gegner waren einig darüber, dass sie eine Frau von höchst mittelmäßiger Begabung war. Dessen ungeachtet aber war seit Eduard III. und Heinrich V. keine Regierung glorreicher gewesen als die ihre: nie hatte es größere Heerführer zu Wasser wie zu Lande, nie hervorragendere Minister, einsichtsvollere Parlamente und begabtere Redner gegeben.

Der Tod vereitelte alle ihre Absichten. Das Haus Hannover, das sie für fremd angesehen und nie geliebt hatte, folgte ihr auf dem Thron, und ihre Minister wurden verfolgt.

Der Viscount von Bolingbroke, der mit einer Hochherzigkeit, die der Ludwigs XIV. gleichkam, diesem Monarchen den Frieden gegeben hatte, sah sich genötigt, in Frankreich ein Asyl zu suchen und als Bittender in diesem Land zu erscheinen. Der Herzog von Ormond, die Seele der Partei des Prätendenten, wählte denselben Zufluchtsort.

Harlay, Graf von Oxford, zeigte mehr Mut: Man wollte ihm übel, aber er blieb stolzen Mutes in seinem Vaterland und trotzte dem Gefängnis, in das er geworfen wurde, und dem Tod, mit dem man ihn bedrohte. Er war ein heiteres, klares Gemüt, das dem Neid, der Habsucht und der Furcht vor dem Henker unzugänglich war, und gerade sein Mut rettete ihn, denn seine Gegner im Parlament schätzten ihn viel zu sehr, um ihn zu verurteilen.

Ludwig XIV. war jetzt seinem Ende nahe. Es ist schwer zu glauben, dass er sich in einem Alter von siebenundsiebzig Jahren und bei der Not, in der sich sein Land befand, zugunsten des von ihm anerkannten Prätendenten, den man damals den Chevalier von Saint-Georges nannte, noch einem neuen Krieg gegen England auszusetzen wagte – und doch ist diese Tatsache sicher verbürgt. Man muss anerkennen, dass Ludwig einen Seelenadel besaß, der ihn zu großen Dingen jeder Art antrieb. Der englische Gesandte, Graf von Stair, hatte ihm Trotz geboten. Er war genötigt gewesen, Jakob III. aus Frankreich zu verweisen, wie früher Karl II. und sein Bruder verwiesen worden waren. Jener Prinz war in Commercy in Lothringen verborgen. Der Herzog von Ormond und der Viscount von Bolingbroke zogen nun den Ruhm des Königs von Frankreich mit ins Spiel. Sie schmeichelten sich mit der Hoffnung auf einen Aufstand in England und besonders in Schottland gegen Georg I. – der Prätendent brauchte sich dort nur zu zeigen, und man verlangte nur ein Schiff, einige Offiziere und etwas Geld.

Das Schiff und die Offiziere wurden ohne Zögern bewilligt. Da es aber infolge der abgeschlossenen Verträge kein Kriegsschiff sein durfte, lieferte L'Epine d'Anican, ein berühmter Freibeuter, ein Transportschiff, Kanonen und Waffen. Geld dagegen besaß der König nicht; es wurden zwar nur 400.000 Taler verlangt, aber man konnte sie nicht auftreiben. Da schrieb Ludwig XIV. eigenhändig an seinen Enkel, Philipp V. von Spanien, und dieser lieh ihm die Summe. Mit dieser Hilfe ging der Prätendent heimlich nach Schottland hinüber. Er fand dort zwar eine ansehnliche Partei, aber diese war soeben durch das englische Heer König Georgs niedergeworfen worden.

Ludwig war bereits tot, als der Prätendent nach Commercy zurückkehrte, um dort das Unglück zu verbergen, das ihn sein Leben lang verfolgte, während in England das Blut seiner Anhänger auf den Schafotten floß.

In den zur Schilderung des Privatlebens und für die Anekdoten bestimmten Kapiteln werde ich zeigen, wie Ludwig XIV. starb inmitten der gehässigsten Kabalen seines Beichtvaters und des verächtlichsten Theologengezänks, das je unwissende und argwöhnische Gemüter in Unruhe versetzt hat – hier betrachte ich nur den Zustand, in dem er Europa zurückließ.

Im Norden erstarkte die Macht Russlands mit jedem Tag mehr, aber dieses neuerschaffene Volk und Reich war in Frankreich, Italien und Spanien noch allzu unbekannt.

Schweden, der alte Bundesgenosse Frankreichs und einst der Schrecken des Hauses Österreich, konnte sich nicht mehr gegen die Russen halten, und Karl XII. blieb nur noch sein Ruhm.

In Deutschland begann ein einfaches Kurfürstentum eine herausragende Macht zu werden: Der Kurfürst von Brandenburg und zweite König von Preußen legte durch seine Sparsamkeit und sein Heer den Grundstein zu einer bis dahin unbekannten Macht.

Holland erfreute sich noch immer des Ansehens, das es im letzten Krieg gegen Ludwig XIV. errungen hatte, aber das Gewicht, das es in die europäische Waagschale warf, wurde von Tag zu Tag weniger beträchtlich.

England, das in den ersten Jahren der Regierung eines Kurfürsten von Hannover noch von Unruhen erschüttert wurde, bewahrte seine ganze Kraft und seinen ganzen Einfluss.

Die Länder des Hauses Österreich siechten unter Karl VI. hin, die meisten Reichsfürsten aber brachten ihre Staaten in einen blühenden Zustand.

Spanien atmete unter Philipp V. auf, der seinen Thron Ludwig XIV. verdankte; in Italien herrschte Ruhe bis zum Jahre 1717.

Es gab in ganz Europa keinen geistlichen Streit, der dem Papst einen Vorwand bieten konnte, seine Ansprüche geltend zu machen, oder ihm die Vorrechte hätte nehmen können, in deren Besitz er sich behauptet hat. Der Jansenismus allein störte die Ruhe Frankreichs, ohne jedoch ein Schisma zu erzeugen und ohne einen Bürgerkrieg zu erregen.

Fünfundzwanzigstes Kapitel

Einzelheiten und Anekdoten aus der Zeit Ludwigs XIV.

Die Anekdoten bilden ein abgeschlossenes Feld, auf dem man Nachlese hält, nachdem die große Ernte der Geschichte eingeheimst worden ist. Es sind kleine Einzelheiten, die lange Zeit verborgen geblieben waren – woher auch der Name »Anekdoten« kommt und die das Publikum interessieren, wenn sie berühmte Persönlichkeiten betreffen.

Die Lebensbeschreibungen der großen Männer bei Plutarch sind nur Anekdotensammlungen, die ansprechender sind als gewisse andere – auf welche Weise sollte man auch wahrheitsgetreue Denkwürdigkeiten über das Privatleben Theseus' oder Lykurgs erhalten haben? Die meisten Maximen, die er seinen Helden in den Mund legt, enthalten mehr nützliche Moral als historische Wahrheit.

Die Geheimgeschichte Justinians von Prokopios ist eine von der Rachsucht eingegebene Satire, und obwohl die Rachsucht wohl die Wahrheit zu sagen vermag, scheint diese Satire, die der Staatsgeschichte des Prokopios widerspricht, doch nicht immer wahrheitsgetreu zu sein.

Es ist heute nicht mehr statthaft, Plutarch – und noch weniger Prokop – nachzuahmen; wir lassen nur die sicher verbürgten Züge als historische Wahrheiten gelten. Wenn Zeitgenossen wie der Kardinal von Retz und der Herzog von La Rochefoucauld, die einander feind waren, in ihren Denkwürdigkeiten ein und dieselbe Tatsache mitteilen, so ist diese Tatsache unzweifelhaft; widersprechen sie einander, so muss man zweifeln, und was nicht wahrscheinlich ist, darf keinen Glauben finden, wenn es nicht verschiedene glaubwürdige Zeitgenossen übereinstimmend berichten.

Die nützlichsten und wertvollsten Anekdoten sind die geheimen Schriften, die die großen Fürsten hinterlassen, wenn sich in diesen Monumenten die Aufrichtigkeit ihrer Seele zeigt. Von dieser Art sind die Denkschriften, die ich im achtundzwanzigsten Kapitel von Ludwig XIV. anführe.

Die Einzelheiten des häuslichen Lebens ergötzen nur die Neugier. Die Schwächen, die dabei ans Licht gezerrt werden, machen nur der

Bosheit Vergnügen, zumindest wenn diese Schwächen nicht durch das Unglück, das sie zur Folge hatten, oder durch die Tugenden, durch die sie ausgeglichen wurden, warnen und belehren.

Die geheimen Denkwürdigkeiten der Zeitgenossen sind der Parteilichkeit verdächtig. Diejenigen, die eine oder zwei Generationen später schreiben, müssen mit der größten Umsicht zu Werke gehen, das Unbedeutende beiseite lassen, das Übertriebene auf das richtige Maß zurückführen und der Satire entgegentreten.

Ludwig XIV. entfaltete an seinem Hof wie in seinem öffentlichen Auftreten einen solchen Glanz und solche Pracht, dass die geringsten Einzelheiten aus seinem Leben die Nachwelt zu interessieren scheinen, wie sie der Gegenstand der Neugier aller europäischen Höfe und aller Zeitgenossen waren. Der Glanz seiner Regierung hat sich auf seine geringfügigsten Handlungen verbreitet. Man ist – besonders in Frankreich – begieriger, die besonderen Vorgänge an seinem Hof als die Staatsumwälzungen anderer Reiche kennenzulernen. Es ist dies die Wirkung des großen Rufs: Man will lieber die Vorgänge im Kabinett und am Hof des Augustus als die Einzelheiten der Eroberungszüge Attilas oder Tamerlans kennenlernen.

Das ist der Grund, weshalb es kaum einen Geschichtsschreiber gibt, der nicht der ersten Neigungen Ludwigs XIV. zur Baronin von Beauvais, zu Fräulein von Argencourt, zur Nichte des Kardinals Mazarin – die mit dem Grafen von Soissons, dem Vater des Prinzen Eugen, verheiratet wurde – sowie besonders seiner Liebe zu Marie Mancini, der Schwester der letzterwähnten, gedacht hätte, die später den Connetable Colonne heiratete.

Er war noch nicht am Ruder, als diese Liebschaften die Zeit der Untätigkeit ausfüllten, in der der mit despotischer Gewalt regierende Kardinal Mazarin ihn schmachten ließ. Nur seine Neigung zu Marie Mancini war von Bedeutung, weil er sie heftig genug liebte, um sich versucht zu fühlen, sie zu heiraten, aber doch genug Herr seiner selbst blieb, um sich von ihr zu trennen. Dieser Sieg, den er über seine Leidenschaft davontrug, begann zu verraten, dass er mit einer starken Seele begabt war. Einen noch größeren und schwereren Sieg trug er damit davon, dass er Kardinal Mazarin im Besitz der unumschränkten Gewalt ließ: die Dankbarkeit hinderte ihn, das Joch abzuschütteln, das ihn bereits zu drücken anfing. Es war eine am Hof allgemein bekannte Anekdote, dass er nach dem Tod des Kardinals geäußert hatte: »Ich weiß nicht, was ich getan hätte, wenn er noch länger gelebt hätte.«[86]

86 Verbürgt wird diese Anekdote durch die ›Denkwürdigkeiten La Portes‹ (S. 255 ff.).

Während jener Mußezeit beschäftigte er sich mit der Lektüre von Unterhaltungsschriften. Er las besonders in Gemeinschaft mit dem Connetable Colonne, der – wie auch alle seine Schwestern – viel Geist besaß. Besonderen Gefallen fand er an Gedichten und Romanen, die durch Darstellung der Galanterie und ritterlicher Größe seinem Charakter zusagten. Er las die Tragödien Corneilles und bildete dadurch seinen Geschmack, der nichts anderes ist als die Folge eines geraden Verstandes und das schnelle Urteil eines wohlgebildeten Geistes. Die Unterhaltung mit seiner Mutter und mit deren Hofdamen trug nicht wenig dazu bei, ihm eine Vorliebe für jenen auserlesenen Witz einzuflößen und ihm jene eigentümliche Höflichkeit einzupflanzen, die von jener Zeit ab den Hof zu charakterisieren begann. Anna von Österreich hatte bei Hof eine gewisse edle und stolze Artigkeit eingeführt, die dem spanischen Charakter jener Zeit entsprach, und damit eine Anmut, eine Freundlichkeit und eine wohlanständige Freiheit verschmolzen, die nur in Frankreich zu finden waren. Der König machte in dieser Schule der gefälligen Lebensart von seinem achtzehnten bis zum zwanzigsten Jahr mehr Fortschritte, als er unter seinem Erzieher, dem Abbé und späteren Pariser Erzbischof von Beaumont, in den Wissenschaften machte. Man hatte ihn nahezu gar nichts gelehrt. Es wäre zu wünschen gewesen, dass er wenigstens in der Geschichte – und besonders in der neueren – unterrichtet worden wäre, aber alle damals vorhandenen Geschichtswerke waren nur zu schlecht geschrieben – es war traurig, dass man sich damals nur erst in nutzlosen Romanen hervorgetan hatte, während das Notwendige eine abschreckende Gestalt behielt. Man ließ unter seinem Namen eine Übersetzung der Kommentare Cäsars und unter dem Namen seines Bruders eine Übersetzung des Florus drucken; die beiden Prinzen hatten jedoch keinen weiteren Anteil daran, als dass sie nutzloserweise einige Stellen aus jenen Autoren als Übungsaufgaben erhalten hatten.

Derjenige, der unter dem ersten Marschall von Villeroi, seinem Hofmeister, der Erziehung des König vorstand, war, wie er sein sollte, gelehrt und dabei liebenswürdig. Der Bürgerkrieg beeinträchtigte jedoch diese Erziehung, und Kardinal Mazarin ließ es gern geschehen, dass man dem König wenige Kenntnisse beibrachte. Als er sich an Marie Mancini

---

Man ersieht daraus, dass der König eine Abneigung gegen den Kardinal hegte und dass dieser Minister, sein Pate und Oberaufseher über seine Erziehung, ihn äußerst schlecht erzogen hatte und es ihm nicht selten am Notwendigen fehlen ließ. La Porte fügt sogar noch weit schwerere Beschuldigungen hinzu, die das Andenken des Kardinals ehrlos machen würden; sie erscheinen jedoch nicht bewiesen, wie es jede Beschuldigung sein muss.

anschloss, erlernte er ihretwegen mit Leichtigkeit das Italienische, und zur Zeit seiner Heirat verlegte er sich – wenn auch mit weniger Glück – auf das Spanische. Die Vernachlässigung des Studiums, wie seine Erzieher sie ihm in den Jünglingsjahren nachgesehen hatten; eine gewisse Schüchternheit, die der Furcht entsprang, sich eine Blöße zu geben, und die Unwissenheit, in der Kardinal Mazarin ihn erhielt, brachten den ganzen Hof zu dem Glauben, dass er wie Ludwig XIII., sein Vater, stets beherrscht und geleitet werden würde.

Nur bei einer Gelegenheit vermochten diejenigen, die von weitem zu urteilen verstehen, vorauszusehen, was er eines Tages sein würde: Es war dies im Jahre 1655, nach dem Erlöschen des Bürgerkriegs, nach seinem ersten Feldzug und seiner Krönung, als das Parlament sich anlässlich einiger Edikte von neuem versammeln wollte. Er brach damals im Jagdanzug mit seinem ganzen Hofstaat von Vincennes auf, trat in Reitstiefeln und mit der Peitsche in der Hand in den Sitzungssaal und sagte dort wörtlich: »Man kennt das Unglück, das Ihre Versammlungen hier angerichtet haben; ich befehle daher, dass die Sitzungen eingestellt werden, die wegen meiner Edikte begonnen haben. Herr Präsident, ich verbiete Ihnen, Versammlungen zu dulden, und jedem von Ihnen, darum anzuhalten!«[87]

Seine bereits majestätische Gestalt, der Adel seiner Züge, der gebieterische Ton und die herrische Miene, mit der er sprach, imponierten mehr als die Autorität seines Ranges, der bis dahin wenig beachtet worden war. Aber diese Erstlinge seiner Größe schienen sich einen Augenblick später wieder zu verlieren, und deren Früchte zeigten sich erst nach dem Tod Mazarins.

Der Hof beschäftigte sich seit der sieghaften Rückkehr des Kardinals mit Spielen, mit Balletten, mit der Komödie – die, kaum in Frankreich erstanden, noch keine Kunst war – und mit der Tragödie, die unter den Händen Pierre Corneilles bereits eine erhabene Kunst geworden war. Ein Pfarrer von Saint-Germain-l'Auxerrois, der den strengen Ansichten der Jansenisten zuneigte, hatte von den ersten Jahren der Regentschaft an häufig gegen diese Schauspiele an die Königin geschrieben. Er behauptete, dass ihr Besuch die Verdammnis nach sich ziehe, und hatte

87 Diese getreulich wiedergegebenen Worte finden sich in den authentischen Memoiren aus jener Zeit, und es ist nicht statthaft, sie in einer Geschichte Frankreichs zu übergehen oder etwas daran zu ändern. Der Verfasser der ›Denkwürdigkeiten der Frau von Maintenon‹ erlaubt sich jedoch, in seiner Anmerkung aufs Geratewohl zu sagen: »Seine Rede war nicht ganz so schön, und seine Augen sagten mehr als sein Mund.« Woher hat er die Behauptung genommen, dass Ludwigs XIV. Rede nicht ganz so schön war, da es doch seine eigenen Worte waren? Sie war weder mehr noch minder schön – sie war so, wie ich sie oben wiedergebe.

diesen Bannfluch sogar von sieben Doktoren der Sorbonne unterzeichnen lassen. Der Abbé von Beaumont aber, der Erzieher des Königs, versah sich mit einer noch größeren Anzahl billigender Urteile von Seiten der Theologen, als der strenge Pfarrer Verdammungsurteile zusammengebracht hatte. Er hob auf diese Weise die Bedenken der Königin, und als er Erzbischof von Paris wurde, hieß er feierlich die Ansicht gut, die er als Abbé verteidigt hatte. Man findet diesen Zug in den Denkwürdigkeiten der aufrichtigen Frau von Motteville.

Man beachte übrigens, dass, seit Kardinal Richelieu die regelmäßigen Schauspiele bei Hof eingeführt hatte, die Paris schließlich zum Nebenbuhler Athens gemacht haben, im Schauspielhaus stets nicht bloß eine Bank für die Akademie, die mehrere Geistliche in ihrer Mitte zählte, sondern auch eine besondere Sitzreihe für die Bischöfe vorhanden war. Kardinal Mazarin ließ in den Jahren 1646 und 1654 auf der Bühne des Palais-Royal und des Petit-Bourbon in der Nähe des Louvre von Sängern, die er aus Italien kommen ließ, italienische Opern aufführen. Diese neue Art von Schauspielen war vor kurzem in Florenz aufgekommen, einer damals vom Glück wie von der Natur begünstigten Stadt, der man die Wiedererweckung verschiedener im Laufe der Jahrhunderte verlorengegangener Künste und die Erfindung einiger neuer verdankt. Der Widerstand, auf den die Einführung dieser Künste in Frankreich stieß, war noch ein Rest der alten Barbarei.

Die Jansenisten, die die Kardinäle Richelieu und Mazarin zu unterdrücken suchten, rächten sich dafür an den Genüssen und Vergnügungen, die die beiden Minister der Nation verschafften – genauso waren die Lutheraner und die Calvinisten zur Zeit Leos X. verfahren. Übrigens ist jeder rau und sittenstreng, der als Reformator auftritt. Dieselben Geister, die einen Staat umstürzen würden, um eine nicht selten widersinnige Ansicht einzuführen, belegten die einer großen Stadt unentbehrlichen unschuldigen Genüsse und Künste, die zum Ruhm einer Nation beitragen, mit dem Bann. Die Abschaffung der Schauspiele wäre ein Einfall, der eher des Zeitalters Attilas als des Zeitalters Ludwigs XIV. würdig wäre.

Der Tanz, der ebenfalls zu den Künsten gerechnet werden darf[88], weil er bestimmten Regeln unterliegt und dem Körper Anmut verleiht, bildete eine der größten Ergötzlichkeiten des Hofs. Ludwig XIII. hatte nur einmal – im Jahre 1625 – in einem Ballett mitgetanzt, und dieses Bal-

88 Kardinal Richelieu hatte bereits Ballette veranstaltet, aber sie waren geschmacklos wie alles, was man vor ihm an Schauspielen gehabt hatte. Die Franzosen, die heute den Tanz zur Vollkommenheit gebracht haben, hatten während der Jünglingsjahre Ludwigs XIV. nur spanische Tänze, wie z.B. die Sarabande, die Pavane usw.

lett war von plumpem Geschmack, der nicht ahnen ließ, was die Künste dreißig Jahre später in Frankreich sein würden. Ludwig XIV. tat sich in den gravitätischen Tänzen hervor, die der Majestät seiner Gestalt entsprachen und die Majestät seines Ranges nicht verletzten. Die Ringelrennen, die man bisweilen veranstaltete und bei denen bereits eine große Pracht entfaltet wurde, ließen in glänzender Weise seine Gewandtheit in allen körperlichen Übungen zutage treten. Alles atmete die Luft und die Pracht, wie man sie damals kannte. Im Vergleich zu dem, was man in dieser Hinsicht kennenlernte, als der König selbständig regierte, war das zwar noch wenig, aber es war viel nach den Schrecken eines Bürgerkrieges und nach der Trübseligkeit der melancholischen und eingezogenen Lebensweise Ludwigs XIII. Dieser kränkliche, verdrießliche Fürst war weder königlich bedient worden, noch hatte er königlich gewohnt, noch war er königlich eingerichtet gewesen. Er besaß kaum für 100.000 Taler Kronjuwelen, und Kardinal Mazarin hinterließ solche nur für 1.200.000 Taler, während heute Juwelen für ungefähr zwanzig Millionen Livre vorhanden sind.

Mit der Heirat Ludwigs XIV. (1660) nahm alles eine prächtigere und geschmackvollere Gestalt an, die sich in der Folge immer mehr entwickelte. Als er mit seiner Gemahlin seinen Einzug hielt, erblickte Paris mit achtungsvoller und inniger Bewunderung die junge, durch Schönheit ausgezeichnete Königin in einem neuerfundenen Wagen und neben ihr zu Pferd den König im Schmuck all dessen, wodurch die Kunst seine männliche und heldenhafte Schönheit hatte erhöhen können, die alle Blicke auf sich zog.

Am Ende der Alleen von Vincennes war ein Triumphbogen in Angriff genommen worden, dessen Basis aus Stein bestand. Die Kürze der Zeit gestattete jedoch nicht, ihn in diesem dauerhaften Material zu vollenden; er wurde daher nur aus Gips aufgeführt und ist später wieder vollständig weggerissen worden. Die Zeichnung dazu hatte Claude Perrault geliefert. Für dieselbe Feierlichkeit wurde auch das Tor Saint-Antoine wiederaufgebaut, ein weniger geschmackvolles, aber mit ziemlich schönen Skulpturen geschmücktes Bauwerk. Diejenigen, die am Tag der Schlacht bei Saint-Antoine so viele tote und verwundete Bürger durch dieses damals mit einem Fallgatter versehene Tor in die Stadt hatten zurücktragen sehen und die jetzt diesen so sehr verschiedenen Einzug sahen, priesen den Himmel und dankten Gott für diese glückliche Wendung.

Kardinal Mazarin ließ zur Feier dieser Hochzeit im Louvre die italienische Oper ›Ercole amante‹ aufführen. Sie gefiel den Franzosen nicht

– diese sahen darin mit Vergnügen nur den König und die Königin, die darin tanzten. Der Kardinal versuchte sich nun durch eine der Nation mehr zusagende Schaustellung auszuzeichnen: Der Staatssekretär de Lyonne nahm es auf sich, eine Art allegorischer Tragödie im Geschmack der ›Europa‹, an der Kardinal Richelieu Mitarbeiter gewesen war, verfassen zu lassen. Es war ein Glück für den großen Corneille, dass er nicht zur Ausfüllung dieses schlechten Rahmens berufen wurde. Der Stoff betitelte sich ›Lysis und Hesperie‹; Lysis bedeutete Frankreich und Hesperie Spanien. Man beauftragte Quinault mit der Arbeit, der sich seit kurzem einen großen Ruf durch sein Stück ›Der falsche Tiberius‹ erworben hatte, das trotz seines geringen Wertes einen ungemeinen Erfolg gehabt hatte. Mit ›Lysis‹ war dies nicht der Fall: Das Stück wurde im Louvre aufgeführt, bot aber nichts Schönes als die Maschinerie. Der Marquis de Sourdiac, genannt Rieux, dem man später die Gründung der Oper in Frankreich verdankte, ließ um dieselbe Zeit in seinem Schloss Neuburg auf seine Kosten ›Das goldene Vlies‹ von Pierre Corneille mit neuer Maschinerie aufführen. Quinault, jung und von einnehmender Gestalt, hatte den Hof, Corneille seinen Namen und Frankreich für sich. Es ergibt sich daraus, dass man in Frankreich die Oper und das Lustspiel zwei Kardinälen zu verdanken hat.

Seit der Heirat des Königs folgten Feste, Vergnügungen und Ergötzlichkeiten in ununterbrochener Reihe aufeinander. Einen weiteren Aufschwung nahmen sie dann bei der Vermählung Monsieurs, des Bruders des Königs, mit Henriette von England, der Schwester Karls II.; sie wurden erst 1661 durch den Tod Kardinal Mazarins unterbrochen.

Einige Monate nach dem Tod dieses Ministers gab es einen Vorfall, der ohne Beispiel dasteht; und was nicht minder seltsam ist: Bisher hat noch kein Geschichtsschreiber darum gewusst! Man schickte nämlich in größter Stille einen unbekannten jungen Gefangenen von über mittelgroßer Gestalt und mit dem schönsten, edelsten Gesicht zum Schloss auf der Insel Sainte-Marguerite an der Küste der Provence. Der Gefangene trug auf der Reise eine Maske, deren Kinnstück mit stählernen Federn versehen war, so dass er mit der Maske auf dem Gesicht essen konnte. Für den Fall, dass er sein Gesicht zeigen sollte, hatte man Befehl, ihn zu töten. Er blieb auf der Insel, bis ihn ein vertrauter Offizier namens Saint-Mars – Gouverneur von Pignerol, nachdem er 1690 zum Gouverneur der Bastille ernannt worden war – von Sainte-Marguerite abholte und, immer maskiert, in die Bastille führte.[89] Noch vor dieser

89 Saint-Mars wurde nicht 1690, sondern 1698 zum Gouverneur der Bastille befördert

Wegführung besuchte ihn der Marquis de Louvois auf jener Insel und sprach stehend und mit einer Achtung zu ihm, die an Ehrfurcht grenzte. Der Unbekannte wurde in die Bastille geführt und dort so gut untergebracht, wie man es nur immer in diesem Schloss sein kann. Man versagte ihm nichts, was er verlangte. Er hatte eine besondere Vorliebe für Wäsche von ungemeiner Feinheit und für Spitzen; er spielte auch die Gitarre. Man beköstigte ihn aufs Beste, und der Gouverneur setzte sich in seiner Gegenwart nur selten. Ein alter Arzt der Bastille[90], der den seltsamen Mann häufig in seinen Krankheiten behandelt hatte, erzählte, er hätte nie sein Gesicht gesehen, obwohl er häufig seine Zunge und seinen übrigen Körper untersucht habe. Er war bewundernswürdig schön gebaut, erzählte jener Arzt; seine Haut war ein wenig gebräunt, er flößte durch den bloßen Klang seiner Stimme Teilnahme ein, beklagte sich nie über seine Lage und ließ durchaus nicht durchblicken, wer er sein könnte.

Dieser Unbekannte starb im Jahre 1703 und wurde bei Nacht im Kirchspiel Saint-Paul begraben. Das Erstaunen wird noch erhöht durch den Umstand, dass um die Zeit, als man diesen Gefangenen auf die Insel Sainte-Marguerite schickte, kein angesehener Mann in Europa verschwand. Der Gefangene war aber zweifelsohne ein solcher, denn man höre, was sich während der ersten Tage seines Aufenthalts auf der Insel zutrug:

Der Gouverneur setzte ihm eigenhändig die Schüsseln auf den Tisch und zog sich dann zurück, nachdem er ihn eingeschlossen hatte. Eines Tages nun schrieb der Gefangene mit einem Messer auf einen silbernen Teller und warf dann den Teller aus dem Fenster gegen ein Boot zu, das, beinahe am Fuß des Turms, am Strand lag. Ein Fischer, dem das Boot gehörte, nahm den Teller auf und brachte ihn dem Gouverneur. Voll Erstaunen fragte dieser den Fischer: »Hast du gelesen, was hier auf dem Teller steht, und hat jemand ihn in deinen Händen gesehen?«

»Ich kann nicht lesen«, erwiderte der Fischer. »Ich habe ihn soeben gefunden, und niemand hat ihn zu Gesicht bekommen.« Trotzdem wurde dieser Bauer festgehalten, bis der Gouverneur überzeugt war, dass er nicht lesen konnte und dass niemand den Teller gesehen hatte. »Geh!« sagte er dann. »Du bist sehr glücklich, dass du nicht lesen kannst.«

Unter den Personen, die eine unmittelbare Kenntnis von diesem Faktum hatten, befindet sich eine sehr glaubwürdige, die noch heute am

---

und traf mit dem geheimnisvollen Gefangenen, der bereits seit siebenundzwanzig Jahren unter seiner Obhut stand, am 18. (28.) September 1698 dort ein.

90 Der Schwiegersohn dieses Arztes, ein berühmter Chirurg, der im Dienst des Marschalls von Richelieu stand, ist Zeuge der Wahrheit meiner Angabe, die mir auch von de Bernaville, dem Nachfolger von Saint-Mars, bestätigt worden ist.

Leben ist.[91] Herr von Chamillart war der letzte Minister, der in dieses seltsame Geheimnis eingeweiht war. Sein Schwiegersohn, der zweite Marschall von La Feuillade, hat mir erzählt, dass er seinen Schwiegervater auf dessen Sterbelager auf den Knien beschworen habe, ihm mitzuteilen, wer jener Mann gewesen sei, der immer nur unter dem Namen des »Mannes mit der eisernen Maske« bekannt war. Chamillart erwiderte ihm, es wäre dies ein Staatsgeheimnis, und er habe geschworen, es nie zu enthüllen. Endlich bleiben auch noch viele meiner Zeitgenossen, die die Wahrheit meiner Angaben bezeugen, und ich kenne keine Tatsache, die ungewöhnlicher und dabei besser beglaubigt wäre.[[92]] Ludwig XIV. teilte inzwischen seine Zeit zwischen den Vergnügungen, die seinem Alter entsprachen, und den Geschäften, die zu seiner Pflicht gehörten. Er hielt täglich eine Sitzung des Ministerrats ab und arbeitete dann insgeheim mit Colbert. Diese heimliche Arbeit war die Quelle des furchtbaren Sturzes des berühmten Fouquet, in den Staatssekretär Guénégaud, Pellisson, Gourville und so viele andere verwickelt wurden. Der Sturz dieses Ministers, dem man weit weniger vorzuwerfen hatte als Kardinal Mazarin, zeigte, dass es nicht aller Welt freisteht, sich die gleichen Vergehen zuschulden kommen zu lassen. Sein Verderben war bereits beschlossen, als der König das prächtige Fest annahm, das dieser Minister ihm in Vaux gab. Der dort erbaute Palast und die Gärten hatten ihn achtzehn Millionen gekostet, also gegen fünfunddreißig Millionen nach heutigem Geld.[93] Er hatte den Palast zweimal umgebaut und drei kleine Dörfer angekauft, deren Feldmarken in jene ungeheuren Gärten aufgenommen wurden, die teilweise von Le Nôtre angelegt waren und damals als die schönsten in Europa galten. Die springenden Wasser von Vaux, die später den Wasserkünsten von Versailles, von Marly und Saint-Cloud gegenüber mehr als mittelmäßig erschienen, waren damals Wunderwerke. Aber so schön dieses Besitztum auch war, so beweist doch der Kostenaufwand von achtzehn Millionen, über den die Rechnungen noch vorhanden sind, dass Fouquet mit ebenso wenig Sparsamkeit bedient worden war, wie er dem König diente. Allerdings kamen Saint-Germain

91 Das Obige wurde im Jahre 1760 geschrieben.

92 Näheres über den Mann mit der eisernen Maske findet man in der Übersetzung von Linguets ›Denkwürdigkeiten über die Bastille‹. – Die weiter oben erwähnte glaubwürdige Person, der das unter der Maske versteckte Geheimnis bekannt war, dürfte der Marschall von Richelieu gewesen sein.

93 Die Rechnungen, die den Beweis dafür liefern, befanden sich 1718 in Vaux, dem heutigen Villars, und müssen noch dort sein. Der Herzog von Villars, der Sohn des Marschalls, bestätigt die Tatsache, die weniger einzig dasteht, als man meint. In den ›Denkwürdigkeiten des Abbé von Choisy‹ liest man, dass der Marquis de Louvois in Betreff Meudons gegen den Abbé äußerte: »Ich bin bei der vierzehnten Million.«

und Fontainebleau, die beiden einzigen Landsitze, die damals vom König bewohnt wurden, Vaux an Schönheit bei weitem nicht nahe. Ludwig XIV. fühlte das auch und war erzürnt darüber. In jenem Palast sieht man überall das Wappen und den Wahlspruch Fouquets angebracht, ein Eichhörnchen mit der Umschrift: »Quo non ascendam?« (Wohin werde ich nicht steigen?) Der König ließ sich diese Worte erklären, und der aus ihnen sprechende Ehrgeiz war wenig geeignet, ihn zu besänftigen. Die Höflinge bemerkten, dass das Eichhörnchen überall von einer Schlange verfolgt abgebildet war – die Schlange aber war das Wappen Colberts.

Das Fest selbst übertraf alle von Kardinal Mazarin veranstalteten nicht bloß an Pracht, sondern auch an Geschmack. Man führte dabei zum erstenmal ›Die Plagegeister‹ von Molière auf; Pellisson hatte dazu einen Prolog geschrieben, der sehr bewundert wurde. Die öffentlichen Lustbarkeiten verbergen bei Hof so oft private Katastrophen oder bahnen solche an, dass ohne die Königinmutter der Oberintendant und Pellisson noch am Tag des Festes in Vaux verhaftet worden wären. Erhöht wurde der Groll des Königs noch durch den Umstand, dass Fräulein von La Vallière, für die der Monarch eine wahre Leidenschaft zu empfinden begann, eine der flüchtigen Neigungen des Oberintendanten gewesen war, der nichts gespart hatte, um diese Neigung zu befriedigen. Er hatte Fräulein von La Vallière 200.000 Taler angeboten – dieses Anerbieten aber war mit Entrüstung zurückgewiesen worden, noch bevor Fräulein von La Vallière irgendwelche Absicht auf das Herz des Königs hatte. Später, als er gemerkt hatte, welch gewaltigen Nebenbuhler er hatte, wollte der Oberintendant der Vertraute derjenigen sein, deren Besitzer er nicht hatte sein können, und das erregte noch mehr Entrüstung.

In der Folge bediente sich der König – der sich im ersten Moment der Aufwallung versucht gefühlt hatte, den Oberintendanten noch während des Festes, das ihm dieser gab, verhaften zu lassen – einer Verstellung, die wenig notwendig war. Man hätte meinen können, der bereits allmächtige Monarch fürchte den Anhang, den Fouquet sich gemacht hatte.

Der Oberintendant war Generalprokurator des Parlaments, und dieses Amt verlieh ihm das Vorrecht, dass er nur durch die versammelten Kammern gerichtet werden durfte. Nachdem aber so viele Prinzen, Marschälle und Herzöge durch Kommissionen gerichtet worden waren, hätte man auch gegen einen Beamten in gleicher Weise verfahren können, da man sich doch einmal dieses ungewöhnlichen Weges bedienen wollte, der, ohne ungerecht zu sein, doch stets den Verdacht der Ungerechtigkeit zulässt.

Durch einen wenig ehrenhaften Kunstgriff bewog Colbert den Oberintendanten, seine Stelle zu verkaufen. Man bot ihm bis zu 1.800.000 Livre dafür – die dreieinhalb Millionen nach heutigem Geld ausmachen würden –; infolge eines Mißverständnisses aber verkaufte er sie für nur 1.400.000 Livre. Dieser übertrieben hohe Preis der Stellen beim Parlament, der seitdem bedeutend gesunken ist, beweist, welchen Rest von Bedeutung diese Körperschaft sogar in ihrer Erniedrigung bewahrt hatte. Der Herzog von Guise, Großkämmerer des Königs, verkaufte dieses Amt der Krone an den Herzog von Bouillon für nur 800.000 Livre.

Die Fronde, der Krieg mit Paris hatten die Ämter des Richterstandes zu diesem Preis hinaufgetrieben. Wenn es eines der großen Gebrechen und der großen Übel einer mit Schulden überladenen Regierung war, dass Frankreich das einzige Land auf Erden war, wo die Richterstellen käuflich waren, so war dies eine Folge des Sauerteigs der Empörung und eine Art Beschimpfung des Throns, dass eine Generalprokuratorstelle mehr kostete als die ersten Würden der Krone.

Obgleich er die Staatseinkünfte verschleudert und über sie wie über seine eigenen verfügt hatte, entbehrte Fouquet nicht etwa der Seelengröße – seine Veruntreuungen hatten nur in Überschreitungen und Freigebigkeiten bestanden. Er ließ den Kaufpreis für seine Stelle in den Staatsschatz fließen, aber diese schöne Tat rettete ihn nicht. Man lockte einen Mann, den ein Gefreiter und zwei Gardisten in Paris verhaften konnten, mit List nach Nantes, und der König schmeichelte ihm noch vor seinem Sturz.

Ich weiß nicht, warum die meisten Fürsten in der Regel diejenigen ihrer Untertanen, die sie verderben wollen, durch erheuchelte Güte zu täuschen streben. Die Verstellung ist dann das Gegenteil der Größe – sie ist überhaupt nie eine Tugend und kann nur dann ein schätzenswertes Talent werden, wenn sie unbedingt notwendig ist. Ludwig XIV. schien in diesem Fall seinem Charakter untreu zu werden, aber man hatte ihm zu verstehen gegeben, dass Fouquet Belle-Isle bedeutend befestige und dass er im Innern des Reichs und ebenso nach außen allzu viele Verbindungen haben könnte. Als er aber verhaftet und in die Bastille und nach Vincennes geführt wurde, zeigte sich klar, dass seine Partei auf nichts anderem beruhte als auf der Habgier einiger Höflinge und einiger Frauen, die Pensionen von ihm erhielten und ihn vergaßen, sobald er zu deren Zahlung außerstande war. Es blieben ihm jedoch noch andere Freunde, und das beweist, dass er verdiente, Freunde zu haben. Die berühmte Frau von Sévigné, Pellisson, Gourville, Fräulein Scudéri sowie verschiedene Schriftsteller erklärten sich laut für ihn und dienten ihm mit solchem Eifer, dass sie ihm das Leben retteten.

Bekannt sind die Verse Hénaults, des Übersetzers des Lucretius, gegen Colbert, den Verfolger Fouquets:

Ministre avare et lâche, esclave malheureux,
Qui gémis sous le poids des affaires publiques,
Victime dévouée aux chagrins politiques,
Fantôme révéré sous un titre onéreux,
Vois combien des grandeurs le comble est dangereux;
Contemple de Fouquet les funestes reliques,
Et, tandis qu'à sa perte en secret tu t'appliques,
Crains qu'on ne te prépare un destin plus affreux.
Sa chute quelque jour te peut être commune,
Crains ton poste, ton rang, la cour et la fortune:
Nul ne tombe innocent d'où l'on te voit monté.
Cesse donc d'animer ton prince à son supplice,
Et, près d'avoir besoin de toute sa bonté,
Ne le fais pas user de toute sa justice.

Ehrsücht'ger Staatsmann du, du Sklave, der
Keucht unter schwerer Last, du Opfer der Geschäfte,
Das stets mit Sorgen ringt, aufreibend seine Kräfte,
Phantom, das man verehrt, weil es ein Titel schmückt,
Schau her, wie tief der Schlund gähnt unter deinem Glück,
Betrachte Fouquets Los und seiner Größe Scherben,
Und während du dich mühst, ihn völlig zu verderben,
Befürchte für dich selbst ein schlimmeres Geschick.
Auch dir kann einst das Glück ein gleiches Los bereiten.
Fürcht' deinen Rang, dein Amt, den Unbestand der Zeiten:
Es fällt nicht ungestraft, wer so hoch stieg wie du.
Hör' auf deshalb, zum Hass den Fürsten zu verleiten;
Führ' sein Gemüt zur Huld, sein Herz der Milde zu,
Um einst ein leichter Los dir selber zu bereiten.

Als man Colbert von diesem ehrenrührigen Sonett erzählte, fragte er, ob der König darin beleidigt wäre. Als man verneinte, entgegnete der Minister: »Dann bin ich es auch nicht!«

Man darf sich durch dergleichen vorbedachte Antworten, durch dergleichen öffentliche Äußerungen, die das Herz ableugnet, niemals täuschen lassen. Colbert schien gemäßigt, betrieb aber Fouquets Verurteilung zum Tod mit allem Eifer. Man kann ein guter Minister und doch rachsüchtig sein – es ist bedauerlich, dass er nicht ebenso großmütig wie wachsam zu sein verstand.

Einer der unversöhnlichsten Verfolger Fouquets war der damalige Staatssekretär Michel Le Tellier, sein Nebenbuhler an Einfluss und Ansehen – derselbe, der später Kanzler wurde. Kann man, wenn man seine Grabrede liest und sie mit seinem Verhalten vergleicht, zu einem anderen Schluss kommen, als dass eine Grabrede eine leere Redeübung ist? Unter den Richtern Fouquets war jedoch der Kanzler Séguier, der Präsident der Kommission, derjenige, der mit dem größten Eifer seinen Tod verlangte und ihn mit der größten Härte behandelte.

Fouquet den Prozess machen hieß in Wahrheit das Andenken Kardinal Mazarins anklagen. Die gröbsten Veruntreuungen in den Finanzen waren sein Werk: er hatte sich wie ein Souverän mehrere Zweige des Staatseinkommens zugeeignet und in seinem Namen wie zu seinem Vorteil Lieferungen für das Heer übernommen. »Er legte«, sagte Fouquet in seiner Verteidigung, »den Finanzbezirken durch Lettres-de-cachet außergewöhnliche Abgaben auf, was immer nur durch ihn und für ihn geschah und was nach den Gesetzen mit dem Tod bestraft wird.« Auf diese Weise hatte der Kardinal unermessliche Reichtümer zusammengescharrt, die er selbst nicht mehr kannte.

Ich habe den verstorbenen Finanzintendanten Caumartin de Saint-Port erzählen hören[94], dass er, als er sich in seiner Jugend, einige Jahre nach dem Tod des Kardinals, eines Tages im Palais Mazarin befand, wo sein Erbe, der Herzog, und die Herzogin Hortense wohnten, dort einen großen, tiefen, mit eingelegter Arbeit geschmückten Schrank erblickte, der von oben bis unten die ganze Rückwand eines Zimmers einnahm. Die Schlüssel dazu waren seit langem verlorengegangen, und man hatte verabsäumt, die Schubladen zu öffnen. Erstaunt über diese Nachlässigkeit, sagte Caumartin zur Herzogin, dass man vielleicht Merkwürdigkeiten in dem Schrank finden würde. Man öffnete ihn nun und fand ihn völlig mit Doppeldublonen und goldenen Schaupfennigen und Medaillen angefüllt. Frau von Mazarin warf davon mehr als acht Tage lang Händevoll aus dem Fenster unter das Volk.

Der Missbrauch, den der Kardinal mit seiner unumschränkten Macht getrieben hatte, rechtfertigte den Oberintendanten nicht, aber die Unregelmäßigkeit des gerichtlichen Verfahrens gegen ihn, die Länge seines

94 Inzwischen habe ich diese Einzelheit auch bei Saint-Evremond erwähnt gefunden.

Prozesses, der Hass und der Eifer, den der Kanzler Siguier gegen ihn an den Tag legte, die Zeit, die den Neid des Volkes abstumpft und Mitleid mit den Unglücklichen erzeugt, schließlich die Bittgesuche, die zugunsten eines Unglücklichen umso lebhafter werden, je eifriger die Ränke zu seinem Verderben sind – das alles rettete ihm das Leben. Der Prozess wurde erst 1664, nach Verlauf von drei Jahren, entschieden. Von zweiundzwanzig Richtern, die ihre Stimme abgaben, stimmten nur neun für den Tod, die dreizehn anderen aber, von denen einige von Gourville Geschenke angenommen hatten[95], für ewige Verbannung.

Der König wandelte die Strafe in eine härtere um. Diese Strenge stimmte weder mit den alten Gesetzen des Königreichs noch mit den Geboten der Menschlichkeit überein. Am meisten empörte das Gemüt der Bürger der Umstand, dass der Kanzler Séguier einen der Richter namens Roquesante, der die Gerichtskammer am meisten zur Milde bestimmt hatte, verbannen ließ[96]. Fouquet wurde in das Schloss von Pignerol gebracht. Alle Geschichtsschreiber melden, dass er dort im Jahre 1680 starb; Gourville aber versichert, dass er das Gefängnis einige Zeit vor seinem Tod verließ. Die Gräfin von Vaux, seine Schwiegertochter, hatte mir das bereits bekräftigt – in seiner Familie glaubt man jedoch das Gegenteil. Man weiß also nicht, wo dieser Unglückliche eigentlich gestorben ist, dessen geringfügigste Handlungen Aufsehen erregten, solange er mächtig war. [[97]]

Staatssekretär Guénégaud, der seine Stelle an Colbert verkaufte, wurde nichtsdestoweniger von der Gerichtskammer verfolgt, die ihm den größten Teil seines Vermögens absprach. Der eigentümlichste unter den Urteilssprüchen dieser Kammer war der, durch den ein Bischof von Avranches zu einer Geldbuße von zwölftausend Franc verurteilt wurde. Dieser Bischof hieß Bolève und war der Bruder eines Zollpächters, an dessen Erpressungen er sich beteiligt hatte[98].

Saint-Evremond wurde als Anhänger des Oberintendanten in dessen Sturz verwickelt. Colbert, der überall nach Beweisen gegen den such-

95 Man sehe die ›Denkwürdigkeiten Gourvilles‹.

96 Racine versichert in seinen ›Historischen Fragmenten‹, dass der König bei Fräulein von La Vallière geäußert habe: »Wäre er zum Tode verurteilt worden, so hätte ich ihn hinrichten lassen.«
Wenn er wirklich diese Worte aussprach, so sind diese nicht zu entschuldigen – sie erscheinen zu hart und zu lächerlich.

97 Fouquet starb, wie die Depeschen des Saint-Mars an Louvois beweisen, in Pignerol am 23. März 1680 und wurde am 28. März 1681 in der Kirche der Dames de Sainte-Marie in Paris beigesetzt. Man vergleiche über seinen Prozess und seinen Tod Linguets ›Denkwürdigkeiten über die Bastille‹.

98 Siehe Guy Patin und die Denkwürdigkeiten jener Zeit.

te, den er verderben wollte, ließ Papiere beschlagnahmen, die der Frau du Plessis-Bellière anvertraut waren. Unter diesen Papieren fand man das Manuskript des Sendschreibens Saint-Evremonds über den Pyrenäischen Frieden. Dieser Schwank wurde nun dem König vorgelesen und als Staatsverbrechen hingestellt. Colbert, der es unter seiner Würde schätzte, sich an dem unbekannten Hénault zu rächen, verfolgte in Saint-Evremond den Freund Fouquets, den er hasste, und den Schöngeist, den er fürchtete. Der König machte sich übermäßiger Härte schuldig, indem er eine unschuldige Spottschrift bestrafte, die vor langen Jahren gegen Kardinal Mazarin gerichtet worden war, den er nicht beklagte und den der ganze Hof mehrere Jahre ungestraft geschmäht, verleumdet und verdammt hatte. Von tausend Schriften, die gegen jenen Minister geschleudert worden waren, wurde gerade die am wenigsten beißende bestraft – und das erst nach seinem Tod!

Saint-Evremond zog sich nach England zurück und lebte und starb dort als freier Mann und Philosoph. Der mit ihm befreundete Marquis de Miremont erzählte mir einst in London, dass die königliche Ungnade noch eine andere Ursache gehabt habe, dass aber Saint-Evremond sich nie darüber habe aussprechen wollen. Als Ludwig XIV. ihm gegen das Ende seiner Tage die Erlaubnis zur Rückkehr erteilte, erachtete der Philosoph es nicht für würdig, diese Erlaubnis für eine Gnade anzusehen – er bewies, dass das Vaterland da ist, wo man glücklich ist, und er war in London glücklich.

Der neue Finanzminister rechtfertigte unter dem einfachen Titel eines Generalkontrolleurs der Finanzen die Härte seiner Verfolgungen durch die Wiederherstellung der Ordnung, die seine Vorgänger umgestürzt hatten, und durch unablässiges Wirken für die Größe des Staates.

Der Hof wurde der Mittelpunkt aller Ergötzlichkeiten und das Vorbild für alle anderen Höfe. Der König setzte eine Ehre darein, Feste zu veranstalten, die die Feste in Vaux in Vergessenheit brachten.

Die Natur schien damals Vergnügen daran zu finden, in Frankreich die größten Männer auf allen Gebieten zu erzeugen und am Hof die schönsten und wohlgestaltetsten Männer und Frauen zu vereinen, die es je gegeben hatte. Der König behauptete durch die Höhe seiner Gestalt und die majestätische Schönheit seiner Züge vor allen seinen Höflingen den Vorrang. Der edle und ergreifende Ton seiner Stimme gewann ihm die Herzen, die seine Gegenwart einschüchterte. Er hatte einen Gang, der sich nur für ihn und für seinen Rang schickte und bei jedem anderen lächerlich gewesen wäre. Die Verwirrung, in die er jene versetzte, mit denen er sprach, schmeichelte insgeheim der Wohlgefälligkeit, mit der er seine Überlegenheit fühlte. Jener alte Offizier, der sich in seinen Worten verstrickte, ihn stammelnd um eine Gunst bat und ihm, als er mit seiner Rede nicht zu Ende kommen konnte, sagte: »Sire, vor Ihren Feinden zittere ich nicht in dieser Weise«, hatte keine große Mühe, das Erbetene zu erhalten.

Der Sinn für Geselligkeit war am Hof noch nicht zur Vollkommenheit entwickelt. Die Königinmutter, Anna von Österreich, begann die Zurückgezogenheit zu lieben; die regierende Königin aber verstand kaum Französisch, und ihre Herzensgüte machte ihr ganzes Verdienst aus. Die englische Prinzessin, die Schwägerin des Königs, brachte dagegen die Annehmlichkeiten einer guten und belebten Unterhaltung, die bald noch durch die Lektüre guter Bücher und einen feinen und sicheren Geschmack verschönert wurde, an den Hof mit. Sie vervollkommnete sich in der Kenntnis der Sprache, die sie zur Zeit ihrer Verheiratung noch schlecht genug schrieb; sie erweckte eine neue geistige Regsamkeit und führte bei Hof einen zuvorkommenden, gefälligen Anstand ein, von dem das übrige Europa kaum eine Vorstellung hatte. Madame besaß ganz den Witz ihres Bruders, Karls II. von England, aber im Verein mit dem Zauber ihres Geschlechts und der Gabe wie dem Verlangen, zu gefallen. Der Hof Ludwigs XIV. atmete eine Galanterie, die durch die Beachtung der Schicklichkeit noch pikanter gemacht wurde, während die am Hof Karls II. herrschende Galanterie gröberer Art war und das Vergnügen dort durch eine allzu große Derbheit entehrt wurde.

Zwischen Madame und dem König bestand anfangs viel geistige Koketterie und ein geheimes Einverständnis, das sich bei oft wiederholten kleinen Festen bemerkbar machte. Der König sandte ihr Verse, und sie antwortete darauf. Ein und derselbe Mann, der Marquis de Dangeau, war zufälligerweise sowohl der Vertraute des Königs als auch der Prinzessin bei diesem geistreichen Verkehr. Der König beauftragte ihn, an seiner Stelle zu schreiben, und die Prinzessin forderte ihn auf, dem König zu antworten. So diente er beiden, ohne den einen ahnen zu lassen, dass er auch vom anderen verwendet würde, und das war eine der Ursachen seines Glücks.

Dieses Einverständnis erregte jedoch Unruhe in der königlichen Familie; der König beschränkte daher diesen aufsehenerregenden Verkehr auf eine tiefe Achtung und Freundschaft, die sich niemals änderten. Als Madame später Racine und Corneille an der Tragödie ›Berenice‹ arbeiten ließ, hatte sie nicht bloß den Bruch des Königs mit dem Connétable Colonne, sondern auch den Zügel im Auge, den sie ihrer eigenen Neigung angelegt hatte, damit sie nicht gefährlich werde. Ludwig XIV. ist zur Genüge in den beiden Versen der Racineschen ›Berenice‹ gekennzeichnet:

Qu'en quelque obscurité que le ciel l'eût fait naître,
Le monde, en le voyant, eût reconnu son maître.

Hätt' auch der Himmel ihn in dürft'ger Hütt' versteckt,
Den Herrscher hätte doch die Welt in ihm entdeckt.

Jene Tändeleien machten der ernsteren und anhaltenderen Leidenschaft Platz, die er für Fräulein von La Vallière, eines der Ehrenfräulein von Madame, empfand. Er genoss mit ihr das seltene Glück, einzig seiner selbst wegen geliebt zu werden. Zwei Jahre lang war sie der verborgene Gegenstand aller galanten Unterhaltungen und aller Feste, die der König gab. Belloc, ein junger Kammerdiener des Königs, verfasste mehrere Erzählungen, die man bald bei der Königin, bald bei Madame in Tänze einflocht, und alle diese Erzählungen sprechen verschleiert vom Geheimnis ihrer Herzen, das bald genug aufhörte, ein Geheimnis zu sein.

Alle öffentlichen Ergötzlichkeiten, die der König veranstaltete, waren Huldigungen für seine Geliebte. Im Jahre 1662 hielt man den Tuilerien gegenüber[99] auf einem weiten Platz, der davon den Namen Place du Carrousel behalten hat, ein Reiterspiel ab. Es erschienen dabei fünf Reiterscharen; an der Spitze der Römer stand der König, an der Spitze der Perser sein Bruder, an der Spitze der Türken der Prinz von Condé, an der Spitze der Inder dessen Sohn, der Herzog von Enghien, und an der Spitze der Amerikaner endlich der Herzog von Guise. Dieser Herzog von Guise war ein Enkel des »Genarbten«.[[100]] Er war berühmt in der Welt durch die unglückliche Verwegenheit, mit der er sich zum Herrn von Neapel zu machen versucht hatte. Seine Gefangenschaft, seine Duelle, seine romantischen Liebschaften, seine Verschwendung und seine Abenteuer machten ihn zu einem in jeder Hinsicht eigentümlichen Menschen. Er schien einer anderen Zeit anzugehören, und als man ihn mit dem Großen Condé rennen sah, sagte man: »Seht da die Helden der Geschichte und der Fabel.«

Die Königinmutter, die regierende Königin und die Königin von England, die Witwe Karls I., die jetzt ihr Unglück vergaß, wohnten dem

99 Nicht auf der Place Royale, wie die von La Hode unter dem Namen La Martinière herausgegebene ›Geschichte Ludwigs XIV.‹ angibt.

100 Der »Genarbte« (le Balafré) war der Beiname des berühmten François von Lothringen, Herzogs von Guise (ermordet 1588), nach einer furchtbaren Narbe im Gesicht, die eine bei der Belagerung von Calais empfangene Wunde zurückgelassen hatte.

Spiel unter einem Baldachin bei. Der Graf von Saulx, ein Sohn des Herzogs von Lesdiguières, trug den Preis davon und empfing ihn aus den Händen der Königinmutter. Diese Feste belebten mehr als je den Sinn für die Wahlsprüche und die Sinnbilder, die die Turniere einst in Mode gebracht und die diese letzteren überdauert hatten.

Ein Archäologe namens d'Ouvrier erfand damals für Ludwig XIV. das Sinnbild einer Sonne, die ihre Strahlen auf eine Erdkugel wirft, mit der Umschrift: »Nec pluribus impar.« Die Idee war ein wenig einer für Philipp II. ersonnenen spanischen Devise entlehnt, die für jenen Fürsten, der den besten Teil der Neuen und so viele Länder der Alten Welt besaß, passender war als für einen jungen König von Frankreich, der nur erst Hoffnungen erweckte. Diese Devise hatte jedoch einen bemerkenswerten Erfolg: die Wappen des Königs, die Möbel der Krone, die Teppiche und die Skulpturen wurden damit geschmückt. Der König selbst führte sie bei den von ihm veranstalteten Reiterspielen niemals. Man hat Ludwig XIV. mit Unrecht den Hochmut dieser Devise zum Vorwurf gemacht, als ob er selbst sie gewählt hätte; mit mehr Recht aber hat man vielleicht deren Witz getadelt. Das Bild stellt nämlich nicht dar, was jene Umschrift besagt, und diese selbst hat keinen hinlänglich klaren und bestimmten Sinn; was man aber auf verschiedene Weise auslegen kann, verdient überhaupt nicht, ausgelegt zu werden. Die Devisen, dieser Überrest aus der Zeit der alten Ritterschaft, mögen für Feste passend sein und haben ihr Verdienst, wenn die Anspielungen treffend, neu und pikant sind. Besser ist's, gar keine zu haben, als schlechte und platte zu dulden, wie es beispielsweise die Ludwigs XII. war: ein Stachelschwein mit der Umschrift: »Wer sich dran reibt, sticht sich dran.« Die Devisen sind im Vergleich zu den Inschriften, was eine Maskerade im Vergleich zu einer erhabenen Feierlichkeit ist.

Das im Jahre 1664 in Versailles veranstaltete Fest übertraf das obige Reiterspiel durch seine Eigentümlichkeit, seine Pracht und die geistigen Genüsse, die ihm durch die Verbindung mit jenen glänzenden Ergötzlichkeiten einen Geschmack und eine Anmut verliehen, die bisher noch kein Fest verschönt hatten. Versailles begann damals bereits ein entzückender Aufenthaltsort zu sein, ohne jenen Charakter der Größe zu tragen, den es später zeigte.

Der König erschien dort am 5. Mai 1664 in Begleitung seines gesamten Hofstaats, der aus sechshundert Personen bestand, die nebst ihrer Dienerschaft sowie nebst allen Personen, die mit den Zurüstungen zu jenen Zauberfesten beschäftigt waren, auf Kosten des Königs befördert und unterhalten wurden. Es fehlten diesen Festen immer nur jene eigens zu ihrer Feier errichteten Bauwerke, wie die Griechen und die Römer sie aufführten, aber die Schnelligkeit, mit der man Schaubühnen, Amphitheater und bedeckte Gänge errichtete, die ebenso prächtig wie geschmackvoll geschmückt wurden, war ein Wunder, das die Täuschung erhöhte und durch die tausendfachen späteren Abänderungen den Zauber jener Schaustellungen noch vermehrte.

Zuerst wurde eine Art Reiterspiel abgehalten. Die Teilnehmer am Rennen erschienen am ersten Tag wie zu einer Heerschau. Vor ihnen her ritten Wappenherolde, Pagen und Stallmeister, die ihre Devisen und ihre Schilde trugen, auf denen in goldenen Buchstaben von Périgny und von Benserade verfasste Verse prangten. Besonders dieser letztere besaß ein ungemeines Talent für jene zierlichen Sachen, in denen er stets zarte und treffende Anspielungen auf den Charakter der Darsteller, auf die dargestellten Personen des Altertums oder der Sage und auf die den Hof bewegenden Leidenschaften anbrachte. Der König stellte Roger vor; auf seinem Gewand und auf dem Pferd, das er ritt, blitzten die Krondiamanten. Die Königinnen und dreihundert Damen sahen unter Triumphbögen diesem Einzug zu.

Der König unterschied unter all den auf ihn gerichteten Blicken nur die des Fräuleins von La Vallière. Für diese allein war das Fest bestimmt, und sie genoss es, in der Menge verloren.

Dem Reiterzug folgte ein vergoldeter Wagen von achtzehn Fuß Höhe, fünfzehn Fuß Breite und vierundzwanzig Fuß Länge; er stellte den Sonnenwagen dar. Auf diesen Wagen folgten, trefflich gekennzeichnet, zu Fuß die vier Zeitalter – das goldene, das silberne, das eherne und das eiserne –, dann die Himmelszeichen, die Jahreszeiten und die Horen. Schäfer trugen die Teile der Schranken herbei, die unter Trompetenschall aufgerichtet wurden. Dann erklangen in Abständen Sackpfeifen und Geigen. Einige der Gestalten, die dem Wagen Apollos folgten, rezitierten vor den Königinnen Verse, die dem Ort, der Zeit, dem König und den Damen angemessen waren. Nachdem das Rennen beendet und die Nacht hereingebrochen war, flammten viertausend große Fackeln auf und beleuchteten den Raum, in dem das Fest stattfand. Zweihundert Personen, die die Jahreszeiten, Faune, Waldgötter, Dryaden, Hirten, Winzer und Schnitter darstellten, bedienten die aufgestellten Tafeln. Pan und Diana erschienen auf einem wandelnden Berg und stiegen dann von diesem herab, um die köstlichsten Erzeugnisse der Felder und der Forste auf den Tischen niederzulegen. Hinter den Tischen erhob sich plötzlich im Halbkreis eine mit Sängern gefüllte Bühne. Die Bögen, die die Tafeln und die Bühne umgaben, waren mit fünfhundert grünen und silbernen Armleuchtern geschmückt, die Wachskerzen trugen, und ein vergoldetes Gitter schloss die weite Umzäunung ab.

Diese Festlichkeiten, die alle jene überragten, die man in den Romanen geschildert findet, dauerten sieben Tage. Der König trug viermal den Preis davon und ließ dann die übrigen Reiter um die von ihm gewonnenen Preise kämpfen, die er ihnen überließ.

Obgleich keines der besten Stücke Molières, bildete das Lustspiel ›Die Prinzessin von Elis‹ durch die zahllosen feinen Anspielungen auf die Sitten jener Zeit und durch der Gelegenheit entsprechende Andeutungen, die die Annehmlichkeit solcher Feste begründen, aber für die Nachwelt verloren sind, doch eine der anmutigsten Zierden dieser Spiele. Man war damals am Hof noch über die Maßen für die Sterndeuterei eingenommen; verschiedene Prinzen waren infolge eines hochmütigen Aberglaubens der Meinung, dass die Natur sie so weit auszeichne, um ihr Geschick in den Sternen anzugeben. Herzog Victor Amadeus von Savoyen z.B., der Vater der Herzogin von Burgund, hatte sogar noch nach seiner Abdankung einen Astrologen bei sich. Molière wagte diese Illusion in den ›Hohen Verliebten‹ anzugreifen, einem Lustspiel, das gelegentlich eines anderen Festes im Jahre 1670 aufgeführt wurde.

In diesem Stück wie auch in der ›Prinzessin von Elis‹ kommt auch ein Hofnarr vor. Diese Unglücklichen waren damals noch sehr in Mode; es war dies ein Überrest von Barbarei, der besonders in Deutschland länger bestanden hat als anderwärts. Das Bedürfnis der Unterhaltung und die Ohnmacht, sich in jenen Zeiten der Unwissenheit und des schlechten Geschmacks einen angenehmen und gefälligen Zeitvertreib zu verschaffen, hatten zu diesem traurigen Vergnügen greifen lassen, das den menschlichen Geist erniedrigt. Der Narr, der sich damals bei Ludwig XIV. befand, hatte dem Prinzen von Condé gehört. Er hieß L'Angeli, und der Graf von Gramont meinte, von allen Narren, die dem Prinzen gefolgt wären, wäre L'Angeli der einzige, der sein Glück gemacht hätte. Es fehlte diesem Possenreißer nicht an Witz – so sagte er z.B.: »Ich gehe nicht zur Predigt, weil ich das Plärren nicht liebe und das Vernünfteln nicht verstehe.«

Der Schwank ›Die Zwangsheirat‹ wurde ebenfalls bei diesem Fest aufgeführt. Das wahrhaft Bewundernswerte war jedoch die erste Aufführung der drei ersten Akte des ›Tartuffe‹. Der König wollte dieses Meisterwerk sehen, noch bevor es vollendet war; auch schützte er es später gegen die falschen Betbrüder, die Himmel und Erde in Bewegung zu setzen suchten, um dieses Stück zu unterdrücken, das, wie man schon vor mir gesagt hat, bestehen wird, solange es Geschmack und Heuchler in Frankreich gibt.

Die meisten derartigen glänzenden Festlichkeiten sind häufig nur für Augen und Ohren. Pomp und Pracht gehen in einem Tag vorüber; wenn aber Meisterwerke wie der ›Tartuffe‹ die Zierde solcher Feste bilden, so lassen diese eine unvergeßliche Erinnerung zurück.

Man erinnert sich noch mehrerer Einzelheiten aus den Allegorien Benserades, die die Ballette jener Zeit ausschmückten; ich zitiere hier nur die Verse für den König, als er die Sonne darstellte:

Je doute qu'on le prenne avec vous sur le ton
  De Daphne ni de Phaéton,
Lui trop ambitieux, elle trop inhumaine.
  Il n'est point là de piège où vous puissiez donner:
Le moyen de s'imaginer
  Qu'une femme vous fuie, et qu'un homme vous mène?

Ich zweifle nicht, mit dir spricht niemand in dem Ton
  Der Daphne und des Phaéton:
Er allzu herrschbegierig, allzu grausam sie.
  In solchen Fall, o Herr, glaub' ich, gerätst du nie;
Denn wie kann man sich denken,
  Dass eine Frau dich flieht, ein Mann dich wagt zu lenken?

Das größte Verdienst dieser Ergötzlichkeiten, die den Geschmack, den Anstand und die Talente in Frankreich vervollkommneten, beruhte darauf, dass sie den unablässigen Arbeiten des Monarchen keinen Abbruch taten. Ohne diese Arbeiten hätte er nur hofzuhalten, nicht aber auch zu regieren verstanden, und wenn jene prunkvollen Feste dem Elend des Volkes hohngesprochen hätten, so wären sie geradezu gehässig gewesen. Aber ebender Mann, der diese Festlichkeiten veranstaltet hatte, hatte auch während der Teuerung des Jahres 1662 dem Volk Brot gegeben. Er hatte Getreide kommen lassen, das an der Pforte des Louvre den Reichen zu niedrigem Preis verkauft, den armen Familien aber geschenkt wurde. Er hatte dem Volk drei Millionen Steuern erlassen. Kein Zweig der inneren Verwaltung blieb unberücksichtigt. Dabei war seine Regierung nach außen geachtet, war der König von Spanien genötigt, ihm den Vorrang zu lassen, war der Papst gezwungen, ihm Genugtuung zu geben, war Dünkirchen durch einen für den Käufer glorreichen und für den Verkäufer schmachvollen Vertrag für Frankreich erworben worden. Kurzum, alle seine Schritte seit dem Antritt seiner Regierung waren entweder edel oder nützlich gewesen – nach alledem war es schön, Feste zu veranstalten.

Der Neffe Papst Alexanders VII., Chigi, der inmitten jener Festlichkeiten als Legat a latere nach Versailles kam, um dem König für das von den päpstlichen Garden verübte Attentat Genugtuung zu geben, bereitete dem Hof ein neues Schauspiel – dergleichen große Feierlichkeiten sind immer Feste für das Publikum. Die Ehre, die man Chigi erwies, machte die Genugtuung umso auffälliger. Er nahm unter einem Baldachin die Huldigungen der höheren Gerichtshöfe, der Stadtobrigkeit und der Geistlichkeit entgegen, zog unter Kanonendonner, den Großen Condé zu seiner Rechten, dessen Sohn zu seiner Linken, in Paris ein und erschien dann in diesem Gepränge, um sich, Rom und den Papst vor einem König zu demütigen, der noch nicht einmal das Schwert gezogen hatte. Nach der Audienz speiste er mit Ludwig XIV., und man bemühte sich angelegentlich, ihn prächtig zu bewirten und ihm Genüsse zu verschaffen. Der Doge von Genua wurde später mit weniger Ehrenbezeigungen, aber mit demselben Eifer zu gefallen aufgenommen, den der König stets mit seinem übermütigen Verfahren in Einklang zu bringen wusste.

Dies alles verlieh dem Hof Ludwigs XIV. ein Ansehen von Größe und Erhabenheit, das alle anderen Höfe Europas in den Schatten stellte. Ludwig wollte, dass der Glanz, der seine Person umstrahlte, sich auf seine ganze Umgebung erstrecke und dass alle Großen seines Reichs geehrt würden, ohne – mit seinem Bruder und dem Herrn Prinzen angefangen – irgendwelche Macht zu besitzen. In dieser Absicht entschied er den alten Streit zwischen den Präsidenten des Parlaments und den Pairs zugunsten der letzteren. Die Präsidenten behaupteten, ihre Stimme vor den Pairs abgeben zu dürfen, und hatten sich in den Besitz dieses Rechts gesetzt. Der König entschied nun in einer außerordentlichen Ratssitzung, dass die Pairs bei den Lits-de-justice in Anwesenheit des Königs vor den Präsidenten stimmen sollten, als ob sie dieses Vorrecht einzig seiner Gegenwart verdankten, ließ aber bei den Versammlungen, die keine Lits-de-justice sind, den alten Brauch fortbestehen.

Um seine bedeutendsten Hofleute auszuzeichnen, hatte er gold- und silberbestickte blaue Röcke erfunden. Die Erlaubnis, einen solchen Rock tragen zu dürfen, war für Männer, die nur von der Eitelkeit geleitet wurden, eine große Gunst: man verlangte beinahe ebenso sehr danach wie nach dem Halsschmuck des königlichen Ordens. Da hier von kleinen Einzelheiten die Rede ist, sei noch bemerkt, dass man damals den Rock über einem mit Bändern geschmückten Wams und über dem Rock ein Wehrgehänge trug, an dem der Degen hing; dazu kam noch eine Art Spitzenkragen und ein Hut mit zwei Reihen Federn. Diese Mode, die bis zum Jahre 1684 währte, bürgerte sich – Spanien und Polen ausgenommen – in ganz Europa ein; beinahe überall suchte man bereits eine Ehre darin, den Hof Ludwigs XIV. nachzuahmen.

In seinem Haushalt führte er eine Ordnung ein, die noch heute besteht. Er bestimmte die Rangstufen und die Obliegenheiten und schuf neue Ämter bei seiner Person, wie z.B. das Amt eines Großmeisters seiner Garderobe. Er führte die von Franz I. eingerichteten gemeinschaftlichen Tafeln wieder ein und vermehrte sie. Es gab zwölf Tafeln für die Hausgenossen, die mit derselben Sauberkeit und Reichlichkeit bedient wurden wie die Tafeln vieler Fürsten. Er befahl, dass alle Fremden dazu eingeladen werden sollten, und diese Aufmerksamkeit dauerte seine ganze Regierungszeit hindurch. Eine noch auserlesenere und zuvorkommendere bewies er bei anderer Gelegenheit: Als er 1679 die Pavillons von Marly hatte erbauen lassen, fanden alle Damen in ihren Gemächern eine vollständige Toilette vor – kein Erfordernis des Luxus und der Bequemlichkeit war vergessen worden; auch durfte jeder Teilnehmer an der Reise auf seinem Zimmer Mahlzeiten geben und wurde dort mit derselben Auserlesenheit bedient wie der Gebieter selbst. Diese kleinen Dinge haben nur Wert, wenn sie von den großen unterstützt werden. In all seinem Tun erkannte man die Prachtliebe und die Großmut: den Töchtern seiner Minister machte er bei ihrer Verheiratung 200.000 Franc zum Geschenk.

Das meiste Aufsehen erregte in Europa eine Freigebigkeit, die ohne Beispiel war. Der Gedanke dazu kam ihm durch eine Äußerung des Herzogs von Saint-Aignan, der ihm erzählte, dass Kardinal Richelieu einigen ausländischen Gelehrten, die seine Taten gerühmt hatten, Geschenke gesandt hätte. Der König wartete nicht, bis er gelobt worden war, sondern in der Überzeugung, dass er das Lob verdienen würde, empfahl er seinen Ministern Lyonne und Colbert, eine Anzahl in der Literatur hervorragender Franzosen und Ausländer auszuwählen, denen er Beweise seiner Großmut geben wolle. Nachdem Lyonne in die fremden Länder geschrieben und Erkundigungen eingezogen hatte – soweit das bei einer so zarten Angelegenheit, wo es sich um Bevorzugungen unter den Zeitgenossen handelt, möglich ist –, wurde zunächst eine Liste aufgestellt, die sechzig Personen umfasste, von denen die einen Geschenke, die anderen je nach ihrem Rang, ihren Bedürfnissen und ihren Verdiensten Jahresgehälter empfingen (1663). Allacci, der Bibliothekar des Vatikans; Graf Gratiani, Staatssekretär des Herzogs von Modena; der berühmte Viviani, Mathematiker des Großherzogs von Florenz; Vossius, der Geschichtsschreiber der Vereinigten Provinzen; der berühmte Mathematiker Huyghens, ein holländischer Konsul in Schweden, sowie sogar verschiedene Professoren in Altorf und Helmstedt – Städten, die den Franzosen nahezu unbekannt waren – waren nicht wenig erstaunt, Briefe von Colbert zu erhalten, in denen dieser ihnen mitteilte, dass der König, obwohl er nicht ihr Landesherr sei, sie bäte, ihr Wohltäter sein zu dürfen. Die Ausdrücke dieser Schreiben waren nach der Würde der Adressaten abgemessen, und alle waren entweder von beträchtlichen Geschenken oder von Gnadengehältern begleitet.

Unter den Franzosen wurden Racine, Quinault und Fléchier, der spätere Bischof von Nîmes, ausgezeichnet, die damals alle noch sehr jung waren – sie erhielten Geschenke. Zwar erhielten Chapelain und Cotin Pensionen, aber Chapelain war auch hauptsächlich vom Minister Colbert zu Rate gezogen worden. Jene beiden Männer, die in der Poesie so berüchtigt sind, waren übrigens nicht ohne Verdienst. Chapelain besaß eine umfassende Kenntnis der Literatur, und – was überraschen kann – er hatte Geschmack und war einer der einsichtsvollsten Kritiker. Von da ist es allerdings noch weit bis zum Genie. Geist und Wissen leiten einen Künstler wohl, aber sie schaffen ihn in keiner Art. Niemand war seinerzeit berühmter in Frankreich als Ronsard und Chapelain, weil man zur Zeit Ronsards noch mitten in der Barbarei steckte und zur Zeit Chapelains sich kaum aus diesem Zustand herauszuarbeiten begann. Costar, der Studiengenosse Balzacs und Voitures, nennt Chapelain den ersten unter den heroischen Dichtern.

Boileau hatte keinen Anteil an jenen Gnadenbeweisen; er hatte nur erst Satiren geschrieben, und diese Satiren griffen, wie man weiß, gerade die Gelehrten an, die der Minister zu Rate gezogen hatte. Der König zeichnete ihn einige Jahre später aus, ohne deshalb jemanden zu Rate zu ziehen.

Die ins Ausland gesandten Geschenke waren so beträchtlich, dass Viviani in Florenz von den Gaben Ludwigs XIV. ein Haus erbauen ließ, auf dessen Giebel er in goldenen Buchstaben die Inschrift anbrachte: »Aedes a Deo datae«, eine Anspielung auf den Beinamen »Deodatus«, den das Volk dem König bei seiner Geburt gegeben hatte.

Man kann sich leicht die Wirkung vorstellen, die diese ungemeine Großmut in Europa ausübte, und wenn man in Erwägung zieht, was der König bald danach Denkwürdiges vollbrachte, so müssen sich die strengsten und widerborstigsten Geister in die maßlosen Lobeserhebungen schicken, mit denen man ihn überschüttete. Aber die Franzosen waren nicht seine einzigen Lobredner: in verschiedenen Städten Italiens wurden zwölf Lobreden auf Ludwig XIV. gehalten – eine Huldigung, die weder aus Furcht noch aus Hoffnung geleistet wurde und die der Marchese Zampieri dem König übermitteln ließ.

Dieser hörte nicht auf, den Künsten und Wissenschaften seine Wohltaten zuteil werden zu lassen – die besonderen Geschenke an Racine, die eine Höhe von etwa viertausend Louisdor erreichten, das Vermögen Despréaux', der Glücksstern Quinaults und namentlich Lullis sowie all der Künstler, die ihm ihre Kräfte widmeten, sind hinlängliche Beweise dafür. Er schenkte sogar Benserade tausend Louisdor zur Herstellung der Kupferstiche zu dessen in Ringelgedichten (rondeaux) gefertigter Übersetzung der ›Metamorphosen‹ Ovids – eine übel angebrachte Freigebigkeit, die nur von der Großmut des Souveräns zeugte: Er belohnte Benserade für das kleine Verdienst, das sich dieser in seinen Balletten erworben hatte.

Verschiedene Schriftsteller haben diesen den Künsten gewährten Schutz und die Freigebigkeit Ludwigs XIV. ausschließlich Colbert zugeschrieben; dieser hatte jedoch kein anderes Verdienst daran, als dass er die Hochherzigkeit und die Neigung seines Gebieters unterstützte. Colbert besaß eine ungemeine Befähigung für die Finanzen, den Handel, die Schifffahrt und die allgemeine Verwaltung, aber er besaß weder jene Neigung noch jenen Edelmut des Königs – er gab sich mit Eifer zu dessen Werkzeug her, war aber weit davon entfernt, ihm das einzuflößen, was nur die Natur verleiht.

Nach alledem sieht man nicht ein, mit welchem Recht einige Schriftsteller diesem Monarchen Geiz und Kargheit zum Vorwurf gemacht haben. Ein Fürst, der gänzlich von den Staatseinkünften gesonderte Besitzungen hat, kann zwar geizig sein wie ein Privatmann; ein König von Frankreich aber, der nur der Verwalter des Geldes seiner Untertanen ist, kann kaum von diesem Laster ergriffen werden. Der Eifer und der Wille, Belohnungen auszuteilen, können ihm abgehen – diesen Mangel aber kann man Ludwig XIV. nicht zum Vorwurf machen.

Um die gleiche Zeit, wo er die Talente durch zahllose Wohltaten zu ermutigen begann, wurde der Gebrauch, den der Graf von Bussy-Rabutin von den seinen machte, hart bestraft: man setzte ihn 1665 in die

Bastille. Die ›Gallischen Liebschaften‹ gaben den Vorwand zu dieser Gefangensetzung her; die wahre Ursache aber war jenes Liedchen, das dem Ansehen des Königs allzu nahe trat und jetzt zum Verderben Bussys, dem man es zuschrieb, wieder aufgefrischt wurde:

Que Déodatus est heureux	Wie glücklich Deodat doch ist,
De baiser ce bec amoureux	Da er den süßen Schnabel küßt,
Qui d'une oreille à l'autre va –	Den beiden Ohren ziemlich nah –
Alleluia!	Halleluja!

Seine Werke waren nicht gut genug, um das Übel wettzumachen, das sie ihm eintrugen – er redete eine reine Sprache, er hatte Verdienst, aber noch mehr Eigenliebe, und bediente sich jenes Verdienstes fast nur, um sich Feinde zu machen.

Ludwig XIV. hätte großmütig gehandelt, wenn er ihm verziehen hätte – er rächte eine persönliche Beleidigung, indem er nur dem allgemeinen Unwillen Folge zu geben schien. Indessen wurde der Graf von Bussy nach achtzehn Monaten wieder freigelassen, aber seiner Ämter und Würden entsetzt, und er blieb sein ganzes übriges Leben hindurch in Ungnade, indem er vergebens eine Zuneigung für Ludwig XIV. bezeigte, die weder der König noch sonst jemand für aufrichtig hielt.

Sechsundzwanzigstes Kapitel

Fortsetzung der Einzelheiten und Anekdoten

Dem Ruhm, den Ergötzlichkeiten, der Größe und der Galanterie, die die ersten Jahre seiner Regierung ausfüllten, versuchte Ludwig XIV. auch noch die Süßigkeiten der Freundschaft hinzuzufügen – aber es ist schwer für einen König, in dieser Hinsicht eine glückliche Wahl zu treffen. Von zwei Menschen, denen er das größte Vertrauen schenkte, verriet ihn der eine in schmählicher Weise, und der andere Missbrauchte seine Gunst.

Der erstere war der Marquis de Vardes, der Vertraute der Neigung des Königs zu Frau von La Vallière. Man weiß, dass er infolge von Hofintrigen Frau von La Vallière zu verderben suchte, die bei ihrer Stellung wohl Neider, bei ihrem Charakter aber keine Feinde hätte haben sollen. Im Verein mit dem Grafen von Guiche und der Gräfin von Soissons wagte er es, der regierenden Königin im Namen ihres Vaters, des Königs von Spanien, einen gefälschten Brief zu schreiben. Dieser Brief teilte der Königin das mit, was sie nicht wissen durfte und was den Frieden in der königlichen Familie empfindlich stören musste. Dieser Treulosigkeit fügte er noch die Bosheit hinzu, dass er den Verdacht auf die rechtschaffensten Leute am Hof, den Herzog und die Herzogin von Navailles, lenkte – diese beiden Unschuldigen wurden dem Groll des getäuschten Monarchen geopfert (1665). Später wurde zwar das abscheuliche Verfahren Vardes' bekannt; Vardes aber, so schwer sein Verbrechen war, wurde kaum strenger bestraft als die beiden Unschuldigen, die er angeklagt hatte und die daraufhin gezwungen wurden, ihre Ämter niederzulegen und den Hof zu verlassen.

Der andere Günstling war der Graf und spätere Herzog von Lauzun, der bald Nebenbuhler des Königs bei seinen flüchtigen Liebschaften, bald sein Vertrauter war und später so bekannt wurde durch die Heirat, die er allzu öffentlich mit Mademoiselle eingehen wollte und dann seinem dem König gegebenen Versprechen zum Trotz im geheimen wirklich einging.

In seiner Wahl betrogen, äußerte der König die Ansicht, er hätte Freunde gesucht und nur Intriganten gefunden. Diese unglückliche Menschenkenntnis, die man leider immer zu spät erwirbt, bewog ihn auch zu dem Ausspruch: »Jedesmal, wenn ich eine offene Stelle vergebe, mache ich hundert Missvergnügte und einen Undankbaren.«

Während des Krieges von 1666 erlitten weder die Vergnügungen noch die Verschönerungsarbeiten an den königlichen Schlössern und in Paris, noch die Verwaltungsgeschäfte des Reiches eine Unterbrechung.

Der König tanzte bis zum Jahre 1670 in den Balletten mit: er zählte damals zweiunddreißig Jahre. Man führte in Saint-Germain die Tragödie ›Britannicus‹ vor ihm auf – da fielen ihm die Verse auf:

Pour toute ambition, pour vertu singulière,
Il excelle à conduire un char dans la carrière,
A disputer des prix indignes de ses mains,
A se donner luimême en spectacle aux Romains.

Sein ganzer Ehrgeiz, seine einz'ge Tugend,
Ist, mit dem Wagen durch den Zirkus jagen,
Den Preis gewinnen, der nicht seiner wert,
Den Römern selber sich zum Schauspiel geben.

Von dieser Zeit ab tanzte er nicht mehr öffentlich, und der Dichter verwandelte den König. Seine Verbindung mit der Herzogin von La Vallière bestand noch immer fort, trotz der häufigen Treubrüche, die er gegen sie beging. Diese Treulosigkeiten kosteten ihn wenig Mühe: er fand kaum Frauen, die ihm widerstanden hätten, und kehrte immer wieder zu der zurück, die ihn durch ihren sanften und guten Charakter, durch ihre wahre Liebe und auch durch die Fesseln der Gewohnheit ohne alle Kunst unterjocht hatte. Vom Jahre 1669 ab aber wurde sie gewahr, dass Frau von Montespan Einfluss gewann. Sie bekämpfte diesen mit ihrer gewöhnlichen Sanftmut; sie ertrug den Schmerz, lange Zeit hindurch Zeuge des Triumphes ihrer Rivalin zu sein, und schätzte sich, beinahe ohne sich zu beklagen, noch in ihrem Schmerz glücklich, vom König, den sie immer noch liebte, mit Achtung behandelt zu werden und ihn zu sehen, wenn sie auch nicht mehr von ihm geliebt wurde.

Im Jahre 1675 endlich griff sie zum Ausweg der liebenden Seelen, die lebhafter und tiefer Empfindungen bedürfen, die sie unterjochen. Sie glaubte, nur Gott könne in ihrem Herzen auf ihren Geliebten folgen. Ihre Bekehrung wurde ebenso berühmt wie ihre Liebe: sie trat in das Kloster der Karmeliterinnen in Paris ein und beharrte bei ihrem Entschluss. Sich in ein härenes Gewand zu kleiden, barfuß zu gehen, streng zu fasten, nachts in einer unbekannten Sprache im Chor zu singen – das alles schreckte diese zarte Frau nicht zurück, die an soviel Glanz, Luxus und Genüsse gewöhnt war. Sie lebte unter diesen strengen Übungen unter dem Namen »Schwester Louise von der Barmherzigkeit« vom Jahre 1675 bis zum Jahre 1710.

Ein König, der eine schuldbeladene Frau auf solche Weise strafen würde, wäre ein Tyrann – und doch haben so viele Frauen sich in solcher Weise dafür gestraft, dass sie geliebt hatten. Dagegen gibt es kein Beispiel, dass ein Staatsmann einen so harten Entschluss gefasst hätte, während doch die Sünden der Politik mehr Buße zu fordern scheinen als die Schwächen der Liebe; aber diejenigen, die die Seelen regieren, haben nur über die Schwachen Gewalt.

Wie bekannt, erwiderte Schwester Louise von der Barmherzigkeit, als man ihr den Tod des Herzogs von Vermandois meldete – jenes Sohnes, den sie vom König gehabt hatte: »Ich muss seine Geburt noch mehr beweinen als seinen Tod.« Es blieb ihr noch eine Tochter, die unter allen Kindern des Königs ihrem Vater am ähnlichsten war und den Prinzen Armand von Conti, den Neffen des Großen Condé, heiratete.

Die Marquise de Montespan nützte inzwischen ihre Stellung als Favoritin mit ebenso viel Aufsehen und Nachdruck, wie Frau von La Vallière Bescheidenheit gezeigt hatte.

Während sich Frau von La Vallière und Frau von Montespan noch um die erste Stelle im Herzen des Königs stritten, war der ganze Hof mit

Liebesintrigen beschäftigt. Sogar Louvois war zärtlich und empfindsam. Unter mehreren Geliebten, die dieser Minister hatte, dessen harter Charakter so wenig für die Liebe geschaffen schien, befand sich auch Frau Dufresnoy, die Gattin eines seiner Sekretäre, für die er später durch seinen Einfluss ein neues Amt bei der Königin einführen ließ: man machte sie zur Bettdame und gab ihr das Recht des freien Eintritts bei der Königin. Indem der König auf diese Weise die Neigungen seiner Minister begünstigte, wollte er die seinen rechtfertigen.

Es ist ein hervorragendes Beispiel von der Macht des Vorurteils und der Sitte, dass allen verheirateten Frauen erlaubt war, einen Geliebten zu haben, während der Enkelin Heinrichs IV. nicht gestattet war, einen Gatten zu nehmen. Nachdem sie so viele Souveräne ausgeschlagen und sogar die Aussicht gehabt hatte, Ludwig XIV. zu heiraten, wollte Mademoiselle im Alter von vierundvierzig Jahren einen Edelmann glücklich machen: sie erhielt die Erlaubnis, Péguillin, genannt Caumont, Grafen von Lauzun, zu heiraten, den letzten Hauptmann einer mit Hellebarden bewaffneten Kompanie von hundert Edelleuten, die jetzt nicht mehr besteht, und ersten General der Dragoner, welche Stelle der König für ihn geschaffen hatte. Es gab hundert Beispiele, dass Prinzessinnen einfache Edelleute geheiratet hatten; die römischen Kaiser vermählten ihre Töchter mit Senatoren, und die Töchter der orientalischen Fürsten, die doch mächtiger und unumschränkter sind als ein König von Frankreich, heiraten immer nur Sklaven ihrer Väter.

Mademoiselle schenkte ihr ganzes, auf zwanzig Millionen geschätztes Besitztum, vier Herzogtümer, die Herrschaft Dombes, die Grafschaft Eu und das Palais Orléans, das sogenannte Luxembourg, dem Grafen von Lauzun (1669). Ganz dem verführerischen Gedanken hingegeben, dem Geliebten ein größeres Vermögen zu schaffen, als je ein König einem Untertan gegeben hat, behielt sie sich nichts vor. Der Ehevertrag war aufgesetzt, Lauzun war für einen Tag Herzog von Montpensier – es fehlten nur noch die Unterschriften. Alles war bereit, als der König, durch die Vorstellungen der Prinzen, der Minister und der Feinde des allzu glücklichen Lauzun wankend gemacht, sein Wort zurücknahm und die Heirat verbot. Er hatte den fremden Höfen schriftlich von dieser Ehe Anzeige gemacht – er schrieb ihnen jetzt, um ihnen den Bruch mitzuteilen. Man tadelte ihn, dass er sie verbot. Er weinte darüber, dass er Mademoiselle unglücklich mache; aber ebendieser Fürst, der sich bewegt gezeigt hatte, als er sein Wort zurücknahm, ließ Lauzun im November 1670 in das Schloss von Pignerol bringen, weil er insgeheim die Prinzessin geheiratet hatte, die er ihm einige Monate vorher öffentlich zur Ehe zu nehmen gestattet hatte.

Lauzun blieb zehn Jahre im Gefängnis. In mehr als einem Reich hat der Monarch diese Macht nicht, und die, die sie haben, sind beliebter, wenn sie keinen Gebrauch davon machen. Darf der Bürger, der die Gesetze der Billigkeit nicht verletzt, so hart von dem gestraft werden, der den Staat repräsentiert? Ist es nicht ein großer Unterschied, ob man seinem Landesherrn bloß missfällt oder ob man ihn verrät? Darf ein König einen Menschen härter bestrafen, als das Gesetz ihn bestrafen würde?

Diejenigen, die gesagt haben[101], dass Frau von Montespan, nachdem sie jene Heirat hintertrieben hatte, im Zorn gegen Lauzun, der in heftige Beschwerden ausbrach, diese Bestrafung von Ludwig XIV. gefordert hätte, haben diesem Monarchen weit mehr Unrecht angetan. Es wäre zugleich eine Tyrannei und eine Feigheit gewesen, wenn er einen unbescholtenen Mann, einen Günstling, der, durch ihn des größten Glücks beraubt, keinen weiteren Fehler begangen hatte, als dass er sich allzu laut über Frau von Montespan beklagt hatte, dem Zorn eines Weibes aufgeopfert hätte. Man verzeihe uns diese Bemerkungen – die Rechte der Menschheit nötigen sie uns ab ; zugleich fordert aber auch die Billigkeit, dass man Ludwig XIV., da er während seiner ganzen Regierung keine derartige Handlung begangen hat, nicht einer so grausamen Ungerechtigkeit beschuldige. Es ist schon genug, dass er eine heimliche Heirat – eine unschuldige Verbindung, bezüglich der er sich besser unwissend gestellt haben sollte – mit solcher Strenge bestrafte; die Entziehung seiner Gunst war gerecht, die Gefangensetzung war zu hart!

Diejenigen, die an jener geheimen Vermählung gezweifelt haben, haben die ›Denkwürdigkeiten von Mademoiselle‹ nicht mit gehöriger Aufmerksamkeit durchgelesen. Diese Denkwürdigkeiten lassen erraten, was sie nicht sagt. Man ersieht daraus, dass sich dieselbe Prinzessin, die sich beim Papst so bitter über die Hintertreibung ihrer Verehelichung beklagt hatte, nicht über die Gefangenschaft ihres Gatten zu beschweren wagte. Sie räumt ein, dass man sie für vermählt hielt; sie sagt nirgends, dass sie es nicht wäre, und wenn auch weiter nichts als die Worte da wären: »Ich kann und darf ihm gegenüber nicht anders werden«, so wären doch diese Worte schon entscheidend.

101 Die Quelle dieser Anschuldigung, der man bei so vielen Geschichtsschreibern begegnet, sind die ›Segraisiana‹, eine nachgelassene Sammlung verschiedener Gespräche Segrais‹, die fast alle erfunden sind. Diese Sammlung ist voll von Widersprüchen, wie denn allen solchen Anekdoten kein Glaube beizumessen ist.

Lauzun und Fouquet waren nicht wenig erstaunt, einander in demselben Gefängnis zu begegnen; besonders aber hielt Fouquet, der zur Zeit seines Glanzes und seiner Macht Péguillon von weitem in der Menge als einen vermögenslosen Dorfjunker hatte auftauchen sehen, seinen Genossen für wahnsinnig, als dieser ihm erzählte, dass er der Günstling des Königs gewesen wäre und die Erlaubnis gehabt hätte, die Enkelin Heinrichs IV. mit allen Besitzungen und Titeln des Hauses Montpensier zu heiraten.[[102]]

Nachdem er zehn Jahre im Gefängnis geschmachtet hatte, wurde er endlich freigelassen; aber es geschah dies erst, nachdem Frau von Montespan Mademoiselle bewogen hatte, dem damals noch in den Kinderschuhen steckenden Herzog von Maine die Herrschaft Dombes und die Grafschaft Eu zu vermachen, deren Besitzer er auch nach dem Tod der Prinzessin wurde. Diese machte die Schenkung nur in der Erwartung, dass der Graf von Lauzun als ihr Gatte anerkannt werden würde. Aber sie täuschte sich: der König erlaubte ihr nur, diesem unglücklichen heimlichen Gemahl die Landgüter Saint-Fargeau und Thiers nebst anderen bedeutenden Einkünften zu schenken, die Lauzun indessen nicht ausreichend fand. Sie sah sich darauf beschränkt, im Geheimen seine Frau zu sein und öffentlich nicht allzu gut von ihm behandelt zu werden. Unglücklich am Hof, unglücklich in ihrer Häuslichkeit, wie das die gewöhnliche Folge der Leidenschaften ist, starb sie im Jahre 1693.[103]

102 Man darf aus Voltaires Darstellung nicht etwa schließen wollen, dass die beiden Gefangenen die Erlaubnis zum Verkehr miteinander hatten. Vielmehr hatte Saint-Mars über diesen Punkt die strengsten Anweisungen erhalten, und er war ein allzu gewissenhaftes und ergebenes Werkzeug Louvois‹, als dass er sich die geringste Unfolgsamkeit gegen dessen Befehle hätte zuschulden kommen lassen. Er lag ständig auf der Lauer, um jeden Verkehr seiner Gefangenen unter sich und mit der Außenwelt zu verhindern, und erkletterte sogar persönlich die hohen Bäume in der Nähe der Türme, um ungesehen das Treiben seiner unfreiwilligen Kostgänger überwachen zu können. Zur wahren Manie wurde diese Wachsamkeit, als er einem von Mademoiselle angezettelten Versuch zur Entführung Lauzuns auf die Spur kam. All seine Vorsicht war jedoch vergebens, denn nach Fouquets Tod und Lauzuns Entlassung (1680) musste er die fürchterliche Entdeckung machen, dass die Wand zwischen den beiden Gefängnisabteilungen durchbrochen worden war und dass folglich die Gefangenen wider sein Wollen und Wissen jahrelang persönlich miteinander verkehrt hatten.

103 Am Schluss ihrer Denkwürdigkeiten ist eine ›Geschichte der Liebschaft Mademoiselles und des Herrn von Lauzun‹ abgedruckt worden. Diese Geschichte ist das Werk irgendeines Kammerdieners. Man hat auch noch Verse hinzugefügt, die der Geschichte und all der Abgeschmacktheiten, wie man sie in Holland zu drucken gewöhnt war, durchaus würdig sind.
In dieselbe Kategorie müssen auch die meisten der Märchen gebracht werden, die man in den von La Beaumelle verfassten ›Denkwürdigkeiten der Frau von Maintenon‹ findet. Es heißt darin (Bd. 2, S. 204), dass einer der Minister des Herzogs von Lothringen 1681 als Bettler verkleidet in einer Kirche vor Mademoiselle hintrat, ihr ein Gebetbuch zeigte, auf dem die Worte standen: »Von Seiten des Herzogs von Lothringen«, und dann mit ihr verhandelte, um sie zu bewegen, den Herzog zu ih-

Was den Grafen von Lauzun anlangt, so ging er 1688 nach England. Immer zu außerordentlichen Abenteuern bestimmt, führte er die Gattin Jakobs II. mit ihrem noch in der Wiege ruhenden Sohn nach Frankreich und wurde dafür zum Herzog ernannt. Dann befehligte er in Irland mit wenig Erfolg und kehrte mit mehr Ruf – den er seinen Abenteuern verdankte – als mit persönlichem Ansehen zurück. Wir haben ihn schließlich in hohem Alter und von der Welt vergessen sterben sehen, wie das all denen begegnet, denen nur große Dinge zugestoßen sind, ohne dass sie große Dinge vollbracht haben.

Frau von Montespan war inzwischen vom Beginn der eben erwähnten Intrigen an allmächtig bei Hof.

Athenaîs von Mortemart, die Gattin des Marquis de Montespan, ihre ältere Schwester, die Marquise von Thiange, und ebenso ihre jüngere Schwester, für die sie die Abtei Fontevrault erlangte, waren die schönsten Frauen ihrer Zeit und verbanden alle drei mit diesem Vorzug besondere geistige Gaben.

Ihr Bruder, der Marschall Herzog von Vivonne, gehörte ebenfalls zu den geschmackvollsten und belesensten Männern am Hof. Eines Tages fragte ihn der König: »Was nützt das viele Lesen?« »Sire«, erwiderte der Herzog, der wohlbeleibt war und dessen Wangen von Gesundheit strotzten, »die Lektüre tut für meinen Geist, was Ihre Rebhühner für meine Backen tun.«

Diese vier Personen gefielen allgemein durch den eigentümlichen Schwung ihrer Unterhaltung, in der Scherz, Naivität und Feinheit miteinander verschmolzen waren und die man den »Witz der Mortemarts« nannte. Sie schrieben alle mit ungemeiner Anmut und Leichtigkeit. Man ersieht daraus, wie lächerlich jenes Märchen ist, das ich selbst noch habe wiederholen hören, dass nämlich Frau von Montespan genötigt gewesen wäre, ihre Briefe an den König von Frau Scarron schreiben zu lassen, und dass diese dadurch ihre Nebenbuhlerin – und zwar eine glückliche Nebenbuhlerin – geworden wäre.

Frau Scarron, die spätere Frau von Maintenon, besaß zwar ein ausgedehnteres, durch die Lektüre erworbenes Wissen; ihre Unterhaltung war

rem Erben einzusetzen. Diese Fabel ist dem wahren oder erdichteten Abenteuer der Königin Klotilde nachgebildet. Mademoiselle erwähnt davon in ihren Denkwürdigkeiten, wo sie doch nicht den geringfügigsten Umstand übergeht, nicht das Geringste. Der Herzog von Lothringen hatte keinen Anspruch auf diese Erbschaft, und überdies hatte Mademoiselle bereits im Jahre 1679 den Herzog von Maine und den Grafen von Toulouse zu Erben eingesetzt. Der Verfasser jener elenden Denkwürdigkeiten sagt ferner (S. 107), »dass der Herzog von Lauzun nach seiner Rückkehr in Mademoiselle nur noch eine von unkeuscher Glut verzehrte Dirne sah«. Sie war aber seine Frau, wie er einräumt. Es ist wirklich schwer, mehr Unwahrheiten in einem unziemlicheren Stil zu schreiben.

ruhiger und einschmeichelnder, und es sind Briefe von ihr vorhanden, in denen die Natur durch die Kunst verschönt erscheint und deren Stil äußerst elegant ist. Frau von Montespan hatte jedoch nicht nötig, sich einer fremden Feder zu bedienen, und war auch schon lange Favoritin, bevor Frau von Maintenon ihr vorgestellt wurde.

Der Triumph der Frau von Montespan wurde auf der Reise kund, die der König 1670 nach Flandern machte. Auf dieser Reise wurde das Verderben der Holländer angebahnt, inmitten der großartigsten Ergötzlichkeiten, die diesen Ausflug zu einem ununterbrochenen Fest mit dem großartigsten Gepränge machten.

Der König, der sonst alle seine Kriegsfahrten zu Pferd machte, legte diese Reise zum ersten Mal in einer mit Spiegelscheiben versehenen Kutsche zurück – die Postchaisen waren damals noch nicht erfunden. In jener prachtvollen Karosse, der noch eine große Anzahl anderer folgten, befanden sich die Königin, deren Schwägerin, Madame, und die Marquise de Montespan, und wenn diese Letztere allein fuhr, befanden sich vier Leibgardisten an den Schlägen ihres Wagens. Dann kamen der Dauphin und Mademoiselle, jeder mit seinem Hofstaat. Es war dies vor der traurigen Begebenheit mit der Heirat von Mademoiselle; sie teilte daher ruhig all diese Triumphe und erblickte mit Wohlgefallen ihren Geliebten, den Günstling des Königs, an der Spitze seiner Gardekompanie. Man ließ in die Städte, in denen man Nachtruhe hielt, die schönsten Möbel der Krone schaffen und fand in jeder Stadt einen Masken oder Kostümball oder ein Feuerwerk. Sämtliche Haustruppen begleiteten den König, und der gesamte Hofstaat ging voran oder folgte. Die Tafeln wurden wie in Saint-Germain gehalten. Mit diesem Gepränge besuchte der Hof alle eroberten Städte. Die hervorragendsten Damen von Brüssel und Gent erschienen, um diese Pracht in der Nähe zu bewundern; der König lud sie zur Tafel und machte ihnen artige Geschenke. Alle Offiziere von den Besatzungstruppen empfingen Gratifikationen, und diese Ausgaben beliefen sich mehrmals auf fünfzehnhundert Louisdor für den Tag.

Mit Ausnahme dessen, was gebührendermaßen der Königin zuteil wurde, galten alle Ehren, alle Huldigungen der Frau von Montespan. Dessen ungeachtet war diese Dame nicht in das Geheimnis der Reise eingeweiht – der König wusste zwischen den Staatsgeschäften und dem Vergnügen einen Unterschied zu machen.

Allein mit der Vereinigung der beiden Könige zur Vernichtung Hollands betraut, schiffte sich Madame auf der Flotte ihres Bruders, Karls II. von England, in Dünkirchen mit einem Teil des französischen Hofs ein. Sie führte Fräulein von Kéroual mit sich, die spätere Herzogin von Portsmouth, die an Schönheit der Frau von Montespan gleichkam. Fräulein von Kéroual wurde in der Folge in England, was Frau von Montespan in Frankreich war– aber mit weit bedeutenderem Einfluss. Karl II. wurde bis zum letzten Augenblick seines Lebens von ihr beherrscht und war ihr trotz seiner häufigen Treuebrüche ständig unterworfen. Nie hat eine Frau länger ihre Schönheit bewahrt: In einem Alter von siebzig Jahren zeigte ihr Gesicht immer noch edle und angenehme Züge, die die Jahre nicht hatten zerstören können.[[104]]

Madame besuchte ihren Bruder in Canterbury und kehrte mit der Glorie des Erfolgs umgeben zurück. Sie erfreute sich dieses Triumphes, als ein jäher und schmerzhafter Tod sie im Alter von sechsundzwanzig Jahren am 30. Juni 1670 hinwegraffte. Der Hof war voll Trauer und Bestürzung, die durch die Todesart noch vermehrt wurde. Die Prinzessin hatte sich für vergiftet gehalten; der englische Gesandte Montaigu war davon überzeugt; der Hof zweifelte nicht daran – und Europa sagte es nach. Einer der alten Diener des Hauses ihres Gatten hat mir die Person namhaft gemacht, die – nach seiner Überzeugung – das Gift hergab. »Dieser Mensch«, sagte er mir, »der keineswegs reich war, zog sich unmittelbar darauf in die Normandie zurück, wo er ein Landgut kaufte, auf dem er lange Zeit im Überfluss lebte. Das Gift«, fügte mein Gewährsmann hinzu, »bestand aus Diamantenstaub, der statt des Zuckers auf Erdbeeren gestreut wurde.«

Am Hof und in der Stadt glaubte man, dass Madame in einem Glase Zichorienwasser verabreicht worden sei[105], nach dessen Genuss sie furchtbare Schmerzen und Krämpfe verspürte, die den Tod im Gefolge hatten. Die einzigen Gründe dieser allgemeinen Überzeugung waren jedoch die menschliche Bosheit und die Liebe zum Außergewöhnlichen. Das Glas Wasser konnte nicht vergiftet sein, da Frau von La Fayette und eine andere Person den Rest tranken, ohne die geringste Unbequemlichkeit zu spüren. Der Diamantenstaub aber ist so wenig ein Gift wie das Korallenpulver.[106] Madame war schon lange an einem Geschwür krank,

---

104 Louise de Kéroual (auch Quérouaille und richtiger Kéroualze) stammte aus einer verarmten Adelsfamilie der Bretagne. Die Engländer nannten sie spöttisch Madame Carwell.

105 Siehe die ›Geschichte Henriettes von England‹ von der Gräfin von La Fayette, Ausgabe von 1742.

106 Diamanten und Glassplitter könnten zwar mit ihren Spitzen die Hülle der Eingeweide durchdringen und diese zerreißen – aber man würde sie auch nicht hinunterschlucken können und durch die Abschürfung des Gaumens und des Schlundes auf der Stelle von der Gefahr benachrichtigt werden. Der feine Staub kann nicht schaden. Die Ärzte, die den Diamanten unter die Gifte eingereiht haben, hätten den zu feinem

das sich in der Leber bildete. Sie war überhaupt sehr kränklich und hatte sogar ein völlig verwestes Kind geboren. Ihr in Europa nur allzu sehr verdächtigter Gatte wurde weder vor noch nach diesem Ereignis irgendeiner ruchlosen Tat beschuldigt, und man findet doch selten Verbrecher, die nur eine einzige schwere Untat begangen haben. Die Menschheit wäre zu beklagen, wenn die grauenhaften Verbrechen ebenso leicht vollbracht würden, wie sie geglaubt werden. Man behauptet, dass der Chevalier de Lorraine, der Günstling Monsieurs, sich zu dieser furchtbaren Tat hätte hinreißen lassen, um sich für die Verbannung und die Gefangenschaft zu rächen, die sein strafbares Betragen gegen Madame ihm zugezogen hatte. Man lässt dabei außer Acht, dass sich der Chevalier de Lorraine damals in Rom befand und dass es für einen zwanzigjährigen Malteserritter, der sich in Rom befindet, sehr schwer ist, in Paris den Tod einer großen Prinzessin zu erkaufen. Es ist nur zu wahr, dass eine Schwäche und Unbedachtsamkeit des Vicomte de Turenne die erste Ursache all dieser hässlichen Gerüchte war, die man noch immer wieder aufzufrischen liebt. Er war mit sechzig Jahren der Liebhaber der Frau von Coatquen und ihr Narr, wie er der Narr der Frau von Longueville gewesen war. Er enthüllte also dieser Dame das Staatsgeheimnis, das man dem Bruder des Königs verhehlte. Die Marquise de Coatquen, die den Chevalier de Lorraine liebte, vertraute diesem das Geheimnis an, und der Chevalier setzte Monsieur davon in Kenntnis. Daraufhin wurde die Häuslichkeit dieses Prinzen der Schauplatz der bittersten Vorwürfe und Eifersüchteleien. Dieser Unfriede kam noch vor der Abreise von Madame zum Ausbruch, und nach ihrer Rückkehr wurde der Streit noch bitterer. Die Zornausbrüche Monsieurs und die Streitereien seiner Günstlinge mit den Freunden von Madame erfüllten sein Haus mit Verwirrung und Trauer.

Einige Zeit vor ihrem Tod hielt Madame unter sanften und rührenden Klagen der Marquise de Coatquen das Unglück vor, das sie angestiftet hatte. Neben dem Bett ihrer Gebieterin auf dem Knien liegend und ihre Hände mit Tränen benetzend, antwortete die Marquise ihr nur mit den Versen aus Rotrous ›Wenzeslaus‹:

> J'allais... j'étais... l'amour a sur moi tant d'empire...
> Je m'égare, Madame, et ne sais que vous dire...
>
> Ich ging... ich war... das Herz, die Liebe riss mich fort...
> Ich stocke, gnäd'ge Frau, es mangelt mir das Wort...

Staub zermalmten Diamanten vom grob gestoßenen unterscheiden sollen.

Der Chevalier de Lorraine wurde als Urheber dieser Zwistigkeiten vom König zuerst nach Pierre-Encise geschickt, der Graf von Marsan aus dem Haus Lorraine und der Marquis und spätere Marschall von Villeroi wurden verbannt. Schließlich sah man dann den natürlichen Tod der unglücklichen Prinzessin für die verbrecherische Folge jener Misshelligkeiten an.

Was das Publikum in seinem Argwohn, dass eine Vergiftung vorliege, bestärkte, war der Umstand, dass man um diese Zeit in Frankreich jenes Verbrechen kennenzulernen begann. Während der Schrecken des Bürgerkrieges hatte man von diesem Mittel der Feiglinge noch keinen Gebrauch gemacht. Infolge eines seltsamen Verhängnisses steckte dieses Verbrechen Frankreich gerade in der Zeit des Ruhmes und der sittenmildernden Genüsse an, wie es im alten Rom gerade in den schönsten Tagen der Republik Eingang gefunden hatte.

Zwei Italiener, von denen der eine Exili[107] hieß, arbeiteten lange Zeit mit einem deutschen Apotheker namens Glaser an der Suche nach dem sogenannten Stein der Weisen. Die beiden Italiener verloren darüber das Wenige, was sie besaßen, und wollten nun den ihnen durch ihre Torheit erwachsenen Schaden durch das Verbrechen wettmachen: sie verkauften im geheimen Gift. Die Beichte, der größte Zügel für die menschliche Ruchlosigkeit, mit dem man aber Spott treibt, indem man Verbrechen, die man abbüßen kann, auch begehen zu dürfen glaubt– die Beichte also brachte zur Kenntnis des Großpönitentiars von Paris, dass verschiedene Personen an Gift gestorben waren. Er machte der Regierung davon Mitteilung; die beiden verdächtigen Italiener wurden nun in die Bastille gesetzt. Der eine der beiden verstarb darin, Exili aber blieb im Gefängnis, ohne überführt zu werden, und verbreitete von seiner Zelle aus über Paris jene verderblichen Geheimnisse, die den Zivilrichter d'Aubrai und seiner Familie das Leben kosteten und schließlich zur Einsetzung des Gerichtshofes für die Giftmischer, der sogenannten »Brandkammer« (chambre ardente), führten. Die Liebe war die erste Quelle dieser grauenhaften Vorkommnisse. Der Schwiegersohn des Zivilrichters d'Aubray, der Marquis de Brinvilliers, nahm einen Hauptmann seines Regiments, namens Sainte Croix[108], der ein nur zu schönes Gesicht hatte, in sein Haus auf. Seine Frau machte ihn auf die Folgen aufmerksam, die davon zu befürchten standen; der Gatte aber bestand hartnäckig darauf, den

107 Nach neueren Ermittlungen lautete der Name des Alchemisten vielmehr Egidi.

108 Die unter dem Namen La Martinières herausgegebene ›Geschichte Ludwigs XIV.‹ nennt ihn den Abbé de La Croix. Diese durch und durch fehlerhafte Geschichte wirft die Namen, die Daten und die Tatsachen bunt durcheinander.

jungen Mann mit seiner jungen, schönen und empfindsamen Frau zusammen wohnen zu lassen. Was geschehen musste, geschah: Die beiden liebten sich. Der Zivilrichter, der Vater der Marquise, war streng und unklug genug, eine Lettre-de-cachet zu erbitten und den Hauptmann, den man nur zu seinem Regiment zu schicken brauchte, in die Bastille bringen zu lassen. Unglücklicherweise wurde Sainte-Croix dort in dasselbe Zimmer gesetzt, in dem sich Exili befand. Der Italiener lehrte ihn, wie er sich rächen könne, und die grauenhaften Folgen sind bekannt. Auf das Leben ihres Gemahls; der gegen eine Liebe, zu der er selbst den Anlass gegeben hatte, nachsichtig gewesen war, machte die Marquise keinen Angriff, aber die Rachsucht bewog sie, ihren Vater, ihre beiden Brüder und ihre Schwester zu vergiften. Trotz all ihrer Verbrechen war sie fromm: Sie ging häufig zur Beichte, und als sie in Lüttich verhaftet wurde, fand man sogar eine eigenhändig geschriebene Generalbeichte bei ihr vor, die dann – nicht als Beweis, aber als Verdachtsgrund – gegen sie diente. Dass sie ihre Gifte in den Hospitälern erprobt habe, wie das Volk behauptete und wie in den ›Berühmten Rechtshändeln‹, einem für das Volk geschriebenen Werk eines beschäftigungslosen Advokaten, zu lesen steht, ist unwahr; wahr aber ist, dass sie ebenso wie Sainte-Croix heimliche Verbindungen mit Personen unterhielt, die später derselben Verbrechen wegen angeklagt wurden. Sie wurde 1676 verbrannt, nachdem ihr der Kopf abgeschlagen worden war. Vom Jahre 1670 aber, wo Exili Gift zu bereiten begonnen hatte, bis zum Jahre 1680 machte dieses Verbrechen Paris unsicher. Man darf nicht verhehlen, dass sogar der Generaleinnehmer der Geistlichkeit, Penautier, ein Freund der Marquise, einige Zeit später angeklagt wurde, ihre heimliche Wissenschaft angewandt zu haben, und dass es ihn die Hälfte seines Vermögens kostete, um diese Anklage zu unterdrücken.

Die Voisin, die Vigoureux, ein Priester namens Le Sage und andere trieben unter dem Vorwand, die neugierigen und schwachen Seelen mit Geistererscheinungen zu ergötzen, mit den Geheimnissen Exilis einen förmlichen Handel. Man hielt indessen das Verbrechen für verbreiteter, als es in Wirklichkeit war. Die Brandkammer wurde im Arsenal bei der Bastille im Jahre 1680 eingesetzt, und die höchsten Personen mussten vor ihr erscheinen; unter anderen auch zwei Nichten Kardinal Mazarins, die Herzogin von Bouillon und die Gräfin von Soissons, die Mutter des Prinzen Eugen.

Die Herzogin von Bouillon wurde nur zum persönlichen Erscheinen aufgefordert[109] und war einzig einer lächerlichen, damals nur zu gewöhn-

109 Reboulets Geschichte besagt, dass gegen die Herzogin von Bouillon ein Haftbefehl

lichen Neugier angeklagt, mit der die Justiz nichts zu schaffen hat. Die alte Gewohnheit, Wahrsager zu befragen, sich das Horoskop stellen zu lassen und nach Liebestränken zu suchen, bestand beim Volk und sogar bei den Großen des Landes noch immer.

Wir haben bereits erwähnt, dass man bei der Geburt Ludwigs XIV. den Astrologen Morin sogar in das Zimmer der Königinmutter führte, um dem Erben der Krone die Nativität zu stellen. Wir haben sogar den Herzog von Orléans, den Regenten des Königreichs, sich mit dieser Gaukelei befassen sehen, und den berühmten Grafen von Boulainvilliers konnte all seine Philosophie nicht von diesem Wahn heilen. Er war daher bei der Herzogin von Bouillon und all den Damen, die dieselbe Schwäche hatten, leicht verzeihlich. Der Priester Le Sage, die Voisin und die Vigoureux hatten sich aus der Neugier der zahlreichen Unwissenden einen Erwerbszweig gemacht: sie wahrsagten die Zukunft und ließen den Teufel sehen. Hätten sie sich darauf beschränkt, so würden sie und die Brandkammer nur lächerlich gewesen sein.

La Reynie, einer der Präsidenten dieser Kammer, war schlecht genug beraten, um an die Herzogin von Bouillon die Frage zu richten, ob sie den Teufel gesehen hätte. Sie erwiderte, sie sähe ihn in diesem Augenblick, er wäre sehr hässlich und unverschämt und wäre als Staatsrat verkleidet. Darüber ging das Verhör kaum hinaus.

Der Handel der Gräfin von Soissons und des Marschalls von Luxemburg war ernsterer Art. Le Sage, die Voisin, die Vigoureux und andere Mitschuldige saßen unter der Anklage im Gefängnis, dass sie ein Gift, das sogenannte »Sukzessionspulver«, verkauft hätten. Sie belasteten nun alle die, die bei ihnen Rat gesucht hatten; zu diesen gehörte auch die Gräfin von Soissons. Der König war dienstfertig genug, dieser Prinzessin zu sagen, wenn sie sich schuldig fühle, riete er ihr, sich zurückzuziehen. Sie erwiderte, sie wäre durchaus unschuldig, aber sie liebe es nicht, vom Gericht verhört zu werden. Dann zog sie sich nach Brüssel zurück und starb dort gegen Ende des Jahres 1708, als ihr Sohn, Prinz Eugen, sie durch seine Siege rächte und über Ludwig XIV. triumphierte. Der Herzog, Pair und Marschall von Frankreich, François Henri von Montmorency-Boutteville, der den großen Namen Montmorency mit dem des kaiserlichen Hauses Luxemburg vereinte und in Europa be-

erlassen wurde und dass sie in Begleitung so vieler Freunde vor den Richtern erschien, dass sie nichts zu fürchten gehabt hätte, selbst wenn sie schuldig gewesen wäre. Das alles ist durchaus falsch – es wurde kein Haftbefehl gegen sie erlassen; wenn aber, so würden alle ihre Freunde sie nicht der Gerechtigkeit haben entziehen können.

reits durch Feldherrntaten berühmt war, wurde ebenfalls bei der Brandkammer angegeben. Einer seiner Geschäftsträger, ein gewisser Bonard, wollte wichtige Papiere zurückhaben, die in Verlust geraten waren, und wandte sich an Le Sage, damit dieser ihm zu der Auffindung verhelfe. Le Sage gebot ihm zunächst, zur Beichte zu gehen und sich dann neun Tage in drei verschiedene Kirchen zu begeben und dort drei Psalmen abzubeten. Aber trotz der Beichte und der Psalmen fanden sich die Papiere nicht wieder – sie waren in den Händen einer Dirne namens Dupin. Bonard nahm nun unter den Augen Le Sages im Namen des Marschalls von Luxemburg eine Art Beschwörung vor, durch die die Dupin zur Liebe untüchtig werden sollte, falls sie die Papiere nicht zurückgäbe. Die Dupin gab nichts zurück und hatte darum nicht weniger Liebhaber. Bonard ließ sich in seiner Verzweiflung vom Marschall eine neue Vollmacht geben. Auf dieser Vollmacht aber fanden sich zwischen dem Text und der Unterschrift zwei von fremder Hand geschriebene Zeilen, durch die sich der Marschall dem Teufel übergab. Nachdem Le Sage, Bonard, die Voisin, die Vigoureux und über vierzig andere Angeklagte in die Bastille gesetzt worden waren, sagte Le Sage aus, dass der Marschall sich an ihn und an den Teufel gewandt hätte, um die Dupin, die die Papiere nicht hatte zurückgeben wollen, umzubringen. Seine Mitschuldigen fügten hinzu, dass sie die Dupin auf des Marschalls Befehl ermordet, in Stücke geschnitten und in die Seine geworfen hätten.

Diese Beschuldigungen waren ebenso unwahrscheinlich wie furchtbar. Der Marschall hätte vor dem Hof der Pairs erscheinen, das Parlament und die Pairs hätten das Recht, ihn zu richten, für sich in Anspruch nehmen müssen– sie taten es nicht. Der Angeklagte begab sich nun freiwillig in die Bastille – ein Schritt, der seine Unschuld an dem Mord zur Genüge bewies (1679).

Staatssekretär Louvois, der ihm nicht gewogen war, ließ ihn in eine Art Verlies von sechseinhalb Fuß Länge einsperren, in dem er schwer erkrankte. Man verhörte ihn am zweiten Tag und ließ dann seinen Prozess fünf Wochen lang liegen – eine schreiende Ungerechtigkeit gegen jeden einfachen Privatmann und eine noch weit unverzeihlichere gegen einen Pair des Reichs. Er wollte an den Marquis de Louvois schreiben, um sich darüber zu beschweren – man gestattete es ihm nicht. Endlich wurde er von neuem verhört. Man fragte ihn, ob er nicht Flaschen mit vergiftetem Wein hergegeben habe, um den Bruder der Dupin und ein Mädchen, das dieser unterhielt, umzubringen.

Es war sicher eine höchst widersinnige Beschuldigung, dass ein Marschall von Frankreich, der Armeen befehligt hatte, die Absicht gehabt haben sollte, einen unglücklichen Bürger und dessen Geliebte zu vergiften, ohne irgendwelchen Vorteil von einem so großen Verbrechen zu haben.

Endlich konfrontierte man ihn mit Le Sage und mit noch einem anderen Priester namens d'Avaux, mit denen er der Anklage zufolge Beschwörungen angestellt und Zaubereien vorgenommen haben sollte, um verschiedene Personen ums Leben zu bringen.

Sein ganzes Unglück rührte lediglich davon her, dass er ein einziges Mal mit Le Sage zusammengetroffen war und Nativitäten von ihm verlangt hatte.

Unter den furchtbaren Beschuldigungen, die die Grundlage des Prozesses bildeten, brachte Le Sage auch die Behauptung vor, dass der Marschall Herzog von Luxemburg einen Vertrag mit dem Teufel geschlossen hätte, um seinen Sohn mit der Tochter des Marquis de Louvois verheiraten zu können. Darauf erwiderte der Angeklagte: »Als Mathieu von Montmorency die Witwe Ludwigs des Dicken heiratete, wandte er sich nicht an den Teufel, sondern an die Generalstände, und diese erklärten, dass diese Heirat geschlossen werden müsse, um dem minderjährigen König die Unterstützung der Montmorencys zu sichern.« Diese stolze Antwort war nicht die eines Schuldbewussten.

Der Prozess währte vierzehn Monate; es erfolgte aber kein Urteil – weder für noch wider ihn. Die Voisin, die Vigoureux und deren Bruder, ein Priester, der sich ebenfalls Vigoureux nannte, wurden mit Le Sage auf dem Grève-Platz verbrannt. Der Marschall von Luxemburg ging einige Tage aufs Land und kehrte dann an den Hof zurück, um seinen Obliegenheiten als Hauptmann der Leibwache nachzukommen, ohne Louvois zu sehen und ohne dass der König das Vorgefallene gegen ihn erwähnte.

Wir haben bereits gesehen, wie er später den Oberbefehl erhielt, ohne darum gebeten zu haben, und durch wie viele Siege er seinen Feinden Schweigen auferlegte.

Man kann sich denken, welche Gerüchte alle diese Anklagen in Paris erzeugten. Der Scheiterhaufen, mit dem die Voisin und ihre Mitschuldigen bestraft wurden, setzte den Nachforschungen und den Verbrechen ein Ende. Jene Greueltaten fielen nur einzelnen zur Last und verdarben die milden Sitten der Nation nicht; sie ließen jedoch in den Gemütern eine gefährliche Neigung zurück, natürliche Todesfälle für künstlich herbeigeführte anzusehen.

Was man vom unglücklichen Ende von Madame Henriette von England geglaubt hatte, glaubte man in der Folge auch vom Tod ihrer Tochter Marie Louise, die 1679 mit Karl II. von Spanien vermählt wurde. Diese junge Prinzessin begab sich mit Bedauern nach Madrid. Madame hatte häufig zu Monsieur, dem Bruder des Königs, gesagt: »Führen Sie Ihre Tochter nicht so oft an den Hof; sie wird anderwärts zu unglücklich sein.« Die junge Prinzessin wünschte Monseigneur zu heiraten. »Ich mache Sie zur Königin von Spanien«, sagte der König zu ihr; »was könnte ich für meine Tochter mehr tun?«

»Oh«, erwiderte sie, »für Ihre Nichte könnten Sie wohl mehr tun.«

Sie starb im Jahre 1689 im selben Alter wie ihre Mutter. Es galt für ausgemacht, dass der österreichisch gesinnte Reichsrat Karls II. sich ihrer entledigen wollte, weil sie ihr Vaterland liebte und den König, ihren Gatten, abhalten konnte, sich für die Verbündeten und gegen Frankreich zu erklären. Man übersandte ihr sogar aus Versailles ein vermeintliches Gegengift – eine sehr zweifelhafte Vorsicht, da das, was eine Krankheit heilt, eine andere verschlimmern kann und es kein Universalantidotum gibt. Das angebliche Gegengift traf nach ihrem Tod ein. Die Leser der vom Marquis de Dangeau zusammengetragenen Denkwürdigkeiten werden darin die Angabe finden, dass der König beim Souper äußerte: »Die Königin von Spanien ist an einer Aaltorte verschieden. Die Gräfin von Pernitz und die Kammerdamen Zapata und Nina, die nach ihr davon gegessen haben, sind an demselben Gift gestorben.«

Nachdem ich diese seltsame Anekdote in jenen handschriftlich vorhandenen Denkwürdigkeiten gelesen habe, von denen man behauptet, dass sie mit Sorgfalt von einem Höfling geschrieben worden seien, der Ludwig XIV. vierzig Jahre lang beinahe nie verlassen hatte, blieb mir nichtsdestoweniger immer noch ein Zweifel. Ich erkundigte mich bei ehemaligen Dienern des Königs, ob es wahr sei, dass dieser Monarch, der stets so zurückhaltend in seinen Äußerungen war, je so unbedachte Worte gesprochen hätte; sie versicherten mir alle, dass nichts unwahrer wäre. Ich fragte die Herzogin von Saint-Pierre, die aus Spanien anlangte, ob es wahr wäre, dass die drei obengenannten Personen zu gleicher Zeit mit der Königin gestorben seien – sie brachte mir Zeugnisse, dass alle drei ihre Gebieterin um lange Jahre überlebt hatten. Endlich erfuhr ich, dass jene Denkwürdigkeiten des Marquis de Dangeau, die man für ein höchst wertvolles literarisches Denkmal ansieht, nur Handzeitungen (nouvelles à la main) waren, die bisweilen von einem seiner Diener geschrieben wurden, und ich kann verbürgen, dass man dies nicht selten am Stil, an den Nichtigkeiten und den Unrichtigkeiten erkennen wird, mit denen jene Sammlung angefüllt ist.

Nach all den düsteren Vorstellungen, zu denen der Tod Henriettes von England uns geführt hat, müssen wir nunmehr zu den Ereignissen am Hof zurückkehren, die nach ihrem Ableben eintraten.

Ihre Nachfolgerin wurde ein Jahr später die Prinzessin von der Pfalz, die Mutter des Herzogs von Orléans, des späteren Regenten von Frankreich. Sie musste, um Monsieur zu heiraten, dem Calvinismus entsagen, behielt aber stets für ihre frühere Religion eine geheime Achtung, die schwer abzuschütteln ist, wenn die Jugendeindrücke sie uns ins Herz geprägt haben.

Das unglückliche Abenteuer eines Ehrenfräuleins der Königin im Jahre 1673 gab zu einer neuen Einrichtung Anlass. Jener Unglücksfall ist aus dem Sonett ›Die Fehlgeburt‹ bekannt, aus dem unzählige Male die Verse zitiert worden sind:

Toi que l'amour fit par un crime,
Et que l'honneur défait par un crime à son tour,
Funeste ouvrage de l'amour,
De l'honneur funeste victime etc.[110]

Die mit dem ledigen Stand verknüpften Gefahren an einem galanten und wollüstigen Hof führten zu dem Entschluss, die zwölf Ehrenfräulein, die den Hof der Königin schmückten, durch zwölf Palastdamen zu ersetzen, und später wurde der Hofstaat der Königinnen wirklich in dieser Weise zusammengesetzt. Diese Einrichtung erhöhte die Zahl und den Pomp des Hofstaats, indem sie die Gatten und Verwandten jener Damen an den Hof fesselte, wodurch die Gesellschaft vermehrt und mehr Überfluss verbreitet wurde.

110 Dieses berühmte, wenn auch nicht sehr regelmäßige Sonett, das von Voltaire dem LucrezÜbersetzer Hénault (s. den Artikel »Hénault« im ›Verzeichnis der Schriftsteller‹ am Ende des Buches), von anderen der Gräfin de La Suze zugeschrieben wird, lautet zu deutsch:

Unsel'ge Fehlgeburt, die starb, noch eh' geboren,
Unfertiges Gebild' des Etwas und des Nichts,
Unselig Kind, das nie sich hat erfreut des Lichts,
Das vor dem Sein das Dasein schon verloren,
Das ein Verbrechen rief ins Erdenwallen,
Das ein Verbrechen dann ums Sein betrog,
Unsel'ge Schöpfung, die die Liebe zog,
Unselig Opfer, das der Ehr' gefallen,
O end' die Qual, die deine Rache letzt,
Und aus dem Nichts, in das ich dich versetzt,
Schür nicht die Reue mehr, die meinen Fehltritt richtet!
Von zwei Tyrannen ward dein Schicksalsspruch gegeben:
Die Lieb' rief dich, der Ehr' zum Trotz, ins Leben,
Die Ehr' hat dich, der Lieb' zum Trotz, vernichtet.

Die Prinzessin von der Pfalz, die Gattin Monseigneurs, verlieh diesem Hof am Anfang noch mehr Glanz und Lebendigkeit. Die Marquise de Montespan zog noch immer die meiste Aufmerksamkeit auf sich; schließlich aber hörte sie auf, zu gefallen, und die trotzigen Ausbrüche ihres Schmerzes gewannen ihr das Herz nicht wieder, das sich von ihr abwandte. Indessen blieb sie immer noch durch eine hohe Würde – da sie Oberintendantin des Hofstaats der Königin war – an den Hof und durch die Gewohnheit, ihre Kinder und ihren Einfluss an den König gefesselt.

Alle äußeren Zeichen der Achtung und der Freundschaft blieben ihr gewahrt – aber das war kein Trost für sie. Betrübt darüber, dass er ihr schweren Kummer bereitete, aber von anderen Neigungen fortgezogen, fand der König in der Unterhaltung der Frau von Maintenon, bereits eine Annehmlichkeit, die er bei seiner alten Geliebten nicht mehr kostete. Er fühlte sich gleichzeitig zwischen Frau von Montespan, die er nicht verlassen konnte, Fräulein von Fontanges, die er liebte, und Frau von Maintenon geteilt, deren Unterhaltung seiner gequälten Seele unentbehrlich wurde. Diese drei Nebenbuhlerinnen in seiner Gunst hielten den ganzen Hof im Zweifel. Es erscheint dabei ziemlich ehrend für Ludwig XIV., dass keine von diesen Intrigen die öffentlichen Angelegenheiten beeinflusste und dass die Liebe, die den Hof in Verwirrung brachte, niemals die Verwaltung störte. Nichts beweist meines Erachtens besser, dass Ludwig XIV. eine ebenso erhabene wie empfindsame Seele besaß.

Ich würde sogar meinen, dass diese Hofintrigen, die den Staat nicht berührten, gar nicht der Geschichte angehören dürften, wenn nicht das große Zeitalter Ludwigs XIV. alles interessant machte und wenn nicht bereits so viele Geschichtsschreiber den Schleier dieser Geheimnisse gelüftet und der größte Teil diese entstellt hätten.

Siebenundzwanzigstes Kapitel

Fortsetzung der Einzelheiten und Anekdoten

Die Jugend und die Schönheit des Fräulein von Fontanges, ein Sohn, den sie dem König im Jahre 1680 schenkte, und der Titel einer Herzogin, mit dem sie geschmückt wurde, schlossen Frau von Maintenon von der ersten Stelle aus, auf die sie nicht zu hoffen wagte, die sie aber später erhielt. Die Herzogin von Fontanges und ihr Sohn starben jedoch im Jahre 1681.

Obwohl nun die Marquise de Montespan keine erklärte Nebenbuhlerin mehr hatte, war sie darum doch nicht mehr im Besitz eines Herzens, das ihrer und ihrer Klagen überdrüssig war. Sobald die Männer über die Jugendjahre hinaus sind, bedürfen sie beinahe immer der Gesellschaft einer entgegenkommenden Frau – besonders die Last der Geschäfte macht diesen Trost unentbehrlich. Die neue Favoritin, Frau von Maintenon, die sich der geheimen Macht bewusst war, die sie von Tag zu Tag mehr gewann, verfuhr mit jener Kunst, die den Frauen so natürlich ist und den Männern nicht missfällt. Eines Tages schrieb sie an Frau von Frontenac, ihre Cousine, zu der sie völliges Vertrauen hatte: »Ich schicke ihn stets betrübt und nie verzweifelt von mir.«

Zu der Zeit, wo ihr Einfluss ständig wuchs und Frau von Montespan ihrem Sturz entgegenging, sahen sich diese beiden Nebenbuhlerinnen täglich – bald mit heimlichem Groll, bald mit flüchtiger Vertraulichkeit, wie die Notwendigkeit und der Überdruss am angetanen Zwang sie bisweilen in ihren Gesprächen zum Vorschein kommen ließ.[111] Sie verabredeten, jederseits Tagebuch über das zu führen, was am Hof vorginge – diese Arbeit gedieh aber nicht weit. In ihren letzten Lebensjahren fand

111 Die angeblichen ›Denkwürdigkeiten der Frau von Maintenon‹ berichten, diese habe der Frau von Montespan folgenden Traum erzählt: »Mir träumte, wir befänden uns auf der großen Treppe von Versailles: Ich stieg hinauf, Sie stiegen hinab, ich erhob mich bis zu den Wolken, Sie gingen nach Fontevrault.«
Dieses Märchen ist eine Auffrischung der Worte des berühmten Herzogs von Epernon, der im Jahre 1624 dem Kardinal Richelieu auf der Treppe des Louvre begegnete. Der Kardinal fragte ihn, was es Neues gäbe. »Nichts«, erwiderte der Herzog, »wenn nicht, dass Sie hinaufsteigen und ich hinabsteige.« Durch den Zusatz, dass man sich von der Treppe bis zu den Wolken erhob, ist die Fabel nur verdorben worden. Man beachte, dass in beinahe allen Anekdotensammlungen und allen Bonmots denen, die man reden lässt, Dinge in den Mund gelegt werden, die ein oder gar mehrere hundert Jahre vorher gesprochen worden sind.

Frau von Montespan Vergnügen daran, ihren Freunden einiges aus diesen Denkwürdigkeiten vorzulesen. Die Andacht und die Frömmigkeit, die bei all ihren geheimen Intrigen mit im Spiel waren, festigten den Einfluss der Frau von Maintenon noch und schoben Frau von Montespan beiseite. Der König machte sich seine Liebe zu einer verheirateten Frau zum Vorwurf und empfand diesen Gewissenszweifel insbesondere, seit er keine Liebe mehr empfand.

Dieser beschwerliche Zustand dauerte bis 1685, dem denkwürdigen Jahr der Aufhebung des Edikts von Nantes. Man erblickte damals sehr verschiedene Szenen: auf der einen Seite die Verzweiflung und die Flucht eines Teils der Nation, auf der anderen neue Festlichkeiten in Versailles, die neuerbauten Schlösser Trianon und Marly, die Bewältigung und Unterjochung der Natur in all diesen Lustorten und Gärten, an denen alle Kunst erschöpft war. Die Vermählung des Enkels des Großen Condé mit Fräulein von Nantes, einer Tochter des Königs und der Frau von Montespan, war der letzte Triumph dieser Geliebten, die sich nun vom Hof zurückzuziehen begann. Später verheiratete der König noch zwei andere Kinder, die er von ihr gehabt hatte, nämlich Fräulein von Blois mit dem Herzog von Chartres, dem späteren Regenten des Reichs, und den Herzog von Maine mit Louise Benedikte von Bourbon, der Enkelin des Großen Condé und Schwester des Herrn Herzogs – einer Prinzessin, die wegen ihres Geistes und ihrer Liebe zu den Künsten berühmt war. Diejenigen, die nur einigermaßen mit dem Palais-Royal und mit Sceaux in Berührung gekommen sind, wissen, wie falsch alle die im Volk verbreiteten und in so vielen Geschichtswerken wiedergegebenen Gerüchte über jene Ehen sind.[112]

Vor der Hochzeitsfeier des Herrn Herzogs mit Fräulein von Nantes (1685) gab der Marquis de Seignelay anlässlich dieses freudigen Ereignisses dem König ein dieses Monarchen würdiges Fest in den Gärten von Sceaux, die von Le Nôtre mit demselben Geschmack angelegt waren wie die Gärten von Versailles. Man führte bei diesem Fest das von Racine verfasste Idyll ›Der Friede‹ auf. In Versailles fand ein neues Rei-

112 In mehr als zwanzig Werken steht zu lesen, dass das Haus Orléans und das Haus Condé über diese Heiratsanträge empört waren. Man liest, dass die Prinzessin von der Pfalz, die Mutter des Herzogs von Chartres, ihrem Sohne drohte – man liest sogar, dass sie ihn schlug. Die ›Anekdoten von der Konstitution‹ berichten ganz ernsthaft, dass der König sich des Abbé Dubois, Unterhofmeisters des Herzogs von Chartres, bedient habe, um die Verhandlungen zum glücklichen Abschluss zu bringen; dass dieser Abbé nur mit Mühe damit zu Rande kam und als Belohnung den Kardinalshut verlangte. Alles, was den Hof betrifft, steht so in nur zu vielen Geschichtswerken.

terspiel statt, und nach der Hochzeit entfaltete der König einen Prunk, von dem Mazarin im Jahre 1656 die erste Vorstellung gegeben hatte. In den Salons von Marly wurden vier Kaufläden errichtet, die mit den kostbarsten und auserlesensten Erzeugnissen des Gewerbefleißes der Handwerker von Paris angefüllt waren. Diese vier Buden bildeten gleichzeitig prächtige Dekorationen, die die vier Jahreszeiten darstellten. Die erste hielt Frau von Montespan mit Monseigneur, die zweite ihre Rivalin, Frau von Maintenon, mit dem Herzog von Maine. Die beiden anderen wurden von den Neuvermählten gehalten, nämlich vom Herrn Herzog mit Frau von Thiange und von der Frau Herzogin – die bei ihrer Jugend aus Schicklichkeitsrücksichten keine männliche Person zum Genossen erhalten konnte – mit der Herzogin von Chevreuse. Die zur Teilnahme an der Reise befohlenen Damen und Herren losten um die Kleinodien, mit denen die Buden gefüllt waren. Auf diese Weise machte der König dem ganzen Hof auf eine eines Königs würdige Art Geschenke. Die von Kardinal Mazarin veranstaltete Lotterie war weniger sinnreich und weniger glänzend gewesen. Diese Lotterien waren einst von den römischen Kaisern aufgebracht worden; keiner von ihnen aber hatte ihren Prunk durch so viele gefällige Artigkeit erhöht.

Nach der Heirat ihrer Tochter erschien Frau von Montespan nicht mehr bei Hofe; sie lebte fortan mit viel Würde in Paris. Sie besaß ein großes, aber aus einem Leibgedinge bestehendes Einkommen, und der König ließ ihr monatlich ein Gnadengehalt von tausend Louisdor[113] auszahlen. In jedem Sommer begab sie sich ins Bad nach Bourbon und verheiratete dort Mädchen aus der Umgebung, denen sie eine Ausstattung gab. Sie war über das Alter hinaus, wo die Einbildungskraft, von starken Eindrücken beherrscht, den Enttäuschten ins Kloster treibt. Sie starb in Bourbon im Jahre 1707. Ein Jahr nach der Vermählung des Fräuleins von Nantes mit dem Herrn Herzog starb der Prinz von Condé mit siebzig Jahren in Fontainebleau an einer Krankheit, die durch eine Reise zur Frau Herzogin, die an den Blattern darniederlag, verschlimmert worden war. Nach diesem Eifer, der ihn das Leben kostete, mag man sich ein Urteil darüber bilden, ob er einen Widerwillen gegen die Verheiratung seines Enkels mit dieser Tochter des Königs und der Frau von Montespan gehegt hatte, wie die lügnerischen Zeitungsschreiber behauptet haben, mit denen Holland damals überschwemmt war. In einer Geschichte des Prinzen von Condé, die aus denselben Unwissenheitsund Lügenbüros hervorgegangen ist, findet sich weiter die Behauptung, dass der König

113 Etwa 20.000 Livre nach heutigem Geld.

Gefallen daran fand, den Prinzen bei jeder Gelegenheit zu demütigen, und dass diesem bei der Vermählung der Prinzessin von Conti, der Tochter der Frau von La Ballière, vom Staatssekretär der Titel »hoher und mächtiger Herr« verweigert wurde, als ob das der Titel wäre, den man den Prinzen von Geblüt beilegt. Konnte der Verfasser einer in Avignon erschienenen ›Geschichte Ludwigs XIV.‹, die zum Teil aufgrund jener Denkschriften geschrieben ist, sich in einer solchen Unwissenheit über den Ton und die Bräuche unseres Hofs befinden, dass er derartige Unwahrheiten nachschreibt?

Nach der Vermählung der Frau Herzogin und nach dem völligen Verschwinden ihrer Mutter gewann die siegreiche Frau von Maintenon inzwischen einen solchen Einfluss und erweckte bei Ludwig XIV. so viel Liebe und so viel Gewissenszweifel, dass der König sie auf den Rat des Paters La Chaise insgeheim heiratete. Die Trauung fand im Januar 1686 in einer kleinen Kapelle statt, die am Ende jener Reihe von Gemächern lag, die später vom Herzog von Burgund bewohnt wurden. Es wurde weder ein Vertrag noch ein Gelöbnis über diese Ehe aufgenommen. Der Erzbischof von Paris, Harlay de Chanvalon, erteilte den beiden den Segen; der Beichtvater des Königs wohnte der Feierlichkeit bei; Montchevreuil[114] und der erste Kammerdiener, Bontems, waren als Zeugen dabei zugegen. Es ist unstatthaft, diese Tatsache zu unterdrücken, die von allen Autoren berichtet wird, die übrigens alle bezüglich der Namen, des Ortes und der Zeit im Irrtum sind. Ludwig XVI. stand damals in seinem achtundvierzigsten und die Frau, die er heiratete, in ihrem zweiundfünfzigsten Lebensjahr. Mit Ruhm überschüttet, wollte dieser Fürst die Mühen der Regierung mit den unschuldigen Annehmlichkeiten eines stillen Lebens verschmelzen. Jene Heirat legte ihm keine Verpflichtung auf, die seines Ranges unwürdig war – sie blieb bei Hof immer zweifelhaft. Wenn Frau von Maintenon auch vermählt war, achtete man in ihr doch immer nur die Wahl des Königs, ohne sie als Königin zu betrachten.

Das Schicksal dieser Frau erscheint uns äußerst seltsam, obgleich die Geschichte zahlreiche Beispiele von größeren und auffälligeren

114 Und nicht der Chevalier de Forbin, wie die ›Denkwürdigkeiten Choisys‹ berichten. Man wählt zu Vertrauten eines solchen Geheimnisses nur vertraute Diener und solche Personen, die durch ihren Dienst an die Person des Königs gefesselt sind. Es wurde auch kein Protokoll über die Einsegnung der Ehe aufgenommen; dergleichen findet nur zur Beurkundung eines Standes statt, hier aber handelte es sich um eine sogenannte Gewissensehe. Wie kann man nur berichten, dass nach dem Tod des Erzbischofs von Paris, Harlay, im Jahre 1695, »seine Lakaien das Eheprotokoll in seinen alten Hosen fanden«? Diese Fabel, die nicht einmal für Lakaien gut genug ist, findet sich auch nur in den ›Denkwürdigkeiten der Frau von Maintenon‹.

Glücksfällen bietet, die von einem noch kleineren Anfang ausgingen. Die Marquise de Saint-Sebastien, die Victor Amadeus, König von Sardinien, zur Frau nahm, war nicht mehr als Frau von Maintenon; Katharina I. von Russland war sogar weit weniger, und die erste Frau Jakobs II. von England stand den Vorurteilen Europas nach, die in der übrigen Welt unbekannt sind, tief unter ihr. Frau von Maintenon stammte aus einem alten Haus und war eine Enkelin des Kammerherrn Heinrichs IV., Théodore Agrippa d'Aubigné. Ihr Vater, Constant d'Aubigné, hatte in Carolina eine Niederlassung gründen wollen, wurde aber, da er sich deswegen an die Engländer gewandt hatte, in das Schloss Trompette gesetzt und erst durch die Tochter des Gouverneurs Cardillac, eines Edelmanns aus der Gegend von Bordeaux, aus dem Gefängnis befreit. Constant d'Aubigné heiratete im Jahre 1627 seine Wohltäterin und führte sie nach Carolina. Als er nach Verlauf einiger Jahre mit ihr nach Frankreich zurückkam, wurden beide auf Befehl des Hofs in Niort im Poitou ins Gefängnis gesetzt. In diesem Gefängnis von Niort[115] wurde im Jahre 1635 Françoise d'Aubigné geboren. Sie war bestimmt, die ganze Härte und die ganze Gunst des Glücks zu erfahren. Im Alter von drei Jahren nach Amerika geführt, wäre sie dort, durch die Nachlässigkeit eines Dieners am Gestade zurückgelassen, beinahe von einer Schlange getötet worden. Dann als zwölfjährige Waise nach Europa zurückgebracht und bei Frau von Neuillant, der Mutter der Herzogin von Navailles, ihrer Verwandten, mit größter Härte erzogen, fühlte sich nur zu glücklich, im Jahre 1651 Paul Scarron heiraten zu können, der in ihrer Nähe in der Rue d'Enfer wohnte. Scarron stammte aus einer alten Richterfamilie, die durch vornehme Ehebündnisse berühmt war; die Possendichtung aber, die er sich zum Beruf machte, erniedrigte ihn, während sie ihn beliebt machte. Dennoch war es ein Glück für Fräulein d'Aubigné, dass sie diesen verkrüppelten, an allen Gliedern gelähmten Mann heiraten konnte, der nur ein bescheidenes Vermögen besaß. Vor dieser Heirat entsagte sie dem Calvinismus, der ihre wie ihrer Vorfahren Religion gewesen war. Ihre Schönheit und ihr Geist hoben sie bald über die Menge empor. Sie wurde von der besten Gesellschaft in Paris eifrig gesucht, und diese Zeit ihrer Jugend war zweifelsohne die glücklichste ihres Lebens.[116] Nach dem im Jahre 1660 erfolgten Ableben ihres Gat-

115 Der Verfasser der ›Denkwürdigkeiten der Frau von Maintenon‹ lässt diese beim Anblick des Schlosses Trompette ausrufen: »Seht, wo ich erzogen worden bin« etc. Das ist offenbar falsch – sie war in Niort erzogen worden.

116 In den angeblichen ›Denkwürdigkeiten der Frau von Maintenon‹ wird erzählt (Bd. 1, S. 216), dass sie nach den vom Abbé von Châteauneuf und dem Verfasser des ›Zeital-

ten ließ sie beim König um eine kleine Pension von fünfzehnhundert Livre anhalten, die Scarron bezogen hatte. Nach einigen Jahren endlich gewährte ihr der König ein Gnadengehalt von zweitausend Livre mit den Worten: »Ich habe Sie lange warten lassen, Madame; aber Sie haben so viele Freunde, dass ich allein dieses Verdienst bei Ihnen haben wollte.« Dieser Umstand ist mir vom Kardinal von Fleury erzählt worden, der dessen häufig gedachte, weil, wie er sagte, Ludwig XIV. ihm diese Artigkeit sagte, als er ihm das Bistum Fréjus gab.

Aus den eigenen Briefen der Frau von Maintenon geht indessen hervor, dass sie diese kleine Unterstützung, durch die sie vor der Not geschützt wurde, der Frau von Montespan verdankte. Einige Jahre später, als der Herzog von Maine, den der König 1670 von der Marquise de Montespan gehabt hatte, insgeheim erzogen werden sollte, erinnerte man sich dann ihrer wieder. Unzweifelhaft wurde sie erst 1672 zur Leitung dieser heimlichen Erziehung ausgewählt, denn in einem ihrer Briefe schreibt sie: »Wenn die Kinder dem König gehören, so willige ich ein, denn mit den Kindern der Frau von Montespan würde ich mich nicht ohne Bedenken befassen. Der König muss es mir also befehlen – das ist mein letztes Wort.«

Nun hatte aber Frau von Montespan erst 1672 zwei Kinder – den Herzog von Maine und den Grafen von Bexin –; die Daten der Briefe der Frau von Maintenon vom Jahre 1670, in denen sie von diesen beiden Kindern spricht, von denen das eine noch gar nicht geboren war, sind also offenbar falsch, wie denn beinahe alle Daten dieser gedruckten Briefe irrig sind. Diese Ungenauigkeit könnte zu schweren Bedenken gegen die Echtheit jener Briefe Anlass geben, wenn diese nicht im Übrigen einen Charakter der Natürlichkeit und Wahrheit zeigten, der beinahe unmöglich nachzuahmen ist.

Es ist von geringem Belang, in welchem Jahr dieser Dame die Sorge für die natürlichen Kinder Ludwigs XIV. übertragen wurde – aber

---

ters Ludwigs XIV.‹ mitgeteilten Gerüchten mit der berühmten Ninon de Lenclos nur ein Bett hatte. Von dieser Anekdote findet sich aber beim Verfasser des ›Zeitalters Ludwigs XIV.‹ und ebenso in den vorhandenen Schriften des Abbé von Châteauneuf kein Sterbenswörtchen. Der Verfasser der ›Denkwürdigkeiten der Frau von Maintenon‹ zitiert immer nur aufs Geratewohl. Der erwähnte Umstand findet sich einzig in den ›Denkwürdigkeiten des Marquis de La Fare‹ (S. 190 der Rotterdamer Ausgabe) mitgeteilt. Es war damals noch Sitte, sein Bett mit seinen Freunden zu teilen, und diese Sitte, die jetzt abgekommen ist, war alt – sogar am Hof. Aus der ›Französischen Geschichte‹ ersieht man, dass Karl IX., um den Grafen von La Rochefoucauld dem Gemetzel der Bartholomäusnacht zu entziehen, diesem vorschlug, im Louvre und in seinem Bett zu schlafen, und dass auch der Herzog von Guise und der Prinz von Condé lange Zeit zusammen geschlafen hatten.

die auf diese Kleinigkeiten verwandte Achtsamkeit beweist, mit welcher Gewissenhaftigkeit die wichtigen Tatsachen in der vorliegenden Geschichte beschrieben worden sind.

Der Herzog von Maine war mit einem missgestalteten Fuß geboren. D'Aquin, der erste Leibarzt des Königs, war der Ansicht, dass das Kind ins Bad nach Barèges müsse; man suchte nun nach einer zuverlässigen Person, der man diesen Auftrag anvertrauen könnte. Der König erinnerte sich der Frau Scarron, und Louvois begab sich heimlich nach Paris, um ihr diese Reise vorzuschlagen. Seit jener Zeit hatte sie die Aufsicht über die Erziehung des Herzogs von Maine, zu welchem Amt sie, wie bemerkt, unmittelbar vom König und nicht von Frau von Montespan ernannt wurde. Sie schrieb auch unmittelbar an den König, und ihre Briefe gefielen sehr. Das ist der Ursprung ihres Glücks – ihr Verdienst tat das übrige.

Die Gesinnung des Königs, der sich anfangs nicht an sie gewöhnen konnte, ging von der Abneigung allmählich zum Vertrauen und vom Vertrauen zur Liebe über. Die Briefe, die wir von ihr besitzen, sind ein weit wertvolleres Denkmal, als man meint: sie offenbaren uns jene Mischung von Religion und Galanterie, von Würde und Schwäche, die sich so oft im menschlichen Herzen findet und auch im Herzen Ludwigs XIV. wohnte. Das Herz der Frau von Maintenon erscheint gleichzeitig mit einem Ehrgeiz und einer Frömmigkeit erfüllt, die nie einander widerstreiten. Ihr Beichtvater Gobelin billigte beide Neigungen – er war ihr Gewissensrat und ihr Höfling. Undankbar gegen Frau von Montespan geworden, verhehlte seine Beichttochter sich ständig dieses ihr Unrecht, und der Beichtiger nährte diese Täuschung. Sie ließ treuherzig die Religion ihren verblühten Reizen zu Hilfe kommen, um ihre Wohltäterin zu ersetzen, die ihre Nebenbuhlerin geworden war.

Dieser eigentümliche Verkehr, in dem sich Liebe und Bedenklichkeit von Seiten des Königs, Ehrgeiz und Frömmigkeit von Seiten der neuen Geliebten seltsam miteinander mischten, schien von 1681 bis 1686, dem Zeitpunkt ihrer Vermählung, zu dauern.

Ihre Erhebung war für sie nur ein Rückzug. In ihre Gemächer gebannt, die mit denen des Königs in gleicher Höhe lagen, beschränkte sie sich auf die Gesellschaft von zwei oder drei Damen, die wie sie zurückgezogen lebten – und auch diese sah sie nur selten. Der König kam täglich nach dem Mittagsmahl und vor und nach dem Abendessen zu ihr und blieb bis Mitternacht. Er arbeitete in ihrer Gegenwart mit seinen Ministern, während Frau von Maintenon sich mit einem Buch oder einer

Handarbeit beschäftigte, sich bemühte, nie über die Staatsgeschäfte zu reden, vielmehr häufig unwissend über diese schien und alles von sich fernhielt, was den leisesten Anschein einer Intrige oder eines Komplotts hatte. Weit mehr bemüht, dem Herrscher zu gefallen, als selbst zu herrschen, suchte sie ihren Einfluss dadurch zu erhalten, dass sie ihn nur mit der äußersten Vorsicht gebrauchte. Sie nützte ihre Stellung nicht, um ihrer Familie alle Würden und alle hohen Ämter zuzuwenden. Ihr Bruder, der ehemalige Generalleutnant Graf d'Aubigné, wurde nicht einmal Marschall von Frankreich – das Blaue Band des Heiliggeistordens und ein heimlicher Anteil[117] an der Steuerpacht waren sein ganzer Reichtum. Daher äußerte er auch gegen den Marschall von Vivonne, den Bruder der Frau von Montespan, er hätte seinen Marschallstab in klingender Münze erhalten.

Ihr Neffe oder Vetter, der Marquis de Villette, war nur Geschwaderchef, und Frau von Caylus, die Tochter jenes Marquis de Villette, erhielt bei ihrer Heirat nur eine bescheidene, ihr von Ludwig XIV. ausgeworfene Pension. Als Frau von Maintenon ihre Nichte d'Aubigné mit dem Sohn des ersten Marschalls von Noailles[118] verheiratete, gab sie ihr nur 200.000 Franc mit – der König tat das übrige. Sie selbst besaß nur das Landgut Maintenon, das sie um die Geschenke des Königs gekauft hatte – das Publikum sollte ihr ihre Erhöhung ihrer Uneigennützigkeit zuliebe verzeihen. Die zweite Frau des Marquis de Villette, spätere Frau von Bolingbroke, konnte nie etwas von ihr erlangen. Ich habe sie häufig erzählen hören, dass sie ihrer Cousine ihren geringen Eifer für ihre Familie zum Vorwurf gemacht und im Zorn zu ihr gesagt hätte: »Sie wollen sich Ihrer Mäßigung erfreuen, und Ihre Familie soll das Opfer sein.«

Frau von Maintenon vergaß alles, sobald sie die Ansichten Ludwigs XIV. zu verletzen fürchtete. Sie wagte nicht einmal den Marschall von Noailles gegen den Pater Le Tellier zu unterstützen. Sie hegte viel Freundschaft für Racine, aber diese Freundschaft war nicht mutvoll genug, um den Dichter gegen ein leises Missfallen des Königs zu schützen. Von der Beredsamkeit hingerissen, mit der er ihr das Elend des Volkes

117 Siehe die Briefe an ihren Bruder. »Ich beschwöre Sie«, schreibt sie ihm, »gemächlich zu leben und die achtzehntausend Franc von dem Geschäft zu verzehren, das wir gemacht haben. Wir werden noch andere machen.«

118 Der Kompilator der ›Denkwürdigkeiten der Frau von Maintenon‹ sagt (Bd. 4, S. 200): »Rousseau, die gegen ihre Wohltäter ergrimmte Natter, verfasste satirische Verse gegen den Marschall von Noailles.« Das ist nicht wahr – man soll niemanden verleumden. Rousseau, der damals noch sehr jung war, kannte den ersten Marschall von Noailles gar nicht. Die in Rede stehenden Verse stammten von einem Edelmann namens Cabanac, der sich auch öffentlich dazu bekannte.

im Jahre 1698 geschildert hatte – ein Elend, das immer übertrieben, später aber wirklich bis zu einer beklagenswerten Höhe gesteigert wurde –, bewog sie eines Tages ihren Freund, eine Denkschrift aufzusetzen, die das Übel und die Mittel dagegen darlegte. Der König las diese Eingabe; als er aber einiges Missfallen darüber merken ließ, war sie schwach genug, ihm den Verfasser zu nennen und ihn nicht zu verteidigen. Racine, noch schwächer als sie, wurde darüber von einem Schmerz ergriffen, der ihn bald ins Grab brachte.[119] Dieselbe Charaktereigenschaft, die es ihr unmöglich machte, jemandem einen Dienst zu erweisen, machte sie auch unfähig, jemandem zu schaden. Der Abbé von Choisy berichtet, dass der Minister Louvois sich dem König zu Füßen geworfen hatte, um ihn zu hindern, dass er die Witwe Scarron heirate. Da der Abbé von Choisy diesen Umstand wusste, war auch Frau von Maintenon davon unterrichtet; sie verzieh aber nicht allein diesem Minister, sondern sie besänftigte auch den König in den Augenblicken zorniger Aufwallung, die das barsche Wesen des Marquis de Louvois bisweilen bei seinem Gebieter hervorrief.[120]

---

119 Dieser Umstand wird vom Sohn des berühmten Racine in der Lebensbeschreibung seines Vaters mitgeteilt.

120 Wer sollte glauben, dass sich in den ›Denkwürdigkeiten der Frau von Maintenon‹ (Bd.3, S. 273) die Behauptung findet, dass dieser Minister vom König vergiftet zu werden fürchtete? Es ist wirklich seltsam, dass man in Paris im Gefolge so vieler lächerlicher Märchen auch noch dergleichen unsinnige Abscheulichkeiten verbreitet. Diese fürchterliche Albernheit fußt auf einem Gerücht, das beim Tod des Marquis de Louvois im Volk umlief. Der Minister trank Mineralwasser, das sein Leibarzt Séron ihm verordnet hatte und das er unter der Leitung seines Chirurgen La Ligerie gebrauchte. Es ist dies derselbe La Ligerie, dem das Publikum das Heilmittel verdankt, das heute als »Kartäuserpulver« bezeichnet wird. Dieser La Ligerie hat mir oft erzählt, wie er Herrn von Louvois gewarnt habe, dass er sein Leben aufs Spiel setze, wenn er während des Gebrauchs der Kur arbeite. Der Minister setzte nichtsdestoweniger seine Arbeit fort. Er starb beinahe unverhofft am 16. Juli 1691 – und nicht 1692, wie der Verfasser der falschen ›Denkwürdigkeiten‹ sagt. La Ligerie öffnete den Leichnam, fand aber keine andere Todesursache als eben die, die er schon im Voraus angegeben hatte.
Man kam auf den Einfall, den Leibarzt Séron zu beargwöhnen, als ob er eine Flasche jenes Mineralwassers vergiftet hätte. Wir haben bereits gesehen, wie verbreitet dieser traurige Argwohn damals war. Wie man behauptete, sollte ein benachbarter Fürst – Victor Amadeus von Savoyen –, den Louvois auf das äußerste gereizt und gekränkt hätte, Séron gewonnen haben. Man findet einen Teil dieser Anekdoten in den ›Denkwürdigkeiten des Marquis de La Fare‹, S.219. Die Familie Louvois‹ selbst ließ einen Savoyarden, der im Haus wohnte, ins Gefängnis setzen, aber dieser durchaus unschuldige arme Teufel wurde bald wieder freigelassen. Wenn man aber – obgleich höchst unangebrachterweise – einen Frankreich feindlich gesinnten Prinzen im Verdacht hatte, dass er einen Anschlag auf das Leben des Ministers Ludwigs XIV. habe ausführen lassen, so war das sicher kein Grund, um Ludwig XIV. selbst eines solchen Anschlags zu verdächtigen.
Der gleiche Autor, der in den ›Denkwürdigkeiten der Frau von Maintenon‹ so viele Unrichtigkeiten aufeinandergehäuft hat, behauptet ferner, der König habe geäußert, »dass ein und dasselbe Jahr« ihn »von drei Menschen befreit« hätte, die er »nicht

Indem Ludwig XIV. Frau von Maintenon heiratete, verschaffte er sich nur eine angenehme und dienstwillige Gefährtin. Die einzige öffentliche Auszeichnung, die ihre geheime Erhöhung bemerkbar machte, bestand darin, dass sie der Messe in einer jener kleinen vergoldeten Logen beiwohnte, die ausschließlich für den König und die Königin eingerichtet schienen – sonst kein äußeres Zeichen der Größe. Die Frömmigkeit, die sie beim König erweckt hatte und der ihre Heirat zu verdanken war, wurde nach und nach ein wahres und tiefes Gefühl, das das Alter und die Langeweile noch verstärkten. Sie hatte sich am Hof und beim König bereits das Ansehen einer Ordensstifterin gegeben, indem sie mehrere junge Mädchen aus vornehmer Familie in Noisy zu einer Gemeinschaft vereinte, und der König hatte dieser werdenden Gemeinde bereits die Einkünfte der Abtei von Saint-Denis zugewiesen. Saint-Cyr wurde 1686 am Ausgang des Parks von Versailles erbaut.

Sie gab damals dieser Stiftung ihre völlige Gestalt, entwarf mit Godet-Desmarets, dem Bischof von Chartres, die Hausordnung und wurde selbst die Superiorin dieses Klosters. Häufig brachte sie einige

---

leiden konnte: dem Marschall von La Feuillade, dem Marquis de Seignelay und dem Marquis de Louvois«.
Zunächst starb Herr von Seignelay nicht ebenfalls im Jahre 1691, sondern 1690. Sodann – zu wem hat Ludwig XIV., der sich stets so vorsichtig und zurückhaltend ausdrückte, jene unklugen und gehässigen Worte gesprochen? Wem hat er ein so undankbares und unempfindliches Gemüt enthüllt? Wem hat er sagen können, es freue ihn, von drei Männern befreit zu sein, die ihm mit dem größten Eifer gedient hatten? Ist es statthaft, auf solche Weise ohne jede Spur eines Beweises, ohne jede Wahrscheinlichkeit das Gedächtnis eines Königs zu verunglimpfen, von dem bekannt ist, dass er stets mit Vorsicht und Überlegung sprach? Jeder einsichtsvolle Leser sieht jene Lügensammlungen, mit denen das Publikum überschwemmt wird, mit Verachtung an, und der Verfasser der ›Denkwürdigkeiten der Frau von Maintenon‹ verdiente eine Züchtigung, wenn nicht die Verachtung, die er sich zunutze macht, ihn vor der Strafe schützte. NB: Man hat behauptet, dass der obenerwähnte Leibarzt Louvois‹, Séron, einige Zeit später selbst vergiftet worden sei und dass man ihn wiederholt während seines Todeskampfes habe ausrufen hören: »Mir geschieht nur, was ich verdient habe!« Dieses Gerücht entbehrt jedes Beweises, und wenn der Fürst, den es bezichtigte, auch häufig eine Politik der List verfolgte, so wurde er doch nie eines besonderen Verbrechens beschuldigt. Die Furcht, auf Befehl des Königs vergiftet zu werden, die La Beaumelle dem Minister Louvois beilegt, ist eine wahre Widersinnigkeit. Ludwig XIV. war des harten und gebieterischen Charakters seines Ministers überdrüssig, und der Einfluss, den er diesen hatte gewinnen lassen, war ihm unerträglich geworden. Die Entrüstung, die die von Louvois angeordneten Gewalttaten – und besonders die zweite Verheerung der Pfalz – gegen Ludwig XIV. in Europa erregt hatten, hatten diesem einen Minister verhasst gemacht, dessen Ratschläge ihm den Hass der fremden Nationen zuzogen. Man behauptet auch, dass Ludwig XIV. Louvois, der um seine Heirat wusste, versprochen hätte, Frau von Maintenon nie als Königin anzuerkennen, dass er dann aber so schwach gewesen wäre, sein Wort zurückziehen zu wollen, und dass Louvois ihn mit einer Festigkeit und einem Stolz daran erinnerte, den weder der König noch Frau von Maintenon ihm verzeihen konnten. Der Kummer und die übermäßige Anstrengung beschleunigten dann seinen Tod.

Stunden darin zu, und wenn ich sage, dass die Langeweile sie zu diesen Beschäftigungen bestimmte, so folge ich darin nur ihrer eigenen Angabe. Man lese, was sie an Frau von Maisonfort schrieb, von der noch im Kapitel über den Quietismus die Rede sein wird: »Warum kann ich Ihnen nicht meine Erfahrung leihen, warum Sie nicht die Langeweile sehen lassen, die die Großen verzehrt, und die Mühe, die sie haben, um ihre Tage auszufüllen? Sehen Sie nicht, dass ich vor Traurigkeit zugrunde gehe inmitten eines Glücks, das man sich kaum vorgestellt hätte? Ich bin jung und hübsch gewesen, ich habe die Freuden der Welt genossen, ich bin überall geliebt worden; in vorgerückteren Jahren habe ich lange mich eines geistreichen Verkehrs erfreut, ich habe die Gunst des Königs gewonnen – aber ich bezeuge Ihnen, teure Tochter, dass alle Lebensstellungen nur eine furchtbare Leere zurücklassen.«[121] Wenn irgendetwas imstande wäre, dem Ehrgeiz die Augen zu öffnen, so wäre es dieser Brief. Eines Tages äußerte Frau von Maintenon, die doch nur über die Eintönigkeit ihres Lebens an der Seite eines großen Königs zu klagen hatte, zu ihrem Bruder, dem Grafen d'Aubigné: »Ich kann es nicht mehr ertragen! Ich wollte, ich wäre tot!« Man weiß, welche Antwort er ihr gab: »Sie haben also die Gewissheit, Gott den Vater zu heiraten?«

Nach dem Tod des Königs zog sie sich gänzlich nach Saint-Cyr zurück. Auffallend ist der Umstand, dass der König ihr beinahe gar nichts zugesichert hatte – er empfahl sie nur dem Herzog von Orléans. Sie verlangte nur ein Jahresgehalt von achtzigtausend Livre, das ihr pünktlich bis zu ihrem Tod bezahlt wurde, der am 15. April 1719 erfolgte. Man ist allzu sehr bedacht gewesen, den Namen Scarron aus ihrer Grabschrift wegzulassen; dieser Name ist keine Erniedrigung, seine Weglassung aber bringt auf den Gedanken, dass er es sein könnte. Der Hof wurde weniger lebhaft und ernster, seit der König mit Frau von Maintenon ein zurückgezogeneres Leben zu führen begann, und die bedenkliche Krankheit, die ihn im Jahre 1686 befiel, trug noch dazu bei, ihm jene üppigen Feste zu verleiden, die bis dahin fast in jedem Jahr seiner Regierung stattgefunden hatten. Er wurde von einer Darmfistel befallen. Die Chirurgie, die unter seiner Regierung in Frankreich mehr Fortschritte machte als im ganzen übrigen Europa, war noch nicht mit dieser Krankheit vertraut; Kardinal Richelieu war daran gestorben, weil man ihn nicht richtig behandelt hatte. Die Gefahr des Königs brachte ganz Frankreich in Aufregung: Die Kirchen waren mit unzähligem Volk angefüllt, das

121 Dieser Brief ist authentisch. Der Verfasser hatte ihn im Manuskript gesehen, noch bevor der Sohn des großen Racine ihn drucken ließ.

mit Tränen in den Augen die Genesung seines Königs erflehte. Diese Regung allgemeinen Mitleids glich nahezu jener Trauer, die wir selbst erlebt haben, als sein Nachfolger 1744 in Metz in Lebensgefahr schwebte. Mögen diese beiden Zeitpunkte die Könige für immer belehren, was sie einer Nation schuldig sind, die so zu lieben weiß.

Sobald Ludwig XIV. die ersten Anfälle des Übels spürte, suchte sein Erster Chirurg Félix in den Spitälern Kranke auf, die in der gleichen Gefahr schwebten. Er zog die besten Chirurgen zu Rate und ersann unter ihrem Beistand Instrumente, die die Operation abkürzten und weniger schmerzhaft machten. Der König erduldete diese, ohne sich zu beklagen. Er ließ noch am selben Tag die Minister an seinem Bett arbeiten und erteilte am folgenden den fremden Gesandten Audienz, damit die Nachricht von der Gefahr, in der er schwebte, keine Veränderung an den europäischen Höfen hervorbringe. Mit dieser geistigen Standhaftigkeit hielt die Großmut gleichen Schritt, mit der er Félix belohnte: er schenkte ihm ein Landgut, das damals über fünfzigtausend Taler Wert hatte.

Seit dieser Zeit besuchte der König auch die Schauspiele nicht mehr. Ebenso zog sich die Dauphine, Maria von Bayern – die melancholisch geworden war und an einer auszehrenden Krankheit litt, die sie im Jahre 1690 hinwegraffte –, von allen Vergnügungen zurück und blieb hartnäckig in ihrem Gemach. Sie liebte die Literatur und hatte sogar selbst Gedichte verfasst; in ihrer melancholischen Stimmung aber liebte sie nur noch die Einsamkeit.

Erst Saint-Cyr belebte die Neigung zu den geistigen Genüssen wieder. Frau von Maintenon bat Racine, der aus Rücksicht auf seinen Jansenismus und auf den Hof auf das Theater verzichtet hatte, eine Tragödie zu schreiben, die von ihren Zöglingen aufgeführt werden könne; sie verlangte einen der Bibel entlehnten Stoff. Racine schrieb ›Esther‹. Dieses Stück wurde zuerst in Saint-Cyr aufgeführt und dann im Winter 1689 mehrere Male in Versailles vor dem König gespielt. Prälaten und Jesuiten bemühten sich eifrig um die Erlaubnis, dieses eigentümliche Schauspiel ansehen zu dürfen. Es scheint merkwürdig, dass das Stück damals allgemeinen Beifall fand, während ›Athalie‹ die zwei Jahre später von denselben Personen gespielt wurde, fast keinen Erfolg hatte.

Ganz das Gegenteil ereignete sich, als diese Stücke lange nach dem Tod des Verfassers und nach den Tagen der Parteiränke in Paris aufgeführt wurden: ›Athalie‹ wurde dort 1717 aufgenommen, wie sie aufgenommen werden musste: mit Begeisterung; ›Esther‹ aber fand 1721 nur eine kalte Aufnahme und erschien nicht wieder auf der Bühne. Es waren damals aber auch keine Höflinge mehr vorhanden, die mit zuvorkommender Schmeichelei in Frau von Maintenon Esther, mit Bosheit in Frau von Montespan Vasthi, in Herrn von Louvois Haman und besonders in den von diesem Minister verfolgten Hugenotten die geächteten Hebräer wiedererkannten; das unparteiische Publikum sah nur einen uninteressanten und unwahrscheinlichen Vorfall. Ein unsinniger König, der sechs Monate lang mit seiner Frau zusammengelebt hat, ohne zu wissen und sogar ohne zu fragen, wer sie ist; ein lächerlich barbarischer Minister, der vom König die Ausrottung einer ganzen Nation ohne Unterschied des Alters und Geschlechts fordert, weil man ihm nicht die schuldige Ehrerbietung erwiesen hat, der dabei aber einfältig genug ist, den Befehl, alle Juden nach Verlauf von elf Monaten zu töten, bekanntzumachen – augenscheinlich um ihnen Zeit zur Flucht oder zum Widerstand zu geben –, ein schwachsinniger König, der ohne Grund jenen lächerlichen Befehl unterzeichnet und dann plötzlich ebenfalls ohne Grund seinen Günstling hängen lässt; dabei keine Intrige, keine Handlung, kein Interesse – das alles missfiel jedem, der Verstand und Geschmack besaß.[122] Aber trotz der Gebrechen des Stoffs sind dreißig Verse aus ›Esther‹ von höherem Wert als viele Tragödien, die mehr Erfolg gehabt haben. Diese sinnreichen Ergötzlichkeiten begannen von neuem als Mittel zur Erziehung der Herzogin von Burgund, Adelaide von Savoyen, die in einem Alter von elf Jahren nach Frankreich kam.

Es ist einer der Widersprüche in unseren Sitten, dass man einerseits einen Rest von Infamie an den öffentlichen Schauspielen hat kleben las-

---

122 In den ›Denkwürdigkeiten der Frau von Maintenon‹ wird erzählt, dass Racine, als er den schlechten Erfolg der ›Esther‹ beim Publikum sah, ausgerufen habe: »›Warum habe ich mich dem ausgesetzt? Warum hat man mich gehindert, Kartäuser zu werden!‹ – Tausend Louisdor«, heißt es weiter, »trösteten ihn.«
Erstens: Es ist unwahr, dass ›Esther‹ damals schlecht aufgenommen wurde. Zweitens: Es ist unwahr und unmöglich, dass Racine gesagt hat, man hätte ihn zu jener Zeit gehindert, Kartäuser zu werden, denn seine Frau war noch am Leben. Der Verfasser, der alles aufs Geratewohl geschrieben und durcheinandergeworfen hat, hätte die ›Denkwürdigkeiten über das Leben Jean Racines‹ von seinem Sohn Louis Racine zu Rate ziehen sollen; er würde daraus ersehen haben, dass Jean Racine vor seiner Heirat Kartäuser hatte werden wollen. Drittens: Es ist unwahr, dass der König ihm damals tausend Louisdor gab. Diese Unrichtigkeit ergibt sich ebenfalls aus jenen ›Denkwürdigkeiten‹. Der König verlieh ihm 1690, nach der Aufführung der ›Athalie‹ in Versailles, die Stelle eines Kammerjunkers. Diese Einzelheiten sind von einiger Wichtigkeit, wenn es sich um einen so großen Mann wie Racine handelt. Die falschen Anekdoten über diejenigen, die das Zeitalter Ludwigs XIV. zierten, sind in so vielen lächerlichen Büchern wiederholt worden, diese Bücher sind in so großer Anzahl vorhanden, und jene Fabeln werden von so vielen müßigen und schlecht unterrichteten Lesern für bare Münze genommen, dass man gar nicht genug vor diesen Lügen warnen kann. Wenn aber hier der Verfasser der ›Denkwürdigkeiten der Frau von Maintenon‹ so oft der Unwahrheit überführt wird, so rührt das daher, dass nie ein Autor mehr gelogen hat als er.

sen, während man diese Vorstellungen andererseits für die edelste und der königlichen Personen würdigste Übung angesehen hat. In den von Frau von Maintenon bewohnten Räumen wurde eine kleine Bühne errichtet, auf der die Herzogin von Burgund und der Herzog von Orléans mit den Personen vom Hof spielten, die das meiste Talent besaßen. Der berühmte Schauspieler Baron erteilte ihnen Unterricht und spielte mit ihnen zusammen. Die meisten Tragödien des Kammerdieners des Königs, Duché, wurden für dieses Theater verfasst, während der Abbé Genêt, der Almosenier der Herzogin von Orléans, dergleichen für die Herzogin von Maine schrieb, die diese Stücke mit ihrem Hofstaat aufführte.

Diese Beschäftigung bildete den Geist und belebte die Gesellschaft.[123]

Keiner von denen, die Ludwig XIV. getadelt haben, kann leugnen, dass er bis zur Schlacht bei Höchstädt der einzig mächtige, einzig ansehnliche und einzig große Monarch in beinahe jeder Hinsicht war. Denn obschon Helden wie Johann Sobieski und die Könige von Schweden vorhanden waren, die den Kriegsmann in Ludwig XIV. verdunkelten, so verdunkelte doch keiner den Monarchen in ihm. Ebenso muss anerkannt werden, dass er die Schläge des widrigen Geschicks zu ertragen und wiedergutzumachen wusste. Er hat Mängel und Gebrechen gehabt, er hat große Fehler begangen – aber würden die, die ihn verurteilten, ihn erreicht haben, wenn sie an seiner Stelle gewesen wären?

Die Herzogin von Burgund wuchs an Anmut und Vorzügen. Die Lobsprüche, die man ihrer Schwester in Spanien erteilte, regten einen Wetteifer bei ihr an, der das Talent zu gefallen bei ihr verdoppelte. Sie war keine vollkommene Schönheit, aber sie besaß den königlichen Blick ihres Sohnes, eine vornehme Miene und eine edle Gestalt. Diese Vorzüge wurden durch ihren Witz und mehr noch durch das ungemeine Verlangen verschönt, den Beifall aller Welt zu erlangen. Wie Henriette von England war sie der Abgott und das Vorbild des Hofs. Dabei war sie von höherem Rang als jene: sie stand dem Thron nahe, und Frank-

123 Wie kann der Marquis de La Fare in seinen ›Denkwürdigkeiten‹ behaupten, dass »seit dem Tod von Madame nur Spiel, Verwirrung und Ungeschliffenheit blieben«? Man spielte viel auf den Reisen nach Marly und nach Fontainebleau, nie aber bei Frau von Maintenon, und zu jeder Zeit war der Hof das Muster der vollendeten Höflichkeit. Die damalige Herzogin von Chartres, spätere Herzogin von Orléans, die Prinzessin von Conti und die Frau Herzogin bewiesen das Gegenteil von dem, was der Marquis de La Fare sagt. Dieser Mann, der im Umgang höchst liebenswürdig und nachsichtig war, hat beinahe nur eine Satire geschrieben. Er war mit der Regierung unzufrieden; er brachte sein Leben in einer Gesellschaft zu, wo man sich ein Verdienst daraus machte, den Hof zu verurteilen, und diese Gesellschaft machte aus einem höchst liebenswürdigen Mann einen bisweilen ungerechten Geschichtsschreiber.

reich erwartete vom Herzog von Burgund eine Regierung, wie die Weisen des Altertums sie träumten, deren Strenge jedoch durch die Anmut jener Prinzessin gemildert würde – eine Anmut, die noch mehr dazu angetan war, empfunden zu werden, als die Philosophie ihres Gemahls. Die Welt weiß, wie alle diese Hoffnungen betrogen wurden. Es war das Schicksal Ludwigs XIV., seine ganze Familie in Frankreich durch einen frühzeitigen Tod hinweggerafft zu sehen. Seine Gemahlin starb im Alter von fünfundvierzig, sein Sohn im Alter von fünfzig Jahren, und ein Jahr nach dem Verlust dieses Sohnes, im April 1712, sahen wir seinen Enkel, den Dauphin Herzog von Burgund, dessen Gattin, die Dauphine, und beider ältesten Sohn, den Herzog von Bretagne, nach Saint-Denis in die Gruft getragen werden, während das jüngste ihrer Kinder, das später den Thron bestiegen hat, schon in der Wiege an der Pforte des Todes zu stehen schien. Der Herzog von Berry, der Bruder des Herzogs von Burgund, folgte diesem zwei Jahre später ins Grab, und seine Tochter vertauschte um dieselbe Zeit die Wiege mit dem Sarg.[124]

Diese Zeit der Trauer ließ einen so tiefen Eindruck in den Gemütern zurück, dass ich während der Minderjährigkeit Ludwigs XIV. verschiedene Personen kennenlernte, die nur mit Tränen in den Augen von jenen Verlusten sprachen. Am meisten war bei diesen jähen Todesfällen der Verlust dessen zu beklagen, dem bald die Krone zufallen zu müssen schien. Derselbe Argwohn, der bereits beim Tod von Madame und von Marie Louise von Spanien aufgetaucht war, erwachte jetzt mit ungemeiner Heftigkeit von neuem. Das Übermaß des Schmerzes hätte beinahe die Verleumdung entschuldigt, wenn diese zu entschuldigen gewesen wäre. Es lag ein gewisser Wahnsinn in dem Gedanken, dass man durch verbrecherische Mittel so viele Personen der königlichen Familie aus

124 Der Verfasser der ›Denkwürdigkeiten der Frau von Maintenon‹ erzählt im vierten Band, in einem ›Fräulein Chouin‹ überschriebenen Kapitel, dass »Monseigneur in eine von seinen eigenen Schwestern verliebt war und sich in der Folge mit Fräulein Chouin vermählte«. Diese im Volk verbreiteten Gerüchte werden von allen ehrenhaften Menschen als unwahr verworfen. Um dergleichen Anekdoten vortragen zu dürfen, müsste man nicht bloß Zeitgenosse gewesen, sondern auch mit Beweisen versehen seht Es liegt aber nicht das geringste Anzeichen vor, dass Monseigneur Fräulein Chouin geheiratet hätte. Nach sechzig Jahren in dieser Weise einen so unerwiesenen, unwahrscheinlichen und verrufenen Stadtklatsch wieder aufwärmen heißt nicht Geschichte schreiben, sondern ins Blaue hinein Skandalgeschichten zusammenflicken, um Geld herauszuschlagen. Mit welchem Recht wagt dieser Schriftsteller vorzubringen (Bd.4, S.214), dass die Herzogin von Burgund den Prinzen, ihren Gemahl, gefragt habe: »Würden Sie, wenn ich gestorben wäre, den dritten Band Ihrer Familie hergestellt haben?« Er lässt Ludwig XIV., die Prinzen und die Minister reden, gerade als ob er sie gehört hätte. Es finden sich in diesen ›Denkwürdigkeiten‹ nur wenige Seiten, die nicht mit kecken Unwahrheiten angefüllt sind, die die Entrüstung aller ehrenhaften Menschen wachrufen.

dem Leben geschafft und dabei den einzigen am Leben gelassen hätte, der sie rächen konnte. Die Krankheit, die den Dauphin Herzog von Burgund, seine Gemahlin und seinen ältesten Sohn hinwegraffte, war ein seuchenartiges Scharlachfieber, dem in Paris in weniger als Monatsfrist über fünfhundert Personen erlagen. Am Hof wurden der Herr Herzog von Bourbon, der Enkel des Prinzen von Condé, der Herzog von La Trimouille, Frau von La Vrillière und Frau von Listenay davon befallen; der Marquis de Gondrin, der Sohn des Herzogs von Antin, starb innerhalb zwei Tagen daran, und seine Frau, die spätere Gräfin von Toulouse, war dem Tod nahe. Diese Krankheit durchzog ganz Frankreich und raffte in Lothringen die älteren Brüder jenes Herzogs Franz von Lothringen hinweg, der bestimmt war, eines Tages Kaiser zu werden und dem Hause Österreich neuen Glanz zu verleihen.

Dessen ungeachtet war der Ausspruch eines Arztes Boudin, eines Schwelgers und kecken Ignoranten: »Wir begreifen dergleichen Krankheiten nicht« – dieser Ausspruch also war hinreichend, um der Verleumdung jeden Zügel zu nehmen.

Herzog Philipp von Orléans, der Neffe Ludwigs XIV., besaß ein Laboratorium und studierte neben vielen anderen Künsten auch die Chemie – das war ein unwiderleglicher Beweis gegen ihn! Die Gerüchte, die im Volk über ihn umliefen, waren entsetzlich; man muss Zeuge jener Beschuldigungen gewesen sein, um an deren Möglichkeit zu glauben. Verschiedene Flugschriften und einzelne unglückselige Geschichten Ludwigs XIV. würden jenem Verdacht zu ewiger Dauer verhelfen, wenn nicht unterrichtete Männer es sich angelegen sein ließen, ihn zu zerstören. Ich wage zu erklären, dass ich, jederzeit von der Ungerechtigkeit der Menschen schmerzlich berührt, viele Nachforschungen angestellt habe, um die Wahrheit zu erfahren. Man höre nun, was der Marquis de Canillac, einer der ehrenwertesten Männer des Landes und vertrauter Anhänger des beschuldigten Prinzen, über den er sich später sehr zu beklagen hatte, mir zu wiederholten Malen darüber mitgeteilt hat.

Der Marquis de Canillac suchte den Prinzen zur Zeit jenes allgemeinen Geschreis in seinem Palast auf und fand ihn weinend, durch die Verzweiflung aller Überlegung beraubt, auf dem Boden hingestreckt. Des Prinzen Chemiker, Humbert, begab sich ohne Zaudern zur Bastille, um sich als Gefangener zu stellen, aber man hatte keinen Befehl zu seiner Aufnahme und wies ihn zurück. Nun verlangte der Prinz – wer sollte es glauben? – im Übermaß seines Schmerzes selbst, ins Gefängnis geführt zu werden: Er wollte seine Unschuld auf gerichtlichem Weg bewiesen sehen, und seine Mutter fordert im Verein mit ihm diese grausame Rechtfertigung. Die Lettre-de-cachet wurde ausgefertigt, aber die Unterschrift fehlte, und der Marquis de Canillac bewahrte trotz der Gemütserschütterung genug Kaltblütigkeit, um die Folgen eines so verzweifelten Schrittes vorherzusehen – er veranlasste die Mutter des Prinzen, sich diesem schimpflichen Haftbefehl zu widersetzen. Der Monarch, der diesen gewährte, und sein Neffe, der ihn erbat, waren beide in gleichem Maße unglücklich.[125]

Achtundzwanzigstes Kapitel

Fortsetzung der Anekdoten

Vor der Öffentlichkeit verhehlte Ludwig XIV. seinen Schmerz und ließ sich wie gewöhnlich sehen. Im Geheimen aber marterte ihn das Gefühl all dieses Unglücks und verursachte ihm Krämpfe. Er erlitt alle jene häuslichen Verluste im Verlauf eines unglücklichen Krieges, bevor der Friede gesichert war, und zu einer Zeit, wo die Not das Land in Trauer

125 Der erste, der diesen furchtbaren Verdacht erwähnt hat, ist der Verfasser des ›Lebens des Herzogs von Orléans‹, ein Jesuit namens La Motte, der unter der Regentschaft in Rouen gegen diesen Prinzen predigte und dann unter dem Namen La Hode nach Holland flüchtete. Er hatte von einigen bekanntgewordenen Tatsachen Kenntnis. So sagt er (Bd. 1, S. 112.), dass der so ungerechterweise beschuldigte Prinz gefangengesetzt zu werden verlangte – und diese Angabe ist durchaus richtig. Von dem weiteren Umstand, dass de Canillac sich diesem für die Unschuld des Prinzen schimpflichen Schritt widersetzte, konnte der Jesuit keine Kenntnis haben. Alle übrigen Anekdoten, die er vorbringt, sind unwahr.
Reboulet, der ihn kopiert hat, sagt, seinen Angaben folgend, in Band 8, S. 143, dass das letzte Kind des Herzogs und der Herzogin von Burgund durch venezianisches Gegengift gerettet wurde. Es gibt aber kein venezianisches Gegengift, das man so aufs Geratewohl eingibt. Die Arzneiwissenschaft kennt keine Universalgegengifte, die ein Übel zu heben vermöchten, über dessen Ursache man nicht im Klaren ist. All die Fabeln, die in jenen unglücklichen Tagen im Publikum verbreitet wurden, sind nur ein Haufen Unwahrheiten nach dem Geschmack des gemeinen Mannes.
Beim Kompilator der ›Denkwürdigkeiten der Frau von Maintenon‹ ist es nur eine Unrichtigkeit von geringem Belang, wenn er sagt: »Der Herzog von Maine lag damals im Sterben«, wie es eine täppische Verleumdung ist, wenn er ferner sagt, dass der Verfasser des ›Zeitalters Ludwigs XIV.‹ diese Gerüchte mehr bekräftige als zerstöre. Nie ist die Geschichte durch unsinnigere Lügen entweiht worden als in jenen angeblichen ›Denkwürdigkeiten‹. Der Autor gibt sich den Anschein, als ob er sie im Jahre 1753 geschrieben habe. Er wagt vorzugeben, dass der Herzog und die Herzogin von Burgund sowie ihr ältester Sohn an den Blattern starben, und bringt diese Unwahrheit, um einen Vorwand zu haben, von der Impfung zu sprechen, die im Mai 1756 vorgenommen wurde. Somit spricht er also auf derselben Seite im Jahre 1753 von dem, was im Jahre 1756 geschehen ist. Die Literatur ist mit so vielen verleumderischen Schriften überschwemmt worden, man hat in Holland so viele falsche Denkwürdigkeiten, so viele Lügen über die Regierung und die Bürger auf den Markt gebracht, dass es Pflicht ist, die Leser vor dieser Menge von Schmähschriften zu warnen.

versetzte. Dennoch sah man ihn keinen Augenblick der Widerwärtigkeit erliegen.

Der Rest seines Lebens war traurig. Die Zerrüttung der Finanzen, der er nicht abhelfen konnte, entfremdete ihm die Gemüter, und sein blindes Vertrauen zu dem Jesuiten Le Tellier, einem allzu heftigen Charakter, empörte sie vollends. Es ist seltsam, dass ihm das Publikum, das ihm alle seine Mätressen verzieh, seinen Beichtvater nicht verzeihen wollte. In den letzten drei Jahren seines Lebens verdarb er nach der Meinung der meisten seiner Untertanen alles, was er Großes und Denkwürdiges getan hatte.

Beinahe aller seiner Kinder beraubt, ließ er sich durch seine zunehmende Liebe zum Herzog von Maine und zum Grafen von Toulouse, seinen legitimierten Söhnen, bewegen, diese mit ihren Nachkommen durch ein Edikt, das ohne jede Vorstellung 1714 vom Parlament registriert wurde, für den Fall der Ermangelung von Prinzen von Geblüt zu Erben der Krone zu ernennen. Er milderte auf diese Weise durch das natürliche Gesetz die Strenge der sozialen Gesetze, die den außer der Ehe geborenen Kindern alle Rechte auf die väterliche Erbschaft absprechen. Die Könige befreien von diesem Gesetz. Er glaubte nun für sein eigenes Fleisch und Blut tun zu können, was er zugunsten mehrerer seiner Untertanen getan hatte; insbesondere glaubte er für zwei seiner Kinder festsetzen zu dürfen, was er ohne jeden Widerstand für die Prinzen aus dem Hause Lothringen beim Parlament durchgesetzt hatte.[126] Im Jahre 1715 stellte er dann seine Bastarde den Prinzen von Geblüt im Rang gleich. Der Prozess, den die Prinzen von Geblüt später gegen die legitimierten Prinzen anstrengten, ist bekannt. Diese letzteren behaupteten für sich und für ihre Kinder die ihnen von Ludwig XIV. verliehene Würde – was aber ihre spätere Nachkommenschaft anlangt, so wird deren Stellung von den Zeitumständen, dem Verdienst und vom Glück abhängen.

Mitte August 1715 wurde Ludwig XIV. nach der Rückkehr von Marly von der Krankheit befallen, die seinem Leben ein Ende setzte; seine Beine schwollen an, und der Brand begann sich zu zeigen. Der englische Gesandte, Lord Stair, schloss nach dem Charakter seiner Nation eine Wette ab, dass der König den September nicht überleben würde. Der Herzog von Orléans, der während der Reise nach Marly völlig allein gewesen war, sah nun plötzlich den ganzen Hof um seine Person versam-

126 Vgl. S. 79. Dort aber handelte es sich, was Voltaire übersieht, um legitime Nachkommen, hier um legitimierte, in *doppeltem* Ehebruch gezeugte Kinder.

melt. In den letzten Tagen der Krankheit gab ein Empiriker dem König ein Elixier, das seine Kräfte wiederbelebte; er aß, und der Quacksalber versicherte, dass er genesen würde. Sogleich verminderte sich die Menge, die den Herzog von Orléans umdrängte. »Wenn der König nochmals isst«, äußerte der Herzog, »so werden wir niemanden mehr um uns haben.«

Doch die Krankheit war tödlich. Es waren Maßnahmen getroffen worden, um dem Herzog von Orléans die unumschränkte Regentschaft zu sichern. Der König hatte ihm diese in seinem im Parlament niedergelegten Testament nur in sehr beschränkter Art zugestanden oder ihn vielmehr nur zum Präsidenten eines Regentschaftsrates eingesetzt, bei dem er nur die ausschlaggebende Stimme gehabt haben würde. Nichtsdestoweniger hatte er ihm versichert: »Ich habe Ihnen alle die Rechte gewahrt, die Ihre Geburt Ihnen verleiht.« [127] Er glaubte nämlich nicht, dass es ein Fundamentalgesetz wäre, während einer Minderjährigkeit dem voraussichtlichen Erben der Krone eine unumschränkte Macht zu gewähren. Diese unumschränkte Autorität kann Missbraucht werden und ist daher gefährlich – aber die geteilte Autorität ist unstreitig noch gefährlicher. Der König glaubte, da man bei seinen Lebzeiten so gehorsam gegen ihn gewesen war, würde man es auch nach seinem Tod sein, und dachte nicht daran, dass das Testament seines Vaters für nichtig erklärt worden war. Im Übrigen weiß jeder, mit welcher Seelengröße er den Tod nahen sah (1. September 1715). Zu Frau von Maintenon sagte er: »Ich hatte geglaubt, das Sterben wäre schwerer«, und zu seinen Dienern: »Warum weint ihr? Habt ihr mich für unsterblich gehalten?« Ruhig erteilte er seine Befehle bezüglich vieler Angelegenheiten und sogar bezüglich der Trauerfeierlichkeiten. Wer viele Zeugen seines Todes hat, stirbt stets mit Mut. Ludwig XIII. hatte während seiner letzten Krankheit das ›De profundis‹ in Musik gesetzt, das man für ihn singen sollte. Die Seelenstärke, mit der Ludwig XIV. seinem Ende entgegensah, entbehrte jener Prahlerei, die in seinem ganzen Lebenslauf zutage getreten war. Er besaß sogar den Mut, seine Fehler einzugestehen. Sein Nachfolger hat die bemerkenswerten Worte, die der Monarch zu ihm sprach, indem er ihn im Bett in seinen Armen hielt, stets, auf ein Blatt Papier geschrieben,

127 Die ›Denkwürdigkeiten der Frau von Maintenon‹ berichten (Bd. 5, S. 194), dass Ludwig XIV. den Herzog von Maine zum Generalstatthalter des Königreichs ernennen wollte. Es bedarf glaubwürdiger Zeugen, wenn man eine so ungewöhnliche und bedeutende Sache behaupten will. Der Herzog von Maine hätte in diesem Fall über dem Herzog von Orléans gestanden, alles wäre auf den Kopf gestellt worden – aber jene Angabe ist auch falsch.

unter seinem Kopfkissen verwahrt. Diese Worte lauten durchaus anders, als sie in allen Geschichtswerken zu lesen stehen; ich gebe sie nachstehend getreulich wieder:

> »Du[[128]] wirst bald König eines großen Reiches sein. Ich empfehle dir vor allein, nie deine Verpflichtungen gegen Gott zu vergessen; bedenke, dass du ihm alles verdankst, was du bist. Suche den Frieden mit deinen Nachbarn zu erhalten. Ich habe den Krieg zu sehr geliebt – ahme mir darin nicht nach und auch nicht in den großen Ausgaben, die ich gemacht habe. Nimm in allen Dingen Rat an und suche das Beste zu erkennen, um ihm stets zu folgen. Erleichtere die Last deines Volkes so bald als möglich, und vollbringe, was ich leider nicht selbst zu vollbringen vermochte. [...]«

Diese Rede ist weit entfernt von der Engherzigkeit und Kleinlichkeit, die man ihr in manchen Denkwürdigkeiten nachsagt.

Man hat ihm zum Vorwurf gemacht, dass er in den letzten Jahren seines Lebens Reliquien bei sich getragen habe. Seine Gesinnung war hochherzig; sein Beichtvater aber, der nichts weniger war als das, hatte ihn diesen wenig geziemenden und heute abgekommenen Bräuchen untertan gemacht, um ihn umso vollständiger seinen Einflüsterungen untertan zu machen: Und überdies waren diese Reliquien, die zu tragen er schwach genug war, ihm von Frau von Maintenon gegeben worden.

Obgleich Ludwigs XIV. Leben und Tod glorreich gewesen waren, wurde er doch nicht so beklagt, wie er es verdiente. Die Liebe zum Neuen, die Nähe einer Zeit der Minderjährigkeit, in der jeder sein Glück zu machen hoffte, der Streit wegen der Konstitution, der die Gemüter erhitzte – das alles hatte zur Folge, dass die Nachricht von seinem Tod mit einem Gefühl aufgenommen wurde, das weit über die Gleichgültigkeit hinausging. Wir sahen dasselbe Volk, das 1686 den Himmel unter Tränen um die Genesung seines Königs angefleht hatte, dessen Leichenzug unter Bekundung sehr verschiedener Gesinnungen folgen. Wie erzählt wird, hatte seine Mutter, als er noch sehr jung war, eines Tages zu ihm gesagt: »Mein Sohn, werde deinem Großvater und nicht deinem Vater ähnlich!« Und als er nach dem Grund fragte, erwiderte sie: »Weil man beim Tod Heinrichs IV. weinte, beim Tod Ludwigs XIII. aber lachte.«[129]

128 Im Original steht natürlich die zweite Person Plural statt Singular.

129 Ich sah auf dem Weg nach Saint- Paris hatte sich sogar unter dem gemeinen Volk

Obgleich man ihm Engherzigkeit und Härte in seinem Eifer gegen den Jansenismus, Stolz und Hochmut bei seinen Erfolgen gegen das Ausland, Schwäche gegen verschiedene Frauen, allzu große Strenge in rein persönlichen Angelegenheiten, leichtsinnig unternommene Kriege, die Verwüstung der Pfalz und die Verfolgung der Reformierten zum Vorwurf gemacht hat, haben doch seine großen Eigenschaften und seine Taten bei der schließlichen Abwägung seine Fehler überwogen. Die Zeit, die die Ansichten der Menschen läutert, hat seinem Ruf das Siegel aufgedrückt, und trotz allem, was gegen ihn geschrieben worden ist, wird man seinen Namen nicht ohne Achtung nennen und stets durch diesen Namen die Vorstellung eines ewig denkwürdigen Zeitalters heraufbeschwören.

Fasst man das Privatleben dieses Fürsten ins Auge, so muss man bekennen: Er war zwar übermäßig von seiner Größe eingenommen, aber leutselig; er gewährte seiner Mutter keinen Anteil an der Regierung, aber er kam allen Pflichten eines Sohnes gegen sie nac hund beachtete gegen seine Gattin alle Formen des Anstands; er war ein guter Vater und Gebieter; er war in der Öffentlichkeit ehrbar, im Kabinett fleißig, in den Geschäften pünktlich; er urteilte richtig, sprach gut und verband Liebenswürdigkeit mit Würde. Ich habe bereits an anderer Stelle erwähnt, dass er nie die Worte sprach, die man ihm in den Mund legt, als sein Erster Kammerjunker und sein Großgarderobemeister sich um die Ehre stritten, ihn zu bedienen: »Was liegt daran, welcher von meinen Bedienten mir aufwartet?« Eine so ungeschliffene Äußerung konnte nicht von einem Mann kommen, der so artig und zuvorkommend wie Ludwig XIV. war, und stimmte ebensowenig zu dem, was er eines Tages dem Herzog de La Rochefoucauld erwiderte, der über seine Schulden klagte: »Warum wenden Sie sich nicht an Ihre Freunde?« Ein ganz anderes Wort, das schon an sich von großem Wert war, aber auch noch von einem Geschenk von fünfzigtausend Talern begleitet wurde.

Ebensowenig wahr ist, dass er an den Herzog de La Rochefoucauld geschrieben habe: »Ich beglückwünsche Sie als Ihr Freund zu der Würde eines Großgarderoberneisters, die ich Ihnen als Ihr König verleihe.« Die Geschichtsschreiber rechnen ihm diesen Brief zur Ehre an – sie fühlen nicht, wie wenig zart, ja wie hart es geradezu ist, jemandem, dessen Gebieter man ist, zu sagen, dass man sein Gebieter sei. Das wäre am Platz,

verbreitet. Die Hauptursache dieser allgemeinen Freude war der Jesuit Le Tellier. Ich hörte mehrere Zuschauer sagen, man müsse mit den Fackeln des Leichenzugs die Häuser der Denis kleine Zelte aufgeschlagen, in denen man trank, sang und lachte; die Gesinnung der Bürger von Jesuiten anzünden.

wenn man an einen Untertanen schriebe, der sich empört hätte: Heinrich IV. hätte es vor der völligen Aussöhnung zum Herzog von Mayenne sagen können. Der Kabinettssekretär Rose hatte diesen Brief geschrieben, der König besaß aber viel zuviel Geschmack, um ihn abgehen zu lassen. Dieser gute Geschmack bewog ihn auch, die prahlerischen Inschriften beseitigen zu lassen, mit denen Charpentier von der Französischen Akademie die Gemälde Lebruns in der Galerie zu Versailles versehen hatte, wie z.B. ›Der unglaubliche Übergang über den Rhein‹,

›Die wunderbare Eroberung von Valenciennes‹ usw.; der König fühlte, dass ›Die Eroberung von Valenciennes‹, ›Der Übergang über den Rhein‹ mehr besagte. Charpentier hatte recht getan, die Denkmäler seines Vaterlands mit Inschriften in unserer Sprache zu schmücken, nur hatte die Schmeichelei der Ausführung geschadet. Man hat einige Antworten, einige Aussprüche dieses Fürsten gesammelt, die sich indessen auf ein weniges beschränken. Man behauptet, als er den Calvinismus in Frankreich zu vernichten beschloss, habe er gesagt: »Mein Großvater liebte die Hugenotten und fürchtete sie nicht. Mein Vater liebte sie nicht und fürchtete sie. Ich für mein Teil liebe sie nicht und fürchte sie nicht.«

Als er 1668 Hern de Lamoignon, dem damaligen Requetenmeister, die Stelle eines Ersten Präsidenten beim Parlament von Paris verliehen hatte, sagte er ihm: »Wenn ich einen größeren Ehrenmann und würdigeren Untertanen gekannt hätte, würde ich ihn gewählt haben.« Beinahe derselben Ausdrücke bediente er sich gegen den Kardinal von Noailles, als er ihm das Erzbistum Paris verlieh. Das Verdienst dieser Worte besteht darin, dass sie wahr waren und zur Tugend ermunterten.

Man erzählt, dass ein vorlauter Prediger ihn eines Tages in Versailles von der Kanzel herab namhaft machte – eine Verwegenheit, die gegen keinen Privatmann und noch weniger gegen einen König erlaubt ist. Wie versichert wird, begnügte Ludwig XIV. sich, ihm zu sagen: »Ehrwürdiger Pater, ich nehme gern meinen Teil aus der Predigt, aber ich liebe es nicht, dass man ihn mir zuteile.« Gesprochen oder nicht – jedenfalls kann dieses Wort zur Lehre dienen. Er drückte sich stets edel, klar und bündig aus, indem er sich bemühte, als Souverän zu reden wie zu handeln. Als der Herzog von Anjou nach Spanien aufbrach, um dort den Thron zu besteigen, sagte er, um das Band zu bezeichnen, das fortan beide Nationen vereinen sollte: »Es gibt keine Pyrenäen mehr.«

Sicher kennzeichnet nichts seinen Charakter besser als die nachstehende Denkschrift, die man völlig von seiner Hand geschrieben besitzt:[130]

130 Sie ist seit einigen Jahren in der Königlichen Bibliothek niedergelegt worden.

Die Könige sind oft genötigt, Dinge zu tun, die ihrer Neigung widersprechen und ihre gute Gemütsart verletzen. Sie sollen gern Freude bereiten, müssen aber häufig Leute bestrafen und zugrunde richten, denen sie von Natur aus wohlwollen. Das Staatsinteresse soll allen anderen vorgehen. Man muss seine Neigung bezwingen und darf sich bei etwas Wichtigem nicht der Gefahr aussetzen, sich selbst vorwerfen zu müssen: Es konnte besser gemacht werden, aber einige besondere Interessen haben mich daran gehindert und die Absichten durchkreuzt, die ich zum Besten der Größe, des Wohls und der Macht des Staates haben sollte. Es kommen häufig Dinge vor, die Sorgen bereiten, es gibt zarte Fragen, die schwer zu lösen sind, man hat verworrene Vorstellungen. Solange das der Fall ist, mag man ohne Entschluss bleiben; sobald man jedoch seine Aufmerksamkeit einem Gegenstand zuwendet und den besten Entschluss gefunden zu haben glaubt, muss man ihn ergreifen. Das hat mir oft Glück gebracht bei dem, was ich unternommen habe. Die Fehler, die ich gemacht habe und die mir schwere Sorgen bereitet haben, wurden aus Willfährigkeit begangen und weil ich allzu nachlässigerweise den Ratschlägen anderer folgte. Nichts ist gefährlicher als die Schwäche, welcher Art sie auch sei. Um den anderen gebieten zu können, muss man sich über sie erheben, und nachdem man die allseitigen Meinungen gehört hat, muss man sich der Klugheit gemäß entscheiden, wobei man alles ohne Vorurteil erwägen und immer darauf bedacht sein muss, nichts zu befehlen und auszuführen, was unserer selbst, der Würde, die man bekleidet, und der Größe des Staates unwürdig wäre. Die Fürsten, die gute Absichten und – sei es aus Erfahrung, sei es durch Studien und große Beharrlichkeit, sich die Befähigung zu erwerben – einige Kenntnis von ihren Geschäften besitzen, finden so viele verschiedene Gelegenheiten, durch die sie sich bekannt machen können, dass sie eine besondere Sorge und eine umfassende Aufmerksamkeit für alles haben müssen. Man muss sich vor sich selbst in Acht nehmen, seine Neigung überwachen und stets gegen seine natürliche Art auf der Hut sein. Das Amt eines Königs ist groß, edel, verführerisch, wenn man sich würdig fühlt, all die Pflichten zu erfüllen, die es auferlegt – aber es ist nicht frei von Mühen, Anstrengungen und Sorgen. Die Ungewissheit bringt bisweilen zur Verzweiflung;

> wenn man jedoch eine angemessene Zeit auf die Erwägung einer Sache verwandt hat, muss man sich entscheiden und den Entschluss fassen, den man für den besten hält.[131]

Wenn man den Staat im Auge hat, arbeitet man für sich selbst. Das Wohl des einen begründet den Ruhm des anderen; wenn der erstere glücklich, groß und mächtig dasteht, ist der, der die Ursache dessen ist, stolz darauf und muss daher mehr als seine Untertanen – im Verhältnis zu sich und zu ihnen – alle Annehmlichkeiten des Lebens genießen. Hat man einen Missgriff begangen, so muss man seinen Fehler so bald als möglich wiedergutmachen und sich dabei durch keine Rücksicht – nicht einmal durch die Gutherzigkeit – abhalten lassen.

Im Jahre 1671 starb der Staatssekretär, der mit der Abteilung für das Äußere betraut war. Er war ein fähiger Mensch, wenn auch nicht ohne Fehler, und ließ nicht recht jemanden zurück, der diese äußerst wichtige Stelle auszufüllen vermochte. Ich überlegte einige Zeit, wem ich dieses Amt übertragen sollte, und nach reiflicher Erwägung fand ich einen Mann am geeignetsten dazu, der lange als Gesandter gedient hatte.[132]

Ich ließ ihn kommen. Meine Wahl wurde von aller Welt gebilligt – was nicht immer der Fall ist. Nach seiner Ankunft führte ich ihn in das Amt ein. Ich kannte ihn nur dem Ruf nach und aus den Aufträgen, mit denen ich ihn betraut und die er sehr gut ausgeführt hatte. Das Amt, das ich ihm jetzt verlieh, erwies sich jedoch als zu groß und zu umfassend für ihn. Ich habe nicht alle Vorteile ausgenutzt, die ich ausnutzen konnte – und nur aus Willfährigkeit und Gutmütigkeit. Schließlich musste ich ihm befehlen, sich zurückzuziehen, weil alles, was durch ihn geschah, die Größe und die Kraft einbüßte, die man besitzen muss, um die Befehle eines Königs von Frankreich auszuführen. Hätte ich mich zeitiger zu seiner Entfernung entschlossen, so würde ich die Nachteile vermieden haben, die mir zustießen, und brauchte mir nicht den Vorwurf zu machen, dass meine Gefälligkeit gegen ihn den Staat benachteiligen konnte. Ich

131 Der Abbé Castel von Saint-Pierre, bekannt durch mehrere seltsame Bücher, in denen man sehr viele philosophische und sehr wenige ausführbare Ansichten findet, hat ›Politische Jahrbücher‹ über die Zeit von 1658 bis 1739 hinterlassen. Er verurteilt darin die Regierungsweise Ludwigs XIV. an mehreren Stellen auf das strengste; insbesondere will er nicht, dass man ihn Ludwig den Großen nenne. Wenn ›groß‹ gleichbedeutend ist mit ›vollkommen‹, so kommt ihm dieser Titel sicher nicht zu; nach den von der Hand dieses Monarchen geschriebenen Denkschriften scheint es jedoch, als ob er mindestens ebenso gute Regierungsgrundsätze hatte wie der Abbé von Saint-Pierre. Jene Denkschriften des Abbé von Saint-Pierre sind durch nichts weiter bemerkenswert als durch die plumpe Treuherzigkeit, mit der dieser Mann sich zum Regieren geschaffen glaubt.

132 Der Marquis de Pomponne.

bin auf diese Einzelheit eingegangen, um ein Beispiel für das zu bringen, was ich oben gesagt habe.

Dieses kostbare, bisher fast unbekannt gebliebene Dokument zeugt bei der Nachwelt für die Geradheit und die Größe seiner Seele. Man darf sogar behaupten, dass er sich allzu streng beurteilt und dass er sich bezüglich Pomponnes nichts vorzuwerfen hatte, da die früheren Dienste dieses Ministers und sein Ruf den Fürsten zu dieser Wahl bestimmt hatten, die allgemeine Billigung fand. Verurteilt er sich aber wegen der Wahl Pomponnes, der wenigstens das Glück hatte, während der glorreichsten Zeit im Amt zu sein – was musste er sich da doch bezüglich de Chamillarts sagen, dessen Ministeriumso unheilvoll war und allgemein verdammt wurde!

Er hatte in dieser Weise mehrere Aufsätze geschrieben – teils um sich selbst Rechenschaft zu geben, teils zur Unterweisung für den Dauphin, den Herzog von Burgund. Diese Betrachtungen kamen nach den Ereignissen. Er würde aber der Vollkommenheit, der zuzustreben er das Verdienst hatte, noch näher gekommen sein, wenn er sich eine Philosophie hätte aneignen können, die über der gewöhnlichen Politik und den Vorurteilen gestanden hätte eine Philosophie, wie man sie im Laufe langer Jahrhunderte nur von wenigen Souveränen betätigt sieht und deren Mangel bei den Königen sehr verzeihlich ist, da so viele Privatleute sie nicht kennen.

Ich lasse hier einen Teil der Lehren folgen, die er seinem Enkel Philipp V. bei dessen Abreise nach Spanien übergab. Er schrieb sie in der Hast und mit einer Nachlässigkeit, die die Seele weit besser enthüllt als eine einstudierte Rede. Man erkennt in diesen Instruktionen den Vater und den König.

> Liebe[[133]] die Spanier und alle deiner Krone und deiner Person ergebenen Untertanen. Bevorzuge nicht diejenigen, die dir am meisten schmeicheln. Achte diejenigen, die dir des Guten wegen zu missfallen wagen: diese sind deine wahren Freunde.
>
> Mache deine Untertanen glücklich und führe zu diesem Zweck nur dann Krieg, wenn du dazu gezwungen bist und die Gründe in deinem Rat reiflich überlegt und erwogen hast.
>
> Suche deine Finanzen in guten Stand zu bringen. Wache über Indien und über deine Flotten. Denke an den Handel.

133 Im Original steht statt dessen die zweite Person Plural.

Lebe in enger Eintracht mit Frankreich, da für beide Mächte nichts vorteilhafter ist als diese Einigkeit, der nichts wird widerstehen können.[134]

Wenn du zum Krieg genötigt bist, stelle dich an die Spitze deines Heeres.

Sei darauf bedacht, deine Truppen überall wieder in guten Stand zu bringen, und mache mit denen in Flandern den Anfang.

Lass nie deine Geschäfte deines Vergnügens wegen im Stich, sondern entwirf dir eine Art Lebensordnung, die dir die Zeit zur Erholung und Zerstreuung bestimmt.

Unter diesen gibt es kaum unschuldigere als die Jagd und die Vorliebe für irgendein Landhaus, vorausgesetzt, dass du nicht zu viele Ausgaben dafür machst.

Schenke den Geschäften große Aufmerksamkeit, sobald man dir darüber berichtet. Höre am Anfang viel, ohne etwas zu entscheiden.

Sobald du mehr Kenntnis hast, bedenke, dass die Entscheidung dir zusteht. So erfahren du aber auch sein magst – höre stets alle Ansichten deines Rates an, bevor du diese Entscheidung triffst. Tue alles, was in deinen Kräften steht, um die bedeutendsten Leute genau kennenzulernen, damit du dich ihrer bei richtiger Gelegenheit bedienen kannst.

Sieh zu, dass deine Vizekönige und Gouverneure immer Spanier sind.

Sei gütig gegen alle Welt, sage nie etwas Kränkendes zu jemandem, sondern zeichne die Leute von Stand und von Verdienst aus.

Zeige dich erkenntlich gegen den verstorbenen König und gegen alle, die der Meinung waren, dich zu seinem Nachfolger zu wählen.

Habe Vertrauen zum Kardinal Portocarrero, und zeige ihm, wie dankbar du ihm wegen des Verhaltens bist, dessen er sich befleißigt hat.

Ich glaube, du musst etwas Bedeutendes für den Gesandten tun, der glücklich genug war, zuerst als Untertan zu dir zu sprechen und dich zu begrüßen.

Vergiss Bedmar nicht, der Verdienste hat und imstande ist, dir zu dienen.

---

134 In dieser Voraussetzung täuschte er sich bekanntlich.

Habe volles Vertrauen zum Herzog von Harcourt. Er ist gewandt und redlich und wird dir nur mit Bezug auf deine Person Ratschläge erteilen.

Halte alle Franzosen in Ordnung.

Behandle deine Diener gut, gestatte ihnen aber nicht zuviel Vertraulichkeit, und schenke ihnen noch weniger Vertrauen. Gebrauche sie, solange sie verständig sind; entlasse sie beim geringsten Fehler, den sie begehen, und verteidige sie niemals gegen die Spanier.

Mit der Königinwitwe habe nur so viel Verkehr, wie du nicht vermeiden kannst. Richte es so ein, dass sie Madrid verlässt, ohne sich aus Spanien zu entfernen. Wo sie auch sein mag, beobachte ihr Verhalten und verhindere, dass sie sich in irgendwelche Angelegenheiten einmischt. Halte die für verdächtig, die zuviel Verkehr mit ihr haben.

Behalte deine Verwandten lieb. Gedenke des Kummers, den sie hatten, dich ziehen lassen zu müssen. Bleibe bezüglich der wichtigen wie der kleinen Dinge in regem Verkehr mit ihnen. Fordere von uns, was du brauchst oder haben möchtest und nicht in deinem Lande findest – wir werden dir gegenüber dasselbe tun.

Vergiss nie, dass du ein Franzose bist und was dir geschehen kann. Sobald du die spanische Thronfrage durch Kinder gesichert hast, besuche deine Länder, begib dich nach Neapel und Sizilien, geh nach Mailand und komm nach Flandern.[135] Das wird eine Gelegenheit zum Wiedersehen mit uns sein. Inzwischen besuche Katalonien, Aragonien und andere Gegenden. Sieh zu, was sich für Ceuta wird tun lassen.

Wirf einiges Geld unter das Volk, sobald du in Spanien bist, und besonders bei deinem Einzug in Madrid. Zeige dich nicht betroffen über die ungewöhnlichen Gestalten, die du antreffen wirst. Spotte nicht darüber. Jedes Land hat seine Eigentümlichkeiten, und du wirst bald an das gewöhnt sein, was dir anfangs am seltsamsten erschien. Vermeide, soviel du kannst, denen Gunstbeweise zuteil werden zu lassen, die Geld geben,

135 Dieser einzige Satz vermag zahlreiche Geschichtsschreiber zu widerlegen, die aufgrund der in Holland geschriebenen falschen Denkwürdigkeiten von einem angeblichen, von Philipp V. vor seiner Abreise unterzeichneten Vertrag gesprochen haben, durch den ebendieser Fürst seinem Großvater Flandern und Mailand abgetreten haben sollte.

> um sie zu erlangen. Gib bei rechter Gelegenheit und reichlich, und nimm nie Geschenke an – höchstens Kleinigkeiten. Wenn du aber bisweilen nicht umhin kannst, ein Geschenk anzunehmen, so mache denen, die es dir dargebracht haben, nach Verlauf einiger Tage ein beträchtlicheres Gegengeschenk.
>
> Halte dir zur Verwahrung deines Privatgeldes eine Kassette, zu der du allein den Schlüssel hast. Ich schließe mit einem der wichtigsten Ratschläge, die ich dir zu erteilen habe: Lass dich nicht beherrschen; sei Herr und nimm nie einen Günstling noch einen Premierminister. Höre und befrage deinen Rat, aber entscheide selbst. Gott, der dich zum König gemacht hat, wird dir die Einsicht geben, deren du bedarfst, sofern deine Absichten gut sind.[136]

Ludwig XIV. besaß mehr geraden Verstand und würdigen Ernst als sprudelnden Witz. Man verlangt ja aber auch von einem König nicht, dass er denkwürdige Dinge sage, sondern dass er solche vollbringe. Das notwendigste Erfordernis bei einem Mann in Amt und Würden ist, dass er nie jemanden unzufrieden mit seiner Anwesenheit lasse und dass er sich bei allen, die sich ihm nahen, beliebt mache. Man kann nicht in jedem Augenblick Wohltaten erweisen, aber man kann stets etwas Angenehmes sagen. Ludwig XIV. hatte sich dies zur Gewohnheit gemacht; zwischen ihm und seinem Hof bestand ein ständiger Austausch dessen, was die Majestät an Anmut und Zuvorkommenheit haben kann, ohne sich je zu erniedrigen, und dessen, was der Diensteifer und das Verlangen zu gefallen an Feinheit haben können, ohne den Schein der Niedrigkeit zu gewinnen. Er war – besonders den Frauen gegenüber – von einer Aufmerksamkeit und einer Artigkeit, die die Zuvorkommenheit seiner Höflinge noch erhöhten, und versäumte keine Gelegenheit, um

136 Der König von Spanien folgte diesen Ratschlägen; er war ein tugendhafter Fürst. Der Verfasser der ›Denkwürdigkeiten der Frau von Maintenon‹ beschuldigt ihn (Bd. 5; S. 200 ff.), »am Tag nach dem Tod seiner ersten Frau mit der Prinzessin Orsini ein anstößiges Souper veranstaltet und diese Frau, die er mit Schmähungen überschüttet hatte, heiraten gewollt« zu haben. Man beachte aber, dass Anne Marie von La Trémouille, Fürstin Orsini, die Ehrendame der verstorbenen Königin, damals über siebzig Jahre zählte und dass dies fünfundfünfzig Jahre nach ihrer ersten und vierzig Jahre nach ihrer zweiten Heirat war. Dergleichen Gerüchte, die der Vergessenheit anheimzufallen verdienen, werden strafwürdige Verleumdungen, wenn man sie drucken lässt und die achtbarsten Namen zu schänden sucht, ohne den geringsten Beweis beizubringen.
Nebenbei: Philipp V. war einer der keuschesten Fürsten, die die Geschichte kennt. Seine übermäßige Enthaltsamkeit wurde als eine der Hauptursachen der Melancholie betrachtet, die ihn gleich in den ersten Jahren seiner Regierung befiel und ihn schließlich während beträchtlicher Zeiträume zu jeder Arbeit und Anstrengung unfähig machte.

den Männern Dinge zu sagen, die gleichzeitig gefallen und den Wetteifer anregen und lange in der Erinnerung bleiben.

Eines Tages scherzte die noch sehr jugendliche Herzogin von Burgund beim Souper viel und laut über einen anwesenden Offizier, der von ungemeiner Hässlichkeit war. »Madame«, bemerkte der König noch lauter, »ich halte ihn für einen der schönsten Männer meines Reichs, denn er ist einer der tapfersten.«

Ein höherer Offizier, ein Mann von rauhen Sitten, dessen barsche Art selbst der Hof Ludwigs XIV. nicht zu mildern vermocht hatte, hatte im Gefecht einen Arm verloren und beklagte sich beim König, der ihn dafür schon belohnt hatte, wie man nur für einen zerschmetterten Arm belohnt werden kann. »Ich möchte, ich hätte auch den anderen verloren«, sagte er, »und brauchte Eurer Majestät nicht mehr zu dienen.«

»Das würde mir Ihret- wie meinetwegen leid tun«, erwiderte der König, und dieser Äußerung folgte die Gewährung einer Gnade. Es lag ihm so fern, jemandem etwas Unangenehmes zu sagen, das im Mund eines Fürsten zu einem tödlichen Pfeil wird, dass er sich nicht einmal die unschuldigsten und gutmütigsten Scherze erlaubte, während Privatleute alle Tage die bittersten und grausamsten Spöttereien aussprechen.

Er fand an jenen sinnreichen Kleinigkeiten, den Impromptus und gefälligen Liedern, viel Gefallen und verstand sich auch darauf. Bisweilen machte er sogar aus dem Stegreif Parodien auf die gerade beliebten Arien, wie z.B. die folgende:

Chez mon cadet de frère Le chancelier Serrant
N'est pas trop nécessaire, Et le sage Boifranc
Est celui qui sait plaire.

Es scheint bei meinem Brüderlein
Der Kanzler, der Serrant,
Nicht gerade sehr beliebt zu sein,
Dagegen flößt ihm Freude ein Der weise Boifranc.

Oder jene andere, die er eines Tages bei der Verabschiedung des Rates machte:

Le conseil à ses yeux a beau se présenter;
Sitôt qu'il voit sa chienne, il quitte tout pour elle,
Rien ne peut l'arrêter,
Quand la chasse l'appelle.

Vergebens naht der Rat mit der Geschäfte Last:
Sobald sein Hund erscheint, lässt er das Zepter fallen –

Nichts hält ihn im Palast,
Hört er das Jagdhorn schallen.

Diese Kleinigkeiten zeigen wenigstens, dass die geistigen Ergötzlichkeiten zu den Genüssen des Hofs gehörten, dass er an diesen Genüssen teilnahm und dass er in der Häuslichkeit als Mensch zu leben verstand, wie er auf der Weltbühne als Monarch aufzutreten wusste. Sein bezüglich des Marquis de Barbezieux an den Erzbischof von Reims gerichteter Brief macht, obgleich in einem höchst nachlässigen Stil geschrieben, seinem Charakter mehr Ehre, als die sinnreichsten Einfälle seinem Geist gemacht haben würden. Er hatte dem jugendlichen Barbezieux die Stelle eines Staatssekretärs des Krieges gegeben, die dessen Vater, der Marquis de Louvois, innegehabt hatte. Bald darauf mit dem Verhalten dieses seines neuen Staatssekretärs unzufrieden, versucht er ihn zu bessern, ohne ihn allzu sehr zu demütigen. Zu diesem Zweck wandte er sich an Barbezieux' Oheim, den Erzbischof von Reims, und bat ihn, seinen Neffen zu warnen. Ein über alles unterrichteter Gebieter, ein wohlwollender Vater sprach in diesem Brief, in dem er folgendes sagte:

Ich weiß, was ich dem Gedächtnis von Louvois schuldig bin;[137] wenn jedoch Ihr Neffe sein Verhalten nicht ändert, werde ich gezwungen sein, zu einem harten Entschluss zu greifen. Es soll mir Leid tun, aber ich werde dazu greifen müssen. Er hat Anlagen, aber er macht keinen Gebrauch davon. Er gibt den Prinzen zu häufig Abendessen, anstatt zu arbeiten; er vernachlässigt seiner Vergnügungen wegen die Geschäfte; er lässt die Offiziere zu lange in seinem Vorzimmer warten und spricht mit Überhebung, bisweilen mit Härte zu ihnen.

Das ist's, was ich von diesem Brief, den ich früher im Original sah, im Gedächtnis behalten habe. Er zeigt, dass Ludwig XIV. nicht von seinen Ministern beherrscht wurde, wie man geglaubt hat, sondern dass er seine Minister zu beherrschen wusste.

Er liebte die Lobsprüche, und es ist wünschenswert, dass ein König diese liebe, damit er sich bestrebe, sie zu verdienen – aber er nahm sie nicht immer an, wenn sie zu stark waren. Als ihm die Akademie, die ihm stets über ihre Preisausschreiben Bericht gab, das Thema vorlegte »Welche von all den Tugenden des Königs verdient den Vorzug?«, errötete er und wollte nicht zugeben, dass ein solcher Gegenstand behandelt würde. Er duldete die Prologe Quinaults – aber das war in den

137 Diese Worte sind ein klarer Beweis der niederträchtigen Verleumdung La Beaumelles, der zu sagen wagt, dass der Marquis de Louvois befürchtet hätte, von Ludwig XIV. vergiftet zu werden. Jener Brief muss sich übrigens noch unter den vom Großsiegelbewahrer Chauvelin hinterlassenen Papieren befinden.

schönen Tagen seines Ruhms, zu einer Zeit, wo der Freudentaumel der Nation den seinen entschuldigte. Augustus wurde von Virgil und Horaz aus Dankbarkeit, von Ovid aus unwürdiger Schwäche mit weit stärkeren und – wenn man die Proskriptionen bedenkt – weit weniger verdienten Lobsprüchen überschüttet.

Wenn Corneille im Vorzimmer Kardinal Richelieus zu einem der Höflinge gesagt hätte: »Sagen Sie dem Herrn Kardinal, dass ich mich auf Verse besser verstehe als er«, so würde ihm dieser Minister nie verziehen haben. Als aber Despréaux bei einem Streit über einige Verse, die der König gut fand, Despréaux aber verdammte, dasselbe zu Ludwig XIV. sagte, bemerkte der König: »Er hat recht, er versteht sich darauf besser als ich.«

Der Herzog von Vendôme hatte Villiers um sich, einen jener Lebemänner, die sich ihren zynischen Freimut zum Verdienst anrechnen. Er gab ihm in Versailles in seinen eigenen Räumen Wohnung, und man nannte ihn in der Regel VilliersVendôme. Dieser Mann verdammte offen den Geschmack Ludwigs XIV. in jeder Hinsicht, mochte es sich um Gegenstände der Musik oder der Malerei oder der Architektur oder der Gartenkunst handeln. Pflanzte Ludwig XIV. ein Boskett an, richtete er ein Gemach ein, führte er einen Brunnen auf – Villiers fand alles schlecht und sprach es in wenig mäßigen Ausdrücken aus. »Es ist seltsam«, äußerte der König, »dass Villiers gerade mein Haus gewählt hat, um sich darin über alles lustig zu machen, was ich tue.«

Als er ihm eines Tages in den Gärten begegnete, fragte er ihn, indern er auf eine seiner neuen Anlagen zeigte: »Nun, das hat also nicht das Glück, Ihnen zu gefallen?«

»Nein«, entgegnete Villiers trocken.

»Es gibt aber doch Leute«, fuhr der König fort, »die nicht so ganz unzufrieden damit sind.«

»Das ist schon möglich«, gab Villiers zurück; »jeder hat seine eigene Meinung.«

Lachend erwiderte der König: »Nun, man kann es nicht allen Leuten recht machen.«

Als Ludwig XIV. eines Tages Tricktrack spielte, kam ein zweifelhafter Zug vor. Man stritt. Die umstehenden Höflinge schwiegen. Da trat der Graf von Gramont ein. »Seien Sie unser Schiedsrichter!` sagte der König zu ihm.

»Sire, Sie haben unrecht«, erklärte der Graf. »Aber wie können Sie mir unrecht geben, ehe Sie wissen, um was es sich handelt?« »Sire, sehen Sie denn nicht, dass, wenn die Sache nur einigermaßen zweifelhaft gewesen wäre, alle diese Herren hier Ihnen gewonnenes Spiel gegeben haben würden?« Der Herzog von Antin zeichnete sich in diesem Jahrhundert durch ein eigentümliches Geschick aus, schmeichelhafte Sachen nicht zu sagen, sondern zu tun. Der König blieb über Nacht in Petit-Bourg Er tadelte dort einen großen Baumgang, der die Aussicht auf den Fluss verdeckte. Der Herzog von Antin ließ während der Nacht die Bäume fällen. Bei seinem Erwachen staunte der König, die Bäume nicht mehr zu sehen, die ihm missfallen hatten. »Eure Majestät hat sie verurteilt, deshalb sieht Sie sie nicht mehr«, erklärte der Herzog. Wir haben an anderer Stelle bereits erwähnt, wie der gleiche Herzog; nachdem er wahrgenommen hatte, dass ein ziemlich großes Gehölz am Ende des Kanals von Fontainebleau dem König missfiel, einen Spaziergang benutzte, um sich, nachdem alles vorbereitet worden war, den Befehl zur Entfernung dieses Gehölzes erteilen zu lassen, das man dann im selben Augenblick zusammenstürzen sah. Dergleichen Züge kennzeichnen den geistreichen Höfling – nicht den Schmeichler.[[138]] Man hat Ludwig XIV. eines unerträglichen Hochmuts beschuldigt, weil der Sockel seines Standbildes auf der Place des Victoires von angeketteten Sklaven umgeben ist. Aber weder dieses noch das Standbild auf der Place de Vendôme sind auf seinen Befehl errichtet worden. Die Statue auf der Place des Victoires ist das Denkmal der Seelengröße und der Dankbarkeit des ersten Marschalls von La Feuillade gegen seinen Souverän. Er gab 500.000 Livre – d.h. nahezu eine Million nach heutigem Geld – dafür aus, und die Stadt fügte eine gleiche Summe hinzu, um dem Platz eine regelmäßige Gestalt zu geben. Wie es scheint, tut man ebenso unrecht, wenn man Ludwig XIV. den Pomp dieser Statue zur Last legt, wie wenn man in der Hochherzigkeit des Marschalls nur Eitelkeit und Speichelleckerei erblickt.

Man sprach nur von jenen Sklaven. Diese stellen aber ebensowohl gebändigte Laster wie besiegte Nationen dar: das abgeschaffte Duell, die

138 Der Herzog hatte die Bäume vorher über der Wurzel durchsägen lassen und Leute angestellt, die auf ein gegebenes Zeichen den Wald an Seilen zu Boden rissen. Dass diese zweite, verbesserte Auflage einer und derselben derben Schmeichelei Ludwigs Beifall fand, beweist übrigens nichts für den Witz des Schmeichlers, wohl aber zeigt sie, dass absolute Fürsten jederzeit an einer wenn auch noch so unsinnigen oder possenhaften Versinnbildlichung ihrer unumschränkten Gewalt Gefallen finden. So suchte Caligula »mit Hintansetzung aller gesunden Vernunft gerade das möglich zu machen, was als durchaus unmöglich bezeichnet wurde«, und ließ daher Berge abtragen, Ebenen in Berge umschaffen, Bajä durch einen fliegenden Damm mit der Mole von Puteoli verbinden usw. Nikolaus I. von Russland ließ mitten im Winter eine Allee riesiger Bäume anpflanzen und befahl, deren Wurzeln durch im Erdreich angebrachte Öfen vor dem Erfrieren zu schützen. Die hierhergehörigen Extravaganzen des unglücklichen Ludwig II. von Bayern sind allgemein bekannt.

vernichtete Ketzerei – die Inschriften bezeugen es zur Genüge. Diese feiern auch die Verbindung der Meere und den Frieden zu Nimwegen und reden mehr von Wohltaten als von Kriegstaten. Überdies ist es ein alter Brauch bei den Bildhauern, am Piedestal der Standbilder der Könige Sklaven anzubringen. Es wäre zwar besser, wenn man freie und glückliche Bürger darstellte – aber kurz und gut, man erblickt Sklaven zu den Füßen des gütigen Henrich IV. und Ludwigs XIII. in Paris; man erblickt sie in Livorno am Standbild Ferdinands von Medici, der sicher keine Nation in Ketten schlug; man erblickt sie in Berlin am Standbild eines Kurfürsten, der die Schweden zurückschlug, aber keine Eroberungen machte.

Die Nachbarn Frankreichs und die Franzosen selbst haben höchst ungerechterweise Ludwig XIV. für diesen Brauch verantwortlich gemacht. Die Inschrift »Viro immortali«[139] ist als Götzendienerei verschrien worden, als ob dieser Ausdruck etwas anderes bezeichne als die Unsterblichkeit seines Ruhms. Die Inschrift, die Viviani an seinem Haus in Florenz anbrachte – »Aedes a Deo data«[140] –, klingt weit götzendienerischer; dennoch ist es nur eine Anspielung auf den Beinamen Deodatus und den Vers Virgils: »Deus nobis haec otia fecit.«[141]

Was die Statue auf der Place de Vendôme anlangt, so hat die Stadt diese errichten lassen. Die lateinischen Inschriften auf den vier Seiten des Sockels sind plumpere Schmeicheleien als die der Place des Victoires. Es heißt darin, Ludwig XIV. habe immer nur wider Willen zu den Waffen gegriffen. Dieser Schmeichelei widersprach er in feierlichster Weise auf seinem Totenbett durch Worte, deren man sich länger erinnern wird als jener ihm unbekannt gebliebenen Inschriften, die nur das Werk der Kriecherei einiger Gelehrter sind.

Der König hatte die Gebäude an diesem Platz für die öffentliche Bibliothek bestimmt. Der Platz war damals größer und wurde auf drei Seiten von einem gewaltigen Palast eingeschlossen, dessen Umfassungsmauern bereits vollendet waren, als die schweren Zeiten 1701 die Stadt zwangen, auf den Ruinen dieses halbvollendeten Baus Privathäuser zu errichten. So ist der Louvre nicht vollendet worden; so sind der Springbrunnen und der Obelisk, die Colbert dem Portal Perraults gegenüber errichten lassen wollte, in den Zeichnungen steckengeblieben; so ist das schöne Portal von Saint-Gervais ins Dunkel zurückgesunken und erwecken die meisten Baudenkmäler von Paris Bedauern.

139 Dem unsterblichen Mann.
140 Haus, von (einem) Gott gegeben.
141 Gott gab uns dieses Geschenk.

Die Nation hätte es gern gesehen, wenn Ludwig XIV. seinen Louvre und seine Hauptstadt dem Palast von Versailles vorgezogen hätte, den der Herzog von Créqui sehr treffend einen »Günstling ohne Verdienst« nannte. Die Nachwelt bewundert dankbar, was Großes für das Publikum geschaffen wurde; wenn man aber sieht, was Ludwig XIV. Großartiges und Mangelhaftes für sein Landhaus getan hat, so mischt sich in die Bewunderung der Tadel.

Aus all dem Angeführten erhellt, dass dieser Monarch an allem die Größe und den Ruhm liebte. Ein Fürst, der noch einfach und bescheiden wäre, nachdem er ebenso große Dinge vollbracht hätte wie er, würde der erste unter den Königen und Ludwig XIV. der zweite sein.

Wenn er aber auf dem Sterbelager bereute, sich leichtsinnig in Kriege gestürzt zu haben, so muss man zugeben, dass er nicht nach dem Erfolg urteilte, denn von allen seinen Kriegen war der gerechteste und unvermeidlichste, der Krieg von 1701, der einzige unheilvolle.

Aus seiner Ehe hatte er außer Monseigneur noch zwei Söhne und drei Töchter, die in den Kinderjahren starben. Seine Liebesverhältnisse waren in dieser Hinsicht glücklicher: nur zwei seiner natürlichen Kinder starben in der Wiege, acht andere blieben am Leben und wurden legitimiert, und fünf von diesen hatten Nachkommenschaft. Außerdem hatte er noch von einem adligen Fräulein, das in Diensten der Frau von Montespan stand, eine nicht anerkannte Tochter, die er an de La Queue, einen Edelmann aus der Gegend von Versailles, verheiratete.

Man vermutete auch mit viel Wahrscheinlichkeit von einer Nonne in der Abtei von Moret, dass sie eine Tochter des Königs wäre; sie hatte einen ungemein schwarzbraunen Teint und sah ihm überdies ähnlich.[142] Der König gab ihr eine Mitgift von zwanzigtausend Talern, als er sie in diesem Kloster unterbrachte. Die Meinung, die sie von ihrer Geburt hatte, flößte ihr einen Stolz ein, über den ihre Oberen sich bitter beklagten. Frau von Maintenon besuchte daher auf einer Reise nach Fontainebleau das Kloster Moret und versuchte, um dieser Nonne mehr Bescheidenheit beizubringen, ihr Möglichstes, dieser die Vorstellung auszureden, die ihren Hochmut nährte. »Madame«, entgegnete ihr die Nonne, »die Mühe, die sich eine Dame von Ihrer Stellung nimmt, eigens hierherzukommen, um mir zu sagen, dass ich nicht eine Tochter des Königs sei, überzeugt mich, dass ich es bin.«

Im Kloster von Moret erinnert man sich dieser Anekdote noch heute.

142 Der Verfasser hat sie in Begleitung des Finanzintendanten de Caumartin gesehen, der das Recht hatte, das Innere des Klosters zu betreten.

Diese zahllosen Einzelheiten könnten einen Philosophen abschrecken, aber die Neugier, diese allgemeine menschliche Schwäche, hört beinahe auf, eine Schwäche zu sein, wenn sie Zeiten und Menschen zum Gegenstand hat, die die Blicke der Nachwelt fesseln.

Neunundzwanzigstes Kapitel

Innere Verwaltung · Justiz · Handel · Polizei · Gesetze · Kriegswesen · Marine usw.

Man ist den Männern im Staat, die ihrem Zeitalter Gutes getan haben, die Gerechtigkeit schuldig, dass man den Punkt ins Auge fasst, von dem sie ausgingen, umso die Veränderungen, die sie in ihrem Vaterland bewirkten, besser beurteilen zu können. Die Nachwelt schuldet ihnen – selbst wenn sie übertroffen worden sind – ewigen Dank für das Beispiel, das sie gegeben haben; dieser gerechte Ruhm ist ihr einziger Lohn. Unzweifelhaft wurde auch Ludwig XIV. von der Liebe zu diesem Ruhm beseelt, als er gleich von Beginn seiner selbständigen Herrschaft an sein Reich zu reformieren, seinen Hof zu verschönern und die Künste zu vervollkommnen suchte.

Er machte es sich nicht nur zum Gesetz, regelmäßig mit jedem einzelnen seiner Minister zusammen zu arbeiten, sondern es konnte auch jeder bekannte Mann eine besondere Audienz bei ihm erlangen, und jedem Bürger war gestattet, ihm Bittschriften und Pläne vorzulegen. Die Bittgesuche wurden anfangs von einem Requetenmeister entgegengenommen, der sie mit Randbemerkungen versehen zurückgab; später wurden sie den Büros der Minister zugeschickt. Die Projekte wurden im Rat geprüft, wenn sie eine Prüfung verdienten, und ihre Urheber mehr als einmal zugelassen, um ihre Vorschläge in Anwesenheit des Königs zu erörtern. Auf diese Weise bildete sich zwischen dem Thron und der Nation ein Verkehr, der der absoluten Gewalt zum Trotz fortbestand.

Ludwig XIV. erzog sich selbst zur Tätigkeit und gewöhnte sich an Arbeit. Diese Arbeit war umso beschwerlicher für ihn, da sie ihm neu war und die verführerischen Vergnügungen ihn leicht davon abziehen konnten. Er schrieb die ersten Depeschen an seinen Gesandten, entwarf später oft eigenhändig die wichtigeren Briefe und ließ kein Schriftstück unter seinem Namen ausfertigen, das er sich nicht hätte vorlesen lassen.

Kaum hatte Colbert nach dem Sturz Fouquets wieder Ordnung in die Finanzen gebracht, als der König dem Volk alle rückständigen Steuern aus den Jahren 1647 bis 1656 und insbesondere dem dritten Stand noch drei Millionen Auflagen erließ. Außerdem wurden für jährlich 500.000 Taler lästige Zölle abgeschafft. Der Abbé von Choisy scheint mithin schlecht unterrichtet oder sehr ungerecht gewesen zu sein, wenn er behauptet, dass die Einnahme nicht herabgesetzt wurde – sie wurde durch jene Steuernachlässe herabgesetzt und durch die gute Ordnung erhöht.

Die Bemühungen des ersten Präsidenten von Bellièvre, die durch die Freigebigkeit der Herzogin von Aiguillon und verschiedener Bürger unterstützt wurden, hatten zur Errichtung des Generalhospitals[143] geführt. Der König vergrößerte es und ließ derartige Anstalten in allen größeren Städten des Reichs errichten.

Die bis dahin unwegsamen Landstraßen wurden nicht mehr vernachlässigt und gestalteten sich nach und nach zu dem, was sie heute unter der Regierung Ludwigs XV. sind: die Bewunderung der Fremden. Auf welcher Seite man auch Paris verlässt, beinah immer reist man jetzt fünfzig bis sechzig Stunden weit auf festen, mit Bäumen eingefassten Wegen. Die von den Römern angelegten Straßen waren zwar dauerhafter, aber nicht so breit und so schön. Das Genie Colberts wandte sich besonders dem Handel zu, der nur wenig ausgebildet und dessen große Prinzipien noch unbekannt waren. Die Engländer und mehr noch die Holländer versahen mit ihren Schiffen den ganzen Handel Frankreichs; besonders die Holländer beluden in unseren Häfen ihre Schiffe mit unseren Produkten und verteilten sie über Europa. Im Jahre 1662 begann der König seine Untertanen von einer Abgabe zu befreien, dem sogenannten »Frachtzoll«, den alle fremden Schiffe bezahlen mussten, und gewährte den Franzosen alle möglichen Erleichterungen, damit sie ihre Waren selbst und mit weniger Kosten transportieren könnten. Nunmehr entwickelte sich der Seeverkehr. Der Handelsrat, der noch heute besteht, wurde errichtet, und der König führte alle vierzehn Tage darin den Vorsitz.

Dünkirchen und Marseille wurden zu Freihäfen erklärt, und binnen kurzem zog dieser Vorteil den Handel mit der Levante nach Marseille

143 23 Das Generalhospital – ursprünglich nur eine Versorgungsanstalt für alte Frauen – wurde bereits 1632 anstelle einer Salpetersiederei erbaut und behielt davon den Namen »Salpetrière«. Schon Mazarin hatte diese Stiftung erweitert, und unter Ludwig XIV. umschloss sie schließlich 7000 Unglückliche beiderlei Geschlechts, darunter auch Geisteskranke und Freudenmädchen, die von hier aus in die Kolonien transportiert wurden. – Bei seiner schwächlichen Gesundheit interessierte sich der König überhaupt sehr für Medizin und bereitete sogar für arme Kranke eigenhändig ein von einem Wunderdoktor – dem Prior von Cabrières – erfundenes Bruchpflaster.

und den Handel mit dem Norden nach Dünkirchen. Im Jahre 1664 bildete sich eine Westindische Kompanie und wurde die Ostindische Kompanie errichtet. Vor dieser Zeit war der Luxus in Frankreich der holländischen Betriebsamkeit zinspflichtig. Die Anhänger der verzagten, unerfahrenen, beschränkten alten Nationalökonomie zeterten vergeblich gegen einen Handel, bei dem unausgesetzt unvergängliches Geld gegen verzehrbare Dinge ausgetauscht wird. Sie bedachten dabei nicht, dass die indischen Waren, da sie unentbehrlich geworden waren, um einen teureren Preis dem Ausland hätten abgekauft werden müssen. Zwar wird mehr bares Geld nach Ostindien geschafft, als von dort zurückfließt, und Europa wird dadurch ärmer; aber dieses Geld kommt aus Mexiko und aus Peru, es ist der Preis für die nach Cadiz geschafften Erzeugnisse unseres Landes, und es bleibt mehr von diesem Geld in Frankreich zurück, als Ostindien davon aufsaugt.

Der König vermachte der Ostindischen Kompanie mehr als sechs Millionen nach heutigem Geld. Er forderte die Reichen auf, sich daran zu beteiligen, und die Königinnen, die Prinzen und der Hofstaat gaben zwei Millionen Münze jener Zeit, die höheren Gerichtshöfe 1.200.000 Livre, die Steuerpächter zwei Millionen und die Kaufmannschaft 650.000 Livre – die ganze Nation unterstützte ihren Gebieter.

Diese Handelsgesellschaft hat sich stets erhalten; denn ungeachtet die Holländer 1694 Pondichery erobert hatten und der indische Handel seit dieser Zeit darniederlag, gewann er doch unter der Regentschaft des Herzogs von Orléans wieder neue Kräfte. Pondichery wetteiferte jetzt mit Batavia, und diese vom großen Colbert mit unendlicher Mühe gegründete und infolge seltsamer Erschütterungen in unseren Tagen wiedererstandene Ostindische Kompanie war mehrere Jahre hindurch eine der größten Hilfsquellen des Königreichs. Im Jahre 1669 gründete der König auch noch eine Nordische Kompanie und stellte ihr wie der Ostindischen große Kapitalien zur Verfügung. Damals zeigte sich, dass der Handel dem Adel nicht schadet, denn nach dem Beispiel des Monarchen beteiligten sich die vornehmsten Häuser an diesen Gründungen.

Die Westindische Kompanie fand nicht weniger Ermutigung: Der König schoß den zehnten Teil ihres Grundkapitals zu.

Er zahlte für jede Tonne ausgeführtes Gut dreißig und für jede Tonne eingeführtes Gut vierzig Franc Prämie. Diejenigen, die in den Häfen des Landes Schiffe bauen ließen, erhielten fünf Livre für jede Tonne, die ihr Schiff fassen konnte.

Man kann sich nicht genug wundern, dass der Abbé von Choisy diese Einrichtungen in seinen Denkwürdigkeiten, die mit Misstrauen gelesen werden müssen, getadelt hat.[144] Wir empfinden heute, was der Minister Colbert alles für das Wohl des Landes getan hat; damals aber empfand man es nicht: Er arbeitete für Undankbare. Man wusste ihm in Paris weit mehr schlechten Dank für die Unterdrückung einiger seit 1656 zu niedrigem Preis erworbener Renten auf das Stadthaus und für die Annullierung der unter dem vorigen Ministerium verschwenderisch vergebenen Anweisungen auf die Schatzkammer, als man für das Gute empfänglich war, das er für das Gemeinwesen vollbrachte. Es gab mehr Spießbürger als Staatsbürger, und nur wenige Personen fassten den öffentlichen Vorteil ins Auge. Man weiß, wie kurzsichtig und engherzig das Sonderinteresse macht – nicht bloß das Sonderinteresse eines Kaufmanns, sondern auch das einer Gesellschaft, einer Stadt. Die grobe Antwort, die ein Kaufmann namens Hazon dem Minister erteilte, als dieser ihn um Rat fragte – »Sie haben den Wagen nach der einen Seite hin umgestürzt gefunden und haben ihn nun selbst nach der anderen hin umgestürzt!« –, diese Antwort wurde noch in meiner Jugend mit Wohlgefallen angeführt und findet sich auch bei Moréri. Der philosophische Geist, der erst sehr spät in Frankreich Eingang fand, musste erst mit den Vorurteilen des Volkes aufräumen, ehe man endlich dem Gedächtnis dieses großen Mannes Gerechtigkeit widerfahren ließ. Er besaß dieselbe Pflichttreue und Sorgfalt wie Sully, aber im Verein mit einem weit umfassenderen Blick. Der eine verstand nur zu sparen, der andere wusste bedeutende Einrichtungen zu schaffen. Sully hatte seit dem Frieden von Vervins keine weitere Sorge, als eine genaue und strenge Sparsamkeit einzuhalten; Colbert aber musste für die Kriege von 1667 und 1672 in größter Schnelle gewaltige Hilfsquellen schaffen. Heinrich IV. unterstützte die Sparsamkeit Sullys, während die Prachtliebe Ludwigs XIV. ständig das System Colberts durchkreuzte.

Dessen ungeachtet wurde beinahe alles zu seiner Zeit verbessert oder neu geschaffen. Die Ermäßigung des Zinsfußes für die Staatsanleihen und den Privatverkehr auf fünf Prozent im Jahre 1665 war ein greifbarer

144 Der Abbé Castel de Saint-Pierre drückt sich auf S. 105 der Handschrift seiner ›Politischen Annalen‹ folgendermaßen aus: »Colbert, ein starker Arbeiter, nahm, indem er die Seehandelsgesellschaften vernachlässigte, um mehr für die Geheimwissenschaften und die schönen Künste zu sorgen, den Schatten für den Körper.« Aber Colbert war so weit davon entfernt, den Seehandel zu vernachlässigen, dass vielmehr gerade er dessen Begründer ist: Nie nahm ein Minister weniger den Schatten für den Körper. Das heißt einer von ganz Frankreich und Europa anerkannten Wahrheit widersprechen. (Diese Note wurde im August 1756 geschrieben.)

Beweis für den reichlichen Geldumsatz. Er wollte Frankreich bereichern und bevölkern. Die Heiraten unter der Landbevölkerung wurden dadurch gefördert, dass man all denen, die mit zwanzig Jahren einen eigenen Hausstand gründeten, für fünf Jahre Steuerfreiheit gewährte. Die Familienväter, die zehn Kinder hatten, waren für ihre ganze Lebenszeit steuerfrei, weil sie dem Staat durch die Arbeit ihrer Kinder mehr Vorteil brachten, als sie durch Entrichtung der Abgaben gekonnt hätten. Diese Bestimmung hätte für immer unangetastet bleiben sollen.

Von 1663 bis 1672 wurde fast jedes Jahr dieses Ministeriums durch die Einführung irgendeines Gewerbezweiges gekennzeichnet. Die feinen Tuche, die man früher aus England und Holland bezog, wurden jetzt in Abbéville hergestellt. Der König streckte dem Unternehmer, abgesehen von beträchtlichen Gratifikationen, 2.000 Livre für jeden im Gang befindlichen Webstuhl vor. Im Jahre 1669 zählte man bereits 44.200 Webstühle für Wollwaren im Lande. Die verbesserten Seidenmanufakturen hatten einen Umsatz von über fünfzig Millionen Livre damaliger Münze, und der Nutzen, den man daraus zog, überstieg nicht bloß bedeutend den Einkaufspreis der Rohseide, sondern die Fabrikanten wurden auch durch den Anbau des Maulbeerbaums in die Lage versetzt, für die Einarbeitung der Stoffe die ausländische Seide nicht mehr zu benötigen.

Vom Jahre 1666 an begann man auch ebenso schöne Spiegel wie in Venedig herzustellen, das früher ganz Europa damit versehen hatte, und bald fertigte man Exemplare an, deren Größe und Schönheit anderwärts niemals nachgeahmt werden konnte. Die türkischen und persischen Teppiche wurden in der Savonnerie übertroffen, und die flandrischen Tapetenwirkereien mussten der Wirkerei der Gobelins den Vorrang lassen. Die weiten Räumlichkeiten der Gobelins hatten damals über achthundert Arbeiter, von denen dreihundert in den dazugehörigen Gebäuden wohnten. Die tüchtigsten Maler leiteten die Arbeit entweder nach ihren eigenen Zeichnungen oder nach den Entwürfen der alten italienischen Meister. Man fertigte in den Gobelins auch Schachtelarbeiten an – eine Art bewundernswertes Mosaik–, und die eingelegte Arbeit wurde hier zur Vollkommenheit gebracht.[145]

145 Die Familie Gobelin, die 1544 mit dem Rechnungsrevisor Jacques Gobelin in den Adelsstand erhoben wurde und der unter anderen Antoine Gobelin, Marquis de Brinvilliers, der Gatte der berüchtigten Giftmischerin, angehörte, besaß schon in der ersten Hälfte des 15. Jahrhunderts eine großartige Färberei in der Rue Mouffetard, der heutigen Avenue des Gobelins. Um 1630 ging ein Teil davon an die beiden flämischen Teppichwirker Comans und de La Planche über, und 1655 siedelte sich Jean Gluck, ein deutscher Färber, der sich große Verdienste um den Krappbau in Frank-

Außer dieser vortrefflichen Tapetenwirkerei in den Gobelins wurde noch eine zweite in Beauvais angelegt. Der erste Unternehmer in dieser Stadt hatte 600 Arbeiter und erhielt vom König ein Geschenk von 60.000 Livre.

1.600 Mädchen wurden mit Spitzenklöppeln beschäftigt. Man ließ aus Venedig dreißig und aus Flandern zweihundert Vorarbeiterinnen kommen und gab ihnen 36.000 Franc, um sie zu ermutigen. Die verfallenen und eingegangenen Tuchfabriken von Sedan und die Tapetenwirkereien von Aubusson wurden wiederhergestellt. Die reichen Stoffe, in denen die Seide sich mit dem Gold und dem Silber vereint, wurden in Lyon und in Tours mit neuer Kunst und Geschicklichkeit angefertigt.

Man weiß, wie der Minister in England das Geheimnis jener sinnreichen Maschine erkaufte, mittels der die Strümpfe zehnmal schneller hergestellt werden als mit der Nadel. Weißblech, Stahl, Steingut und Maroquinleder, die bis dahin stets aus dem Ausland bezogen worden waren, wurden jetzt in Frankreich bereitet. Aber die Calvinisten, die das Geheimnis der Weißblech und der Stahlbereitung besaßen, nahmen dieses Geheimnis im Jahre 1686 mit sich und verschafften fremden Nationen einen Anteil an diesem wie an vielen anderen Vorteilen.

Der König kaufte jährlich für etwa 800.000 Livre heutigen Geldes von allen geschmackvollen Artikeln, die in seinem Land angefertigt wurden, und verwendete sie für Geschenke.

Paris war damals bei weitem nicht, was es heute ist: Es war in der Stadt weder Licht noch Sicherheit, noch Reinlichkeit vorhanden. Es musste also für die ständige Reinigung der Straßen gesorgt, die allnächtliche Beleuchtung durch fünftausend Laternen geschaffen, die Straßen gepflastert, zwei neue Brücken erbaut, die alten ausgebessert und zum Schutz der Bürger Wachmannschaften zu Fuß und zu Pferd angestellt werden. Der König sorgte für alles, indem er die erforderlichen Gelder für diese notwendigen Ausgaben anwies. Im Jahre 1667 setzte er

reich erwarb, in deren Nähe an. Am 2. Juni 1662 kaufte der König den gesamten ehemaligen Besitz der Familie Gobelin für 40.775 Livre an und ließ darin die Wirkereien von Comans und Jean Jans, dem Nachfolger de La Planches, die Färberei Glucks sowie die bis dahin im Louvre beschäftigten Kunststicker, Goldarbeiter, Ziseleure, Bildhauer und Kunsttischler unterbringen. Die oberste Leitung des Ganzen erhielten nacheinander Charles Lebrun (1673-90), Pierre Mignard (1690-95), der Architekt Robert de Cotte (1699-1735), dessen Sohn (1735-47), François Boucher (1755-70) usw. Die Wirkerei leitete zuerst Jean Jans, dann Girard Laurent, unter dem eine der berühmtesten Gobelintapeten, »Der Besuch Ludwigs XIV. in der Gobelinmanufaktur« (am 15.Oktober 1667), hergestellt wurde. Unter den Nachfolgern dieser beiden taten sich besonders Jean Jans d.J. (16911-73) und Neilson (1749-88) hervor. Die ganze Manufaktur wurde bekanntlich 1871 von den Communards niedergebrannt.

einen Beamten ein, der ausschließlich mit der Polizei betraut war.[146] Die meisten Großstädte haben erst viel später dies Beispiel nachgeahmt, keine aber ist dem Vorbild gleichgekommen: Es hat keine zweite Stadt ein Pflaster wie Paris, und selbst Rom ist noch ohne Beleuchtung.[147]Alles begann sich dermaßen der Vollkommenheit zu nähern, dass der zweite Polizeidirektor, den Paris hatte, einen Ruf erwarb, der ihm einen Platz in der Reihe derer sichert, die jener Zeit zur Zierde gereichen. Allerdings war er ein zu allem befähigter Mensch. Er trat später ins Ministerium ein und würde auch ein tüchtiger Heerführer gewesen sein. Das Amt eines Polizeidirektors war unter seinem Stand und seinem Verdienst – und dennoch machte diese Stellung ihm einen größeren Namen als die beengte und kurze Ministerstellung, die er zu Ende seines Lebens erhielt.

Ich muss bemerken, dass der Marquis d'Argenson bei weitem nicht der einzige Spross aus altadeligem Geschlecht war, der ein Amt bei der Justiz bekleidete. Frankreich ist nahezu das einzige Land in Europa, in dem der alte Adel sich häufig der Rechtswissenschaft zugewandt hat; beinahe alle anderen Staaten sind infolge eines Restes altfränkischer Barbarei noch mit dem unbekannt, was dieser Beruf Erhabenes hat.

Vom Jahre 1661 ab baute der König unablässig am Louvre, an Saint-Germain und an Versailles. Die Privatleute errichteten in Paris nach seinem Beispiel zahlreiche prächtige und mit allen Bequemlichkeiten ausgestattete Gebäude. Ihre Zahl wuchs dermaßen, dass sich in der Gegend des Palais-Royal und in der Umgebung von Saint-Sulpice zwei neue Städte in Paris bildeten, die die Altstadt an Schönheit weit überragten. Um jene Zeit wurde auch die prunkvolle Bequemlichkeit der mit Spiegeln geschmückten und in Federn hängenden Kutschen erfunden, so dass ein Pariser Bürger mit größerem Luxus durch die Stadt fuhr, als die römischen Triumphatoren ihrer Zeit zum Kapitol zogen. Diese Sitte, die in Paris ihren Anfang nahm, verbreitete sich bald über ganz Europa und ist heute, da sie allgemein geworden ist, kein Luxus mehr.

146 Dieser erste Polizeipräsident oder Polizeidirektor von Paris war der bereits als Präsident der Brandkammer erwähnte Nicolas de La Reynie.

147 Auch das Feuerlöschwesen wurde unter Ludwig XIV. geordnet. Nachdem die Stadt Douai 1693 die erste Feuerspritze, die nach Frankreich kam, aus Holland bezogen hatte, wurde 1699 auch Paris mit Spritzen versehen. Im Jahre 1705 stellte der König einen gewissen Duperrier an die Spitze des Löschwesens und zahlte ihm für die Erhaltung von Spritzen und 48 Feuerwehrleuten 6.000 Livre jährlich. Im Jahre 1722 stellte Duperrier bereits 30 Spritzen nebst der erforderlichen Mannschaft und erhielt dafür 20.000 Livre jährlich. Um 1740 schuf dann Morat unter der Verwaltung Sartines' die erste Pompierkompanie, die 160 Mann zählte. Gegenwärtig zählt die Pariser Feuerwehr unter der Leitung des Branddirektors Couston 1243 Pompiers mit 50 Offizieren und elf Depots oder Kasernen. Vgl. Cerise. ›La Lutte contre l'Incendie avant 1789‹. Paris, 1885.

Ludwig XIV. hatte Sinn für die Architektur, für die Gartenbaukunst und die Bildhauerei [148], und dieser Sinn war in allem auf das Große und Edle gerichtet. Sobald der Generalkontrolleur Colbert 1664 die Abteilung für die Bauten erhielt, die eigentlich das Ministerium der Künste ist, bemühte er sich, die Pläne seines Gebieters zu unterstützen. Zunächst musste an die Vollendung des Louvre gedacht werden. François Mansard, einer der größten Architekten, die Frankreich gehabt hat, wurde

148 Der Abbé Castel de Saint-Pierre sagt in seinen ›Politischen Annalen‹, S. 109 des Manuskripts, dass »diese Dinge die Zahl der Müßiggänger und ihren Hang zum Müßiggang verraten, der hinreicht, um wieder andere Arten von Nichtstuern zu erhalten und zu ernähren; dass sich gegenwärtig die Italiener, bei denen jene Künste zu hoher Vollkommenheit gelangt sind, in dieser Lage befinden: Sie sind Bettler, Tagediebe, Faulenzer, eitel, mit kindischen Possen beschäftigt usw.« Diese plumpen und ungeschickt ausgedrückten Bemerkungen sind darum keineswegs richtiger. Als die Italiener sich am meisten in jenen Künsten hervortaten, herrschten die Medici und war Venedig der reichste und kriegerischste Staat. Zu jener Zeit brachte Italien große Kriegsleute und berühmte Künstler jeder Art hervor, und ebenso wurden in Frankreich die Künste gerade während der glücklichsten Jahre der Regierung Ludwigs XIV. vervollkommnet. Der Abbé de Saint-Pierre hat sich in vielen Beziehungen geirrt, und es ist zu bedauern, dass bei ihm die Vernunft die guten Absichten nicht unterstützt hat.
[*Anmerkung des Übersetzers:* Diese Meinungsverschiedenheit zwischen den beiden Männern der Neuzeit, die während ihres ganzen Lebens die Sache der Menschheit mit der größten Beständigkeit und dem reinsten Eifer geführt haben, verdient eine Erörterung. Die Pracht der Bauwerke ist eine Folge der Betriebsamkeit und des Reichtums einer Nation. Wenn eine Nation schuldenfrei ist, wenn die beschwerlichen Steuern unterdrückt sind, wenn das Staatseinkommen gewissermaßen nur der Überschuss des öffentlichen Reichtums ist, so enthält diese Pracht nichts, was gegen die Gerechtigkeit wäre. Sie kann sogar nützlich werden, weil sie dazu dienen kann, teils um der Gesellschaft nützliche Handwerker heranzubilden, teils um denen Beschäftigung zu geben, die nur von einer gewissen Art von Arbeit zu leben vermögen, sobald eine Zeit eintritt, wo ihnen diese Arbeit infolge besonderer Umstände mangelt. Die schönen Künste mildern die Sitten, umkleiden das Verständige mit Reiz und Anmut und erwecken den Sinn für geistige Bildung. In den Händen einer einsichtsvollen Regierung können sie eins der besten Mittel werden, um die Gemüter zu läutern oder zu erheben, um die Sitten minder grausam oder minder rauh zu gestalten und um nützliche Prinzipien zu verbreiten. Aber das Volk mit Steuern überladen, um die Fremden durch eitlen Prunk in Erstaunen zu setzen; den Staat mit Schulden belasten, um prächtige Gärten anzulegen; Theater erbauen, wenn es an Brunnen fehlt; Paläste errichten, wenn es am nötigen Geld zur Herstellung der für die öffentliche Wohlfahrt unentbehrlichen Kanäle fehlt – das heißt nicht die Künste beschützen, das heißt ein ganzes Volk der Eitelkeit eines einzelnen opfern. Denen, die ihr Blut für das Vaterland vergossen haben, ein Asyl gewähren, die Kinder derer, die dem Land genützt haben, auf öffentliche Kosten erziehen heißt eine Pflicht der Dankbarkeit erfüllen, eine heilige Schuld der Nation abtragen – wer könnte derartige Einrichtungen tadeln? Wenn man aber einen nutzlosen Prunk dabei entfaltet; wenn man auf die Unterstützung einer Familie das verwendet, was zweihundert Familien geholfen haben würde; wenn das, was man der Eitelkeit opfert, den Betrag dessen übersteigt, was man zu wohltätigen Zwecken verwandt hat – dann verdienen diese Einrichtungen einen berechtigten Tadel. Namentlich in diesem Punkt hat die Liebe zur Gerechtigkeit den Vorrang vor der Liebe zum Ruhm. Beide regen zum Guten an, aber nur die Liebe zur Gerechtigkeit lehrt, das Rechte recht zu tun. Voltaire und der Abbé de Saint-Pierre hatten mithin beide recht, und man kann ihnen nur die Übertreibung in ihren Ansichten zum Vorwurf machen.]

zur Ausführung der gewaltigen Bauten auserlesen, die man plante. Er wollte sich jedoch nur unter der Bedingung damit befassen, dass es ihm freistünde, alles, was ihm bei der Ausführung fehlerhaft vorkäme, umarbeiten zu lassen. Dieses Misstrauen gegen sich selbst würde zu allzu bedeutenden Ausgaben geführt haben; man sah daher von seiner Wahl ab und berief aus Rom den Chevalier Bernini, dessen Name durch den Säulengang, der das Vorhaus der Peterskirche umschließt, durch das Reiterstandbild Konstantins und durch den Brunnen Navonne berühmt war. Für die Reise nach Frankreich wurden ihm Equipagen gestellt, und er wurde als ein Mann nach Paris geführt, der kam, Frankreich Ehre zu machen. Außer fünf Louisdor täglich empfing er für seinen achtmonatigen Aufenthalt ein Geschenk von 50.000 Talern nebst einer Pension von 2.000 Talern für sich selbst und von 500 Talern für seinen Sohn. Diese Freigebigkeit Ludwigs XIV. gegenüber Bernini war größer als die Franz' I. gegenüber Raffael. Bernini verfertigte später aus Dankbarkeit das Reiterstandbild des Königs, das man in Versailles sieht.

Als er aber als der einzige Künstler, der würdig wäre, für Ludwig XIV. zu arbeiten, mit solchem Gepränge nach Paris kam, war er gewaltig überrascht über die Zeichnung der Fassade des Louvre auf der Seite nach Saint-Germain l'Auxerrois hin, die bald darauf, bei ihrer Ausführung, eines der erhabensten Denkmäler der Baukunst wurde, die die Welt kennt. Dieser von Louis Le Vau und Dorbay ausgeführte Plan stammte von Claude Perrault, der auch die Maschinen erfand, mit deren Hilfe die zweiundfünfzig Fuß langen Steine transportiert wurden, die den Dachzierat dieses majestätischen Gebäudes bilden. Man sucht bisweilen in weiter Ferne, was man ganz nahe bei der Hand hat. Kein Palast in Rom besitzt einen Eingang, der dem des Louvre zu vergleichen wäre, den man eben diesem Perrault verdankt, den Boileau[149] lächerlich zu machen versuchte. Jene berühmten italienischen Villen stehen nach dem Geständnis der Reisenden bedeutend dem einzigen Schloss von Maisons nach, das François Mansard mit so geringen Kosten erbaut hatte. Bernini wurde prächtig belohnt, verdiente aber diese Belohnungen nicht, denn er lieferte nur Zeichnungen, die niemals ausgeführt wurden.

Während der König am Louvre bauen ließ, dessen Vollendung so sehr gewünscht wird; während er bei jenem Schloss, das so viele Millionen gekostet hat, die Stadt Versailles anlegen ließ; während er Trianon und Marly erbaute und zahllose andere Gebäude verschönerte, ließ er gleichzeitig mit der Errichtung der Akademie der Wissenschaften auch

149 Siehe Boileau, ›Die Dichtkunst‹, Ges. IV, V. 1-24.

die Sternwarte aufführen, die 1666 in Angriff genommen wurde. Der durch seine Nützlichkeit, seine Größe und seine Schwierigkeit glorreichste Bau war jedoch die Herstellung des Languedoc-Kanals, der die beiden Meere verbindet und sich in den eigens zur Aufnahme seiner Gewässer angelegten Hafen von Cette ergießt. Dieses gewaltige Werk wurde 1663 in Angriff genommen und ohne Unterbrechung bis zum Jahre 1684 fortgeführt. Der Brunnen des Hôtels der Invaliden[150] nebst der Kapelle dieses Bauwerks, der schönsten in Paris, und die Errichtung von Saint-Cyr, dieses letzten unter den vielen von diesem Monarchen erbauten Gebäuden, würden schon allein ausreichen, um sein Gedächtnis in Ehren zu erhalten. 4000 Soldaten und eine große Anzahl von Offizieren, die in dem ersterwähnten Asyl einen Trost für ihr Alter, Pflege für ihre Wunden und Vorsorge für ihren Unterhalt finden; 250 junge Mädchen von Adel, denen in dem anderen eine ihrer würdige Erziehung zuteil wird, sind ebenso viele Stimmen, die Ludwig XIV. feiern. Die Stiftung Saint-Cyr wird durch jene übertroffen werden, die Ludwig XV. kürzlich zum Zweck der Erziehung von 500 jungen Edelleuten gemacht hat, aber anstatt Saint-Cyr in Vergessenheit zu bringen, wird sie vielmehr stets daran erinnern: Nur die Kunst der Wohltätigkeit hat sich vervollkommnet. Ludwig XIV. wollte gleichzeitig noch größere Dinge vollbringen, die von allgemeinem Nutzen, aber schwerer auszuführen waren: die Gesetze verbessern. Er ließ den Kanzler Séguier, Lamoignon, Talon, Bignon und besonders den Staatsrat Pussort an diesem Werk arbeiten und wohnte bisweilen persönlich ihren Verhandlungen bei. Das Jahr 1667 sah gleichzeitig seine ersten Gesetze und seine Eroberungen. Zuerst erschien das Zivilgesetzbuch, dann folgten beinahe Jahr um Jahr das Fisch und Forstgesetz, eine Fabrikordnung, das Strafgesetzbuch, das Handelsgesetz und das Marinegesetz. Es wurde sogar zugunsten der Neger in den Kolonien – einer Gattung Menschen, die sich bis dahin noch nicht der Rechte der Menschheit erfreut hatten – eine neue Jurisprudenz geschaffen.

Eine eingehendere Kenntnis der Rechtswissenschaft gehört nicht gerade zu den erforderlichen Eigenschaften eines Souveräns; der König war jedoch über die wichtigsten Gesetze unterrichtet: Er hatte ihren Geist inne und wusste sie je nach den Umständen aufrechtzuerhalten oder auch zu mildern. Er gab häufig über die Prozesse seiner Untertanen sein Urteil ab – nicht bloß im Rat der Staatssekretäre, sondern auch im

150 Der Abbé de Saint-Pierre tadelt diese Stiftung, die von nahezu allen Nationen nachgeahmt worden ist.

sogenannten »Appellationsrat« (*conseil des parties*). Es gibt zwei berühmte Urteilssprüche von ihm, in denen er gegen sich selbst entschied.

Im ersten Fall, der aus dem Jahre 1680 stammt, handelte es sich um einen Prozess zwischen ihm und Pariser Bürgern, die auf seinem Grund und Boden gebaut hatten. Er entschied, dass die Häuser ihnen verbleiben sollten, samt dem Boden, der ihm gehörte und den er ihnen abtrat.

Der zweite Fall betraf einen Perser namens Roupli, dessen Waren 1687 von seinen Steuerbeamten mit Beschlag belegt worden waren. Der König bestimmte, dass ihm alles zurückgegeben würde, und fügte ein Geschenk von 3000 Talern hinzu. Roupli kehrte voll Bewunderung und Dankbarkeit in sein Vaterland zurück. Als wir später den persischen Gesandten, Mehemet Rizabeg, in Paris zu sehen bekamen, fanden wir ihn seit langem über diesen Vorfall unterrichtet. –

Die Abschaffung des Zweikampfs war einer der größten Dienste, die Ludwig XIV. dem Staat erwies. Diese Kämpfe waren früher sogar von Parlament und Kirche gutgeheißen worden, und obwohl Heinrich IV. sie verboten hatte, war diese unglückselige Sitte damals mehr denn je im Schwang. Der berühmte Zweikampf von La Frette zu vieren gegen vier bestimmte Ludwig XIV. im Jahre 1663, keine Verzeihung mehr zu gewähren. Seine heilsame Strenge änderte nach und nach unsere eigene und sogar die fremden Nationen, die, nachdem sie unsere schlechten Sitten angenommen hatten, sich nun auch unserer verständigen befleißigten. Es kommen jetzt in Europa hundertmal weniger Duelle vor als zur Zeit Ludwigs XIII.

Nachdem er der Gesetzgeber seines Volkes gewesen war, wurde er der Gesetzgeber seines Heeres. Es ist seltsam, dass vor ihm die Uniformen bei den Gruppen unbekannt waren. Ludwig XIV. ordnete gleich im ersten Jahr seiner selbständigen Regierung an, dass die einzelnen Regimenter durch die Farbe der Röcke oder anderweitige Kennzeichen voneinander unterschieden werden sollten, und diese Bestimmung wurde bald auch von allen anderen Nationen angenommen. Er führte die Brigadiers ein[151] und brachte die Abteilungen, die seine Haustruppen bildeten, auf den Stand, auf dem sie noch heute sind. Er verwandelte die Leibwache des Kardinals Mazarin in eine Musketierkompanie und setzte die Stärke beider Kompanien, denen er die Uniform gab, die sie noch heute tragen, auf fünfhundert Mann fest.

151 Der Abbé de Saint-Pierre gedenkt in seinen ›Politischen Annalen‹ nur dieser Einführung der Brigadiers und vergisst alles andere, was Ludwig XIV. für das Kriegswesen tat.

Es gab unter ihm keinen Connétable und nach dem Tod des Herzogs von Épernon auch keinen Generaloberst der Infanterie mehr. Diese militärischen Würdenträger waren zu selbständig – er wollte und musste Herr sein. Der Marschall von Grammont, der unter dem Herzog von Épernon einfacher Oberst der Gardes françaises gewesen war und die Befehle dieses Generalobersten entgegengenommen hatte, holte jetzt seine Befehle nur noch beim König ein und war der erste, der den Titel eines Obersten der Garden führte. Ludwig XIV. setzte diese Obersten persönlich vor der Front ihres Regiments in ihre Würde ein, indem er ihnen eigenhändig einen vergoldeten Ringkragen nebst einer Pike und später, als die Piken abgeschafft waren, ein Sponton überreichte. Er führte die Grenadiere ein, indem er zunächst jeder Kompanie des von ihm geschaffenen Regiments des Königs vier Mann von dieser Truppengattung beigab, später aber in jedem Regiment eine Grenadierkompanie errichtete. Die Gardes françaises erhielten schon damals zwei Kompanien dieser Truppengattung, und heute gibt es bei jedem Bataillon Infanterie eine. Außerdem verstärkte er das Korps der Dragoner und gab ihnen einen Generaloberst.

Auch die Errichtung der Gestüte im Jahre 1667 darf an dieser Stelle nicht vergessen werden. Diese waren vor ihm völlig unbeachtet geblieben, wurden aber ein wichtiges Hilfsmittel zur Ausrüstung der Kavallerie – ein Hilfsmittel, das später allzu sehr vernachlässigt worden ist.

Der Gebrauch des aufgepflanzten Bajonetts wurde ebenfalls von Ludwig XIV. eingeführt. Zwar hatte man sich dessen bisweilen schon vor ihm bedient, es gab aber immer nur wenige Kompanien, die mit dieser Waffe kämpften. Auch kannte man keine Gleichmäßigkeit in ihrer Verwendung, keine regelmäßigen Übungen – alles war dem Belieben des Generals überlassen; die Pike galt als die furchtbarste Waffe. Das erste Regiment, das Bajonette erhielt und in deren Gebrauch ausgebildet wurde, war das 1671 errichtete Regiment der Füsiliere.

Ebenso verdankt man ihm die ganze Art und Weise, in der zu unserer Zeit der Artilleriedienst versehen wird. Er gründete Schulen in Douai und später in Metz und in Straßburg, und das Artillerieregiment sah sich schließlich im Besitz von Offizieren, die beinahe alle befähigt waren, eine Belagerung richtig zu leiten. Alle Magazine des Landes waren gefüllt, und man verteilte auf sie jährlich rund 800 000 Pfund Pulver. Er schuf ein Bombardierregiment und ein Regiment Husaren; vor ihm kannte man die Husaren nur bei den feindlichen Heeren.

Im Jahre 1688 errichtete er dreißig Regimenter Landmiliz, die von den Gemeinden gestellt und ausgerüstet wurden. Diese Milizen übten sich im Gebrauch der Waffen, ohne den Ackerbau im Stich zu lassen.

In den meisten Grenzplätzen wurden Kompanien junger Edelleute unterhalten. Diese wurden in den mathematischen Wissenschaften, der Zeichenkunst und allen militärischen Übungen unterrichtet und versahen den Dienst von Soldaten. Man wurde dieser allzu schwer in Zucht zu erhaltenden Jugend schließlich überdrüssig; das Ingenieurkorps aber, das der König schuf und für das er Vorschriften aufstellte, die noch heute befolgt werden, ist eine Einrichtung für die Ewigkeit. Die Befestigungskunst wurde unter ihm vom Marschall von Vauban und dessen Schülern, die den Grafen von Pagan übertrafen, zur Vollkommenheit gebracht. Er erbaute oder reparierte 150 feste Plätze.

Um die Manneszucht zu erhalten, setzte er Generalinspektoren und später Direktoren ein, die über den Zustand der Truppen Bericht erstatteten und aus deren Berichten man ersah, ob die Kriegskommissare ihre Schuldigkeit getan hatten.

Er stiftete den Orden des heiligen Ludwig, eine ehrenvolle Belohnung, die häufig mehr begehrt wurde als Geld und Würden. Das Hôtel der Invaliden schließlich bildete die Krone der Mühen, durch die er die Gewissheit zu erwerben suchte, gut bedient zu werden. [152]

Infolge all dieser Bemühungen besaß er vom Jahre 1672 ab 1.800.000 Mann regulärer Truppen und hatte schließlich – indem er seine Streitkräfte in dem Maße vermehrte, wie die Zahl und die Macht seiner Feinde wuchs –, die Seesoldaten mitgezählt, 450.000 Mann unter den Waffen.

Man hatte vor ihm noch keine so starken Armeen gesehen. Seine Feinde stellten ihm kaum ebenso beträchtliche entgegen und mussten sich zu diesem Zweck immer erst verbünden. Er zeigte, was Frankreich allein vermag, um seine Verluste auszugleichen.

Er war der erste, der in Friedenszeiten ein Bild vom Krieg und eine vollständige Unterweisung in der Kriegskunst gab. Er zog im Jahre 1698 70.000 Mann bei Compiègne zusammen und ließ dort alle Operationen eines Feldzugs ausführen; dies geschah zur Belehrung seiner drei Enkel. Der dabei entfaltete Luxus gestaltete diese militärische Übung zu einem pomphaften Fest. –

152 Hierher gehören auch die Verbesserungen auf dem Gebiete des Militärmedizinalwesens, dem Ludwig besondere Aufmerksamkeit schenkte. Schon Richelieu hatte ein Militärhospital – das erste stehende Lazarett in Europa – in Pignerol gegründet; Ludwig XIV. ließ im Jahre 1708 weitere Hospitäler einrichten und traf im allgemeinen solche Vorkehrungen für die Pflege der kranken oder verwundeten Soldaten, dass während des 18. Jahrhunderts keine andere Nation in diesem Punkt mit den Franzosen wetteifern konnte.

Mit derselben Sorgfalt, mit der er sich ein starkes und wohlgeschultes Landheer schuf, noch bevor er in irgendeinen Krieg verwickelt war, bemühte er sich auch, sich die Herrschaft über das Meer zu verschaffen. Zunächst wurden die wenigen Schiffe ausgebessert, die Kardinal Mazarin in den Häfen hatte verkommen lassen; dann kaufte man in Holland und Schweden Schiffe an, und schon im dritten Jahr seiner Regierung sandte er seine Flotte aus, um bei Gigeri an der afrikanischen Küste die Probe zu bestehen. Der Herzog von Beaufort reinigte 1665 die Meere von den Freibeutern, und zwei Jahre später hatte Frankreich bereits sechzig Kriegsschiffe in seinen Häfen liegen. Das war zwar erst ein Anfang, aber während man neue Verordnungen entwarf und neue Anstrengungen machte, war er sich bereits seiner ganzen Kraft bewusst. Er wollte nicht mehr dulden, dass seine Schiffe vor den englischen die Flagge senkten. Vergebens bestand der Ministerrat König Karls II. auf diesem Recht, das die Gewalt, die Betriebsamkeit und die Zeit den Engländern verliehen hatten. Ludwig XIV. schrieb seinem Gesandten, dem Marschall d'Estrades: »Der König von England und sein Kanzler mögen den Zustand meiner Kräfte sehen, aber sie sehen nicht mein Herz. In Hinsicht der Ehre kenne ich keine Rücksicht.« Er sagte nur, was er durchzusetzen entschlossen war, und in der Tat gab die Anmaßung der Engländer dem natürlichen Recht und der Festigkeit Ludwigs XIV. nach: Die beiden Nationen waren fortan auf dem Meer gleich. Während er aber die Gleichstellung mit England forderte, behauptete er Spanien gegenüber seine Überlegenheit: Kraft des ihm 1662 zugestandenen feierlichen Vorrangs zwang er die spanischen Admirale, vor der seinen die Flagge zu senken.

Inzwischen wurde von allen Seiten an der Gründung einer Marine gearbeitet, die imstande wäre, dieses Gefühl des Stolzes zu rechtfertigen; Man erbaute an der Mündung der Charente die Stadt und den Hafen Rochefort; man wirbt Matrosen an, die teils auf den Kauffahrteischiffen, teils auf der königlichen Flotte dienen sollten – bald waren 60.000 diensttüchtige Seeleute vorhanden.

In den Häfen wurden Bauräte angestellt, um den Schiffen die vorteilhafteste Gestalt zu geben. Fünf Marinearsenale wurden in Brest, Rochefort, Toulon, Dünkirchen und Le Havre de Grâce erbaut. Im Jahre 1672 zählte man 60 Linienschiffe und 40 Fregatten; im Jahre 1681 waren – die Lichterschiffe mitgezählt – 198 Kriegsfahrzeuge vorhanden, und im Hafen lagen 30 Galeeren, entweder bereits ausgerüstet oder zum Ausrüsten fertig. Auf diesen Schiffen dienten 11.000, auf den Galeeren

3.000 Mann regulärer Truppen; außerdem waren 66.000 Mann Eingetragene für die verschiedenen Dienste in der Marine vorhanden. Unter diesen zählte man in den folgenden Jahren tausend Edelleute oder Söhne aus guter Familie, die als Soldaten auf den Schiffen dienten und in den Häfen alles zur Schiffskunst Erforderliche erlernten; es waren dies die Seekadetten, die dasselbe zu Wasser waren, was die Kompanien der jungen Edelleute zu Lande darstellten. Sie waren bereits im Jahre 1671 – damals aber in sehr geringer Anzahl – geschaffen worden. Dieses Korps war die Schule, aus der die besten Schiffsoffiziere hervorgegangen sind.

Es hatte bis dahin noch keinen Marschall von Frankreich bei der Marine gegeben – ein Beweis, wie sehr dieser wesentliche Teil der Streitkräfte Frankreichs vernachlässigt worden war. Der erste Marschall war Jean d'Estrées, dem dieser Titel im Jahre 1681 verliehen wurde. Wie es scheint, war es eine der größten Sorgen Ludwigs XIV., in jeder Richtung jenen Wetteifer zu beleben, ohne den alles des Schwungs und des Feuers entbehrt.

In allen Seeschlachten, die sie lieferten, blieben die französischen Flotten im Vorteil bis zu dem unglücklichen Treffen bei La Hogue im Jahre 1692, wo der Graf von Tourville den ihm vom Hof zugegangenen Befehlen gemäß mit vierundvierzig Segeln eine Flotte von neunzig englischen und holländischen Schiffen angriff. Er musste der Übermacht weichen, und man verlor vierzehn Schiffe ersten Ranges, die auf den Strand liefen und in Brand gesteckt wurden, um sie nicht in die Hände des Feindes fallen zu lassen. [[153]] Trotz dieses Unfalls behauptete sich die französische Seemacht während des ganzen Erbfolgekrieges. Der Kardinal von Fleury aber vernachlässigte sie während der Muße eines langjährigen Friedens, der doch die einzige wirklich günstige Zeit zu ihrer Wiederherstellung war.

Diese Seemacht diente zum Schutz des Handels. Die früher langsam hinsiechenden Kolonien Martinique, Santo Domingo und Kanada kamen jetzt zur Blüte und brachten Vorteile, die man nicht erwartet hatte, denn von 1635 bis 1665 waren diese Niederlassungen eine Last gewesen.

Im Jahre 1664 sandte der König eine Kolonie nach Cayenne und bald darauf eine andere nach Madagaskar. Er wandte alle Mittel an, um den Schaden und den Nachteil wiedergutzumachen, den Frankreich sich

153 Voltaire beschönigt die Niederlage bei La Hogue. Die Franzosen verloren nicht vierzehn, sondern sechzehn Schiffe, und diese wurden nicht von ihnen selbst, sondern von den Engländern im Hafen von Cherbourg und in der Bai von La Hogue angesichts eines französischen Heeres in Brand gesteckt. Siehe Macaulay, ›History of England‹, Vol. VII, S. 51-53 (Tauchnitz Edition).

durch die Vernachlässigung des Seewesens zugefügt hatte, während seine Nachbarn sich an den äußersten Enden der Welt bedeutende Herrschaften gesichert hatten.

Aus diesem einfachen Überblick ersieht man, welche Veränderungen Ludwig XIV. im Staat vornahm – nützliche Veränderungen, denn sie bestehen noch heute. Seine Minister unterstützten ihn um die Wette. Zweifelsohne verdankt man ihnen die ganzen Einzelheiten, die ganze Ausführung – die allgemeine Anordnung aber verdankt man ihm. Es steht fest, dass die Gesetze nicht revidiert, die Finanzen nicht geordnet, keine Manneszucht beim Heer und keine Polizei im Reich eingeführt worden wären; dass man keine Flotten erbaut und die Künste und Gewerbe nicht ermutigt haben würde – und zwar alles übereinstimmend, mit Beharrlichkeit und unter verschiedenen Ministern –, wenn nicht ein Gebieter dagewesen wäre, der alle diese großen Absichten und dabei den festen Willen hegte, sie auszuführen.

Er trennte seinen eigenen Ruhm nicht vom Vorteil Frankreichs und sah sein Reich nicht mit denselben Augen an wie ein Gutsherr sein Landgut, aus dem er soviel wie möglich herauspresst, um in Herrlichkeit und Freuden zu leben. Jeder König, der den Ruhm liebt, liebt auch das öffentliche Wohl. Ludwig XIV. hatte keinen Colbert und keinen Louvois mehr, als er im Jahre 1698 zum Zweck der Unterweisung des Herzogs von Burgund anordnete, dass jeder Intendant eine ausführliche Beschreibung seiner Provinz einreichen sollte. Man konnte auf diesem Weg zu einer genauen Kenntnis des Landes und zu richtigen Angaben über die Bevölkerung gelangen. Die Arbeit war von Nutzen, obwohl nicht alle Intendanten die Befähigung und die Sorgfalt Lamoignon de Bâvilles besaßen. Wären die Absichten des Königs in Bezug auf jede Provinz in derselben Weise ausgeführt worden, in der dieser Beamte seine Darstellung des Languedoc ausführte, so würde diese Sammlung von Denkschriften eines der schönsten Denkmäler des Jahrhunderts geworden sein. Einzelne sind zwar vortrefflich abgefasst, aber der ganze Plan schlug fehl, weil man nicht sämtlichen Intendanten dasselbe Schema vorschrieb. Es wäre zu wünschen gewesen, dass jeder eine reihenweise Aufstellung über die Einwohner jedes Steuerbezirks, über die Edelleute, die Bürger, die Bauern, die Handwerker und die Arbeiter, über den Viehstand, über die guten, die mittelmäßigen und die schlechten Ländereien, über den gesamten Klerus nach seiner Einteilung in Weltpriester und Ordensleute, über dessen Einkünfte, über die Einkünfte der Städte und über die der Landgemeinden gegeben hätte.

In der Mehrzahl der damals eingereichten Denkschriften sind alle diese Dinge bunt durcheinandergeworfen, die einzelnen Punkte sind weder gründlich erörtert noch genau dargestellt, und häufig muss man mühsam die Angaben zusammensuchen, die man benötigt und die ein Minister bei der Hand haben und mit einem Blick überschauen muss, um mit Leichtigkeit die Kräfte, die Bedürfnisse und die Hilfsquellen des Landes zu finden. Der Plan war ausgezeichnet, und seine gleichmäßige Ausführung würde von größtem Nutzen sein.

Das ist im Allgemeinen das, was Ludwig XIV. vollbrachte oder versuchte, um sein Land in einen blühenderen Zustand zu versetzen.

Wie mir scheint, kann man alle diese Arbeiten und Anstrengungen unmöglich ins Auge fassen, ohne etwas Dankbarkeit zu empfinden und ohne sich von der Liebe zur öffentlichen Wohlfahrt, die diese erzeugte, ergriffen zu fühlen. Man stelle sich nur vor, was Frankreich zur Zeit der Fronde war – und was es heute ist! Ludwig XIV. tat seinem Volk mehr Gutes als zwanzig seiner Vorgänger zusammengenommen – aber er tat bei weitem nicht alles, was er hätte tun können. Der Krieg, der mit dem Frieden zu Rijswijk schloss, begann den Ruin jenes ausgedehnten und berühmten Handels, den sein Minister Colbert begründet hatte, und der Spanische Erbfolgekrieg vollendete ihn.

Wenn er die ungeheuren Summen, die die Wasserleitungen und die in der Folge aufgegebenen und unnütz gewordenen Anlagen von Maintenon, die das Wasser nach Versailles leiten sollten, gekostet haben, zur Verschönerung von Paris und zur Vollendung des Louvre verwandt hätte; wenn er ein Fünftel des Geldes, das die Bewältigung der von der Natur bereiteten Schwierigkeiten in Versailles verschlang, in Paris ausgegeben hätte, so würde Paris in seiner ganzen Ausdehnung so schön sein, wie es gegenwärtig nur auf der Seite der Tuilerien und des Pont-Royal ist, und es wäre auf diese Weise die prächtigste Stadt der Welt geworden.

Die Revision der Gesetze war schon ein großer Schritt zum Besseren, aber die Justiz hat immer noch nicht den Advokatenkniffen den Garaus zu machen vermocht. Man beabsichtigte, eine gleichmäßige Jurisprudenz zu schaffen, und in der Tat ist sie für die Verbrechen, die Handelsangelegenheiten und das Prozessverfahren im ganzen Reich ein und dieselbe. Aber sie könnte es auch in Bezug auf die Gesetze sein, die über den Besitz der Bürger entscheiden. Es ist ein sehr großer Übelstand, dass ein und dasselbe Tribunal nach hundert verschiedenen Bräuchen zu urteilen hat. Noch immer bestehen als Reste der untergegangenen feudalen Regierungsform zweideutige, beschwerliche und der Gesellschaft hinderliche Sonderrechte, die am Grund und Boden haften: Es sind dies sozusagen Trümmer eines verfallenen gotischen Gebäudes.

Ich verlange nicht etwa, dass ein und dasselbe Gesetz für die verschiedenen Stände des Staates gelten soll, denn ich weiß sehr wohl, dass die Bräuche für den Adel, die Geistlichkeit, die Beamten und die Ackerbauern verschieden sein müssen; aber zweifelsohne wäre zu wünschen, dass für jeden Stand dasselbe Gesetz im ganzen Land Gültigkeit habe und dass also das, was in der Champagne gerecht oder wahr ist, nicht in der Bretagne für falsch oder ungerecht gelte. Die Gleichförmigkeit in jedem einzelnen Zweig der Verwaltung ist ein großer Vorzug, aber die Schwierigkeiten haben bisher von diesem großen Werk abgeschreckt.

Weit leichter hätte Ludwig XIV. sich des gefährlichen Aushilfsmittels der Verpachtung der Steuern enthalten können, zu dem er durch die beinahe ständig wiederkehrende Vorwegnahme seiner Einkünfte gezwungen war, wie im Kapitel über die Finanzen gezeigt werden wird.

Wäre er nicht der Meinung gewesen, dass sein Wille ein hinreichender Grund sei, um eine Million Menschen zum Glaubenswechsel zu bringen, so würde Frankreich nicht so viele Bürger verloren haben.[154] Trotz dieser Erschütterungen und seiner Verluste ist indessen dieses Land immer noch eines der blühendsten der Erde, weil das Gute, das Ludwig XIV. ihm erwies, fortdauert, das Üble aber, das in jenen stürmischen Zeiten schwer zu vermeiden war, wieder wettgemacht worden ist. Die Nachwelt, die die Könige richtet und deren Urteil diese stets vor Augen haben sollten, wird, wenn sie die Vorzüge und die Schwächen dieses Monarchen gegeneinander abwägt, schließlich anerkennen, dass er, wenngleich er zu seinen Lebzeiten allzu sehr gepriesen wurde, doch stets gepriesen zu werden verdiente und dass er wohl des Standbilds würdig war, das man ihm in Montpellier mit einer lateinischen Inschrift errichtet hat, die besagt: »Ludwig dem Großen nach seinem Tod.« Don Ustariz, ein Staatsmann, der über die Finanzen und den Handel Spaniens geschrieben hat, nennt Ludwig XIV. einen »wunderbaren Mann«.

All die angeführten Veränderungen in der Regierung und unter den Ständen des Staates hatten notwendigerweise eine sehr große Veränderung in den Sitten zur Folge. Der Geist der Zwietracht, der Wut und der Rebellion, der die Bürger seit der Zeit Franz' II. beherrscht hatte, wurde zum Wetteifer im Dienst des Fürsten. Da die Besitzer großer Ländereien nicht mehr auf ihren Gütern hocken blieben, da die Gouverneure der Provinzen keine wichtigen Ämter mehr zu vergeben hatten, so war jeder

154 Siehe Kapitel 36.

nur noch darauf bedacht, die Gunst des Souveräns zu verdienen, und der Staat wurde auf diese Weise ein gleichmäßiges Ganzes, dessen einzelne Linien alle in den Mittelpunkt einmündeten.

Dieser Umstand befreite den Hof von den Parteiungen und Verschwörungen, die so viele Jahre die Ruhe des Staates gestört hatten. Es kam unter der Regierung Ludwigs XIV. nur eine einzige Verschwörung vor – im Jahre 1674 –, die von La Tréaumont, einem ausschweifenden und tief verschuldeten Edelmann aus der Normandie, angezettelt worden war und an der sich ein Mann aus dem Hause Rohan, der die Stelle eines Großjägermeisters von Frankreich bekleidete und viel Mut, aber wenig Vorsicht besaß, beteiligt hatte. Der Stolz und die Härte des Marquis de Louvois hatten diesen jungen Mann in solchem Grad empört, dass er nach einer Audienz, die er bei diesem gehabt hatte, ganz erregt und außer sich zum Intendanten Caumartin kam und, indem er sich auf ein Ruhebett warf, die Worte ausstieß: »Dieser... Louvois muss sterben – oder ich!«

Caumartin nahm diesen Zornausbruch nur für eine flüchtige Aufwallung; als aber der junge Mann ihn am folgenden Tag fragte, ob er glaube, dass die Bevölkerung der Normandie der gegenwärtigen Regierung zugetan wäre, ahnte er unheilvolle Pläne und erwiderte: »Die Zeiten der Fronde sind vorüber. Glauben Sie mir, Sie werden sich nur zugrunde richten, und niemand wird Sie bedauern.«

Der Chevalier glaubte ihm nicht und stürzte sich blindlings in die Verschwörung von La Tréaumont. Außer ihm beteiligte sich an dem Komplott noch der Chevalier de Préaux, ein Neffe La Tréaumonts, der, von seinem Oheim verleitet, seinerseits seine Geliebte, die Marquise de Villiers, verleitete. Ihre Absicht und ihre Hoffnung war nicht und konnte nicht darauf gerichtet sein, sich eine Partei im Land zu machen, sondern sie beabsichtigten nur, den Holländern Quillebœuf zu verkaufen und zu überliefern und die Feinde in die Normandie zu führen. Es war dies eher ein schlecht gesponnener Verrat als eine wirkliche Verschwörung. Die Hinrichtung sämtlicher Schuldigen war das einzige Ergebnis dieses unsinnigen und nutzlosen Verbrechens, dessen man sich heute kaum noch erinnert. [[155]]

155 Bezüglich der näheren Einzelheiten dieser Verschwörung vergleiche man Linguets ›Denkwürdigkeiten über die Bastille‹, Universal-Bibliothek 2.121-2.125, S. 355-359. Die Marquise de Villiers ist dort – nach dem zugrunde gelegten Text Carras', des Herausgebers der ›Historischen und authentischen Denkwürdigkeiten über die Bastille‹ – irrtümlich als Marquise de Villars bezeichnet. Ebenso irrtümlich nennt übrigens der Voltairesche Text den Leiter des Ganzen La Truaumont statt La Tréaumont.

Wenn auch hin und wieder Empörungen in den Provinzen vorkamen, so waren es doch immer nur schwache Volksaufläufe, die leicht unterdrückt wurden. Selbst die Hugenotten verhielten sich bis zu der Zeit, wo man ihre Tempel zerstörte, vollständig ruhig. Kurzum, es gelang dem König, aus einer bis dahin aufrührerischen und hitzigen Nation ein friedliebendes Volk zu machen, das nur noch den Feinden gefährlich war, nachdem es mehr als hundert Jahre sich selbst gefährlich gewesen war. Die Sitten wurden milder, ohne dass der Mut eine Minderung erfuhr.

Die Häuser, die die großen Herren in Paris erbauten oder ankauften, und die Frauen dieser Großen, die sich einer würdigen Lebensweise befleißigten, schufen jene Schulen der Höflichkeit, die nach und nach die jungen Leute dem Wirtshausleben abspenstig machten, das lange Zeit Sitte gewesen war und nur zu wüster Liederlichkeit führte. Die Sitten sind von solchen Kleinigkeiten abhängig, dass der Brauch, durch die Straßen zu reiten, in Paris eine Neigung zu häufigen Reibereien gab, die sogleich aufhörten, als jener Brauch abgeschafft wurde. Der feine Anstand, den man hauptsächlich den Damen zu verdanken hatte, die die Gesellschaft um sich versammelten, machte die Geister liebenswürdiger, und die Lektüre machte sie mit der Zeit kenntnisreicher. Die Verrätereien und schweren Verbrechen, die zuzeiten des Aufstands und der Zwietracht die Menschen nicht entehren, gerieten beinahe in Vergessenheit. Die furchtbaren Taten einer Brinvilliers und einer Voisin waren nur vorüberziehende Wolken an einem sonst klaren Himmel, und es wäre ebenso unverständig, eine Nation wegen der auffälligen Verbrechen einiger Individuen zu verdammen, als sie wegen der Verdienste von La Trappe heiligzusprechen. All die verschiedenen Lebensberufe waren früher an Fehlern kenntlich, durch die sie gekennzeichnet wurden. Die Kriegsleute und die jungen Männer, die sich dem Militärstand widmen wollten, waren von leicht reizbarer Heftigkeit, die Gerichtsbeamten dagegen von abschreckender Bedächtigkeit, wozu die Sitte, immer – und sogar bei Hof – in der Robe zu erscheinen, nicht wenig beitrug. Dasselbe war bei den Angehörigen der Universitäten und bei den Ärzten der Fall. Die Kaufleute trugen ebenfalls kleine Roben, wenn sie sich versammelten und sich zu den Ministern begaben, und die bedeutendsten Großhändler waren damals grobe Tölpel. Allmählich aber machten die Gesellschaftshäuser, die Theater, die öffentlichen Spaziergänge, wo man sich zusammenzufinden begann, um sich eines angenehmeren Lebens zu erfreuen, alle Bürger im Äußeren nahezu gleich. Man spürt gegenwärtig sogar in einer Werkstatt, dass die Artigkeit und Höflichkeit alle Stände durchdrungen hat. Auch die Provinzen haben mit der Zeit den Einfluss all dieser Veränderungen erfahren.

Schließlich ist man dahin gelangt, nur noch im Geschmackvollen und Bequemen Luxus zu treiben. Die Menge von Pagen und Livreebedienten ist verschwunden, um das Innere der Häuser behaglicher zu machen. Man hat den leeren Pomp und den äußeren Prunk den Nationen überlassen, bei denen man sich nur darauf versteht, sich vor der Öffentlichkeit zu zeigen, und bei denen die Kunst zu leben noch unbekannt ist.

Die ungemeine Leichtigkeit des gesellschaftlichen Verkehrs, die Umgänglichkeit, die Einfachheit und die geistige Kultur haben Paris zu einer Stadt gemacht, die, was die Annehmlichkeit des Lebens anlangt, aller Wahrscheinlichkeit nach Rom und Athen, zur Zeit ihrer Blüte betrachtet, bei weitem übertrifft.

Die Menge der Hilfsmittel, die hier ständig für alle Wissenschaften, alle Künste, alle Neigungen und alle Bedürfnisse bereit und zur Hand sind, die Vereinigung so vieler wahrhaft nützlicher mit so vielen wahrhaft angenehmen Dingen in Verbindung mit dem eigentümlichen Freimut der Pariser – das alles veranlasst eine große Anzahl von Fremden, diese Heimat der Geselligkeit zu besuchen oder sich dort aufzuhalten. Wenn einzelne Eingeborene Paris verlassen, so sind es Männer, die, ihrer Talente wegen woanders hinberufen, ein ehrendes Zeugnis für ihr Vaterland sind; oder es ist der Auswurf der Nation, der das Ansehen, das diese besitzt, auszunutzen versucht; oder es sind Auswanderer, die ihren Glauben ihrem Vaterland vorziehen und anderwärts ihr Glück oder Unglück suchen wollen wie ihre Väter, die durch die verhängnisvolle Schmach, die man der Asche Heinrichs des Großen antat, als man sein unvergängliches Gesetz, das sogenannte »Edikt von Nantes« aufhob, aus Frankreich vertrieben wurden; oder endlich es sind mit dem Ministerium unzufriedene Offiziere oder auch Angeklagte, die den harten Formen einer bisweilen schlecht verwalteten Justiz entschlüpft sind, wie das in allen Ländern der Erde vorkommt. Man hat darüber Klage geführt, dass am Hof nicht mehr soviel Selbständigkeit und Hochherzigkeit in den Gemütern zu erkennen ist wie früher. In der Tat gibt es keine kleinen Tyrannen mehr wie zur Zeit der Fronde, unter Ludwig XIII. und in den früheren Jahrhunderten. Aber bei jener adeligen Menge, die in früheren Tagen zum Dienst bei allzu mächtigen Untertanen erniedrigt war, hat sich die wahre Größe wiedergefunden. Man findet Edelleute und Bürger, die es sich früher zur Ehre geschätzt haben würden, die Bedienten jener Großen zu sein, die jetzt aber im Kriegsdienst deren Genossen und nicht selten ihre Vorgesetzten geworden sind. Je mehr aber der Dienst in jeder Hinsicht den Vorrang vor den Titeln behauptet, umso blühender ist ein Staat.

Man hat das Zeitalter Ludwigs XIV. mit dem des Augustus verglichen – nicht dass die Macht und die persönlichen Erlebnisse dieser beiden Herrscher miteinander vergleichbar wären, denn Rom und Augustus waren von zehnmal größerer Bedeutung in der Welt als Ludwig XIV. und Paris; aber man muss bedenken, dass Athen dem Römischen Reich gleich war in all den Dingen, deren Wert nicht in der Stärke und der Macht liegt, und muss ferner bedenken, dass, wenn auch heute nichts Derartiges vorhanden ist wie das alte Rom und Augustus, dennoch das gegenwärtige Europa das damalige Römische Reich bei weitem überragt. Zur Zeit des Augustus gab es nur eine einzige, heute aber gibt es verschiedene gesittete, kriegerische und aufgeklärte Nationen, die im Besitz von Künsten sind, die den Griechen wie den Römern unbekannt waren; unter diesen Nationen aber gibt es keine, die sich seit etwa einem Jahrhundert in jeder Hinsicht mehr hervorgetan hätte als die Nation, die gewissermaßen von Ludwig XIV. geschaffen wurde.

Dreissigstes Kapitel

Finanzangelegenheiten und Verordnungen

Wenn man die Verwaltung Colberts mit sämtlichen früheren Verwaltungen vergleicht, so wird die Nachwelt diesen Mann liebgewinnen, dessen Körper der unsinnige Pöbel nach seinem Tod in Stücke reißen wollte. Die Franzosen verdanken ihm zweifelsohne ihre Industrie und ihren Handel und somit jenen Reichtum, dessen Quellen im Krieg bisweilen eine Minderung erfahren, sich aber im Frieden immer wieder in reicher Fülle erschließen. Indessen war man im Jahre 1672 noch undankbar genug, Colbert für die Schwäche verantwortlich zu machen, die sich in den Nerven des Staates fühlbar zu machen begann. Ein gewisser Bois-Guilbert, Oberrichter im Amtsbezirk Rouen, veröffentlichte um jene Zeit ›Die Zerstückelung Frankreichs‹ in zwei kleinen Bänden und behauptete darin, seit 1660 sei alles in Verfall geraten. In Wahrheit war gerade das Gegenteil der Fall: Frankreich war nie so blühend gewesen wie in der Zeit vom Tod des Kardinals Mazarin bis zum Krieg von 1689, und sogar noch während dieses Krieges erhielt sich der Staatskörper, der damals zu erkranken begann, infolge der Kraft und Stärke, die Colbert allen seinen Gliedern eingeflößt hatte. Der Verfasser der ›Zerstückelung‹ behauptete, dass sich das Grundeigentum des Landes seit 1660 um 1.500 Millionen verringert habe. Nichts war falscher und unwahrscheinlicher; seine trügerischen Argumente aber überzeugten die, die sich überzeugen lassen wollten, von der Richtigkeit dieses lächerlichen Paradoxons. So sieht man in England zur Zeit der größten Blüte hundert Zeitungen den Nachweis bringen, dass der Staat ruiniert sei.

Es war in Frankreich leichter als anderswo, das Finanzministerium in der Meinung des Volkes herabzusetzen. Dieses Ministerium ist das verhassteste, weil die Steuern immer verhasst sind, und zudem herrschten beim Volk bezüglich der Finanzwissenschaft ebenso viele Vorurteile und Unwissenheit wie bezüglich der Philosophie. Man ist in dieser Beziehung so spät zur Einsicht gekommen, dass man noch zu unserer Zeit, im Jahre 1718, das versammelte Parlament dem Herzog von Orléans erklären hörte, dass der innere Wert der Mark Silber fünfundzwanzig Livre betrage – als ob es einen anderen wirklichen inneren Wert gäbe als den des Gewichts und des Gehalts! Der Herzog von Orléans, so kenntnisreich er war, war doch nicht einsichtsvoll genug, um dem Parlament diesen Irrtum vorzuhalten.

Colbert übernahm die Leitung der Finanzen, ausgerüstet mit einem reichen Schatz von Wissen und Genie. Wie der Herzog von Sully begann er damit, dass er die Missbräuche und die großartigen Diebereien abstellte. Das Einnahmeverfahren wurde so gut wie möglich vereinfacht, und durch eine Sparsamkeit, die ans Wunderbare grenzt, vermehrte er den königlichen Schatz, während er gleichzeitig die Steuern verminderte. Aus dem denkwürdigen Edikt von 1664 ist zu ersehen, dass alljährlich eine Million zur Förderung der Industrie und des Seehandels bestimmt war. Das flache Land, das bis dahin der Raubsucht der Steuerpächter preisgegeben gewesen war, wurde so wenig von ihm vernachlässigt, dass, als sich 1667 englische Händler an den französischen Gesandten in London, Colbert de Croissy – seinen Bruder – wandten mit dem Anerbieten, irisches Vieh nach Frankreich und Pökelfleisch für die Kolonien zu liefern, der Generalkontrollor ihnen erwidern ließ, dass »man dergleichen seit vier Jahren selbst an das Ausland zu verkaufen« habe.

Es hatte einer Kriminalkammer und großer Reformen bedurft, um zu dieser heilsamen Verwaltung zu gelangen. Colbert war genötigt, für über acht Millionen Renten auf die Stadt zu tilgen, die ehemals zu niedrigem Preis gekauft worden waren, und zog sie gegen Rückzahlung des Ankaufspreises ein. Diese verschiedenen Veränderungen erforderten Edikte; denn das Parlament war seit Franz I. im Besitz des Bestätigungsrechts. Man schlug vor, sie nur bei der Rentkammer eintragen zu lassen, aber das alte Herkommen behielt die Oberhand. Der König erschien 1664 selbst im Parlament, um seine Edikte bestätigen zu lassen.

Er gedachte noch immer der Fronde, der gegen einen Kardinal und Premierminister ausgesprochenen Ächtung und der übrigen Beschlüsse, kraft deren man den königlichen Schatz mit Beschlag belegt und das Geld und die bewegliche Habe der der Krone ergebenen Bürger eingezogen hatte. Da alle diese Ausschreitungen mit den Vorstellungen wegen einiger die Staatseinkünfte betreffenden Edikte begonnen hatten, ordnete er im Jahre 1667 an, dass das Parlament immer nur innerhalb acht Tagen seine Vorstellung zu machen habe, nachdem es das betreffende Edikt gehorsamst eingetragen habe. Diese Verordnung wurde 1673 erneuert. Auch kam während seiner ganzen Regierung keine Vorstellung von Seiten eines der Obergerichte vor – ausgenommen im unglücklichen Jahre 1709, wo das Parlament von Paris ohne Erfolg wegen des Schadens vorstellig wurde, den der Finanzminister durch die Abänderung des Gold und Silberwertes dem Staat zufügte.

Beinahe alle Bürger waren überzeugt, wenn das Parlament bei seiner Kenntnis der Ursachen sich stets darauf beschränkt hätte, den Landesherren auf das Unglück und die Bedürfnisse des Volkes, auf die Gefahren der Steuererhöhung und auf die noch größeren Gefahren des Verkaufs der Steuern an Unternehmer, die den König betrogen und das Volk aussogen, aufmerksam zu machen, dann würde die Sitte der Vorstellungen ein geheiligtes Auskunftsmittel für den Staat, ein Zügel für die Habgier der Steuerpächter und eine ununterbrochene Belehrung für die Minister gewesen sein. Aber der auffällige Missbrauch, den man mit diesem heilsamen Mittel getrieben hatte, hatte Ludwig XIV. dermaßen erzürnt, dass er nur diesen Missbrauch sah und das Mittel verdammte. Die Entrüstung, die stets im Innern seines Herzens fortlebte, veranlasste ihn sogar, sich am 13. August 1669 nochmals persönlich ins Parlament zu begeben und dort die Adelsprivilegien zu widerrufen, die er 1644, während seiner Minderjährigkeit, allen Mitgliedern der höheren Gerichtshöfe zugestanden hatte.

Aber diesem Edikt zum Trotz, das in Gegenwart des Königs eingetragen wurde, hat sich ständig der Brauch erhalten, alle die, deren Väter zwanzig Jahre lang eine Richterstelle an einem der höheren Gerichtshöfe bekleidet haben oder in ihren Ämtern gestorben sind, die Adelsvorrechte genießen zu lassen.

Indem er so eine Körperschaft von Beamten demütigte, wollte er den Adel ermutigen, der das Vaterland verteidigt, und die Ackerbauern, die es ernähren. Schon durch sein Edikt von 1666 hatte er jedem Edelmann, der Vater von zwölf Kindern war, eine Pension von zweitausend Franc – die heute nahe an viertausend ausmachen würden – und dem, der zehn Kinder gehabt hatte, eine Pension von tausend Franc gewährt. Die Hälfte dieses Gnadengeschenks war den Stadtbewohnern zugesichert, die steuerfrei waren; unter den Steuerzahlern aber waren alle Familienväter, die zehn Kinder hatten, jeder Abgabe enthoben.

Allerdings vollbrachte der Minister Colbert nicht alles, was er konnte, und noch weniger, was er wollte. Die Menschen waren noch nicht aufgeklärt genug, und in einem großen Reich gibt es immer große Missbräuche. Die Willkür bei der Verteilung der Auflagen, die Mannigfaltigkeit der Einfuhrzölle, die Zölle zwischen den einzelnen Provinzen, die einen Teil Frankreichs dem anderen fremd und sogar feindlich machten, die Ungleichheit der Maße und Gewichte in den verschiedenen Städten und zwanzig andere Gebrechen des Staatskörpers konnten nicht behoben werden.

Der größte Fehler, den man diesem Minister zum Vorwurf macht, besteht darin, dass er die Ausfuhr des Getreides nicht zu fördern wagte.

Schon seit langem ging kein Getreide mehr aus Frankreich ins Ausland; der Ackerbau war schon während der Stürme unter dem Ministerium Richelieu vernachlässigt worden und wurde es während der Kriege der Fronde noch mehr. Im Jahre 1661 vollendete eine Hungersnot den Ruin des Landwesens – doch ist die Natur stets bereit, im Verein mit der Arbeit diesen Ruin wettzumachen. Das Parlament von Paris erließ in diesem unglücklichen Jahr eine Verordnung, die in ihrem Prinzip richtig schien, in ihren Folgen aber beinahe ebenso verderblich war wie die Erlässe, die jener Körperschaft während des Bürgerkrieges abgenötigt worden waren: Es wurde nämlich den Kaufleuten bei schwerer Strafe verboten, zu einer Gesellschaft für den Getreidehandel zusammenzutreten, und allen Privatleuten untersagt, Getreidevorräte anzuhäufen. Was während einer vorübergehenden Teuerung gut war, wurde auf die Dauer verderblich und entmutigte die Ackerbauern. Die Aufhebung einer solchen Verordnung in einer Zeit der Krise und des Vorurteils hätte einen Aufstand des Volkes zur Folge gehabt.

Es blieb dem Minister kein anderer Ausweg, als den Fremden das Getreide, das die Franzosen ihnen in den guten Jahren verkauft hatten, um teuren Preis wieder abzukaufen. Das Volk wurde ernährt, aber diese Ernährung kostete den Staat unendliche Summen, und nur die Ordnung, die Colbert bereits in den Finanzen hergestellt hatte, machte diesen Verlust tragbar.

Die Furcht vor einer abermaligen Teuerung verschloss unsere Häfen für die Getreideausfuhr; jeder Intendant in seiner Provinz machte sich sogar ein Verdienst daraus, die Ausfuhr des Getreides in die Nachbarprovinz zu verhindern. Man konnte auch in den guten Jahren seine Ernte nur aufgrund einer vom Ministerrat erteilten Erlaubnis verkaufen. Diese unglückliche Maßnahme schien durch die frühere Erfahrung gerechtfertigt zu werden; der gesamte Rat befürchtete, die Freigabe des Getreidehandels würde ihn zwingen, dieses unentbehrliche Produkt nochmals mit großen Kosten vom Ausland zurückzukaufen, nachdem die Bauern es aus Eigennutz und Sorglosigkeit um niedrigen Preis verkauft hätten.

Der Bauer, der damals noch ängstlicher war als der Rat, fürchtete, sich zugrunde zu richten, wenn er eine Ernte hatte, von der er keinen großen Nutzen erhoffen konnte, und die Felder wurden daher nicht so bebaut, wie sie hätten bebaut werden können. Der Umstand, dass alle anderen Zweige der Verwaltung in Blüte standen, hinderte Colbert, dem Gebrechen dieses Hauptzweigs abzuhelfen.

Das ist der einzige Flecken auf seinem Ministerium – er ist groß. Was ihn aber entschuldigt und zugleich beweist, wie schwer es ist, die Vorurteile in der französischen Verwaltung zu zerstören, und wie schwierig, das Rechte zu tun, ist der Umstand, dass dieser von allen einsichtsvollen Bürgern wahrgenommene Fehler hundert volle Jahre lang von keinem Minister wiedergutgemacht worden ist bis zu dem denkwürdigen Zeitpunkt von 1764, wo ein aufgeklärterer Minister Frankreich einem tiefen Elend entrissen hat, indem er den Getreidehandel mit einigen Beschränkungen freigab, wie sie auch in England gebräuchlich sind. Um die Kosten der Kriege, der Bauten und der Feste aufzubringen, war Colbert genötigt, um 1672 das wieder einzuführen, was er anfangs völlig hatte abschaffen wollen: nämlich teilweise Auflagen, Renten, neue Ämter, Pfandbriefvermehrungen – kurzum alles, was den Staat für einige Zeit erhält und ihn für Jahrhunderte belastet. Er wurde über den Kreis seiner Absichten hinausgerissen, denn aus den Instruktionen, die man noch von ihm hat, ist zu ersehen, dass er der Überzeugung war, der Reichtum eines Landes beruhe einzig auf der Zahl der Bewohner, auf dem Ackerbau, der Industrie und dem Handel. Man sieht ein, dass der König, da er sehr wenige eigene Güter besitzt und nur der Verwalter der Habe seiner Untertanen ist, nur durch leicht zu erhebende und gleichmäßig verteilte Auflagen reich sein kann.

Er hegte eine solche Besorgnis, dass der Staat den Steuerpächtern in die Hände fallen könnte, dass er einige Zeit nach der Auflösung der Gerichtskammer, die er gegen sie hatte einsetzen lassen, vom Ministerrat eine Verordnung ausfertigen ließ, die gegen diejenigen, die auf neue Steuern Geld vorstrecken würden, die Todesstrafe festsetzte. Er wollte durch diese drohende Verordnung, die nie gedruckt erschien, die Habgier der Geldleute abschrecken. Aber bald darauf war er selbst genötigt, sich ihrer zu bedienen, ohne dass jener Erlass widerrufen wurde: Der König drängte, und es musste unverzüglich Rat geschaffen werden.

Diese durch Katharina von Medici aus Italien nach Frankreich gebrachte Erfindung hatte durch ihre leichte Anwendbarkeit die Regierung dermaßen bestochen, dass sie, nachdem sie in den guten Jahren Heinrichs IV. unterdrückt worden war, unter der Regierung Ludwigs XIII. wieder auftauchte und insbesondere die letzten Jahre Ludwigs XIV. vergiftete.

Kurzum, Sully bereicherte den Staat durch eine weise Sparsamkeit, die durch einen ebenso kargen wie tapferen König unterstützt wurde, der an der Spitze seines Heeres Soldat und seinem Volk gegenüber ein Vater war; Colbert dagegen erhielt den Staat trotz der Prunksucht eines hochmütigen Gebieters, der alles verschwendete, um seine Regierung zu einer glänzenden zu machen.

Wie man weiß, äußerte Le Tellier, als der König nach dem Tod Colberts Le Pelletier an die Spitze des Finanzwesens zu stellen beschloss: »Sire, er ist nicht geeignet zu diesem Amt.« »Warum?« fragte der König.

»Er ist nicht hartherzig genug«, erwiderte Le Tellier. »Aber ich will auch nicht, dass mein Volk hart behandelt werde«, erklärte Ludwig XIV.

Dieser neue Finanzminister war in der Tat gütig und gerecht. Als man aber 1688 von neuem in Krieg geriet und sich gegen das Augsburger Bündnis – d.h. gegen fast ganz Europa – verteidigen musste, sah er eine Last auf seine Schultern gewälzt, die selbst einem Colbert zu schwer erschienen war. Der leichte, aber verderbliche Ausweg, Geld zu leihen und Renten dafür anzuweisen, war sein erstes Hilfsmittel. Dann wollte man den Luxus vermindern, was in einem mit Fabriken angefüllten Land die Industrie und den Umsatz verringern heißt und nur bei einer Nation angebracht ist, die ihre Luxusgegenstände aus dem Ausland bezieht.

Es wurde befohlen, alle Geräte aus gediegenem Silber, die damals bei den großen Herren in ziemlich bedeutender Menge zu finden und ein Zeichen des herrschenden Wohlstands waren, in die Münze zu schaffen. Der König gab das Beispiel dazu: Er beraubte sich aller jener Tafeln, Leuchter und großen Sessel aus gediegenem Silber sowie all der anderen Geräte, die Meisterwerke der Ziselierkunst von der Hand Ballins, eines in seiner Kunst einzigartigen Mannes, und sämtlich nach Zeichnungen von Lebrun ausgeführt waren. Sie hatten zehn Millionen gekostet – man gewann daraus drei; die silbernen Geräte der Privatleute ergaben drei weitere Millionen. Diese Hilfe war also nur schwach.

Nunmehr beging man einen jener ungeheuren Fehler, bezüglich derer das Finanzministerium sich erst in jüngster Zeit gebessert hat: Man verschlechterte nämlich die Münzen, nahm ungleichmäßige Umprägungen vor und legte den Talern einen Wert bei, der mit dem der Vierteltaler im Missverhältnis stand. Die Folge war, dass die Vierteltaler – da sie stärker, die Taler aber schwächer waren – alle ins Ausland flossen, um dort zu ganzen Talern umgeprägt zu werden, woraus, indem man sie nach Frankreich zurückbrachte, ein Gewinn zu machen war. Ein Land muss an sich sehr lebenskräftig sein, um machtvoll fortzubestehen, nachdem es so häufig dergleichen Erschütterungen erlitten hat. Man war noch nicht hinlänglich unterrichtet: Die Finanzwissenschaft war damals gerade wie die Physik eine auf bloßer Mutmaßung beruhende Wissenschaft. Die Steuerpächter waren Marktschreier, die das Ministerium betrogen; der Staat musste ihre Gaukelei mit achtzig Millionen bezahlen. Es bedarf einer zwanzigjährigen angestrengten Arbeit, um solche Lücken wieder auszufüllen.

Um 1691 und 1692 erschienen also die Staatsfinanzen merklich zerrüttet. Diejenigen, die das allmähliche Versiegen der Quellen des Überflusses der Verschwendung Ludwigs XIV. bei seinen Bauten, seinen Festen und seinen Kunstliebhabereien zuschrieben, wussten nicht, dass gerade im Gegenteil die Ausgaben, die die Industrie fördern, einen Staat bereichern. Der Krieg ist's, der unvermeidlicherweise den öffentlichen Schatz leert, wenn nicht die den Besiegten abgenommene Beute ihn wieder füllt. Die alten Römer ausgenommen, kenne ich keine Nation, die durch Siege reich geworden wäre. Italien war im 16. Jahrhundert nur infolge seines Handels reich; Holland würde nicht lange bestanden haben, wenn es sich auf das Kapern der spanischen Silberflotte beschränkt hätte und wenn nicht Indien die Nährmutter seiner Macht geworden wäre; England ist stets durch den Krieg ärmer geworden – selbst als es die französischen Flotten vernichtete –, und nur der Handel hat es bereichert. Die Algerier schließlich, die fast nichts weiter besitzen, als was sie durch die Seeräuberei gewinnen, sind ein höchst elendes und armseliges Volk. Bei den europäischen Nationen macht der Krieg nach Verlauf einiger Jahre den Sieger beinahe ebenso unglücklich wie den Besiegten: Der Krieg ist ein Schlund, der alle Kanäle des Wohlstands schluckt. Das bare Geld, dieses Prinzip alles Guten und alles Bösen, das mit soviel Mühe in den Provinzen erhoben wird, fließt in die Koffer von hundert Unternehmern und in die Schatullen von hundert Zollpächtern, die die unentbehrlichen Summen vorschießen und durch diese Vorschüsse das Recht erkaufen, die Nation im Namen des Landesherrn auszuplündern. Die Bürger, die dann die Regierung als einen Feind betrachten, vergraben ihr Geld, und der Mangel seines Umlaufs versetzt das Reich in einen kraftlosen Zustand.

Kein eilfertiges Hilfsmittel vermag eine feste, stete, von langer Hand begründete Ordnung zu ersetzen, die im Voraus für die unvorhergesehenen Bedürfnisse Sorge trägt. Im Jahre 1695 führte man die Kopfsteuer[156] ein. Nach dem Rijswijker Frieden wurde sie aufgehoben und dann von neuem eingeführt. Der Generalkontrollor Pontchartrain verkaufte im Jahre 1696 Adelspatente für zweitausend Taler – fünfhundert Bürger kauften solche –, aber die Hilfe war vorübergehend und die Schmach dauernd. Man nötigte alle Edelleute, alte wie neue, ihre Wappen eintragen zu lassen und die Erlaubnis, ihre Briefe mit ihrem Wappen siegeln zu dürfen, zu bezahlen. Dieses Geschäft wurde von Zolleinnehmern in die Hand genommen, die Geld darauf vorstreckten. Das Ministerium griff fast immer nur zu solchen kleinlichen Mitteln in einem Land, das weit bedeutendere Hilfsquellen hätte bieten können.

Den Zehnten wagte man nur im Jahre 1710 aufzulegen; im Gefolge so vieler anderer drückender Abgaben aber erschien dieser Zehnte so hart, dass man ihn nicht mit aller Strenge einzutreiben wagte. Die Regierung zog aus dieser Steuer nur 25 Millionen jährlich, zu je vierzig Franc die Mark.

Colbert hatte den Zahlungswert der Münzen wenig verändert. Noch besser ist es, ihn gar nicht zu verändern, denn Gold und Silber müssen

156 In Band 4, S. 136, der ›Denkwürdigkeiten der Frau von Maintenon‹ findet man angegeben, dass der Ertrag der Kopfsteuer »die Erwartungen der Pächter überstieg«. Es gab aber nie eine Verpachtung der Kopfsteuer. Ferner heißt es dort, dass »die Lakaien in Paris sich ins Stadthaus begaben, um sich die Kopfsteuer auflegen zu lassen«. Dieses lächerliche Märchen richtet sich selbst, denn stets bezahlten die Herren für ihr Gesinde!

als Tauschmittel unveränderliche Maße sein. Er hatte den Zahlungswert der Mark Silber nur von sechsundzwanzig Franc – in welcher Höhe er ihn vorgefunden hatte – auf siebenundzwanzig und auf achtundzwanzig Franc erhöht. Nach ihm aber, in den letzten Jahren Ludwigs XIV., steigerte man diesen Wert bis auf vierzig ideale Franc – ein verhängnisvolles Auskunftsmittel, durch das dem König zwar für den Augenblick geholfen wurde, das ihn später aber zugrunde richtete, denn statt einer Mark Silber gab man ihm jetzt nahezu nur noch die Hälfte. Wer im Jahre 1668 sechsundzwanzig Livre schuldete, gab ebenfalls nur diese eine Mark. Die späteren Herabsetzungen zerrütteten dann den wenigen Handel, der noch vorhanden war, ebenso sehr, wie die Erhöhung es getan hatte.

Man würde in einem Kreditpapier ein Hilfsmittel gefunden haben, aber dieses Papier hätte zu einer Zeit des Aufschwungs eingeführt werden müssen, um sich in einer Zeit des Unglücks zu behaupten. Der Minister Chamillart begann im Jahre 1706 in Münzobligationen, Unterhaltsanweisungen, Geräteverschreibungen usw. zu bezahlen; da aber dieses Papiergeld nicht bei den königlichen Kassen angenommen wurde, so geriet es beinahe gleich bei seinem Erscheinen in Verruf. Man war gezwungen, mit der Aufnahme beschwerlicher Anleihen fortzufahren und vier Jahrgänge von den Einkünften der Krone im Voraus zu verzehren.[157]

Dabei machte man ständig sogenannte »außergewöhnliche Geschäfte«: Man schuf lächerliche Ämter, die stets von denen gekauft wurden, die sich der Schätzung (taille) entziehen wollten, denn die Schätzungssteuer war in Frankreich erniedrigend, und da die Menschen von Geburt eitel sind, so machte der Köder, der sie jener Schmach enthob, viele Toren. Überdies verlocken die mit jenen neuen Ämtern verbundenen Gehälter viele, ein solches Amt in schwerer Zeit zu kaufen, weil man nicht überlegt, dass diese Ämter in minder schweren Zeiten wieder unterdrückt werden. So erfand man 1707 die Würde der königlichen Fuhrräte

157 In der von La Hode geschriebenen und unter dem Namen La Martinreres herausgegebenen Geschichte heißt es, man hätte während der italienischen Kriege 72 Prozent an Wechselgebühr bezahlt. Das ist Unsinn. Tatsache ist, dass sich Chamillart, um die Armeen zu befriedigen, des Kredits des Chevalier Bernard bediente. Infolge eines alten Vorurteils glaubte der Minister, dass das Geld um keinen Preis außer Landes gehen dürfe – als ob dieses Geld für nichts hingegeben würde und als ob es möglich wäre, dass eine Nation, die die Schuldnerin einer anderen ist und ihre Schuld nicht in Handelsgegenständen abträgt, nicht in barem Geld bezahle. Chamillart gab also dem Bankier acht Prozent Nutzen unter der Bedingung, dass er das Ausland bezahle, ohne Geld aus Frankreich weggehen zu lassen. Außerdem bezahlte er den Wechselzins, der fünf oder sechs Prozent betrug. Trotz seines Versprechens aber war der Bankier genötigt, seine Rechnung mit dem Ausland in barer Münze zu begleichen, was einen beträchtlichen Verlust zur Folge hatte.

und Weinmaklerräte, was 180.000 Livre eintrug; man ersann königliche Registratoren und Subdelegierte für die Intendanten der Provinzen; man erfand königliche Holzklafter-Kontrollräte, Polizeiräte, Barbier- und Perückenmacherämter, Kontrollvisitatoren für frische Butter, Salzbutterprobierer usw. Diese Ungereimtheiten bringen heute zum Lachen, damals aber brachten sie zum Weinen.

Der Generalkontrollor Desmarets, ein Neffe des berühmten Colbert, der im Jahre 1709 Chamillarts Nachfolger wurde, vermochte ein Übel nicht zu heben, das durch alle Umstände unheilbar gemacht wurde.

Die Natur verband sich mit dem Schicksal zum Untergang des Staates. Der harte Winter von 1709 zwang den König, dem Volk zu einer Zeit, wo es an Gold für die Truppen fehlte, neun Millionen Livre Abgaben zu erlassen. Der Preis der Lebensmittel erreichte eine solche Höhe, dass der Unterhalt des Heeres 45 Millionen verschlang. Die Gesamtausgabe für das Jahr 1709 belief sich auf 221 Millionen, während die gewöhnliche Einnahme nur 49 Millionen ergab; man musste also den Staat zugrunde richten, um ihn vor den Feinden zu bewahren. Die Zerrüttung der Finanzen nahm in solchem Maße zu und wurde so wenig ausgeglichen, dass der König noch lange nach dem Frieden – Anfang des Jahres 1715 – genötigt war, für 32 Millionen Anweisungen zu begeben, um 8 Millionen Münze zu erhalten. Bei seinem Tod hinterließ er schließlich 2,6 Milliarden Schulden zu achtundzwanzig Livre auf die Mark, auf welchen Stand die Münze damals zurückgegangen war, was etwa 4,5 Milliarden der im Jahre 1760 gangbaren Münze ausmacht.

Es ist staunenswert, aber wahr, dass diese ungeheure Schuld keineswegs eine unmöglich zu tragende Last gewesen wäre, wenn es damals einen blühenden Handel, ein eingeführtes Kreditpapier und zuverlässige Gesellschaften gegeben hätte, die sich wie in Schweden, England, Venedig und Holland für dieses Papier verbürgt hätten. Denn wenn ein mächtiger Staat nur bei sich selber Schulden hat, so sind das Vertrauen und der Geldumsatz zur Zahlung hinreichend; Frankreich besaß jedoch damals bei weitem nicht genug Spannkraft, um eine so große und komplizierte Maschine, deren Gewicht es erdrückte, in Gang zu bringen.

Ludwig XIV. verausgabte während seiner Regierung 18 Milliarden, was für das Jahr 330 Millionen nach heutigem Geld ergibt.

Unter der Verwaltung des großen Colbert beliefen sich die gewöhnlichen Einkünfte der Krone nur auf 117 Millionen zu siebenundzwanzig und später zu achtundzwanzig Livre auf die Mark Silber; der gesamte Überschuss musste also durch die »außergewöhnlichen Geschäfte«

gewonnen werden. Colbert, der größte Gegner dieses verderblichen Hilfsmittels, war dennoch genötigt, dazu seine Zuflucht zu nehmen, um schnell die erforderlichen Summen zu beschaffen. Zum Krieg von 1672 entlieh er 800 Millionen nach heutigem Geld. Der König besaß nur noch sehr wenige der ehemaligen Güter der Krone. Diese sind von allen Parlamenten des Landes für unveräußerlich erklärt worden – und dennoch beinahe alle veräußert worden. Heute besteht das Einkommen des Königs aus dem der Bürger: Es findet ein ständiger Kreislauf von Schulden und Zahlungen statt. Der König schuldet den Bürgern unter dem Namen von Renten auf das Stadthaus mehr Millionen jährlich, als je einer seiner Vorgänger aus den Besitzungen der Krone gewonnen hat. Um sich eine Vorstellung zu machen von dem ungeheuren Wachstum der Steuern, der Schulden, des Reichtums und des Umsatzes sowie der gleichzeitigen Zunahme der Arbeit und Mühe, die in Frankreich wie in den übrigen Ländern stattgefunden hat, möge man beachten, dass der Staat beim Tod Franz' I. ungefähr 30.000 Livre ewiger Renten auf das Stadthaus schuldete, und dass er heute über 45 Millionen schuldet.

Diejenigen, die sich die Mühe gaben, die Einkünfte Ludwigs XIV. mit denen Ludwigs XV. zu vergleichen, haben gefunden, dass Ludwig XIV. im Jahre 1683, dem Todesjahr Colberts, mit 117 Millionen Einkommen weit reicher war als ein Nachfolger im Jahre 1730 mit nahe an 200 Millionen. Und das ist vollkommen richtig, sobald man nur die festen und gewöhnlichen Einkünfte der Krone in Rechnung zieht, denn 117 Millionen, die Mark zu achtundzwanzig Livre, sind eine größere Summe als 200 Millionen zu neunundvierzig Livre, auf welchen Betrag sich das Einkommen des Königs im Jahre 1730 belief; und überdies müssen auch noch die durch die Anleihen der Krone vermehrten Lasten in Rechnung gezogen werden. Aber die Einkünfte des Königs, d.h. des Staates, sind seitdem ebenfalls gewachsen, und die Finanzwissenschaft hat sich in solchem Grad vervollkommnet, dass während des kostspieligen Krieges von 1741 der Kredit nicht einen Augenblick schwankend wurde. Man hat sich entschlossen, Amortisationsfonds aufzubringen, wie es bei den Engländern Sitte ist. Denn wie ihre Philosophie hat man auch einen Teil ihres Finanzsystems annehmen müssen, und wenn man in einem rein monarchischen Staat jenes Papiergeld einführen könnte, das zum mindesten den Reichtum Englands verdoppelt, so würde die Verwaltung Frankreichs die höchste Stufe ihrer Vollkommenheit erreichen – leider aber einer Vollkommenheit, die in einer Monarchie allzu leicht zum Missbrauch führt.[158] Im Jahre 1683 gab es für etwa 500 Millionen Zahlungswert gemünztes Silber im Land, im Jahre 1730 für etwa 1.200 Millionen, wenn man nach unserer heutigen Weise rechnet. Aber unter dem Ministerium des Kardinals von Fleury war der Zahlungswert beinahe doppelt so hoch als zur Zeit Colberts. Es ergibt sich daraus, dass Frankreich seit dem Tod Colberts nur etwa um ein Sechstel an geprägtem Geld reicher geworden ist. Weit bedeutender ist die Zunahme des zu Gebrauchsgegenständen und Prunkgeräten verarbeiteten Edelmetalls. Im Jahre 1690 war davon noch nicht für 400 Millionen nach heutigem Geld vorhanden, gegen 1730 aber besaß man davon ebenso viel wie an geprägter Münze. Nichts beweist besser und augenscheinlicher, wie sehr der Handel, dessen Quellen Colbert erschloss, gewachsen ist, seitdem seine durch den Krieg geschlossenen Kanäle sich wieder geöffnet haben. Die Industrie hat sich vervollkommnet, trotz der Auswanderung so vieler Handwerker, die durch die Aufhebung des Edikts von Nantes über die ganze Welt zerstreut wurden, und diese Industrie wächst noch von Tag zu Tag. Die Nation ist jetzt zu ebenso großen Dingen befähigt wie unter Ludwig XIV., weil das Genie und der Handel ständig an Kraft gewinnen, sobald sie gefördert und ermutigt werden.

Beim Anblick der behaglichen Einrichtung der Bürger, der wunderbaren Anzahl gefälliger Häuser, die in Paris und in den Provinzen erbaut worden sind, der Menge von Equipagen, der Bequemlichkeiten und

158 Der Abbé von Saint-Pierre behauptet in seinem ›Politischen Journal‹, im Artikel über das ›System‹, es sei in England und Holland nur soviel Papier wie bare Münze vorhanden; es ist indessen bekannt, dass das Papier den Betrag des Metallgeldes bei weitem übersteigt und sich nur durch das allgemeine Vertrauen erhält und behauptet. Das Ansehen jener Anweisungen kann nur auf dem Vertrauen beruhen, dass sie nach Belieben gegen Metallmünze ausgetauscht werden können, und dieses Vertrauen beruht wieder auf der Überzeugung, dass die Bank, die solche Anweisungen ausgibt, jederzeit imstande sei, diejenigen, die ihr präsentiert werden, in barer Münze zu bezahlen. Dieses Vertrauen ist also prekär, sobald die Summe der Anweisungen die Summe des Metallgeldes übersteigt, das die Bank in kurzer Zeit zusammenbringen kann. Die Anweisungen verhalten sich also zu den Staatsschuldscheinen wie die Sichtwechsel der Privatleute zu deren gewöhnlichen Verschreibungen und Schuldscheinen. Man kann einem Mann eine Summe leihen, die nahezu seinem Vermögen gleichkommt, aber eine Anweisung auf ihn anstatt baren Geldes wird man nur bis zur Höhe der Summe annehmen, die er voraussichtlich im Augenblick der Forderung wird aufbringen können. Jene Anweisungen sind von Vorteil; erstens, weil sie dem Staat eine ihrem Nennwert gleiche Summe gewähren, für die er keinen Zins zahlt und die er nicht auszuzahlen braucht, solange das Vertrauen zu ihm besteht; und zweitens, weil sie, indem sie die Notwendigkeit der Geldversendungen mindern, die Wechselkosten für den Staat und die Privatleute verringern und den Preissatz dieser Kosten herabdrücken. Aber sie haben einen großen Nachteil: Sie geben den öffentlichen Kredit, das Staatsvermögen und das Vermögen der Bürger der augenblicklichen Meinung preis. Unter einer einsichtsvollen und weisen Regierung sollte daher immer nur so viel davon vorhanden sein, wie zur Erleichterung des Handels und der Privatgeschäfte vonnöten ist.

der Annehmlichkeit, die man Luxus nennt, sollte man glauben, dass der Reichtum heute in Frankreich zwanzigmal größer wäre als früher. Das alles ist aber noch mehr die Frucht einer erfindungsreichen Tätigkeit als des Reichtums. Bequem und angenehm zu wohnen, kostet heute kaum mehr, als unter Heinrich IV. eine schlechte und unbequeme Wohnung kostete. Ein schöner Spiegel aus unseren eigenen Fabriken ist jetzt ein weit wohlfeilerer Schmuck für unser Zimmer als jene kleinen Spiegelchen, die man aus Venedig bezog. Unsere schönen und zierlichen Stoffe sind weit weniger teuer als die Stoffe des Auslands, die ihnen nicht einmal gleichkamen.

In der Tat sind es nicht Gold und Silber, die ein gemächliches, bequemes Leben schaffen, sondern das Genie. Ein Volk, das nur jene Metalle besäße, würde sehr elend sein; ein Volk dagegen, das ohne diese Metalle alle Produkte des Bodens auf glückliche Weise verwertete, würde in Wahrheit das reichste sein. Frankreich besitzt diesen Vorzug und dabei mehr gemünztes Metall, als für den Verkehr vonnöten ist.

Nachdem sich die Industrie in den Städten vervollkommnet hat, hat sie sich auch über das flache Land verbreitet. Es werden stets Klagen über das Los der Bauern laut werden – man vernimmt sie in allen Ländern der Welt. Aber dieses Gemurre rührt beinahe überall von reichen Müßiggängern her, die weit mehr die Regierung verdammen, als das Volk beklagen. Allerdings würden sich in jedem Land diejenigen, die ihr Leben mit Feldarbeiten zubringen, falls sie Muße zum Klagen hätten, gegen die Erpressungen erheben, die ihnen einen Teil ihres Unterhalts rauben, und die Notwendigkeit verwünschen, die sie zwingt, Steuern zu zahlen, die sie sich nicht selbst aufgelegt haben, und die Lasten des Staates zu tragen, ohne an den Vorteilen der übrigen Bürger teilzuhaben. Es gehört nicht zur Aufgabe des Geschichtsschreibers, zu untersuchen, wieviel das Volk beizutragen habe, ohne gedrückt zu werden, und den so schwer auffindbaren Punkt zu bestimmen, wo die Ausführung der Gesetze zum Missbrauch der Gesetze und die Auflagen zu Erpressungen werden – aber die Geschichte muss zeigen, dass eine Stadt unmöglich blühend sein kann, ohne dass das umliegende Land sich im Zustand des Überflusses befindet, denn unzweifelhaft ist es doch dieses Land, das die Stadt ernährt. Man vernimmt an bestimmten Tagen in allen Städten Frankreichs laute Vorwürfe von Seiten derer, denen ihr Beruf erlaubt, öffentlich gegen all die verschiedenen Arten und Zweige des Verbrauchs zu donnern, die man als Luxus bezeichnet. Es ist klar, dass die Mittel zu diesem Luxus einzig durch die fleißige Arbeit der Landleute geschaffen werden – eine Arbeit, die stets teuer bezahlt wird.

Man hat wesentlich mehr Weinberge angelegt und diese besser bearbeitet. Man hat neue Weine hergestellt, die man in früherer Zeit nicht kannte, wie z.B. die Champagnerweine, denen man die Farbe, die Kraft und das Feuer des Burgunders zu verleihen verstanden hat und die mit großem Vorteil an das Ausland verkauft werden. Diese Vermehrung der natürlichen Weine hat die Vermehrung der Branntweine zur Folge gehabt. Der Gartenbau, die Kultur der Gemüse und des Obstes, hat wunderbare Fortschritte gemacht, und der Lebensmittelhandel mit den amerikanischen Kolonien ist dadurch ebenfalls vermehrt worden. Die Klagen, die früher jederzeit über das Elend des Landvolks laut geworden sind, haben seitdem aufgehört, begründet zu sein.

Überdies macht man bei diesen unklaren Klagen keinen Unterschied zwischen den Bauern und Pächtern und zwischen den Tagelöhnern; die letzteren leben ausschließlich von ihrer Hände Arbeit – das ist aber in allen Ländern der Welt der Fall, wo die große Mehrzahl von ihrer körperlichen Arbeit leben muss. Es gibt jedoch kaum ein Land in der Welt, wo der Bauer und der Pächter glücklicher leben als in einigen Provinzen Frankreichs, und nur England kann ihm in dieser Hinsicht den Vorrang streitig machen. Der den Verhältnissen angemessene Zins, der in einigen Provinzen an die Stelle der willkürlichen Besteuerung getreten ist, hat ebenfalls dazu beigetragen, den Vermögensstand der Bauern zu sichern, die Äcker, Weinberge und Gärten besitzen. Der Tagelöhner und der Arbeiter dürfen nur das Notwendigste besitzen, wenn sie arbeiten sollen – das liegt in der Natur der Menschen. Diese große Anzahl muss arm sein – aber sie braucht nicht elend zu sein!

Der Mittelstand ist durch die Industrie reich geworden. Die Beamten und die Hofleute sind jetzt weniger reich, weil die Besoldungen und Jahresgehälter dieselben geblieben sind, der Preis der Lebensmittel aber auf mehr als das Doppelte gestiegen ist, während das Geld sich numerisch nahezu um die Hälfte vermehrt hat. Es ist dies in allen Ländern Europas geschehen; die Gebühren, die Besoldungen sind überall auf dem alten Fuß geblieben. Ein Kurfürst, der die Belehnung mit seinen Staaten empfängt, zahlt dafür nur das, was seine Vorgänger zur Zeit Kaiser Karls IV., im 14. Jahrhundert bezahlten, und schuldet dem Sekretär des Kaisers bei dieser Zeremonie nicht mehr als einen Taler.

Noch weit auffälliger ist der Umstand, dass, während alles – der Zahlungswert der Münzen, die Menge des Goldes und des Silbers, der Preis der Lebensmittel usw. – gestiegen ist, dennoch der Sold des Soldaten noch heute derselbe ist wie vor zweihundert Jahren: Man zahlt dem Infanteristen fünf Sou, wie man sie zur Zeit Heinrichs IV. zahlte. Keiner unter dieser Menge unwissender Menschen, die ihr Leben so wohlfeil verkaufen, hat Kenntnis davon, dass er in Anbetracht der Vermehrung der Münzen und der Verteuerung der Lebensmitel ungefähr zwei Drittel weniger empfängt als ein Soldat Heinrichs IV. Wenn er es wüsste, wenn er einen um zwei Drittel höheren Sold verlangte, so müsste ihm dieser bewilligt werden. Dann würde geschehen, dass jede europäische Macht um zwei Drittel weniger Truppen hielte; die Streitkräfte würden sich wie früher das Gleichgewicht halten, und der Ackerbau sowie die Fabriken würden Vorteil davon haben.

Man muss noch beachten, dass die Besoldungen aller bedeutenden Ämter an wirklichem Wert eingebüßt haben und sich jetzt bei den Großen weniger und beim Mittelstand mehr Überfluss findet als früher, weil der Gewinn beim Handel gestiegen ist. Gerade dieser Umstand aber hat den Abstand zwischen den Menschen verringert. Früher blieb den Kleinen kein anderer Ausweg, als bei den Großen Dienste zu nehmen – heute aber hat die Industrie tausend Wege erschlossen, die man vor hundert Jahren nicht kannte. In welcher Weise aber schließlich auch die Staatsfinanzen verwaltet werden mögen – Frankreich besitzt an der Arbeit von ungefähr zwanzig Millionen Bewohnern einen unschätzbaren Reichtum.

Einunddreissigstes Kapitel

Die Wissenschaften

Dieses glückliche Zeitalter, das eine Umwälzung im menschlichen Geist anbrechen sah, schien keineswegs dazu bestimmt zu sein, denn zur Zeit Ludwigs XIII. hatte es, um mit der Philosophie den Anfang zu machen, durchaus nicht den Anschein, als ob diese sich dem Chaos entwinden würde, in das sie versenkt war. Die italienische, spanische und portugiesische Inquisition hatte die Irrtümer der Philosophie mit den Dogmen des Glaubens verknüpft, und die Bürgerkriege nebst den calvinistischen Streitigkeiten waren in Frankreich ebensowenig zur Kultur der Vernunft geeignet wie in England der Fanatismus der Zeiten Cromwells. Als, nachdem ein Domherr von Thorn das alte, seit so langer Zeit in Vergessenheit geratene Planetensystem der Chaldäer erneuert hatte, diese Wahrheit in Rom verdammt wurde; als die aus siebzehn Kardinälen bestehende Kongregation des Heiligen Stuhls die Bewegung der Erde, ohne die es keine wahre Astronomie gibt, nicht bloß für ketzerisch, sondern für widersinnig erklärte; als Galilei im Alter von siebzig Jahren um Verzeihung dafür bat, dass er recht hatte – da hatte es nicht den Anschein, dass die Wahrheit eine Stätte auf Erden finden würde. Der Kanzler Bacon hatte den Weg angedeutet, den man einschlagen konnte, Galilei hatte die Gesetze des Falls der Körper entdeckt, Torricelli begann die Schwere der uns umgebenden Luft zu erkennen, in Magdeburg waren einige Experimente angestellt worden – mit diesen schwachen Versuchen blieben alle Schulen im Widersinn und die Welt in der Unwissenheit stecken. Nun erschien Descartes. Er tat das Gegenteil von dem, was er hätte tun sollen: Anstatt die Natur zu studieren, versuchte er sie zu erraten. Er war der größte Mathematiker seiner Zeit, aber die Geometrie lässt den Geist, wie sie ihn vorfindet, und Descartes' Geist war allzu sehr zum Erfinden geneigt: Der erste unter den Mathematikern schuf fast nur philosophische Romane. Ein Mann, der die Erfahrung verachtete, der niemals Galilei anführte, der ohne Materialien bauen wollte, konnte nur ein imaginäres Gebäude errichten. Was romanhaft daran war, fand Beifall; die wenigen Wahrheiten aber, die sich unter diesen neuen Schimären befanden, wurden anfangs bekämpft. Schließlich drangen jedoch diese wenigen Wahrheiten mit Hilfe der Methode durch, die er eingeführt hatte; denn vor ihm hatte man keinen Faden in dem Labyrinth gehabt, und er gab zum wenigsten einen solchen, dessen man sich bediente, nachdem er sich verirrt hatte. Die Zerstörung der Schimären der Peripatetiker war schon viel, wenn sie auch durch andere Schimären geschah. Diese beiden Phantome bekämpften einander, sie fielen eines nach dem anderen, und auf ihren Trümmern erstand endlich die Vernunft. In Florenz bestand eine Akademie für Experimente, »Accademia del Cimento« genannt, die um 1657 von Kardinal Leopold von Medici gegründet worden war. Man fühlte im Vaterland der Künste bereits, dass man vom großen Gebäude der Natur nur dann etwas begreifen würde, wenn man es Stück für Stück der Prüfung unterzöge. Diese Akademie leistete nach den Tagen Galileis und zur Zeit Torricellis bedeutende Dienste.

In England traten unter der düsteren Herrschaft Cromwells (1645) einige Philosophen zusammen, um friedlich nach Wahrheiten zu forschen, während der Fanatismus jede Wahrheit unterdrückte. Nachdem die Reue und der Wankelmut seiner Nation Karl II. auf den Thron seiner Väter berufen hatte, verlieh dieser Fürst der werdenden Akademie ein Patent (1663) – das war aber auch alles, was die Regierung dazu gab. Die Londoner königliche – oder richtiger freie – Gesellschaft der Wissenschaften arbeitete für die Ehre zu arbeiten. Aus ihrem Schoß gingen zu unserer Zeit die Entdeckungen über das Licht, über das Prinzip der Schwere, über die Aberration der Fixsterne, über die transzendente Geometrie undhundert andere Erfindungen hervor, nach denen man diese Epoche ebensogut das »Zeitaler der Engländer« wie das »Zeitalter Ludwigs XIV.« nennen könnte.

Im Jahre 1666 wollte Colbert, eifersüchtig auf diesen neuen Ruhm, dass auch die Franzosen daran teilhätten, und er bewog auf die Bitte einiger Gelehrter hin Ludwig XIV., die Gründung einer Akademie der Wissenschaften zu genehmigen. Diese war bis zum Jahre 1699 eine freie wie die Englische und wie die Französische Akademie. [159] Colbert zog aus Italien Dominique Cassini, aus Holland Huygens, aus Dänemark Römer durch hohe Jahresgehälter nach Paris. Römer bestimmte die Geschwindigkeit der Sonnenstrahlen, Huygens entdeckte den Ring und einen der Trabanten, Cassini die vier anderen Trabanten des Saturns. Ferner verdankt man Huygens, wenn nicht die erste Erfindung der Pendeluhren, doch wenigstens die wahren Prinzipien der Regelmäßigkeit ihrer Bewegung – Prinzipien, die er aus einer erhabenen Geometrie ableitete. Allmählich erwarb man Kenntnisse in allen Teilen der wahren Physik, indem man jedes System beiseite schob. Das Volk war verwundert über eine Chemie, die weder den Stein der Weisen noch das Lebenselixier suchte, über eine Medizin, die von den Mondphasen unabhängig erschien. Die Fäulnis galt nicht mehr als die Erzeugerin der Tiere und der Pflanzen. Es gab keine Wunder mehr, seitdem die Natur besser bekannt war, und man studierte sie in allen ihren Erzeugnissen. Die Geographie machte staunenswerte Fortschritte. Kaum hatte Ludwig XIV. im Jahre 1669 die Sternwarte erbauen lassen, als er schon durch Dominique Cassini und Picard einen Meridian bestimmen ließ. Nach Norden zu wurde dieser 1683 von La Hire fortgeführt, und Cassini verlängerte ihn schließlich im Jahre 1700 bis an die äußerste Grenze des Roussillon. Er ist das schönste Denkmal der Astronomie und reicht hin, um dieses Jahrhundert unsterblich zu machen.

Im Jahre 1672 wurden Naturforscher nach Cayenne gesandt, um nützliche Beobachtungen anzustellen. Diese Reise brachte die erste Kenntnis von der Abplattung der Erde, die später vom großen Newton nachgewiesen wurde, und bereitete jene berühmten Reisen vor, die die Regierung Ludwigs XV. verherrlichen halfen. [160]

---

159 Die Eröffnung der Akademie der Wissenschaften fand am 23. Dezember 1666 statt. Im Jahre 1699 wurde sie in ein königliches Institut verwandelt, und gleichzeitig wurden Jakob I. und Johann I. Bernoulli, Newton, Leibniz, Hartsoeker, Tschirnhausen, Römer und Guglielmini zu auswärtigen Mitgliedern ernannt.

160 Jean Dominique Cassini und sein Sohn und Amtsnachfolger Jacques Cassini glaubten

Im Jahre 1700 sandte man Toumefort in die Levante. Er sammelte dort Pflanzen, die eine Zierde des königlichen Pflanzengartens wurden, den man früher vernachlässigt hatte, der damals aber wieder zu Ehren kam und heute die Aufmerksamkeit Europas verdient. Die schon ziemlich umfangreiche königliche Bibliothek wurde unter Ludwig XIV. um mehr als 30.000 Bände vermehrt, und dieses Beispiel wurde auch in unserer Zeit so wohl befolgt, dass sie bereits über 180.000 Bände zählt. Er ließ die Rechtsschule wiedereröffnen, die seit hundert Jahren geschlossen war, und errichtete an allen Universitäten Frankreichs einen Lehrstuhl des französischen Rechts. Mir scheint, es sollte gar keine anderen Rechtsprofessuren geben, vielmehr müssten die guten römischen Gesetze den Landesgesetzen einverleibt werden und mit diesen ein einziges Gesetzbuch der Nation bilden.

Ferner wurden die Journale unter seiner Regierung eingeführt. Wie bekannt, ist das ›Gelehrtenjournal‹, das im Jahre 1665 gegründet wurde, der Vater all der Zeitschriften dieser Art, mit denen Europa heute angefüllt ist und bei denen sich nur zu viele Missbräuche eingeschlichen haben – wie bei allen nützlichen Dingen. Die Akademie der schönen Wissenschaften, die zuerst 1663 von einigen Mitgliedern der Französischen Akademie zu dem Zweck gegründet wurde, die Taten Ludwigs XIV. durch Medaillen auf die Nachwelt zu bringen, wurde von Nutzen für das Volk, seit sie sich nicht mehr ausschließlich mit dem Monarchen beschäftigte, sondern sich der Erforschung des Altertums und einer scharfsinnigen Kritik der Ansichten und der Tatsachen zuwandte. Sie tat für die Geschichte ungefähr das, was die Akademie der Wissenschaften für die Naturkunde tat: Sie zerstreute die Irrtümer.

Der Geist der Einsicht und der Kritik, der sich von einem zum anderen verbreitete, zerstörte allmählich und unmerklich eine große Anzahl von Vorurteilen und abergläubischen Ansichten. Dieser werdenden Vernünftigkeit ist die Erklärung des Königs vom Jahre 1672 zu verdanken, die den Gerichtshöfen verbot, die einfachen Anklagen wegen Zauberei entgegenzunehmen. Unter Heinrich IV. und Ludwig XIII. hätte man ein solches Verbot nicht gewagt, und wenn auch nach 1672 noch Anklagen wegen Hexerei vorkamen, so verurteilten die Richter die Angeklagten doch meist nur als Glaubensschänder, die zudem vom Gift Gebrauch gemacht hatten.[161]

---

aufgrund ihrer Messungen den Beweisen Newtons zum Trotz der Erde die Gestalt eines länglichen Sphäroids zuschreiben zu müssen. Der Streit darüber verAnlasste in den Jahren 173540 die Expeditionen La Condamines zum Äquator und Maupertuis' nach Finnland, die die Abplattung der Erde gegen die Pole zu außer Zweifel stellten.

161 Im Jahre 1609 wurden im Amtsbezirk des Parlaments von Bordeaux sechshundert

Es war früher ganz normal, mit den Beschuldigten die Hexenprobe anzustellen, indem man sie, mit Stricken gebunden, ins Wasser warf: Schwammen sie oben, so waren sie überführt. Verschiedene Richter in der Provinz hatten dergleichen Proben angeordnet, und unter dem Volk blieben sie noch lange im Gebrauch. Jeder Schäfer galt als Hexenmeister, und die Amulette sowie die mit den Zeichen der Planeten versehenen Ringe wurden sogar in den Städten getragen. Die Wirkungen der Wünschelrute, durch die man Quellen, Schätze und Diebe auffinden zu können meint, galten für unantastbar bewiesen und stehen noch heute in manchen Provinzen Deutschlands in großem Ansehen. [[162]] Es gab beinahe niemanden, der sich nicht sein Horoskop hätte stellen lassen; überall hörte man nur von magischen Geheimnissen reden; alles lebte und schwärmte für Illusionen. Gelehrte und obrigkeitliche Personen hatten in allem Ernst über diese Dinge Werke geschrieben, und man unterschied unter den Autoren eine eigene Klasse von Dämonographen. Es gab Regeln, nach denen man die wahren Zauberer, die wahren Besessenen von den falschen unterschied. Kurzum, man hatte um jene Zeit vom Altertum fast nichts als Irrtümer herübergenommen.

Die abergläubischen Vorstellungen waren bei den Menschen dermaßen eingewurzelt, dass noch im Jahre 1680 die Kometen sie in Angst und Schrecken versetzten; man wagte kaum, diese im Volk verbreitete Furcht zu bekämpfen. Jakob Bernoulli, einer der größten Mathematiker Europas, der bei Gelegenheit dieses Kometen den Anhängern des Vorurteils entgegentrat, erklärte, dass der Kopf des Kometen kein Zeichen des göttlichen Zorns sein könne, weil dieser Kopf unvergänglich sei, dass aber der Schwanz allerdings ein solches Zeichen sein möge – indessen ist weder der Kopf noch der Schwanz unvergänglich. Bayle musste erst gegen das allgemeine Vorurteil ein berühmtes Buch schreiben, das heute infolge der Fortschritte der Vernunft weniger packend erscheint, als es damals war. [163]

Zauberer verurteilt und zumeist verbrannt. Nicolaus Remi führt in seiner ›Dämonolatrie‹ neunhundert Urteile an, die binnen fünfzehn Jahren allein in Lothringen gegen Zauberer und Hexen erlassen wurden. Der berüchtigte Pfarrer Louis Gaufridi, der 1611 in Aix verbrannt wurde, hatte gestanden, dass er ein Hexenmeister wäre, und die Richter hatten es ihm geglaubt. Es ist eine Schande, dass der Pater Lebrun in seiner ›Abhandlung über die abergläubischen Bräuche‹ noch wirkliche Zaubereien gelten lässt; er geht sogar so weit, dass er behauptet, »das Parlament von Paris anerkennt Zaubereien«. Er täuscht sich: Das Parlament anerkennt Glaubensschändungen und Missetaten, aber keine übernatürlichen, vom Teufel bewirkten Taten. Das Buch des Dom Calmet über die Vampire und Geistererscheinungen gilt für aberwitzig, aber es zeigt, wie sehr der menschliche Geist zum Aberglauben neigt.

162 Sogar noch Frau von Staël redet diesem Aberglauben das Wort. Vgl. die Übersetzung ihres Werkes ›Über Deutschland‹ (Univeral-Bibliothek 1751-58), 2. Band, S. 203.

163 Das Werk, in dem Jakob I. Bernoulli (1654-1705) den Schwanz des Kometen preis-

Man sollte eigentlich nicht meinen, dass die Fürsten den Philosophen irgendeinen Dank schuldig wären. Und doch steht fest, dass der philosophische Geist, der sich – das niedere Volk ausgenommen – über alle Stände verbreitet hat, viel dazu beitrug, dass die Rechte der Landesherren zur Geltung kamen. Streitigkeiten, die früher Exkommunikationen, Bannflüche und Schismen zur Folge gehabt hätten, erzeugten jetzt nichts davon. Man hat gesagt, die Völker würden glücklich sein, wenn sie Philosophen zu Königen hätten; man kann mit noch mehr Recht sagen, dass die Könige umso glücklicher sind, sobald viele ihrer Untertanen Philosophen sind.

Man muss zwar einräumen, dass der Geist der Vernunft, der jetzt die Erziehung in den großen Städten beeinflusst, weder die Greueltaten der Fanatiker in den Cévennen zu verhindern noch dem Aberwitz des niederen Pariser Volkes an einem Grab des Saint-MédardFriedhofs vorzubeugen, noch die ebenso hitzigen wie nichtswürdigen Zänkereien zwischen Männern, die verständig hätten sein sollen, zur Ruhe zu bringen vermocht hat [[164]] – aber vor dieser Zeit würden jene Zänkereien Unruhen im Staat verursacht, würden die Wunder von Saint-Médard bei den angesehensten Bürgern Glauben gefunden, würde der Fanatismus, der jetzt auf die Cévennen beschränkt blieb, sich über die Städte verbreitet haben.

Alle Zweige des Wissens und der Literatur sind während dieses Zeitalters ausgebeutet und das Licht des menschlichen Geistes ist von so vielen Schriftstellern verbreitet worden, dass diejenigen, die zu anderer Zeit für Wunder gegolten hätten, sich jetzt in der Menge verloren. Ihr persönlicher Ruhm ist ihrer Menge wegen gering, der Ruhm des Zeitalters aber ist darum umso größer.

---

gab, um den Kopf zu retten, erschien 1682 in Amsterdam unter dem Titel ›Conamen novi Systematis Cometarum pro motu eorum sub calculum revocando et apparitionibus praedicendis‹. Schon 1681 aber hatte Bernoulli denselben Gegenstand in deutscher Sprache in einer Broschüre behandelt, in der er merkwürdigerweise dem Aberglauben weit weniger Zugeständnisse macht als in jener zweiten

164 Der Autor spielt auf die einerseits vom Pariser Erzbischof Beaumont, andererseits von den Jansenisten geschürten Streitigkeiten wegen der Bulle Unigenitus an, die 1730 mit den konvulsionistischen Komödien auf dem Grab des Diakons Paris ihren Anfang nahmen, zahlreiche Konflikte zwischen dem Hof und dem Parlament heraufbeschworen und mit dem Attentat Damiens' am 5. Januar 1757 zum Abschluss kamen. Vgl. Voltaire, ›Siecle de Louis XV.‹, ch. LXIV-LXVII.

Zweiunddreissigstes Kapitel

Die schönen Künste

Die gesunde Philosophie machte in Frankreich nicht dieselben Fortschritte wie in England und in Florenz; und wenn auch die Akademie der Wissenschaften dem menschlichen Geist Dienste leistete, so erhob sie doch Frankreich nicht über die anderen Nationen – alle großen Erfindungen und Wahrheiten kamen von auswärts.

In der Beredsamkeit aber, in der Dichtkunst, in der Literatur, in den moralischen und den unterhaltenden Schriften wurden die Franzosen die Gesetzgeber Europas. In Italien war der feine Geschmack erloschen, die wahre Beredsamkeit war überall unbekannt, die Religion wurde auf der Kanzel und die Rechtshändel wurden im Gerichtssaal auf dieselbe lächerliche Weise verhandelt und vorgetragen. Die Prediger zitierten Virgil und Ovid, die Advokaten den heiligen Augustinus und den heiligen Hieronymus. Es hatte sich noch kein Genie gefunden, das der französischen Sprache Schwung, Wohlklang und Reinheit des Stils und erhabene Würde verliehen hätte. Einige Verse Malherbes ließen wohl erkennen, dass sie der Kraft und der Erhabenheit fähig sei – aber das war alles. Dieselben Geister, die sehr gut lateinisch geschrieben hatten – wie der Präsident von Thou und der Kanzler de L'Hospital – , waren nicht mehr dieselben, sobald sie ihre Muttersprache gebrauchten, die sich unter ihren Händen sträubte und empörte. Die Franzosen empfahlen sich damals nur erst durch eine gewisse Natürlichkeit, die das einzige Verdienst Joinvilles, Amyots, Marots, Montaignes, Régniers und der Satire Ménippée ausmacht. Diese Natürlichkeit glich aber noch sehr der Regellosigkeit und Derbheit.

Jean de Lingendes, Bischof von Mâcon, der heute vergessen ist, weil er seine Werke nicht drucken ließ [[165]], war der erste Redner, der im erhabenen Stil sprach. Obgleich noch mit dem Rost seiner Zeit vermischt, wurden seine Predigten und Grabreden doch das Vorbild für die Redner, die ihn nachahmten und in der Folge übertrafen. Die Grabrede auf Karl Emanuel von Savoyen, in seinem Land der Große genannt, die Lingendes im Jahre 1630 hielt, war voll solcher beredten Züge, dass Fléchier

165 Diese sind später mehrfach herausgegeben worden; unter anderem auch in der Sammlung der ›Orateurs sacrés‹ des Abbé Migne.

ihr lange nachher den ganzen Eingang wie auch den Text und mehrere beträchtliche Stellen entlehnte, um seine berühmte Grabrede für den Vicomte de Turenne damit zu schmücken.

Balzac gab um diese Zeit der Prosa Wohlklang und Harmonie. Zwar waren seine Briefe schwülstige Festreden – er schrieb z.B. an den ersten Kardinal von Retz: »Sie haben das Zepter der Könige ergriffen und die Livree der Rosen angelegt«, und anlässlich der wohlriechenden Wasser an Bois-Robert nach Rom: »Ich schwimme flüchtend durch die Düfte in meinem Zimmer« –, aber trotz all dieser Mängel entzückte er das Ohr. Die Beredsamkeit hat solche Gewalt über die Menschen, dass man Balzac zu seiner Zeit bewunderte, weil er jenen kleinen Teil der unbekannten, aber unentbehrlichen Kunst gefunden hatte, der in der harmonischen Zusammenstellung der Worte besteht, und sogar deshalb, weil er sie häufig am unrechten Ort angewandt hatte.

Voiture gab eine annähernde Vorstellung von der leichten Anmut jenes Briefstils, der nicht der beste ist, weil er nur aus scherzhaftem Getändel besteht. Zwei Bände Briefe, von denen kein einziger lehrreich ist, kein einziger aus dem Herzen kommt, keiner die Sitten der Zeit und den Charakter der Menschen schildert, sind nur ein geistiges Tanzmeisterkunststück und eher ein Missbrauch als ein Gebrauch der geistigen Kraft.

Die Sprache begann jetzt reiner zu werden und eine feste Gestalt anzunehmen; man verdankte dies der Französischen Akademie und besonders Vaugelas. Seine ›Übersetzung des Quintus Curtius‹, die im Jahre 1646 herauskam, ist das erste gute Buch in reinem Stil; es finden sich darin wenige Ausdrücke und Wendungen, die veraltet wären.

Olivier Patru, der bald nach ihm auftrat, trug viel zur Regelung und Reinigung der Sprache bei, und obwohl er nicht als gründlicher Sachwalter galt, verdankt man ihm doch die Ordnung, Klarheit, Ehrbarkeit und Eleganz der Rede – Vorzüge, die vor ihm in den Gerichtssälen vollständig unbekannt waren.

Eines der Werke, die am meisten dazu beitrugen, den Geschmack der Nation zu bilden und ihr Sinn für Richtigkeit und Klarheit beizubringen, war die kleine Sammlung der ›Maximen‹ des Herzogs François de La Rochefoucauld. Obgleich sich in diesem Buch beinahe nur eine Wahrheit findet, nämlich dass »die Eigenliebe die Triebfeder für alles ist«, bietet dieser eine Gedanke sich doch in so vielen verschiedenen Gestalten, dass er beinahe immer pikant ist – es ist weniger ein Buch als Materialien zur Ausschmückung eines Buches. Man las diese kleine

Sammlung mit Begierde; sie gewöhnte an Nachdenken und an eine lebendige, bündige und feine Weise des Ausdrucks der Gedanken. Das war ein Verdienst, wie es seit dem Wiedererstehen der Literatur vor La Rochefoucauld noch niemand in Europa gehabt hatte.

Das erste geniale Werk aber, das in Prosa erschien, war die Sammlung der ›Kleinstädtischen Briefe‹, die 1654 herauskamen. In diesem Buch sind alle Arten der Beredsamkeit enthalten: Es findet sich darin nicht ein einziges Wort, das seit hundert Jahren von der Veränderung berührt worden wäre, die so oft den lebenden Sprachen eine andere Gestalt gibt. Der Zeitpunkt der Festsetzung unserer Sprache muss daher nach diesem Buch bestimmt werden. Der Bischof von Luçon, ein Sohn des berühmten Bussy, hat mir erzählt, als er Bossuet gefragt habe, welches Werk er am liebsten verfasst haben würde, wenn er nicht seine eigenen geschrieben hätte, habe der Bischof von Meaux ihm erwidert: »Die Kleinstädtischen Briefe.« Seitdem die Jesuiten abgeschafft und die Gegenstände ihres Gezänks in Verachtung geraten sind, haben diese allerdings viel von ihrer Würze verloren.

Der gute Geschmack, der von der ersten bis zur letzten Seite dieses Buches herrscht, der Schwung und die Schärfe der letzten Briefe besserten allerdings zunächst die matte, weitschweifige, fehlerhafte, unzusammenhängende Schreibart nicht, die seit langem bei nahezu allen Schriftstellern, Predigern und Advokaten in Gebrauch war. Einer der ersten, die auf der Kanzel eine immer beredte Verständigkeit entfalteten, war Pater Bourdaloue um 1683. Er war ein neues Licht. Es hat nach ihm andere Kanzelredner gegeben, die – wie z.B. der Bischof von Clermont, Pater Massillon – in ihren Vorträgen mehr Anmut und feinere, ergreifendere Sittenschilderungen gaben, aber keiner hat ihn in Vergessenheit gebracht. Mit seinem mehr kräftigen als gefälligen Stil und seinen schmucklosen Ausdrücken scheint er eher überzeugen als rühren zu wollen und denkt nie daran, Gefallen zu erregen.

Vielleicht wäre zu wünschen, dass man, indem man den schlechten Geschmack von der Kanzel verbannte, der diese erniedrigte, auch den Brauch abgeschafft hätte, über einen Schrifttext zu predigen. Stundenlang über ein Zitat von ein oder zwei Zeilen Länge zu sprechen, mühsam seine ganze Rede nach jenen Zeilen zu bemessen, das scheint in der Tat eine der Würde jenes Amtes wenig entsprechende Spielerei zu sein. Der Text wird dabei zu einer Art Sinnspruch oder vielmehr Rätsel, das die Predigt auflöst. Griechen und Römer kannten diesen Brauch nicht – er begann erst mit dem Verfall der schönen Wissenschaften, aber die Zeit hat ihn jetzt geheiligt. Die Gewohnheit, Gegenstände, die – wie z.B. die Moral – gar keine Teilung erfordern oder – wie die Kontroverse – eine weit ausgedehntere erfordern würden, stets in zwei oder drei Punkte zu teilen, ist ebenfalls ein beschwerlicher Brauch, den Pater Bourdaloue eingeführt fand und dessen er sich bediente.

Schon vor Bourdaloue war Bossuet aufgetreten, der spätere Bischof von Meaux. Dieser, der ein so bedeutender Mann wurde, hatte sich in seinen ersten Jünglingsjahren verpflichtet, Fräulein Des-Vieux zu heiraten, ein Mädchen von seltenem Verdienst. Seine Anlagen für die Theologie und jene Beredsamkeit, die ihn kennzeichnet, zeigten sich aber so frühzeitig, dass seine Verwandten und seine Freunde ihn bestimmten, sich einzig der Kirche zu widmen; Fräulein Des-Vieux selbst, den Ruhm, den er erwerben sollte, dem Glück vorziehend, an seiner Seite durchs Leben zu gehen, trieb ihn dazu an.[166] Er hatte in noch ziemlich jugendlichem Alter 1662, bereits vor dem König und der Königinmutter gepredigt, lange bevor Pater Bourdaloue bekannt wurde. Seine von einer edlen und rührenden Gebärdensprache unterstützten Predigten – die ersten in erhabener Art, die man bei Hof vernahm – hatten einen so großen Erfolg, dass der König an seinen Vater, den Intendanten von Soissons, schreiben ließ, um ihn zu einem solchen Sohn zu beglückwünschen.

Als indessen Bourdaloue auftrat, galt Bossuet nicht mehr als der erste Prediger. Er hatte sich bereits den Grabreden zugewandt, einem Zweig der Redekunst, der Erfindungsgabe und eine majestätische Hoheit erfordert, die ein wenig der Dichtkunst verwandt ist, der man – wenn auch mit Vorsicht – immer einiges entlehnen muss, sobald man auf das Erhabene abzielt. Die Grabrede für die Königinmutter, die er im Jahre 1667 hielt, trug ihm das Bistum Condom ein. Aber diese Rede war seiner noch nicht würdig und wurde ebensowenig gedruckt wie seine Predigten. Seine Leichenrede dagegen, die er 1669 für die Königin von England, die Witwe Karls I., hielt, schien beinahe durchwegs ein Meisterstück. Die Gegenstände dieser Gattung der Beredsamkeit sind stets umso ergiebiger, je mehr Unglück die Toten erduldet haben; es ist hier beinahe wie in der Tragödie, wo die großen Widerwärtigkeiten, die den Hauptpersonen zustoßen, eben das sind, was am meisten interessiert. Die Grabrede für Madame, die in der Blüte ihrer Jahre hinweggerafft worden und in seinen Armen gestorben war, hatte den größten und seltensten aller Erfolge: Sie entlockte dem Hofstaat Tränen. Nach den Worten: »O unheilvolle,

166 Siehe den Artikel ›Bossuet‹ im ›Verzeichnis der Schriftsteller‹ gegen Ende dieses Buches.

entsetzliche Nacht, in der plötzlich, wie ein Donnerschlag, die erschreckende Nachricht erscholl: Madame stirbt! Madame ist tot!« usw., war er genötigt, innezuhalten. Die Zuhörer begannen laut zu schluchzen, und die Stimme des Redners wurde durch seine Seufzer und seine Tränen unterbrochen.

Die Franzosen waren die einzigen, die sich in dieser Gattung der Redekunst hervortäten. Derselbe Mann erfand aber einige Zeit später noch eine neue, die ebenfalls fast nur in seinen Händen Beifall finden konnte: Er wandte die Redekunst sogar auf die Geschichte an, die doch diese Kunst auszuschließen scheint. Seine zur Unterweisung des Dauphins verfasste ›Abhandlung über die Weltgeschichte‹ hat weder ein Vorbild gehabt noch Nachahmer gefunden. Wenn das System, nach dem er die Zeitrechnung der Juden mit der der anderen Völker in Einklang zu bringen sucht, unter den Gelehrten Gegner gefunden hat, so hat dagegen sein Stil nur Bewunderer gefunden. Man war erstaunt über den majestätischen Schwung, mit dem er die Sitten, die Regierung, das Wachstum und den Untergang der großen Reiche beschreibt, und über jene schnellen Striche von energischer Wahrheit, mit denen er die Nationen darstellt und richtet.

Beinahe alle Werke, die diesem Zeitalter zur Ehre gereichen, waren von einer dem Altertum unbekannten Art. Auch der ›Telemach‹ gehört zu dieser Zahl. Fénelon, der Freund und Schüler Bossuets und später wider Willen sein Gegner und Rivale, war der Verfasser dieses eigentümlichen Werkes, das gleichzeitig ein Roman und ein Gedicht ist und den Vers durch eine Prosa von rhythmischem Wohlklang ersetzt. Es scheint, dass er den Roman in derselben Art behandeln wollte, in der Bossuet die Geschichte behandelt hatte, indem er ihm eine Würde und einen bis dahin unbekannten Reiz verlieh; besonders aber, indem er aus jenen Erdichtungen eine für die Menschheit ersprießliche Moral zog – eine Moral, die bis dahin in beinahe allen fabelhaften Erfindungen vollständig vernachlässigt worden war. Man hat geglaubt, dieses Buch sei von ihm verfasst worden, um für den Herzog von Burgund und die übrigen Kinder des Hauses Frankreich, deren Erzieher Fénelon war, als Übungsgegenstand und zur Belehrung zu dienen – gerade wie Bossuets ›Weltgeschichte‹ zur Belehrung Monseigneurs geschrieben war , aber sein Neffe, der Marquis de Fénelon, der die Tugend dieses berühmten Mannes geerbt hatte und der bei Rocoux [[167]] gefallen ist, hat mir das Gegenteil versichert. In der Tat wäre es nicht passend gewesen, dass der

167 Am 11. Oktober 1746.

Gegenstand des ersten Unterrichts, den ein Priester den Kindern des Königshauses von Frankreich erteilte, die Liebeständeleien der Kalypso und der Eucharis gewesen wären.

Er schrieb dieses Werk erst, als er in sein Erzbistum Cambrai verwiesen war. Erfüllt von der Lektüre der Alten und mit einer lebhaften und anmutigen Einbildungskraft begabt, hatte er sich einen Stil geschaffen, der nur ihm eigen war und sich in reicher Fülle aus seinem Quell ergoss. Ich habe sein Originalmanuskript gesehen: Es finden sich keine zehn Streichungen darin. Er schrieb das ganze Buch innerhalb dreier Monate während des unglückseligen Gezänks über den Quietismus und ahnte sicher nicht, wie hoch diese Zerstreuung über seiner damaligen Beschäftigung stand. Wie man erzählt, entwendete ihm ein Diener eine Abschrift und ließ sie drucken; wenn dies wahr ist, so verdankte der Erzbischof von Cambrai dieser Unredlichkeit den ganzen Ruf, den er in Europa erwarb – freilich aber auch die Ungnade, in die er für immer bei Hof geriet. Man glaubte im ›Telemach‹ eine mittelbare Kritik an der Regierung Ludwigs XIV. zu erkennen. Sésostris, der mit übertriebenem Pomp seinen Triumph feiert, und Idomeneus, der den Luxus in Salent einführte, aber das Notwendige vergaß, schienen Porträts Ludwigs XIV. zu sein, obwohl es doch unmöglich ist, das Überflüssige anders als durch die Überfülle der für das Notwendige erforderlichen Fertigkeiten im eigenen Land zu gewinnen. Der Marquis de Louvois schien in den Augen der Missvergnügten in der Gestalt des Protésilas gezeichnet zu sein, der als eitel, hart, hochmütig und Gegner der großen Heerführer erscheint, die dem Staat und nicht dem Minister dienten.

Die Verbündeten, die sich im Krieg von 1685 gegen Ludwig XIV. vereinigten und später, im Krieg von 1701, seinen Thron erschütterten, machten sich ein Vergnügen daraus, ihn in jenem Idomeneus zu erkennen, dessen Hochmut alle seine Nachbarn empörte. Diese Anspielungen machten dank jenem harmonischen Stil, der in so zarter Weise Mäßigung und Eintracht predigt, einen tiefen Eindruck. Der endlosen Kriege müde, sahen Franzosen und Ausländer mit boshafter Befriedigung in einem Buch, das Tugendlehren erteilen sollte, eine Satire. Es wurden zahllose Ausgaben davon veröffentlicht; ich selbst habe vierzehn allein in englischer Sprache gesehen. Als nach dem Tod dieses so gefürchteten, so beneideten, von allen geachteten und von einigen gehassten Monarchen die menschliche Bosheit aufhörte, sich an den angeblichen Anspielungen zu weiden, die sein Verhalten tadelten, haben allerdings die Richter von strengem Geschmack den ›Telemach‹ mit einiger Härte behandelt: Sie haben die Weitschweifigkeiten, die Einzelheiten, die allzu lose verknüpften Abenteuer, die allzu häufig wiederkehrenden und allzu gleichförmigen Beschreibungen des Landlebens getadelt – dessen ungeachtet aber hat dieses Werk stets als eines der schönen Denkmäler eines blütenreichen Zeitalters gegolten.

Zu den Schriften, die in ihrer Art einzig sind, dürfen auch die ›Charaktere‹ von La Bruyère gezählt werden: Es gab bei den Alten ebenso wenige Beispiele von einem solchen Werk wie vom ›Telemach‹. Der bündige, kräftige, fließende Stil, die malerischen Ausdrücke und eine ganz neue Verwendung der Sprache, die dennoch nicht gegen die Regeln verstößt, erregten die Aufmerksamkeit des Publikums, und die zahlreichen Anspielungen, die man darin entdeckte, machten den Erfolg vollständig. Als La Bruyère das Manuskript seines Werkes Malésieux zeigte, sagte ihm dieser: »Das ist etwas, was Ihnen viele Leser und viele Feinde verschaffen wird.« Das Buch verlor in der Meinung der Menschen, als die ganze in diesem Werk angegriffene Generation verschwunden war. Da es indessen Dinge gibt, die jeder Zeit und jedem Ort eigen sind, so ist zu glauben, dass es niemals in Vergessenheit geraten wird. Der ›Telemach‹ hat einige Nachahmungen hervorgerufen – die ›Charaktere‹ La Bruyères noch mehr. Es ist leichter, kurze Schilderungen von Dingen zu geben, die uns auffallen, als ein umfangreiches Werk der Einbildungskraft zu schaffen, das zugleich belehrt und gefällt. Die schwere Kunst, sogar die Philosophie in ein anmutiges Gewand zu kleiden, war ebenfalls eine neue Erfindung, von der das Buch über die ›Welten‹ das erste Beispiel gab – freilich ein gefährliches Beispiel, denn der wahre Schmuck der Philosophie ist die Ordnung, die Klarheit und vor allem die Wahrheit. Was die Nachwelt hindern könnte, dieses geistreiche Werk unter unsere klassischen Schriften einzureihen, ist der Umstand, dass es sich zum Teil auf die Schimäre der Wirbel Descartes' stützt.

Diesen Neuerungen müssen noch jene angereiht werden, die Bayle durch die Herausgabe eines kritischen Wörterbuchs ins Leben rief: Es war das erste Werk dieser Art, aus dem man denken lernen konnte. Diejenigen Artikel dieser Sammlung, die nur kleinliche Umstände enthalten, die Bayles, eines ernsten Lesers und der Nachwelt unwürdig sind, muss man dem Schicksal der Bücher gemeinen Schlags anheimgeben. Indem ich hier übrigens Bayle – obwohl er nach Holland geflüchtet war – unter den Autoren aufführe, die das Zeitalter Ludwigs XIV. geziert haben, schließe ich mich nur dem Urteil des Parlaments von Toulouse an, das, indem es sein Testament der Härte des Gesetzes zum Trotz für in Frankreich gültig erklärte, dabei ausdrücklich betonte, dass »ein solcher Mann nicht für einen Ausländer angesehen werden« dürfe.

Ich lege hier kein Gewicht auf die Menge vortrefflicher Bücher, die dieses Zeitalter hervorgebracht hat; ich verweile vielmehr nur bei den eigentümlichen oder neuen Erzeugnissen des Genies, die es kennzeichnen und von den übrigen Zeitaltern unterscheiden. Die Beredsamkeit Bossuets und Bourdaloues z.B. war und konnte nicht die Beredsamkeit Ciceros sein: Sie war von ganz neuer Art und ganz neuen Vorzügen. Wenn etwas sich der Weise des römischen Redners nähert, so waren es die drei Denkschriften, die Pellisson für Fouquet verfasste. Diese sind von derselben Art wie verschiedene Reden Ciceros: eine Verschmelzung von Gerichtssachen und Staatsangelegenheiten in einer gründlichen Erörterung, die mit einer sich wenig verratenden Kunst und mit ergreifender Beredsamkeit entwickelt wird.

Wir haben Geschichtsschreiber gehabt, aber keinen Titus Livius. Der Stil der ›Verschwörung gegen Venedig‹ ähnelt dem Stil Sallusts. Man erkennt, dass der Abbé von Saint-Réal diesen Historiker zum Muster genommen hatte, und vielleicht hat er ihn übertroffen. Alle übrigen Schriften, von denen vorstehend die Rede war, scheinen von neuem Schlag zu sein, und besonders durch diesen Umstand zeichnet sich diese große Epoche aus. Denn was die Gelehrten und die Erklärer anlangt, so hatten das 16. und das 17. Jahrhundert deren eine große Anzahl hervorgebracht, das wahre Genie jeder Art aber war noch nicht entwickelt.

Wer sollte glauben, dass alle diese vortrefflichen Prosaschriften aller Wahrscheinlichkeit nach nie ins Dasein getreten sein würden, wenn ihnen nicht die Dichtkunst vorangegangen wäre? Und dennoch ist dies das Los des menschlichen Geistes bei allen Nationen – die Verse waren überall die ersten Kinder des Genies und die ersten Lehrer der Beredsamkeit.

Die Völker sind im Ganzen, was der Mensch im Einzelnen ist. Platon und Cicero begannen damit, Verse zu schreiben. Man konnte in französischer Sprache noch keine edle und erhabene Stelle in Prosa anführen, als man bereits die wenigen schönen Stanzen, die Malherbe hinterließ, auswendig wusste, und es ist sehr wahrscheinlich, dass sich ohne Pierre Corneille das Genie der Prosaisten nicht entfaltet haben würde.

Dieser Mann ist umso mehr zu bewundern, da er nur von schlechten Vorbildern umgeben war, als er seine Tragödien zu schaffen begann. Noch mehr musste ihm der rechte Weg dadurch verlegt werden, dass jene schlechten Vorbilder in großem Ansehen standen und dass sie, was ihn vollends hätte entmutigen können, vom Kardinal von Richelieu, dem Beschützer der Schriftsteller – nicht aber des guten Geschmacks –, begünstigt wurden. Richelieu belohnte jämmerliche Skribenten, die in der Regel kriechend sind, wollte aber mit jener Überhebung, die an anderer Stelle so gut angebracht war, diejenigen demütigen und unterdrücken, an denen er mit einigem Verdruss ein wahres Genie wahrnahm, das sich selten in die Abhängigkeit schickt. Es kommt höchst selten vor, dass ein Machthaber, wenn er selbst Künstler ist, die tüchtigen Künstler beschützt.

Corneille hatte sein Jahrhundert, seine Nebenbuhler und den Kardinal von Richelieu zu bekämpfen. Ich will hier nicht wiederholen, was über den ›Cid‹ geschrieben worden ist, ich bemerke nur, dass die Französische Akademie in ihren scharfsinnigen Entscheidungen zwischen Corneille und Scudéry allzu willfährig gegen den Kardinal von Richelieu war, indem sie die Liebe Chimènes verwarf. Den Mörder ihres Vaters lieben und dennoch Rache für diesen Mord fordern – das war etwas Bewundernswürdiges. Der Sieg über diese Liebe wäre ein Hauptfehler in der tragischen Kunst gewesen, die ja hauptsächlich auf diesen Kämpfen des menschlichen Herzens beruht. Aber die Kunst war damals aller Welt unbekannt – den Verfasser ausgenommen.

Der ›Cid‹ war nicht das einzige Werk Corneilles, das der Kardinal von Richelieu herabzusetzen versuchte; der Abbé von Aubignac belehrt uns, dass er auch ›Polyeucte‹ tadelte. Der ›Cid‹ war bei alledem nur eine sehr verschönerte Nachbildung und stellenweise eine Übersetzung des Guilhem de Castro.[168] ›Cinna‹, der ihm folgte, war einzig. Ich war mit einem alten Diener des Hauses Condé bekannt, der mir erzählte, wie der Große Condé, als er im Alter von zwanzig Jahren der ersten Aufführung des ›Cinna‹ beiwohnte, bei folgenden Worten des Augustus in Tränen ausbrach:

> Je suis maître de moi comme de l'univers;
> Je le suis, je veux l'être. O siècles! ô mémoire!
> Conservez à jamais ma dernière victoire.
> Je triomphe aujourd'hui du plus juste courroux
> De qui le souvenir puisse aller jusqu'à vous!
> Soyons amis, Cinna! C'est moi qui t'en convie.

168 Es gab zwei spanische Tragödien über diesen Gegenstand: den ›Cid‹ von Guilhem de Castro und ›El Honrador de su padre‹ von Juan Battista Diamante. Corneille entlehnte ebenso viele Szenen von Diamante wie von Castro.

Herr bin ich über mich und übers Weltall,
Ich bin's und will es sein. Bewahr, o Zeit,
Das Angedenken meines letzten Siegs.
Zum Zorn hab' ich das höchste Recht, doch ich
Bemeistre ihn, seid dessen eingedenk.
Komm, Cinna, lass uns Freunde sein, ich wünsch' es!

Es waren dies Heldentränen. Der große Corneille, der dem Großen Condé Tränen der Bewunderung entlockt – das ist ein feierlicher Moment in der Geschichte des menschlichen Geistes.

Die Menge wertloser und seiner unwürdiger Stücke, die Corneille mehrere Jahre später schrieb, hinderten die Nation nicht, ihn für einen großen Mann anzusehen, so wenig wie die großen Fehler, die man bei Homer findet, je daran gehindert haben, den Dichter erhaben zu finden. Es ist das Vorrecht des wahren Genies – und namentlich des Genies, das eine neue Bahn erschließt –, dass es ungestraft große Fehler begehen darf.

Corneille hatte sich allein gebildet – Ludwig XIV., Colbert, Sophokles und Euripides trugen dazu bei, Racine zu bilden. Eine Ode, die er als Achtzehnjähriger zur Hochzeitsfeier des Königs verfasste, trug ihm ein Geschenk ein, das er nicht erwartete, und bestimmte ihn, sich der Dichtkunst zu widmen. Sein Ruhm ist von Tag zu Tag gewachsen, während der Ruf der Werke Corneilles ein wenig abgenommen hat. Der Grund liegt darin, dass Racine in allen seinen Werken, von seinem ›Alexander‹ an, immer elegant, immer tadellos, immer wahr ist und dass er zum Herzen spricht, während Corneille nur zu oft gegen alle diese Pflichten sündigt. Racine übertraf die Griechen und Corneille bei weitem an Verständnis für die Leidenschaften und entwickelte die sanfte Harmonie der Poesie wie die Anmut der Sprache bis zum höchsten Punkt, den sie zu erreichen vermögen. Diese Männer lehrten die Nation denken, empfinden und reden. Ihre Zuhörer, die sie allein unterrichtet hatten, wurden schließlich strenge Richter selbst für die, denen sie ihre Einsicht verdankten.

Zur Zeit des Kardinals von Richelieu gab es wenige Personen in Frankreich, die die Gebrechen des ›Cid‹ zu beurteilen vermochten, im Jahre 1702 aber, als ›Athalie‹, das Meisterstück der Bühnenkunst, bei der Herzogin von Burgund aufgeführt wurde, hielten sich die Hofleute bereits für weise genug, um es zu verwerfen. Die Zeit hat den Dichter gerächt, aber der große Mann ist gestorben, ohne sich des Erfolgs seines bewundernswürdigsten Werkes zu erfreuen. Eine starke Partei war hartnäckig bemüht, Racine keine Gerechtigkeit widerfahren zu lassen. Frau von Sévigné, die erste Person ihrer Zeit, was den Briefstil und insbesondere die anmutige Wiedergabe kleiner Vorkommnisse anlangt, ist stets der Meinung, dass »Racine nicht weit kommen wird«. Sie urteilte über ihn wie über den Kaffee, von dem sie sagt, dass »man sich bald eines Besseren besinnen« werde. Es braucht Zeit, ehe der Ruf zur Reife gedeiht.

Die eigentümliche Bestimmung dieses Zeitalters machte Molière zum Zeitgenossen Corneilles und Racines. Es ist nicht zutreffend, dass Molière bei seinem Auftreten das Theater vollständig ohne gute Komödien vorgefunden habe. Corneille hatte bereits seinen ›Lügner‹ geschrieben, ein Charakter und Intrigenstück, das wie der ›Cid‹ dem spanischen Theater entlehnt war, und Molière selbst hatte erst zwei von seinen Meisterwerken erscheinen lassen, als das Publikum Quinaults ›Kokette Mutter‹ erhielt, zugleich ein Charakter und ein Intrigenstück, und zwar mit einer musterhaften Intrige. Es stammt aus dem Jahre 1664 und ist das erste Lustspiel, in dem jene Personen geschildert werden, die man später als Marquis bezeichnet hat. Die meisten großen Herren vom Hof Ludwigs XIV. suchten das stolze, prunkvolle und würdige Wesen ihres Gebieters nachzuahmen, die niedriger Stehenden kopierten wieder den Stolz der ersteren, und schließlich gab es eine große Anzahl Nachäffer, die dieses großartige Auftreten und das Verlangen, sich zur Geltung zu bringen, bis zum maßlos Lächerlichen trieben.

Dieses Gebrechen war von langer Dauer. Molière griff es häufig an und trug viel dazu bei, das Publikum von diesen Wichtigtuern ebenso wie von der Affektiertheit der Gezierten, vom Pedantismus der gelehrten Frauen, von der Robe und dem Latein der Ärzte zu befreien. Molière war, wenn man so sagen darf, ein Gesetzgeber für die gesellschaftliche Schicklichkeit. Ich spreche hier nur von diesem Dienst, den er seinem Zeitalter geleistet hat – seine übrigen Verdienste sind zur Genüge bekannt.

Es war sicher eine Zeit, die der Beachtung der kommenden Geschlechter würdig ist, diese Epoche, wo die Helden Corneilles und Racines, die Gestalten Molières, die Symphonien Lullis, die alle der Nation neu waren, und – da es sich hier nur um die Künste handelt–die Stimmen eines Bossuet, eines Bourdaloue sich vor Ludwig XIV., vor Madame, die wegen ihres Geschmacks berühmt war, vor einem Condé, einem Turenne, einem Colbert und jener Menge hervorragender Menschen vernehmen ließen, die damals auf allen Gebieten auftraten. Die

Zeit wird nicht mehr wiederkehren, wo sich ein Herzog von La Rochefoucauld, der Verfasser der ›Maximen‹, ins Theater begab, um ein Stück von Corneille zu sehen, nachdem er sich mit einem Pascal und einem Arnauld unterhalten hatte.

Despréaux schwang sich zum Standpunkt so vieler großer Männer empor – nicht durch seine ersten Satiren, denn die Augen der Nachwelt werden nicht auf dem ›Pariser Wirrwarr‹ und den Namen eines Cottin, eines Cassaigne verweilen –, aber er belehrte diese Nachwelt durch seine schönen Episteln und namentlich durch seine ›Dichtkunst‹, aus der Corneille vieles gelernt haben würde.

Weit weniger geziert in seinem Stil und weniger tadellos in seiner Sprache, aber einzig in der Naivität und der Anmut, die ihm eigen ist, stellte La Fontaine durch die einfachsten Sachen sich jenen erhabenen Männern beinahe ebenbürtig an die Seite.

Quinault zeigte sich in einem neuen Genre – das umso schwieriger war, je leichter es schien – der Zusammenstellung mit all diesen berühmten Zeitgenossen würdig. Man weiß, mit welcher Ungerechtigkeit Boileau ihn um seinen Ruf zu bringen suchte. Boileau hatte nie den Grazien geopfert – vergebens bemühte er sich sein Leben lang, einen Mann zu demütigen, der nur durch sie bekannt war. Das beste Lob für einen Dichter ist, dass man seine Verse behält; man weiß aber ganze Szenen von Quinault auswendig – ein Vorzug, dessen keine italienische Oper sich erfreuen konnte. Die französische Musik zeigt noch immer eine Einfachheit, die keiner anderen Nation mehr zusagt; die einfache und schöne Natur aber, die sich bei Quinault häufig mit solchem Zauber zeigt, gefällt in Europa denen noch immer, die unserer Sprache mächtig sind und einen gereinigten Geschmack besitzen. Fände man im Altertum ein Gedicht wie ›Armida‹ oder ›Atys‹, mit welcher Vergötterung würde es aufgenommen werden! Aber Quinault war ein Neuerer.

Alle diese großen Männer waren Ludwig XIV. bekannt und wurden von ihm beschützt – La Fontaine ausgenommen. Seine ungemeine Einfachheit, die er bis zum Vergessen seiner selbst trieb, hielt ihn von einem Hof fern, den er nicht suchte. Der Herzog von Burgund jedoch nahm ihn freundlich auf, und er empfing in seinen alten Tagen einige Wohltaten von diesem Prinzen. Seinem Genie zum Trotz war er beinahe ebenso einfach und natürlich wie die Helden seiner Fabeln. Ein Priester vom Oratorium, namens Pouget, machte sich ein großes Verdienst daraus, dass er gegen diesen Mann von so unschuldigen, reinen Sitten aufgetreten sei, gerade, als ob er zur Brinvilliers und zur Voisin gesprochen hätte. Seine Erzählungen sind nur dieselben, die Poggio, Ariost und die Königin von Navarra geliefert haben. Wenn die Wollust gefährlich ist, so sind es doch nicht kurzweilige Schwänke, die diese Wollust erwecken. Man könnte auf La Fontaine seine reizende Fabel von den ›Kranken Tieren‹ anwenden, die sich ihrer Vergehen anklagen: Dem Löwen, dem Wolf und dem Bären wird alles verziehen, ein unschuldiges Tier aber wird geopfert, weil es ein wenig Gras gefressen hat.

In der Schule dieser großen Genies, die das Entzücken und die Vorbilder der kommenden Jahrhunderte sein werden, bildeten sich eine Menge liebenswürdiger Geister aus, von denen man eine unendliche Anzahl schöner kleiner Werke besitzt, die das Ergötzen der braven Leute bilden, gerade wie wir viele anmutige Maler gehabt haben, die darum doch nicht den Poussins, Lesueurs, Lebruns, Lemoines und Vanloos an die Seite gestellt werden.

Gegen Ende der Regierung Ludwigs XIV. traten indessen zwei Männer aus dieser Menge der mittelmäßigen Genies hervor und erlangten einen großen Ruf. Der eine war La Motte-Houdart, ein Mann von mehr verständigem und umfassendem als erhabenem Geist, ein feiner und kunstgerechter Prosaist, als Dichter aber häufig ohne Schwung und Eleganz und bisweilen sogar ohne jene Klarheit und Genauigkeit, die immer nur zugunsten der Erhabenheit vernachlässigt werden darf. Er gab zunächst eher schöne Stanzen als schöne Oden. Bald darauf nahm sein Talent ab, aber eine große Anzahl schöner Stücke verschiedener Art, die uns von ihm bleiben, werden stets verhindern, dass er den schlechten Skribenten zugezählt wird. Er bewies, dass man in der Schriftstellerkunst auch noch im zweiten Rang von Bedeutung sein kann. Der andere war Rousseau, der bei weniger Witz, weniger Feinheit und Leichtigkeit als La Motte ein weit größeres poetisches Talent besaß. Er schrieb seine Oden erst nach La Motte, aber sie waren schöner, mannigfaltiger, bildreicher. In seinen Psalmen erreichte er die Salbung und Harmonie, die die Gesänge Racines auszeichnen. Seine Epigramme sind besser gefeilt als die Clément Marots. Weit weniger gelangen ihm die Opern, die Empfindsamkeit erfordern, die Lustspiele, die fröhlichen Witz verlangen, und die moralischen Episteln, die Wahrheit erheischen – all das fehlte ihm, und so scheiterte er in diesen Gattungen, die seinem Wesen fremd waren. Er würde die französische Sprache verdorben haben, wenn der Stil Marots, den er in seinen ernsten Schriften gebrauchte, nachgeahmt worden wäre. Zum Glück aber ist diese Vermengung der Reinheit unserer Sprache mit den Mißformen, die vor zweihundert Jahren im Gebrauch waren, nur eine vorübergehende Mode gewesen. Einige seiner Episteln sind etwas gezwungene Nachahmungen Despréaux', beruhen aber nicht auf ebenso klaren Gedanken und ebenso anerkannten Wahrheiten:

> Le vrai seul est aimable.
>
> Das Wahre nur ist schön. [[169]]

Im Ausland verlor er viel von seinen Vorzügen; sei es, dass das Alter und das Unglück sein Genie geschwächt hatten, sei es, dass sein hauptsächlichstes Verdienst, das in der Wahl der Worte und glücklicher Wendungen bestand – ein Verdienst, das unentbehrlicher und seltener ist, als man meint –, dort nicht mehr dieselben Hilfsmittel zur Hand hatte. Fern seinem Vaterland, konnte er zu seinen Missgeschicken auch den Umstand zählen, dass er keine strengen Kritiker mehr hatte.

Sein langjähriges Unglück hatte seine Quelle in einer unzähmbaren Eigenliebe, die mit allzuviel Eifersucht und Gehässigkeit verbunden war. Sein Beispiel muss eine in die Augen fallende Lehre für jeden Mann von Talent sein [[170]], ich betrachte ihn jedoch hier nur als einen Schriftsteller, der nicht wenig zur Ehre der Literatur beigetragen hat.

Nach den schönen Tagen dieser berühmten Künstler erhob sich fast kein großes Genie mehr; die Natur schien sich um die Zeit des Ablebens Ludwigs XIV. auszuruhen.

Zu Anfang dieses Zeitalters war der Weg schwer, weil ihn noch niemand gegangen war – heute ist er es, weil er ausgetreten ist. Die großen Männer des vergangenen Jahrhunderts haben denken und reden gelehrt; sie haben gesagt, was man noch nicht wusste – ihre Nachfolger können fast nur noch sagen, was man bereits weiß. Schließlich ist auch der Menge jener Meisterwerke eine Art Überdruss entsprungen.

Das Zeitalter Ludwigs XIV. teilt also in jeder Hinsicht das Los der Zeitalter Leos X., Augustus' und Alexanders. Die Gefilde, die in jenen ruhmvollen Tagen so viele Früchte des Genies erzeugten, waren lange vorher zubereitet worden. Man hat vergebens unter den moralischen und den physischen Ursachen nach dem Grund für diese verspätete und eine lange Sterilität nach sich ziehende Fruchtbarkeit gesucht – der wahre Grund ist der, dass bei den Völkern, die die Künste pflegen, viele Jahre zur Reinigung der Sprache und des Geschmacks erforderlich sind. Sind diese ersten Schritte getan, dann entwickeln sich die Genies,

---

169 Voltaire zitiert sich hier selbst, und zwar den achten Gesang seiner ›Pucelle‹, wo der bezogene Vers lautet: Le vrai me plaît, la vrai seul est *durable*.

170 Vgl. die Abschnitte über La Motte-Houdart, Rousseau und Joseph Saurin im ›Verzeichnis der Schriftsteller‹.

der Wetteifer; die diesen neuen Bestrebungen sich zuwendende Gunst des Publikums regt alle Talente an, und jeder Künstler erfasst in seiner Kunstgattung die natürlichen Schönheiten, die dieser Gattung zustehen.

Wer gründlich auf die Theorie der rein geistigen Künste eingeht, muss, wenn er selbst einiges Genie besitzt, gewahr werden, dass jene Grundschönheiten, jene großen natürlichen Züge, die diesen Künsten eigen sind und zugleich für die Nation passen, für die man schafft, nur in geringer Anzahl vorhanden sind. Die Gegenstände und die diesen Gegenständen angemessenen Schönheiten haben weit engere Grenzen, als man meint.

Der Abbé Dubos, ein Mann von sehr umfassendem Verstand, der um 1714 seine ›Abhandlung über die Poesie und die Malerei‹ schrieb, fand in der ganzen französischen Geschichte nur einen eines epischen Gedichts würdigen Stoff: die Vernichtung der Liga durch Heinrich den Großen. Er hätte hinzufügen sollen, da die bei den Griechen, den Römern, den Italienern des 15. und 16. Jahrhunderts üblichen Zierate des Epos bei den Franzosen geächtet sind, da die Götter der Fabel, die unverwundbaren Helden, die Orakel, die Ungeheuer, die Zauberkünste, die Verwandlungen, die romantischen Abenteuer nicht mehr zeitgemäß sind, so beschränken sich die für das Epos verwendbaren Zierden auf einen sehr engen Kreis. Wenn sich nun ein Künstler findet, der sich des einzigen der Zeit, dem Stoff und der Nation entsprechenden Schmucks bemächtigt und das ausführt, was man versucht hat, so finden alle später Kommenden die Bahn bereits besetzt.

Ebenso verhält es sich mit der Kunst der Tragödie. Man darf nicht glauben, dass die großen tragischen Leidenschaften und die großen Gefühle sich in immer neuer und ergreifender Weise bis ins Unendliche vermannigfaltigen lassen – alles hat seine Grenzen.

Auch das höhere Lustspiel hat die seinen. Es liegen in der menschlichen Natur nur höchstens ein Dutzend wahrhaft komische und durch kräftige Züge hervorstechende Charaktere. Der Abbé Dubos glaubt aus Mangel an Genie, dass die Leute von Genie noch eine Menge neuer Charaktere finden können – aber dazu müsste die Natur erst neue schaffen. Er bildet sich ein, dass die kleinen Unterschiede, die sich in den Charakteren der Menschen finden, mit demselben Glück behandelt werden können wie die großen Stoffe. Die Nuancen sind zwar zahllos, die hervorstechenden Farben aber sind nur in geringer Zahl vorhanden, und ebendiese Grundfarben sind es, die ein großer Künstler in Anwendung bringen muss. In dieser Lage befindet sich z.B. die Kanzelberedsamkeit und insbesondere die Kunst der Grabredner. Sind die moralischen Wahrheiten einmal mit Beredsamkeit dargelegt, sind die Gemälde des menschlichen Elends und der menschlichen Schwäche, der Eitelkeit aller irdischen Größe und der Verheerungen des Todes einmal von geschickter Hand entworfen worden, so wird das alles zum Gemeinplatz: Man ist genötigt, nachzuahmen oder sich zu verirren. Nachdem eine hinlängliche Anzahl von Fabeln von einem La Fontaine entworfen worden sind, läuft alles, was noch weiter hinzugefügt wird, auf dieselbe Moral und beinahe auf dieselben Vorkommnisse hinaus. Das Genie hat also nur ein Zeitalter, nach dem es notwendigerweise entartet.

Die Kunstgattungen, die sich – wie die Geschichtsschreibung und die Naturbeschreibung – unaufhörlich erneuern und nur Fleiß, Urteilskraft und gesunden Verstand erfordern, sowie die Künste, die auf der Fertigkeit der Hand beruhen – wie die Malerei und die Bildhauerei –, können nicht entarten, sobald die Machthaber nach dem Beispiel Ludwigs XIV. die Aufmerksamkeit besitzen, nur tüchtige Künstler zu verwenden. Denn in der Malerei und der Bildhauerei kann man hundertmal dieselben Gegenstände bearbeiten – man malt noch immer die Heilige Familie, obwohl Raffael an diesem Stoff bereits die ganze Überlegenheit seiner Kunst entfaltet hat. Dagegen würde eine nochmalige Bearbeitung von ›Cinna‹, ›Andromache‹, der ›Dichtkunst‹ und des ›Tartuffe‹ keine Aufnahme finden.

Ferner muss man beachten, dass es, da das vergangene Jahrhundert das gegenwärtige unterrichtet hat, so leicht geworden ist, mittelmäßige Sachen zu schreiben, dass man mit oberflächlichen und – was noch schlimmer ist – mit unnützen ernsten Büchern wahrhaft überschwemmt wird. Unter dieser Menge mittelmäßiger Schriften, die in einer großen, reichen und müßigen Stadt, wo ein Teil der Bürger ständig beschäftigt ist, den anderen zu unterhalten, ein unentbehrlich gewordenes Übel sind, finden sich aber doch von Zeit zu Zeit vortreffliche Werke geschichtlichen oder philosophischen Inhalts oder auch Bücher von jener mehr leichtfertigen Art, die die verschiedenartigsten Gemüter ergötzt.

Die französische Nation ist unter allen Nationen diejenige, die die meisten derartigen Werke hervorgebracht hat. Ihre Sprache ist die Sprache Europas geworden. Alles hat dazu beigetragen: die großen Schriftsteller des Zeitalters Ludwigs XIV. sowie deren Nachfolger, die flüchtigen calvinistischen Prediger, die die Beredsamkeit und die Unterrichtsmethode in die fremden Länder brachten – insbesondere ein Bayle, der in Holland schrieb und in allen Ländern gelesen wurde; ein

Rapin de Thoyras, der die einzige gute ›Englische Geschichte‹ lieferte, die man in französischer Sprache besitzt; ein Saint-Evremond, dessen Umgang vom ganzen Londoner Hof gesucht wurde; die Herzogin von Mazarin, der man überall zu gefallen begehrte; Frau d'Olbreuse [[171]], die als Herzogin von Celle allen Grazien ihres Vaterlands in Deutschland Eingang verschaffte. Der Geist der Geselligkeit ist das natürliche Erbteil der Franzosen: Er ist ein Vorzug und ein Vergnügen, dessen Unentbehrlichkeit auch von den anderen Völkern empfunden wurde. Die französische Sprache ist unter allen Sprachen diejenige, die alle in der Unterhaltung rechtschaffener Menschen vorkommenden Gegenstände mit der größten Leichtigkeit, Bestimmtheit und Feinheit ausdrückt, und sie trägt dadurch in ganz Europa zu einer der größten Annehmlichkeiten des Lebens bei.

Dreiunddreissigstes Kapitel

Die Künste (Fortsetzung)

Was die Künste anlangt, die – wie die Musik, die Malerei, die Bildhauerei und die Baukunst – nicht einzig vom Geist abhängen, so hatten sie vor der Zeit, die man als das Zeitalter Ludwigs XIV. bezeichnet, in Frankreich nur schwache Fortschritte gemacht. Die Musik steckte noch in den Kinderschuhen: Einige schmachtende Lieder, einige Geigen-, Gitarren- und Theorben-Melodien, die noch dazu zumeist aus Spanien stammten, waren alles, was man kannte. Lulli erregte durch sein Wissen und seinen Geschmack Erstaunen; er war der erste in Frankreich, der Bassstücke, Zwischensätze und Fugen schrieb. Anfangs machte die Ausführung seiner Kompositionen, die heute so einfach und so leicht erscheinen, einige Mühe. Es gibt heute tausend Personen, die sich auf Musik verstehen, gegen eine, die sich zur Zeit Ludwigs XIII. darauf verstand, und die Kunst hat sich in demselben Verhältnis vervollkommnet. Jede große Stadt hat jetzt ihre öffentlichen Konzerte, damals aber besaß selbst Paris nichts Derartiges: Vierundzwanzig königliche Spielleute machten die ganze

171 Eleonore Desmier d‹Olbreuse (1665-1726) heiratete den Herzog Georg von Celle und wurde durch ihn Mutter der Prinzessin Sophie Dorothea, der späteren Gemahlin des Kurprinzen Georg Ludwig von Hannover, der als Georg I. den englischen Thron bestieg, während Sophie Dorothea als »Gefangene von Ahlden« starb. Vgl. (Comte) Horric de Beaucaire, ›Une Mésalliance dans la maison de Brunsvvick‹. Paris, Oudin 1884.

Musik Frankreichs aus. Die Kenntnisse, die zur Musik und den davon abhängigen Künsten gehören, haben so große Fortschritte gemacht, dass man gegen Ende der Regierung Ludwigs XIV. die Kunst erfand, den Tanz durch Noten zu bezeichnen, so dass man heute im wahren Sinn des Wortes sagen kann, man tanze »nach Noten«.

Große Architekten haben wir bereits zur Zeit der Regentschaft Marias von Medici gehabt. Sie ließ das Palais du Luxembourg im toskanischen Geschmack erbauen, um ihr Vaterland zu ehren und das unsere zu verschönern. Derselbe de Brosse, dem wir das Portal von Saint-Gervais verdanken, erbaute auch den Palast dieser Königin, dessen sie sich nie erfreute. Der Kardinal von Richelieu hatte bei all seiner geistigen Überlegenheit bei weitem nicht soviel Geschmack wie sie, wie das Palais Cardinal, das heutige Palais Royal, beweist. Wir fassten die größten Hoffnungen, als wir jene schöne Fassade des Louvre errichten sahen, die die Vollendung dieses Palastes so wünschenswert erscheinen lässt. Viele Bürger haben prächtige Gebäude aufgeführt, die aber gesuchter in der inneren Einrichtung als durch äußere Zierate im großen Stil empfehlenswert sind und mehr der Prunkliebe der Privatleute Genüge tun als die Stadt verschönern.

Colbert, der Mäzen aller Künste, gründete 1671 eine Bauakademie. Vitruve zu haben, will wenig sagen – es müssen auch Augustusse da sein, die sie verwenden. Die städtischen Behörden müssen von Eifer beseelt sein und Geschmack besitzen. Hätte es zwei oder drei Vorsteher der Kaufmannschaft gleich dem Präsidenten Turgot gegeben, so würde man der Stadt Paris nicht das schlecht gebaute und schlecht gelegene Stadthaus, den engen und winkligen Platz, der nur durch den Galgen und kleine Freudenfeuer berühmt ist, die engen Gassen in den belebtesten Stadtteilen – kurzum, inmitten der Größe und im Schoß aller Künste einen Überrest ehemaliger Barbarei zum Vorwurf zu machen haben.

Die Malerei nahm erst unter Ludwig XIV. mit Le Poussin ihren Anfang; die mittelmäßigen Maler, die diesem Meister vorangingen, dürfen nicht gerechnet werden. Seit ihm haben wir stets bedeutende Maler gehabt – wenn auch nicht in jener Menge, die einen der Reichtümer Italiens ausmacht. Abgesehen von einem Lesueur, der keinen anderen Lehrer hatte als sich selbst, einem Lebrun, der den Italienern in der Zeichnung und der Komposition gleichkam, haben wir doch immer noch mehr als dreißig Künstler gehabt, die äußerst beachtenswerte Stücke hinterlassen haben. Die Ausländer beginnen uns diese zu entführen. Ich sah bei einem großen König Galerien und Gemächer, die nur mit unseren Gemälden geschmückt waren, deren Wert wir vielleicht nicht hinlänglich hatten anerkennen wollen. In Frankreich habe ich 12.000 Livre für ein Gemälde von Santerre ausschlagen sehen. Es gibt in Europa kaum eine größere Malerei als die Deckenmalerei Lemoines in Versailles, und ich weiß nicht, ob es schönere gibt. Später trat dann Vanloo auf, der selbst im Ausland als der erste Meister seiner Zeit galt.

Colbert gab nicht nur der Malerakademie die Gestalt, die sie noch heute hat, sondern er bewog auch Ludwig XIV., 1667 eine solche Akademie in Rom zu errichten. Man kaufte in dieser Metropole einen Palast an, in dem der Direktor wohnt, und sendet alle Schüler dorthin, die in der Pariser Akademie Preise errungen haben. Sie werden dort auf Kosten des Königs unterrichtet und erhalten; sie zeichnen nach der Antike und studieren Raffael und Michelangelo. Dieses Verlangen, es nachzuahmen, ist eine edle Huldigung, die man dem alten und neuen Rom erweist, und man hat auch nicht aufgehört, diese Huldigung zu leisten, selbst nachdem die ungeheuren, vom König und vom Herzog von Orléans zusammengebrachten Sammlungen italienischer Gemälde sowie die Meisterwerke der Bildhauerkunst, die Frankreich hervorgebracht hat, uns in die Lage versetzt haben, die Meister der Kunst in unserem eigenen Land zu studieren. Wir haben uns hauptsächlich in der Skulptur und in der Kunst, kolossale Reiterstatuen in einem einzigen Guß herzustellen, hervorgetan.

Wenn man eines Tages Stücke wie z.B. die Apollo-Bäder, die in den Gebüschen von Versailles allen Unbilden der Witterung preisgegeben sind, das Grabmal des Kardinals von Richelieu, das in der Kapelle der Sorbonne dem Volk allzuwenig zugänglich ist, das Reiterstandbild Ludwigs XIV., das in Paris für Bordeaux hergestellt wurde, den Merkur, den Ludwig XIV. dem König von Preußen zum Geschenk machte, und so viele andere, den angeführten ebenbürtige Werke unter Trümmern hervorzöge, so steht zu glauben, dass diese Erzeugnisse unserer Zeit den schönsten griechischen Antiken an die Seite gestellt werden würden.

Auch in der Kunst, Medaillen zu prägen, haben wir die Alten erreicht. Varin war der erste, der gegen Ende der Regierung Ludwigs XIII. diese Kunst emporbrachte. Die Stempel und Punzen, die man jetzt in geschichtlicher Ordnung an der den Künstlern eingeräumten Stelle der Galerie des Louvre aufgestellt sieht, bieten einen bewundernswürdigen Anblick. Sie haben einen Wert von zwei Millionen, und die meisten sind Meisterwerke.

Mit nicht geringerem Erfolg ist die Steinschneidekunst gepflegt worden. Die Fertigkeit, die Gemälde zu vervielfältigen, sie durch

Übertragung auf kupferne Platten zu verewigen und alle Darstellungen der Natur und Kunst mit Leichtigkeit der Nachwelt zu überliefern, war vor dieser Zeit in Frankreich noch sehr unvollkommen. Es ist dies eine der angenehmsten und nützlichsten Künste. Man verdankt sie den Florentinern, die sie um die Mitte des 15. Jahrhunderts erfanden; sie ist aber in Frankreich zu höherer Vollkommenheit gediehen als in ihrem Heimatland, weil man im Staat Ludwigs XIV. eine größere Anzahl von Werken dieser Art herstellte. Die Sammlungen von Kupferstichen waren häufig eines der prachtvollsten Geschenke, die der König den Gesandten machte. Die Ziselierarbeiten in Gold und Silber, deren Schönheit vom Muster und vom Geschmack abhängt, erreichten die höchste Vollkommenheit, der die Hand des Menschen fähig ist.

Nachdem wir so aller Künste gedacht haben, die zur Unterhaltung der Bürger und zum Ruhm des Staates beitragen, dürfen wir die nützlichste unter allen nicht vergessen, in der die Franzosen alle Nationen der Erde übertreffen: Ich meine die Chirurgie, die in dieser Zeit so schnelle und so aufsehenerregende Fortschritte machte, dass man wegen aller Kuren und Operationen, die eine ungewöhnliche Geschicklichkeit erforderten, von den äußersten Enden Europas nach Paris kam. Man fand nicht bloß fast nur in Frankreich ausgezeichnete Chirurgen, sondern auch die erforderlichen Instrumente wurden nur in diesem Land in vollkommener Weise angefertigt. Frankreich versah alle seine Nachbarn damit, und ich weiß aus dem eigenen Mund des berühmten Cheselden, des größten Londoner Chirurgen, dass man erst auf seine Veranlassung im Jahre 1715 in London die Instrumente seiner Kunst anzufertigen begann. Die Medizin, die zur Vervollkommnung der Chirurgie beitrug, erhob sich in Frankreich nicht über den Punkt, auf dem sie in England und unter dem berühmten Boerhaave in Holland stand. Es geschah ihr aber, was der Philosophie geschah: Sie gelangte zu der Vollkommenheit, deren sie fähig ist, indem sie aus dem Wissen und der Einsicht unserer Nachbarn Vorteil zog.

Das ist im Allgemeinen ein wahrheitsgetreues Bild von den Fortschritten des menschlichen Geistes bei den Franzosen während des Zeitalters, das mit der Zeit des Kardinals von Richelieu begann und zu unserer Zeit endete. Es zu übertreffen, wird schwer sein, und wenn es in mancher Beziehung übertroffen wird, so wird es doch stets das Vorbild für die beglückteren Zeiten bleiben, die es erzeugt hat.

Vierunddreissigstes Kapitel

Die schönen Künste im übrigen Europa zur Zeit Ludwigs XIV.

Wir haben im ganzen Verlauf dieser Geschichte zur Genüge darauf hingewiesen, dass die öffentlichen Trübsale, aus denen sie zusammengesetzt ist und die beinahe unausgesetzt aufeinander folgten, schließlich mit der Länge von der Tafel der Zeit verschwinden. Die Einzelheiten und die Triebfedern der Politik fallen der Vergessenheit anheim – die guten Gesetze und Einrichtungen, die von der Wissenschaft und der Kunst geschaffenen Monumente bestehen fort.

Die vielen Fremden, die heute nicht als Pilger, sondern als Leute von Geschmack nach Rom ziehen, kümmern sich wenig um Gregor VII. und Bonifaz VIII.; sie bewundern die Tempel, die Bramante und Michelangelo errichtet haben, die Gemälde Raffaels, die Skulpturen Berninis, und wenn sie Geist besitzen, so lesen sie Ariost und Tasso und erweisen der Asche Galileis ihre Hochachtung. In England spricht man einen Augenblick von Cromwell, der Kriege der Weißen Rose gedenkt man nicht mehr, aber man studiert Jahre hindurch Newton. Man wundert sich nicht, in seiner Grabschrift zu lesen, dass er »der Ruhm der Menschheit« war, würde aber sehr erstaunt sein, wenn man in diesem Land die Asche irgendeines Staatsmannes durch einen solchen Titel ausgezeichnet sähe.

Ich möchte hier all den großen Männern gerecht werden können, die wie er in diesem letzten Jahrhundert eine Zierde ihres Vaterlandes gewesen sind. Ich habe dieses Zeitalter nach Ludwig XIV. benannt; nicht bloß deshalb, weil dieser Monarch die Künste weit mehr gefördert hat als alle Könige seiner Zeit zusammengenommen, sondern auch, weil er dreimal alle Generationen der europäischen Fürsten sich erneuern sah. Ich habe die Grenzen dieser Epoche auf einige Jahre vor und einige Jahre nach Ludwig XIV. bestimmt, denn in der Tat hat der menschliche Geist gerade während dieses Zeitraums die größten Fortschritte gemacht.

Die Engländer haben sich von 1660 bis zur Gegenwart auf beinahe allen Gebieten der Vollkommenheit weit mehr genähert als während aller früheren Jahrhunderte. Ich will hier nicht wiederholen, was ich schon an anderer Stelle über Milton gesagt habe. Allerdings werfen ihm viele Kritiker die wunderliche Seltsamkeit seiner Schilderungen vor: sein Paradies der Dummen; die Alabastermauern, die das irdische Paradies umgeben; seine Teufel, die sich aus Riesen zu Zwergen verwandeln, um im Rat, der in einem großen goldenen Saal in der Hölle abgehalten wird, weniger Raum einzunehmen; die Kanonen, die im Himmel abgefeuert werden, und die Berge, die man dort einander an den Kopf wirft; die reitenden Engel, die Engel, die mitten entzweigespalten werden, deren Teile aber plötzlich wieder zusammenwachsen, usw. Man klagt über seine Weitschweifigkeit und seine Wiederholungen; man behauptet, dass er in seiner langen Beschreibung der Art und Weise, auf die die Erde, die Tiere und der Mensch geschaffen wurden, weder Ovid noch Hesiod erreicht habe. Man tadelt seine Auseinandersetzungen über die Astronomie, die man allzu trocken findet, und seine Erdichtungen, die mehr ungereimt als wunderbar, mehr abschreckend als großartig erscheinen, wie z.B. der lange Damm über das Chaos; die Sünde und der Tod, die ineinander verliebt sind und in blutschänderischer Verbindung Kinder erzeugen; der Tod, »der die Nase vorstreckt, um durch die Unendlichkeit des Chaos hindurch die auf der Erde eingetretene Veränderung zu wittern wie ein Rabe, der die Leichen riecht«, und der den Geruch der Sünde verspürt, die mit ihrer zu Stein verwandelnden Keule auf das Kalte und das Trockene schlägt – dieses Kalte und dieses Trockene in Verbindung mit dem Warmen und dem Feuchten, die, in vier tapfere Heerführer verwandelt, leichtbewaffnete Atomembryonen ins Treffen führen, usw. Kurzum, man hat sich in tadelnden Bemerkungen erschöpft – aber man erschöpft sich nie in Lobeserhebungen. Milton bleiben der Ruhm und die Bewunderung Englands: Man vergleicht ihn mit Homer, dessen Fehler nicht weniger groß, und stellt ihn über Dante, dessen Erfindungen noch wunderlicher sind.

Unter der großen Anzahl unterhaltender Dichter, die wie Waller, die Grafen von Dorset und von Rochester, der Herzog von Buckingham usw. die Regierungszeit Karls II. schmücken, tritt besonders Dryden hervor, der sich in allen Gattungen der Dichtkunst ausgezeichnet hat. Seine Werke sind voll lebendiger, kraftvoller, kühner, leidenschaftlicher, auffallender und dabei doch natürlicher Einzelheiten – ein Vorzug, den kein Dichter seiner Nation erreicht und kein Alter übertroffen hat. Wenn Pope, der nach ihm kam, nicht gegen das Ende seiner Tage seinen ›Versuch über den Menschen‹ geschrieben hätte, würde er Dryden nicht an die Seite zu stellen sein.

Keine Nation hat die Moral in poetischer Form mit größerem Feuer und größerer Gründlichkeit behandelt als die englische – darin besteht, wie mir scheint, das größte Verdienst ihrer Dichter.

Eine andere Art von Mischliteratur erfordert einen geschulteren und umfassenderen Geist. In dieser Gattung war Addison Meister. Er hat sich nicht bloß durch seinen ›Cato‹ – die einzige englische Tragödie, die durchgehend mit vornehmer Eleganz geschrieben ist–unsterblich gemacht, sondern auch seine übrigen Werke moralischen und kritischen Inhalts verraten einen feinen Geschmack. Überall erscheint der richtige Gedanke mit den Blumen der Phantasie umwunden; seine Schreibweise ist ein ausgezeichnetes Muster für jedes Land. Vom Dekan Swift sind mehrere Stücke vorhanden, für die sich im Altertum kein Beispiel findet – er ist der vervollkommnete Rabelais.

Die Grabreden sind bei den Engländern kaum bekannt; es ist bei ihnen nicht Sitte, Könige und Königinnen in der Kirche zu loben. Dagegen bildete sich die Kanzelberedsamkeit, die vor Karl II. in London äußerst plump und unbeholfen war, mit einem Schlag aus. Der Bischof Burnet gesteht in seinen Denkwürdigkeiten, dass dies in Nachahmung der Franzosen geschah. Vielleicht haben die Engländer sogar ihre Lehrmeister überflügelt: Ihre Predigten sind weniger abgezirkelt, weniger gekünstelt, weniger deklamatorisch als die französischen.

Bemerkenswert ist noch, dass diese von der übrigen Welt abgeschnittenen und so spät unterrichteten Insulaner mindestens ebenso viele Kenntnisse über das Altertum besitzen, wie man in Rom, das so lange der Mittelpunkt der Nationen gewesen ist, zusammenzubringen vermocht hat. Marsham hat das Dunkel gelichtet, das über dem alten Ägypten lagert, und kein Perser hat die Religion Zoroasters besser ergründet als der gelehrte Hyde. Die Geschichte Mohammeds und der Zeiten vor ihm war den Türken unbekannt und ist von dem Engländer Sale entwickelt worden, der Arabien mit so großem Nutzen bereist hat.

Es gibt kein Land in der Welt, in dem die christliche Religion so kräftig angegriffen und so geschickt verteidigt worden wäre wie in England. Von der Zeit Heinrichs VII. an bis auf Cromwell hatte man nach Art jener alten Gladiatoren gestritten und gekämpft, die mit einem Schwert in der Hand und einer Binde vor den Augen in die Arena hinabstiegen. Einige unbedeutende Unterschiede im Kultus und im Dogma hatten furchtbare Kriege hervorgerufen; seitdem aber von der Restauration bis zur Gegenwart fast alljährlich der gesamte christliche Glaube angegriffen worden ist, haben diese Streitigkeiten nicht die geringste Störung mehr verursacht: Man hat nur Waffen der Wissenschaft zur Abwehr gebraucht – früher antwortete man mit der Flamme und dem Eisen.

Besonders in der Philosophie aber sind die Engländer die Lehrmeister der übrigen Nationen gewesen. Die Fabeleien der Griechen sollten längst verschwunden sein, und die Fabeleien der Neueren hätten niemals auftauchen sollen. Der Kanzler Bacon hatte den Anfang gemacht mit der Erklärung, dass man die Natur auf eine neue Art befragen, dass man Experimente anstellen müsse. Boyle brachte sein Leben mit der Anstellung solcher Versuche zu. Es ist hier nicht der Ort, eine physikalische Abhandlung zu geben, doch wird schon die Bemerkung genügen, dass nach dreitausendjährigen fruchtlosen Nachforschungen Newton der erste war, der das große Naturgesetz entdeckte und nachwies, nach dem sich alle Elemente des Stoffs gegenseitig anziehen und durch das alle Gestirne in ihren Bahnen erhalten werden. Er ist der erste, der in Wirklichkeit das Licht gesehen hat – vor ihm kannte man es nicht. Seine mathematischen Prinzipien, in denen eine durchaus neue und durchaus wahre Physik herrscht, beruhen auf der Entdeckung jener Rechnungsart, die man recht unzutreffend »Unendlichkeitsrechnung« nennt; ein Meisterstück der Geometrie – und dabei ein Meisterstück, das er mit achtzig Jahren machte. Dies hat einen großen Philosophen, den gelehrten Halley, zu dem Ausspruch bewogen, dass »kein Sterblicher imstande« sei, »der Gottheit näher zu kommen«.

Eine Menge trefflicher Geometer und tüchtiger Physiker wurde durch seine Entdeckungen belehrt und von ihm angefeuert. Bradley fand schließlich die Abirrung des Lichts der Fixsterne, die mindestens zwölf Billionen Meilen von unserer kleinen Erdkugel entfernt sind.

Der eben erwähnte Halley erhielt, obgleich nur ein einfacher Astronom, im Jahre 1698 den Befehl über ein königliches Schiff. Auf diesem Schiff bestimmte er die Stellung der Sterne des antarktischen Pols und beobachtete alle Abweichungen der Magnetnadel in allen Teilen der bekannten Erde; der Argonautenzug war im Vergleich zu dieser Reise nur eine Bootsfahrt vom einen Ufer eines Flusses zum anderen. In Europa ist diese Halleysche Reise kaum erwähnt worden.

Jene Gleichgültigkeit, die wir gegen die großen Dinge hegen, weil wir zu vertraut damit geworden sind – im Gegensatz zur Bewunderung der alten Griechen für die kleinen –, ist ebenfalls ein Beweis für die wunderbare Überlegenheit unseres Zeitalters über die früheren. Boileau in Frankreich und der Chevalier Temple in England wollten diese Überlegenheit durchaus nicht anerkennen – sie wollten ihr eigenes Zeitalter herabsetzen, um sich über dieses zu stellen. Dieser Streit zwischen den Alten und den Neueren ist jetzt endlich entschieden – zumindest was die Philosophie anlangt –: bei den aufgeklärten Nationen wird jetzt kein alter Philosoph mehr beim Unterricht benützt.

Schon Locke allein wäre ein hervorragendes Beispiel für den Vorzug, den unser Zeitalter vor den schönsten Tagen Griechenlands voraus hat; von Platon ab bis auf ihn findet sich nichts. Niemand hat während dieses langen Zwischenraums die Verrichtungen unserer Seele klargelegt, und ein Mann, der den ganzen Platon wüsste – aber nur den Platon wüsste –, wüsste wenig und nichts Rechtes.

Platon war allerdings ein beredter Grieche. Seine ›Apologie des Sokrates‹ ist ein Dienst, den er den Weisen aller Länder erwiesen hat: Man achtet ihn mit Recht, da er die verfolgte Tugend so achtenswert und die Verfolger so verhasst gemacht hat. Lange Zeit glaubte man, eine so schöne Moral könne keine schlechte Metaphysik zur Begleiterin haben, und machte ihn wegen seines ›Ternarius‹, den niemand je begriffen hat, beinahe zu einem Kirchenvater. Was würde man aber heute von einem Philosophen denken, der uns erklärte, ein Stoff sei der andere, die Welt sei eine Figur von zwölf Fünfecken, das Feuer habe die Gestalt einer Pyramide und sei durch Zahlen an die Erde gebunden? Würde man eine gute Aufnahme finden, wenn man die Unsterblichkeit und die Seelenwanderung durch die Behauptung erweisen wollte, der Schlaf entstehe aus dem Wachen, das Wachen aus dem Schlaf, das Lebendige aus dem Toten, das Tote aus dem Lebendigen? Und doch hat man dergleichen Begründungen jahrhundertelang bewundert und sind noch ungereimtere Vorstellungen in der Folge zur Erziehung der Menschen verwandt worden. Locke allein hat den menschlichen Verstand in einem Werk enthüllt, das nur Wahrheiten enthält, und – was diesem Werk das Siegel der Vollkommenheit aufdrückt – alle diese Wahrheiten sind klar und einleuchtend.

Will man nun vollends sehen, worin dieses letzte Zeitalter alle früheren übertrifft, so braucht man die Augen lediglich auf Deutschland und den Norden zu richten. Hevelius in Danzig ist der erste, der den Mond genau studiert hat – niemand vor ihm hatte den Himmel besser untersucht. Unter den bedeutenden Männern dieser Epoche beweist keiner besser als er, dass dieses Zeitalter nach Ludwig XIV. benannt werden darf. Hevelius verlor bei einem Brand seine großartige Bibliothek – der französische Monarch machte dem Danziger Astronomen daraufhin ein Geschenk, das jenen Verlust mehr als ausglich.

Mercator in Holstein war in der Geometrie der Vorläufer Newtons, die Bernoullis[172] in der Schweiz waren würdige Schüler dieses großen Mannes. Leibniz galt eine Zeit lang als sein Rivale.

Der berühmte Leibniz war in Leipzig geboren und starb 1716 in Hannover als Philosoph, der wie Newton einen Gott verehrte, ohne sich um die Menschen zu kümmern. Er war vielleicht der universellste Gelehrte in Europa: ein in seinen Nachforschungen unermüdlicher Historiker; ein gründlicher Rechtsgelehrter; der das Rechtsstudium durch die Philosophie erläuterte, so fremd diese jenem Studium zu sein scheint; ein hinlänglich scharfsinniger Metaphysiker, um die Theologie mit der Physik versöhnen zu wollen; sogar lateinischer Dichter und endlich ein hinlänglich guter Mathematiker, um dem großen Newton die Erfindung der Infinitesimalrechnung streitig zu machen und die Meinungen eine Zeit lang zwischen Newton und sich im Zweifel zu erhalten.

Es war damals die schöne Zeit der Geometrie. Die Mathematiker sandten einander häufig Herausforderungen, d.h. zu lösende Aufgaben zu, ungefähr wie der Sage nach die alten Könige von Ägypten und Asien einander Rätsel zusandten. Die Aufgaben, die die Geometer einander stellten, waren schwerer als jene Rätsel, doch blieb keine in Deutschland, England, Italien oder Frankreich ungelöst. Zu keiner Zeit herrschte unter den Gelehrten ein regerer Verkehr; namentlich trug Leibniz zu dessen Belebung bei. Man sah trotz der Kriege und der verschiedenen Religionen allmählich eine Gelehrtenrepublik in Europa entstehen. Alle Wissenschaften, alle Künste haben sich auf diese Weise gegenseitig unterstützt und gefördert: die Akademien bildeten jene Republik. Italien und Russland wurden durch die Wissenschaften und die Literatur miteinander verbunden. Der Engländer, der Deutsche, der Franzose begab sich nach Leyden, um dort zu studieren. Der berühmte Arzt Boerhaave wurde gleichzeitig vom Papst und vom Zaren zu Rate gezogen. Seine bedeutendsten Schüler[173] haben in gleicher Weise die Ausländer angezogen und sind gewissermaßen die Ärzte aller Nationen geworden. Die wahrhaften Gelehrten auf jedem Gebiet haben die große Gesellschaft der Geister, die überall verbreitet und überall unabhängig ist, durch enge Bande verknüpft. Dieser innige Verkehr währt noch immer fort und ist

172 Gemeint sind Jakob und sein Bruder Johannes Bernoulli (1667-1748). Außerdem haben sich aus dieser Familie in den Wissenschaften ausgezeichnet: Jakobs Neffe Nikolaus (1687-1759), Johannes‹ beide Söhne Daniel (1700-82.) und Johannes II. (1710-90) sowie des letzteren Sohn Johannes III. (1744-1807).

173 Darunter namentlich Haller (1708-77), van Swieten (1700-72), La Mettrie (1709-51), Johannes Geßner (1709-90), Tronchin (1709-81) und de Hæn (1704-76).

eines der Trostmittel gegen die Übel, die der Ehrgeiz und die Politik über die Erde verbreiten. Italien bewahrte während dieses Zeitalters seinen alten Ruhm, obschon es weder einen neuen Tasso noch einen neuen Raffael besaß – es ist schon genug, dergleichen Männer einmal hervorgebracht zu haben. Ein Chiabrera und später ein Zappi, ein Filicaja haben gezeigt, dass die Feinheit immer noch das Erbteil dieser Nation ist. Die ›Merope‹ Maffeis und die dramatischen Werke Metastasios sind herrliche Denkmäler dieser Epoche.

Das Studium der von Galilei begründeten wahren Physik hat sich trotz des Widerspruchs der allzu sehr mit der Religion verquickten alten Philosophie behauptet. Die Cassini, Viviani, Manfredi, Bianchini, Zanotti und so viele andere haben über Italien dasselbe Licht verbreitet, das in den übrigen Ländern erglänzte, und obschon die Hauptstrahlen dieses Lichtes aus England kamen, haben doch die italienischen Schulen nicht die Augen dagegen verschlossen.

Alle Literaturgattungen sind in diesem ehemaligen Vaterland der Künste mit demselben Erfolg gepflegt worden wie anderwärts – die Gegenstände ausgenommen, bezüglich derer die Denkfreiheit dem Geist bei den übrigen Nationen einen größeren Schwung verleiht. Besonders aber hat diese Epoche das Altertum gründlicher kennengelehrt als alle früheren. Italien lieferte allein mehr Monumente als Europa zusammen, und je mehr man von diesen Monumenten ausgegraben hat, umso mehr hat sich die Wissenschaft erweitert. Alle diese Fortschritte verdankt man einigen Denkern, einigen Genies, die, in geringer Anzahl über verschiedene Teile Europas verstreut, beinahe alle lange Zeit unbekannt waren und oft verfolgt wurden. Sie haben die Erde erleuchtet und getröstet, während die Kriege sie verwüsteten. Man wird in anderen Werken Verzeichnisse all derer finden, die Deutschland, England und Italien geziert haben. Ein Fremder wäre vielleicht nur wenig geeignet, das Verdienst all dieser berühmten Männer richtig zu würdigen; an dieser Stelle genügt der Nachweis, dass die Menschen im vergangenen Jahrhundert von einem Ende Europas bis zum anderen mehr an Einsicht und Bildung gewonnen haben als in allen vorhergehenden.

Fünfunddreißigstes Kapitel

Geistliche Angelegenheiten · Denkwürdige Streitigkeiten

Von den drei Ständen des Staates ist die Geistlichkeit der am wenigsten zahlreiche und auch nur im Königreich Frankreich ein Stand im Staat geworden. Es ist das wie bereits bemerkt wurde, ein ebenso wahrer wie merkwürdiger Umstand, der besser als alles die Macht der Gewohnheit beweist. Der als Stand im Staat anerkannte Klerus ist nun unter den drei Ständen derjenige, der stets das behutsamste und schonendste Verfahren von Seiten des Landesherren verlangt hat. Gleichzeitig die Verbindung mit dem päpstlichen Stuhl erhalten und die Freiheiten der Gallikanischen Kirche, die nichts anderes als die Rechte der alten Kirche sind, vertreten; die Bischöfe als Untertanen zum Gehorsam zu bringen, ohne den Rechten ihrer Würde zu nahe zu treten; sie in vielen Dingen der weltlichen Gerichtsbarkeit unterzuordnen und sie in anderen selbst Richter sein zu lassen; sie zur Beisteuer für die Bedürfnisse des Staates heranzuziehen, ohne ihre Privilegien zu verletzen – das alles verlangt eine Mischung von Gewandtheit und Festigkeit, die Ludwig XIV. beinahe immer besaß.

Der französische Klerus wurde allmählich wieder zur Ordnung und zur Schicklichkeit gebracht, aus der ihn die Bürgerkriege und die Ungebundenheit der Zeit herausgerissen hatten. Der König gab schließlich nicht mehr zu, dass Laien unter dem Namen von Konfidentiarien Pfründen besaßen, noch dass diejenigen, die keine Priester waren, Bistümer erhielten – wie der Kardinal Mazarin, der das Bistum Metz innegehabt hatte, als er noch nicht einmal Unterdiakon war, und der Herzog von Verneuil, der es sogar als Laie besessen hatte.

Was die Geistlichkeit Frankreichs und der eroberten Städte dem König unter gewöhnlichen Umständen jährlich zahlte, belief sich auf etwa zweieinhalb Millionen Livre. Später, als der Zahlungswert der Münzen gestiegen war, unterstützte sie den Staat mit etwa vier Millionen jährlich, die unter dem Namen von Zehnten, außergewöhnlicher Subvention und als »freies Geschenk« gezahlt wurden. Der Name und das Vorrecht des »freien Geschenks« haben sich als ein Überrest der alten Sitte erhalten, dergemäß alle Lehensinhaber im Bedürfnisfall den Königen freiwillig Beisteuern gaben. Da die Bischöfe und Äbte infolge eines alten Missbrauchs Lehensinhaber waren, brauchten sie zur Zeit der Feudalmonarchie nur Soldaten zu stellen; die Könige selbst besaßen damals nur ihre Güter und Ländereien ganz wie die übrigen Großen. Als sich später alles änderte, blieb nur der Klerus unverändert: er behielt die Sitte bei, den Staat durch freie Geschenke zu unterstützen.

Zu diesem alten Brauch, den eine Körperschaft bewahrt, die sich häufig versammelt, während eine Körperschaft, die sich gar nicht versammelt, ihn notwendigerweise verliert, kommen noch die Steuerfreiheit, die stets von der Kirche beansprucht worden ist, und der Grundsatz, dass ihr Besitz der Besitz der Armen sei; nicht dass sie etwa behauptet, dem Staat, von dem sie alles hat, nichts schuldig zu sein – denn das Land ist der erste Arme, sobald es Bedürfnisse hat–, aber sie nimmt für sich das Recht in Anspruch, nur zu freiwilligen Beisteuern verpflichtet zu sein, und Ludwig XIV. forderte diese Beisteuern stets in solcher Weise, dass sie nicht verweigert werden konnten.

Man wundert sich in Europa und in Frankreich, dass der Klerus so wenig bezahlt, denn man bildet sich ein, dass er ein Drittel des Königreichs in Besitz habe. Besäße er dieses Drittel, so müsste er unzweifelhaft auch ein Drittel der Steuern bezahlen, was in gewöhnlichen Jahren eine Summe von mehr als fünfzig Millionen betragen würde, abgesehen von den Zöllen auf die Verbrauchsgegenstände, die er gleich den übrigen Untertanen bezahlt. Aber man macht sich unklare Vorstellungen über alles und hegt unbegründete Vorurteile.

Unstreitig hat von allen katholischen Kirchen gerade die französische die wenigsten Reichtümer aufgehäuft. Es gibt in Frankreich nicht nur keinen Bischof, der sich gleich dem römischen eines großen Gebiets bemächtigt hat, sondern es gibt auch keinen Abt, der landesherrliche Rechte besäße wie der Abt von Monte Cassino und die deutschen Äbte. Ebenso besitzen auch die französischen Bistümer im Allgemeinen keine allzu großen Einkünfte; die reichsten sind die Bistümer Straßburg und Cambrai, das rührt aber daher, weil sie ursprünglich zu Deutschland gehörten und weil die deutsche Kirche weit reicher war als die französische.

Giannone versichert in seiner ›Geschichte von Neapel‹, dass die Geistlichen zwei Drittel der Einkünfte dieses Landes besitzen. Ein solch ungeheurer Missbrauch herrscht in Frankreich nicht; man sagt hier, die Kirche besitzt ein Drittel des Königreichs, gerade wie man aufs Geratewohl sagt, Paris habe eine Million Einwohner. Wenn man sich die Mühe gäbe, einmal die Einkünfte der Bistümer zusammenzurechnen, so würde man aus dem Preis der vor etwa fünfzig Jahren vorgenommenen Verpachtungen ersehen, dass die Bistümer damals nur zu einem Gesamteinkommen von vier Millionen abgeschätzt waren und dass die Einkünfte der Kommendaturabteien sich auf viereinhalb Millionen Livre beliefen. Allerdings war diese Angabe über den Preis der Verpachtungen um ein Drittel unter dem Wert, und wenn man noch die Vermehrung der Einkünfte von den Ländereien hinzurechnet, so beläuft sich die Gesamtsumme des Ertrags aller geistlichen Pfründen auf etwa sechzehn Millionen. Man darf aber nicht vergessen, dass alljährlich von diesem Geld eine große Summe nach Rom geht, die nie zurückkommt und rein verloren ist. Es ist das eine große Freigebigkeit des Königs gegen den Heiligen Stuhl, die dem Staat im Zeitraum eines Jahrhunderts mehr als 400.000 Mark Silber entzieht, was das Königreich im Laufe der Zeit arm machen würde, wenn nicht der Handel diesen Verlust reichlich ersetzte.

Zu diesen Pfründen, von denen Annaten nach Rom entrichtet werden, kommen noch die Pfarrämter, die Klöster, die Stiftskirchen, die religiösen Genossenschaften und alle anderen Pfründen zusammengenommen; wenn man sie aber zu fünfzig Millionen jährliches Einkommen in der ganzen Ausdehnung des Königreichs abschätzt, wird man sich nicht viel von der Wahrheit entfernen. Diejenigen, die diesen Gegenstand mit ebenso strengen wie aufmerksamen Augen geprüft haben, haben das Einkommen der ganzen Gallikanischen Kirche nicht höher als auf neunzig Millionen anschlagen können. Das ist aber keine übermäßige Summe für den Unterhalt von 90.000 Ordensleuten und etwa 160.000 Geistlichen; die man im Jahre 1700 in Frankreich zählte. [174] Von jenen 90.000 Mönchen lebt jedoch über ein Drittel vom Bettel und vom Messelesen. Viele Klosterleute kosten ihr Kloster nicht über 200 Livre jährlich, während dagegen einige Äbte, die die Ordensgelübde abgelegt haben, ein Einkommen von 200.000 Livre genießen. Ebendieses ungemeine Missverhältnis fällt auf und reizt zum Widerspruch. Man beklagt den Landpfarrer, dem seine beschwerliche Seelsorge nur sein Pflichtteil von 300 Livre und etwa noch 500 Livre an Geschenken einträgt, während ein müßiger Mönch, der zum Abt geworden, aber darum nicht minder müßig ist, eine ungeheure Summe erhält und von denen, die ihm untergeben sind, mit pomphaften Titeln beehrt wird. Noch ärger sind diese Missbräuche in Flandern und Spanien und namentlich in

174 Diese Menschenmasse verteilte sich auf 19 Erzbistümer, 119 Bistümer, 34498 Pfarreien, 4.644 Filialen, 16 Kongregationen regulierter Geistlicher, 1.100 Mönchsabteien, 1.557 Nonnenabteien, 1.500 Bettelmönchskonvente und etwa 3.800 Klöster anderer Orden beiderlei Geschlechts.

den katholischen Staaten Deutschlands, wo es sogar fürstliche Mönche gibt. Die Missbräuche dienen fast auf der ganzen Erde als Gesetze, und wo ist der Staat, dessen Gestalt durchaus unverändert bleiben würde, wenn die weisesten Menschen zusammenträten, um Gesetze zu entwerfen. Der französische Klerus befolgt stets einen für ihn kostspieligen Brauch, wenn er dem König für mehrere Jahre ein freies Geschenk von einigen Millionen zahlt: Er borgt nämlich diese Summe, und nachdem er die Zinsen bezahlt hat, zahlt er schließlich den Gläubigern das Kapital wieder zurück. Er bezahlt auf diese Weise doppelt. Weit vorteilhafter für den Staat und für die Geistlichkeit im allgemeinen und weit verständiger wäre es gewesen, wenn diese Körperschaft durch dem Wert jeder Pfründe angemessene Beiträge für die Bedürfnisse des Vaterlands eingetreten wäre, aber die Menschen hängen stets zu sehr an ihren alten Bräuchen. Aus derselben Ursache hat der Klerus, wenn er sich alle fünf Jahre in Paris versammelt, weder einen Sitzungssaal noch irgendwelches Gerät, das sein Eigentum wäre. Es ist klar, dass er bei geringeren Ausgaben den König besser hätte unterstützen und sich in Paris einen Palast hätte erbauen können, der eine neue Zierde für diese Stadt gewesen sein würde. Die Grundsätze des französischen Klerus waren während der Minderjährigkeit Ludwigs XIV. noch nicht völlig von der Beimischung gereinigt, die die Liga ihnen gegeben hatte. Vergebens hatte in der Jugend Ludwigs XIII. und bei der letzten Versammlung der Stände im Jahre 1614 der größte Teil der Nation, den man den dritten Stand nennt, im Verein mit dem Parlament den Antrag gestellt, die Bestimmung zum Grundgesetz zu erheben, dass keine geistliche Macht die Könige ihrer geheiligten Rechte berauben dürfe, die sie von Gott allein erhalten haben, und dass es ein Majestätsverbrechen erster Klasse sei, wenn jemand lehre, dass man die Könige absetzen und töten dürfe. Das war mit eigenen Worten der Kern des Antrags der Nation, der zu einer Zeit gestellt wurde, wo das Blut Heinrichs IV. noch rauchte. Ein französischer und in Frankreich geborener Bischof, der Kardinal zu Perron, widersetzte sich jedoch diesem Antrag in heftigster Weise unter dem Vorwand, dass es dem dritten Stand nicht zustehe, Gesetze über kirchliche Angelegenheiten in Vorschlag zu bringen. Warum tat er nun nicht im Verein mit dem Klerus, was der dritte Stand tun wollte?

Davon war er aber so weit entfernt, dass er sich sogar zu den Worten hinreißen ließ, die Macht des Papstes wäre vollkommen, durchaus und höchst vollkommen, unmittelbar im Geistlichen und mittelbar im Zeitlichen, und er wäre vom Klerus zu der Erklärung beauftragt, dass man diejenigen exkommunizieren würde, die behaupten sollten, dass der Papst die Könige nicht absetzen dürfe.

Man gewann den Adel, und der dritte Stand wurde zum Schweigen gebracht. Das Parlament erneuerte nun seine früheren Erlässe, um die Krone für unabhängig und die Person der Könige für geheiligt zu erklären. Die geistliche Kammer gab zu, dass die Person geheiligt wäre, blieb aber bei der Behauptung, dass die Krone abhängig wäre; das war derselbe Geist, der einst Ludwig den Dicken vom Thron gestoßen hatte. Dieser Geist hatte dermaßen das Übergewicht, dass der geknechtete Hof genötigt wurde, den Drucker, der den Erlass des Parlaments unter dem Titel eines Grundgesetzes veröffentlicht hatte, ins Gefängnis zu werfen. Es geschah das, wie man sagte, zum Besten des Friedens; in Wirklichkeit aber war es eine Bestrafung derjenigen, die der Krone Verteidigungswaffen lieferten. In Wien kamen dergleichen Szenen nicht vor, denn damals fürchtete Frankreich Rom, Rom aber fürchtete das Haus Österreich.

Die unterliegende Sache war diesmal so sehr die Sache aller Könige, dass Jakob I. von England gegen den Kardinal du Perron schrieb – es ist dies die beste Schrift dieses Monarchen. Sie war auch die Sache der Völker, deren Ruhe fordert, dass ihre Souveräne nicht von einer fremden Macht abhängig sind. Allmählich machte sich auch die Vernunft geltend, und Ludwig XIV. hatte wenig Mühe, dieser vom Gewicht seiner Macht unterstützten Vernunft Gehör zu verschaffen.

Antonio Perez hatte Heinrich IV. drei Dinge empfohlen: Roma, Consejo, Pielago. Ludwig XIV. besaß die beiden letzteren in solchem Maße, dass er des ersteren nicht bedurfte. Er sorgte für die Erhaltung des Gebrauchs der Berufung wegen Eingriffs in fremde Botmäßigkeit an das Parlament in allen Fällen, wo geistliche Verordnungen in die königliche Gerichtsbarkeit eingriffen. Der Klerus beklagte sich häufig darüber und wünschte sich bisweilen Glück dazu, denn wenn jene Berufungen einerseits die Rechte des Staates gegen die Autorität der Bischöfe vertreten, so sichern sie andererseits ebendiese Autorität dadurch, dass sie die Vorrechte der Gallikanischen Kirche gegen die Anmaßungen Roms aufrechterhalten, so dass die Bischöfe damals die Parlamente für ihre Verteidiger ansahen und die Regierung dafür Sorge trug, dass trotz der Religionsstreitigkeiten die leicht zu überschreitenden Grenzen von keiner Seite überschritten wurden. Es verhält sich mit der Macht der Körperschaften und Gesellschaften wie mit den Interessen der Handelsstädte: Es ist Sache des Gesetzgebers, sie im Gleichgewicht zu erhalten.

Von den Freiheiten der Gallikanischen Kirche. – Das Wort Freiheiten setzt Knechtschaft voraus: Freiheiten und Vorrechte sind Ausnahmen von der allgemeinen Knechtschaft. Man sollte daher sagen: die Rechte und nicht die Freiheiten der Gallikanischen Kirche. Diese Rechte sind keine anderen als die aller alten Kirchen. Die Bischöfe von Rom haben über die christlichen Gemeinden des Oströmischen Reichs nie die geringste Botmäßigkeit gehabt; im zerfallenen Weströmischen Reich aber haben sie alles an sich gerissen. Die französische Kirche war lange Zeit die einzige, die gegen den römischen Stuhl die alten Rechte verfocht, die jeder Bischof sich zu jener Zeit angeeignet hatte, als sich nach dem ersten Nizäischen Konzil die rein kirchliche und geistliche Verwaltung nach der bürgerlichen Regierung zu gestalten begann und jeder Bischof seinen Bezirk erhielt, wie jede kaiserliche Gerichtsbarkeit den ihren hatte.

Zweifellos steht in keinem Evangelium geschrieben, dass der Bischof der Stadt Rom einen Legaten a latere nach Frankreich schicken dürfe mit der Vollmacht zu richten, zu reformieren, zu dispensieren und Geld vom Volk zu erheben. Ebensowenig gibt ihm irgendein Evangelium das Recht, den französischen Prälaten zu gebieten, dass sie ihre Streitigkeiten in Rom führen, noch unter dem Namen von Vakanzen, Verlassenschaftssteuern, Erbfolgegebühren, Abträgen, Ausgleichsgeldern, Kommenden, Neunten, Zehnten und Annaten Abgaben von den Pfründen des Königreichs zu erheben, noch die Beamten des Königs zu exkommunizieren, um sie an der Ausübung ihres Amtes zu hindern, noch die Bastarde erbfähig zu machen, noch die Testamente derer für nichtig zu erklären, die verstorben sind, ohne einen Teil ihres Besitzes der Kirche zu vermachen, noch den französischen Geistlichen die Erlaubnis zur Veräußerung ihrer liegenden Güter zu erteilen, noch Richter einzusetzen, die über die Rechtmäßigkeit der Ehen erkennen. Kurzum, man zählt über siebzig unrechtmäßige Eingriffe in die Rechte des Königs, gegen die die Parlamente jederzeit die natürliche Freiheit der Nation und die Würde der Krone vertreten haben.

Welchen Einfluss die Jesuiten auch immer unter Ludwig XIV. hatten und wie sehr auch dieser Monarch, seit er selbständig regierte, das Vorstellungsrecht der Parlamente beschränkt hatte, so verabsäumte doch nie eine von diesen großen Körperschaften die Gelegenheit, die Anmaßungen des römischen Hofs zurückzuweisen, und der König billigte stets diese Wachsamkeit, weil in dieser Hinsicht die wesentlichen Rechte des Volkes zugleich die Rechte des Königs waren.

Der wichtigste und kitzligste Gegenstand dieser Art war die Angelegenheit der »Regale«. Es ist dies ein Recht der Könige von Frankreich auf die Verwaltung aller einfachen Pfründen einer Diözese während der Erledigung des bischöflichen Stuhls und auf die beliebige Verwendung der Einkünfte des Bistums. Dieses Vorrecht ist heutzutage den Königen von Frankreich eigentümlich, aber jeder Staat hat eben die seinigen. Die Könige von Portugal beziehen ein Drittel der Einkünfte aller Bistümer ihres Landes. Der deutsche Kaiser hat das Recht der ersten Fürbitte und vergab stets die ersten erledigten Pfründen. Die Könige von Neapel und Sizilien haben noch größere Rechte. Die Rechte Roms beruhen zumeist mehr auf dem Brauch als auf ursprünglichen Gerechtsamen.

Die Könige aus dem Haus der Merowinger verliehen die Bistümer und sämtliche Prälaturen aus eigener Machtvollkommenheit: So setzte Karloman im Jahre 742 jenen Bonifazius, der später aus Dankbarkeit Pippin zum König salbte, zum Erzbischof von Mainz ein. Es gibt noch viele andere Beispiele von der Macht der Könige, über diese wichtigen Stellen zu verfügen; je wichtiger diese sind, umso mehr muss ihre Besetzung vom Staatsoberhaupt abhängig sein. Die Mitwirkung eines ausländischen Bischofs schien gefährlich, und diesem Bischof das alleinige Besetzungsrecht zuzugestehen, galt häufig für noch gefährlicher – es hat auch mehr als einmal einen Bürgerkrieg entzündet. Da die Könige die Bistümer vergaben, so schien es nur in Ordnung, dass sie auch das geringfügige Vorrecht behielten, während der kurzen Zeit, die zwischen dem Tod eines Bischofs und der Eintragung des Treueeids seines Nachfolgers verfließt, über die Einkünfte des Bistums zu verfügen und einige einfache Pfründen zu vergeben. Verschiedene Bischöfe einiger mit der Krone verbundener Städte wollten unter dem dritten Königshaus dieses Recht nicht mehr anerkennen, das allzu schwache Große des Landes damals nicht zur Geltung zu bringen vermocht hatten. Die Päpste erklärten sich für die Bischöfe, und jene Ansprüche blieben seitdem dunkel und unbestimmt. Unter Heinrich IV. erklärte das Parlament im Jahre 1608 die Regale für den ganzen Umfang des Königreichs gültig. Der Klerus beschwerte sich darüber, und der König, der die Bischöfe und Rom schonen wollte, zog die Angelegenheit vor seinen Rat, hütete sich aber sorglich, sie zur Entscheidung zu bringen.

Die Kardinäle Richelieu und Mazarin veranlassten mehrere Erlässe des Staatsrats, durch die die Bischöfe, die sich für abgabenfrei ausgaben, zum Nachweis ihres Rechts angehalten wurden. In dieser Unentschiedenheit blieb alles bis 1673, und der König wagte in beinahe allen Diözesen jenseits der Loire während der Erledigung eines Bischofssitzes nicht eine einzige Pfründe zu vergeben.

Im Jahre 1673 endlich fertigte der Kanzler Etienne de Alligre ein Edikt aus, durch das alle Bistümer des Landes der Regale unterworfen wurden. Zwei Bischöfe aber, Pavillon, der Bischof von Aleth, und Caulet, der Bischof von Pamiers – zum Unglück die beiden tugendhaftesten Männer des Königreichs –, weigerten sich hartnäckig, sich diesem Edikt zu fügen. Sie verteidigten sich anfangs mit annehmbaren Gründen, aber man stellte ihnen ebenso gewichtige entgegen. Wenn einsichtsvolle Männer lange streiten, so ist große Wahrscheinlichkeit vorhanden, dass die Frage nicht klar ist; die hier in Rede stehende war sehr dunkel, offenbar hatte aber weder die Religion noch die gute Ordnung ein Interesse daran, einen König zu hindern, dass in zwei bischöflichen Sprengeln zu tun, was er in allen übrigen tat. Die beiden Bischöfe indessen waren unbeugsam; keiner von beiden hatte seinen Treueschwur eintragen lassen, und der König hielt sich daher für berechtigt, die Domherrenstellen an ihren Kirchen zu besetzen.

Die beiden Prälaten taten die kraft der Regale eingesetzten Domherren in den Bann; beide waren des Jansenismus verdächtig und hatten den Papst Innozenz X. gegen sich gehabt. Als sie sich aber gegen die Ansprüche des Königs auflehnten, hatten sie Innozenz XI. Odescalchi für sich – tugendhaft und hartnäckig wie sie, trat dieser Papst völlig auf ihre Seite.

Der König begnügte sich zunächst, die hervorragendsten Beamten dieser Bischöfe zu verbannen. Er zeigte mehr Mäßigung als zwei Männer, die sich auf ihre Heiligkeit versteiften. Man ließ den Bischof von Aleth, dessen hohes Alter Ehrfurcht gebot, in Frieden sterben. Der Bischof von Pamiers stand nun allein, wurde aber dadurch nicht erschüttert. Er vervielfältigte seine Bannflüche und blieb überdies in der Überzeugung, dass durch diesen Eid die Kirche allzu sehr der Monarchie unterworfen würde, bei seiner Weigerung, seinen Treueschwur eintragen zu lassen. Der König ließ seine Besitztümer einziehen; der Papst und die Jansenisten entschädigten ihn. Er gewann noch bei dieser Beschlagnahme seiner Einkünfte und starb im Jahre 1680, fest überzeugt, dass er die Sache Gottes gegen den König verfochten habe.

Der Streit ging mit seinem Tod nicht zu Ende. Vom König ernannte Domherren versuchten von ihren Stellen Besitz zu ergreifen; die Mönche aber, die sich für Domherren und Großvikare ausgaben, trieben sie aus der Kirche und exkommunizierten sie. Der Erzbischof Montpezat von Toulouse, der als Metropolitan über diese Angelegenheit zu entscheiden hatte, erkannte vergebens gegen jene angeblichen Großvikare; diese appellierten gemäß dem Brauch, die von den französischen Erzbischöfen abgeurteilten geistlichen Rechtshändel vor den Heiligen Stuhl zu bringen, an den Papst nach Rom. Jener Brauch steht mit den gallikanischen Freiheiten in Widerspruch – aber alle menschlichen Regierungsformen sind Widersprüche. Das Parlament erließ Verordnungen. Einer jener Großvikare, ein Mönch namens Cerle, erklärte sowohl die Entscheidungen des Metropolitans wie die Verordnungen des Parlaments für null und nichtig. Dieser Gerichtshof verurteilte ihn wegen Ausbleibens, den Kopf zu verlieren und auf der Hürde zur Richtstätte geschleift zu werden. Das Urteil wurde im Bildnis vollzogen – er trotzte in seinem Zufluchtsort dem Erzbischof wie dem König und wurde vom Papst unterstützt.

Der Papst tat noch mehr: Wie der Bischof von Pamiers fest überzeugt, dass das Recht der Regale ein Eingriff in die Rechte der Kirche sei und dass der König in Pamiers keinerlei Gerechtsame habe, kassierte er die Erlässe des Erzbischofs von Toulouse und exkommunizierte die neuen Großvikare, die dieser Prälat ernannt hatte, sowie die kraft der Regale Eingesetzten samt ihren Gönnern.

Der König berief nun eine Versammlung des Klerus ein, die von 35 Bischöfen und ebenso vielen Deputierten zweiten Ranges gebildet wurde. Die Jansenisten ergriffen hier zum ersten Mal für einen Papst Partei, und dieser Papst, ein Gegner des Königs, begünstigte sie, ohne sie zu lieben. Er rechnete es sich zur Ehre an, sich diesem Monarchen bei jeder Gelegenheit zu widersetzen, und später, im Jahre 1689, verband er sich sogar mit den Alliierten gegen König Jakob, weil Ludwig XIV. diesen Fürsten unterstützte, so dass man damals sagte, um den Unruhen in Europa und in der Kirche ein Ende zu machen, müsste König Jakob Protestant und der Papst katholisch werden.

Die Versammlung des Klerus von 1681 und 1682 erklärte sich indessen einstimmig für den König. Es handelte sich noch um einen anderen kleinen Streit, der zu einiger Wichtigkeit gelangt war: Das Besetzungsrecht über eine Priorei in einer Vorstadt von Paris entzweite den König und den Papst miteinander. Der römische Pontifex hatte eine Bestimmung des Erzbischofs von Paris kassiert und die von diesem Prälaten vorgenommene Ernennung zu jener Stelle für nichtig erklärt, das Parlament aber hatte dieses Verfahren Roms als einen Eingriff in fremde Botmäßigkeit verurteilt. Der Papst hatte darauf durch eine Bulle befohlen, dass das Urteil des Parlaments durch die Inquisition verbrannt werden solle, und das Parlament hatte wiederum die Unterdrückung dieser Bulle angeordnet. Dergleichen Streitigkeiten sind seit langem die gewöhnlichen und unvermeidlichen Folgen jener alten Mischung der natürlichen Freiheit, sich im eigenen Land selbständig zu regieren, mit der Abhängigkeit von einer fremden Macht.

Die Versammlung des Klerus fasste einen Entschluss, der zeigt, dass einsichtsvolle Männer ohne jedes Eintreten einer anderen Gewalt ihrem Landesherrn mit Würde nachzugeben vermögen: Sie bewilligte die Ausdehnung des Rechts der Regale auf das ganze Königreich. Dies war aber nicht bloß ein Zugeständnis von Seiten des Klerus, der aus Dankbarkeit gegen seinen Beschützer von seinen Ansprüchen nachließ, sondern eine förmliche Anerkennung des unbedingten Rechts der Krone. Beim Papst rechtfertigte sich die Versammlung durch einen Brief, in dem man eine Stelle findet, die bei allen Streitigkeiten als Regel dienen sollte, nämlich dass es besser sei, etwas von seinen Rechten zu opfern, als den Frieden zu stören. Der König, die Gallikanische Kirche und die Parlamente waren zufrieden. Die Jansenisten schrieben einige Flugschriften. Der Papst war unbeugsam: Er erklärte durch ein Breve die Beschlüsse der Versammlung für null und nichtig und forderte die Bischöfe zum Widerruf auf. Dies konnte ein Anlass zur dauernden Trennung der französischen Kirche von der römischen werden; schon unter Richelieu und dann unter Mazarin war von der Einsetzung eines Patriarchen die Rede gewesen. Alle Behörden waren einig in dem Wunsch, dass der Tribut der Annaten nicht mehr nach Rom gezahlt werden, dass Rom nicht mehr sechs Monate im Jahr die Pfründen in der Bretagne verleihen und dass die französischen Bischöfe sich nicht mehr Bischöfe »mit des Heiligen Stuhls Erlaubnis« nennen sollten. Wenn der König gewollt hätte, hätte er nur ein Wort zu sagen brauchen, denn er beherrschte die Versammlung und hatte die Nation für sich, und Rom würde durch die Unbeugsamkeit eines sittenstrengen Papstes, der allein unter allen Päpsten dieses Zeitalters sich nicht der Zeit anzubequemen verstand, alles verloren haben. Es gibt jedoch Marksteine, die sich nicht ohne heftige Erschütterungen versetzen lassen; es bedurfte also größerer Interessen, größerer Leidenschaften und einer größeren Glut in den Gemütern, um mit einem Schlag mit Rom brechen zu können, und es war äußerst schwer, diese Trennung vorzunehmen, während man den Calvinismus vernichten wollte. Man glaubte schon einen kühnen Zug zu tun, als man 1682 die vier berühmten Entscheidungen der gleichen Versammlung veröffentlichte, deren Kern in folgenden Sätzen besteht:

1. Gott hat Petrus und seinen Nachfolgern weder eine unmittelbare noch eine mittelbare Gewalt über die zeitlichen Dinge verliehen.

2. Die Gallikanische Kirche pflichtet dem Konzil von Konstanz bei, das die allgemeinen Kirchenversammlungen bezüglich der geistlichen Dinge über den Papst stellt.

3. Die im Königreich und in der Gallikanischen Kirche üblichen Regeln, Bräuche und Gewohnheiten müssen unverändert bleiben.

4. Die Entscheidungen des Papstes in Glaubenssachen sind erst unfehlbar sicher, nachdem die Kirche sie angenommen hat.

Alle Gerichtshöfe und theologischen Fakultäten trugen diese vier Sätze in ihrer ganzen Ausdehnung in ihre Akten ein, und durch ein Edikt ist verboten, je etwas ihnen Widersprechendes zu lehren. Diese Entschiedenheit wurde in Rom für ein meuterisches Attentat, von den Protestanten Europas aber für eine schwache Anstrengung einer ursprünglich freien Kirche angesehen, die nur vier Ringe an ihrer Kette zerbrach.

Die vier Sätze wurden innerhalb der Nation zunächst mit Begeisterung, später mit geringerer Lebhaftigkeit verteidigt. Schon gegen das Ende der Regierung Ludwig XIV. begannen sie problematisch zu werden, und der Kardinal von Fleury ließ sie dann sogar durch eine Versammlung des Klerus wenigstens teilweise missbilligen, ohne dass diese Verwerfung das geringste Aufsehen erregte, denn die Gemüter waren damals nicht erhitzt, und überhaupt geschah während des Ministeriums des Kardinals von Fleury nichts Auffälliges. Schließlich sind sie jedoch wieder zu großem Ansehen gelangt. Innozenz XI. war inzwischen erzürnter denn je: Er versagte allen vom König ernannten Bischöfen und Äbten die Bestätigung, so dass beim Tod dieses Papstes im Jahre 1689 neunundzwanzig französische Bistümer ohne Bischof waren. Diese Prälaten bezogen zwar nichtsdestoweniger ihre Einkünfte, aber sie wagten sich weder salben zu lassen noch die bischöflichen Amtsverrichtungen vorzunehmen. Der Gedanke, einen Patriarchen einzusetzen, tauchte von neuem auf. Der Streit über die Zollfreiheit der Gesandten in Rom, der die Wunden vollends vergiftete, legte den Gedanken nahe, dass jetzt die Zeit zur Gründung einer katholischapostolischen Kirche in Frankreich gekommen sei, die nicht römisch wäre. Der Generalprokurator von Harlay und der Generaladvokat Talon gaben das zur Genüge zu verstehen, als sie 1687 gegen die Bulle über die Zollfreiheit der Gesandten als gegen einen Eingriff in fremde Botmäßigkeit Berufung einlegten und gegen die Hartnäckigkeit des Papstes eiferten, der so viele Kirchen ohne Hirten ließ. Aber der König wollte zu diesem Schritt, der umso leichter war, je verwegener er schien, niemals seine Einwilligung geben.

Die Sache Innozenz' XI. wurde inzwischen die Sache des Heiligen Stuhls. Die vier Sätze des französischen Klerus griffen das Phantom der Unfehlbarkeit und damit die an dieses Phantom geknüpfte tatsächliche Macht an. Alexander VIII. und Innozenz XII. folgten den Spuren des stolzen Odescalchi, wenn auch in weniger schroffer Weise. Sie bestätigten die gegen die Versammlung des französischen Klerus geschleuderte Verurteilung; sie versagten den Bischöfen die Bestätigung – kurzum, sie taten ihrerseits zuviel, weil Ludwig XIV. seinerseits zuwenig getan hatte. Die Bischöfe wurden es müde, nur vom König ernannt zu sein und sich ohne Amtstätigkeit zu sehen, und baten den französischen Hof um die Erlaubnis, den Heiligen Stuhl versöhnen zu dürfen. Der König, dessen Festigkeit inzwischen erlahmt war, gestattete es. Jeder der Bischöfe schrieb nun eigens nach Rom, dass er über das Vorgehen der Versammlung schmerzlichst betrübt sei; jeder erklärte in seinem Brief, dass er das von dieser Bestimmte nicht als bestimmt noch das von ihr Verordnete als verordnet ansähe. Versöhnlicher als Odescalchi, begnügte sich Innozenz XII. Pignatelli mit diesem Schritt. Die vier Sätze wurden deshalb in Frankreich nicht weniger von Zeit zu Zeit vorgetragen; aber diese Waffen verrosteten, seit der Kampf zu Ende war, und der Zwist blieb, ohne entschieden zu sein, mit einem Schleier bedeckt, wie das in einem Staat, der in diesen Punkten nicht nach unwandelbaren und anerkannten Prinzipien handelt, beinahe immer geschieht. So erhebt man sich denn bald gegen Rom, bald gibt man ihm nach, je nach dem Charakter der Regierenden und nach den besonderen Interessen derer, die die Regierenden regieren. Ludwig XIV. hatte übrigens keinen weiteren geistlichen Streit mit Rom und fand in den weltlichen Angelegenheiten bei seinem Klerus keinen Widerstand. Dieser Klerus wurde unter ihm achtenswert durch eine Ehrbarkeit, die zur Zeit der beiden ersten Königsgeschlechter und während der noch roheren Zeiten der Feudalherrschaft nicht vorhanden sein konnte und während der Bürgerkriege und der Unruhen der Regierung Ludwigs XIII. – besonders aber während der Fronde – bis auf einige Ausnahmen, wie sie stets bei den herrschenden Lastern oder Tugenden vorkommen, durchaus unbekannt war.

Erst damals begann man das Volk über den Aberglauben zu belehren, den es stets seinem Glauben beimischt. Man durfte jetzt, dem Parlament von Aix und den Karmelitern zum Trotz, wissen, dass Lazarus und Magdalena niemals in die Provence gekommen waren, und die Benediktiner fanden keinen Glauben mehr mit ihrer Erzählung, dass Dionysius der Areopagit die Kirche von Paris geleitet hätte. Die falschen Heiligen, die falschen Wunder und die falschen Reliquien begannen in Verruf zu kommen; die gesunde Vernunft, die die Philosophen erleuchtete, drang überall durch – wenn auch langsam und mit großer Mühe.

Der Bischof von Châlons-sur-Marne, Gaston Louis de Noailles, ein Bruder des Kardinals, war fromm und aufgeklärt genug, um eine seit mehreren Jahrhunderten in der Kirche Notre-Dame sorgfältig aufbewahrte und unter dem Namen »Jesu Christi Nabelschnur« verehrte Reliquie entfernen und vernichten zu lassen. Ganz Châlons murrte gegen den Bischof: Präsidenten, Räte, Gerichtsbeamte, Schatzmeister, Kaufleute, Patrizier, Domherren und Pfarrer protestierten in einer gerichtlichen Erklärung einstimmig gegen das Unterfangen des Bischofs und forderten den »heiligen Nabel« zurück, indem sie auf den in Argenteuil aufbewahrten Rock Christi, auf sein in Turin und in Laon vorhandenes Taschentuch, auf einen der Nägel vom Kreuz in Saint-Denis, auf seine Vorhaut in Rom und ebendieselbe Vorhaut in Le Puy im Velay und auf zahllose andere Reliquien hinwiesen, die aufbewahrt und verachtet werden und einem Glauben, den man verehrt, unsäglichen Nachteil bereiten. Die kluge Festigkeit des Bischofs überwand jedoch schließlich die Leichtgläubigkeit des Volkes.

Andere abergläubische Anschauungen, die sich an sonst ehrwürdige Bräuche knüpfen, bestehen noch. Die Protestanten haben sich davon nie frei gemacht, müssen aber zugeben, dass diese Missbräuche in keiner katholischen Kirche weniger gang und gäbe sind und nirgends mehr verachtet werden als in der französischen.

Der wahrhaft philosophische Geist, der erst um die Mitte dieses Zeitalters Wurzeln fasste, erstickte die alten und neuen Theologengezänke, die nicht in seinem Bereich lagen, durchaus nicht. Wir werden nunmehr auf diese Zwistigkeiten eingehen, die eine Schmach für die menschliche Vernunft sind.

Sechsunddreißigstes Kapitel

Der Calvinismus zur Zeit Ludwigs XIV.

Es ist zweifellos unsäglich traurig, dass die christliche Kirche jederzeit von Streitigkeiten zerrissen wurde und dass jahrhundertelang durch eben die Hände Blut floß, die den Gott des Friedens trugen. Dem Heidentum war diese Raserei unbekannt: Es hüllte die Erde in Nacht, tränkte sie aber nur mit dem Blut der Opfertiere, und wenn bisweilen bei den Juden und bei den Heiden Menschen geopfert wurden, so entzündeten diese Opfer, so entsetzlich sie auch waren, doch keine Bürgerkriege. Die Religion der Heiden bestand nur in der Sittenlehre und den Festen; die Sittenlehre aber, die für die Menschen aller Länder und aller Zeiten ein und dieselbe ist, und die Feste, die nur Lustbarkeiten waren, konnten den Frieden der Menschheit nicht stören.

Erst der dogmatische Geist entflammte bei den Menschen die Raserei der Religionskriege. Ich habe lange Zeit nachgegrübelt, wie und warum dieser dogmatische Geist, der die Schulen des heidnischen Altertums trennte, ohne die geringste Störung zu verursachen, unter uns so furchtbare Unruhen hervorgerufen hat. Der Fanatismus allein kann nicht die Ursache sein, denn die Hymnosophisten und die Brahmanen, die fanatischsten unter allen Menschen, haben immer nur sich selbst Böses zugefügt. Sollte nicht vielleicht der Ursprung dieser neuen Pest, die den Erdkreis verheert hat, im natürlichen Kampf zwischen dem republikanischen Geist, der die ersten Kirchen beseelte, und der Staatsgewalt zu suchen sein, die den Widerstand hasst, welcher Art er auch sei? Die heimlichen Versammlungen, die zunächst in Kellern und Höhlen den Gesetzen einzelner römischer Kaiser Trotz boten, bildeten nach und nach einen Staat im Staat – so entstand mitten im Kaiserreich ein verborgener Freistaat. Konstantin zog ihn unter der Erde hervor, um ihn neben den Thron zu stellen. Bald aber geriet nun die mit den großen Bischofssitzen verknüpfte Autorität in einen Gegensatz zum Volksgeist, der bis dahin alle Versammlungen der Christen beherrscht hatte. Sobald der Bischof einer Metropole eine Ansicht geltend machte, waren jetzt ein Weihbischof, ein Priester, ein Diakon nicht selten der entgegengesetzten Meinung. Jede Autorität ist insgeheim den Menschen ein Dorn im Auge, und das umso mehr, da jede sich unablässig zu vergrößern strebt. Findet sich nun ein Vorwand zum Widerstand, den man für heilig ansieht, so macht man sich aus der Empörung eine Pflicht, und so werden die einen zu Verfolgern, die anderen zu Rebellen, indem beide Teile Gott zum Zeugen anrufen.

Wir haben bereits gesehen[175], wie seit dem Streit des Priesters Arius mit einem Bischof die rasende Begierde, die Seelen zu beherrschen, den Frieden auf der Erde störte. Seine persönliche Ansicht als den Willen Gottes hinzustellen und bei Todesstrafe für den Körper und ewiger Qual

175 In der ›Abhandlung über die Sitten und den Charakter der Völker‹. Vgl. auch den Artikel ›Arianismus‹ im ›Philosophischen Wörterbuch‹.

für die Seele zu glauben anzubefehlen, war bei einigen Menschen der letzte Gipfel des Despotismus des Geistes; diesen beiden Drohungen zu widerstehen war bei anderen der höchste Triumph der natürlichen Freiheit. Die ›Abhandlung über die Sitten‹ hat gezeigt, wie seit Theodosius ein ständiger Kampf zwischen der weltlichen Gerichtsbarkeit und der Geistlichkeit bestand und wie seit Karl dem Großen die großen Vasallen sich wiederholt ihren Lehensherren widersetzten, die Bischöfe sich nicht selten gegen die Könige empörten und die Päpste mit den Königen und den Bischöfen im Streit lagen.

Während der ersten Jahrhunderte wurde in der lateinischen Kirche wenig gestritten. Die ständigen Einfälle der Barbaren ließen kaum Zeit zum Denken übrig, und noch waren nur wenige Dogmen so weit entwickelt worden, um den allgemeinen Glauben zu bestimmen. Zur Zeit Karls des Großen verwarf beinahe der ganze Okzident den Bilderdienst. Ein Bischof von Turin namens Claudius verdammte die Bilder mit glühendem Eifer und hielt mehrere Glaubenssätze fest, die noch heute die Grundlage der protestantischen Religion bilden. Diese Ansichten pflanzten sich in den Tälern Piemonts, des Dauphiné, der Provence und des Languedoc fort; im 12. Jahrhundert traten sie unverhohlen ans Licht und erzeugten bald darauf den Albigenserkrieg. Dann fassten sie an der Prager Universität Wurzeln und führten zum Hussitenkrieg. Zwischen dem Ende der Unruhen, die aus der Asche des Johann Hus und des Hieronymus von Prag entsprangen, und denen, die der Ablasshandel erweckte, liegt nur ein Zwischenraum von etwa hundert Jahren. Die alten Dogmen der Waldenser, der Albigenser und der Hussiten wurden in ihrer Erneuerung und verschiedenartigen Auslegung durch Luther und Zwingli in Deutschland mit Begierde aufgenommen, denn sie boten einen Vorwand, sich der zahllosen Ländereien zu bemächtigen, die die Bischöfe und Äbte in Besitz genommen hatten, und sich den Kaisern zu widersetzen, die sich damals mit starken Schritten der despotischen Macht näherten. Diese Dogmen triumphierten auch in Schweden und in Dänemark, zwei Ländern, in denen die Völker unter Königen frei waren.

Die Engländer nahmen jene Glaubenssätze ebenfalls an, veränderten sie und schufen daraus eine Religion für ihren eigenen Bedarf. Der Presbyterianismus begründete in Schottland während der Unglückszeiten eine Art Republik, deren Pedantismus und Härte weit unerträglicher war als die Strenge des Klimas und sogar als die Tyrannei der Bischöfe, die so viele Beschwerden wachgerufen hatte. Er hörte erst auf, in Schottland gefährlich zu sein, als die Vernunft, die Gesetze und die Gewalt ihn zurückdrängten. Auch in Polen fand die Reform Eingang, machte aber nur in den Städten, wo das Volk nicht leibeigen ist, bedeutende Fortschritte. Der größte und reichste Teil der Schweiz bereitete ihrer Aufnahme keine Schwierigkeiten. Sie stand sogar davor, in Venedig eingeführt zu werden, und würde dort sicher Wurzeln gefasst haben, wenn Venedig nicht Rom in der Nähe gehabt und vielleicht die Regierung nicht die Demokratie gefürchtet hätte, der das Volk unvermeidlicherweise in jeder Republik zustrebt und die damals das große Ziel der meisten Prädikanten war. Die Holländer nahmen diesen Glauben erst an, als sie das spanische Joch abschüttelten. Genf wurde mit der Annahme des Calvinismus zu einem völlig republikanischen Staat.

Das gesamte Haus Österreich hielt diese Lehren soviel wie möglich von seinen Staaten fern. Spanien näherten sie sich fast gar nicht, und in den Staaten des Herzogs von Savoyen, die ihre Wiege waren, wurden sie mit Feuer und Schwert ausgerottet. Die Bewohner der Täler von Piemont erlitten 1655 das, was die Bevölkerung von Mérindol und Cabrières in Frankreich unter Franz I. erlitten hatte.[176] Der Herzog von Savoyen hat als unumschränkter Herrscher die Sekte in seinem Land vernichtet, sobald sie ihm gefährlich erschien; es sind nur noch einige wenige schwache Ausläufer vorhanden, die unbekannt in den sie umschließenden Felsen hausen. Unter dem festen Regiment Franz' I. und Heinrichs II. sah man die Lutheraner und Calvinisten in Frankreich keine großen Unruhen erregen; sobald aber die Regierung schwach und uneins wurde, brachen auch die Religionsstreitigkeiten gewaltsam hervor. Die Condés und Colignys, die zum Calvinismus übergetreten waren, weil die Guisen dem katholischen Bekenntnis angehörten, warfen den Staat um die Wette über den Haufen. Der Leichtsinn und das natürliche Ungestüm der Nation, die Neuerungssucht und die Schwärmerei machten vierzig Jahre hindurch das gesittetste Volk Europas zu einem Volk von Barbaren.

Heinrich IV., der dieser Sekte, die er liebte, ohne dass er halsstarrig für irgendeine eingenommen gewesen wäre, von Geburt angehörte, konnte seiner Siege und seiner Vorzüge zum Trotz nicht zur Herrschaft gelangen, ohne dem Calvinismus zu entsagen. Nachdem er Katholik geworden war, war er nicht undankbar genug, eine Partei vernichten zu wollen, die zwar den Königen lange feindlich gegenübergestanden hatte, der er aber immerhin wenigstens teilweise die Krone verdankte. Hätte

176 Die Bewohner jener beiden Flecken waren Reste der alten Albigenser. Im Jahre 1545 rottete man sie aus, indem man sie henkte, erschoß oder in Scheunen einsperrte und darin verbrannte; einige wenige wurden auch als Rudersklaven an Galeerenführer verkauft. Es wurden auf diese Weise im ganzen 22 Flecken und Dörfer verwüstet.

er sie aber auch vernichten wollen, so würde er es doch nicht gekonnt haben. Er liebte sie, beschützte sie und hielt sie in den angemessenen Schranken. Die Hugenotten machten damals in Frankreich ungefähr ein Zwölftel der Nation aus. Es gab unter ihnen mächtige Große, und verschiedene Städte waren vollständig protestantisch. Sie hatten die Könige bekriegt, und man war genötigt gewesen, ihnen Sicherheitsplätze einzuräumen. Heinrich III. hatte ihnen allein im Dauphiné vierzehn solcher Städte, ferner Montauban und Nîmes im Languedoc sowie Saumur und vor allem La Rochelle gegeben, das einen Staat für sich bildete und das der Handel sowie die Unterstützung der Engländer zu einer Macht machen konnten. Heinrich IV. schließlich schien nur seiner Neigung, seiner Politik und sogar seiner Pflicht gerecht zu werden, indem er dieser Partei 1598 das berühmte Edikt von Nantes bewilligte. Dieses Edikt war im Grunde genommen nur eine Bestätigung der Privilegien, die sich die französischen Protestanten unter den früheren Königen mit den Waffen in der Hand erzwungen hatten und die Heinrich der Große, nachdem er auf dem Thron gefestigt war, ihnen aus gutem Willen beließ. Laut diesem Edikt von Nantes, das der Name Heinrichs IV. berühmter machte als alle übrigen, durfte jeder Lehensinhaber, der im Besitz der hohen Gerichtsbarkeit war, die sogenannte reformierte Religion völlig frei und ungehindert ausüben; jeder Lehensinhaber ohne hohe Gerichtsbarkeit durfte dreißig Personen seiner Predigt beiwohnen lassen, und es war an allen Orten, die unmittelbar unter der Botmäßigkeit eines Parlaments standen, die ungehinderte Ausübung dieser Religion zugestanden. Ferner durften die Calvinisten, ohne die vorgesetzten Behörden zu befragen, alle ihre Schriften in den Städten drucken lassen, in denen ihnen die Ausübung ihrer Religion gestattet war.

Außerdem wurde beim Parlament von Paris eine aus einem Präsidenten und sechzehn Räten bestehende besondere Kammer eingesetzt, die über alle Prozesse der Reformierten nicht bloß im ungeheuren Bezirk des Gerichtssprengels von Paris, sondern auch im normannischen und bretonischen Sprengel zu entscheiden hatte. Dieser Gerichtshof hieß die »Ediktkammer«. Zwar befand sich von Rechts wegen unter den Räten dieses Tribunals immer nur ein einziger Calvinist; da die Kammer aber dazu bestimmt war, die Schikanen zu verhindern, über die sich die reformierte Partei beklagte, und da die Menschen stets eine Ehre in der Erfüllung einer Pflicht suchen, die sie auszeichnet, so ließ dieser Gerichtshof den Hugenotten nach deren eigenem Geständnis stets die unparteiischste Gerechtigkeit zuteil werden.

In Castres besaßen sie eine Art kleinen Parlaments, das vom Toulouser Parlament unabhängig war, und in Grenoble und Bordeaux befanden sich gemischte Kammern, die je zur Hälfte aus Katholiken und aus Calvinisten bestanden; ihre Kirchen versammelten sich zu Synoden, gerade wie die Gallikanische Kirche. Diese und noch viele andere Privilegien verbanden die Calvinisten mit der übrigen Nation. Zwar war dies eine Verbindung von gegenseitigen Feinden, aber die Autorität, die Güte und die Geschicklichkeit jenes großen Fürsten erhielten sie, solange er lebte.

Nach dem schrecklichen und ewig beklagenswerten Tod Heinrichs IV. war es bei der Schwäche der Minderjährigkeit und der Uneinigkeit des Hofs schwer zu vermeiden, dass der republikanische Geist der Reformierten nicht seine Vorrechte Missbrauchte und dass der Hof, so schwach er war, sie nicht einzuschränken versuchte. Die Hugenotten hatten bereits nach dem Vorbild Deutschlands Frankreich in Kreise eingeteilt; die Deputierten dieser Kreise aber waren nicht selten widerspenstig, und es waren ehrgeizige Große in der Partei vorhanden. Der Herzog von Bouillon, besonders aber der Herzog von Rohan, der einflussreichste Führer der Hugenotten, rissen den unruhigen Geist der Prädikanten und den blinden Glaubenseifer des Volkes binnen kurzem zum Aufstand hin. Die allgemeine Versammlung der Partei wagte sogar im Jahre 1615 dem Hof eine Eingabe vorzulegen, in der sie neben anderen ehrenrührigen und unbilligen Forderungen das Verlangen stellte, man solle den Rat des Königs einer Reform unterziehen. An einigen Orten griffen sie von 1616 ab zu den Waffen, und da die Verwegenheit der Hugenotten mit der Uneinigkeit des Hofs, dem Hass gegen die Günstlinge und der Unruhe des Volkes zusammentraf, so geriet alles auf lange Zeit in Verwirrung. Empörungen, Intrigen, Drohungen, Schilderhebungen, eilige Friedensschlüsse und ebenso eilige Friedensbrüche erfolgten bunt durcheinander und veranlassten den berühmten Kardinal Bentivoglio, der damals Nuntius in Frankreich war, zu dem Ausspruch, dass er dort nur Stürme gesehen habe. Im Jahre 1621 boten die französischen reformierten Kirchen dem späteren Connétable Lesdiguières den Oberbefehl über ihr Heer mit einer monatlichen Besoldung von 100.000 Talern an. Aber Lesdiguières, der in seinem Ehrgeiz scharfblickender war als sie bei ihrer Meuterei und der sie kannte, da er sie bereits befehligt hatte, wollte sie jetzt lieber bekämpfen, als an ihrer Spitze stehen, und trat statt aller Antwort auf ihr Anerbieten zum Katholizismus über. Die Hugenotten wandten sich nun an den Marschall Herzog von Bouillon, und als dieser erklärte, dass er zu alt sei, verliehen sie die unglückselige Stelle dem Herzog von Rohan, der dann im Verein mit seinem Bruder Soubise den König von Frankreich zu bekriegen wagte.

Im selben Jahr führte der Connétable Luines Ludwig XIII. von Provinz zu Provinz und unterwarf mehr als fünfzig Städte, beinahe ohne Widerstand zu finden. Vor Montauban jedoch scheiterte er, und der König erlitt den Schimpf, unverrichteter Dinge abziehen zu müssen. La Rochelle wurde vergebens belagert; es widerstand aus eigener Kraft und mit Hilfe der Engländer, und der des Majestätsverbrechens schuldige Herzog von Rohan verhandelte mit seinem König über den Frieden wie eine Krone mit einer anderen.

Nach diesem Frieden und nach dem Tod des Connétable Luines musste der Krieg von neuem begonnen und La Rochelle, das noch immer mit England und den Calvinisten des Königreichs gegen seinen Souverän verbündet war, abermals belagert werden. Eine Frau – die Mutter des Herzogs von Rohan – verteidigte diese Stadt ein Jahr lang gegen die königliche Armee, gegen die Tätigkeit des Kardinals von Richelieu und gegen die Unerschrockenheit Ludwigs XIII., der bei dieser Belagerung mehrere Male dem Tod trotzte. Die Stadt ertrug die äußersten Leiden des Hungers, und man verdankte schließlich die Übergabe des Platzes nur jenem 500 Fuß langen Damm, den der Kardinal von Richelieu nach dem Vorbild des von Alexander vor Tyrus aufgeschütteten herstellen ließ. Dieser Damm unterwarf das Meer und die Bewohner von La Rochelle. Der Maire Guiton, der sich unter den Trümmern der Stadt hatte begraben wollen, besaß die Keckheit, nachdem er sich auf Gnade und Ungnade ergeben hatte, noch mit seiner Leibwache vor dem Kardinal von Richelieu zu erscheinen; die Maires der bedeutendsten Hugenottenstädte besaßen nämlich Leibwachen. Guiton wurde jedoch jetzt dieser Garde und die Stadt ihrer Privilegien beraubt. Der Herzog von Rohan, das Haupt der rebellischen Ketzer, setzte inzwischen noch immer den Krieg für seine Partei fort und verband sich, als die Engländer ihn im Stich ließen – obwohl sie Protestanten waren –, mit den Spaniern – obwohl diese Katholiken waren. Das entschiedene Auftreten des Kardinals von Richelieu aber zwang schließlich die auf allen Seiten geschlagenen Hugenotten zur Unterstützung.

Alle Edikte, die ihnen bis dahin gewährt worden waren, waren Verträge mit den Königen gewesen. Der Kardinal wollte das jetzt von ihm erlassene das »Gnadenedikt« genannt wissen. Der König sprach darin als Gebieter, der Verzeihung gewährt. Man unterdrückte die Ausübung der neuen Religion in La Rochelle, auf den Inseln Ré und Oléron, in Privas und in Pamiers, ließ aber im übrigen das Edikt von Nantes, das die Calvinisten stets für ihr Fundamentalgesetz ansahen, unangetastet.

Es scheint seltsam, dass der unumschränkte und so verwegene Kardinal von Richelieu dieses berühmte Edikt nicht aufhob. Er hatte damals eine andere Absicht, die vielleicht schwerer auszuführen war, aber nicht weniger der Größe seines Ehrgeizes und der Erhabenheit seiner Anschauungen entsprach: Er strebte nach dem Ruhm, die Geister zu unterwerfen, und hielt sich durch sein Wissen, seine Macht und seine Politik für dazu befähigt. Sein Plan war, zunächst einige Prädikanten zu gewinnen, die die Protestanten damals ›Diener‹ (des Wortes) nannten und die heute ›Pastoren‹ heißen; sie zu dem Anerkenntnis zu bewegen, dass der katholische Kultus kein Verbrechen vor Gott sei; sie dann allmählich weiter zu führen, ihnen einige wenig wesentliche Punkte zuzugestehen und Rom gegenüber den Anschein zu wahren, als ob ihnen nichts zugestanden worden sei. Er rechnete darauf, einen Teil der Reformierten zu verblenden, den anderen durch Geschenke und Gnadenbeweise zu verführen und sich so den Anschein zu geben, als seien sie wieder mit der katholischen Kirche vereint, wobei er es der Zeit überließ, das übrige zu tun, und nur nach dem Ruhm geizte, dieses große Werk ausgeführt oder angebahnt zu haben und als der zu gelten, der es vollbracht habe. Der berühmte Kapuziner Josef auf der einen und zwei gewonnene reformierte Prediger auf der anderen fädelten die Unterhandlung ein. Allem Anschein nach hatte aber der Kardinal von Richelieu sich allzu viel eingebildet, und ist es schwerer, Theologen miteinander in Übereinstimmung zu bringen als Dämme durch den Ozean zu bauen.

Der vergeblichen Arbeit überdrüssig, nahm Richelieu sich vor, die Calvinisten zu vernichten; andere Sorgen aber hinderten ihn daran: Er hatte gleichzeitig gegen die Großen des Reichs, gegen das königliche Haus, gegen das gesamte Haus Österreich und nicht selten sogar gegen Ludwig XIII. selbst anzukämpfen. Er starb schließlich inmitten all dieser Stürme eines frühzeitigen Todes und hinterließ alle seine Entwürfe im Zustand unvollkommener Ausführung und einen mehr berühmten als teuren und verehrten Namen.

Nach der Eroberung von La Rochelle und dem Gnadenedikt hörten indessen die Kriege auf, und es gab nur noch Religionsgezänk. Man veröffentlichte von beiden Seiten jene dickleibigen Bücher, die heute nicht mehr gelesen werden. Der Klerus – und besonders die Jesuiten – suchte die Hugenotten zu bekehren, und die reformierten Geistlichen suchten einige Katholiken für ihre Ansichten zu gewinnen. Der Rat des Königs war damit beschäftigt, über einen Friedhof, den die beiden Religionen sich in einem Dorf streitig machten, über eine auf katholischem Grund und Boden erbaute reformierte Kirche, über Schulen, Schlossgerechtsame, Glocken, Begräbnisse usw. zu entscheiden, und nur selten gewannen die Reformierten ihren Prozess; das waren aber nur kleine Sorgen nach den Verheerungen der Religionskriege. Die Hugenotten hatten kein Oberhaupt mehr, seit der Herzog von Rohan zurückgetreten war und das Haus Bouillon Sedan nicht mehr besaß. Sie machten sich sogar ein Verdienst daraus, während der Unruhen der Fronde und des Bürgerkriegs, den Prinzen, Parlamente und Bischöfe angeblich zum Besten des Königs gegen Kardinal Mazarin erregten, ruhig zu bleiben.

Schon zu Lebzeiten dieses Kardinals gab es beinahe keine Religionsfrage mehr. Er nahm keinen Anstoß, die Stelle eines Generalkontrollors der Finanzen einem fremden Calvinisten namens Hervart zu verleihen, und die Reformierten beteiligten sich an der Steuerpacht sowie der Untersteuerpacht und traten in alle davon abhängigen Stellen ein.

Colbert, der den Gewerbefleiß der Nation aufmunterte und als der Begründer des französischen Handels angesehen werden darf, verwendete eine große Anzahl Hugenotten in den Werkstätten, den Fabriken und in der Marine. Die nützlichen Dinge, mit denen sie sich beschäftigten, schwächten bei ihnen allmählich die krankhafte Sucht zur Kontroverse, und der Ruhm, der Ludwig XIV. fünfzig Jahre lang umstrahlte, seine Macht, seine feste und kräftige Regierung beseitigten bei der reformierten Partei gerade wie bei allen Ständen des Staates jeden Gedanken an Widerstand. Die prächtigen Feste des lebenslustigen Hofs machten sogar die Pedanterie der Hugenotten lächerlich. In dem Maß, wie der Geschmack sich entwickelte, konnten die Psalmen Marots und Bezas allmählich nur noch Widerwillen erregen; diese Psalmen, die den Hof Franz' II. entzückt hatten, passten unter Ludwig XIV. nur noch für das niedere Volk. Die gesunde Philosophie, die um die Mitte dieses Zeitalters allmählich in der Gesellschaft Eingang zu gewinnen anfing, musste ebenfalls mit der Zeit den Gebildeten das Religionsgezänk verleiden.

Bevor sich aber die Vernunft nach und nach bei den Menschen Gehör verschaffte, musste gerade jene Streitsucht zur Erhaltung der Ruhe im Staat beitragen. Die Jansenisten begannen nämlich damals mit einigem Aufsehen hervorzutreten und teilten die Stimmen derer, die sich an dergleichen Spitzfindigkeiten erbauen. Sie schrieben gegen die Jesuiten und die Hugenotten; diese schrieben gegen die Jansenisten und die Jesuiten, und die Lutheraner im Elsass schrieben gegen alle zusammen. Ein Federkrieg zwischen so vielen Parteien, während der Staat mit großen Dingen beschäftigt und die Regierung allmächtig war, musste binnen wenigen Jahren zu einer bloßen Unterhaltung für Müßiggänger werden, die sich dann früher oder später in Gleichgültigkeit verwandelt.

Ludwig XIV. wurde gegen die Reformierten eingenommen durch die unablässigen Vorstellungen seines Klerus, durch die Einflüsterungen der Jesuiten, durch den römischen Hof und endlich durch den Kanzler Le Tellier und dessen Sohn Louvois, die als Gegner Colberts die Reformierten als Empörer vernichten wollten, weil Colbert sie als nützliche Untertanen begünstigte und beschützte. Ludwig XIV., der zudem über ihre Lehre in keiner Weise gründlich unterrichtet war, betrachtete sie nicht ohne einigen Grund als ehemalige Rebellen, die mit Mühe unterworfen worden waren. Zunächst bemühte er sich, das Gebäude ihrer Religion Schritt für Schritt zu untergraben. Man entriss ihnen auf den geringsten Vorwand hin einen ihrer Tempel; man verbot ihnen, Katholikinnen zu heiraten, war aber in dieser Hinsicht vielleicht nicht allzu politisch: Man verkannte dabei die Macht eines Geschlechts, das der Hof doch sonst so vortrefflich kannte. Die Intendanten und die Bischöfe bemühten sich, den Hugenotten mit allen annehmbaren Mitteln ihre Kinder zu entziehen. Colbert erhielt im Jahre 1681 Befehl, keinen Calvinisten mehr zur Steuerpacht zuzulassen, und ebenso schloss man sie soviel als möglich von den Zünften und Korporationen der Handwerker und Gewerbetreibenden aus. Indem er sie so unter dem Joch hielt, erschwerte der König dieses doch nicht unausgesetzt; durch besondere Erlässe wurde jede Gewalttätigkeit gegen sie verboten, man verbrämte das harte Vorgehen mit Schmeicheleien, und jede harte Maßnahme wurde damals noch mit den Förmlichkeiten der Gerechtigkeit umkleidet.

Man wandte besonders ein häufig wirksames Bekehrungsmittel an: das Geld – nur machte man von diesem Mittel nicht oft genug Gebrauch. Pellisson war mit diesem geheimen Amt betraut – derselbe Pellisson, der lange Zeit Calvinist gewesen und durch seine Werke, seine überströmende Beredsamkeit sowie durch seine Anhänglichkeit an den Oberintendanten Fouquet bekannt war, dessen erster Kommis, Günstling und Opfer er gewesen war. Er hatte das Glück, erleuchtet zu werden und die Religion zu wechseln zu einer Zeit, wo dieser Glaubenswechsel ihn noch zu Würden und Reichtum führen konnte. Er trat in den geistlichen Stand, erhielt Pfründen und wurde Requêtenmeister. Um 1677 vertraute ihm der König die Einkünfte der Abteien Saint-Germain-des-Prés und Cluny nebst dem

Einkommen vom Dritten, der auf die Pfründenverweserstellen gelegt war, zur Verteilung an diejenigen an, die zum Übertritt zum Katholizismus geneigt sein würden; der Kardinal Le Camus hatte sich als Bischof von Grenoble bereits derselben Methode bedient. Der mit dieser Verteilung betraute Pellisson sandte also Geld in die Provinzen. Man suchte nun für geringe Summen viele Bekehrungen zu erhalten, und die an Bedürftige verteilten geringen Beträge verlängerten die Liste der Bekehrten, die Pellisson alle drei Monate dem König vorlegte, um ihn zu überzeugen, dass alles in der Welt seiner Macht oder seinen Wohltaten nachgebe.

Durch diese kleinen Erfolge – die mit der Zeit beträchtlicher geworden wären – ermutigt, wagte der Staatsrat im Jahre 1681 eine Erklärung zu erlassen, laut der die Kinder mit sieben Jahren auf ihren Glauben sollten verzichten dürfen, und aufgrund dieser Erklärung griff man nun in den Provinzen viele Kinder auf, um sie zum Religionswechsel zu bewegen, und quartierte Kriegsvolk bei ihren Eltern ein.

Diese Überstürzung des Kanzlers Le Tellier und seines Sohnes Louvois hatte zur Folge, dass 1681 zunächst viele Familien des Poitou, der Saintonge und der benachbarten Provinzen auswanderten; die Fremden aber beeilten sich, aus diesem Umstand Vorteil zu ziehen.

Die Könige von England und von Dänemark, besonders aber die Stadt Amsterdam luden die französischen Calvinisten ein, sich auf ihr Gebiet zu flüchten, und sicherten ihnen Subsistenzmittel zu. Amsterdam verpflichtete sich sogar, tausend Häuser für die Flüchtigen zu bauen.

Der Staatsrat sah diese gefährlichen Folgen der allzu unverweilten Anwendung der Macht und Gewalt und glaubte ihnen eben durch Macht und Gewalt vorbeugen zu können. Man fühlte, wie unentbehrlich die Handwerker in einem Land, in dem der Handel blühte, und die Seeleute zu einer Zeit waren, wo man eine mächtige Marine gründete; man setzte daher die Galeerenstrafe für alle Angehörigen dieser beiden Berufszweige fest, die zu entweichen versuchen sollten.

Man sah, dass mehrere calvinistische Familien ihre Grundstücke verkauften; sogleich erschien eine Bekanntmachung, die alle diese Grundstücke einzog, falls die Verkäufer innerhalb Jahresfrist das Land verlassen sollten. Dann verdoppelte man die Strenge gegen die reformierten Geistlichen, schloss bei der geringsten Übertretung ihre Tempel und wies die testamentarisch den Konsistorien vermachten Einkünfte den Hospitälern des Landes zu.

Den calvinistischen Lehrern wurde verboten, Kostgänger aufzunehmen, die Geistlichen wurden der Schatzung unterworfen, den protestantischen Maires wurde die Adelswürde entzogen. Die Beamten des königlichen Hauses und die Sekretäre des Königs, die protestantischen Glaubens waren, erhielten Befehl, ihre Stellen niederzulegen, und die Bekenner dieser Religion wurden nicht mehr als Notare, als Advokaten und nicht einmal als Bevollmächtigte angenommen. Dem katholischen Klerus wurde eingeschärft, Proselyten zu machen; den reformierten Pastoren dagegen wurde das gleiche bei Strafe ewiger Verbannung verboten. Alle diese Erlässe wurden öffentlich vom französischen Klerus erbeten. Es waren alles in allem die Kinder vom Haus, die nicht mit gewaltsam eingeführten Fremdlingen teilen wollten.

Pellisson fuhr fort, Konvertiten zu erkaufen; Frau Hervart aber, die Witwe des obenerwähnten Generalkontrollors der Finanzen, sandte, von jenem Religionseifer beseelt, den man an den Frauen aller Zeiten wahrnimmt, ebenso viel Geld, um die Bekehrungen zu verhindern, wie Pellisson ausgab, um sie zu bewirken.

Schließlich wagten die Hugenotten an einigen Orten aus den Schranken des Gehorsams herauszutreten (1682): Sie versammelten sich im Vivarais und im Dauphiné in der Nähe ihrer zerstörten Tempel. Man griff sie an – sie verteidigten sich. Es war dies nur ein äußerst geringer Funke des Feuers der früheren Bürgerkriege. Zwei oder dreihundert Unglückliche, die weder Führer noch Waffenplätze, ja nicht einmal bestimmte Pläne hatten, wurden im Nu auseinandergesprengt.

Der Niederlage folgten die Hinrichtungen. Der Intendant des Dauphiné ließ den Enkel jenes Pastors Charnier rädern, der das Edikt von Nantes aufgesetzt hatte. Er gehörte fortan zu den berühmtesten Märtyrern der Sekte, und der Name Charnier stand lange Zeit bei den Protestanten in höchster Achtung und Verehrung. Der Intendant des Languedoc ließ den Prädikanten Chomel lebendig rädern (1683). Drei andere wurden zur selben Strafe und zehn zum Galgen verurteilt, doch die Flucht, zu der sie sich entschlossen hatten, rettete sie, und sie wurden nur im Bildnis hingerichtet.

All das erregte Furcht und Schrecken, vermehrte aber gleichzeitig. die Hartnäckigkeit. Man weiß, dass die Menschen ihrem Glauben umso mehr anhängen, je mehr sie für ihn leiden.

Damals wurde nun dem König eingeredet, nachdem er Missionare in alle Provinzen geschickt hatte, müsse er jetzt Dragoner schicken. Diese Gewalttätigkeiten schienen durchaus verkehrt; sie waren eine Folge der Ansicht, die damals bei Hof herrschte, dass sich nämlich alles vor dem Namen Ludwigs XIV. beugen müsse. Man bedachte nicht, dass die

Calvinisten nicht mehr die Hugenotten von Jarnac, Moncontour und Coutras waren, dass der Grimm der Bürgerkriege erloschen, dass die langwierige Krankheit in Schwachheit ausgeartet war, dass alles bei den Menschen seine Zeit hat und dass, wenn die Väter unter Ludwig XIII. Rebellen gewesen, doch die Kinder unter Ludwig XIV. treue Untertanen waren. Man sah in England, Holland und Deutschland verschiedene Sekten, die sich im vergangenen Jahrhundert gegenseitig erwürgt hatten, friedlich in denselben Städten nebeneinander leben. Alles bewies, dass ein absoluter König ebenso trefflich von Protestanten wie von Katholiken bedient werden konnte – die Lutheraner des Elsass waren ein glaubwürdiger Beweis dafür. Kurzum, allem Anschein nach sagte die Königin Christine in einem ihrer Briefe anlässlich dieser Gewalttätigkeiten und dieser Auswanderungen mit vollem Recht: »Ich betrachte Frankreich wie einen Kranken, dem man Arme und Beine abschneidet, um ihn von einem Übel zu heilen, das Sanftmut und Geduld völlig beseitigt haben würden.«

Ludwig XIV., der, als er sich 1681 Straßburgs bemächtigte, dort als Beschützer der Lutheraner auftrat, konnte in seinem Land auch den Calvinismus dulden, den die Zeit vielleicht vernichtet hätte, wie sie mit jedem Tag die Zahl der Lutheraner im Elsass ein wenig verringert. Konnte man sich einbilden, dass man, indem man eine große Anzahl von Untertanen vergewaltigte, nicht noch eine weit größere Anzahl verlieren würde, die trotz aller Edikte und aller Wachen sich einem Zwang, der für eine fürchterliche Verfolgung angesehen wurde, durch die Flucht entziehen würden? Warum schließlich wollte man bei einer Million Menschen Hass erwecken gegen einen teuren und kostbaren Namen, dem sowohl Protestanten wie Katholiken, Franzosen wie Ausländer damals das Beiwort »der Große« hinzugefügt hatten? Sogar die Politik schien zur Erhaltung des Calvinismus aufzufordern, um ihn als Gegengewicht gegen die ständigen Anmaßungen des römischen Hofs zu benützen; hatte doch der König gerade zu jener Zeit offen mit Innozenz XI., dem Feind Frankreichs, gebrochen.

Aber Ludwig XIV. wollte, die Interessen seines Glaubens mit denen seiner Größe vereinend, mit der einen Hand den Papst demütigen und gleichzeitig mit der anderen den Calvinismus vernichten. Er sah an diesen beiden Unternehmungen nur den Ruhmesglanz, dessen abgöttischer Verehrer er in jeder Beziehung war. Die Bischöfe, einige Intendanten und sein Rat redeten ihm ein, dass das bloße Erscheinen der Soldaten das vollenden würde, was seine Wohltaten und die Missionare begonnen hatten. Er glaubte nur seine Autorität zu gebrauchen; diejenigen aber, denen diese Autorität übertragen wurde, verfuhren mit der äußersten Strenge.

Gegen Ende des Jahres 1684 und zu Anfang des Jahres 1685 wurden die Soldaten, da Ludwig XIV., ständig furchtbar gerüstet, keinen seiner Nachbarn fürchtete, in alle Städte und alle Schlösser geschickt, in denen sich die meisten Protestanten befanden, und da die zu jener Zeit ziemlich schlecht disziplinierten Dragoner diejenigen waren, die die meisten Ausschweifungen begingen, so nannte man diese Exekution die »Dragonade«.

Die Grenzen wurden so sorgfältig wie möglich bewacht, um die Flucht derer zu verhüten, die man in den Schoß der Kirche zurückführen wollte. Es war eine Art Jagd, die in einem weiten Gehege angestellt wurde. Ein Bischof, ein Intendant, ein Subdelegierter, ein Pfarrer oder irgendein Bevollmächtigter marschierte an der Seite der Soldaten. Man versammelte die hervorragendsten protestantischen Familien, namentlich diejenigen, die man für die nachgiebigsten hielt. Sie entsagten ihrer Religion im Namen der übrigen; die Widerspenstigen aber wurden den Soldaten überliefert, denen jeder Mutwille mit ihnen gestattet war – nur durften sie ihre Opfer nicht töten. Doch mehrere Personen wurden so grausam misshandelt, dass sie daran starben. Die Kinder der ins Ausland Geflüchteten klagen noch heute über diese Verfolgung ihrer Väter; sie vergleichen sie mit den blutigsten, die die Kirche in den ersten Jahrhunderten erlitt.

Es war ein befremdender Gegensatz, dass von einem vergnügungssüchtigen Hof, an dem milde, anmutige Sitten und die Reize der Geselligkeit herrschten, so harte und unbarmherzige Befehle ausgingen. Der Marquis de Louvois leitete diese Angelegenheit mit der ganzen Unbeugsamkeit seines Charakters – man erkannte darin denselben Geist, der Holland hatte unter Wasser setzen wollen und später die Pfalz in Asche legte. Es sind aus dem Jahre 1685 noch Briefe von ihm vorhanden, in denen es heißt: »Seine Majestät will, dass man gegen diejenigen, die nicht seines Glaubens werden wollen, mit äußerster Strenge verfahre und dass diejenigen, die die unvernünftige Ehrsucht plagt, die letzten bleiben zu wollen, bis zum Äußersten getrieben werden sollen.«

Paris wurde diesen Quälereien nicht ausgesetzt – das Wehgeschrei hätte sich zu nahe dem Thron vernehmbar gemacht. Man will wohl Unglückliche machen, aber man will ihre Klagen nicht hören. Während man so überall die Tempel umstürzte und in den Provinzen mit bewaffneter Hand Abschwörungen einforderte, wurde endlich, im Oktober 1685, auch das Edikt von Nantes aufgehoben und das Gebäude völlig zerstört, nachdem man es bereits von allen Seiten untergraben hatte.

Die Ediktkammer war schon unterdrückt worden; den calvinistischen Parlamentsräten wurde befohlen, ihre Stellen niederzulegen. Eine Menge von Erlässen des Staatsrats erschien Schlag auf Schlag, um die Rechte der verfemten Religion mit der Wurzel auszurotten. Am unheilvollsten erschien der Befehl, den sogenannten Reformierten ihre Kinder zu entreißen und sie den nächsten katholischen Verwandten zu übergeben – ein Befehl, dem sich die Natur so offenkundig widersetzte, dass er nicht zur Ausführung kam. Aber mit diesem berühmten Edikt, durch das das Edikt von Nantes widerrufen wurde, schien man ein Ergebnis angebahnt zu haben, das dem angestrebten Zweck schnurstracks widersprach: Man wollte die Calvinisten im Land in den Schoß der Kirche zurückführen. Gourville, ein höchst einsichtsvoller Mann, den Louvois zu Rate gezogen hatte, hatte diesem, wie man weiß, angeraten, alle reformierten Prediger einsperren zu lassen und nur diejenigen freizulassen, die, durch heimliche Jahresgehälter gewonnen, öffentlich ihrem Glauben abschwören und mehr zur Vereinigung der beiden Kirchen beitragen würden als Missionare und Soldaten. Anstatt diesem klugen Rat zu folgen, wurde vielmehr in dem Edikt allen reformierten Predigern, die sich nicht bekehren wollten, Befehl gegeben, binnen vierzehn Tagen das Land zu räumen. Es war Selbstverblendung, wenn man glaubte, es werde kein großer Teil der Herde den vertriebenen Hirten folgen, und eine gewaltige Überschätzung der eigenen Macht sowie ein Mangel an Menschenkenntnis, wenn man meinte, diese verbitterten Gemüter und – besonders in den südlichen Provinzen Frankreichs – durch die Vorstellung des Märtyrertums erhitzten Geister würden sich nicht allem aussetzen, um im Ausland unter den auf Ludwig XIV. neidischen Völkern, die diesen Flüchtlingen die Arme entgegenstreckten, ihre Standhaftigkeit und den Ruhm ihres Exils zur Schau zu tragen.

Als der betagte Kanzler Le Tellier das Edikt unterzeichnete, rief er freudevoll aus: »Nunc dimittis servum tuum, Domine, quia viderunt oculi mei salutare tuum.« Er wusste nicht, dass er eines der großen Missgeschicke Frankreichs unterzeichnete.[177]

177 Wenn man die Grabrede für Le Tellier von Bossuet liest, so erscheint dieser Kanzler als ein gerechter und großer Mann. Liest man die ›Annalen‹ des Abbé de Saint-Pierre, so ist er ein feiger und gefährlicher Höfling, ein gewandter Verleumder, von dem der Graf von Gramont, als er ihn von einer vertraulichen Unterredung mit dem König herkommen sah, die Worte gebrauchte: »Ich glaube einen Marder zu sehen, der Hüh-

Ebenso täuschte sich sein Sohn Louvois, als er glaubte, ein Befehl von seiner Hand würde ausreichen, um alle Grenzen und alle Küsten gegen die zu bewachen, denen die Flucht für eine Pflicht galt. Die Erfindsamkeit, die sich bemüht, das Gesetz zu umgehen, ist stets stärker als die Autorität – die Bestechung einiger Wächter reichte aus, um die Menge der Flüchtlinge zu begünstigen. Binnen drei Jahren verließen nahe an 50.000 Familien das Land, und später folgten ihnen noch weitere. Sie trugen den Ausländern Künste, Handwerke und Reichtum zu. Beinahe das ganze nördliche Deutschland – ein damals noch ausschließlich dem Ackerbau gewidmetes, industriearmes Gebiet – gewann durch diese Menge Einwanderer ein neues Ansehen: Sie bevölkerten ganze Städte. Die Zeugstoffe, die Borten, die Hüte, die Strümpfe, die man früher aus Frankreich bezog, wurden jetzt von ihnen im Ausland hergestellt. Eine ganze Vorstadt von London wurde von französischen Seidenarbeitern bevölkert; andere führten dort die Kunst ein, die Kristalle zu schleifen, die jetzt für Frankreich verloren war. In Deutschland ist noch jetzt das Gold sehr häufig, das die Réfugiés dahin mitbrachten.[178] So verlor Frankreich etwa 500.000 Einwohner, eine ungemein große Menge Geld und vor allem zahlreiche Gewerbezweige. Holland gewann dadurch vorzügliche Offiziere und Soldaten. Der Prinz von Oranien und der Herzog von Savoyen hatten ganze Regimenter flüchtiger Calvinisten; dieselben Souveräne von Savoyen und Piemont, die so viele Grausamkeiten gegen die Reformierten ihrer eigenen Länder verübt hatten, nahmen die Reformierten Frankreichs in Sold, und sicher war es nicht Religionseifer, was den Prinzen von Oranien bewog, sie in sein Heer einzureihen.

Einige ließen sich sogar am Kap der Guten Hoffnung nieder. Der Neffe des berühmten Duquesne, der Generalleutnant zur See war, gründete an diesem äußersten Ende der Erde eine kleine Kolonie. Diese kam zwar nicht zur Blüte, denn von denen, die sich dahin einschifften, kamen die meisten um; noch immer aber bestehen einige Reste von dieser den Hottentotten benachbarten Niederlassung. Die Franzosen wurden weiter verstreut als die Juden.

Vergebens füllte man die Gefängnisse und die Galeeren mit denen, die man auf der Flucht verhaftete. Was sollte man mit diesen unzähligen, durch die Leiden nur noch in ihrem Glauben bestärkten Unglücklichen anfangen? Wie sollte man Gelehrte und gebrechliche Greise auf den Galeeren

ner gewürgt hat und sich nun die blutbefleckte Schnauze leckt.«

178 Der Graf von Avaux erzählt in seinen Briefen, man habe ihm berichtet, dass in London von dem Gold, das die Réfugiés dorthin gebracht hatten, 60.000 Guineen geprägt worden seien – dieser Bericht war übertrieben.

unterbringen? Man schiffte einige hundert nach Amerika ein. Schließlich kam der Staatsrat auf den Gedanken, dass es, sobald die Auswanderung nicht mehr verboten sein und die Gemüter nicht mehr durch die geheime Luft am Ungehorsam angestachelt würden, weniger Entweichungen geben würde. Man täuschte sich abermals, und nachdem man die Wege wieder freigegeben hatte, sperrte man sie nutzloserweise zum zweiten Mal.

1685 verbot man den Calvinisten, sich von Katholiken bedienen zu lassen – aus Furcht, dass die Herren ihre Diener verderben könnten –, und im folgenden Jahr befahl ihnen ein anderes Edikt, ihre reformierten Domestiken zu entlassen, damit man diese als Landstreicher festnehmen konnte. In der ganzen Art und Weise der Verfolgung war nichts weiter fest und unwandelbar als die Absicht, die Hugenotten zu drücken, um sie zu bekehren. Nachdem alle ihre Tempel zerstört und alle ihre Prediger vertrieben waren, ging es darum, diejenigen im römischen Kirchenverband festzuhalten, die sich aus Überzeugung oder aus Furcht bekehrt hatten. Es blieben von ihnen noch über 400.000 im Land zurück[179]; diese waren genötigt, zur Messe zu gehen und das Abendmahl zu nehmen, und einige, die die Hostie, nachdem sie sie empfangen hatten, von sich warfen, wurden zum Feuertod verurteilt. Die Leichen derer, die sterbend die Sakramente nicht hatten annehmen wollen, wurden auf der Schleife fortgeschafft und auf den Schindanger geworfen.

Jede Verfolgung macht Proselyten, sobald sie mit der Glut der Begeisterung zusammenstößt. Die Calvinisten versammelten sich überall, um ihre Psalmen zu singen, trotz der Todesstrafe, mit der alle bedroht waren, die Versammlungen abhalten würden. Auch gegen die Prediger, die in das Reich zurückkehren würden, waren die Todesstrafe sowie 5.500 Livre Belohnung für den Angeber festgesetzt – trotzdem kamen mehrere zurück, die dann mit dem Strick oder mit dem Rad gerichtet wurden.

179 Es ist wiederholt verbreitet worden, dass es noch drei Millionen Reformierte in Frankreich gäbe – diese Übertreibung ist unerträglich. Herr von Bâville zählte im Languedoc keine 100.000 – und er zählte genau. In Paris leben keine 15.000, und in vielen Städten finden sich gar keine.
Nebenbei: Die Protestanten, die in Paris leben, werden auf Anordnung der Polizei beerdigt; man kennt daher die Zahl der Toten, und aus dieser ergibt sich, dass die Reformierten ungefähr ein Zehntel der Gesamtbevölkerung – mit Einschluss der Fremden – ausmachen. Es wäre durchaus nicht überraschend, wenn sich die Protestanten, nachdem sie durch die Gesetze auf den Stand beschränkt wurden, der sich am stärksten vermehrt, seit der Aufhebung des Edikts von Nantes mehr als verdoppelt hätten. Bâville verdient keinen Glauben. Es ist sehr wahrscheinlich, dass der Schrecken, den er einflößte, die Hugenotten gezwungen hatte, entweder das Languedoc zu verlassen oder zu heucheln oder sich zu verbergen. Er hatte überdies ein Interesse daran, ihre Zahl möglichst herabzusetzen: Es war dies ein Mittel, um Ludwig XIV. zu gefallen– und warum sollte er, nachdem er soviel Blut vergossen hatte, um sich den Weg ins Ministerium zu bahnen, wegen einer Lüge Bedenken gehegt haben?

Die Sekte bestand fort, während sie vernichtet schien. Während des Krieges von 1689 hoffte sie vergebens, dass König Wilhelm, nachdem er seinen katholischen Schwiegervater entthront hatte, den Calvinismus in Frankreich unterstützen würde. Im Krieg von 1701 aber kamen die Empörung und der Fanatismus im Languedoc und in den anstoßenden Landesteilen zum Ausbruch.

Diese Empörung wurde durch Prophezeiungen angeregt. Die Weissagungen waren von jeher ein Mittel, dessen man sich zur Verführung der Einfältigen und zur Entflammung der Fanatiker bediente. Wenn der Zufall von hundert Ereignissen, die der Betrug vorherzusagen wagt, ein einziges wirklich herbeiführt, so werden die anderen neunundneunzig vergessen, und dieses eine bleibt als Unterpfand der göttlichen Gunst und als Beweis für ein Wunder im Gedächtnis. Erfüllt sich keine der Weissagungen, so erläutert man sie und schiebt ihnen einen neuen Sinn unter – die Fanatiker nehmen die Auslegung an, und die Einfältigen glauben daran.

Einer der glühendsten Propheten war der Prediger Jurieu. Er begann damit, dass er sich über einen Cotterus, eine gewisse Christine, einen Justus Velsius, einen Drabitius stellte, die er alle für von Gott inspirierte Personen ansieht; später stellte er sich beinahe dem Verfasser der Apokalypse und dem heiligen Paulus an die Seite. Seine Anhänger oder– richtiger– seine Feinde ließen in Holland eine Medaille auf ihn prägen mit der Umschrift »Jurius propheta.« Er verhieß die Befreiung des Volkes Gottes innerhalb eines Zeitraums von acht Jahren. Seine Prophetenschule hatte sich in den Bergen des Dauphiné, des Vivarais und der Cévennen niedergelassen, einer für Weissagungen höchst geeigneten Gegend, die mit Einfältigen und mit Hitzköpfen bevölkert war, die durch das Klima und mehr noch durch ihre Prädikanten entflammt wurden.

Die erste Prophetenschule wurde in einer Glashütte auf einem Berg des Dauphiné mit Namen Peira errichtet. Ein alter Hugenotte namens de Serre verkündete dort den Untergang Babylons und die Wiederherstellung Jerusalems. Er zeigte den Kindern die Worte der Schrift: »Wenn zwei oder drei beisammen sind in meinem Namen, so ist mein Geist mit ihnen, und mit einem Körnchen Glauben wird man Berge versetzen.« Dann empfing er den Geist: Man teilte ihm diesen mit, indem man ihm in den Mund hauchte, weil es im Evangelium Matthäi heißt, dass Christus vor seinem Tod seine Jünger angehaucht habe. Er geriet außer sich, verfiel in Krämpfe, veränderte die Stimme und lag unbeweglich mit stieren Augen und gesträubten Haaren da – ganz nach dem alten Brauch aller Nationen und nach jenen Regeln des Blödsinns, die sich von Jahrhundert zu Jahrhundert forterben. Auf solche Weise empfingen die Kinder die Gabe der Prophezeiung, und wenn sie keine Berge versetzten, so lag die Schuld einfach daran, dass sie wohl genug Glauben hatten, um den Geist zu empfangen, nicht aber Glauben genug, um Wunder zu tun; und so verdoppelten sie denn ihre Inbrunst, um diese höchste Gabe zu erhalten.

Während so die Cévennen die Schule der Schwärmerei waren, kehrten reformierte Geistliche, die man »Apostel« nannte, heimlich nach Frankreich zurück, um dem Volk zu predigen.

Claude Brouskon, ein beredter und glaubenseifriger Mann aus einer angesehenen Familie von Nîmes, der bei den Ausländern sehr geschätzt wurde, kehrte 1698 in sein Vaterland zurück und wurde dort überführt, nicht bloß dass er den Edikten zum Trotz sein Amt versehen habe, sondern auch, dass er zehn Jahre früher mit den Feinden des Staates im Einverständnis gewesen war. In der Tat hatte er den Plan entworfen, englische und savoyische Truppen in das Languedoc zu führen. Dieser von seiner Hand geschriebene und an den Herzog von Schomberg gerichtete Plan war schon vor langer Zeit aufgefangen worden und befand sich in den Händen des Intendanten der genannten Provinz. Brousson, der von Stadt zu Stadt irrte, wurde in Oléron ergriffen und in die Zitadelle von Montpellier gebracht. Der Intendant und die Richter verhörten ihn. Er erklärte, er wäre der Apostel Christi, er hätte den Heiligen Geist empfangen, dürfe das ihm anvertraute Gut des Glaubens nicht verraten und sei verpflichtet, seinen Brüdern das Brot des Wortes auszuteilen. Darauf fragte man ihn, ob etwa die Apostel Entwürfe für die Empörung von Provinzen geschrieben hätten, zeigte ihm seine unglückselige Schrift und verurteilte ihn einstimmig zum Tod durch das Rad. Er starb, wie die ersten Märtyrer starben. Die ganze Sekte, anstatt ihn für einen Staatsverbrecher anzusehen, erblickte in ihm nur einen Heiligen, der seinen Glauben mit seinem Blut besiegelt hatte, und man ließ das ›Martyrium des Herrn von Brousson‹ im Druck erscheinen.

Nun vervielfältigten sich die Propheten, und der Geist der Raserei verdoppelte sich. Im Jahre 1703 erhielt ein Abbé aus dem Haus du Chaila als Missionsaufseher unglücklicherweise vom Hof Befehl, zwei Töchter eines neu bekehrten Edelmanns in ein Kloster zu sperren. Anstatt sie sogleich ins Kloster zu bringen, führte er sie zunächst auf sein Schloss. Die Calvinisten rotteten sich zusammen, sprengten die Tore und befreiten die beiden Mädchen nebst einigen anderen Gefangenen.

Der Abbé du Chaila fiel in die Hände der Empörer. Man versprach ihm das Leben, wenn er zu ihrem Glauben übertreten wolle. Er weigerte sich, ein Prophet schrie ihm zu: »So stirb denn! Der Geist verdammt dich, deine Sünde ist gegen dich!«, und er wurde mit Flintenschüssen getötet. Gleich darauf bemächtigten sie sich der Einnehmer der Kopfsteuer und knüpften sie mit ihren Steuerrollen am Hals auf. Dann stürzten sie sich auf die Priester, auf die sie stießen, und machten sie nieder. Man verfolgte sie – sie zogen sich in die Wälder zurück.

Ihre Anzahl wuchs; ihre Propheten und Prophetinnen verkündeten ihnen im Namen Gottes die Wiederherstellung Jerusalems und den Sturz Babylons. Ein Abbé von La Bourlie traf unverhofft bei ihnen in ihrem Zufluchtsort ein und brachte ihnen Geld und Waffen. Dieser Abbé war ein Sohn des Marquis de Guiscard, des Unterhofmeisters des Königs, eines der frömmsten und weisesten Männer des Reichs. Der Sohn war eines solchen Vaters durchaus unwürdig. Nachdem er wegen eines Verbrechens nach Holland entflohen war, kam er zurück, um den Aufstand in den Cévennen zu schüren. Einige Zeit später sah man ihn nach London gehen, wo er 1711 verhaftet wurde, weil er, nachdem er sein Vaterland verraten, auch das englische Ministerium verraten hatte. Vor den Rat geführt, ergriff er eines der auf dem Tisch liegenden langen Federmesser, mit denen man einen Mord vollführen kann, und verwundete damit den Kanzler Harlay, den späteren Grafen von Oxford. In Ketten wurde er ins Gefängnis zurückgeführt, kam aber seiner Hinrichtung durch Selbstmord zuvor.

Dieser Mann also erschien im Namen Englands, Hollands und des Herzogs von Savoyen bei den Fanatikern, um sie zu ermutigen und ihnen bedeutende Unterstützung zu versprechen.

Die Empörer wurden insgeheim von einem großen Teil des Landes begünstigt (1700). Ihr Kriegsgeschrei lautete: »Keine Auflagen und Gewissensfreiheit!« Dieser Ruf verführte überall das niedere Volk. Jene Rasereien rechtfertigten in den Augen der Nation die Absicht Ludwigs XIV., den Calvinismus auszurotten – aber ohne die Aufhebung des Edikts von Nantes würde man auch diese Raserei nicht zu bekämpfen gehabt haben.

Der König schickte zunächst den Marschall von Montrevel mit einigen Truppen. Dieser führte den Krieg gegen die Unglücklichen mit einer Barbarei, die noch die ihre übertraf: Man räderte oder verbrannte die Gefangenen. Aber auch die Soldaten, die den Aufrührern in die Hände fielen, starben eines qualvollen Todes. Von allen Seiten mit Krieg überzogen, konnte der König nur wenige Truppen gegen sie verwenden, und dabei war es äußerst schwierig, sie in den damals beinahe unzugänglichen Felsen, in Höhlen und Wäldern aufzuspüren, zu denen sie sich auf ungebahnten Pfaden begaben und aus denen sie dann unversehens wie reißende Tiere hervorbrachen. Sie schlugen sogar die Marinetruppen in einem regelrechten Treffen, und es wurden nach und nach drei Marschälle von Frankreich gegen sie verwendet.

Auf den Marschall von Montrevel folgte im Jahre 1704 der Marschall von Villars. Da es noch schwerer war, sie zu finden, als sie zu schlagen, ließ ihnen der Marschall von Villars, nachdem er sich bei ihnen gefürchtet gemacht hatte, eine Amnestie antragen. Einige von ihnen, die die Versprechungen des Herzogs von Savoyen, der sie nach dem Beispiel so vieler Fürsten in seinem eigenen Land verfolgte, sie aber im Land seines Feindes hatte unterstützen wollen, für trügerisch erkannten, nahmen diese Amnestie an.

Der Einflussreichste unter ihren Fürsten und der einzige, der namhaft gemacht zu werden verdient, war Cavalier. Ich habe ihn später in Holland und in England gesehen: Er war ein kleiner, blonder Mann mit sanften und angenehmen Gesichtszügen; bei seiner Partei führte er den Namen »David«. Vom Bäckergesellen war er im Alter von dreiundzwanzig Jahren durch seinen Mut und mit Hilfe einer Prophetin, die ihm auf einen ausdrücklichen Befehl des Heiligen Geistes hin zur Anerkennung verhalf, zum Haupt eines ziemlich bedeutenden Haufens aufgestiegen. Als ihm die Amnestie angetragen wurde, stand er an der Spitze von 800 Mann, die er exerzierte. Er verlangte Geiseln, und als diese gestellt waren, begab er sich mit einem der Häupter nach Nîmes, wo er mit dem Marschall von Villars verhandelte. Er versprach, aus den Aufrührern vier Regimenter zu bilden, die unter vier Obersten, von denen er selbst der erste sein und die anderen drei ernennen würde, dem König dienen sollten. Diese Regimenter sollten gleich den in französischem Sold stehenden ausländischen Truppen das Recht der freien Religionsausübung haben; diese aber sollte anderwärts nicht gestattet sein.

Man nahm diese Bedingungen an, als holländische Sendboten mit Geld und Versprechungen erschienen, um die Vollziehung des Vertrags zu verhindern; sie machten auch die hervorragendsten Fanatiker von Cavalier abspenstig. Da dieser aber dem Marschall von Villars sein Wort gegeben hatte, wollte er es auch halten; er nahm daher die Bestallung als Oberst an und begann sein Regiment mit 130 Mann zu errichten, die ihm zugetan waren (1704).

Ich habe oft aus dem Mund des Marschalls von Villars gehört, dass er den jungen Mann gefragt habe, wie er bei seinem Alter eine solche Gewalt über jene wilden und zuchtlosen Menschen habe ausüben können. Cavalier erwiderte darauf, sobald man ihm ungehorsam wäre, würde seine Prophetin, die man die »große Marie« nannte, auf der Stelle inspiriert und verdamme die Widerspenstigen zum Tod, die dann auch ohne alle Umstände getötet würden.[180] Als ich später an Cavalier dieselbe Frage richtete, erhielt ich dieselbe Antwort.

Diese eigentümliche Verhandlung fand nach der Schlacht bei Höchstädt statt. Ludwig XIV., der den Calvinismus mit solcher Selbstüberschätzung geächtet hatte, schloss unter dem Namen einer Amnestie mit einem Bäckergesellen einen Frieden ab, und der Marschall von Villars überreichte diesem das Patent als Oberst und die Ausfertigung über ein Jahresgehalt von 1.200 Livre.

Der neue Oberst begab sich nach Versailles und nahm dort die Befehle des Kriegsministers entgegen. Der König sah ihn und zuckte die Achseln. Cavalier, vom Ministerium überwacht, begann Befürchtungen zu hegen und zog sich nach Piemont zurück; von dort ging er nach Holland und nach England. Er machte den Krieg in Spanien mit und kommandierte in der Schlacht bei Almansa ein Regiment französischer Flüchtlinge. Das Schicksal dieses Regiments beweist, mit welcher Wut die Bürgerkriege geführt werden und wie sehr die Religion diese Wut noch erhöht. Der Haufe Cavaliers stand einem französischen Regiment gegenüber – sobald die Gegner sich erkannten, stürmten sie, ohne einen Schuss abzugeben, mit gefälltem Bajonett aufeinander los. Wir haben bereits erwähnt, dass das Bajonett im Treffen wenig zur Verwendung kommt; die Haltung der ersten, aus drei Gliedern bestehenden Linie nach dem Feuern entscheidet über das Schicksal der Schlacht. Hier aber bewirkte die Wut, was sonst die Tapferkeit nicht bewirkt: Es blieben von den beiden Regimentern keine dreihundert Mann übrig. Der Marschall von Berwick erzählte diesen Vorfall häufig mit Verwunderung. Cavalier starb als Generalverwalter und Gouverneur von Jersey im Ruf großer Tapferkeit. Er hatte von seinem anfänglichen Grimm nur den Mut bewahrt und an die Stelle eines Fanatismus, der nicht mehr durch das Beispiel rege gehalten wurde, nach und nach die Umsicht gesetzt.

---

180 Dieser Zug muss sich in den wahren ›Denkwürdigkeiten des Marschalls von Villars‹ finden. Der erste Band rührt entschieden von ihm her und stimmt mit dem Manuskript überein, das mir vorgelegen hat; die anderen beiden Bände sind von fremder und sehr verschiedener Hand.

Der Marschall von Villars wurde nach seiner Abberufung aus dem Languedoc durch den Marschall von Berwick ersetzt. Das Missgeschick der Waffen des Königs ermutigte damals die Fanatiker des Languedoc, die Hilfe vom Himmel erhofften und von den Verbündeten erhielten. Man ließ ihnen über Genf Geld zugehen; sie erwarteten Offiziere, die ihnen aus England und Holland zugeschickt werden sollten, und hatten in allen Städten der Provinz Einverständnisse.

Der von ihnen entworfene Anschlag, den Herzog von Berwick und den Intendanten Bâville in Nîmes aufzuheben, das Languedoc und das Dauphiné zum Aufstand zu bringen und die Feinde ins Land zu führen, darf zu den größten der in der Geschichte bekannten Verschwörungen gerechnet werden. Das Geheimnis wurde von mehr als tausend Verschworenen gewahrt; schließlich brachte aber doch die Unbedachtsamkeit eines einzigen alles ans Licht. Über zweihundert Personen wurden hingerichtet. Der Marschall von Berwick ließ alles mit Feuer und Schwert vernichten, was ihm von diesen Unglücklichen in den Weg kam; die einen starben mit den Waffen in der Hand, die anderen auf dem Rad oder auf dem Scheiterhaufen.

Einige, die sich mehr mit dem Prophezeien als mit den Waffen befassten, fanden Mittel, nach Holland zu entkommen. Die französischen Glaubensflüchtlinge nahmen sie dort wie himmlische Gesandte auf: Sie zogen ihnen psalmensingend entgegen und streuten grüne Reiser auf den Weg. Mehrere dieser Propheten gingen nach England; dort aber fanden sie die bischöfliche Kirche der römischen allzu ähnlich und suchten daher die ihre zur herrschenden zu machen. Ihre Überzeugung war so fest, und sie bezweifelten so wenig, dass man mit viel Glauben viele Wunder verrichten könne, dass sie sich erboten, einen Toten zum Leben zu erwecken, und zwar jeden beliebigen Toten, den man dazu auswählen würde.

Das Volk ist überall Volk, und die Presbyterianer konnten sich leicht mit diesen Fanatikern gegen die anglikanische Geistlichkeit verbinden. Wer sollte glauben, dass einer der ersten Mathematiker Europas, Fatio Duillier[181], und ein sehr gelehrter Schriftsteller namens Daudé an der

181 Nicolaus Fatio, geboren 1664 in Basel, erhielt den Beinamen Duiller oder Duillier von einem Landgut seines Vaters im Genfer Gebiet. Er studierte in Paris und Holland die mathematischen Wissenschaften und ging dann nach England. In dem bekannten Prioritätsstreit zwischen Leibniz und Newton trat er auf die Seite des letzteren und wurde daher von dem ersteren, der bis dahin seine Verdienste anerkannt hatte, mit Geringschätzung behandelt (vgl. Leibniz ›Kleinere philosophische Schriften‹, U.-B. 1898-1900, S. 273, und die dazugehörige Erläuterung 213, die nach dem hier Gesagten zu berichtigen ist). Die Inbrunst seiner religiösen Überzeugung artete

Spitze dieser Schwärmer standen? Der Fanatismus macht eben sogar die Wissenschaft zu seiner Mitschuldigen und erstickt die Vernunft.

Das englische Ministerium fasste den Entschluss, zu dem man den Wundermännern gegenüber stets hätte greifen sollen: Es gestattete ihnen, auf dem Friedhof der Hauptkirche eine Leiche auszugraben; der Platz wurde mit Wachen umgeben, alles ging nach den Formen des Rechts vor sich, und die Szene endete damit, dass die Propheten an den Pranger gestellt wurden.

Diese Ausschreitungen des Fanatismus konnten auch in England kaum Erfolg haben, da dort bereits die Philosophie zu herrschen begann. Sie störten auch Deutschland nicht mehr, seit dort die drei Religionen – die katholische, die lutherische und die reformierte – unter dem Schutz des Westfälischen Friedens standen. Ebenso nahmen die Vereinigten Provinzen aus kluger Duldsamkeit alle Religionen in ihren Schoß auf. Kurzum, gegen Ende dieses Zeitalters hatte nur noch Frankreich trotz aller Fortschritte der Vernunft unter religiösen Zwisten zu leiden. Diese schon bei den Gelehrten so schwer einzuführende Vernunft konnte damals kaum erst bei den Doktoren zum Durchbruch gelangen, umso weniger also bei den gewöhnlichen Bürgern. Sie muss zunächst in den hervorragendsten Köpfen Fuß gefasst haben; von dort steigt sie dann Stufe um Stufe zu den übrigen herab und beherrscht schließlich sogar das gemeine Volk, das sie gar nicht kennt, das aber, wenn es sieht, dass seine Oberen gemäßigt sind, ebenfalls gemäßigt sein lernt. Es ist dies eine der großen Wirkungen der Zeit – und diese Zeit war noch nicht gekommen.

Siebenunddreissigstes Kapitel

Über den Jansenismus

Der Calvinismus musste unvermeidlicherweise Bürgerkriege erzeugen und die Grundlagen des Staates erschüttern. Der Jansenismus dagegen konnte nur zu Theologengezänk und Federkriegen führen. Die Reformatoren des 16. Jahrhunderts hatten alle Bande zerrissen, mit denen die

im Verkehr mit den nach London geflüchteten Camisarden in geistige Störung aus, und als die Totenerweckung misslang, wurde Fatio mit zwei anderen Fanatikern auf einem Gerüst öffentlich ausgestellt – nicht am Pranger! –, mit folgender Inschrift am Hut: »Nicolas Fatio convicted for abbeting and favouring Elias Marion, in his wicked and counterfeit prophecies, and causing them to be printed and published, to terrify the Queen᾽s people.« In der Folge verließ er England und begab sich, um die Türken zu bekehren, nach Asien, kehrte aber bald wieder zurück und starb schließlich in der Grafschaft Worcester im Jahre 1753.

römische Kirche die Menschen umschlang; sie hatten deren größte Heiligtümer für verwerflichen Götzendienst erklärt, hatten die Pforten ihrer Klöster geöffnet und ihre Schätze in die Hände der Laien gegeben – eine der beiden Parteien musste daher durch die andere zugrunde gehen. Und in der Tat gibt es kein Land, in dem das Auftauchen der Religion Calvins oder Luthers nicht Verfolgungen und Kriege hervorgerufen hätte.

Die Jansenisten dagegen griffen weder die Kirche an, noch hatten sie gegen deren fundamentale Glaubenssätze und Güter böse Absichten – sie schrieben nur über abstrakte Fragen bald gegen die Reformierten, bald gegen die Erlässe der Päpste und hatten daher zuletzt nirgends Ansehen und Einfluss. Sie mussten schließlich erleben, dass ihre Sekte in beinahe ganz Europa verachtet wurde, obwohl diese verschiedene Anhänger besaß, die durch ihre Talente und ihre Sitten höchst achtenswert waren.

Um dieselbe Zeit, als die Hugenotten ernste Beachtung erforderten, störte der Jansenismus Frankreich mehr, als er es ernstlich beunruhigte. Wie so viele andere, waren übrigens auch diese Zänkereien von auswärts gekommen. Zuerst hatte es sich ein Löwener Theologe namens Michel Bay, der dem pedantischen Brauch jener Zeit gemäß Bajus genannt wurde, um das Jahr 1552 einfallen lassen, einige Sätze über die Gnade und die Prädestination zu verteidigen. Diese Frage, wie überhaupt die ganze Metaphysik, führt im Grunde genommen wieder zum Labyrinth des Verhängnisses und der Freiheit zurück, in dem das ganze Altertum sich verirrt hat und für das der Mensch kaum einen leitenden Faden besitzt.

Der Geist der Wissbegierde, den Gott dem Menschen verliehen hat, jener unentbehrliche Trieb, uns zu unterrichten, reißt uns ständig über das Ziel hinaus, gerade wie alle anderen Triebe unserer Seele, die, wenn sie uns nicht zu weit zu treiben vermöchten, uns vielleicht niemals weit genug treiben würden. Man hat daher über alles gestritten, was man kennt, und auch über alles, was man nicht kennt. Aber die Streitigkeiten der alten Philosophen waren immer friedlicher Art, während die Streitigkeiten der Theologen nicht selten blutig und immer stürmisch gewesen sind.

Einige Franziskaner, die von diesen Fragen nicht mehr verstanden als Bajus, hielten den freien Willen und die Lehre des Scotus für gefährdet, und da sie überdies wegen eines Streites von ungefähr derselben Art gegen Bajus eingenommen waren, so gaben sie sechsundsiebzig Sätze des Löwener Theologen bei Papst Pius V. an. Der spätere Sixtus V., der damals Franziskanergeneral war, fertigte danach 1567 die Verdammungsbulle aus.

Sei es Sorge, sich eine Blöße zu geben, sei es Widerwille gegen die Prüfung solcher Spitzfindigkeiten, sei es Gleichgültigkeit und Geringschätzung gegen die Löwener Thesen – kurz und gut, man verdammte in dieser Bulle die sechsundsiebzig Sätze in Bausch und Bogen als ketzerisch, nach Ketzerei riechend, übellautend, verwegen und verdächtig, ohne irgend etwas näher zu bezeichnen und auf Einzelheiten einzugehen. Diese Methode kommt dem Verfahren der höchsten Macht nahe und gibt wenig Raum zum Streiten.

Die Doktoren zu Löwen waren in großer Verlegenheit, als sie die Bulle empfingen; es war darin insbesondere ein Satz vorhanden, in dem ein Komma, je nachdem es an die eine oder die andere Stelle gesetzt wurde, einige Ansichten des Michel Bajus entweder verdammte oder aber duldete. Die Universität schickte nach Rom, um vom Heiligen Vater zu erfahren, wo das Komma zu setzen sei. Der römische Hof, der andere Geschäfte hatte, schickte den braven Flamen statt aller Antwort ein neues Exemplar der Bulle zu, in dem sich überhaupt kein Komma befand. Dieses Exemplar wurde im Archiv niedergelegt, denn der Großvikar Morillon meinte, man müsse die päpstliche Bulle annehmen, »selbst wenn Irrtümer darin enthalten sein sollten«. Dieser Morillon hatte als Politiker durchaus Recht, denn sicher ist es besser, hundert irrige Bullen anzunehmen, als hundert Städte in Asche zu legen, wie es die Hugenotten und ihre Gegner getan haben. Bajus schenkte Morillon Glauben und nahm ruhig seine Behauptung zurück.

Einige Jahre später brachte Spanien, das ebenso fruchtbar an scholastischen Autoren wie arm an Philosophen ist, den Jesuiten Molina hervor, der aufs genaueste entdeckt zu haben glaubte, in welcher Weise Gott auf die Geschöpfe einwirkt und wie die Geschöpfe ihm Widerstand leisten. Er unterschied die natürliche Ordnung von der übernatürlichen Ordnung, die Prädestination zur Gnade von der Prädestination zum Ruhm, die zuvorkommende Gnade von der hinreißenden Gnade und war der Erfinder der mitwirkenden Beihilfe, des mittleren Wissens und des Kongruismus. Besonders das mittlere Wissen und der Kongruismus waren kostbare Ideen. Durch sein mittleres Wissen befragt Gott geschickterweise den Willen des Menschen, um zu erfahren, was der Mensch tun wird, wenn er die Gnade erhalten haben wird, und dann trifft er je nach dem Gebrauch des freien Willens, den er errät, seine Anordnungen, um den Menschen zu bestimmen, und diese Anordnungen sind der Kongruismus.

Die spanischen Dominikaner, die diese Auseinandersetzung nicht besser verstanden als die Jesuiten, aber auf diese eifersüchtig waren, behaupteten in ihren Schriften, das Buch Molinas wäre »der Vorläufer des Antichrist«.

Der römische Hof zog den Streit, der sich bereits in den Händen der Großinquisitoren befand, vor seinen Richterstuhl und befahl mit viel Einsicht beiden Parteien Schweigen, ohne jedoch Gehorsam zu finden.

Schließlich wurde der Streit ernstlich vor Klemens VIII. verhandelt, und zur Schande des menschlichen Geistes ergriff ganz Rom in diesem Prozess Partei. Ein Jesuit namens Achille Gaillard versicherte dem Papst, dass er ein sicheres Mittel wüsste, um der Kirche den Frieden zu geben, und schlug dann in allem Ernst vor, die unverdiente Prädestination anzunehmen unter der Bedingung, dass die beiden Systeme nach Möglichkeit miteinander in Einklang gebracht würden. Die Dominikaner verwarfen Achille Gaillards Vergleich; ihr berühmter Lemos verteidigte die zuvorkommende Beihilfe sowie das Kompliment der tätigen Tugend, und die Zusammenkünfte vervielfältigten sich, ohne dass jemand sich verstand.

Klemens VIII. starb, bevor er den Argumenten für und wider einen klaren Sinn hatte abgewinnen können. Paul V. nahm den Prozess wieder auf, da er selbst aber einen weit wichtigeren mit der Republik Venedig hatte, so ließ er alle Kongregationen einstellen, die man »de auxiliis« nannte und noch nennt. Man gab ihnen diesen Namen, der an sich ebensowenig klar ist wie die Fragen, die verhandelt wurden, weil jenes Wort »Unterstützungen« bedeutet und weil es sich bei diesem Streit um die Unterstützungen handelte, die Gott dem schwachen Willen der Menschen gewährt. Schließlich befahl Paul V. beiden Parteien, Frieden miteinander zu halten.

Während die Jesuiten ihr mittleres Wissen und ihren Kongruismus einführten, erneuerte der Bischof Cornelius Jansenius von Ypern einige Ansichten des Bolus in einem dickleibigen Buch über den heiligen Augustinus, das erst nach seinem Tod gedruckt wurde, so dass er also das Haupt einer Sekte wurde, ohne selbst die geringste Ahnung davon zu haben. Beinahe niemand las dieses Buch, das so viele Störungen verursacht hat. Aber Duverger de Hauranne, Abt von Saint-Cyran, ein Freund des Jansenius und ein ebenso hitziger Kopf wie weitschweifiger und dunkler Autor, trat in Paris auf und verführte einige junge Theologen und verschiedene alte Weiber. Die Jesuiten forderten nun in Rom die Verdammung des Buches des Jansenius als einer Fortsetzung der Schrift des Bolus und setzten auch im Jahre 1641 ihren Willen durch. In Paris dagegen waren die Meinungen der Fakultät und aller, die sich mit Denkübungen befassten, geteilt. Allem Anschein nach ist nicht viel dabei zu gewinnen, wenn man mit Jansenius glaubt, dass Gott Unmögliches gebietet – das ist weder philosophisch noch besonders trostreich – aber die heimliche Lust am Parteiwesen, der Hass, den die Jesuiten einflößten, das Verlangen, sich hervorzutun, und die geistige Unstetigkeit riefen eine Sekte ins Leben.

Die Fakultät verwarf mit Stimmenmehrheit fünf Thesen des Jansenius. Diese fünf Sätze waren getreulich dem Sinn, nicht aber auch dem Wortlaut nach aus dem Buch des Bischofs von Ypern herausgezogen worden. Sechzig Doktoren legten daher beim Parlament Berufung ein, und die Ferienkammer ordnete das Erscheinen beider Parteien an.

Die Parteien erschienen nicht. Dagegen reizte auf der einen Seite ein Doktor namens Habert die Gemüter gegen Jansenius auf, während auf der anderen der berühmte Arnauld, ein Schüler von Saint-Cyran, den Jansenismus mit der ganzen Glut seiner Beredsamkeit verteidigte. Arnauld hasste die Jesuiten noch mehr, als er die wirksame Gnade liebte, und wurde von den Jesuiten noch inniger wiedergehasst als der Sprössling eines Vaters, der als Advokat in heftiger Weise für die Universität gegen ihr Kollegium plädiert hatte. Seine Verwandten hatten sich als Gerichtsbeamte und im Kriegsdienst großes Ansehen erworben; ihn dagegen bestimmten sein Genie und die Umstände, in denen er sich befand, zum Federkrieg und zum Parteiführer – ein Ehrgeiz, der alle anderen Leidenschaften zurückdrängt. Er kämpfte gegen die Jesuiten und gegen die Reformierten bis zu einem Alter von achtzig Jahren. Es sind von ihm vierhundert Bände vorhanden, unter denen sich aber kaum ein einziger befindet, der zur Klasse jener guten, klassischen Bücher gehörte, die eine Zierde des Zeitalters Ludwigs XIV. und die Bibliothek der Nationen bilden. Alle diese Werke standen infolge des Rufs des Autors und der Heftigkeit des Streits zu seiner Zeit in großem Ansehen; doch die Glut des Streits ist verflogen, und die Bücher sind vergessen worden. Nur jene sind der Nachwelt im Gedächtnis geblieben, die einfach dem Gebiet der Vernunft angehören – wie seine Geometrie, die erläuterte Grammatik und die Logik, an denen er großen Anteil hatte.[182] Niemand war mit einem philosophischeren Geist geboren, aber seine Philosophie wurde durch den Parteigeist verdorben, der ihn fortriss, und einen Geist, der zur Belehrung der Menschen geschaffen war, sechzig Jahre lang in elendes Schulgezänk und in die mit der Halsstarrigkeit verknüpften Widerwärtigkeiten verwickelte.

182 Arnauld war unter anderem Mitverfasser der berühmten ›Logik von Port-Royal‹, des besten Lehrbuchs der Logik nach kartesianischer Methode.

Wie die Universität waren auch die Bischöfe über die fünf Sätze verschiedener Meinung. Achtundachtzig französische Bischöfe schrieben insgesamt an Innozenz X. und baten ihn um eine Entscheidung; elf andere dagegen ersuchten ihn, dies nicht zu tun. Innozenz X. gab sein Urteil ab: Er verdammte jeden einzelnen der fünf Sätze im Besonderen, immer aber ohne Angabe der Seiten, auf denen sie zu finden waren, und der vorhergehenden und nachfolgenden Stellen.

Diese Auslassung, die der unbedeutendste Gerichtshof bei einer einfachen Privatklage sich nicht würde haben zuschulden kommen lassen, wurde sowohl von der Sorbonne wie von den Jansenisten, von den Jesuiten und endlich auch vom Oberhaupt der Kirche begangen. Der Kern der fünf verurteilten Sätze ist offenbar im Buch des Jansenius enthalten. Man braucht nur den dritten Band der Pariser Ausgabe von 1641 bei Seite 138 aufzuschlagen und wird dort Wort für Wort lesen: »Dies alles beweist klar und deutlich, dass kein Punkt in der Lehre des heiligen Augustinus gewisser und fundamentaler ist als die Behauptung, dass es Gebote gebe, die nicht bloß für die Ungläubigen, die Blinden und die Verhärteten, sondern auch für die Gläubigen und Gerechten, ihrem Wollen und ihren Anstrengungen zum Trotz, nach den Kräften, die sie besitzen, unausführbar sind, und dass die Gnade, die diese Gebote ausführbar machen kann, ihnen mangelt.« Ebenso liest man auf Seite 165, »dass Christus nach dem heiligen Augustinus nicht für alle Menschen gestorben ist«. Kardinal Mazarin bewirkte die einstimmige Annahme der päpstlichen Bulle seitens der Versammlung des Klerus. Er stand damals mit dem Papst in gutem Einvernehmen, liebte die Jansenisten nicht und hasste mit Recht die Parteizwiste.

Der Friede schien in der französischen Kirche wiederhergestellt zu sein; aber die Jansenisten schrieben so viele Briefe, man zitierte den heiligen Augustinus mit solcher Ausdauer und zog so viele Frauen ins Spiel, dass es nach der Annahme der Bulle mehr Jansenisten gab denn je.

Ein Priester von Saint-Sulpice ließ es sich einfallen, dem Herrn von Liancourt die Absolution zu verweigern, weil dieser, wie behauptet wurde, nicht glaubte, dass die fünf Sätze im Jansenius enthalten wären, und Ketzern den Aufenthalt in seinem Haus gestattete. Das war ein neuer Stein des Anstoßes, ein neuer Anlass zur Veröffentlichung von Schriften. Der Doktor Arnauld zeichnete sich aus, und in einem neuen Brief an einen wirklichen oder fingierten Herzog und Pair behauptete er, dass die fünf verurteilten Sätze des Jansenius gar nicht im Jansenius, wohl aber im heiligen Augustinus und in verschiedenen anderen Kirchenvätern stünden; und er wagte hinzuzufügen, dass der heilige Petrus ein Gerechter wäre, dem die Gnade gemangelt hätte, »ohne die man nichts vermag«.

St. Augustinus und St. Chrysostomos hatten zwar dasselbe gesagt, aber die Umstände, die alles ändern, machten nichtsdestoweniger den Doktor Arnauld straffällig. Man sagte, es müsse Wasser in den Wein der heiligen Väter geschüttet werden, denn was für die einen ein höchst wichtiger und ernster Gegenstand ist, ist für die anderen immer ein Gegenstand des Scherzes. Die Fakultät versammelte sich, der Kanzler Séguier erschien bei dieser Versammlung persönlich als Abgesandter des Königs, und Arnauld wurde 1654 verurteilt und von der Sorbonne ausgeschlossen. Die Anwesenheit des Kanzlers in dieser Theologenversammlung gab dem ganzen Verfahren einen despotischen Anstrich, der dem Publikum mißfiel, und die Sorgfalt, mit der man den Saal mit einer Menge von Doktoren, Klosterleuten und Bettelmönchen angefüllt hatte, die nicht gewohnt waren, sich in so großer Anzahl beisammen zu sehen, veranlasste Pascal in seinen ›Kleinstädtischen Briefen‹ zu der Bemerkung, »dass es leichter war, Mönche, als Gründe zu finden«.

Die meisten dieser Mönche ließen den Kongruismus, das mittlere Wissen und die wandelbare Gnade Molinas nicht gelten, sondern erklärten sich für eine ausreichende Gnade, der der Wille beipflichten kann, aber niemals beipflichtet, und für eine bewirkende Gnade, der man widerstehen kann, aber niemals widersteht, und erläuterten dies alles sehr verständlich durch die Behauptung, dass man dieser Gnade im geteilten Sinn, nicht aber im zusammengesetzten Sinn widerstehen könne.[183]

Wenn diese erhabenen Dinge nicht allzu sehr mit der menschlichen Vernunft übereinkommen, so schien dagegen die Ansicht Arnaulds und der Jansenisten allzu sehr mit dem reinen Calvinismus übereinzustimmen. Es war dies genau der Kern des Streits zwischen den Gomaristen und den Arminianern. Dieser Streit teilte Holland, wie der Jansenismus Frankreich teilte, aber er wurde in Holland mehr zu einem politischen Zwist als zu einem Gezänk müßiger Leute und brachte den Pensionär Barneveld aufs Schafott – eine schmähliche Gewalttat, die die Holländer verabscheuen, seit sie die Ungereimtheit solcher Zänkereien, die Abscheulichkeit der Verfolgung und die heilvolle Notwendigkeit der Toleranz eingesehen haben, die ein Hilfsmittel für die Einsichtsvollen, die

183 Der Leser, der sich für diese Spitzfindigkeiten interessiert, mag die betreffenden Abschnitte in Leibniz' ›Theodicee‹ (Universal-Bibliothek 1931-38) nachlesen, insbesondere Bd. II., S.276-78.

regieren, gegen die vorübergehende Schwärmerei derer bildet, die disputieren. In Frankreich brachte dieser Streit nur Erlässe, Bullen, Haftbefehle und Broschüren hervor, weil man mit wichtigeren Dingen beschäftigt war. Arnauld wurde also nur von der Fakultät ausgeschlossen. Diese kleine Verfolgung verschaffte ihm eine große Menge Freunde, doch hatten er und die Jansenisten stets die Kirche und den Papst gegen sich. Eine der ersten Maßnahmen Alexanders VII., des Nachfolgers Innozenz' X., war die Erneuerung des gegen die fünf Sätze ausgesprochenen Urteils. Die französischen Bischöfe hatten bereits eine Verwerfungsformel abgefasst, sie entwarfen jetzt eine neue, deren Schluss folgendermaßen lautete: »Ich verdamme mit Herz und Mund die Lehre der im Buch des Cornelius Jansenius enthaltenen fünf Sätze, welche Lehre nicht die des heiligen Augustinus ist, den Jansenius unrichtig ausgelegt hat.«

Diese Formel musste fortan unterzeichnet werden, und die Bischöfe legten sie in ihren Sprengeln all denen vor, die ihnen verdächtig waren. Man wollte sie auch von den Nonnen von Port-Royal-de-Paris und von Port-Royal-des-Champs unterschrieben haben. Diese beiden Häuser waren das Allerheiligste des Jansenismus: Hier herrschten Saint-Cyran und Arnauld.

In der Nähe des Klosters Port-Royal-des-Champs war ein Haus erbaut worden, in das sich mehrere fromme, aber halsstarrige Gelehrte zurückgezogen hatten, die durch gleiche Gesinnung miteinander verbunden waren; sie unterrichteten dort auserlesene junge Leute. Aus dieser Schule ist Racine hervorgegangen, derjenige unter allen Dichtern, der das menschliche Herz am besten gekannt hat. Pascal, der erste unter den französischen Satirikern – denn Despréaux war erst der zweite –, stand mit diesen berühmten und gefährlichen Einsiedlern im engsten Verkehr. Das zu unterzeichnende Formular wurde also auch den Nonnen von Port-Royal-de-Paris und von Port-Royal-des-Champs vorgelegt; sie entgegneten aber, sie könnten auch nach dem Papst und nach den Bischöfen nicht mit gutem Gewissen anerkennen, dass die fünf Sätze im Buch des Jansenius, das sie nicht gelesen hätten, enthalten wären, dass man sicher seinen Gedanken nicht richtig gefasst hätte und dass jene Sätze zwar irrig sein könnten, dass aber Jansenius nicht im Unrecht wäre.

Eine derartige Halsstarrigkeit brachte den Hof in Harnisch. Der Zivilrichter d'Aubray – einen Polizeidirektor gab es noch nicht – erschien in Port-Royal-des-Champs und entfernte alle Einsiedler, die sich dahin zurückgezogen hatten, sowie die jungen Leute, denen sie Unterricht gaben. Man drohte, die beiden Klöster aufzuheben – ein Wunder rettete sie.

Fräulein Perrier, eine Kostgängerin von Port-Royal-de-Paris und Nichte des berühmten Pascal, hatte ein Augenleiden. Man ließ sie in Port-Royal einen Dorn aus der Krone küssen, die einst Christus auf das Haupt gedrückt worden war. Dieser Dorn befand sich seit einiger Zeit in Port-Royal, obschon nicht allzu leicht nachzuweisen ist, auf welche Weise er erhalten und von Jerusalem in den Faubourg Saint-Jacques gebracht wurde. Kurzum, die Kranke küsste den Dorn und schien einige Tage später geheilt. Natürlich verfehlte man nun nicht auszusprengen und feierlich zu behaupten, sie sei im Nu von einer unheilbaren Tränenfistel hergestellt worden. Das Mädchen starb erst im Jahre 1728. Leute, die lange Zeit mit ihr verkehrt hatten, haben mir versichert, dass ihre Heilung sehr lange gedauert habe, und das ist sehr wahrscheinlich. Sehr wenig wahrscheinlich aber ist, dass Gott, der keine Wunder tut, um die neunzehn Zwanzigstel aller Erdenbewohner zu bekehren, denen unsere Religion unbekannt oder ein Greuel ist, in aller Wirklichkeit die Ordnung der Natur eines kleinen Mädchens wegen unterbrochen haben sollte, um ein Dutzend Nonnen zu rechtfertigen, die behaupteten, dass Cornelius Jansenius ein Dutzend Zeilen, die man ihm beilegt, nicht geschrieben habe oder dass er sie in einem anderen Sinne geschrieben habe als dem, den man ihm unterschiebt.

Das Wunder erregte ein solches Aufsehen, dass die Jesuiten dagegen zur Feder griffen. Ein gewisser Pater Annat, damals Beichtvater Ludwigs XIV., veröffentlichte ›Der Jansenisten Freudenstörer anlässlich des angeblich in Port-Royal geschehenen Wunders, von einem katholischen Doktor‹. Annat war weder Doktor noch gelehrt. Er glaubte darlegen zu können, wenn ein Dorn zur Heilung der kleinen Perrier von Judäa nach Paris gekommen wäre, so sei dies ein Beweis, dass Christus für alle und nicht für mehrere gestorben ist. Alles pfiff den Pater Annat aus.

Die Jesuiten fassten nun den Entschluss, ihrerseits ebenfalls Wunder zu tun, fanden aber keinen Beifall damit – damals waren eben einzig und allein die Wunder der Jansenisten in Mode. Diese vollbrachten einige Jahre später noch ein zweites: Eine Schwester Gertrud in Port-Royal wurde von einer Geschwulst am Bein geheilt. Doch dieses Wunder blieb ebenfalls ohne Erfolg – die Zeit war vorüber, und Schwester Gertrud hatte keinen Pascal zum Onkel.

Die Jesuiten, die die Päpste und die Könige für sich hatten, standen bei den Völkern in Verruf. Man frischte gegen sie das Andenken an die alten Erzählungen von dem Mordversuch an Heinrich den Großen wieder auf, den Barrière geplant und ihr Schüler Châtel ausgeführt hatte.

Man erinnerte an die Hinrichtung Pater Guignards, an ihre Vertreibung aus Frankreich und aus Venedig, an die Pulververschwörung, an den Bankrott in Sevilla; man wandte alle Mittel an, um sie in ein gehässiges Licht zu stellen. Pascal tat mehr: Er machte sie lächerlich. Seine ›Kleinstädtischen Briefe‹, die damals herauskamen, waren ein Muster von Beredsamkeit und Witz. Die besten Lustspiele Molières sind nicht witziger als die ersten dieser Briefe; Bossuet ist nicht erhabener als die letzten.

Freilich beruht das ganze Werk auf einer falschen Grundlage: Man schob geschickt der ganzen Gesellschaft die ungereimten Ansichten einiger spanischer und flämischer Jesuiten unter. Man hätte dergleichen Ansichten ebenso leicht bei den Kasuisten der Dominikaner und Franziskaner aufspüren können, aber man hatte es eben ausschließlich auf die Jesuiten abgesehen. Man suchte in diesen Briefen den Beweis zu führen, dass sie die überlegte Absicht hätten, die Menschen sittlich zu verderben – eine Absicht, die keine Sekte, keine Gesellschaft je gehabt hat noch haben kann. Aber es handelte sich auch nicht darum, Recht zu haben, sondern um die Belustigung des Publikums.

Die Jesuiten, die damals noch keinen hervorragenden Schriftsteller besaßen, vermochten die Schmach nicht auszugleichen, mit denen dieses Buch – das beste, das bis dahin in Frankreich geschrieben worden war – sie bedeckte. Aber es geschah ihnen bei diesen Streitigkeiten ungefähr dasselbe, was Kardinal Mazarin geschehen war: Ein Blot, ein Marigny, ein Barbançon hatten ganz Frankreich auf seine Kosten zum Lachen gebracht – er aber war der Gebieter Frankreichs. Die Väter besaßen so viel Einfluss, dass sie die ›Kleinstädtischen Briefe‹ aufgrund eines Urteils des Parlaments der Provence verbrennen lassen konnten, aber sie waren darum nicht weniger lächerlich und wurden der Nation nur noch verhasster. Man führte die hervorragendsten Nonnen der Abtei Port-Royal-de-Paris unter der Obhut von zweihundert Wachen fort und verteilte sie in andere Klöster; man ließ nur die in der Abtei zurück, die sich zur Unterzeichnung des Formulars bereit erklärten. Die Verstreuung dieser Nonnen erregte in ganz Paris Teilnahme. Schwester Perdreau und Schwester Passart, die unterzeichneten und andere zum Unterzeichnen bewogen, wurden die Zielscheibe von Witzworten und Spottliedern, mit denen die Stadt von jenen Müßiggängern überschwemmt wurde, die an allen Dingen nur die heitere Seite sehen und sich stets belustigen, während die Überzeugungstreuen seufzen, die Schmähsüchtigen lästern und die Regierung handelt. Die Jansenisten erstarkten durch die Verfolgung. Die vier Prälaten Arnauld, Bischof von Angers, ein Bruder des Doktors,

Buzanval von Beauvais, Pavillon von Aleth und Caulet von Pamiers – der selbe, der sich später Ludwig XIV. wegen der Regale widersetzte – erklärten sich gegen das Formular. Es war dies ein neues, von Alexander VII. selbst entworfenes Formular, das dem Inhalt nach völlig mit dem früheren übereinstimmte, das in Frankreich von den Bischöfen und sogar vom Parlament angenommen worden war. Voll Entrüstung ernannte Alexander VII. neun französische Bischöfe, um den vier widerspenstigen Prälaten den Prozess zu machen. Die Geister erhitzten sich nun mehr denn je.

Als aber eben alles Feuer und Flamme war, um zu erfahren, ob die fünf Sätze im Jansenius stünden oder nicht, beruhigte Rospigliosi, der unter dem Namen Klemens IX. Papst geworden war, wieder alles auf einige Zeit. Er bewog die vier Prälaten, das Formular »ohne Falsch«, anstatt »reinweg und schlechterdings« zu unterzeichnen. Danach schien es also gestattet, bei der Verdammung der fünf Sätze zu glauben, dass sie nicht aus dem Buch des Jansenius herausgezogen wären. Die vier Prälaten gaben einige kleine Erklärungen ab, und die italienische Klugheit besänftigte das französische Ungestüm. Ein anstelle eines anderen eingeschobenes Wort brachte diesen Frieden zustande, den man den »Frieden Klemens' IX.« und sogar den »Kirchenfrieden« nannte, obgleich es sich nur um ein Wortgezänk handelte, das in der übrigen Welt unbekannt oder verachtet war. Allem Anschein nach hatten die Päpste seit der Zeit des Bajus ständig die Absicht, diese Kontroversen, bei denen man sich nie verständigt, zu ersticken und beide Parteien zur Verbreitung derselben Sittenlehre anzuhalten, die alle Welt versteht. Nichts konnte vernünftiger sein – aber man hatte mit Menschen zu tun.

Die Regierung ließ die in die Bastille gesperrten Jansenisten wieder frei, darunter auch den berühmten Sacy, den Verfasser der ›Übersetzung des Neuen Testaments‹. Man ließ die verbannten Nonnen zurückkommen. Sie unterzeichneten »ohne Falsch« und glaubten durch dieses Wort einen Triumph errungen zu haben. Arnauld verließ das Versteck, in das er sich zurückgezogen hatte, wurde dem König vorgestellt, vom Nuntius empfangen und vom Publikum wie ein Kirchenvater angestaunt. Er versprach, fortan nur noch die Reformierten zu bekämpfen, denn einen Krieg musste er haben. Diese Mußezeit erzeugte sein Buch über die ›Ewigkeit des Glaubens‹, bei dem Nicole sein Mitarbeiter war, und dies gab dann den Anlass zu der großen Kontroverse zwischen ihnen und dem reformierten Prediger Claude, einer Kontroverse, bei der jede Partei sich – wie üblich – den Sieg zuschrieb.

Da der Friede Klemens' IX. Gemütern aufgedrängt worden war, denen wenig Friedfertigkeit innewohnte, so war er nur ein vorübergehender Waffenstillstand; die heimlichen Anschläge, Intrigen und Verleumdungen wurden auf beiden Seiten fortgesetzt.

Die Herzogin von Longueville, eine Schwester des Großen Condé, die durch ihren Anteil an den Bürgerkriegen und durch ihre Liebschaften bekannt war, warf sich, nachdem sie alt geworden war, der Religion in die Arme, und da sie den Hof hasste und irgendeine Intrige haben musste, wurde sie Jansenistin. Sie erbaute bei Port-Royal-des-Champs ein Wohnhaus, in das sie sich bisweilen mit den Einsiedlern zurückzog. Diese standen damals in der Zeit ihrer schönsten Blüte. Ein Arnauld, ein Nicole, ein Le Maître, ein Herman, ein Sacy und viele andere Männer, die, wenn auch weniger berühmt, so doch viele Vorzüge und viel Ruf besaßen, kamen in ihrer Wohnung zusammen. Sie ersetzten den Witz und die Schöngeisterei, die die Herzogin von Longueville vom Hôtel Rambouillet mitbrachte, durch ihre gründlichen Gespräche und jene männliche, kräftige und feurige Manier, die das Kennzeichen ihrer Schriften war. Sie trugen nicht wenig zur Verbreitung des guten Geschmacks und der wahren Beredsamkeit in Frankreich bei; unglücklicherweise aber waren sie noch weit eifriger um die Verbreitung ihrer Ansichten bemüht. Sie selbst schienen ein Beweis für das System der Fatalität zu sein, das man ihnen zum Vorwurf machte; man hätte meinen sollen, sie würden durch eine unwiderstehliche Bestimmung dazu angetrieben, reiner Schimären wegen Verfolgungen über sich heraufzubeschwören, während sie sich des größten Ansehens und des angenehmsten Lebens hätten erfreuen können, wenn sie auf dieses leere Gezänk hätten verzichten wollen.

1679. – Die Partei der Jesuiten, die noch immer über die ›Kleinstädtischen Briefe‹ entrüstet war, brachte alles gegen die Jansenisten in Bewegung. Da Frau von Longueville nicht mehr für die Fronde konspirieren konnte, konspirierte sie für den Jansenismus, und so fanden in Paris bald bei ihr, bald bei Arnauld Zusammenkünfte statt. Der König, der die Ausrottung des Calvinismus beschlossen hatte, wollte nichts von einer neuen Sekte wissen. Er drohte, und Arnauld, der die mit der höchsten Autorität gewappneten Gegner fürchtete und der Unterstützung der Frau von Longueville beraubt war, die der Tod hinwegraffte, entschloss sich schließlich, Frankreich für immer zu verlassen und unbekannt, ohne Vermögen und sogar ohne Diener in den Niederlanden zu leben – er, dessen Neffe Staatsminister gewesen war und der selbst Kardinal hätte sein können! Die Lust, in völliger Freiheit schreiben zu können, ersetzte ihm alles andere. Er lebte bis zum Jahre 1694 an einem der Welt unbekannten Zufluchtsort, um den nur seine Freunde wussten, als unermüdlicher Schriftsteller und als stets über das Missgeschick erhabener Philosoph und gab bis zu seinem letzten Augenblick ein Beispiel von Reinheit, Stärke und Unerschütterlichkeit des Gemüts.

Seine Partei wurde in den katholischen Niederlanden, die man treffend als ein »Obedienzland« bezeichnet und wo die päpstlichen Bullen unumschränkte Gesetze sind, unablässig verfolgt. Noch mehr aber war dies in Frankreich der Fall.

Auffällig ist der Umstand, dass die Frage, ob die fünf Sätze sich wirklich bei Jansenius fänden, noch immer den einzigen Vorwand für diesen inneren Krieg bildete; die Unterscheidung zwischen der Tatsache und dem Recht beschäftigte jetzt die Geister. Im Jahre 1710 stellte man endlich ein theologisches Problem auf, das man den »Gewissensfall im höchsten Sinn des Wortes« nannte, nämlich: »Dürfen die Sakramente einem Menschen gereicht werden, der das Formular unterzeichnet hat, aber im Innern seines Herzens glaubt, dass der Papst und selbst die Kirche sich bezüglich der Tatsachen irren können?« Vierzig Doktoren erklärten, dass einem solchen Menschen die Absolution erteilt werden dürfe.

Sogleich begann der Krieg von neuem. Der Papst und die Bischöfe verlangten, dass man ihnen bezüglich der Tatsachen glaube. Der Erzbischof von Paris, Noailles, ordnete an, dass man das Recht mit göttlichem Glauben, die Tatsache mit menschlichem Glauben glauben solle; die anderen aber – und darunter sogar der Erzbischof von Cambrai, Fénelon, der mit Herrn von Noailles unzufrieden war – forderten auch für die Tatsache einen göttlichen Glauben. Vielleicht wäre es besser gewesen, wenn man sich die Mühe gegeben hätte, die Stellen des Buches anzuführen – das geschah jedoch niemals. 1705 erließ Klemens XI. die Bulle ›Veniam Domini‹, in der er die Tatsache zu glauben befahl, ohne zu sagen, ob dies mit einem göttlichen oder einem menschlichen Glauben zu geschehen habe. Die Unterzeichnung der Bullen seitens der Nonnen war eine in der Kirche eingeführte Neuerung, und man tat den Bewohnerinnen von Port-Royal-des-Champs abermals diese Ehre an. Der Kardinal von Noailles war genötigt, ihnen die Bulle vorzulegen, um sie auf die Probe zu stellen. Sie unterzeichneten, ohne vom Frieden Klemens' IX. abzugehen, indem sie sich bezüglich der Tatsache in ehrfurchtsvolles Schweigen hüllten.

Man weiß nicht, was seltsamer ist: das den Nonnen abgeforderte Bekenntnis, dass fünf lateinische Sätze in einem lateinischen Buch enthalten seien, oder die hartnäckige Weigerung dieser Nonnen. Der König erbat vom Papst eine Bulle, um ihr Kloster aufheben zu können. Der Kardinal von Noailles entzog ihnen die Sakramente. Ihr Advokat wurde in die Bastille gesetzt. Dann wurden die Nonnen weggeführt und einzeln in weniger widerspenstige Klöster gesteckt. Im Jahre 1709 ließ der Polizeidirektor ihre Häuser niederreißen, und im Jahre 1711 schließlich grub man die Leichen in der Kirche und auf dem Friedhof aus, um sie anderwärts zu bestatten.

Die Unruhen aber waren mit dem Kloster nicht aus der Welt geschafft, denn die Jansenisten versuchten ständig Ränke zu schmieden, und die Jesuiten wollten sich unentbehrlich machen. Pater Quesnel, Priester vom Oratorium und Freund des berühmten Arnauld, dessen Einsamkeit er bis zu dessen letztem Augenblick teilte, hatte im Jahre 1671 ein Werk voll frommer Betrachtungen über das Neue Testament geschrieben. Dieses Buch enthält einige Sätze, die dem Jansenismus günstig sein könnten; sie verlieren sich jedoch in einer so großen Menge heiliger und frommer Lehren, die mit herzgewinnender Salbung vorgetragen werden, dass das Werk mit allgemeinem Beifall aufgenommen wurde. Das Gute tritt darin überall zutage; nach dem Schlimmen aber muss man erst suchen. Mehrere Bischöfe erteilten ihm bei seinem ersten Erscheinen die größten Lobsprüche und bekräftigten diese, als das Buch von seinem Verfasser zur höchsten Vollendung gebracht war. Ich weiß sogar, dass der Abbé Renaudot, einer der gelehrtesten Männer Frankreichs, als er sich während seines Aufenthalts in Rom im ersten Jahr des Pontifikats Klemens' XI., eines Tages zu diesem Papst begab, der die Gelehrten liebte und selbst ein Gelehrter war, ihn bei der Lektüre des Buches Pater Quesnels antraf und dass der Papst gegen ihn äußerte: »Das ist ein ausgezeichnetes Buch. Wir haben hier niemanden in Rom, der so zu schreiben imstande wäre. Ich möchte den Verfasser in meiner Nähe haben.«

Das sprach derselbe Papst, der später das Buch verdammte!

Man darf indessen das Lob, das Klemens XI. dem Buch erteilte, und das verwerfende Urteil, das er später darüber aussprach, nicht als einen Widerspruch ansehen. Man kann sehr wohl bei der Lektüre von den auffallenden Schönheiten eines Werkes hingerissen werden und in der Folge doch dessen versteckte Fehler verdammen. Einer der Prälaten, die das Werk Quesnels in Frankreich mit dem aufrichtigsten Beifall aufgenommen hatten, war der Kardinal von Noailles, der Erzbischof von Paris. Er hatte sich zu seinem Gönner erklärt, als er noch Bischof von Châlons war, und das Buch war ihm gewidmet. Dieser ebenso tugendhafte wie gelehrte Kardinal, der sanftmütigste und friedliebendste aller Menschen, begünstigte einige Jansenisten, ohne ihrer Partei anzugehören, und liebte die Jesuiten wenig.

Die Jesuiten begannen sich eines großen Einflusses zu erfreuen, seit der Pater La Chaise als Gewissensrat Ludwigs XIV. tatsächlich an der Spitze der Gallikanischen Kirche stand. Pater Quesnel, der sie fürchtete, hatte sich mit dem gelehrten Benediktiner Gerberon, einem Priester namens Brigode und mehreren anderen Jansenisten nach Brüssel zurückgezogen. Er war nach dem Tod des berühmten Arnauld das Haupt der Partei geworden und genoss wie dieser den schmeichelhaften Ruhm, unabhängig von den Fürsten eine verborgene Herrschaft zu besitzen und die Seele einer aus aufgeklärten Geistern zusammengesetzten Partei zu sein.

Die Jesuiten, die weiter verbreitet und mächtiger waren als die kleine Sekte, spürten Quesnel bald in seiner Einsamkeit auf. Sie traten nun bei Philipp V., der damals noch Herr der Niederlande war, gegen ihn auf, wie sie bei Ludwig XIV. gegen seinen Lehrer Arnauld aufgetreten waren, und erwirkten einen Befehl zur Verhaftung jener Einsiedler (1703). Quesnel wurde ins Gefängnis des Erzbistums Malines gebracht. Ein Edelmann aber durchbrach in der Meinung, dass die jansenistische Partei sein Glück machen würde, wenn er ihr Haupt befreie, die Mauern des Gefängnisses und ließ Quesnel entfliehen, der sich nun nach Amsterdam zurückzog, wo er 1719 hochbetagt starb, nachdem er zur Bildung einiger jansenistischer Gemeinden in Holland beigetragen hatte – einer schwachen Herde, die von Tag zu Tag immer mehr zusammenschmilzt.

Als man ihn verhaftete, bemächtigte man sich auch seiner Papiere und fand darin alles, was eine geschlossene Partei kennzeichnet. Unter anderem entdeckte man die Abschrift eines Vertrags, den die Jansenisten mit Antoinette Bourignon, der berühmten Seherin, abgeschlossen hatten, einer reichen Frau, die unter dem Namen ihres Beichtvaters die Insel Nordstrand an der holsteinischen Küste angekauft hatte, nun dort diejenigen um sich zu versammeln, die sie einer Sekte von Mystikern, die sie hatte gründen wollen, einzuverleiben beabsichtigte.

Diese Bourignon hatte auf ihre Kosten neunzehn dicke Bände voll frommer Träumereien drucken lassen und die Hälfte ihres Vermögens ausgegeben, um Proselyten zu gewinnen. Es war ihr aber nur gelungen, sich lächerlich zu machen und jene Verfolgungen gegen sich heraufzubeschwören, die mit jeder Neuerung verknüpft sind. Da sie schließlich daran verzweifelte, sich je auf ihrer Insel niederlassen zu können, hatte sie diese an die Jansenisten verkauft, die sich dort ebensowenig festzusetzen vermochten wie sie.

Ferner fand man unter Quesnels Manuskripten ein weit straffälligeres Projekt, wenn es eben nicht ungereimt gewesen wäre. Als nämlich Ludwig XIV. im Jahre 1684 den Grafen von Avaux mit unumschränkter Vollmacht ausstattete, alle Mächte, die sich daran beteiligen wollten, zum Abschluss eines zwanzigjährigen Waffenstillstands mit Frankreich zuzulassen, waren die Jansenisten auf den Einfall gekommen, sich unter der Bezeichnung »Schüler des heiligen Augustinus« in diesen Vertrag aufnehmen zu lassen, als ob sie in Wahrheit eine furchtbare Partei ausgemacht hätten, etwa wie die Calvinisten es so lange gewesen waren. Diese schimärische Idee war unausgeführt geblieben, aber alles in allem waren doch die Friedensbedingungen der Jansenisten für den König von Frankreich niedergeschrieben worden und zeigte sich doch in diesem Plan ein Bestreben, sich eine allzu bedeutende Wichtigkeit beizulegen – und das war genug, um sie zu Verbrechern zu stempeln. Man brachte Ludwig XIV. leicht bei, dass sie gefährlich wären.

Ludwig XIV. war nicht genug unterrichtet, um zu wissen, dass leere spekulative Ansichten von selbst in Nichts zerfallen, sobald man sie ihrer Nichtigkeit preisgibt. Sie zu einer Staatsangelegenheit zu machen, hieß ihnen eine Wichtigkeit beilegen, die sie durchaus nicht besaßen. Seitdem Quesnel als ein Aufrührer galt, war es natürlich nicht mehr schwer, sein Buch als straffällig hinzustellen. Die Jesuiten bewogen den König, selbst in Rom die Verdammung des Werkes zu fordern. In Wahrheit hieß das die Verurteilung des Kardinals von Noailles verlangen, der dessen eifrigster Gönner war. Man gab sich mit gutem Grund der Hoffnung hin, dass Papst Klemens XI. den Erzbischof von Paris demütigen würde. Als nämlich dieser Papst noch Kardinal Albani war, hatte er ein durch und durch molinistisches Werk seines Freundes, des Kardinals Sfondrate, drucken lassen, und damals war der Kardinal von Noailles als Ankläger dieser Schrift aufgetreten; es lag daher der Gedanke nahe, dass Albani, nachdem er Papst geworden war, gegen die dem Pater Quesnel erteilten Lobsprüche das tun würde, was man gegen die dem Kardinal Sfondrate erteilten getan hatte.

Man täuschte sich nicht: Papst Klemens XI. erließ um 1708 ein Dekret gegen das Buch Quesnels. Damals hinderten aber die zeitlichen Angelegenheiten den Fortgang dieser geistlichen Angelegenheit, um deren Erledigung man gebeten hatte. Der Hof war mit Klemens XI. unzufrieden, weil er, nachdem er Philipp V. anerkannt, auch den Erzherzog Karl als König von Spanien anerkannt hatte. Man entdeckte in seinem Dekret Verstöße und Versehen; es wurde daher in Frankreich nicht angenommen, und der Streit ruhte nun bis zum Tod des Paters de La Chaise, des Beichtvaters des Königs, eines friedfertigen Charakters, der stets den Weg der Versöhnung offen erhielt und im Kardinal von Noailles den Verbündeten der Frau von Maintenon schonte.[184]

Die Jesuiten waren gewohnt, dem König von Frankreich – wie beinahe allen katholischen Fürsten – einen Beichtvater zu stellen.

Dieses Vorrecht war eine Folge ihrer Satzungen, denengemäß sie auf die geistlichen Würden verzichten; was ihr Stifter aus Demut angeordnet hatte, war eine Quelle der Größe geworden. Je älter Ludwig XIV. wurde, umso wichtiger wurde das Amt eines Beichtvaters bei seiner Person. Man gab nun diese Stelle an Le Tellier, den Sohn eines Prokurators aus Vire in der Niedernormandie, einem finsteren, heißblütigen, unbeugsamen Menschen, der seine Heftigkeit unter einem scheinbaren Phlegma verbarg. Er stiftete all das Böse, das er in dieser Stellung stiften konnte, die es nur zu leicht macht, das einzugeben, was man will, und die zu verderben, die man hasst. Und er hatte persönliche Beleidigungen zu rächen. Die Jansenisten hatten in Rom eine seiner Schriften über die heiligen Bräuche der Chinesen verurteilen lassen; er stand außerdem persönlich mit dem Kardinal von Noailles auf gespanntem Fuß und kannte keine Schonung. Er brachte die ganze französische Geistlichkeit in Bewegung. Im Jahre 1711 setzte er Briefe und Erlässe auf, die die Bischöfe unterschreiben sollten, und sandte ihnen fertige Anklageschriften gegen den Kardinal von Noailles zu, unter die sie nur ihren Namen zu setzen brauchten. Bei profanen Angelegenheiten werden dergleichen Kunstgriffe bestraft; Le Telliers Ränke wurden entdeckt, sie waren darum aber nicht weniger von Erfolg gekrönt.[185] Das Gewissen des Königs

184 Einige Personen haben mir vorgeworfen, dass ich Frau von Maintenon geschont hätte. Aber wem hat Frau von Maintenon Böses getan? Wen verfolgte sie? Sie machte die Reize ihres Geistes und sogar ihre Frömmigkeit ihrer Größe dienstbar: Sie bezähmte ihren Charakter, um Ludwig XIV. zu bezähmen. Welchen gehässigen Missbrauch aber trieb sie mit ihrer Macht? Die Bulle ›Unigenitus‹ erschien ihr als die gesunde Lehre, wie sie in ihren Briefen sagt – aber kämpfte sie für die gesunde Lehre mit Kabalen? Wenn sie aber über Dinge, die sie nicht verstand und die ein stärkerer Geist übersehen haben würde, eine Meinung zu hegen wagte, muss man da einer Frau nicht noch Dank wissen, dass sie diese Meinung nicht mit Heftigkeit vertreten hat?

185 Im 1737 gedruckten ›Leben des Herzogs von Orléans‹ wird erzählt, der Kardinal von Noailles habe den Pater Le Tellier des Verkaufs geistlicher Stellen beschuldigt, der Jesuit aber habe zum König gesagt: »Ich will lebendig verbrannt werden, wenn diese Beschuldigung bewiesen wird, vorausgesetzt, dass auch der Kardinal verbrannt wird, wenn er sie nicht beweist.« Diese Fabel ist jenen Flugschriften entlehnt, die über die Angelegenheit der Bulle umliefen, und diese Schriften strotzen ebenso von Ungereimtheiten wie das ›Leben des Herzogs von Orléans‹. Die meisten davon haben arme

durch seinen Beichtvater ebenso geschreckt wie sein Stolz durch den Gedanken an eine meuterische Partei verletzt wurde. Vergebens forderte der Kardinal wegen jener »Heimlichkeiten der Unbilligkeit« Gerechtigkeit von ihm – der Beichtvater redete ihm ein, er habe sich menschlicher Wege bedient, um göttliche Dinge zum glücklichen Ziel zu führen, und da er in der Tat das Ansehen des Papstes und der kirchlichen Einheit verteidigte, so lag die Sache dem Grund nach günstig für ihn. Der Kardinal von Noailles wandte sich an den Dauphin, den Herzog von Burgund, fand ihn jedoch bereits durch die Briefe und die Freunde des Erzbischofs von Cambrai gegen sich eingenommen.

Die menschliche Schwachheit findet in allen Herzen eine Stätte. Fénelon war noch nicht genug Philosoph, um zu vergessen, dass der Kardinal von Noailles einer der Miturheber seiner Verbannung war, und Quesnel büßte jetzt für Frau Guyon.

Kein größeres Entgegenkommen fand der Kardinal bei Frau von Maintenon. Diese eine Angelegenheit könnte den Charakter dieser Frau kennen lehren, die kaum eine eigene Meinung besaß und nur bemüht war, sich den Ansichten des Königs anzupassen. Drei Zeilen von ihrer Hand an den Kardinal von Noailles enthüllen alles, was man von ihr, von den Ränken des Paters Le Tellier, von den Ansichten des Königs und von den Umständen zu halten hat. »Sie kennen mich zur Genüge«, schreibt sie, »um zu wissen, was ich über die neue Entdeckung denke, aber sehr viele Gründe müssen mich vom Reden zurückhalten. Es ist nicht an mir, zu richten und zu verdammen; ich habe nur zu schweigen und für die Kirche, für den König und für Sie zu beten. Ihren Brief habe ich dem König zugestellt, und er ist gelesen worden. Das ist alles, was ich Ihnen, von Traurigkeit niedergedrückt, darüber mitteilen kann.«

Von einem Jesuiten unterdrückt, entzog der Kardinal-Erzbischof allen Jesuiten – einige der verständigsten und gemäßigsten ausgenommen – das Recht, zu predigen und Beichte zu hören. Sein Amt gab ihm

---

Schlucker als Verfasser, die nur Geld zu verdienen suchen; dergleichen Leute wissen nicht, dass ein Mann, der sein Ansehen bei einem König zu erhalten hat, diesem nicht, um sich reinzuwaschen, die Verbrennung seines Erzbischofs vorschlagen kann.

All die kleinen Fabeln dieser Gattung finden sich auch in den ›Denkwürdigkeiten der Frau von Maintenon‹; man muss aber sorgfältig zwischen den Tatsachen und den Gerüchten unterscheiden.

Nebenbei: Man schlug Ludwig XIV. Le Tellier und Tournemine als Beichtväter vor. Tournemine, ein ziemlich gelehrter Literat, dachte so frei und besaß so wenig Fanatismus, wie das bei einem Jesuiten nur immer möglich ist. Aber er war von hoher Geburt, und Ludwig XIV. wollte keinen Beichtvater, der auf die höchsten Würden der Kirche und des Staates Anspruch erheben konnte; überdies fürchtete er den Ehrgeiz der Familie Tournemines.

das gefährliche Recht, sogar Le Tellier zu verbieten, dass er dem König die Beichte abnehme; er wagte jedoch seinen Gegner nicht in diesem Maß zu reizen.[186] »Ich fürchte«, schrieb er an Frau von Maintenon, »ich lege allzuviel Untertänigkeit gegen den König an den Tag, indem ich demjenigen Macht und Gewalt erteile, der es am wenigsten verdient. Ich bete zu Gott, dass er ihm die Gefahr offenbare, der er sich aussetzt, indem er seine Seele einem Mann von solchem Charakter anvertraut.«[187]

Verschiedene Denkwürdigkeiten berichten, dass Pater Le Tellier geäußert habe, er müsse seine Stelle oder aber der Kardinal die seine verlieren. Es ist zwar sehr wahrscheinlich, dass er das dachte, aber wenig glaubhaft, dass er es sagte.

Wenn die Geister einmal erbittert sind, begehen beide Teile fast nur noch verhängnisvolle Schritte. Die Anhänger des Paters Le Tellier und einige Bischöfe, die den roten Hut zu erhalten hofften, nützten die königliche Autorität, um diese Funken, die leicht zu ersticken gewesen wären, zu hellen Flammen anzublasen. Anstatt Rom nachzuahmen, das beiden Parteien zu wiederholten Malen Schweigen geboten hatte, anstatt einen Ordensmann in die gebührenden Schranken zurückzuweisen und den Kardinal zum Rechten anzuleiten; anstatt diese Kämpfe gleich den Duellen zu untersagen und die Priester gleich den Edelleuten zu zwingen, nützlich aber nicht gefährlich zu sein; anstatt schließlich beide Parteien mit Hilfe der Vernunft und aller seiner Behörden unter dem Gewicht seiner Macht und seines Ansehens zu erdrücken, glaubte Ludwig XIV. richtig zu handeln, wenn er selbst aus Rom eine Kriegserklärung erbäte, und er ließ die berüchtigte Bulle ›Unigenitus‹ kommen, die den Rest seines Lebens verbitterte.

Der Jesuit Le Tellier und seine Partei sandten 103 Sätze zur Verurteilung nach Rom; das heilige Offizium verdammte davon 101. Die Bulle wurde im September 1713 erlassen; sie erschien und brachte nahezu

186 Vgl. die ›Briefe der Frau von Maintenon‹. Man sieht, dass diese Briefe dem Verfasser bekannt waren, ehe sie noch im Druck erschienen, und dass er nichts aufs Geratewohl angegeben hat.

187 Wenn man so authentische Briefe hat, darf man sie wohl anführen. Was aber soll man von einem Brief halten, den der Kardinal von Noailles angeblich an den König schrieb: »Ich habe vor allen anderen an der Unterdrückung des Klerus gearbeitet, um Ihren Staat zu retten und Ihren Thron zu sichern. Es steht Ihnen nicht zu, über mein Verhalten Rechenschaft zu verlangen.«? Ist es auch nur im Geringsten wahrscheinlich, dass ein so verständiger und gemäßigter Untertan wie der Kardinal von Noailles seinem König einen so vermessenen und trotzigen Brief geschrieben habe? Das ist nur eine ungeschickte Beschuldigung. Sie findet sich auf S. 141 des fünften Bandes der ›Denkwürdigkeiten der Frau von Maintenon‹, und da sie weder verbürgt noch wahrscheinlich ist, darf ihr kein Glaube beigemessen werden.

ganz Frankreich gegen sich in Aufruhr. Der König hatte sie erbeten, um einem Schisma vorzubeugen, und sie war nahe daran, ein solches zu erzeugen. Das Geschrei gegen sie war allgemein, denn unter den 101 Sätzen befanden sich mehrere, die nach jedermanns Ansicht den unschuldigsten Sinn und die reinste Moral enthielten. Eine Versammlung von Bischöfen wurde nach Paris einberufen. Vierzig nahmen die Bulle des Friedens wegen an, gaben aber gleichzeitig Erklärungen darüber heraus, um die Bedenken des Volkes zu beschwichtigen. Die reine und einfache Annahme wurde dem Papst übersandt; die Modifikationen waren für das Volk – sie bemühten sich, auf diese Weise gleichzeitig den Papst, den König und die Menge zufriedenzustellen. Der Kardinal von Noailles aber und sieben andere Bischöfe aus der Versammlung, die sich mit ihm verbanden, wollten weder von der Bulle noch von deren Verbesserungen etwas wissen und schrieben an den Papst, um diese Abänderungen von Seiner Heiligkeit selbst zu fordern; das war ein Schimpf, den sie dem Heiligen Stuhl mit aller Ehrerbietung antaten.

Der König ließ dieses Vorgehen nicht zu. Er verhinderte die Veröffentlichung des Briefes, schickte die Bischöfe in ihre Sprengel zurück und verbot dem Kardinal, bei Hof zu erscheinen. Die Verfolgung erhöhte noch das Ansehen des Erzbischofs beim Volk und sieben weitere Bischöfe schlossen sich ihm an. Eine Spaltung unter den Bischöfen, in der ganzen Geistlichkeit und in allen religiösen Orden trat ein. Alle Welt gab zu, dass es sich nicht um die Fundamentalsätze der Religion handle – und dennoch bestand zwischen den Gemütern ein innerer Krieg, als ob der Umsturz des Christentums in Frage gestanden wäre, und man ließ beiderseits wie bei der profansten Sache alle Federn der Politik spielen.

Zunächst wurden diese Federn in Tätigkeit gesetzt, um die Sorbonne zur Annahme der Bulle zu bringen. Diese erlangte zwar nicht die Mehrheit der Stimmen, wurde aber dennoch eingetragen. Das Ministerium konnte kaum alle »Lettres-de-cachet« zur Ausführung bringen, durch die die Opponenten ins Gefängnis oder in die Verbannung geschickt wurden.

1714. – Die Bulle war auch mit Vorbehalt der üblichen Rechte der Krone, der Freiheiten der Gallikanischen Kirche und der Gewalt und Gerichtsbarkeit der Bischöfe beim Parlament eingetragen worden, aber bei aller Untertänigkeit machte sich doch stets der Ruf der Opposition geltend. Der Kardinal von Bissy, einer der eifrigsten Verteidiger der Bulle, bekannte in einem seiner Briefe, dass sie in Genf mit nicht größerem Unwillen aufgenommen sein würde als in Paris.

Die Gemüter waren besonders über den Jesuiten Le Tellier empört, denn nichts erregt mehr Entrüstung als ein mächtig gewordener Ordensmann. Seine Macht scheint eine Verletzung seiner Gelübde zu sein, und wenn er gar diese Macht Missbraucht, so ist er ein Greuel. Die Gefängnisse waren seit langer Zeit mit Bürgern angefüllt, die des Jansenismus beschuldigt wurden. Man machte Ludwig XIV., der in diesen Dingen allzu unwissend war, glauben, dass dies die Pflicht eines christlichen Königs sei und dass er seine Sünden nur sühnen könne, indem er die Ketzer verfolge. Das Gemeinste war, dass man dem Jesuiten Le Tellier die Abschriften der mit jenen Unglücklichen angestellten Verhöre überlieferte. Nie wurde die Gerechtigkeit schmählicher verraten, nie opferte die Niederträchtigkeit in nichtswürdigerer Weise der Gewalt. Man hat im Jahre 1768 im Ordenshaus der Jesuiten diese Denkmäler ihrer Tyrannei wieder aufgefunden, nachdem sie endlich die Strafe für ihre Ausschreitungen getroffen hatte und sie durch alle Parlamente des Landes, durch die Wünsche der Nation und endlich durch ein Edikt Ludwigs XV. vertrieben worden waren. Le Tellier wagte sogar seinen Einfluss für so bedeutend zu halten, dass er den Vorschlag machte, den Kardinal von Noailles auf einem Nationalkonzil absetzen zu lassen. So machte also ein Mönch seinen König, sein Beichtkind und seinen Glauben seiner Rache dienstbar.

Um dieses Konzil vorzubereiten, bei dem es sich um die Amtsentsetzung eines Mannes handelte, der durch die Reinheit seiner Sitten, durch die Milde seines Charakters und mehr noch durch die Verfolgung zum Abgott der Pariser und ganz Frankreichs geworden war, bewog man Ludwig XIV., beim Parlament eine Bekanntmachung eintragen zu lassen, laut der jeder Bischof, der die Bulle nicht »reinweg und schlechterdings« angenommen haben sollte, dazu angehalten war, diese zu unterschreiben, oder aber nach der Strenge des kanonischen Rechts verfolgt werden würde. Der damalige Kriegsminister, der harte und despotische Kanzler Voisin, hatte dieses Edikt entworfen. Der Generalprokurator d'Aguesseau, der in den Landesgesetzen bewanderter war als der Kanzler Voisin und damals jenen geistigen Mut besaß, wie ihn die Jugend verleiht, weigerte sich entschieden, ein solches Schriftstück im Parlament zu vertreten. Der erste Präsident de Mesme wies den König auf die Folgen hin. Man zog die Angelegenheit in die Länge. Der König lag im Sterben; der unglückselige Streit schaffte Unruhe und beschleunigte sein Ende. Sein unerbittlicher Beichtvater marterte ihn ungeachtet seiner Schwäche mit unablässigen Ermahnungen, ein Werk zu vollenden, das seinem

Gedächtnis keine Liebe erwerben konnte. Die entrüsteten Diener des Königs versagten dem Jesuiten zweimal den Eintritt in das Zimmer und beschworen ihn schließlich, mit dem König nicht mehr von der Bulle zu reden. Ludwig XIV. starb – und alles nahm eine andere Wendung.

Nachdem der Herzog von Orléans als Regent des Königreichs unverzüglich die ganze Gestalt der Regierung Ludwigs XIV. verändert und die Büros der Staatssekretäre durch Räte ersetzt hatte, errichtete er einen Gewissensrat, dessen Präsident der Erzbischof von Noailles wurde. Le Tellier, der beim Publikum verhasst und bei seinen Ordensgenossen wenig beliebt war, wurde verbannt.

Die der Bulle feindlichen Bischöfe appellierten an ein künftiges Konzil, sollte dieses auch niemals stattfinden. Die Sorbonne, die Pfarrer des Sprengels von Paris, ganze religiöse Körperschaften schlossen sich dieser Berufung an, und endlich, im Jahre 1717, legte auch der Kardinal von Noailles seine Appellation ein, wollte sie aber zunächst noch nicht veröffentlichen – man druckte sie, wie es heißt, gegen seinen Willen. Die französische Kirche blieb also in zwei Lager geteilt: in »Akzeptanten« und »Refüsanten«. Die Akzeptanten waren jene hundert Bischöfe, die unter Ludwig XIV. zu den Jesuiten und den Kapuzinern gehalten hatten; die Refüsanten waren fünfzehn Bischöfe und die gesamte Nation. Die Akzeptanten stützten sich auf Rom, die Refüsanten auf die Universitäten, die Parlamente und das Volk. Man druckte Band auf Band, Briefe über Briefe und schalt sich gegenseitig Schismatiker und Ketzer.

Ein Erzbischof von Reims namens de Mailly, ein hervorragender und glücklicher Parteigänger Roms, hatte seinen Namen unter zwei Schriften gesetzt, die das Parlament vom Henker verbrennen ließ. Sobald der Erzbischof dies erfuhr, ließ er ein Tedeum singen, um Gott dafür zu danken, dass er von den Schismatikern beschimpft worden sei. Gott belohnte ihn auch: er wurde Kardinal.

Ein Bischof von Soissons namens Languet, dem vom Parlament dieselbe Behandlung zuteil geworden war und der dieser Körperschaft geschrieben hatte, es stehe ihr nicht zu, ihn zu richten, selbst nicht eines Majestätsverbrechens wegen, wurde zu 10.000 Livre Strafe verurteilt. Der Regent wollte jedoch nicht, dass er sie bezahle – aus Sorge, wie er sagte, dass dieser Bischof ebenfalls Kardinal würde.

Rom erging sich in Vorwürfen, man verschwendete die Zeit mit Verhandlungen, man appellierte und reappellierte – und das alles wegen einiger heute in Vergessenheit geratener Stellen im Werk eines achtzigjährigen Priesters, der in Amsterdam von milden Gaben lebte.

Die durch das Lawsche Finanzsystem erzeugte Narretei trug mehr zur Wiederherstellung des Friedens in der Kirche bei, als man glauben sollte. Das Volk warf sich mit solcher Gier auf den Aktienhandel, und die durch diesen Köder erweckte Habgier war so allgemein, dass diejenigen, die noch vom Jansenismus und der Bulle sprachen, keine Zuhörer mehr fanden – dachte doch Paris nicht einmal mehr an den Krieg, der an der spanischen Grenze geführt wurde! Die fabelhaften Reichtümer, die damals mit solcher Schnelligkeit gewonnen wurden, der Luxus und die Üppigkeit, die bis zur höchsten Höhe stiegen, geboten den geistlichen Zwistigkeiten Schweigen, und die Genusssucht vollbrachte, was Ludwig XIV. nicht hatte vollbringen können.

Der Herzog von Orléans nützte diese Umstände, um die Einigkeit in der französischen Kirche wiederherzustellen. Seine Politik hatte ein Interesse daran: er fürchtete Zeiten, wo er Rom, Spanien und hundert Bischöfe gegen sich gehabt haben würde. Der Kardinal von Noailles musste dazu bewogen werden, nicht bloß die Bulle anzunehmen, die er für anstößig ansah, sondern auch seine Appellation zurückzuziehen, die er für rechtmäßig erachtete; man musste also mehr von ihm verlangen, als sein Wohltäter Ludwig XIV. vergebens von ihm gefordert hatte.

Den größten Widerstand hatte der Herzog von Orléans von Seiten des Parlaments zu erwarten, das er nach Pontoise verwiesen hatte; dessen ungeachtet kam er mit allem zu Rande. Man setzte ein »Glaubensbekenntnis« auf, das nahezu beide Parteien zufriedenstellte, und nahm dem Kardinal das Versprechen ab, dass er es schließlich annehmen würde. Dann erschien der Herzog von Orléans in Person mit den Prinzen und den Pairs im Großen Reichsrat und ließ ein Edikt eintragen, das die Annahme der Bulle, die Unterdrückung der Appellationen, Menschenliebe und Frieden verordnete. Das Parlament, das man gedemütigt hatte, indem man Erlässe, die es entgegenzunehmen gewohnt war, vor den Großen Rat gebracht hatte, und dem man mit einer abermaligen Verlegung von Pontoise nach Blois drohte, trug nun – aber immer mit den üblichen Vorbehalten, d.h. mit Wahrung der Freiheiten der Gallikanischen Kirche und der Landesgesetze – ebenfalls jenes Edikt ein, das der Große Rat bereits eingetragen hatte.

Der Kardinal-Erzbischof, der die Rücknahme seiner Appellation versprochen hatte, sobald das Parlament gehorchen würde, sah sich schließlich genötigt, Wort zu halten, und sein Widerruf erschien am 20. August 1720.

Den größten Anteil an dieser Angelegenheit, an der Ludwigs XIV. Macht gescheitert war, hatte der neue Erzbischof von Cambrai, Dubois, der Sohn eines Apothekers in Brives-la-Gaillarde und spätere Kardinal und Premierminister. Das Verhalten, die Denkart und die Sitten dieses Ministers sind aller Welt bekannt, aber der leichtfertige Dubois überwand den frommen Noailles. Man weiß, mit welcher Geringschätzung der Herzog von Orléans und sein Minister von den Streitigkeiten sprachen, die sie auf diese Weise schlichteten, und wie lächerlich sie diesen Kanzelkrieg machten. Diese Geringschätzung und diese Lächerlichkeit trugen viel zum Frieden bei; man wird es schließlich überdrüssig, sich wegen Dingen zu bekämpfen, über die die Welt lacht.

Von dieser Zeit an verlor in Frankreich alles, was Jansenismus, Quietismus, Bullen und theologische Streitigkeiten hieß, allmählich an Gewicht und Ansehen; nur einige wenige Bischöfe von der Partei der Appellanten blieben hartnäckig bei ihren Ansichten.

Aber es fanden sich einige bekannte Bischöfe und etliche unbekannte Geistliche, die bei ihrer jansenistischen Schwärmerei verharrten; sie redeten sich ein, dass Gott die Erde vernichten würde, weil ein in Italien gedrucktes und als »Bulle« bezeichnetes Blatt Papier in Frankreich zur Anerkennung gelangt war. Hätten sie einfach eine Weltkarte angeschaut und erwogen, wie wenig Raum Frankreich und Italien auf dieser einnehmen und welche geringe Rolle Provinzialbischöfe und Kirchspielheilige in diesen Reichen spielen, so würden sie nicht ins Land hinausgeschrieben haben, dass Gott aus Liebe zu ihnen die ganze Welt vernichten würde. Allerdings hat Gott auch nichts dergleichen getan.

Der Kardinal von Fleury besaß eine andere Art von Torheit: Er hielt diese frommen Narren für staatsgefährlich. Zudem wollte er dem Papst Benedikt XIII. gefallen, der zwar aus dem alten Haus Orsini stammte, aber ein halsstarriger alter Mönch war, der da glaubte, dass eine Bulle von Gott selbst ausginge. Orsini und Fleury beriefen also ein kleines Konzil nach Embrun, um den einundachtzigjährigen Soanen, den Bischof eines Dorfes namens Senez, zu verdammen, einen Jansenisten und ehemaligen Priester vom Oratorium, der noch weit halsstarriger war als der Papst.

Der Vorsitzende dieses Konzils war der Erzbischof Tencin von Embrun, ein Mann, der mit weit mehr Hartnäckigkeit einem Kardinalshut nachjagte, als eine Bulle vertrat. Er war beim Parlament von Paris des Verkaufs geistlicher Ämter angeklagt worden und galt im Volk als blutschänderischer Pfaffe, der im Spiel betrog. Aber er hatte den Bankier und Generalkontrollor Law bekehrt und ihn aus einem schottischen Presbyterianer zu einem katholischen Franzosen gemacht; dieses gute

Werk hatte dem Bekehrer viel Geld und das Erzbistum Embrun eingetragen.

Soanen galt in der ganzen Provinz als Heiliger. Der Stellenverkäufer verdammte den Heiligen, untersagte ihm die Ausübung seines bischöflichen und priesterlichen Amtes und verwies ihn in ein Benediktinerkloster im Gebirge, wo der Verurteilte bis zu einem Alter von 94 Jahren für den Bekehrer zu Gott betete.

Dieses Konzil, diese Verurteilung und besonders der Präsident des Konzils empörten ganz Frankreich – aber nach zwei Tagen sprach man nicht mehr davon.

Die arme jansenistische Partei nahm nun ihre Zuflucht zu den Wundern, aber die Wunder fanden keinen Beifall mehr. Vergebens heilte ein alter Priester in Reims namens Rousse, der, wie man sagte, im Geruch der Heiligkeit gestorben war, von Zahnschmerzen und Verrenkungen, und ebenso vergebens heilte das heilige Sakrament im Faubourg Saint-Antoine in Paris die Frau Lafosse innerhalb dreier Monate von einem Blutfluss, indem es sie dafür blind machte.

Schließlich kamen einige Schwärmer auf den Gedanken, dass der Bruder eines Pariser Parlamentsrates, ein Diakon namens Paris, der zur Partei der Appellanten und Reappellanten gehört hatte und auf dem Friedhof Saint-Medard begraben lag, Wunder verrichten müsse. Die Einbildungskraft einiger Personen, die auf seinem Grab beteten, wurde so gewaltig erregt, dass ihre gereizten Organe sie in leichte Krämpfe versetzten. Sogleich wurde das Grab von der Menge umringt, und das Volk drängte sich Tag und Nacht darum her. Diejenigen, die auf das Grab stiegen, versetzten ihren Körper in Erschütterungen, die sie selbst als Wunder nahmen. Die geheimen Gönner der Partei förderten diesen Wahnwitz. Man betete in der Umgebung des Grabes in der Landessprache. Man redete nur noch von Tauben, die einige Worte vernommen, von Blinden, die gesehen hatten, von Lahmen, die einige Schritte gegangen waren. Diese Wunder wurden sogar in rechtlicher Form von einer Menge von Zeugen bekundet, die sie beinahe gesehen hatten, weil sie in der Hoffnung gekommen waren, sie zu sehen. Drei Monate lang überließ die Regierung diese epidemische Krankheit sich selbst; aber der Zulauf wuchs, die Wunder mehrten sich, und man musste den Friedhof schließen und eine Wache ans Tor stellen. Nun aber verrichteten die Schwärmer ihre Wunder in den Häusern. Das Grab des Diakons Pâris war in Wirklichkeit in der Meinung aller anständigen Menschen das Grab des Jansenismus. In weniger aufgeklärten Zeiten würden diese

Possen sicher ernste Folgen gehabt haben; wie es scheint, wussten ihre Gönner nicht, mit welchem Zeitalter sie zu tun hatten.

Der Aberglaube ging so weit, dass ein Parlamentsrat namens Carré mit dem Beinamen Montgeron wahnwitzig genug war, eine mit einer beträchtlichen Anzahl von Zeugnissen versehene Sammlung von Berichten über all diese Wunder im Jahre 1736 dem König vorzulegen. Dieser Wahnwitzige, das Werkzeug und Opfer von Wahnwitzigen, erklärte dem König in seiner Denkschrift, dass »man den Zeugen Glauben schenken« müsse, »die sich erwürgen lassen, um ihr Zeugnis aufrechtzuerhalten«. Wenn sein Buch sich erhielte, während alle anderen verlorengingen, würde die Nachwelt unser Jahrhundert für ein Zeitalter der Barbarei ansehen.

Diese Ungereimtheiten waren in Frankreich die letzten Seufzer einer Sekte, die, da sie von keinem Arnauld, keinem Pascal und keinem Nicole mehr getragen wird und nur noch Konvulsionäre hat, in Verachtung geraten ist. Man würde überhaupt nicht mehr von diesen Streitigkeiten reden hören, die die Vernunft schänden und der Religion schaden, wenn sich nicht noch von Zeit zu Zeit einige unruhige Köpfe fänden, die in der toten Asche nach einigen Resten des alten Feuers wühlen, das sie zu einer neuen Feuersbrunst anfachen möchten. Wenn ihnen dies je gelingt, so wird nicht mehr der Streit über den Molinismus und den Jansenismus der Gegenstand der Unruhen sein. Was lächerlich geworden ist, kann nicht mehr gefährlich sein; der Streit wird sein Wesen ändern. Es fehlt den Menschen nicht an Vorwänden, einander zu schaden, sobald sie keine Ursache mehr dazu haben.

Die Religion vermag noch immer Dolche zu schleifen. Noch immer ist in der Nation ein Volk vorhanden, das keinen Verkehr mit den recht und billig Denkenden hat, das einer anderen Zeit angehört, das für die Fortschritte der Vernunft unzugänglich ist und über das die Roheit des Fanatismus ihre Herrschaft behauptet gleich gewissen Krankheiten, die nur den niedrigsten Pöbel befallen.

Die Jesuiten schienen in den Sturz des Jansenismus mit verwickelt. Ihre stumpfen Waffen hatten keine Gegner mehr zu bekämpfen, sie verloren das Ansehen bei Hof, das Le Tellier Missbraucht hatte, und ihr ›Journal von Trévoux‹ [188] wandte ihnen weder die Achtung noch die Freundschaft der Schriftsteller zu. Die Bischöfe, über die sie einst ge-

188 Das sogenannte ›Journal de Trévoux‹ war eine philosophische Monatsschrift, die unter dem Titel ›Memoires pour servir à lhistoire des sciences et des beaux-arts‹ von 1701 bis 1761 in Trévoux (an der Saône) von den Jesuiten herausgegeben wurde.

herrscht hatten, warfen sie jetzt mit den übrigen Mönchen zusammen, und diese, die von ihnen unterdrückt worden waren, demütigten sie nun ihrerseits. Die Parlamente machten ihnen mehr als einmal fühlbar, was sie von ihnen hielten, indem sie einige von ihren Schriften verurteilten, die man hätte übersehen können. Die Universität, die jetzt gründliche Literaturstudien zu machen und eine gute Erziehung zu erteilen begann, entführte ihnen einen großen Teil der Jugend, und vergebens warteten sie, um ihren Einfluss wiederzugewinnen, bis die Zeit ihnen geniale Ordensbrüder und günstige Umstände zuführen würde – sie wurden in ihren Hoffnungen arg betrogen. Ihr Sturz und die Aufhebung ihres Ordens in Frankreich, ihre Verbannung aus Spanien, Portugal und Neapel haben schließlich gezeigt, wie unrecht Ludwig XIV. hatte, als er ihnen sein Vertrauen schenkte.

Für diejenigen, die eine hohe Meinung von all diesen Streitigkeiten haben, wäre es sehr ersprießlich, wenn sie einen Blick auf die allgemeine Weltgeschichte werfen wollten; denn wenn man all die verschiedenen Nationen, verschiedenen Sitten und verschiedenen Religionen ins Auge fasst, so erkennt man, von welch geringer Bedeutung ein Molinist und ein Jansenist auf Erden sind. Man schämt sich dann seiner unsinnigen Begeisterung für eine Partei, die sich in der Menge und der Unermesslichkeit der Dinge verliert.

Achtunddreissigstes Kapitel

Über den Quietismus

Gleichzeitig mit den Parteizwisten wegen des Calvinismus und den Streitigkeiten über den Jansenismus bestand in Frankreich noch eine Spaltung wegen des Quietismus. Es war eine unglückliche Folge der Fortschritte des menschlichen Geistes im Zeitalter Ludwigs XIV., dass man beinahe auf allen Gebieten die unserer Erkenntnis gesetzten Schranken zu überschreiten suchte, oder es war vielmehr ein Beweis, dass man noch nicht genug Fortschritte gemacht hatte. Der Streit über den Quietismus ist eine jener geistigen Ausschreitungen und theologischen Spitzfindigkeiten, die ohne die Namen der beiden berühmten Rivalen, die diesen Streit ausfochten, keine Spur im Gedächtnis der Menschen zurückgelassen haben würde. Eine unbedeutende Frau ohne wahren Geist, die nichts als eine erhitzte Einbildungskraft besaß, hetzte die beiden größten Männer gegeneinander, die die Kirche damals aufwies. Sie hieß Bouvières de La Mothe, und ihre Familie stammte aus Montargis. Sie hatte den Sohn Guyons, des Erbauers des Kanals von Briare, geheiratet. Nachdem sie in noch ziemlich jungen Jahren Witwe geworden war, fasste sie trotz ihres Vermögens, ihrer Schönheit und ihres für die Gesellschaft geschaffenen Geistes eine ungemeine und übertriebene Neigung zu dem, was man die »Spiritualität« nennt. Ein Barnabit aus der Gegend von Annecy bei Genf, namens La Combe, war ihr Gewissensrat. Dieser Mann, der durch eine ziemlich gewöhnliche Mischung von Leidenschaften und Religiosität bekannt war und im Wahnsinn gestorben ist, versenkte den Geist seiner Beichttochter in mystische Träumereien, zu denen sie bereits geneigt war. Das Verlangen, in Frankreich eine heilige Therese zu werden, gestattete ihr nicht, einzusehen, wie entgegengesetzt der französische dem spanischen Charakter ist, und trieb sie viel weiter als die heilige Therese. Der Ehrgeiz, Schüler zu werben – vielleicht der stärkste aller ehrgeizigen Triebe –, bemächtigte sich völlig ihres Gemüts. Ihr Beichtvater La Combe führte sie nach Savoyen und in sein kleines Geburtsland Annecy, wo der Titularbischof von Genf residierte. Es war schon eine große Ungebührlichkeit von einem Mönch, dass er eine junge Witwe aus ihrem Vaterland wegführte – aber so verfuhren beinahe alle, die eine Sekte stiften wollten: Sie schleppten beinahe immer Frauen mit sich. Die junge Witwe verschaffte sich zunächst in Annecy ein gewisses Ansehen durch eine verschwenderische Mildtätigkeit und veranstaltete fromme Zusammenkünfte. Sie predigte völlige Selbstverleugnung, Ruhe der Seele und Vernichtung aller ihrer Fähigkeiten, den inneren Gottesdienst und die reine und selbstlose Liebe, die weder durch die Furcht erniedrigt noch durch die Hoffnung auf Belohnung angeregt wird.

Die weichen und empfänglichen Gemüter, besonders der Frauen und einiger Ordensleute, die das Wort Gottes im Mund einer schönen Frau mehr liebten, als sie selbst meinten, wurden leicht von dieser wortprunkenden Beredsamkeit hingerissen – der einzigen, die geeignet ist, vorbereiteten Geistern alles einzureden. Sie machte Proselyten. Der Bischof von Annecy bewirkte, dass sie mit ihrem Beichtvater aus dem Land gewiesen wurde, und beide begaben sich nach Grenoble. Dort verbreitete sie ein kleines Buch mit dem Titel ›Der kurze Weg‹ und eine andere Schrift, ›Die Ströme‹, die beide im selben Stil geschrieben waren, in dem sie predigte; sie wurde aber genötigt, auch Grenoble zu verlassen.

In dem Wahn, bereits zur Klasse der Zeugen und Bekenner des Glaubens zu gehören, hatte sie eine Vision und prophezeite; diese Prophezeiung sandte sie dem Pater La Combe zu. »Die ganze Hölle wird in Aufruhr geraten«, schrieb sie, »um die Fortschritte der Innerlichkeit und die Gestaltung Jesu Christi in den Seelen zu verhindern. Der Sturm wird gewaltig sein, so dass kein Stein auf dem anderen bleibt, und mir scheint, es wird Unruhe, Krieg und Umsturz auf der ganzen Erde geben. Das Weib wird mit dem inneren Geist schwanger gehen, und der Drache wird sich vor ihr in die Höhe richten.«

Die Prophezeiung erwies sich zum Teil als zutreffend. Die Hölle geriet zwar nicht in Aufruhr, aber als Frau Guyon unter der Leitung ihres Beichtvaters nach Paris zurückkehrte und beide dort neue Lehren verbreiteten, erwirkte Erzbischof Harlay von Chanvalon 1687 einen königlichen Befehl, Pater La Combe als einen Verführer einzusperren und seine Beichttochter als zerrütteten, der Heilung bedürftigen Geist in ein Kloster zu stecken. Frau Guyon hatte sich jedoch schon vor diesem Schlag Gönner erworben, die ihr nützlich waren. Sie hatte in dem noch in Entwicklung begriffenen Haus von Saint-Cyr eine Cousine namens Frau von La Maisonfort, eine Favoritin der Frau von Maintenon. Sie hatte sich bei den Herzoginnen von Chevreuse und von Beauvilliers eingeschmeichelt. Alle ihre Freundinnen beschwerten sich laut, dass Erzbischof Harlay, der wegen seiner Liebe zu den Frauen bekannt war, eine Frau verfolgte, die nur von der Liebe zu Gott sprach.

Der allmächtige Schutz der Frau von Maintenon gebot dem Erzbischof Schweigen und verschaffte der Frau Guyon die Freiheit wieder. Sie ging nach Versailles, verschaffte sich in Saint-Cyr Eingang und wohnte frommen Zusammenkünften bei, die der Abbé von Fénelon abhielt; die Prinzessin von Harcourt und die Herzoginnen von Chevreuse, von Beauvilliers und von Charost waren in diese Mysterien eingeweiht.

Der Abbé von Fénelon, damals Erzieher der Kinder des königlichen Hauses von Frankreich, war der verführerischste Mann am Hof. Mit einem weichen Gemüt und einer empfänglichen und glänzenden Einbildungskraft verband er einen durch die auserlesensten Kenntnisse in der Literatur gebildeten Geist. Voll Geschmack und voll Anmut, zog er in der Theologie alles Ergreifende und Erhabene dem Düsteren und Schroffen vor. Dabei besaß er einen gewissen Hang zum Fabelhaften, der ihm nicht die Träumereien der Frau von Guyon, aber einen Geschmack am Spiritualistischen eingab, der nicht von den Anschauungen jener Dame abwich.

Seine Einbildungskraft wurde durch die Reinheit und die Tugend entflammt, wie die der anderen durch die Leidenschaften entflammt wird.

Seine Leidenschaft war, Gott um Gottes willen zu lieben. Er erblickte in Frau Guyon nur eine reine Seele, die derselben Neigung huldigte wie er, und schloss sich ohne Bedenken an sie an.

Es war auffällig, dass er durch eine offenbarungssüchtige, prophezeiende und im wahren Mischmasch redende Frau verführt wurde, die an der inneren Gnade erstickte, die man aufschnüren musste, und die – wie sie sagte – die Überfälle der Gnade ausleerte, um damit den Körper des Erwählten anzufüllen, der neben ihr saß. Aber Fénelon war in der Freundschaft und in seinen mystischen Vorstellungen, wie man in der Liebe zu sein pflegt: Er entschuldigte die Gebrechen und hielt sich nur an die Übereinstimmung des Kerns der Gesinnungen, die ihn entzückt hatten.

Frau Guyon war stolz auf diesen Schüler, den sie ihren Sohn nannte, und im Vertrauen auf ihn und auf Frau von Maintenon breitete sie ihre Ansichten in Saint-Cyr aus. Bischof Godet von Chartres, in dessen Sprengel Saint-Cyr liegt, geriet darüber in Unruhe und beschwerte sich; der Erzbischof von Paris drohte mit einer Erneuerung seiner Verfolgungen.

Frau von Maintenon, die Saint-Cyr zu einem friedlichen Heim für sich zu machen bedacht war, die den Widerwillen des Königs gegen jede Neuerung kannte, die sich nicht an die Spitze einer Art von Sekte zu stellen brauchte, um Bedeutung zu gewinnen, und die schließlich nur ihr Ansehen und ihre Ruhe im Auge hatte, brach jeden Verkehr mit Frau Guyon ab und verbot ihr den Aufenthalt in Saint-Cyr.

Der Abbé von Fénelon sah einen Sturm nahen und fürchtete, die hohen Ehrenstellen, nach denen er strebte, könnten ihm entgehen; er riet daher seiner Freundin, sich in die Hände des berühmten Bossuet, des Bischofs von Meaux, zu begeben, der als ein Kirchenvater galt. Frau Guyon unterwarf sich den Entscheidungen dieses Prälaten, empfing von seiner Hand das Abendmahl und übergab ihm ihre Schriften zur Prüfung.

Der Bischof von Meaux nahm bei dieser Prüfung mit Bewilligung des Königs den Bischof von Châlons, der später Kardinal von Noailles wurde, und den Abbé Tronson, den damaligen Oberen von Saint-Sulpice, zu Gehilfen; sie kamen heimlich im Dorf Issy bei Paris zusammen. Der Erzbischof von Paris, Chanvalon, den es verdross, dass andere als er in seinem Sprengel zu Gericht saßen, ließ eine öffentliche Verurteilung der Bücher anschlagen, die man prüfte. Frau Guyon zog sich in die Stadt Meaux zurück, unterzeichnete alles, was Bischof Bossuet wollte, und versprach, nicht mehr als Glaubenslehrerin aufzutreten.

Fénelon wurde inzwischen – im Jahre 1695 – zum Erzbischof von Cambrai ernannt und vom Bischof von Meaux gesalbt.

Wie es schien, konnte ein beigelegter Streit, bei dem bis dahin nur Lächerlichkeiten zutage getreten waren, niemals wieder erwachen. Aber noch im selben Jahr 1695 wurde Frau Guyon unter der Beschuldigung, dass sie ihrem Gelöbnis zum Trotz unausgesetzt neue Lehren verbreite, auf Befehl des Königs verhaftet und nach Vincennes ins Gefängnis gebracht, als ob sie eine staatsgefährliche Person wäre; aber das konnte sie nicht sein, und ihre frommen Träumereien verdienten gar nicht die Beachtung des Souveräns. Sie verfasste in Vincennes einen starken Band mystischer Verse, die noch schlechter waren als ihre Prosa. Sie parodierte Opernarien; häufig sang sie folgende Strophe:

L'amour pur et parfait va plus loin qu'on ne pense:
 On ne sait pas lorsqu'il commence,
 Tout ce qu'il doit coûter un jour.
Mon coeur n'aurait connu Vincennes ni souffrance,
 S'il n'eût connu le pur amour.

Die reine Liebe treibt viel weiter, als wir ahnen:
 Man kennt zu Anfang nie die Bahnen,
 Die später sie den Menschen führt.
Mir wäre fremd Vincennes, des Schmerzes brennend Mahnen,
 Hätt' sie nicht einst mein Herz berührt.

Die Ansichten der Menschen sind von der Zeit, vom Ort und von den Umständen abhängig. Während man Frau Guyon, die in einer ihrer Verzückungen Christus geheiratet hatte und seitdem unter dem Vorwand, dass die Herrin des Hauses sich nicht an die Diener wenden dürfe, nicht mehr zu den Heiligen betete – während man also Frau Guyon gefangenhielt, wurde gleichzeitig in Rom die Heiligsprechung der Maria von Agreda betrieben, die allein mehr Visionen und Offenbarungen gehabt hatte als alle Mystiker zusammen; und um den Widersprüchen, von denen diese Welt voll ist, die Krone aufzusetzen, wurde dieselbe Maria von Agreda, die man in Spanien zur Heiligen machen wollte, in Frankreich von der Sorbonne verfolgt. Die Universität von Salamanca verurteilte die Sorbonne und wurde von dieser ebenfalls verurteilt. Es ist schwer zu entscheiden, auf welcher Seite die Ungereimtheit und die Narrheit größer war – zweifelsohne aber ist eine der größten Torheiten, dass man all diesen Ungereimtheiten ein Gewicht beilegte, das sie bisweilen noch heute haben.[189]

189 Man hätte beachten sollen, dass der Quietismus sich schon im ›Don Quixote‹ findet.

Bossuet, der sich lange Zeit für den Vater und Meister Fénelons angesehen hatte, war auf den Ruf und das Ansehen seines Schülers eifersüchtig geworden, und da er den Einfluss, den er auf seine Amtsbrüder gewonnen hatte, bewahren wollte, so verlangte er, dass der neue Erzbischof von Cambrai mit ihm Frau Guyon verurteile und seine bischöflichen Gebote unterschreibe. Fénelon aber wollte ihm weder seine Ansichten noch seine Freundin opfern. Man brachte Vergleiche in Vorschlag, man gab Versprechungen und beschwerte sich dann von beiden Seiten, dass man wortbrüchig geworden sei.

Der Erzbischof von Cambrai hatte bei der Abreise nach seinem Sprengel in Paris sein Buch von den ›Grundsätzen der Heiligen‹ in Druck gegeben, ein Werk, in dem er alles, was man seiner Freundin zum Vorwurf machte, zu berichtigen und die rechtgläubigen Ideen der frommen Zeitgenossen zu entwickeln glaubte, die sich über die Sinnenwelt erheben und einem Zustand der Vollkommenheit zustreben, auf den die gewöhnlichen Seelen keinen Anspruch machen. Der Bischof von Meaux und seine Freunde traten gegen dieses Buch auf. Man machte den König darauf aufmerksam, als ob es ebenso gefährlich gewesen wäre, wie es wenig verständlich war. Der König sprach nun darüber mit Bossuet, den er wegen seines Rufs und seiner Einsicht achtete. Der Bischof von Meaux warf sich seinem Fürsten zu Füßen und bat um Verzeihung, dass er ihn nicht früher von der verderblichen Ketzerei des Herrn von Cambrai in Kenntnis gesetzt habe.

Diese Schwärmerei schien den zahlreichen Freunden Fénelons nicht aufrichtig zu sein; die Hofleute meinten, es wäre ein Höflingsstreich. In der Tat war schwer anzunehmen, dass ein Mann wie Bossuet die fromme Schimäre, Gott um Gottes willen lieben zu wollen, für eine verderbliche Ketzerei hätte ansehen sollen; vielleicht aber war er wirklich bei seinem Hass gegen diese mystische Frömmigkeit und mehr noch bei seinem heimlichen Hass gegen Fénelon von gutem Glauben beseelt und brachte, indem er den einen mit dem anderen vermengte, diese Anklage gegen seinen Amtsbruder und ehemaligen Freund in gutem Glauben vor, indem er sich vielleicht einbildete, dass Angebereien, die einen Kriegsmann entehren würden, einem Geistlichen Ehre machen, und dass der Eifer für die Religion ein schmähliches Verfahren entschuldige. Der König und Frau von Maintenon zogen nun unverzüglich Pater La Chaise zu

Der fahrende Ritter erklärt, man müsse Dulcinea dienen ohne anderen Lohn, als dass man eben ihr Ritter sei. Darauf erwiderte Sancho: »Con esta manera de amor he oydo yo predicar que se ha de amar a nuestro Senor por si solo, sin que nos mueva esperanza de gloria o temor de pena; aunque yo le querria amar y servir por lo que puede ser.«

Rate. Der Beichtvater erwiderte, dass das Buch des Erzbischofs sehr gut sei, dass alle Jesuiten davon erbaut seien und dass nur die Jansenisten es missbilligten. Der Bischof von Meaux war kein Jansenist, aber er hatte sich an ihren guten Schriften gebildet. Die Jesuiten liebten ihn nicht, und er liebte sie auch nicht.

Der Hof und die Stadt waren in zwei feindliche Lager geteilt, und da sich die ganze Aufmerksamkeit dieser Angelegenheit zuwandte, gewannen die Jansenisten Zeit, aufzuatmen. Bossuet schrieb gegen Fénelon. Beide sandten ihre Werke an Papst Innozenz XII. und beriefen sich auf dessen Entscheidung. Die Umstände erschienen Fénelon nicht günstig, denn erst vor kurzem war der Quietismus, dessen man den Erzbischof von Cambrai beschuldigte, in Rom in scharfer Weise in der Person des Spaniers Molinos verurteilt worden, und zwar war es der Kardinal d'Estrées, der Gesandte Frankreichs in Rom, der Molinos verfolgt hatte. Dieser Kardinal d'Estrées, den wir in seinem Alter mehr mit den geselligen Vergnügungen als mit Theologie beschäftigt sahen, hatte den Spanier den Feinden dieses unglücklichen Priesters zu Gefallen verfolgt. Er hatte sogar den König veranlasst, diese Verurteilung in Rom zu verlangen, die er auch mit Leichtigkeit durchsetzte, und so war Ludwig XIV., ohne es zu wissen, der furchtbarste Gegner der reinen Liebe der Mystiker.

Es ist bei diesen kitzligen Angelegenheiten nichts leichter, als in einem Buch, das man beurteilt, Stellen zu finden, die mit denen in einem bereits verurteilten Buch übereinstimmen. Der Erzbischof von Cambrai hatte die Jesuiten, den Herzog von Beauvilliers, den Herzog von Chevreuse und den Kardinal von Bouillon für sich, der seit kurzem französischer Gesandter in Rom war; der Bischof von Meaux hatte seinen großen Namen und die Anhängerschaft der bedeutendsten Prälaten Frankreichs. Er legte dem König die Unterschriften mehrerer Bischöfe und einer großen Anzahl Doktoren vor, die sich alle gegen das Buch von den ›Grundsätzen der Heiligen‹ aussprachen.

Das Ansehen Bossuets war so groß, dass der Pater de La Chaise den Erzbischof von Cambrai nicht beim König, seinem Beichtkind, zu vertreten wagte und dass Frau von Maintenon ihren Freund völlig preisgab. Der König schrieb an Papst Innozenz XII., dass man ihm das Buch des Erzbischofs von Cambrai als ein schädliches Werk bezeichnet habe, dass er es dem Nuntius hätte zustellen lassen und dass er Seine Heiligkeit auf das dringendste um dessen Aburteilung bäte.

Man glaubte, man versicherte in Rom sogar öffentlich – und dieses Gerücht hat noch heute seine Anhänger –, dass der Erzbischof von Cambrai nur deshalb so eifrig verfolgt würde, weil er sich der Bekanntgebung der heimlichen Ehe zwischen dem König und Frau von Maintenon widersetzt hätte. Die Anekdotenfabrikanten erzählten, diese Dame hätte den Pater de La Chaise aufgefordert, den König zu veranlassen, dass sie als Königin anerkannt würde; der Jesuit aber hätte klugerweise diesen gefährlichen Auftrag dem Abbé von Fénelon zugeschoben, und dieser Erzieher der Kinder des Königshauses hätte die Ehre Frankreichs und seiner Zöglinge seinem Glück vorgezogen: Er hätte sich Ludwig XIV. zu Füßen geworfen, um einem auffälligen Schritt vorzubeugen, dessen Seltsamkeit ihm bei der Nachwelt mehr Schaden tun, als er davon zu seinen Lebzeiten Annehmlichkeiten genießen würde.[190]

Wie feststeht, hatte der König, während Fénelon nach seiner Belehnung mit dem Erzbistum Cambrai die Erziehung des Herzogs von Burgund fortführte, inzwischen in unklarer Weise von seinen Beziehungen zu Frau Guyon und Frau von La Maisonfort gehört. Er glaubte zudem, dass er dem Herzog von Burgund etwas zu strenge Grundsätze und Moral und Regierungsprinzipien einflöße, die vielleicht eines Tages eine mittelbare Rüge jenes großartigen Auftretens, jener Ruhmsucht, jener leichtfertig unternommenen Kriege und jenes Hangs zu Festen und Vergnügungen werden könnten, die seine eigene Regierung gekennzeichnet hatten. Er wollte mit dem neuernannten Erzbischof eine Unterredung über seine politischen Grundsätze haben. Fénelon, ganz voll von seinen Ideen, offenbarte dem König einen Teil der Prinzipien, die er später an den Stellen des ›Telemach‹ entwickelte, die von der Regierung handeln – Prinzipien, die mehr für die Republik Platons als für die Regierung wirklicher Menschen passten. Nach dieser Unterredung äußerte der König, dass er sich mit dem größten Schöngeist und dem größten Träumer seines Reichs unterhalten hätte. Der Herzog von Burgund erhielt von diesen Worten des Königs Kenntnis und erzählte sie einige Zeit später dem Herrn von Malezieu, der ihn in Geometrie unterrichtete. Ich weiß dies persönlich von Herrn von Malezieu, und der Kardinal von Fleury hat es mir ebenfalls bestätigt. Seit jener Unterredung glaubte der König willig, dass Fénelon in religiöser Hinsicht ebenso romantisch wäre wie in politischer.

---

190 Dieses Märchen findet sich auch in der in Avignon gedruckten ›Geschichte Ludwigs XIV.‹. Diejenigen, die diesem Monarchen und der Frau von Maintenon nahegestanden haben, wissen, wie weit dies alles von der Wahrheit entfernt ist.

Es steht fest, dass der König persönlich gegen den Erzbischof von Cambrai erzürnt war. Godet-Desmarets, der Bischof von Chartres, der Frau von Maintenon und Saint-Cyr mit dem Despotismus eines Beichtvaters beherrschte, stachelte den König auf, und dieser Monarch machte den ganzen Streit, von dem er gar nichts verstand, zu seinem Hauptgeschäft. Es war zweifelsohne sehr leicht, ihn von selbst einschlafen zu lassen, aber er erregte so viel Aufsehen bei Hof, dass Ludwig XIV. noch mehr eine Kabale als eine Ketzerei fürchtete. Das ist der wahre Ursprung der gegen Fénelon ins Werk gesetzten Verfolgung.

In seinen Briefen vom Monat August – den wir Franzosen so unbegründeterweise Août nennen [[191]]– des Jahres 1697 befahl der König seinem damaligen Gesandten in Rom, dem Kardinal von Bouillon, die Verurteilung eines Mannes zu betreiben, den man durchaus zu einem Ketzer stempeln wollte. Er schrieb sogar eigenhändig an Papst Innozenz XII., um das Urteil zu beschleunigen. Die Kongregation des heiligen Offiziums ernannte einen Dominikaner, einen Jesuiten, einen Benediktiner, zwei Barfüßer, einen Feuillantiner und einen Augustiner zur Vornahme des Prozesses. Man nennt diese Untersuchungsrichter in Rom »Konsultoren«. Die Kardinäle und Prälaten überlassen das Studium der Theologie in der Regel diesen Mönchen, um sich selbst der Politik, der Intrige oder dem süßen Müßiggang hinzugeben. [192]

Die Konsultoren prüften in siebenunddreißig Sitzungen siebenunddreißig Sätze und erachteten sie mit Stimmenmehrheit für irrig. Der Papst verdammte diese an der Spitze einer Versammlung der Kardinäle durch ein Breve, dass am 13. März 1699 veröffentlicht und in Rom durch Anschlag bekanntgemacht wurde.

Der Bischof von Meaux triumphierte, aber der Erzbischof von Cambrai zog aus seiner Niederlage einen noch höheren Triumph. Er unterwarf sich unbedingt und ohne Vorbehalt. Er bestieg in Cambrai selbst die Kanzel, um sein Buch zu verdammen, und hinderte seine Freunde, es zu verteidigen. Dieses einzig dastehende Beispiel der Unterwürfigkeit eines Gelehrten, der sich eben mittels der Verfolgung eine starke Partei machen konnte; diese Aufrichtigkeit oder ungemeine Geschicklichkeit gewannen ihm alle Herzen und erweckten beinahe Hass gegen den, der den Sieg in diesem Streit davongetragen hatte. Fénelon lebte seitdem als würdiger Erzbischof und angesehener Schriftsteller ständig in seinem Sprengel. Die Milde seiner Sitten, die in seiner Unterhaltung wie

191 Voltaire schrieb »auguste« für »août«.

192 Der Nuntius Roverdi sagte: »Bisogna infarinarsi di teologia e fare un fondo di politica.«

in seinen Schriften zutage trat, machte alle, die ihn kennenlernten, zu seinen Freunden, und die Verfolgung und sein ›Telemach‹ wandten ihm die Verehrung Europas zu. Besonders die Engländer, die der Krieg in seinen Sprengel führte, ereiferten sich, ihm ihre Achtung zu beweisen, und der Herzog von Marlborough sorgte dafür, dass seine Ländereien geschont wurden. Er blieb dem Herzog von Burgund, den er erzogen hatte, immer lieb und wert und würde Anteil an der Regierung erhalten haben, wenn jener Prinz am Leben geblieben wäre.

In seiner ehrenvollen philosophischen Abgeschiedenheit sah man erst, wie schwer die Trennung von einem Hof gleich dem Ludwigs XIV. war, denn andere Höfe sind allerdings von verschiedenen berühmten Männern ohne Bedauern verlassen worden. Er sprach davon stets mit einer Vorliebe und einem Interesse, die seiner Ergebung in den göttlichen Willen zum Trotz unverkennbar waren. Die Frucht dieser Abgeschiedenheit waren mehrere theologische, politische und belletristische Schriften. Der Herzog von Orléans, der spätere Regent des Königreichs, befragte ihn über verschiedene schwierige Punkte, die alle Menschen angehen, an die aber nur wenige denken: Er fragte ihn, ob das Dasein eines Gottes bewiesen werden könne; ob dieser Gott Verehrung fordere; welchen Kult er billige; ob man ihn durch die Erwählung des Bösen beleidigen könne. Er stellte viele derartige Fragen, wie ein Philosoph, der sich belehren wollte, und der Erzbischof antwortete als Philosoph und Theologe. Nachdem er in den Schulgezänken besiegt worden war, wäre es vielleicht angemessener gewesen, wenn er sich nicht in die jansenistischen Streitigkeiten gemischt hätte; dessen ungeachtet beteiligte er sich daran. Der Kardinal von Noailles hatte einst gegen ihn die Partei des Stärkeren ergriffen – der Erzbischof von Cambrai tat jetzt dasselbe. Er hoffte, er würde wieder an den Hof berufen und zu Rate gezogen werden – so schwer wird es dem menschlichen Geist, sich von den Geschäften loszureißen, wenn sie einmal der Gegenstand seiner Sorge gewesen sind! Seine Wünsche waren jedoch gemäßigt wie seine Schriften, und gegen das Ende seines Lebens verachtete er schließlich alle Streitereien, darin allein dem Bischof Huet von Avranches gleich, einem der gelehrtesten Männer Europas, der gegen das Ende seiner Tage die Eitelkeit der meisten Wissenschaften und des menschlichen Geistes anerkannte. Der Erzbischof von Cambrai – wer sollte es glauben? – parodierte eine Arie Lullis folgendermaßen:

Jeune, j'étais trop sage
Et voulais trop savoir;
Je ne veux en partage
  Que badinage,
Et touche au dernier âge
  Sans rien prévoir.

Jung war ich allzu weise
Und forschte arg bemüht.
Jetzt zieh' ich meine Kreise
  Nach Torenweise
Und werde so zum Greise,
  Der jede Sorge flieht.

Er machte diese Verse in Gegenwart seines Neffen, des Marquis von Fénelon, der später Gesandter im Haag war; von diesem habe ich sie erhalten und verbürge mich daher für die Wahrheit dieses Umstands.[193] An sich wäre dieser von geringer Bedeutung, wenn er nicht bewiese, mit welch verschiedenen Blicken wir oft in der traurigen Ruhe des Greisentums das ansehen, was uns in dem Alter, wo der regste Geist der Spielball seiner Wünsche und Illusionen ist, so groß und interessant erschien.

Diese Zänkereien, die wie so viele andere Ausgeburten des Müßiggangs lange Zeit der Gegenstand der Aufmerksamkeit Frankreichs wa-

193 Jene Verse finden sich in den Gedichten der Frau Guyon, da aber der Neffe des Erzbischofs von Cambrai mir mehrmals versicherte, dass sie von seinem Oheim wären und dass er ihn diese am gleichen Tag, wo er sie gemacht hatte, hätte hersagen hören, so mussten sie ihrem wirklichen Urheber zurückgegeben werden. Sie sind in fünfzig Exemplaren der vom Marquis von Fénelon in Holland besorgten Ausgabe des ›Telemach‹ abgedruckt worden, fehlen aber in den übrigen.
Ich muss hier wiederholen, dass ich einen Brief von Ramsay, dem Schüler Fénelons, in Händen habe, in dem er mir schreibt: »Wäre er in England geboren, so würde er sein ganzes Genie entwickelt und seinen Prinzipien, die man nie recht kennengelernt hat, Gelegenheit gegeben haben, sich zu zeigen.«
Der Verfasser des ›Historisch-literarisch-kritischen Wörterbuchs‹, das 1759 in Avignon herauskam, sagt im Artikel ›Fénelon‹ »Er war verschlagen, geschmeidig, ein Schmeichler und ein Heuchler.« Umso das Gedächtnis Fénelons herabzuwürdigen, beruft er sich auf eine Schmähschrift des Abbé Phelippeaux, eines Feindes dieses großen Mannes. Dann versichert er, der Erzbischof von Cambrai wäre ein »armseliger Theologe«, nur weil er kein Jansenist war. Wir werden seit kurzem mit solchen Wörterbüchern überschwemmt, die wahre Schmähschriften sind. Nie ist die Literatur mehr herabgewürdigt und die Wahrheit mehr beleidigt worden. Derselbe Autor bestreitet auch, dass Herr Ramsay mir den erwähnten Brief geschrieben habe, und das mit beleidigender Grobheit, obschon er einen großen Teil seiner Artikel dem ›Zeitalter Ludwigs XIV.‹ entlehnt hat. Die jansenistischen Abschreiber sind nicht höflich; ich, der ich weder Jansenist noch Molinist, noch Quietist bin, habe darauf nichts weiter zu erwidern, als dass ich den Brief besitze. Hier dessen eigene Worte: »Were he born in a free country, he would have display'd his whole genius and given a full career to his own principles never known.«

ren, sind jetzt verschollen, und wir wundern uns heute, dass sie soviel Groll und Feindschaften hervorgerufen haben. Der philosophische Geist, der von Tag zu Tag mehr Gebiet gewinnt, scheint die öffentliche Ruhe zu sichern, und sogar die Fanatiker, die gegen die Philosophen auftreten, verdanken ihnen den Frieden, dessen sie sich erfreuen und den sie zu stören suchen.

Die Angelegenheit des Quietismus, die unter Ludwig XIV. von so unglückseliger Wichtigkeit war und heute so verachtet und vergessen ist, brachte den Kardinal von Bouillon um die Gunst des Hofs. Dieser Kardinal war ein Neffe des berühmten Turenne, dem der König während des Bürgerkriegs seine Rettung und später die Vergrößerung des Königreichs verdankte.

Durch die Bande der Freundschaft mit dem Erzbischof von Cambrai verbunden und mit den Befehlen des Königs gegen den Freund betraut, suchte er diese beiderseitigen Pflichten miteinander in Einklang zu bringen. Aus seinen Briefen geht hervor, dass er, während er dem Freund treu war, doch nie seine Amtspflicht verletzte. Den Befehlen seines Hofs gemäß beschleunigte er die Entscheidung des Papstes, suchte aber gleichzeitig eine Versöhnung zwischen beiden Parteien zustande zu bringen. Ein italienischer Priester namens Giori, der der Spion der Gegenpartei bei ihm war, schlich sich in sein Vertrauen ein und verleumdete ihn dann in seinen Briefen. Schließlich setzte er seiner Niederträchtigkeit die Krone auf, indem er so gemein war, den Kardinal um eine Unterstützung von tausend Talern zu bitten, und sich, nachdem er diese erhalten hatte, niemals wieder bei ihm sehen ließ.

Die Berichte dieses Elenden zogen dem Kardinal die Ungnade des Hofs zu. Der König überhäufte ihn mit Vorwürfen, als ob er den Staat verraten hätte; aus all seinen Depeschen geht jedoch hervor, dass er mit ebenso viel Umsicht wie Würde verfahren war.

Er gehorchte den Befehlen des Königs, indem er die Verurteilung einiger lächerlich frommer Lehrsätze der Mystiker, dieser Alchimisten der Religion, verlangte, aber er war seiner Freundschaft getreu, indem er die Streiche abwehrte, die man gegen die Person Fénelons führen wollte. Vorausgesetzt, dass es der Kirche wirklich darauf ankam, dass Gott nicht um seiner selbst willen geliebt würde, so kam es ihr doch gewiss nicht darauf an, dass der Erzbischof von Cambrai beschimpft würde. Unglücklicherweise aber wollte der König – sei es aus Groll gegen ihn, was unter der Würde eines großen Fürsten zu sein schien, sei es aus Willfährigkeit gegen die Gegenpartei, was noch mehr unter der Würde des Throns zu sein schien –, dass Fénelon selbst verurteilt würde. Was auch der Grund gewesen sein mag – kurzum, er schrieb dem Kardinal von Bouillon am 16. März 1699 einen Brief voll verletzender Vorwürfe: Er erklärt in diesem Brief, dass er die Verurteilung des Erzbischofs von Cambrai wolle. Das Schreiben verrät den gereizten Monarchen. Der ›Telemach‹ erregte damals in ganz Europa großes Aufsehen, und die ›Grundsätze der Heiligen‹, die der König nicht gelesen hatte, büßten für die Grundsätze, die sich im ›Telemach‹ befanden, den er gelesen hatte.

Der Kardinal von Bouillon wurde unverzüglich zurückgerufen – er reiste ab. Da er aber, erst wenige Meilen von Rom entfernt, die Nachricht vom Ableben des Kardinaldechanten erhielt, war er zur Umkehr genötigt, um von dieser Würde Besitz zu ergreifen, die ihm von Rechts wegen zukam, da er trotz seines jugendlichen Alters doch der älteste Kardinal war.

Die Dechantenstelle beim heiligen Kollegium ist mit bedeutenden Vorrechten in Rom verbunden, und nach der Denkweise jener Zeit war es ein angenehmer Umstand für Frankreich, dass ein Franzose diese bekleidete. Sich in den Besitz seines Guts zu setzen und dann abzureisen, war zudem kein Verstoß gegen den Gehorsam, den er dem König schuldete. Ludwig XIV. brachte jedoch dieser Schritt aufs heftigste auf: Der Kardinal wurde sogleich nach seiner Ankunft in Frankreich verbannt, und diese Verbannung dauerte zehn volle Jahre.

Einer so langen Ungnade überdrüssig, fasste er endlich 1710 den Entschluss, Frankreich für immer zu verlassen – gerade zu der Zeit, wo Ludwig XIV. den Verbündeten erliegen zu müssen schien und das Königreich von allen Seiten bedroht war.

Prinz Eugen und der Prinz von Auvergne, seine Verwandten, nahmen ihn an der Grenze von Flandern in Empfang, wohin ihre Siege sie geführt hatten. Er sandte dem König das Kreuz des Heiliggeistordens und die Erklärung seines Rücktritts vom Amt eines Großalmoseniers von Frankreich zu und schrieb ihm dabei: »Ich begebe mich hiermit in die Freiheit zurück, die meine Geburt als ausländischer Prinz und Sohn eines nur von Gott abhängigen Fürsten sowie meine Würde als Kardinal der heiligen römischen Kirche und als Dechant des heiligen Kollegiums mir verliehen haben... Ich will versuchen, den Rest meiner Tage als Arbeiter Gottes und der Kirche in der ersten Würde nach der höchsten zu verleben« usw.

Sein Anspruch auf die Stellung eines unabhängigen Prinzen erschien ihm nicht nur durch das Axiom einiger Rechtsverständiger begründet, die versichern, dass, »wer auf alles verzichtet, zu nichts mehr verbunden ist«, und dass jedem Menschen die Wahl seines Wohnsitzes freistehe, sondern auch dadurch, dass er in der Tat in Sedan zu einer Zeit geboren worden war, wo sein Vater noch die landesherrlichen Rechte in Sedan besaß. Seine Eigenschaft als unabhängiger Prinz galt ihm für eine unverlierbare Würde. Was aber die Stellung als Kardinaldechant anlangt, die er die erste Würde nach der höchsten nennt, so rechtfertigte ihn in dieser Hinsicht das Beispiel aller seiner Vorgänger, die bei allen Zeremonien in Rom ohne jeden Widerspruch den Vortritt vor den Königen hatten.

Der französische Hof und das Parlament hatten jedoch ganz andere Ansichten. Der Generalprokurator und spätere Kanzler von Aguesseau erhob beim versammelten Parlament die Anklage gegen den Kardinal, und das Parlament erließ einen Haftbefehl gegen ihn und verfügte die Einziehung seiner Güter. Er starb in Rom – zwar arm, aber geehrt –, ein Schlachtopfer des Quietismus, den er verachtete, und der Freundschaft, die er in edler Weise mit seiner Pflicht in Einklang gebracht hatte.

Es darf nicht unerwähnt bleiben, dass, als er sich von den Niederlanden nach Rom begab, bei Hofe die Befürchtung aufzutauchen schien, er möchte Papst werden. Ich habe den Brief in Händen, den der König am 26. Mai 1710 an den Kardinal von La Trimouille schrieb und in dem er dieser Befürchtung Ausdruck gibt. »Man darf«, schreibt er, »auf alles gefasst sein von Seiten eines Untertans, der der Meinung ist, dass er nur von sich selbst abhängig sei. Es wird ausreichen, dass die Stellung, von der der Kardinal von Bouillon zur Zeit geblendet ist, ihm unter seiner Geburt und unter seinen Talenten erscheint, und er wird jedes Mittel für erlaubt halten, um zum ersten Platz in der Kirche zu gelangen, sobald er erst dessen Glanz mehr aus der Nähe betrachtet haben wird.«

Während man also einen Haftbefehl gegen den Kardinal von Bouillon erließ und Befehl gab, ihn in das Gefängnis der Conciergerie zu bringen, falls man sich seiner bemächtigen könne, befürchtete man, er könnte einen Thron besteigen, der von allen Katholiken für den ersten auf Erden angesehen wird, und sich durch Abschluss eines Bündnisses mit den Feinden Ludwigs XIV. noch nachdrücklicher rächen als Prinz Eugen, denn die Waffen der Kirche vermögen zwar an sich nichts, vermochten aber damals mit Hilfe Österreichs sehr viel.

Neununddreissigstes Kapitel

Streitigkeiten über die religiösen Bräuche der Chinesen · Einfluss dieser Streitigkeiten auf die Unterdrückung des Christentums in China

Es war für die Rastlosigkeit unseres Geistes nicht ausreichend, dass wir uns noch nach Verlauf von siebzehn Jahrhunderten über einzelne Punkte unserer Religion stritten – wir mussten auch noch die Religion der Chinesen in unsere Zänkereien hineinziehen. Dieser Streit brachte keine großen Bewegungen hervor, aber er kennzeichnete mehr als jeder andere jenen beweglichen, zänkischen, streitsüchtigen Sinn, der in unseren Landstrichen herrscht.

Der Jesuit Mathieu Ricci war gegen Ende des 17. Jahrhunderts einer der ersten christlichen Glaubensboten in China gewesen. Die Chinesen waren und sind noch heute in philosophischer und literarischer Beziehung ungefähr das, was wir vor etwa zweihundert Jahren waren: Die Achtung vor ihren alten Lehrmeistern schreibt ihnen Grenzen vor, die sie nicht zu überschreiten wagen. Der Fortschritt in den Wissenschaften ist das Werk der Zeit und der Kühnheit des Geistes. Da aber die Moral und die Verwaltungskunst leichter zu begreifen sind als die Wissenschaften und sich bei ihnen vervollkommnet hatten, während die übrigen Künste noch zurück waren, so ist es gekommen, dass die Chinesen, die seit mehr als zweitausend Jahren auf dem Punkt stehengeblieben sind, den sie damals erreicht hatten, heute in den Wissenschaften mittelmäßig, in der Moral und der Staatsverwaltung aber das erste wie das älteste Volk der Erde sind.

Nach Ricci drangen viele andere Jesuiten in das ungeheure Reich vor, und mit Hilfe der Wissenschaften Europas gelang es ihnen, heimlich einige Samenkörner des christlichen Glaubens unter die Kinder des Volkes auszustreuen, die sie unterrichteten, so gut sie konnten. Einige Dominikaner, die ebenfalls als Missionare ausgesandt waren, beschuldigten nun die Jesuiten, dass sie, indem sie das Christentum predigten, die Abgötterei gestatteten. Die Frage war kitzliger Art, gerade wie das Verfahren, das man in China einschlagen musste.

Die Gesetze und die Ruhe dieses großen Reichs beruhen auf dem zugleich natürlichsten und heiligsten Recht, nämlich auf der Achtung der Kinder vor den Vätern. Zu dieser Achtung kommt noch die Ehrfurcht, die sie vor ihren ersten Sittenlehren und besonders vor Konfuzius hegen, einem alten Weisen, der sie etwa sechshundert Jahre vor der Begründung des Christentums Tugend und Sitte lehrte.

Die Familien versammelten sich an gewissen Tagen in ihren Häusern, um ihre Vorfahren zu ehren; die Gelehrten aber öffentlich, um Konfuzius zu feiern. Man wirft sich dabei nach ihrer Weise, ihre Oberen zu grüßen, auf die Erde nieder, was die Römer, die diesen Brauch in ganz Asien verbreitet fanden, zu ihrer Zeit »adorare« (anbeten) nannten; man brennt Kerzen und Weihrauch an, und höhere Beamte, die von den Portugiesen »Mandarine« genannt worden sind, schlachten zweimal jährlich in der Umgebung der Halle, in der die Feier für Konfuzius stattfindet, Tiere, aus denen dann ein Mahl bereitet wird. Sind diese Bräuche götzendienerischer oder rein bürgerlicher Art? Anerkennt man in seinen Vorfahren und in Konfuzius Götter, oder werden sie nur wie unsere Heiligen angerufen? Ist endlich das Ganze vielleicht ein politischer Brauch, der nur von einigen abergläubischen Chinesen zu einem Missbrauch umgestaltet wird? Das waren die Fragen, die die Ausländer in China nur schwer zu ergründen vermochten und die man in Europa nicht lösen konnte.

Die Dominikaner gaben im Jahre 1645 die Religionsbräuche Chinas bei der Inquisition in Rom als Götzendienerei an, und auf ihren Bericht hin verbot das heilige Offizium jene Zeremonien, bis der Papst darüber entschieden hätte.

Die Jesuiten vertraten die Sache der Chinesen und ihrer Bräuche, die man allem Anschein nach nicht verwerten konnte, ohne der christlichen Religion jeden Zugang zu einem Reich zu verschließen, das so eifersüchtig auf seine Sitten ist. Sie brachten ihre Gründe vor, und daraufhin gestattete die Inquisition 1656 den Gelehrten, Konfuzius zu verehren, und den chinesischen Kindern, ihren Vater zu feiern, »unter ausdrücklicher Verwahrung gegen den Aberglauben, falls solcher dabei vorhanden«. Da die Angelegenheit immer noch unentschieden und die Missionare ständig geteilter Meinung darüber waren, suchte man in Rom von Zeit zu Zeit um eine Entscheidung des Prozesses nach. Inzwischen aber machten sich die Jesuiten in Peking als Mathematiker beim Kaiser Khang-hi so beliebt, dass dieser durch seine Güte und seine Tugenden berühmte Fürst ihnen schließlich erlaubte, als Missionare aufzutreten und das Christentum öffentlich zu lehren. Dabei dürfte die Bemerkung nicht überflüssig sein, dass dieser despotische Kaiser, der ein Enkel des Eroberes von China war, dennoch dermaßen den Gesetzen des Landes unterworfen blieb, dass er das Christentum nicht etwa aus eigener Machtvollkommenheit gestatten durfte, sondern sich deshalb an ein Tribunal wenden musste, und dass er eigenhändig im Namen der Jesuiten zwei Gesuche entwarf. Endlich im Jahre 1692 wurde die christliche Religion einzig infolge der unermüdlichen Tätigkeit und ungemeinen Gewandtheit der Jesuiten in China zugelassen.

In Paris besteht eine besondere Anstalt für die auswärtige Mission. Einige Priester dieser Anstalt befanden sich damals in China. Der Papst, der in alle Länder, die man die »Teile der Ungläubigen« nennt, apostolische Vikare sendet, wählte einen Priester dieser Pariser Anstalt namens Maigrot zum Vikar für die Mission in China und verlieh ihm das Bistum Conon, einen kleinen Landstrich in der Provinz Tukien. Dieser Franzose erklärte als Bischof in China nicht bloß die bei der Totenverehrung beachteten Bräuche für abergläubisch und götzendienerisch, sondern auch die Gelehrten für Atheisten. Dies war die Ansicht aller französischen Rigoristen. Dieselben Menschen, die über Bayle Zeter und Mordio schrien; die auf das maßloseste seine Behauptung von der Existenzfähigkeit einer Gesellschaft von Atheisten verdammten; die hundertmal erklärten, dass ein solches Staatswesen eine Unmöglichkeit sei, behaupteten kaltblütig, dass ebendieses Staatswesen in China unter der umsichtigsten aller Regierungen in Blüte stehe. Die Jesuiten hatten jetzt mehr mit ihren Amtsbrüdern, den Missionaren, als mit den Mandarinen und dem Volk zu kämpfen. Sie gaben in Rom zu bedenken, dass es ziemlich unverträglich miteinander scheine, dass die Chinesen gleichzeitig Atheisten und Götzendiener wären. Man warf den Gelehrten vor, dass sie nur den Stoff gelten ließen. In diesem Fall aber war schwer zu begreifen, dass sie die Seelen ihrer Väter und den Geist des Konfuzius anriefen – einer dieser Vorwürfe schien den anderen anszuschließen; wenigstens sobald man nicht mit der Behauptung auftritt, dass in China das Widersprechende zulässig sei, wie das häufig bei uns vorkommt. Um diesen Widerspruch zu ergründen, musste man aber eine eingehende Kenntnis ihrer Sprache und ihrer Sitten besitzen. Der Prozess wegen China dauerte daher am römischen Hof eine lange Zeit, und inzwischen wurden die Jesuiten von allen Seiten angegriffen.

Einer ihrer gelehrten Missionare, der Pater Le Comte, hatte in seinen ›Denkschriften über China‹ die Bemerkung gemacht, dass dieses Volk zwei Jahrtausende hindurch die Kenntnis des wahren Gottes bewahrt, dass es dem Schöpfer im ältesten Tempel der Welt geopfert und dass China die reinsten Sittenlehren praktisch ausgeübt« habe, »während Europa noch in den Banden des Irrtums und der Verderbtheit lag«.

Wir haben bereits gesehen[194], dass diese Nation, wie ihre glaubwürdige Geschichtsschreibung und die Berechnung einer Reihe von sechsunddreißig Sonnenfinsternissen darlegt, bis über die Zeit hinreicht, in die wir in der Regel die Sündflut setzen. Die Gelehrten haben nie eine andere Religion gehabt als die Verehrung eines höchsten Wesens. Ihr Kultus war die Gerechtigkeit. Die aufeinanderfolgenden Gesetze, die Gott Abraham und Moses gab, und schließlich das vollkommene Gesetz des Messias, das so lange Jahrhunderte auch den Völkern des Okzidents und des Nordens unbekannt war, konnten sie nicht kennen. Es steht fest, dass Gallien, Germanien, England und der ganze Norden noch im rohesten Götzendienst befangen waren, als die Tribunale dieses gewaltigen Reichs bereits die Sitten und die Gesetze pflegten, indem sie einen einigen Gott anerkannten, dessen einfache Verehrung nie bei ihnen die Gestalt gewechselt hatte. Diese offenbaren Wahrheiten mussten die Aussprüche des Jesuiten Le Comte rechtfertigen; da man indessen aus seinen Sätzen einen Gedanken herauslesen konnte, der mit den landläufigen Vorstellungen im Widerspruch stand, so griff man sie in der Sorbonne an.

Der Abbé Boileau, ein Bruder Despréaux', der nicht weniger tadelsüchtig, aber ein größerer Feind der Jesuiten war als sein Bruder, gab im Jahre 1700 dieses den Chinesen erteilte Lob bei der Sorbonne als eine Gotteslästerung an. Der Abbé Boileau war ein lebhafter und eigentümlicher Kopf, der es verstand, ernsten und gewagten Dingen einen komischen Anstrich zu geben: Er ist der Verfasser des Werkes über die »Flagellanten« und einiger anderer Schriften dieser Art. Er erklärte, er schriebe seine Bücher lateinisch aus Sorge, die Bischöfe könnten sie sonst lesen und tadeln, und sein Bruder Despréaux sagte von ihm: »Wenn er nicht Doktor der Sorbonne wäre, würde er Doktor der italienischen Komödie geworden sein.« Er donnerte also gewaltig gegen die Jesuiten und die Chinesen und begann seine Rede mit der Äußerung, dass »das Loblied auf jene Völker sein christliches Hirn erschüttert« habe. Die anderen Hirne der Versammlung wurden gleichfalls erschüttert. Es entstanden einige Debatten; ein Doktor namens Le Sage machte den Vorschlag, zwölf der kräftigsten Kollegen nach China zu schicken, damit diese an Ort und Stelle eine gründliche Einsicht in der Sache gewännen. Die Szene war heftig; schließlich aber erklärte die Sorbonne das den Chinesen erteilte Lob für falsch, anstößig, unbegründet, ketzerisch und gottlos. Dieser ebenso heftige wie kindische Zank verschlimmerte

194 Siehe die ›Abhandlung über die Sitten und den Charakter der Völker‹.

noch den Streit über die religiösen Bräuche der Chinesen. Ein Jahr später sandte endlich Papst Klemens XI. einen Legaten nach China, und zwar ersah er Thomas Maillard von Tournon, den Titularpatriarchen von Antiochien, dazu aus; der Patriarch konnte aber erst 1705 in China landen. Der Hof von Peking hatte bis dahin noch keine Ahnung davon gehabt, dass man in Rom über ihn zu Gericht saß. Diese Anmaßung ist in der Tat ebenso ungereimt, als wenn die Republik San Marino als Vermittlerin zwischen dem Großtürken und dem Persischen Reich auftreten wollte. Der Kaiser Khang-hi empfing den Patriarchen von Tournon zunächst mit viel Güte; man kann sich aber sein Erstaunen denken, als die Dolmetscher dieses Legaten ihm auseinandersetzten, dass die Christen, die ihre Religion in seinem Land predigten, untereinander uneins seien und dass dieser Prälat gekommen sei, um einen Streit zu schlichten, von dem der Hof von Peking überhaupt noch nie gehört hatte. Der Legat ließ ihm erklären, dass alle Missionare – mit Ausnahme der Jesuiten – die alten Religionsbräuche seines Reichs verdammten und dass sogar Ihre chinesische Majestät samt allen Gelehrten im Verdacht stünden, dass sie Atheisten seien, die nur den materiellen Himmel gelten ließen. Er fügte noch hinzu, dass ein gelehrter Bischof von Conon da wäre, der das alles auseinandersetzen würde, wenn Ihre Majestät ihn anzuhören geruhen wolle. Die Überraschung des Monarchen verdoppelte sich bei der Mitteilung, dass es Bischöfe in seinem Reich gäbe; nicht geringer aber wird die Überraschung des Lesers sein, wenn er hört, dass der nachsichtige Fürst die Gutmütigkeit so weit trieb, dass er dem Bischof von Conon gestattete, über die christliche Religion und gegen die Bräuche seines Landes sowie gegen ihn selbst vor ihm zu reden.

Der Bischof von Conon erhielt also eine Audienz. Er verstand das Chinesische nur sehr wenig. Der Kaiser verlangte zunächst von ihm die Erklärung von vier Zeichen, die in Goldmalerei über seinem Thron prangten. Maigrot konnte nur zwei davon lesen, behauptete aber, dass die Worte »Kiengtien«, die der Kaiser eigenhändig auf kleine Täfelchen geschrieben hatte, nicht »Verehrt den Herrn des Himmels« bedeuteten. Der Kaiser war so langmütig, ihm durch Dolmetscher auseinandersetzen zu lassen, dass dies genau der Sinn jener Worte sei. Er ließ sich dazu herab, auf eine lange Erklärung einzugehen; er rechtfertigte die Ehren, die man den Toten erwies – aber der Bischof war unbeugsam. Man kann glauben, dass die Jesuiten mehr Einfluss bei Hof hatten als er.

Der Kaiser, der ihn nach den Gesetzen mit dem Tod bestrafen konnte, begnügte sich, ihn aus dem Land zu weisen, befahl aber, dass in Zukunft alle Europäer, die in seinem Reich verbleiben wollten, ein Patent darüber bei ihm einzuholen und sich einem Verhör zu unterwerfen hätten.

Was den Legaten von Tournon anlangt, so erhielt er Befehl, die Hauptstadt zu verlassen. Kaum aber war er in Nanking angekommen, als er einen Erlass veröffentlichte, der die chinesischen Bräuche hinsichtlich der Toten durchaus verwarf und den Gebrauch jenes Wortes verbot, dessen sich der Kaiser zur Bezeichnung des Gottes des Himmels bedient hatte.

Daraufhin wurde der Legat nach Macao verbannt, das noch immer in der Gewalt der Chinesen ist, wenn sie auch den Portugiesen gestatten, einen Gouverneur dort zu halten. Während der Legat in Macao interniert war, sandte ihm der Papst den Kardinalshut, der ihm aber nur den Vorteil brachte, dass er als Kardinal sterben konnte: Sein Tod erfolgte im Jahre 1710. Die Feinde der Jesuiten legten diesen sein Ableben zur Last – sie hätten sich damit begnügen können, ihnen seine Verbannung zuzuschreiben.

Diese Zwistigkeiten unter den Ausländern, die in das Land kamen, um das Volk zu belehren, schädigten das Ansehen der von ihnen verkündeten Religion. Noch mehr aber geriet diese in Verruf, als der Hof, der sich nun angestrengter bemühte, die Europäer kennenzulernen, in Erfahrung brachte, dass nicht bloß die Missionare in solcher Weise untereinander uneins waren, sondern dass sich auch unter den Kaufleuten, die im Kanton landeten, verschiedene Sekten fanden, die verschworene Feinde untereinander waren.

Der Kaiser Khang-hi starb im Jahre 1724. Er war ein Fürst, der alle Künste und Fertigkeiten Europas liebte. Man hatte ihm sehr aufgeklärte Jesuiten geschickt, die durch ihre Dienste seine Zuneigung erwarben und die, wie bereits erwähnt, von ihm die Erlaubnis erhielten, das Christentum öffentlich auszuüben und im Volk zu verbreiten.

Sein vierter Sohn, Yontching, den er zum Nachteil seiner älteren Söhne zu seinem Nachfolger ernannt hatte, bestieg den Thron, ohne dass jene älteren Brüder darüber gemurrt hätten. Die kindliche Liebe, die die Grundlage dieses Reichs bildet, hat zur Folge, dass es in allen Ständen des Staates als Verbrechen und Schmach gilt, wenn man sich über den Letzten Willen eines Vaters beschwert.

Der neue Kaiser Yontching übertraf seinen Vater noch in der Liebe zur Gesetzlichkeit und für das Staatswohl. Kein Kaiser förderte den Ackerbau mehr als er. Er wandte dieser ersten unter den notwendigen

Künsten eine solche Aufmerksamkeit zu, dass er in jeder Provinz denjenigen von den Ackersleuten, der ihm von den Beamten seines Bezirks als der fleißigste, betriebsamste und redlichste bezeichnet wurde, zum Rang eines Mandarins achter Klasse erhob.

Nicht dass dieser Ackersmann deshalb eine Beschäftigung hätte aufgeben müssen, in der er sich hervortat, um amtliche Verrichtungen vorzunehmen, von denen er nichts verstanden haben würde, sondern er blieb Bauer mit dem Titel eines Mandarins, aber er hatte das Recht, sich in Gegenwart des Vizekönigs der Provinz zu setzen und an dessen Tisch zu essen. Außerdem wurde sein Name in goldenen Buchstaben an der Wand einer öffentlichen Halle angebracht. Wie berichtet wird, besteht diese Verordnung, die unseren Sitten so fremd ist und diese vielleicht verdammt, noch heute.

Ferner ordnete dieser Fürst an, dass in seinem ganzen Reich niemand hingerichtet würde, bevor ihm der Kriminalprozess zugesandt und ihm sogar dreimal vorgelegt worden wäre. Zwei Gründe, die diesen Erlass motivieren, sind ebenso achtenswert wie der Erlass selbst: Der eine ist der Wert, den man auf das Leben eines Menschen legen soll; der andere die Liebe, die ein Herrscher seinem Volk schuldet.

Er ließ in jeder Provinz Reismagazine anlegen, die eine Verwaltung erhielten, die dem Volk nicht lästig werden konnte und für immer den Teuerungen vorbeugte. Als daraufhin alle Provinzen ihre Freude durch bisher unbekannte Schaustellungen zum Ausdruck brachten und ihre Dankbarkeit durch die Errichtung von Triumphbogen an den Tag legten, ermahnte er das Volk in einem Edikt, diese Schauspiele, die gegen die von ihm empfohlene Sparsamkeit verstießen, einzustellen, und verbot die Errichtung von Denkmälern zu Ehren seiner Person. »Wenn ich Gnadengaben erteilt habe«, sagte er in seinem Reskript an die Mandarine, »so geschah das nicht eitlen Ruhmes wegen – ich will, dass das Volk glücklich, ich will, dass es besser werde und alle seine Pflichten erfülle. Das sind die einzigen Denkmäler, die ich für mich genehmige.«

So dachte dieser Kaiser, und zum Unglück war er es, der die christliche Religion in China unterdrückte. Die Jesuiten besaßen bereits verschiedene öffentliche Kirchen, und sogar mehrere Prinzen aus dem kaiserlichen Haus hatten bereits die Taufe empfangen. Die in Japan eingetretenen Widerwärtigkeiten machten mehr Eindruck auf die Gemüter, als die nur zu allgemein verkannte Reinheit des Christentums machen konnte. Man erfuhr, dass genau um dieselbe Zeit die Zwistigkeiten, die die Missionare der verschiedenen Orden gegeneinanderhetzten, die Ausrottung der christlichen Religion in Tonking zur Folge gehabt hatten, und als nun die gleichen Streitigkeiten mit noch größerer Heftigkeit auch in China ausbrachen, nahmen sie alle Behörden gegen diejenigen ein, die aus der Ferne kamen, um hier ihr Gesetz zu predigen, dabei aber selbst über dieses Gesetz nicht einig waren. Schließlich erfuhr man auch noch, dass es in Kanton Holländer, Schweden, Dänen und Engländer gäbe, die, obwohl ebenfalls Christen, doch nicht als Angehörige der Religion der Christen von Macao angesehen würden.

Alle diese Erwägungen zusammengenommen bestimmten schließlich den höchsten Gerichtshof über die religiösen Bräuche, die Ausübung der christlichen Religion zu verbieten. Der Erlass erschien am 10. Januar 1724, enthielt aber nicht die geringste Beschimpfung des Christentums, nicht das kleinste beleidigende Wort gegen die Missionare und keine Strafbestimmungen; er forderte sogar den Kaiser auf, diejenigen Christen, die in den mathematischen Wissenschaften von Nutzen sein könnten, in Peking zu behalten. Der Kaiser bestätigte den Erlass und befahl in einem Edikt, dass die Missionare in Begleitung eines Mandarins, der unterwegs für sie sorgen und sie vor jeder Beleidigung schützen sollte, nach Macao zurückgesandt würden. So lauten die eigenen Worte jenes Edikts.

Einige Missionare behielt der Kaiser bei sich; darunter den Jesuiten Parennin, den ich schon an anderer Stelle lobend erwähnt habe, einen durch seine Kenntnisse und seinen verständigen Charakter berühmten Mann, der das Chinesische und das Tatarische mit großer Gewandtheit sprach. Er war nicht bloß als Dolmetscher, sondern auch als tüchtiger Mathematiker unentbehrlich. In Europa ist er besonders durch die einsichtsvollen und lehrreichen Antworten auf die von einem unserer besten Denker erhobenen Bedenken über die chinesischen Wissenschaften bekannt. Dieser Ordensmann hatte beim Kaiser Khang-hi in Ansehen gestanden und erfreute sich auch der Gunst seines Nachfolgers Yontching. Wenn jemand die christliche Religion hätte retten können, so war er es. Er erhielt auch mit noch zwei anderen Jesuiten eine Audienz bei dem Prinzen – einem Bruder des Kaisers –, der mit der Prüfung des erwähnten Erlasses und der Berichterstattung darüber betraut war. Parennin erzählt aufrichtig, welche Antwort ihnen zuteil wurde. Der Prinz, der ihnen gewogen war, erklärte den drei Jesuiten: »Eure Angelegenheiten bringen mich in Verlegenheit. Ich habe die gegen euch erhobenen Beschuldigungen gelesen. Eure unablässigen Streitigkeiten mit den anderen Europäern haben euch unendlich geschadet. Was würdet ihr dazu sagen, wenn wir nach Europa kämen und uns dort so betragen wollten, wie ihr euch hier betragt? Sagt selbst – würdet ihr das dulden?« Es war schwer, auf diese Rede eine Antwort zu finden. Indessen erlangten sie doch so viel, dass der Prinz beim Kaiser zu ihren Gunsten sprach. Als sie aber bei diesem vorgelassen wurden, erklärte ihnen Yontching, dass er kurzerhand alle abweise, die sich als Missionare bezeichneten. Wir haben schon an anderer Stelle[195] seine Worte mitgeteilt: »Wenn ihr auch meinen Vater zu täuschen verstanden habt, so hofft doch nicht darauf, mich ebenfalls zu täuschen.«

Trotz der verständigen Befehle des Kaisers kehrten doch unter seinem Nachfolger einige Jesuiten heimlich in die Provinzen zurück; sie wurden wegen offenbarer Übertretung der Landesgesetze zum Tode verurteilt. So lassen wir in Frankreich die Prädikanten der Hugenotten hinrichten, die den Befehlen des Königs zum Trotz ins Land kommen und Aufläufe verursachen. Diese Sucht der Proselytenmacherei ist, wie bereits bemerkt wurde, eine unseren Himmelsstrichen eigentümliche Krankheit, die in Ostasien stets unbekannt gewesen ist; nie haben jene Völker Missionare nach Europa geschickt. Die europäischen Nationen sind die einzigen, die ihre Ansichten wie ihren Handel über die beiden äußersten Enden der Welt auszubreiten versucht haben.

Die Jesuiten selbst veranlassten den Tod mehrerer Chinesen und namentlich zweier Prinzen, die ihnen gewogen waren. Waren sie nicht recht unglückselig, dass sie vom Ende der Welt herkamen, um den Frieden in der kaiserlichen Familie zu stören und zwei Prinzen aufs Schafott zu bringen? Sie meinten ihre Sendung durch die Behauptung achtenswert zu machen, dass Gott sich für sie erkläre und vier Kreuze in den Wolken am Horizont Chinas habe erscheinen lassen. Sie ließen diese vier Kreuze in ihren ›Erbaulichen und merkwürdigen Briefen‹ abbilden – wenn aber Gott die Chinesen hätte zu Christen machen wollen, würde er sich da begnügt haben, Kreuze in der Luft erscheinen zu lassen? Würde er diese Kreuze nicht vielmehr den Chinesen ins Herz geprägt haben?

195 Siehe die ›Abhandlung über die Sitten und den Charakter der Völker‹.

Anhang

Ausführliches Verzeichnis der Kinder Ludwigs XIV., der zeitgenössischen Prinzen und Prinzessinnen des Hauses Frankreich, der zeitgenössischen Souveräne, der Marschälle von Frankreich, der Minister und der meisten Schriftsteller und Künstler, die in diesem Zeitalter lebten

Kinder und Enkel Ludwigs XIV.

a) Legitime Kinder und Enkel

Ludwig XIV. war nur einmal vermählt[196], und zwar mit der wie er im Jahre 1638 geborenen Infantin Maria Theresia von Österreich, der einzigen Tochter Philipps IV. von Spanien aus dessen erster Ehe mit Elisabeth von Frankreich; sie war mithin die Schwester Karls II. und Margarethe Theresias, die Philipp IV. aus seiner zweiten Ehe mit Maria Anna von Österreich hatte. Diese zweite Ehe Philipps IV. ist recht merkwürdig. Maria Anna von Österreich war seine Nichte und im Jahre 1648 mit Philipp Balthasar, dem spanischen Infanten, verlobt worden, so dass also Philipp IV. gleichzeitig seine Nichte und die Verlobte seines Sohnes heiratete.

Die Hochzeit Ludwigs XIV. wurde am 9. Juni 1660 gefeiert. Maria Theresia starb im Jahre 1683. Die Historiker haben sich abgemüht, irgendetwas über sie mitzuteilen. Man hat erzählt, als eine Nonne sie gefragt habe, ob sie nicht den jungen Leuten am Hof ihres königlichen Vaters zu gefallen gesucht hätte, habe sie erwidert: »Nein – es waren keine Könige darunter.« Die Infantinnen durften überhaupt mit keinem jungen Mann am Hof reden, und als Karl I. von England als Prinz von Wales nach Madrid kam, um die Tochter Philipps III. zu heiraten, durfte er nicht einmal mit ihr sprechen. Jene Äußerung Maria Theresias scheint überdies anzudeuten, dass, wenn es Könige am Hof ihres Vaters gegeben hätte, sie versucht haben würde, diesen Liebe einzuflößen. Eine solche Antwort wäre für die Schwester Alexanders passend gewesen, nicht aber für die bescheidene Einfachheit Maria Theresias. Die meisten

196 Siehe jedoch Anm. 114.

Geschichtsschreiber lassen die fürstlichen Personen Dinge sagen, die sie weder gesagt haben noch sagen durften.

Das einzige lebende Kind aus dieser Ehe Ludwigs XIV. war der Dauphin *Ludwig*, gewöhnlich »Monseigneur« genannt, geboren am 1. November 1661, gestorben am 14. April 1711. Lange vor dem Tod dieses Prinzen lief über ihn bei Hof das Sprichwort um: »Sohn eines Königs, Vater eines Königs, selbst nicht König.« Der Ausgang scheint für die Leichtgläubigkeit derer zu sprechen, die an Prophezeiungen glauben; doch war jene Redensart nur eine Wiederholung dessen, was man vom Vater Philipps von Valois gesagt hatte, und bezog sich zudem auf die Gesundheit Ludwigs XIV., die kräftiger war als die seines Sohnes.

Die Wahrheit verpflichtet uns zu der Bemerkung, dass den anstößigen Büchern über das Privatleben dieses Prinzen kein Glaube beigemessen werden darf. Die von La Beaumelle zusammengestoppelten ›Denkwürdigkeiten der Frau von Maintenon‹ sind mit dergleichen lächerlichen Anekdoten angefüllt. Eine der ungereimtesten unter diesen Anekdoten ist die, dass Monseigneur in seine eigene Schwester verliebt gewesen wäre und dass er Fräulein Chouin geheiratet hätte. Dergleichen Albernheiten bedürfen einer Zurückweisung, weil sie gedruckt worden sind. Monseigneur heiratete am 8. März 1680 *Maria Anna Christine Victoria von Bayern*, die am 20. April 1690 starb, und hatte von ihr:

1. *Ludwig, Herzog von Burgund*, geboren am 6. August 1682, gestorben am 8. Februar 1712 an einer seuchenartigen Masernkrankheit;

2. *Philipp, Herzog von Anjou*, später König von Spanien, geboren am 19. Dezember 1683, gestorben am 9. Juli 1746;

3. *Karl, Herzog von Berry*, geboren am 31. August 1686, gestorben am 4. Mai 1714.

Außerdem hatte Ludwig XIV. noch zwei Söhne und drei Töchter, die sehr jung verstarben. –

Der vorzeitige Tod des Herzogs von Burgund wurde in Frankreich und Europa lebhaft bedauert. Er war sehr unterrichtet, gerecht, friedliebend, ein Feind eitlen Ruhms und ein würdiger Schüler des Herzogs von Beauvilliers und des berühmten Fénelon. Zur Schande des menschlichen Geistes muss man gestehen, dass wir hundert Bände gegen Ludwig XIV., gegen Monseigneur, seinen Sohn, und gegen den Herzog von Orléans, seinen Neffen, dabei aber keinen einzigen haben, der die Tugenden dieses Prinzen schilderte, der gefeiert zu werden verdient hätte, selbst wenn er nur ein einfacher Privatmann gewesen wäre. Er hatte von *Marie Adelaide von Savoyen*, der Tochter des ersten Königs von Sardinien, die am 12. Februar 1712 starb:

1. Ludwig, Herzog von Bretagne, geboren1705, gestorben 1712, und
2. *Ludwig XV.*, geboren am 15. Februar 1710.

b) Natürliche und legitimierte Kinder

Von der Herzogin von *La Vallière*, die, nachdem sie am 2. Juni 1674 Karmeliter-Laienschwester geworden war, am 4. Juni 1675 ihr Gelübde ablegte und am 6. Juni 1710 im Alter von fünfundsechzig Jahren starb, hatte Ludwig XIV.:

Louis von Bourbon, geboren am 27. Dezember 1663, gestorben am 15. Juli 1666;

Louis von Bourbon, Grafen von Vermandois, geboren am 2. Oktober 1667, gestorben 1683, und

Maria Anna von Bourbon, genannt »Fräulein von Blois«, geboren 1666, vermählt mit Louis Armand, Prinzen von Conti, gestorben 1739.

c) Andere natürliche und legitimierte Kinder

Françoise Athenaïs von Rochechouart-Mortemart, Frau des Louis von Gondrin, Marquis de Montespan, gebar dem König:

Louis August von Bourbon, Herzog von Maine, geboren am 31. März 1670, gestorben 1734;

Louis César, Grafen von Vexin, Abt von Saint-Denis und von Saint-Germain-des-Prés ;

Louis Alexander von Bourbon, Grafen von Toulouse, geboren am 6. Juni 1678, gestorben 1737;

Louise Françoise von Bourbon, genannt »Fräulein von Nantes«, geboren 1673, verheiratet mit Louis III., Herzog von Bourbon-Condé, gestorben 1743;

Louise Marie von Bourbon, genannt »Fräulein von Tours«, geboren 1681, und

Françoise Marie von Bourbon, genannt »Fräulein von Blois«, geboren 1677, verheiratet mit Philipp II., Herzog von Orléans, dem späteren Regenten des Königreichs, gestorben 1749.

Da diese Kinder zu Lebzeiten des Marquis de Montespan geboren wurden, so findet sich in den auf ihre Taufe und ihre Legitimation bezüglichen Schriftstücken der Name ihrer Mutter nirgendwo angegeben.

Außerdem hatte Ludwig XIV. noch zwei jung verstorbene natürliche Söhne, darunter einen von »Fräulein von Fontanges«.

Der Dauphin Ludwig hinterließ eine natürliche Tochter. Nach dem Tod ihres Vaters wollte man sie ins Kloster stecken; die Herzogin von Burgund aber, die erfuhr, dass dieser Beruf erzwungen sei, widersetzte sich diesem Vorhaben, gab ihr eine Mitgift und verheiratete sie.

Prinzen und Prinzessinnen von Geblüt, die im Zeitalter Ludwigs XIV. lebten

Das Haus Bourbon

Jean Baptiste Gaston, Herzog von Orléans, zweiter Sohn Heinrichs IV. und Marias von Medici, geboren in Fontainebleau im Jahre 1608, war beinahe unausgesetzt unglücklich in seinen Unternehmungen und wurde von seinem Bruder gehasst und von Kardinal Richelieu verfolgt. Er beteiligte sich an allen Intrigen, ließ aber häufig seine Freunde im Stich und wurde so die Ursache des Todes des Herzogs von Montmorency, des Großstallmeisters Cinq-Mars und des tugendhaften de Thou.

Als er eines Tages bei einem Fest, eifersüchtig auf seinen Rang und auf die Etikette, den ganzen Hofstaat die Plätze wechseln ließ und dabei den Herzog von Montbazon bei der Hand nahm, um ihm von einem erhöhten Platz herabzuhelfen, sagte dieser zu ihm: »Ich bin der erste Ihrer Freunde, dem Sie vom Gerüst herabgeholfen haben.«

Während der Regentschaft spielte er eine bedeutende, aber eher traurige Rolle und starb schließlich als Verbannter in Blois im Jahre 1660.

Elisabeth, die älteste Tochter Heinrichs IV., geboren 1602, vermählt mit Philipp IV., war in Spanien, wo sie ohne Einfluss und ohne Trost lebte, sehr unglücklich. Sie starb 1644.

Christine, die zweite Tochter Heinrichs IV., Gattin des Herzogs Viktor Amadeus von Savoyen. Ihr Leben war ein ständiger Sturm am Hof wie in den Staatsangelegenheiten. Man machte ihr die Vormundschaft über ihren Sohn streitig und griff ihre Macht und ihren Ruf an. Sie starb 1663.

Henriette Marie, die Gattin Karls I. von Großbritannien, die unglücklichste Prinzessin aus diesem Haus. Sie besaß beinahe alle großen Eigenschaften ihres Vaters und starb 1669.

Fräulein von Montpensier, die »große Mademoiselle« genannt, die Tochter Gastons und Marias von Bourbon-Montpensier, deren ›Denkwürdigkeiten‹ wir besitzen und von der in unserer Geschichte viel die Rede war. Sie starb 1693.

Margarethe Louise, die Gattin Cosimos von Medici, die ihren Gatten verließ und sich nach Frankreich zurückzog.

Françoise Madeleine, die Gattin des Herzogs Karl Emanuel von Savoyen. Philipp, »Monsieur« genannt, der einzige Bruder Ludwigs XIV., gestorben 1702. Er heiratete Henriette, eine Tochter Karls I. von England und Enkelin Heinrichs des Großen, eine Prinzessin, die den Franzosen wegen ihres Geistes und ihrer Anmut teuer war, aber in der Blüte ihres Alters im Jahre 1670 starb.

Er hatte von dieser Prinzessin:

Marie Louise, 1679 vermählt mit Karl II. von Spanien, gestorben 1689 im Alter von siebenundzwanzig Jahren, und Anna Maria; sie war vermählt mit Viktor Amadeus, Herzog von Savoyen, dem späteren König von Sardinien. Wegen dieser Heirat wurde der Herzog von Orléans in den meisten Schriften über den Spanischen Erbfolgekrieg auch als der Onkel Philipps V. bezeichnet.

Mit Philipp begann das neue Haus Orléans. Er hatte von der Tochter des Kurfürsten von der Pfalz, der 1722 verstorbenen Elisabeth Charlotte von der Pfalz:

Philipp von Orléans, den Regenten von Frankreich, der wegen seines Mutes wie wegen seines Witzes und seiner Genusssucht berühmt war. Er war noch mehr für die Geselligkeit als für die Geschäfte geschaffen und gehörte zu den liebenswürdigsten Menschen, die je gelebt haben. Seine Schwester war die letzte Herzogin von Lothringen. Er starb 1723.

Das Haus Condé

Heinrich, Prinz von Condé, der zweite dieses Namens, erster Prinz von Geblüt, erfreute sich unter der Regentschaft eines begründeten Ansehens und des Rufs einer in jenen unruhigen Zeiten seltenen Rechtlichkeit. Bei einem Einkommen von etwa zwei Millionen Livre nach heutigem Geld gab er in seinem Haushalt das Muster einer verständigen Sparsamkeit, die Kardinal Mazarin für die Staatsverwaltung hätte nachahmen sollen, die aber allzu schwierig war. Sein größter Ruhm bestand darin, dass er der Vater des Großen Condé war. Er starb im Jahre 1646.

Ludwig II., Prinz von Condé, der Große Condé genannt, der Sohn des vorigen und der Charlotte Margarethe von Montmorency und Neffe des berühmten und unglücklichen Herzogs von Montmorency, der in Toulouse enthauptet wurde, vereinte in seiner Person alles, was diese beiden Heldengeschlechter jahrhundertelang charakterisiert hatte.

Er wurde am 8. September 1621 geboren und starb am 11. Dezember 1686.

Er hatte von Clemence de Maillé de Brézé, einer Nichte Kardinal Richelieus:

Heinrich Julius, gewöhnlich der »Herr Prinz« genannt; gestorben 1709.

Heinrich Julius hatte von Anna von Bayern, Pfalzgräfin vom Rhein:

Ludwig von Bourbon, gewöhnlich der »Herr Herzog« genannt. Er war der Vater des späteren Premierministers Ludwigs XV. und starb im Jahre 1710.

Das Haus Conti

Armand, Prinz von Conti, der erste dieses Hauses, war ein Bruder des Großen Condé. Er spielte eine Rolle bei der Fronde und starb 1666.

Armand hinterließ von *Anna Martinozzi,* einer Nichte Kardinal Mazarins:

Ludwig, Prinzen von Conti, der 1685 starb, ohne von seiner Frau, einer Tochter Ludwigs XIV. und der Herzogin von La Vallière, Kinder zu hinterlassen, und

Franz Ludwig, Prinzen von La-Roche-sur-Yon und später von Conti, der 1697 zum König von Polen gewählt wurde. Das Gedächtnis dieses Prinzen war den Franzosen teuer, weil er dem Großen Condé an Geist und Mut gleichkam und stets von dem Verlangen beseelt war, zu gefallen – einer Eigenschaft, die dem Großen Condé bisweilen abging. Er starb 1709.

Er hatte von *Adelaide von Bourbon*, seiner Cousine, *Ludwig Armand,* der 1695 geboren wurde und Ludwig XIV. überlebte.

Das Haus Bourbon-Soissons

Das Haus Soissons bestand nur aus Ludwig, *Grafen von Soissons*, der 1641 in der Schlacht bei La Marfée fiel.

Alle anderen Zweige des Hauses Bourbon waren erloschen.

Das Haus Courtenay

Die *Courtenays* waren nur von der öffentlichen Meinung als Prinzen von Geblüt anerkannt und standen nicht im Rang solcher. Sie stammten von Ludwig dem Dicken ab, aber ihre Vorfahren hatten bei der Annahme des Wappens der Erbtochter von Courtenay verabsäumt, sich zu einer Zeit, wo die Besitzer der großen Ländereien nur das Vorrecht auf die Lehensgüter und die Pairswürde besaßen, zur königlichen Familie zu halten. Dieser Zweig des königlichen Hauses hatte Kaiser von Konstantinopel hervorgebracht, vermochte aber keinen anerkannten Prinzen von Geblüt zu liefern. Kardinal Mazarin wollte, um das Haus Condé zu demütigen, den Courtenays den Rang und die Ehren verschaffen, die sie seit langem forderten, fand aber bei ihnen keine große Unterstützung zur Ausführung dieses Plans.

Zeitgenössische Souveräne

Päpste

Urban VIII. Barberini verlieh den Kardinälen den Titel »Eminenz« und schaffte die Jesuitinnen ab – von der Abschaffung der Jesuiten war damals noch nicht die Rede. Wir besitzen von ihm einen starken Band lateinischer Gedichte; man muss jedoch einräumen, dass Ariost und Tasso auf diesem Gebiet glücklicher waren. Er starb im Jahre 1644.

Innozenz X. Pamphilo, bekannt durch die Vertreibung der beiden Neffen Urbans VIII., denen er alles verdankte, durch die Verurteilung der fünf Sätze des Jansenius, die er ohne langweiliges Studium des Buches aussprach, und durch seine Willfährigkeit gegen Donna Olympia, seine Schwägerin, die unter seinem Pontifikat mit allem schacherte, was sich verschachern ließ. Er starb 1655.

Alexander VII. Chigi. Dieser Papst musste Ludwig XIV. durch einen Legaten a latere um Verzeihung bitten. Er war ein noch schlechterer Poet als Urban VIII. Nachdem er lange wegen seiner Abneigung gegen den Nepotismus gelobt worden war, endete er damit, dass er diesen auf den Thron setzte. Er starb 1667.

Clemens IX. Rospigliosi war friedfertig, sparsam und mildtätig, ein Vater des Volkes und Freund der Literatur. Zwei Dinge lagen ihm am Herzen, mit denen er nicht zu Rande kommen konnte, nämlich die Wegnahme Kretas durch die Türken zu verhindern und den Frieden in der französischen Kirche wiederherzustellen. Er starb 1669.

Klemens X. Altieri, redlich und friedfertig wie sein Vorgänger, aber für fremde Einflüsse zugänglich, starb 1676.

Innozenz XI. Odescalchi, der stolze Gegner Ludwigs XIV., der die Interessen der Kirche dem gegen diesen Monarchen abgeschlossenen Bündnis zuliebe vernachlässigte. Von diesem Papst ist in unserer Geschichte zur Genüge die Rede gewesen; er starb 1689.

Alexander VIII. Ottoboni, ein Venezianer. Niemand war freigebiger gegen die Armen und verschwenderischer gegen seine Verwandten. Gestorben 1691.

Innozenz XII. Pignatelli verurteilte den berühmten Fénelon, war aber sonst beliebt und angesehen und starb 1700.

Klemens XI. Albani, dessen Bulle gegen Quesnel nur aus einem Blatt besteht, aber weit bekannter ist als seine Werke in sechs Foliobänden, starb 1721.

Das ottomanische Haus

Ibrahim. Von diesem sagt Racine mit gutem Grund: L'imbécile Ibrahim, sans craindre sa naissance, Traîne, exempt de péril, une éternelle enfance.(dt.: Ein sorglos Dasein schleppt blödsinnig Ibrahim in ew'ger Kindheit ungefährdet hin.)

Nach dem Tod seines Bruders Amurat wurde er aus dem Gefängnis geholt und auf den Thron gesetzt. So schwachsinnig er war, eroberten die Türken doch unter seiner Regierung die Insel Kreta. Er wurde 1649 erdrosselt.

Mohammed IV., der Sohn Ibrahims, wurde abgesetzt und starb 1687.

Süleiman III., ein Sohn Ibrahims und Bruder Mohammeds IV., starb, nachdem er Deutschland mit wechselndem Glück bekriegt hatte, im Jahre 1691 eines natürlichen Todes.

Achmed II., ein Bruder des vorigen, Dichter und Musiker. Sein Heer wurde vom Prinzen Ludwig von Baden bei Salankemen geschlagen. Er starb 1695.

Mustapha II., ein Sohn Mohammeds IV., siegte bei Temesvar, wurde aber vom Prinzen Eugen in der Schlacht bei Zenta am Tibisk im September 1697 geschlagen, in Adrianopel abgesetzt und starb im Serail zu Konstantinopel im Jahre 1703.

Achmed III., ein Bruder des vorigen, wurde ebenfalls vom Prinzen Eugen bei Peterwardein und bei Belgrad geschlagen und 1730 abgesetzt.

Kaiser von Deutschland

Da bereits im Laufe unserer Geschichte genug über diese mitgeteilt wurde, fügen wir hier keine weiteren Bemerkungen hinzu.

Ferdinand III., gestorben 1647.

Leopold I., gestorben 1705.

Josef I., gestorben 1711.

Karl VI., gestorben 1740.

Könige von Spanien

Von diesen gilt dasselbe wie von den Kaisern von Deutschland.

Philipp IV., gestorben 1665.

Karl II., gestorben 1700.

Philipp V., gestorben 1746.

Könige von Portugal

Johann IV., Herzog von Braganza, mit dem Beinamen »der Glückliche«. Seine Frau, Louise von Gusman, machte ihn zum König von Portugal. Er starb 1656.

Alfons, ein Sohn des vorigen. Wenn Johann durch den Mut seiner Frau auf den Thron gelangte, so wurde Alfons dagegen von der seinen entthront und auf die Insel Terceira verbannt, wo er 1683 starb.

Don Pedro, der Bruder des vorigen, raubte diesem die Krone und die Frau und ließ ihn, um die letztere legitim heiraten zu können, für unzurechnungsfähig erklären, so ausschweifend er auch gelebt hatte. Pedro starb im Jahre 1706.

Johann V., gestorben 1750.

Könige von England, Schottland und Irland

Karl I., 1689 gerichtlich auf dem Blutgerüst ermordet.

Oliver Cromwell wurde am 22. September 1653 zum Protektor ernannt, war als solcher mächtiger als ein König und starb am 15. September 1658.

Richard Cromwell übernahm unmittelbar nach dem Tod seines Vaters das Protektorat, wurde aber im Juni 1659 auf friedlichem Weg abgesetzt und starb 1685.

Karl II., gestorben 1685.
Jakob II., entthront 1688, gestorben 1701.
Wilhelm III., gestorben 1702.
Anna Stuart, gestorben 1714.
Georg I., gestorben 1727.

Könige von Dänemark

Christian IV., gestorben 1648.

Friedrich III. wurde 1661 von der Geistlichkeit und den Bürgern als unumschränkter und über den Gesetzen stehender Gebieter anerkannt, so dass er nach Belieben Gesetze erlassen, abschaffen oder umgehen durfte. Der Adel war genötigt, sich dem Wunsch der beiden anderen Stände des Staates zu fügen. Kraft dieses seltsamen Gesetzes waren die Könige von Dänemark die einzigen despotischen Fürsten von Rechts wegen, und noch seltsamer ist, dass Friedrich III. und seine Nachfolger ihr Recht nur selten Missbraucht haben. Er starb im Jahre 1667.

Christian V., gestorben 1699.
Friedrich IV., gestorben 1730.

Könige von Schweden

Christine, die Tochter Gustav Adolfs. Ihrer ist im ›Zeitalter Ludwigs XIV.‹ vielfach gedacht worden. Sie hatte 1654 die Regierung niedergelegt und starb in Rom im Jahre 1689. *Karl X.*, gewöhnlich »Karl Gustav« genannt, stammte aus dem pfälzischen Haus und war durch seine Mutter ein Neffe Gustav Adolfs. Er versuchte in Schweden den Absolutismus einzuführen und starb 1660.

Karl XI, der den Absolutismus wirklich begründete, starb 1697.

Karl XII., der die unumschränkte Gewalt Missbrauchte und durch diesen Missbrauch die Ursache der Freiheit des Landes wurde, starb 1718.

Könige von Polen

Ladislaus Sigismund, der Besieger der Türken. Dieser König sandte im Jahre 1645 eine prächtige Gesandtschaft nach Paris, um sich durch einen Bevollmächtigten mit der Prinzessin *Marie de Gonzague de Nevers* zu vermählen. Die Gestalten, die Kleider, die Pferde und die Kutschen der Gesandten verdunkelten den Prunk des französischen Hofs, dem Ludwig XIV. noch nicht jenen Glanz verliehen hatte, der später alle anderen Höfe der Welt in den Schatten stellte. Ladislaus Sigismund starb im Jahre 1648.

Johann Kasimir, der Bruder des vorigen, zuerst Jesuit, dann Kardinal, dann König, heiratete die Witwe seines Bruders, wurde aber Polens überdrüssig, verließ im Jahre 1670 das Land, zog sich nach Paris zurück, wurde Abt von Saint-Germain-des-Prés, verkehrte viel mit Ninon und starb 1672.

Michel Wienowiski, 1670 zum König erwählt, ließ Kaminiec, die einzige Festung und den Schlüssel des Landes, von den Türken erobern, zahlte einen Tribut an diese und starb bereits 1673.

Johann Sobieski, 1674 gewählt, der Überwinder der Türken und Befreier Wiens. Sein Leben ist vom Abbé Coyer, einem Denker und geistvollen Mann, beschrieben worden. Wie Ladislaus und Kasimir heiratete er eine Französin, Fräulein von Arquien. Er starb 1696. *August II.,* Kurfürst von Sachsen, wurde 1697 von einem Teil des polnischen Adels zum König ausgerufen, während der andere Teil den Prinzen von Conti wählte. Bald war er jedoch der alleinige König, wurde dann von Karl XII. von Schweden entthront, vom Zaren Peter I. aber wiedereingesetzt und starb 1733.

Stanislaus, der von Karl XII. eingesetzt worden war, wurde von Peter I. entthront und starb 1765.

Könige von Preußen

Friedrich I., der erste König, starb 1713.

Friedrich Wilhelm I., der erste, der ein bedeutendes Heer besaß und dieses einübte, und Vater Friedrichs des Großen, des ersten, der mit diesem Heer siegte, starb 1740

Zaren von Russland

Michail Romanow, der Sohn des Erzbischofs Philaretes von Rostow, wurde 1613, im Alter von fünfzehn Jahren, zum Zaren gewählt. Zu seiner Zeit vermählten sich die Zaren nur mit einer ihrer Untertaninnen: Sie ließen eine gewisse Anzahl Mädchen an ihren Hof kommen und trafen darunter ihre Wahl; das war eine alte asiatische Sitte. Michail Romanow heiratete auf diese Weise die Tochter eines armen Edelmanns, der eigenhändig sein Feld bebaute. Er starb 1645.

Alexis, der Sohn Michails, bekriegte mit Erfolg die Ottomanen und starb 1676.

Feodor, der Sohn des Alexis, der die Russen zu zivilisieren suchte – ein Werk, das Peter dem Großen vorbehalten war –, starb 1682.

Iwan, der jüngere Bruder Feodors und ältere Bruder Peters, war zur Regierung untauglich; er starb 1688.

Peter der Große, der wahre Gründer des russischen Reichs, starb 1725.

Gouverneure von Flandern

Da die Niederlande zur Zeit Ludwigs XIV. beinahe stets der Schauplatz des Krieges waren, so scheint hier eine Liste der Gouverneure dieser Provinz, die seit Philipp II. keinen ihrer Könige zu sehen bekam, am Platz zu sein.

Der *Marquis Francisco de Mello d'Assumar,* derselbe, der vom Großen Condé geschlagen wurde; abgesetzt 1644.

Der Großkommandeur *Castel Rodrigo,* gestorben 1647.

Leopold Wilhelm, Erzherzog von Österreich – d.h. er führte den Titel eines Erzherzogs, hatte aber keinen Besitz in Österreich –, ein Bruder Ferdinands I. Er schickte einen Deputierten an das Parlament von Paris, um sich mit diesem gegen Kardinal Mazarin zu verbünden. Er starb 1656.

Don Juan d'Austria, ein natürlicher Sohn Philipps IV. Er war berühmt als Gegner des spanischen Premierministers, des Jesuiten Nitard, wie der Prinz von Condé der Gegner Mazarins war; er war jedoch glücklicher als der Prinz von Condé, da er die dauernde Verbannung Nitards durchsetzte. Er wurde von Turenne in der Schlacht bei den Dünen geschlagen und starb 1659.

Der Marquis de Caracène, gestorben 1664.

Der Marquis von Castel Rodrigo, der Ludwig XIV. schlecht widerstand, ihm aber nicht besser widerstehen konnte; gestorben 1668.

Fernandez de Velasco, Connetable von Kastilien, gestorben 1669.

Der Graf von Monterey, der unter der Hand die Holländer gegen Ludwig XIV. unterstützte; gestorben 1675.

Der Herzog von Villa-Hermosa, der hochherzigste Mann seiner Zeit, gestorben 1678.

Alexander Farnese, der zweite Sohn des Herzogs von Parma. Der Name Alexander war schwer zu behaupten. Abgesetzt im Jahre 1682.

Der Marquis de Grana, gestorben 1685.

Der Marquis de Castanaga, gestorben 1692.

Maximilian Emanuel, Kurfürst von Bayern, wurde nach der Schlacht bei

Hochstädt zum Gouverneur der Niederlande ernannt und behielt diesen Titel bis zum Frieden von Utrecht im Jahre 1714. Er starb noch im selben Jahr.

Prinz Eugen, Generalstatthalter der Niederlande. Er residierte dort nie. Gestorben 1736.

Marschälle von Frankreich, die unter Ludwig XIV. starben oder unter ihm gedient haben

Albert (César Phébus d'), aus dem Geschlecht der Könige von Navarra, wurde Marschall im Jahre 1653. Er machte keine Schwierigkeiten, die Tochter des Schatzmeisters Guénégaud zu heiraten, eine Dame von großem Verdienst, die von Saint-Evremond gefeiert worden ist. Er war ein Liebhaber der Frau von Maintenon und der berühmten Ninon, in der Gesellschaft beliebt und im Krieg geschätzt. Gestorben 1676.

Alègre (Yves d') wurde, nachdem er nahezu sechzig Jahre unter Ludwig XIV. gedient hatte, erst im Jahre 1724 zum Marschall ernannt und starb 1733.

Asfeld (Claude François Bidal d') erwarb sich großen Ruf im Festungskrieg und trug viel zum Sieg bei Almansa bei. Marschall im Jahre 1734; gestorben 1743.

Aubusson de La Feuillade (François d'), Marschall im Jahre 1675, gestorben 1691. Er ließ aus Dankbarkeit das Standbild Ludwigs XIV. auf der Place des Victoires errichten. Sein Sohn wurde erst lange nachher, im Jahre 1725, Marschall.

Aumont (Antoine d'), ein Enkel des berühmten Marschalls Jean d'Aumont, eines der größten Heerführer Heinrichs IV. Antoine trug 1650 viel zum Gewinn der Schlacht bei Rethel bei. Zur Belohnung erhielt er den Marschallstab; er starb 1669.

Balincourt (Testu de), Marschall im Jahre 1746.

Barwick oder vielmehr *Berwick* (Jacques Fitzjames de), ein natürlicher Sohn Jakobs II. von England und einer Schwester des Herzogs von Marlborough. Sein Vater ernannte ihn zum Herzog von Barwick in England; außerdem war er Herzog in Spanien und wurde es auch in Frankreich. Zum Marschall wurde er 1706 ernannt und bei der Belagerung von Philippsburg im Jahre 1734 getötet. Er hat ›Denkwürdigkeiten‹ hinterlassen, die 1778 von Abbé Hook veröffentlicht worden sind; man findet darin merkwürdige Anekdoten und lehrreiche Einzelheiten über seine Feldzüge.

Bassompierre (François de), geboren 1579, Generaloberst der Schweizer, Marschall seit dem Jahre 1622, wurde von 1631 bis zum Tod Kardinal Richelieus in der Bastille gefangengehalten. Er verfasste dort seine ›Denkwürdigkeiten', die Hofintrigen und seine Galanterien behandeln. Cäsar spricht in seinen Denkwürdigkeiten nicht von seinem Glück bei den Frauen. Ziemlich unbekannt ist, dass Bassompierre den Graben des Cours La Reine, der später zugeschüttet worden ist, auf seine Kosten mit Steinen auskleiden ließ. Er starb im Jahre 1646.

Bellefonds (Bernadin Gigault de) wurde Marschall im Jahre 1668. Er gewann eine Schlacht in Katalonien und starb 1694.

Belle-Isle (Louis Charles Auguste de Fouquet de), der Enkel des Oberintendanten, zeichnete sich im Krieg von 1701 aus, wurde Herzog und Pair, deutscher Reichsfürst und 1741 Marschall. Er entwarf mit seinem Bruder den ganzen Feldzugsplan gegen die Königin von Ungarn; bei diesem Feldzug fiel sein Bruder. Er starb als Minister und Staatssekretär des Krieges im Jahre 1761.

Bezons (Jacques Bazin de), Marschall im Jahre 1709, gestorben 1733.

Biron (Armand Charles de Gontaut, Herzog von), verschaffte seinem Haus die Herzogswürde wieder; erst 1734 zum Marschall befördert, nachdem er in allen Kriegen Ludwigs XIV. gedient hatte.

Boufflers (Louis François, Herzog von), einer der besten Offiziere Ludwigs XIV., wurde Marschall im Jahre 1693 und starb 1711.

Bourg (Eléonor Marie du Maine, Graf du) gewann unter Ludwig XIV. ein wichtiges Gefecht, wurde aber erst 1725 Marschall; er starb im selben Jahr.

Brancas (Henri de) wurde nach langjährigem Dienst unter Ludwig XIV. 1734 zum Marschall befördert.

Brézé (Urbain de Maillé, Marquis de), Schwager Kardinal Richelieus, Vizekönig von Katalonien, Marschall im Jahre 1632; gestorben 1650.

Broglio (François Maurice) wurde, nachdem er alle Kriege der Regierung Ludwigs XIV. mitgemacht hatte, im Jahre 1724 Marschall und starb 1727.

Broglio (Victor Marie, Herzog von), Sohn des vorigen und Vater eines dritten Marschalls von Broglio, der die Talente seiner Vorfahren in sich vereinte; war einer der besten Generalleutnants in den Kriegen Ludwigs XIV. und wurde 1734 Marschall.

Castelnau (Jacques de), zum Marschall ernannt 1658, wurde noch im selben Jahr bei der Belagerung von Calais tödlich verwundet.

Catinat (Nicolas de) wurde Marschall im Jahre 1693. Er verband mit seinen Talenten für den Krieg einen philosophischen Geist. Am letzten Tag seines Oberbefehls in Italien gab er »Paris und Saint-Gratien« zur Losung; Saint-Gratien war sein Landhaus. Er starb darin auch, nachdem er das Blaue Band ausgeschlagen hatte, als Weiser im Jahre 1712.

Chamilly (Noël Bouton de) hatte die Belagerung von Kreta mitgemacht und sich durch die Verteidigung von Grave im Jahre 1675 mit Ruhm bedeckt; die Belagerung dieser kleinen Festung nahm vier Monate in Anspruch und kostete die Verbündeten 16000 Mann. Die Leute vom Handwerk sehen jene Verteidigung noch heute als Muster an. Er wurde 1703 Marschall und starb 1715.

Chateau-Renaud (François Louis Rousselet de), Vizeadmiral von Frankreich, diente ebensogut zu Wasser wie zu Lande, reinigte das Meer von Seeräubern, schlug die Engländer in der Bai von Bantri, bombardierte 1688 Algier und sicherte die amerikanischen Besitzungen. Marschall im Jahre 1703, gestorben 1716.

Chaulnes (Honoré Albert, Herzog von), Marschall im Jahre 1620, gestorben 1649.

Choiseul (Claude de), dritter Marschall dieses Namens; ernannt 1693, gestorben 1711.

Clairambault (Philippe de Palluau de), Marschall im Jahre 1653, gestorben 1665.

Clermont-Tonnerre (de) diente im Krieg von 1701, wurde Marschall 1747.

Coigny (François de Franguetot de) war unter Ludwig XIV. lange Zeit Oberoffizier, gewann zwei Schlachten in Italien und wurde Marschall im Jahre 1734.

Coligny (Gaspard de), ein Enkel des Admirals, wurde 1622 Marschall. Er befehligte das Heer Ludwigs XIII. gegen die meuterischen Truppen des Grafen von Soissons, der bei La Marfée fiel. Er starb 1646.

Créqui (François de), Marschall seit 1668, starb im Ruf eines Mannes, der den Vicomte de Turenne hätte ersetzen können, im Jahre 1687. Er stammte aus dem Haus Blanchefort.

Duras (Jacques Henri de Durfort de), ein Neffe des Vicomte de Turenne, wurde Marschall im Jahre 1675, unmittelbar nach dem Tod seines Oheims. Gestorben 1704.

Duras (Jean de Durfort, Herzog von), der Vater des gegenwärtig lebenden Marschalls dieses Namens, wurde unter Ludwig XIV. Feldmarschall und im Jahre 1741 Marschall von Frankreich.

Etampes (Jacques de La FertéImbault d'), Marschall im Jahre 1651, gestorben 1668.

Etrées (François Annibal, Herzog von), Marschall seit dem Jahre 1626. Bemerkenswert ist der Umstand, dass er sich im Alter von dreiundneunzig Jahren nochmals verheiratete, und zwar mit Fräulein von Manican, die noch ein unzeitiges Kindbett hatte. Er starb, über hundert Jahre alt, im Jahre 1670.

Etrées (Jean d'), Vizeadmiral seit 167o, Marschall seit 168 1, gestorben 1707.

Etrées (Victor Marie d'), Sohn von Jean d'Etrées, war wie sein Vater Vizeadmiral von Frankreich, bevor er Marschall wurde. Als Vizeadmiral befehligte er 1701 die französische und die spanische Flotte. Marschall im Jahre 1703, gestorben 1737.

Fabert (Abraham) wurde 1658 zum Marschall ernannt. Man hat sein Glück und seinen Tod übernatürlichen Ursachen zuschreiben wollen; das Merkwürdige an ihm ist jedoch nur, dass er sein Emporkommen einzig seinem Verdienst verdankte und dass er das Band des Ludwigsordens zurückwies, obwohl man ihm die Ahnenprobe erlassen wollte. Wie erzählt wird, äußerte er gegen Mazarin, als dieser ihn beim Heer als Spion benützen wollte: »Vielleicht braucht ein Minister ebenso notwendig Spitzbuben wie brave Menschen; ich kann jedoch nur das letztere sein.« Er starb 1662.

Fare (de La), ein Sohn des durch seine unterhaltenden Gedichte berühmten Marquis de La Fare, war während des Krieges von 1701 Offizier und wurde 1746 Marschall.

Ferté-Senneterre (Henri, Herzog von La) wurde auf der Bresche von Hesdin zum Feldmarschall ernannt, befehligte in der Schlacht bei Rocroi den linken Flügel, wurde 1651 Marschall von Frankreich und starb 1681.

Force (Jacques Nompar Caumont de La), Marschall seit 1622. Er entging dem Gemetzel der Bartholomäusnacht und hat jenes Ereignis in ›Denkwürdigkeiten‹ beschrieben, die in seiner Familie aufbewahrt werden. Er starb 1652 im Alter von neunzig Jahren.

Foucault (Louis), Graf von Dognon, Marschall im Jahre 1653, gestorben 1659.

Gassion (Jean de), ein Schüler des großen Gustav Adolf, wurde 1643 Marschall. Er war Calvinist und lehnte jeden Heiratsvorschlag mit der Bemerkung ab, er lege zu wenig Wert auf das Leben, als dass er dieses jemandem schenken möchte. Getötet bei der Belagerung von Lens im Jahre 1647.

Gramont (Antoine de), Marschall im Jahre 1641, gestorben 1678.

Gramont (Antoine de), Enkel des vorigen und Vater des Herzogs von Gramont, der in der Schlacht bei Fontenoy fiel; wurde 1724 Marschall und starb 1725.

Grancey (Jacques Rouxel, Graf von), Marschall im Jahre 1651, gestorben 1680. *Guébriant* (Jean Baptiste de Budes), Marschall seit 1642, war einer der größten Kriegsmänner seiner Zeit. Er fiel 1643 bei der Belagerung von Rottweil und wurde mit großem Pomp in Notre-Dame beigesetzt.

Harcourt (Henri, Herzog von), Marschall im Jahre 1703, gestorben 1718. Man darf behaupten, dass er als Gesandter in Madrid der alten Feindschaft der Franzosen und Spanier ein Ende machte. Seine Gewandtheit und sein Geschick, Gefallen zu erregen, stimmten den spanischen Hof so günstig für die Franzosen, dass Karl II. schließlich keine Bedenken hatte, einen Enkel Ludwigs XIV. zum Erben einzusetzen. Er sollte im Jahr des glücklichen Feldzugs von Denain anstelle des Marschalls von Villars den Oberbefehl führen; es würde ihm jedoch schwer geworden sein, mehr zu leisten als Villars. Sein Sohn wurde später – im Jahre 1746 – ebenfalls Marschall von Frankreich.

Hocquincourt (Charles de Monchi), Marschall im Jahre 1651, getötet in feindlichen Diensten vor Dünkirchen im Jahre 1658.

Hospital (Nicolas de L'), Hauptmann der Leibwache Ludwigs XIII., wurde 1617 zum Marschall befördert, weil er den Marschall d'Ancre getötet hatte, verdiente aber diese Würde auch durch andere große Taten. Wir führen ihn unter den Marschällen dieses Zeitalters auf, weil er unter Ludwig XIV. im Jahre 1644 starb.

Humières (Louis de Crevan, Marquis d'), Marschall im Jahre 1668, gestorben 1694.

Isenghien (d'), aus dem Haus von Gent, Offizier unter Ludwig XIV., Marschall im Jahre 1741.

Joyeuse (Jean Armand de), Marschall im Jahre 1693, gestorben 1710.

Lorges (Guy Alphonse de Durfort de), ein Neffe des Vicomte de Turenne; Marschall im Jahre 1676, gestorben 1702.

Luxemburg (François Henri de Montmorency, Herzog von), der Schüler des Großen Condé, wurde 1675 zum Marschall erhoben. Abgesehen von den Connetables, gab es im ganzen sieben Marschälle dieses Namens; vom 11. Jahrhundert ab findet sich beinahe keine Regierung, unter der nicht ein Mann dieses Namens an der Spitze der französischen Heere gestanden hätte. Gestorben 1695.

Luxemburg (Christian Louis de Montmorency, Herzog von), ein Enkel des vorstehenden, zeichnete sich im Krieg von 1701 aus und wurde Marschall im Jahre 1747.

Maillebois (de), ein Sohn des Ministers Desmarets; er tat sich während des Krieges von 1701 bei jeder Gelegenheit hervor und erhielt den Marschallstab im Jahre 1741.

Marsin oder *Marchin* (Ferdinand, Graf von), trat aus österreichischen Diensten in französische über, wurde 1703 Marschall von Frankreich und fiel 1706 in der Schlacht bei Turin.

Matignon (Charles Auguste Goyon de Gacé de), Marschall im Jahre 1708, gestorben 1729.

Maulevrier-Langeron, Marschall seit 1745.

Médavy (Jacques Léonor Rouxel de Grancey, Graf von) wurde erst 1724 Marschall, obwohl er bereits 1706 einen glänzenden Sieg errungen hatte. Er starb 1725.

Meilleraye (Charles de La Porte de La) wurde im Jahre 1639 unter Ludwig XIII. zum Marschall ernannt: Der König übergab ihm den Marschallstab auf der Bresche der Stadt Hesdin. Er war Generalfeldzeugmeister und stand im Ruf, der beste Heerführer für Belagerungen zu sein. Gestorben im Jahre 1664.

Montesquiou (Pierre, Graf von Artagnan), Marschall im Jahre 1703, gestorben 1706.

Montrevel, (Nicolas Auguste de La Beaume), Marschall im Jahre 1709, gestorben 1725.

Motte-Houdancourt (Philippe de La) wurde 1642 zum Marschall ernannt Im Jahre 1645 wurde er in das Schloss Pierre-Encise gesetzt, wie es denn unter den Ministerien Kardinal Richelieus und Mazarins beinahe keinen einzigen Heerführer gibt, der nicht zeitweise gefangengesetzt oder verbannt worden wäre. Er starb 1657. Sein Enkel wurde 1747 ebenfalls Marschall von Frankreich.

Nangis (Louis Armand de Brichanteau) diente im Krieg von 1701 unter Villars mit Auszeichnung, wurde noch unter Ludwig XIV. zum Marschall erhoben und starb 1742.

Navailles (Philippe de Montaud de Bénac, Herzog von), der unter und nach dem Herzog von Beaufort in Kreta kommandierte, wurde 1675 Marschall und starb 1684.

Noailles (Anne Jules, Herzog von), Marschall seit 1693, zeichnete sich in Spanien aus, wo er die Schlacht am Ter gewann, und starb 1708.

Noailles (Adrien Maurice de), Sohn des vorigen, war 1706 Befehlshaber im Roussillon und wurde 1711, nach der Einnahme von Gerona, zum Granden von Spanien erhoben. Den Marschallstab erhielt er erst 1734. Im Jahre 1715 übernahm er die Verwaltung der Finanzen und wurde später Staatsminister. Niemand schrieb vollendetere Depeschen als er. Der Abbé Millot hat 1777 ›Denkwürdigkeiten‹ nach den Manuskripten Noailles herausgegeben; man findet darin bemerkenswerte Einzelheiten über die beiden Regierungen, unter denen er gelebt hat. Seine beiden Söhne sind 1775 zu Marschällen von Frankreich ernannt worden. Er starb 1766.

Plessis-Praslin (César, Herzog von Choiseul, Graf von), Marschall seit 1645, schlug den Vicomte de Turenne 1650 in der Schlacht bei Rethel und starb 1675.

Puységur (Jacques de Chastenet de), Marschall seit 1734, war ein Sohn des gleichnamigen Generalleutnants unter Ludwig XIII. und Ludwig XIV., der sich viel Ansehen erworben hatte und auch ›Denkwürdigkeiten‹ hinterließ. Der Marschall hat über Kriegswissenschaft geschrieben und war ein Mann, den das Ministerium bei allen kritischen Angelegenheiten zu Rate zog.

Rantzau (Josias) stammte aus einer alten Familie des Herzogtums Holstein, wurde 1645 Marschall, trat im selben Jahr zum Katholizismus über, wurde 1649 während der Unruhen ins Gefängnis gesetzt, aber bald wieder freigelassen, und starb 1650. Er war sehr oft verwundet worden, und Bautru sagte von ihm, er besäße »von all den Körperteilen, die der Mensch doppelt hat, immer nur einen«. Man machte eine Grabschrift auf ihn, die mit folgendem Vers schloss:

> Et Mars ne lui laissa rien d'entier que le cœur.
> Nichts ließ Mars unversehrt als nur allein das Herz.

Richelieu (Louis François Armand du Plessis, Herzog von) war unter Ludwig XIV. Brigadier, dann General in Genua, wurde 1748 Marschall und nahm 1756 den Engländern die Insel Menorca ab.

Rochefort (Henri Louis d'Alongny, Marquis de), Marschall im Jahre 1675, gestorben 1676.

Roquelaure (Antoine Gaston Jean Baptiste, Herzog von) wurde 1724 zum Marschall ernannt.

Rosen oder *Rose* (Conrad von), aus einem alten litauischen Haus, diente anfangs als einfacher Reiter im Regiment Brinon; sein Verdienst und seine vornehme Geburt erregten jedoch bald Aufmerksamkeit, und er stieg von Stufe zu Stufe. Jakob II. machte ihn zum Befehlshaber seiner Truppen in Irland. Im Jahre 1703 wurde er zum Marschall von Frankreich befördert und starb, siebenundachtzig Jahre alt, im Jahre 1715.

Saint-Luc (Timoléon d'Epinay de), ein Sohn des tapferen Saint-Luc, dessen Lob man bei Brantôme findet; Marschall im Jahre 1628, gestorben 1644.

Schomberg (Frédéric Armand), ein Schüler des Prinzen Friedrich Heinrich von Oranien, wurde 1675 Marschall von Frankreich, dann Herzog von Mertola in Portugal, preußischer Gouverneur und Generalissimus und schließlich Herzog und General in England. Er war ein eifriger Calvinist und verließ Frankreich nach der Aufhebung des Edikts von Nantes. Er fiel 1690 in der Schlacht am Boyne.

Schulemberg (Johann von), Graf von Mondejeu, ein geborener Preuße, wurde Marschall im Jahre 1658 und starb 1671.

Tallard (Camille de Hostun, Herzog von), der Unterhändler bei den beiden Teilungsverträgen, wurde 1703 Marschall, 1726 Staatsminister und starb 1728.

Tessé (René de Froullay), Marschall im Jahre 1703, gestorben 1725.

Tourville (Anne Hilarion de Constentin), zeichnete sich als Malteserritter durch seine Taten gegen die Türken und Barbaresken aus. Im Jahre 1690 zum Vizeadmiral ernannt, trug er einen vollständigen Sieg über die englisch-holländische Flotte davon, wurde aber 1692 bei La Hogue geschlagen; doch machte ihn diese Niederlage berühmter als seine Siege. Er wurde 1693 Marschall von Frankreich und starb 1701.

Turenne (Henri de La Tour d'Auvergne, Vicomte de), geboren 1611, Marschall 1644, Generalfeldmarschall 1660, gestorben 1675.

Uxelles (Nicolas Châlon de Blé, Marquis d'), Marschall seit 1703, wurde im Jahre 1718 zum Präsidenten des Rats für die auswärtigen Angelegenheiten ernannt und starb 1730.

Vauban (Sébastian Le Prestre, Marquis de), Marschall seit 1703, gestorben 1707.

Villars (Louis Claude, Herzog von) nahm den Namen »Hector« an, wurde 1702 Marschall von Frankreich, 1718 Vorsitzender des Kriegsrats, vertrat bei der Krönung Ludwigs XV. im Jahre 1722 die Connetable-Würde und starb 1734. Von ihm wie von Turenne und Vauban ist in unserer Geschichte hinlänglich die Rede gewesen.

Villeroi (Nicolas de Neuville, Herzog von), seit 1646 Hofmeister Ludwigs XIV., wurde im gleichen Jahr zum Marschall ernannt und starb 1685.

Villeroi (François de Neuville, Herzog von), der Sohn des vorigen, war Hofmeister Ludwigs XV. und wurde 1693 zum Marschall erhoben. Sein Vater und er waren Vorsitzende des Finanzrats – eine leere Würde, die ihnen nur den Zutritt zum Staatsrat sicherte. Gestorben 1730.

Vivonne (Louis Victor de Rochechouart, Herzog von), Bannerträger der Kirche, General der Galeeren, Vizekönig von Messina, erhielt den Marschallstab im Jahre 1675. Er gilt nicht als der erste Marschall zur See, weil er lange Zeit zu Lande diente. Gestorben 1688.

Großadmiräle und Generäle der Galeeren, Staatsminister und andere führende Personen unter der Regierung Ludwigs XIV.

Großadmiräle von Frankreich

Armand von Maillé, Marquis von Brézé, Großmeister, Chef und Generaloberintendant der Schifffahrt und des Handels von Frankreich seit 1643. Er wurde am 14. Juni 1646 zur See von einem Kanonenschuss getötet.

Anna von Österreich, die Königin-Regentin, übernahm die Oberintendanz der französischen Schifffahrt im Jahre 1646 und legte dieses Amt erst 1660 nieder.

César, Herzog von Vendôme und von Beaufort, war seit 1650 Großmeister und Generaloberintendant der Schifffahrt und des Handels von Frankreich.

François von Vendôme, Herzog von Beaufort, der Sohn Césars, wurde am 25. Juni 1669 bei Kreta getötet.

Louis von Bourbon, Graf von Vermandois, legitimiertes Kind von Frankreich, wurde im August 1669 im Alter von zwei Jahren zum Admiral ernannt. Er starb 1683.

Louis Alexander von Bourbon, Graf von Toulouse, legitimiertes Kind von Frankreich, wurde Admiral im Jahre 1683 und starb 1737.

Generäle der Galeeren Frankreichs

Armand Jean du Plessis, Herzog von Richelieu, Pair von Frankreich zu Lebzeiten seines Vaters François, erhielt die Generalstelle 1643 und legte sie 1661 nieder.

Ihm folgte *François, Marquis de Créqui,* der diesem Amt 1669, ein Jahr nach seiner Ernennung zum Marschall von Frankreich, entsagte.

Louis Victor de Rochechouart, Graf und später Herzog von Vivonne, Prinz von Tonnay-Charente, General der Galeeren seit 1669.

Louis von Rochechouart, Herzog von Mortemart, General der Galeeren als Amtsnachfolger seines Vaters, starb bereits am 3. April 1688.

Louis August von Bourbon, Prinz von Dombes, Herzog von Maine und Aumale, legitimiertes Kind von Frankreich, General seit 1688, trat im Jahre 1694 zurück.

Louis Josef, Herzog von Vendôme, General seit 1694, gestorben 1712.

René, Sire de Froullay, Graf von Tessé, Marschall von Frankreich, General der Galleeren seit 1712, legte diese Stelle 1716 nieder.

Der *Chevalier von Orléans* wurde General im Jahre 1716 und starb 1748. Nach ihm wurde diese Würde mit der Admiralität vereint.

Staatsminister

Giulio Mazarini, Kardinal und Premierminister, geboren 1602, stammte aus einer nach Rom übersiedelten alten sizilianischen Familie und war ein Sohn des Pietro Mazarini und der Hortensia Bufalini. Er wurde anfangs vom Kardinal Sacchetti verwendet. Bei Casale hielt er die beiden Heere der Franzosen und der Spanier vom Angriff aufeinander ab und brachte 1631 den Frieden von Querasque zustande. Im Jahre 1634 war er Vizelegat in Avignon und außerordentlicher Nuntius in Frankreich und beschwichtigte 1640 als außerordentlicher Gesandter des Königs die Unruhen in Savoyen. Auf Empfehlung Ludwigs XIII. wurde er 1641 zum Kardinal erhoben. Seit dieser Zeit trat er völlig in den Dienst Frankreichs und erhielt am 5. Dezember 1642 als »Spezialrat« freien Zutritt zur obersten Ratsversammlung, in der er seinen Sitz über dem Kanzler einnahm. Durch das Testament Ludwigs XIII. wurde er zum alleinigen Berater der Königin-Regentin für die geistlichen Angelegenheiten erklärt.

Er war neben der Prinzessin von Condé-Montmorency der Pate Ludwigs XIV. Anfangs entsagte er dem Vortritt vor den Prinzen von Geblüt, den sich Kardinal Richelieu angemaßt hatte, behauptete aber den Vorrang vor den Häusern Vendôme und Longueville. Nach dem Pyrenänenvertrag nahm er auch an drittem Ort den Vortritt vor dem Großen Condé in Anspruch. Er hatte kein Patent über seine Stellung als Premierminister, versah aber die Geschäfte eines solchen. Für Dubois dagegen ist ein solches Patent ausgefertigt worden, und sogar der Herzog von Orléans, ein Enkel des Hauses von Frankreich, geruhte nach dem Antritt seiner Regentschaft die Bestallung darüber entgegenzunehmen. Der Kardinal von Fleury hat nie die Bestallung noch den Titel erhalten.

Kardinal Mazarin starb 1661.

Matthieu Molé, 1641 erster Präsident des Parlaments von Paris, 1651 Großsiegelbewahrer, ein gerechter und unerschrockener Beamter. Es ist nicht wahr, dass das Volk ihn ermorden wollte, wie zwei neuere Dictionnaire berichten; wahr aber ist, dass er den Meuterern stets durch seinen kaltblütigen Mut Achtung einflößte. Gestorben im Jahre 1656.

Etienne d'Aligre, Kanzler seit 1674, der Sohn eines anderen Etienne, der unter Ludwig XIII. Kanzler war. Gestorben 1677.

Michel Le Tellier, der Vater des berühmten Marquis de Louvois, Kanzler seit 1677. Sein Andenken ist durch eine Grabrede des großen Bossuet gefeiert worden. Gestorben 1685.

Louis Boucherat, Kanzler seit 1685. Seine Devise war in Anspielung auf die Devise Ludwigs XIV. ein Hahn unter einer Sonne mit der Umschrift: »Sol reperit vigilem.« Gestorben 1699.

Louis Phelippeaux, Graf von Pontchartrain, ein Nachkömmling mehrerer Staatssekretäre, wurde 1699, zum Kanzler erhoben. Er zog sich 1714 ins Oratorium zurück und starb 1727.

Daniel François Voysin, gestorben 1717, der Vorgänger des berühmten d'Aguesseau.

Oberintendanten der Finanzen

Kanzler

Charles d'Aubépine, Marquis von Châteauneuf, wurde, nachdem er lange als Gesandter verwendet worden war, 163o Großsiegelbewahrer, 1633 aber in das Schloss von Angoulême gebracht, wo er zehn Jahre gefangensaß. Im Jahre 1650 wurde er abermals Großsiegelbewahrer, aber schon 1651 wieder abgesetzt. Er lebte und webte in den Stürmen des Hofs und starb 1653.

Pierre Séguier, Herzog von Villemor, Kanzler und Pair von Frankreich. Er beschwichtigte 1639 die Unruhen in der Normandie und setzte am Barrikadentag sein Leben aufs Spiel. Er war immer treu zu einer Zeit, wo die Untreue ein Verdienst war. Er machte bei den Feierlichkeiten, wenn er diesen mit dem Parlament beiwohnte, dem Vater des Großen Condé nie den Vorrang streitig. Ein billig denkender, gelehrter und die Schriftsteller liebender Mann, war er der Beschützer der französischen

Akademie, ehe diese freie Körperschaft, die aus den ersten Großen und den ersten Schriftstellern des Landes bestand, in die Lage kam, nur den König zum Protektor zu haben. Gestorben 1672 im Alter von vierundachtzig Jahren.

Claude Le Boutillier, von 1632 an Oberintendant im Verein mit *Claude de Bullion*, von 1640 an allein. Er war der erste, der die Schatzungen durch die Intendanten auflegen ließ. Er trat 1643 vom Amt zurück und starb 1652.

Nicolas Bailleul, Marquis von Château-Gontier, Präsident des Parlaments und von 1643 bis 1648 Oberintendant der Finanzen. Gestorben 1652. Er war in den Sachwaltergeschäften bewanderter als im Finanzfach und hatte den durch seine Veruntreuungen bekannten *Particelli*, genannt Emeri, als Generalkontrollor unter sich.

Dieser Emeri war der Sohn eines Bauern aus der Gegend von Siena und von Kardinal Mazarin angestellt worden. Er äußerte, die Finanzminister wären nur dazu da, um verflucht zu werden. Emeri erfand eine große Menge neuer Steuern und neuer Ämter, wie z.B. die geschworenen Meister des Kohlenmesser- und Kohlenträgergewerbes, des Holzstapler-, Holzsetzer- und Holzträgerhandwerks, die ersten Aufseher über die Schatzung, über die Brücken und Wege, über den Sou vom Livre, über die Gehaltserhöhungssteuer, die Strafgelderkontrolleure, die Gewürzkontrolleure usw.

Dieser Emeri wurde 1648 Oberintendant; einige Monate später aber opferte man ihn dem öffentlichen Hass und schickte ihn in die Verbannung.

Während der Entfernung Emeris trat 1648 der Marschall *Herzog von La Meilleraye* an seine Stelle. Man hatte schon früher Kriegsleute in diesem Amt gesehen. Der Marschall besaß zwar die Redlichkeit des Herzogs von Sully, nicht aber dessen Hilfsquellen. Er trat sein Amt in der schwierigsten Zeit an, während Sully erst nach dem Bürgerkrieg Oberintendant geworden war. Der Marschall unterwarf alle Bankiers und Zollpächter einer Besteuerung; aber nun machten die meisten bankrott, und man fand kein Geld mehr. Er legte daher 1649 die Oberintendanz nieder und starb 1664.

Unmittelbar nach dem Rücktritt des Marschalls übernahm Emeri die Oberintendanz von neuem. Ein Italiener namens Tonti erfand damals die Anleihen auf Leibrenten, eine in mehrere Klassen eingeteilte Rente, die dem Letztlebenden jeder Klasse ausgezahlt wird. Man nannte diese Renten nach dem Namen ihres Erfinders »Tontinen«. Diese beliefen sich auf 1.125.000 Livre jährlich, was für den Letztlebenden ein unermessliches Einkommen ergab. Diese Erfindung belastet den Staat für ein Jahrhundert, ist aber weniger drückend als die ewigen Renten, die ihn für immer belasten. Emeri starb 1650.

Claude de Mesmes, Graf von Avaux, aus einem alten Geschlecht des Guienne, ein gebildeter Mann, der Witz und Anmut mit umfangreichem Wissen vereinte, war neben Servien Bevollmächtigter gewesen und ebenso beliebt bei den Unterhändlern, wie Servien gefürchtet war. Er wurde 1650 zum Oberintendanten ernannt, starb aber noch im selben Jahr. *Charles, Herzog von La Vieuville*, derselbe, den Kardinal Richelieu 1624 aus dem Rat stoßen und auf das Schloss von Amboise hatte bringen lassen, und der aus diesem Schloss entwichen, nach England entflohen und »in contumaciam« zum Tode verurteilt worden war. Er wurde 1651 zum Herzog und Pair erhoben und gleichzeitig zum Oberintendanten ernannt. Gestorben 1653.

René de Longueil, Marquis de Maisons, Präsident »à mortier«, wurde 1651 zum Oberintendanten ernannt, bekleidete diese Stelle aber nur ein Jahr lang. Wie gewöhnlich erzählt wird, erbaute er während dieses Jahres das Schloss Maisons, das eines der schönsten in Europa ist – in Wirklichkeit wurde es aber ein Jahr vorher erbaut. Das Gebäude ist der erste Versuch und zugleich das Meisterstück François Mansards, der damals ein junger Mensch und einfacher Maurer war.

Es läuft über diesen Bau eine merkwürdige Anekdote um, die mehrere Personen gleich mir vom Enkel des Oberintendanten gehört haben. Das heute niedergerissene Haus des Oberintendanten bildete eine Sackgasse in der Rue des Provaires. Als er nun eines Tages in einem kleinen Keller nachgraben ließ, fand man darin viertausend Goldstücke mit dem Stempel Karls IX.; mit diesem Geld soll das Schloss Maisons erbaut worden sein. René de Longueil starb 1677.

Die Oberintendanten folgten, wie man sieht, während der Unruhen ziemlich schnell aufeinander.

Abel Servien wurde, nachdem er im Verein mit dem Herzog von Longueville und dem Grafen von Avaux den Westfälischen Frieden abgeschlossen und die meiste Ehre dabei eingelegt hatte, 1653 mit *Nicolas Fouquet* zum Oberintendanten ernannt und verwaltete dieses Amt bis zu seinem Tod im Jahre 1659; doch hatte Fouquet stets die Oberleitung.

Nicolas Fouquet, Marquis von Belle-Isle, bekleidete das Amt eines Oberintendanten der Finanzen von 1653 an, obwohl er Generalprokurator des Parlaments von Paris war. In den ersten Auflagen des ›Zeitalters

Ludwigs XIV.‹ ist aus Versehen die Angabe stehen geblieben, dass er »achtzehnhundert Tausend Franc« für den Bau seines Palastes von Vaux, des heutigen Villars, ausgegeben habe. Das ist ein Druckfehler: Er verschwendete an diesen Bau »achtzehn Millionen« nach dem Geld seiner Zeit, was nach heutigem Geld über sechsunddreißig Millionen ergeben würde.

Kardinal Mazarin ließ sich nach seiner Rückkehr im Jahre 1653 jährlich vom Oberintendanten dreiundzwanzig Millionen für geheime Ausgaben zustellen. Er kaufte zu niedrigem Preis alte, in Verruf gekommene Anweisungen auf und ließ sich dafür den vollen Nennwert auszahlen. Das stürzte Fouquet ins Verderben. Nie war ein Verschwender königlicher Gelder edelsinniger und hochherziger als dieser Oberintendant, nie hatte ein Mann in Amt und Würden mehr persönliche Freunde, und nie wurde ein Verfolgter in seinem Unglück besser und hingebender unterstützt. Dessen ungeachtet wurde er 1664 durch eine Kommission zu ewiger Verbannung verurteilt und starb unbekannt 1680.

Nach seinem Sturz wurde die Stelle eines Oberintendanten nicht wieder besetzt.

Unter den Oberintendanten standen Generalkontrollore. Zu dieser Stellung erhob Kardinal Mazarin einen Calvinisten aus Augsburg namens *Barthélemy Hervart*, der sein Bankier war. Dieser Hervart hatte der Krone in der Tat die größten Dienste geleistet. Er brachte nach dem Tod des Herzogs Bernhard von Sachsen-Weimar dessen Heer an Frankreich, indem er die nötigen Gelder hergab. Er erhielt dieses Heer und eine Anzahl anderer Regimenter im Gehorsam gegen den König, als der Vicomte de Turenne es 1648 zum Abfall verleiten wollte; er streckte dabei 250.0000 Livre nach damaligem Geld vor, um es bei seiner Pflicht zu erhalten. Das waren zwei äußerst wichtige Dienste, die zugleich beweisen, dass man nur mit Geld Gebieter ist. Als der Oberintendant Fouquet verhaftet wurde, lieh Hervart dem König abermals zwei Millionen. Er spielte aber gern hohes Spiel und verlor nicht selten in einer einzigen Sitzung hunderttausend Taler. Diese Verschwendung verhinderte, dass er die erste Stelle in der Finanzverwaltung erhielt; der König schenkte mit Recht Colbert größeres Vertrauen. Hervart starb als einfacher Staatsrat im Jahre 1676.

Seine Familie verließ nach der Aufhebung des Edikts von Nantes das Königreich und nahm unermessliche Schätze mit ins Ausland.

Staatssekretäre und Generalkontrollore der Finanzen

Henri Auguste de Loménie, Graf von Brienne, hatte während der Minderjährigkeit Ludwigs XIV. die Abteilung für die auswärtigen Angelegenheiten unter sich. Sein Stolz schadete ihm nicht, weil er auf einer ehrenhaften Gesinnung beruhte. Wir haben lehrreiche ›Denkwürdigkeiten‹ von ihm. Gestorben 1666.

François Sublet des Royers trat 1643 vom Amt zurück und starb 1645.

Claude Le Boutillier de Chavigny hatte die Abteilung für den König. Gestorben 1652.

Louis Phelippeaux, Marquis de La Vrillière, stand der Abteilung für das Innere vor. Gestorben 168.

Louis Phelippeaux, sein Sohn, erhielt zwar zu Lebzeiten seines Vaters die Antwartschaft auf dessen Stelle, diese wurde aber einem anderen seiner Kinder, Balthasar Phelippeaux, verliehen, der einen zweiten *Louis Phelippeaux*, seinen Sohn, zum Nachfolger hatte. *Balthasar Phelippeaux*, 1669 mit der Antwartschaft versehen, trat 1676 sein Amt an und starb 1700. Alle drei waren wegen ihrer Tugenden geachtet und wegen ihrer Milde beliebt. Diese Staatssekretärstelle ist ununterbrochen 165 Jahre in der Familie Phelippeaux geblieben, nämlich von *Paul Phelippeaux* an, der 1610 zum Staatssekretär ernannt wurde, bis zu *Louis Phelippeaux*, *Herzog von La Vrillière*, der 1775 vom Amt zurücktrat.

Henri Louis de Loménie, Graf von Brienne, ein Sohn Henri Augustes, besaß zwar die Regsamkeit seines Vaters, nicht aber dessen übrige Vorzüge. Nachdem er mit sechzehn Jahren zum Staatsrat ernannt und für die auswärtigen Angelegenheiten bestimmt worden war, bereiste er zu seiner Ausbildung Deutschland und kam bis nach Finnland; er hat eine lateinische Beschreibung dieser Reise herausgegeben. Mit dreiundzwanzig Jahren trat er sein Amt als Staatssekretär des Auswärtigen an. Der Verlust seiner Frau, Henriettes von Chavigny, erfüllte ihn jedoch mit solcher Schwermut, dass sein Verstand darunter litt und man genötigt war, ihn von der Gesellschaft abzuschließen. Sein restliches Leben war sehr traurig. In den neueren historischen Wörterbüchern ist seinem Andenken arg mitgespielt worden – man hätte Mitleid mit seinem Zustand und Achtung vor seinem Namen hegen sollen.

Hugues, Marquis de Lyonne, aus einem alten Geschlecht des Dauphine, verwaltete das Auswärtige bis zum Jahre 1670. Es sind ›Denkwürdigkeiten‹ von ihm vorhanden. Er war ein ebenso arbeitsamer wie liebenswürdiger Mann. Sein Sohn hatte zwar die Antwartschaft auf seine Stelle erhalten, diese wurde aber beim Tod des Vaters dem Herrn von Pomponne übertragen. Er starb im Jahre 1671.

Jean Baptiste Colbert schwang sich einzig durch sein Verdienst hervor. Er wurde Intendant Kardinal Mazarins, und da er sich eine gründliche Kenntnis aller Teile der Regierung und besonders der Finanzen angeeignet hatte, so wurde er bei dem elenden Zustand, in den Kardinal Mazarin, der Oberintendant Fouquet und noch mehr die unglücklichen Zeiten die Finanzen versetzt hatten, ein unentbehrlicher Mann. Ludwig XIV. arbeitete insgeheim mit ihm, um sich zu unterrichten. Er stürzte im Einverständnis mit Le Tellier, der damals Staatssekretär war, den Oberintendanten Fouquet, brachte aber diese bedauerliche Feindseligkeit in Vergessenheit durch die unwandelbare Ordnung, die er bei der Finanzverwaltung einführte, und durch andere Dienste, die nie vergessen werden dürfen. Er wurde 1664 Generalkontrollor. Man darf ihn als Begründer des Handels und Beschützer aller Künste und Gewerbe ansehen; dabei hat er keineswegs den Ackerbau vernachlässigt, wie ihm in einer großen Anzahl neuerer Schriften nachgesagt wird. Seinem Genie und seiner Sorgfalt konnte diese wesentliche Grundlage des Nationalwohlstands nicht entgehen. Vielleicht kann man ihm nur seine Willfährigkeit gegen das Vorurteil zum Vorwurf machen, demzufolge der Getreidehandel mit dem Ausland eingeschränkt wurde. Colbert starb 1685.

Jean Baptiste Colbert, Marquis von Seignelay, der Sohn des vorigen, besaß einen noch umfassenderen, glänzenderen und entwickelteren Geist als sein Vater. Er war Staatssekretär der Marine, die er zur größten Europas erhob. Gestorben 1690.

Charles Colbert de Croissy, der Bruder des großen Colbert, wurde nach mehreren glorreich durchgeführten Gesandtschaften 1679 Staatssekretär des Auswärtigen. Er folgte zwar erst auf Arnauld de Pomponne, wir führen ihn jedoch an dieser Stelle an, um die Reihe der Colberts nicht zu unterbrechen. Gestorben 1696.

Jean Baptiste Colbert, Marquis de Torcy, der Sohn des vorigen, Staatssekretär des Auswärtigen nach dem Tod seines Vaters. Er vereinte mit der Rechtlichkeit eine große Gewandtheit, gab nie ein Versprechen, das er nicht gehalten hätte, und wurde im Ausland geliebt und geachtet. Gestorben 1746.

Simon Arnauld de Pomponne, Sekretär des Auswärtigen seit 1671, ein gelehrter und geistreicher Mann wie beinahe alle Arnaulds. Er liebte die Gesellschaft und zog bisweilen ihre Annehmlichkeiten den Geschäften vor; er wurde deshalb 1679 entlassen und durch den Marquis von Croissy ersetzt, war also nicht sein ganzes Leben über Staatssekretär, wie die neuen historischen Wörterbücher behaupten. Doch der König beließ ihm den Titel eines Staatsministers mit der Befugnis, dem Ministerrat beizuwohnen, von welcher Befugnis er indessen keinen Gebrauch machte. Gestorben 1699.

Michel Le Tellier, der spätere Kanzler, Staatssekretär bis zum Jahre 1666.

François Michel Le Tellier, Marquis de Louvois, der größte Kriegsminister, der bis dahin aufgetreten war, Staatssekretär seit dem Jahre 1666. Er wurde vom König, vom Volk und vom Hof mehr geachtet als geliebt. Wie Colbert hatte er das Glück, Nachkommen zu haben, die seinem Geschlecht Ehre machten und sogar Marschälle von Frankreich wurden. Es ist nicht wahr, dass er nach dem Herauskommen aus einer Ratssitzung jählings gestorben sei, wie in zahllosen Schriften und Wörterbüchern behauptet worden ist. Er gebrauchte die Bäder von Balaruc, wollte aber neben der Kur seine Arbeiten fortsetzen; diese unzeitige Arbeitswut verursachte im Jahre 1691 seinen Tod.

Louis François Le Tellier, Marquis de Barbezieux, der Sohn des Marquis de Louvois, wurde Staatssekretär des Krieges nach dem Ableben seines Vaters. Ein noch junger Mann, zog er anfangs das Vergnügen und den Prunk der Arbeit vor. Gestorben 1701 im Alter von dreiunddreißig Jahren.

Claude Le Pelletier, Präsident der Requêtenkammer, Vorsteher der Kaufmannschaft, ein bescheidener, die Zurückgezogenheit liebender Ehrenmann, arbeitete am Kodex des kanonischen Rechts. Dieses Studium schien ihn nicht zum Nachfolger des großen Colbert zu empfehlen, aber dessenungeachtet wurde er 1683 dazu ernannt. Als man Ludwig XIV. darauf aufmerksam machte, dass er nicht für dieses Amt geeignet sei, weil er nicht hart genug wäre, erwiderte der König: »Eben deshalb wähle ich ihn.« Er verließ das Ministerium und den Hof nach sechs Jahren. Seine ganze Familie war gleich ihm wegen ihrer Rechtlichkeit berühmt. Gestorben 1711.

Louis Phelippeaux, Graf von Pontchartrain, der spätere Kanzler, war zunächst erster Präsident des Parlaments der Bretagne, wurde dann 1690 nach dem Rücktritt des Generalkontrollors Le Pelletier Generalkontrollor der Finanzen und noch im selben Jahr nach dem Tod des Marquis de Seignelay Staatssekretär. Auf den Rat des Abbé Bignon stellte er alle Akademien – mit Ausnahme der Französischen Akademie, die einzig vom König abhängig war – unter die Staatssekretäre.

Jérôme Phelippeaux, Graf von Pontchartrain, ein Sohn des vorigen, wurde noch zu Lebzeiten seines Vaters, des Kanzlers, Staatssekretär, vom Herzog von Orléans aber nach dem Tod Ludwigs XIV. seines Amtes enthoben.

Michel Chamillart, Staatsrat, Generalkontrollor der Finanzen seit 1699, Staatssekretär des Krieges seit 1701, ein gemäßigter und milder Charakter, vermochte bei den schweren Zeiten diese beiden Bürden nicht zu tragen und war bald genötigt, zurückzutreten. Sein Sohn, der die Antwartschaft auf das Amt des Kriegsministers hatte, gab 1709 gleichzeitig mit seinem Vater seine Entlassung. Chamillart starb 1721.

Daniel François Voysin, Staatssekretär des Krieges seit 1709, verwaltete dieses Amt, obwohl er 1714 Kanzler wurde, bis zum Tod Ludwigs XIV.

Nicolas Desmarets, der 1708 zum Generalkontrollor ernannt wurde, ein eifriger, arbeitsamer, intelligenter Beamter, vermochte die Wunden nicht zu heilen, die der Krieg dem Land geschlagen hatte. Nach dem Tod Ludwigs XIV. wurde er entlassen. Bei seinem Abgang überreichte er dem Regenten eine Verteidigung seiner Verwaltung, die inzwischen gedruckt worden ist. Er spricht darin mit Freimut von den an sich unrechtmäßigen Kunstgriffen, zu denen er durch die Not der Zeit gezwungen wurde, um größerem Unglück und größeren Unbilligkeiten vorzubeugen. Diese Denkschrift beweist, dass er Talente, viel Bescheidenheit und gute Absichten hatte. Man darf sie als Muster der einfachen, edlen, achtungsvollen und entschiedenen Weise betrachten, die einem Minister geziemt, der genötigt ist, über seine Verwaltung Rechenschaft zu geben. Er wurde dem öffentlichen Hass geopfert; seine Nachfolger aber ließen ihn vermissen. Gestorben 1721.

Verzeichnis der meisten französischen Schriftsteller, die im Zeitalter Ludwigs XIV. auftraten, als Beitrag zur Literaturgeschichte jener Zeit

Abadie oder Labadie (Jean), geboren im Guienne im Jahre 1610, zuerst Jesuit, dann Jansenist, dann Protestant, wollte schließlich eine eigene Sekte stiften und sich mit Antoinette Bourignon verbinden, die ihm jedoch erwiderte, jeder hätte seinen eigenen Heiligen Geist und der ihre wäre dem Heiligen Geist Abadies bei weitem überlegen. Wir haben einunddreißig Bände voll Schwärmereien von ihm und gedenken seiner hier nur, um die Verblendung des menschlichen Geistes zu zeigen; dessen ungeachtet hatte er Schüler. Gestorben in Altona im Jahre 1674.

Abbadie (Jacques), geboren im Béarn im Jahre 1658, berühmt durch seine ›Abhandlung über die christliche Religion‹, beeinträchtigte aber den Ruf dieses Werkes durch seine ›Eröffnung der sieben Siegel‹. Gestorben in Irland im Jahre 1727.

Ablancourt (Nicolas Perrot d'), aus einer alten Beamtenfamilie von Paris, geboren 1606 in Vitry, eleganter Übersetzer, dessen Übersetzungen man »die schönen Ungetreuen« nannte. Gestorben in Armut und Elend im Jahre 1664.

Achery (Luc d'), Benediktiner, ein hervorragender und scharfsinniger Kompilator, geboren 1608, gestorben 1685.

Alexandre (Noël), geboren in Rouen im Jahre 1639, Dominikanermönch, schrieb viele theologische Werke und stritt mit den Jesuiten, die aus China zurückkamen, viel über die religiösen Bräuche der Chinesen. Gestorben 1724.

Amelot de La Houssaie (Nicolas), geboren in Orléans im Jahre 1634. Seine Übersetzungen mit politischen Anmerkungen und seine Geschichtswerke sind sehr gesucht, seine Abhandlungen nach alphabetischer Ordnung aber höchst mangelhaft. Er war der erste, der Näheres über die venezianische Regierung mitteilte. Seine Geschichte erregte das Missfallen des Senats, der noch in dem alten Vorurteil befangen war, dass es politische Geheimnisse gäbe, die nicht enthüllt werden dürfen. Man hat inzwischen eingesehen, dass es kein solches Geheimnis mehr gibt und dass die Politik darin besteht, Geld zu haben und tüchtige Heere zu unterhalten. Amelot übersetzte und erläuterte Machiavellis ›Buch vom Fürsten‹, ein Werk, das den kleinen Souveränen, die einander kleine, schlecht regierte Ländchen streitig machten, lange Zeit teuer war, in einer Zeit jedoch, wo zahlreiche, wohlgerüstete Mächte den Ehrgeiz der Kleinen im Zaum halten, überflüssig geworden ist. Amelot hielt sich für den größten Politiker Europas; dessen ungeachtet vermochte er sich nie aus der Dürftigkeit emporzuarbeiten und starb im Elend: Er war Politiker nur dem Geist, nicht aber auch dem Charakter nach. Gestorben 1706.

Amelotte (Denis), geboren im Saintonge im Jahre 1606, Priester vom Oratoriurn, ist hauptsächlich durch eine ziemlich gute Übersetzung des Neuen Testaments bekannt. Gestorben 1678.

Amontons (Guillaume), geboren in Paris im Jahre 1663, ausgezeichneter Mechaniker, gestorben 1699.

Ancillon (David), geboren in Metz im Jahre 1617, sowie sein Sohn Charles Ancillon, der 1715 in Berlin starb; beide Calvinisten, haben sich einigen Ruf in der Literatur erworben.

Anselme, Augustinermönch, ist der erste, der eine genealogische Geschichte der großen Beamten der Krone geliefert hat, die von Du Fourni, Auditor bei der Rentkammer, fortgesetzt und vermehrt worden ist. Man hat eine sehr unklare Vorstellung über diese höheren Ämter. In der Regel meint man, alle diejenigen seien höhere Kronbeamte, die das Wörtchen »Groß-« in ihrem Titel führen, wie z.B. Großstallmeister, Großmundschenk usw. Aber der Connétable, die Marschälle, der Kanzler sind ebenfalls höhere Kronbeamte und haben doch nicht das »Groß-« im Titel, während andere, die es haben, nicht für höhere Kronbeamte gelten. Die Hauptleute der Leibwache, die ersten Kammerjunker sind in Wirklichkeit höhere Kronbeamte geworden, werden aber von Pater Anselme nicht aufgeführt. Auf diesem Gebiet ist überhaupt noch nichts unumstößlich festgestellt worden, und es herrscht über die Rechte und die Titel in Frankreich ebenso viel Verwirrung und Unsicherheit, wie in der französischen Verwaltung Ordnung und Klarheit herrscht. Pater Anselme starb 1694.

Arnauld (Antoine), der zwanzigste Sohn dessen, der vor dem Parlament gegen die Jesuiten plädierte, Doktor der Sorbonne, geboren im Jahre 1612. Nichts ist bekannter als seine Beredsamkeit, seine Gelehrsamkeit und seine Streitigkeiten, die ihn so berühmt und gleichzeitig so unglücklich machten – wenigstens wenn man nach der landläufigen Meinung in der Verbannung und der Armut ein Unglück sieht, ohne den Ruhm, die Freunde und ein gesundes Alter in Rechnung zu ziehen, die das Glück dieses berühmten Mannes ausmachten. Im Supplement zum Lexikon Moréris wird berichtet, dass Arnauld, um die Gunst des Hofs zu gewinnen, im Jahre 1689 unter dem Titel ›Das wahre Konterfei Wilhelm Heinrichs von Nassau, des neuen Absalon, Herodes, Cromwell und Nero‹ ein Pamphlet gegen König Wilhelm schrieb. Diese Schreibweise, die dem Stil von Pater Garasse ähnelt, erinnert kaum an Arnauld, der niemals daran dachte, dem Hof zu schmeicheln. Ludwig XIV. würde ein Buch mit einem so plumpen Titel schlecht genug aufgenommen haben, und diejenigen, die jenes Werk und jene Absicht dem berühmten Arnauld zuschreiben, wissen nicht, dass man überhaupt mit Büchern bei Hof kein Glück hatte. Arnauld starb in Brüssel im Jahre 1694.

Der Verfasser des ›Historisch-literarisch-kritisch-jansenistischen Wörterbuchs‹ erzählt im Artikel ›Arnauld‹ sogleich nach dem Erscheinen seines Buches über den ›Häufigen Genuss des heiligen Nachtmahls‹ »erbebte die Hölle davon, und der Jesuit Nouet machte den ersten Angriff«. Es ist schwer, genau in Erfahrung zu bringen, welcher Ansicht die Hölle über ein neues Buch ist, und was die Menschen anlangt, so haben sie Pater Nouet vollständig vergessen. Allerdings sind die meisten polemischen Schriften Arnaulds heute nicht mehr bekannt: Das ist das Los beinahe aller Disputationen. Das ›Historisch-literarisch-kritisch-janesenistische Wörterbuch‹ erhitzt sich ein wenig gegen diese Wahrheit – es hat recht –, aber der Verfasser hätte wissen sollen, dass alle anlässlich der theologischen Zänkereien vorgebrachten Verlästerungen heutzutage ebenso verachtet werden wie jene Zänkereien selbst – und das will viel sagen!

Arnauld d'Andilly (Robert), ein älterer Bruder des vorigen, geboren 1588, war einer der hervorragendsten Schriftsteller von Port-Royal. Im Alter von fünfundachtzig Jahren überreichte er Ludwig XIV. seine Übersetzung des ›Josephus‹, die unter allen seinen Werken das geschätzteste ist. Er war der Vater des Staatsministers Simon Arnauld, Marquis von Pomponne; dieser Minister vermochte aber weder die Streitereien noch die Ungnade seines Oheims, des Doktors der Sorbonne, zu verhindern. Gestorben 1674.

Aubignac (François d'), geboren 1604, hatte nie einen anderen Lehrer als sich selbst. Als Diener Kardinal Richelieus war er ein Gegner Corneilles. Seine ›Praktische Bühnenkunde‹ wird wenig gelesen, und durch sein Trauerspiel ›Zenobia‹ bewies er, dass Kenntnisse das Talent nicht zu ersetzen vermögen. Gestorben 1676.

Auberi (Antoine), geboren 1616. Man hat von ihm die Lebensbeschreibungen der Kardinäle Richelieu und Mazarin – mittelmäßige Werke, die indessen viel Lehrreiches enthalten. Er war der erste, der den Betrug des Verfassers des ›Politischen Testaments des Kardinals von Richelieu‹ aufdeckte. Gestorben 1695.

Aulnoy (Gräfin d') erwarb sich einigen Ruf durch ihre ›Reise‹ und ihre ›Spanischen Denkwürdigkeiten‹ und durch einige leicht und fließend geschriebene Romane. Gestorben 1705.

Avigny (d'), Jesuit, Erfinder einer neuen Art der Geschichtsschreibung. Man hat von ihm ›Chronologische Annalen von 1601 bis 1715‹. Man findet darin die wichtigeren Begebenheiten in Europa gründlich erörtert und in kurzen Worten dargestellt. Die Zeitangaben sind genau und zutreffend. Nie hat jemand das Wahre, das Falsche und das Zweifelhafte besser auseinanderzuhalten verstanden. Er hat auch ›Geistliche Denkwürdigkeiten‹ geschrieben, diese sind aber leider vom Parteigeist beeinflusst worden. Er und Marcel sind inzwischen durch die ›Chronologische Geschichte Frankreichs‹ des Präsidenten Hénault verdunkelt worden – ein Werk, das gleichzeitig das kürzeste und erschöpfendste seiner Art und das bequemste für den Leser ist.

Baillet (Adrien), berühmter Kritiker, geboren 1649 in der Gegend von Beauvais, gestorben 1706.

Baluze (Etienne) aus dem Limousin, geboren 1630. Er veranstaltete die Sammlung der Manuskripte der Bibliothek Colberts und arbeitete bis zu einem Alter von achtundachtzig Jahren. Man verdankt ihm sieben Bände Denkmäler der alten Literatur. Er wurde verbannt, weil er für die Ansprüche des Kardinals von Bouillon aufgetreten war, der sich für unabhängig vom König hielt und sein Recht darauf gründete, dass er aus einem souveränen Geschlecht stammte und in der Herrschaft Sedan geboren worden war, bevor die Abtretung der Herrschaft und Souveränität an den König erfolgte. Gestorben 1718.

Balzac (Jean Louis), geboren 1594, ein beredter Mann und der erste, der einen Preis für Beredsamkeit stiftete. Er erhielt die königliche Bestallungsurkunde als Historiograph von Frankreich und Staatsrat, welche Würden er als »glänzende Kleinigkeiten« bezeichnete. Die französische Sprache ist ihm großen Dank schuldig: Er war der erste, der der Prosa Wohlklang und Harmonie verlieh. Er erfreute sich zu seinen Lebzeiten eines solchen Rufs, dass ein gewisser Goulu, ein Ordensgeneral der Feuillantiner, zwei Bände Schmähungen gegen ihn schrieb. Gestorben 1654.

Baratier, vielleicht das seltsamste unter allen berühmten Kindern. Obgleich in Deutschland geboren, muss Baratier doch zu den Franzosen gerechnet werden. Sein Vater war ein flüchtiger Prädikant. Er verstand mit sechs Jahren das Griechische und mit neun Jahren das Hebräische. Wir verdanken ihm die Übersetzung der Reisen des Juden Benjamin de Tudelle mit bemerkenswerten Erörterungen darüber. Auch in Geschichte, Philosophie und Mathematik besaß der junge Baratier bereits bedeutende Kenntnisse. Er setzte alle in Erstaunen, die ihn während seines Lebens kennenlernten, und wurde bei seinem Tod von ihnen bedauert: Er starb bereits im Alter von nur neunzehn Jahren. Allerdings arbeitete auch der Vater viel an den Werken dieses Wunderkindes.

Barbeyrac (Jean), geboren in Béziers im Jahre 1674, reformierter Religion, Professor der Rechte und der Geschichte in Lausanne, Übersetzer und Kommentator Pufendorfs und Grotius'. Wie es scheint, sind jene Abhandlungen über das ›Völkerrecht‹ und über das ›Recht des Kriegs und des Friedens‹, obwohl sie nie zu einem Friedensvertrag oder einer Kriegserklärung beigetragen noch je das Recht eines Menschen gesichert haben, ein Trost für die Völker bei den Übeln, die die Politik und die Gewalt über sie heraufbeschworen haben. Sie geben den Begriff der Gerechtigkeit, gerade wie es von den berühmten Personen Porträts gibt, die man nicht von Angesicht zu Angesicht sehen kann. Seine Vorrede zu Pufendorf verdient gelesen zu werden; er weist darin nach, dass die Moral der Kirchenväter weit unter der der neueren Philosophen steht. Gestorben 1729.

Barbier d'Aucour (Jean), bei den Jesuiten unter dem Namen »Advokat Sacrus« und in der gebildeten Welt durch seine ›Kritik der Unterhaltungen des Pater Bouhours‹ sowie durch sein ausgezeichnetes Plädoyer für einen unschuldig gefolterten und an den Folgen verstorbenen Mann bekannt. Er wurde lange von Colbert unterstützt, der ihn zum Aufseher über die königlichen Gebäude machte; nachdem er aber diesen Gönner verloren hatte, starb er im Elend im Jahre 1694.

Barbier (Fräulein) schrieb einige Trauerspiele.

Baron (Michel). Man glaubt nicht, dass die Stücke, die er unter seinem Namen ins Theater brachte, wirklich von ihm stammen. Weit anerkannter sind seine Verdienste um die Vollkommenheit der Schauspielkunst, eine Vollkommenheit, die äußerst selten ist und nur ihm eigen war. Diese Kunst erfordert alle Gaben der Natur, viel Verständnis, unablässige Arbeit, ein unerschütterliches Gedächtnis und vor allem jenes seltene Vermögen, sich völlig in die Person umzuwandeln, die man darstellt. Und doch wagt man diese Kunst hartnäckig als unehrlich zu betrachten! Die Prediger wohnten nicht selten der Komödie in einer vergitterten Loge bei, um Baron zu studieren, und gingen dann hin, um gegen die Komödie zu eifern. Noch heute aber ist es Brauch, dass die Beichtiger von den sterbenden Schauspielern den Verzicht auf ihren Beruf verlangen.

Baron hatte im Jahre 1791 das Theater aus Verdruss verlassen. Er betrat aber die Bühne 1720, im Alter von achtundsechzig Jahren, von neuem und wurde noch bis zum Jahre 1729 auf ihr bewundert; er war damals nahe an achtundsiebzig Jahre alt. Er zog sich nun abermals zurück und starb noch im selben Jahr mit der feierlichen Versicherung, er habe nie das geringste Bedenken gehegt, dem Publikum die genialen und tief sittlichen Meisterwerke der großen Dichter der Nation vorzutragen, und nichts sei ungereimter, als den mündlichen Vortrag dessen, was zu schreiben glorreich ist, für eine schmähliche Beschäftigung anzusehen.

Barreaux (Jacques de La Vallée, Seigneur Des) ist den Leuten von Bildung und Geschmack durch mehrere gefällige Gedichte in der Weise Sarafins und Chapelles bekannt. Er war Parlamentsrat. Gelangweilt von einem Prozess, bei dem er Berichterstatter war, bezahlte er den Kläger aus seiner eigenen Tasche, warf die Akten ins Feuer und legte sein Amt nieder. Seine kleinen Gedichte findet man noch heute in den Händen der Liebhaber: Sie sind alle ziemlich keck. Die öffentliche Meinung sah ihn für den Verfasser eines ebenso mittelmäßigen wie berühmten Sonetts an, das mit den Versen schloss:

Tonne, frappe, il est temps: rendsmoi guerre pour guerre.
J'adore en périssant la raison qui t'aigrit:
Mais dessus quel endroit tombera ton tonnerre,
Qui ne soit tout couvert du sang de Jésus Christ?

Auf, schleud're deinen Strahl herab vom hohen Sitze!
Ich ehr' im Sterben noch die Gründe deiner Wut.
Wo aber träf' auf Erden einer deine Blitze
Je einen Ort, den nicht gefeit des Heilands Blut?

Es ist durchaus falsch, dass dieses Sonett von Des Barreaux herrührt – er war vielmehr äußerst entrüstet darüber, dass man es ihm zuschrieb. Es ist vom Abbé de Lavau, der damals jung und unbesonnen war; ich habe den Beweis dafür in einem Brief Lavaus an den Abbé Servien gefunden. Des Barreaux starb 1673.

Basnage (Jacques), geboren in Rouen im Jahre 1653, reformierter Religion und Pastor im Haag, war eher zum Staatsdiener als zum Diener des Worts geschaffen. Von allen seinen Schriften sind seine ›Geschichte der Juden‹, die ›Geschichte der Vereinigten Provinzen‹ und die ›Kirchengeschichte‹ die geschätztesten. Die Schriften über Fragen der Zeit verschwinden mit diesen Fragen, während die Werke von allgemeiner Nützlichkeit fortbestehen. Gestorben 1723.

Basnage de Beauval (Henri) aus Rouen, Advokat und mehr noch Philosoph, lebte in Holland und schrieb ›Über die religiöse Duldsamkeit‹. Er war sehr arbeitsam, und man verdankt ihm eine vermehrte Ausgabe des ›Wörterbuchs von Furetière‹. Gestorben 1710.

Bassompierre (François, Marschall von). Obschon seine ›Denkwürdigkeiten‹ noch dem vorhergehenden Zeitalter angehören, darf er doch hier angeführt werden, da er erst 1646 starb.

Baudrand (Michel), geboren 1633 in Paris, Geograph, als solcher aber weniger geschätzt als Sanson. Gestorben 1700.

Bayle (Pierre), geboren 1647 in Le Carla in der Grafschaft Foix, zog sich mehr als Philosoph denn als Calvinist nach Holland zurück und wurde zu seinen Lebzeiten von Jurieu und nach seinem Tod von den Feinden der Philosophie verfolgt. Dieser Gelehrte, den Louis Racine einen »entsetzlichen Menschen« nennt, gab seinen Überfluss den Armen, und als Jurieu ihn um sein Jahresgehalt gebracht hatte, wies er eine Erhöhung seines Honorars zurück, das sein Verleger Reiniers Leers ihm anbot. Hätte er vorausgesehen, wie sehr sein ›Historischkritisches Wörterbuch‹ gesucht werden würde, so würde er es durch Ausscheidung der unbekannten und Vermehrung der berühmteren Namen noch nützlicher gemacht haben. Er ist besonders durch seine ausgezeichnete Weise der Schlussfolgerung empfehlenswert – nicht durch seine Schreibweise, die nur zu oft weitschweifig, locker, fehlerhaft und von einer Nachlässigkeit ist, die bisweilen bis zum Gemeinen herabsinkt. Bayle war mehr ein bewundernswürdiger Dialektiker, als ein tiefer Denker: Naturwissenschaftliche Kenntnisse besaß er nahezu gar nicht. Die Entdeckungen des großen Newton waren ihm unbekannt. Beinahe alle seine philosophischen Artikel gehen von einem Kartesianismus aus oder bekämpfen einen Kartesianismus, der nicht mehr besteht. Er kannte keine andere Definition des Stoffs als die Ausdehnung. Die Erkenntnis oder Mutmaßung der übrigen Eigenschaften der Materie hat endlich die wahre Philosophie ins Leben gerufen. Man hat neue Beweise und neue Zweifel erhalten, so dass der Skeptiker Bayle in mehr als einer Hinsicht noch nicht skeptisch genug ist. Bayle lebte und starb als Philosoph. Des Maizeaux hat sein Leben in einem dicken Band beschrieben; es brauchte aber nur sechs Seiten einzunehmen, denn das Leben eines Stubengelehrten sind seine Schriften. Gestorben 1706.

Man darf nie die Verfolgung übergehen, die der fanatische Jurieu in einem freien Land gegen diesen Philosophen anzettelte. Er hetzte unter verschiedenen Vorwänden, besonders aber wegen des berühmten Artikels über den König David das calvinistische Konsistorium gegen ihn auf. Bayle hatte mit kräftigen Worten auf die Ausschweifungen, die Verrätereien und die Grausamkeiten hingewiesen, die dieser jüdische Fürst zu der Zeit begangen hatte, wo die Gnade Gottes ihn verließ. Es wäre nicht unpassend für jenes Konsistorium gewesen, wenn es Bayle zur Lobpreisung dieses jüdischen Königs angehalten hätte, der eine so schöne Buße tat und der von Gott erlangte, dass siebzigtausend seiner Untertanen an der Pest starben zur Sühne für das Verbrechen ihres Fürsten, der eine Zählung des Volkes vorzunehmen gewagt hatte. Auf keinen Fall aber darf übersehen werden, dass jene Pastoren ihn in ihrem Strafurteil tadeln, weil er hin und wieder einen tugendhaften Papst gelobt hat, und ihm einschärfen, nie einen Papst zu rechtfertigen, weil diese, fügen sie ausdrücklich hinzu, nicht ihrer Kirche angehören. Dieser Zug ist einer von denen, die den Parteigeist am besten kennzeichnen.

Man hat übrigens Bayles Wörterbuch fortzusetzen versucht, ihn aber nicht nachzuahmen vermocht. Die Fortsetzer glaubten, es handle sich nur um eifriges Zusammentragen; man müsste aber das Genie und die Dialektik Bayles besitzen, um auf demselben Gebiet wie er zu arbeiten.

Beaumont de Péréfixe (Hardouin), Erzbischof von Paris, Erzieher Ludwigs XIV. Seine ›Geschichte Heinrichs IV.‹, die nur ein Abriss ist, erweckt Begeisterung für diesen großen Fürsten und ist geeignet, einen guten König heranzubilden. Er verfasste diese Geschichte für seinen Schüler. Man glaubt, dass Mezeray daran Anteil gehabt habe, und in der Tat finden sich darin viele Wendungen der diesem Schriftsteller eigenen Redeweise; aber Mézeray besaß nicht jenen ergreifenden Stil, der an mehreren Stellen des Fürsten, dessen Leben Péréfixe beschrieb, sowie des Königssohns würdig ist, für den er dieses Leben schrieb. Die ausgezeichneten Ratschläge, die darin für den enthalten sind, der selbständig regieren will, wurden erst in die nach dem Tod Mazarins erschienene zweite Auflage eingerückt. Man lernt übrigens Heinrich IV. aus dieser Geschichte weit besser kennen, als aus der von Daniel, die etwas trocken geschrieben ist und in der allzuviel vom Pater Coton und allzuwenig von den großen Eigenschaften Heinrichs IV. und den Einzelheiten aus dem Leben dieses guten Fürsten die Rede ist. Péréfixe ergreift alle empfindsamen Herzen und erweckt Verehrung für jenen Fürsten, dessen Schwächen nur die eines liebenswürdigen, dessen Vorzüge aber die eines großen Mannes waren. Gestorben 1670.

Beausobre (Isaac de), geboren in Niort im Jahre 1659, stammte aus einem durch Waffentaten hervorragenden Geschlecht und gehört zu denen, die dem Vaterland, aus dem sie vertrieben wurden, Ehre machten. Seine ›Geschichte des Manichäismus‹ ist eines der gründlichsten, bemerkenswertesten und bestgeschriebenen Werke. Er entwickelt darin jene philosophische Religion des Mannes, die ein Ausfluss der Dogmen des alten Zoroaster und des alten Hermes war, eine Religion, die lange Zeit den heiligen Augustinus verführte. Diese Geschichte ist reich an wertvollen Bemerkungen über das Altertum, alles in allem aber ist sie – wie so manches andere weniger gute Buch – nur eine Sammlung menschlicher Irrtümer. Gestorben in Berlin im Jahre 1738.

Benserade (Isaac de), geboren in der Normandie im Jahre 1612. Sein Häuschen in Gentilly, in das er sich gegen Ende seines Lebens zurückzog, war allenthalben mit gereimten Inschriften bedeckt, die wohl seinen übrigen Werken gleichkamen. Es ist schade, dass man sie nicht gesammelt hat. Gestorben 1691.

Bergier (Nicolas) führte den Titel eines Historiographen von Frankreich, war aber bekannter durch seine bemerkenswerte ›Geschichte der Heerstraßen des Römischen Reichs‹, die von den unseren an Schönheit, nicht aber an Dauerhaftigkeit übertroffen werden. Sein Sohn legte die letzte Feile an dieses nützliche Werk und ließ es unter Ludwig XIV. drucken. Gestorben 1623.

Bernard (Fräulein) verfasste mehrere Theaterstücke im Verein mit dem berühmten Bernard de Fontenelle, der beinahe den ganzen ›Brutus‹ geschrieben hat. Man beachte, dass die ›Allegorische Fabel von der Einbildungskraft und dem Glück‹, die unter ihrem Namen im Druck erschienen ist, vom Bischof La Parisière von Nîmes stammt, dem Nachfolger des berühmten Fléchier.

Bernard (Jacques), geboren 1658 im Dauphiné, ein gelehrter Literat, dessen Journale in großem Ansehen stehen. Gestorben in Holland im Jahre 1718.

Bernier (François), mit dem Beinamen »der Mogul«, geboren in Antwerpen um 1625. Er war acht Jahre lang Leibarzt des Kaisers von Indien. Seine ›Reisen‹ sind recht lesenswert. Er versuchte im Bund mit Gassendi das atomistische System Epikurs zu erneuern und war damit sicher auf dem rechten Weg, denn die Gattungen können sich nicht ständig von neuem erzeugen, wenn nicht die ersten Prinzipien dieselben sind; damals aber behaupteten die Romane Descartes' das Übergewicht. Gestorben als wahrer Philosoph im Jahre 1688.

Bignon (Jérôme), geboren 1590, hat mehr einen großen Namen als große Werke hinterlassen. Er gehörte noch nicht der guten Zeit der Literatur an. Das Parlament, dessen Generaladvokat er war, ehrte sein Gedächtnis mit Recht. Gestorben 1656.

Billaut (Adam), bekannt unter dem Namen »Meister Adam, der Schreiner von Nevers«. Man darf diesen seltsamen Mann, der ohne alle literarische Bildung in seiner Werkstatt zum Dichter wurde, nicht übergehen. Ich kann der Versuchung nicht widerstehen, hier jenes Ringelgedicht von ihm mitzuteilen, das besser ist als viele Ringelgedichte Benserades:

Pour te guérir de cette sciatique
Qui te retient, comme un paralitique,
Dedans ton lit sans aucun mouvement,

Prendsmoi deux brocs d'un fin jus de sarment.
Puis lis comment on le met en pratique.

Prendsen deux doigts et bien chauds les applique
Dessus l'externe où la douleur te pique:
Et tu boiras le reste promptement,
Pour te guérir.
Sur cet avis ne sois point hérétique,
Car je te fais un serment authentique
Que, si tu crains ce doux médicament,
Ton médecin, pour ton soulagement,
Fera l'essai de ce qu'il communique,
Pour te guérir.

Willst du dich vom Hüftweh heilen,
Das an allen Körperteilen
Lahm dich macht und dich erschlafft,
Nimm zwei Kannen Rebensaft,
Und dann folge diesen Zeilen.
Netz zwei Finger sonder Weilen,
Reib sie an den kranken Teilen,
Trinke dann den Rest vom Saft:
Das macht gesund.
Fehl nicht wider diese Zeilen,
Denn dein Arzt wird sonder Weilen,
Falls das Mittel dir nicht paßt
Und das Tränkchen dir verhasst,
Trinken selbst, was dich soll heilen:
Das macht gesund.

Er bezog ein Jahresgehalt von Kardinal Richelieu und ebenso von Gaston, dem Bruder Ludwigs XIII. Gestorben 1662.

Bochart (Samuel), geboren in Rouen im Jahre 1599, Calvinist, einer der gelehrtesten Männer Europas in den Sprachen und in der Geschichte, aber ein Systematiker wie alle Gelehrten. Er gehört zu denen, die nach Schweden gingen, um Königin Christine zu unterrichten und zu bewundern. Gestorben 1667.

Boeuf (Abbé Le), geboren 1687, einer der besten Kenner der Einzelheiten der französischen Geschichte. Er würde sicher von Colbert verwendet worden sein, kam aber zu spät. Gestorben 1760.

Boileau (Gilles), geboren in Paris im Jahre 1631, ein älterer Bruder des berühmten Boileau-Despréaux. Er hat einige Übersetzungen geliefert, die besser sind als seine Gedichte. Gestorben 1669.

Boileau (Abbé Jacques), Doktor der Sorbonne, wie der vorige ein älterer Bruder Despréaux', ein wunderlicher Kopf, der in wunderlichem Latein seltsame Bücher schrieb, wie z.B. die ›Geschichte der Flagellanten‹, die ›Unkeuschen Berührungen‹, die ›Gewänder der Priester‹ usw. Auf die Frage, weshalb er stets lateinisch schreibe, erwiderte er: »Damit die Bischöfe meine Schriften nicht lesen; sie könnten mich sonst verfolgen.« Gestorben 1716.

Boileau-Despréaux (Nicolas), Mitglied der Französischen Akademie, geboren im Dorf Crosne bei Paris im Jahre 1636. Er versuchte sich zuerst als Advokat und dann als Theologe, aber dieser beiden Zungendreschergewerbe überdrüssig, gab er dem Drang seines Talents nach und wurde eine Zierde Frankreichs. Man hat seine Werke so vielfach erläutert und unter diese Erläuterungen so viele Geringfügkeiten aufgenommen, dass hier jedes weitere Wort darüber überflüssig sein würde.

Ich beschränke mich auf eine einzige Bemerkung, die mir wesentlich scheint: Man muss nämlich in seinen Gedichten das, was sprichwörtlich geworden ist, von dem sondern, was Maxime zu werden verdient. Die Maximen sind edel, verständig und nützlich: Sie sind für Menschen von Geist und Geschmack, für die gute Gesellschaft geschrieben. Die Sprichwörter sind nur für den großen Haufen; der große Haufe aber findet sich, wie bekannt, in allen Ständen.

Pour paraître honnête homme, en un mot il faut l'être.
On me verra dormir au branle da sa roue.
Chaque âge a ses plaisirs, son esprit et ses mœurs.
L'esprit n'est point ému de ce qu'il ne croit pas.
Le vrai peut quelquefois n'être pas vraisemblable.

Kurzum, ein Ehrenmann muss sein, wer es will scheinen.
Man wird mich schlafen sehn beim Umschwung ihres Rades.
An Freuden, Sitten, Geist ist jede Zeit verschieden.
Den Geist erschüttert nie, was ihm nicht wahr erscheint.
Das Wahre ist darum nicht allzeit auch wahrscheinlich.

Das sind Verse, die man als Maximen für ehrenhafte Menschen bezeichnen darf. Nun höre man aber Aussprüche wie die folgenden:

J'appelle un chat un chat, et Rolet un fripon.
S'en va chercher son pain de cuisine en cuisine.
Quand je veux dire *blanc*, la quinteuse dit *noir*.
Aimezvous la muscade?
On en a mis partout.
La raison dit *Virgile*, et la rime *Quinault*.

Ein Hund heißt mir ein Hund und Rolet ein Bandit;
Er geht und sucht sein Brot, von Tisch zu Tische wandernd.
Wenn ich will sagen *weiß*, so sagt der Trotzkopf *schwarz*.
Liebt ihr den Bisamduft? Ihr trefft ihn allenthalben.
Virgil sagt die Vernunft, doch *Quinault* sagt der Reim.

Das sind eher Sprichwörter für das Volk als Verse, die dem Gedächtnis der Kenner eingeprägt zu werden verdienen. Gestorben 1711.

Boindin (Nicolas), Schatzmeister und Prokurator des Königs bei seiner Korporation, Mitglied der Akademie der schönen Wissenschaften, bekannt durch vortreffliche Untersuchungen über die Theater der Alten und über die römischen Tribus sowie durch das hübsche Lustspiel ›Der Seehafen‹. Er war ein strenger Kritiker. Das ›Historisch-jansenistische Wörterbuch‹ erklärt ihn für einen Atheisten. Boindin hat nie etwas über die Religion geschrieben – warum wird also auf solche Weise das Andenken eines Beamten gelästert, den die Verfasser jenes Wörterbuchs gar nicht gekannt haben? Das ist eine verdammenswerte Vermessenheit! Da er ohne Sakramente verstorben war, wollten ihm die Priester seines Kirchspiels das Begräbnis verweigern – eine Art Gerichtsbarkeit, zu deren Ausübung sie berechtigt zu sein glauben. Die Regierung und die Behörden, denen die Erhaltung der Ordnung, des Anstands und der Sitten obliegt, unterdrücken jedoch diese Akte des Aberglaubens und der Roheit so gut wie möglich. Da man indessen die Befürchtung hegte, jene Pfaffen könnten das gemeine Volk gegen den Leichenzug Boindins aufreizen, wie sie es gegen den Leichenzug Molières aufgereizt hatten, so wurde Boindin ohne alle Feierlichkeit bestattet. Gestorben 1753.

Boisrobert (François Le Metel), berühmter durch die Gunst, in der er bei Kardinal Richelieu stand, und durch sein Glück als durch sein Verdienst. Er verfasste achtzehn Theaterstücke, die aber fast nur bei seinem Gönner Beifall fanden. Gestorben 1662.

Boivin (Jean), geboren 1633 in der Normandie, ein Bruder Louis Boivins und wie dieser für das Verständnis der Schönheiten der griechischen Autoren von großem Nutzen; starb 1726.

Bos (Abbé Du). Seine ›Geschichte der Liga von Cambrai‹ ist ein gründliches, politisches und interessantes Werk, das die Sitten und Bräuche jener Zeit kennen lehrt und ein Muster seiner Art ist. Die Künstler lesen mit Nutzen seine ›Abhandlung über die Dichtkunst, die Malerei und die Musik‹; es ist dies das nützlichste Buch, das je über diesen Gegenstand bei irgendeiner Nation Europas erschienen ist. Das Verdienst dieses Werkes beruht darauf, dass es nur wenige Irrtümer und eine große Anzahl wahrer, neuer und scharfsinniger Bemerkungen enthält. Es ist kein methodisches Lehrbuch, aber der Autor denkt und regt zum Denken an. Dabei verstand er sich nicht auf die Musik, hatte nie Verse machen können und besaß kein einziges Gemälde; aber er hatte viel gelesen, gesehen, gehört und nachgedacht. Während des Spanischen Erbfolgekriegs veröffentlichte er ›Die im gegenwärtigen Krieg schlecht verstandenen Interessen Englands‹. Er prophezeite in diesem Werk den Abfall der englischen Kolonien als die unvermeidliche Folge der Vernichtung der französischen Macht in Nordamerika, des Verlangens Englands, den Kolonien Steuern aufzulegen, und der Weigerung der Kolonien, sich dieser Auflage zu unterwerfen. Gestorben 1742.

Bossu (René Le), geboren in Paris im Jahre 1631, Domherr von Saint-Geneviève. Er versuchte Descartes mit Aristoteles in Einklang zu bringen – er wusste nicht, dass man beide fallenlassen musste. Seine ›Abhandlung über das Epos‹ ist berühmt, wird aber niemals Dichter erzeugen. Gestorben 1680.

Bossuet (Jacques Bénigne) aus Dijon, geboren 1627, Bischof von Condom und später von Meaux. Es sind einundfünfzig Werke von ihm vorhanden, seine Unsterblichkeit aber verdankt er seinen ›Grabreden‹ und seiner ›Abhandlung über die Weltgeschichte‹. Man hat mehrfach verbreitet, dass dieser Bischof in der Ehe gelebt habe, und Saint-Hyacinthe, der durch seinen Anteil an der Fopperei des Mathanasius bekannt ist, galt als sein Sohn – aber das ist eine anerkannte Unrichtigkeit. Die angesehene Familie der Secousses in Paris, die verschiedene Männer von Verdienst hervorgebracht hat, versichert, dass zwischen dem noch sehr jungen Bossuet und Fräulein Desvieux ein Ehevertrag abgeschlossen worden war, dass aber die junge Dame ihre Liebe und ihren Ehestand dem Glück zum Opfer brachte, das die Beredsamkeit ihres Verlobten diesem im Dienst der Kirche unausbleiblich bringen musste, und dass sie einwilligte, jenen Vertrag, dem noch nicht die Einsegnung der Ehe gefolgt war, niemals zur Geltung zu bringen. Bossuet hörte somit auf, ihr Gatte zu sein, und trat in den geistlichen Stand; nach dem Tod des Prälaten aber regelte die genannte Familie die Rücknahme und den Erbvergleich. Nie hat die Dame, nach der Angabe der Familie Secousse, das gefährliche Geheimnis Missbraucht, das sie in Händen hatte. Sie lebte ständig als Freundin Bossuets in einem sittenstrengen und geachteten Haus. Der Bischof von Meaux schenkte ihr die Mittel zum Ankauf des kleinen Landguts Mauléon, fünf Stunden von Paris. Von dieser Zeit an nahm sie den Namen Mauléon an und lebte dort bis zu einem Alter von nahezu hundert Jahren.

Als Bossuet eines Tages zu Pater La Chaise, dem Beichtvater Ludwigs XIV., die Worte sprach: »Man weiß, dass ich kein Jansenist bin«, entgegnete ihm der Jesuit, wie erzählt wird: »Gewiss, man weiß, dass Sie nur Mauléonist sind.«

Man hat übrigens die Behauptung aufgestellt, dass dieser große Mann philosophische Ansichten hatte, die von seiner Theologie durchaus verschieden waren, etwa wie ein gelehrter Richter, der zwar nach dem Buchstaben des Gesetzes urteilt, sich aber bisweilen durch die Kraft seines Genies insgeheim über diesen erhebt. Gestorben im Jahre 1704.

Bouchenu de Valbonnais (Jean Pierre), geboren 1651 in Grenoble, machte in seiner Jugend Reisen und befand sich bei der Schlacht bei Solbaye auf der englischen Flotte. Später wurde er erster Präsident der Rentkammer des Dauphiné. In Grenoble steht er noch immer des Guten wegen, das er tat, und bei den Gelehrten seiner gründlichen Untersuchungen wegen in gutem Andenken. Seine ›Denkschriften über das Dauphiné‹ verfasste er während seiner Blindheit nach dem, was man ihm vorlas. Gestorben 1730.

Boudier verfasste einige ungekünstelte Gedichte. Sterbend, im Alter von neunzig Jahren, machte er folgende Grabschrift für sich:

J'étais poète, historien,
Et maintenant je ne suis rien.

Dichter und Autor manchen Berichts
Bin ich gewesen – jetzt bin ich nichts.

Bouhier (Jean), geboren 1673, Präsident des Parlaments von Dijon, ist durch seine Gelehrsamkeit berühmt geworden. Er übersetzte einige Stücke alter lateinischer Dichter in französischen Versen, denn er meinte, dass sie nicht anders übersetzt werden dürften; seine Verse zeigen jedoch, wie schwierig ein solches Unternehmen ist. Gestorben 1746.

Bouhours (Dominique), Jesuit, geboren in Paris im Jahre 1628. Die Sprache und der gute Geschmack sind ihm großen Dank schuldig. Er hat einige gute Werke verfasst, über die gute Kritiken geschrieben worden sind: »ex privatis odiis respublica crescit«.

Das von ihm verfasste Leben des heiligen Ignaz von Loyola hat weder bei den Leuten von Welt noch bei den Gelehrten, noch bei den Philosophen Anklang gefunden. Noch übler wurde das Leben Xaviers aufgenommen. Dagegen werden seine ›Bemerkungen über die Sprache‹ und besonders sein ›Richtiges Urteil über die Erzeugnisse des Geistes‹ für die jungen Leute, die ihren Geschmack bilden wollen, stets von großem

Nutzen sein: Er lehrt sie, die Schwulst, die Dunkelheit, das Gekünstelte und das Falsche zu vermeiden. Wenn er Tasso und andere italienische Autoren bisweilen allzu streng beurteilt, so verdammt er sie häufig auch mit vollem Recht. Sein Stil ist rein und gefällig. Das kleine Werk über das »richtige Urteil« verletzte die Italiener und veranlasste einen nationalen Streit: Man fühlte, dass die Ansichten Bouhours', die von Boileau geteilt wurden, zu Gesetzen werden konnten. Der Marquis Orsi und einige andere schrieben zwei dicke Bände, um einige Verse Tassos zu rechtfertigen.

Man beachte, dass Pater Bouhours, der Ignatius von Loyola mit Cäsar und François Xavier mit Alexander vergleicht, kaum berechtigt sein würde, den Italienern schiefe Gedanken vorzurücken, wenn er nicht nur äußerst selten in derartige Fehler verfiele. Gestorben 1702.

Bouillaud (Ismaïl) aus Loudun, geboren 1605, ein gelehrter Geschichtsschreiber und Mathematiker. Wie alle Astronomen jener Zeit befasste er sich mit Astrologie, wie aus den Briefen erhellt, die der damalige französische Gesandte in Polen und spätere Staatssekretär Desnoyers an ihn schrieb. Die Astrologie war damals ein Mittel, den Mächtigen den Hof zu machen. »Confugiendum ad astrologiam, astronomiae altricem«, sagte Kepler. Gestorben 1649.

Boulainvilliers (Graf von), aus dem Haus Croux, der in der Geschichte bewandertste Edelmann des Landes und sicher der zur Abfassung einer französischen Geschichte befähigtste, wenn er nicht allzu systematisch gewesen wäre. Er nennt unsere Feudalherrschaft »das Meisterwerk des menschlichen Geistes«. Das Feudalsystem hätte in Deutschland den Namen eines Meisterwerks verdienen können, in Frankreich aber war es nur ein Meisterwerk von Anarchie. Er sehnt die Zeiten zurück, wo die Völker als Leibeigene unwissender und ungesitteter kleiner Tyrannen weder Industrie noch Handel, noch Eigentum hatten, und glaubt, dass einige hundert große Vasallen, die Unterdrücker des Landes und Feinde des Königs, die vollkommenste Regierung darstellten. Trotz dieses Systems war er ein vortrefflicher Bürger, wie er trotz seiner Schwäche für die Astrologie ein Anhänger jener Philosophie war, die das Leben gering schätzt und den Tod verachtet. Seine Schriften, die mit Vorsicht gelesen werden müssen, sind gründlich und nützlich. Am Schluss seiner Werke ist eine umfangreiche Abhandlung abgedruckt worden, »um den König von Frankreich reicher zu machen als alle anderen Monarchen zusammen«. Es ist klar, dass diese Schrift nicht vom Grafen von Boulainvilliers herrührt, dessen ungeachtet aber zitieren all die kleinen politischen

Schriftsteller, die von ihrer Dachkammer aus den Staat regieren, diese Rhapsodie. Gestorben um 1720.

Bourdaloue, geboren in Bourges im Jahre 1632, Jesuit, war das erste Vorbild der guten Prediger in Europa. Gestorben 1704.

Boursault (Edme), geboren 1638 in Burgund. Seine ›Briefe an Babet‹, die ihrerzeit in großem Ansehen standen, sind wie alle Briefe in diesem Geschmack das Ergötzen der jungen Kleinstädter geworden. Sein Lustspiel ›Aesop‹ wird noch heute aufgeführt. Gestorben 1701.

Boursier (Laurent), Mitglied der Sorbonne, geboren 1679, Verfasser des berühmten Werkes über die ›Einwirkung Gottes auf die Geschöpfe‹ oder über die ›Physische Prämotion‹. Diese Schrift enthält viele gründliche Erörterungen, viel Gelehrsamkeit und hin und wieder sehr beredte Stellen; die zähe Vorliebe für gewisse Dogmen raubt ihr jedoch manches von ihrer Sicherheit und ihrer Stärke. Der Autor gleicht einem Staatsmann, der sich bemüht, allgemeine Gesetze aufzustellen, diese aber durch Berücksichtigung von Familieninteressen verdirbt. Es ist zu schwierig, die Systeme über die Gnade mit dem großen System der ewigen und unwandelbaren Einwirkung Gottes auf alles Seiende in rechten Zusammenhang zu bringen. Man muss einräumen, dass es nur zwei philosophische Erklärungen der Weltmaschine gibt: Entweder hat Gott einmal befohlen, und die Natur gehorcht nun immerfort oder aber Gott verleiht unausgesetzt allem das Sein und alle Modifikationen des Seins. Ein drittes gibt es nicht.

Im ›Neuen historisch-kritisch-literarisch-jansenistischen Wörterbuch‹ steht zu lesen, dass »Boursier sich gleich dem Adler in die Höhe schwingt und seine Feder in den Busen Gottes taucht«. Man sieht nicht recht ein, wie Gott Herrn Boursier als Tintenfass dienen kann, und auf jeden Fall ist dies das erste Mal, dass man den Herrn der Heerscharen mit einem Tintenbehälter verglichen hat. Boursier starb 1749.

Bourzéis (Amable de), geboren 1606 in der Auvergne, Verfasser verschiedener politischer Werke und Kontroversschriften. Silhon und er haben vermutlich das dem Kardinal Richelieu untergeschobene ›Politische Testament‹ verfasst. Gestorben 1672.

Brébeuf (Guillaume), geboren in der Normandie im Jahre 1718, ist durch seine Übersetzung des ›Lucanus‹ bekannt, gewöhnlich aber weiß man nicht, dass er auch den ›Travestierten Lucanus‹ geschrieben hat. Gestorben 1661.

Breteuil (Gabrielle Emilie), Marquise du Châtelet, geboren 1706, erklärte Leibniz und übersetzte und erläuterte Newton – ein Verdienst, das bei Hof sehr überflüssig ist, aber bei allen Nationen geschätzt wird, die im Wissen eine Ehre suchen und die die Tiefe ihres Geistes und ihrer Beredsamkeit bewundert haben. Von allen Frauen, die Frankreich zur Zierde gereichen, war die Marquise du Châtelet diejenige, die den meisten wahrhaften Geist besaß und am wenigsten den Schöngeist gespielt hat. Gestorben 1749.

Brienne (Henri Auguste de Loménie de), Staatssekretär, hat ›Denkwürdigkeiten‹ hinterlassen. Es wäre von Nutzen, wenn alle Minister solche schrieben, nur müssten sie nach Art jener sein, die kürzlich unter dem Namen des Herzogs von Sully erschienen sind. Gestorben 1666.

Brueys (Abbé de), geboren 1639 im Languedoc. Die zehn Bände Kontroversschriften, die er verfasst hat, würden seinen Namen der Vergessenheit anheimgegeben haben; die kleine Komödie ›Der Murrkopf', die alle Possen Molières überragt, und das Lustspiel ›Der Advokat Patelin‹, ein Denkmal der alten gallischen Naivität, die darin in verjüngter Gestalt erscheint, werden ihn jedoch im Gedächtnis der Menschen erhalten, solange es eine französische Bühne gibt. Palaprat war bei beiden Stücken Brueys' Mitarbeiter, und diese beiden Komödien sind die einzigen genialen Werke, die zwei Autoren gemeinsam verfasst haben. Gestorben 1723.

Ich glaube hier einen höchst auffälligen Umstand berühren zu müssen, der sich im zweiten Band, S. 369, einer im Jahre 1750 bei Durand in Paris erschienenen ›Sammlung literarischer Anekdoten‹ angegeben findet. Es heißt dort: »Da in England die ›Liebschaften Ludwigs XIV.‹ aufgeführt worden war, wollte Ludwig XIV. auch die ›Liebschaften König Wilhelms‹ auf die Bühne bringen lassen. Demgemäß wurde der Abbé Brueys von Herrn von Torcy mit der Abfassung dieses Stücks beauftragt, das aber, obschon es Beifall fand, nicht aufgeführt wurde.«

Man beachte, dass die Anekdotensammlung, die von dergleichen Erzählungen strotzt, mit Genehmigung und Erlaubnis des Königs erschienen ist. Die ›Liebschaften Ludwigs XIV.‹ wurden auf keinem Londoner Theater gespielt, und König Wilhelm hatte, wie bekannt, nie eine Mätresse. Aber selbst wenn er Mätressen gehabt hätte, so hielt Ludwig XIV. doch viel zu sehr auf Schicklichkeit und Anstand, als dass er befohlen haben sollte, die Liebschaften Wilhelms als Stoff zu einer Komödie zu benützen; ferner war Torcy nicht der Mann, um etwas so Unziemliches in Vorschlag zu bringen, und schließlich dachte der Abbé Brueys nie daran, ein so lächerliches Werk zu schreiben, wie man ihm dort nachsagt. Man kann gar nicht oft genug wiederholen, dass die meisten Anekdotensammlungen, Anas und geheimen Denkwürdigkeiten nur Kompilationen sind, die von Soldschreibern auf gut Glück in die Welt gesetzt werden.

Brumoy (Jean), Jesuit, geboren 1688 in Rouen. Sein ›Theater der Griechen‹ gilt trotz seiner Mängel und der ungenauen Übersetzungen für das beste Werk, das man über diesen Gegenstand besitzt. Er hat durch seine Gedichte den Beweis geliefert, dass es leichter ist, die Alten zu übersetzen und herauszustreichen, als durch eigene Schöpfungen den Großen unter den Neueren gleichzukommen. Man darf ihm zudem zum Vorwurf machen, dass er die Überlegenheit des französischen Theaters über das griechische und den ungeheuren Unterschied zwischen dem ›Menschenfeind‹ und den ›Fröschen‹ nicht zur Genüge erkannt hat. Gestorben 1742.

Brun (Pierre Le), geboren in Aix im Jahre 1661, Priester vom Oratorium. Sein kritisches Werk ›über die abergläubischen Bräuche‹ ist sehr gesucht worden – aber er ist ein Arzt, der nur von äußerst wenigen Krankheiten spricht und selber krank ist. Gestorben 1729.

Bruyère (Jean La), geboren in Dourdan im Jahre 1644. Es steht fest, dass er in seinen ›Charakteren‹ bekannte und bedeutende Personen geschildert hat. Dieses Buch hat viele schlechte Nachahmungen hervorgerufen. Was er am Schluss des Werkes gegen die Atheisten sagt, wird geschätzt; sobald er sich aber mit Theologie befasst, steht er noch unter den Theologen. Gestorben 1696.

Buffier (Claude), Jesuit. Sein ›Künstliches Gedächtnis‹ ist von großem Nutzen für diejenigen, die ständig die bedeutendsten Tatsachen der Geschichte im Kopf haben wollen. Er hat die Verse – ich sage nicht die Poesie – wieder ihrem ursprünglichen Zweck dienstbar gemacht, der darin bestand, dem Gedächtnis der Menschen die Begebenheiten einzuprägen, deren Andenken man erhalten wollte. In seinen metaphysischen Abhandlungen finden sich Stücke, die Locke nicht verleugnet haben würde, und er ist meines Wissens der einzige Jesuit, der eine vernünftige Philosophie in seinen Werken entwickelt hat. Gestorben 1737.

Bussy-Rabutin (Roger, Graf von), geboren im Nivernois im Jahre 1618. Er schrieb einen reinen Stil. Sein Unglück und seine Schriften sind bekannt. Seine ›Gallischen Liebschaften‹ gelten als mittelmäßiges Werk, in dem er Petronius nur sehr schwach nachahmte. Die Franzosen waren lange Zeit in dem Glauben befangen, dass ganz Europa sich mit ihren galanten Intrigen beschäftigen müsse. Zwanzig Höflinge haben die Geschichte ihrer Liebesverhältnisse geschrieben, die nun kaum von den

Kammerjungfern ihrer Geliebten gelesen wird. Gestorben in Autun im Jahre 1693.

Cailly (Chevalier de), der nur unter dem Namen *Acilly* bekannt ist, stand in Diensten des Ministers Colbert. Man kennt weder das Datum seiner Geburt noch das seines Todes. Es ist von ihm eine Sammlung von einigen hundert Epigrammen vorhanden, unter denen sich viele schlechte und einige hübsche befinden. Er schrieb ungekünstelt, es fehlte ihm aber an Erfindsamkeit im Ausdruck.

Calmet, geboren 1672, Benediktiner. Nichts ist nützlicher als die Zusammenfassung seiner Untersuchungen über die Bibel; die Tatsachen sind darin genau, die Daten bestimmt angegeben. Er denkt nicht selbst, gibt aber, indem er alles ins hellste Licht stellt, sehr viel zu denken. Gestorben 1757.

Calprenède (Gautier de La), Kammerjunker des Königs, geboren um 1612 in Cahors. Er brachte die langen Romane in Mode. Der Vorzug dieser Romane bestand in Abenteuern, deren Knoten nicht ohne Kunst geschürzt, und die, wenn auch nahezu unglaublich, doch nicht unmöglich waren. Bojardo, Ariost, Tasso dagegen hatten ihre poetischen Romane mit Fiktionen durchflochten, die völlig außer dem Bereich der Möglichkeiten liegen. Aber die Reize ihrer Poesie, die zahllosen einzelnen Schönheiten und die bewundernswürdigen Allegorien – besonders bei Ariost – haben jene Dichtungen unsterblich gemacht, während die Werke Calprenèdes sowie die übrigen langen Romane in Vergessenheit geraten sind.

Viel hat zu ihrem Sturz die Vervollkommnung des Theaters beigetragen. Man fand in den guten Trauerspielen und in den Opern weit mehr Empfindungen als in jenen dicken Bänden, und diese Empfindungen sind besser ausgedrückt, und die Kenntnis des menschlichen Herzens ist weit tiefer. Auf diese Weise haben Racine und Quinault, die ein wenig den Stil jener Romane nachahmten, diese in Vergessenheit gebracht, indem sie eine wahre, sanftere und wohllautendere Sprache zum Herzen redeten. Gestorben 1663.

Campistron (Jean), geboren in Toulouse im Jahre 1656, ein Schüler und Nachahmer Racines. Der Herzog von Vendôme, dessen Sekretär er war, begründete sein Glück und der Schauspieler Baron einen Teil seines Rufs. Es finden sich ergreifende Stellen in seinen Stücken. Diese sind zwar schwach geschrieben, aber die Sprache ist wenigstens rein. Nach ihm vernachlässigte man die Sprache in den Theaterstücken derart, dass man schließlich in einem völlig barbarischen Stil schrieb, was Boileau sterbend tief beklagte. Gestorben 1723.

Cange (Charles du Fresne Du), geboren in Amiens im Jahre 1610. Es ist bekannt, von welchem Nutzen seine beiden ›Glossarien‹ für das Verständnis aller Bräuche des griechischen Kaiserreichs und der folgenden Jahrhunderte sind. Man erschrickt über den Umfang seiner Kenntnisse und seiner Arbeiten. Dergleichen Männer verdienen nächst denen, die ihr Genie den Genüssen der Menschheit dienstbar machten, ewig unseren Dank. Er gehörte zu denen, die von Ludwig XIV. belohnt wurden. Gestorben 1688.

Cassandre (François) hat wie Dacier dem Ruf des Aristoteles größere Dienste erwiesen als alle sogenannten Philosophen zusammen. Er übersetzte die Rhetorik, wie Dacier die Poetik dieses berühmten Griechen übersetzte. Man kann nicht umhin, Aristoteles und das Zeitalter Alexanders zu bewundern, wenn man bedenkt, dass der Erzieher des großen Mazedoniers, der als Physiker so sehr verrufen ist, alle Prinzipien der Poesie und der Beredsamkeit von Grund auf gekannt hat. Wo ist heute ein Physiker zu finden, bei dem man lernen könnte, wie eine Rede abzufassen und eine Tragödie zu schreiben ist?

Cassandre lebte und starb in größter Armut. Die Schuld lag aber nicht an seinem Talent, sondern an seinem störrischen, trotzigen, in sich gekehrten Charakter. Die sich über das Glück beklagen, haben sich häufig nur über sich selbst zu beklagen. Gestorben 1695.

Cassini (Jean Dominique) wurde 1625 in der Grafschaft Nizza geboren und 1666 von Colbert nach Frankreich berufen. Er war, wenigstens nach der Behauptung der Italiener und der Franzosen, der erste Astronom seiner Zeit, hatte aber wie alle übrigen mit der Astrologie begonnen. Da er in Frankreich naturalisiert wurde, sich dort verheiratete, Kinder zeugte und in Paris starb, darf er zu den Franzosen gerechnet werden. Er hat seinen Namen durch den Meridian von St. Petronius in Bologna unsterblich gemacht, der zur Bestimmung der Veränderungen der Schnelligkeit der Bewegung der Erde um die Sonne diente. Man verdankt ihm die ersten Abbildungen der Trabanten des Jupiter, die Kenntnis der Umdrehung des Jupiter und des Mars oder der Dauer ihrer Tage und die Entdeckungen von vier Trabanten des Saturn, von denen Huyghens nur einen entdeckt hatte. Diese Entdeckung Cassinis wurde in der in Metall gegrabenen Geschichte Ludwigs XIV. durch eine Medaille gefeiert. Er war der erste, der das Zodiakallicht beobachtete und kennen lehrte. Er gab eine Methode zur Bestimmung der Parallaxe eines Sterns mittels Beobachtungen von ein und demselben Ort aus und zu ihrer Verwendung für eine genauere Bestimmung des Abstands der Sterne von der Erde an; doch verdankt man den Grundgedanken dieser Methode Morin.

Der Sohn und ebenso der Enkel Cassinis gehörten der Akademie der Wissenschaften an, und sein Urenkel trat 1772 in diese ein. Dieser Adel ist unantastbarer und wird dauernder sein als der, dessen die Familie Cassini sich einige Jahrhunderte vorher in Italien erfreut und den die Umwälzungen in diesem Land ihr geraubt hatten. Cassini starb im Jahre 1712.

Catrou, geboren 1659, Jesuit, schrieb mit Pater Rouillé zwanzig Bände ›Römische Geschichte‹. Beide strebten nach beredtem Schwung, fehlten aber gegen die Bündigkeit. Gestorben 1737.

Cerceau (Jean Antoine Du), geboren 1670, Jesuit. Man findet in seinen französischen Gedichten, die zum Mittelgut gehören, einige natürliche und wohl gelungene Verse. Er mengte die gereinigte Sprache seiner Zeit mit marotischen Brocken, die die Poesie durch ihre unglückliche Flachheit entnerven und unsere heutige Sprache durch veraltete Worte und Wendungen verderben. Gestorben 1730.

Cérisy (Germain Habert de) gehörte der Zeit des Aufgangs des guten Geschmacks und der Gründung der französischen Akademie an. Seine ›Metamorphose der Augen der Philis in Sterne‹ wurde als Meisterwerk gerühmt, hat aber seit dem Auftreten der wirklich guten Autoren diesen Ruf eingebüßt. Gestorben 1655.

Chambre (Marin Cureau de La), geboren in Le Mans im Jahre 1594, war eines der ersten Mitglieder der Französischen Akademie und dann der Akademie der Wissenschaften. Gestorben 1669. Er und sein Sohn, der Pfarrer von Saint-Barthélemy und Akademiker war, erfreuten sich eines gewissen Rufs.

Chantereau (Louis Le Fèvre), geboren 1588, ein großer Gelehrter und einer der ersten, die die französische Geschichte aufzuhellen begonnen haben. Er hat jedoch einen großen Irrtum zu allgemeinem Ansehen gebracht: dass nämlich die erblichen Lehen erst nach Hugues Capet aufgekommen wären. Wenn auch nur das Beispiel der Normandie vorhanden wäre, die 912 unter dem Titel eines erblichen Lebens vergeben oder vielmehr erpresst wurde, so würde doch schon diese eine Tatsache zur Widerlegung der Ansicht Chantereaus ausreichen, die dessen ungeachtet von mehreren Geschichtsschreibern angenommen worden ist. Überdies steht aber auch fest, dass schon Karl der Große in Frankreich

Lehen zum Eigentum gab und dass diese Regierungsform noch vor ihm in der Lombardei und in Deutschland bekannt war. Gestorben 1658.

Chapelain (Jean), geboren 1595, würde sich ohne seine ›Jungfrau von Orléans‹ eines großen Rufs unter den Schriftstellern erfreut haben. Jenes schlechte Gedicht trug ihm mehr ein als die ›Iliade‹ dem Homer; doch war Chapelain durch seine literarischen Kenntnisse von Nutzen. Er sah die ersten Verse Racines durch. Er war anfangs das Orakel der Autoren, wurde aber schließlich ihr Spott. Gestorben 1674.

Chapelle (Claude Emmanuel Lhuillier), ein natürlicher Sohn des Rentmeisters François Lhuillier. Er war nicht der erste, der sich der wiederkehrenden Reime bediente, wie vielfach behauptet worden ist. Schon d'Assouc wandte sie vor ihm an, und sogar mit einigem Erfolg:

Pourquoi donc, sexe au teint de rose,
Quand la charité vous impose
La loi d'aimer votre prochain,
Me pouvezvous haïr sans cause,
Moi, qui ne vous fis jamais rien?
Ah! pour mon honneur je vois bien
Qu'il faut vous faire quelque chose.

Geschlecht mit dem Rosenwangengesicht,
Dem Nächstenliebe Gesetz und Pflicht,
Woher dein Hass für mich? Sag an!
Für mich, der den Schönen Kronen flicht,
Der nie ihnen etwas angetan?
Sieh da, ich begreife, es liegt daran,
Dass ich nie euch etwas angetan.

Auch bei Voiture findet man viele wiederkehrende Reime; Chapelle hatte nur mehr Erfolg als die anderen in dieser Gattung, die Harmonie und Anmut besitzt, bei der er aber bisweilen die wertlose Reimfülle dem Gedanken und dem rechten Schwung des Ausdrucks vorzog. Sein üppiges Leben und sein anspruchsloses Wesen trugen ebenfalls dazu bei, seine kleinen Schöpfungen berühmt zu machen. Viele Züge in seiner ›Reise nach Montepellier‹ rühren bekanntlich von Bachaumont her, dem Sohn des Präsidenten Le Coigneux, einem der liebenswürdigsten Männer seiner Zeit. Chapelle war übrigens einer der besten Schüler Gassendis. Man muss die Lobsprüche, die so viele Schriftsteller Chapelle und anderen Geistern dieses Schlags erteilt haben, sorgsam von den Lobsprüchen unterscheiden, die man den großen Meistern schuldet. Der Charakter

Chapelles, Bachaumonts, Le Broussins und der ganzen Gesellschaft des Marais war die Leichtfertigkeit, die Heiterkeit, die Ungebundenheit. Man mag Chapelle nach folgendem Impromptu beurteilen, das ich noch nirgends gedruckt gefunden habe; er machte es bei Tisch, nachdem Boileau ein Epigramm rezitiert hatte:

Qu'avec plaisir de ton haut style
Je te vois descendre au quatrain;
Et que je t'épargnai de bile
Et d'injures au genre humain,
Quand renversant ta cruche à l'huile,
Je te mis le verre à la main!

Mit welcher Wonne seh' vom Stelzenstile
Ich dich herab zum Viervers steigen!
Der Gall' ersparte ich dir sicher viele
Sowie der Menschheit einen Schmähwortreigen,
Als weg vom Ölkrug ich dich riss, Gespiele,
Um deinen Sinn dem Weinkrug zuzuneigen.

Chapelle wurde 1626 geboren und starb 1686.

Chapelle (Jean de La), Generaleinnehmer der Finanzen, schrieb einige Trauerspiele, die zu ihrer Zeit Erfolg hatten. Er gehörte zu denen, die Racine nachzunahmen versuchten, denn wie die großen Maler bildete Racine, ohne es zu wollen, eine Schule. Er war ein Raffael, der keinen Giulio Romano schuf; aber seine ersten Schüler befleißigten sich wenigstens einiger Reinheit des Ausdrucks, während beim folgenden Verfall der Kunst zu unserer Zeit Tragödien aufgetaucht sind, in denen sich nicht zwölf Verse hintereinander finden, die von groben Fehlern frei wären – ein Zeichen, von welcher Höhe wir herabgesunken sind und zu welchen Ausschreitungen man gelangt ist, nachdem man so große Muster vor sich gehabt hat. Gestorben 1723.

Charas, Mitglied der Akademie der Wissenschaften, war der erste, der über die Pharmazie schrieb – ein Beweis, wie unter Ludwig XIV. alle Künste ihr Gebiet erweiterten. Dieser Pharmazeut war auf einer Reise nach Madrid als Calvinist ins Gefängnis der Inquisition gesteckt worden, und nur schnelle Abschwörung seines Glaubens und die Beschwerden des französischen Gesandten retteten ihm das Leben. Er beschäftigte sich lange Zeit mit Experimenten über die Nattern und mit Nachforschungen nach einem Mittel gegen die nicht selten tödliche Wirkung ihres Bisses. Er irrte jedoch, als er gegen Rédi die Ansicht verfocht, dass das Natterngift nicht in dem gelblichen Saft enthalten sei, der aus zwei hinter den Giftzähnen befindlichen Bläschen austritt. Er wurde im Laufe seiner Untersuchungen mehrmals gebissen, ohne dass ernste Folgen eingetreten wären. Gestorben 1698.

Chardin (Jean), geboren 1613 in Paris. Kein Reisender hat bemerkenswertere Berichte hinterlassen. Gestorben in London im Jahre 1713.

Charleval (Jean Faucon de Ris) gehört zu denen, die sich durch die Feinheit und Schärfe ihres Verstandes einen Ruf erwarben, ohne sich dem Publikum allzu sehr mitzuteilen. Das berühmte ›Gespräch des Marschalls von Hocquincourt mit dem Pater Canaye‹, das in den Werken Saint-Evremonds abgedruckt ist, rührt bis auf die kleine ›Dissertation über den Jansenismus und den Molinismus‹, die Saint-Evremond hinzugefügt hat, von Charleval her; der Stil dieses Schlussstücks ist auch sehr verschieden von dem des Anfangs. Der verstorbene Staatsrat von Caumartin besaß den Aufsatz Charlevals aus des Autors eigenen Händen. Bei Moréri findet man angegeben, dass Präsident de Ris, ein Neffe Charlevals, die Werke seines Oheims nicht in Druck geben wollte aus Sorge, »der Name eines Schriftstellers könnte ein Flecken für die Familie sein«. Man muss von äußerst hohem Stand und äußerst aufgeblasener Sinnesart sein, um in unserem Jahrhundert einen solchen Gedanken auszusprechen; dieser Stolz wäre bei einem Rechtsgelehrten jener kriegerischen und rohen Zeiten würdig gewesen, wo man das Studium durchaus den Rechtsgelehrten überließ aus Verachtung gegen das Studium und gegen die Gelehrten. Charleval starb 1693.

Charpentier (François), geboren 1620 in Paris, ein nützliches Mitglied der Akademie. Man hat von ihm eine Übersetzung der ›Cyropädie‹. Er verfocht nachdrücklich die Ansicht, dass die Inschriften auf den öffentlichen Denkmälern Frankreichs französisch sein müssten. In der Tat ist es eine Erniedrigung der Sprache, die man in ganz Europa spricht, wenn man sich ihrer bei dieser Gelegenheit nicht zu bedienen wagt, und man verstößt geradezu gegen den Zweck der Denkmäler, wenn man darauf zum ganzen Publikum in einer Sprache redet, die mindestens drei Viertel von diesem Publikum nicht verstehen. Zudem ist die Latinisierung französischer Namen, die die Nachwelt verkennen könnte, eine Art Barbarei: die Namen Rocroi und Fontenoy machen sicher mehr Eindruck als die Namen Rocrosium und Fonteniacum. Gestorben 1702..

Chastre (Edme, Marquis de La), hat ›Denkwürdigkeiten‹ hinterlassen. Gestorben 1645.

Chaulieu (Guillaume), geboren 1639 in der Normandie, bekannt durch seine nachlässig hingeworfenen Gedichte und die darin enthaltenen kecken und üppigen Schönheiten. Die meisten von ihnen atmen Freiheit, Lebenslust und eine über alle Vorurteile erhabene Philosophie: So war sein Charakter. Er lebte in Genuss und starb mit Unerschrockenheit im Jahre 1720.

Die am meisten von ihm angeführten Stücke sind das Gedicht ›Das Zipperlein‹, das mit den Versen beginnt:

Le destructeur impitoyable
Et des marbres et de l'airain;

Der unbarmherzige Zerstörer
Des Erzes und des Marmelsteins;

besonders aber die Epistel auf den Tod des Marquis de La Fare:

Plus j'approche du terme, et moins je le redoute:
Sur des principes sûrs mon esprit affermi,
Content persuadé, ne connaît plus de doute;
Des suites de ma fin je n'ai jamais frémi.
Exempt des préjugés, j'affronte l'imposture
Des vaines superstitions,
Et me ris des préventions
De ces faibles esprits dont la triste censure
Fait un crime la créature
De l'usage des biens que lui fit son auteur.

Je näher ich dem Tod, je wen'ger fühl' ich Schrecken.
Mein Geist, in Ruh' durch die Philosophie gestählt,
Kennt nicht die Zweifel mehr, die andre peinvoll necken,
Und nie hat mich die Furcht der Ewigkeit gequält.
Von Vorurteilen frei, biet' Trotz ich den Schimären,
Die blinder Aberglaub' gebar,
Und lache jener blöden Schar
Von schwachen Geistern, die im Ernst den Glauben nähren,
Verbrechen sei's, die Güter zu begehren,
Die Gott den Sterblichen zum Nießbrauch hat verliehn.

Eine andere Epistel an denselben erregte noch mehr Aufsehen; sie beginnt mit folgenden Versen:

J'ai vu de près le Styx, j'ai vu les Eumenides,
Déjà venaient frapper mes oreilles timides

Les affreux cris du chien de l'empire des morts;
Et les noires vapeurs, et les brûlants transports
Allaient de ma raison offusquer la lumière:
C'est lors que j'ai senti mon âme tout entière,
Se ramenant en soi, faire un dernier effort
Pour braver les horreurs que l'on joint à la mort,
Ma raison m'a montré, tant qu'elle a pu paraître,
Que rien n'est en effet de ce qui ne peut être;
Que ces fantômes vains sont enfants de la peur
Qu'une faible nourrice imprime en notre coeur,
Lorsque des loupsgaroux qu'ellemême elle pense,
De démons et d'enfer elle endort notre enfance.

Ich hab' den Styx gesehn, ich sah die Eumeniden,
Des Höllenhunds Geheul durchdonnerte den Frieden
Des weiten Totenreichs und dröhnte mir ins Ohr.
Ich sah die Flammenglut, und Dampf quoll rings empor,
Der mir den Sinn befing und den Verstand umflorte.
Da fühlt' ich plötzlich, wie am schreckensvollen Orte
Mein Geist mit letzter Kraft sich selber überwand,
Die Schrecken zu bestehn, die nur der Wahn erfand.
Es wies mir die Vernunft, wie sie es nur allein kann,
Dass in der Tat nichts ist von dem, was nimmer sein kann,
Dass Kinder nur der Furcht sind jene Wahngebild',
Mit denen uns die Amm' die jungen Köpfe füllt,
Wenn sie, was selbst sie glaubt, erzählt uns an der Wiege
Vom Werwolf, von der Höll' und manche andre Lüge.

Diese Stücke sind nicht künstlich gefeilt – es sind flüchtig entworfene Statuen Michelangelos. Der Stoizismus seiner Anschauungen zog ihm keine Verfolgung zu, denn obschon er Abbé war, war er doch den Theologen fremd und lebte nur mit seinen Freunden. Es hing nur von ihm ab, seinen Schöpfungen die letzte Feile zu geben, aber er verstand sich nicht auf das Nachbessern. Es sind allzuviel wertlose Kleinigkeiten von ihm gedruckt worden, woran der schlechte Geschmack und die Habgier der Herausgeber schuld sind. Die Vorreden, die sich an der Spitze dieser Sammlungen befinden, rühren von jenen unbekannten Leuten her, die zur guten Gesellschaft zu gehören glauben, wenn sie die Fadheiten eines Mannes der guten Gesellschaft abdrucken.

Cheminais, Jesuit, hieß der »Racine« wie Bourdaloue der »Corneille« der Kanzelredner. Gestorben 1689.

Chéron (Elisabeth), geboren in Paris im Jahre 1648, als Komponistin, Malerein und Dichterin berühmt und bekannter unter ihrem Mädchennamen als unter dem ihres Gatten, des Sieur Le Hay. Gestorben 1711.

Chevreau (Urbain), geboren in Loudun im Jahre 1613, Gelehrter und Schöngeist, der sich eines großen Rufs erfreute. Gestorben 1701.

Chifflet (Jean Jacques), geboren 1588 in Besançon, gab etliche Abhandlungen heraus. Gestorben 1660. Es gab sieben Schriftsteller dieses Namens.

Choisy (François Timoléon de), Mitglied der Akademie, geboren 1644 in Paris, Gesandter nach Siam, worüber sein Bericht vorliegt.

Bei seiner Abreise hatte er erst die Tonsur erhalten, ließ sich aber in Siam binnen vier Tagen zum Priester weihen. Er hatte mehrere Geschichtswerke, eine Übersetzung der ›Nachfolge Christi‹, die der Frau von Maintenon mit folgendem Epigraph gewidmet war: »Concupiscet rex decorem tuum«, und ›Denkwürdigkeiten der Gräfin Des Barres‹ verfasst. Diese Gräfin Des Barres war Choisy selbst. Er trug mehrere Jahre lang Frauenkleider und lebte als Frau. Er kaufte unter anderem unter dem Namen der Gräfin Des Barres ein Landgut in der Nähe von Tours, und jene Denkwürdigkeiten erzählen ganz naiv, wie er unter dieser Verkleidung ungestraft mehrere Mätressen hatte. Als aber der König fromm wurde, schrieb er die ›Geschichte der Kirche‹. In seinen ›Denkwürdigkeiten über den Hof‹ findet man wahre, einige falsche und viele gewagte Angaben; diese sind in einem allzu nachlässigen Stil geschrieben. Gestorben 1724.

Claude (Jean), 1619 in der Gegend von Agen geboren, Prediger von Charenton und das Orakel seiner Partei, war ein würdiger Nacheiferer der Bossuet, Arnauld, Nicole usw. Er verfasste fünfzehn Werke, die zur Zeit der kirchlichen Streitigkeiten mit Begierde gelesen wurden.

Beinahe alle polemischen Werke glänzen nur eine kurze Zeit, während La Fontaines ›Fabeln‹ und Ariosts ›Rasender Roland‹ auf die fernste Nachwelt kommen werden; fünf bis sechstausend Bände Kontroversschriften sind schon heute vergessen. Claude starb 1687 im Haag.

Cointe (Charles Le), geboren in Troyes im Jahre 1611, Mitglied des Oratoriums. Seine ›Geistlichen Annalen‹, die auf Befehl des Königs im Louvre gedruckt wurden, sind ein nützliches Werk. Gestorben 1681.

Collet (Philibert), geboren in Châtillon-les-Dombes im Jahre 1643, Rechtsgelehrter und Freidenker, schrieb, als er vom Erzbischof von Lyon exkommuniziert worden war, gegen die Exkommunikation, bekämpfte die Einschließung der Nonnen und verteidigte in seiner ›Abhandlung über den Wucher‹ mit großem Eifer den in der Bresse üblichen

Brauch, die Zinsen mit dem Kapital zu stipulieren – ein Brauch, der in mehr als halb Europa gebilligt und in der anderen Hälfte den Gesetzen zum Trotz von allen Kaufleuten befolgt wird. Er behauptete auch mit aller Bestimmtheit, dass der den Geistlichen entrichtete Zehnte nicht auf göttlichem Recht beruhe. Gestorben im Jahre 1718.

Colomiez (Paul). Die Zeit seiner Geburt ist unbekannt, und seine Werke beginnen es zu werden – doch sind sie von Nutzen für die, die literarische Untersuchungen lieben. Gestorben in London im Jahre 1692.

Commire, Jesuit. Er fand Beifall bei denen, die glauben, dass die Neueren gute lateinische Gedichte schreiben können, und der Ansicht huldigen, dass Fremde das Zeitalter des Augustus in einer Sprache zu erneuern vermögen, die sie nicht einmal richtig aussprechen können. Gestorben 1702. »In silvam me ligna feras...[197]

Conti (Armand, Prinz von), der Bruder des Großen Condé, war anfänglich, d.h. zu einer Zeit, wo noch die Kardinalswürde für höher angesehen wurde, als die eines Prinzen von Geblüt, für den geistlichen Stand bestimmt worden. Er hatte das Unglück, Generalissimus der Fronde gegen den Hof und sogar gegen seinen Bruder zu werden. Später wurde er fromm und Jansenist. Wir haben von ihm ›Die Pflicht der Großen‹. Er schrieb über die Gnade gegen den Jesuiten Deschamps, seinen ehemaligen Präfekten; ferner schrieb er gegen die Komödie – er hätte vielleicht besser getan, wenn er gegen den Bürgerkrieg geschrieben hätte. ›Cinna‹ und ›Polyeucte‹ waren ebenso nützlich und ebenso achtenswert, wie der Torweg und Nachttopfkrieg ungerecht und lächerlich war.

Cordemoy (Géraud de), geboren in Paris. Er hat zuerst das über den beiden ersten Königsgeschlechtern schwebende Dunkel gelichtet. Man verdankt dieses nützliche Unternehmen dem Herzog von Montausier, der Cordemoy beauftragte, für den Unterricht Monseigneurs eine ›Geschichte Karls des Großen‹ zu schreiben; er fand aber bei den alten Autoren fast nur Ungereimtheiten und Widersprüche. Die Schwierigkeit feuerte ihn an, und er verbreitete Licht über unsere beiden ersten Königsgeschlechter. Gestorben im Jahre 1684.

Corneille (Pierre), geboren in Rouen im Jahre 1606. Obgleich von den dreiunddreißig Stücken, die er geschrieben hat, nur noch sechs oder sieben aufgeführt werden, wird er immer der Vater der Bühne bleiben. Er ist der erste, der den Genius der Nation unterrichtet hat, und dieses Verdienst fordert Nachsicht für etwa zwanzig Stücke, die mit Ausnahme einiger Stellen durch ihren Stil, die Schläfrigkeit der Intrige, die unan-

197 Horaz, lib. I, sat. X, v. 34.

gemessenen und faden Liebesverhältnisse und einen Haufen mühsam zusammengesuchter Betrachtungen, die das Gegenteil des Tragischen sind, das Schlechteste bilden, was wir überhaupt in unserer Literatur haben. Man beurteilt aber einen großen Mann nur nach seinen Meisterwerken und nicht nach seinen Mängeln. Man erzählt, dass seine Übersetzung der ›Nachfolge Christi‹ zweiunddreißigmal gedruckt worden ist – das ist aber ebenso schwer zu glauben, wie sie nur ein einziges Mal zu lesen. Während seiner letzten Krankheit empfing er ein Ehrengeschenk vom König. Er starb 1648.

In mehreren Anekdotensammlungen steht zu lesen, dass jedes Mal, wenn er das Schauspiel besuchte, sein Platz im Voraus bezeichnet war, dass man bei seinem Erscheinen aufstand und ihn mit Händeklatschen empfing. Leider sind die Menschen nicht so gerecht; es steht vielmehr fest, dass die Schauspieler des Königs sich weigerten, seine letzten Stücke aufzuführen, und dass er genötigt war, diese einer anderen Truppe zu übergeben.

Corneille (Thomas), geboren 1625 in Rouen, würde zu großem Ruf gelangt sein, wenn er keinen Bruder gehabt hätte. Es sind vierunddreißig Theaterstücke von ihm vorhanden. Er starb arm 1709.

Cousin (Louis), geboren in Paris im Jahre 1627. Präsident der Münzkammer. Niemand hat die Quellen der Geschichte in höherem Maß erschlossen als er. Seine Übersetzungen der Sammlung der byzantinischen Geschichtsschreiber und des Eusebius von Cäsarea haben alle Welt in die Lage versetzt, das Wahre vom Falschen zu unterscheiden und zu erkennen, mit welchen Vorurteilen und welcher Parteilichkeit die Geschichte beinahe zu jeder Zeit geschrieben worden ist. Man verdankt ihm viele Übersetzungen griechischer Historiker, mit denen er allein das Publikum bekannt gemacht hat. Gestorben 1707.

Cotures (Baron Des) gab um die Mitte der Regierung Ludwigs XIV. eine Prosaübersetzung des ›Lucretius‹ mit Erläuterungen heraus. Bezüglich der meisten Grundprinzipien der Dinge dachte er wie jener Philosoph und hielt den Stoff nach dem Vorgang der Alten für unvergänglich – nur die christliche Religion hat diese Ansicht bestritten.

Crébillon (Jolyot), geboren in Dijon im Jahre 1674. Ich weiß nicht, ob ein Prokurator namens Prieur ihn zum Dichter gemacht hat, wie im vierbändigen ›Historischen Taschenwörterbuch‹ erzählt wird, glaube aber, dass das Genie mehr Anteil daran hatte als jener Prokurator. Die Wahrheit der im gleichen Werk mitgeteilten Anekdote über seinen Sohn scheint mir äußerst zweifelhaft. Man kann all diesen kleinen Erzählungen gar nicht genug Misstrauen. Crébillon muss zu den Genies gerechnet werden, die das Zeitalter Ludwigs XIV. zierten, weil seine Tragödie ›Rhadamisth‹, das beste unter seinen Stücken, im Jahre 1710 aufgeführt wurde. Wenn Despréaux, der damals bereits mit einem Fuß im Grab stand, diese Tragödie schlechter fand als die Pradons, so kam das daher, dass er in dem Alter und in einem Zustand war, wo man nur noch für die Mängel empfindlich und für die Schönheiten unempfindlich ist. Crébillon starb 1762 im Alter von achtundachtzig Jahren.

Dacier (André), geboren in Castres im Jahre 1651, gehörte wie seine Frau der calvinistischen Religion an, trat aber mit ihr zum Katholizismus über und wurde Aufseher über die Bücher des königlichen Kabinetts in Paris – ein Amt, das heute nicht mehr besteht. Er war mehr ein gründlicher Gelehrter als ein gewandter Schriftsteller, hat sich aber durch seine Übersetzungen und einzelne seiner Anmerkungen für immer nützlich gemacht. Er starb 1722 im Louvre.

Frau Dacier verdanken wir die Übersetzung des ›Homer‹, durch ihren Stil – obgleich es ihm an Kraft gebricht – die getreueste und durch die Anmerkungen – obgleich diese den feinen Geschmack vermissen lassen – die lehrreichste Übersetzung, die wir von diesem Dichter besitzen. Besonders auffällig ist, dass Frau Dacier nie gefühlt hat, dass das, was den Griechen der ersten rohen Zeiten gefallen musste und das schon in späteren, aufgeklärteren Zeiten nur geachtet wurde, weil es alt war, unzweifelhaft hätte missfallen müssen, wenn es zur Zeit Platons oder Demosthenes' geschrieben worden wäre. Aber alles in allem hat nie eine Frau der Literatur größere Dienste geleistet; Frau Dacier ist eines der Wunder des Zeitalters Ludwigs XIV.

D'Aguesseau (Henri François), Kanzler, war der gelehrteste Beamte, den Frankreich je gehabt hat. Er beherrschte außer dem Lateinischen, dem Griechischen und ein wenig Hebräisch die Hälfte der neueren europäischen Sprachen, war in Geschichte sehr bewandert, ein gründlicher Rechtsgelehrter und – was seltener ist – bei alledem beredt. Er war der erste Anwalt, der gleichzeitig mit Nachdruck und mit Reinheit sprach; vor ihm hatte man nur Phrasen gedrechselt. Er plante eine Reform der Gesetze, vermochte aber nur vier oder fünf nützliche Verordnungen zu entwerfen – ein einzelner vermag diese ungeheure Arbeit nicht zu bewältigen, die Ludwig XIV. mit Hilfe einer großen Anzahl von Beamten unternommen hatte. Gestorben 1751.

Danchet (Antoine), geboren 1671 in Riom, errang mit Hilfe des Komponisten einigen Erfolg mit seinen Opern, die weniger schlecht sind als seine Tragödien. Sein Prolog zu den Jubelspielen vor der Hestone gilt sogar als eine sehr gute Arbeit. Besonders folgende schöne, Horaz nachgebildete Verse sind daraus im Gedächtnis der Kenner geblieben:

Père des saisons et des jours,
Fais naître en ces climats un siècle mémorable!
Puisse à ses ennemis ce peuple redoutable
Être à jamais heureux, et triompher toujours.
Nous avons à nos lois asservi la victoire;
Aussi loin que tes feux nous portons notre gloire,
Fais dans tout l'univers craindre notre pouvoir.
Toi qui voit tout ce qui respire,
Soleil, puissestu ne rien voir
De si puissant que cet empire!

Vater der Zeiten und Tage,
Lass eine gewaltige Zeit diesem Lande erblühn!
Möge dies Volk, mächtig und furchtbar dem Feinde,
Immer des Glücks sich erfreun und allezeit triumphieren.
Botmäßig ist uns der Sieg, und wir tragen
Unsern Ruhm, so weit du sendest die goldenen Strahlen.
Mach du uns gefürchtet im All.
Du, der alles Lebendige sieht.
Hoher Sonnengott, möge immer dein Auge
Mächtigeres erschaun als dies Reich.

In diesem Prolog finden sich auch die Lieder, die später dem Dichter Rousseau bei Abfassung der zügellosen Strophen, die seine Verbannung zur Folge hatten, als Grundlage dienten. Die Originalstrophen Danchets sind vielleicht von höherem Wert als Rousseaus Parodien. Am meisten ist folgende Strophe Danchets im Gedächtnis geblieben:

Que l'amant qui devient heureux
En devienne encor plus fidèle!
Que toujours dans les mêmes noeuds
Il trouve une douceur nouvelle!

Que les soupirs et les langueurs
Puissent seuls fléchir les rigueurs
De la beauté la plus sevère!
Que l'amant comblé de faveurs,
Sache les goûter et les taire!

Der Schäfer, dem Fortuna lacht,
Sei darum umso treuer,
Und jede neue Liebesnacht
Bewähre neu sein Feuer.
Nur Seufzer und Ergebenheit,
Die dürfen hier die Sprödigkeit
Der Sprödesten besiegen,
Und schmeckt der Schäfer Seligkeit,
So sei er auch verschwiegen.

Danchet starb im Jahre 1748.

Dancourt (Florent Carton), Advokat, geboren in Fontainebleau im Jahre 1661, beschäftigte sich lieber mit der Bühne als mit Prozessen. Was Regnard Molière gegenüber im höheren Lustspiel war, das war Dancourt in der Posse. Viele seiner Stücke finden noch heute großen Zulauf: Sie sind lustig, und der Dialog ist ungekünstelt. Die Anzahl der Stücke, die er in dieser leichten Art geschrieben hat, ist geradezu unglaublich. Sie sind mehr nach dem Geschmack des Volkes als nach dem der feineren Geister – aber die Unterhaltung ist ein Bedürfnis des Menschen, und diese leicht aufzuführende Lustspielgattung sagt in Paris wie in der Provinz dem großen Haufen zu, der für höhere Genüsse nicht empfänglich ist. Dancourt starb 1726.

Danet (Pierre) gehörte zu jenen Männern, die mehr Nutzen gestiftet, als einen großen Namen erworben haben. Seine ›Wörterbücher der lateinischen Sprache und der Altertümer‹ wurden wie eine Menge anderer denkwürdiger Bücher für die Erziehung des Dauphins, Monseigneurs, geschrieben, und wenn sie auch diesen Prinzen nicht zu einem Gelehrten machten, so trugen sie doch viel zur Verbreitung der Bildung in Frankreich bei. Gestorben 1709.

Dangeau (Louis Abbé de), geboren 1643, ein ausgezeichneter Akademiker. Gestorben 1723.

Daniel (Gabriel), geboren 1649 in Rouen, Jesuit und Historiograph von Frankreich, hat die Irrtümer Mézerays bezüglich unserer beiden ersten Königsgeschlechter berichtigt. Man wirft ihm vor, dass seine Sprache nicht immer rein, sein Stil nicht kräftig genug, sein Vortrag uninteressant, dass er kein Maler sei, dass er die Sitten, Bräuche und Gesetze nicht genug berücksichtigt habe und dass seine Geschichte eine lange Aufzählung von Kriegsoperationen sei, bei denen ein Geschichtsschreiber seines Standes sich beinahe immer täuscht. Gestorben 1728.

Der Graf von Boulainvilliers bemerkt in seinen ›Denkwürdigkeiten über die Regierung Frankreichs‹, dass man Daniel zehntausend Versehen vorhalten könne. Das ist viel; zum Glück aber sind die meisten dieser Versehen ebenso gleichgültig wie die Wahrheiten, die Boulainvilliers an ihre Stelle gesetzt haben würde. Denn was liegt daran, ob in der Schlacht bei Montlhéry der linke oder der rechte Flügel gewichen ist? Was liegt daran, an welchem Punkt Ludwig der Dicke in das verfallene Gemäuer von Le Puiset eindrang? Der Bürger will wissen, wie die Regierung allmählich die Gestalt gewechselt hat, welches die Rechte und die Anmaßungen der verschiedenen Körperschaften waren, was die Generalstaaten getan haben und wie der Charakter der Nation war. Das große Gebrechen Daniels war, dass er nicht über die Rechte der Nation unterrichtet war oder dass er sie verhehlt hat. Die berühmte Ständeversammlung von 1355 hat er vollständig unerwähnt gelassen. Von den Päpsten und besonders vom großen und guten König Heinrich spricht er durchaus als Jesuit. Die Finanzen, die innere Verwaltung des Landes und die Sitten des Volkes sind ihm völlig fremd.

Daniel behauptet in seiner Vorrede – und der Präsident Hénault hat es ihm nachgesprochen –, dass die ersten Zeiten der französischen Geschichte interessanter seien als die Anfänge Roms, weil Chlodwig und Dagobert ein weiteres Feld besaßen als Romulus und Tarquinius. Er sieht nicht, dass die schwachen Anfänge alles Großen stets das Interesse der Menschen erregen: Man betrachtet gern den geringen Ursprung eines Volkes, von dem Frankreich nur eine Provinz war und dessen Reich sich bis an die Elbe, an den Euphrat und den Niger erstreckte; dagegen kann niemand bestreiten, dass unsere wie die Geschichte der übrigen Völker vom 5. Jahrhundert bis zum 15. nur ein Chaos barbarischer Begebenheiten unter barbarischen Namen bildet.

D'Argonne (Noël), geboren in Paris im Jahre 1634, Kartäuser in Gaillon, war der einzige Mönch dieses Ordens, der sich mit Literatur beschäftigte. Seine ›Miscellen‹, die er unter dem Namen Vigneul de Marville erscheinen ließ, enthalten bemerkenswerte und gewagte Anekdoten. Gestorben 1704.

Descartes (René), geboren 1596 in der Touraine, Sohn eines Rats beim Parlament der Bretagne, war der größte Mathematiker seiner Zeit, als Philosoph aber, wenn man ihn mit seinen Nachfolgern vergleicht, derjenige, der die Natur am wenigsten kannte. Wie Saumaise, der ebenfalls zu diesem Entschluss gegriffen hatte, brachte er beinahe seine ganze Lebenszeit außerhalb Frankreichs zu, um in Freiheit philosophieren zu können. Man hat darauf aufmerksam gemacht, dass ein älterer Bruder von ihm, der wie der Vater Parlamentsrat war, ihn tief verachtete und erklärte, es sei des Bruders eines Parlamentsrats unwürdig, sich zu einem Mathematiker herzugeben. Er suchte in einsamen Orten Hollands Ruhe, fand sie aber nicht.

Ein gewisser Voët und ein gewisser Shockius, zwei Professoren des scholastischen Gallimathias, der damals gelehrt wurde, erhoben gegen ihn die lächerliche Anklage des Atheismus, mit der die von den Vernünftigen verachteten Schriftsteller jederzeit gegen die Philosophen aufgetreten sind. Vergebens hatte Descartes sein Genie angestrengt, um die Beweise für das Dasein Gottes zu sammeln und neue zu finden – seine niederträchtigen Gegner verglichen ihn in einer öffentlichen Schrift mit Vanini. Nicht dass Vanini ein Atheist gewesen wäre – davon ist längst das Gegenteil erwiesen –, aber er war als solcher verbrannt worden, und man konnte keinen gehässigeren Vergleich finden. Descartes erlangte nur mit viel Mühe durch einen Bescheid der Groninger Akademie eine äußerst oberflächliche Genugtuung.

Seine ›Betrachtungen‹ und seine ›Abhandlung über die Methode‹ werden noch immer geschätzt, seine gesamte Physik aber ist gefallen, weil sie weder auf der Geometrie noch auf der Erfahrung beruht. Seine ›Untersuchungen über die Optik‹, in denen man das schon von Snellius geahnte Grundgesetz dieser Wissenschaft und zugleich Anwendungen dieses Gesetzes findet, wie nur ein sehr großer Mathematiker sie geben konnte, und seine Arbeiten über die Gesetze des Stoßes der Körper – ein Gegenstand, den er unter allen Physikern zuerst in Untersuchung nahm – werden trotz der Irrtümer, die ihm dabei unterlaufen sind, immer Denkmäler eines ungewöhnlichen Genies bleiben, und das unter dem Namen der Geometrie Descartes' bekannte kleine Buch sichert ihm die Überlegenheit über alle Mathematiker seiner Zeit. Er erfreute sich lange eines so großen Rufs, dass La Fontaine – zwar ein Laie in dieser Hinsicht, aber das Echo der öffentlichen Meinung – von ihm gesagt hat:

Descartes, ce mortel dont an eût fait un dieu
Chez les païens, et qui tient le milieu
Entre l'homme et l'esprit, comme entre l'huître et l'homme
Le tient tel de nos gens franche bête de somme.

Descartes, der Sterbliche, den man zum Gott gemacht hätt'
Im Altertum und der die Mitte hält
So zwischen Mensch und Geist wie zwischen Mensch und Auster
Ein andrer, der bekannt als unermüdlich Saumtier.

Der Abbé Genest hat sich noch in unserem Jahrhundert die bedauerliche Mühe gegeben, die Physik Descartes' in französische Verse zu bringen.

Erst etwa seit dem Jahre 1730, seit die Geometrie und die Experimentalphysik mehr gepflegt worden sind, hat man in Frankreich angefangen, die Irrtümer jener schimärischen Philosophie abzustreifen. Das Schicksal Descartes' in der Physik war das Ronsards in der Poesie. Er starb in Stockholm im Jahre 1650.

Desmarets de Saint-Sorlin (Jean), geboren 1595 in Paris, hatte großen Anteil an Kardinal Richelieus Tragödie ›Mirame‹. Sein Lustspiel ›Die Schwärmer‹ galt als Meisterwerk, aber nur, weil Molière noch nicht aufgetreten war. Er war Generalkontrollor der außerordentlichen Kriegssteuern und Sekretär für die Angelegenheiten der Levante. Gegen Ende seines Lebens war er mehr durch seinen Fanatismus als durch seine Schriften bekannt. Gestorben im Jahre 1676.

Destouches (Néricault), geboren 1680 in Tours, war in seiner Jugend Schauspieler gewesen. Nachdem er mehrere Komödien geschrieben hatte, wurde er lange Zeit mit der Vertretung der französischen Interessen in England betraut, begann sich aber, nachdem er diesem Amt mit Erfolg vorgestanden hatte, wieder mit der Abfassung von Lustspielen zu beschäftigen. Man findet in seinen Stücken nicht den Schwung und die Ausgelassenheit Regnards und noch weniger jene Darstellungen des menschlichen Charakters, jene Natürlichkeit, jenen wahren Witz und jene unübertreffliche Komik, die den unerreichbaren Molière auszeichnet – aber er hat sich nichtsdestoweniger nach jenen beiden einen Ruf zu erwerben gewusst. Man hat mehrere Stücke von ihm, die mit viel Beifall aufgenommen wurden, obgleich ihre Komik ein wenig gezwungen ist. Er hat wenigstens das schmachtende Lustspiel, jene Art bürgerlichen Trauerspiels, vermieden, die weder tragisch noch komisch ist, eine Missgeburt, die der Ohnmacht der Autoren und der nach den schönen Tagen des Zeitalters Ludwigs XIV. eingetretenen Übersättigung des Publikums ihr Dasein verdankt. Sein Lustspiel ›Der Prahler‹ ist das beste unter seinen Werken und wird sich wahrscheinlich auf der Bühne behaupten, obgleich die Gestalt des Prahlers dem Gerede nach verfehlt ist; dafür erscheinen aber die übrigen Charaktere des Stücks von Meisterhand gezeichnet. Gestorben 1754.

Domat (Jean), berühmter Rechtsgelehrter. Sein Werk ›Über die bürgerlichen Gesetze‹ hat viel Beifall gefunden. Gestorben im Jahre 1696.

Doujat (Jean), geboren in Toulouse im Jahre 1639, Rechtsgelehrter und Schriftsteller, erzeugte jedes Jahr ein Kind und ein Buch – das gleiche ist schon von Tiraqueau gesagt worden. Das ›Gelehrtenjournal‹ nennt ihn einen »großen Mann«; man darf jedoch mit diesem Titel nicht so verschwenderisch umgehen. Gestorben im Jahre 1688.

Dubois (Gérard), geboren 1629 in Orléans, Priester vom Oratorium, schrieb die ›Geschichte der Kirche von Paris‹. Gestorben 1696.

Duché de Vancy (Joseph François), Kammerdiener Ludwigs XIV., verfasste für den Hof einige der Heiligen Schrift entlehnte Tragödien – zwar nach dem Beispiel Racines, aber nicht mit demselben Erfolg. Sein bestes Werk ist die Oper ›Iphigenie auf Tauris‹. Sie ist in hohem Stil geschrieben und gibt, obgleich nur eine Oper, eine große Vorstellung vom Besten, was die griechischen Tragödien boten. Jener Geschmack aber war bei Hof nicht von langer Dauer: Man beschränkte sich bald auf einfache Ballette, die aus abgerissenen Akten zusammengeflickt und nur zu dem Zweck geschaffen wurden, um Tänze einzuleiten. So entartete also zu der Zeit, wo beinahe alles in Verfall geriet, sogar die Oper.

Frau von Maintenon begründete das Glück dieses Autors: Sie empfahl ihn dem Staatssekretär von Pontchartrain so nachdrücklich, dass dieser Minister, der Duché daraufhin für einen wichtigen Mann hielt, ihm einen Besuch abstattete. Als Duché, der damals noch ein völlig unbekannter Mann war, einen Staatssekretär in sein Zimmer treten sah, glaubte er, er solle in die Bastille geführt werden. Gestorben 1704.

Duchesne (André), geboren in der Touraine im Jahre 1584, Historiograph des Königs und Verfasser vieler historischer Werke und genealogischer Abhandlungen. Man nannte ihn den Vater der französischen Geschichte. Gestorben 1640.

Dufrénoy (Charles), geboren 1611 in Paris, Maler und Dichter. Sein Gedicht ›Die Malerei‹ hat bei denen Anklang gefunden, die andere lateinische Verse als die des Zeitalters des Augustus zu ertragen vermögen. Gestorben 1665.

Dufresnoy (Charles), geboren in Paris im Jahre 1648, galt als Enkel Heinrichs IV. und ähnelte diesem Fürsten. Sein Vater war Kammerdiener Ludwigs XIII. gewesen, und der Sohn bekleidete dieselbe Stelle bei Ludwig XIV., der ihm trotz seiner Unordentlichkeit ständig Gutes erwies, aber doch nicht verhindern konnte, dass er schließlich in Armut und Dürftigkeit starb. Dufresnoy vermochte bei all seinem Witz und mehr als einem Talent nichts Regelrechtes zu schaffen. Man hat viele Lustspiele von ihm, und fast in jedem finden sich hübsche und bemerkenswerte Szenen. Gestorben im Jahre 1724.

Dupleix (Scipion) aus Condom darf, obschon im Jahre 1569 geboren, doch dem Zeitalter Ludwigs XIV. zugezählt werden, da er noch unter dessen Regierung lebte. Er ist der erste Geschichtsschreiber, der seine Autoritäten am Rand angeführt hat – eine unbedingt notwendige Vorsichtsmaßnahme, sobald man nicht die Geschichte seiner eigenen Zeit schreibt oder sich nicht auf die allgemein bekannten Tatsachen beschränkt. Seine ›Französische Geschichte‹ wird nicht mehr gelesen, weil inzwischen besser geordnete und besser geschriebene erschienen sind. Gestorben 1661.

Esprit (Jacques), geboren in Béziers im Jahre 1611, der Verfasser des Buches ›Über die Fälschlichkeit der menschlichen Tugenden‹, das nur ein Kommentar zum Werk des Herzogs von La Rochefoucauld ist. Kanzler Séguier, der an seinen literarischen Kenntnissen Gefallen fand, verschaffte ihm das Patent als Staatsrat. Gestorben im Jahre 1678.

Estrades (Marschall von). Seine ›Briefe‹ werden nicht weniger geschätzt als die des Kardinals von Ossat. Es ist den Franzosen eigentümlich, dass bei ihnen einfache Berichte häufig ausgezeichnete Werke waren. Gestorben im Jahre 1686.

Fare (Marquis de La), bekannt durch seine ›Denkwürdigkeiten‹ und einige gefällige Gedichte. Sein poetisches Talent entwickelte sich erst, als er nahezu sechzig Jahre alt war. Seine ersten und vielleicht die zartesten Verse, die man von ihm hat, schrieb er für Frau von Caylus, durch ihre Schönheit und ihren Geist eine der liebenswürdigsten Frauen dieses Zeitalters. Jene Verse lauten:

M'abandonnant un jour à la tristesse,
Sans espérance et même sans désirs,
Je regrettais les sensibles plaisirs
Dont la douceur enchanta ma jeunesse.
Sontils perdus, disaisje, sans retour?
  Et n'esttu pas cruel, Amour,
  Toi que j'ai fait dès mon enfance
  Le maître de mes plus beaux jours,
  D'en laisser terminer le cours
  A l'ennuyeuse indifférence?
  Alors j'aperçus dans les airs
  L'efant maître de l'univers,
  Qui, plein d'une joie inhumaine,
Me dit en souriant: Tircis, ne te plains plus,
  Je vais mettre fin à ta peine,
Je te promets un regard de Caylus.

Die Schwermut hielt mich eines Tags umfangen;
Ich hoffte nicht mehr, wünschte mir kein Glück
Und dachte nur mit sehnendem Verlangen
An meiner Jugend süße Lust zurück.
»Ist ewig«, sprach ich, »hin die schöne Zeit?
  Und ist's nicht eine Grausamkeit,
  Freund Amor, dem ich ohn' Besinnen
  Seit frühster Jugend mich geweiht,
  Dass jetzt du meines Daseins Zeit
  In öder Kälte lässt verrinnen?«
  Da rauschte plötzlich in der Luft
  Der Gott, und aus dem blauen Duft
  Nickt' lächelnd er und sprach mit Scherzen:
»Freund Tircis, grolle nicht und sei getrost,
  Ich mach' ein Ende deinen Schmerzen:
Ein Blick der Caylus sei dein Trost.«

Der Marquis de La Fare starb im Jahre 1713.

Fayette (Marie Madeleine de La Vergne, Gräfin von La). Ihre ›Prinzessin von Cleve‹ und ›Zaïde‹ waren die ersten Romane, in der die Sitten der redlichen Menschen und natürliche Begebenheiten mit Anmut geschildert wurden; vor ihr beschrieb man in schwülstigem Stil höchst unwahrscheinliche Dinge. Gestorben 1693.

Félibien (André), geboren in Chartres im Jahre 1619, war der erste, der in den Inschriften auf dem Stadthaus Ludwig XIV. den Beinamen »der Große« gab. Seine ›Gespräche über das Leben der Maler‹ sind ein Werk, das ihm viel Ehre macht. Er ist ein eleganter, gründlicher und geschmackvoller Schriftsteller, aber er sagt in zu vielen Worten zu wenig Gehaltvolles und ist absolut ohne Methode. Gestorben 1695.

Fénelon (François de Salignac), Erzbischof von Cambrai, geboren im Jahre 1651 im Périgord. Es gibt fünfundfünfzig Werke von ihm, die alle von seinem tugendhaften Gemüt zeugen. Sein ›Telemach‹ aber begeistert auch für die Tugend. Gueudeville und der Abbé Faydit haben ihn fruchtlos getadelt. Er starb in Cambrai im Jahre 1715.

Nach dem Tod Fénelons verbrannte Ludwig XIV. eigenhändig alle Manuskripte, die der Herzog von Burgund von seinem Erzieher in Händen behalten hatte. Ramsay, ein Schüler des berühmten Erzbischofs, schrieb mir wörtlich: »Wäre er in England geboren worden, so würde er sein ganzes Genie entwickelt und seinen Prinzipien, die man nie recht kennengelernt hat, Gelegenheit gegeben haben, sich zu zeigen.«

Ferrand, Rat bei der Steuerkammer, schrieb sehr hübsche Gedichte. Er wetteiferte mit Rousseau im Epigramm und im Madrigal. Hier eine Probe der Art und Weise, in der er zu schreiben pflegte:

D'amour et de mélancolie Celemnus enfin consumé,
En fontaine fut transformé;
Et qui boit de ses eaux oublie
Jusqu'au nom de l'objet aimé.
Pour mieux oublier Egérie,
J'y conrus hier vainement:
A force de changer d'amant,
L'infidèle l'avait tarie.

Celemnus ward von Liebesplage
So arg bedrängt, dass ihn zur Stell'
Der Gott umschuf zu einem Quell:
Wer davon trinkt in gleicher Lage,
Vergisst die Ungetreue schnell.
Ich wollt' Egeria verwinden,
Doch fand ich ausgeschöpft den Quell:
Die Falsche wechselt also schnell,
Dass ich kein Naß mehr mochte finden.

Man sieht, dass Ferrand seine galanten Stoffe mit mehr Natürlichkeit, Anmut und Feinheit, Rousseau aber die lüsternen Gegenstände mit größerem Schwung und größerer Gesuchtheit behandelte. Gestorben 1720.

Feuquières (Antoine de Pas, Marquis de), geboren in Paris im Jahre 1648, ein in der Kriegskunst durchaus erfahrener Offizier und ausgezeichneter Führer, wenn auch ein allzu strenger Kritiker. Gestorben 1711.

Fèvre (Tannegui Le), geboren 1615 in Caen, Calvinist und Professor in Saumur, sah seine Glaubensgenossen mit heimlicher Verachtung an, blieb aber in ihrer Gemeinschaft. Er war mehr Philosoph als Hugenotte, schrieb so gut Latein, wie man nur immer in einer toten Sprache schreiben kann, und machte sogar griechische Verse, die aber wenige Leser gefunden haben müssen. Den größten Dank ist ihm die Literatur einzig dafür schuldig, dass er Frau Dacier gezeugt hat. Gestorben 1678.

Fèvre (Anne Le), verehelichte Dacier, geboren 1651 in Saumur, calvinistischer Religion, war durch ihr Wissen berühmt. Der Herzog von Montausier übertrug ihr die Bearbeitung eines jener Bücher, die zur Unterweisung Monseigneurs geschrieben und ›Dauphins‹ genannt wurden. Die Ausgabe des ›Floms‹ mit lateinischen Noten ist von ihr. Ihre

Übersetzungen des Terenz und Homers gereichen ihr ewig zum Ruhm. Man könnte ihr höchstens ihre allzu große Bewunderung für alles, was sie übersetzt hatte, zum Vorwurf machen. La Motte griff sie nur mit den leichten Waffen des Witzes an, und sie verteidigte sich nur mit dem schweren Geschütz der Gelehrsamkeit. Gestorben im Louvre 1720.

Fléchier (Esprit) aus der Grafschaft Avignon, geboren 1632, Bischof von Lavaur und später von Nîmes, französischer und lateinischer Dichter, Geschichtsschreiber und Kanzelredner, besonders aber durch seine schönen Grabreden bekannt. Seine ›Geschichte des Theodosius‹ wurde für den Unterricht Monseigneurs geschrieben; der Herzog von Montausier hatte die besten Köpfe Frankreichs bewogen, durch gute Werke an der Erziehung dieses Prinzen mitzuwirken. Gestorben 1720.

Fleury (Claude), geboren 1640, Unterhofmeister des Herzogs von Burgund und Beichtvater seines Sohnes, Ludwigs XV., lebte am Hof in Abgeschlossenheit und steter Arbeit. Seine ›Kirchengeschichte‹ ist die beste, die je geschrieben wurde, und die Einleitungen stehen noch über der Geschichte: Sie sind beinahe philosophisch, während die Geschichte dies nicht ist. Gestorben 1723.

Fontaine (Jean La), geboren 1621 in Château-Thierry, der einfachste Mensch, dabei aber, wenngleich nachlässig und ungleichmäßig, in seiner Art bewundernswürdig. Er war der einzige unter den großen Männern seiner Zeit, der an den Wohltaten Ludwigs XIV. keinen Anteil hatte, obgleich sein Verdienst und seine Armut ihm ein Recht darauf gaben. In seinen meisten Fabeln steht er hoch über all denen, die vor und nach ihm geschrieben haben, in welcher Sprache es auch sein mag. In den Erzählungen, in denen er Ariost nachahmte, zeigt er nicht dessen Eleganz und Reinheit; er ist bei weitem kein so großer Maler wie dieser, und das hat Boileau in seiner Abhandlung über ›Joconde‹ übersehen, weil er beinahe gar kein Italienisch verstand. In den Boccaccio entlehnten Erzählungen dagegen ist La Fontaine diesem weit überlegen, weil ihm weit mehr Witz, Anmut und Feinheit eigen ist. Boccaccio hat keinen anderen Vorzug als die Natürlichkeit, Klarheit und Knappheit der Sprache. Er hat seiner Sprache feste Gesetze vorgeschrieben, während La Fontaine die seine bisweilen verdarb. Gestorben 1695.

Die jungen Leute und besonders diejenigen, die ihnen bei ihrer Lektüre Anleitung geben, müssen sich sorgsam davor hüten, dass sie La Fontaines schöne Natürlichkeit nicht mit dem Familiären, Platten, Nachlässigen und Trivialen verwechseln, in welche Fehler der Dichter nur zu oft verfällt. So sagt er in seinem Prolog zum Dauphin:

Et si de t'agréer je n'emporte le prix,
J'aurai du moins l'honneur de l'avoir entrepris.

Ergötz' ich dich auch nicht, wie ich's zu leisten kam,
So bleibt mir doch der Ruhm, dass ich es unternahm.

Man erkennt zur Genüge, dass er durchaus keine Ehre davon haben würde, wenn er den Preis der Annehmlichkeit nicht davontrüge. Der Gedanke ist ebenso falsch, wie der Ausdruck schlecht ist. Ferner:

Vous chantiez? J'en suis bien aise:
Hé bien! dansez maintenant.

Du sangst? Des freu' ich mich von Herzen:
Je nun, so tanze doch nunmehr.

Wie kann eine Ameise diese sprichwörtliche Redensart des Volkes einer Zikade vorhalten? Man lese ferner die Verse:

Si j'apprenais l'hébreu, les sciences, l'historie!
Tout cela c'est la mer à boire.

Lernt' ich Hebrä'sch, Latein, der Wissenschaften Haufen –
Das heißt fürwahr das Meer aussaufen.

Man muss einräumen, dass Phädrus mit einer Reinheit schrieb, die himmelweit von diesem niedrigen Ton entfernt ist.

Le gibier du lion, ce sont point moineaux,
Mais beaux et bons sangliers, daims et cerfs bons et beaux. –
Un jour sur ses longs pieds allait, je ne sais où,
Le héron au long bec emmanché d'un long cou.

Des Löwen Beute sind nicht Spatzen und nicht Kräh'n,
Nein, Eber schön und groß und Hirsche groß und schön. –
Der Reiher ging einmal, wo, hab' ich nicht entdeckt,
Mit seinem langen Hals, daran der Schnabel steckt.

Und der Fuchs, der »hundert Kniffe in seinem Sack hat«, und der Kater, der nur »einen in seinem Quersack« bei sich führt!

Man unterscheide diese Nachlässigkeiten und Kindereien, die sich in großer Anzahl bei ihm finden, von den wirklich bewundernswürdigen Zügen dieses liebenswürdigen Dichters, die in noch größerer Anzahl vorhanden sind.

Wie groß ist also die Macht der ungekünstelten Verse, da La Fontaine bei großen Nachlässigkeiten und Flüchtigkeiten durch diesen Reiz allein einen so allgemeinen und wohlverdienten Ruf erworben hat, ohne je etwas erfunden zu haben! Welches Verdienst aber auch bei den alten Asiaten, den Erfindern dieser auf der ganzen bewohnten Erde bekannten Fabeln!

Fontenelle (Bernard le Bouvier de), geboren in Rouen am 11. Februar 1657. Man darf ihn als den umfassendsten und vielseitigsten Geist betrachten, den das Zeitalter Ludwigs XIV. hervorgebracht hat; er glich jenen glücklichen Landstrichen, die die verschiedenartigsten Früchte erzeugen. Er war noch nicht zwanzig Jahre alt, als er einen großen Teil der Operntragödie ›Bellerophon‹ verfasste, und bald darauf schrieb er die Oper ›Thetis und Peleus‹, in der er vielfach Quinault nachahmte und die einen großen Erfolg hatte. Geringeren Beifall fand die folgende Oper ›Aeneas und Lavinia‹. Er versuchte nun seine Kräfte an tragischen Stoffen und war der Mitarbeiter von Fräulein Bernard bei mehreren der von ihr veröffentlichten Stücke. Selbständig verfasste er zwei Tragödien, von denen eine 1680 aufgeführt, aber nie gedruckt wurde. Sie zog ihm allzu lange höchst ungerechte Vorwürfe zu, denn er hatte bei alledem schnell genug erkannt, dass er, obschon sein Geist sich auf alles erstreckte, doch nicht das Talent seines Oheims Pierre Corneille für die Tragödie besaß.

Im Jahre 1686 verfasste er die Allegorie ›Mero und Enegu‹, d.h. »Rom und Genf«. Dieser allgemein bekannte Scherz erregte später im Verein mit der ›Geschichte der Orakel‹ eine Verfolgung gegen ihn. Eine weniger gefährliche und rein literarische beschwor er dadurch gegen sich herauf, dass er behauptete, die Neueren kämen in mancher Hinsicht den Alten durchaus gleich. Racine und Boileau stellten sich, ungeachtet es in ihrem Interesse lag, dass Fontenelle recht behielt, als ob sie ihn verachteten, und verschlossen ihm lange Zeit die Pforten der Akademie. Sie schmiedeten Epigramme gegen ihn – er bezahlte sie mit gleicher Münze, und sie blieben ständig seine Gegner. Er schrieb während dieser Zeit eine große Anzahl unbedeutender Werke, in denen sich aber bereits jene Verstandesschärfe und jene Gründlichkeit bemerkbar machten, die einen seinen eigenen Schöpfungen überlegenen Mann verraten. In seinen Gedichten und seinen ›Totengesprächen‹ erkannte man den Witz Voitures, aber in einer umfassenderen Weite und einer mehr philosophischen Schulung. Seine ›Mehrheit der Welten‹ war ein in seiner Art einziges Werk. Die ›Orakel‹ Vandales wusste er in ein lesenswertes Buch umzugestalten. Die kitzligen Gegenstände, die in diesem Werk erörtert werden, erweckten ihm heftige Feinde, zum Glück aber entging er ihnen. Er sah bei dieser Gelegenheit, wie gefährlich es ist, wenn man in Fragen Recht hat, in denen Leute, die in Gunst und Ansehen stehen, Unrecht haben.

Nunmehr warf er sich mit derselben Leichtigkeit, mit der er den angenehmen Künsten gehuldigt hatte, auf die Geometrie und die Physik. Er wurde zum ständigen Sekretär der Akademie der Wissenschaften ernannt und versah dieses Amt mehr als vierzig Jahre lang zur allgemeinen Zufriedenheit. Seine ›Geschichte der Akademie der Wissenschaften‹ verbreitet sehr häufig über die am schwersten verständlichen Denkschriften eine lichtvolle Klarheit. Er war der erste, der die Wissenschaften in ein zierliches und gefälliges Gewand kleidete. Wenn er sie dabei bisweilen mit zuviel Zierat behängte, so waren das nur Blumen, die bei einer reichlichen Ernte ganz natürlich mit den Ähren emporwachsen.

Diese ›Geschichte der Akademie der Wissenschaften‹ würde ebenso nützlich sein, wie sie vortrefflich abgefasst ist, wenn er darin nur von entdeckten Wahrheiten Bericht zu geben gehabt hätte; aber er musste häufig Ansichten auseinandersetzen, die einander bekämpften und von denen die meisten heute verschollen sind.

Seine Lobreden auf die verstorbenen Akademiker haben das seltene Verdienst, dass sie die Wissenschaften achtenswert machten und ihren Verfasser berühmt gemacht haben. Vergebens haben der Abbé des Fontaines und andere Leute dieser Art seinen Ruf zu schwärzen versucht – es ist das eigentümliche Geschick der großen Männer, dass sie verächtliche Feinde haben. Wenn er später einige frostige und wenig bühnenmäßige Lustspiele und eine Verteidigung der Wirbel des Kartesius herausgab, so hat man diese Lustspiele seinem Alter und seinen Kartesianismus den alten Ansichten zugute gehalten, die während seiner Jugend in ganz Europa geherrscht hatten.

Alles in allem betrachtete man ihn als den ersten Pfadfinder in der neuen Kunst, die abstrakten Wissenschaften in klarer und gefälliger Weise darzustellen, und auch auf allen anderen Gebieten, die er betreten hat, hat er Vorzüge und Verdienste gehabt. All diese Talente wurden noch durch eine ausgedehnte Kenntnis der Sprachen und der Geschichte unterstützt, und zweifelsohne stand er über allen Gelehrten, denen nicht die Gabe der Erfindung zuteil geworden war.

Seine ›Geschichte der Orakel‹, die nur ein sehr verständiger und sehr gemäßigter Abriss der großen Geschichte von Vandale ist, verwickelte ihn in einen ziemlich heftigen Streit mit einigen Jesuiten, den Kompilatoren des ›Lebens der Heiligen‹, die völlig den Charakter der Kompilatoren besaßen. Sie schrieben nach ihrer Weise gegen die vernünftige Ansicht Vandales und Fontenelles. Der Pariser Philosoph antwortete nicht; sein Freund jedoch, der gelehrte holländische Philosoph Basnage, antwortete ihnen, und das Buch der Kompilatoren wurde nicht gelesen. Mehrere Jahre später schwärzte der Beichtvater Ludwigs XIV., der Jesuit Le Tellier – der unglückselige Urheber all der Streitigkeiten, die soviel Unglück und soviel Lächerlichkeit über Frankreich gebracht haben –, Fontenelle bei Ludwig XIV. als einen Atheisten an und erinnerte an die Allegorie ›Mero und Enegu‹. Der damalige Polizeidirektor und spätere Großsiegelbewahrer Marc René de Paulmy, Marquis d'Argenson, beugte jedoch der Verfolgung vor, die gegen Fontenelle auszubrechen im Begriff stand; der Philosoph ließ dies in der Lobrede auf den Großsiegelbewahrer d'Argenson, die er in der Akademie der Wissenschaften hielt, deutlich genug durchblicken. Diese Anekdote ist bemerkenswerter als alles, was der Abbé Trublet über Fontenelle mitgeteilt hat. Fontenelle starb am 9. Januar 1757, im Alter von hundert Jahren weniger einen Monat und zwei Tage.

Forbin (Claude, Chevalier de), französischer Geschwaderchef und Großadmiral des Königs von Siam. Er hat bemerkenswerte ›Denkwürdigkeiten‹ hinterlassen, die von dritter Hand geordnet worden sind und nach denen man nun zwischen ihm und Du Guay-Trouin richten mag. Gestorben 1733.

Fosse (Antoine de La), geboren 1658. Sein bestes Stück ist ›Manlius‹. Gestorben 1708.

Fraguier (Claude), geboren in Paris im Jahre 1666, ein tüchtiger und geschmackvoller Literat. Er hat die Philosophie Platons in gute lateinische Verse gebracht, es wäre aber unstreitig besser gewesen, wenn er gute französische Verse gemacht hätte. In der Sammlung der Akademie der schönen Wissenschaften sind ausgezeichnete Dissertationen von ihm enthalten. Gestorben 1728.

Furetière (Antoine), geboren 1620, durch sein Wörterbuch und seine Fehde berühmt; gestorben 1688.

Gacon (François), geboren 1667 in Lyon, wurde von Pater Nicéron in das Verzeichnis der berühmten Männer aufgenommen, war aber nur durch plumpe Possen bekannt, die man »Mützenbullen« nennt. Diese Albernheiten rührten ursprünglich von einer gewissen Gesellschaft her, die man das »Narren und Mützenregiment« nannte; schon dieser Name zeugt sicher nicht von gutem Geschmack. Die anständigen Leute sehen dergleichen Schriften und deren Verfasser, die nur als abschreckende Beispiele angeführt werden können, mit Verachtung an. Gacon schrieb beinahe nur schlechte Satiren in schlechten Versen gegen die geschätztesten Autoren seiner Zeit. Diejenigen, die heute dergleichen Satiren nur noch in schlechter Prosa schreiben, sind noch verächtlicher als er. Ich gedenke seiner hier nur, um die gleiche Verachtung gegen etwaige Nachahmer Gacons zu erwecken. Gestorben 1725.

Galland (Antoine), geboren 1646 in der Picardie, erlernte in Konstantinopel die orientalischen Sprachen und übersetzte einen Teil der arabischen Märchen, die unter der Bezeichnung ›Tausendundeine Nacht‹ bekannt sind; er gab dabei viel von dem Seinen hinzu Jenes Buch ist eines der bekanntesten in Europa und für alle Nationen ergötzlich. Gestorben 1715.

Gallois (Jean), Abbé, geboren in Paris im Jahre 1632, ein universeller Gelehrter, war der erste Mitarbeiter am ›Gelehrtenjournal‹, das der Kanzleirat Sallo gegründet hatte. Später unterrichtete er den Staatsminister Colbert, der trotz seiner Amtsarbeiten noch Zeit zum Erlernen des Lateinischen übrig zu haben glaubte, in dieser Sprache. Colbert nahm seine Lektionen meist auf dem Weg von Versailles nach Paris in seiner Kutsche. Man behauptet mit viel Wahrscheinlichkeit, dass er sich in der Absicht, Kanzler zu werden, mit dem Latein befasste. Man beachte übrigens, dass gerade die beiden Männer, die die Literatur am meisten begünstigten – Ludwig XIV. und Colbert –, kein Latein verstanden. Wie behauptet wird, äußerte der Abbé Gallois: »Herr Colbert will bisweilen vertraulich gegen mich werden, aber ich schrecke ihn durch meine Ehrerbietigkeit zurück.«

Der gleiche Ausspruch wird aber auch Fontenelle mit Bezug auf den Regenten beigelegt – er liegt auch mehr im Charakter Fontenelles, und der Regent neigte auch mehr zur Vertraulichkeit als Colbert. Gallois starb 1707.

Gassendi (Pierre), geboren 1592 in der Provence, der Wiederhersteller eines Teils der Physik Epikurs. Er erkannte die Notwendigkeit der Atome und des Leeren, und Newton und andere haben später bewiesen, was Gassendi als Behauptung aufgestellt hatte. Er war weniger berühmt als Descartes, weil er vernünftiger und kein Neuerer war; man beschuldigte ihn aber– gerade wie Descartes – des Atheismus. Einige waren der Meinung, wer wie Epikur den leeren Raum gelten ließe, müsste auch wie Epikur Gott leugnen; auf solche Art folgern die Verleumder immer! In der Provence, wo man nicht neidisch auf ihn war, wurde Gassendi der »fromme Priester« genannt, in Paris aber nannten ihn einige Missgünstige den »Atheisten«. Er war allerdings ein Skeptiker, und die Philosophie hatte ihn an allem zweifeln gelehrt – nur nicht an der Existenz eines höchsten Wesens. Er hatte schon lange vor Locke in einem umfangreichen Brief an Descartes die Behauptung aufgestellt, dass man die Seele nicht im Geringsten kenne und dass Gott die Denkfähigkeit jenem anderen unbekannten Seienden, das man »Stoff« nennt, zu verleihen und sie diesem ewig zu erhalten vermöge. Gestorben 1656.

Gédoyn, Domherr von La Sainte-Chapelle in Paris, Verfasser einer vorzüglichen Übersetzung Quintilians und des Pausanias. Er war mit fünfzehn Jahren in die Gesellschaft Jesu eingetreten, trat aber im reiferen Alter wieder aus. Für die guten Autoren des Altertums war er in solchem Grad eingenommen, dass er gern gesehen hätte, wenn man ihnen ihre Religion der Schönheiten ihrer Werke und ihrer Mythologie wegen verziehen hätte. Er fand in ihrer Götterlehre eine bewundernswürdige natürliche Philosophie und treffende Sinnbilder aller Verrichtungen der Gottheit; daher meinte er auch, der geistige Horizont aller Nationen sei kleiner geworden und mit der Mythologie der Griechen wären die wahrhaft erhabene Poesie und die Beredsamkeit aus der Welt verschwunden. Das Gedicht Miltons galt ihm für die rohe Schöpfung eines düsteren und abschreckenden Fanatismus, in der der Teufel unablässig gegen den Messias aufbrüllt. Er schrieb über diesen Gegenstand vier bemerkenswerte Abhandlungen, die, wie man annimmt, bald im Druck erscheinen werden. Gestorben 1744.

In einzelnen Wörterbüchern steht zu lesen, dass Ninon ihm im Alter von achtzig Jahren die letzte Gunst gewährte. Man hätte in diesem Fall richtiger gesagt, dass der Abbé Gédoyn ihr die seine gewährt habe – aber das Ganze ist eine lächerliche Fabel. Ninon gab vielmehr nur dem Abbé von Châteauneuf ein Stelldichein für den Tag, an dem sie ihr sechzigstes Jahr zurückgelegt haben würde.

Gendre (Louis Le), geboren 1659 in Rouen, schrieb eine ›Französische Geschichte‹. Um jedoch eine wirklich gute Französische Geschichte zu schreiben, müsste man die Feder und die Freiheit des Präsidenten de Thou besitzen, und selbst dann würde es noch schwer sein, die ersten Jahrhunderte interessant zu machen. Gestorben 1733.

Genest (Charles Claude), geboren 1635, Hauskaplan der Herzogin von Orléans, Philosoph und Dichter. Seine Tragödie ›Penelope‹ findet noch heute Beifall, ist aber das einzige seiner Stücke, das sich auf der Bühne erhalten hat. Sie gehört zu jenen in einem matten und prosaischen Stil geschriebenen Trauerspielen, die bei der Aufführung durch die interessanten Situationen erträglich werden. Sein mühsames Werk über die ›Philosophie Descartes‹, das eher in Reimen als in Versen geschrieben ist, bekundet mehr seine Ausdauer als sein Genie: Er hat darin kaum etwas anderes mit Lucrez gemein, als dass beide eine fast durchgehend irrige Philosophie in Verse gebracht haben. Er hatte an den Wohltaten Ludwigs XIV. Anteil. Gestorben 1719.

Girard (Abbé), Mitglied der Akademie. Sein Buch über die ›Synonymen‹ ist sehr nützlich. Es wird so lange bestehen wie die Sprache und wird sogar zu deren Fortbestehen beitragen. Er starb in sehr hohem Alter im Jahre 1748.

Godeau (Antoine), einer von denen, die zur Gründung der Französischen Akademie beitrugen, war gleichzeitig Dichter, Redner und Geschichtsschreiber. Kardinal Richelieu schenkte ihm, wie bekannt, um ein Wortspiel zu machen, für das in Verse gebrachte ›Benedicite‹ das Bistum Grasse. Seine ›Geistliche Geschichte‹ in Prosa war geschätzter als sein Gedicht über die ›Begebnisse der Kirche‹. Er täuschte sich, wenn er damit die ›Fasten‹ Ovids zu erreichen glaubte: weder der Stoff noch sein Genie reichten dazu aus. Es ist ein großer Irrtum, wenn man meint, die christlichen Stoffe wären für die poetische Behandlung ebenso geeignet wie die des Heidentums, dessen ebenso anmutige wie falsche Götterlehre die ganze Schöpfung belebte. Gestorben 1672.

Godefroy (Théodore), ein Sohn des Parisers Denis Godefroy, geboren in Genf im Jahre 1580; ein bedeutender Gelehrter, war unter Ludwig XIII. und Ludwig XIV. Historiograph von Frankreich. Er beschäftigte sich besonders mit Studien über die Titel und das Zeremonial. Gestorben 1648.

Sein Vater, *Denis Godefroy*, hatte Europa durch seine umfangreiche Arbeit über das ›Corpus iuris civilis‹ einen wichtigen Dienst geleistet.

Godefroy (Denis), Sohn des Théodore Godefroy, geboren in Paris im Jahre 1615, war wie sein Vater Historiograph von Frankreich und starb 1681. Die ganze Familie hat sich in der Literatur hervorgetan.

Gombauld (Jean Ogier de) lebte, obschon bereits unter Karl IX. geboren, doch noch eine lange Reihe von Jahren unter Ludwig XIV. Es gibt einige gute Epigramme von ihm, deren Versform man sogar behalten hat. Gestorben 1666.

Gomberville (Marin), geboren im Jahre 1600 in Paris, einer der ersten Akademiker. Er schrieb vor der Zeit des guten Geschmacks umfangreiche Romane, und sein Ruf ging mit ihm zu Grabe. Gestorben 1674.

Gondy (Jean François), Kardinal von Retz, geboren 1613, lebte in seiner Jugend wie Catilina und im Alter wie Atticus. Verschiedene Stellen seiner ›Denkwürdigkeiten‹ sind Sallusts würdig, doch ist das Ganze nicht gleichmäßig. Gestorben 1679.

Gourville, anfangs Kammerdiener des Herzogs von La Rochefoucauld, wurde dessen Freund; später sogar der des Großen Condé. Während er als Botschafter des Königs in Deutschland war, wurde er in Paris im Bildnis gehenkt und dann zum Nachfolger des großen Colbert vorgeschlagen. Wir haben von ihm ›Denkwürdigkeiten‹ über sein Leben, die mit Aufrichtigkeit geschrieben sind und in denen er mit Gleichgültigkeit von seiner Geburt und seinem späteren Glück spricht. Es finden sich darin wahre und bemerkenswerte Anekdoten.

Grand (Joachim Le), geboren 1653 in der Normandie, ein Zögling Pater Le Cointes, war einer der in Geschichte am meisten bewanderten Gelehrten. Gestorben 1733.

Grécourt, Domherr von Tours. Sein Gedicht ›Philotanus‹ hatte einen ungemeinen Erfolg. Das Verdienst derartiger Werke beruht in der Regel nur auf der Wahl des Stoffs und auf der menschlichen Bosheit. Grécourts Gedicht ist keineswegs aller guten Verse beraubt – der Anfang ist sogar sehr glücklich gewählt –, aber der weitere Verlauf entspricht diesem Anfang nicht; der Teufel redet darin nicht so scherzhaft, wie er zu Anfang sprach. Der Stil ist platt, einförmig, ohne Anmut und Feinheit, es fehlt an Wechselreden und an Reinheit und Gewandtheit im Ausdruck – kurzum, das Ganze ist nur eine satirische Geschichte der Bulle ›Unigenitus‹ in burlesken Versen, unter denen sich einige sehr ergötzliche befinden. Gestorben 1743.

Guay-Trouin (Du), geboren 1673 zu Saint-Malo, stieg vom Freibeuter zum Generalleutnant zur See auf. Er war einer der größten Männer in seinem Fach und hat ›Denkwürdigkeiten‹ hinterlassen, die im Stil eines Kriegsmanns geschrieben und geeignet sind, seine Landsleute zum Wetteifer zu entflammen. Gestorben 1736.

Guéret (Gabriel), geboren in Paris im Jahre 1641, war seinerzeit durch seinen ›Verbesserten Parnaß‹ und den ›Krieg der Autoren‹ bekannt. Er besaß Geschmack, aber seine Abhandlung ›Ob das Reich der Beredsamkeit größer ist als das der Liebe‹ verrät nichts davon. Er verfasste im Verein mit Blondeau das sogenannte ›Journal du Palais‹, eine Sammlung der Urteilssprüche der französischen Parlamente, welche Urteile über ganz gleiche Sachen häufig sehr verschieden lauten. Nichts zeigt besser, wie sehr das Rechtswesen einer Reform bedarf, als die Notwendigkeit einer solchen Sammlung von gerichtlichen Entscheidungen. Gestorben 1688

Guet (Jacques Joseph Du), geboren im Forez im Jahre 1649, eine der besten Federn der jansenistischen Partei. Sein Buch über die ›Erziehung eines Königs‹ ist nicht, wie man behauptet hat, für den König von Sardinien geschrieben worden; es hat übrigens erst durch fremde Hand seine Vollendung erhalten. Du Guets Stil ist nach dem Muster der Schreibweise der guten Schriftsteller von Port-Royal gebildet; wie diese hätte er der Literatur bedeutende Dienste erweisen können. Drei Bände über fünfundzwanzig Kapitel des ›Jesaias‹ beweisen, dass er weder mit seiner Feder noch mit seiner Zeit geizte. Gestorben 1733.

Halde (Du), Jesuit, hat, obschon er nicht aus Paris herausgekommen ist und kein Chinesisch verstand, nach den Berichten seiner Ordensbrüder die beste und ausführlichste Beschreibung des chinesischen Reichs geliefert, die es überhaupt gibt.[198] Gestorben 1743.

Die unersättliche Neugierde, mit der wir die Religion, die Sitten und Gesetze der Chinesen kennenzulernen suchen, ist noch immer nicht gestillt. Um das Jahr 1700 machte sich, einzig von dieser Neugierde getrieben, ein Bürgermeister von Middelburg namens Hudde[199], ein sehr reicher Mann, nach China auf. Er verwendete einen sehr großen Teil seines Vermögens, um sich von allem Kenntnis zu verschaffen, und erlernte die chinesische Sprache so gründlich, dass er für einen geborenen Chinesen gehalten wurde. Zum Glück wurde er auch nicht durch die Bildung seiner Gesichtszüge verraten; so wusste er sich schließlich bis zum Mandarin aufzuschwingen. Als solcher bereiste er alle Provinzen Chinas und machte sich dann mit den während seiner dreißigjährigen Abwesenheit gesammelten Beobachtungen auf den Rückweg nach Europa. Aber dies alles ging bei einem Schiffbruch verloren, und vielleicht ist das der größte Verlust, den die Gelehrtenrepublik je erlitten hat.

Hamel (Jean Baptiste Du) aus der Normandie, geboren 1624, Sekretär der Akademie der Wissenschaften, war, obschon seinem Stand nach Theologe, ein Philosoph. Die Philosophie, die sich inzwischen vervollkommnet hat, hat seine Werke ins Dunkel zurückgedrängt, sein Name aber hat sich im Gedächtnis der Menschen erhalten. Gestorben 1706.

Hamilton (Antoine, Graf d'), geboren in Caen, hat einige hübsche Gedichte geliefert und ist der erste, der humoristische Romane schrieb, ohne in die burleske Manier Scarrons zu verfallen. Seine ›Denkwürdigkeiten des Grafen von Gramont‹, seines Schwagers, sind dasjenige unter allen Büchern, in dem der allergeringfügigste Kern in der heitersten, lebendigsten und gefälligsten Weise dargestellt erscheint. Dieses Werk

198 Charakteristisch für die Denkweise Du Haldes ist der Umstand, dass er den mehrerwähnten Khang Hi (wörtlich »allgemeiner Friede«, 1662174 stets als den »höchstseligen Kaiser Khang Hi« bezeichnet.

199 Nicht zu verwechseln mit dem Mathematiker Johann Hudde, der 1640 in Amsterdam geboren wurde und 1704 ebenda starb.

ist eher das Muster einer heiteren Unterhaltung als eines Buchs. Sein Held hat in diesen Denkwürdigkeiten kaum andere Rollen, als dass er seine Freunde ein wenig im Spiel betrügt, sich von seinem Kammerdiener bestehlen lässt und einige angebliche Witzworte über die Erlebnisse anderer zum besten gibt.

Hardouin (Jean), Jesuit, geboren in Quimper im Jahre 1646, ein gründlicher Kenner der Geschichte, aber voll närrischer Ansichten. »Man muss nachsehen«, sagt Montaigne, »nicht wer der gelehrteste, sondern wer der beste Gelehrte ist.« Hardouin trieb die Wunderlichkeit bis zu der Behauptung, dass die ›Aeneide‹ und die ›Oden‹ des Horaz von Mönchen des 13. Jahrhunderts verfasst worden seien; er meint, Aeneas sei Jesus Christus, und Lalage, die Geliebte des Horaz, sei die christliche Religion. Derselbe Scharfsinn, der den Pater Hardouin in Aeneas den Messias erkennen ließ, zeigte ihm in Thomassin, Quesnel, Malebranche, Arnauld, Nicole und Pascal pure Atheisten. Seine Torheit entkleidete diese Verleumdung ihrer ganzen Unbilligkeit – aber nicht alle, die diese Beschuldigung des Atheismus immer wieder von neuem gegen die Denker erheben, sind als Narren bekannt und anerkannt, und ebendeshalb sind sie nicht selten höchst gefährlich. Man hat Menschen durch Anwendung von Waffen, gegen die es keinen Schild gibt, ihr Amt Missbrauchen sehen, um achtenswerte Personen unwiderruflich bei allzuwenig unterrichteten Fürsten anzuschwärzen. Hardouin starb 1729.

Hecquet, Arzt, veröffentlichte 1722 das theoretisch begründete ›System der Trituration‹, einen höchst sinnreichen Einfall, der uns die Art und Weise, auf die die Verdauung vor sich geht, nicht im Geringsten erklärt. Die anderen Ärzte haben noch den Magensaft und die Wärme der Eingeweide zu Hilfe genommen – aber keiner hat das Geheimnis der Natur zu enthüllen vermocht, die sich bei allen ihren Verrichtungen verbirgt.

Helvétius, ein berühmter Arzt, der vortrefflich über den tierischen Haushalt und über das Fieber geschrieben hat. Gestorben um 1750. Er war der Vater eines wahren Philosophen, der seiner Stellung als Generalpächter entsagte, um sich der Literatur zu widmen, und der das Schicksal verschiedener Philosophen teilte, die eines Buches und ihrer Tugend wegen verfolgt wurden.

Hénault, bekannt durch sein Sonett ›Die Fehlgeburt‹[200] und durch einige andere Gedichte, würde sicher einen großen Ruf gewonnen haben,

200 Dieses seinerzeit berühmte Sonett, dessen Übersetzung schon zuvor mitgeteilt wurde, bezog sich auf das traurige Abenteuer eines Ehrenfräuleins der Königin, des

wenn die verlorengegangenen drei ersten Bücher seiner Übersetzung des ›Lucretius‹ erschienen wären und wenn das Ganze in derselben Weise geschrieben gewesen wäre wie der Anfang dieses Werkes, der uns erhalten worden ist. Gestorben 1682.

Die Nachwelt wird ihn übrigens sicher nicht mit einem Mann desselben Namens, aber von weit größerem Verdienst verwechseln, dem wir die kürzeste und beste ›Französische Geschichte‹ und vielleicht die einzige Methode verdanken, nach der fortan alle größeren Geschichten geschrieben werden müssen; denn die Menge der Tatsachen und der Schriften wird allmählich so groß, dass man sich bald auf Auszüge und Wörterbücher wird beschränken müssen. Es wird aber schwer werden, den Verfasser des ›Chronologischen Abrisses‹ nachzuahmen, der zahllose Umstände gründlich erörtert, während er sie nur zu streifen scheint.

Hénault, Präsident der Untersuchungskammer, Oberintendant des Hauses der Königin, Mitglied der Französischen Akademie, wurde um 1686 in Paris geboren. Wir haben seines ›Chronologischen Abrisses der Geschichte Frankreichs‹ bereits vorstehend gedacht. Die mühsamen und zeitraubenden Untersuchungen, die ein solches Werk erfordert haben muss, haben ihn nicht gehindert, auch den Grazien zu opfern, und er gehört zu der kleinen Zahl jener Gelehrten, die die nützlichen Arbeiten mit jener geselligen Anmut verbanden, die sich nicht erlernen lässt. Er war in der Geschichte, was Fontenelle in der Philosophie war: er hat sie uns vertraulich näher gerückt. Gleich Fontenelle haben wir daher auch ihm schon zu seinen Lebzeiten Gerechtigkeit widerfahren lassen. Er starb im Jahre 1770.

Herbelot (Barthélemy d'), geboren in Paris im Jahre 1625, war der erste Franzose, der eine gründliche Kenntnis der orientalischen Sprachen

---

Toi qui meurs avant que de naître,
Assemblage confus de l'être et du néant,
Triste avorton, informe enfant,
Rebut du néant et de l'être.
Toi que l'amour fit par un crime,
Et que l'honneur defait par un crime à son tour,
Funeste ouvrage de l'amour,
De l'honneur funeste victime,
Donne fin aux remords, par tu t'es vengé,
Et du fond du néant, où je t'ai replongé,
N'entretiens point l'horreur dont ma faute est suivie.
Deux tyrans opposés ont décidé ton sort.
L'amour, malgré l'honneur, te fit donner la vie,
L'honneur, malgré l'amour, te fit donner la mort.

Von anderer Seite wird übrigens Frau de La Suze als Verfasserin dieses Gedichts namhaft gemacht.

und der orientalischen Geschichte besaß. Er wurde anfangs in seinem Vaterland wenig beachtet, aber von Großherzog Ferdinand II. von Toscana mit einer Auszeichnung aufgenommen, die die Franzosen auf seine Verdienste aufmerksam machte. Nun wurde er zurückgerufen und von Colbert, der alles förderte, unterstützt. Seine ›Orientalische Bibliothek‹ ist ebenso bemerkenswert wie gründlich. Gestorben 1695.

Hermant (Godefroy), geboren in Beauvais im Jahre 1616, schrieb nur polemische Werke, die meist mit der Fehde zugleich untergehen. Gestorben 1690.

Hermant (Jean), geboren 1650 in Caen, Verfasser der ›Geschichte der Konzile, der religiösen Orden und der Ketzereien‹. Diese Ketzergeschichte kommt der Pluquets nicht gleich. Gestorben im Jahre 1725.

Hire (Philippe La), geboren in Paris im Jahre 1640, Sohn eines tüchtigen Malers, war ein gelehrter Mathematiker und hat viel zur Bestimmung des berühmten Meridians von Frankreich beigetragen. Gestorben 1718.

Hosier (Pierre D'), geboren in Marseille im Jahre 1592, war der Sohn eines Advokaten. Er war der erste, der die Genealogien ins Reine brachte und diesen Zweig der Geschichte zu einer Wissenschaft machte. Ludwig XIII. ernannte ihn zum Tafelbeamten, Haushofmeister und Kammerjunker; Ludwig XIV. gab ihm die Bestallung als Staatsrat. Wahrhaft große Männer haben weit geringere Belohnungen erhalten – ihre Arbeiten waren der menschlichen Eitelkeit nicht so unentbehrlich. Gestorben im Jahre 1660.

Hospital (François Marquis de L'), geboren 1661, war der erste, der in Frankreich über die von Newton erfundene Rechnungsart schrieb und diese als »Rechnung der unendlich kleinen Größen« bezeichnete – das war damals ein Wunder. Gestorben im Jahre 1704.

Houlières (Antoinette de La Garde Des) hat unter allen französischen Dichterinnen den meisten Erfolg gehabt, da von ihr die meisten Verse im Gedächtnis geblieben sind. Es ist schade, dass sie die Verfasserin des schlechten Sonetts gegen die bewundernswürdige ›Phädra‹ Racines ist. Dieses Sonett wurde nur deshalb vorn Publikum gut aufgenommen, weil es satirisch war. Ist es nicht genug, dass die Frauen in der Liebe eifersüchtig sind – müssen sie es auch noch in der Literatur sein? Eine satirische Frau gleicht der Medusa und der Scylla, zwei in Ungeheuer verwandelten Schönheiten. Gestorben 1694.

Huet (Pierre Daniel), geboren 1630 in Caen, ein universeller Gelehrter, der seinen Arbeitseifer ungeschwächt bis ins einundneunzigste Jahr bewahrte. Er wurde zuerst von Königin Christine nach Stockholm berufen und gehörte in der Folge zu den berühmten Männern, die bei der Erziehung des Dauphins mitwirkten. Nie hatte irgendein Prinz ähnliche Lehrer. Huet trat mit vierzig Jahren in den geistlichen Stand und erhielt das Bistum Avranches, dem er aber später entsagte, um sich in der Zurückgezogenheit völlig dem Studium hinzugeben. Von seinen Schriften sind ›Der Handel und die Schifffahrt der Alten‹ und der ›Ursprung der Romane‹ die bedeutendsten. Seine ›Abhandlung über die Schwäche des menschlichen Geistes‹ hat viel Aufsehen erregt und schien eine Verleugnung seines ›Englischen Beweises‹ zu sein. Gestorben 1721.

Jacquelot (Isaac), geboren in der Champagne im Jahre 1647, Calvinist, Pastor im Haag und später in Berlin. Er hat einige Werke über die Religion geschrieben. Gestorben in Berlin im Jahre 1708.

Joly (Gui), Rat beim Châtelet, Sekretär des Kardinals von Retz, hat ›Denkwürdigkeiten‹ hinterlassen, die sich zu denen des Kardinals wie der Diener zum Herrn verhalten, doch finden sich darin einige merkwürdige Einzelheiten.

Jouvency (Joseph), Jesuit, geboren in Paris im Jahre 1643, noch ein Mann, der das zweifelhafte Verdienst hatte, ein so vortreffliches Latein zu schreiben, wie das gegenwärtig überhaupt möglich ist. Sein Buch ›De ratione discendi et docendi‹ ist seit Quintilian eines der besten und der am wenigsten bekannten Werke dieser Art. Im Jahre 1710 gab er in Rom einen Teil der Geschichte seines Ordens heraus; er schrieb sie als Jesuit und als Mann, der in Rom lebte. Das Parlament von Paris, das von Rom und den Jesuiten sehr verschieden denkt, verurteilte dieses Buch, in dem Pater Guignard gerechtfertigt wurde, der wegen des vom Schüler Châtel an Heinrich IV. verübten Mordversuchs von demselben Parlament zum Tod durch den Strang verurteilt worden war. Zwar war Guignard keineswegs ein Mitschuldiger, und man sprach ihm mit aller Strenge das Urteil, aber man muss einräumen, dass diese Strenge unerlässlich war in jenen unglückseligen Zeiten, wo ein Teil Europas, vom fürchterlichsten Fanatismus verblendet, die Erdolchung des besten Königs und besten Menschen für eine Glaubenstat ansah. Jouvency starb im Jahre 1719.

Labbe (Philippe), Jesuit, geboren in Bourges im Jahre 1607, hat der Geschichte große Dienste erwiesen. Man hat sechsundsiebzig Werke von ihm. Gestorben 1667.

Laboureur (Jean Le), geboren 1623 in Montmorency, Tafeljunker Ludwigs XIV. und später sein Almosenier. Sein Bericht über die Reise, die er mit der Marschallin von Guébriant, der einzigen Frau, die je den Titel einer bevollmächtigten Gesandten geführt und die Funktionen einer solchen versehen hat, nach Polen machte, ist ziemlich bemerkenswert. Die historischen Erläuterungen, mit denen er die ›Denkwürdigkeiten‹ Castelnaus versehen hat, haben viel Licht über die französische Geschichte verbreitet. Das schlechte Gedicht ›Karl der Große‹ stammt nicht von ihm, sondern von seinem Bruder. Gestorben 1675.

Lainé oder *Lainez* (Alexandre), geboren 1650 im Hennegau, ein merkwürdiger Dichter, von dem man eine kleine Anzahl gelungener Gedichte zusammengebracht hat. Ein Sonderling, der einen ehernen Parnass errichten und darauf die Relieffiguren aller Poeten und Musiker anbringen ließ, die ihm einfielen, ließ diesen Lainé unter die berühmtesten einreihen. Die einzigen galanten Verse, die man von ihm hat, schrieb er für Frau Martel:

Le tendre Apelle un jour, dans ces jeux si vantés
Qu'Athènes sur ses bords consacrait à Neptune,
Vit au sortir de l'onde éclater cent beautés;
  Et, prenant un trait de chacune,
Il fit de sa Vénus le portrait immortel.
Hélas! s'il avait vu l'adorable Martel,
  Il n'en aurait employé qu'une.

Bei des Poseidon Fest sah eines Tags Apell
Aus blauer Meeresflut viel nackte Schöne steigen
In ihrer Reize Schmuck. Der Künstler sah's, und schnell
  Entlehnt' das Schönste er, das jeder eigen,
Und schuf sein Venusbild, das alle Welt entzückt.
Doch hätt' die schöne Martel je sein Aug' erblickt,
  Sie hätte ihm genügt für jenen Reigen.

Man weiß nicht, dass diese Verse eine etwas lange Übersetzung des schönen Ausspruchs Ariosts sind:

Non avea da torre altra che costei;
Chè tutte le bellezze erano in lei.
(Ariosto, cant. XI, 71)

Lainé starb im Jahre 1710.

Lainet oder *Lénet* (Pierre), gebürtig aus Dijon, Staatsrat und Anhänger des Großen Condé, hat ›Denkwürdigkeiten‹ über den Bürgerkrieg hinterlassen. Alle Denkwürdigkeiten über jene Zeit erläutern und berichtigen sich gegenseitig. In denen Lainets findet sich eine äußerst bemerkenswerte Anekdote: Eine Dame von Stand aus der Freigrafschaft Burgund, die im achten Monat schwanger war, befand sich im Jahre

1664 in Paris, als plötzlich ihr Gatte, den sie seit Jahresfrist nicht gesehen hatte, dort eintraf. Sie befürchtete, er würde sie töten, und wandte sich an Lainet, ohne ihn näher zu kennen. Lainet zog den spanischen Gesandten zu Rate, und beide kamen auf den Einfall, den Gatten durch eine »Lettredecachet« in die Bastille sperren zu lassen, bis die Frau ihr Wochenbett hinter sich habe. Sie wandten sich an die Königin. Lachend setzte der König eigenhändig die »Lettre-de-cachet« auf und unterzeichnete sie. Er rettete so das Leben der Frau und des Kindes, bat dann den Gatten um Verzeihung und machte ihm ein Geschenk.

Lambert (Anne Therèse de Marguenat de Courcelles, Marquise de), geboren 1647, eine Dame von viel Geist, hat einige nützliche und gefällig geschriebene moralische Schriften hinterlassen. Ihre ›Abhandlung über die Freundschaft‹ zeigt, dass sie verdiente, Freunde zu haben. Die Anzahl der Frauen, die diesem schönen Zeitalter zur Zierde gereichten, ist einer der stärksten Beweise für den Fortschritt des menschlichen Geistes:

> Le donne son venute in eccellenza
> Di ciascun' arte ove hanno posto cura.
> (Ariosto, cant. XX, 2)

Die Marquise starb 1733 in Paris.

Lamy (Bernard), geboren 1645 in Le Mans, Priester vom Oratorium, war auf mehr als einem Gebiet bewandert. Seine ›Grundzüge der Mathematik‹ verfasste er auf einer Reise, die er zu Fuß von Grenoble nach Paris machte. Gestorben 1715.

Lancelot (Claude), geboren in Paris im Jahre 1616, hatte Anteil an den höchst nützlichen Werken, die die Einsiedler von Port-Royal für die Erziehung der Jugend schrieben. Gestorben 1705.

Larrey (Isaac de), geboren in der Normandie im Jahre 1638. Seine ›Englische Geschichte‹ stand vor dem Erscheinen des Werkes Rapius de Thoyras in Ansehen, seine ›Geschichte Ludwigs XIV.‹ dagegen niemals. Gestorben in Berlin im Jahre 1719.

Launay (François de), geboren 1612 in Angers, Rechtsgelehrter und Schriftsteller, war der erste, der in Paris das französische Recht lehrte. Gestorben 1693.

Launoy (Jean de), geboren in der Normandie im Jahre 1603, Doktor der Theologie, ein fleißiger Gelehrter und unerschrockener Kritiker. Er vernichtete verschiedene Irrtümer, insbesondere aber die Existenz mehrerer Heiliger. Ein Pfarrer von Saint-Eustache äußerte darüber wie bekannt: »Ich mache ihm stets tiefe Verbeugungen, aus Sorge, er könnte mir sonst eines Tages meinen St. Eustachius beseitigen.« Gestorben im Jahre 1678.

Laurière (Eusèbe), geboren in Paris im Jahre 1659, Advokat. Niemand ist gründlicher auf die Rechtswissenschaft und den Ursprung der Gesetze eingegangen. Er entwarf den Plan zur ›Sammlung der Verordnungen‹, einem gewaltigen Werk, das die Regierung Ludwigs XIV. auszeichnet. Diese Sammlung ist ein Denkmal der Unbeständigkeit der menschlichen Dinge – eine Zusammenstellung von Verordnungen ist nur eine Geschichte der Veränderungen. Gestorben 1728.

Leclerc (Jean), geboren in Genf im Jahre 1657, aber von Geschlechts wegen nach Beauvais gehörig, war nicht der einzige Gelehrte in seiner Familie, aber der gelehrteste. Seine ›Allgemeine Bibliothek‹, eine Nachahmung der ›Gelehrtenrepublik‹ Bayles, ist sein bestes Werk. Sein größtes Verdienst ist, dass er sich damals der Weise Bayles näherte, den er oft bekämpft hatte. Er hat weit mehr geschrieben als dieser große Mann, aber er verstand nicht wie dieser die Kunst, gleichzeitig zu gefallen und zu belehren, die noch über dem Wissen steht. Gestorben in Amsterdam 1736.

Lémeri (Nicolas), geboren in Rouen im Jahre 1645, war der erste vernünftige Chemiker und der erste, der eine ›Allgemeine Pharmakopöe‹ lieferte. Gestorben 1715.

Lenfant (Jacques), geboren im Beauce im Jahre 1661, war reformierter Pastor in Berlin. Er trug mehr als sonst jemand zur Verbreitung der Anmut und der Kraft der französischen Sprache im Norden Deutschlands bei. Seine gut geordnete und gut geschriebene ›Geschichte des Konzils zu Konstanz‹ wird der fernsten Nachwelt Kunde geben von dem Guten und dem Übel, das derartige große Versammlungen im Gefolge haben können, und zugleich zeigen, wie aus dem Schoß der Leidenschaften, des Eigennutzes und sogar der Grausamkeit immer noch gute Gesetze hervorzugehen vermögen. Gestorben 1728.

Lions (Jean Des), geboren in Pontoise im Jahre 1615, Doktor der Sorbonne; ein eigentümlicher Mensch, verfasste mehrere polemische Schriften. Er wollte beweisen, dass das Fest der Heiligen Drei Könige eine Entweihung sei und dass die Welt binnen kurzem untergehen würde. Gestorben 1700.

L'Isle (Guillaume De), geboren 1675 zu Paris, reformierte die Geographie, die noch lange der Vervollkommnung bedürfen wird. Er veränderte die Längenangaben über die ganze Lage unserer Hemisphäre.

Er unterrichtete Ludwig XV. in Geographie und hat nie einen besseren Schüler gehabt. Der Monarch verfasste nach dem Tod seines Lehrers eine ›Abhandlung über den Lauf sämtlicher Flüsse‹. Guillaume De L'Isle war der erste, der den Titel eines ersten Geographen des Königs führte. Gestorben 1726.

Long (Jacques Le), geboren in Paris im Jahre 1655, Priester vom Oratorium. Seine ›Historische Bibliothek Frankreichs‹ ist sehr gesucht und – bis auf einige Fehler – von großem Nutzen. Gestorben 1721.

Longepierre (Hilaire Bernard de Requeleyne, Baron von), geboren im Burgund im Jahre 1658, kannte alle Schönheiten der griechischen Sprache, ein um jene Zeit höchst seltenes Verdienst. Man hat von ihm gereimte Übersetzungen des ›Anakreon‹, der ›Sappho‹, des ›Bion‹ und ›Moschus‹. Seine Tragödie ›Medea‹ steht trotz ihrer Unebenheiten und der Überfülle an deklamatorischem Prunk weit über der des Pierre Corneille, aber die ›Medea‹ Corneilles stammte auch nicht aus dessen bester Zeit. Longepierre schrieb noch andere Tragödien nach dem Muster der Griechen und ahmte seine Vorbilder besonders darin nach, dass er keine Liebesverhältnisse in seine düsteren und schrecklichen Stoffe verflocht. Leider aber ahmte er auch ihre weitschweifigen Gemeinplätze und ihren Mangel an lebendiger Handlung und an geschickter Intrige nach, ohne sie in der Schönheit der Rede, die das große Verdienst der Dichter bildet, zu erreichen. Der Bühne hat er daher nur ›Medea‹ und ›Elektra‹ gegeben. Gestorben 1721.

Longuerue (Louis du Four de), geboren in Charleville im Jahre 1652, Abt von Le Jard, kannte außer den alten auch alle modernen Sprachen Europas. Mehrere Sprachen mittelmäßig zu erlernen, ist der Ertrag der Arbeit einiger Jahre, aber seine Muttersprache rein und beredt zu reden, ist die Arbeit eines ganzen Lebens. Er kannte auch die allgemeine Weltgeschichte, und man behauptet, dass er eine historische und geographische Beschreibung des alten und des modernen Frankreich aus dem Gedächtnis verfasste. Gestorben um 1733.

Longueval (Jacques), geboren 1681, Jesuit, schrieb acht Bände ›Geschichte der Gallikanischen Kirche‹, die von Pater Fontenay fortgesetzt wurde. Gestorben 1735.

Loubère (Simon de La), geboren 1642 in Toulouse, wurde 1687 nach Siam geschickt und gab Berichte über dieses Land, die besser sind als seine Sonette und seine Oden. Gestorben 1729.

Ein Jesuit aus derselben Stadt und mit demselben Namen war ein tüchtiger Mathematiker, ist aber nur dadurch bekannt, dass er mit Pascal den Ruhm der Lösung des Problems der Zykloide teilen wollte.

Mabillon (Jean), geboren in der Champagne im Jahre 1632, Benediktinermönch, bat, als er mit der Vorweisung des Schatzes von Saint-Denis betraut worden war, um Entbindung von diesem Amt, weil er »nicht gern die Fabel mit der Geschichte vermenge«. Er hat gründliche historische Untersuchungen angestellt. Colbert verwendete ihn bei der Suche der alten Urkunden und Gerechtsame. Gestorben 1707.

Maignan (Emmanuel), geboren in Toulouse im Jahre 1601, Franziskanermönch, erlernte ohne Lehrer die Mathematik. Er wurde später Professor der Mathematik in Rom, wo seitdem stets ein französischer Franziskaner den Lehrstuhl dieser Wissenschaft eingenommen hat. Gestorben in Toulouse im Jahre 1676.

Maillet (Benoît de), Konsul in Kairo. Man hat von ihm lehrreiche Briefe über Ägypten und handschriftlich vorhandene Arbeiten, die einen kühnen Denker in ihm erkennen lassen. Das Werk mit dem Titel ›Telliamed‹ stammt von ihm oder ist wenigstens aufgrund seiner Gedanken geschrieben worden. Man findet darin die Ansicht entwickelt, dass die Erde ursprünglich völlig mit Wasser bedeckt gewesen sei – eine Ansicht, der Herr von Buffon beigetreten ist und die er mit neuen Beweisen gestützt hat, die aber noch lange nur Ansicht bleiben wird. Es steht sogar fest, dass es weite Strecken gibt, wo man keine Spur vom früheren Vorhandensein der Gewässer findet, und andere, wo man nur die von den Binnengewässern zurückgelassenen Ablagerungen findet. Maillet starb im Jahre 1738.

Maimbourg (Louis), Jesuit, geboren 1610, schrieb Geschichtswerke, von denen einige noch heute nicht ohne Vergnügen gelesen werden. Er war anfangs zu sehr in Mode und ist später zu sehr vernachlässigt worden. Bemerkenswert ist der Umstand, dass er aus dem Jesuitenorden ausscheiden musste, weil er zugunsten des französischen Klerus geschrieben hatte. Gestorben in Saint-Victor im Jahre 1686.

Maintenon (Françoise d'AubignéScarron, Marquise de) ist Schrifstellerin gerade wie Frau von Sévigné, weil man nach ihrem Tod ihre Briefe gedruckt hat. Die einen wie die anderen sind mit viel, aber mit sehr verschiedenem Geist geschrieben. Gemüt und Einbildungskraft haben die Briefe der Frau von Sévigné diktiert: sie sind heiterer, freier; die Briefe der Frau von Maintenon sind zurückhaltender, gezwungener: Es scheint, als habe die Verfasserin ständig vorausgesehen, dass ihre Zeilen eines Tages an die Öffentlichkeit kommen würden. Frau von Sévigné, die an ihre Tochter schrieb, schrieb nur für diese Tochter. Bei beiden findet man hin und wieder eine Anekdote. Aus den Briefen der Frau von Maintenon ersieht man, dass sie Ludwig XIV. geheiratet hatte, dass sie Einfluss auf die Staatsangelegenheiten hatte, diese aber nicht beherrschte; dass sie die Aufhebung des Edikts von Nantes und deren Folgen nicht herbeiführte, dass sie sich ihnen aber auch nicht widersetzte; dass sie die Partei der Molinisten ergriff, weil Ludwig XIV. sie ergriffen hatte, und dass sie sich später innig an diese Partei anschloss; dass Ludwig XIV. gegen Ende seines Lebens Reliquien trug und noch viele andere Einzelheiten. Aber die Kenntnisse, die man aus dieser Briefsammlung schöpfen kann, werden durch die notgedrungene Lektüre der großen Menge wertloser Billets, die sie enthält, allzu teuer erkauft. Dieses Gebrechen ist übrigens allen solchen Sammlungen gemein: Wenn nur das Nützliche gedruckt würde, würden wir hundertmal weniger Bücher haben. Frau von Maintenon starb 1710 in Saint-Cyr.

Ein gewisser La Beaumelle, der in Genf Hofmeister war, hat ›Denkwürdigkeiten der Frau von Maintenon‹ drucken lassen, die von Unrichtigkeiten strotzen.[201]

Malezieu (Nicolas), geboren in Paris im Jahre 1659. Die ›Geometrischen Grundzüge des Herzogs von Burgund‹ sind nichts anderes als die Lektionen, die er jenem Prinzen erteilte. Er erwarb sich durch seine gründliche Kenntnis der Literatur einen großen Ruf; die Herzogin von Maine begründete sein Glück. Gestorben 1727.

Malebranche (Nicolas), geboren in Paris im Jahre 1638, Priester vom Oratorium, einer der tiefsinnigsten Denker, die je zur Feder gegriffen haben. Getragen von jener gewaltigen Einbildungskraft, die mehr Schüler wirbt als die Wahrheit, hatte er Schüler – es gab zu seiner Zeit wirklich »Malebranchisten«! Er hat in bewundernswürdiger Weise die Irrtümer der Sinne und der Einbildungskraft nachgewiesen, als er aber die Natur der Seele zu ergründen versuchte, hat er sich wie die anderen in diesem Abgrund verloren. Er ist wie Descartes ein großer Mann, von dem sich wenig lernen lässt, war aber dabei kein großer Geometer wie Descartes. Gestorben 1715.

Malleville (Claude de), einer der ersten Akademiker. Das einzige Sonett ›Die schöne Frühaufsteherin‹ machte ihn zum berühmten Mann. Heute würde man von einer solchen Schöpfung gar nicht reden; damals aber war das Gute in jeder Hinsicht ebenso selten, wie es seitdem gewöhnlich geworden ist. Gestorben 1647.

201 La Beaumelle litt in der Tat an einer Art Fälschungsmanie, so dass seinen Angaben und Zitaten nie ohne weiteres zu trauen ist. Voltaire war aus mehr als einem Grund und mit Recht gegen diesen literarischen Ritter der Landstraße erbittert, der ihn nicht bloß persönlich gekränkt, sondern auch mit einer Unverschämtheit sondergleichen gleich nach Erscheinen des ›Zeitalters Ludwigs XIV.‹ einen mit giftigen Noten verbrämten Nachdruck dieses Werkes herausgegeben hatte.

Marca (Pierre de), geboren 1594. Er trat als Witwer und Vater mehrerer Kinder in den geistlichen Stand und wurde zum Erzbischof von Paris ernannt. Sein Buch über die ›Eintracht zwischen der weltlichen und der geistlichen Macht‹ wird sehr geschätzt. Gestorben 1662.

Marolles (Michel de), geboren in der Touraine im Jahre 1600, ein Sohn des berühmten Claude de Marolles, des Hauptmanns der hundert Schweizer, der durch seinen Einzelkampf an der Spitze des Heeres Heinrichs IV. gegen Marivaux bekannt ist. Michel war Abt von Villeloin und verfasste neunundsechzig Schriften, darunter einige Übersetzungen, die zu ihrer Zeit von großem Nutzen waren. Gestorben 1681.

Marre (Nicolas La), geboren in Paris im Jahre 1641, Kommissar beim Kriminalgericht, schrieb eine ›Geschichte der Polizei‹, ein Werk, das seinem Amt entsprach. Diese Schrift ist nur für die Pariser von Wert und besser zum Nachschlagen als zur Lektüre zu benützen. Als Belohnung erhielt er einen Anteil am Ertrag der Komödie, der ihm aber niemals zukam: man hätte mit demselben Erfolg den Schauspielern eine Anweisung auf das Gehalt der Scharwache erteilen können.

Marsais (Cèsar Chesnau Du), geboren in Marseille im Jahre 1676, der beste Kenner der Metaphysik der Grammatik: Niemand hat die Prinzipien der Sprachen besser ergründet als er. Sein Werk über die Tropen ist allmählich unentbehrlich geworden, und alles, was er über die Grammatik geschrieben hat, verdient ein sorgsames Studium. Im großen ›Enzyklopädischen Wörterbuch‹ finden sich viele Artikel von ihm, die von großem Wert sind. Er gehörte zur Zahl jener unbekannten Philosophen, die in Paris in ziemlicher Menge vorhanden sind, über alles ein gesundes Urteil haben, in Frieden und im gegenseitigen Austausch ihrer Gedanken miteinander leben, den Großen unbekannt und sehr gefürchtet sind von den Scharlatanen jeden Schlags, die die Geister zu beherrschen streben. Die große Anzahl dieser verständigen Männer ist ein Ergebnis des Geistes des Jahrhunderts. Gestorben 1756.

Marsollier (Jacques), geboren in Paris im Jahre 1647, Domherr von Saint-Geneviève, durch mehrere treffliche Geschichtswerke bekannt. Gestorben 1724.

Martignac (Etienne), geboren 1628, lieferte die ersten erträglichen Prosaübersetzungen Virgils, Horaz' usw. Ich bezweifle, dass man diese Dichter jemals in gebundener Rede gut ins Französische übersetzen wird; selbst wenn man ihr Genie besäße, bleibt doch die Verschiedenheit der beiden Sprachen ein nahezu unüberwindliches Hindernis. Gestorben 1698.

Mascaron (Jules) aus Marseille, geboren 1634, Bischof von Tulles und später von Agen. Seine Grabreden fanden anfangs denselben Beifall wie die Bossuets, zeigen aber heute nur, welch großer Mann Bossuet war. Gestorben 1703.

Massillon, geboren in der Provence im Jahre 1663, Priester vom Oratorium, Bischof von Clermont, war unter den Kanzelrednern derjenige, der die Welt am besten kannte. Er ist zierlicher und gefälliger als Bourdaloue, und seine Beredsamkeit verrät den Hofmann, den Akademiker und den Mann von Geist; dabei war er ein gemäßigter und toleranter Denker. Gestorben 1742.

Maucroix (François), geboren in Noyon im Jahre 1619, Dichter, Geschichtsschreiber und Literat. Einige seiner Verse sind den Gebildeten im Gedächtnis geblieben, wie z.B. die folgenden, die er im Alter von nahezu achtzig Jahren verfasste:

Chaque jour est un bien que du ciel je recoi.
Jouissons aujourd'hui de celui qu'il nous donne.
Il n'appartient pas plus aux jeunes gens qu'l moi,
Et celui de demain n'appartient à personne.

Ein Gut für mich, den Greis, ist jeder neue Tag,
Ich freu' mich seines Lichts und nutz' ihn ohne Sorgen;
Das Heut' ist aller Recht, ob jung, ob altersschwach,
Und keinem, der da lebt, gehört drum schon das Morgen.

Er starb im Jahre 1708.

Maynard (François), Präsident von Aurillac, geboren in Toulouse um 1582. Er darf zu den Vorläufern des Zeitalters Ludwigs XIV. gerechnet werden. Man besitzt von ihm eine ziemlich bedeutende Anzahl gelungener Verse in reiner Sprache. Er gehört zu den Autoren, die sich am bittersten über das die Talente verfolgende Missgeschick beklagt haben. Er wusste nicht, dass der Erfolg eines guten Werkes der einzige eines Künstlers würdige Lohn ist; dass es, wenn die Fürsten und Minister sich dadurch zu ehren bemühen, dass sie ein solches Verdienst belohnen, ehrenvoller ist, diesen Lohn abzuwarten, als ihn zu fordern, und dass, wenn ein guter Schriftsteller Reichtum begehrt, er selbst sich ihn zu schaffen hat.

Nichts ist bekannter als sein schönes Sonett an den Kardinal Richelieu und die harte Antwort dieses Ministers, das grausame Wörtchen: »Nichts.« Schließlich schrieb Präsident Maynard in seiner Zurückgezogenheit in Aurillac folgende Verse, die nicht weniger bekannt zu sein verdienen als sein Sonett:

Par votre humeur le monde est gouverné;
Vos volontés font le calme et l'orage;
Vous vous riez de me voir confiné,
Loin de la cour, dans mon petit ménage:
Mais n'estce rien d'être tout à soi,
De n'avoir point le fardeau d'un emploi,
D'avoir dompté la crainte et l'espérance?
Ah! si le ciel, qui me traite si bien,
Avait pitié de vous et de la France,
Votre bonheur serait égal au mien.

Durch Eure Laune wird die Welt regiert,
Ruh' schafft Ihr, wie Ihr wollt, und Kriegsgebrause;
Ihr seid der Herrscher, und Ihr triumphiert,
Mich eingepfercht zu sehn in meiner Klause.
Ist's wenig denn, sein eigner Herr zu sein,
Los jedes Amts der Freiheit sich zu freun,
Die Hoffnung wie die Furcht besiegt zu haben?
Oh, wär' der Himmel hold dem Frankenreich
Und Euch, er gäb' Euch gleiche Gaben
Und machte Euer Glück dem meinen gleich.

Nach dem Tod des Kardinals erklärte er in anderen Versen, dass der Tyrann tot, aber darum nicht glücklicher sei. Hätte der Kardinal ihm Wohltaten erwiesen, so würde dieser Minister ein Gott für ihn gewesen sein – er ist nur deshalb ein Tyrann, weil er nichts gab. Maynard glich in dieser Hinsicht allzu sehr den Bettlern, die die Vorübergehenden mit »gnädiger Herr« anreden und sie vermaledeien, wenn sie kein Almosen erhalten. Die Verse Maynards waren sehr schön; es wäre aber schöner gewesen, wenn er sein Leben zugebracht hätte, ohne etwas zu fordern und ohne zu murren. Die Grabschrift, die er auf sich selber machte, lebt in aller Munde:

Las d'espérer et de me plaindre
Des muses, des grands et du sort,
C'est ici que j'attends la mort,
Sans la désirer ni la craindre.

Der Hoffnung müd', der Klagen und der Reue,
Des Hofs, der Musen und der Daseinsnot,
Erwarte ich an diesem Ort den Tod,
Den ich nicht wünsche und noch wen'ger scheue.

Die beiden letzten Verse sind eine Übersetzung des alten lateinischen Spruchs:

> Summum nec metuas diem, nec optes.
> (Martial., lib. X, ep. 47)

Die meisten schönen Sittensprüche sind Übersetzungen.[202] Es ist sehr alltäglich, den Tod nicht zu wünschen, es ist sehr selten, ihn nicht zu fürchten, und es wäre erhaben gewesen, gar nicht daran zu denken, dass es Große in der Welt gibt.

Maynard starb im Jahre 1646.

Ménage (Gilles) von Angers, geboren 1613, hat den Beweis geliefert, dass es leichter ist, im Italienischen Verse zu machen als im Französischen. Seine italienischen Gedichte werden sogar in Italien geschätzt, und unsere Sprache verdankt seinen Untersuchungen sehr viel. Er war auf mehr als einem Gebiet bewandert, doch schloss seine ›Bittschrift der Wörterbücher‹ ihn von der Akademie aus. Er überreichte Kardinal Mazarin bei dessen Rückkehr nach Frankreich ein lateinisches Gedicht, in dem der Vers vorkommt: »Et puto tam viles despicis inde togas.« Das Parlament, das zuerst einen Preis auf den Kopf des Kardinals gesetzt und ihn dann untertänigst willkommen geheißen hatte, erblickte in diesem Vers eine Anspielung und wollte gegen den Autor nach der Strenge des Gesetzes verfahren; Ménage aber bewies dem Parlament, dass Toga ein Hofkleid bedeute. Er starb 1692. Die ›Menagiana‹ sind von La Monnoye vermehrt und berichtigt worden.

Ménétrier (Claude François), geboren 1631, hat viel für die Wappenkunde und die Kenntnis der Embleme und Devisen getan. Gestorben 1705.

Méry (Jean), geboren 1645 im Berry, gehörte zu denen, die der Chirurgie die wesentlichsten Dienste erwiesen. Er hat sehr wertvolle Be-

---

202 Voltaire hätte diese Bemerkung schon bei Chaulieu machen können, denn dessen zu *Chaulieu* mitgeteiltes Gedicht ist nur eine Paraphrase der bekannten Verse Virgils:

> Felix qui potuit rerum cognoscere causas,
> Atque metus omnes et inexorabile fatum
> Subjecit pedibus, strepitumque Acherontis.

Von jenem Gedicht gibt es übrigens noch eine zweite, nicht weniger gute Lesart:

> Plus j'approche du terme, et moins je le redoute:
> Par des principes sûrs mon esprit affermi,
> Content, persuadé, ne connaît plus la doute;
> Des suites de ma fin je n'ai jamais frémi.
> Et plein d'une douce espérance Je mourrai dans la confiance,
> Au sortir de ce triste lieu
> De trouver un asile, une retraite sûre
> Ou dans le sein de la nature,
> Ou bien dans les bras de mon Dieu.

richte über seine Beobachtungen hinterlassen. Gestorben 1722. Mézeray (François), geboren in Argentan in der Normandie im Jahre 1610. Seine ›Französische Geschichte‹ ist sehr bekannt, seine übrigen Schriften dagegen weniger. Er verlor seine Gnadengehälter, weil er geäußert hatte, er glaube an die Wahrheit. Übrigens war er mehr keck als genau in seinen Angaben, und sein Stil war sehr ungleichmäßig. Sein Familienname war Eudes, und er war ein Bruder des Paters Eudes, des Stifters der sehr verbreiteten, aber sehr wenig bekannten Brüderschaft der Eudisten. Gestorben im Jahre 1683.

Mimeures (Marquis de) wurde mit Monseigneur, dem Sohn Ludwigs XIV., erzogen. Man hat einige poetische Sachen von ihm, die denen Racans und Maynards nicht nachstehen. Da aber diese beiden Dichter zu einer Zeit auftraten, wo der gute Geschmack noch sehr selten war, der Marquis de Mimeures dagegen zu einer Zeit, wo die Kunst sich bereits entwickelt hatte, so gelangten sie zu großem Ruf, während der Marquis kaum etwas bekannt wurde. Seine Horaz nachgeahmte ›Ode an Venus‹ ist ihres Vorbilds nicht unwürdig.

Moine (Pierre Le), Jesuit, geboren 1602. Seine ›Leichte Frömmigkeit‹ machte ihn lächerlich, durch seine ›Louisiade‹ aber hätte er sich einen großen Namen erwerben können. Er besaß eine ungemein reiche Phantasie – warum also gelang es ihm nicht? Weil er weder Geschmack noch hinreichende Kenntnis vom Geist seiner Sprache, noch strenge Freunde besaß. Gestorben 1671.

Molière (Jean Baptiste), geboren in Paris im Jahre 1620[203], der beste unter den komischen Dichtern aller Nationen. Dieser Artikel hat mich zu einer erneuten Lektüre der komischen Dichter des Altertums bewogen, und ich muss gestehen, wenn man die Kunst und die Regelmäßigkeit unseres Theaters mit den zusammengeflickten Szenen der Alten, mit den schwachen Intrigen und mit jenem ungeschickten Brauch vergleicht, durch die Schauspieler in frostigen und unwahrscheinlichen Monologen angeben zu lassen, was sie getan haben und was sie tun wollen – ich muss gestehen, sage ich, dass Molière meines Erachtens die Komödie geschaffen hat wie Corneille die Tragödie und dass die Franzosen in diesem Punkt allen Völkern der Erde überlegen sind. Zudem hatte Molière einen Vorzug, den weder Corneille noch Racine, noch Boileau, noch La Fontaine besaßen: er war Philosoph und war es in der Praxis wie in der Theorie. Diesem Philosophen versagte der wegen seiner Sitten ver-

203 Molière wurde in Wirklichkeit am 15. Januar 1622 geboren, wie das vom Marquis de Beffaru aufgefundene Taufprotokoll beweist.

rufene Erzbischof von Paris, Harlay, die leeren Ehren des kirchlichen Begräbnisses, und der König musste erst den Prälaten veranlassen, zuzugeben, dass Molière in aller Stille auf dem Friedhof der kleinen Kapelle von Saint-Joseph im Faubourg Montmartre beerdigt wurde. Molière starb 1673.

In einigen neuen Wörterbüchern hat man sich um die Wette bemüht, die Verse Molières zugunsten seiner Prosa herabzusetzen, und zwar unter Berufung auf den Erzbischof von Cambrai, Fénelon, der in der Tat der Prosa des großen Komödiendichters den Vorzug zu geben scheint und allerdings seine Gründe hatte, nur die poetische Prosa zu lieben. Boileau dachte anders. Und man muss einräumen, dass Molière – einige Nachlässigkeiten ausgenommen, wie das Lustspiel sie gestattet – voll herrlicher Verse ist, die sich mit Leichtigkeit dem Gedächtnis einprägen. Der ›Menschenfeind‹, die ›Gelehrten Frauen‹, der ›Tartuffe‹ sind wie die ›Satiren‹ Boileaus geschrieben. Der ›Amphitryon‹ ist eine kunstvolle Sammlung von Epigrammen und Madrigalen, die man bisher nicht nachzubilden vermocht hat. Die gute Poesie ist gegenüber der guten Prosa, was der Tanz gegenüber dem einfach edlen Gang, die Musik gegenüber der gewöhnlichen Rezitation, das in Farben ausgeführte Gemälde gegenüber der Kreidezeichnung ist. Daher kommt es, dass Griechen und Römer nie ein in Prosa geschriebenes Lustspiel besessen haben.

Monnoye (Bernard de La), geboren in Dijon im Jahre 1641, ein ausgezeichneter Literat. Er war der erste, der den Preis für Poesie bei der Französischen Akademie erhielt, und sein Gedicht ›Der abgeschaffte Zweikampf‹, das diesen Preis errang, ist sogar nahezu eine der besten poetischen Schöpfungen, die Frankreich hervorgebracht hat. La Monnoye starb 1728. Ich weiß nicht, weshalb der Doktor der Sorbonne Ladvocat in seinem Wörterbuch die ›Weihnachtsstrophen‹ La Monnoyes in burgundischer Mundart als dessen beste Schöpfung bezeichnet – etwa weil die Sorbonne, die die burgundische Mundart nicht versteht, ein Erkenntnis gegen dieses Buch erlassen hat, ohne dessen Inhalt zu kennen?

Montesquieu (Charles), geboren 1689, Präsident des Parlaments von Bordeaux, gab mit zweiunddreißig Jahren die ›Persischen Briefe‹ heraus, ein witziges Werk, das bereits eine große Anzahl von Zügen enthält, die einen Geist verraten, der gründlicher und schärfer ist als dieses Buch. Die ›Persischen Briefe‹ sind eine Nachahmung des ›Siamesen‹ Dufresnys und des ›Türkischen Spions‹, aber eine Nachahmung, die zeigt, wie jene Vorbilder eigentlich beschaffen sein sollten. Dergleichen Werke finden in der Regel nur infolge ihres fremden Anstrichs Beifall: Man legt die

Satire auf unsere Sitten, die aus dem Mund eines Landsmanns einen weit weniger guten Empfang finden würde, einem Asiaten in den Mund, und was an sich gewöhnlich ist, wird dadurch neu und eigentümlich. Das Genie, das sich in den ›Persischen Briefen‹ offenbart, erschloss dem Präsidenten Montesquieu die Pforten der Akademie, obgleich die Akademie in seinem Buch angegriffen wurde; gleichzeitig aber veranlasste die Freimütigkeit, mit der er über die Regierung und von den Missbräuchen der Religion spricht, den Kardinal von Fleury, ihn von der Wahl zum Akademiker auszuschließen.

Montesquieu bediente sich eines sehr geschickten Kunstgriffs, um den Minister auf seine Seite zu bringen: Er ließ in wenigen Tagen eine neue Ausgabe seines Buches herstellen, in der alles, was einem Kardinal und Minister verdammenswert erscheinen konnte, weggelassen oder gemildert wurde. Diese neue Ausgabe legte Montesquieu persönlich dem Kardinal vor, der nur selten las, aber einen Teil des Werkes durchblätterte. Dieses sichere Auftreten in Verbindung mit dem Drängen einiger Einflussreicher Personen brachte den Kardinal auf andere Gedanken, und Montesquieu trat in die Akademie ein.

Er veröffentlichte sodann die Abhandlung über ›Die Größe und den Verfall der Römer‹, einen verbrauchten Stoff, den er durch äußerst scharfsinnige Bemerkungen und kräftige Schilderungen neu machte; diese Betrachtungen sind eine politische Geschichte des Römischen Reichs. Schließlich erschien sein ›Geist der Gesetze‹. Man fand in diesem Buch weit mehr Genie als bei Grotius und Pufendorf. Zur Lektüre dieser beiden Autoren muss man sich immer etwas zwingen, den ›Geist der Gesetze‹ aber liest man ebenso zu seinem Vergnügen wie zu seiner Belehrung. Dieses Werk ist mit demselben Freimut geschrieben wie die ›Persischen Briefe‹, und diese Freimütigkeit hat nicht wenig zu seinem Erfolg beigetragen. Sie erweckte ihm Feinde, die durch den Hass, den sie gegen sich rege machten, seinen Ruf erhöhten – es waren das jene Menschen, die, in den nichtswürdigen Gezänken der geistlichen Fehden aufgewachsen, ihre Ansichten für heilig und alle diejenigen, die dagegen aufzutreten wagen, für Heiligtumsfrevler ansehen. Sie schrieben in heftiger Weise gegen den Präsidenten Montesquieu, sie forderten die Sorbonne auf, sein Buch einer Zensur zu unterwerfen – aber die Verachtung, mit der sie von allen Seiten behandelt wurden, hielt die Sorbonne zurück. Der Hauptvorzug des ›Geistes der Gesetze‹ ist die Liebe zu den Gesetzen, die in diesem Werk herrscht; diese Liebe zu den Gesetzen aber beruht auf der Liebe zur Menschheit. Am auffälligsten ist der Umstand, dass das Lob, das Montesquieu der englischen Regierungsform erteilt, in Frankreich am meisten gefiel. Die scharfe und schneidende Ironie, die sich darin gegen die Inquisition findet, entzückte alle Welt – nur nicht die Inquisition. Seine fast immer scharfsinnigen Bemerkungen stützen sich auf Beispiele, die Montesquieu der Geschichte aller Völker entlehnte. Allerdings hat man ihm in dieser Hinsicht mit Recht zum Vorwurf gemacht, dass er jene Beispiele allzu oft den allzu verdächtigen Berichten der Reisenden über kleine, nahezu unbekannte wilde Nationen entnommen hat. Er zitiert auch nicht immer mit hinlänglicher Genauigkeit. So lässt er z.B. den Verfasser des Kardinal Richelieu untergeschobenen Politischen Testaments sagen: »Wenn sich im Volk irgendein unglücklicher Ehrenmann findet, darf man sich dessen nicht bedienen.« Das ›Politische Testament‹ sagt aber an der angeführten Stelle nur, dass es besser sei, sich reicher und wohlerzogener Männer zu bedienen, weil diese der Bestechung weniger zugänglich sind.

Bei anderen Anführungen hat Montesquieu sich in solchem Grad geirrt, dass er z.B. behauptet, Franz I. – der noch gar nicht geboren war, als Columbus Amerika entdeckte – hätte die Anerbietungen des Christoph Columbus zurückgewiesen. Der ständige Mangel an Methode in diesem Werk, die eigentümliche Weise des Autors, häufig nur drei oder vier Zeilen in einem Kapitel zu geben und dann in diesen Zeilen nur einen Scherz zu bieten, haben viele Leser verstimmt. Man hat sich beklagt, dass man allzu oft Witzworte finde, wo man Begründungen erwarte; man hat dem Autor vorgehalten, dass er häufig zweifelhafte Vermutungen als sichere Wahrheiten hinstelle – aber wenn Montesquieu den Leser nicht immer belehrt, so bringt er ihn doch immer zum Nachdenken, und das ist ein sehr großes Verdienst. Dabei haben, seine lebendigen und sinnreichen Ausdrücke, die an die Phantasie seines Landsmanns Montaigne erinnern, in hohem Grad zum großen Ruf des ›Geistes der Gesetze‹ beigetragen – hätte ein Gelehrter und selbst ein größerer Gelehrter als er diese Sachen gesagt, so würde man sie nicht gelesen haben. Kurzum, es gibt kaum ein Werk, in dem sich mehr Witz, mehr tiefe Gedanken und mehr kecke Bemerkungen fänden und aus dem man – sei es, dass man seine Ansichten billige, sei es, dass man sie verwerfe–mehr Belehrung schöpfen könnte. Man muss es ohne Widerrede zu den Werken zählen, die das Zeitalter Ludwigs XIV. verherrlicht und im Altertum nicht ihresgleichen haben.

Montesquieu starb im Jahre 1755, wie er gelebt hatte: als Philosoph.

Montfaucon (Bernard de), geboren 1655, Benediktiner, einer der gelehrtesten Altertumsforscher Europas. Gestorben 1741.

Montgault (Abbé), der Verfasser der besten Übersetzung der Briefe Ciceros, die wir bis jetzt besitzen; sie ist mit scharfsinnigen und wertvollen Anmerkungen versehen. Er war Erzieher des Sohnes des Herzogs von Orléans, Regenten des Königreichs, gewesen und starb, wie man sagt, aus Kummer darüber, dass er bei seinem Zögling nicht dasselbe Glück hatte machen können wie der Abbé Dubois. Er wusste offenbar nicht, dass man durch seinen Charakter und nicht durch seinen Geist sein Glück macht.

Montpensier (Anne Marie Louise von Orléans), unter dem Namen »große Mademoiselle« bekannt, eine Tochter Gastons von Orléans, wurde 1627 in Paris geboren. Ihre ›Denkwürdigkeiten‹ verraten mehr die mit sich selbst beschäftigte Frau als eine großen Ereignissen nahestehende Prinzessin, doch finden sich darin einige recht bemerkenswerte Sachen. Es gibt auch einige kleine Romane von ihr, die aber kaum gelesen werden. Bezüglich ihrer schriftstellerischen Leistungen stehen die fürstlichen Häupter auf derselben Stufe wie alle anderen Menschen. Wenn Alexander und Semiramis langweilige Werke geschrieben hätten, so würden diese unbeachtet geblieben sein – man findet leichter Schmeichler als Leser. Gestorben 1693.

Montreuil (Mathieu de), geboren in Paris im Jahre 1621, einer jener gefälligen und oberflächlichen Schriftsteller, deren das Zeitalter Ludwigs XIV. eine große Anzahl hervorgebracht hat und die nicht ohne Erfolg das Gebiet des Mittelmäßigen ausgebeutet haben. Es gibt wenige wahrhafte Genies – der Geist der Zeit aber und das Vermögen der Nachahmung haben viele gefällige Autoren hervorgebracht. Gestorben in Aix im Jahre 1692.

Moreri (Louis), geboren in der Provence im Jahre 1643. Man war nicht darauf gefasst, dass der Verfasser des ›Reichs der Liebe‹ und Übersetzer des ›Rodriguez‹ bei seiner Jugend das erste geschichtliche Wörterbuch unternehmen würde, das überhaupt erschienen ist – diese gewaltige Arbeit kostete ihn das Leben. Das inzwischen verbesserte und bedeutend erweiterte Werk trägt noch immer seinen Namen, ist aber nicht mehr von ihm – es ist eine neue Stadt, die nach dem alten Plan erbaut worden ist. Allzu viele verdächtige Genealogien sind diesem äußerst nützlichen Werk besonders nachteilig gewesen; inzwischen hat man Supplemente dazu geschrieben, die von Irrtümern strotzen. Moreri starb 1680.

Morin (Michel Jean Baptiste), geboren 1583 im Beaujolais, Arzt, Mathematiker und, den Vorurteilen seiner Zeit gemäß, auch Astrologe. Er stellte das Horoskop Ludwigs XIV.; trotz dieser Gauklerei war er ein tüchtiger Gelehrter. Er schlug vor, die Mondbeobachtungen zur Bestimmung der Längen auf dem Meer zu verwenden; diese Methode erforderte jedoch für die Tabellen über die Bewegungen des Trabanten jene ungemeine Genauigkeit, die ihnen die vereinten Anstrengungen der ersten Geometer des gegenwärtigen Jahrhunderts kaum zu geben vermocht haben; vgl. den Artikel ›Cassini‹. Morin starb 1659.

Morin (Jean), geboren in Blois im Jahre 1591, war in den orientalischen Sprachen sehr bewandert und ein hervorragender Kritiker. Gestorben im Oratorium im Jahre 1659.

Morin (Simon), geboren 1623 in der Normandie. Wir gedenken seiner nur, um seine und seines Anklägers Saint-Sorlin-Desmarets verderbliche Narrheit zu beklagen. Saint-Sorlin war ein Fanatiker, der einen anderen Fanatiker anklagte, und Morin, der nur ins Tollhaus gehörte, wurde 1663 lebendig verbrannt– zu jener Zeit, wo die Philosophie noch nicht genug Fortschritte gemacht hatte, um die Dogmatisierwut der Gelehrten und eine derartige Grausamkeit der Richter zu verhindern.

Motte-Houdart (Antoine La), geboren in Paris im Jahre 1672, berühmt durch sein Trauerspiel ›Ines von Castro‹ – eines der interessantesten von denen, die sich auf der Bühne erhalten haben –, durch recht hübsche Opern und besonders durch einige Oden, die ihm zunächst einen Namen verschafften: Es finden sich darin beinahe ebenso viele Gedanken wie Verse, und der Verfasser ist zugleich Philosoph und Dichter. Seine Prosa wird noch heute geschätzt. Er verfasste die Reden, die der Marquis de Mimeures und der Kardinal Dubois bei ihrer Aufnahme in die Akademie hielten, das Kriegsmanifest von 1718 und die Rede des Kardinals von Tencin auf dem kleinen Konzil von Embrun. Dieser Umstand ist bemerkenswert: Ein Erzbischof verdammt einen Bischof, und ein Opern- und Komödiendichter fertigt dem Erzbischof die entsprechende Rede dazu an. La Motte-Houdart hatte viele Freunde, d.h. es gab viele Leute, die an seiner Gesellschaft Gefallen fanden; ich habe ihn 1731 sterben sehen, ohne dass jemand an seinem Bett stand. Der Abbé Trublet erzählt, es seien viele Leute anwesend gewesen – offenbar kam er zu einer anderen Stunde dorthin als ich.

Das Interesse der Wahrheit – und nur dieses – veranlasst mich, hier die gewöhnlichen Grenzen dieser biographischen Artikel zu überschreiten.

Dieser sanftmütige Mann, über den sich nie jemand zu beklagen hatte, ist nach seinem Tod beinahe in aller Form rechtens eines ungeheuerlichen Verbrechens beschuldigt worden: er soll die abscheulichen Couplets verfasst haben, die 1710 die Verurteilung Rousseaus zur Folge hatten, und mehrere Jahre lang die ganze Intrige geleitet haben, die die Verdammung eines Unschuldigen herbeiführte. Diese Anklage ist von umso größerem Gewicht, da sie von einem über diese Angelegenheit sehr gut unterrichteten Mann stammt und gleichsam dessen Testament bildet. Der königliche Prokurator beim Finanzbüro, Nicolas Boindin, hinterließ bei seinem Tod im Jahre 1753 eine sehr ausführliche Denkschrift, in der er, nachdem mehr als vierzig Jahre vergangen waren, gegen La Motte-Houdart von der Französischen Akademie, Joseph Saurin von der Akademie der Wissenschaften und den Juwelenhändler Malafaire die Anschuldigung erhebt, dass sie das ganze Komplott angezettelt hätten, und dem Châtelet wie dem Parlament nachsagt, dass sie nacheinander die ungerechtesten Urteilssprüche gefällt hätten.

1. Wenn Nicolas Boindin wirklich von der Unschuld Rousseaus überzeugt war, warum zögerte er so lange, sie bekanntzugeben? Warum verkündete er sie nicht wenigstens unmittelbar nach dem Tod seiner Feinde? Warum gab er die vor mehr als zwanzig Jahren aufgesetzte Denkschrift nicht heraus?

2. Wer sieht nicht ein, dass die Denkschrift Boindins eine Schmähschrift ist und dass dieser Mann alle Personen hasste, von denen er in dieser der Nachwelt übermittelten Denunziation spricht?

3. Er beginnt mit Angaben, die anerkanntermaßen falsch sind. Er behauptet, der Graf von Nocé und N. Melon, der Sekretär des Regenten, wären die Verbündeten des kleinen Juwelenhändlers Malafaire gewesen. Dagegen weiß jeder, der mit den Genannten verkehrt hat, dass dies eine ausgemachte Verleumdung ist. Sodann verwechselt er La Faye, den Sekretär im königlichen Kabinett, mit seinem Bruder, dem Gardehauptmann. Endlich: Wie kann man von einem Juwelenhändler annehmen, dass er an diesem ganzen Coupletkomplott beteiligt gewesen sei?

4. Boindin behauptet, dass dieser Juwelier und der Geometer Saurin sich mit La Motte verbanden, um die Übertragung der Pension Boileaus, der 1710 noch am Leben war, an Rousseau zu verhindern. Steht irgendwie zu glauben, dass drei Personen von so verschiedenem Beruf sich zusammengetan und einen so wohlüberlegten, schurkischen und schwer ausführbaren Anschlag ersonnen haben sollten, um einen damals unbekannten Bürger einer Pension zu berauben, die noch gar nicht zu verge-

ben war, die Rousseau auf keinen Fall erhalten haben würde und auf die keiner von den drei Verbündeten Anspruch machen konnte?

5. Nachdem er eingeräumt hat, dass Rousseau der Verfasser der fünf ersten Couplets und der folgenden ist, die ihm sein Unglück zuzogen, verdächtigt er La Motte-Houdart der Urheberschaft an einem Dutzend weiterer Couplets desselben Schlags und bringt als einzigen Beweis für diese Anschuldigung den Umstand vor, dass jene gegen zwölf Personen, die sich bei Herrn von Villiers versammeln sollten, gerichteten Couplets von La Motte-Houdart selbst, etwa eine Stunde nachdem Rousseau von dieser Versammlung der Beteiligten erfahren hatte, zu Herrn von Villiers gebracht wurden. Da nun, folgert er, Rousseau jene Schmähverse nicht im Zeitraum von einer Stunde verfassen konnte und da La Motte diese mitbrachte, so muss La Motte der Verfasser sein. Meines Erachtens dagegen darf er gerade, weil er so arglos war, jene Schandverse zu überbringen, nicht der Ruchlosigkeit verdächtigt werden, dass er sie verfasst habe. Man hatte sie ihm wie noch verschiedenen anderen Personen vor die Tür gelegt. Er öffnete das Paket; er fand darin furchtbare Schmähungen gegen alle seine Freunde und gegen sich selbst; er erstattete darüber Bericht–nichts kann mehr den Anstrich der Schuldlosigkeit haben.

6. Diejenigen, die sich für die Geschichte dieser mysteriösen Unbill interessieren, müssen wissen, dass seit etwa einem Monat bei Villiers Zusammenkünfte stattfanden und dass die Teilnehmer an diesen Versammlungen zumeist dieselben Personen waren, die Rousseau bereits in fünf Couplets geschmäht hatte, die durch seine Unbesonnenheit zur Kenntnis verschiedener Personen gekommen waren. Die erste der zwölf neuen Schmähstrophen spricht es sogar deutlich genug aus, dass die Beteiligten bald im Café, bald bei Villiers zusammenkamen:

> Sots assemblés chez de Villiers,
> Parmi les sots troupe d'élite,
> D'un vil café dignes piliers,
> Craignez la fureur qui m'irrite.
> Je vais vous poursuivre en tous lieux,
> Vous noircir, vous rendre odieux;
> Je veux que partout on vous chante.
> Vous percer, et rire à vos yeux,
> Est une douceur qui m'enchante.

> Ihr Narr'n, die ihr bei Villiers tagt,
> Des Narrentumes höchste Blüte,
> Die ihr als Stammtischsäulen ragt –

Es kocht der Zorn mir im Gemüte!
Verfolgen soll mein Lieb, mein Hass
Euch allerorts ohn' Unterlass,
Mit Hohn will ich euch hetzen –
Euch höhnen, euch verspotten, das
Soll mich allzeit ergötzen.

7. Es ist durchaus unrichtig, dass die anerkanntermaßen von Rousseau stammenden fünf ersten Couplets nur die lächerlichen Seiten von fünf oder sechs Privatpersonen leicht berührten, wie die Denkschrift behauptet: man findet darin dieselben Abscheulichkeiten wie in den zwölf andern.

Que le bourreau, par son valet,
Fasse un jour serrer le sifflet
De Perrin et de sa séquelle;
Que Pécourt, qui fait le ballet,
Ait le fouet au pied de l'échelle.

Der Henker soll und der Henkersknecht
Den Hals umdrehen nach gutem Recht
Dem Perrin und seinem Gesindel,
Den Pécourt aber vom Tänzergeschlecht
Zerhau'n mit dem Rutenbündel.

Das ist der Stil der fünf ersten von Rousseau anerkannten Couplets, und sicher sind dies keine feinen Komplimente; derselbe Stil findet sich aber auch in allen folgenden Strophen.

8. Was die letzten Couplets nach derselben Melodie anlangt, die den Gegenstand des 1710 gegen Saurin, das Mitglied der Akademie der Wissenschaften, angestrengten Prozesses bildeten, so bringt die Denkschrift darüber nur das, was man seit langem aus den Akten des Prozesses weiß. Boindin behauptet nur, dass der Unglückliche, der zur Verbannung verurteilt wurde, weil er sich von Rousseau zur Ablegung eines falschen Zeugnisses hatte überreden lassen, zu den Galeeren hätte verurteilt werden müssen, falls er wirklich ein falscher Zeuge gewesen wäre. Darin irrt sich Boindin aber, denn erstens würde es eine schreiende Ungerechtigkeit gewesen sein, den Verführten zu den Galeeren zu verurteilen, während man gegen den Verführer nur auf Verbannung erkannt hatte, und zweitens war jener Unglückliche nicht als Ankläger gegen Saurin aufgetreten; er hatte nicht völlig zum falschen Zeugnis abgerichtet werden können und verschiedene einander widersprechende Aussagen gemacht. Die Beschaffenheit seines Vergehens und seine geistige Beschränktheit ertrugen keine exemplarische Strafe.

9. Boindin gibt in seinem Aufsatz ausdrücklich zu verstehen, dass das Haus Noailles und die Jesuiten bei dieser Gelegenheit als Werkzeuge zum Verderben Rousseaus dienten und dass Saurin das Ansehen und die Gunst zu Hilfe rief. Ich weiß dagegen mit aller Bestimmtheit – und außer mir wissen es noch verschiedene lebende Personen –, dass weder das Haus Noailles noch die Jesuiten den Prozess betrieben. Die Gunst des Hofs wandte sich sogar anfangs völlig Rousseau zu, denn obschon sich die öffentliche Meinung gegen ihn erhob, hatte er doch zwei Staatssekretäre, Pontchartrain und Voysin, für sich gewonnen, die die öffentliche Meinung nicht erschreckte. Auf ihren in Gesuchsform erlassenen Befehl ließ der Kriminalrichter Le Comte Saurin verhaften und einsperren, verhörte ihn, konfrontierte ihn mit den Zeugen und »recolierte« ihn[204] –alles mittels beschleunigten Verfahrens binnen weniger als vierundzwanzig Stunden. Der Kanzler erteilte dem Kriminalrichter wegen dieses gewaltsamen und ungebräuchlichen Vorgehens einen Verweis. Was die Jesuiten anlangt, so ist es durchaus unrichtig, dass sie sich gegen Rousseau erklärt hätten. Dieser trat vielmehr unmittelbar nach dem Endurteil des Châtelet, durch das er einstimmig für schuldig erklärt wurde, unter der Leitung Pater Sanadons in das Noviziat der Jesuiten ein und blieb dort, bis das Parlament über seine Berufung entschieden hatte. Dieser Rückzug zu den Jesuiten beweist zweierlei: erstens, dass sie nicht seine Feinde waren, und zweitens, dass er die Äußerlichkeiten der Religion den Beschuldigungen der Freigeisterei entgegenstellen wollte, die man von anderer Seite gegen ihn erhob. Er hatte bereits gleichzeitig mit jenen zügellosen Epigrammen, die er das »Gloria Patri« seiner Psalmen nannte, die besten unter diesen Psalmen herausgegeben, und Danchet hatte ihn mit den Versen bedacht:

A te masquer habile,
Traduis tour à tour
Pétrone à la ville,
David à la cour.

Um gewandt dich zu maskieren,
Folge meinem guten Rat:
Biet' dem Hof den König David,
Den Petronius biet' der Stadt.

---

204 Dieser Terminus der französischen Gerichtssprache bezeichnet die Aufforderung an den Angeldagten, sich nach Verlesung des Protokolls darüber zu äußern, ob er seine Aussage für unverfälscht anerkenne oder ob er etwas geändert sehen wolle.

Es wäre also durchaus nicht auffallend, wenn er, nachdem er wie so viele andere den Mantel der Religion umgelegt hatte, während er noch den des Zynikers trug, später diesen ersteren Mantel beibehalten hätte, weil er ihm durchaus unentbehrlich geworden war. Wir wollen aus dieser Andeutung keine Schlussfolgerung ziehen – nur Gott kennt das Herz des Menschen.

10. Von Wichtigkeit ist ferner der Umstand, dass während der mehr als dreißig Jahre, um die La Motte-Houdart, Saurin und Malafaire jenen Prozess überlebten, kein einziger von ihnen weder der geringsten Hinterlist noch der leichtesten Satire verdächtigt worden ist. La MotteHoudart hat nicht einmal auf jene schmählichen Angriffe geantwortet, die unter dem Namen ›Calotten‹ und unter anderen Titeln bekannt waren und mit denen ihn ein oder zwei Menschen überschütteten, die von aller Welt verabscheut wurden. Er erniedrigte niemals sein Talent durch die Satire, und selbst als er, unablässig von Rousseau mit Schmähungen verfolgt, im Jahre 1709 die schöne Ode schrieb:

On ne se choisit point son père;
Par un reproche populaire
Le sage n'est point abattu.
Oui, quoi que le vulgaire pense,
Rousseau, la plus vile naissance
Donne du lustre à la vertu... –

Man wählt nicht seinen Vater nach Belieben,
Und was der Pöbel spricht, wird nie betrüben
Den Weisen, der Vollkommenheit erstrebt.
Ja, Rousseau, lass dem Haufen seines Wahnes Plage!
Durch niedrige Geburt, durch dürft'ge Lage
Wird nur der Glanz der Tugend neu belebt...

Selbst damals, sage ich, gab er mit dieser Schöpfung eher eine moralische und philosophische Lehre als eine Satire. Er ermahnte Rousseau, der seinen Vater verleugnete, sich nicht seiner Geburt zu schämen; er ermahnte ihn, den Hang zum Neid und zur Satire zu bezwingen. Nichts ähnelt weniger der Wut, die sich in jenen Strophen ausprägt, die ihm von Boindin zur Last gelegt werden. Rousseau dagegen vermochte selbst nach einer Verurteilung – die ihn, mochte er schuldig oder unschuldig sein, hätte besonnener machen sollen – seinen natürlichen Hang nicht zu bezähmen. Er schmähte die in den Couplets angegriffenen Personen La Faye, Danchet, La Motte-Houdart usw. häufig in Epigrammen. Er schrieb Verse gegen seine alten und seine neuen Gönner. Man findet einige davon in Briefen, die wenig der Bekanntgebung würdig, aber dessen ungeachtet gedruckt worden sind, und die meisten dieser Verse stimmen bezüglich des Stils mit jenen Couplets überein, deretwegen das Parlament ihn verurteilt hatte. Zum Beweis diene folgende Strophe gegen den berühmten Musiker Rameau:

Distillateurs d'accords baroques,
Dont tant d'idiots sont férus,
Chez les Thraces et les Iroques
Portez vos opéras bourrus.

Verkehrte Melodienbrauer,
Die ihr dem Plebs den Kopf verrückt,
Bringt Hottentotten, Irokesen,
Was mühsam ihr zusammenflickt.

Ähnliche Ausfälle finden sich in der Sammlung ›Rousseaus Brieftasche‹ gegen den Abbé d'Olivet, der den Plan entworfen hatte, ihn nach Frankreich zurückberufen zu lassen. Schließlich konnte er sogar damals, als er sich gegen das Ende seines Lebens einige Zeit in Paris verborgen hielt und die größte Frömmigkeit zur Schau trug, nicht umhin, noch immer beißende Epigramme in die Welt zu schleudern. Das Alter hatte zwar seinen Stil verdorben, aber es besserte seinen Charakter nicht – sei es, dass er durch eine wunderliche, aber bei den Menschen gewöhnliche Mischung jene Ruchlosigkeit mit der Frömmigkeit verband, sei es, dass diese Frömmigkeit selbst infolge einer nicht weniger gewöhnlichen Verderbtheit nur Heuchelei war.

11. Wenn Saurin, La Motte und Malafaire das Verbrechen angestiftet hatten, dessen man sie beschuldigt, so ist schwer begreiflich, weshalb nichts von diesem Verbrechen an den Tag kam, trotzdem jene drei Männer in der Folge auf ziemlich feindlichem Fuß miteinander standen. Diese Betrachtung ist kein Beweis; in Verbindung mit den übrigen Umständen aber ist sie von großem Gewicht.

12. Wenn ein so einfältiger und ungebildeter Bursche wie jener Guillaume Arnoud, der als von Rousseau bestochener Zeuge verurteilt wurde, nicht wirklich schuldig gewesen wäre, so würde er es gesagt, würde er es sein Leben lang aller Welt in die Ohren geschrien haben. Ich habe ihn gekannt. Seine Mutter war in der Küche meines Vaters beschäftigt, wie in der Schutzschrift Saurins sehr richtig angegeben steht, und diese Mutter wie er selbst haben meiner ganzen Familie in meiner Gegenwart wiederholt erklärt, dass er gerechterweise verurteilt worden sei. –

Warum hat nun Nicolas Boindin noch nach zweiundvierzig Jahren bei seinem Tod diese authentische Anklage gegen drei Männer hinterlassen wollen, die nicht mehr sind? Weil die Denkschrift bereits vor mehr als zwanzig Jahren niedergeschrieben war; weil Boindin jene drei Männer hasste; weil er es La Motte nicht verzeihen konnte, dass er nicht um einen Sitz in der Französischen Akademie für ihn eingekommen war, sondern ihm offen erklärt hatte, dass seine – Boindins – Feinde, die ihn des Atheismus beschuldigten, ihn stets davon ausschließen würden. Er hatte sich mit Saurin überworfen, der wie er ein stolzer und unbeugsamer Charakter war, und sich ebenso mit Malafaire, einem rohen und harten Menschen, verfeindet. Auch Lériget de La Faye war sein Feind geworden und hatte das Epigramm gegen ihn geschrieben:

Oui, Vadius, on connaît votre esprit;
Savoir s'y joint; et quand le cas arrive
Qu'oeuvre paraît par quelque coin fautive,
Plus aigrement que jamais la reprit?
Mais on ne voit qu'en vous aussi se montre
L'art de louer le beau qui s'y rencontre,
Dont cependant maints beaux esprits font cas.
De vos pareils que voulezvous qu'on pense?
Eh quoi! qu'ils sont connaisseurs délicats?
Pas n'en voudrais tirer la conséquence;
Mais bien qu'ils sont gens à fuir de cent pas.

Dein Witz, Freund Vadius, ist wohlbekannt,
Dein Wissen auch, und wo es gilt, zu rechten
Mit einem Autor und ihn anzufechten,
Wer glänzte da durch schärferen Verstand?
Doch klagt man, dass bei allem deinem Wissen
Du nie der Kunst des Lobens dich beflissen,
Die doch für manchen Denker ein Genuss.
Was soll man wohl von deinesgleichen sagen?
Dass feine Kenner sie? Nein, diesen Schluss
Wird niemand ziehn – ich möchte vielmehr sagen,
Dass Leute sie, die man vermeiden muss.

Das war in der Tat Boindins Charakter, und so ist er unter dem Namen »Bardou« im ›Tempel des Geschmacks‹ geschildert worden. In seiner Denkschrift war er der Narr seines Hasses. Er war unfähig, etwas zu sagen, was er nicht glaubte, aber auch unfähig, seine Ansicht über das zu ändern, was seine Laune ihm vorspiegelte. Seine Sitten waren untadelhaft, er lebte jederzeit als strenger Philosoph, er vollbrachte Handlungen der Großmut – aber jene starre und ungesellige Gemütsart erfüllte ihn mit Vorurteilen, die er niemals wieder ablegte.

Dieser ganze unglückselige Handel, der so langwierige Folgen gehabt hat und über den niemand besser unterrichtet sein dürfte als ich, verdankt seinen Ursprung dem unschuldigen Vergnügen, das mehrere verdienstvolle Personen daran fanden, in einem Café miteinander zusammenzukommen. Man beachtete dabei nicht streng genug das erste Gesetz allen geselligen Verkehrs: einander mit Schonung zu behandeln. Man kritisierte sich gegenseitig hart und scharf, und einfache Unhöflichkeiten führten dann zu dauerndem Hass und zum Verbrechen. Ich stelle dem Leser das Urteil anheim, ob bei diesem Handel drei Schuldige vorhanden waren oder nur einer.

Man hat erklärt, dass bei alledem Saurin sehr wohl der Verfasser der letzten Couplets gewesen sein könnte, die Rousseau zugeschrieben wurden. Es wäre möglich, dass Saurin, nachdem Rousseau der fünf ersten, die von derselben Schmählichkeit waren, für schuldig erkannt worden war, die letzten hinzugedichtet hätte, um Rousseau vollends zu verderben, obgleich durchaus keine Rivalität zwischen diesen beiden Männern bestand; obgleich Saurin damals in algebraische Berechnungen vertieft war; obschon er selbst in jenen letzten zwölf Couplets auf das härteste geschmäht wurde; obgleich alle Beleidigten einstimmig Rousseau als den Schuldigen bezeichneten und obgleich schließlich ein feierlicher Urteilsspruch Saurin für unschuldig erklärt hat. Aber wenn die Sache auch physisch im Bereich der Möglichkeit liegt, so ist sie doch keineswegs wahrscheinlich. Rousseau beschuldigte Saurin sein ganzes Leben lang dieses Streichs – er legte ihm sogar in seinem Testament dieses Verbrechen zur Last –; Professor Rollin aber, dem Rousseau das Testament zeigte, als er heimlich nach Paris zurückkam, bewog ihn, diese Anklage zu streichen. Rousseau begnügte sich damit, im Angesicht des Todes seine Unschuld zu beteuern; er wagte aber zu keiner Zeit – weder während des Prozesses noch während seines übrigen Lebens, noch bei seinem Tod –, La Motte anzuklagen; er begnügte sich anscheinend damit, fortwährend Verse gegen ihn zu schreiben. (Vgl. die Angaben zu Joseph Saurin.)

Motteville (Françoise Bertaut de), geboren 1615 in der Normandie, schrieb ›Denkwürdigkeiten‹, die besonders die Königin Anna, die Mutter Ludwigs XIV., betreffen. Man findet darin viele kleine Umstände mit allem Anschein der Aufrichtigkeit erzählt. Gestorben 1689.

Nain de Tillemont (Sébastien Le), ein Sohn des Requêtenmeisters Jean Le Nain, geboren in Paris im Jahre 1637, war ein Schüler Nicoles und einer der gelehrten Schriftsteller von Port-Royal. Seine ›Geschichte der Kaiser‹ und seine sechzehnbändige ›Kirchengeschichte‹ sind mit so viel Wahrheit geschrieben, wie Zusammenstellungen aus früheren Historikern es nur immer sein können, denn da die Geschichte vor der Erfindung der Buchdruckerkunst nur wenig Widerspruch erfuhr, war sie auch wenig genau. Gestorben 1698. Naudé (Gabriel), geboren in Paris im Jahre 1590, war Arzt, aber noch mehr Philosoph als Arzt. Er stand anfangs im Dienst Kardinal Barberinis in Rom, diente dann Kardinal Richelieu und Kardinal Mazarin, vergrößerte endlich den gelehrten Hofstaat der Königin Christine, zog sich aber schließlich nach Abbéville zurück, wo er starb, gleich nachdem er frei geworden war. Von allen seinen Schriften hat sich beinahe nur die ›Apologie der der Zauberei beschuldigten großen Männer‹ erhalten. Die Apologie der seit Sokrates der Gottlosigkeit beschuldigten großen Männer würde ein noch weit stärkeres Buch ergeben:

> Populus nam solos credit habendos
> Esse deos quo ipse colit.
> (Juvenal. XV, 37)

Naudé starb im Jahre 1653.

Nemours (Marie de Longuéville, Herzogin von), geboren 1625, hinterließ ›Denkwürdigkeiten‹, in denen man manche Einzelheit über die unglückliche Zeit der Fronde findet. Gestorben 1707.

Nevers (Philipp, Herzog von) schrieb Gedichte von höchst wunderlichem Geschmack. Man darf sich bei seinem Urteil über ihn nicht an das von Racine und Boileau parodierte Sonett halten:

> Dans un palais doré, Nevers, jaloux et blême,
> Fait des vers où jamais personne n'entend rien.

> Nevers sitzt neiderfüllt und blass im Goldpalaste,
> Gedichte schreibend, die kein Menschengeist noch fasste.

Er schrieb vielmehr auch Gedichte, die man sehr leicht verstand und mit großem Vergnügen anhörte, wie z.B. die Verse gegen Rancé, den berühmten Reformator von La Trappe, der gegen den Erzbischof Fénelon geschrieben hatte:

> Cet abbé qu'on croyait pétri de sainteté,
> Vieilli dans la retraite et dans l'humilité,

Orgueilleux de ses croix, bouffi de sa souffrance,
Rompt ses sacrés statuts en rompant le silence,
Et, contre un saint prélat s'animant aujourd'hui,
Du fond de ses déserts déclame contre lui:
Et, moins humble de coeur que fier de sa doctrine,
Il ose décider ce que Rome examine.

Seht diesen Abt: Er schien ein Heiliger zu sein,
In stiller Einsamkeit geläutert durch kastei'n.
Stolz aber auf sein Kreuz, sein leidenvolles Leben,
Bricht jetzt er das Gesetz, das selber er gegeben:
Voll Grimm erhebt er sich und eifert wider einen Prälaten,
der so rein in seinem Tun und Meinen,
Und minder demutsvoll als stolz auf seine Lehren,
Entscheidet er getrost, was Rom erst sucht zu klären.

Sein Geist und seine Talente haben sich vervollkommt in seinem Enkel entfaltet. Gestorben 1707.

Nicéron (Jean Pierre), Barnabitermönch, geboren in Paris im Jahre 1685, Verfasser der ›Denkschriften über die in der Literatur berühmten Männer‹. Nicht alle sind berühmt, die er anführt, aber er spricht von jedem in angemessener Weise und nennt nicht einen Schuster einen großen Mann. Er verdient einen Platz unter den nützlichen Gelehrten. Gestorben 1738.

Nicole (Pierre), geboren in Chartres im Jahre 1625, einer der besten Schriftsteller von Port-Royal. Was er gegen die Jesuiten geschrieben hat, wird heute kaum noch gelesen; seine ›Moralischen Abhandlungen‹ aber, die für die Menschheit von Nutzen sind, werden nicht vergessen werden. Besonders der Abschnitt über die Mittel zur Erhaltung des Friedens in der Gesellschaft ist ein Meisterwerk, dem in dieser Art das Altertum nichts Gleiches an die Seite zu setzen hat – aber vielleicht dürfte dieser Friede ebenso schwer zu begründen sein wie der des Abbé von Saint-Pierre. Gestorben 1695.

Nivelle de La Chaussée verfasste einige Komödien neuer und rührender Art, die mit Beifall aufgenommen wurden; allerdings fehlte ihm zum Lustspieldichter das komische Genie. Viele Leute von Geschmack können kein Lustspiel leiden, in denen sich nicht ein einziger guter Scherz findet – aber Rührung zu erzeugen, die Moral würdig zu behandeln und gut gedrechselte und rein geschriebene Verse zu machen, ist auch ein Verdienst, und dieses Verdienst gebührt unserm Autor. Er war unter Ludwig XIV. geboren worden. Man hat ihm zum Vorwurf gemacht, dass das Tragische in seinen Stücken nicht immer interessant genug und das Komische nicht immer ergötzlich ist. Die rechte Mischung für diese beiden Metalle ist auch schwer zu finden. Man nimmt an, dass La Chaussée einer der ersten nach denen ist, die Genie besessen haben. Er starb um das Jahr 1750.

Nodot ist nur durch seine ›Fragmente des Petronius‹ bekannt, die er im Jahre 1688 in Belgrad gefunden haben will. Die Lücken, die er in der Tat darin ausgefüllt hat, scheinen mir in keinem so schlechten Latein geschrieben zu sein, wie seine Gegner behaupten. Zwar finden sich Ausdrücke, deren weder Cicero noch Virgil, noch Horaz sich bedienen, aber der wahre Petronius ist voll ähnlicher Ausdrücke, die durch neue Sitten und neue Bräuche in Mode gebracht worden waren. Ich gedenke übrigens Nodots hier nur, um zu zeigen, dass die Satire des Petronius keineswegs dieselbe ist, die der Konsul Petronius dem Gerücht zufolge dem Kaiser Nero übersandte, bevor er sich die Adern öffnen ließ: »Flagitia principis sub nominibus exoletorum, feminarumque et novitate cujusque stupri perscripsit, atque obsignata misit Neroni.« Tac. Ann. lib. XVI, c. 19.

Man hat behauptet, dass der Hofmeister Agamemnon Seneca sei; aber der Stil Senecas ist das genaue Gegenteil von dem Agamemnons: »Turgida oratio.« Agamemnon ist ein platter Schulredner. Ferner wagt man zu behaupten, dass Trimalchio Nero sei. Wie kann ein junger Kaiser, der doch immerhin Geist und Talente besaß, durch einen lächerlichen alten Bankier dargestellt werden, der noch weit lächerlicheren Parasiten zu essen gibt und sich mit derselben Unwissenheit und Dummheit ausdrückt wie der ›Bürgerliche Edelmann‹ Molières?

Wie könnte die unflätige, ungebildete Fortunata, die noch tief unter Frau Jourdain steht, die Frau oder die Geliebte Neros sein? Welche Beziehung kann zwischen Schulschlingeln, die von kleinen, in abgelegenen Bordellen verübten Diebstählen leben, und dem prächtigen und üppigen Hof eines Kaisers bestehen? Welcher Vernünftige sieht nicht beider Lektüre dieses ausgelassenen Werkes, dass es von einem Wüstling stammt, der Geist besitzt, dessen Geschmack aber noch nicht geläutert ist; der bald höchst gefällige und bald äußerst schlechte Verse macht, der die plattesten Witze unter die auserlesensten Scherze mischt und selbst ein Beispiel vom Verfall des Geschmacks ist, über den er sich beklagt?

Der Schlüssel, den man zum Petronius gegeben hat, gleicht dem Schlüssel zu den ›Charakteren‹ La Bruyères: er ist aufs Geratewohl gemacht.

Olivet (Joseph d'), Abbé, Ehrenrat der Rechnungskammer von; Dôle, Mitglied der Französischen Akademie, geboren in Salins im Jahre 1682; wurde in der Literatur durch seine ›Geschichte der Akademie‹ berühmt, als man schon daran verzweifelte, je eine Geschichte zu erhalten, die dem Werk Pellissons gleichkäme. Wir verdanken ihm die eleganteste und treueste Übersetzung der philosophischen Schriften Ciceros, die er mit scharfsinnigen Anmerkungen versehen hat. Die Ausgabe sämtlicher Werke Ciceros, die unter seiner Aufsicht gedruckt und von ihm mit Anmerkungen versehen wurde, ist ein schönes Denkmal, das den Beweis liefert, dass das Studium der Alten in unserem Jahrhundert nicht verabsäumt wird. Er redete seine Muttersprache mit derselben Reinheit, mit der Cicero die seine sprach, und hat der französischen Grammatik durch scharfsinnige und zutreffende Bemerkungen große Dienste geleistet.

Wir verdanken ihm auch die Ausgabe des Buches über die ›Schwäche des menschlichen Geistes‹, das Bischof Huet von Avranches verfasste, als die Erfahrung langer Jahre ihn schließlich den ungereimten Nichtigkeiten der Scholastik und dem Plunder der Forschungen der Jahrhunderte der Roheit abspenstig gemacht hatte. Die Jesuiten, die Verfasser des ›Journals von Trévoux‹, donnerten gegen den Abbé d'Olivet und behaupteten unter dem einzigen Vorwand, dass die Äußerung, die Scholastik sei lächerlich und die Legenden ähnelten der Geschichte von den vier Haimonskindern, für einen alten Prälaten der Normandie ungeziemend wäre, dass das Buch gar nicht von Huet stamme – gerade als ob es zur Erbauung des Volkes unbedingt notwendig wäre, dass ein Bischof der Normandie zu den Dummköpfen gehöre. Ungefähr in derselben Weise hatten sie früher die Behauptung aufgestellt, dass die ›Denkwürdigkeiten‹ des Kardinals von Retz nicht von diesem Kardinal wären. Der Abbé d'Olivet antwortete den Jesuiten; seine schlagendste Antwort aber war, dass er der Akademie das Manuskript des Werkes von der eigenen Hand des ehemaligen Bischofs von Avranches vorlegte. Sein Alter und sein Verdienst entschuldigen uns hinlänglich, wenn wir ihn wie den Präsidenten Hénault in diese Liste aufgenommen haben, in der wir unserem Vorsatz gemäß nur den Toten einen Platz gönnen wollten. (Nach dem ersten Abdruck dieses Artikels ist der Abbé d'Olivet verstorben, und zwar im Jahre 1768.)

Orléans (Joseph von), Jesuit, der erste, der die Revolutionen in der Geschichte zu seinem ausschließlichen Studium gemacht hat. Die Revolutionen Englands, die er schrieb, zeigen einen beredten Stil; von der Regierungszeit Heinrichs VIII. ab aber ist er mehr schönrednerisch als zuverlässig in seinen Angaben. Gestorben im Jahre 1698.

Ozanam (Jacques), jüdischer Abstammung, wurde 1640 in der Gegend von Dombes geboren. Vom fünfzehnten Jahre an erlernte er die Geometrie ohne Lehrmeister. Seine ›Mathematischen und physikalischen Erholungsstunden‹, das erste mathematische Wörterbuch, das überhaupt erschien, erfreuen sich noch immer einer großen Verbreitung, sind aber nicht mehr das Werk Ozanams, so wenig, wie die letzten Ausgaben des Morérischen Wörterbuchs noch das Werk Moréris sind. Gestorben 1717.

Pagi (Antoine) aus der Provence, geboren 1624, Franziskanermönch, verbesserte den ›Baronius‹ und erhielt dafür vom Clerus eine Pension. Gestorben 1699.

Papin (Isaac), geboren in Blois im Jahre 1657, Calvinist, schwor seinem Glauben ab und schrieb dann gegen ihn. Gestorben im Jahre 1709.

Pardies (Ignace Gaston), Jesuit, geboren in Pau im Jahre 1636, bekannt durch seine ›Grundzüge der Geometrie‹ und sein Werk über die ›Seele der Tiere‹. Mit Descartes behaupten, dass die Tiere reine Maschinen seien, denen die Empfindung fehle, obschon sie die Organe der Empfindung besitzen, heißt die Erfahrung Lügen strafen und die Natur beleidigen. Behaupten, dass eine rein geistige Kraft sie beseele, heißt eine These aufstellen, die sich nicht beweisen lässt. Anerkennen, dass die Tiere mit Empfindung und Gedächtnis begabt seien, ohne dass man wisse, wie dies geschieht, hieße als Weiser reden, der da weiß, dass die Unkenntnis besser ist als der Irrtum – denn wo wäre das Werk der Natur, dessen erste Prinzipien uns bekannt wären? Gestorben 1673.

Parent (Antoine), geboren 1666 in Paris, tüchtiger Mathematiker, gehörte zu denen, die Mathematik ohne Lehrer erlernten. Das Bemerkenswerteste an ihm ist, dass er mit weniger als zweihundert Livre jährlichen Einkommens lange Zeit unabhängig und glücklich in Paris lebte. Gestorben 1716.

Pascal (Blaise), Sohn des ersten Intendanten, den Rouen hatte, geboren 1623, war ein frühreifes Genie. Er versuchte sich dieses überlegenen Genies in derselben Weise zu bedienen, wie die Könige ihre Macht gebrauchen: er glaubte alles mit Gewalt unterwerfen und demütigen zu können. In seinen ›Gedanken‹ sind viele Leser am meisten durch die despotische und verächtliche Weise abgestoßen worden, in der er beginnt; er hätte damit beginnen sollen, Recht zu haben. Die Sprache und die Beredsamkeit verdanken ihm übrigens viel. Pascals und Arnaulds Gegner ließen die Lobreden auf diese beiden Gelehrten in Perraults ›Berühmten Männern‹ unterdrücken – ein Umstand, auf den die Worte Tacitus'

(Ann. III, 76) angewandt wurden: »Praefulgebant Cassius atque Brutus eo ipso quod effigies eorum non visebantur.« Gestorben 1662.

Patin (Guy), geboren in Houdan im Jahre 1601, Arzt, aber berühmter durch seine spitzzüngigen Briefe als durch seine Heilkunst. Seine Briefsammlung ist begierig gelesen worden, weil sie Nachrichten und Anekdoten enthält, die alle Welt gern, und außerdem Satiren bietet, die sie noch lieber hört. Er ist ein Beispiel dafür, welch unzuverlässige Führer für den Geschichtsschreiber jene zeitgenössischen Autoren sind, die in Hast und Eile die Tagesneuigkeiten niederschreiben. Jene Neuigkeiten erweisen sich nur zu oft als falsch oder als durch die Bosheit entstellt, und zudem ist diese Menge kleiner und kleinlicher Umstände nur für die kleinen Geister von Wert und Bedeutung. Gestorben 1672.

Patin (Charles), geboren in Paris im Jahre 1633, Sohn Guy Patins. Seine Werke werden von den Gelehrten, die Briefe seines Vaters von den Müßiggängern gelesen. Charles Patin, ein höchst gelehrter Altertumsforscher, verließ Frankreich und starb als Professor der Medizin in Padua im Jahre 1693.

Patru (Olivier), geboren 1604 in Paris, war der erste, der in seinen Gerichtsreden auf Reinheit der Sprache hielt. Während seiner letzten Krankheit empfing er von Ludwig XIV., dem man mitgeteilt hatte, dass Patru nicht wohlhabend sei, ein Geschenk. Gestorben 1681.

Pavillon (Etienne), geboren in Paris im Jahre 1632, Generaladvokat des Parlaments von Metz, machte sich durch einige in natürlichem Ton geschriebene Gedichte bekannt. Gestorben 1705.

Pellisson-Fontainier (Paul), 1624 als Calvinist in Béziers geboren, war in Wahrheit ein mittelmäßiger Dichter, aber ein sehr gelehrter und beredter Mann. Als erster Sekretär und Vertrauter des Oberintendanten Fouquet wurde er 1661 in die Bastille gesetzt, in der er viereinhalb Jahre gefangensaß, weil er seinem Gebieter die Treue bewahrt hatte. Den übrigen Teil seines Lebens verwandte er dazu, den König, der ihm die Freiheit geraubt hatte, mit Lobeserhebungen zu überschütten – ein Vorgang, der sich nur in Monarchien ereignen kann. Weit mehr Höfling als Philosoph, wechselte er den Glauben und machte sein Glück. Als Rentmeister, Requêtenmeister und Abbé wurde er beauftragt, den Dritten auf die Verwalterstellen zur Bekehrung der Hugenotten zu verwenden. Seine ›Geschichte der Akademie‹ fand großen Beifall. Man hat von ihm viele Schriften – ›Gebete während der Messe‹, eine ›Sammlung von Liebesgedichten‹, eine ›Abhandlung über das Abendmahl‹ – und eine große Anzahl von Liebesstrophen an ›Olympia‹.

Diese Olympia war Fräulein Desvieux, die dem Gerücht nach mit dem großen Bossuet vermählt war, bevor dieser in den geistlichen Stand trat. Am meisten Ehre aber machen Pellisson seine ausgezeichneten Reden für Fouquet und seine ›Geschichte der Eroberung der Freigrafschaft Burgund‹. Die Protestanten behaupten, er wäre gleichgültig gegen die Religion gestorben, die Katholiken vertreten das Gegenteil, beide Parteien aber sind darüber einig, dass er ohne Sakramente starb. Gestorben 1693.

Perrault (Claude), geboren in Paris im Jahre 1613, war Arzt, übte aber die Heilkunst nur im Freundeskreis aus. Ohne jeden Lehrmeister erlangte er großes Geschick in all den Künsten, die mit der Zeichenkunst und der Mechanik in Verbindung stehen. Ein tüchtiger Physiker und tüchtiger Architekt, förderte er unter dem Schutz Colberts die Künste und gelangte trotz Boileau zu großem Ruf. Er veröffentlichte in der Sammlung der Akademie der Wissenschaften mehrere Abhandlungen über vergleichende Anatomie und außerdem eine prächtige Ausgabe des ›Vitruvius‹, für die er sowohl die Übersetzung wie die beigegebenen Zeichnungen lieferte. Gestorben 1688.

Perrault (Charles), ein Bruder Claudes, geboren 1633, unter Colbert Generalkontrollor der Bauten, besorgte die Einrichtung der Akademien für die Maler, die Bildhauer und die Architekten und war den Schriftstellern behilflich, die ihn zu Lebzeiten seines Gönners Colbert eifrig aufsuchten und ihn in der Folge verließen. Man hat ihm vorgeworfen, dass er gar zu viele Fehler an den Alten gefunden habe; sein wirklich großer Fehler aber ist, dass er sie ungeschickterweise tadelte und sich gerade die zu Feinden machte, die er den Alten hätte entgegenstellen können. Diese Fehde war und wird noch lange eine Parteiangelegenheit sein, wie sie es bereits zur Zeit des Horaz war. Wie viele Leute in Italien, die Homer nur mit Verdruss lesen können und täglich Ariost und Tasso mit Begeisterung lesen, nennen trotzdem Homer unvergleichlich! Gestorben 1703. –

Im zweiten Band, S. 27, der ›Literarischen Anekdoten‹ steht zu lesen, dass Boileau, als Addison ihm seine Werke zum Geschenk gemacht hätte, diesem erwidert habe, er würde nie gegen Perrault geschrieben haben, wenn ihm dergleichen vortreffliche Schöpfungen eines Neueren zu Gesicht gekommen wären. Wie kann eine solche Unwahrheit nur gedruckt werden! Boileau verstand kein Wort Englisch. Kein Franzose studierte zu jener Zeit diese Sprache, und erst seit etwa 1730 begann man sich in Frankreich mit ihr vertraut zu machen. Selbst wenn aber Addison, der sich über Boileau lustig machte, diesem Kritiker bekannt gewesen wäre, warum sollte deshalb Boileau nicht gegen Perrault und für die Alten geschrieben haben, deren Lob Addison in allen seinen Schriften singt? Misstrauen wir also, um es zu wiederholen, all diesen Anas, all diesen kleinen Anekdotensammlungen – sie sind ein sicheres Mittel, um Torheiten zu sagen und aufs Geratwohl leere Gerüchte zu wiederholen.

Petau (Denis), geboren in Orléans im Jahre 1583, Jesuit, reformierte die Chronologie. Man hat siebzig Werke von ihm. Gestorben 1652.

Petis de La Croix (François), einer von denen, die der große Minister Colbert unterstützte und deren Verdienst er belohnte. Ludwig XIV. schickte ihn im Alter von sechzehn Jahren zur Erlernung der orientalischen Sprachen in die Türkei und nach Persien. Wer sollte glauben, dass er einen Teil des Lebens Ludwigs XIV. in arabischer Sprache schrieb und dass dieses Buch im Orient geschätzt wird? Man hat von ihm die ›Geschichte Dschingis-Khans und Tamerlans‹, die aufgrund der Angaben der alten arabischen Autoren verfasst ist, und noch mehrere andere nützliche Schriften. Am meisten gelesen aber wird seine Übersetzung von ›Tausendundeiner Nacht‹:

> L'homme est de glace aux vérités,
> Il est de feu pour les mensonges.
> Kalt steht der Mensch der Wahrheit gegenüber,
> Doch für die Lüge ist er voller Glut.

Er starb im Jahre 1713.

Petit (Pierre), geboren in Paris im Jahre 1617, Philosoph und Gelehrter, schrieb nur in lateinischer Sprache. Gestorben im Jahre 1687.

Pezron (Paul), Abt von La Charmoye, ein Zisterzienser, wurde 1639 in der Bretagne geboren. Er war ein bedeutender Altertumsforscher, der ein Werk über den Ursprung der Sprache der Kelten geschrieben hat. Gestorben 1706.

Pin (Louis Du), geboren 1657, Doktor der Sorbonne. Seine ›Bibliothek der geistlichen Schriftsteller‹ hat ihm einen großen Namen und einige Feinde gemacht. Gestorben 1719.

Placette (Jean) aus dem Béarn, geboren 1639, protestantischer Prediger in Kopenhagen und in Holland, wird seiner mannigfachen Schriften wegen geschätzt. Gestorben in Utrecht im Jahre 1718.

Polignac (Melchior de), Kardinal, geboren in Le Puy im Belay im Jahre 1662, war ein so guter lateinischer Dichter, wie man es in einer toten Sprache nur sein kann, und in seiner Muttersprache sehr beredt. Er gehört mit zu denen, die den Beweis geliefert haben, dass es leichter ist, lateinische als französische Verse zu machen. Unglücklicherweise bekämpfte er, indem er Lucretius bekämpfte, zugleich auch Newton. Gestorben 1741.

Pontis (De). Seine ›Denkwürdigkeiten‹ genossen ihrerzeit einen solchen Ruf, dass hier die Bemerkung unerlässlich erscheint, dass dieser Mann, der im Dienst des Königs so viele große Dinge vollbracht hat, der einzige ist, der je von diesen Dingen gesprochen hat; auch stammen seine ›Denkwürdigkeiten‹ nicht von ihm, sondern von Du Fossé, einem der Schriftsteller von Port-Royal. Du Fossé gibt vor, dass sein Held seinen Namen von seinem Landgut im Dauphiné führe; es gibt aber im ganzen Dauphiné keine Herrschaft Pontis, und es ist sogar sehr zweifelhaft, ob überhaupt ein Pontis existiert hat. Das vierbändige ›Historische Taschenwörterbuch‹ versichert, dass die Memoiren echt seien; sie strotzen indessen von allerlei Fabeln, wie Pater d'Avrigny in seinen ›Historischen Aufsätzen‹ nachgewiesen hat.

Porée (Charles), Jesuit, geboren 1675 in der Normandie, gehört zu der kleinen Anzahl von Professoren, die auch bei den Laien und den Leuten von Welt in Ansehen standen. Er war beredt in der Weise Ciceros, dabei ein Dichter und Schöngeist. Sein größtes Verdienst bestand darin, dass er seinen Schülern Liebe zur Literatur und zur Tugend einzuflößen wusste. Gestorben 1741.

Porte (La), erster Kammerdiener der Königinmutter und eine Zeit lang auch Ludwigs XIV., wurde von Kardinal Richelieu in die Bastille gesetzt und mit dem Tod bedroht, um ihn zum Verrat an den Geheimnissen seiner Herrin zu zwingen, die er indessen nicht preisgab. Unter der Menge von Memoiren, die über die Geschichte jener Zeit Aufschluss geben, sind die ›Denkwürdigkeiten‹ La Portes nicht zu verachten: Sie verraten den redlichen Mann, der aller Intrige und aller Schmeichelei fremd und bis zur Pedanterie streng war. Er berichtet, dass er die Königin darauf aufmerksam machte, dass ihre Vertraulichkeit mit Kardinal Mazarin die Achtung der Großen und des Volkes vor ihr vermindere. In diesen Memoiren findet sich auch eine Anekdote über die Jugendzeit Ludwigs XIV., die das Andenken Kardinal Mazarins verabscheuenswert machen würde, wenn er des schändlichen Verbrechens schuldig wäre, das La Porte ihm zur Last zu legen scheint. Allem Anschein nach war aber La Porte allzu bedenklich und ein allzu schlechter Physiker: Er wusste nicht, dass es sehr frühzeitig entwickelte Temperamente gibt. Er hätte vor allem schweigen sollen – er stürzte sich ins Verderben, weil er seine Zunge nicht gezügelt und einen sehr natürlichen Unfall der Ausschweifung zugeschrieben hatte.

Puy (Pierre Du), Parlamentsrat, ein Sohn Claude Du Puys, ein sehr gelehrter Mann, wurde im Jahre 1583 geboren. Das Wissen Claude Du Puys war für den Staat von Nutzen. Er arbeitete mehr als sonst jemand am Verzeichnis der vorhandenen Urkunden und an der Suche der Anrechte des Königs auf verschiedene Gebiete. Er brachte ferner so weit als möglich das salische Gesetz ins klare und verteidigte die Freiheiten der Gallikanischen Kirche durch den Nachweis, dass diese nur ein Teil der Rechte der alten Kirchengemeinschaften sind. Aus seiner ›Geschichte der Templer‹ ergibt sich, dass sich einige Schuldige in diesem Orden befanden, dass aber die Verurteilung des ganzen Ordens und die Hinrichtung so vieler Ritter eine der furchtbarsten Ungerechtigkeiten waren, die je begangen wurden. Gestorben 1651.

Puy-Ségur (Marschall von) hat uns seine ›Kriegskunst‹ hinterlassen wie Boileau seine ›Dichtkunst‹.

Quesnel (Pasquier), geboren 1634, Priester vom Oratorium, war insofern unglücklich, als er Anlass zu einem großen Streit unter seinen Landsleuten gab; zudem lebte er in Armut und Dürftigkeit und im Exil. Seine Sitten waren streng und rein wie die Sitten all derer, die nur mit öffentlichen Fehden beschäftigt sind. Die Veränderung oder gemilderte Fassung von etwa dreißig Seiten seines Buchs würde seinem Vaterland viel Zank und Hader erspart haben–aber er würde auch weniger berühmt geworden sein. Gestorben im Jahre 1719.

Quien (Michel Le), geboren 1661, Dominikaner und ein sehr gelehrter Schriftsteller, beschäftigte sich viel mit Studien über die orientalischen Religionen und über die Anglikanische Kirche; besonders schrieb er gegen Le Courayer über die Rechtmäßigkeit der englischen Bischöfe. Die Engländer legen aber diesen Streitigkeiten ebensowenig Gewicht bei wie die Türken den Erörterungen über die Griechische Kirche. Gestorben 1733.

Quinault (Philippe), geboren in Paris im Jahre 1635, Rentmeister, berühmt durch seine schönen lyrischen Gedichte und durch die Sanftmut, mit der er die höchst unbilligen Satiren Boileaus ertrug. Quinault war in seiner Art Lulli weit überlegen; er wird stets gelesen werden, während Lulli – sein Rezitativ etwa ausgenommen – nicht mehr gesungen werden kann. Zur Zeit Quinaults glaubte man jedoch, dass er seinen Ruf nur Lulli verdanke – die Zeit ergibt für alles das rechte Maß. Wie die übrigen großen Männer hatte er Anteil an den Belohnungen, die Ludwig XIV. erteilte, aber einen recht mäßigen Anteil: Die großen Gunstbeweise fielen Lulli zu. Gestorben 1688.

Im Artikel ›Quinault‹ der dreibändigen Ausgabe der ›Literarischen Anekdoten‹ wird berichtet, dass Boileau, als ihm einst ein Hausbeamter im Opernsaal in Versailles seinen Platz anwies, zu diesem äußerte: »Mein Herr, bringen Sie mich an eine Stelle, wo ich die Worte nicht höre! Ich schätze die Musik Lullis sehr, verachte aber die Verse Quinaults in höchstem Grad.«

Es hat durchaus nicht den Anschein, als ob Boileau einen so groben Scherz gemacht hätte. Hätte er sich mit der Bemerkung begnügt: »Bringen Sie mich an eine Stelle, wo ich nur die Musik höre«, so wäre das eine witzige, aber darum nicht ungerechte Äußerung gewesen. Man hat Lulli in allem, was nicht zum Rezitativ gehört, weit übertroffen, aber niemand hat bisher Quinault erreicht.

Quing (Marquis de), Generalleutnant der Artillerie, Verfasser der ›Militärischen Geschichte Ludwigs XIV.‹. Er geht in diesem Werk auf eine große Menge von Einzelheiten ein, die für die von Nutzen sind, die bei ihrer Lektüre die Operationen eines Feldzugs verfolgen wollen. Diese Einzelheiten könnten Beispiele abgeben, wenn je die gleichen Fälle vorkämen, aber eben das findet bei den politischen Angelegenheiten wie im Krieg niemals statt – die Ähnlichkeiten sind immer unvollkommen, die Unterschiede immer bedeutend. Die Kriegführung gleicht den Spielen, bei denen es auf die Gewandtheit ankommt und die man nur durch Übung lernt, und die Treffen sind bisweilen eine wahre Glücksspiele.

Quintinie (Jean La), geboren in der Gegend von Poitiers im Jahre 1626, schuf die Kunst der Baumzüchterei und der Verpflanzung der Bäume. Seine Vorschriften wurden in ganz Europa befolgt und seine Verdienste von Ludwig XIV. reichlich belohnt. Gestorben um 1700.

Racine (Jean), geboren in La Ferté-Milon im Jahre 1639 und erzogen in Port-Royal. Er trug noch das geistliche Gewand, als er die Tragödie ›Theagenes‹, die er Molière vorlegte, und dann seine zweite Tragödie ›Die feindlichen Brüder‹ verfasste, zu der Molière ihm den Stoff gab. In dem für die ›Andromache‹ erteilten Privilegium wird er als »Prior von L'Epinay« betitelt. Ludwig XIV. zeigte sich ihm erkenntlich für sein ungemeines Verdienst: Er ernannte ihn zum Kammerjunker, befahl ihn bisweilen zur Teilnahme an den Ausflügen nach Marly, ließ ihn während einer seiner Krankheiten in seinem Zimmer schlafen und überhäufte ihn mit Geschenken. Dessen ungeachtet starb Racine vor Kummer oder vor Furcht, weil er das Missfallen des Königs erregt hatte: Er war kein ebenso großer Philosoph wie Dichter. Man ist ihm erst sehr spät gerecht geworden. »Wir wurden von Mariamne, Sophonisbe, Alcyone, Andromache und Britannicus hingerissen«, sagt

Saint-Evremond – man stellte also nicht bloß Corneilles schlechte ›Sophonisbe‹, sondern auch die abgeschmackten Stücke ›Alcyone‹ und ›Mariamne‹ jenen Meisterwerken an die Seite. Zu Lebzeiten der Künstler liegt der Weizen mit der Spreu vermengt, der Tod erst sondert beides.

Bemerkenswert ist der Umstand, dass Corneille, als Racine ihn wegen seines Trauerspiels ›Alexander‹ befragte, ihm rundweg riet, keine Tragödien mehr zu schreiben, und ihm erklärte, dass er kein Talent für dieses Fach habe. Erwähnt sei noch, dass er anfangs gegen die Jansenisten schrieb und dann selbst Jansenist wurde. Er starb im Jahre 1699.

Racine (Louis), der Sohn des unsterblichen Jean Racine, folgte der Spur seines Vaters, aber auf einem weit schmaleren und weit weniger für die Musen geeigneten Pfad. Er kannte die Mechanik der Verse ebenso gut wie sein Vater, besaß aber weder dessen Gemütstiefe noch dessen Anmut, außerdem fehlte es ihm an Erfindungsgabe und Einbildungskraft. Jansenist wie sein Vater, dichtete er ausschließlich für den Jansenismus. Man findet sehr schöne Verse in seinem Gedicht ›Die Gnade‹ und ebenso in dem Gedicht ›Die Religion‹, einer allzu didaktischen und allzu eintönigen Schöpfung, die den ›Gedanken‹ Pascals nachgebildet ist, aber schöne Einzelheiten enthält, wie z.B. die nachstehenden Verse aus dem zweiten Gesang, in denen er Lucrez übersetzt, um ihm zu widerlegen:

Cet esprit, ô mortels, qui vous rend si jaloux,
N'est qu'un feu qui s'allume et s'éteint avec vous.
Quand par d'affreux sillons l'implacable vieillesse
A sur un front hideux imprimé la tristesse;
Que, dans un cœur courbé sous un amas de jours,
Le sang, comme à regret, semble achever son cours,
Lorsqu'en des yeux couverts d'un lugubre nuage,
Il n'entre des objets qu'une infidèle image;
Qu'en débris chaque jour le corps tombe et périt,
En ruines aussi je vois tomber l'esprit.
L'âme mourante alors, flambeau sans nourriture,
Jette par intervalle une lueur obscure.
Triste destin de l'homme! il arrive au tombeau,
Plus faible, plus enfant qu'il ne l'est au berceau.
La mort du coup fatale sape enfin l'édifice;
Dans un dernier soupir achevant son supplice,
Lorsque, vide de sang, le cœur reste glacé,
Son âme s'évapore, et tout l'homme est passé.

Der Geist, o Mensch, auf den dein ganzer Stolz sich gründet,
Ist eine Flamme nur, die mit dir kommt und schwindet.
Sobald das Greisentum mit unbarmherz'gem Walten
Den Frohsinn von dir scheucht, die Stirn dir zieht in Falten,
Sobald im Herzen, das die Last der Tage drückt,
Des Blutes müder Lauf gehemmt scheint und erstickt,
Sobald das Auge uns, von grauer Wolk' umwoben,
Undeutlich nur noch zeigt die Dinge und verschroben –
Kurz, wenn die Zeit am Leib die Macht übt der Verheerung,
Zeigt auch am Geiste sich der Fortschritt der Zerstörung.
Hinsterbend strahlt die Seel' nur noch ein trübes Licht,
Der matten Lampe gleich, der es an Öl gebricht,
Und kindischer, als er's einst in der Wiege war,
Wankt so der Mensch den Weg dahin zur Totenbahr'.
Zum Schlusse naht der Tod und fällt die morsche Eiche:
Mit einem Röcheln wird der Mensch zur stillen Leiche,
Und wenn in Eiseskält' erstarrt die letzte Fiber,
Verfliegt der Geist in nichts, und alles ist vorüber.

Bisweilen tritt er in diesem Gedicht dem »Alles ist gut« der Lords Shaftesbury und Bolingbroke entgegen, das Pope so vortrefflich in Verse gebracht hat:

Sans doute qu' à ces mots, des bords de la Tamise,
Quelque abstrait raisonneur qui ne se plaint de rien,
Dans son flegme anglican répondra: Tout est bien.

Vielleicht erwidert mir vom fernen Themseufer
Ein kalter Grübler hier, dem fremd des Schmerzes Glut,
Weil ihn sein Phlegma schützt, den Spruch: Was ist, ist gut.

Racine war als Jansenist der Ansicht, dass beinahe alles schon seit langem herzlich schlecht wäre: Er beschuldigt Pope der Irreligiosität. Pope war der Sohn eines Baptisten – so nennt man in England die Römisch-Katholischen. In dieser Religion erzogen, die er in seinen Episteln bisweilen lächerlich macht, wollte Pope ihr doch nicht entsagen, obwohl er – oder vielmehr gerade weil er – Philosoph genug war, um der Überzeugung zu sein, dass der Glaubenswechsel nicht der Mühe lohne. Er wurde über die Beschuldigungen Louis Racines sehr empfindlich.

Ramsay machte den Anschlag, die beiden Schriftsteller miteinander zu versöhnen. Ramsay war ein Schotte aus dem Clan der Ramsays und hatte nach dem Brauch seines Landes dessen Namen angenommen.

Nachdem er Presbyterianer, englischer Hochkirchler und Quäker gewesen war, war er nach Frankreich gekommen und hatte sich hier an den berühmten Fénelon angeschlossen, dessen Leben er später beschrieb. Er ist der Verfasser der ›Reisen des Cyrus‹, einer recht schwachen Nachahmung des ›Telemach‹. Ramsay also kam auf den Einfall, unter dem Namen Popes einen Brief an Louis Racine zu schreiben, in dem der Verfasser des ›Versuchs über den Menschen‹ sich zu rechtfertigen scheint.

Ich hatte ein ganzes Jahr lang mit Pope verkehrt, ich wusste, dass er nicht imstande war, französisch zu schreiben, dass er niemals unsere Sprache redete und dass er kaum unsere Schriftsteller lesen konnte – dies war in England allgemein bekannt. Ich benachrichtigte daher Louis Racine, dass der Brief von Ramsay und nicht von Pope wäre. Ich versuchte ihm klarzumachen, wie lächerlich diese Täuschung sei – ich unterrichtete sogar das Publikum darüber in einem Aufsatz über Pope, der noch zu Lebzeiten Popes mehrmals gedruckt worden ist. Dessen ungeachtet hat der Abbé Ladvokat nach Popes Tod diesen von Ramsay fabrizierten Brief von neuem abgedruckt und ihn Pope zugeschrieben, und zwar in seinem ›Historischen Taschenwörterbuch‹, in das er mehrere Artikel aus den ersten Auflagen dieses Verzeichnisses der Schriftsteller des Zeitalters Ludwigs XIV., daneben aber auch völlig unwahre Anekdoten aufgenommen hat. Es ist nur gerecht, wenn man dem Publikum die Wahrheit offenbart.

Rancé (Jean Le Bouthillier de), geboren 1626, begann mit der Übersetzung des Anakreon und gründete schließlich 1664 das abschreckende Reformkloster La Trappe. Als Gesetzgeber entband er sich von dem Gesetz, das diejenigen, die in diesem Grab leben, zur Unkenntnis der Vorgänge auf Erden nötigt. Er schrieb mit Beredsamkeit. Welche Unbeständigkeit beim Menschen: Nachdem er sein Kloster gegründet und geleitet hatte, legte er seine Stelle nieder und wollte sie dann plötzlich von neuem übernehmen. Gestorben 1700.

Rapin (René), Jesuit, geboren in Tours im Jahre 1621, ist durch sein in lateinischer Sprache geschriebenes Gedicht ›Die Gärten‹ und durch eine stattliche Anzahl anderer Schriften bekannt. Gestorben im Jahre 1687.

Rapin de Thoyras (Paul), geboren in Castres im Jahre 1661, flüchtete nach England und war dort lange Zeit Offizier. England war ihm lange Zeit hindurch die einzige gute und vollständige Geschichte, die über dieses Reich geschrieben wurde, und zugleich die einzige unparteiische Darstellung schuldig, die man von einem Land hatte, wo man nur aus Parteirücksichten schrieb. Sein Werk war sogar die einzige Geschichte, die man in Europa als annäherndes Beispiel jener Vollkommenheit anführen konnte, die von derartigen Werken verlangt wird, bis schließlich das Werk des berühmten Hume erschien, der die Geschichte als Philosoph zu behandeln wusste. Gestorben in Wesel im Jahre 1725.

Régis (Silvain), geboren in der Gegend von Agen im Jahre 1632. Seit den großen Entdeckungen auf dem Gebiet der Naturwissenschaften haben seine philosophischen Schriften ihr Ansehen verloren. Gestorben 1707.

Regnard (François), geboren in Paris im Jahre 1656, würde schon durch seine Reisen allein berühmt geworden sein. Er war der erste Franzose, der bis nach Lappland kam, wo er an einem Felsen den Vers einritzte: »Hic tandem stetimus, nobis ubi defuit orbis.«

Er wurde von Seeräubern an der Küste der Provence gefangengenommen und befand sich einige Zeit in Algier in der Sklaverei, wurde aber losgekauft und in Frankreich zur Würde eines Schatzmeisters sowie eines Jagd und Fischereiverwesers erhoben. Er lebte hier als Genussmensch und als Philosoph. Von der Natur mit einem beweglichen, heiteren und wahrhaft komischen Talent begabt, gelang sein ›Spieler‹ ihm so vortrefflich, dass diese Komödie den besten Lustspielen Molières an die Seite gestellt wird. Man muss sich wenig auf das Talent und das Genie des Autoren verstehen, um der Ansicht zu sein, dass er dieses Stück Dufresny entlehnt habe. Das Lustspiel ›Die Menechmen‹ widmete er Boileau, schrieb dann aber gegen ihn, weil Boileau ihm nicht hinlänglich gerecht wurde. Dieser so heitere Mann starb mit zweiundfünfzig Jahren vor Schwermut; man behauptet sogar, dass er Hand an sich gelegt habe. Gestorben im Jahre 1710.

Regnier-Desinarets (Séraphin), geboren in Paris im Jahre 1632, hat der Sprache bedeutende Dienste geleistet und einige französische und italienische Gedichte verfasst. Er gab eines seiner italienischen Stücke als von Petrarca stammend aus[205], seine französischen Verse aber hätte er nicht unter dem Namen eines großen Dichters verbreiten können. Gestorben 1713.

205 Jedenfalls das auch von Fontenelle ins Französische übersetzte Sonett:

> Ferma, diceva Apollo, o Dafne bella, Deh ferma, io son (e infilza tuttavia
> De suoi pregi una lunga diceria, Seguendo lei, che corre agile e snella).
> Io son Arcipoeta: ora si ch'ella
> Comincia a darla a gambe più che pria;
> Io son mastro di lira; eppur va via,
> Che non ne vuol sonata la Zitella.
> Io son Dottor, e fo cure leggiadre:
> La Ninfa più che mai correndo frulla;
> Che ancor non sa quel che sia mal di madre.

Renaudot (Théophraste), ein Arzt, der in mehr als einem Fach bewandert war und die ersten Zeitungen in Frankreich schrieb. Gestorben 1653.

Renaudot (Eusèbe), geboren 1646, war in der Geschichte und in den orientalischen Sprachen sehr bewandert. Man darf ihm den Vorwurf machen, dass er den Abdruck des ›Wörterbuchs‹ von Bayle in Frankreich verhinderte. Gestorben 1720.

Reynau (Charles) vom Oratorium, Mitglied der Akademie der Wissenschaften, geboren 1656, Verfasser der ›Erklärten Analyse‹, die 1708 veröffentlicht wurde. Man nannte ihn den Euklid der höheren Geometrie. Gestorben 1728.

Richelet (César Pierre), geboren 1631, war der erste, der ein beinahe völlig satirisches Wörterbuch und damit ein mehr gefährliches als nützliches Beispiel gab. Er ist auch der erste Schöpfer der Reimwörterbücher, jener trübseligen Werke, die nur zeigen, wie wenig edle und reiche Reime es in unserer Poesie gibt und wie schwer es ist, in unserer Sprache gute Verse zu machen. Gestorben 1698.

Richelieu (Kardinal von), geboren in Paris im Jahre 1585. Da Ludwig XIV. während seines Ministeriums geboren wurde, darf man den Stifter der Französischen Akademie, der selbst mehrere Werke verfasst hat, wohl unter den Schriftstellern dieses glorreichen Jahrhunderts aufführen. Die ›Methode der Kontroverse‹ schrieb er, während er nach der Ermordung des Marschalls d'Ancre und der Galigai, seiner Gönner, nach Avignon verbannt war. Ungefähr aus derselben Zeit stammen die ›Verteidigung der Hauptpunkte des katholischen Glaubens‹, die ›Christenlehre‹ und die ›Vervollkommnung des Christen‹. Als sicher ist anzunehmen, dass er die ›Vervollkommnung des Christen‹ nicht zu jener Zeit verfasste, wo er den Marschall von Marillac in seinem eigenen Hause Ruel zum Tod verurteilen ließ und sich mit Marion Delorme in einem Nebenzimmer befand, während die Kommissare das von ihm diktierte Todesurteil aussprachen.

Man weiß auch, dass in der allegorischen Tragikomödie ›Europa‹ und im Trauerspiel ›Mirame‹ viele Verse seiner Fabrik enthalten sind. Man weiß ferner, dass er fünf Autoren die Stoffe zu den im Palais-Kardinal aufge-

---

Povero Apollo! Il dir non gli val nulla.
Ma s'ei diceva: io son dell'oro il padre,
Affe che si fermava la fanciulla.

Regnier schrieb übrigens außer französischen und italienischen auch spanische und lateinische Gedichte, wie die 1768 in zwei Duodez bänden erschienene Ausgabe seiner poetischen Werke zeigt.

führten Stücken angab und dass er besser getan haben würde, wenn er sich allein an Corneille gehalten hätte, ohne diesem einen Stoff vorzuschreiben. Das schönste unter seinen Werken ist der Damm von La Rochelle.

Der Abbé Ladvokat, Bibliothekar der Sorbonne, behauptet in seinem ›Historischen Taschenwörterbuch‹, dass Richelieu der Verfasser jenes untergeschobenen ›Politischen Testaments‹ sei, das soviel Aufsehen in der Welt erregt hat. Er glaubt dem Wohltäter der Sorbonne diesen Beweis von Achtung schuldig zu sein – man erweist dem Kardinal aber einen schlechten Dienst, wenn man ihn als den Urheber eines Werkes hinstellt, in dem man nur Irrtümer und Fehler jeder Art findet. Wenn unglücklicherweise ein Staatsminister ein so wertloses Werk hätte verfassen können, so würde daraus nur folgen, dass man bei einer groben Unkenntnis der gewöhnlichsten Tatsachen, bei den gröbsten Irrtümern und den lächerlichsten Plänen doch ein großer oder vielmehr ein glücklicher Minister sein könnte. Man verteidigt und rächt also das Gedächtnis Kardinal Richelieus, wenn man, wie das geschehen ist, den Nachweis führt, dass er nicht der Autor jenes ›Testaments‹ sein kann, das ohne seinen Namen niemals aus dem Dunkel aufgetaucht wäre.

Obgleich er Bibliothekar der Sorbonne war, hat der Abbé Ladvokat sich doch geirrt, wenn er behauptet, man hätte in der Bibliothek der Sorbonne ein mit eigenhändigen Randbemerkungen des Kardinals versehenes Manuskript jener Schrift aufgefunden. Das einzige derartig mit Randbemerkungen versehene Manuskript befindet sich im Depot des Ministeriums des Äußeren und wurde erst 1705 dorthin gebracht. Nicht aber das ›Testament‹ ist mit Bemerkungen versehen, sondern vielmehr ein vom Abbé de Bourzéis verfasster gedrängter Bericht, an den das angebliche ›Testament‹ erst viele Jahre später angehängt wurde, und ebendie von der Hand des Kardinals stammenden Noten am Rand beweisen, dass auch der kurze Bericht nicht von ihm stammt, denn sie bezeichnen die Auslassungen des Abbé de Bourzéis und jene Stellen, die umgearbeitet werden sollten; man vergleiche darüber die ›Antwort an Herrn de Foncemagne‹.

Man schreibt Richelieu auch noch eine ›Geschichte der Mutter und des Sohnes‹ zu. Es ist dies ein ziemlich ungenauer Bericht über die Streitigkeiten zwischen Ludwig XIII. und seiner Mutter. Diese schwache und verstümmelte Geschichte stammt wahrscheinlich von Mézeray. Aber was liegt bei der Menge von Büchern, mit denen wir heute überschüttet werden, daran, von wem ein mittelmäßiges Werk stammt? – Richelieu starb 1642.

Rochefoucauld (François, Herzog von La), geboren 1613. Seine ›Denkwürdigkeiten‹ werden gelesen, und seine ›Gedanken‹ kennt man auswendig. Gestorben 1680.

Rohault (Jacques), geboren 1620 in Amiens, gab einen Abriss der kartesianischen Philosophie und erläuterte sie mit Klarheit und Methode. Heute hat jedoch diese beinahe in jeder Hinsicht irrige Philosophie kein weiteres Verdienst mehr, als dass sie zu ihrer Zeit den alten Irrtümern entgegengestellt wurde. Gestorben 1674.

Rollin (Charles), geboren in Paris im Jahre 1661, Rektor der Universität, war der erste aus dieser Korporation, der ein reines und edles Französisch schrieb. Obgleich die in Hast und Eile geschriebenen letzten Bände seiner ›Alten Geschichte‹ den ersten nicht gleichstehen, bildet das Ganze doch die beste Kompilation, die irgendeine Sprache aufzuweisen hat, weil die Kompilatoren selten beredt sind, Rollin es aber war. Sein Werk würde einen noch weit höheren Wert haben, wenn der Verfasser ein Philosoph gewesen wäre. Es gibt viele Geschichten des Altertums, in keiner aber findet man jenen philosophischen Geist, der das Falsche vom Wahren, das Unglaubliche vom Wahrscheinlichen sondert und das Wertlose opfert. Rollin starb im Jahre 1741.

Rotrou (Jean), geboren 1609, der eigentliche Begründer der Schaubühne. Die erste Szene und ein Teil des vierten Aktes des ›Wenzeslaus‹ sind Meisterwerke. Corneille nannte ihn seinen Vater – es ist bekannt, wie weit der Vater vom Sohn übertroffen wurde. ›Wenzeslaus‹ wurde erst nach dem ›Eid‹ geschrieben und ist wie dieser vollständig einer spanischen Tragödie entlehnt. Gestorben 1650.

Rousseau (Jean Baptiste), geboren in Paris im Jahre 1669, wurde durch schöne Verse, große Fehler und ein langwieriges Missgeschick berühmt. Man muss entweder die Couplets, die seine Verbannung herbeiführten und die durchaus einigen anderen gleichen, die er anerkannt hatte, für aus seiner Feder stammend ansehen oder zwei Gerichtshöfe, die ihn verurteilten, der schnödesten Ungerechtigkeit verdächtigen. Ich will damit keineswegs behaupten, dass zwei Tribunale und sogar noch zahlreichere Körperschaften nicht einstimmig die größten Unbilligkeiten begehen könnten, sobald der Parteigeist sie beherrscht. Rousseau hatte eine wütende Partei gegen sich. Wenige Menschen haben soviel Hass erregt und empfunden. Das gesamte Publikum war bis zu seiner Verbannung und sogar noch einige Jahre danach gegen ihn empört, bis schließlich die Erfolge seines Rivalen La Motte, der Empfang, den diese bei den Großen fand, sein Ruf, den man für angemaßt hielt, und das Geschick, mit der er sich eine Art Obergewalt im Reich der Literatur zu verschaffen gewusst hatte, alle Schriftsteller gegen diesen aufbrachten und sie mit Rousseau aussöhnten, den sie nicht mehr fürchteten. Diese machten Rousseau beinahe das gesamte Publikum geneigt. La Motte dünkte sie zu glücklich, weil er reich und angesehen war – sie übersahen, dass er blind und siech war. In Rousseau sahen sie einen unglücklichen Verbannten, ohne zu bedenken, dass es weit trauriger ist, blind und krank zu sein, als in Wien oder Brüssel leben zu müssen. Beide Männer waren in Wirklichkeit sehr unglücklich – der eine durch die Natur, der andere durch das unglückselige Begebnis, das seine Verurteilung herbeiführte. Beide zeigen, wie ungerecht die Menschen sind, wie oft sie ihre Ansichten wechseln und wie töricht das Bestreben ist, ihren Beifall verdienen zu wollen. Rousseau starb in Brüssel im Jahre 1740.

Seine Schöpfungen zeigen nur selten Gefälligkeiten, Anmut, Gefühl und Erfindung, aber er verstand es vortrefflich, ein zügelloses Epigramm zu schmieden und eine Stanze zu drechseln. Seine Episteln sind mit einer in die bitterste Galle getauchten, stählernen Feder geschrieben. Er nennt die Fräulein Louvancourt, drei äußerst liebenswürdige Schwestern, ein »Trio wütender Wölfinnen« (trio de louves acharnées) und den Staatsrat Rouillé, den er kurz zuvor in einer ziemlich mittelmäßigen Ode gefeiert hatte, einen »kaustischen, plumpen, bissigen Possenreißer«. Außerdem werden seine Episteln durch Ausdrücke wie »Gesindel«, »Lumpenpack« usw. verunziert. Man darf ohne Zweifel seinen Gegnern mit edlem Stolz entgegentreten; diese geistlosen, plumpen, gemeinen Schmähworte aber sind das gerade Gegenteil einer edlen Gesinnung.

Bezüglich der Schmähstrophen, die seine Verbannung zur Folge hatten, vergleiche man die Artikel »La Motte-Houdart« und »Saurin«. Hier begnüge ich mich mit der Bemerkung, dass Rousseau, da er einräumte, dass er fünf von jenen unglückseligen Strophen verfasst hätte, in den Augen aller Richter und aller anständigen Menschen auch der sämtlichen übrigen schuldig war. Sein Betragen nach seiner Verurteilung spricht keineswegs zu seinen Gunsten. Ich habe Briefe vom Sieur Médine in Brüssel in Händen, in denen es unter dem 7. Mai 1737 wörtlich heißt: »Rousseau hatte keinen anderen Tisch als den meinen, keine andere Wohnung als mein Haus – er hatte mich hundertmal umarmt und geküsst an dem Tag, wo er meine Gläubiger zwang, mich verhaften zu lassen.«

Man halte dazu noch eine Wallfahrt, die Rousseau zu Unserer Lieben Frau von Hall machte, und man wird wissen, ob man sich in der Angelegenheit der Schmähstrophen auf sein Wort verlassen darf.

Rue (Charles de La), geboren 1643, Jesuit, lateinischer Dichter, französischer Dichter und Kanzelredner, wurde zur Bearbeitung der für den Unterricht Monseigneurs bestimmten Bücher, der sogenannten »Dauphins«, herangezogen und erhielt den ›Virgil‹ zu seinem Teil. Er hat mehrere Trauerspiele und Lustspiele geschrieben. Seine Tragödie ›Sulla‹ wurde den Schauspielern vorgelegt, von diesen aber zurückgewiesen. Er verfasste auch das Trauerspiel ›Lysimachus‹, und man glaubt, dass er an der ›Andrienne‹ vielfach mitgearbeitet habe. Er verkehrte viel mit dem Schauspieler Baron, von dem er den rednerischen Vortrag erlernte. Zwei Predigten von ihm fanden großen Zulauf: Die eine wurde als der »sterbende Sünder«, die andere als der »tote Sünder« bezeichnet, und beide wurden vorher an den Straßenecken durch Anschlag angezeigt, wenn er sie halten sollte. Gestorben 1725.

Ruinart (Thierry), Benediktinermönch, geboren 1657, ein fleißiger Kritiker. Er verfocht gegen Dodwell die Ansicht, dass »die Kirche in den ersten Zeiten eine unendliche Menge Märtyrer hatte«. Vielleicht hat er die Märtyrertode und die gewöhnlichen Todesarten, die religiösen Verfolgungen und die politischen nicht streng genug auseinandergehalten – wie dem aber auch sei, er gehört unstreitig zu den gelehrtesten Männern jener Zeit. Hauptsächlich in diesem Zeitalter haben die Benediktiner die gründlichsten Untersuchungen angestellt, wie z.B. Marténe über die alten religiösen Bräuche der Kirche; Tuilier und viele andere haben dann die Reste des Mittelalters völlig unter dem Schutt hervorgezogen. Diese Studien über das Mittelalter sind abermals ein neues Fach, das dem Zeitalter Ludwigs XIV. angehört, und nur in Frankreich haben die Benediktiner sich darin ausgezeichnet. Ruinart starb 1709.

Ryer (André Du), königlicher Kammerjunker, wurde lange Zeit in Konstantinopel und in Ägypten verwendet. Wir verdanken ihm die Übersetzung des ›Koran‹ und der ›Persischen Geschichte‹.

Ryer (Pierre Du), geboren in Paris im Jahre 1605, Sekretär des Königs und Historiograph von Frankreich, war trotz dieser Ämter arm. Er schrieb neunzehn Theaterstücke und dreizehn Übersetzungen, die alle zu ihrer Zeit gute Aufnahme fanden. Gestorben 1658.

Sablière (Antoine de Rambouillet de La) schrieb Madrigale mit einer Feinheit und Gewähltheit, die doch die Natürlichkeit nicht ausschließt. Gestorben 1680.

Sacy Le Maître (Louis Isaac), geboren 1613, einer der guten Schriftsteller von Port-Royal. Von ihm stammen die ›Bibel von Royaumont‹ und eine Übersetzung der Lustspiele des Terenz. Gestorben 1684.

Sein Bruder, Antoine Le Maître, zog sich wie Louis Isaac nach Port-Royal zurück. Er war Advokat gewesen und hatte für sehr beredt gegolten; man kam aber von dieser Ansicht über ihn ab, als er der Eitelkeit nachgegeben und seine Plädoyers hatte drucken lassen. Ein anderer Sacy, ebenfalls Advokat und Mitglied der Französischen Akademie, aber einer anderen Familie angehörig als die beiden Genannten, veröffentlichte im Jahre 1701 eine geschätzte Übersetzung der ›Briefe des Plinius‹.

Sage (Le), geboren 1677. Sein Roman ›Gil Blas‹ hat sich bis heute erhalten, weil vieles darin dem wirklichen Leben entspricht; er ist durchgängig einem spanischen Roman entlehnt, der den Titel führt ›La Vida del escudero don Marcos de Obrego‹. Gestorben im Jahre 1747.

Saint-Aulaire (François Joseph de Beaupoil, Marquis de) schrieb merkwürdigerweise die schönsten Lieder, die wir von ihm haben, erst, als er mehr als neunzig Jahre alt war. Wie der Marquis de La Fare begann er sein poetisches Talent erst als Sechziger auszubeuten. Unter den ersten Gedichten, die von ihm in die Öffentlichkeit kamen, befanden sich die folgenden Verse, die man anfangs La Fare zuschrieb:

O muse légère et facile,
Qui, sur le coteau d'Hélicon,
Vîntes offrir au vieil Anacréon
Cet art charmant, cet art utile,
Qui sait rendre douce et tranquille
La plus incommode saison;
Vous qui, de tant de fleurs sur le Parnasse écloses,
Orniez à ses côtés les Grâces et les Ris,
Et qui cachiez ses cheveux gris
Sous tant de couronnes de roses etc.

Du frohe, leichtgeschürzte Muse,
Die auf der Höh' des Helikon
Dem alternden Anakreon
Die schätzenswerte Kunst gelehrt,
Die angenehm weiß zu gestalten
Sogar die trübste Lebenszeit,
Die mit dem Blütenflor von des Parnasses Scheitel
Die Grazien schmückte, die zur Seit' ihm standen,
Die du sein silberweißes Haar
Mit frischen Rosenkränzen ziertest usw.

Auf dieses Gedicht hin wurde er in die Akademie aufgenommen, Boileau aber führte ebendiese Verse als Grund an, weshalb er ihm seine Stimme verweigere. Er starb 1742, nahe an hundert oder – wie von anderer Seite behauptet wird – hundertzwei Jahre alt.

Eines Tages, als er bereits über fünfundneunzig Jahre zählte, speiste er mit der Herzogin von Maine zu Abend; sie nannte ihn Apollo und bat ihn um ein gewisses Geheimnis. Er antwortete ihr mit folgenden Versen:

La divinité qui s'amuse
A me demander mon secret,
Si j'étais Apollon, ne serait point ma muse:
Elle serait Thétis, et la jour finirait.

Die Gottheit, die mich bestürmt,
Dass ich mein Geheimnis ihr schenke,
Wär' meine Muse nicht, wär' wirklich ich Apoll:
Sie wäre Thetis, und die Sonne sänke.

Anakreon machte in einem weniger hohen Alter weniger hübsche Verse. Hätten die Griechen Schriftsteller gehabt, wie es unsere guten Autoren sind, so würden sie noch eitler gewesen sein, und wir würden sie heute mit noch größerem Recht bewundern.

Sainte-Marthe (Gaucher de). Diese Familie war während mehr als einem Jahrhundert reich an tüchtigen Gelehrten. Der erste darunter war Charles Gaucher de Sainte-Marthe, der für seine Zeit beredt war. Gestorben 1555.

Scévole Gaucher de Sainte-Marthe, ein Neffe Charles', zeichnete sich in den Wissenschaften und in den Geschäften aus. Er brachte Poitiers zum Gehorsam gegen Heinrich IV. und starb 1623 in Loudun, wo ihm der berühmte Urbain Grandier die Leichenrede hielt.

Abel de Sainte-Marthe, sein Sohn, pflegte die Wissenschaften gleich seinem Vater und starb 1652.

Dessen Sohn, ebenfalls Abel genannt, folgte dem Beispiel seines Vaters. Gestorben 1706.

Scévole und Louis de Sainte-Marthe, ein Zwillingspaar, Söhne des ersten Scévole, waren durch ihr Wissen berühmt. Sie verfassten gemeinsam die ›Gallia christiana‹. Beide liegen in Paris in Saint-Séverin in einer gemeinschaftlichen Gruft begraben. Scévole starb 1652, Louis 1656.

Denis de Sainte-Marthe, ihr Vetter, vollendete das von den beiden begonnene Werk. Er starb in Paris im Jahre 1725.

Pierre Scévole de Sainte-Marthe, ein älterer Bruder des Zwillingspaares, war Historiograph von Frankreich und starb 1690.

Saint-Evremond (Charles), geboren in der Normandie im Jahre 1613. Seine leichtlebige Moral, zahlreiche Briefe an Hofleute, die zu einer Zeit geschrieben wurden, wo alle Welt das Wort »Hof« mit besonderem Nachdruck aussprach, mittelmäßige Gedichte, die man »Gesellschaftsverse« zu nennen pflegt und die in vornehmen Gesellschaften entstanden waren – das alles trug im Verein mit viel Witz dazu bei, seinen Schriften einen bedeutenden Ruf zu verschaffen. Ein gewisser Des Maisons ließ diese mit einer Lebensbeschreibung des Autors drucken, die allein einen starken Band ausmacht, in dem sich aber nicht vier interessante Seiten finden. Dieser Band enthält nur das gleiche, was sich bereits in den Werken Saint-Evremonds findet, und ist nur ein Buchhändlerkniff, ein Missbrauch des Herausgeberhandwerks. Mittels solcher Kniffe hat man es fertiggebracht, die Bücher ins Endlose zu vermehren, ohne die Kenntnisse zu vervielfältigen. Saint-Evremonds Verbannung, seine Philosophie und seine Schriften sind bekannt. Als man ihn auf dem Sterbebett fragte, ob er sich mit Gott aussöhnen wolle, erwiderte er: »Ich möchte mich mit dem Appetit aussöhnen.«

Er liegt neben den Königen und den berühmten Männern Englands in Westminster begraben. Gestorben 1703.

Saint-Pavin (Denis Sanguin de) gehörte zu den Männern von Verdienst, die Despréaux in seinen Satiren mit den schlechten Skribenten zusammenwarf. Das Wenige, was man von ihm besitzt, gilt als durchaus geschmackvoll. Sein persönliches Verdienst mag man nach der Grabschrift beurteilen, die der Requêtenmeister Fieubet, einer der gebildetsten Geister jener Zeit[206], auf ihn entwarf:

> Sous ce tombeau gît Saint-Pavin:
> Donne des larmes à sa fin.
> Tu fus de ses amis peutêtre?
> Pleure sur ton sort et le sien,
> Tu n'en fus pas? Pleure le tien,
> Passant, d'avoir manqué d'en être.
>
> Saint-Pavin ruht in diesem Stollen:
> Magst, Wandrer, eine Zähr' ihm zollen.

206 Gaspard de Fieubet, Baron von Launac, seit 1671 Kanzler der Königinmutter, war ebenso bekannt als Lebemann wie als Schöngeist, zog sich aber in späteren Jahren in das Kamaldulenserkloster bei Grosbois zurück und starb dort im Jahre 1694.

Warst du sein Freund, so magst du weinen
Ob seinem Los und ob dem deinen;
Warst du es aber nicht, so wein,
Dass du versäumt hast, es zu sein.

Saint-Pavin starb im Jahre 1670.

Saint-Pierre (Castel, Abbé von), geboren 1658, ein Edelmann aus der Normandie, besaß nur ein geringes Vermögen, teilte es aber trotzdem eine Zeitlang mit Barignon und Fontenelle. Er schrieb viel über die Staatskunst. Die beste Definition, die je im großen und ganzen von seinen Schriften gegeben worden ist, sind die Worte des Kardinals Dubois: »Es sind die Träume eines guten Bürgers.« Er besaß die Einfalt, in seinen Werken die trivialsten Wahrheiten der Moral von neuem aufzutischen, und brachte mit derselben Einfalt beinahe stets die unmöglichsten Dinge der Welt als ausführbar in Vorschlag. So beharrte er unwandelbar bei dem Projekt eines ewigen Friedens und einer Art europäischen Parlaments, dass er den »europäischen Reichstag« nennt. Man hatte einen Teil dieses Projekts schon Heinrich IV. untergeschoben; um seinen Einfällen aber noch eine weitere Stütze zu geben, behauptete der Abbé von Saint-Pierre, dass der Plan zum »europäischen Reichstag« vom Dauphin, dem Herzog von Burgund, gebilligt und ausgearbeitet worden wäre und dass man den Entwurf dazu unter den Papieren dieses Prinzen vorgefunden hätte. Er erlaubte sich diese Erfindung, um der Welt sein Projekt mundgerechter zu machen. Mit aller Treuherzigkeit führt er auch den Brief an, in dem ihm der Kardinal von Fleury auf seine Vorschläge die Antwort erteilte: »Sie haben nur vergessen, mein Herr, zur Einleitung eine Schar von Missionaren auszusenden, um das Herz und den Geist der Fürsten vorzubereiten.«[207]

Dessen ungeachtet war der Abbé von Saint-Pierre alles in allem sehr nützlich. Er beschäftigte sich viel damit, Frankreich von der Tyrannei der willkürlichen Steuerauflage zu befreien, und bezüglich dieses einen Punktes schrieb und handelte er als Staatsmann. Von der Französischen Akademie wurde er einstimmig zurückgewiesen, weil er unter der Regentschaft des Herzogs von Orléans die Einrichtung der beratenden Körperschaften in seiner ›Polysynodie‹ in etwas derben Ausdrücken der

207 Ganz ähnlich sprach sich Friedrich der Große über das Projekt des braven Abbe aus. »L'abbé de Saint-Pierre«, schrieb er am 12. April 1742 an Voltaire, »qui me distingue assez pour m'honorer de sa correspondance, m'a envoye un bei ouvrage sur la façon de retablir la paix en Europe et de la constater à jamais. La chose est tres praticable: il ne manque la faire reussir que le consentement de l'Europe et quelques autres bagatelles semblables.«

Regierungsweise Ludwigs XIV., des Gönners der Akademie, vorgezogen hatte. Der Kardinal von Polignac brachte eine Verschwörung zusammen, um ihn auszuschließen – und dies gelang ihm auch. Befremdend ist der Umstand, dass der Kardinal von Polignac zu gleicher Zeit gegen den Regenten konspirierte und dass dieser Prinz, der Saint-Pierre im Palais-Royal Wohnung gewährte und dessen ganze Familie in seinen Diensten hatte, trotzdem diese Ausschließung zugab. Der Abbé von Saint-Pierre beklagte sich in keiner Weise. Als Philosoph fuhr er sogar fort, mit denen zu verkehren, die ihn ausgeschlossen hatten.

Bei seinem Tod verhinderte sein Amtsbruder Boyer, der ehemalige Bischof von Mirepoix, dass ihm in der Akademie dem Gebrauch gemäß eine Lobrede gehalten wurde. Diese nichtssagenden rhetorischen Blumen, die man auf das Grab jedes Akademikers streut, erhöhen zwar weder seinen Ruf noch sein Verdienst, die Verweigerung dieser Huldigung aber war ein Schimpf, und die Dienste, die der Abbé von Saint-Pierre geleistet hatte, seine Rechtlichkeit und seine Herzensgüte verdienten eine andere Behandlung. Er starb 1742 im Alter von sechsundachtzig Jahren. Als ich ihn wenige Tage vor seinem Ableben fragte, wie er diesen Übergang ansehe, erwiderte er mir: »Wie einen Ausflug aufs Land.«

Der eigentümlichste Aufsatz, den man in seinen Schriften findet, handelt von der künftigen Vernichtung des Islam. Er versichert, es werde eine Zeit kommen, wo die Vernunft bei den Menschen über den Aberglauben siegen werde. »Die Menschen«, sagt er, »werden einsehen, dass Geduld, Zuvorkommenheit und Wohltätigkeit ausreichen, um Gott zu gefallen... Es ist unmöglich«, fährt er an anderer Stelle fort, »dass ein Buch, das falsche Sätze als wahr hinstellt, das dem gesunden Menschenverstand widerstreitende Ungereimtheiten enthält und ungerechte Handlungen preist, von einem vollkommenen Wesen offenbart worden ist.« Er behauptet, binnen fünfhundert Jahren würden alle Geister, selbst die schwerfälligsten, über dieses Buch im klaren sein, und selbst der Großmufti und die Kadis würden einsehen, dass es in ihrem Interesse liege, die Menge zu enttäuschen und sich durch Vereinfachung der Religion unentbehrlicher und geachteter zu machen. Dieser Aufsatz ist durchaus bemerkenswert. In seinen ›Annalen Ludwigs XIV.‹ äußert er, der Staat müsse für die unduldsamen Theologen Tollhäuser erbauen, und es sei an der Zeit, diese Tollhäuslergattung auf die Bühne zu bringen.

Hier ist der geeignete Ort zu der Bemerkung, dass der Verfasser des ›Zeitalters Ludwigs XIV.‹ dieses Verzeichnis der Schriftsteller und Künstler jenes Zeitalters erst zusammengestellt hat, nachdem er ihre

Werke und oftmals auch ihre Personen kennengelernt und dabei, seit er zum Historiographen von Frankreich ernannt worden ist, kein Mittel versäumt hat, um sich über dieses berühmte Jahrhundert zu unterrichten. Er konnte in diesem Verzeichnis noch nicht von den ›Politischen Annalen‹ des Abbé von Saint-Pierre über Ludwig XIV. reden, da das ›Zeitalter‹ zum ersten Mal im Jahre 1752 gedruckt wurde, die 1757 gedruckten ›Annalen‹ aber erst 1758 erschienen. Diese ›Annalen‹ sind, wie man einräumen muss, eine ununterbrochene Satire auf die Regierung jenes Monarchen, der mehr Achtung verdiente, und diese Satire ist nicht gut genug geschrieben, um ihre Unbilligkeit verzeihlich zu machen. Die Familie des Abbé, die die gefährliche Wirkung voraussah, die das Werk hervorzubringen imstande war, bewog den Autor, es dem Publikum vorzuenthalten, und es ist daher erst nach seinem Tod gedruckt worden. Wie kann also der Abbé Sabatier, gebürtig aus Castres, der inzwischen eine Liste der Schriftsteller dreier Jahrhunderte herausgegeben hat, die Behauptung in die Welt schleudern, »der Verfasser des ›Zeitalters Ludwigs XIV.‹ « habe »diese schlecht durchgeführte Idee jenen ›Politischen Annalen‹ entlehnt, die ein treffendes Bild von der geistigen Entwicklung unserer Nation geben«?

Erstens hat der Verfasser des ›Zeitalters‹ den ›Annalen‹ des Abbé von Saint-Pierre, gegen die er das Andenken Ludwigs XIV. verteidigte, sobald er sie kennenlernte, unmöglich etwas entlehnen können, weil er sie zu jener Zeit nicht kannte und nicht kennen konnte. Zweitens aber ist es durchaus falsch, dass der Abbé von Saint-Pierre sich in seinem Werk über die Fortschritte des menschlichen Geistes bei unserem Volk ausgelassen habe. Er sagt kaum einige Worte darüber, und wenn er der Künste gedenkt, tut er es nur, um sie herabzusetzen.

Man höre, wie er sich auf Seite 155 darüber ausdrückt: »Die Malerei, die Musik, die Poesie, die Bildhauerei, die Schauspielkunst und die Baukunst sind nur ein Beweis von der Menge der Müßiggänger und von ihrem Hang zum Müßiggang, der hinreicht, um andere Arten von Nichtstuern, Leute, die eine Ehre im Angenehmen, nicht aber im Nützlichen suchen, zu ernähren und zu erhalten« usw.

Es ist zweifelsohne eine Seltenheit, einen Akademiker behaupten zu hören, dass Künste, die die angestrengteste Tätigkeit erfordern, Beschäftigungen für Nichtstuer seien.»[208]

Was Ludwig XIV. anlangt, so sucht er diesen ebenso herabzusetzen wie die Künste, deren Beschützer dieser König war. Nur mit Unwillen

208 Vgl. hierzu die Anmerkung des Übersetzers im Anhang zu Anm.. 148

kann man wiederholen, was er auf Seite 265 von ihm sagt: »Ludwig betrug sich gegen seine Nachbarn und seine Untertanen, als ob er sich den Grundsatz eines berühmten Tyrannen zu eigen gemacht hätte: ›Mögen sie mich hassen, wenn sie mich nur fürchten!‹ Er opferte alles der Lust, sich zu rächen und dem Publikum zu zeigen, dass er zu fürchten wäre – das ist der Hang aller kleinlichen Gemüter, aller Kinder und des gemeinen Mannes.«

An zwanzig Stellen nennt er Ludwig XIV. ein großes Kind, und endlich schließt er, der unstreitig ein altes Kind war, sein Werk mit dem Satz: »Den Wohltätigen das Paradies!«, wagt aber nicht zu sagen: »Den Lästerzungen das Paradies!«

Was den Abbé Sabatier aus Castres anlangt, der nach Paris gekommen ist, um für einiges Geld das Handwerk des Verleumders zu treiben, so ist es schwer, für ihn das Paradies zu erhoffen; es kostet sogar schon viel Überwindung, es ihm nur zu wünschen.[209]

Sallo (Denis de), geboren 1626, Rat beim Parlament von Paris und Erfinder der Zeitschriften. Bayle vervollkommnete diese Erfindung, die dann in der Folge durch einige Journale entehrt wurde, die habgierige Buchhändler um die Wette in die Welt schickten und die von obskuren Literaten mit ungetreuen Auszügen, mit Ungereimtheiten und Lügen angefüllt wurden. Man ist schließlich dahin gelangt, dass namentlich in den periodischen Blättern Lob und Tadel nur ein Handelsartikel sind. Die Literatur aber wird durch dieses niederträchtige Verfahren tief erniedrigt. Sallo starb 1669.

Sandras de Courtilz, geboren in Paris im Jahre 1644. Ich gedenke seiner hier nur, um den Franzosen und besonders den Ausländern zu sagen, wie sehr sie sich vor den in Holland gedruckten falschen Memoiren und Denkschriften in Acht zu nehmen haben. Courtilz war einer der straffälligsten Schriftsteller dieser Gattung: Er überschwemmte Europa mit seinen Erfindungen unter dem Namen von Geschichtswerken. Es war schmählich genug, dass ein Hauptmann vom Regiment Champagne nach Holland ging, um den Buchhändlern Lügen zu verhandeln. Er und seine Nachahmer, die zahllose Schmähschriften gegen ihr Vaterland, gegen gute Fürsten, die es verschmähen, sich zu rächen, und gegen Privatleute, die dies nicht vermögen, in die Welt geschleudert haben, verdienen die öffentliche Verachtung. Courtilz verfasste ›Frankreichs Verhalten seit dem Frieden zu Nimwegen‹ und die ›Antwort‹ auf dieses Buch; ferner

209 Der Abbé Sabatier gehörte in der Tat zur ehrenwerten Sippe der Revolverjournalisten. Voltaire nannte ihn spöttisch »Sabotier«, d. h. Schuster.

›Frankreichs Zustand unter Ludwig XIII. und Ludwig XIV.‹, ›Das Verhalten des Mars in den Kriegen gegen Holland‹, ›Die verliebten Eroberungen des großen Alcandre‹, ›Frankreichs Liebesränke‹, das ›Leben Turennes‹ sowie das ›Leben des Admirals Coligny‹, die ›Denkwürdigkeiten Rocheforts, d'Artagnans, Montbruns, Vordacs, der Marquise du Frêné‹, das ›Politische Testament Colberts‹ und viele andere Werke, die die Laien ergötzt und getäuscht haben. Er fand Nachahmer an den Verfassern der elenden Broschüren gegen Frankreich, des ›Ährenlesers‹, des ›Schlussredners‹ und anderer periodischer Dummheiten, die der Hunger erzeugt und Lüge und Dummheit diktiert haben, die aber kaum von der Hefe des Volks gelesen werden. Gestorben in Paris im Jahre 1712.

Sanlecque (Louis), geboren in Paris im Jahre 1650, regulierter Domherr, verfasste einige hübsche Gedichte. Die große Anzahl mittelmäßiger Dichter, bei denen man gelungene Verse findet, ist eine der Wirkungen des Jahrhunderts Ludwigs XIV. Die meisten dieser Verse gehören der Zeit und nicht dem Genie an. Gestorben 1714.

Sanson (Nicolas), geboren in Abbéville im Jahre 1600, vor Guillaume De L'Isle der Vater der Geographie; gestorben 1667. Seine beiden Söhne erbten sein Verdienst.

Santeuil (Jean Baptiste), geboren 1630 in Paris, gilt als vorzüglicher lateinischer Dichter – falls man das überhaupt sein kann –, vermochte aber keine französischen Verse zustande zu bringen. Seine Hymnen werden in der Kirche gesungen. Da ich nicht im Haus des Mäcenas mit Horaz und Virgil verkehrt habe, so weiß ich nicht, ob diese Hymnen so gut sind, wie behauptet wird, und ob z.B. »Orbis redemptor, nunc redemptus« nicht ein kindisches Wortspiel ist. Ich für mein Teil misstraue den modernen lateinischen Gedichten ungemein. Gestorben 1697.

Sarasin (Jean François), geboren 1605 in der Gegend von Caen, schrieb ebenso gefällig in Prosa wie in Reimen. Gestorben 1654.

Savary (Jacques), geboren 1622, war der erste, der über den Handel schrieb. Er war selbst lange Zeit Kaufmann gewesen. Der Staatsrat zog ihn bei der Verordnung von 1670 bei allen den Handel betreffenden Punkten zu Rate, und er verfasste fast ihre sämtlichen Artikel. Das von ihm und seinem Bruder Philémon, Domherrn von Saint-Maur, verfasste ›Handelslexikon‹ war ein ebenso nützliches wie neues Unternehmen; dergleichen Bücher müssen aber ungefähr wie die Interessen der Fürsten angesehen werden, die alle fünfzig Jahre anders sind. Die Gegenstände und Mittel des Handels, die Gewinne und die Kunstgriffe sind heute nicht mehr dieselben wie zur Zeit Savarys. Gestorben 1690.

Saumaise (Claude de), geboren 1588 in Burgund, zog sich, um unabhängig zu sein, nach Leyden zurück. Er war ein Mann von ungemeiner Gelehrsamkeit. Wie erzählt wird, bot ihm Kardinal Richelieu, um ihn zur Rückkehr nach Frankreich zu bewegen, ein Jahresgehalt von 12.000 Franc unter der Bedingung, dass er zum Ruhm dieses Ministers und sogar dessen Lebensgeschichte schreiben sollte; Saumaise aber liebte zu sehr die Freiheit und hasste zu sehr den, den er für den größten Feind dieser Freiheit ansah, als dass er auf dieses Anerbieten eingegangen wäre. Karl II. von England bewog ihn zur Abfassung des ›Aufschreis des königlichen Blutes gegen die Mörder Karls I.‹. Diese Schrift entsprach dem Ruf ihres Verfassers durchaus nicht. Milton, der Verfasser eines bisweilen erhabenen barbarischen Gedichts über den Apfel Adams – eines Gedichts, das zum Muster für alle dem Alten Testament entlehnten barbarischen Gedichte geworden ist –, widerlegte Saumaise, aber er widerlegte ihn, wie ein reißendes Tier einen Wilden bekämpft. Diese beiden abschreckend pedantischen Schriften sind in Vergessenheit geraten; die Namen der beiden Autoren dagegen sind nicht untergegangen. Gestorben 1653.

Saurin (Jacques), geboren in Nimes im Jahre 1677, galt als der beste Prediger der reformierten Kirche; man macht ihm indessen wie allen seinen Amtsbrüdern den sogenannten »Flüchtlingsstil« zum Vorwurf. »Es ist schwer«, sagte er, »dass diejenigen, die ihr Vaterland ihrem Glauben geopfert haben, ihre Sprache rein und unvermischt reden«, usw. Zu seiner Zeit jedoch war das Französisch in Holland noch nicht so verdorben, wie es dies gegenwärtig ist. Bayle schrieb durchaus keinen »Flüchtlingsstil« ; er sündigte nur durch eine Nachlässigkeit, die bisweilen bis zur Niedrigkeit herabsinkt. Die Mängel in der Sprache der calvinistischen Pastoren rührten daher, dass sie die fehlerhafte Ausdrucksweise der ersten Reformatoren kopierten. Dazu kam noch, dass sie, da sie beinahe alle in Saumur, im Poitou, im Dauphiné oder im Languedoc erzogen worden waren, die fehlerhafte Mundart der Provinz beibehielten. Man schuf für Saurin die Stellung eines Predigers für den Adel im Haag. Gestorben 1730

Saurin (Joseph), geboren bei Oranien im Jahre 1659, Mitglied der Akademie der Wissenschaften. Er war ein zu allem befähigtes Genie; außer Auszügen aus dem ›Gelehrtenjournal‹ aber hat man von ihm nur einige mathematische Abhandlungen und sein berühmtes ›Manifest‹ gegen Rousseau.

Dieser unglückseligerweise nur zu berühmte Prozess führte zu einer Untersuchung über sein ganzes Leben und rief die schmählichsten Beschuldigungen gegen ihn wach. Rousseau, der in die Schweiz geflüchtet war und erfahren hatte, dass sein Gegner Pastor der reformierten Kirche in Bercher im Bezirk von Yverdun gewesen war, bot alles auf, um Zeugnisse gegen ihn zusammenzubringen. Joseph Saurin hatte nämlich, seines Predigeramts überdrüssig und für die Philosophie und die Mathematik eingenommen, sein Vaterland Frankreich, die Stadt Paris und die Akademie der Wissenschaften dem Dorfe Bercher vorgezogen. Um seine Absicht auszuführen, hatte er in den Schoß der römischen Kirche zurückkehren müssen und diesen Übertritt im Jahre 1690 vollzogen. Der Bischof von Meaux, Bossuet, glaubte einen reformierten Prediger bekehrt zu haben, hatte aber in Wahrheit nur zur Erfüllung der geringen Wünsche eines Philosophen beigetragen. Mehrere Jahre später kehrte Saurin in die Schweiz zurück, um dort einige seiner Frau, die er ebenfalls zum Übertritt zum Katholizismus bewogen hatte, zustehende Vermögensteile einzuziehen. Die Behörden aber erließen gegen ihn als einen abtrünnigen Pastor, der auch seine Frau zum Abfall verführt hatte, einen Haftbefehl. Dieser Vorfall ereignete sich 1712, nach dem berühmten Prozess, und Rousseau befand sich genau um diese Zeit in Soleure.

Damals wurden nun die schmählichsten Beschuldigungen gegen Saurin laut. Man legte ihm Vergehen aus früherer Zeit zur Last, die des Stranges würdig gewesen wären. In der Folge brachte man sogar einen alten Brief gegen ihn vor, in dem er selbst, wie behauptet wurde, seine Verbrechen einem ihm befreundeten Pastor gebeichtet hatte. Schließlich trieb man, um der Nichtswürdigkeit die Krone aufzusetzen, die Gemeinheit so weit, dass man jene Anschuldigungen und den angeblichen Brief in verschiedenen Zeitschriften, in den Supplementen zum ›Bayle‹ und zum ›Moréri‹ abdruckte – ein unglückseliges, neu erfundenes Mittel, um einen Mann in ganz Europa zu schänden. Es heißt die Literatur aufs tiefste entwürdigen, wenn man ein Wörterbuch zum Kriminalarchiv macht und Werke, die nur Behälter für die Wissenschaft sein sollten, mit anstößigen Verlästerungen besudelt – das lag sicher nicht in der Absicht der ersten Schöpfer dieser Archive der Literatur, die man inzwischen durch zahllose ebenso irrige wie gehässige Zusätze entweiht hat. Die Schriftstellerkunst ist gegenwärtig nur zu oft ein schnödes Handwerk, bei dem Verleger, die nicht lesen können, Soldschreibern, die die Literatur zum schmählichsten aller Berufe herabgewürdigt haben, Lügen und leeres Geschwätz nach dem Bogen bezahlen. Zum wenigsten ist es durchaus unstatthaft, in ein

Wörterbuch Kriminalanklagen aufzunehmen und als Ankläger aufzutreten, wenn man nicht stichhaltige Beweise in Händen hat.

Ich war in der Lage, die gegen Joseph Saurin erhobenen Anschuldigungen prüfen zu können. Ich habe mit dem Besitzer des Landguts Bercher, auf dem Saurin Pastor war, gesprochen und habe die ganze Familie dieses Besitzers befragt: Er und alle seine Angehörigen und Verwandten erklärten mir einstimmig, dass sie den angeblich von Saurin geschriebenen Brief nie gesehen hätten. Sie legten mir gegenüber den lebhaftesten Unwillen über die abscheuliche Unwahrheit an den Tag, die man in die Supplemente zum Bayleschen und zum Morérischen Wörterbuch aufgenommen hat, und dieser gerechte Unwille muss sich dem Gemüt jedes braven Menschen mitteilen. Außerdem habe ich die Zeugnisse von drei Pastoren in Händen, die besagen, dass sie nie das Original des angeblichen Briefes gesehen noch jemand gekannt, der es gesehen hätte, noch sagen gehört hätten, dass er an irgendeinen Pastor des Pays de Vaud gerichtet gewesen sei, und dass sie den Gebrauch, den man von jenem Schriftstück gemacht hat, nur missbilligen könnten.

Joseph Saurin starb 1737 als unerschrockener Philosoph, der die Nichtigkeit aller Dinge dieser Welt kannte und von tiefer Verachtung erfüllt war gegen all jene leeren Vorurteile, jene Zänkereien, jene irrigen Ansichten, die die zahllosen Widerwärtigkeiten des menschlichen Lebens noch um eine neue Last vermehren.

Er hat einen Sohn von wirklichem Verdienst hinterlassen, den Verfasser der Tragödie ›Spartacus‹, in der sich Züge finden, die an die kraftvollsten Schöpfungen Corneilles erinnern.

Sauveur (Joseph), geboren in La Flèche im Jahre 1657, erlernte ohne Lehrmeister die Elemente der Geometrie. Er ist einer der ersten, die Berechnungen über die möglichen Vorteile und Nachteile angestellt haben, die sich bei den einzelnen Glücksspielen bieten. Er behauptete, alles, was der eine in der Mathematik vermöge, vermöge jeder andere auch. Das gilt natürlich nur von denen, die sich mit dem Erlernen begnügen, nicht aber auch von den Erfindern. Er war bis zu seinem siebenten Jahr stumm gewesen. Gestorben 1716.

Scarron (Paul), Sohn eines Rats der Großen Kammer, geboren 1610. Seine Komödien sind mehr burlesk als komisch, und sein ›Travestierter Virgil‹ ist nur einem Possenreißer zu verzeihen. Von allen seinen Werken ist sein ›Komischer Roman‹ nahezu das einzige, das den Leuten von Geschmack noch immer gefällt, aber sie lieben in ihm nur die heitere, unterhaltende und mittelmäßige Schöpfung, wie Boileau es vorausgesagt hatte. Ludwig XIV. heiratete seine Witwe. Gestorben 1660.

Scudéri (George de), geboren in Le Havre de Grâce im Jahre 1601, hielt als Günstling Kardinal Richelieus eine Zeit lang dem Ruf Corneilles das Gleichgewicht. Sein Name ist bekannter als seine Werke. Gestorben 1667.

Scudéri (Madeleine de), geboren in Le Havre im Jahre 1607, eine Schwester George de Scudéris, ist gegenwärtig bekannter aus einigen gefälligen Versen, die sich von ihr erhalten haben, als durch die umfangreichen Romane ›Clélie‹ und ›Cyrus‹. Ludwig XIV. gab ihr eine Pension und empfing sie stets mit Auszeichnung. Sie war die erste, die den von der Akademie gestifteten Preis für Beredsamkeit erhielt. Gestorben 1701.

Segrais (Jean), geboren in Caen im Jahre 1625. Mademoiselle nennt ihn »eine Art Schöngeist« – in Wirklichkeit aber war er ein großer Schöngeist und ein wahrer Schriftsteller. Er musste seine Stellung bei jener Prinzessin aufgeben, weil er sich ihrer Verheiratung mit dem Grafen von Lauzun widersetzt hatte. Seine ›Hirtengedichte‹ und seine Übersetzung des ›Virgil‹ wurden geschätzt, werden aber nicht mehr gelesen. Es ist bemerkenswert, dass man aus Brébeufs ›Pharsala‹, nicht aber aus Segrais' ›Aeneide‹ Verse behalten hat – und doch lobt Boileau Segrais und verwirft Brébeuf! Gestorben 1701.

Senault (Jean François), geboren 1601, Vorsteher des Oratoriums, war als Prediger Bourdaloue gegenüber, was Rotru als Tragiker Corneille gegenüber ist: sein Vorgänger, aber selten seinesgleichen. Er wird mehr zu den ersten Wiedererweckern der Beredsamkeit als zu der kleinen Anzahl wahrhaft beredter Menschen gezählt. Gestorben 1672.

Seneçay, geboren 1643, erster Kammerdiener Maria Theresias, der Gemahlin Ludwigs XIV., ein Dichter von bemerkenswerter Phantasie. Seine Erzählung ›Der Kaimac‹ ist bis auf einige Stellen eine vorzügliche Schöpfung. Sie bietet ein Beispiel, das uns lehrt, dass man auch noch auf eine andere Weise erzählen kann als La Fontaine. Man beachte, dass sich dieses Werk – das beste, das er je verfasst hat – nicht in der Sammlung seiner Schriften findet. Auch in seinen ›Arbeiten des Apollo‹ finden sich eigentümliche und neue Schönheiten. Gestorben 1737.

Sévigné (Marie de Rabutin), Frau des Marquis de Sévigné, wurde 1626 geboren. Ihre mit Anekdoten gespickten Briefe, die freimütig und in einem Stil geschrieben sind, der alles darstellt und belebt, sind die beste Kritik jener gekünstelten Episteln, in denen man nach Witz hascht, noch mehr aber jener erdichteten Briefe, in denen man den Briefstil nachzuahmen sucht, um imaginären Korrespondenten erfundene Gefühle und erfundene Abenteuer zu berichten. Es ist schade, dass es ihr durchaus an Geschmack fehlte, dass sie Racine nicht zu würdigen wusste und Mascarons Grabrede auf Turenne dem großen Meisterwerk Fléchiers an die Seite stellte. Gestorben im Jahre 1696.

Silva, aus Bordeaux gebürtig, war in Paris als Arzt sehr berühmt und schrieb ein geschätztes Buch über den Aderlass. Er überragte sein Buch bedeutend und gehörte zu jenen Ärzten, die lächerlich zu machen Molière weder gewagt noch gekonnt hätte. Gestorben um 1746.

Simon (Richard), geboren 1638, Mitglied vom Oratorium, ein ausgezeichneter Kritiker. Seine ›Geschichte des Ursprungs und der Entwicklung der Einkünfte der Geistlichkeit‹, seine ›Kritische Geschichte des Alten Testaments‹ usw. werden von allen Gelehrten gelesen. Gestorben in Dieppe im Jahre 1712.

Sirmond (Jacques), Jesuit, geboren um 1559, einer der gelehrtesten und liebenswürdigsten Männer seiner Zeit. Man weiß kaum, dass er Beichtvater Ludwigs XIII. war, weil er in dieser bedenklichen Stellung kaum Anlass gab, seiner zu gedenken. Er wurde vom Papst bei der Abfassung der Sammlung der Beschlüsse der Konzilien allen italienischen Gelehrten vorgezogen. Seine zahlreichen Werke wurden sehr geschätzt, werden aber wenig gelesen. Gestorben im Jahre 1651.

Sirmond (Jean), ein Neffe des vorigen, war Historiograph von Frankreich mit dem Titel eines Staatsrats, der gewöhnlich mit der Stellung als Historiograph verbunden war. Eines seiner bedeutendsten Werke ist das ›Leben des Kardinals von Amboise‹, das er nur verfasste, um diesen Minister unter seinen Gönner, Kardinal Richelieu, zu stellen. Er war einer der ersten Akademiker. Gestorben 1649.

Sorbière (Samuel), geboren in der Dauphiné im Jahre 1615, war einer von denen, die den Titel eines Historiographen von Frankreich geführt haben. Er war ein Freund Klemens' IX. vor dessen Erwählung zum Papst gewesen und schrieb daher diesem Pontifex, als er nur schwache Beweise von dessen Großmut erhielt: »Heiliger Vater, du sendest dem Manschetten, der kein Hemd hat.« Er befasste sich mit vielen Fächern der Wissenschaft. Gestorben 1670.

Suze (Henriette von Coligny, Gräfin de La), war ihrerzeit durch ihren Witz und ihre Elegien berühmt. Sie wurde katholisch, weil ihr Gatte Hugenotte war, und trennte sich von ihm, wie die Königin Christine sagte, um ihn weder in dieser noch in jener Welt zu Gesicht zu bekommen. Gestorben 1673.

Tallemant (François), geboren 1620 in La Rochelle, zweiter Übersetzer des ›Plutarch‹; gestorben 1693.

Tallemant (Paul), geboren in Paris im Jahre 1642. Obgleich er der Enkel des reichen Montoron und der Sohn eines Requêtenmeisters war, der 200.000 Livre Einkommen nach heutigem Geld hatte, besaß er selbst beinahe kein Vermögen. Colbert unterstützte ihn wie so viele andere Schriftsteller. Er hatte hervorragenden Anteil an der Geschichte des Königs in Medaillen. Gestorben im Jahre 1712.

Talon (Omer), Generaladvokat des Parlaments von Paris, hinterließ wertvolle ›Denkwürdigkeiten‹, die eines tüchtigen Beamten und guten Bürgers würdig sind; doch ist seine Beredsamkeit noch nicht die der guten Zeit. Gestorben 1652.

Tarteron, Jesuit, übersetzte die ›Satiren‹ des Horaz, des Persius und des Juvenal und unterdrückte in dieser Übersetzung die derben Zoten, mit denen Juvenal und seltsamerweise auch Horaz ihre Schriften verunziert haben. Er nahm dabei Rücksicht auf die Jugend, für die er zu arbeiten glaubte, doch ist seine Übersetzung für diese nicht wörtlich genug: Der Sinn ist wiedergegeben, nicht aber die Bedeutung der Worte. Gestorben 1720.

Terrasson (Abbé), geboren 1669, zeigte sich im Leben wie im Sterben als Philosoph. In seinem ›Sethos‹ finden sich treffliche Abschnitte, und seine Übersetzung des ›Diodor‹ ist von Nutzen; seine ›Kritik des Homer‹ dagegen gilt als geschmacklos. Gestorben 1750.

Thiers (Jean Baptiste), geboren in Chartres im Jahre 1642. Man hat viele Abhandlungen von ihm. Er schrieb auch gegen die Inschrift am Franziskanerkloster zu Reims: »Gott und dem heiligen Franziskus, die beide gekreuzigt wurden«. Gestorben 1703.

Thomassin (Louis), Priester vom Oratorium, geboren 1619 in der Provence, ein grundgelehrter Mann. Er lieferte die erste Zusammenstellung über die Kirchenväter, die Kirchenversammlungen und die Geschichte. Zu Ende seines Lebens vergaß er alles, was er gewusst hatte, und erinnerte sich nicht einmal mehr, etwas geschrieben zu haben. Gestorben 1695.

Thoynard (Nicolas), geboren in Orléans im Jahre 1629, hatte, wie behauptet wird, großen Anteil an der Abhandlung des Kardinals Norris über die ›Syrische Zeitrechnung‹. Seine ›Übereinstimmung der vier Evangelisten‹ in griechischer Sprache gilt als ein bemerkenswertes Buch. Er war nur gelehrt, war es aber gründlich. Gestorben 1706.

Torcy (Jean Baptiste Colbert, Marquis de), ein Neffe des großen Colbert, Staatsminister unter Ludwig XIV., hat ›Denkwürdigkeiten‹ hinterlassen, die den Zeitraum vom Rijswijker bis zum Utrechter Frieden umfassen. Diese sind während der Herausgabe dieses Versuchs über das Zeitalter Ludwigs XIV. gedruckt worden und bestätigen alle darin enthaltenen Angaben. Sie enthalten Einzelheiten, die nur für diejenigen Leser von Interesse sind, die sich gründlich belehren lassen wollen. Dabei sind sie in einer reineren Sprache geschrieben als alle Denkwürdigkeiten seiner Vorgänger: Man erkennt darin den feinen Geschmack des Hofs Ludwigs XIV. Ihr größter Vorzug aber ist die Aufrichtigkeit des Verfassers – die Wahrheit und die Mäßigung selbst haben ihm die Feder geführt. Gestorben im Jahre 1746.

Toureil (Jacques), geboren in Toulouse im Jahre 1656, berühmt geworden durch seine Übersetzung des ›Demosthenes‹. Gestorben im Jahre 1715.

Tournefort (Joseph Pitton de), geboren 1656 in der Provence, der größte Botaniker seiner Zeit. Er wurde von Ludwig XIV. nach Spanien, England, Holland, Griechenland und Asien geschickt, um die Naturwissenschaft zu erweitern. Er brachte insgesamt 1336 neue Pflanzenarten nach Europa mit und lehrte uns die europäischen kennen. Gestorben 1708.

Tourneux (Le), geboren 1640. Sein ›Christliches Jahr‹ befindet sich in vielen Händen, obgleich oder vielmehr weil es in Rom auf den Index der verbotenen Bücher gesetzt worden ist. Gestorben 1686. Tristan L'Ermite, ein Edelmann in Diensten Gastons von Orléans, des Bruders Ludwigs XIII. Der ungemeine und anhaltende Beifall, dessen seine Tragödie ›Marianne‹ sich erfreute, war eine Folge der Unwissenheit, in der man sich damals befand. Man kannte nichts Besseres, und als der Ruf dieses Stücks einmal begründet war, bedurfte es mehr als einer Tragödie Corneilles, um es in Vergessenheit zu bringen. Es gibt noch heute Nationen, bei denen höchst mittelmäßige Schöpfungen für Meisterwerke gelten, weil sich kein Genie gefunden hat, das sie übertroffen hätte. Man weiß in der Regel nicht, dass Tristan die Gebete an die Heilige Jungfrau in Verse gebracht hat, und es ist auch nicht befremdend, dass man es nicht weiß. Gestorben 1655.

Er verfasste folgende Grabschrift für sich:

Je fis le chien couchant auprès d'un grand seigneur,
Je me vis toujours pauvre, et tâchai de paraître,
Je vécus dans la peine, espérant le bonheur:
Et mourus sur un coffre en attendant mon maître.

Ich spielte den schmiegsamen Hund
zu Füßen des herrschenden Herrn,

Ich suchte beständig den Prunk, indessen die Armut mich narrte;
Ich lebte beständig in Not und traute doch stets meinem Stern:
So starb ich am End' auf der Truh',
auf der des Gebieters ich harrte.

Turenne hinterließ ›Denkwürdigkeiten‹, die man in seiner von Ramsay verfassten Lebensbeschreibung findet. Wir haben allerdings viele Memoirenwerke von unseren Heerführern; keiner von ihnen aber hat wie Xenophon und Cäsar geschrieben.

Vaillant (Jean Foy), geboren in Beauvais im Jahre 1632. Das Publikum verdankt ihm die ›Wissenschaft der Medaillen', und der König verdankt ihm die Hälfte seiner Sammlung. Der Minister Colbert ließ ihn Italien, Griechenland, Ägypten, die Türkei und Persien bereisen. Im Jahre 1674 wurde er mit dem Architekten Desgodets von den algerischen Korsaren gefangengenommen, doch wurden beide vom König losgekauft. Nie stand ein Gelehrter mehr Gefahren aus. Gestorben 1706.

Vaillant (Jean François) wurde während der Reisen seines Vaters 1665 in Rom geboren und war wie dieser Altertumsforscher. Gestorben 1708.

Valincour (Jean Baptiste Henri Du Trousset de), geboren 1653, verdankte seinen Ruf zum größten Teil einer an ihn gerichteten Epistel Boileaus. Man hat einige kleine Schriften von ihm – er war ein guter Kenner der Literatur. Er erwarb ein ziemlich bedeutendes Vermögen, zu dem er nicht gelangt sein würde, wenn er nur Schriftsteller gewesen wäre; die Schriftstellerei an sich ohne jenen Scharfblick und jene Arbeitsamkeit, die einen Menschen nützlich machen, führt beinahe immer nur zu einem unglücklichen und verachteten Leben. Eine der besten Reden, die je in der Akademie gehalten wurden, war die, in der Valincour es unternahm, die vielen jungen Leute von ihrem Irrtum zu heilen, die die Lust zum Schreiben für Talent halten, den Fürsten schlechte Gedichte überreichen, das Publikum mit Broschüren überschwemmen und dann das Zeitalter der Undankbarkeit beschuldigen, weil sie weder der Welt noch sich selbst genützt haben. Er belehrte sie, dass die Berufe, die man als die niedrigsten ansieht, immer noch über dem stehen, den sie ergriffen haben. Gestorben 1730.

Valois (Adrien de), geboren in Paris im Jahre 1607, Historiograph von Frankreich. Seine besten Werke sind seine ›Nachricht von den Galliern‹ und seine ›Geschichte des ersten Königshauses‹. Gestorben 1692.

Valois (Henri de), ein Bruder des vorigen, geboren 1603. Seine Werke sind für Franzosen von geringerem Wert als die Schriften seines Bruders. Gestorben 1676.

Varignon (Pierre), geboren in Caen im Jahre 1654, berühmter Mathematiker; gestorben 1722.

Varillas (Antoine), geboren in der Mark Ancona im Jahre 1624, ein mehr gefälliger als zuverlässiger Geschichtsschreiber. Gestorben 1692.

Vassor (Michel Le), Priester vom Oratorium, flüchtete nach England. Seine weitschweifige, schwerfällige und satirische ›Geschichte Ludwigs XIII.‹ wurde wegen zahlreicher bemerkenswerter Angaben, die sich darin finden, sehr gesucht; er ist jedoch nur ein gehässiger Deklamator, der in der ›Geschichte Ludwigs XIII.‹ Ludwig XIV. zu lästern sucht und Lebende und Tote angreift. Er irrt sich nur höchst selten in den Tatsachen, irrt aber in fast allen seinen Urteilen. Gestorben 1718.

Vavasseur, geboren 1605 im Charolais, Jesuit und bedeutender Schriftsteller. Er wies zuerst nach, dass die Griechen und die Römer den burlesken Stil nicht gekannt haben, sondern dass dieser nur ein Überrest der Barbarei ist. Gestorben 1681.

Vauban (Marschall von), geboren 1633. Der ›Wirkliche Zehnte‹, den man ihm zugeschrieben hat, ist nicht von ihm, sondern von Boisguillebert. Er konnte nicht durchgeführt werden und ist in der Tat nicht durchführbar. Man hat von ihm verschiedene Abhandlungen, die eines guten Bürgers würdig sind. Er trug durch seine Ratschläge viel zum Bau des Kanals von Languedoc bei. Man beachte, dass er sehr ungelehrt war und dass er das freimütig einräumte, dass er sich aber nie dessen rühmte. Großer Mut, ein Diensteifer, den nichts zurückschreckte, ein natürliches Talent für die mathematischen Wissenschaften, Unermüdlichkeit bei der Arbeit, ein Scharfblick, der die Gelegenheit zu erspähen verstand und der sich nicht immer mit den Kenntnissen und dem Talent verbunden findet – das waren die Vorzüge, denen er seinen Ruf verdankte. Er lieferte durch sein Verhalten den Beweis, dass es auch unter einer absoluten Regierung Bürger geben könne. Gestorben 1707.

Vaugelas (Claude Favre de), geboren in Bourg in der Bresse im Jahre 1585, war einer der ersten, die die Sprache reinigten und regelten, und gehörte zu denen, die italienische, aber keine französischen Verse machen konnten. An seiner Übersetzung des ›Quintus Curtius‹ besserte und feilte er dreißig Jahre lang. Jeder, der gut schreiben will, muss sein ganzes Leben lang an seinen Schriften ausbessern. Gestorben 1650.

Vayer (François Le), geboren in Paris im Jahre 1588, war Erzieher von Monsieur, dem Bruder des Königs, und unterrichtete auch den König ein Jahr lang. Er wurde zum Historiographen von Frankreich und zum Staatsrat ernannt, war ein großer Phyrrhonianer und als solcher bekannt;

doch hinderte sein Phyrrhonismus nicht, dass man ihm eine so wichtige Erziehung anvertraute. In seinen allzu weitschichtigen Werken ist viel Wissen und Verstand enthalten. Er war der erste, der mit Erfolg die Ansicht bekämpfte, die uns so schlecht zu Gesicht steht: jene Ansicht, dass unsere Moral besser sei als die des Altertums.

Seine Abhandlung über die ›Tugend der Alten‹ wird von allen Denkern geschätzt. Sein Wahlspruch war, ähnlich dem ›Was weiß ich?‹ Montaignes:

> De las cosas mas seguras
> La mas segura es dudar.

Gestorben im Jahre 1672.

Veissières (Mathurin de La Croze-), geboren in Nantes im Jahre 1661, war Benediktiner in Paris. Seine freie Denkweise und ein Prior, der dieser Freiheit entgegen war, bewogen ihn, seinen Orden und seinen Glauben zu verlassen. Er war eine lebende Bibliothek, und sein Gedächtnis grenzte ans Wunderbare. Außer den nützlichen und angenehmen Dingen, die er wusste, hatte er auch andere studiert, die man nicht gerade zu wissen braucht, wie z.B. die Sprache der alten Ägypter. Ein geschätztes Werk von ihm ist das ›Christentum der Inder‹. Auffallend darin ist die Mitteilung, dass die Brahmanen an die Einheit eines Gottes glauben und die Götzen dem Volk überlassen. Die Schreibwut der Gegenwart ist so groß, dass man das Leben dieses Mannes in einem Band beschrieben hat, der ebenso dick ist wie das ›Leben Alexanders‹. Dieser kleine und immer noch zu lange Auszug daraus hätte vollkommen genügt. Gestorben in Berlin im Jahre 1739.

Vergier (Jacques), geboren 1675 in Paris, ist La Fontaine gegenüber, was Campistron gegenüber Racine ist: ein schwacher, aber sich natürlich ausdrückender Nachahmer. Er wurde 1720 in Paris von Räubern ermordet. Im Morérischen Wörterbuch findet sich die Andeutung, er hätte ein Spottgedicht gegen einen mächtigen Prinzen geschrieben und dieser hätte ihn töten lassen. Das ist eine Fabel.

Vertot (René Aubert), geboren 1655 in der Normandie, ein gefälliger und eleganter Geschichtsschreiber. Gestorben 1735.

Vichard de Saint-Réal (César), in Chambéry geboren, aber in Frankreich erzogen. Seine ›Geschichte der Verschwörung gegen Venedig‹ ist ein Meisterwerk, von dem sein ›Leben Jesu‹ gewaltig absticht. Gestorben 1692.

Villars de Montfaucon (Abbé de), geboren 1635 und durch seinen ›Grafen von Gabalis‹ berühmt, in dem er einen Teil der altpersischen Mythologie zur Darstellung bringt. Der Autor wurde 1675 durch einen Pistolenschuss getötet. Man sagte, die Sylphen hätten ihn ermordet, weil er ihre Geheimnisse enthüllt habe.

Villars (Marschall Herzog von), geboren 1652. Der erste Band der ›Denkwürdigkeiten‹, die seinen Namen tragen, stammt vollständig von ihm her. Er wusste die schönsten Stellen aus den Stücken Corneilles, Racines und Molières auswendig. Ich hörte, wie er eines Tages einem berühmten Staatsmann, der sich darüber wunderte, dass er so viele Verse aus Komödien im Gedächtnis habe, zur Antwort gab: »Ich habe zwar weniger gespielt als Sie, kenne aber doch mehr davon.« Gestorben im Jahre 1734.

Villedieu (Frau von) verschaffte sich durch ihre Romane einen ziemlichen Ruf. Ich bin übrigens weit davon entfernt, hier auf die Unzahl von Romanen, mit denen Frankreich überschwemmt ist und noch überschwemmt wird, irgendwelchen Wert zu legen. ›Zaïde‹ ausgenommen, waren beinahe alle jene Romane Schöpfungen mittelmäßiger Geister, die mit Leichtigkeit Dinge schreiben, die nicht von gründlichen Köpfen gelesen zu werden verdienen. Die meisten verraten sogar einen Mangel an Phantasie, und auf vier Seiten Ariosts findet sich davon unstreitig mehr, als in all diesen saft und kraftlosen Machwerken, die nur den Geschmack der Jugend verderben. Gestorben 1683.

Villiers (Pierre de), Jesuit, geboren in Cognac im Jahre 1648, beschäftigte sich mit literarischen Arbeiten wie fast alle Zöglinge dieses Ordens. Seine Predigten und seine »Predigtkunst« erfreuten sich seinerzeit eines gewissen Rufes. Seine Stanzen über die Einsamkeit stehen weit über denen Saint-Amands, die so sehr gerühmt wurden, sind aber doch noch nicht völlig eines Zeitalters würdig, das so weit über das Zeitalter Saint-Amands emporragt. Gestorben 1728.

Voiture (Vincent), geboren in Amiens im Jahre 1598, der erste, der in Frankreich das war, was man einen »Schöngeist« nennt. Seine Schriften haben fast nur dieses eine Verdienst und sind untauglich zur Läuterung des Geschmacks – aber dieses Verdienst war damals äußerst selten. Man hat von ihm recht hübsche Verse, aber nur in sehr beschränkter Anzahl. Die Strophen für die Königin Anna von Österreich, die nicht in die Sammlung seiner Gedichte aufgenommen wurden, sind ein Denkmal jener galanten Freiheit, die am Hof dieser Fürstin herrschte, deren Sanftmut und Güte die Frondeurs Missbrauchten:

Je pensais si le cardinal,
J'entends celui de La Valette,

Pouvait voir l'éclat sans égal
Dans lequel maintenant vous ête[210];
J'entends celui de la beauté,
Car auprès je n'estime guère –
Cela soit dit sans vous déplaire –
Tout l'éclat de la majesté.

Ich dachte, wenn der Kardinal –
Ich meine den von La Valette –
Könnt' sehn den Wunderglanz einmal,
Der Euch umstrahlt an dieser Stätte:
Ich mein', dass Ihr mich recht versteht,
Der Schönheit Glanz, denn ohne diesen –
Mag Euch die Keckheit nicht verdrießen –
Scheint schal mir selbst die Majestät.

Voiture versuchte sich auch mit Erfolg in italienischen und spanischen Versen. Er starb im Jahre1648.

Es lohnt sich nicht der Mühe, dieses Verzeichnis noch weiter auszudehnen. Man findet darin eine kleine Anzahl von Genies und eine ziemlich große Menge Nachahmer, und man könnte eine noch weit umfangreichere Liste von den Gelehrten geben. In Zukunft dürften sich nur schwerlich neue Genies erheben, zum wenigsten, wenn nicht andere Sitten und eine andere Regierungsform den Geistern einen neuen Schwung verleihen. Universelle Gelehrte aber werden unmöglich wieder auftauchen, weil jede Wissenschaft bereits unermesslich geworden ist. Es wird sich daher notwendigerweise jeder darauf beschränken müssen, einen kleinen Teil des weiten Feldes zu bebauen, das vom Zeitalter Ludwigs XIV. zur Kultur zugerichtet worden ist.

Berühmte Künstler

Musiker

Die französische Musik – wenigstens die Vokalmusik – ist bisher nie nach dem Geschmack einer anderen Nation gewesen. Sie konnte es nicht sein, weil die französische Prosodie von allen anderen Prosodien Europas verschieden ist. Wir betonen stets die letzte Silbe, alle anderen

210 Man pflegte damals in den Versen die Endbuchstaben, die unbequem und störend waren, wegzulassen und schrieb also »vous ete« für »vous êtes«. **Die Italiener und die** Engländer verfahren noch heute in derselben Weise. Die französische Poesie ist allzu eingeschnürt und häufig allzu prosaisch.

Nationen aber legen den Nachdruck auf die vorletzte oder die vorvorletzte Silbe – wie die Italiener. Nun ist aber unsere Sprache die einzige, in der sich Wörter finden, die mit einem stummen »e« enden, und diese »e«, die beim gewöhnlichen Vortrag nicht ausgesprochen werden, werden es beim skandierten Vortrag, und zwar in durchaus einförmiger Weise: »gloi-reu«, »victoi-reu«, »barbari-eu«, »furi-eu« usw. Das macht die meisten unserer Arien und unser Rezitativ unerträglich für jeden, der nicht daran gewöhnt ist. Dazu kommt noch, dass unseren Stimmen die Weichheit fehlt, wie sie das Klima Italiens verleiht; auch haben wir nicht die Gewohnheit, die lange Zeit bei den Päpsten und an den übrigen italienischen Höfen im Schwange war, die Männer ihrer Mannheit zu berauben, um ihnen schönere Stimmen zu geben, als es selbst die Frauenstimmen sind.

Alle diese Umstände in Verbindung mit der Langsamkeit unseres Gesangs, die mit der gewöhnlichen Lebhaftigkeit unserer Nation seltsam kontrastiert, werden die französische Musik immer nur für die Franzosen annehmbar und geeignet machen.

Trotz alledem aber räumen die Ausländer, die sich lange in Frankreich aufgehalten haben, ein, dass unsere Musiker Meisterwerke geschaffen haben, indem sie ihre Melodien unseren Worten anpassten, und dass dieser skandierte Vortrag häufig einen wunderbaren Klang hat. Aber er hat diesen Ausdruck nur für sehr geübte Ohren, und es ist dabei eine durchaus vollkommene Ausführung vonnöten: Es sind Schauspieler dazu erforderlich, während in Italien nur Sänger erforderlich sind.

Auch die Instrumentalmusik hat ein wenig unter der Eintönigkeit und Langsamkeit gelitten, die der Vokalmusik zum Vorwurf gemacht wird; doch haben mehrere unserer Symphonien und besonders unsere Tanzmelodien bei den übrigen Nationen mehr Anklang gefunden. Sie gelangen in vielen italienischen Opern zur Ausführung, und man hört beinahe niemals andere bei einem König, der eine der besten Operntruppen in Europa unterhält und neben seinen anderen bemerkenswerten Talenten auch das musikalische mit großer Sorgfalt gepflegt hat.

Jean Baptiste Lulli, geboren in Florenz im Jahre 1633, kam im Alter von vierzehn Jahren, als er nur erst die Geige spielen konnte, nach Frankreich und wurde dort der Schöpfer der wahren französischen Musik. Er wusste seine Kunst dem Genius der Sprache anzubequemen, und das war das einzige Mittel, um zum Ziel zu gelangen. Man beachte noch, dass die italienische Musik damals noch nicht von jener Würde und edlen Einfachheit abging, die wir noch heute in Lullis Rezitativen bewundern.

Nichts kommt diesen Rezitativen näher als die berühmte Motette Luigis, die im 17. Jahrhundert mit so großem Beifall in Italien gesungen wurde und mit den Worten beginnt:

> Sunt breves mundi rosae, Sunt fugitivi flores;
> Frondes veluti annosae Sunt labiles honores.

Man beachte, dass bei dieser rein deklamatorischen Musik, die der Tonsetzung der Alten entspricht, hauptsächlich die Schönheit der Worte die Schönheit des Gesangs erzeugt.

Man kann aber nicht gut vortragen, was nicht eines guten Vortrags würdig ist. In dieser Hinsicht befand man sich zur Zeit Quinaults und Lullis in einem großen Irrtum. Die Dichter waren auf den Dichter eifersüchtig, nicht auf den Musiker, und Boileau macht Quinault zum Vorwurf

> ... ces lieux communs de morale lubrique,
> Que Lulli réchauffa des sons de sa musique.

> ... den leeren Wortwust schlüpfriger Moral,
> Dem Lulli Leben lieh durch seiner Töne Schall.

Die zärtlichen Leidenschaften, die Quinault so vortrefflich ausdrückte, waren unter seiner Feder weit mehr eine wahre Schilderung des menschlichen Herzens als eine »schlüpfrige Moral«. Quinault erwärmte durch seine Ausdrucksweise weit mehr noch Lullis Musik, als Lullis Kunst seine Worte erwärmte. Diese beiden Männer und tüchtige Schauspieler waren erforderlich, um einige Szenen des ›Atis‹, der ›Armide‹ und des ›Roland‹ zu einem Schauspiel zu machen, wie weder das Altertum noch irgendein gleichzeitiges Volk es kannte. Die einzelnen Melodien und Arien entsprachen nicht der Vollkommenheit dieser großartigen Szenen. Jene Melodien und kleinen Lieder waren im Geschmack unserer Weihnachtsstrophen geschrieben, sie ähnelten den venezianischen Barcarolen – mehr verlangte man damals nicht. Je schwächer diese Musik war, umso leichter behielt man sie; das Rezitativ aber ist so schön, dass Rameau es nie hat erreichen können. »Ich brauche Sänger«, sagte er, »Lulli aber Schauspieler.« Rameau hat die Ohren entzückt, Lulli entzückte das Gemüt, und es ist einer der großen Vorteile, dessen sich das Zeitalter Ludwigs XIV. erfreute, dass Lulli einen Quinault fand.

Nach Lulli waren alle Musiker, wie Colasse, Campra, Destouches und andere, seine Nachahmer, bis endlich Rameau auftrat, der sich durch die Tiefe seiner Harmonie über sie erhob und die Musik zu einer neuen Kunst machte.

Was die Kapellmusiker anlangt, so sind ihre Schöpfungen, obgleich mehrere berühmte Meister unter ihnen aufstanden, anderwärts noch nicht zur Ausführung gekommen.

Maler

Mit der Malerei verhält es sich nicht wie mit der Musik. Eine Nation kann einen Gesang haben, der nur ihr zusagt, weil der Genius ihrer Sprache keine andere Weise zulässt – die Maler aber haben die Natur darzustellen, die in allen Ländern dieselbe ist und mit denselben Augen geschaut wird.

Soll der Ruf eines Malers berechtigt sein, so müssen seine Werke im Ausland einen Preis haben. Es reicht nicht hin, einen kleinen Anfang zu haben und in kleinen Schriften gelobt zu werden – man muss auch Käufer finden.

Eingeschnürt und beengt werden die Talente der Maler bisweilen gerade durch das, was ihnen anscheinend die freieste Entfaltung sichern sollte: durch den akademischen Geschmack, durch die Manier, die sie von den Leitern dieser Anstalten annehmen. Zweifelsohne sind die Akademien von großem Nutzen, um Schüler heranzubilden, besonders wenn die Direktoren im großen Geschmack schaffen; wenn aber das Haupt einer solchen Anstalt einen kleinlichen Geschmack hat, wenn seine Manier ledern und geleckt ist, wenn seine Figuren Grimassen schneiden und seine Bilder Wandschirmen gleichen, dann verlieren die Schüler infolge des Nachahmungstriebes oder des Verlangens, einem schlechten Meister zu gefallen, völlig die Idee der schönen Natur. Es schwebt ein eigenes Verhängnis über den Akademien: Bisher ist noch kein sogenanntes »akademisches« Werk irgendwelcher Art eine geniale Schöpfung gewesen. Man nehme einen Künstler, den die Furcht beherrscht, er möchte die Manier seiner Berufsgenossen nicht richtig treffen, und seine Werke werden gezwungen und gezirkelt sein; man nehme dagegen einen Mann ohne Voreingenommenheit, der für die Natur begeistert ist, die er kopiert, und er wird Erfolg haben. Beinahe alle großartigen Künstler haben entweder vor der Einrichtung der Akademien gelebt oder aber in einem Geschmack geschaffen, der von dem bei diesen Genossenschaften herrschenden verschieden war.

Corneille, Racine, Despréaux, Le Sueur, Le Moine schlugen nicht nur einen anderen Weg ein als ihre Berufsgenossen, sondern hatten diese auch beinahe alle zu Feinden.

Poussin (Nicolas), geboren in Les Andelys in der Normandie im Jahre 1594, war ein Schüler seines eigenen Genies. Er vervollkommnete sich in Rom. Man nennt ihn den »Maler der Leute von Geist« – man hätte ihn ebenso gut den »Maler der Leute von Geschmack« nennen können. Er hat nur den Fehler, dass er das düstere Kolorit der römischen Schule auf die Spitze trieb. Er war zu seiner Zeit unstreitig der größte Maler Europas. Nachdem er von Rom nach Paris zurückberufen worden war, räumte er dort dem Neid und der Kabale das Feld. Er zog sich zurück, wie das verschiedene Künstler in gleichem Falle getan haben. Poussin kehrte nach Rom zurück, wo er arm, aber zufrieden lebte: Seine Philosophie machte ihn vom Glück unabhängig. Gestorben 1665.

Le Sueur (Eustache), geboren in Paris im Jahre 1617, hatte nur Vouet zum Lehrer, wurde aber nichtsdestoweniger ein vortrefflicher Künstler. Er hatte die Technik der Malerei zur höchsten Vollkommenheit gebracht, als er 1655 im Alter von achtunddreißig Jahren starb.

Bourdon und *Valentin* waren ebenfalls berühmt. Drei der besten Gemälde, die die Peterskirche in Rom schmücken, stammen von Poussin, Bourdon und Valentin.

Le Brun (Charles), geboren in Paris im Jahre 1619, hatte kaum Beweise seines Talents gegeben, als der Oberintendant Fouquet, einer der großmütigsten und der unglücklichsten Menschen, die je gelebt haben, ihm ein Jahresgehalt von 24.000 Livre nach heutigem Geld aussetzte. Bemerkenswert ist der Umstand, dass sein Gemälde ›Die Familie des Darius‹ in Versailles nicht durch das Kolorit des daneben hängenden Gemäldes von Paul Veronese verdunkelt wird und dieses in Zeichnung, Komposition, Würde, Ausdruck und Treue der Kostüme bei weitem übertrifft. Die Stiche nach seinen Gemälden ›Die Schlachten Alexanders‹ sind noch gesuchter als die ›Schlachten Konstantins‹ von Raffael und Giulio Romano. Gestorben 1690.

Mignard (Pierre), geboren 1610 in Troyes in der Champagne, war lange Zeit hindurch der Rivale Le Bruns, ist es aber nicht mehr in den Augen der Nachwelt. Gestorben im Jahre 1695.

Gelée (Claude), genannt Claude Lorrain. Sein Vater wollte ihn zum Bäckergesellen machen; er ahnte nicht, dass sein Sohn eines Tages Gemälde schaffen würde, die ihm den Ruf des besten Landschaftsmalers in Europa eintrugen. Gestorben in Rom im Jahre 1678.

Case hat Gemälde geliefert, die jetzt einen hohen Preis zu erzielen beginnen. Man lässt den guten Künstlern in Frankreich allzu spät Gerechtigkeit widerfahren; die mittelmäßigen Schöpfungen tun bei uns ihren

Meisterwerken allzu viel Eintrag. Die Italiener dagegen lassen das Mittelmäßige zugunsten des Vorzüglichen durchgehen. Jede Nation sucht sich zur Geltung zu bringen – die Franzosen bringen in jedem Fach die anderen Nationen zur Geltung.

Parrocel (Joseph), geboren 1648, war ein trefflicher Maler, wurde aber von seinem Sohn übertroffen. Gestorben 1704.

Jouvenet (Jean), geboren in Rouen im Jahre 1644, ein Schüler Le Bruns, steht, obschon ebenfalls ein tüchtiger Künstler, doch unter seinem Meister. Er malte beinahe alle Gegenstände in etwas gelblichem Ton: Er erblickte sie nämlich infolge einer eigentümlichen Bildung der Sehorgane in dieser Färbung. Als sein rechter Arm gelähmt wurde, übte er sich im Malen mit der Linken, und es sind große Bilder von ihm vorhanden, die er auf diese Weise ausgeführt hat. Gestorben 1717.

Santerre (Jean Baptiste) schuf besonders Staffeleibilder von wahrem und feinem Kolorit. Sein Gemälde ›Adam und Eva‹ ist eines der schönsten, die man in Europa hat. Seine ›Heilige Therese‹ in der Kapelle in Versailles ist ein Meisterwerk der Anmut, und man hat ihr nur nachgesagt, dass sie für ein Altarbild allzu üppig sei.

La Fosse zeichnete sich durch nahezu dieselben Vorzüge aus wie Santerre.

Boulogne (Bon) war ein vorzüglicher Maler, wie der hohe Preis beweist, zu dem seine Bilder verkauft werden.

Boulogne (Louis) schuf Gemälde, die nicht ohne Verdienst, aber doch weniger gesucht sind als die seines Bruders.

Raous war éin recht ungleichmäßiger Arbeiter, der aber, wenn er einen glücklichen Wurf tat, Rembrandt erreichte.

Rigaud, geboren in Perpignan im Jahre 1663. Obgleich er nur als Porträtmaler berühmt war, ist das große Gemälde, auf dem er die Verkündung des Jubeljahres durch den Kardinal von Bouillon dargestellt hat, doch ein Meisterwerk, das den besten Schöpfungen von Rubens gleichkommt. Gestorben im Jahre 1743.

De Troy arbeitete im Geschmack Rigauds. Seinem Sohn verdankt man geschätzte historische Gemälde.

Watteau war im Graziösen ungefähr dasselbe, was Teniers im Grotesken war. Er hatte Schüler, deren Gemälde gesucht werden.

Le Moine, geboren in Paris im Jahre 1688, hat vielleicht alle die Genannten durch die Ausschmückung des Herkulessaals in Versailles übertroffen. Diese Apotheose des Herkules war eine Schmeichelei für den Kardinal Hercule de Fleury, der aber mit dem Herkules der Fabel nicht das Geringste gemein hatte. Für den Saal eines Königs von Frankreich wäre sicher die Apotheose Heinrichs IV. ein passenderer Schmuck gewesen. Von seinen Kunstgenossen beneidet, selbst aber der Meinung, dass der Kardinal ihn schlecht belohnt habe, tötete sich Le Moine aus Verzweiflung im Jahre 1737.

Einige andere, wie *Desportes* und *Oudry*, haben sich in der Tiermalerei, andere in der Miniaturmalerei, mehrere auch im Porträt ausgezeichnet. Inzwischen haben sich aber einzelne – so namentlich der berühmte *Vanloo* – in großartigeren Gattungen hervorgetan, und es steht zu glauben, dass diese Kunst nicht zugrunde gehen wird.

Bildhauer, Baumeister, Graveure usw.

Die Bildhauerei ist unter Ludwig XIV. zur Vollendung gebracht worden und hat sich unter Ludwig XV. auf dieser Höhe erhalten.

Sarrasin (Jacques), geboren 1598, schuf seine Meisterwerke in Rom für Papst Klemens VIII. und arbeitete dann in Paris mit demselben Erfolg. Gestorben im Jahre 1660.

Puget (Pierre), geboren 1623, Bildhauer, Baumeister und Maler, ist berühmt durch verschiedene Meisterwerke, die in Marseille und in Versailles zu sehen sind. Gestorben 1695.

Le Gros und *Théodon* haben Italien mit ihren Arbeiten geschmückt. Sie entwarfen jeder in Rom zwei Modelle, die vor allen anderen den Preis erhielten und zu den Meisterwerken der Skulptur gezählt wurden. Le Gros starb in Rom im Jahre 1719.

Girardon (François), geboren 1617, ist durch seine ›Apollobäder‹ und das ›Grabmal des Kardinals von Richelieu‹ dem Schönsten gleichgekommen, was das Altertum uns bietet. Gestorben 1715.

Coisevot und *Coustou* nebst vielen anderen haben sich sehr hervorgetan und werden gegenwärtig noch von vier oder fünf unserer neueren Bildhauer übertroffen.

Chauveau, Nanteuil, Mellan, Audran, Edelingk, Le Clerc, Drevet, Poilly, Picart und *Duchange* nebst späteren, noch besseren Künstlern haben als Kupferstecher Hervorragendes geleistet, und ihre Stiche schmücken in Europa die Zimmer derer, die keine Gemälde haben können.

Einfache Goldschmiede, wie *Balin* und *Germain*, haben durch die Schönheit der Zeichnung und die Sauberkeit der Ausführung einen Platz unter den berühmtesten Künstlern verdient.

Einem Genie, das mit dem guten Geschmack der Architektur begabt worden ist, wird es nicht so leicht wie jedem anderen Künstler, seine Talente zur Geltung zu bringen: Es kann große Monumente nur errichten, wenn die Fürsten es befehlen. Das Talent mehr als eines tüchtigen Architekten ist ungenutzt geblieben.

Mansard (François) war einer der besten Baumeister in Europa. Das Schloss oder vielmehr der Palast Maisons bei Saint-Germain ist ein Meisterwerk, weil er dabei völlig freie Hand hatte und sich den Eingebungen seines Genies überlassen konnte.

Mansard (Jules Hardouin), sein Neffe, erwarb unter Ludwig XIV. ein unermessliches Vermögen und war Oberintendant der königlichen Bauten. Von ihm stammt die schöne Kapelle des Invalidenhauses. Beim Bau der Kapelle von Versailles, wo er durch das Terrain und die Lage des kleinen Schlosses, das erhalten werden sollte, beengt wurde, konnte er nicht alle seine Talente entfalten.

Man macht der Stadt Paris zum Vorwurf, dass sie nur zwei Brunnen im guten Stil habe: den alten von Jean Goujon und den neuen von Bouchardon; beide sind noch dazu sehr schlecht plaziert. Man sagt ihr ferner mit Recht nach, dass sie kein anderes prächtiges Theater besitze als das des Louvre, das nicht benützt wird, und dass man sich nur in geschmacklosen, unebenmäßigen, schmucklosen und ebenso fehlerhaft gelegenen wie mangelhaft ausgeführten Schauspielhäusern zusammenfände, während einzelne Provinzialstädte in dieser Hinsicht der Hauptstadt mit einem Beispiel vorangegangen sind, dem diese noch immer nicht gefolgt ist.

Frankreich zeichnet sich aber noch durch andere öffentliche Bauten von größerer Wichtigkeit aus; man denke an die geräumigen Hospitäler, die Magazine, die steinernen Brücken, die Quais, die Erddämme längs der Flüsse, die Kanäle, die Schleusen, die Häfen und namentlich an die Festungsbauten, bei denen die Festigkeit mit der Schönheit vereint erscheint. Man kennt zur Genüge jene Bauwerke, die nach den Zeichnungen und Plänen *Perraults*, *Levaus* und *Dorbays* errichtet wurden.

Die Gartenbaukunst wurde von *Le Nôtre* in der Richtung auf das Angenehme, von *La Quintinie* in der Richtung auf das Nützliche geschaffen und vervollkommnet. Dass Le Nôtre die Gemütlichkeit , so weit getrieben hätte, den Papst und den König in vertraulichster Weise zu umarmen, ist unwahr. Sein Schüler *Collinau* hat mir versichert, dass diese in so vielen Wörterbüchern angeführten Anekdoten durchaus falsch sind, und es bedarf dieses Zeugnisses gar nicht, um uns zu überzeugen, dass ein Gartenintendant nicht Päpste und Könige auf beide Wangen küßt.

Die Steinschneidekunst, die Stempelschneiderei und die Letterngießerei haben aus den schnellen Fortschritten der übrigen Künste ebenfalls Vorteil gezogen.

Die Uhrmacher, die man als praktische Physiker ansehen kann, haben durch ihre Arbeiten Bewunderung für ihren Erfindungsgeist erregt.

Man hat die Stoffe und sogar das Gold, das zu ihrer Verschönerung verwandt wird, mit so seltenem Verständnis und so feinem Geschmack schattiert, dass ein solcher Stoff, der nur von Schwelgern getragen wurde, als Denkmal des Gewerbefleißes aufbewahrt zu werden verdiente.

Schließlich hat dann das vergangene Jahrhundert das gegenwärtige in die Lage versetzt, alle jene Wissenschaften und Künste, die zur Zeit so weit entwickelt sind, wie das nur immer möglich ist, in ein einziges Werk zusammenzutragen und sie so der Nachwelt zu übermitteln. Eine Gesellschaft von ebenso geistreichen wie aufgeklärten Gelehrten ist mit der Arbeit an diesem ungeheuren und unsterblichen Werk beschäftigt, das eine Anklage gegen die Kürze des menschlichen Lebens zu sein scheint. Es ist von d'Alembert und Diderot begonnen und vom Neid und der Unwissenheit verfolgt und unterbrochen worden, wie dies das Los aller großen Unternehmungen ist. Es wäre zu wünschen, dass nicht fremde Hände dieses wichtige Werk durch kindische Deklamationen und geschmacklose Gemeinplätze verunstaltet hätten – diese werden indessen nicht verhindern, dass der übrige Teil des Werkes für die Menschheit von Nutzen sei.

Nachwort

Von Robert Habs

Das Zeitalter Ludwigs XIV. ist neben der Epoche der großen Französischen Revolution unstreitig der bisher am gründlichsten behandelte Abschnitt der neueren Geschichte: Seit mehr als einem Jahrhundert sind unablässig neue Urkunden über diesen Zeitraum ans Licht gezogen und ausgebeutet worden. Die Staatsarchive haben ihre Depeschen, die Gerichtshöfe ihre Akten, Beamte, Künstler, Gelehrte, Feldherren und Privatpersonen jeden Standes ihre Briefe und Tagebücher hergegeben, sogar die Bastille hat ihre Geheimnisse ausgeliefert, und so ist Zug um Zug, Strich um Strich, ein immer vollständigeres und getreueres Bild der denkwürdigen Epoche entstanden, die alles in allem mit vollem Recht nach Ludwig XIV. benannt wird.

Wenn unter solchen Umständen ein vor mehr als 130 Jahren[211] erschienenes Werk noch immer eine Stelle unter den besten Schriften über diesen Gegenstand behauptet, so zeichnet sich dieses zweifelsohne durch mehr als gewöhnliche Vorzüge aus. Und in der Tat dürfte außer der ›Abhandlung über die Sitten und den Charakter der Völker‹ und dem ›Candid‹ kaum ein weiteres Werk Voltaires so vollständig den Absichten des Verfassers und zugleich der Wahrheit und den Anforderungen des Stoffs entsprechen wie diese Geschichte des ›Zeitalters Ludwigs XIV.‹.

Voltaire beabsichtigte, wie er ausdrücklich erklärt, eine Darstellung des ganzen Geistes und Charakters jener Epoche, eine Schilderung des Lebens der Nation, nicht bloß ihres Herrschers, und in dieser Absicht zeichnete er in seiner klaren, anschaulichen Weise nicht nur ein Bild der politischen, sondern auch der sozialen, administrativen, gewerblichen und religiösen Verhältnisse mit einer solchen Kunst und Treue, dass alle späteren Veröffentlichungen sein Werk wohl ergänzt und stellenweise berichtigt, es aber nie zu verdrängen vermocht haben. Er irrt hin und wieder in einzelnen Umständen; die Vorliebe für seinen Helden und seine Nation macht ihn ab und zu parteiisch; die Begeisterung für die Entwicklung der Künste beeinträchtigt bisweilen die Gründlichkeit seines Urteils – im großen und ganzen aber muss die Darstellung, die er

211 Robert Habs schrieb dieses Nachwort im Jahr 1887, also am Ende seiner Übersetzung dieses Werks.

von jener denkwürdigen Zeit gegeben hat, noch heute als zutreffend anerkannt werden.

Die erste Ausgabe des ›Zeitalters Ludwigs XIV.‹ erschien während des Aufenthalts des Verfassers in Berlin im Jahre 1752.

Diesen Vorzug des dauernden Wertes, der selbst bei geschichtlichen Werken seltener ist, als man gewöhnlich meint, verdankt das ›Zeitalter Ludwigs XIV.‹ neben der Sorgfalt, mit der Voltaire nicht bloß die gedruckten und geschriebenen Berichte, sondern auch die mündlichen Mitteilungen noch lebender Augenzeugen zu Rate zog, namentlich der Gewissenhaftigkeit, mit der er alle diese Zeugnisse einer Prüfung unterwarf. »Wenn«, sagt er, »Zeitgenossen wie der Kardinal von Retz und der Herzog von La Rochefoucauld, die einander feind waren, in ihren Denkwürdigkeiten ein und dieselbe Tatsache mitteilen, so steht diese Tatsache außer Zweifel; widersprechen sie einander, so muss man zweifeln, und was nicht wahrscheinlich ist, darf keinen Glauben finden, wenn nicht mehrere glaubwürdige Zeitgenossen es übereinstimmend berichten.« Durch stete Beachtung dieses Grundsatzes schied er alles Zweifelhafte aus und verlieh seinem Werk jenen Grad von Zuverlässigkeit, der es zum geeignetsten Führer für den macht, der die Zeit Ludwigs XIV. in ihren großen Umrissen kennenlernen will.

Denn ein weiterer und nicht zu unterschätzender Vorzug der Arbeit Voltaires ist der, dass sich alles darin mit großen und kräftigen Strichen gezeichnet findet, dass das Eingehen auf die zahllosen Einzelheiten und Kleinigkeiten möglichst vermieden ist und dass man auf diese Weise nicht nur ein wahres, sondern auch ein im höchsten Grad klares Bild der behandelten Epoche erhält. Dieses Verdienst der möglichsten Knappheit bei möglichster Genauigkeit der Darstellung ist besonders dem ›Verzeichnis der Schriftsteller‹ am Schluss des Werkes eigen. Diese kurze Charakteristik der nennenswertesten Gelehrten, Philosophen und Schriftsteller jener Zeit war zweifelsohne ein glücklicher Gedanke, dessen Ausführung, die gleich weit von trockener Pedanterie wie von anmaßender Strenge entfernt und nicht selten höchst pikant ist, trotz einiger bedenklicher Urteile als durchwegs gelungen bezeichnet werden muss. Es ist daher unstreitig ein Missgriff, wenn einzelne neuere Herausgeber des ›Zeitalters Ludwigs XIV.‹ diesen »catalogue raisonné« entweder vollständig unterdrückt oder in eine trockene Nomenklatur umgewandelt haben.

Wie in den literarischen Urteilen zeigt sich Voltaire auch in der Darstellung der religiösen Zwiste als aufgeklärter und gemäßigter Denker.

Vielleicht verdammt er das Verfahren Ludwigs XIV. gegen die Calvinisten nicht streng genug, vielleicht ist er andererseits allzu unnachsichtig gegen die Ausschreitungen dieser Sekte, die doch nur der naturgemäße Rückschlag der an ihr verübten Gewalt waren, im allgemeinen aber zeichnet sich dieser Teil seines Werkes durch die weise Zurückhaltung aus, mit der er über alle diese teils abscheulichen, teils lächerlichen, teils verächtlichen Zänkereien den Stab bricht, ohne geradezu bei den bedenklicheren Geistern Anstoß zu erregen. Beruht doch überhaupt ein großer Teil seiner Erfolge als Fackelträger der Aufklärung gerade auf dem seltenen Geschick, mit dem er das Licht zu verbreiten wusste, ohne die blöden Augen durch dessen grellen Glanz zu verletzen, wie seine Erfolge als Sachwalter der Humanität auf der Entschlossenheit beruhen, mit der er den Wahn der Zeit mit den Mitteln der Zeit bekämpfte. Höchst charakteristisch ist in dieser Hinsicht eine Bemerkung, die er gelegentlich der Sirvenschen Angelegenheit machte: »Ein gutes Buch kann in fünfzehn oder zwanzig Jahren Frucht tragen, für den Augenblick aber handelt es sich darum, die Gewogenheit der Frau von Pompadour zu gewinnen. Die Hauptsache ist, ihrer Eigenliebe eine solche Richtung zu geben, dass sie dem Staat so viel Gutes tut, wie Frau von Maintenon ihm Böses tat.« Dieser Ausspruch kennzeichnet den unermüdlichen Verteidiger Calas', Sirvens usw., dessen Worte Taten waren, weil er ihnen durch Taten Nachdruck gab.

Nicht minder klar als seine Darstellung der politischen Begebnisse und nicht minder bündig als seine Charakteristik der einzelnen Schriftsteller ist seine Schilderung der Fortschritte auf den Gebieten der Wissenschaft, der Kunst und des Gewerbes. Die Entwicklung des Handels ist mit schnellen und treffenden Strichen gezeichnet, und ebenso zeichnet sich das Kapitel über die damalige Finanzlage des Reichs durch Klarheit und eine bei aller Knappheit der Darstellung gründliche Behandlung aus. Auch hier zeigt sich überall das Streben nach unparteiischer Würdigung der Dinge wie der Personen und jenes feine Verständnis für die tatsächlichen Verhältnisse, ohne deren eingehendste und weitestgehende Berücksichtigung jedes richtige Urteil wie jede wahrhafte Geschichtsschreibung unmöglich ist.

Alle diese Vorzüge in Verbindung mit der stets interessanten Darstellungsweise verschafften dem ›Zeitalter Ludwigs XIV.‹ die Anerkennung der französischen Leser und noch mehr des Auslands, das durch dieses Werk eigentlich zum erstenmal eine wirkliche Kenntnis der Epoche Ludwigs XIV. gewann. Sie sichern ihm auch die Anerkennung aller künftigen Zeiten, solange die unparteiische Darstellung gewissenhaft ergründeter Tatsachen als erste Aufgabe der Geschichtsschreibung gelten wird.

Bei der Fülle des Materials, das erwähntermaßen seit den Tagen Voltaires über die Regierungszeit Ludwigs XIV. zutage gefördert worden ist, würde eine umfassende Ergänzung des Voltaireschen Werkes ein doppelt so starkes Buch ergeben. Wir begnügen uns an dieser Stelle mit der Erörterung einiger weniger Punkte, die teils wegen ihrer Wichtigkeit, teils wegen ihrer Seltsamkeit von Interesse sind.

Wie von fast allen hervorragenden Gestalten der Geschichte, die bedeutende und geistreiche Gegner hatten, gilt auch von Ludwig XIV. Schillers bekannter Ausspruch über Wallenstein:

> Von der Parteien Hass und Gunst verwirrt,
> Schwankt sein Charakterbild in der Geschichte.

Die Dichter und Künstler seiner Epoche – und als Dichter gehört auch Voltaire mehr noch dem »großen« als dem 18. Jahrhundert an – hatten ihn als den »roisoleil«, den großmütigen Beschützer der Künste, das Muster eines Monarchen gepriesen, und diese Ansicht blieb noch zwei Generationen nach ihm herrschend; es gehörte damals zum guten Ton in der Literatur, seiner nur in Ausdrücken der Bewunderung und des Lobes zu gedenken. Die Revolution brachte auch in dieser Hinsicht einen völligen Umschwung zuwege: Fortan war Ludwig XIV. nur der »Tyrann«, der Begründer der Mätressenwirtschaft, der Blutsauger des Volks, der Glückspilz, dem alle Errungenschaften seiner Zeit in den Schoß gefallen waren, ohne dass er selbst das geringste Verdienst besessen hätte. Dieses Urteil der Revolutionsmänner hat sich beinahe durchgängig bis in die neueste Zeit hinein behauptet, und namentlich findet man gegenwärtig Ludwig XIV. mit Vorliebe da genannt, wo es darauf ankommt, einen recht bescheidenen Gegensatz zwischen dem Prunk eines Hofs und dem Elend eines Volkes zu illustrieren, wobei man sich ohne Bedenken über die Tatsache hinwegsetzt, dass die üppigen Feste von Versailles längst verrauscht waren, als Krieg und Mißernten das Volk in die äußerste Not versetzten.

Von jeder sich lange behauptenden Ansicht über einen Gegenstand, der sich nicht geradezu unserer Erkenntnis entzieht, lässt sich mit ziemlicher Sicherheit annehmen, dass sie nicht völlig jeder tatsächlichen Begründung entbehre. So entbehren denn auch die beiden einander widersprechenden Urteile über Ludwig XIV. nicht des bekannten Körnchens Wahrheit.

Zunächst kann und muss ohne weiteres eingeräumt werden, dass Ludwig XIV. kein schöpferisches Genie, kein Bahnbrecher, keiner jener seltenen Männer war, die dem Strom der Welt und Kulturgeschichte eine neue Richtung gaben. Seine Siege auf dem Schlachtfeld und im Kabinett, seine Schöpfungen auf administrativem und legislativem Gebiet, seine Verdienste um die Künste und Gewerbe sind weder von so epochemachender Bedeutung noch so ganz und gar sein Werk und Eigentum, dass man ihn deswegen als eine der Koryphäen der Menschheit bezeichnen könnte. Er war als Feldherr, als Staatsmann und als Regent nicht mehr als der reiche Bauherr, der genug Kenntnisse und Anmaßung besitzt, um die ihm von den Architekten vorgelegten Pläne einer Prüfung zu unterziehen und sie teilweise nach seinem mehr oder minder guten Geschmack abzuändern.

Sodann sind ihm drei unheilvolle Fehler oder Verbrechen anzurechnen: die Verwüstung der Pfalz, die Aufhebung des Edikts von Nantes und die Einführung der Mätressenwirtschaft. Mit dem ersten dieser Fehler verging er sich wider das Recht, mit dem zweiten wider die Vernunft, mit dem dritten gegen Recht, Vernunft und Sittlichkeit zugleich. Der erste mag durch die seinem Zeitalter noch anklebende Roheit, der zweite durch einen ihm künstlich eingeflößten Fanatismus entschuldigt werden – für den dritten gibt es keine Entschuldigung. Man hat ihn durch den Hinweis auf Heinrich IV. decken wollen, aber dieser Hinweis ist ungerechtfertigt. Heinrich IV. war in seinen beiden Ehen unglücklich: Marguerite von Valois war eine weitherzige Verehrerin des starken Geschlechts, Marie von Medici eine engherzige Intrigantin, die eine wie die andere dem Gatten feind; Ludwig XIV. dagegen hatte an Maria Theresia von Österreich eine Gattin, die ihn vom ersten bis zum letzten Augenblick leidenschaftlich liebte. Und trotzdem hatte er neben dieser Gattin nicht bloß eine, sondern gleichzeitig zwei Mätressen, von denen noch dazu die eine ebenso rechtmäßig verheiratet war wie er selbst! Voltaire behauptet, keine seiner Favoritinnen hätte je einen Einfluss auf die Staatsgeschäfte ausgeübt, aber er widerlegte diese Behauptung selbst durch das Zugeständnis, dass Chamillart seine Stellung der Frau von Maintenon verdankte.

Dazu rechne man nun noch Ludwigs Prunksucht, seinen Hochmut, seine Eroberungslust, seine Rachgier, und man wird dem Urteil beistimmen: Ludwig XIV. war weder ein schöpferisches Genie noch ein talentvoller Regent.

Standen nun aber jenen Mängeln gar keine Vorzüge gegenüber? War dieser Monarch, der zwar seiner Zeit keine neuen Bahnen erschloss, ihr aber unstreitig seinen Stempel aufprägte, wirklich nur ein völlig verdienstloser Günstling des Glücks? Verdankte er wirklich alles dem Zufall, nichts seinem Wollen? Nichts wäre seltsamer, und nichts ist in der Tat weniger richtig.

Ludwig XIV. war kein Genie, d.h. er besaß keine überlegenen Fähigkeiten, aber er war ein »Charakter«, d.h. er besaß eine Überzeugung und die Leidenschaft dieser Überzeugung. Diese Überzeugung aber war nichts anderes als sein unerschütterlicher Glaube an die Erhabenheit seines königlichen Berufs, an die göttliche Abstammung seiner Würde als Monarch – ein Glaube, der ihn allen Ernstes behaupten ließ, dass Gott dem, den er zum König mache, auch die zu diesem Amt erforderliche Einsicht mitteile. In diesem Glauben fühlte er sich unabhängig von jeder irdischen Gewalt, erhaben über jede irdische Autorität, gleichzeitig aber auch verantwortlich für die ihm anvertraute Würde, zur Rechenschaft verpflichtet über den Gebrauch der ihm von Gott verliehenen Macht, und so war dieser Glaube die Wurzel, aus der einerseits seine Prunksucht, sein Hochmut, seine Eroberungslust, seine Härte gegen die Beleidiger der Majestät, andererseits aber auch sein Fleiß, seine Pflichtergebenheit, seine Gerechtigkeitsliebe, seine Standhaftigkeit und seine Ehrfurcht vor der eigenen Würde erwuchsen. Mit einem Wort: Ludwig XIV. wurde getragen von dem Glauben an die Göttlichkeit seines Berufs, er wurde getrieben von der Leidenschaft für diesen Beruf, und so wurde er die großartigste Inkarnation des Königtums von Gottes Gnaden, der erhabenste Vertreter des gottgewollten Absolutismus. Er ist nicht groß als Staatsmann, als Feldherr oder als Regent, aber er ist groß als »absoluter Monarch«, und da man einem solchen schon Dank schuldig ist für das Böse, das er nicht tut, so ist man Ludwig XIV. um so mehr Anerkennung schuldig für das Gute, das er in Wirklichkeit stiftete.

Zu diesem Guten gehört neben seinen Verdiensten um die Literatur, die Künste, die Gewerbe und den Handel in erster Linie seine Sorge für das Justizwesen. Auch auf diesem Gebiet trat er nicht eigentlich schöpferisch auf, aber er achtete sorgfältig darauf, dass die bestehenden Gesetze gehandhabt würden, und zwar gegen hoch und niedrig mit gleicher Unparteilichkeit. Vor seiner Zeit war die Justiz ein Schreckbild für den Schuldigen, aber weit mehr noch für den Unschuldigen. Wessen sie sich einmal bemächtigt hatte, der ging selten aus ihren Händen hervor, ohne wenigstens einen Teil seines Vermögens eingebüßt zu haben, während hochgestellte oder begünstigte Verbrecher ungestraft der Gerechtigkeit hohnsprachen. Diesem Zustand machte Ludwig XIV. mit aller ihm möglichen Energie ein Ende, und es ist durchaus sein Verdienst – und kein geringes Verdienst –, wenn das RechtsBewusstsein in Frankreich bereits zu Anfang des 18. Jahrhunderts so weit erstarkt war, dass der Regent den Grafen von Horn ohne weiteres als gemeinen Mörder hinrichten lassen konnte.

Der beste Beweis für die Größe einer Leidenschaft und die Tiefe einer Überzeugung sind die Opfer, die man ihr bringt. Ludwig XIV. lieferte diesen Beweis. Er opferte seiner Monarchenpflicht und dem, was er dafür ansah, nicht nur den natürlichen Hang zum Genuss, indem er sich während der zur Arbeit bestimmten Stunden durch keine Ergötzlichkeit von dieser Arbeit abziehen ließ, sondern er übte auch ihr zuliebe eine Selbstüberwindung, die weit über das Maß des Alltäglichen hinausgeht. Als man Friedrich dem Großen eines Tages die am französischen Hof übliche Etikette schilderte, äußerte er bekanntlich: »Wenn ich König von Frankreich wäre, würde ich vor allen Dingen einen Vizekönig ernennen, der an meiner Stelle Hof zu halten hätte.« – Ludwig XIV. aber unterwarf sich in der Überzeugung von der Notwendigkeit der äußeren Repräsentation unweigerlich dieser nie sich lockernden Etikette, er erfüllte daneben gewissenhaft seine Obliegenheiten als Gebieter eines großen Reichs, und er tat dies alles nicht selten mit siechem Körper!

Eines der Lieblingsargumente derer, die die Abstammung Ludwigs XIV. zu verdächtigen suchten, war der Hinweis auf seine robuste Gesundheit, und in der Tat galt und gilt es zum Teil noch heute für eine auffallende Tatsache, dass der Sohn eines so kränklichen Vaters, wie es Ludwig XIII. war, während seines langen Lebens so ungemein wenig von Krankheiten behelligt wurde. Selbst Voltaire weiß uns, abgesehen von der Todeskrankheit, nur von drei Erkrankungen seines Helden in den Jahren 1655 (s. den Artikel »La Porte« im »Verzeichnis der Schriftsteller«), 1658 und 1686 zu berichten. In Wahrheit aber hatte Ludwig XIV. fast während seines ganzen Lebens mit Körperbeschwerden zu kämpfen. Im Jahre 1647 befielen ihn die Blattern, und es ist ebenso bemerkenswert wie wenig bekannt, dass dieser König, der als einer der schönsten Männer seiner Zeit galt, blatternnarbig war. Dann folgten 1653 ein Magenleiden und eine Anschwellung der rechten, 1664 eine Anschwellung der linken Brust, 1655 ein durch den Eintritt der Pubertät erzeugtes Leiden, 1658 das Wechselfieber von Calais, 1663 die Masern, die ihn abermals an den Rand des Grabes brachten, usw. Besonders aber litt er von 1662 ab bis an sein Lebensende an merkwürdigen Schwindelanfällen, die ihm bisweilen beinahe das Bewusstsein raubten und mit Übelkeit, Schwäche und einem dumpfen, drückenden Schmerz im Kopf verbunden zu sein pflegten. Diese stetig wiederkehrenden Anfälle erregten umso mehr die Besorgnis der Ärzte, weil ihre Ursachen unbekannt und alle dagegen angewandten Heilmittel erfolglos blieben. Vielleicht sind diese seltsamen Zufälle die Ursache so manchen Entschlusses im Leben des Königs, für den es uns an einer Erklärung fehlt, wie z.B. seiner meistens völlig unvorhergesehenen Abreisen vom. Heer. Alle diese Beschwerden aber wusste er sorgsam zu verbergen, so dass kaum seine allernächste Umgebung darum wusste, und so erschien er, während oft genug der Schmerz in seinen Nerven zuckte, stets als der für körperliches Ungemach unnahbare Gesalbte des Herrn – gewiss eines der schwersten Opfer, das je ein Mensch einer Überzeugung gebracht hat.

Offenbar aber erhielt diese Überzeugung, dieser Glaube an die Erhabenheit seines Berufs ihn auch – wenigstens äußerlich – aufrecht, als das. Unglück von allen Seiten über ihn hereinbrach, als seine Heere geschlagen, sein Land verwüstet, sein Volk vom Hunger gequält und seine Familie durch den Tod dezimiert wurde. In dieser Zeit der Trübsal zeigte sich Ludwig XIV. – was zur Zeit seines Glanzes nie geschehen war – erhaben über das Glück und des höchsten Lobes würdig, das ihm denn auch sogar von den Gegnern gespendet worden ist.

Nach all dem Gesagten dürfte das Endurteil etwa lauten: Ludwig XIV. war ein Mann, dessen Fähigkeiten nicht über das Durchschnittsvermögen hinausgingen, dessen Gemütsart aber zu den besseren gehörte und dessen Wille durch eine große Leidenschaft bestimmt wurde, die ihn bisweilen zum Unheilvollen, in all den Fällen aber, wo ihr Interesse mit dem Interesse der Menschheit zusammenfiel, zum Großen und Guten führte. Das ist aber in anderen Worten dasselbe Urteil, das Voltaire fällt, indem er sagt (28. Kapitel):

> »Obgleich man ihm Engherzigkeit und Härte bei seinem Eifer gegen den Jansenismus, Stolz und Hochmut bei seinen Erfolgen gegen das Ausland, Schwäche gegen verschiedene Frauen, allzu große Strenge in rein persönlichen Angelegenheiten, leichtsinnig unternommene Kriege, die Verwüstung der Pfalz und die Verfolgung der Reformierten zum Vorwurf gemacht hat, haben doch seine großen Eigenschaften und seine Taten, nachdem man sie schließlich auf die Waage gelegt hat, seine Fehler überwogen.

Die Zeit, die die Ansichten der Menschen läutert, hat seinem Ruf das Siegel aufgedrückt, und trotz allem, was gegen ihn geschrieben worden ist, wird man seinen Namen nicht ohne Achtung aussprechen und stets durch diesen Namen das Bild eines ewig denkwürdigen Zeitalters heraufbeschwören.

Faßt man das Privatleben dieses Fürsten ins Auge, so muss man bekennen: Er war zwar übermäßig von seiner Größe eingenommen, aber leutselig; er gewährte seiner Mutter keinen Anteil an der Regierung, aber er kam allen Pflichten eines Sohnes gegen sie nach und beachtete gegen seine Gattin alle Formen des Anstands; er war ein guter Vater und Gebieter; er war in der Öffentlichkeit ehrbar, im Kabinett fleißig, in den Geschäften pünktlich; er urteilte richtig, sprach gut und verband Liebenswürdigkeit mit Würde.«

Soviel über Ludwig XIV.

Nächst ihm fesselt unter den Mitgliedern der königlichen Familie besonders sein Enkel, der Herzog von Burgund, die Aufmerksamkeit durch die Lobsprüche, die ihm einstimmig von allen Seiten gespendet worden sind. Man hat zwar alle Ursache, gegen die einem Thronerben gemachten Elogen auf der Hut zu sein – auch Nero und Georg IV. von England (der verrufenste der Römer mag uns verzeihen, dass wir ihn mit dem »ersten Gentleman von Europa« zusammenstellen) sind in ihrer Jugend gelobt worden –, im vorliegenden Fall scheint jedoch das Lob in der Tat verdient. Der Herzog von Burgund war allen Berichten nach ein vortrefflicher Mensch – aber ein vortrefflicher Mensch ist darum noch lange kein vortrefflicher König, und es steht allem nach sehr zu bezweifeln, dass der Herzog von Burgund je ein solcher geworden sein würde. Michelet hat in seinem Werk ›Louis XIV. et le Duc de Bourgogne‹ diesem Bedenken den beredtesten Ausdruck verliehen. Wir entlehnen ihm folgende Bemerkungen über diesen Prinzen, mit dessen Erziehung ein wahrhafter Luxus getrieben wurde:

> »Fénelon erhielt den Herzog von Burgund erst zugewiesen, als dieser bereits sieben Jahre zählte. Er erschrak über diesen Zögling Seine Mutter, seine Wärterinnen, die Frauen, die ihn erzogen, hatten ihn vollständig verdorben. Er war schwächlich, aber dabei aufbrausend, hochmütig, trotzig, ein grausamer Spötter und geriet alle Augenblicke in die blindeste Wut...
>
> Fénelon, der selbst von Natur aus sehr reizbar, jetzt aber so fein und so berechnend war, unternahm in der furchtbaren Ver-

legenheit, in die dieser Charakter ihn versetzte, ein Wagnis: Er versuchte es mit der homöopathischen Heilmethode und suchte die Leidenschaft durch die Leidenschaft zu bändigen..., sicherlich eine wenig gesunde und höchst gewagte Erziehungsweise, die die Gärung in einer leidenschaftlichen Natur nur noch vermehren musste. Sie veredelte diese Natur, aber sie steigerte sie auch ins Schwärmerische hinein und machte aus dem Kind ein allzu getreues Abbild Fénelons, ein Gemisch aus dem Priester, dem Sophisten und namentlich dem Schriftsteller. In diesem letzteren Punkt war der Prinz mehr als der Nachahmer: Er war der Affe des Lehrers...

Es war ein völlig künstliches, nur aus Nerven und Gehirn bestehendes, durch seine moralische und geschlechtliche Frühreife verfeinertes und geschwächtes Wesen. Er war nicht von Geburt verkrüppelt, und seine Gestalt blieb aufrecht und gerade, solange er sich in den Händen der Frauen befand; bei seinen Studien aber krümmte sie sich frühzeitig, und er wurde ein wenig bucklig. Man schrieb dies der Hartnäckigkeit zu, mit der er die Feder und den Zeichenstift handhabte. Man wandte alle damals bekannten Mittel – sogar die schmerzhaftesten – dagegen an, aber nichts half. Er war sehr betrübt darüber, da er das Bedürfnis empfand, Gefallen zu erregen, und vielleicht trug dieser Umstand am meisten dazu bei, dass er sich der strengsten Frömmigkeit ergab.«

Michelet schilderte dann den Prinzen im Feld: Die Schlacht bei Oudenarde ist verlorengegangen, Lille vom Feind genommen. »Während dieser wichtigen und trüben Ereignisse ist der Prinz mit nichtswürdigen Kleinigkeiten beschäftigt. Er fragt bei Fénelon an, ob er auch keine Sünde begehe, wenn er in einem Nonnenkloster Quartier nehme. Fénelon bewunderte diese Bedenklichkeit einer kleinmütigen Seele und antwortete ihm mit dem Ausruf: »Oh, wie wohlgefällig ist Gott ein solcher Zustand!«

In der Regel aber scheint Fénelon der Kriegsmann und der Prinz der Priester zu sein. Fénelon feuert ihn an, treibt ihn vorwärts. Er schreibt ihm den Bibelvers: ›Streitet und seid tapfer!‹

Aber es ist nicht jeder Held, der es möchte. Dazu gehört angeborene Tatkraft oder anerzogene Tapferkeit, und der Herzog von Burgund besaß weder die eine noch die andere.

Die Antworten des Prinzen sind rührend, geben aber wenig Hoffnung. Er demütigt sich und klagt sich noch mehr an, als er von anderen angeklagt wird. Diese warfen ihm nur Ängstlichkeit und Unentschlossenheit vor: Er beschuldigt sich des Stolzes, des Hochmuts, der Verachtung der Menschen...

Es ist übrigens ein instinktiver Kunstgriff der Frommen, dass sie, um sich der Mühe der Besserung zu entheben, sich anklagen, sich demütigen: Sie entwischen durch die Demut. Er sagt kein Sterbenswort über den wesentlichen Punkt, über seinen Mangel an Tätigkeit, über jene bewegliche Trägheit, die ständig auf den Beinen ist, ohne vorwärtszukommen. Er vermag nichts daran zu ändern. Er schließt sich ein, liest und betet.

So verrät sich schon bei diesem liebenswürdigen Prinzen, einem der besten Menschen seiner Zeit, die unheilvolle Altersschwäche einer Welt, die ihrem Ende entgegengeht.«

Man denke sich nun diesen Spross des Königshauses, dem während eines unglücklichen Feldzugs ein Nonnenkloster Sorge macht, der in Aufregung gerät, wenn ihm an einem Fasttag Fleisch vorgesetzt wird, der die armen Schauspieler, die ihn um seine Gönnerschaft ersuchen, mit den bittersten Vorwürfen wegen ihres gottlosen Gewerbes nach Hause schickt – man denke sich diesen Prinzen als Beherrscher der Franzosen, und zwar der Franzosen der Regentschaft! Kein Zweifel, er würde mildtätig und freigebig sein, aber nur gegen die Strenggläubigen; er würde die Steuern besser verteilt haben, aber ohne die ungeheuren Güter des Adels und der Geistlichkeit zu belasten; er würde die unteren Stände begünstigt haben, aber ohne an die Privilegien der bevorzugten Klassen zu rühren – kurzum, er würde viel Lobenswertes gewollt und getan und nichts Bedeutendes geleistet und vollbracht haben. Das Schicksal seines Ebenbildes, Friedrich Wilhelms IV. von Preußen, lehrt zur Genüge, wohin die guten Anlagen und die guten Absichten führen, wenn der Monarch sich über den Geist und die Forderungen seiner Zeit und seines Volkes im Irrtum befindet. Wie Friedrich Wilhelm die Verfassung, so Hasste der Herzog von Burgund trotz aller seiner Kenntnisse in den einzelnen Zweigen der Wissenschaft die Wissenschaft an sich. »Zwei Sonnen am Himmel«, äußerte er, »würden uns blenden und blind machen – zu viele Gelehrte würden uns dumm machen... Wie sich zu allen Zeiten gezeigt hat, behandeln diese müßigen Gelehrten nutzlose und gefährliche Fragen, und unter dem Vorwand, den Menschen ihre Entdeckungen und Kenntnisse mitzuteilen, verderben sie das Volk durch ihre Vorurteile, und je länger man diesem trügerischen Licht folgt, umso mehr verirrt man sich. «

So sprach oder vielmehr schrieb dieser »prince philosophe, fait pour commander à des sages«, dieser mutmaßliche künftige König eines Voltaire, Montesquieu, Lamettrie, Diderot, d'Alembert usw. Solche Anschauungen mussten unausweichlich zu einem endlosen, erbitterten Kampf zwischen diesem König und diesen Philosophen führen, und es ist sehr fraglich, ob der Herzog von Burgund mit seinen Rosenkränzen und seinem Weihwasser den Geist der Philosophie gebannt haben würde. Man kann daher mit gutem Grund von ihm sagen: Er starb für seinen Ruhm zur rechten Zeit.

Wie einerseits die Loblieder auf die hervorragenden Eigenschaften eines Mannes, dessen Wirken nie eine besondere Tragweite erlangte, stets mit aller Vorsicht aufzunehmen sind, so ist andererseits dieselbe Vorsicht bezüglichdes Tadels geboten, sobald dieser jede hervorragende Eigenschaft an einem Mann leugnet, dessen Wirken ihn über den eigentlichen Kreis seiner Tätigkeit emporhob. Die Geschichte bietet genug Beispiele von vortrefflich befähigten Menschen, die trotzdem zu keiner ihrer Befähigung und ihren Vorzügen entsprechenden Bedeutsamkeit gelangten; vergebens aber wird man nach einem Beispiel vom Gegenteil suchen. Man kann ohne besondere Vorzüge zu Ämtern, Ehren und Würden gelangen, nie aber wird man ohne solche Vorzüge zu einem Einfluss gelangen, der über das Gebiet der tatsächlichen Macht hinausreicht, über die man verfügt.

Diese Erwägung erregt von vornherein Bedenken gegen das Bild, das Voltaire uns von Broussel entwirft, jenem Kanzleirat (conseillerclerc), dessen Befreiung ganz Paris ohne Bedenken mit den Waffen zu erzwingen bereit war. »Broussel«, sagt er, »hatte keine weiteren Vorzüge als sein weißes Haar, seinen Hass gegen den Minister und den Ruf, dass er bei jeder Gelegenheit gegen den Hof in die Schranken trete. Seine Amtsgenossen schätzten ihn wenig, die Menge aber vergötterte ihn.«

Voltaire folgt bei dieser Schilderung getreulich dem Bericht eines Parteigenossen Broussels, des Kardinals von Retz, der in seinen ›Denkwürdigkeiten‹ über den Kanzleirat äußert: »Hättet ihr diesen Biedermann gekannt, so würdet ihr euch nicht wenig gewundert haben, dass man gerade ihn auswählte, als man sich zur Verhaftung einiger Widerspenstiger entschloss«, und an anderer Stelle hinzu fügt: »Der biedere Broussel war zwischen den Aktenbeuteln und im Staub der Großen Kammer mehr mit dem Ruf eines redlichen als eines befähigten Mannes alt geworden... Man begreift, dass, wenn sich im Parlament eine Verschwörung gebildet gehabt hätte, man doch nicht Köpfe von diesem Gehalt dazu ausgewählt haben würde.«

Danach war also Broussel ein Aktenwurm ohne jede tatsächliche Bedeutung, eine politische Null, ein beschränkter Kopf, dem das Volk aus reiner Laune gewogen war und dessen einziges Verdienst und einziges Unrecht eben darin bestand, dass er in Mode war. Dieses Bild ist in Wahrheit durchaus falsch. Broussel, der »Biedermann Broussel«, wie Gondy, der »arme kleine Mann«, wie Frau von Motteville, der »alte Broussel«, wie Voltaire ihn nennt, war keine Null, kein Spielzeug der Parteien, kein Werkzeug in den Händen anderer – er war eine selbständige Macht, ein ganzer Mann, der freilich nicht gleich dem Kardinal von Retz mit hundert bewaffneten Dienern durch die Stadt sprengte, sondern bescheiden zu Fuß ging, dem aber das Parlament drei Jahre lang (1649-52) die Hut der Bastille anvertraute und der sich dauernd in der Gunst des Volkes behauptete. Schon die ›Denkwürdigkeiten‹ des Requêtenmeisters d'Ormesson zeigen ihn in diesem Licht, und neuere Veröffentlichungen stellen sein Verdienst außer Zweifel.

So seltsam der Ausdruck in seiner Anwendung auf die damaligen Verhältnisse erscheinen mag – Broussel war der hervorragendste parlamentarische Redner seiner Zeit.

Solange die Generalstände funktioniert hatten, war das Parlament von Paris gleich denen der übrigen Städte nur ein einfacher königlicher Gerichtshof gewesen. Als aber die Ständeversammlungen zu Anfang des r 7. Jahrhunderts unterdrückt wurden, wandelte es sich eigenmächtig in eine politische Körperschaft um, und während es bis dahin fast stets ein Opfer der gegen die Krone gerichteten Empörungen gewesen war, wurde es nun ihr Mittelpunkt und ihr Haupt. Als königliches Tribunal gliederte sich das Parlament mit seinen 220 Mitgliedern in acht Höfe oder Kammern, nämlich die Kriminalkammer (chambre de la tournelle), die Untersuchungskammer (chambre des enquêtes), die Supplikenkammer (chambre des requêtes), die Rentkammer (chambre des comptes), die Steuerkammer (chambre de la cour des aides), die Münzkammer (chambre des monnaies), die Vakanzkammer (chambre des vacances) und die Ediktkammer (chambre de l'édicte oder chambre mipartie). Zur Beratung politischer Angelegenheiten traten diese acht Kammern zu einer einzigen Versammlung zusammen, die man als die Große Kammer (grand' chambre du parlement) bezeichnete. Die Sitzungen der Großen Kammer waren zwar nicht öffentlich, doch fanden bevorzugte Zuschauer in kleinen Logen Platz, den sogenannten »Laternen«, und von dort aus verbreiteten sich dann die Nachrichten über den Gang der Verhandlungen unter die in den Vorsälen und draußen harrende Menge.

Die parlamentarische Ordnung, die bei diesen Sitzungen der vereinigten Kammern befolgt wurde, wich insofern von der zur Zeit üblichen ab, als die Redner sich nicht zum Wort meldeten, sondern der Präsident, nachdern er den Gegenstand der Beratung klargelegt hatte, befragte zunächst den ältesten Rat um seine Ansicht, sodann den zweitältesten und so fort bis herab zum jüngsten. Die Befragten antworteten entweder durch eine kurze Begründung ihrer Ansicht, oder sie schlossen sich nach noch heute beliebter Weise »der Ansicht des geehrten Herm Vorredners« an, oder sie antworteten auch wohl mit einem den Umständen angepassten lateinischen Zitat, wie jener Rat, der in der Sitzung vom 8. Januar 1649 auf die Frage, ob dem Hof mit bewaffneter Hand zu begegnen sei, die Worte des Tacitus anführte: »Pium bellum, quibus· necessarium, et justa arma quibus tantum in armis spes est.« Nur einzelne entwickelten in einstudierter oder improvisierter längerer Rede allgemeinere Grundsätze und Anschauungen, unter diesen wenigen aber war Broussel der bedeutendste.

Um 1574 geboren, gehörte Pierre Broussel damals bereits zu den Siebzigern und war, da er noch unter Heinrich IV. zum Parlamentsmitglied ernannt worden war, der sechstälteste Rat in der Großen Kammer. Sein Auftreten und namentlich das Feuer und die Klarheit seiner Reden verrieten aber noch keine Spur von Altersschwäche. Er war, wie wir heute etwa sagen würden, der Führer der Liberalen, und die Klarheit und innere Wahrheit seiner stets mit beredtem Feuer entwickelten Ansichten übte im Parlament einen solchen Einfluss aus, dass er fast stets die Majorität auf seiner Seite hatte. Vom Volk aber, das in bewegten Zeiten einen ungemein feinen Instinkt für jede ihm freundliche Kraft besitzt, wurde er geradezu vergöttert. Der Hof hatte ihn daher auch, bevor er das Attentat vom 26. August 1648 unternahm, durch Bestechung auf seine Seite zu bringen gesucht und ihm noch arn 5. August durch den Herzog von Orléans diesbezügliche Vorschläge machen lassen, die Broussel indessen stolz zurückgewiesen hatte.

Als er am 21. August, fünf Tage vor der Verhaftung, in Gemeinschaft mit einem Kollegen von den Vereinigten Kammern mit einer Botschaft an den Herzog von Orléans betraut wurde, beschloss die Versammlung, während seiner Abwesenheit die Beratung nicht fortzusetzen. Er suchte sich diesem Beschluss mit der Bemerkung zu widersetzen, dass ja doch nur zwei Männer fehlen würden; der erste Präsident aber, Mathieu Molé, erwiderte ihm: »Allerdings werden uns nur zwei Männer fehlen, Herr Rat, aber der eine von diesen beiden sind Sie.«

Der Hof war also keineswegs so töricht, wie Gondy glauben machen möchte, als er Broussel zu beseitigen versuchte. Wenn der Streich gelang, war die Opposition im Parlament wie im Volk ihres Führers beraubt, und der Ausspruch Annas von Österreich: »Ich würde ihn lieber mit eigener Hand erdrosseln, als ihn herausgeben«, auf der einen sowie der binnen zwei Stunden organisierte Aufstand von der anderen Seite beweisen zur Genüge, dass beide Parteien sich sehr wohl der Tragweite dieses Staatsstreichs bewusst waren.

Broussels Rückkehr am 27. August war ein Triumphzug. Die Straßen vermochten die Menge nicht zu fassen, die ihn auf seinem Weg zum Parlament jauchzend umdrängte und ihm die Hände zu küssen suchte. Als er dann in seine Wohnung zurückgekehrt war, musste er sich am Fenster zeigen, um dem stürmischen Verlangen des Volkes, das ihn durchaus sehen wollte, Genüge zu tun. »Kein römischer König oder Kaiser«, erzählte Frau von Motteville ganz naiv, »feierte je einen größeren Triumph als dieser Mann, der doch weiter keinen Vorzug besaß, als dass er halsstarrig für das Gemeinwohl eintrat.«

Das also war Broussel, der »alte Broussel«, dem Voltaire nicht gerecht werden konnte, weil der Kardinal von Retz und Frau von Motteville kein Verständnis für die Herrschaft gehabt hatten, die ein unbestechlicher, pflichtgetreuer und von einer tiefen Überzeugung getragener Charakter auf eine politische Versammlung und auf die Menge ausübt.